Financial Accounting
An Introduction to Concepts, Methods, and Uses
14th Edition

财务会计
概念、方法与应用
（原书第14版）

[美] 罗曼 L. 韦尔（Roman L. Weil）
凯瑟琳·雷普（Katherine Schipper） 著
珍妮弗·弗朗西斯（Jennifer Francis）

朱丹 屈腾龙 译

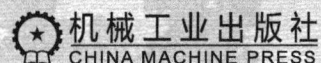

机械工业出版社
CHINA MACHINE PRESS

图书在版编目（CIP）数据

财务会计：概念、方法与应用（原书第 14 版）/（美）韦尔（Weil, R.），（美）雪普（Schipper, K.）（美）弗朗西斯（Francis, J.）著；朱丹，屈腾龙译 .—北京：机械工业出版社，2015.9（2024.8 重印）
（华章教材经典译丛）
书名原文：Financial Accounting: An Introduction to Concepts, Methods, and Uses

ISBN 978-7-111-51356-8

I. 财⋯ II. ①韦⋯ ②雪⋯ ③弗⋯ ④朱⋯ ⑤屈⋯ III. 财务会计 IV. F234.4

中国版本图书馆 CIP 数据核字（2015）第 207307 号

北京市版权局著作权合同登记　图字：01-2014-0614 号。

Roman L. Weil, Katherine Schipper, Jennifer Francis. Financial Accounting: An Introduction to Concepts, Methods, and Uses, 14th Edition.

Copyright © 2014 by South-Western, Cengage Learning.

Original edition published by Cengage Learning. CMP Press is authorized by Cengage Learning to publish and distribute exclusively this simplified Chinese edition. This edition is authorized for sale in the Chinese mainland (excluding Hong Kong SAR, Macao SAR and Taiwan). Unauthorized export of this edition is a violation of the Copyright Act. No part of this publication may be reproduced or distributed by any means, or stored in a database or retrieval system, without the prior written permission of the publisher.

All rights reserved.

本书原版由圣智学习出版公司出版。版权所有，盗印必究。本书中文简体字翻译版由圣智学习出版公司授权机械工业出版社独家出版发行。此版本仅限在中国大陆地区（不包括香港、澳门特别行政区及台湾地区）销售。未经授权的本书出口将被视为违反版权法的行为。未经出版者预先书面许可，不得以任何方式复制或发行本书的任何部分。

本书封底贴有 Cengage Learning 防伪标签，无标签者不得销售。

这是一本广泛流行于全美高校的经典财务会计教材。本书强调了重要会计概念的理论基础与内涵，并力图使财务报表编制与在不同的决策环境中应用财务报表衔接起来，同时还讨论了计量收益和报告财务状况的多种会计原理，也对会计程序给予了足够的重视，以使学生能理解、分析、评估公开财务报表。

本书适合作为财务会计专业及相关专业本科生和研究生的教材，也适合作为财务管理人士的参考用书。

出版发行：机械工业出版社（北京市西城区百万庄大街 22 号　邮政编码：100037）
责任编辑：程　琨　　　　　　　　　　　　责任校对：殷　虹
印　　刷：固安县铭成印刷有限公司　　　　版　　次：2024 年 8 月第 1 版第 8 次印刷
开　　本：214mm×275mm　1/16　　　　　印　　张：36.5
书　　号：ISBN 978-7-111-51356-8　　　　定　　价：89.00 元

客服电话：(010) 88361066　68326294

版权所有·侵权必究
封底无防伪标均为盗版

The Translator's Words

译者序

在目前美国著名电商网站亚马逊上，本书是"财务会计"类销售排名第一的一本教材。第12版的中译本已由机械工业出版社于2009年6月出版，从目前可以检索到的读者评价来看，绝大多数读者对这本书的组织结构、难度、广度和丰富的习题与案例是非常认可的。因此，我欣然接受了本书的翻译工作。

在我的心中，这是一本"大部头"的财务会计教材，体现在：

- 本书作者均为美国知名的大学会计教授：罗曼 L. 韦尔为芝加哥大学与加利福尼亚大学圣迭戈分校的财务会计教授；凯瑟琳·雪普和珍妮弗·弗朗西斯均为杜克大学财务会计教授。其中，凯瑟琳·雪普还在2007年入选了美国会计名人堂，她曾任美国会计协会会长和财务会计准则委员会顾问委员，并曾经担任著名的国际顶级会计学术期刊《会计研究》杂志编辑，且任职长达15年！

- 本书结构体系相当完整：全书共分四个部分，17章。与国内大部分的会计教材不同，本书在第一部分首先介绍财务报表概述，让读者能在接触会计确认与计量等复杂和细琐的问题之前，先对会计工作的最终产品有感性的认识；接下来，分别介绍了基本的会计概念与方法、资产与权益的计量和报告；最后，专门介绍了综合性比较强的两章内容。

- 当然，最显而易见且不容忽视的，是它的篇幅相当大。原书将近850页的内容，让我花费了大半年的光阴来细赏它。在翻译过程中，我与原书作者就很多细节问题屡次进行了沟通，我愿意充分保障这本明星教材的中译本质量。

下面，我愿与读者分享我个人认为本书最宝贵的几点价值所在。

首先，众所周知，财务会计是受会计准则规范所约束的，这意味着你如果要在一国执业，就必须遵守该国的会计准则规范。我国的《企业会计准则》规范体系自2006年起已与国际会计准则实现趋同，这是中国会计走向世界的标志，也是中国会计模式发生根本性转换的战略基点。以往的引进版财务会计类教材，大多介绍的是美国的会计准则体系，这就使得这类教材的使用范围比较受限，因为国际财务报告准则（IFRS）与美国一般公认会计原则（GAAP，又译作美国公认会计原则，本书采用此译法）之间的合作还在进行当中。但是，本书非常具有国际视野，它是一本同时介绍了美国公认会计原则与国际财务报告准则的教材，甚至专门列表对比了这两套准则体系的主要会计处理差异。因此，学习本书，不会令你在学完以后对中国的会计实务产生陌生感，因为中国的会计改革已经走过了30多年的历程，所建设的会计准则已经充分得到国际会计准则理事会的认可；与此同时，你还可以熟悉美国的公认会计原则，了解IFRS与美国GAAP之间的主要差异，如果将来你需要投资美股，或者你所服务的企业像阿里巴巴一样，需要到美国的交易所上市募资，那么这本书所提供的财务会计知识，必然更加有用。

其次，本书在几个重要知识点的介绍方面特别值得推荐。比如现金流量表，这是一个很多会计类教材都没有介绍清楚，或者没有介绍完整的重要会计知识点。在本书中，作者由浅入深、循序渐进，先介绍现金流量表的格式与基本内容，然后在第6章专门介绍简单业务下的现金流量表编制原理，最后在介绍很多复杂业务会计处理要点之后（第8~15章），再重新回到现金流量表，介绍复杂业务下的现金流量表编制（第16章）。经过这样的设计，能让读者充分掌握现金流量表的编制方法，并深刻理解它所反映的内容。再比如，我国在2014年重新修订了《企业会计准则第9号——职工薪酬》，正式提出了设定提存计划与设定受益计划等员工离职后福利的会计核算问题，这对我国绝大多数会计人员来说，都是一个比较新的话题领域。但本书第12章已经对此问题进行了详细介绍，并列举了大量的例题和习题帮助大家理解。另外，本书关于收入确认的大量实例，关于公允价值计量选择权的介绍和关于长期资产减值问题的会计处理对比等，都是非常值得一读的。

此外，引进版教材具有一个共同优点，那就是大量的案例、思考题和练习题。会计首先是一门技术，很多参加过注册会计师考试的人都体会过，只有经过大量地做题、深入地思考和联系企业实际地去想象，才可能真正学习和掌握好会计知识，并具备付诸应用的能力。从这一点来看，本书所配套的这些章后习题，是非常有价值的。

本书既适合会计专业的学生将它作为"会计学"课程的教材和课外参考读物，其逻辑结构和内容也非常适合MBA学生了解会计计量的原理与理解会计报告的经济后果。此外，对那些打算进入或者正在证券公司、投资银行、管理咨询公司或者其他相关单位工作，同时又渴望为自己装备一定会计知识背景的读者来说，本书更加值得推荐。

在本书的翻译过程中，我尽量奉行忠实原文、用词规范和语句通顺、简洁的原则，尊重作者的语言表达方式，尽可能地保留英文版的原味。限于个人水平有限，如有译释不妥之处，恳请读者多多指正。

最后，我还想借此机会，感谢机械工业出版社的多位编辑，正是得益于你们认真辛苦的工作，本书才得以顺利出版。感谢我的家人、良师、朋友和重庆大学经管学院的领导与诸位同事，以及我的学生，是你们，让我的生活更加美好并且这样有价值！

朱 丹

2015 年 7 月于重庆大学

Summary of Financial Statement Ratios

财务报表比率汇总

财务比率	分子	分母
获利能力比率		
净资产收益率，或权益净利率（ROE）	净利润	当期平均股东权益
总资产收益率（ROA）	净利润	当期平均总资产
调整融资影响后的总资产收益率	净利润 + 利息费用（税后影响净额）	当期平均总资产
销售净利率	净利润	销售收入
各类费用占比	各类费用额	销售收入
总资产周转率	销售收入	当期平均总资产
应收账款周转率	销售收入	当期平均应收账款
存货周转率	销售成本	当期平均存货
固定资产周转率	销售收入	当期平均固定资产
财务杠杆比率，或权益乘数	当期平均总资产	当期平均股东权益
短期流动性风险比率		
流动比率	流动资产	流动负债
速动比率，或酸性测试比率	高流动性的资产（现金、有价证券和应收账款等）[1]	流动负债
经营活动产生的现金净流量与流动负债之比值	经营活动产生的现金净流量	当期平均流动负债
应付账款周转率	当期采购金额[2]	当期平均应付账款
应收账款周转天数，或平均收账期	365 天	应收账款周转率
存货周转天数，或存货持有期	365 天	存货周转率
应付账款周转天数	365 天	应付账款周转率
长期流动性风险比率		
资产负债率	负债总额	资产总额
长期负债率	长期负债金额	资产总额
债务权益比	长期负债金额	股东权益金额
经营活动产生的现金净流量与负债总额之比值	经营活动产生的现金净流量	当期平均负债金额
利息覆盖比率，或已获利息倍数	息税前利润	利息费用

[1] 有些公司可能会将应收账款的金额排除在外，而有些公司还可能会将存货的金额纳入进来。
[2] 当期采购金额 = 销售成本 + 期末存货 − 期初存货

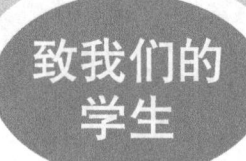

To Our Students

  无论你塞给学生多少细节性知识，在他们今后的生活中，恰好能碰到这些细节的概率几乎为零；即使恰好遇上了，他们到那时也可能已经完全忘记了你曾教给他们的那些点滴。真正有用的教育，是帮助学生打下扎实的基础，掌握基本的原理，使学生能综合地应用这些知识去解决具体的问题。在今后的实务工作中，学生很可能不会记得老师曾经讲过的具体细节了，但他们会本能地知道如何将学过的原理在当前的情景中去发挥和应用。

阿尔弗雷德·诺思·怀特海（Alfred North Whitehead）
《教育的目的及其他论文集》（*The Aims of Education and Other Essays*）

忠告：学习本书会引发思考，有时甚至会带来深思。典型的副作用是轻微和短暂的焦虑，但随后将伴随深刻的长期理解和满足。

PREFACE 前言

多年来，我们一直习惯用书名的首字母缩写 FACMU 来称呼本书——《财务会计：概念、方法与应用》（*Financial Accounting: An Introduction to Concepts, Methods and Uses*）。因为我们认为，在财务会计课程的学习和教学中，概念、方法和应用这三个方面是最重要的。

第 14 版的 FACMU 与以前版本的目标是相同的，即：

- 帮助学生将财务报告中隐含的基本概念理解透彻，这样，使学生将来即使处于其他不同的环境下，也能很好地对这些概念加以应用。
- 训练学生掌握会计术语和方法，使他们具备解释、分析和评价当前公司年报中公开的财务报表及其附注信息的能力。

以上这些学习目标或与之相近的表述，是绝大多数入门级的财务会计教材都会提出或者强调的，但不同的教材在概念、方法和应用等方面的侧重还是有区别的。

1. 概念 本书更加强调会计概念的理性和应用能力。要学好会计学，学生必须对会计所处理的交易和相关的会计处理程序有深刻的理解，具备能将其进行概念化的能力。如果不能深刻地吃透这些概念，将来当学生身处不同的新环境下时，就难以捕捉到问题的实质所在。

因此，本书在每章中都将重要的会计概念列出，然后再用无数的例子来讲解它们的应用。在每章的章末材料中，还设计了较多的练习和综合题，用以检查学生在不同情形下对这些概念的应用能力。

2. 方法 本书重视对会计核算程序的讲解，以使学生有能力对公开财务报表进行解释、分析和评价。但我们对会计核算程序的强调并不过分局限于细节，以避免让学生深陷其中。对任何一位打算写会计教材的人来说，都必须要事先想好在多大程度上去讨论会计程序。我们认为，对学生来说，最有效的是通过练习和解决问题来学习知识。如果过度地强调会计核算程序，会让学生误以为他们已经懂得了事实上还没有完全被理解的概念。本书中概念与会计程序的组合，我们已经使用了多年，从教学实践的角度来看，非常有效。

我们认为，只有当学生能正确地写出某一交易事件的会计分录来，才能认为他确实理解了这一交易事件的会计影响。在整本教材中，我们都使用会计分录的形式来描述会计事件的性质，而且，很多章节都附有需要用"借"和"贷"来对交易进行分析的练习。但是，请不要一看到这里，就误以为全书都是会计核算方面的问题。我们希望学生能真正掌握好概念，而会计核算能帮助我们加深对概念的理解和学习。

3. 应用 本教材试图将财务报告的编制与它们在不同决策情景下的应用结合起来。我们在书中考虑了不同会计原则对公司盈利计量和财务状况的影响，以及如何对这些影响进行解释。在大多数章节之后，还附上了很多以真实公司财务报表数据为基础而设计的习题或练习。

第 14 版概述

FACMU 第 14 版的更新说明

关于第 14 版教材，最重要也是最容易被发现的，是我们对教材内容进行了一些删减，主要是删除了部分高级财务会计话题，并对留存下来的高级会计话题也进行了简化。

此外，教材的开头和结尾部分也有了一些新的变化，表现在：

- **新增：**我们将上一版本中**第 2 章**关于记账程序的介绍分解为了现在的**第 2 章**和**第 3 章**。其中，**第 2 章**主要介绍资产负债表基础知识，而**第 3 章**主要介绍利润表基础知识。
- **新增**：目前的**第 17 章**主要关注利润的形成，在这一章中，我们依次讨论了以下几对概念，并强调了它们的重要性：经常性损益和非经常性损益，经营利润和非经营利润，利润和其他综合收益，以及会计差错与会计更正。

下面介绍第 14 版教材的其他重要特点，这些特点对本教材的多个章节都有一定的影响。

- **整合了国际财务报告准则（IFRS）** 第 14 版教材继续坚持将国际财务报告准则整合到教材中。美国的公认会计原则（GAAP）与国际财务报告准则有时虽然采用了相同的概念，但却可能会要求不同的会计处理方法。对 MBA 学生和高年级的本科生来说，本书中所比较的这些方法之间看起来都是差不多或类似的，非常容易被混淆，所以我们会特别去描述或者解释它们之间的差异。

- **公允价值与其他综合收益的构成项目** 随着美国公认会计原则和国际财务报告准则越来越多地要求或允许使用公允价值计量，我们也拓宽了这方面的话题。公允价值计量属性在美国公认会计原则中的使用，使一些债券和投资的会计处理都受到了影响。我们在**第 11、13～15、17 章**中都会从概念和方法这两个角度来讨论该问题。由于公允价值计量还影响到了其他综合收益，本版教材对这方面的讨论话题也进行了拓展。

- **真实公司的报表** 与以前各版本一样，我们仍然坚持在各章和章末的练习中引用真实公司的报表数据，不过这些报表所涉及的公司名称和日期往往经过了修改。比如，在**第 1 章**中，您看到的贵成公司和泰晤士公司报表，就是分别以百思买集团（Best Buy）和法国泰雷兹集团（Thales）的数据为基础而编制的。

还有一些本版教材的特点是只涉及个别章节的，分述如下。

- **较早引入会计记账循环知识** 我们在杜克大学的合作者曾在 MBA 财务会计课程开始以前就将簿记资料先发给了学生，鉴于他们所取得的成功教学经验，我们将资产负债表和利润表所涉及的簿记知识重新整合为了两章，并将这两章内容安排在了绝大多数的概念性讨论展开之前。其中，**第 2 章**主要介绍资产、负债、所有者权益、会计分录和 T 形账户等知识，而**第 3 章**则主要介绍对交易进行会计记录、初步调整分录、结账分录和编制财务报表等知识。

  但在讲授上述内容的同时，我们在**第 2 章**和**第 3 章**中并没有向学生灌输太多的复杂会计和经济概念。**第 3 章**的习题资料中，我们设计了"逆向作业"问题，这是使本书能与类似的其他教材进行竞争的重要卖点之一。一般的教材在讲授会计记账循环知识时，都是先向学生描述发生了什么样的交易，然后要求学生做出会计分录和调整分录，然后编制利润表，结账，最后生成期末资产负债表和现金流量表。在本教材的逆向作业中，我们则是先把后面的项目给学生，然后要求他们去推导前面究竟发生了什么样的交易。我们认为，除非学生能同时正向和逆向地完成会计记账循环，否则，不能认为他们已经真正理解了会计记账的原理。一般的会计问题总是告诉学生发生了什么，然后要求他们去生成会计报表；而逆向作业问题则告诉学生会计报表中的部分项目是什么，然后要求他们去分析可能发生了什么样的交易。

- **关注资产负债表和利润表的计量、形式和惯例** 在**第 4 章**（资产负债表）中，我们介绍了资产和负债的确认原则与计量基础，包含公允价值计量属性。然后在**第 5 章**（利润表）中，我们接着介绍了基本的收入和费用确认标准。到**第 8 章**，我们则主要对收入确认的具体问题进行讨论。这 3 章都对当前公司报告中所存在的分类和列报差异进行了特别的关注，同时也比较了按照美国公认会计原则和国际财务报告准则编报会产生的不同之处。

- **强调使用直接法来计算经营活动现金流量** 国际会计准则理事会（IASB）和美国的财务会计准则委员会（FASB）都推荐采用直接法来计算经营活动现金流量，因此，学生们在他们将来的职业生涯中接触到直接法的概率会更大。所以，我们在第 14 版中继续强调了直接法的应用。我们发现，学生们在初次学习现金流量表的时候，都对采用间接法来计算经营活动的现金流量感到困难，如果能早一点让他们接触到直接法的话，对帮助他们理解间接法下将净利润调整为经营活动现金流量的过程将大有帮助。所以，我们在**第1章**中就开始引入了直接法，并在**第6章**中对直接法进行了专门介绍，但与实务中常见的做法不同，我们并没有因此而回避间接法的问题。在**第16章**中，我们重新回到了现金流量表，讨论在更复杂的情况下，怎样同时采用直接法和间接法来报告经营活动产生的现金流量。例如，我们考虑了所得税、股权激励费用、资产减值以及员工行权等事项对现金流量表的影响。

- **加入了收入确认和营运资本的话题**　在**第8章**中，我们讨论了收入确认、应收款和客户预付款等话题，然后在**第9章**中，主要介绍了包括存货、应付账款和债务重组等在内的其他流动资产和短期负债项目。之所以将全部的营运资本账户放在一起来讲，是因为我们认为从与非流动资产的会计处理之关系来看，短期负债的会计处理与流动资产的会计处理关联度更强。比如，对坏账准备和产品质量保证费用，我们都采用备抵法来进行核算。

- **讨论了国际财务报告准则和美国公认会计原则对非流动资产的处理差异**　在**第10章**中，我们比较了美国公认会计原则和国际财务报告准则对非流动资产的核算要求。由于本书涉及的会计问题还比较基础，因此在对非流动资产的会计核算方面，两者最大的区别主要体现在对开发成本和资产减值的会计核算要求方面。

- **包括了对非流动负债话题的讨论**　**第11章**介绍了抵押借款、债券、分期偿还借款和租赁等内容。租赁是商业活动中的常见现象，因此我们将它作为了负债中的基本讨论话题。就在本书准备出版的时候，准则制定方已经宣布了打算修订对租赁业务的会计处理要求。因此，我们在本书中同时向读者介绍了租赁会计处理的现行做法和将来提议的核算要求。在**第12章**中，主要介绍了所得税会计、表外融资和设定养老金受益计划。这几个话题被分作了三个独立的部分进行介绍，这样，方便教师在讲授时有所选择，不必非要一一涉及。比如，可以跳过养老金部分直接选择所得税会计来学习。我们并不指望学生在第一学期学会计的时候就掌握所有的这些知识，但是由于大部分学生将来还要继续学习会计，我们希望当他们在未来的工作中碰到这类复杂问题时，能理解其中的基本会计原理。所以，我们将这些资料以本教材所特有的概念、方法和应用的形式予以展现，以期学过本教材的同学在将来碰到这些问题时，也还可以将本书用作参考。

- **将对有价证券和衍生工具的投资与权益法和合并会计报表内容区分开来**　**第13章**在上一版本教材的基础上对衍生金融工具的会计处理进行了简化；**第14章**则讨论了合营企业和可变利益实体（即美国公认会计原则所指的VIE）或特殊目的实体（即国际财务报告准则所指的SPE）。我们在本版教材中将这些内容分解为两章，这样方便对衍生工具进行更详细的介绍，且不用担心使某一章的内容过于庞大。在**第12章**中，我们提供了一些更复杂的话题供教师选讲，这些资料也供我们的学生在将来的工作中或者在进一步的MBA课程学习中碰到这类问题时，能够有所参考。

- **对美国财务会计准则委员会与国际会计准则理事会之概念框架联合项目进行了概述**　**第17章**对美国财务会计准则委员会和国际会计准则理事会所各自提出的概念框架进行了介绍，同时还讨论了在上述双方概念框架联合项目中所可能发生的变动。

- **除与股东的往来之外，报告其他影响所有者权益的公司交易**　这是本版教材所新增的内容，在**第17章**中，对包括交易的性质与报告、会计差错与调整、每股收益和分部报告等内容在内的利润表信息进行了统一的介绍。

- **在教学网站上还提供了一些更综合的话题讨论**　在本教材专门的教学网站上，我们还提供了有关递延所得税、外币折算和一般物价水平调整会计等更综合一些的资料供大家学习参考。

本教材的内容组织

本书共分为四个主要部分。

- **第一部分**：财务报表概述，涉及第 1 章。
- **第二部分**：会计概念与方法，涉及第 2~7 章。
- **第三部分**：资产与权益的计量和报告，涉及第 8~15 章。
- **第四部分**：综合性内容，涉及第 16 章和第 17 章。

我们认为，上述四个部分在学习过程中的关系是递进的。**第一部分**先概要地介绍主要财务报表、基本记账技术和财务报表的编制过程；**第二部分**讨论会计师在编制主要财务报表的过程中使用的基本会计模型；**第三部分**则重点介绍特殊会计原则或方法在编制财务报表过程中的作用；最后，在**第四部分**进行总结并将前三部分的内容综合予以应用。之所以要这样来组织本教材的教学内容，是因为**我们认为最有效的学习方式应当是先让学生了解大局，清楚整体结构；然后再将整体进行分解，深入地学习每个细节；最后，再将这些知识点综合起来，使细节与整体之间的关系一目了然。**

在**第 1 章**中，我们首先概要介绍了一家商业企业的主要活动（设定目标并形成战略、投资、融资和经营），然后说明企业的主要财务报表——资产负债表、利润表和现金流量表是如何对这些活动进行报告的。我们使用百思买公司（Best Buy）和法国泰雷兹集团（Thales）的业务活动和财务数据来对重要的概念进行介绍，只不过将公司名称重新化名为了贵成公司和泰晤士公司。此外，**第 1 章**还对财务报告环境进行了介绍。很多学生在读完**第 1 章**以后都被大量出现的新术语和概念吓倒了。但大多数人也承认他们在其后更深入地学习某个具体问题时，这里的整体概述知识对他们理解细节问题非常有帮助。**第 2 章**（资产负债表）和**第 3 章**（利润表）主要介绍会计记账的术语和流程。与其他教材不同，**第 3 章**在介绍某一会计期间内所发生交易的会计分录时，还一起也介绍了期末的调整分录。我们认为，如果教材将这两种类型的分录分别放在不同的章节里予以介绍，学生会很容易忘记其实净利润的计算和财务状况的报告同时需要这两种类型的会计分录。

第 4 章和**第 5 章**主要介绍财务报表的基本编制方法。这两章主要讨论了会计报表要素，包括资产、负债、所有者权益、收入和费用。这些讨论主要以美国财务会计准则委员会和国际会计准则理事会的概念框架为基础，包括了资产和负债的公允价值计量等内容。

第 6 章主要讨论现金流量。在本版教材中，我们仍然坚持早一些引入现金流量表的知识。这样做有两个目的。首先，能将现金流量表提升到了它作为主要会计报表之一所应有的位置上，有利于学生将获利能力和现金流量的相关概念进行更有效的整合，理解两者之间出现不一致的原因。如果等到了课程最后才来介绍现金流量表，往往会让人低估这张报表的重要性。其次，把这一章的位置移在前面有利于学生加深对**第 2~5 章**基本会计模型的理解。编制现金流量表要求学生要从资产负债表和利润表出发，反推曾经发生了哪些交易事项。在这一章中，我们用直接法来计算经营活动产生的现金净流量，但同样也强调了理解间接法的重要性。美国的财务会计准则委员会在 10 多年前就提倡使用直接法，国际会计准则委员会也推荐使用直接法。所以，虽然当前只有很少的美国公司使用直接法在编制现金流量表，但我们认为，这种状况在将来我们的学生们实际参加工作的时候很可能就会发生改变。

第 2~6 章主要使用资产负债表等式或资产负债表等式的变化来帮助大家理解所讨论的话题。在这几章中，每章都附有一个以上的较简单问题要求学生使用资产负债表法来编制主要财务报表。在这几个章节中，尽管比较多地出现了借贷会计核算程序，但教师仍然可以使用资产负债表等式的变化来讲解报表编制的基础知识。

在**第 3~6 章**中，各自分别有一部分的内容要求对该章所介绍的财务报表进行分析和解释，这主要是在为**第 7 章**的获利能力与风险的综合分析做准备。

第 7 章主要介绍财务报表分析工具的使用。在讨论中，我们将各种财务比率分成了多个类别来进行介绍，以减少学生需要突然记忆大量公式的压力。对那些习惯在教学过程中结合使用真实公司年度报告的教师来说，就像我们一直使用贵成公司和泰晤士公司的数据那样，会发现学习到这一步的时候，学生已经可以对这些公司财务报表进行比较综合的分析了。在**第 7 章**的**附录**里，我们补充介绍了编制预计财务报表的步骤。我们认为这样做能帮助学生加深对几大主要报表之间勾稽关系的理解。

第8~15章主要讨论美国财务会计准则委员会和国际会计准则理事会对财务报表编制的指南要求。在每章中，不仅介绍了这些指南的应用情况，还反过来也考虑了会计原则对财务报表的影响。我们认为，学生不仅仅应当能够对公开财务报表进行分析和解释，还必须要学会理解不同的会计处理方法对这些报表会造成什么样的影响。

在**第16章**中，我们使用**第8~14章**中的交易来构成一个综合的例题，继续对现金流量表进行了更深入的讨论。而在**第17章**中，则复习了**第8~15章**中所讨论过的会计原则，然后对准则制定机构当前所强调的一些编报问题进行了探讨，尤其是针对美国公认会计原则和国际财务报表准则之间所存在的分歧进行了重点的讲解。

最后，在本书的**附录**中，我们为以前没有学过资金时间价值的学生介绍了复利知识和现值的计算方法。

致谢

以下人士为本书第14版的出版做出了无价的贡献或提供了有创见性的建议：

Laura Beal，内布拉斯加大学奥马哈分校

Peggy De Prophetis，宾夕法尼亚大学

Judith S. Flaxman，天普大学

Joe Hatch，路易斯大学

Alison Iavarone，福特汉姆大学

Shirin Jahanian，费城社区学院

Adam Myers，得州农工大学

John R. Page，杜兰大学

Wilson Seda，纽约大学

Greg Sommers，南卫理公会大学

James Taibleson，纽约大学

Xiao–Jun Zhang，加利福尼亚大学伯克利分校

Stephen A. Zeff，莱斯大学

上面所提到的Stephen Zeff教授，他在多年来所给我们的建议和资料已经无法用数字来进行计量，因此，我们想对他致以我们特别的敬意和谢意！

Thomas Horton and Daughters出版公司允许我们使用《会计学：商业的语言》一书中的材料。**第3章**中的解决问题42、43和44就是在George H. Sorter先生所提供资料的基础上编写的。这些问题都要求学生从一张财务报表出发，逆向地去推导其他的报表，我们认为这样做对加深学生对知识的理解是非常有帮助的。

我们还要感谢Katherine Xenophon–Rybowiak女士，她帮助我们整理了本版教材的初稿；还有Lachina出版服务公司，本书的目录是由他们负责整理的。

此外，我们还想感谢圣智学习中心的部分工作人员，他们是：Matt Filimonov和Craig Avery，他俩对本书的修订方向、范围以及相关流程给予了很多建议和指导；Tim Bailey先生，感谢他对本书的制作所付出的努力。

Jim Emig和Catherine Lumbattis仔细地阅读了本书中的全部章节和相关的习题解答参考，还提出了不少有用的建议，我们对他俩也心怀感激。

我们还想感谢Lachina出版服务公司的员工们，他们为本书提供了专业的编辑和出色的版面设计，尤其是Bonnie Briggle女士，值得我们特别的谢意！

感谢Michael Behnke先生提醒我们在"致我们的学生"中增加了提示语。

此外，我们定不能忘了 Sidney Davidson 教授。要怎么说才好呢？他是我们的老师，他指导我们，还跟我们一起进行写作。我们都传承了 William Paton 教授的学术衣钵。感谢 Sindey Davidson 教授！

最后，谢谢 Clyde Stickney 教授！自从 FACMU 教材在 1974 年首次出版以来，在过去的 35 年中，他持续地为这本教材做出了相当多的贡献！尽管他的名字并没有出现在本版教材的作者名单中，但他为整本书的出版确实做了大量出色的工作。我们几位作者本来是打算在本书中事无巨细地涵盖很多内容的，是 Clyde Stickney 教授提醒我们要略去那些对 MBA 学生来说没必要去深入探究的细节，但又确保了我们将他们应该掌握的知识点介绍清楚。在过去的 35 年中，他阅读了无数的书稿和编校意见，练就了一双不放过任何一个差错的眼睛。我们深深地想念他。

罗曼 L. 韦尔

凯瑟琳·雪普

珍妮弗·弗朗西斯

CONTENTS 目录

译者序
财务报表比率汇总
致我们的学生
前言

第一部分　财务报表概述

第1章　企业活动、财务报表与报告过程　2
学习目标　2
1.1　企业活动介绍　3
1.2　主要财务报表　5
1.3　财务报告过程　18
1.4　基本会计惯例和概念　21
1.5　业绩计量的会计方法　22
本章小结　25
自习问题解答　25
关键术语与概念　25
思考题、练习题和解决问题　26

第二部分　会计概念与方法介绍

第2章　簿记基础知识与财务报表的编制：资产负债表　36
学习目标　36
2.1　会计账户　37
2.2　资产负债表　38
本章小结　49
自习问题解答　50
关键术语与概念　53
思考题、练习题和解决问题　53

第3章　簿记基础知识与财务报表的编制：利润表　58
学习目标　58
3.1　利润表　59

3.2　资产负债表与利润表的联系　60
3.3　收入、费用和股利的会计处理　61
3.4　编制财务报表　69
本章小结　72
总结：会计核算过程　73
自习问题解答　73
关键术语与概念　74
思考题、练习题和解决问题　74

第4章　资产负债表：资源与融资的列报和分析　89
学习目标　89
4.1　相关概念　90
4.2　资产的确认与计量　92
4.3　与资产计量相关的三个惯例　97
4.4　负债的确认与计量　98
4.5　股东权益的计量与披露　101
本章小结　103
自习问题解答　103
关键术语与概念　104
思考题、练习题和解决问题　104

第5章　利润表：报告经营活动的成果　113
学习目标　113
5.1　相关术语与概念　114
5.2　利润表项目的列报　114
5.3　收入的确认与计量　118
5.4　费用的确认与计量　120
5.5　综合收益　122
本章小结　123
自习问题解答　123
关键术语与概念　124
思考题、练习题和解决问题　124

第6章　现金流量表　132
学习目标　132
6.1　编制现金流量表的必要性　133
6.2　现金流量表概述　134
6.3　编制现金流量表　138

6.4 利用现金流量表所提供的信息 152
6.5 利用现金流量表信息时应注意的问题 153
本章小结 154
自习问题解答 155
关键术语与概念 159
思考题、练习题与解决问题 159

第7章 财务报表分析 171
学习目标 171
7.1 财务报表分析的目的 173
7.2 获利能力分析 174
7.3 风险分析 182
7.4 比率分析的局限 187
7.5 共同比财务报表 187
本章小结 192
附录7A 预计财务报表 193
自习问题解答 201
关键术语与概念 202
思考题、练习题和解决问题 203

第三部分 根据GAAP和IFRS对资产和权益进行计量与报告

第8章 收入的确认、应收账款和预收账款 216
学习目标 216
8.1 回顾损益的确认原则 217
8.2 损益确认原则的应用 217
8.3 在销售完成时确认损益 220
8.4 在销售完成以后确认损益 230
8.5 在发货前确认损益 235
本章小结 238
附录8A 美国公认会计原则和国际财务报告准则关于收入确认条件的对比 239
附录8B FASB-IASB收入确认联合方案概述 240
自习问题解答 241
关键术语与概念 243
思考题、练习题和解决问题 243

第9章 营运资本 255
学习目标 255
9.1 相关术语与概念 256

9.2 常见的流动资产项目 256
9.3 常见的流动负债项目 269
本章小结 275
附录9A 后进先出法对财务报表的影响 275
自习问题解答 279
关键术语与概念 281
思考题、练习题和解决问题 282

第10章 长期有形资产和无形资产 292
学习目标 292
10.1 资本化支出与费用化支出 293
10.2 取得成本的计算 296
10.3 长期资产的后续计量 299
10.4 信息更新对长期资产的影响 303
10.5 长期资产的处置 306
10.6 长期资产的公允价值变动 307
10.7 长期资产在财务报表中的列报 309
本章小结 310
附录10A 美国公认会计原则和国际财务报告准则关于长期资产减值的会计处理对比 311
自习问题解答 315
关键术语与概念 317
思考题、练习题与解决问题 317

第11章 长期借款、债券与租赁 325
学习目标 325
11.1 长期债务市场概述 327
11.2 借款的会计核算 329
11.3 债券的会计核算 330
11.4 公允价值计量选择权 340
11.5 租赁的会计处理 342
本章小结 350
自习问题解答 351
关键术语和概念 357
思考题、练习题和解决问题 357

第12章 负债：表外融资、退休后福利与应交所得税 365
学习目标 365
12.1 表外融资 366
12.2 退休后福利 369
12.3 企业所得税 377
自习问题解答 384

关键术语与概念 386
思考题、练习题和解决问题 386

第13章 有价证券与衍生工具 396
学习目标 396
13.1 资产计量与收益确认问题 398
13.2 有价证券的会计处理与报告 399
13.3 衍生工具 407
13.4 适用于有价证券和衍生工具的公允价值计量选择权 419
本章小结 420
附录13A 国际财务报告准则第9号《金融工具》概述 420
自习问题解答参考 421
关键术语与概念 423
思考题、练习题和解决问题 423

第14章 长期股权投资 430
学习目标 430
14.1 长期股权投资的会计处理与报告概述 431
14.2 积极的少数股权投资 432
14.3 积极的多数股权投资 436
14.4 可变利益实体 446
本章小结 447
自习问题解答 448
关键术语与概念 450
思考题、练习题和解决问题 450

第15章 股东权益：出资与分红 456
学习目标 456
15.1 股东出资 458
15.2 公司分红 460
本章小结 468
自习问题解答参考 469
关键术语与概念 469
思考题、练习题和解决问题 470

第四部分 综合知识

第16章 再论现金流量表 478
学习目标 478

16.1 与现金流量表相关的概念复习 479
16.2 复习：用T形账户法编制现金流量表 479
16.3 现金流量表综合举例 480
16.4 用直接法计算经营活动产生的现金流量 492
16.5 解读现金流量表 493
16.6 衍生工具和公允价值计量选择权对现金流量表的影响 494
16.7 与投资相关的交易对现金流量表的影响 495
本章小结 495
自习问题解答 495
解决问题 496

第17章 综合与扩展 509
学习目标 509
17.1 概念框架 510
17.2 财务报告准则与概念综述 514
17.3 收益的计量与报告：进一步讨论 523
17.4 每股收益 530
17.5 分部信息披露 531
自习问题解答 535
关键术语与概念 538
练习与解决问题 538

附录A 资金的时间价值：复利的概念与应用 547
学习目标 547
A.1 复利的概念 548
A.2 单笔现金流量的终值 548
A.3 单笔现金流量的现值 550
A.4 年金 551
A.5 年金的终值 551
A.6 年金的现值 554
A.7 永续年金 557
A.8 内含报酬率（隐含利率）558
自习问题解答参考 559
关键术语与概念 559
思考题、练习题与解决问题 560
复利与年金系数表 565

PART 1

第一部分
财务报表概述

第 1 章
企业活动、财务报表与报告过程

CHAPTER 1

学习目标

1. 理解企业的 4 种关键活动：（1）建立目标与战略；（2）筹集资金；（3）进行投资；（4）经营运作。
2. 理解下列财务报表的目标和内容：（1）资产负债表；（2）利润表；（3）现金流量表；（4）股东权益变动表。
3. 理解企业管理层和治理委员会、会计准则制定和监管方、独立外部审计师和财务报表使用者等各方主体在财务报告过程中的作用。
4. 懂得财务报告是全球资源分配决策所需信息的重要来源之一，了解两大重要的财务报告规则体系（即美国的公认会计原则体系和国际财务报告准则体系）。
5. 区分现金收付制和权责发生制，理解为什么说权责发生制是更好的业绩计量基础。

在进行资源分配决策时，投资者和债权人都需要相关且可靠的信息来辅佐他们的判断，这些信息包括所投资对象的财务状况、获利能力和风险情况等。财务报告是这类信息的主要来源，而财务报告的编制过程，就是财务会计（financial accounting），或者更广义地说，财务编报（financial reporting）。如果想要在投资这类涉及资源分配的决策中利用好财务报告信息，那么，现在先学好财务编报的基础知识就是非常必要的。

现在，我们就准备带领大家开始财务会计课程的学习了。在这里，你将学习和了解与公司财务报告编制相关的概念、公司在编报过程中所应用的会计原理、管理层在应用这些会计原理时所做的估计和判断，以及财务报表的分析工具。你将学习到两套非常类似（但绝不完全相同）的财务会计准则体系：美国公认会计原则（U.S. GAAP[⊖]）和国际财务报告准则（IFRS）。财务会计准则体系规定了公司在编制财务报告时必须使用的财务会计原则和在管理层在应用这些原则时必须做出的估计和判断。本章中，我们将以两家公司为例来讲解这两套准则体系，其中一家公司（贵成股份公司）使用美国公认会计原则进行编报，而另一家公司（泰晤士有限责任公司）则是按国际财务报告准则进行编报的。我们在整本教材当中都会延续这样的做法，以方便大家能同时掌握好这两套会计准则体系[⊖]。

我们的目标是帮助大家理解财务会计的概念、方法和应用，这样，才能对财务会计信息加以有效的利用。作为一名财务报表使用者，你可能碰到的报表格式和列报方法是多种多样的，在本书中，我们会介绍其中的一些，但今后你肯定还会见到其他的报表样式，这一点请大家一定要理解。

如章名所示，本章主要介绍我们在后续章节中将会详细讨论的一些概念、方法和应用。首先，我们对贵成公司和泰晤士公司的主要经营活动先做一个大致的介绍；其次，再介绍这两家公司是如何计量它们的经营成果并在财务报表中进行报告的；最后，我们会介绍企业财务报告的过程，然后引入美国公认会计原则和国际财务报告准则。

1.1 企业活动介绍

企业管理层[⊖]通过编制财务报告来向外部信息使用者提供有关企业活动的信息。这里的外部信息使用者，包括企业的所有者、债权人、监管方和企业员工等。不过，要理解这些财务报告，首先得先了解一下企业的活动，包括：

(1) 建立目标和战略；(2) 筹集资金；(3) 进行投资；(4) 经营运作。

以下将结合贵成公司和泰晤士公司的情况来介绍这四种企业活动。

例题1 美国的贵成公司在美国和全球其他地区共经营着超过 3 500 家零售商店，但它的最大市场还是在美国。该公司按照美国公认会计原则编制财务报表。它销售的商品包括家用电子产品、办公用品、娱乐软件和家用电器等，同时还提供相关的服务。

例题2 法国的泰晤士公司是一家电子企业，主要为航空航天和安防部门提供信息系统和相关的服务。泰晤士公司按照国际财务报告准则编制财务报表，在全球开展经营，不过它最大的市场还是在欧洲。

虽然贵成公司和泰晤士公司在商业模式、规模和地理位置等方面都差别很大，但两家公司的管理层所负责管理的企业活动却是非常类似的，两家公司在商业模式上的差别只对每一种企业活动的具体内容产生影响。

1.1.1 建立企业目标和战略

所谓**目标**（goals），是指公司愿意倾力所向的最终成果，而**战略**（strategies）则是实现这些成果的手段。例如，使企业所有者的报酬最大、为员工提供最佳工作环境、改善企业产品和制造过程的环保绩效等，都可以作为

⊖ GAAP 表示公认会计原则。美国公认会计原则（U.S. GAAP）是美国最权威的财务会计工作指南。在本书中，我们将对美国公认会计原则和国际财务报告准则展开详细的讨论。

⊖ 贵成公司和泰晤士公司的财务数据来源于两家真实的公司，它们分别按照美国公认会计原则和国际财务报告准则进行编报。在将这些数据应用于本教材时，我们做了适当的修改。

⊖ 在本书中，我们用管理层（managers，managements）来表示在企业中负责经营、投资和筹资决策并根据会计准则的要求编制财务报表的那部分员工。有时我们也直接使用公司或者企业（firms）来指代这些决策人。

企业的目标。然后，再由企业管理层在公司董事会㊀的监督之下来负责制定企业的战略——比如，决定企业的经营范围、选址和每种经营业务的发展战略等。能够影响企业目标和战略选择的因素主要包括下面这些：

1. 竞争对手的目标和战略。
2. 产业进入障碍，例如特许权或高额的固定投资。
3. 公司所生产产品或提供服务的需求性质。比如，对一些医药类产品的需求未来可能看涨，而对基本生活用品的需求则保持相对稳定。
4. 是否受到政府管制以及管制的性质。

企业会披露大量关于其目标和战略的信息。例如，贵成公司就在它最近的财务报告中指出，零售店的发展对公司的增长作用巨大，包括进入新兴市场、在现有市场范围内开更多的新店、扩张或者重新装修现有店面等；在报告中，该公司披露了大量历史的开店和关店信息，以及未来的店面发展计划。同样地，泰晤士公司也在它最近的一份财务报告中宣布了一项成本削减计划，希望以此来应对它在主板市场中面临的困难局面。

企业目标和战略的建立不会直接对现金流量产生影响，但其他三种企业活动（经营运作、投资和筹资）往往涉及现金的获得或者使用。在本章后续部分介绍现金流量表时，我们将会对这些现金流量情况进行更详细的讲解。

1.1.2 筹集资金

企业必须要先**筹集资金**（financing），才能实现它们所定下的计划。所谓筹集资金，就是从企业所有者或者债权人那里寻求资金的支持。所有者将自有资金投入到企业，作为回报，能获得所有者权益。在公司制企业里，所有者权益是用普通股权的份额来表示的，因此，公司制企业的所有者又被称为**股东**㊁（shareholders 或 stockholders）。有时候，你会发现一些普通股份是可以在诸如纽约证券交易所或者伦敦证券交易所这样的活跃市场中进行交易的。如果一家公司所发行的股份能在这种活跃市场中进行交易，那么这家公司就被称为**公开交易**（publicly traded）公司或上市公司，需要受到特殊的监管。对于从所有者那里所筹集到的资金，企业是没有偿还义务的，但董事会或企业管理委员会可以决定是否向所有者发放**股利**（dividends）。所谓股利，是指发放给企业所有者的资产，股利发放形式通常为现金。

而对于**债权人**（creditors）所提供的资金，企业必须在特定的日期偿还特定的金额。从取得借款日开始计算，偿还期在1年以上的借款称为长期（long-term）债务，而在1年以内就必须偿还的借款则称为短期（short-term）债务。债券（bonds）是一种常见的长期债务形式。在债券合约中，会明确借款额和包括还款时间、还款额在内的各种还款条件。还有一种常见的长期债务形式是长期银行借款。通常，银行借款的期限会从几个月到几年不等。此外，原材料或商品供应商如果在向企业提供了材料或者商品之后没有要求企业立即付款的话，实质上也为企业提供了资金来源——因为企业现在就得到了原材料或者商品，但却可以过一段时间才进行相应的支付。

每个企业都必须就来源于所有者、长期债权人和短期债权人的资金比例关系做出相应的筹资决策，这类决策的技术问题主要在公司财务管理课程中涉及。

1.1.3 进行投资

企业只有通过投资才能获得生产能力，从而开展业务活动。投资活动主要是指将资金在下列资产中进行分配㊂。

1. 土地、建筑物和设备。这类投资能为企业创造生产并销售产品或提供服务的能力，它们通常是长期的，即一旦投资，就能在很长时间内使企业具备生产或运营的能力。
2. 专利权、许可证和其他合同性权利。这类投资能使企业拥有使用某个创意或者工艺的权利，它们通常是无形的，即不具备特定的实物形态。

㊀ 有些国家的法律会要求企业设置两个董事会，但其他国家一般都只要求一个。
㊁ 如果企业采用的是合伙制形式，那么所有者就叫作合伙人；如果企业采用个人独资形式，那么所有者就是业主。本书主要考虑公司制企业，所以常用股东来称呼所有者。
㊂ 此处的投资是指更广义的资金分配，与后续将会介绍的现金流量表中所特指的投资活动相比较范围更广，不仅包括了长期资产的投资，还包括对流动资产的投资。——译者注

3. 其他公司发行的普通股或债券。通过这类投资，能使企业成为其他公司的股东或者债权人，短期的权益性投资通常只涉及部分的所有权，但长期的权益性投资则可能涉及被投资企业的部分或者全部所有权。

4. 存货。公司需要持有一定数量的存货以满足消费者的购买需求。比如，贵成公司就持有家用电子产品、办公用品、娱乐软件和家用电器等库存。

5. 应收账款。在很多企业中，都允许顾客先享有产品或服务，然后迟些再来付款。应收账款（accounts receivable）就是顾客在短期内（例如 30 天）欠企业的钱。由于向顾客授予了信用，所以公司在提供产品或者服务后不能立即收到付款；如果企业不允许顾客先货后款的话，就很有可能会失去潜在的销售机会。

6. 现金。大多数企业都会持有一定的库存现金（比如以公司支票账户存款的形式），用以支付当期的账单。

有关企业投资决策的技术问题，主要在管理会计和公司财务管理课程中进行讨论。

1.1.4 经营运作

管理层对企业所拥有的生产设备和资源进行运作管理，使企业能够获取利润。企业的**经营活动**（operating activities）主要包括：

1. 采购。比如对贵成公司这样的商业企业来说，就需要有采购部门来负责取得销售所需的商品；像泰晤士公司这种制造企业，同样也要依赖采购部门去获取生产所需的原材料。

2. 生产。在制造业中，我们通过生产部门将产品所需的原材料、人工和其他制造投入进行合成，形成产品；而服务业也需要将人工和其他投入相结合，形成服务产品，提供给顾客。

3. 销售。将产品或服务出售并配送给顾客，这一过程通常是由销售部门来完成的。

4. 管理。数据处理、人力资源管理、法律服务和其他支持性服务等，都属于企业的管理性工作。

5. 研发。为了发掘能用于新产品、新工艺或新服务的知识，企业还需要开展研究与开发活动。

有关生产与运作决策方面的技术问题，主要在管理会计、市场营销和经营运作管理课程中进行讨论。

1.2 主要财务报表

企业通过**提供给股东的年度报告**⊖（annual report to shareholders）来传达上述活动的结果。在年度报告中，通常会有一封由企业管理层写的"致股东信"，其中会描述公司的目标、战略、已取得的经营成果等，并对企业的产品、设施和员工等进行介绍。对股份已经公开上市交易的公司来说，它们还必须向某个监管机构（通常为某政府代理机构）提交一份年度报告⊖，报告的具体形式和内容由公司股份上市交易所在地的法律和规范所决定。在美国，监管机构还要求上市公司在年报中披露**管理层讨论与分析**（Management's Discussion and Analysis，MD&A），由管理层对公司在过去一年中所取得的经营成果、流动性水平（货币资金的来源与运用）、资本来源和获利能力与风险的变化原因等进行介绍。

本书主要关注以下四张主要财务报表和相关的附注信息，包括：

1. 企业在某一特定时刻的资产负债表（balance sheet），或称财务状况表（statement of financial position）。
2. 企业在某一特定时期的利润表（income statement），或称损益表（statement of profit and loss）。
3. 现金流量表（statement of cash flows）。
4. 股东权益表（statement of shareholders' equity），或称股东权益变动表（statement of changes in shareholders' equity）。
5. 财务报表附注（notes），包括各种支持性的文件。

接下来，本章将对以上 5 个项目依次进行简要的介绍。我们在讲述中将结合使用贵成公司和泰晤士公司的财务报表数据。其中，表 1-1～表 1-4 是贵成公司的财务报表，而表 1-5～表 1-8 是泰晤士公司的财务报表。我们的

⊖ 很多公司都会把这些年报放在他们的网站上，通常在"投资者关系"这个栏目中。在一些证券监管机构的网站上，也能找到包括年度报告在内的一些公司填报资料。

⊖ 监管机构还可能要求公司提供中期报告（interim reports），比如，季度报告。在美国，上市公司必须按季度向监管机构填报信息，这些信息都是年度报告的一个子部分。在监管方的官方网站（www.sec.gov）上，可以查找到这些季度报告。证券交易委员会（SEC）就是美国的上市公司监管机构。

介绍将从企业财务报表普遍适用的一些惯例和概念开始。

表1-1 贵成股份公司合并资产负债表 （单位：百万美元）

	2013年2月27日	2012年2月28日
资产		
流动资产		
现金与现金等价物	$1 826	$498
短期投资	90	11
应收账款	2 020	1 868
商品存货	5 486	4 753
其他流动资产	1 144	1 062
流动资产合计	10 566	8 192
不动产、厂场与设备		
土地与建筑物	757	755
租入资产改良	2 154	2 013
固定设施与设备	4 447	4 060
融资租赁的财产	95	112
	7 453	6 940
减：累计折旧	(3 383)	(2 766)
固定资产净值	4 070	4 174
商誉	2 452	2 203
商标品牌权	159	173
客户关系	279	322
股权投资和其他投资	324	395
其他资产	452	367
资产总计	$18 302	$15 826
负债与股东权益		
流动负债		
应付账款	$5 276	$4 997
礼品卡负债	463	479
应付薪酬与相关费用	544	459
应计负债	1 681	1 382
应付所得税	316	281
短期借款	663	783
一年内到期的长期债务	35	54
流动负债合计	8 978	8 435
长期负债	1 256	1 109
长期借款	1 104	1 126
负债合计	11 338	10 670
承诺与或有负债	—	—
股东权益		
优先股	—	—
普通股	42	41
股本溢价	441	205
留存收益	5 797	4 714
累计其他综合收益	40	(317)
贵成公司股东权益合计	6 320	4 643
少数股东权益	644	513
股东权益合计	6 964	5 156
负债与股东权益合计	$18 302	$15 826

资料来源：© Cengage Learning 2014.

表1-2　贵成股份公司合并利润表　　　　　　　　　　　　　　　　（单位：百万美元）

	截至2013年 2月27日的财务年度	截至2012年 2月28日的财务年度	截至2011年 2月27日的财务年度
收入	$49 694	$45 015	$40 023
销货成本	37 534	34 017	30 477
毛利润	12 160	10 998	9 546
销售与日常管理费用	9 873	8 984	7 385
重组支出	52	78	0
商誉与商标权减值	0	66	0
营业利润	2 235	1 870	2 161
其他收益（费用）			
投资收益及其他	54	35	129
投资减值损失	0	(111)	0
利息费用	(94)	(94)	(62)
所得税费用和权益法下投资损益前的利润	2 195	1 700	2 228
所得税费用	802	674	815
权益法下的投资收益（损失）	1	7	(3)
扣除少数股东本期收益前的净利润	1 394	1 033	1 410
少数股东本期收益	(77)	(30)	(3)
归属于贵成公司的本期净利润	$1 317	$1 003	$1 407
归属于贵成公司的每股收益			
基本每股收益	$3.16	$2.43	$3.20
稀释每股收益	$3.10	$2.39	$3.12
流通在外的加权平均普通股数（百万股）			
基本股数	416.8	412.5	439.2
稀释股数	427.5	422.9	452.9

资料来源：© Cengage Learning 2014.

表1-3　贵成股份公司合并现金流量表　　　　　　　　　　　　　　　　（单位：百万美元）

	截至2013年2月 27日的财务年度	截至2012年2月 28日的财务年度	截至2011年2月 27日的财务年度
经营活动			
扣除少数股东本期收益前的净利润	$1 394	$1 033	$1 410
将净利润调整为经营活动产生的现金流量：			
折旧费用	838	730	580
寿命有限的无形资产之摊销额	88	63	1
资产减值损失	4	177	0
重组支出	52	78	0
用股票结算的薪酬	118	110	105
递延所得税	(30)	(43)	74
用股票结算的薪酬所带来的超额税盾	(7)	(6)	(24)
其他项目净额	(4)	12	(7)
	2 453	2 154	2 139
扣除并购资产或负债后经营资产的变化：			
应收账款	(63)	(419)	12
商品存货	(609)	258	(562)
其他资产	(98)	(175)	42
应付账款	141	139	221
其他负债	279	(75)	74
所得税	103	(5)	99
经营活动产生的现金流量总额	2 206	1 877	2 025
投资活动			
新增固定资产所支付的现金（已扣除非货币性资产交换影响）	(615)	(1 303)	(797)

(续)

	截至2013年2月27日的财务年度	截至2012年2月28日的财务年度	截至2011年2月27日的财务年度
取得投资支付的现金	(16)	(81)	(8 501)
处置投资收到的现金	56	246	10 935
企业并购所支付的现金（已扣除并购中获得的现金）	(7)	(2 170)	(89)
限定用途现金的变化	18	(97)	(85)
交割的套期投资净值	40	0	0
其他项目净额	(16)	(22)	1
投资活动产生（使用）的现金流量总额	(540)	(3 427)	1 464
筹资活动			
回购普通股所支付的现金	0	0	(3 461)
发行普通股所收到的现金	138	83	146
支付股利所使用的现金	(234)	(223)	(204)
偿还债务支付的现金	(5 342)	(4 172)	(4 353)
发行债务所得到的现金	5 132	5 606	4 486
取得的少数股东权益	(34)	(146)	0
用股票结算的薪酬所带来的超额税盾	7	6	24
其他项目净额	(15)	(23)	(16)
筹资活动产生（使用）的现金总额	(348)	591	(3 378)
汇率变动对现金的影响	10	19	122
现金及现金等价物增加（减少）额	1 328	(940)	233
期初现金及现金等价物	498	1 438	1 205
期末现金及现金等价物	$1 826	$498	$1 438
补充披露的现金流量信息			
当期支付的所得税	732	766	644
当期支付的利息	78	83	49

资料来源：© Cengage Learning 2014.

表1-4　贵成股份公司合并股东权益变动表（单位：除股数外，均为百万美元）

	普通股数量	普通股本	超额缴入股本	留存收益	累计其他综合收益	小计	少数股东权益	合计
2010年2月28日余额	481	$48	$430	$5 507	$216	$6 201	$35	$6 236
净利润	—	—	—	1 407	—	1 407	3	1 410
税后其他综合收益（损失）：								
外币折算调整额	—	—	—	—	311	311	2	313
可供出售金融资产的未实现损失	—	—	—	—	(25)	(25)	—	(25)
综合收益合计						1 693	5	1 698
采纳与不确定税务情况相关的准则带来的会计政策变动累计影响	—	—	—	(13)	—	(13)	—	(13)
股票期权行权	4	—	93	—	—	93	—	93
股票期权、限制性股票与员工股权激励计划带来的税收利益	—	—	17	—	—	17	—	17
根据员工股权激励计划发行的普通股	1	—	53	—	—	53	—	53
用股票结算的薪酬	—	—	105	—	—	105	—	105
普通股股利，每股0.46美元	—	—	—	(204)	—	(204)	—	(204)
普通股回购	(75)	(7)	(690)	(2 764)	—	(3 461)	—	(3 461)
2011年2月27日余额	411	41	8	3 933	502	4 484	40	4 524
净利润	—	—	—	1 003	—	1 003	30	1 033
税后其他综合收益（损失）：								
外币折算调整额	—	—	—	—	(830)	(830)	(175)	(1 005)

(续)

	普通股数量	普通股本	超额缴入股本	留存收益	累计其他综合收益	小计	少数股东权益	合计
可供出售金融资产的未实现损失	—	—	—	—	(19)	(19)	—	(19)
可供出售金融资产减值损失重分类影响	—	—	—	—	30	30	—	30
综合收益合计						184	(145)	39
企业收购	—	—	—	—	—	—	666	666
取得的少数股东权益	—	—	—	—	—	—	(48)	(48)
股票期权行权	2	—	34	—	—	34	—	34
股票期权、限制性股票与员工股权激励计划带来的税收利益	—	—	4	—	—	4	—	4
根据员工股权激励计划发行的普通股	1	—	49	—	—	49	—	49
用股票结算的薪酬	—	—	110	—	—	110	—	110
普通股股利，每股0.54美元	—	—	—	(222)	—	(222)	—	(222)
2012年2月28日余额	414	41	205	4 714	(317)	4 643	513	5 156
净利润	—	—	—	1 317	—	1 317	77	1 394
税后其他综合收益（损失）：								
外币折算调整额	—	—	—	—	329	329	76	405
可供出售金融资产的未实现收益	—	—	—	—	28	28	—	28
综合收益合计						1 674	153	1 827
企业收购时的会计调整	—	—	—	—	—	—	(22)	(22)
股票期权行权	4	1	95	—	—	96	—	96
股票期权、限制性股票与员工股权激励计划带来的税收利益	—	—	(19)	—	—	(19)	—	(19)
根据员工股权激励计划发行的普通股	1	—	42	—	—	42	—	42
按股票计算的薪酬	—	—	118	—	—	118	—	118
普通股股利，每股0.56美元	—	—	—	(234)	—	(234)	—	(234)
2013年2月27日余额	419	$42	$441	$5 797	$40	$6 320	$644	$6 964

资料来源：© Cengage Learning 2014.

表1-5 泰晤士有限责任公司合并资产负债表

（单位：除每股数据外，均为百万欧元（€））

	2013年12月31日	2012年12月31日
商誉	2 986.9	2 793.2
其他无形资产，净值	925.3	1 129.3
有形资产，净值	1 338.3	1 262.9
非流动经营资产合计	5 250.5	5 185.4
长期股权投资	711.0	692.4
可供出售的金融资产	101.9	175.4
贷款和其他金融资产	171.9	258.8
长期金融资产合计	6 235.3	6 312.0
衍生工具的公允价值：利率风险管理	24.8	13.1
养老金及其他员工福利	66.0	44.0
递延所得税资产	678.0	433.5
非流动资产合计	7 004.1	6 802.6
存货与在产品	2 210.8	2 227.4
建造合同：资产	2 243.2	2 400.6
预付给供应商的贷款	342.4	548.2
应收账款、票据和其他短期应收项目	3 934.8	4 064.1
衍生工具的公允价值：货币风险管理	172.6	292.4
短期经营资产合计	8 903.8	9 532.7
短期应收税款	40.4	13.1

	2013年12月31日	2012年12月31日
		（续）
短期应收关联公司款项	94.8	65.1
有价证券	4.4	22.4
现金与现金等价物	1 960.1	1 499.8
短期金融资产合计	2 099.7	1 600.4
流动资产	11 003.5	11 133.1
资产总计	€18 007.6	€17 935.7
资本、股本溢价和其他公积金	€4 168.3	€4 498.9
累计外汇折算调整	(283.2)	(399.8)
库存股	(141.5)	(150.2)
股东权益合计	3 743.6	3 948.9
少数股东权益	10.2	2.9
股东权益与少数股东权益总额	3 753.8	3 951.8
金融负债：长期	1 651.6	761.3
养老金和其他员工福利	856.7	847.5
递延所得税负债	258.6	268.6
非流动负债	2 766.9	1 877.4
预收账款	3 849.4	3 687.4
暂收款	172.8	169.5
建造合同：负债	882.7	578.4
预提或有准备	1 129.8	961.5
应付账款、票据和其他短期应付项目	4 736.0	5 045.9
衍生工具的公允价值：货币风险管理	100.7	279.5
短期经营负债总额	10 871.4	10 722.2
短期应付税款	92.2	88.9
金融负债：短期	326.4	1 136.3
短期应付关联公司款项	196.9	159.1
短期金融负债总额	523.3	1 295.4
短期负债合计	11 486.9	12 106.5
负债与股东权益总计	€18 007.6	€17 935.7

资料来源：© Cengage Learning 2014.

1.2.1 财务报告惯例

本部分主要介绍财务报表编制过程中的一些惯例。这些惯例决定了财务报表的编制期长短（会计期间）、财务报告中所包含的报告期数量、货币金额单位以及一些财务报告术语和细节程度。

报告期（会计期间）的长短 财务报告的期间可长可短。一般的外部报告涉及报告期间通常为一年，这样的报告年度被称为**财务年度**（fiscal year）。很多公司都直接使用日历年度作为他们的财务年度（即以每年的12月31日作为财务年度的截止日），但还是有一些其他的公司选择了不同的财务年度截止日。如果一家公司的财务年度截止日为第T个日历年度的6~12月的某一天，我们习惯称它的财务报告为第T个财务年度的报告。比如，泰晤士公司以2013年12月31日作为截止日的年度报告，就是它的2013财务年度业绩报告。但是，如果一家公司的财务年度截止日为第T年的1~5月某一天，我们就习惯称这份财务报告为第（T-1）财务年度的报告。比如，贵成公司的财务报告以2013年2月27日作为年度截止日，我们习惯说这是贵成公司在第2012财务年度的业绩报告。⊖

报告期的个数 为便于对不同时期的数据进行比较，美国公认会计原则和国际财务报告准则都要求公司在每份报告中提供多个财务期间的数据。企业必须提供包括当期和前期数据在内的两张资产负债表，作为期初余额和

⊖ 但并不是所有的公司都遵循这种惯例，所以，在对不同的公司进行比较时，要留心报告所属的会计期间。

期末余额分别报告。比如，表1-1是贵成公司2012年度财务报告中所披露的资产负债表，其中包括了2013年2月27日（即该公司2012财务年度截止日）的数据和2012年2月28日（即该公司2011财务年度截止日）的数据。而对利润表、现金流量表和股东权益变动表，美国证券交易委员会要求企业提供报告当年和之前两年，即一共三期的比较数据；但国际财务报告准则只要求企业报告当年和前一年，即一共两期的数据。

货币金额 在财务报表中，我们会在每个项目旁边报告它们的计量值，即**货币金额**（monetary amount）。报表中必须指明这些金额的计量单位，包括数字单位（比如千或百万）和货币种类（比如美元$或者欧元€）。企业通常以其总部所在地国家的货币或者主要经营业务所在国家的货币来编报它们的财务报表。例如，一家总部在英国、大部分经营业务也发生在英国的企业，通常就会以英镑（£）来报告它的经营业绩。

报告术语与细节程度 无论是美国公认会计原则还是国际财务报告准则，都对财务报表应包含的内容进行了大致的规定，但两者同时也都没有涉及具体的细节或者说账户的名称。相对来说，国际财务报告准则提供的指南更细一点。比如，它规定了资产负债表所必须具有的项目和企业必须单独披露的项目。⊖在这一点上，美国公认会计原则是无法与国际财务报告准则相比的。⊖因此，我们在未来将可能会接触到以各种形式列报的财务报表，并且报表信息的详略程度也会有所区别，希望你一定要在事前就对此有所认识。此外，这些规定并没有强制企业使用特定的账户名称或者财务报表项目。虽然在实务中，像现金、应收账款和存货等这些项目的名称已经越来越被普遍使用了，但你一定应当了解，这些名称是可能会出现变化的，就跟报表的形式和列报方式可能会不那么统一是一样的道理。

了解了以上这些会计惯例以后，我们下面开始介绍财务报表。

1.2.2 资产负债表

资产负债表（balance sheet）也称为**财务状况表**（statement of financial position），它报告企业在某一特定时点上所拥有的生产性资源以及提供这些资源的资金来源。表1-1就是贵成公司在2013年2月27日和2012年2月28日的资产负债表；而表1-5则是泰晤士公司在2013年12月31日和2012年12月31日的资产负债表。这些资产负债表反映了编报公司在各自财务年度末的信息。贵成公司的资产负债表明该公司的财务年度是以每年的2月27日或者2月28日作为截止日的；而泰晤士公司的财务年度则是以每年的12月31日作为截止日的。企业在一年中其他时候的财务状况与年末资产负债表中所反映出来的情况有可能会存在很大的差异。

资产、负债和股东权益的概念 资产负债表中报告了企业的资产、负债和股东权益信息，其中既有总额也有分项合计金额。表中的每一个项目都是有名称的，用来说明各个项目的性质，然后再按编报所依据的货币单位来报告其数字金额。比如，在贵成公司的资产负债表上，第一个项目是"现金及现金等价物"，金额为1 826百万美元。其中，计量单位"百万美元"已在资产负债表的表头予以说明。泰晤士公司资产负债表中的第一个项目是"商誉（净值）"，计量单位为百万欧元，金额是2 986.9百万欧元。

所谓**资产**（assets），是指可能为企业带来未来经济利益流入的经济资源。比如，企业所进行的生产性投资就属于资产。在贵成公司和泰晤士公司各自的资产负债表中，都报告有"固定资产"项目（在泰晤士公司的报表中，该项目的具体名称为"有形资产净值"）。⊜

我们将债权人的要求权称为**负债**（liabilities）。债权人为企业提供了资金、存货或者服务，企业有义务为他们所得到的存货或者服务而向债权人进行支付。我们来看两个因为先前的消费（存货或者人工服务等）而引起的负债：

- 贵成公司和泰晤士公司都存在还未全额付款的采购项目。在贵成公司的报表中，它将对供应商的欠款报告在一个叫作"应付账款"的负债项目里；而泰晤士公司则将这种欠款报告在"应付账款、票据和其他短期应付项目"中。
- 对于员工为公司所提供的劳动服务，贵成公司和泰晤士公司都未曾来得及进行全额的支付。贵成公司将尚未支付给员工的金额记录在"应付薪酬与相关费用"这个负债项目中；而泰晤士公司则将这类负债记录在"应付账款、票据和其他短期应付项目"项目中。

⊖ 根据国际会计准则理事会（IASB）在2003年修订的国际会计准则第1号"财务报表的列报"。
⊖ 直到2011年下半年，一个旨在优化和统一美国公认会计原则与国际财务报告准则的财务报表列报指南项目仍在进行之中。
⊜ 贵成公司和泰晤士公司在资产负债表中报告资产的顺序是不一样的，我们稍后再来讨论这个报告顺序问题。

股东权益（shareholders' equity）报告企业的所有者通过认购企业的股份或者将企业所赚的利润再投资（留存）到企业中的资金数额。由于股东为企业提供了资金，所以他们对企业的资产拥有要求权，但是，这种要求权只能是剩余索取权，即所有者仅对企业资产超出了债权人要求权的剩余部分享有要求权。在资产负债表的股东权益部分，要同时列示股东为获取企业所有权而投入的金额和留存收益的金额。泰晤士公司将资本和留存收益合并报告在了一个项目中，这就是"资本、股本溢价和其他公积金"，该公司的股东权益合计为3 743.6百万欧元。贵成公司也使用了股东权益这个术语。截至2013年2月27日，贵成公司向股东发行的股票数量一共是4.19亿股，股东们为认购这些股份，一共向贵成公司投入了483百万美元（=42+441）的资金；同日，贵成公司的留存收益为5 797百万美元，我们接下来对这个项目进行更具体的讨论。

留存收益（retained earnings）属于企业净资产（=总资产－总负债）的一部分，它等于企业历年来所赚取的利润减去已分发给股东的股利以后留下来的剩余。管理层通过对企业资产的经营和运作来赚取利润，在企业的经营和运作中，必然会消耗一些资产，因此企业总是希望能通过经营运作取得比所消耗掉的金额更多的资产，这些增加的资产金额，在扣除了债权人的要求权以后，就是留存收益，是属于企业的所有者的。贵成公司在2013年2月27日的留存收益为5 797百万美元，说明该公司自成立以来，累计赚取的净利润在扣除了累计所发放的股利之后的金额就是5 797百万美元。在表1-8"合并股东权益与少数股东权益变动表"中，泰晤士公司报告它在2013年12月31日表现为累计亏损，说明这家公司的累计盈利减去累计股利以后的金额为负数，泰晤士公司在2013年12月31日的累计亏损金额为197.3百万欧元。

在资产负债表中，没有任何一个刚好与留存收益金额相等的资产项目出现。这是因为，企业可将留存下来的利润用来配置各种资产，包括存货、建筑大楼、设备和其他各种资产等，都是可以的。几乎所有的成功企业都会将盈利的一大部分留存下来，用作资产的更新和企业的扩大经营，而不是单纯地只发放股利。

资产恒等于负债与所有者权益之和　企业的全部资产总额与全部负债和全部所有者权益总额之和是必然相等的，将这个等式应用于贵成公司和泰晤士公司都是成立的：

	资产	=	负债㊀	+	所有者权益
贵成公司	$18 302	=	$11 338	+	$6 964
泰晤士公司	€18 007.6	=	€14 253.8	+	€3 753.8

企业将它通过筹资获得的资源用来进行投资。资产负债表是从两个角度来看待这些资源的。首先，这些资源就是企业目前所持有的资产，他们都是通过资金而换取得到的。其次，也可以将这些资源看作是债权人和所有者对企业的要求权，因为正是他们为企业提供了资金。因此有：

　　　　　资产　=　负债　+　所有者权益

或

　　投资可以使用的资金　=　通过筹资所得到的资金
　　经济资源　　　　　　=　经济资源的来源
　　经济资源　　　　　　=　对经济资源的要求权

企业的资产总额是由很多个单项资产项目的金额所加总而成的，这些单项资产项目包括应收账款、存货、设备和其他资产等，它们都是企业投资决策的结果；而负债与所有者权益项目在资产负债表日的组合关系则反映了企业筹资决策的结果。

资产负债表的分类与汇总　美国公认会计原则和国际财务报告准则都要求企业应当在资产负债表中将流动项目与非流动项目分别进行报告。㊁

㊀ 贵成公司和泰晤士公司都没有直接在资产负债表上报告它们的负债总额，因此要获得负债总额，需要将各个负债项目的金额进行加总。泰晤士公司报告的股东权益为€3 743.6，少数股东权益（是股东权益的另一个组成项目）为€10.2。对少数股东权益，我们将在第14章中再进行讨论。

㊁ 贵成公司是先报告流动资产和流动负债，而泰晤士公司则是先报告非流动资产和非流动负债。泰晤士公司的这种做法在国际财务报告准则下是可以的，但在美国公认会计原则下则是不被许可的。

- 流动资产包括现金和预期在 1 年之内（自资产负债表日开始计算）能转换为现金，或被出售、被消耗的资产。比如，应收账款和存货项目都属于企业的流动资产。
- 流动负债是企业预期在 1 年之内将要偿还的义务。流动负债的例子包括应付供应商的货款和应付职工的薪酬等。
- 非流动资产是指使用期长达多年的资产，比如，土地、建筑物、设备和专利权等，这些都属于非流动资产。
- 长期负债和所有者权益的提供者不会要求企业在未来 1 年内就进行支付，这些项目所对应的支付义务会至少在 1 年以后才发生。

资产负债表中，每个项目的金额都是汇总（aggregated）额。例如，在贵成公司的资产负债表上，"商品存货"项目所对应的金额就是该公司所有存货价值的总额。

资产负债表中的计量 美国公认会计原则和国际财务报告准则都同时采用了两套计量基础来报告资产负债表上资产、负债和所有者权益的金额：

1. 历史金额，即资产的取得成本或从债权人、股东那里所获取的初始资金额。
2. 现时金额，即能反映出资产负债表日现时价值的计量属性。现时成本或现时价值这个概念既可以应用于资产，也可以应用于负债或所有者权益。

因此，报表中的一些会计信息是按历史成本（historical cost）报告的**历史金额**（historical amount），还有一些会计信息则是按现时成本（current cost）报告的**现时金额**（current amount），例如，公允价值（fair value）就是一种现时金额）。对于具体某个项目需要按哪种计量属性进行报告，取决于公认会计原则或国际财务报告准则的特殊要求。在后面的章节中，我们将对这些计量属性再进行讨论和讲解。

分析资产负债表 一般情况下，企业会用流动负债来为流动资产提供资金，同时运用长期负债和所有者权益筹集到的资金来投资于非流动资产。类似于应收账款这样的流动资产项目，通常在 1 年内就可以转换为现金，因此企业可利用这类短期的现金流来支付将于 1 年内到期的短期债务。像建筑物与设备这一类非流动资产项目，能在多年内为企业创造现金流量，因此，企业可以将这类长期的现金流量规划用作长期债务的偿还。

贵成公司在 2013 年 2 月 27 日的资产负债表中报告了下面这些信息（单位：百万美元）：

流动资产	$10 566	流动负债	$8 978
非流动资产	7 736	非流动负债和股东权益	9 324
总计	**$18 302**	总计	**$18 302**

在泰晤士公司 2013 年 12 月 31 日的资产负债表中，也能找到如下这些类似的信息（单位：百万欧元）：

流动资产	€11 003.5	流动负债	€11 486.9
非流动资产	7 004.1	非流动负债和股东权益	6 520.7
总计	**€18 007.6**	总计	**€18 007.6**

从这些数据中可以看出，贵成公司通过长期资金来源（包括长期负债和所有者权益）所筹集的资金已经超过了长期资产的金额；而泰晤士公司通过长期资金来源所筹集的资金则低于长期资产的金额。

1.2.3 利润表

在国际财务报告准则体系下，**利润表**（income statement）也被称为**损益表**（statement of profit and loss），是一张专门用来反映企业获利情况的报表。**净收益**（net income）、**盈利**（earnings）和**利润**（profit）这几个术语所代表的意思相近，是可以互换使用的。表 1-2 就是贵成公司在 2012、2011 和 2010 财务年度的利润表，该公司将它称为合并利润表。表 1-6 是泰晤士公司在 2012 年和 2013 年的利润表，该公司将它称为合并损益表。

表1-6 泰晤士有限责任公司合并利润表　　　　　　　　　　（单位：百万欧元（€））

a) 合并利润表	2013年度	2012年度
收入	€12 881.5	€12 664.8
销售成本	(10 633.4)	(9 964.5)
研究与开发费用	(550.5)	(440.2)
市场与销售费用	(901.9)	(806.7)
日常管理费用	(543.4)	(558.7)
重组成本	(116.1)	(32.5)
无形资产摊销	(84.4)	(109.8)
营业利润	51.8	752.4
长期经营性资产的减值损失	(260.1)	(69.1)
资产处置损益和其他	(1.0)	35.2
经营活动利润	(209.3)	718.5
全部债务融资利息	(91.6)	(101.4)
现金及现金等价物的利息收入	26.0	49.6
金融负债净额的成本	(65.6)	(51.8)
其他融资收益（费用）	(44.9)	(49.8)
养老金费用其他支出部分	(105.1)	(11.1)
所得税费用	175.3	(103.0)
权益法下享有被投资企业的利润份额	48.0	57.6
净利润（损失）	€(201.6)	€560.4
其中：		
归属于集团公司的部分	(201.8)	559.9
少数股东本期收益	0.2	0.5
基本每股收益	€(1.03)	€2.87
稀释每股收益	€(1.03)	€2.85
b) 合并综合收益表	2013年度	2012年度
净利润（损失）	€(201.8)	€559.9
国外子公司财务报表折算差额	119.1	(263.3)
国外投资套期保值，税后	(2.5)	2.9
现金流量套期保值，税后	51.4	(29.7)
可供出售的金融资产，税后	1.5	(0.5)
其他综合收益（损失）总额，税后	169.5	(290.6)
当期综合收益（损失）总额	€(32.3)	€269.3

资料来源：© Cengage Learning 2014.

利润表报告了一家企业在特定时期内创造利润的能力。⊖所谓净利润，就是用收入减去费用，然后再调整利得或损失（在本章中我们暂不涉及利得和损失的讨论）的影响之后所能得到的余额。在利润表中，企业应当报告它的收入来源和金额，以及费用性质和金额。企业总是设法努力去赚取能超过费用水平的收入，所以，净利润实质上就是企业在经营活动中付出了必需的代价（费用）之后所获得的成就（收入）。如果某一期间的费用金额超过了收入金额，则当期的经营成果就称为**净损失**（net loss）。

收入（revenues）也被称为**销售额**（sales）或**销售收入**（sales revenue），它计量了企业通过向顾客销售商品或者提供服务而带来的资产流入。企业以它所销售的商品或者服务作为交换，收到了资产（现金或者支付现金的承诺，即应收账款）。在这里，收到资产的净额即为收入的金额。根据贵成公司的财务报表，它在2012财务年度中的收入为49 694百万美元；而泰晤士公司则报告它在2013财务年度的收入为12 881.5百万欧元。

费用（expenses）是企业在赚取收入的过程中所发生的资产流出。其中，销货成本（cost of goods sold）或销

⊖ 利润表的编报期是非常灵活的，比如可以按年、按季度或按月份进行编报。但无论怎样的编报期，都应当等于两张连续的资产负债表日所决定的报告时期，利润表中所报告的净利润即是指公司在这段时期内所创造的。

售成本（cost of sales）计量了提供给客户的存货成本，或者针对服务业来说，销售成本则表示所提供服务的成本；销售与管理费用（selling and administrative expenses）计量的是报告期间内企业所发生的销售与管理服务的成本。因此，费用的发生往往意味着企业资产的减少或者负债的增加，减少的资产金额或者所增加的负债金额就是费用的金额。

收入与费用的分类　各个企业对收入和费用的分类方法是不一样的，汇总的程度也不同。比如，泰晤士公司在它 2013 年的利润表中单独报告了 550.5 百万欧元的研究与开发费用，而另一些公司则会将此类费用包含在别的项目中一起进行报告。从泰晤士公司的利润表来看，它对费用的分类基本是按照业务所发生的部门来进行的（比如市场与销售费用），但也有一些费用则是按照其性质来分类报告的（比如所得税费用）。

利润表与资产负债表之间的联系　利润表与其报告期期初和期末的资产负债表之间是有联系的。资产负债表中的留存收益项目记录了企业以前各期的净利润（或损失）在扣除了所有股利之后的剩余。⊖因此，报告期期末和期初之间的留存收益变化应当恰好能用报告期所实现的净利润（或净亏损）来予以解释。举例来讲，根据贵成公司利润表中"归属于贵成公司的净利润"栏目，该公司在 2012 财务年度中实现了 1 317 百万美元的净利润；而表 1-4 又告诉我们，在 2012 财务年度中，贵成公司向股东支付的股利总额为 234 百万美元。根据上述信息，我们可对贵成公司的留存收益在 2012 财务年度中所发生的变化分析如下：

2012 年 2 月 28 日留存收益的期初余额	$4 714
加：2012 财务年度净利润	1 317
减：2012 财务年度中宣告并发放的股利	(234)
2013 年 2 月 27 日留存收益的期末余额	$5 797

1.2.4　现金流量表

现金流量表（statement of cash flows）报告企业在编报期中通过经营活动、投资活动和筹资活动而产生（或使用）的现金流量信息，包括企业获取现金的来源和使用现金的去向。一家能够持续成功经营下去的企业，一定需要保证现金的流入大于现金的流出。当企业从客户那里所收到的现金超过了它在经营活动中所使用的现金时，我们就说经营活动带来了现金净流入。虽然企业也可以向债权人争取借款，但这也需要有未来的经营活动现金流入来保障借款的偿还。

表 1-3 是贵成公司 2012、2011 和 2010 财务年度的现金流量表，而表 1-7 则是泰晤士公司在 2013 和 2012 年度的现金流量表。这些报表都由三个部分所组成，分别描述企业通过经营活动、投资活动和筹资活动所产生或使用现金流量的情况。

表 1-7　泰晤士有限责任公司合并现金流量表　　　　　　　　　　　　　（单位：百万欧元）

	2013 年度	2012 年度
净利润（损失）	€ (201.6)	€ 560.4
加（减）：		
所得税费用（收益）	(175.3)	103.0
权益法下享有的被投资企业净利润（亏损）减股利后净额	(21.5)	(29.6)
有形资产的折旧和无形资产的摊销	420.8	433.0
养老金与其他员工福利准备	162.6	70.9
长期经营资产减值损失	260.1	69.1
资产处置利得（损失）	1.0	(35.2)
企业重组准备金净额	12.1	(85.9)
其他项目	26.6	49.4
营运资本和准备金变动	924.6	(44.5)
支付雇主缴付养老金/养老金福利	(156.2)	(189.7)
支付（收到）所得税	(98.2)	(80.1)

⊖　除此之外，还有一些其他事项也会影响留存收益，我们在后续章节中会讨论一部分，而还有一些则已经不属于本书的讨论范畴了。

(续)

	2013 年度	2012 年度
经营活动产生的现金流量净额	**1 155.0**	**820.8**
资本性支出流出的现金	(418.9)	(534.6)
处置长期有形资产和无形资产得到的现金	5.8	11.7
企业并购支付的现金	(148.0)	(173.2)
处置投资收到的现金	—	89.1
债权投资变动净额	4.1	(24.7)
流动资产中的股权投资变动净额	(32.0)	(6.8)
有价证券的减少（增加）	24.0	(3.3)
投资活动产生的现金流量净额	**(565.0)**	**(641.8)**
支付股利流出的现金	(204.7)	(195.3)
股票期权的行权收到的现金	4.6	12.3
出售库存股获得的现金	17.0	(56.8)
增加的负债融资取得的现金	1 125.2	412.8
偿还负债支付的现金	(1 103.9)	(184.4)
筹资活动产生的现金流量净额	**(161.8)**	**(11.4)**
汇率变动的影响	32.1	(131.9)
现金增加（减少）总额	**460.3**	**35.7**
期初现金余额	1 499.8	1 464.1
期末现金余额	1 960.1	1 499.8
补充披露的现金流量信息		
收到的利息	32.5	32.5
支付的利息	82.2	82.2

资料来源：© Cengage Learning 2014.

经营活动 在经营活动中，绝大多数企业都希望从客户那里所收取的现金能超过它们支付给供应商、员工和其他主体的现金。经营活动所提供的现金净流量是大多数企业的主要现金来源。从报表中可以看出，贵成公司和泰晤士公司在报告年度中都通过经营活动获得了大量的现金。比如，泰晤士公司在 2013 年的经营活动现金净流入为 1 155.0 百万欧元，贵成公司在 2012 财务年度的经营活动现金净流入为 2 206 百万美元。[○]

投资活动 企业需要获取建筑物、设备和其他非流动资产来维持或者扩大它们的生产能力。像这类需要耗用大量现金的支出被称为**资本性支出**（capital expenditures）。企业可通过出售现有资产、进行经营活动或者筹资活动来筹集投资活动所需要的现金。贵成公司在 2012 财务年度中为购置固定资产支出了现金 615 百万美元，相应地，泰晤士公司在 2013 年的资本支出金额为 418.9 百万欧元。

筹资活动 企业通过发行债券或者普通股等筹资活动来为经营和投资活动筹集需要的资金。在支付股利或者偿还到期的债务（例如偿还长期借款）时，也需要使用现金。贵成公司的现金流量表告诉我们，它在 2012 财务年度中使用了 5 342 百万美元的现金来偿还长期债务，然后又通过发行长期债务新借入了 5 132 百万美元，此外，它在报告期中还支付了 234 百万美元的现金股利；而泰晤士公司在报告期内借入了 1 125.2 百万欧元的现金，偿还了 1 103.9 百万欧元，还支付了 204.7 百万欧元的现金股利。

现金流量表与资产负债表和利润表的联系 现金流量表解释了现金项目在报告期期末和期初之间的变化，并对变化的原因从经营活动、投资活动和筹资活动三个方面来进行解释。在下面这个表中，我们可以看到对贵成公司 2012 财务年度和泰晤士公司 2013 财务年度现金变化原因的分析（注意，括号中的数字表示现金的净使用额，因此应当减去）。

[○] 这两家公司的现金流量表都是以净利润为起点，然后对净利润进行若干调整，以计算得到经营活动的现金净流量。我们将在第 6 章中对这些调整过程进行具体讲解。

贵成公司（2012 财务年度）和泰晤士公司（2013 财务年度）现金变化分析

	贵成公司	泰晤士公司
期初现金余额	$498	€1 499.8
当年由经营活动带来的现金流量	2 206	1 155.0
当年由投资活动带来的现金流量	(540)	(565)
当年由筹资活动带来的现金流量	(348)	(161.8)
汇率变动的影响①	10	32.1
期末现金余额	$1 826	€1 960.1

①贵成公司和泰晤士公司都同时在多个国家开展经营，因此会涉及多种货币之间的交易。泰晤士公司报告了 32.1 百万欧元的汇率变动影响，并将这个金额报告在了现金流量表上；贵成公司报告了 10 百万美元的汇率变动影响。不过，不同货币或者是货币之间的汇率变动对会计的影响这部分内容并不是本书所准备讨论的重点。

除了现金的来源和去向以外，现金流量表还向我们揭示了净利润与经营活动产生的现金流量之间的关系。在贵成公司的现金流量表上，报告期所涉及的 3 年中，每一年经营活动产生的现金流量都大于当年的净利润。而对于泰晤士公司，2013 财务年度报告的是净损失，但经营活动产生的现金流量却仍然是正数；在 2012 财务年度中，经营活动产生的现金流量也是大于当年的净利润。⊖

1.2.5 股东权益表

第四张财务报表主要报告股东权益的变化。不同企业之间的**股东权益表**（statement of shareholders' equity）名称差别很大。比如，表 1-4 中，贵成公司将这张报表称为"合并股东权益变动表"，而表 1-8 中，泰晤士公司将这张表称作"合并股东权益与少数股东权益变动表"。股东权益表详细列出了股东权益的项目组成（包括普通股股本和留存收益等）以及这些项目在报告期所发生的变化。例如，贵成公司的留存收益在 2012 年 2 月 28 日至 2013 年 2 月 27 日之间发生了变化，变化原因是该公司在 2012 财务年度中实现了净利润（使留存收益增加 1 317 百万美元）和支付了现金股利（使留存收益减少 234 百万美元）

表 1-8　泰晤士有限责任公司合并股东权益与少数股东权益变动表

（单位：除每股金额外，均为百万欧元）

	流通在外股数（千股）	股本	股本溢价	留存收益	现金流量套期工具	AFS投资	累计外币报表折算差额	库存股	股东权益	少数股东权益	合计
2011 年 12 月 31 日余额	195 401	595.0	3 638.2	(173.8)	86.0	4.5	(139.4)	(129.6)	3 880.9	3.3	3 884.2
净利润	—	—	—	559.9	—	—	—	—	559.9	0.5	560.4
其他综合损失	—	—	—	—	(29.7)	(0.5)	(260.4)	—	(290.6)	(0.5)	(291.1)
综合收益总额	—	—	—	559.9	(29.7)	(0.5)	(260.4)	—	269.3	—	269.3
资本增加	391	1.2	9.6	—	—	—	—	—	10.8	—	10.8
股利	—	—	—	(195.3)	—	—	—	—	(195.3)	—	(195.3)
股份支付	—	—	—	27.9	—	—	—	—	27.9	—	27.9
库存股变动的影响	(811)	—	—	(20.4)	—	—	—	(20.6)	(41.0)	—	(41.0)
其他	—	—	—	(3.7)	—	—	—	—	(3.7)	—	(3.7)
合并范围变动的影响	—	—	—	—	—	—	—	—	—	(0.4)	(0.4)
与股东之间的交易影响合计	(420)	1.2	9.6	(191.5)	—	—	0.0	(20.6)	(201.3)	(0.4)	(201.7)
2012 年 12 月 31 日余额	194 981	596.2	3 647.8	194.6	56.3	4.0	(399.8)	(150.2)	3 948.9	2.9	3 951.8
净利润	—	—	—	(201.8)	—	—	—	—	(201.8)	0.2	(201.6)
其他综合损失	—	—	—	—	51.4	1.5	116.6	—	169.5	0.6	170.1
综合收益合计	—	—	—	(201.8)	51.4	1.5	116.6	—	(32.3)	0.8	(31.5)
资本增加	299	0.9	7.5	—	—	—	—	—	8.4	—	8.4
股利	—	—	—	(204.7)	—	—	—	—	(204.7)	—	(204.7)
股份支付	—	—	—	22.5	—	—	—	—	22.5	—	22.5
库存股变动	187	—	—	(1.6)	—	—	—	8.7	7.1	—	7.1
其他项目	—	—	—	(6.3)	—	—	—	—	(6.3)	—	(6.3)
合并范围变动的影响	—	—	—	—	—	—	—	—	—	6.5	6.5
与股东之间的交易影响合计	486	0.9	7.5	(190.1)	—	—	0.0	8.7	(173.0)	6.5	(166.5)
2013 年 12 月 31 日的余额	195 467	597.1	3 655.3	(197.3)	107.7	5.5	(283.2)	(141.5)	3 743.6	10.2	3 753.8

资料来源：© Cengage Learning 2014.

⊖ 在第 6 章中，我们将讨论净利润与经营活动产生的现金流量之间出现差异的原因。

1.2.6 附表与报表附注

财务报表中报告的都是诸如土地、建筑物和设备的总金额这样的汇总信息。因此，在财务报告中，需要对报表里的一些项目提供更明细的信息。这些额外再提供的解释性材料能帮助财务报表使用者加深对报表项目的理解。我们可以在**附表**（schedules）和报表附注中找到这些材料。

在财务报表**附注**（notes）中，需要对企业编制财务报表时所使用的主要会计政策进行说明。此外，附注还会对一些财务报表项目进行详细的说明或分解（disaggregates）。要真正看懂一家公司的资产负债表、利润表、现金流量表和股东权益变动表，离不开对报表附注信息的理解。

1.2.7 小结：主要财务报表

财务报表能告诉我们一家企业的财务状况（资产负债表）、获利能力（利润表）、现金的来源与去向（现金流量表）和股东权益的变动情况。资产负债表报告企业在资产负债表日的资产、负债和所有者权益金额；利润表报告企业在编报期中运用资产去赚取盈利的结果，并帮助我们对资产负债表中留存收益项目的期末与期初变动额进行解释。现金流量表报告企业经营活动、投资活动和筹资活动所带来的现金流入和流出情况，并帮助我们对资产负债表中现金项目的期末与期初变动额进行解释。股东权益变动表向我们揭示股东权益的各个组成项目在编报期中发生变动的原因。在阅读这些财务报表的时候，使用者应当结合相应的报表附注和附表信息，这些补充信息能帮助报表使用者加深对财务报表信息的理解。

自习问题 1.1

编制一份资产负债表和利润表。 萨金特公司（Sargent AG）是一家德国的跨国企业，以下信息出自它的年度报告中，数字单位为百万欧元。

要求：

a. 使用与表1-1相同的格式，为萨金特公司编制一份2013年9月30日（2013财务年度）和2012年9月30日（2012财务年度）的比较资产负债表。将资产负债表项目分类为流动资产、非流动资产、流动负债、非流动负债和股东权益。请验证在你所编制的资产负债表中，是否每年的资产总额都等于负债加所有者权益总额。

b. 为萨金特公司编制以9月30日为年度截止日的2013财务年度利润表。将利润表中的项目按收入和费用进行分类。

c. 仅依靠这里所提供的信息，请问萨金特公司在以9月30日为截止日的2013财务年度中是否向股东支付了现金股利？如果有的话，请问现金股利的金额是多少呢？

（提示：自习问题的解答请查阅每章章末。）

	9月30日	
	2013年	2012年
资产负债表项目		
应付账款	€8 382	€8 443
固定资产（减累计折旧后的净值）	10 555	12 072
现金与现金等价物	4 005	10 214
普通股股本	8 823	8 335
无形资产	17 120	13 074
其他非流动资产	3 371	4 370
长期证券投资	12 577	7 998
存货	12 930	12 790
长期债务	9 860	13 122
其他非流动负债	8 174	9 547
其他股东权益项目	351	858
应收账款	14 620	15 148
其他流动资产	16 377	11 862
其他流动负债	33 098	28 939
留存收益	20 453	16 702
应交所得税	2 414	1 582

	以9月30日为截止日的 2013年度
利润表项目	
销售成本	€51 572
所得税费用	1 192
其他（非经营性）费用	144
销售收入	72 448
研究与开发费用	3 399
销售与日常管理费用	12 103

1.3 财务报告过程

本章主要讨论在**财务报告过程**（financial reporting process）中涉及的以下参与人：(1) 报告主体的管理层和

董事会；(2) 会计准则的制定方和监管机构；(3) 独立外部审计师；(4) 财务报表的使用者。

同时，本章也会介绍财务报告过程中涉及的以下三个概念或者会计惯例：(1) 确认与实现之间的区别；(2) 重要性；(3) 会计期间。

1.3.1 报告主体的管理层和董事会

企业所有者将自有的资金交给企业，期望通过企业管理层对这些资金的使用来增加股东财富的价值。**管理层**（managers）是股东的代理人，他们有责任在保障企业资源安全的前提下，去合理地使用好这些资源。管理层通过建立内部控制制度来保证对交易进行恰当的记录和计量，并报告这些交易的结果。股东通过选举出的**董事局**（Governing Board）或董事会（Board of Directors）负责选拔和监督管理层的工作，并为他们制定相应的薪酬标准。同时，董事会还要负责制定股利政策、就公司并购和多元化经营等重大问题做出决策。此外，包括美国公开上市公司在内的一些公司董事会通常还会指定一个特别委员会，专门负责对公司财务报告过程进行监督。

企业财务报告的编报工作是由公司管理层负责的。如果是股份公开上市交易的公司，法律和法规会指定这些企业所必须遵从的财务会计准则体系（例如美国的公认会计原则或者国际财务报告准则）。管理层需要在理解所发生的交易或事项的基础之上，应用恰当的会计准则将这些交易或事项报告在企业的财务报表中。

1.3.2 会计准则的制定方和监管机构

企业需要根据会计准则来编制财务报表。本教材主要介绍两套财务会计准则体系——美国公认会计原则和国际财务报告准则。在这一部分中，我们就讨论这两套准则体系和他们的管理机制。

美国公认会计原则（U.S. GAAP）在美国，是由**证券交易委员会**（SEC）代表联邦政府在负责会计准则的制定工作，同时证券交易委员会还是美国证券法的执行机构。凡是在美国市场中公开发行债务或者权益证券的公司，都必须遵从证券法的规定。证券交易委员会要求它的美国国内注册会员（U.S. SEC registrants）和国外注册会员（non-U.S. SEC registrants，也称外国私人发行商，foreign private issuers）都必须遵守它所要求的会计准则。所谓美国国内注册会员，是指在美国登记成立，所发行的证券也在美国上市交易的公司；而国外注册会员，则是指根据美国以外的法律登记成立，但在向美国证券交易委员会填报了必要的文件以后，其所发行的证券也可以在美国挂牌进行公开交易的企业。

虽然证券交易委员会偶尔也会发布一些权威的会计指南，在法律上保留着最终的会计规则制定和监督权，但它将会计准则的制定工作授权给了**财务会计准则委员会**（Financial Accounting Standards Board，FASB）来完成。财务会计准则委员会是一个非政府的机构，由7位有投票表决权的委员所组成，他们为委员会提供全职服务，并且不允许与前任雇主间再有任何雇佣关系。财务会计准则委员会的法定工作程序要求它们在考虑某个财务报告问题时，必须听取来自财务报告的编报方、审计师和财务报表的使用者等多方面的意见。

由财务会计准则委员会所颁布的会计规则、程序和实务要求等，被统称为**公认会计原则**（generally accepted accounting principles，GAAP），而**美国公认会计原则**（U.S. GAAP）则是指适用于美国公司在编制财务报表时使用的所有会计指南，除了财务会计准则委员会颁布的要求以外，还包括美国证券交易委员会的规定、紧急事务工作组（Emerging Issues Task Force，EITF，是财务会计准则委员会的一个下属机构）的意见和美国注册会计师协会（American Institute of Certified Accountants，AICPA，是美国注册会计师的职业协会）颁布的一些公告等。从1973年成立以来到2009年，财务会计准则委员会的绝大多数意见都是以**财务会计准则公告**（Statement of Financial Accounting Standards，SFAS）的形式公布的，其中每个公告都由编号（例如SFAS 95）和标题（例如"现金流量表"）所组成。

2009年，财务会计准则委员会完成了一项将全部美国公认会计原则按主题（例如收入）进行分类的汇编项目。这部由财务会计准则委员会发布的**会计准则汇编**（accounting standards codification，ASC）就是当前美国公认会计原则的依据，在财务会计准则委员会的网站上可以公开查阅。自此以后，我们习惯用某项会计指南在这部汇编中已有了一席之地来说明它的权威性。比如，关于存货的会计规定在财务会计准则委员会ASC 330中；收入在ASC 605中；而研究与开发费用的处理要参照ASC 730等。财务会计准则委员会新发布的权威指南则以会计准则更新公告（Accounting Standards Updates，ASU）的形式，对会计准则汇编进行补充。

财务会计准则委员会在**概念框架**（conceptual framework）指导下进行准则制定工作，概念框架主要强调的问题包括：①

1. 财务报告的目标。概念框架认为，财务会计的目标应当是为当前和潜在的投资者、债权人和其他信息使用者提供信息，以有利于他们的资源分配决策。

2. 会计信息的质量特征。概念框架提出，符合财务报告目标的会计信息应当至少具备两个质量特征，即相关性和如实反映：

- **相关性**（Relevance）会计信息应当与财务报表使用者的决策相关，即信息应当能够影响到使用者的资源分配决策。
- **如实反映**（representational faithfulness）会计信息应当反映经济现象的本质，即应当与经济现象相对应，且合理地保证信息的完整、无偏和不存在重大偏误。

此外，概念框架还提出了以下这些可以满足财务报告目标、增进会计信息质量的特征：

- **可比性**（comparability）企业编报的会计信息应便于使用者在不同公司之间或同一公司不同年份信息之间进行比较。如果企业对类似的交易或者事项采用相同的会计处理，那么信息的可比性显然就能得到保障。
- **可验证性**（verifiability）如果具备一定知识且相互独立的不同观察者都认为某信息是如实反映的，那么该信息就被认为是可以验证的。信息的验证可以通过多种方式，例如直接观察法——对现金或者存货重新进行盘点。
- **及时性**（timeliness）**与可理解性**（understandability）对资源分配决策有用的会计信息一定应当要及时地提供给决策者，因为只有这样，信息才来得及对决策产生影响。同样，会计信息还应当是决策者能够理解的。编制财务报表时会假定信息的使用者具有合理程度的商业知识并会认真地分析财务报告。

3. 财务报表的要素。概念框架定义财务报表的要素包括资产、负债、收入、费用和其他项目。只有符合了报表要素定义的项目才能够出现在财务报表上，不符合报表要素定义项目可在附注中进行披露。

4. 确认与计量原则。根据概念框架的定义，所谓**确认**（recognition），是指在财务报表中用文字和数字对某一项目进行描述，并将它的金额包含在总额里。例如，应付供应商的货款就是一个应当被确认的项目，它作为一项负债出现在资产负债表中，而且它的金额构成了负债总额的一部分。在财务报告中，有一些项目并没有被确认在财务报表上，但是，如果这些项目影响重大的话，则应当将它们**披露**（disclosures）在财务报表的附注信息中。概念框架对某一项目是否应当被确认到财务报表中规定了特定的标准，同时，还就如何计量这些被确认的项目规定了特殊的方法。

财务会计准则委员会在概念框架的总体指引下进行会计准则的制定工作。不过，概念框架本身并不具有严格的分析性结构，它不是规范会计实务的准则，也不能成为财务会计准则委员会减少会计准则制定的借口。②

国际财务报告准则（International Financial Reporting Standards，IFRS）会计曾经一度是一种在很大程度上受法规管制的业务活动，在这种情况下，几乎每个国家都制定有自己的会计准则。于是，不同国家的企业都按照自己所在国的会计准则来编制财务报告，这使得投资者和债权人如果想要在不同企业间进行比较变得非常困难。另一方面，资本市场的全球化发展却增大了对不同国家的企业财务报表进行比较的需求。

国际会计准则理事会（International Accounting Standards Board，IASB）由来自不同国家的委员所组成（该委员会在2011年有15名委员，但这个委员数量是可以变化的），是一个独立的会计准则制定机构，它所制定的会计准则被称为**国际财务报告准则**（International Financial Reporting Standards，IFRS）。国际会计准则理事会的概念框架与美国财务报告准则委员会的非常类似，用途也基本一样。国际会计准则理事会诞生于2001年。③目前，已有100多个国家要求或允许他们的公司采用国际财务报告准则，或者一系列基于或改编自国际财务报告准则的会计准则体系，这些国家对国际财务报告准则的执行和应用都有自己的监管安排，并且这种安排在不同国家之间差别非常大。

---

① 该概念框架存在于《财务会计概念公告》中提出，在财务会计准则委员会的官网上可以查到。
② 第17章中对财务会计准则委员会的概念框架会有更深入详细的讨论。
③ 国际会计准则委员会（IASC）是国际会计准则理事会的前身，它所制定的准则被称为国际会计准则（International Accounting Standards，IAS），也包含在国际财务报告准则中。

2007年，美国证券交易委员会批准同意在美国上市交易的非美国公司（即 SEC 的国外注册会员）按照国际财务报告准则来编制财务报告，不再要求必须根据美国公认会计原则对报告进行调整。而在此之前，证券交易委员会的国外注册会员可以使用任意会计准则来编制财务报告，但在提交给证券交易委员会的文件中，必须按照美国公认会计原则对报告内容进行调整。这次 2007 年规则变化的主要影响，是在美国产生了两套公认的财务报告准则体系，即对美国国内注册会员要求美国公认会计原则，而对国外注册会员则要求国际财务报告准则。⊖

财务会计准则委员会和国际会计准则理事会已就各自准则的协调和趋同达成一致，**趋同**（convergence）目标是消除两套准则体系之间的差异并提高会计准则的质量，只留下一套高质量的财务报告准则。此外，由该两大准则制定机构所领导的一个旨在协调、完善和改进概念框架的独立项目目前也正在进行之中。

1.3.3 独立审计师

根据监管机构的要求，上市公司的财务报告都必须经过独立外部审计师的审计。⊖即使企业并没有发行公开交易的证券，一些企业的资金提供者（比如银行）也可能要求企业的财务报告要经过独立审计师的审计。通常，审计工作的内容包括：(1) 对企业的会计系统在汇集、计量和合成交易数据方面的能力进行评价；(2) 对会计系统的运行效率进行评价；(3) 判断企业编制的财务报告是否符合相关法规或者准则的要求。

对第 1 个方面的工作内容，审计师通过对会计系统内在的程序和内部控制进行研究来获取证据和完成评价；对第 2 个方面的工作内容，审计师会通过对实际发生的交易进行抽样调查来获取证据；而对第 3 个方面的工作内容，则需要审计师完成一系列的审计程序。最后，审计师们需要将他们的工作结果以**审计意见**（audit opinion）的形式发表，构成企业财务报告的一部分。

在美国，各方利益主体对企业财务报告质量和审计质量的关注已经引起了政府的重视，例如，2002 年在《**萨班斯-奥克斯利法案**》（Sarbanes-Oxley Act）的催化下，诞生了**美国公众公司会计监督委员会**（Public Company Accounting Oversight Board，PCAOB），专职负责对证券交易委员会注册会员的审计质量进行监督。该法案要求所有执行独立审计项目的事务所都应向公众公司会计监督委员会登记注册，由该委员会负责建立公认的审计准则、质量控制要求和独立标准，并对注册的审计师进行定期的工作检查。除此以外，对那些股份在美国上市交易的大公司，萨班斯-奥克斯利法案还要求独立审计师对它们的内部控制有效性进行评价，并将评价内容包括在年度报告中。

1.3.4 财务报表的使用者

准则制定方和证券监管机构都希望财务报告信息能有助于使用者的资源分配决策（比如借款或者购买股票的决策），以及对决策的效果进行评价。但是，企业编制财务报告的目的并不是要计量公司的价值，或者向信息使用者提供他们在进行资源分配决策时所需要的全部信息；而是希望能提供有助于决策者对企业未来现金流量的金额、发生时间和不确定性做出判断的相关信息。

作为财务报表的使用者，应当具备一定合理程度的商业知识，并对企业所进行的各种类型交易有合理的认识。此外，对于企业在编制财务报告时所遵从的财务会计规定，报表使用者也应当有所了解，并且报表使用者还需要理解企业在应用这些会计规定时所必需的判断和估计。

1.4 基本会计惯例和概念

确认（recognition）和**实现**（realization）是两个基本的会计概念。我们在前面曾经介绍说，如果某个项目被确认，那么它就能以文字和数字出现在财务报表中，该项目的金额也将被包括在报表总额之中。但是，只有符合

⊖ 国外注册会员也可以使用美国公认会计原则，或者也可以采用其他的会计准则体系（即美国公认会计原则和国际财务报告准则之外的），然后再按照美国公认会计原则对财务报告内容进行调整。截至本书付诸出版之前，证券交易委员会还没就是否允许国内注册会员也采用国际财务报告准则进行编报做出最终决定。

⊖ 企业也可以安排自己的员工来负责审计（称作内部审计，internal audits），这些员工的知识和对企业业务的熟悉能增强审计工作的质量，增大通过审计工作来找到经营改善建议的可能性。

了特定条件的项目才能够被确认到报表中。○而所谓实现,则是指将某个非现金项目转换为现金,比如,将应收账款以现金的方式收回,就可以说应收账款被"变现"了。

根据会计惯例,很多会计项目在企业实现它们(即将它们转换为现金)以前就可以被确认(即将这些项目报告在财务报表中)。举例来说,假定一家企业向某位有信誉的客户发出了一件售价为 1 000 美元的商品,货款由客户在 30 天内支付。在这一事件中,企业在发出商品的时候就可以确认收入,但一直要等它收到了货款之后,这笔收入才能够被实现。

会计中的**重要性**(materiality)是指不必事无巨细地将所有事项都包含在会计报告中,尤其是那些对信息使用者没多大意义的小项目。所以,不重要的项目就可以不单独出现在财务报告中。但是,对于重要性的大小,并不存在着精确的数量标准,所以企业在编制财务报表的时候必须根据他们的判断来决定某个给定的项目是否重要。

所谓**会计分期惯例**(accounting period convention),是指财务报告期的长短。对大多数企业来说,商业活动在时间上都是连续进行的。比如,一家企业买入了一个生产车间,在未来的 30 年内都可以在这个车间里生产产品;或者,另一家企业买入了一台配送设备,用它来将商品配送给客户,该设备的使用期预计为 5 年。由于在企业商务活动中并不存在任何自然的停止点,所以在会计上,习惯按某个特定的期间长短来编制财务报告,这样才有利于提供及时的信息,并有利于将信息在不同企业之间进行比较和分析。

所谓会计期间(也称报告期间,reporting period)是指两个连续的资产负债表日之间的时间间隔。如果我们在某一年的 12 月 31 日编制一张资产负债表,然后在次年的 12 月 31 日再编制一张资产负债表,这样的两张资产负债表所决定的会计期间正好与日历年度相当,因为某年 12 月 31 日的资产负债表同时也是次年的年初资产负债表。如果我们在 11 月 30 日编制一张资产负债表,然后在 12 月 31 日再编制一张资产负债表,这样的两张资产负债表所决定的会计期间就是一个月——刚好是第 12 月。

一些公司直接采用日历年度作为它的会计报告期间,还有一些公司则采用**自然营业年度**(natural business year)作为它的会计期间,因为这样能与企业经营活动水平的变化更加一致。例如,一些企业会愿意选择在他们的存货水平最低的时候作为财务年度的起点和终点。像贵成公司这样的零售商,喜欢选择 1 月末或者 2 月末作为会计期间的起止,因为这个时候正好赶上节日促销季刚刚结束。选择自然营业年度作为会计期间的企业,具体会将他们的会计期间起止日选定在什么时候?这主要由企业自身所处的行业活动特点来决定。

企业还可以编制报告期短于 1 年的中期报告(interim reports),但编制中期报告并不能代替年度报告。对那些在美国发行了公开交易证券的公司来说,他们必须同时编制并向证券交易委员会提交季度报告和年度报告,其中,季度报告按证券交易委员会要求的格式 10-Q 编制(因此也称 10-Q 报告),年度报告按格式 10-K 编制(因此也称 10-K 报告)。一些公司将 10-K 报告直接作为给股东的年度报告,另一些公司则将 10-K 报告包含在他们提交给股东的年度报告中,不过,仍然还是有一些公司会在 10-K 报告之外,再编制一份独立的年度报告专门呈报给股东。

1.5 业绩计量的会计方法

很多商业活动的开始和结束都分别在不同的会计期间。比如,一家企业在某个会计期间购入一栋建筑物,然后在营业活动中连续使用了 30 年。又比如,企业在某个会计期间购入一项商品,但在第二个会计期间才真正支付这项商品的价款给卖家;到第三个会计期间里,企业将这项商品对外出售;然后在第四个会计期间,才从买家那里收到了相关的货款。因此,销售与收款不一定是同步的,收款可能发生在销售之前,比如客户可能会提前预付商品价款;也可能发生在销售之后,即先赊销然后再收款。要计量企业在某个会计期间内的经营业绩,首先得知道这一会计期间内的收入和费用金额,但明显地,经营活动常常会横跨多个会计期间。因此,在业绩计量中,存在着以下两种不同的方法:(1)现金收付制会计;(2)权责发生制会计。

1.5.1 现金收付制会计

在**现金收付制会计**(cash basis of accounting)处理思想下,业绩计量的标准是现金的实际收支,即只有从客

○ 例如,我们将在第 4 章介绍资产负债表中资产和负债项目的确认条件,而在第 8 章中讨论利润表中收入项目的确认条件。

户那里真正收到了现金才认为企业销售了商品或者提供了服务；同样地，只有真正向供应商支付了货款或者服务的价款，才认为企业发生了费用。请参考下面这个例子来理解现金收付制会计处理思想下的企业业绩计量方法。

例题3 琼·亚当在2013年1月1日开了一家艺术品商店（亚当艺术仓库），这家商店由亚当出资150 000欧元现金，全部普通股股份归亚当所有。1月1日开业当天，商店租入了经营场地，并预付了2个月的租金14 000欧元。1月份，商店购入了价值140 000欧元的商品，其中86 000欧元已经付现，余款54 000欧元暂欠，预计2月份再进行支付。商店在1月份的销售总额为140 000欧元，其中114 000欧元已经收到现金，余下的26 000欧元为应收账款，预计在2月份和3月份能收回。1月份所售商品的成本为42 000欧元。此外，商店还支付了25 000欧元的工资。

如果按照现金收付制会计处理的思想，企业应将经营活动中收到的现金记录为销售，因此，现金收款额与用现金支付的商品和服务价款之差才体现为业绩。亚当艺术仓库在1月份的销售总额为140 000欧元，但只有收到了现金的那114 000欧元可以作为业绩被记录，余下的26 000欧元需要等到客户在将来实际付款以后才能被记录为业绩。同样地，商店在1月份采购了价值140 000欧元的商品，但实际在当期只支付了86 000欧元给供货商。在现金收付制会计处理思想下，经营业绩只等于收到的现金减实际支付的现金。1月份用现金支付的工资25 000欧元和租金14 000欧元也应当被减去，虽然我们明明知道这14 000欧元的租金是1月和2月的租金合计数。根据以上分析，亚当艺术仓库在1月份为购买商品和服务所支付的现金（€125 000 = €86 000 + €25 000 + €14 000）已经超过了从客户那里所收到的现金（€114 000），差额为11 000欧元。

现金流入	
从客户那里收到的现金	€ 114 000
现金流入总额	114 000
现金流出	
用现金支付的租金	(14 000)
用现金采购的商品	(86 000)
用现金支付的工资	(25 000)
现金流出总额	(125 000)
现金流量净额	€ (11 000)

作为一种计量某一会计期间经营业绩的基本方法，现金收付制还存在着以下三个方面的不足。

1. 现金收付制不能将企业为赚取收入而付出努力的成本与取得的现金流入相配比。某一会计期间的现金流出所对应的经营活动现金流入可能发生在以前会计期间，或者将来会计期间里。例如，亚当艺术仓库所支付的14 000欧元的租金，对应了1月和2月两个月的租赁服务，但在现金收付制下，我们在计算1月份的业绩时就把全部租金金额给减去了，而计算2月份的业绩时，却根本不考虑这部分租金。这样，在其他条件都相同的情况下，仅仅因为租金的支付时间发生在1月初，就会导致亚当艺术仓库2月份的业绩比1月份的好。

在将为争取现金流入而付出的成本与所争取到的现金流入相配比方面，如果将会计期间拉长，配比的效果会比较短会计期间的更好。比如，如果我们来计算亚当艺术仓库两个月（即1月和2月）的现金收付制业绩，那么，租赁服务的成本14 000欧元就恰好能与企业所得到的租赁服务利益相配比了。但是，推迟业绩计量工作并不是一个好的解决方案，因为财务报表的使用者希望能获得及时的信息，而且，在介绍会计分期惯例时也曾经提到，商业活动绝不可能自然地被分割为一个个独立的项目和独立的期间。

2. 现金收付制将收入的确认与收入的赚取过程相分离。企业是通过为顾客提供商品或者服务来赚取收入的，因此，收入的确认应当与收入的赚取过程相一致。由于大多数企业都是先发出商品然后再向客户收款，所以，等到销售货款实际收到了以后才确认收入，会导致我们在报表中所报告的经营活动影响比真正的收入创造活动（即客户购买商品或者服务）的发生滞后1个或者多个会计期间。比如，亚当艺术仓库在1月份向客户实际出售了140 000欧元的商品，但在现金收付制下，企业对赊销的那26 000欧元却需要等到在2月份或者更晚时间实际收款了以后才能作为收入予以确认。

3. 按照现金收付制所确认的企业业绩受现金付款时间的影响非常大。例如，在现金收付制下，亚当艺术仓库在1月份就支付了未来两个月的租金14 000欧元，这笔支出所对应的受益期本为两个月，但却将全额减少1月份的业绩。因此，只需要将临近某会计期末的现金支出往后拖延几天，就可以增加该会计期间的利润。

1.5.2 权责发生制会计

在**权责发生制会计**（accrual basis of accounting）处理思想下，企业只要销售了商品（指制造业和零售业）或者提供了服务（指服务业）就可以确认收入了；同时，与赚取这份收入相关的成本也应在收入确认的同一会计期间被确认为费用。因此，在权责发生下，费用是需要与收入进行配比的。如果对一项资产未来利益的使用不能找到任何收入与之相配比，则在企业使用这项资产利益时，就应当将它的成本确认为费用。

例题4 还是沿用亚当艺术仓库的例子。在权责发生制下，虽然我们都清楚截至1月末，亚当艺术仓库只收到了114 000欧元的现金，但它仍应将整个1月份的销售额140 000欧元确认为2013年1月的收入，因为它可以合理地预期，剩下的26 000欧元应收账款是能够在2月份或者更晚一点的时间收回的。所以，权责发生制下收入确认的时点应当是销售的完成，而不管是否已从客户那里收到了现金。1月份所售商品的成本是42 000欧元，将这个金额确认为费用（销货成本），使所售商品的成本与这些商品所实现的收入恰好相配比。至于预付的14 000欧元租金，其中只有7 000欧元是属于1月份的消费，剩下的7 000欧元明显是购买的2月份的服务，因此应当在1月31日的资产负债表中被报告为一项资产。与销货成本不同，1月份的工资和租金费用与当月的收入并没有完全配比，将这两个项目确认为1月份的费用，是因为企业在这个月消费了人工和租赁资产的服务。因此，根据以上分析，在权责发生制下，亚当艺术仓库将会报告1月份实现了利润66 000欧元。

销售收入	€140 000
销货成本	(42 000)
租金费用	(7 000)
工资费用	(25 000)
净利润	€66 000

权责发生制下的会计处理体现了**配比惯例**（matching convention）：在计量业绩时，应当将相关费用的金额从对应的收入中减去，即将费用跟与其相关的收入去配比。权责发生制下的业绩计量关注的是收入和费用，而不是实际的现金收付，所以这种业绩计量的方法不受公司是否已经实际收到了销售货款或者实际支付了相关费用的影响。

相对现金收付制来说，权责发生制的会计处理更好地计量了亚当艺术仓库2013年1月份的经营业绩，理由有如下两条：

1. 收入与当期实际收到的现金销售款相比，前者能更好地反映1月份销售活动的结果。
2. 相对现金支出与现金收入之间的配比，费用能更好地与所报告的收入相配比。

此外，权责发生制还能比现金收付制更好地计量企业未来期间的业绩，因为未来期间的业务活动是需要建立在当前已经支付的部分租金和其他企业需要消费的服务上面的。

绝大多数企业采用的都是权责发生制会计。从现在开始，本书的所有讨论也假定企业使用权责发生制会计处理。

自习问题1.2

现金收付制与权责发生制。 汤普森五金商店是一家独资企业，由雅各布·汤普森先生投资30 000美元设立，于2013年1月1日开始正式对外营业。该商店在1月1日预付了两个月共计2 000美元的租金租入经营场所。同日，还支付了1 200美元的财产和责任保险金，投保期自当日起至2013年12月31日截止。1月2日，汤普森商店赊购了价值为28 000美元的商品存货，并在1月25日支付了这笔货款中的10 000美元。1月31日，尚未售出商品的价值为15 000美元。汤普森商店在1月份的现销金额为20 000美元，赊销金额为9 000美元，不过截至1月31日，已收回赊销款项2 000美元。商店在1月份还支付了水电费用400美元、工资650美元和税款350美元。要求：（1）假定采用权责发生制会计，（2）假定采用现金收付制会计，请分别计算上述两种不同的会计核算基础下汤普森商店在1月份的收入、费用和利润金额。

本章小结

本章首先介绍了企业活动与财务报表之间的关系,然后,对四种基本财务报表进行了概要的介绍。在后续章节中,我们还会对每一张报表涉及的概念与处理程序等进行更详细介绍。最后,本章还介绍了财务报告的程序,并对美国公认会计原则和国际财务报告准则也进行了介绍。

现在,我们就可以开始进行财务会计课程的学习了。为了能更好地理解和掌握本书中所介绍的概念和程序,建议读者们对各章中的例题一定要认真钻研,并试着自己去多做练习,包括每一章中的自习问题。

自习问题解答

自习问题1.1 解答参考

(萨金特公司;编制一份资产负债表和利润表。)

a. 萨金特在2013年9月30日和2012年9月30日的资产负债表如下:

	9月30日	
	2013年	2012年
资产		
现金与现金等价物	€4 005	€10 214
应收账款	14 620	15 148
存货	12 930	12 790
其他流动资产	16 377	11 862
流动资产合计	47 932	50 014
固定资产(减累计折旧后净值)	10 555	12 072
无形资产	17 120	13 074
长期证券投资	12 577	7 998
其他非流动资产	3 371	4 370
非流动资产合计	43 623	37 514
资产总计	€91 555	€87 528
负债与股东权益		
应付账款	€8 382	€8 443
短期应交所得税	2 414	1 582
其他流动负债	33 098	28 939
流动负债合计	43 894	38 964
长期负债	9 860	13 122
其他非流动负债	8 174	9 547
非流动负债合计	18 034	22 669
负债合计	61 928	61 633
普通股股本	8 823	8 335
留存收益	20 453	16 702
其他股东权益项目	351	858
股东权益合计	29 627	25 895
负债与股东权益总计	€91 555	€87 528

$$\text{资产} = \text{负债} + \text{所有者权益}$$

$$\begin{pmatrix} 2013\text{财务年度:} \\ 91\ 555\ \text{百万欧元} \end{pmatrix} = \begin{pmatrix} 61\ 928 \\ \text{百万欧元} \end{pmatrix} + \begin{pmatrix} 29\ 627 \\ \text{百万欧元} \end{pmatrix}$$

$$\begin{pmatrix} 2012\text{财务年度:} \\ 87\ 528\ \text{百万欧元} \end{pmatrix} = \begin{pmatrix} 61\ 633 \\ \text{百万欧元} \end{pmatrix} + \begin{pmatrix} 25\ 895 \\ \text{百万欧元} \end{pmatrix}$$

b. 以2013年9月30日为截止日的年度利润表为:

销售收入	€72 448
销售成本	(51 572)
研究与开发费用	(3 399)
销售及日常管理费用	(12 103)
经营利润	5 374
其他(非经营)费用	(144)
所得税前利润	5 230
所得税费用	(1 192)
净利润	€4 038

c. 是的。留存收益的变化量为3 751百万欧元,净利润为4 038百万欧元,如果没有其他事件发生,根据上述信息,发放的股利应当为

287百万欧元(=€4 038 − €3 751)

自习问题1.2 解答参考

(汤普森五金商店;现金收付制与权责发生制。)
根据现金收付制和权责发生制计算出汤普森五金商店在2013年1月份的收入、费用和利润如下:

	现金收付制	权责发生制
收入	$22 000	$29 000
费用:		
租金	$2 000	$1 000
保险费用	1 200	100
存货成本	10 000	13 000
水电费用	400	400
工资	650	650
税费	350	350
费用合计	$14 600	$15 500
净利润	$7 400	$13 500

关键术语与概念

目标(goals)
战略(strategies)
融资/筹资(financing)
股东(shareholders, stockholders)

公开交易/上市交易（publicly traded）
股利（dividends）
债权人（creditors）
投资活动（investing activities）
经营活动（operating activities）
提供给股东的年度报告（annual report to shareholders）
管理层讨论与分析（Management's Discussion and Analysis, MD&A）
财务年度（fiscal year）
货币金额（monetary amount）
资产负债表/财务状况表（balance sheet or statement of financial position）
资产（assets）
负债（liabilities）
股东权益（shareholders's equity）
留存收益（retained earnings）
历史成本（historical amount）
现时成本（current amount）
利润表/损益表（income statement or statement of profit and loss）
净收益/盈利/利润（net income, earnings, profit）
净损失（net loss）
收入/销售额/销售收入（revenues, sales, sales revenue）
费用（expenses）
现金流量表（statement of cash flows）
资本性支出（capital expenditures）
股东权益表（statement of shareholders' equity）
附表与报表附注（schedules and notes）
财务报告过程（financial reporting process）
管理层（managers）
董事局（governing board）
证券交易委员会（Securities and Exchange Commission, SEC）
美国证券交易委员会注册会员（U.S. SEC registrant）
美国证券交易委员会国外注册会员/国外私人发行商（Non-U.S. SEC registrant, foreign private issuer）
财务会计准则委员会（Financial Accounting Standards Board, FASB）
美国一般公认会计原则（generally accepted accounting principles, U.S. GAAP）
财务会计准则公告（Statements of Financial Accounting Standards, SFAS）
会计准则汇编（accounting standards codification）
概念框架（conceptual framework）
相关性（relevance）
如实反映（representational faithfulness）
可比性（comparability）
可验证性（verifiability）
及时性（timeliness）
可理解性（understandability）
确认（recognition）
披露（disclosure）
国际会计准则理事会（International Accounting Standards Board, IASB）
国际财务报告准则（International Financial Reporting Standards, IFRS）
趋同（convergence）
审计意见（audit opinion）
萨班斯-奥克斯利法案（Sarbanes-Oxley Act）
美国公众公司会计监督委员会（Public Company Accounting Oversight Board, PCAOB）
实现（realization）
重要性（materiality）
会计分期惯例，报告期间（accounting period convention, reporting period）
自然营业年度（natural business year）
现金收付制会计（cash basis of accounting）
权责发生制会计（accrual basis of accounting）
配比惯例（matching convention）

思考题、练习题和解决问题

思考题

1. 复习"关键术语与概念"中所列术语与概念的含义。
2. 本章讲述了四种在所有会计主体都常见的业务活动：设立目标与战略、筹资活动、投资活动与经营活动。试问：对一家慈善组织来说，这四种活动与企业的会有什么不同？
3. "如果用图像来比喻的话，资产负债表就像是一张企业的快照，而利润表和现金流量表则像是一段录像。"试解释这句话的含义。
4. 由独立外部审计师负责的审计项目主要涉及哪些内容？
5. 企业的财务报表是由谁负责编制的？
6. 为什么说原材料、商品和人工服务（员工）的供应商也可能成为企业的一种融资来源？
7. 为什么说企业的应收账款是企业客户的一种融资来源？
8. 投资活动主要是指获取具有生产能力的资源，使企业具备经营的能力，这些资源包括：(1) 土地、建筑物和设备，以及 (2) 专利权与许可证。试问：上述这两类资源的共同点和差异各是什么？

9. 在什么情况下企业的财务年度会不同于日历年度？

10. 财务报表中应包括用货币计量的金额。请问，公司在选择财务报告中使用的货币计量币种时，最常见的影响因素是什么？

11. 资产和负债在资产负债表上都是区分流动项目和非流动项目进行报告的。请问，流动项目和非流动项目的区别是什么？为什么财务报表的使用者会在意这种区别呢？

12. 企业资产负债表上所报告项目的计量基础可以是历史成本或者现时成本。请问：这两种计量基础的区别是什么？

13. 利润表与它对应的报告期期初和期末两张连续的资产负债表之间的关系是什么？现金流量表呢？

14. 在财务报告过程中，下列参与人的作用是什么：美国证券交易委员会（SEC）；财务会计准则委员会（FASB）；国际会计准则理事会（IASB）？

15. 本章同时介绍了美国公认会计原则和国际财务报告准则。请问，美国企业应使用哪套会计准则体系？在美国发行证券并上市交易的非美国企业又应当使用哪套会计准则体系呢？

16. 财务会计准则委员会和国际会计准则理事会都提出了各自的概念框架，请问，概念框架的作用是什么？

17. 在计量企业的业绩时，与现金收付制相比较，权责发生制的优点有哪些？

练习题

18. **理解资产负债表**。帕默蔻洁公司（Palmer Coldgate）是一家美国的消费产品制造商，表1-9是这家公司财务报告中所包含的资产负债表信息。在这家公司的财务报告中，所有金额都是以百万美元为单位计量的。请回答以下这些与这张报表相关的问题：

    a. 该公司金额最大的一项资产是什么？这项资产在资产负债表上的账面价值是多少？
    b. 该公司非流动资产的总额是多少？
    c. 该公司金额最高的一项负债是什么？这项负债在资产负债表上的账面价值是多少？
    d. 该公司的流动资产和流动负债金额之差为多少？
    e. 帕默蔻洁公司从成立到现在总的说来是赚钱的么？你是从哪里知道的呢？
    f. 公司的全部资产来源中，有多大比例是通过负债资金来筹集的呢？
    g. 验证该公司的资产总额是否等于其负债和股东权益的总和。

表1-9　帕默蔻洁公司合并资产负债表

2013年12月31日

资产	
流动资产	
现金及现金等价物	$428.7
应收账款（扣除坏账准备 $50.6 以后的净额）	1 680.7
存货	1171.0
其他流动资产	338.1
流动资产合计	3 618.5
固定资产，净值	3 015.2
商誉，净值	2 272.0
其他无形资产，净值	844.8
其他资产	361.5
资产总计	$10 112.0
负债与股东权益	
流动负债	
短期借款	$155.9
一年内到期的长期借款	138.1
应付账款	1 066.8
应交所得税	262.7
其他应交款	1 539.2
流动负债合计	3 162.7
长期借款	3 221.9
递延所得税	264.1
其他负债	1 177.1
负债合计	7 825.8
承诺与或有负债	—
股东权益	
优先股	197.5
普通股，每股面值 $1（核准10亿股，已发行 732 853 180 股）	732.9
股本溢价	1 517.7
留存收益	10 627.5
累计其他综合收益	(1 666.8)
	11 408.8
未到期股份支付	(218.9)
库存股（成本）	(8 903.7)
股东权益总额	2 286.2
负债与股东权益总计	$10 112.0

资料来源：© Cengage Learning 2014.

19. **理解利润表**。坎普兴公司（Capcion）是一家奥地利的纸品包装制造商，表1-10是根据该公司的财务报告整理出的利润表信息。在坎普兴公司的报告中，金额单位都是千欧元（€）。请根据表1-10中的信息回答下列问题：

    a. 在坎普兴公司的利润表中，金额最高的一个费用项目是什么？它的金额是多少？
b. 在坎普兴公司的利润表中，金额第二高的费用项目是什么？它的金额为多少？
c. 坎普兴公司的毛利润与销售收入之比（即毛利率）为多少？
d. 坎普兴公司报告它在2013年的营业利润金额是多少？税前利润呢？请解释这两个利润项目之间的差别。
e. 坎普兴公司在报告年度的实际税率是多少？（实际税率即是指所得税费用与税前利润之间的比值。）
f. 坎普兴公司在报告年度实现利润了还是亏损了？金额是多少呢？

表 1-10　坎普兴公司合并利润表

（单位：千欧元）

	以2013年12月31日为截止日的财务年度
销售收入	€ 1 736 959.2
销售成本	(1 331 292.1)
毛利	405 667.1
其他经营利润	10 746.7
销售与配送费用	(172 033.4)
管理费用	(74 204.0)
其他经营费用	(758.2)
营业利润	169 418.2
财务费用	(9 082.9)
财务收益	14 534.1
按权益法确认的投资利润（亏损）	377.9
其他收益（费用）——净额	(4 383.4)
税前利润	170 863.9
所得税费用	(54 289.9)
报告年度利润	€ 116 574.0

资料来源：© Cengage Learning 2014.

20. **理解现金流量表**。紫荆花商店（Seller Redbud）是一家美国的零售企业，表1-11是这家商店的简化现金流量表。紫荆花商店的财务报表货币计量单位是千美元。请根据表1-11所提供的信息，回答下列问题：
   a. 在报告年度中，紫荆花商店通过经营活动实现了现金净流入还是现金净流出？金额为多少？
   b. 在报告年度中，紫荆花商店通过投资活动实现了现金净流入还是现金净流出？金额为多少？
   c. 在报告年度中，紫荆花商店通过筹资活动实现了现金净流入还是现金净流出？金额为多少？
   d. 紫荆花商店在报告年度的现金净流量是多少？
   e. 在报告年度中，年初到年末的现金余额净变动是多少？是什么导致了这样的变动发生呢？

表 1-11　紫荆花商店合并现金流量表

（单位：千美元）

	截至2013年1月31日的会计年度
经营活动产生的现金流量：	
净利润	$562 808
将净利润调整为经营活动产生的现金流量：	
折旧费用	157 770
债券溢价摊销	1 538
用股份支付的薪酬	43 755
股份支付带来的税收优惠	2 719
递延所得税	2 315
资产的减少（减增加），扣除并购影响后的净额：	
商品存货	(96 673)
交易性金融资产	(3 020)
其他流动资产	(16 217)
其他资产	529
负债的增加（减减少），扣除并购影响后的净额：	
应付账款	(31 764)
应付费用和其他流动负债	15 774
商品积分与提货卡负债	24 430
应交所得税	(74 530)
递延租金与其他负债	25 102
经营活动产生的现金流量净额	614 536
投资活动产生的现金流量：	
购买持有至到期投资所支付的现金	—
持有至到期投资到期收回的现金	494 526
购买可供出售的金融资产支付的现金	(1 495 155)
出售可供出售的金融资产收到的现金	1 546 430
资本支出流出的现金	(358 210)
并购支出，扣除取得现金后的净额	(85 893)
投资活动产生（使用）的现金流量净额	101 698
筹资活动产生的现金流量：	
股票期权行权所收到的现金	22 672
股份支付带来的超额税收利益	5 990
回购普通股（含相关费用）支付的现金	(734 193)
支付递延的并购价格	—
筹资活动使用的现金流量净额	(705 531)
现金及现金等价物增加（减少）净额	10 703
现金及现金等价物：	
期初金额	213 381
期末金额	$224 084

资料来源：© Cengage Learning 2014.

21. **资产负债表关系**。欧洲电信（Euro Tel）是一家欧盟通信公司，在它的资产负债表上，报告有流动资产2 000 000万欧元，流动负债1 584 900万欧元，股东权益1 715 400万欧元和非流动资产2 940 200万欧元。请问，在欧洲电信公司的资产负债表上，长期负债项目的金额是多少？

22. **资产负债表关系**。固润公司（GoldRan）是一家南非的矿业企业，在它的资产负债表上，报告流动资产为R6 085.1[一]，非流动资产R49 329.8，长期负债R13 948.4和流动负债R4 360。固润公司财务报表上标明的货币计量单位是百万兰特（R）。请问：根据上述信息，固润公司的股东权益金额为多少？

23. **利润表关系**。格兰骑手公司（GrandRider）是英国的一家汽车制造商，在它的利润表上，报告了收入为£7 435，销售成本为£6 003，其他经营费用£918，部门出售损失£2和净融资收益£221，当年的所得税费用为£133。格兰骑手公司的利润表报告单位是百万英镑（£）。要求：请计算该公司当年的净利润或者净损失为多少。

24. **利润表关系**。奥拓康公司（AutoCo）是美国的一家汽车制造企业，在它的利润表上，报告收入为$207 349，销售成本为$164 482，其他经营费用和所得税费用为$50 335，税后净融资收益$5 690。奥拓康公司的利润表报告单位是百万美元（$）。要求：请计算该公司当期的净利润或净损失金额为多少？

25. **留存收益关系**。维尔德公司（Veldt）是一家南非企业，在它的资产负债表上，报告2013年和2012年年末的留存收益分别为R5 872.4和R4 640.9。已知该公司财务报表的报告单位均为百万南非兰特（R），并且维尔德公司在报告年度实现净利润2 362.5百万兰特。要求：请计算维尔德公司在报告年度宣告了多少股利？

26. **留存收益关系**。德维可公司（Delvico）是一家印度企业，根据它在资产负债表上的报告，年初和年末的留存收益分别为Rs26 575和Rs70 463[二]。该公司在报告年度中还宣告了股利Rs3 544。报告中的金额单位均为百万印度卢比（Rs）。要求：请计算德维可公司在报告年度的净利润是多少？

27. **现金流量关系**。优价买公司（BargainPurchase）是一家零售商，在它的现金流量表上，报告了经营活动带来的现金净流入$4 125，投资活动带来的现金净流出$6 195和筹资活动带来的现金净流入$3 707。在资产负债表上，年初的现金余额为$813。上述会计报表中的货币金额报告单位均为百万美元（$）。要求：请计算优价买公司在资产负债表中的年末现金余额。

28. **现金流量关系**。布恩可公司（Buenco）是一家阿根廷企业，它在现金流量表中报告了经营活动带来的现金净流入Ps427 182[三]和筹资活动引起的现金净流出Ps21 806。而根据该公司的比较资产负债表，期初和期末的现金余额分别为Ps32 673和Ps101 198。上述会计报表中的货币金额报告单位均为百万比索（Ps）。要求：请计算在报告年度内，布恩可公司的投资活动使用了多少净现金？

29. **编制简化的资产负债表；流动项目和非流动项目的划分**。肯顿有限责任公司（Kenton Limited）在2013年1月1日开始了它的零售经营业务。当日，公司发行了10 000股普通股，筹资50 000英镑。1月31日，肯顿公司预付了未来两年的租金48 000英镑租下了一家商店。此外，肯顿公司还赊购了价值12 000英镑的商品，承诺将在30天内付款。肯顿公司采用国际财务报告准则编制它的财务会计报表。要求：按格式编制肯顿公司在2013年1月31日的资产负债表。

30. **编制简化的资产负债表；流动项目和非流动项目的划分**。黑壳集团（Heckle Group）是一家工程咨询公司，于2013年6月1日正式营业。开业当日，该公司发行了100 000股普通股，筹资920 000欧元。在6月份中，黑壳公司支付600 000欧元购买了办公设备；赊购了一项价值120 000欧元的专利权，承诺将在30天内付款。6月30日，黑壳公司与银行签订协议，借入年利率8%的贷款400 000欧元，到期日为2016年6月30日。要求：按格式编制黑壳公司在2013年6月30日的资产负债表。

31. **权责发生制与现金收付制**。赫斯顿公司（Hewston）是一家大型制造企业，以下信息出自它的财务报表中。该公司的年度销售收入为6 638 700万美元，费用净额（包括所得税费用）为6 231 300万美元。在报告年度中，赫斯顿公司从客户那里一共收到现金6 599 500万美元，向供应商和卖家共计支付5 641 100万美元。要求：
a. 计算赫斯顿公司在报告年度的净利润和现金净流量。
b. 为什么从客户那里收到的现金会少于当年的销售收入呢？
c. 为什么支付给供应商和卖家的款项会低于当年的费用总额呢？

32. **权责发生制和现金收付制**。奶业羔羊公司

[一] 兰特是南非的货币单位，由南非储备银行（中央银行）发行，用符号R表示，标准符号为ZAR。——译者注
[二] 印度货币单位为卢比（Rupee），用货币符号Rs表示，标准符号为INR。——译者注
[三] 阿根廷货币单位比索（Peso），用货币符号Ps表示，标准符号为ARS。——译者注

(DairyLamb)是一家新西兰企业,以下信息均出自它的财务报表中,全部数字的单位都是百万新西兰元($)。根据该公司的报告,销售收入为$13 882,销售成本为$11 671,利息和其他费用为$2 113,所得税费用为$67。此外,奶业羔羊公司还报告当年从客户那里收到的款项共计$13 894,其他现金收款$102;支付给员工和债权人的款项合计$5 947,为收购牛奶支付的现金为$6 261,用现金支付的利息和税款分别为$402和$64。要求:计算奶业羔羊公司在报告年度的净利润和现金净流量。

解决问题

33. **资产负债表关系**。计算机公司(ComputerCo)是一家位于新加坡的制造企业,以下是它的资产负债表部分信息。所有金额的计量单位均为百万新加坡元($)。要求:计算表中问号所代表的金额。

	2013年年末	2012年年末
资产合计	$199 824	?
长期负债	7 010	?
非流动资产	?	$17 368
负债与股东权益合计	?	?
流动负债	139 941	126 853
股东权益	?	53 721
负债合计	?	?
流动资产	170 879	170 234

34. **资产负债表关系**。赛诺12(SinoTwelve)是一家中国制造企业,以下是该公司资产负债表中的一些信息。所有金额的报告单位均为千美元($)。要求:计算表中问号所代表的金额。

	2013年年末	2012年年末
资产合计	?	$5 450 838
流动负债	$4 488 461	3 527 504
流动资产	?	3 062 449
负债与股东权益合计	7 199 847	?
长期负债	1 098 123	?
股东权益	?	1 134 276
非流动资产	2 494 481	?
负债合计	?	?

35. **利润表关系**。伊斯顿豪公司(EastonHome)是一家美国消费产品制造商,以下信息摘自它的利润表。所有金额的报告单位均为百万美元($)。要求:计算表中问号所代表的金额。

	2013年	2012年	2011年
销售收入	$13 790	?	$11 397
销售成本	?	$5 536	5 192
销售与管理费用	4 973	4 355	3 921
其他费用(收益)	121	186	69
利息费用,净额	157	159	136
所得税费用	759	648	728
净利润	1 738	1 354	?

36. **利润表关系**。洋姬时尚公司(YankeeFashion)是一家美国服饰零售商,以下信息摘自它的利润表,全部金额的报告单位均为百万美元($)。要求:计算表中问号所表示的金额。

	2013年	2012年	2011年
销售收入	$4 295.4	$3 746.3	$3 305.4
销售成本	1 959.2	1 723.9	1 620.9
销售与管理费用	1 663.4	1 476.9	1 377.6
其他费用(收益)	34.0	?	2.7
利息费用,净额	?	(1.2)	6.4
所得税费用	242.4	194.9	107.4
净利润	400.9	308.0	?

37. **现金流量表关系**。AB布朗公司(AB Brown)是一家瑞典企业,以下信息摘自它的现金流量表,全部金额的报告单位均为百万瑞典克朗(SEK)。

	2013年	2012年	2011年
现金流入			
取得借款收到的现金	SEK15 587	SEK 1 290	SEK 657
发行普通股收到的现金	94	124	174
经营活动取得现金收入扣除用现金支付的费用后之净额	19 210	18 489	16 669
出售固定资产所收到的现金	152	185	362
出售短期投资所收到的现金	3 499	6 180	6 375
其他筹资活动产生的现金流入	406	58	—
其他投资活动产生的现金流入	—	663	—
现金流出			
购买固定资产所支付的现金	4 319	3 827	3 365
企业并购所支付的现金	26 292	18 078	1 210
偿还借款所支付的现金	1 291	9 510	2 784
支付股利所流出的现金	8 132	7 343	4 133
其他筹资活动所流出的现金	—	—	288
其他投资活动所流出的现金	573	—	1 131

要求：按照表1-3的格式为AB布朗公司编制一份三年期的现金流量表。假定经营活动产生的现金流量等于经营活动取得现金收入扣除用现金支付的费用后之净额。假定AB布朗公司在2011年期初的现金余额为SEK30 412。此外请注意，AB布朗公司将短期投资是作为投资活动对待的。

38. **现金流量表关系**。下表中的信息摘录自杰克逊公司（Jackson Corporation）2013、2012和2011年的现金流量表，该公司以每年的10月31日为年度截止日，报表中的金额计量单位为百万美元：

	2013年	2012年	2011年
现金流入			
取得长期借款所收到的现金	$836	$5 096	$3 190
取得经营收入增加的现金	19 536	19 083	17 233
发行普通股所收到的现金	67	37	3
出售固定资产所收到的现金	332	401	220
其他投资交易带来的现金流入	71	0	268
现金流入合计	$20 842	$24 617	$20 914
现金流出			
购买固定资产所支付的现金	$3 678	$3 640	$1 881
支付经营费用减少的现金	16 394	18 541	18 344
偿还长期债务所流出的现金	766	922	687
其他投资活动所支付的现金	0	1 501	0
现金流出合计	$20 838	$24 604	$20 912

要求：按照表1-3的格式为杰克逊公司编制2013、2012和2011财务年度的现金流量表。假定经营活动产生的现金流量等于取得经营收入增加的现金减去支付经营费用使用的现金之差额。假定杰克逊公司在2010年10月31日的现金余额为102百万美元。

39. **编制资产负债表和现金流量表**。下列信息摘录自捷塔威航空公司（JetAway Airlines）的会计记录，该公司以每年的9月30日作为会计年度截止日，表中的金额计量单位均为千美元。

资产负债表项目	9月30日	
	2013年	2012年
应付账款	$157 415	$156 755
应收账款	88 799	73 448
现金	378 511	418 819
普通股	352 943	449 934
一年内到期的长期负债	11 996	7 873
存货	50 035	65 152
长期负债	623 309	871 717
其他流动资产	56 810	73 586
其他流动负债	681 242	795 838
其他非流动资产	4 231	12 942
其他长期负债	844 116	984 142
固定资产（净值）	4 137 610	5 008 166
留存收益	2 044 975	2 385 854
利润表项目	截至2013年9月30日的会计年度	
燃油费用	$892 415	
利息费用	22 883	
利息收入	14 918	
维护费用	767 606	
其他经营费用	1 938 753	
销售收入	4 735 587	
工资与福利费用	1 455 237	

要求：

a. 按照表1-1的格式，为捷塔威航空公司编制2013年9月30日和2012年9月30日的比较资产负债表。将资产负债表项目按以下类目进行分类：流动资产、非流动资产、流动负债、长期负债和股东权益。

b. 为捷塔威航空公司编制以2013年9月30日为截止日的年度利润表。

c. 编制一张分析表，对2012年9月30日至2013年9月30日期间捷塔威航空公司的留存收益变化进行解释。捷塔威公司在2013财务年度中曾经宣告并支付过股利。

40. **现金收付制与权责发生制**。杰克·布洛克开了一家税务与簿记服务企业，起名为"布洛克财税服务"，于2013年7月1日正式成立。布洛克先生投资了40 000美元，独享企业的全部普通股权。紧接着，布洛克财税服务又从当地银行借款20 000美元，借款年利率8%，月利息大约为133美元（= [8% × 20 000] / 12个月），借款到期日为2013年12月31日。布洛克财税服务在7月1日租入了经营场地，并预付了3个月的租金6 000美元；然后又租入了办公设备，预付了6个月的租金12 000美元。企业还聘请了一位办公室助理，该助理的年报酬将为72 000美元，工资每两个月支付一次，第一次支付将在8月31日。最后，布洛克财税服务在7月份还支付现金购买了价值370美元的办公用品，根据7月末的实地盘点结果，月末剩下的这些办公用品价值大约为280美元。布洛克财税服务在7月份为客户提供服务，向客户开出的账单价值大约为44 000美元，截至2013年7月31日，客户已经实际支付了这些款项中的13 000美元。要求：

a. 分别按下述会计核算基础进行核算，布洛克财税服务在2013年7月份的利润应当为多少？
(1) 使用现金收付制进行会计核算。
(2) 使用权责发生制进行会计核算。

b. 计算布洛克财税服务在2013年7月31日有多少现金？为什么这个现金金额不能很好地代表布洛克财税服务在7月份的业绩呢？

41. **现金收付制与权责发生制**。2013年11月1日，黛娜·理查德开了一家高端文具商店，取名"文具普乐士"商店（Stationery Plus）。她投入了80 000美元现金，持有这家商店的全部普通股权。接着，商店又向银行申请了100 000美元的贷款，承诺将在未来4个月每月的月末分四期等额偿还25 000美元，首次偿还日为12月31日。贷款的未偿还部分将按年利率12%计息（即月利率1%），利息随着每次本金的偿还一起支付。文具普乐士商店的经营场所是租赁的，已经预付了未来6个月共计9 000美元的租金。此外，商店还购买了价值40 000美元的商品，与供应商达成一致的付款条件是先付一半的价款（20 000美元），余款在12月15日付清。为吸引客户，文具普乐士商店允许客户在购买商品后40天内付款。此外，文具普乐士商店每月还有10 000美元的工资支出和480美元的水电与保险支出，均在月末以现金支付。11月份，文具普乐士商店向客户一共出售了价值56 000美元的商品，截至当月末，其中的23 000美元已经收到，余款在12月15日收回。12月份，文具普乐士商品的销售收入为62 000美元，截至当月末，商店已经收到了客户付款34 000美元。截至目前，商店还没有出现有客户超过了40天都不付款的。文具普乐士商店在12月份又购入了价值55 000美元的商品，其中一半已经付现，另一半计划将于1月份支付。根据统计，文具普乐士商店在11月份和12月份所售商品的成本分别为29 000美元和33 600美元。要求：

a. 按下述会计核算基础进行核算，文具普乐士商店在2013年11月份的利润应当为多少？
(1) 使用现金收付制进行会计核算。
(2) 使用权责发生制进行会计核算。

b. 按下述会计核算基础进行核算，文具普乐士商店在2013年12月份的利润应当为多少？
(1) 使用现金收付制进行会计核算。
(2) 使用权责发生制进行会计核算。

42. **净利润与现金流量的关系**。ABC公司开年就十分顺利！这家公司专业生产一种小工具，产品广受客户欢迎。这种小工具的生产成本为每件0.75美元，销售价格是每件1美元。ABC公司一直按过去30天的发货量为标准来维持它的库存水平，它及时支付账单，在销售完成后的30天内从客户那里收款。根据销售经理的预测，从2月份开始，公司每个月销售小工具的数量都可以稳定地增长500件。看起来这将是十分美好的一年，因为一开年的情况就印证了这一点。

1月1日　　现金，875美元；应收账款，1 000美元；存货，750美元

1月　　　　公司在1月份的赊销金额为1 000美元，共计卖出1 000件小工具，成本为750美元。当月的净利润为250美元。期初的应收账款在当月都已经收到。当月的产量为1 000件，合计生产成本750美元。1月末的账簿记录显示：

2月1日　　现金，1 125美元；应收账款，1 000美元；存货，750美元

2月　　　　诚如预期，当月销售量上涨为1 500件；由于库存需要保持与过去30天的销售量相一致，ABC公司当月的产量为2 000件，生产成本1 500美元。1月份赊销所引起的应收账款在本月已全部收回。截至本月末，已累计实现净利润625美元。当前的账簿记录显示：

3月1日　　现金，625美元；应收账款，1 500美元；存货，1 125美元

3月　　　　3月份销售情况更加火爆，当月销售量为2 000件，而且收款都非常及时。由于库存政策的影响，当月的生产量上升到了2 500件。当月实现经营利润500美元，截至当月末实现的当年累计利润为1 125美元。当前的账簿记录显示：

4月1日　　现金，520美元；应收账款2 000美元；存货，1 500美元

4月　　　　4月份，销售量又增长了500件，当月共计销售小工具2 500件。ABC公司的

总经理高兴地对销售经理握手致意。客户的付款也很及时。当月生产量为3 000件,实现净利润625美元,截至当月末的当年累计年利润已达1 750美元。在会计师编制的财务报告发布以前,ABC公司的总经理就飞往了迈阿密,却不曾想到他突然接到了公司财务总监的电话:"快回来!现金告急啦!"

5月1日　现金,0美元;应收账款,2 500美元;存货,1 875美元

要求:

a. 请对ABC公司所发生的情况进行分析和解释。(提示:注意1月1日至5月1日期间,每个月的现金收入与现金支出金额。)

b. 为什么一家企业在净利润增长的同时却会发生现金的短缺呢?

c. 这个故事场景向我们揭示出三大财务报表(资产负债表、利润表和现金流量表)各自的用途是什么?

d. 你会建议ABC公司采取哪些行动来解决当前的现金流量问题?

43. **资产负债表与利润表的关系**。(本案例由Wesley T. Andrews Jr. 教授编写,经授权改编而成。)

在很多很多年以前,有一位居住在中欧一个小地方的封建地主,人称红胡子男爵。红胡子男爵住在山坡顶上的一座城堡里,乐善好施的他一直好心照顾着在他的城堡四周种地的农民。每年春天当积雪开始融化时,男爵就开始考虑如何在来年里为依附他的农奴们安排工作了。

一年春天,男爵考虑在即将到来的生长季节里播种小麦。"我有30英亩地,每亩地至少能产5蒲式耳小麦,这样,来年冬天就不愁没有足够的粮食了!"他想。"但是,谁来负责耕种呢?让从不知倦的伊万和稳定可靠的伊戈尔来负责耕种小麦也许比较合适。"于是,他找来了伊万和伊戈尔,这两人一向以勤劳工作和不动歪脑筋而闻名。红胡子男爵开始向他们吩咐工作。

"伊万,你负责耕种这块20英亩的土地;伊戈尔,你负责耕种这块10英亩的土地。"男爵开始布置工作了。"我打算给伊万20蒲式耳小麦种子和20磅化肥(假定20磅化肥与两蒲式耳小麦等价),给伊戈尔10蒲式耳小麦种子和10磅化肥。我还会给你们两人每人分一头牛用来耕地,但你们得自己去找那个做犁的人——叫费亚多,去管他弄两把犁才行。对了,这两头牛呢,才只有三岁,还从来没有耕种过,所以,用上10年是没有问题的,你们要照顾好它们,因为一头牛就值40蒲式耳的小麦了!好啦,你们俩去吧,等秋天丰收了以后再回来,顺便把牛和犁还给我。"伊万和伊戈尔向男爵鞠了个躬,然后带着男爵给他们的东西,离开了男爵家的城堡大堂。

很快,夏天到了又转瞬即逝。收割完成以后,伊万和伊戈尔回到了男爵先生的城堡,归还主人在春天里交给他们的那些东西。伊万将223蒲式耳小麦倾倒在地上,说:"老爷,我给你带来了一头略微劳作过的牛,一把已经损坏无法再修复的犁和223蒲式耳小麦。但我还欠着制犁人费亚多3蒲式耳小麦,因为我在春天的时候从他那里拿了这把犁。还有,你可能应该了解,春天时你给我的小麦种子和化肥都已经被用光了。此外,你一定也还记得,你已从我的收成里拿走了20蒲式耳小麦作为个人用途。"

被分配了10英亩地、10蒲式耳小麦和10磅化肥的伊戈尔接着说:"老爷,这里,这头牛已经有点精疲力竭了;这把犁是我从制犁人费亚多那里拿的,我已经从收成里拿了3蒲式耳小麦给他作为交换了;这里还有105蒲式耳小麦。与伊万一样,我也把春天时得到的小麦种子和化肥都用光了。还有,老爷,几天前,你已经拿了30蒲式耳小麦回家用。这把犁呢,我觉得再用两季应该是没问题的吧。"

"伙计们,你们做得不错!"红胡子男爵说。得到了这些表扬以后,两位农奴就离开了。红胡子男爵等他们离开之后,望着两头已经饥饿的牛慢慢地在吃堆在地上的小麦,然后,他逐渐陷入了深思中。"是的,"他想,"他们确实做得不错,但是他们两人究竟谁做得更好一点呢?"

要求:

a. 红胡子男爵应当用什么计量单位来计量财务状况和经营业绩最为合适?

b. 请为伊万和伊戈尔各自编制一份期初和期末的资产负债表。

c. 请为伊万和伊戈尔各自编制一份利润表。

d. 请编制一张表对股东权益项目在期初和期末之间的变化进行说明。

e. 在案例所涉及的报告期中,伊万和伊戈尔谁做得更好一些呢?请对你的回答进行解释。

PART 2

第二部分

会计概念与方法介绍

第 2 章
簿记基础知识与财务报表的编制：资产负债表

CHAPTER 2

学习目标

1. 学习交易记录的惯例，包括交易的复式影响、T形账户和会计分录的使用。
2. 理解为什么说交易记录是财务报表编制的基础。

企业与顾客、供应商、员工、政府部门和其他很多主体之间都发生着各种各样的交易，本章将主要介绍会计人员是如何记录这些交易并在此基础之上编制会计报表的。因此，本章的重点是簿记的程序，但本书的其他部分会更加强调会计原则和会计判断，后者才是财务会计工作的核心。所谓簿记程序，是指一系列对交易进行的有序管理和列报，最终目的是使投资者能够理解和解释财务报表。

你也许会想："我又不打算去做一名会计人员，为什么要学习簿记程序呢？"这是因为，理解交易的记录原理和报表的编制过程将有助于你发展两项技能：（1）有能力就交易的结果与其他各方去进行沟通，和（2）能够懂得一项交易的发生最终对财务报表会产生什么样的影响，或者说，能够理解会计报表会如何去反映交易的结果。在整本教材的写作中，我们都一直坚持从信息使用者的角度出发，即我们一直关注怎样才能让财务报表使用者更好地理解和分析企业的财务报告。如果你不知道簿记过程和管理层对会计政策的选择以及职业判断是如何影响财务报表的，那么，你对企业财务报表的分析必定是难以深入的。

本章主要介绍3个与簿记相关的知识点：

（1）交易或事件的复式影响；（2）利用T形账户和会计分录来记录交易或事件的复式影响；（3）编制简单的资产负债表。

由于以上3个知识点都离不开常用簿记术语的支持，因此，我们将先对一些关键的术语或者概念进行介绍，其中一些术语在后续章节中还会进一步展开讨论。

2.1 会计账户

常用术语

会计使用一系列的**账户**（account）来记录交易，并通过账户的名称来说明账户中所记录事项的性质，例如常见的账户包括现金、建筑物和设备等。当某一项交易发生以后，会计人员就会对交易的影响进行分析，然后分解（disaggregate）这些影响并记录为各个账户的明细，最后，每个账户的金额都会被报告在资产负债表或利润表的某个项目中。举例来说，现金、应收账款和存货等单个账户所传达的信息远比将所有影响这三个账户的交易都记录到一个"流动资产"账户里的信息管用。此外，通过使用账户，还能将报告期间里发生的类似交易的影响进行合并。比如，假定某家企业在一年内出售了100万份某种软件，如果要将这100万笔交易一笔一笔地单独记录，显然会非常费事。但通过会计处理程序，则可以将类似交易的影响合并或者汇总（aggregates）进行财务报告。

会计并没有事先规定企业必须使用的账户名称。由于各家企业的经营业务复杂程度与性质存在差别，都有各自的专有信息⊖，以及列出一长串账户名称所可能占据的巨大篇幅限制，会计准则允许企业管理层自由选择企业的账户名称。不过，虽然企业拥有这种自由选择权，按照传统的会计账户命名惯例来定义账户名称还是非常有必要的，因为这样显然能增进财务报表使用者对报表项目的理解能力。作为财务报表的使用者，如果你也遵从这些惯例——使用通俗易懂的账户名称、对相同（或类似）的项目使用相同（或类似）的账户名称、以及随着会计词汇的增长，选择其他人常用的会计术语来为账户命名——我们相信，你的财务报表使用效率会显著得到提高的。

账户（accounts）所核算的内容既包括本章所讨论的资产负债表项目，也包括我们在后面还会介绍的利润表项目。其中，资产负债表账户由于不需要在会计期末被结平，可以有余额，而被称为**永久性账户**（permanent accounts，也称实账户）。相反，我们在下一章中将会介绍的利润表账户则被称为**暂时性账户**（temporary accounts，也称虚账户），因为这些账户在每期期初开设，记录报告期内的相关交易信息后，在每个报告期末都需要被结平而不保留余额。因此，资产负债表账户在每个报告期末（例如月末、季末或者年末）都会有余额，而利润表账户则不会有期末余额⊖。会计期间内的交易记录会使账户的金额发生增减变化，对资产负债表账户来说，会计期间

⊖ 在其他条件相同的情况下，财务报表使用者会偏好更多的明细信息，因为只要有了明细信息就可以自行汇总（但如果只有汇总信息，却难以推导出明细信息来）。但是，财务报表的使用者还可能包括企业的竞争对手，因此，财务报告规则会允许企业对一些竞争敏感信息（如专有信息）进行汇总报告。不过，权威的报告指南还是会要求对一些信息进行明细报告，例如，无论是美国公认会计原则还是国际财务报告准则都要求企业披露分部信息，即按部门详细披露各个分部所拥有的资源（资产）和经营成果（损益情况）。

⊖ 将账户余额结平的过程将在第3章中进行介绍，通过结账，一方面使利润表账户的期末余额变为0，另一方面将利润表账户所记录的金额在会计期末时最终被转移到资产负债表账户"留存收益"中去。

内所发生的增项会使从上一个资产负债表日所承接下来的账户期初余额增加，而减项则会使账户余额减少。

在第 1 章中，我们曾介绍说资产负债表是企业的主要财务报表之一。资产负债表列示了企业所拥有的**资产**（assets）以及这些资产的来源——**负债**（liabilities）和**股东权益**（shareholders' equity），后者分别表示债权人和股东对企业资产的要求权。下面我们来介绍一些典型的资产负债表账户。

2.2 资产负债表

2.2.1 常用术语

典型的资产账户 在本部分中，我们介绍一些典型的资产类账户。

货币资金（cash）：纸币和硬币、银行支票与汇票、银行存款支票账户以及储蓄账户里的定期存款和存款单等，都属于货币资金。虽然银行汇票是对个人或机构的债权，也被视为货币资金处理。

有价证券（marketable securities）：主要包括公司将在相对较短期间内持有的政府债券、公司债券和公司股票。有价证券具有可交易（marketable）的特征，意味着公司可以随时通过纽约证券交易所或者伦敦证券交易所这样的交易机构进行这类证券的买卖。

应收账款（accounts receivables）：由于为客户提供了商品或者服务而导致客户欠企业的钱被称为应收账款。应收账款中核算的是客户欠企业（即企业应收）的资金总额，企业通常会为每一位客户建立单独的记录，并且对没有在付款期内按时付款的客户追踪处理。

应收票据（notes receivable）：企业客户和其他主体对企业的欠款。与应收账款的区别在于，客户或其他主体通过签发正式票据的形式确保了持票人对欠款的要求权。

应收利息（interest receivable）：随着时间的流逝，票据和债券等资产可能会滋生利息，应收利息账户记录的就是债务人应支付给报告主体但报告主体还没有实际收到的利息金额。

存货（inventory）：存货账户记录可供销售的商品、部分完工的产品和在生产过程中使用的材料等（在美国，一般用 inventory 表示存货，但在美国之外的其他英语系国家，常用 stocks 表示存货⊖）。其中，商品存货（merchandise inventory）记录企业购入、拟用于再销售的库存商品，例如杂货店的货架上所摆放的罐头产品或者服饰店里挂着的衣服等；原材料存货（raw materials inventory）是指为企业制造产品而储备的物料；在产品存货（work-in-process inventory）核算还没有全部完工的在产品；而产成品存货（finished goods inventory）则指已经全部完工但还没有销售出去的制造产品。

预付账款（advances to suppliers）：预付账款账户核算企业提前支付给供应商、用来购买商品（比如原材料）或者服务（比如还没有上线的网络广告服务）的款项，商品或服务将在未来某个时刻才提供给企业。

预付租金（prepaid rent）：核算企业为了能在将来使用土地、建筑物、设备和其他资源而提前支付的租金。实际上，预付租金就是预付账款的一种特殊形式。

预付保险费（prepaid insurance）：核算企业为了获得将来的保险服务而预先支付的保险费用，实质上也是一种特殊的预付账款。

证券投资（investments in securities）：核算企业打算持有 1 年及 1 年以上的债券、优先股和普通股投资。

土地（land）：指企业经营所占用的土地或者在经营中使用的建筑物所占用的土地。

建筑物（buildings）：包括工厂建筑、商店建筑、仓库和其他用途的建筑物等。

设备（equipment）：包含车床、机床、锅炉、计算机、起重机、传送机、汽车等。

家具与装饰（furniture and fixtures）：包括写字桌、会议桌、椅子、陈列柜和其他在销售或者日常办公过程中会使用的设施。

累计折旧（accumulated depreciation）：企业需要将长期资产（例如建筑物和设备等）的取得成本分配进入到生产成本或者当期和以后各期的费用中，"累计折旧"账户就是用来核算已经分配部分的累计金额的。如果将该

⊖ 请注意如果阅读英文的资料时，不要将这个 "stock（存货）" 与 "common stock（普通股）" 相混淆了，后者是股东权益的一个组成部分。

账户的金额从与它相关的长期资产成本中减去，则可以得到该资产的现存价值（carrying value），或称账面价值（book value）或者账面净值（net book value）。

专利权（patents）：所谓专利权是指禁止他人在若干年内（年限长短根据授权国家的不同而有所区别）制造、使用或者销售某种产品、程序或者工具的权利。美国公认会计原则和国际财务报告准则对企业为获取专利权而花费的成本所要求的会计处理是有区别的。如果是从外部第三方所购买的专利权，两种财务会计准则体系都要求企业将专利权按取得成本确认为一项资产。但是，如果是企业自行研究和开发的专利权，美国的公认会计原则会要求企业将开发过程中的研究与开发成本全部费用化处理，而国际财务报告准则则要求企业将研究阶段的成本进行费用化，但开发阶段的成本在满足某些条件的前提下却可以被确认为一项资产。⊖

商誉（goodwill）：当一家公司购买另一家公司的时候，往往是按照当前的公允价值对所购入公司的可辨认资产和负债项目进行计量的。如果购买的价格高于可辨认资产减可辨认负债的公允价值之和，会计上就将这种差额称之为商誉（goodwill）。商誉的实质是一种资产，它所代表的是收购公司所购买的但无法单独进行计量的无形价值，例如客户的忠诚度。正因为这种特质的存在，收购公司的出价才会高于被购买公司在被并购时全部其他资产的公允价值之和减负债的价值。⊜

典型的负债账户 以下我们再介绍一些典型的负债类账户。

应付账款（accounts payable）：核算企业根据非正式的信用协议所欠的货款或者服务款，这些欠款通常会在资产负债表日后的1个月或者2个月内就还清（在债权人的资产负债表中，同样的项目会出现在应收账款项目里）。

短期借款和应付票据（notes payable） ⊜：核算企业因为银行贷款而签发的期票面额或者因为购买商品或服务而签发的汇票面额（同样的项目在债权人的资产负债表上会出现在应收票据栏目里）。大部分的应付账款、应收账款、应付票据和应收票据都属于流动项目，即会在从资产负债表日起开始计算的1年内就需要支付或者能够转换为现金。如果类似的项目在从资产负债表日开始计算的1年以上时间才需要进行支付或者才能够转换为现金，则虽然也使用类似的账户进行核算，但在编制资产负债表时，却应当被报告为非流动资产或者非流动负债。

应付利息（interest payable）：指企业在资产负债表日还没有进行支付但已经应该支付的利息或者累计利息（同样的项目在债权人的资产负债表上会报告为应收利息）。很多企业会将本账户与上一个账户进行合并，统称为"应付票据及利息"账户。

应交所得税（income taxes payable）：本账户用以核算根据企业的应纳税所得额所估计的累计未缴纳所得税负债金额。

预收账款（advances from customers）：该账户用以核算客户在收到企业所提供的商品或者服务以前就提前支付的款项，表示企业在将来需要向客户提供商品或者服务的义务。预收账款是一种非货币性的负债，因为企业对预收账款需要用货物或者服务——而不是货币资金——来进行了结。当然，企业还是要按照它所收到的货币金额来报告这项负债。⊕

预收租金（advances from tenants，或 rent received in advances）：预收租金也是一种非货币性负债。比如，承租人可能会提前几个月预付租赁办公场所的租金，这时，由于出租人还没有完整地提供对应的租赁服务，因此，还不能将承租人预付的未来租金记录为当期收入，而只能暂时先记作一项负债，这项负债需要在将来用服务（比如提供办公场所的使用）去进行偿还。（在承租人的资产负债表上，同样的金额会被报告为一项资产，通常被称作预付租金。）

应付抵押贷款（mortgage payable）：抵押贷款是一种长期的借款，由借款申请人提供某些财产作为对将来还款承诺的保障。如果债务人在将来不能按照借款协议偿还贷款或者支付利息，则债权人可以要求将被抵押的财产出售，然后将出售所得用来偿还借款。

⊖ 对于通过内部研发得到和通过外部购买得到的专利权的会计处理，将在第9章中进行更详细的讨论。
⊜ 第4章对公允价值有更详细的讨论。
⊜ 与我国不同，在美国，企业向银行贷款是需要签发期票（promissory notes）的，因此美国企业会将银行借款也放在 Notes Payable 账户中核算。故，这个账户实质上对应着我国的银行借款和应付票据这两个负债账户。——译者注
⊕ 在第8章中对预收账款账户会有更多的介绍。

应付债券（bonds payable）：应付债券是一种长期负债。在这种融资方式下，借款人会签署一份被称为"债务契约"（indenture）的正式书面合同。通常，债务人通过发行债券同时向多位债权人筹集资金，每位债权人都会收到一份能证明他的债券份额的书面证据。

递延所得税（deferred income taxes）：该账户用于核算被递延的、不需要在当前会计期间进行支付的所得税金额。[一]

典型的股东权益类账户 下面再介绍一些常见的股东权益类会计账户。

普通股（common stock）（面值）：该账户核算所有者投入企业的现金或者其他资产中，等于具有投票权股本的面值或者设定价值的部分，因此，普通股账户所报告的金额实际上属于所有者投入资本的一部分。

资本溢价（additional paid-in capital）[二]：资本溢价是指在公司发行股票时，所收到的现金或者其他资产的价值超过了股票面值或者设定价值的部分，一些公司也将这个账户称为**超额缴入资本**（capital contributed in excess of par or stated value）。会计师和分析师常将本账户的金额与普通股面值账户的金额合计起来，称为**投入资本**（contributed capital），因为这两个账户的金额合计恰好就是股东以股权投资的方式直接提供给企业的现金和其他资产的价值。本账户与普通股面值账户之间的区别在法律上的影响很大，但在经济实质上却没有多大影响：所有者为企业提供了资产投入，而且通常是以现金的方式投入的——对绝大多数的商业分析来说，这就足够了。

优先股（preferred stock）：优先股是一种相对普通股而言具有一定优先权的股票类别，公司发行优先股所收到的现金或者其他资产的价值，就报告在优先股账户中。优先股的优先权通常体现在较高的股利金额或者在企业清算进行资产分配时享有优先的受偿权等方面。如果一家公司报告有优先股，则优先股也应被计算在股东投入资本中。

留存收益（retained earnings）：如果一家企业所赚取的利润超过了以股利方式分配的现金（或其他资产），那么企业的净资产（等于资产总额减去负债总额）将会增加。所以，如果企业赚得了利润，则表示它创造了新的净资产。企业可以将这些资产发放给股东，也可以留在企业内部使用。所谓留存收益，就是一个专门的资产负债表账户，用来报告企业通过盈利而创造的净资产中还没有以股利的方式发放给股东的部分。留存收益本身并不是一种资产，而属于资产的一种融资来源。

累计其他综合收益（accumulated other comprehensive income）：累计其他综合收益账户专门用来报告未能通过净利润反映的企业净资产的累计变动金额。

2.2.2 一张典型的资产负债表

资产负债表将各个会计账户按类别进行分类（资产、负债或所有者权益类），然后分别列示这些账户在特定资产负债表日的余额。其中，资产负债表日需要报告在资产负债表的最上方；接下来，在资产和负债部分，又分别按照预期能转化为现金的时间（对资产而言）或预期需要用现金进行支付的时间（对负债而言）进一步对各个账户进行分类。对于预期在1年以内就能收到现金的资产项目，我们称之为**流动资产**（current assets）；相应地，对于预期在1年内就需要用现金支付的负债项目，我们称之为**流动负债**（current liabilities）。对于那些预期在1年以上才能收到或者才需要支付的项目，我们在资产负债表中则将它们归类为**非流动资产**（noncurrent assets）或者**非流动负债**（noncurrent liabilities）。[三]

资产负债表首先列示各个资产项目，然后列示负债和股东权益项目。表2-1就是牙膏香皂公司（简称牙膏公司）在第7年12月31日的资产负债表。[四]牙膏公司是一家领先的日用消费产品制造商，主要经营两大类产品：(1) 口腔护理、个人与家庭护理用品（包括牙膏、香皂和洗发水等），和(2) 宠物食品。

[一] 很多公司的资产负债表上都报告有递延所得税项目，本书在第12章中会介绍递延所得税项目。
[二] 在股份公司中，资本溢价也称为股本溢价。——译者注
[三] 在第4章中对资产负债表的项目分类有更详细的介绍。
[四] 本资产负债表根据高露洁棕榄公司（Colgate Palmolive Company）的公开财务报表改编得到。

表2-1　牙膏香皂公司资产负债表　　　　　　　　　　　　　　　　（单位：百万美元）

12月31日	第7年	第6年
资产		
流动资产		
现金及现金等价物	$428.7	$489.5
应收款（分别扣除了坏账准备50.6美元和46.4美元以后的净额）	1 680.7	1 523.2
存货	1 171.0	1 008.4
其他流动资产	338.1	279.9
流动资产合计	3 618.5	3 301.0
固定资产，净值	3 015.2	2 696.1
商誉，净值	2 272.0	2 081.8
其他无形资产，净值	844.8	831.1
其他资产	361.5	228.0
资产总计	$10 112.0	$9 138.0
负债与股东权益		
流动负债		
贷款和应付票据	$155.9	$174.1
一年内到期的长期负债	138.1	776.7
应付账款	1 066.8	1 039.7
应交所得税	262.7	161.5
其他应付款	1 539.2	1 317.1
流动负债合计	3 162.7	3 469.1
长期借款	3 221.9	2 720.4
递延所得税	264.1	309.9
其他负债	1 177.1	1 227.7
负债合计	7 825.8	7 727.1
承诺与或有负债	—	—
股东权益		
优先股	197.5	222.7
普通股，每股面值1美元（核准10亿股，已发行732 853 180股）	732.9	732.9
股本溢价	1 517.7	1 218.1
留存收益	10 627.5	9 643.7
累计其他综合收益	(1 666.8)	(2 081.2)
	11 408.8	9 736.2
以权益结算的股份支付	(218.9)	(251.4)
库存股，成本	(8 903.7)	(8 073.9)
股东权益合计	2 286.2	1 410.9
负债与股东权益总计	$10 112.0	$9 138.0

资料来源：© Cengage Learning 2014.

无论是美国的公认会计原则还是国际财务报告准则，都要求企业在报告资产负债表当期金额的同时还应提供前期金额以供比较。牙膏公司在资产负债表的最右列（即标题为第6年的那一列）报告了前一年的数字，而将当期的结果报告在前一年数字的左侧（即标题为第7年的那一列）。⊖报表中所列出的大部分资产、负债和所有者权

⊖ 在报告当期金额和前期金额时，不一定都要按照这样的顺序。有些公司喜欢先报告过去的金额，然后依次过渡到最新的金额；而另一些公司则喜欢先报告现在的金额，再依次与过去的金额进行比较。

益项目在前面都已经介绍过了,但仍有少部分的项目(比如库存股)我们将留待今后再来讨论。根据美国公认会计原则的要求,资产和负债都是按照流动性由强到弱排列的;但如果按照国际财务报告准则编报的话,很多公司则会将资产和负债按照流动性由弱到强进行排列。

2.2.3 交易的复式影响

企业与其他主体或者个人之间会发生交易或者交换。比如,企业从供应商那里购买商品、向员工支付劳动报酬、向顾客销售商品、向政府缴纳税金等,都属于交易。此外,在报告期间内还会发生一些并不涉及交换的事件。比如,企业在生产经营的过程中使用建筑物与设备,于是就消费了这些资产所提供的服务;再比如,一个会计期间过去后,企业由于使用借款而应当支付的利息相应地也在增加。会计师需要在**每一**交易或者事件发生的时候就记录下它们的影响,然后将会计期间内发生的全部交易或者事件的影响进行累计,最后报告在财务报表中。

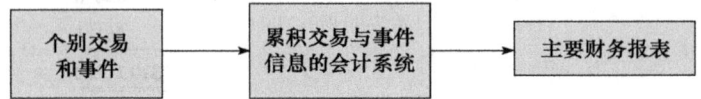

资料来源:© Cengage Learning 2014.

资产负债表恒等式(balance sheet equation)为我们理解交易和事件对财务报表的影响提供了一个分析性的框架。这个等式捕获了经营活动、投资活动和筹资活动(任何一家营利企业的三类关键活动)对财务报表的影响。根据该等式,任何一家企业的资产总是等于其负债与股东权益的合计,即:

$$资产 = 负债 + 股东权益$$

根据资产负债表恒等式,会计主体所拥有的资产发生任何变化,必然会对应着该主体的债权人或者股东所对应要求权也发生等额变化。负债与股东权益的合计金额表示公司筹资的总额,而资产的分布则表示公司是如何持有或者投资所筹集得到的资金的。资产负债表恒等式之所以总是能保持平衡,原因在于每一事件或者交易的发生对财务报表的影响都是复式的(称为**交易的复式影响**,dual effect of transactions)。任意交易或者事件的影响都可以被归类为以下四者之一,或者某几项的合并影响:

1. 使资产增加同时也使负债或所有者权益增加。
2. 使资产减少同时也使负债或所有者权益减少。
3. 使一项资产增加,同时也使另一项资产减少。
4. 使一项负债或者股东权益增加,同时也使另一项负债或者股东权益减少。

为帮助大家理解各类交易对资产负债表恒等式的复式影响,我们以米勒公司(Miller)在1月份所发生的下列交易为例来进行分析,假定米勒公司正在准备开始于2月1日开业经营。

(1)1月1日,米勒公司发行了10 000股每股面值10美元的普通股,取得现金100 000美元。

(2)1月5日,米勒公司支付现金12 000美元租入设备,租赁期1年。在这笔交易中,米勒公司的资产为预付租金,而不是设备本身。

(3)1月15日,米勒公司从供货商那里购入价值15 000美元的商品存货,并答应随后支付货款。

(4)1月31日,米勒公司将交易(3)中已到期的8 000美元支付给了供货商。

(5)1月25日,交易(3)中的供货商按面值接受了米勒公司的700股普通股,以了结米勒公司尚欠他的7 000美元货款。

(6)1月31日,米勒公司用现金600美元支付了为期1年的保险费,保险服务生效日为2月1日。

(7)1月31日,米勒公司收到了客户支付的3 000美元货款,相应的商品将在2月份进行发货。

(8)1月31日,米勒公司买入一栋价值40 000美元的建筑大楼,购买价款由米勒公司向当地银行签发期票贷款取得。米勒公司同意在3年后归还借款,并答应按10%的年利率支付利息。

在表2-2中,列出了上述交易对资产负债表等式的复式影响,请注意,每笔交易完成后,资产始终是等于负债与股东权益的合计数的。

表 2-2 米勒公司所发生交易对资产负债表等式的复式影响说明

交易	资产	=	负债	+	股东权益
(1) 1月1日，米勒公司发行10 000股每股面值10美元的普通股，取得现金100 000美元。（资产增加，同时股东权益增加）	+ $100 000	=	$ 0	+	$100 000
小计	$100 000		$ 0		$100 000
(2) 1月5日，公司支付12 000美元租入设备。（一项资产增加，同时另一项资产减少）	+ 12 000 - 12 000	=		+	
小计	$100 000		$ 0		$100 000
(3) 1月15日，企业从供货商那里赊购了价值15 000美元的商品存货。（一项资产增加，同时一项负债增加）	+ 15 000	=	+ 15 000	+	
小计	$115 000		$15 000		$100 000
(4) 1月21日，企业向交易（3）中的供货商支付了到期的8 000美元货款。（一项资产减少，同时一项负债也减少）	- 8 000	=	- 8 000	+	
小计	$107 000		$ 7 000		$100 000
(5) 1月25日，交易（3）中的供货商按面值接受了米勒公司的700股普通股，以了结米勒公司尚欠的7 000美元货款。（一项股东权益增加，同时一项负债减少）		=	- 7 000	+	+ 7 000
小计	$107 000		$ 0		$107 000
(6) 1月31日，公司支付600美元现金预付了1年的保险费，该保险的生效日为2月1日。（一项资产增加而同时另一项资产减少）	+ 600 - 600	=	$ 0	+	
小计	$107 000		$ 0		$107 000
(7) 1月31日，收到3 000美元客户付款，米勒公司准备在2月份发货。（一项资产增加，同时一项负债也增加）	+ 3 000	=	+ 3 000	+	
小计——1月31日	$110 000		$ 3 000		$107 000
(8) 1月31日，公司购入价值40 000美元的建筑大楼，购买价款由公司向当地银行贷款取得。（一项资产增加，同时一项负债也增加）	+ 40 000	=	+ 40 000	+	
小计——1月31日	$150 000		$43 000		$107 000

资料来源：© Cengage Learning 2014.

每笔交易至少都存在着两方面的影响。例如，在交易（1）中，米勒公司向股东发行了普通股，同时收到了现金；在交易（2）中，米勒公司进行了现金支付，但同时得到了使用设备的权利；在交易（3）中，米勒公司向供应商承诺在将来会用现金进行支付，同时收到了商品存货。上述交易与其他源自交换的交易一样被记录在了会计系统中，会计记录反映了这些交换对企业资产、负债和股东权益项目的影响。

任何一笔交易的记录都不会破坏资产负债表等式的平衡。交易（1）、（3）、（7）和交易（8）都在增加资产的同时也增加了一项负债或者股东权益；交易（4）使资产和负债同时减少；交易（2）和（6）在增加一项资产的同时也减少了另一项资产；而交易（5）则在增加股东权益的同时减少了一项负债。

自习问题2.1

交易对资产负债表恒等式的复式影响。 按照表2-2的格式，分析盖妮思公司（Gaines Corporation）所发生的下列每笔交易对资产负债表恒等式的影响。

1. 企业按每股12英镑的价格发行了20 000股普通股，每股面值10英镑，收到现金。
2. 企业发行了面值为100 000英镑的债券，收到现金100 000英镑。
3. 企业支付220 000英镑现金购入了一块价值40 000英镑的土地和一栋价值180 000英镑的建筑物。
4. 企业以赊购的方式购入价值25 000英镑的设备和价值12 000英镑的商品存货。（"赊购"的意思是企业答应会在迟些时候支付设备和存货的价款。）
5. 企业签订租赁协议从设备所有者那里租入一台设备，预付了1 500英镑租金。
6. 企业向交易4中的供货商支付了28 000英镑货款。

2.2.4 T形账户

表2-2虽然列出了每笔交易的复式影响,但对于资产负债表的编制帮助并不大。特别地,从该表中虽然我们可以知道米勒公司在会计期末(1月31日)的资产总额为150 000美元,但并不知道这其中有多少表现为现金,有多少为存货,又有多少是设备等。只有对资产负债表项目进行分别列报才能使财务报表使用者明白企业的融资来源明细,以及企业管理层是如何将他们从股东和债权人那里融入的资金进行投资和使用的。举例来说,表2-1告诉我们,牙膏公司在第7年12月31日对存货的投入已超过了10亿美元。那么,怎样才能得到能够列报明细信息的报告格式呢?我们将引入T形账户这个工具,它能帮助我们将某一会计期间内发生的、影响某特定资产、负债或所有者权益账户的交易或事项信息进行分类和汇总。

所谓T形账户(T-account),是一种用来组织或归集交易对某一特定账户(比如现金、应收账款、应付债券或资本溢价等账户)影响的工具。如同它的命名那样,T形账户的外观看起来跟字母T相似,由一根垂线将一根水平线平分成两个部分。通常,我们习惯将账户的名称写在水平线之上。

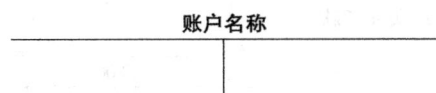

在T形账户中记录增加与减少 垂线将T形账户分为了两个部分,一部分用作记录增加,另一部分记录减少。但到底增加和减少各自记录在哪一方,则由账户的性质是资产、负债还是股东权益来决定。长期以来,我们在记账时会遵从以下三条规则:

1. 对资产类账户,我们将增加记录在T形账户的左边,而将减少记录在T形账户的右边。
2. 对负债类账户,我们将增加记录在T形账户的右边,而将减少记录在T形账户的左边。
3. 对股东权益类账户,我们将增加记录在T形账户的右边,而将减少记录在T形账户的左边。

这种记账习惯与资产负债表恒等式是有关系的。在资产负债表恒等式中,资产出现在等号的左边,而负债和所有者权益出现在等号的右边。根据这种排列方式,资产的余额应出现在T形账户的左边,而负债和所有者权益的余额应出现在T形账户的右边。⊖

将某一账户左边和右边所记录的每一笔金额合计起来,再求差,就可以得到该账户的净值或者余额。我们在前面曾经提到,资产账户的余额一般出现在账户的左边,而负债和所有者权益账户的余额则一般出现在账户的右边。某账户在会计期末的余额恰好就是该账户在下一会计期间期初的余额。根据惯例,我们在T形账户的第一行报告期初余额,而最后一行则需要报告该账户的期末余额。因此,对一个典型的、具有左方余额的资产账户来说,下面这个等式一定成立:

$$
\begin{aligned}
&\quad \text{资产账户的期初余额(左方)} \\
&+\ \text{影响资产账户左方的交易金额合计} \\
&-\ \text{影响资产账户右方的交易金额合计} \\
&=\ \text{资产账户的期末余额(左方)}
\end{aligned}
$$

但对一个典型的负债类或者股东权益类账户来说,T形账户平衡等式则应表达为:

$$
\begin{aligned}
&\quad \text{负债或股东权益账户的期初余额(右方)} \\
&+\ \text{影响负债或股东权益账户右方的交易金额合计} \\
&-\ \text{影响负债或股东权益账户左方的交易金额合计} \\
&=\ \text{负债或股东权益账户的期末余额(右方)}
\end{aligned}
$$

由于任何交易发生以后,记录在左边和右边的金额都是相等的,这一特性成为我们检查账簿记录准确性的有力依据。如果你对某一交易进行分析,得到了不相等的左方和右方金额,那么一定就出现了记账错误哦!

⊖ 在本章的后续部分中,你会发现有些出现在资产负债表资产部分的账户代表的是资产的累计减少金额,这种账户的性质属于**备抵账户**(contra accounts),表示对另一个账户进行调整的累计减少额。对资产备抵账户,应将增加记录在右方,而不能记在左方。资产备抵账户应作为一个减项报告在资产负债表的资产方,而不能报告为负债或者股东权益类的账户。在后续章节中,你还会碰到负债备抵账户和权益备抵账户,我们随后再进行具体的介绍。

借与贷　会计师使用两个缩写：借（debit，英文简写为 Dr.）和贷（credit，英文简写为 Cr.）。**借**（debit）如果用作动词，表示"在账户的左方记录"；如果用作名词或者形容词，则表示"在账户左方的记录"（很多人会用"**计入**"（charge）来表示借，或为动词或为名词）。**贷**（credit）如果用作动词，表示"在账户的右方记录"；如果用作名词或者形容词，则表示"在账户右方的记录"。将这两个术语与前面提到的 T 形账户使用三项规则结合起来，我们可以得到：

- 借记表示：（1）某项资产的增加，或者（2）某项负债的减少，或者（3）某项所有者权益的减少。
- 贷记表示：（1）某项资产的减少，或者（2）某项负债的增加，或者（3）某项所有者权益的增加。

要使资产负债表恒等式保持平衡，我们在记录每一交易时，所借记各账户的金额就必须等于所贷记各账户的金额。这样，到每一会计期末时，所有账户的借方余额合计必然会等于所有账户的贷方余额合计。"有借必有贷，借贷必相等"这条规则无论是针对单笔交易还是针对资产负债表整体来说，都是适用的。

账户术语与程序小结　我们用下面几个 T 形账户结合借与贷术语对账户形式和使用惯例小结如下：

资产类账户		负债类账户		股东权益类账户	
期初余额			期初余额		期初余额
本期增加额	本期减少额	本期减少额	本期增加额	本期减少额	本期增加额
+	−	−	+	−	+
借记	贷记	借记	贷记	借记	贷记
期末余额			期末余额		期末余额

2.2.5　在 T 形账户中记录交易的复式影响

为说明交易的复式影响是如何在会计账户中进行记录的，我们在表 2-3 中为每个资产负债表项目开设了 T 形账户，然后将米勒公司 1 月份发生的交易登记在了这些 T 形账户中。括号中的数字代表 1 月份所发生 8 项交易的序号。表 2-3 中的数据表明，米勒公司在 1 月 31 日的总资产为 150 000 美元，其中 82 400 美元为货币资金、15 000 美元为商品存货、600 美元为预付保险费（即由米勒公司预付给保险公司的款项）、12 000 美元为预付租金（即由米勒公司预付给出租人的款项）、40 000 美元为建筑大楼。负债与股东权益的总额为 150 000 美元，由 3 000 美元的预收客户款、40 000 美元的银行贷款和 107 000 美元的普通股股本所组成。

表 2-3　米勒公司 T 形账户中的交易记录

货币资金（资产类）				应付账款（负债类）			
增加（借方）		减少（贷方）		减少（借方）		增加（贷方）	
(1)	100 000	12 000	(2)	(4)	8 000	15 000	(3)
(7)	3 000	8 000	(4)	(5)	7 000		
		600	(6)				
余额	82 400					0	余额

商品存货（资产类）				预收账款（负债类）			
增加（借方）		减少（贷方）		减少（借方）		增加（贷方）	
(3)	15 000					3 000	(7)
余额	15 000					3 000	余额

预付保险费（资产类）				长期借款（负债类）			
增加（借方）		减少（贷方）		减少（借方）		增加（贷方）	
(6)	600					40 000	(8)
余额	600					40 000	余额

预付租金（资产类）				普通股股本（所有者权益类）			
增加（借方）		减少（贷方）		减少（借方）		增加（贷方）	
(2)	12 000					100 000	(1)
						7 000	(5)
余额	12 000					107 000	余额

建筑物（资产类）				留存收益（所有者权益类）			
增加（借方）		减少（贷方）		减少（借方）		增加（贷方）	
(8)	40 000						
余额	40 000					0	余额

资料来源：© Cengage Learning 2014.

利用T形账户中的余额数据，就可以编制资产负债表了。在记录了1月份所发生的总计8项交易之后，我们可以编制出米勒公司资产负债表，如表2-4所示。

表2-4　米勒公司1月31日资产负债表

资产	
流动资产	
现金	$82 400
商品存货	15 000
预付保险费	600
预付租金	12 000
流动资产合计	$110 000
固定资产	
建筑物	40 000
资产总计	$150 000
负债与所有者权益	
流动负债	
预收账款	$3 000
长期负债	
长期借款	40 000
负债合计	$43 000
所有者权益	
普通股股本	$107 000
留存收益	—
负债与所有者权益总计	$150 000

资料来源：© Cengage Learning 2014.

自习问题2.2

在T形账户中记录各类交易。 为下列项目分别开设T形账户：

现金	应付债券	设备	普通股——面值
商品存货	土地	应付账款	股本溢价
预付租金	建筑物		

请说明上述会计账户是资产类、负债类还是所有者权益类，再将自习问题2.1中盖妮思公司的所发生的交易登记到相应的T形账户中。

2.2.6　会计分录

在前述内容中，我们已说明T形账户可以用来：

1. 记录交易对个别资产负债表账户的影响。
2. 汇总某会计期间内发生的所有交易对某特定账户的影响，得到该账户的期末余额，然后利用这个余额来编制资产负债表。

在帮助大家理解每一项交易是如何对各种账户产生影响以及累积影响方面，T形账户是一种非常有用的教学工具，它能够直观地为我们提供编制资产负债表所需要的数据。如果根据T形账户所提供的数据而编制出来的资产负债表两边不能平衡，那么，就需要追查每笔交易的记录，直到找出错误所在。然而，在T形账户之间追查记账错误是一件非常费时又费力的事情，因为每笔交易都涉及两个或者两个以上会计账户中的记录。

为解决这个问题，我们需要在交易被记录到T形账户去之前再增加一个步骤：编制会计分录。**会计分录**（journal entry）会按照一定的标准格式来明确每笔交易所影响到的账户和影响金额。在每一笔会计分录中，借记各账户的金额合计与贷记各账户的金额合计都是相等的。这样，会计师会在编制完会计分录以后，再将会计分录中的金额过入到相应的T形账户中，只要过账正确，并且在T形账户中的累加不出现问题，根据这样的T形账户余额所编制的资产负债表就一定会是平衡的（即资产总额会等于负债加所有者权益的总额）。有了会计分录的支持，在T形账户登记的交易记录就能更加有效地发挥作用了。⊖

会计分录的标准格式是这样的：

  会计账户名称   金额

    会计账户名称   金额

从一笔会计分录的账户名称和记录金额中，就可以看出交易的复式影响。习惯上，我们将借方账户写在会计分录的第一行，然后在借方账户的下一行（注意要缩进两格）再书写贷方账户，如：

  被借记的会计账户名称   借记金额

    被贷记的会计账户名称   贷记金额

编制会计分录时所应当遵循的借贷规则与前面介绍过的在T形账户下登记资产、负债和股东权益的增减记录规则相同，即：

1. 借记资产的增加，或借记负债和股东权益的减少。
2. 贷记资产的减少，或贷记负债和股东权益的增加。

在会计分录中，可能会出现多个借方账户或者多个贷方账户，甚至借方和贷方同时都涉及多个账户。根据复式记账规则的要求，在一笔会计分录中，只要借记金额之和等于贷记金额之和，会计分录就是平衡的。因此，只要我们能保证每一笔会计分录中的借贷金额平衡，企业的资产总额就必然会等于负债与股东权益的总额合计。

在会计分录中，还常常需要指出交易所发生的日期，并对交易情况进行简短的说明。此外，还有可能包括一个识别码⊖。在本书中，我们有时会在讲述会计分录时，同时介绍该笔分录交易对资产负债表恒等式的影响，此时请注意，资产负债表恒等式本身并不是会计分录所要记录的内容，但是引入资产负债表恒等式可以加深我们对交易影响的理解。⊜

因此，在本书前面部分章节中，会计分录的标准格式就是：

  （#）日期

    被借记的会计账户名称   借记金额

      被贷记的会计账户名称   贷记金额

资产	=	负债	+	股东权益	（类别）

    分录所涉及交易的内容摘要

但在较后部分章节中，随着大家对会计分录的逐渐掌握和熟悉，我们就可以忽略掉其中的会计等式表格了。在这个表格中，"（类别）"这一列是用来说明交易所影响到的股权权益账户的类型的。

下面来看看我们为米勒公司所发生的8项交易而编制的会计分录：

（1）1月1日

  货币资金   100 000

    普通股股本   100 000

资产	=	负债	+	股东权益	（类别）
+100 000				+100 000	投入资本

  发行10 000股每股面值10美元的普通股，收到货币资金。发行普通股会使股东的投入资本增加，更确切地讲，是普通股股本增加。

⊖ 在本书中分析交易影响时，我们有时使用T形账户，有时使用会计分录，有时甚至同时使用T形账户和会计分录。无论是会计分录还是T形账户，都是帮助我们理解交易影响的良好教学工具。在实务中，企业通常会先在普通日记账（general journal）或记账凭证中编制会计分录，然后再定期将会计分录过账记入总分类账（general ledger）中的T形账户里。所以，使用T形账户实质上就表示将会计记录过入总分类账中。

⊖ 例如交易的序号，以帮助了解这是哪一笔交易的会计分录。——译者注

⊜ 出于教学目的，有时我们也会使用另一种方法，即用字母"A"表示资产、"L"表示负债、"SE"表示股东权益，然后在会计分录中的每个部分用这些字母来标明受影响账户的性质。例如，对于使用借款购入设备这样一笔交易，用会计分录的方式就可以记为：

  设备（A）   借记金额

    长期借款（L）   贷记金额

(2) 1月5日

预付租金   12 000
    货币资金   12 000

资产	=	负债	+	股东权益	(类别)
+12 000					
-12 000					

预付1年的设备租金12 000美元。

(3) 1月15日

商品存货   15 000
    应付账款   15 000

资产	=	负债	+	股东权益	(类别)
+15 000		+15 000			

赊购价值15 000美元的商品。

(4) 1月21日

应付账款   8 000
    货币资金   8 000

资产	=	负债	+	股东权益	(类别)
-8 000		-8 000			

用货币资金偿还8 000美元购货欠款。

(5) 1月25日

应付账款   7 000
    普通股股本   7 000

资产	=	负债	+	股东权益	(类别)
		-7 000		+7 000	投入资本

发行700股每股面值10美元的普通股，用以抵偿价值7 000美元的应付账款。

(6) 1月31日

预付保险费   600
    货币资金   600

资产	=	负债	+	股东权益	(类别)
+600					
-600					

预付1年的保险费600美元。

(7) 1月31日

货币资金   3 000
    预收账款   3 000

资产	=	负债	+	股东权益	(类别)
+3 000		+3 000			

收到客户预付的3 000美元货款，相关商品将在2月份再发出。

(8) 1月31日

建筑物   40 000
    长期借款   40 000

资产	=	负债	+	股东权益	(类别)
+40 000		+40 000			

购入价值40 000美元的建筑大楼，相关资金从当地银行贷款得到。

自习问题 2.3

用会计分录记录各类交易。 为自习问题 2.2 中的盖妮思公司所发生的 6 项交易编制相应的会计分录。

自习问题 2.4

会计分录、T 形账户与资产负债表的编制。 电子器材公司在 9 月 1 日开业,9 月份发生交易如下:

(1) 9 月 1 日:以每股 12 美元的价格发行了 4 000 股每股面值 10 美元的普通股,已收到发行价款。

(2) 9 月 2 日:用 600 股每股面值 10 美元的普通股从另一家公司换入一项专利权。交易双方就该项专利权达成的一致价格为 7 200 美元。

(3) 9 月 5 日:签订协议从 10 月 1 日起租入一个工场,租期 3 年,每月租金 5 000 美元,当日预付了两个月的租金 10 000 美元。

(4) 9 月 12 日:赊购价值 6 100 美元的原材料。

(5) 9 月 15 日:收到客户开出的 900 美元支票,作为电子器材公司打算生产的一项特殊设备的定金。该设备的合同价格为 4 800 美元。

(6) 9 月 20 日:买入报价为 950 美元的办公设备,该交易允许公司在立即付款的前提下获得 25 美元的折扣金额,电子器材公司已开出支票全额付款。

(7) 9 月 28 日:向 3 位新员工预付了总额为 200 美元的现金,这几位员工都将从 10 月 1 日起开始工作。

(8) 9 月 30 日:买入价值 27 500 美元的生产设备,已开出 5 000 美元支票,余款已开出长期应付票据支付。

(9) 9 月 30 日:为安装交易 (8) 中所购入的设备,支付人工成本 450 美元。

要求:

a. 为上述 9 项交易编制相应的会计分录。

b. 开设 T 形账户,然后将这 9 项交易登记到相应的账户中。请注意,所有账户在 9 月初的余额均为 0。

c. 为电子器材公司编制 9 月 30 日的资产负债表。

本章小结

用复式记账的思想在账户中对交易进行记录,使资产负债表恒等式总是保持平衡:资产 = 负债 + 所有者权益。我们用会计分录来记录交易,会计分录的格式是这样的:

借方账户(资产的增加、负债和股东权益的减少)
　　　　　　　　　借记金额
贷方账户(资产的减少、负债和股东权益的增加)
　　　　　　　　　贷记金额

使用 T 形账户可以方便我们对交易记录的组织和整理。同时,如果在某一会计期间,有一系列的交易都影响到某一个账户,这时利用 T 形账户来对记录进行归集整理的优势就会显得非常突出了。与会计分录一样,T 形账户也可以反映出交易的复式影响来,下面就是 T 形账户的格式:

资产类账户		负债(或股东权益)类账户	
√ 期初余额			期初余额 √
增加额	减少额	减少额	增加额
借记	贷记	借记	贷记
√ 期末余额			期末余额 √

使用 T 形账户时,我们常习惯用核对符号"√"在期初或者期末余额旁做标记。

为了方便资产负债表的编制,簿记程序通常需要经历下面这两个步骤:

1. 以会计分录的形式在某文件系统中对每笔交易进行记录。

2. 将会计分录中的金额过入到总分类账中对应的各个资产负债表账户里。在教材讲解和章末习题中利用 T 形账户是非常方便的,它有利于我们归集各种交易对资产负债表的影响。

自习问题解答

自习问题2.1解答参考

（盖妮思公司；交易对资产负债表恒等式的复式影响）

	交易	资产	=	负债	+	股东权益
1.	企业按每股12英镑的价格发行了20 000股普通股，每股面值10英镑，收到现金。	+£240 000	=	0	+	+£240 000
2.	企业发行面值为100 000英镑的债券，收到现金100 000英镑。	+100 000	=	+100 000	+	0
3.	企业支付220 000英镑现金购入价值40 000英镑的一块土地和价值180 000英镑的一栋建筑大楼。	+220 000 −220 000	=	0	+	0
4.	企业以赊购的方式购入价值25 000英镑的设备和价值12 000英镑的商品存货。	+37 000	=	+37 000	+	0
5.	企业签订租赁协议，从设备所有者那里租入一台设备，预付了1 500英镑租金。	+1 500 −1 500	=	0	+	0
6.	企业向交易4中的供货商支付了28 000英镑货款。	−28 000	=	−28 000	+	
	合计	£349 000	=	£109 000	+	£240 000

自习问题2.2解答参考

（盖妮思公司；在T形账户中记录各类交易）

货币资金（资产类）				商品存货（资产类）			预付租金（资产类）	
(1)	240 000	220 000	(3)	(4)	12 000		(5)	1 500
(2)	100 000	1 500	(5)					
		28 000	(6)					

土地（资产类）		建筑物（资产类）		设备（资产类）	
(3)	40 000	(3)	180 000	(4)	25 000

应付账款（负债类）				应付债券（负债类）			普通股（股东权益类）	
(6)	28 000	37 000	(4)		100 000	(2)		200 000	(1)

股本溢价（股东权益类）		
	40 000	(1)

自习问题2.3解答参考

（盖妮思公司；用会计分录记录各类交易）

(1) 货币资金　　　　　　　240 000
　　　普通股　　　　　　　　　　　　200 000
　　　股本溢价　　　　　　　　　　　 40 000

资产	=	负债	+	股东权益	（类别）
+240 000				+200 000	投入资本
				+40 000	投入资本

以每股12英镑的价格发行20 000股普通股股票，每股面值10英镑，收到现金。

(2) 货币资金　　　　　　　100 000
　　　应付债券　　　　　　　　　　　100 000

资产	=	负债	+	股东权益	（类别）
+100 000		+100 000			

发行面值100 000英镑的债券，收到现金100 000英镑。

(3) 土地　　　　　　　　　 40 000
　　建筑物　　　　　　　　180 000
　　　货币资金　　　　　　　　　　　220 000

资产	=	负债	+	股东权益	（类别）
+40 000					
+180 000					
−220 000					

支付现金220 000英镑购入价值40 000英镑的土地和价值180 000英镑的建筑物。

(4) 设备　　　　　　　　　 25 000
　　商品存货　　　　　　　 12 000
　　　应付账款　　　　　　　　　　　 37 000

资产	=	负债	+	股东权益	（类别）
+25 000		+37 000			
+12 000					

购入价值25 000英镑的设备和价值12 000英镑的商品存货，货款暂欠。

(5) 预付租金　　　　　　　　　　1 500
　　　货币资金　　　　　　　　　　　　　1 500

资产	=	负债	+	股东权益	(类别)
+1 500					
-1 500					

预付设备租金1 500英镑。

(6) 应付账款　　　　　　　　　　28 000
　　　货币资金　　　　　　　　　　　　　28 000

资产	=	负债	+	股东权益	(类别)
-28 000		-28 000			

向交易(4)中的供货商支付欠款28 000英镑。

自习问题2.4解答参考

(电子器材公司；会计分录、T形账户与资产负债表的编制)

a. 为9笔交易编制会计分录如下：

(1) 9月1日
　　货币资金　　　　　　　　　　48 000
　　　普通股　　　　　　　　　　　　　40 000
　　　股本溢价　　　　　　　　　　　　 8 000

资产	=	负债	+	股东权益	(类别)
+48 000				+40 000	投入资本
				+8 000	投入资本

以每股12美元的价格发行了4 000股每股面值10美元的普通股，取得货币资金。

(2) 9月2日
　　专利权　　　　　　　　　　　7 200
　　　普通股　　　　　　　　　　　　　6 000
　　　股本溢价　　　　　　　　　　　　1 200

资产	=	负债	+	股东权益	(类别)
+7 200				+6 000	投入资本
				+1 200	投入资本

用600股每股面值10美元的普通股从另一家公司换入一项专利权，交易时普通股的市场价格为每股12美元。

(3) 9月5日
　　预付租金　　　　　　　　　　10 000
　　　货币资金　　　　　　　　　　　　　10 000

资产	=	负债	+	股东权益	(类别)
-10 000					
+10 000					

支付10月和11月的工场租金。

(4) 9月12日
　　原材料存货　　　　　　　　　 6 100
　　　应付账款　　　　　　　　　　　　　6 100

资产	=	负债	+	股东权益	(类别)
+6 100		+6 100			

赊购价值6 100美元的原材料。

(5) 9月15日
　　货币资金　　　　　　　　　　　900
　　　预收账款　　　　　　　　　　　　　 900

资产	=	负债	+	股东权益	(类别)
+900		+900			

收到客户预付款900美元，作为对将来生产设备的定金。

(6) 9月20日
　　设备　　　　　　　　　　　　　925
　　　货币资金　　　　　　　　　　　　　 925

资产	=	负债	+	股东权益	(类别)
+925					
-925					

购入原价950美元的设备一台，扣除因付款及时而获得的折扣后，设备净价为925美元。

(7) 9月28日
　　预付工资　　　　　　　　　　　200
　　　货币资金　　　　　　　　　　　　　 200

资产	=	负债	+	股东权益	(类别)
+200					
-200					

向将从10月1日起开始上班的新员工预付200美元现金。

(8) 9月30日
　　设备　　　　　　　　　　　　27 500
　　　货币资金　　　　　　　　　　　　　5 000
　　　长期应付票据　　　　　　　　　　　22 500

资产	=	负债	+	股东权益	(类别)
+27 500		+22 500			
-5 000					

购入价值27 500美元的设备一台，已付现金5 000美元，余额开出长期应付票据支付。

(9) 9月30日
　　设备　　　　　　　　　　　　　450
　　　货币资金　　　　　　　　　　　　　 450

资产	=	负债	+	股东权益	(类别)
+450					
-450					

支付第(8)项交易中购入设备的安装成本450美元。

b. 表2-5中列出了电子器材公司的相关T形账户,并已将该公司在9月份发生的9笔交易登记到对应的T形账户中。账户名称后面的字母A、L和SE分别表示该账户的性质是资产类、负债类和股东权益类的。

表2-5 电子器材公司9月份的T形账户与交易记录(自习问题2.4)

货币资金（A）				预付工资（A）				原材料存货（A）			
(1)	48 000			(7)	200			(4)	6 100		
(5)	900	10 000	(3)								
		925	(6)								
		200	(7)								
		5 000	(8)								
		450	(9)								
√	32 325			√	200			√	6 100		

预付租金（A）				设备（A）				专利权（A）			
(3)	10 000			(6)	925			(2)	7 200		
				(8)	27 500						
				(9)	450						
√	10 000			√	28 875			√	7 200		

应付账款（L）				预收账款（L）				长期应付票据（L）			
		6 100	(4)			900	(5)			22 500	(8)
		6 100	√			900	√			22 500	√

普通股（SE）				股本溢价（SE）			
		40 000	(1)			8 000	(1)
		6 000	(2)			1 200	(2)
		46 000	√			9 200	√

注：符号"√"表示期末余额。
资料来源：© Cengage Learning 2014.

c. 电子器材公司在9月30日的资产负债表如表2-6所示。

表2-6 电子器材公司9月30日资产负债表(自习问题2.4)

资产		负债与股东权益	
流动资产		**流动负债**	
货币资金	$32 325	应付账款	$6 100
预付工资	200	预收账款	900
原材料存货	6 100	流动负债合计	$7 000
预付租金	10 000	**长期负债**	
流动资产合计	$48 625	长期应付票据	22 500
固定资产		负债总额	$29 500
设备	$28 875	**股东权益**	
无形资产		普通股，每股面值10美元	$46 000
专利权	7 200	股本溢价	9 200
		股东权益合计	$55 200
资产总计	$84 700	负债与股东权益总计	$84 700

资料来源：© Cengage Learning 2014.

关键术语与概念

账户（account）
永久性账户（permanent accounts）
暂时性账户（temporary accounts）
资产（asset）
负债（liability）
所有者权益/股东权益（shareholders' equity）
流动资产与非流动资产/流动负债与长期负债（current and noncurrent assets and liabilities）
资产负债表恒等式（balance sheet equation）

交易的复式影响（dual effect of transactions）
T形账户（T-account）
备抵账户（contra account）
借记/借方（debit）
计入（charge）
贷记/贷方（credit）
会计分录（journal entry）
过账（posting）

思考题、练习题和解决问题

思考题

1. 复习"关键术语与概念"中所列专业术语与概念的含义。
2. 请解释为什么每笔交易都会存在复式影响呢？
3. T形账户记录与会计分录之间的关系是什么？
4. 如何区分非流动资产与流动资产？
5. 为什么我们要使用备抵账户？如果不使用备抵账户，还有什么其他的方法可以代替？

练习题

6. **资产负债表等式的复式影响。** 新鲜食品集团（Fresh Foods Group）是一家欧洲的食品零售商，在全球7个国家经营超级市场服务。2013年，新鲜食品集团主要发生了下述3项交易：（1）从各类供货商那里赊购了价值678百万欧元的存货，商品都已收到；（2）由于在运输过程中发生毁损，退回了价值45百万欧元的存货；（3）向各类供货商支付了全部所欠货款。要求：逐一指出上述3项交易对新鲜食品集团资产负债表恒等式的影响。假定新鲜食品集团按照国际财务报告准则进行编报，编报单位使用欧元（€）表示。

7. **资产负债表等式的复式影响。** 至佳水泥（Cement Plus）是一家专业的建材公司，它在2014年发生了下述4项交易：（1）购入并收到了价值14 300百万美元的存货，其中12 000百万美元货款尚欠，其余已用现金支付；（2）用现金购买了价值3 000百万美元的机器一台；（3）发行2 000股普通股，收到现金6 500百万美元；（4）发行普通股交给供货商，用于清算因为以前购货而欠下的货款。要求：逐一指出上述4笔交易对至佳水泥公司资产负债表等式的影响。假定至佳水泥公司按照美国公认会计原则进行编报，编报单位使用百万美元（$）表示。

8. **资产负债表分类。** 根据公认会计原则，资产负债表项目可分为下面几种类别：

资产类（A）、负债类（L）、股东权益类（SE）和根据公认会计原则通常不应报告在资产负债表中的项目（N/A）

要求：使用以上缩写字母为下面这些项目进行分类，如果有些项目在本章中实在找不到答案，请试试根据自己的分析来分类碰碰运气。

a. 应付职工薪酬　　b. 留存收益
c. 应收票据　　　　d. 待完成的客户订单
e. 土地　　　　　　f. 应付利息
g. 在产品存货　　　h. 应付抵押贷款
i. 组织成本　　　　j. 预收账款
k. 预付职工薪酬　　l. 专利权
m. 良好信誉　　　　n. 普通股

9. **资产负债表分类。** 根据公认会计原则，资产负债表项目可分为下面几种类别：

资产类（A）、负债类（L）、股东权益类（SE）和根据公认会计原则通常不应报告在资产负债表中的项目（N/A）

要求：使用以上缩写字母为下面这些项目进行分类，如果有些项目在本章中实在找不到答案，请试试根据自己的分析来分类碰碰运气。

a. 优先股
b. 家具与装饰
c. 正在诉讼中的潜在负债（针对目前还未裁定的案件）：根据律师的估计，企业有40%的可能性会承担巨额赔款。
d. 预付租金
e. 超面值缴入股本
f. 库存现金
g. 商誉
h. 根据产品保修责任预计的负债

i. 原材料存货
j. 预收租金
k. 应付债券
l. 预付保险费
m. 应付所得税
n. 库存股

解决问题

10. **交易对资产负债表等式的复式影响与会计分录**。宝姿爱（Bullseye Corporation）是一家美国的零售企业，假定它在第15个会计年度中发生了下列6项交易。宝姿爱公司依照美国公认会计原则编制会计报表，编报单位为百万美元（$）。这些交易发生以后现金账户的余额将变为负数，请不要为此感到困惑，因为实际上公司还发生了很多其他的交易，只是没有在这里列出而已。

 (1) 公司发行了20百万股普通股，每股面值0.083 3美元，收到现金总计960百万美元。
 (2) 公司赊购商品存货，价值1 500百万美元。
 (3) 公司买入一家新店面，包括价值3 200百万美元的建筑物和价值930百万美元的土地，已付现。
 (4) 公司为新店的装修购入各种物品价值860百万美元，货款暂欠。
 (5) 交易（2）中的应付账款到期，公司向供货商及时进行了支付。
 (6) 交易（4）中的欠款到期，公司用现金支付了一半的欠款，又发行了8.6百万股普通股交给供货商以了结这笔欠款。在这笔交易发生时，宝姿爱公司的股票市场交易价格为每股50美元。

要求：
a. 按下面的格式说明这6笔交易对宝姿爱公司资产负债表恒等式的影响：

交易序列号	资产	=	负债	+	股东权益
（1）	+ $960		$0		+ $960
小计	$960	=	$0	+	$960

b. 为上述6笔交易逐一编制相应的会计分录。

11. **交易对资产负债表等式的复式影响与会计分录**。英赫瑞腾思公司（Inheritance Brands）是一家美国的制造经销商，假定它在第14个财务年度中发生了如下5笔交易。英赫瑞腾思公司按照美国公认会计原则编制财务报告，编报单位使用百万美元（$）。计算结果可保留一位小数。

 (1) 公司以每股55美元的价格发行了10百万股普通股，每股面值3.125美元，收到现金。
 (2) 在第14年年末，公司买入了价值250百万美元的土地和价值900百万美元的建筑物，已付现400百万美元，余款答应在第15年支付，并已经开出应付票据作为付款保证。
 (3) 公司支付30百万美元为土地和建筑物购买了1年期的保险，保险生效日从第15年开始计算。
 (4) 公司从各类供应商那里一共赊购了价值400百万美元的商品存货。
 (5) 公司向交易（4）中的供应商支付了所欠货款。

要求：
a. 按下面的格式说明这5笔交易对英赫瑞腾思公司资产负债表恒等式的影响：

交易序列号	资产	=	负债	+	股东权益
（1）	+ $550		$0		+ $550
小计	$550	=	$0	+	$550

b. 为上述5笔交易逐一编制会计分录。

12. **为各类交易编制会计分录**。请为温客杂货店（Winkle Grocery Store, Inc.）所发生的各项交易编制相应的会计分录。如果有些交易可以不用编制会计分录的，请说明理由。编写分录时，可以不写交易信息摘要。温客杂货店发生的交易信息如下：

 (1) 从约翰·温客先生那里收到投资款30 000美元，同时，温客先生也取得了公司的1 000股每股面值30美元的普通股股权。
 (2) 向银行开出60天期，利率为8%的期票，取得现金贷款5 000美元。
 (3) 租入一栋建筑物，预付了一年的租金12 000美元。
 (4) 购买了价值8 000美元的货物陈列设备，开出支票全额付款。
 (5) 购入价值25 000美元的商品存货，开出支票支付了12 000美元，余款承诺将在30天内支付。
 (6) 与附近的一家餐馆签订了合同，餐馆承诺每周将在温客杂货店购买价值2 000美元的各类商品。温客杂货店已经收到了由餐馆开出的头两周的订货支票。
 (7) 购入火灾损失保险，保额为50 000美元，从下月起生效，支付了一年的保险费共计1 200美元。
 (8) 支付600美元进行广告宣传，相关广告将在下月的报纸上登载。
 (9) 向供应商预定了价值35 000美元的商品，商品将在下月才发货，货款也还没有支付。

13. **记录交易并编制资产负债表**。莫尔顿公司（Moulton Corporation）在第12年的12月份发生了下列7项交易，假定现在公司在第13年1月1日的经营还没有开始。在第3章的解决问题第22题中，我们还将延续使用莫尔顿公司在本题中的这些数据。因此，本题中的有些信息在这里是用不着的，但我们在这里仍然给出这些信息，是因为公司在这些交易发生的时候确实是知道这些信息的。

(1) 按面值发行了80 000股每股面值为10美元的股票。
(2) 用现金购买了价值50 000美元的土地和价值450 000美元的建筑物。后续将会需要用到的信息：建筑物预计可以使用25年，从第13年的1月1日开始计算。
(3) 从各类供应商那里一共赊购了价值280 000美元的商品存货。
(4) 支付交易(3)中所购存货的部分价款，原始发票金额为250 000美元，但由于公司付款及时，得到了2%的折扣。公司将得到的折扣视为存货成本的减项。余下的赊购款30 000美元仍欠。
(5) 为土地和建筑物购买了1年期的保险，支付保险费12 000美元，保险服务生效日为1月1日。
(6) 在第12年12月31日从银行贷款300 000美元。后续将会用到的信息：贷款年利率为8%，5年期，利息在每年1月1日支付，首次支付日为第14年的1月1日，借款本金300 000美元的到期日为第17年的12月31日。
(7) 在12月31日购入价值80 000美元的设备，向设备供应商开出一张利率为6%的应付票据，票据到期日为第13年的6月30日。后续将会用到的信息：该设备经估计可以用5年。

要求：
a. 在T形账户中登记这7项交易。
b. 为莫尔顿公司编制它在12月31日的资产负债表。

14. **记录交易并编制资产负债表**。帕特森公司（Patterson Corporation）在第13年的1月1日开始营业。请注意在第3章的解决问题第23题还会沿用本题中的一些信息。帕特森公司在1月份发生的交易信息如下：
(1) 发行了15 000股普通股，每股面值10美元，取得现金共计210 000美元。
(2) 发行28 000股普通股用以交换土地、建筑物和设备，其中土地、建筑物和设备在资产负债表中的价值分别为80 000美元、220 000美元和92 000美元。
(3) 发行2 000股普通股，用来交换另一家公司拥有的一项专利权，普通股每股价值14美元。
(4) 从供货商那里赊购了报价为75 000美元的商品存货。
(5) 购入报价为6 000美元的设备一台，扣除卖方给予的折扣600美元后，余款用现金付清。公司将现金折扣用作减少所购设备的成本。
(6) 为运输交易(5)中的设备，支付了350美元的运费。公司将运费作为设备取得成本的一部分处理。
(7) 发现所购商品存货中，有报价800美元的商品存在质量缺陷，已退货并要求供应商全额退款。这些商品存货本来是赊购的（详见交易(4)中的说明），到退货时，公司还没有支付任何货款。
(8) 签订租赁汽车队的合同，租赁期开始日为2月1日，预付了2月份的租金1 400美元。
(9) 支付交易(4)中所购买部分商品的欠款，商品原价为60 000美元，由于付款及时，获得了3%的现金折扣。公司将现金折扣作为取得商品的成本减少处理。
(10) 从西南保险公司购买火灾责任险，该保险为2年期，从2月1日开始生效，保费共计2 400美元，尚未支付。
(11) 与某位客户签订了价值20 000美元的商品销售合同，帕特森公司计划在将来会发货给客户，客户已经支付了4 500美元合同价款。
(12) 1月31日，买入价值60 000美元的一栋仓库。公司支付了首付7 000美元，余款将以20年期、年利率6%的抵押贷款付清。后续将会用到的信息：利息在每年1月31日支付。
(13) 发现报价为1 500美元的商品存货存在瑕疵，将其退还给了供货商。这批存货涉及的价款已经在交易(9)中进行了支付，这批存货是公司1月份在该供应商那里购买的唯一商品，该供应商尚未退款给公司。
(14) 1月31日，公司购买了6 000股大众麦片公司的股票，每股面值10美元，公司共支付现金95 000美元。购买这些股票的目的是利用公司的多余现金进行短期投资。大众麦片公司的股票在纽约证券交易所公开上市交易。

下列假定能帮助你解决某些会计不确定性问题：
- 交易(2)和交易(3)的发生日与交易(1)的是在同一天。
- 除交易(9)中涉及的供应商会提供付款现金

折扣以外，其余供应商都不提供现金折扣。

要求：

a. 在T形账户中登记上述14项交易。

b. 为帕特森公司编制第13年1月31日的资产负债表。

15. 在T形账户中记录交易并编制资产负债表。 第8年的1月1日，维拉妮卡·瑞佳多在墨西哥新开了一家零售商店。为了能让瑞佳多百货商店（Regaldo Department Stores）的第一家零售店在第8年的2月份顺利开始对外营业，该企业在1月份发生了下述交易。瑞佳多商店按照国际财务报告准则编制财务报表，编报单位为千墨西哥比索（$）。

(1) 第8年1月1日：维拉妮卡·瑞佳多投入500 000千墨西哥比索，取得了瑞佳多商店的全部普通股股权。该商店的普通股没有面值。

(2) 第8年1月5日：向另一公司支付20 000千墨西哥比索，购入一项专利权。同时向墨西哥政府支付了4 000千墨西哥比索用作该专利权的登记和注册。根据国际财务报告准则规定，专利权的注册登记费应计入其成本。

(3) 第8年1月10日：从各供货商那里订购了价值总计200 000千墨西哥比索的商品，关于这些商品的详细信息，详见交易(5)、(6)和(7)中的说明。

(4) 第8年1月15日：签订租赁协议租入土地和一栋建筑物，租金为每月30 000千墨西哥比索，租赁期开始日为第8年的2月1日，瑞佳多商店预付了头两个月的租金共计60 000千墨西哥比索。

(5) 第8年1月20日：收到了在第8年1月10日订购的商品，瑞佳多商店要求等收到供货商开来的发票以后再进行付款（详见交易(7)中的描述）。

(6) 第8年1月21日：发现有价值8 000千墨西哥比索的商品存在质量瑕疵，已将商品退货给供应商。

(7) 第8年1月25日：收到供货商开来的发票，金额为160 000千墨西哥比索，相关商品已于第8年的1月20日收到。由于供货商对及时付款给予了2%的现金折扣，瑞佳多商店一共支付了156 800（=98%×160 000）千墨西哥比索给供货商。瑞佳多商店将现金折扣用来调减商品的取得成本。

(8) 第8年1月30日：从温沃德岛保险公司购买了火灾责任保险，保险生效日为第8年的2月1日，瑞佳多商店预付了1年的保险费共计12 000千墨西哥比索。

要求：

a. 在T形账户中记录上述8项交易。

b. 为瑞佳多商店编制它在第8年1月31日的资产负债表。

16. 记录交易并编制资产负债表。 惠特利产品公司（Whitley Products Corporation）从4月1日开始营业，在4月份，该公司发生了下列交易：

(1) 以每股15美元的价格发行了25 000股普通股，每股面值10美元，取得现金。

(2) 购入价值25 000美元的土地和一栋价值275 000美元的建筑楼，支付了50 000美元现金，余款向当地银行签发期票借入。

(3) 用现金购买了价值125 000美元的设备。

(4) 支付2 800美元将上述设备运送到惠特利产品公司的办公室。根据美国公认会计原则，相关运输成本应计入设备的取得成本。

(5) 支付3 200美元对上述设备进行安装和调试。根据美国公认会计原则，设备的安装和调试费用应当计入设备的取得成本。

(6) 为建筑物和设备投保财产责任险，预付了一年的保险费共计12 000美元，保险服务从5月1日期生效。

(7) 同意从5月份起为某位特殊客户生产顾客定制产品，产品销售价格为15 000美元，该客户已经按合同预付了1 500美元给惠特利产品公司。

(8) 从各个供货商那里订购了价值共计60 000美元的原材料。

(9) 收到交易(8)中原材料供货商的发货通知，根据订货合同，在惠特利产品公司确认收货以前，原材料的所有权仍然属于卖方。

(10) 收到了交易(9)中发出的原材料。

(11) 发现在收到的原材料中，有价值8 000美元的材料已经毁损，将这部分材料退还给了供应商。截至目前，惠特利产品公司还没有向供货商付款。

(12) 向交易(8)、(9)、(10)和(11)中的供货商支付原材料的价款，由于付款及时，供货商给予了2%的现金折扣。公司将取得的现金折扣用以调减原材料的取得成本。

要求：

a. 在T形账户中登记上述12笔交易。

b. 为惠特利产品公司编制它在4月30日的资产负债表。

17. 簿记错误对资产负债表恒等式的影响。 假定下述独立的交易或者事项被漏登或者错登了，请用

"被高估""被低估"或"无影响"指出资产、负债和股东权益将会受到怎样的影响。例如,如果发行普通股取得现金 10 000 美元被会计人员漏记了,将导致:

- 资产——被低估 10 000 美元
- 负债——无影响
- 所有者权益——被低估 10 000 美元

(1) 一家企业向供应商订购了价值 23 000 美元的商品,但在它的账户中却没有进行任何记录。
(2) 企业收到了交易(1)中所订购的商品,然后借记了"商品存货"账户 32 000 美元,贷记了"应付账款"账户 32 000 美元。
(3) 某企业购入价值 20 000 美元的汽车一台,付现 2 000 美元,余款开出应付票据支付。为此,该企业借记了"汽车"账户 20 000 美元,贷记了"现金"账户 18 000 美元,还贷记了"应付票据"账户 2 000 美元。
(4) 上述企业为交易(3)中的汽车支付了 1 800 美元的保险金,保险期间从下个月开始计算,为期 1 年。企业借记了"汽车"账户 1 800 美元,贷记了"货币资金"账户 1 800 美元。
(5) 某企业收到一位客户的订单,要求订购 5 500 美元商品,所订购的商品将于下月发货,这位客户为此开出了一张 1 500 美元的支票作为预付款。企业对此项交易没有进行任何会计处理。
(6) 某企业发行了 2 000 股每股面值 10 元的普通股,这些普通的市场价值为 32 000 美元,企业用这些股票作为交换,购入了一块土地。在记录这笔交易时,该借记"土地"账户 20 000 美元,贷记"普通股股本"账户 20 000 美元。
(7) 某企业与它的首席执行官签订了为期 3 年的工作合约,承诺将每年支付首席执行官薪酬 275 000 美元。工作合约从下个月开始生效。对此项合约,企业未进行任何会计处理。

18. **簿记错误对资产负债表恒等式的影响**。一家企业使用会计分录的形式记录了若干交易事项如下。请用"被高估""被低估"或"无影响"指出资产、负债和所有者权益将会受到怎样的影响。例如,如果一家企业发行了 10 000 美元的普通股,但在记账时却借记"现金"账户,并同时贷记"应付债券"账户,则该簿记错误对资产负债表恒等式的影响可表达为:

- 资产——无影响
- 负债——被高估 10 000 美元
- 股东权益——被低估 10 000 美元

(1) 设备　　　　　　　　　10 000
　　　货币资金　　　　　　　　　2 000
　　　应收票据　　　　　　　　　8 000

资产	=	负债	+	股东权益	(类别)
+10 000					
-2 000					
-8 000					

使用现金 2 000 美元并开出 8 000 美元的票据购入设备。

(2) 设备　　　　　　　　　4 000
　　　货币资金　　　　　　　　　1 000
　　　贷款与应付票据　　　　　　3 000

资产	=	负债	+	股东权益	(类别)
+4 000		+3 000			
-1 000					

订购一台设备,卖方将于下月发货,企业预付了 1 000 美元定金。

(3) 货币资金　　　　　　　　800
　　　应收账款……　　　　　　　　800

资产	=	负债	+	股东权益	(类别)
+800					
-800					

一位客户支付 800 美元预付款订购企业的产品,该产品将于下月发货。在此笔交易发生时,此客户尚不欠企业任何款项。

(4) 预付租金　　　　　　　　1 000
　　　应付租金　　　　　　　　　　1 000

资产	=	负债	+	股东权益	(类别)
+1 000		+1 000			

签订 1 年期的协议租下某仓库,租赁期从下个月正式开始,每月租金 1 000 美元,需在每月 1 日支付。

(5) 专利权　　　　　　　　　2 500
　　　货币资金　　　　　　　　　　2 500

资产	=	负债	+	股东权益	(类别)
+2 500					
-2 500					

发行普通股换取一项专利权。

(6) 商品存货　　　　　　　　4 900
　　　货币资金　　　　　　　　　　4 900

资产	=	负债	+	股东权益	(类别)
+4 900					
-4 900					

用现金购买办公设备。

第 3 章
簿记基础知识与财务报表的编制：利润表

CHAPTER 3

学习目标

1. 继续学习记录交易的惯例，包括交易的复式影响、T 形账户和会计分录的使用。
2. 掌握如何在暂时性账户中记录利润表交易。暂时性账户需要在每个会计期末结清，将相关影响金额转入资产负债表账户"留存收益"中。
3. 理解调整分录的必要性，懂得会计人员是如何运用各种数据和线索来计算调整分录所涉及金额的。
4. 区分交易分录、调整分录和结账分录。
5. 掌握资产负债表和利润表之间的关联关系。

本章介绍会计人员是如何记录交易并利用这些簿记记录来编制利润表的。同第 2 章一样，本章也比较强调簿记的程序，而不是会计原则和判断的应用。

在本章中，主要介绍以下四个与簿记相关的概念：
1. 交易与事件的复式影响。
2. 使用 T 形账户和会计分录来记录交易或事件的复式影响。
3. 编制简单的利润表和现金流量表。
4. 资产负债表和利润表之间的关联关系（articulation）。

对上述概念，我们都将在第 2 章介绍的簿记术语基础上进行进一步的延伸。

资产负债表和利润表上所有的项目都需要通过账户（account）反映出来，各个项目的金额数据，完全都来源于账户中的记录。我们将资产负债表账户称为**永久性账户**（permanent accounts），是因为这些账户在会计报告期末都可以留有余额，不需要进行结账处理；相反，利润表账户被称为**暂时性账户**（temporary accounts），因为它们在每一会计期初以零余额为起点而开设，然后逐笔累积报告期间内的账目信息以后，在报告期末需要被结账处理，不能保留余额。所以，利润表账户只核算某一会计期间内所发生的金额，不进行跨期的累积核算。

通过会计的结账程序（本章后续部分中将对此进行详细的介绍），能使每一利润表账户在会计期末的余额变为零，同时将当期在利润表账户中所登记的影响额报告到本期的利润表中；最后，在会计期末将这些影响全部转入到资产负债表账户"留存收益"中去。

3.1 利润表

3.1.1 常用术语

在第 2 章中，我们介绍了三种适用于影响资产负债表交易的簿记应用（交易的复式影响、T 形账户和会计分录），引入了资产负债表恒等式，并强调了由于簿记规则的应用，某一会计主体的资产与负债和所有者权益之和将始终保持恒等的特性。我们知道，利润表是企业需要编制的第二大财务报表，因此，我们现在来考虑会对利润表产生影响的经营业务。首先，我们需要介绍一些利润表中常见账户名称，在公开发布的利润表中，大家常常可以见到这些典型的会计项目（有时也被称为"行标题"）。

营业收入或销售收入（revenues 或 sales）：指企业由于销售商品或者提供服务而收到的资产（例如现金）金额。在美国之外的其他一些国家，这个项目有时也被称为营业额（turnover）。

销售成本或**营业成本**（cost of goods sold）：指所售商品的成本。类似的项目还有**劳务成本**（cost of services），即企业所提供服务的成本。

销售与日常管理费用（selling, general and administrative，简写作 SG&A）：指在销售商品或者提供服务的过程中所发生的费用（如销售人员的工资薪酬等）和企业的管理运营费用（如高层管理人员的薪酬、总部大楼的装修费用、租金和保险费用等）。

研究与开发费用（research and development expenses）：指为创新和研发新产品、工艺流程和服务而发生的支出。

广告费用（advertising expense）：指企业为了吸引更多客户或者留住现有客户而发生的费用，广告的最终目的是为了增加企业的收入。广告费用可以合并到销售与日常管理费用中一起进行报告，会计准则体系并没有要求在利润表中单列广告费用项目。

利息费用（interest expense）：指企业由于使用借入资金而承担的成本。

利息收入（interest income）：指将资金借贷给他人使用而得到的收益，或者投资于生息证券而得到的投资报酬。

所得税费用（income tax expense）：指联邦政府、州府和地方政府根据企业的利润而课征的税收费用。

3.1.2 一张典型的利润表

正如资产负债表将各个项目分类进行列示一样，利润表也需要对项目进行分类。利润表将特定时期内的收入（净资产流入）和费用（净资产流出）分别列示，然后两者相减得到净收益（也称盈利或利润，income、earnings 或 profit）。如果某一会计期间的费用总额超过了收入总额，则称当期的经营成果为损失（loss）或净损失（net loss）。

利润表首先报告营业收入（也称"第一项目"，top line），然后从营业收入中减去与企业经营相关的费用（例如销售成本、销售与日常管理费用、研发费用和广告费用等）；接下来，再报告其他收益来源（例如利息收入）和其他费用支出（例如利息费用），得到税前利润；最后，从税前利润中减去所得税费用，即得到净利润（有时也称为"底线项目"，bottom line）。一些公司会向他们的股东宣告并发放股利，由于股利是对通过盈利累积的净资产所进行的一种分配，而不是企业在创造盈利过程中的一种费用，因此，股利不能作为费用项目出现在利润表上。

表 3-1 是牙膏公司截至第 7 年 12 月 31 日的年度利润表。在利润表中，企业应当提供当期和至少以前两期的比较数据，这是美国公认会计原则和国际财务报告准则的一致要求。因此，牙膏公司在第一列数据栏（即最左列数据栏）中报告了当年，即第 7 年的数据，同时还在旁边两栏中披露了第 6 年和第 5 年的比较数据。牙膏公司的利润表栏目内容相对比较少，跟牙膏公司的利润表相比，大多数公司的利润表会更加详细一些，即会报告更多的行或者列数据。

表 3-1　牙膏公司利润表

以 12 月 31 日为截止日的	第 7 年	第 6 年	第 5 年
销售收入净额	$13 789.7	$12 237.7	$11 396.9
销售成本	6 042.3	5 536.1	5 191.9
毛利润	$7 747.4	$6 701.6	$6 205.0
销售与日常管理费用	4 973.0	4 355.2	3 920.8
其他（收益）费用净额	121.3	185.9	69.2
经营利润	$2 653.1	$2 160.5	$2 215.0
利息费用，净值	156.6	158.7	136.0
税前利润	$2 496.5	$2 001.8	$2 079.0
所得税费用	759.1	648.4	727.6
净利润	$1 737.4	$1 353.4	$1 351.4

资料来源：© Cengage Learning 2014.

企业在编制利润表时拥有较大的自由选择权。比如，牙膏公司就报告了毛利润、经营利润和税前利润等信息。在后续章节和本章的后半部分中，我们将对这些术语进行更进一步的讨论。

3.2　资产负债表与利润表的联系

利润表是联系期初和期末资产负债表的纽带。股东权益账户"留存收益"的期初余额加上当期利润表中报告的净利润，再减去当期所宣告的股利，就可以得到"留存收益"账户的期末余额。我们可以用一个公式来表达留存收益账户在资产负债表和利润表之间所起的这种作用：

留存收益（期初余额）＋净利润－股利＝留存收益（期末余额）

所以，我们经常说利润表是联系不同时期资产负债表之间的纽带⊖。自企业创办以来，我们就一期一期地在"留存收益"账户中累积每期盈利大于股利之剩余。累积（cumulative）这个词强调的是企业全部未分配利润的总和。

重新回到表 2-1 牙膏公司的资产负债表，可以看到，该公司的留存收益从第 6 年 12 月 31 日的 9 463.7 百万美元增长为了第 7 年 12 月 31 日的 10 627.5 百万美元。再看表 3-1，牙膏公司在第 7 年实现的净利润为 1 737.4 百万美元。在牙膏公司的年度财务报告中，还报告它在第 7 年发放了 721.6 百万美元的普通股股利和 28.0 百万美元的优先股股利，两项合计，股利总额为 749.6 百万美元。根据上述信息，我们就可以通过判断留存收益等式是否成立来检验牙膏公司的资产负债表和利润表之间的勾稽关系是否正确。

留存收益(期初余额) ＋ 净利润 － 股利 ＝ 留存收益(期末余额)
＝ $9 643.7 ＋ $1 737.4 － $749.6
＝ $10 631.5

⊖ 或者说，利润表和资产负债表之间存在勾稽关系。——译者注

上式计算所得到的金额 10 631.5 百万美元，比牙膏公司在第 7 年年末的留存收益余额 10 627.5 百万美元高出了 4.0 百万美元。这 4.0 百万美元的差额是由于牙膏公司采用了一项新的会计政策所进行的调整引起的，牙膏公司将该调整的金额直接计入了留存收益账户中。

所以，利用牙膏公司第 7 年的数据所进行的验证说明留存收益等式未能成立，原因是当年还发生了一些其他会影响留存收益账户的交易。⊖

以下对资产负债表恒等式的分解能很好地说明收入、费用和股利对资产负债表项目的影响：

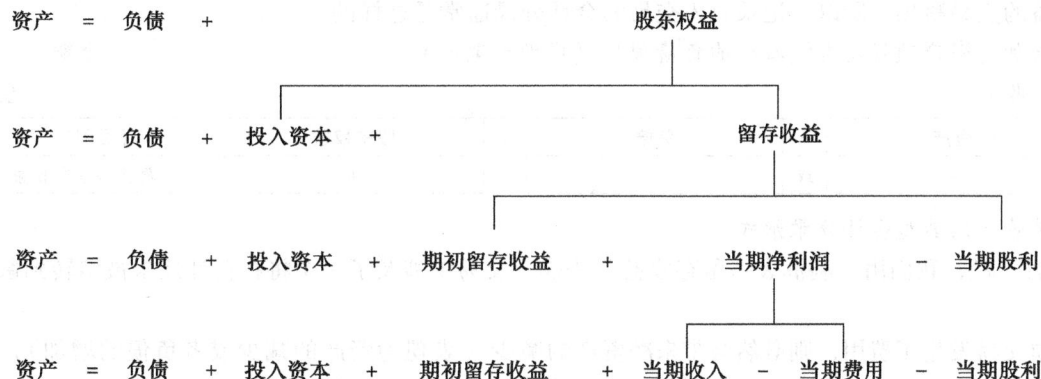

上图说明，影响净利润的项目（即收入和费用）同时也是影响股东权益的。因此，从理论上来说，将收入与费用金额直接计入到留存收益账户中也是可以的，这时，某一会计期间的净利润金额可以从留存收益等式中倒推得到：

净利润 = 期末留存收益 − 期初留存收益 + 当期股利

因此，利润表的目的并不是为了计算净利润，因为信息使用者完全可以通过留存收益关系式自己分析推导出净利润的！但是，如果我们将收入和费用信息都直接记录到留存收益账户中的话，就难以确认了解到净利润的来源了。相反，通过利润表中的行或者列数据，不仅能说明收入的来源和金额，还能表明费用的性质和水平，而正是这些收入和费用项目，影响着当期的净利润！了解收支的明细构成，能帮助信息使用者加深对企业业绩的理解。所以，编制利润表的目的是为了向报表使用者解释企业净利润的形成过程和影响因素，认识到这一点，对理解利润表的编制程序是会有很大帮助的。

为了编制利润表，会计人员需要单独开设某一时期的收入和费用账户。我们在第 2 章时曾经介绍过，利润表账户属于暂时性账户，与资产负债表上的永久性账户是不同性质的。所有的暂时性账户在会计期初都没有余额，只在账户中累积当前会计期间的相关信息。到会计期末完成了利润表的编制之后，会计师会把全部暂时性收入或者费用账户的余额都转移到留存收益账户中，这个过程被称为收入和费用账户的**结账**（closing）。结账（即将收入和费用账户结平，余额转移至留存收益账户）以后，收入和费用账户的余额全部恢复为零。如果当期实现了净利润，留存收益账户的余额会增加（相反，如果当前发生净损失，则将减少留存收益账户的余额）。

在会计期间内单独开设收入和费用账户进行核算，然后到会计期末再将这些账户的余额结平，转移至留存收益账户中，与直接在留存收益账户中记录收入和费用对资产负债表恒等式的影响是一样的。但是通过单独开设收入和费用账户，能为利润表的编制归集特定类型的收入或者费用信息，否则我们就只能知道净利润的总额却无法了解它的构成。一旦收入和费用账户完成了归集当期特定信息的任务，就不再有其他用处了，所以会计人员就会将这些账户结平，让它们在下一个会计期间以零余额重新开始，方便记录下一个会计期间的收入和费用信息。

3.3 收入、费用和股利的会计处理

收入、费用和股利的发生影响着留存收益账户的增减，因此，这些项目的会计处理规则应与其他影响股东权益项目的交易是相同的：

⊖ 我们在本章中暂时不讨论这些项目，留待到第 15 章中再来处理这些项目。

所有者权益	
减少额	增加额
（借记）	（贷记）
费用	收入
股利	资本筹集

如果一项交易创造了收入，则必然会带来净资产的增加（表现为资产的增加或者负债的减少），因此，属于增加股东权益的交易事项。所以，记录收入交易的会计分录通常是这样的：

被增加的资产项目或者被减少的负债项目（或两者兼有）   金额
    收入   金额

资产	=	负债	+	股东权益	（类别）
+	或	−		+	利润表→留存收益

记录收入的典型会计分录形式。

在"类别"栏，我们用"利润表→留存收益"来表示交易中涉及了一个将在会计期末被结转到留存收益中的利润表账户。

如果一项交易发生了费用，则必然会带来净资产的减少（表现为资产的减少或者负债的增加），因此，属于减少股东权益的交易事项。所以，记录费用交易的会计分录通常是这样的：

费用   金额
    被减少的资产项目或者被增加的负债项目（或两者兼有）   金额

资产	=	负债	+	股东权益	（类别）
−	或	+		−	利润表→留存收益

记录费用的典型会计分录形式。

无论是以现金形式还是以其他资产形式发放的股利，都会导致公司净资产或股东权益的减少。除非另有说明，在本书中，我们都假定公司发放的是现金股利。当公司董事会宣告发放股利时，企业应当作如下会计分录：

留存收益   金额
    应付股利   金额

资产	=	负债	+	股东权益	（类别）
		+		−	留存收益

记录股利宣告的典型会计分录形式。

而当企业实际发放股利时，则应作会计分录：

应付股利   金额
    货币资金   金额

资产	=	负债	+	股东权益	（类别）
−		−			

记录股利发放的典型会计分录形式。

虽然跟股利相关的会计分录看起来与费用的比较类似，但请注意，股利绝不属于费用。因为股利不是为了得到收入而发生的成本，相反，它是将企业在经营中所取得的资产用来给企业所有者的一种分配。既然股利不属于费用，那么，它就不会影响净利润。因此，在计算净利润时不应考虑股利。所以，在表3-1牙膏公司的利润表中，第7年所支付的股利749.6百万美元并没有作为减项出现。

3.3.1 损益类交易的复式影响与会计分录

在第2章中，我们曾经分析过米勒公司1月份的交易，当时，那些交易中还没有任何一笔涉及对利润表账户的影响。在表2-4中，因为米勒公司在1月份没有产生任何收入，也没有发生任何成本，而且也没有宣告股利，所以1月31日的留存收益账户余额为零。

现在，我们可以来考虑那些既影响利润表、又影响资产负债表的交易了。假定米勒公司在2月份一共发生了7项交易，我们将一一分析如下。

交易1 2月5日，米勒公司又赊购了价值25 000美元的商品。

(1) 商品存货   25 000
  应付账款   25 000

资产	=	负债	+	股东权益	（类别）
+25 000		+25 000			

赊购价值25 000美元的存货。

交易2 米勒公司在2月份向顾客一共销售了价值50 000美元的商品。其中，有3 000美元的商品是发货给在1月31日预付了3 000美元的客户的，我们当时曾经记录了预收账款3 000美元（见第2章，1月份发生的第(7)笔交易）；还有47 000美元的销售款尚未收到。像米勒公司这样的零售商店通常会在他们将商品发货给客户时确认收入，无论这时客户是否已经支付了现金给商家。因此，记录这笔销售业务的会计分录应为：

(2) 预收账款   3 000
  应收账款   47 000
    销售收入   50 000

资产	=	负债	+	股东权益	（类别）
+47 000		-3 000		+50 000	利润表→留存收益

卖出价值50 000美元的商品，其中3 000美元在1月份已预收，剩余47 000尚未收款，预计米勒公司会在发货给顾客之后的某个时间收到现金。

销售收入账户是一个暂时性利润表账户，到2月末，米勒公司会将该账户结平到留存收益账户中去。

交易3 在交易2中出售给客户的商品价值共计30 000美元，由于这些商品已经出售并配送给了客户，显然已不再属于米勒公司的资产。因此，我们在下面的会计分录中需要一方面减少米勒公司的存货余额，另一方面将所售存货的成本确认为费用（企业通常会将销售成本的计算推迟到会计期末，这样就可以一次性地计算当期出售所有商品的成本。在本例中，我们假定只发生了一笔销售收入，因此本身也只需要计算一笔销售成本，所以在这种情况下，无论是在销售当时就计算销售成本、还是留待会计期末再来计算销售成本，影响都不大）。

(3) 销售成本   30 000
  商品存货   30 000

资产	=	负债	+	股东权益	（类别）
-30 000				-30 000	利润表→留存收益

记录2月份所售商品的成本30 000美元。

销售成本账户也是一个暂时性利润表账户，到2月末，米勒公司会将该账户结平到留存收益账户中去。请注意，股东权益栏目下的负号表明销售成本的增加将导致股东权益的减少，而不是销售成本的减少。

交易4 米勒公司在2月份一共发生并实际支付了14 500美元的销售与管理费用。记录这笔交易的会计分录应当为：

(4) 销售与管理费用   14 500
  货币资金   14 500

资产	=	负债	+	股东权益	（类别）
-14 500				-14 500	利润表→留存收益

2月份用现金支付了共计14 500美元的销售与管理费用。

假定与2月份支付的这些销售与管理费用所对应的服务都已由米勒公司在当月就"享用"了，因此，应将这些支出全部记录为 2 月份的费用，在米勒公司 2 月末的资产负债表中，不会有任何资产项目与这些支出相对应⊖。

交易 5　米勒公司从客户那里收到了 35 000 美元的以前期间赊购款。在相关销售发生的时候，米勒公司就已经确认了相应的收入（见 2 月份发生的第 2 笔交易），因此不可能在此时又确认一次收入。收到客户支付的欠款，一方面会增加了货币资金账户的余额，另一方面则减少了企业应收账款的金额。

（5）货币资金　　　　　　　　　　　　　　　　　35 000
　　　应收账款　　　　　　　　　　　　　　　　　　　　35 000

资产	=	负债	+	股东权益	（类别）
+35 000					
−35 000					

收到客户以前期间的赊购款 35 000 美元。

交易 6　米勒公司向供应商支付了 20 000 美元以前期间的赊购款。对此，米勒公司应作如下记录：

（6）应付账款　　　　　　　　　　　　　　　　　20 000
　　　货币资金　　　　　　　　　　　　　　　　　　　　20 000

资产	=	负债	+	股东权益	（类别）
−20 000		−20 000			

向供应商支付以前期间拖欠的货款 20 000 美元。

交易 7　米勒公司宣告并实际向股东发放了股利 1 000 美元。对此，公司应记录如下：

（7）留存收益　　　　　　　　　　　　　　　　　1 000
　　　货币资金　　　　　　　　　　　　　　　　　　　　1 000

资产	=	负债	+	股东权益	（类别）
−1 000				−1 000	留存收益

2 月份宣告并发放了股利 1 000 美元。

上述 7 笔会计分录对米勒公司在 2 月份所进行的经营活动进行了汇总，每笔分录都是米勒公司与它的客户、供应商或者股东之间所进行交换活动的记录结果。为了方便讲述，我们在这里实际上已经将全月的很多类似交易汇总成了一个总计金额。

会计系统会将这些会计分录中的信息转移到相应的资产负债表和利润表账户中去，这个过程就叫作**过账**（posting process）。我们接下来将使用 T 形账户来列出 2 月初的各账户余额（见表 2-3），并说明 2 月份所发生这 7 笔交易的过账过程。表 3-2 中就是米勒公司的 T 形账户，其中粗体部分就是登记的这 7 笔交易，而对于斜体和带下划线的部分记录，我们将在后续内容中再进行进一步的讨论。资产负债表账户的 2 月初余额与它们各自的 1 月末余额是相等的，利润表账户在 2 月初是没有余额的（因为它们是暂时性账户，暂时性账户在期初都没有余额）。资产负债表账户和利润表账户共同反映了 2 月份所发生这 7 笔交易的影响。

自习问题 3.1

为某会计期间发生的交易编制会计分录。哈瑞斯设备公司在第 2 年 1 月 2 日开始营业，它以每股 15 美元的价格发行了 10 000 股每股面值为 10 美元的普通股，筹得了现金。该公司在第 2 年中发生了下述交易事项：

1. 第 2 年 1 月 2 日：买入价值 80 000 美元的一栋大楼和价值 40 000 美元的设备，用现金支付了 60 000 美元以后，余款用利率为 10% 的抵押贷款解决（即公司从借款人那里借入资金，并向借款人开出了抵押借款的凭证）。贷款利息需在每年 1 月 2 日支

⊖ 即在这 14 500 美元中，没有任何的预付费用。——译者注

付，首次支付日为资产购买日1年以后。

2. 第2年1月2日：为大楼和设备购买了2年期的火灾保险，提前预付了2年的保险费共计1 200美元。

3. 第2年：赊购各种存货，价值总计为320 000美元，在第2年中陆续向供应商付款总计270 000美元。

4. 第2年：销售各种商品，价格总计为510 000美元，其中80 000美元为现销，430 000美元为赊销。在第2年中从赊销客户那里已经收款的金额为360 000美元。

5. 第2年：支付员工薪酬总计80 000美元。

6. 第2年：支付水、电等公用事业费总计1 300美元。

7. 第2年11月1日：收到一位客户预付的600美元现金，预计该客户订购的商品要到第3年1月份才能发出。

8. 第2年11月1日：收到一位债务人交来的面值1 000美元、年利率为9%、90天期的票据，用以了结该客户以前所欠的货款。

9. 第2年12月1日：将大楼的一部分出租，租期为3个月，每月租金300美元，公司预收了整个租赁期的租金共计900美元。

要求：为哈瑞斯设备公司在第2年所发生的这9笔交易编制相应的会计分录。（下一自习问题将分析第2年末的调整分录，包括确认销售成本等内容。）可以不用写分录摘要和交易对资产负债表恒等式的影响。

3.3.2 调整分录

交易1~7都是米勒公司在2月份与其他会计主体或者个体之间所发生的交换事项，所以，这7笔交易一旦发生，都需要企业以会计分录的形式进行确认。举例来说，交易1和交易2分别为从供货商那里购买存货和向客户销售商品。除了这些由交易或者交换的发生所引发出的会计分录以外，还有一些会计分录是随着时间的流逝而需要编制的。比如，随着时间的流逝，我们需要确认借款所产生的利息费用；随着公司对租赁资产的使用和对保险服务的享用，我们需要确认相应的租赁费用和保险费用。

绝大多数公司都在会计期末才来考虑随着时间的流逝而应当编制的会计分录，这些分录被称为**调整分录**（adjusting entries），因为它们是对资产负债表和利润表账户的持续变化而进行的调整，反映出了公司的资源（资产）和对资产的要求权（负债与股东权益）随着时间的流逝所发生的变动。编制调整分录是计算当期净利润和确认企业期末财务状况的前提。有些公司将销售成本的确认也作为调整分录处理，这些企业喜欢一次性地计算整个会计期间的销售成本总额，而不是每笔销售成立后就计算一笔销售成本。除非我们有特别说明，在本书的例题和习题中，我们也将销售成本的确认作为调整分录处理，即在每个会计期间只计算一次当期销售成本的总额。本例中，我们在前面的交易3中就已经说明了米勒公司销售成本的计算过程，主要是因为当时我们还没有开始介绍调整分录的概念和编制方法。

在2月末，米勒公司需要编制的调整会计分录一共有5笔（见表3-2中的斜体记录）。

交易8 米勒公司需要确认保险费用，这笔费用在实际支付时已被记录到预付保险费中，应当按照公司在2月份所收到的保险服务份额进行确认。米勒公司在1月31日预付了1年期的保险费共计600美元，保险期间从当年的2月1日开始，至明年的1月31日结束。假定在这1年内每个月的保险费用是均等的，那么2月份的保险费用就应该等于50（=600/12个月）美元。米勒公司应将当月的保险费用报告在销售与管理费用账户中，会计分录为：

（8）销售与管理费用   50
    预付保险费   50

资产	=	负债	+	股东权益	（类别）
−50				−50	利润表→留存收益

确认2月份已经消费掉的保险服务成本50美元。

剩余的550美元预付保险费在接下来的11个月中会逐渐被确认为费用，不过现在，它仍然应当作为一项资产报告在米勒公司的资产负债表上。

表 3-2 米勒公司 2 月份所发生交易在 T 形账户中的记录

	货币资金（资产类）				应收账款（资产类）		
√	82 400			√	0		
(5)	35 000	14 500	(4)	(2)	47 000	35 000	(5)
		20 000	(6)				
		1 000	(7)				
√	81 900			√	12 000		
	商品存货（资产类）				预付保险费（资产类）		
√	15 000			√	600		
(1)	25 000	30 000	(3)			*50*	(8)
√	10 000			√	550		
	预付租金（资产类）						
√	12 000						
		1 000	(9)				
√	11 000						
	建筑物（资产类）				累计折旧（资产类）		
√	40 000					0	√
						167	(10)
√	40 000					167	√
	应付账款（负债类）				预收账款（负债类）		
		0	√			3 000	√
(6)	20 000	25 000	(1)	(2)	3 000		
		5 000	√			0	√
	长期借款（负债类）				应付利息（负债类）		
		40 000	√			0	√
						333	(11)
		40 000	√			333	√
	应交所得税（负债类）				所得税费用（股东权益类）		
		0	√	√	0		
		1 382	(12)	(12)	*1 382*	1 382	(13)
		1 382	√			0	
	普通股（股东权益类）				留存收益（股东权益类）		
		107 000	√			0	√
				(7)	1 000	2 568	(13)
		107 000	√			1 568	√
	销售收入（股东权益类）				销售成本（股东权益类）		
		0	√	√	0		
(13)	50 000	50 000	(2)	(3)	30 000	30 000	(13)
		0	√		0		
	利息费用（股东权益类）				销售与管理费用（股东权益类）		
√	0			√	0		
(11)	333	333	(13)	(4)	14 500		
√	0			(8)	50		
				(9)	1 000		
				(10)	167	15 717	(13)
					0		

注：1. "√" 符号表示对应的数字为期初或者期末余额。

2. 表中黑色数字表示账户余额；粗体表示当月登记的交易分录；斜体表示登记的调整分录；而下划线则表示结账分录。

资料来源：© Cengage Learning 2014.

交易9 米勒公司应当记录租赁服务的成本，这笔费用在实际支付时已被记录到预付租金中，应当按照公司在2月份所消费的租赁服务来进行确认。米勒公司在1月31日曾经支付了12 000美元的租金，租赁期从当年2月1日开始计算，到次年的1月31日结束。假定每个月的租赁服务成本是均等的，因此，米勒公司2月份的租金费用应当为1 000（=12 000/12个月）美元。米勒公司将这笔租金费用报告在销售与管理费用账户中，会计分录为：

（9）销售与管理费用　　　　　　　　　　　　　　　　　　　　1 000
　　　预付租金　　　　　　　　　　　　　　　　　　　　　　　　　　　　　1 000

资产	=	负债	+	股东权益	（类别）
-1 000				-1 000	利润表→留存收益

确认2月份的租赁服务成本1 000美元。

剩余的11 000美元预付租金在接下来的11个月中也会逐渐被确认为费用。

交易10 累计折旧账户专门用以核算企业将长期资产的取得成本分配进入到生产成本或者费用中去的累计金额。米勒公司在1月31日曾经购入了价值40 000美元的建筑物，并在当天将它确认为了一项资产。⊖对这项资产，米勒公司从2月1日正式营业起，就开始了"消费"，因此，从2月1日（即米勒公司开始使用建筑物的那一天）起，米勒公司就应该开始计算建筑物的折旧了，这样才能够反映出企业在建筑物寿命期内对其所提供服务的"消费"金额。假定米勒公司预计这栋建筑物可以使用20年，到期不会再有任何价值（即20年以后的残值将为0），那么将建筑物的成本在它的寿命期内进行分摊，米勒公司就可以按照当期使用建筑物的时间占建筑物整个服务期的比重来计算建筑物的折旧金额，因此，每个月的折旧金额应当为167（=40 000/（20年×每年12个月））美元。米勒公司将折旧费用报告在销售与管理费用账户中。

另一种确认折旧的方法是对建筑物账户直接减记167美元，同时确认一项费用167美元。但我们放弃了直接减记建筑物账户的金额，因为通过使用资产负债表中的备抵账户"累计折旧"，可以将已提折旧的金额累计起来。即米勒公司会将每一期建筑物所提供服务的成本都在累计折旧账户中进行归集。在资产负债表上，累计折旧账户会作为建筑物取得成本的减项出现。⊖所谓备抵账户（contra account），就是像累计折旧这样的专门用作累计另一个账户的减项的账户。因此，米勒公司在2月份应编制的折旧分录为：

（10）销售与管理费用（折旧费用）　　　　　　　　　　　　　　167
　　　　累计折旧　　　　　　　　　　　　　　　　　　　　　　　　　　　167

资产	=	负债	+	股东权益	（类别）
-167				-167	利润表→留存收益

确认2月份的建筑物折旧费用167美元。

在资产负债表恒等式资产栏下的负号是说明的对资产的影响方向，而不是对累计折旧的影响方向。同样地，股东权益栏下的负号也是说明对股东权益的影响方向，而不表示销售与管理费用的减少。

交易11 米勒公司应当记录在2月份所使用长期借款的利息费用。1月31日，米勒公司在应付期票上签字答应将在3年以后偿还银行40 000美元的借款，并按年利率10%支付利息，即每年的利息费用为4 000（=10%×40 000）美元。所以，每当米勒公司准备编制财务报表时，都应当计算并确认自上一个资产负债表日至编报日所累计的应付利息金额。截至2月末，米勒公司应确认的应计利息金额为333（=4 000/12个月）美元，即每年利息费用总额的1/12，然后做如下调整分录：

（11）利息费用　　　　　　　　　　　　　　　　　　　　　　　333
　　　应付利息　　　　　　　　　　　　　　　　　　　　　　　　　　　333

资产	=	负债	+	股东权益	（类别）
		+333		-333	利润表→留存收益

确认2月份的长期借款利息费用333美元。

⊖ 在第10章中，我们将专门对长期资产的折旧问题进行介绍；交易10只说明折旧的基本计算原理和相关受影响的账户。
⊖ 在第10章中会对单独开设累计折旧账户所提供的额外有用信息进行介绍。

交易12 米勒公司应当根据2月份的税前利润水平确认当月的所得税费用。假定该公司适用35%的所得税税率，由于2月份的税前利润为3 950（=50 000－30 000－14 500－50－1 000－167－333）美元，所以当月应确认所得税费用1 382（=35%×3 950）美元。一般情况下，企业是按季度缴纳所得税的，所以，这里所计算出的米勒公司应交所得税金额在2月末还不用实际缴纳，暂时表现为一项负债的增加。另一方面，无论公司是否在当期实际缴纳，所得税都应当是当期的费用之一。所以，记录所得税费用的调整分录应为：

(12) 所得税费用　　　　　　　　　　　　　　　　　　　　　　　　　　1 382
　　　应交所得税　　　　　　　　　　　　　　　　　　　　　　　　　　　　　　1 382

资产	=	负债	+	股东权益	（类别）
		+1 382		－1 382	利润表→留存收益

确认2月份的所得税费用1 382美元。

除了记录随时间的流逝而应当确认的影响之外，调整分录还可以用来更正企业在会计期末发现的记录错误，这类分录也被称为更正分录（correcting entries）。比如，与总部大楼相关的财产税本来是应该被记录到"销售与管理费用"账户中的，结果被企业记到了销售成本账户；再或者，企业向供应商支付以前的赊购款时，本来是应当借记"应付账款"账户的，结果被企业错误地借记了"应收账款"账户。当出现这样的情况时，就可以通过编制调整分录来进行更正。由于在我们的例题中，米勒公司在2月份并没有发生这样的记账错误，因此也就没有通过编制调整分录来更正记账错误的必要了。等到全部调整分录都编制完成以后，会计师就将这些分录中的金额过入相关受影响的账户中。表3-2中的斜体记录即为登记的调整分录。

自习问题3.2

编制会计期末的调整分录。 沿用自习问题3.1中哈瑞斯设备公司的数据，请为该公司编制在第2年12月31日应编制的调整会计分录。可以不用写分录摘要和交易对资产负债表恒等式的影响。

10. 企业在第2年1月2日购入的大楼（详见自习问题3.1中的交易1）预计可以使用10年，期满无残值；而设备预计可以使用7年，期满后预计残值为5 000美元。哈瑞斯公司使用直线法计算固定资产的折旧费用。

11. 企业应当确认本会计期间的保险费用，该保险是在第2年1月2日购入的（详见自习问题3.1中的交易2）。

12. 通过在年末对存货进行的实地盘点，计算出在第2年所售商品的成本为180 000美元（详见自习问题3.1中的交易3）。

13. 企业应当对第2年取得的抵押借款计算并确认相关的利息费用（详见自习问题3.1中的交易1）。

14. 企业尚欠员工在12月最后三天的工资800美元，计划将在第3年的1月4日再支付给员工。

15. 企业应当确认应收票据的利息收入（详见自习问题3.1中的交易8）。

16. 企业应当编制调整分录记录在第2年取得的租金收入（详见自习问题3.1中的交易9）。

17. 哈瑞斯公司宣告将支付25 000美元的股利，预计支付日为第3年的1月15日。

18. 企业应当按照所得税税率40%和当年的税前利润水平，计算和确认所得税费用。

自习问题3.3

编制调整分录。 为了能够每天及时获得与经营活动相关的现金收支信息，一家企业决定将每一笔现金收入都贷记在收入账户中，同时将每一笔现金支出都借记在费用账户中，通过对所有的收支都进行相同的会计处理来提高工作的效率。这样，对计算机进行恰当的编程处理后，电脑就可以自动地记录每天的营业现金收支了。在记录每天交易数据时，电脑不需要去判断一笔现金流入是支付的前欠货款还是当期的现销金额,也不需要去管一笔现金支出是购买的当期服务还是预付的未来期间服务。因为等到了会计期末,会计人员会对现有账户的余额进行分析,然后通过编制调整分录再来进行更正。但这样做的话,会导致当期的部分资产负债表账户和利润表账户出现暂时性的错误余额。

请为下述几种互相独立的情形编制相应的调整分录:

a. 企业作为承租人在第 2 年的 5 月 1 日支付了 1 年的租金 12 000 美元,租赁期开始日从当天就开始计算。企业将支付金额全额借记了"租金费用"账户,然后贷记"货币资金"账户,并在 5 月 1 日至 12 月 31 日之间未做任何调整分录。请为该企业编制一笔 12 月 31 日应做的调整分录,以正确地确认预付租金和租金费用账户的余额,并计算第 2 年的租金费用应当为多少?

b. 编制调整分录并过账后,企业的账簿上显示截至第 2 年 12 月 31 日,预付租金账户的余额为 10 000 美元,全都是预付的第 3 年 1 月 1 日至 4 月 30 日的租金。第 3 年的 5 月 1 日,企业作为承租人,又预付了 1 年期共计 36 000 美元的租金,租赁期开始日从当天就开始计算。同样地,企业将全部金额都借记了"租金费用"账户,然后贷记了"货币资金"账户,并且在第 3 年中未进行任何调整。请为该企业编制它应在第 3 年 12 月 31 日编制的调整分录,并计算第 3 年的租金费用应当为多少?

c. 编制调整分录并过账后,企业的账簿上显示截至第 3 年 12 月 31 日,预付租金账户的余额为 20 000 美元,全都是预付的第 4 年 1 月 1 日至 4 月 30 日的租金。第 4 年的 5 月 1 日,企业作为承租人,又预付了 1 年期共计 48 000 美元的租金,租赁期开始日从当天就开始计算。同样地,企业将全部金额都借记了"租金费用"账户,然后贷记了"货币资金"账户,并且在第 4 年中未进行任何调整。请为该企业编制它应在第 4 年 12 月 31 日编制的调整分录,并计算第 4 年的租金费用应当为多少?

3.4 编制财务报表

3.4.1 编制利润表

我们已经在收入和费用账户中归集了 2 月份所发生的损益类交易和 2 月末调整分录的影响,现在,利用这些数据,就可以开始编制利润表了。表 3-3 就是米勒公司 2 月份的利润表。

根据惯例,我们在利润表中将需要被减去的项目放在了括号里,而其他没有被报告在括号中的数字则分别表示收入、利润小计或净利润。在表 3-3 中,我们报告了在扣除融资费用(即本例中的利息费用)以前的利润额和税前利润额。我们将表 3-3 扣除融资费用前的利润称为经营收益(operating income)。相比表 3-1 中,牙膏公司则将这个项目称为经营利润(operating profit)。所谓经营收益(或利润),通常是企业的销售收入减去与核心经营业务相关的费用后之剩余;而这里所指的核心(core)业务,则是指企业经营的中心或重点业务。比如,米勒公司是一家零售经营企业,因此它的商业核心业务便是购入商品然后再出售,所以,要计算米勒公司的经营收益,只需要用销售商品取得的营业收入减

表3-3 米勒公司 2 月份的利润表

销售收入	$50 000
销售成本	(30 000)
销售与管理费用	(15 717)
经营收益	$4 283
利息费用	(333)
税前利润	$3 950
所得税费用	(1 382)
净利润	$2 568

资料来源:© Cengage Learning 2014.

去与企业经营相关的费用便可以得到;而这里的费用,包括商品销售成本、销售与管理费用等。虽然在很多公司的利润表上都可以见到经营收益或者经营利润小计项目,但实际上美国公认会计原则和国际财务报告准则都没有对这些项目进行过正式的定义。所以,管理人员可以根据自己的判断来决定是否报告这类项目,并且,如果报告的话,管理人员也完全可以自由决定如何来计算这个项目。此外,国际财务报告准则要求企业要单独列报融资成本,比如,根据泰晤士公司在表 1-6 中的列报,该公司在第 9 年的融资成本为 91.6 百万欧元。

3.4.2 结账分录

我们曾经介绍说,开设收入和费用账户的目的,就是为利润表中的各个项目累积当期的发生金额。现在,利

润表已编制完成,因此,这两类账户都已完成了它们各自的任务了,即收入和费用账户中所累积的金额确实就是应当并且已经被报告在利润表中的各项目金额了。利润表账户都是暂时性的,因此在期初和期末都不应当有余额。所以,下一步需要将目前收入和费用账户中的金额,转移到留存收益账户中去——即结清当期所有的收入和费用账户。**结账**(closing process)是通过以下两种途径将利润表账户的余额变为零的:

1. 按收入账户中贷方所累积的金额,借记收入账户,同时贷记留存收益账户。
2. 按费用账户中借方所累积的金额,借记留存收益账户,同时贷记费用账户。

表3-2中带下划线的记录就是结账分录。

在编制结账分录时,对于余额在借方的利润表账户,需要进行贷记。因为只有贷记同样的金额,才能使账户的借贷两方金额相等,余额变为零。比如,米勒公司的销售成本账户在结账前表现为借方余额30 000美元,那么,结账分录就应该是:

留存收益　　　　　　　　　　　　　　　　　　　　　　　　　　30 000
　　销售成本　　　　　　　　　　　　　　　　　　　　　　　　　　　　30 000

资产	=	负债	+	股东权益	(类别)
				-30 000	利润表→留存收益
				+30 000	利润表→留存收益

在2月末结转销售成本账户的金额至留存收益账户。

同样地,对于余额在贷方的利润表账户,在结账时则需要进行借记。因为只有借记同样的金额,才能使账户的借贷两方金额相等,余额变为零。以米勒公司为例,它的销售收入账户在结账前表现为贷方余额50 000美元,那么,结账分录就应该是:

销售收入　　　　　　　　　　　　　　　　　　　　　　　　　　50 000
　　留存收益　　　　　　　　　　　　　　　　　　　　　　　　　　　　50 000

资产	=	负债	+	股东权益	(类别)
				-50 000	利润表→留存收益
				+50 000	利润表→留存收益

在2月末结转销售收入账户的金额至留存收益账户。

在表3-2中,已用带下划线的记录列出了收入和费用账户的结账分录。如果要用一笔会计分录就结清所有的利润表账户的话,也可以:

(13) 销售收入　　　　　　　　　　　　　　　　　　　　　　　　50 000
　　　销售成本　　　　　　　　　　　　　　　　　　　　　　　　　　30 000
　　　销售与管理费用　　　　　　　　　　　　　　　　　　　　　　　15 717
　　　利息费用　　　　　　　　　　　　　　　　　　　　　　　　　　　333
　　　所得税费用　　　　　　　　　　　　　　　　　　　　　　　　　1 382
　　　留存收益　　　　　　　　　　　　　　　　　　　　　　　　　　2 568

在2月末结转全部利润表账户的金额至留存收益账户。

第(13)笔会计分录的净影响额会使留存收益账户的余额发生改变,从而反映出报告当期的净损益。在米勒公司的例子中,2月份实现了净利润2 568美元(报告在表3-3中的利润表上),使留存收益账户的贷方金额也增加了2 568美元。

如果现在把第63页至68页中交易3至交易12的会计分录重新再看一遍,你会发现,只要会计分录中出现了收入或者费用项目,在资产负债表恒等式的"类别"栏就会有"利润表→留存收益"这样的标记出现。这个标记的含义是说,将来会有一笔结账分录将利润表账户的金额重新分类到资产负债表中的留存收益账户里去。

3.4.3　编制资产负债表

结账程序完成以后,剩下那些有余额的账户就都是资产负债表账户了。我们可以利用这些账户中的信息来编制期末的资产负债表。表3-4中,列出了米勒公司在1月31日和2月28日的比较资产负债表信息。

表3-4　米勒公司比较资产负债表

	2月28日	1月31日
资产		
货币资金	$81 900	$82 400
应收账款	12 000	—
商品存货	10 000	15 000
预付保险费	550	600
预付租金	11 000	12 000
流动资产合计	$115 450	$110 000
建筑物	$40 000	$40 000
累计折旧	(167)	0
扣除累计折旧后的建筑物净值	$39 833	$40 000
资产总计	$155 283	$150 000
负债与股东权益		
应付账款	$5 000	$—
预收账款	—	3 000
应付利息	333	
应交所得税	1 382	
流动负债合计	$6 715	$3 000
应付票据	40 000	40 000
负债总额	$46 715	$43 000
普通股	$107 000	$107 000
留存收益	1 568	—
股东权益总额	$108 568	$107 000
负债与股东权益总计	$155 283	$150 000

资料来源：© Cengage Learning 2014.

留存收益账户的余额已经从1月末的0美元增长成为2月末的1 568美元了，这个变动金额刚好等于净利润2 568美元减去股利1 000美元之后的差额。这样，3月份的留存收益账户期初余额就是1 568美元，用3月份的净利润扣除股利（如果有的话）后的金额再加上这里的1 568美元，就能得到留存收益账户在3月末的余额。与其他所有的资产负债表账户一样，留存收益账户的余额反映了各种交易对该账户的累积（cumulative）影响金额。

3.4.4　编制现金流量表

现金流量表将企业活动区分为经营活动、投资活动和筹资活动，然后分别报告这三类活动在会计报告期间内的现金来源和用途，对资产负债表中的货币资金账户变动额进行了比较详细的解释。例如，如果我们为米勒公司编制一份2月份的现金流量表，就可以知道该公司在2月1日的现金余额82 400美元是如何变化为2月28日的余额81 900美元的。㊀第一种编制现金流量表的方法叫作直接法（direct method），它就跟我们确认和理解货币资金账户中所发生的交易那样，基本上是将经营活动的现金流入项目和流出项目直接列示出来。此外，还有另一种方法叫作间接法（indirect method），它以净利润为起点，然后调整净利润中所包含的不涉及现金收支的利润表因素，最后得到经营活动产生的现金流量净额。在实务中，间接法的使用范围要广得多，但截至目前，由于我们还没有开始介绍净利润与经营活动现金流量之间的必要调整，要理解间接法的思想还存在着一定的困难。㊁

如前所述，米勒公司的货币资金余额在2月份下降了500美元。

表3-5是一份简化的米勒公司现金流量表，这份报表对米勒公司的货币资金在2月份所发生的变动情况进行了解释。

表3-5　米勒公司2月份的现金流量表——直接法

现金的来源	
从客户那里收到的现金	$35 000
现金的使用	
支付销售与管理费用	(14 500)
支付给供应商	(20 000)
支付的股利	(1 000)
现金变动额	$(500)
月初现金余额	82 400
月末现金余额	$81 900

资料来源：© Cengage Learning 2014.

㊀ 第6章和第16章主要关注现金流量表，并介绍两种计算经营活动现金流量的方法。
㊁ 出于这个原因，我们在本章中先介绍直接法，然后到第6章的时候再来介绍间接法。

在表 3-5 的各行次中，包括了所有在 2 月份发生的、为米勒公司创造了现金流入或导致了米勒公司的现金流出的交易。怎样才能确认出这些交易来呢？办法之一是去观察该公司的货币资金账户（见表 3-2，我们将其中的货币资金账户复制如下）：

	货币资金（资产类）		
	82 400		
(5)	35 000	14 500	(4)
		20 000	(6)
		1 000	(7)
	81 900		

回想在交易 2 中，2 月份的销售总额为 50 000 美元，但其中有 3 000 美元的销售对应的是 1 月份已经收到的预收账款（因此这 3 000 美元应当出现在 1 月份的现金流量表上），而剩余 47 000 美元对应的则是客户在将来的付款承诺（因此这 47 000 美元应当报告为企业实际收到货款所对应会计期间的现金流量）。关于这 47 000 美元的 2 月份赊销金额，交易 5 告诉我们，米勒公司在 2 月份已经从客户那里收回了其中的 35 000 美元了。因此，米勒公司在 2 月份有 35 000 美元的现金流入（inflow）是从 2 月份的销售客户那里收到的。

2 月份的现金流出包括 14 500 美元的销售与管理费用支出和 20 000 美元的支付 1 月份赊购款项。此外，米勒公司还支付了 1 000 美元的现金股利。现金流出合计 35 500 美元超过了现金流入合计 35 000 美元，表示公司使用库存现金来弥补了现金的短缺 500 美元。如表 3-5 所示，2 月初的现金余额 82 400 美元减少为了 2 月末的现金余额 81 900 美元，其变化水平正好可以用这个短缺额来进行解释。

表 3-5 只是一张使用直接法编制的简化现金流量表。实际上，无论是按照美国公认会计原则，还是按照国际财务报告准则，企业都应当区分经营活动、投资活动和筹资活动，分别报告现金的来源与使用。所以，企业在现金流量表中应单独披露经营活动产生的现金流量、投资活动产生的现金流量和筹资活动产生的现金流量。[⊖]

本章小结

企业经营活动的成果是通过利润表来报告的，记录经营活动需要编制的会计分录包括：

- 交易分录。但是，并不是当期所有的经营活动都是由交易促成的，因此，要记录那些在当期并没有交易发生的经营活动影响，企业就还需要编制
- 调整分录。然后，随着利润表的编制完成，企业还需要再编制
- 结账分录，最终结平收入和费用账户，将他们的影响金额转移到留存收益账户中。

利润表账户都是暂时性的，它们在期初和期末都不会有余额。编制结账分录的时候，我们会用恰好能使利润表账户的借贷保持平衡的金额去借记或者贷记利润表账户，以保证结账以后它们不再留有余额。在结账分录中，与利润表账户的借方或者贷方相对应的账户是"留存收益"，因此，实质上结账的过程就反映出了利润表与资产负债表之间的关联关系，这种关系可以用留存收益关系式表达为：

留存收益（期初余额）+ 净利润 − 股利 = 留存收益（期末余额）

在这个等式中，净利润实质上就是当期各笔收入和费用金额的汇总数。

交易的复式影响以及对复式影响的记录还可以延伸到那些不需要在当期发生交易就能"触发"会计分录的项目上去。比如，像应付但还没有来得及支付给员工的薪酬，在当期对前期已预付资产的消费（例如预付租金和预付保险费），还有因为贷款而产生的尚未支付的利息等，这些项目仅仅是随着时间的流逝就需要我们编制会计分录，并将相关的影响金额确认到财务报表中。企业需要在会计报告期末的时候，用调整分录来记录上述这些项目，以及与它们类似的其他需要调整的项目。调整分录对资产负债表账户和利润表账户也会产生产生影响。

⊖ 我们将这三个部分的内容和其他与现金流量表相关的复杂问题一起放到第 6 章和第 16 章中进行介绍。

总结：会计核算过程

会计核算过程通常由以下几个步骤组成：

1. 以会计分录形式记录每笔交易的发生。
2. 将会计分录中的金额过入总分类账中对应资产负债表和利润表账户。在累积交易对资产负债表和利润表账户的影响方面，T 形账户是一种很好的工具。

前面这两个步骤每天都会发生（甚至也许一天都要做好几次），但下面这几个步骤一般却只发生在会计期末。

3. 编制调整分录，通过调整分录来更正记账错误或反映某些项目因为时间的流逝而对财务报表所产生的影响。
4. 根据利润表账户中所登记的信息，编制当期的利润表。
5. 将暂时性的利润表账户结平，余额转入留存收益账户中。
6. 根据资产负债表账户中的金额，编制资产负债表。
7. 根据资产负债表项目金额并结合影响货币资金账户的交易细节进行分析，编制现金流量表。

图3-1 将上述步骤用更形象的方式表达出来了，对照此图，大家可结合米勒公司在 2 月份所发生的交易来进行理解。

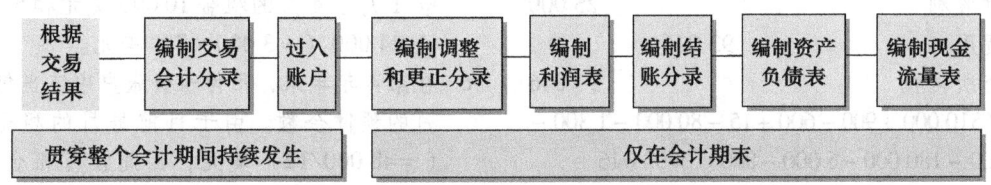

图 3-1 会计核算循环

资料来源：© Cengage Learning 2014.

自习问题解答

自习问题 3.1 解答参考

（哈瑞斯设备公司；为某会计期间发生的交易编制会计分录）

(1) 第 2 年 1 月 2 日

建筑物	80 000	
设备	40 000	
货币资金		60 000
应付抵押贷款		60 000

(2) 第 2 年 1 月 2 日

预付保险费	1 200	
货币资金		1 200

(3) 第 2 年间

商品存货	320 000	
应付账款		320 000

第 2 年间

应付账款	270 000	
货币资金		270 000

(4) 第 2 年间

货币资金	80 000	
应收账款	430 000	
销售收入		510 000

注：哈瑞斯设备公司在会计期末一次性确认销售成本；具体信息见下一个自习问题。

第 2 年间

货币资金	360 000	
应收账款		360 000

(5) 第 2 年间

工资费用	80 000	
货币资金		80 000

(6) 第 2 年间

公用事业费用	1 300	
货币资金		1 300

(7) 第 2 年 11 月 1 日

货币资金	600	
预收账款		600

(8) 第 2 年 11 月 1 日

应收票据	1 000	
应收账款		1 000

(9) 第 2 年 12 月 1 日

货币资金	900	
预收租金		900

自习问题 3.2 解答参考

（哈瑞斯设备公司；编制会计期末的调整分录）

(10)

折旧费用	9 000	
累计折旧		9 000

$(80\,000 - 0)/20 = 4\,000$；
$(40\,000 - 5\,000)/7 = 5\,000$.

(11)

保险费用	600	
预付保险费		600

(12)

销售成本	180 000	
商品存货		180 000

(13) 利息费用　　　　　　　6 000
　　　应付利息　　　　　　　　　　6 000
　　60 000×10%＝6 000
(14) 工资费用　　　　　　　 800
　　　应付职工薪酬　　　　　　　　 800
(15) 应收利息　　　　　　　 15
　　　利息收入　　　　　　　　　　 15
　　1 000×9%×60/360＝15
(16) 预收租金　　　　　　　 300
　　　租金收入　　　　　　　　　　 300
(17) 留存收益　　　　　　　25 000
　　　应付股利　　　　　　　　　 25 000
(18) 所得税费用　　　　　　93 046
　　　应交所得税　　　　　　　　 93 046
　　40%×（510 000＋900－600＋15－80 000－1 300－
　　9 000－600－180 000－6 000－800）＝93 046

自习问题3.3解答参考
（编制调整分录）

a. 在年末的资产负债表上，预付租金账户应包括未来4个月的预付金额。由于每月的租金费用为1 000（＝12 000/12）美元，因此预付租金账户的年末余额应当有4 000（＝4×1 000）美元。所以，第2年的租金费用为8 000（＝8×1 000＝12 000 0－4 000）美元。
预付租金　　　　　　　　　4 000
　　租金费用　　　　　　　　　　 4 000
调增预付租金账户余额，同时调减当年的租金费用。

b. 在第3年年末，预付租金账户应当包含有未来4个月的预付金额。由于每月的租金费用为3 000（＝36 000/12）美元，因此预付租金账户在第3年年末的余额应当有12 000（＝4×3 000）美元。由于该账户目前已有余额10 000美元，因此只需要通过调整分录将预付租金账户的余额调增2 000（＝12 000－10 000）美元就可以了。调整分录为：
预付租金　　　　　　　　　2 000
　　租金费用　　　　　　　　　　 2 000
调增预付租金账户余额，同时调减当年的租金费用。

在第3年年末编制结账分录以前，租金费用账户的余额应当为34 000（＝36 000－2 000）美元，包含1月至4月的租金10 000美元和5月至12月的租金24 000（＝3 000×8）美元。

c. 在第4年年末，预付租金账户中应当包含有未来4个月的预付金额。由于目前每月的租金费用为4 000（＝48 000/12）美元，因此预付租金账户在第4年年末的余额应当为16 000（＝4×4 000）美元。由于该账户目前已有余额20 000美元，因此应通过编制调整分录减少该账户的余额4 000（＝20 000－16 000）美元。调整分录为：
租金费用　　　　　　　　　4 000
　　预付租金　　　　　　　　　　 4 000
调减预付租金账户余额，同时调增当年的租金费用。

在第4年年末编制结账分录以前，租金费用账户的余额将为52 000（＝48 000＋4 000）美元，其中包含1月份至4月份的租金费用20 000美元和5月份至8月份的租金费用32 000（＝4 000×8）美元。

关键术语与概念

账户（account）
永久性账户（permanent accounts）
暂时性账户（temporary accounts）
调整分录（adjusting entries）
备抵账户（contra accounts）
结账（closing process）
过账（posting process）

思考题、练习题和解决问题

思考题
1. 复习关键术语与概念中的专业术语和概念。
2. 暂时性账户的开设目的是什么？
3. "资产负债表与利润表之间的关联关系"指的是什么？
4. 什么是利润表的报告目标？
5. 调整分录与错账更正分录之间的关键区别是什么？

练习题
6. **分析应收账款的变动。**巴西石油公司（BrasPetro S.A.）是巴西的一家大型石化产品生产企业，它在第7年初和第7年末报告的应收账款余额分别为1 594.9百万雷亚尔和1 497.0百万雷亚尔。根据该公司的利润表，第7年实现的销售收入是12 134.5百万雷亚尔。假定巴西石油公司的全部销售均为赊销，请计算该公司在第7年收到客户支付的现金有多少？巴西石油公司按照巴西会计准则编制财务报表，并且使用巴西货币计量单位雷亚尔（R$），报告单位为百万雷亚尔。在完成本练习题时，可以假定该公司遵从美国公认会计原则或者国际财务报告准则进行编报，这对本题的解答不会产生实质影响。

7. **分析存货的变动。** 巨翼公司（Bigwing Company）是一家美国的飞机制造商，它在第7年初和第7年末报告的存货余额分别为8 105百万美元和9 563百万美元。根据该公司的利润表，第7年的销售成本总计45 375百万美元。请计算巨翼公司在第7年里购入或者制造完成的存货金额为多少？巨翼公司采用美国公认会计原则编制财务报表，编报单位为百万美元。

8. **分析存货和应付账款的变动。** 伊卡电讯（Eka-Phone）是一家瑞典的通信网络公司，它在第7年年初和年末报告的存货余额分别为21 470百万克朗和22 475百万克朗，而应付账款余额则分别为18 183百万克朗和17 427百万克朗。伊卡电讯公司在第7年报告的销售成本总额为114 059百万克朗。请计算该公司在第7年因为赊购而支付给存货供应商的现金一共有多少？假定伊卡电讯公司的全部存货采购都是赊购，公司采用国际财务报告准则编制财务报表，编报单位为百万瑞典克朗（SEK）。

9. **分析应付所得税的变动。** 科利马公司（Conima Corporation）是一家日本建筑企业，它在第7年年初和年末报告的应交所得税金额分别为3 736百万日元和14 310百万日元，而该公司在第7年的税前利润为73 051百万日元。假定科利马公司适用的所得税税率为43%，请计算该公司在第7年实际用现金支付的所得税金额。科利马公司根据日本会计准则编制财务报表，编报单位为百万日元（¥）。在完成本练习题时，可以假定科利马公司采用的是美国公认会计原则或者国际财务报告准则，这对本题不会产生重要影响。

10. **分析留存收益的变动。** 依琳公司（Ealing Corporation）是一家美国的多元化能源管理公司，它在第7年的年初和年末报告的留存收益余额分别为2 796百万美元和3 257百万美元。根据依琳公司第7个财务年度的财务报告，它在当年宣告并支付了251百万美元的股利。请计算该公司在第7年实现的净利润为多少？依琳公司按照美国公认会计原则编制财务报表，编报单位为百万美元。

11. **财务报表之间的联系。** 拜耳集团（Bayer Group）是一家德国的健康护理公司，下列信息摘录自它第7年的财务报表。拜耳集团按照国际财务报告准则编制财务报表，编报单位为百万欧元（€）。请计算出下列四种相互独立情形下的缺失的数据。括号中的字母分别表示以下含义：

    BS——资产负债表

    IS——利润表

    SCF——现金流量表

    a. 第7年1月1日的应收账款余额（BS） €5 868
    第7年的赊销金额（IS） 32 385
    第7年中收到赊销客户交来的欠款（SCF） ?
    第7年12月31日的应收账款余额（BS） 5 830

    b. 第7年1月1日的应交所得税余额（BS） €109
    第7年的所得税费用（IS） ?
    第7年中用现金支付给政府的所得税（SCF） 763
    第7年12月31日的应交所得税余额（BS） 56

    c. 第7年1月1日的长期金融负债余额（BS） €14 723
    第7年中新发行的债务（SCF） 2 155
    第7年中偿还的债务本金（SCF） ?
    第7年12月31日的长期金融负债余额（BS） 12 911

    d. 第7年1月1日的留存收益余额（BS） €6 782
    第7年的净利润（IS） 4 711
    第7年宣告并发放的股利（SCF） ?
    第7年12月31日的留存收益余额（BS） 10 749

12. **财务报表之间的联系。** 下述信息摘自超越石油公司（Beyond Petroleum，BP）第7年的财务报表。超越石油公司按照国际财务报告准则编制财务报表，编报单位为百万美元。请计算下述四种独立情形下缺失的数据。括号中的字母分别表示以下含义：

    BS——资产负债表

    IS——利润表

    SCF——现金流量表

    a. 第7年1月1日的应收账款余额（BS） $?
    第7年的赊销金额（IS） 288 951
    第7年中收到赊销客户交来的欠款（SCF） 289 623
    第7年12月31日的应收账款余额（BS） 38 020

    b. 第7年1月1日的应交所得税余额（BS） $2 635
    第7年的所得税费用（IS） 10 442
    第7年中用现金支付给政府的所得税（SCF） ?
    第7年12月31日的应交所得税余额（BS） 3 282

    c. 第7年1月1日的应付账款余额（BS） $42 236
    第7年的采购金额 15 162

第 7 年中支付给供应商的金额（SCF）　　　？
第 7 年 12 月 31 日的应付账款余额（BS）
　　　　　　　　　　　　　　　　　　43 152

d. 第 7 年 1 月 1 日的留存收益余额（BS）
　　　　　　　　　　　　　　　　　$88 453
第 7 年的净利润（IS）　　　　　　　 21 169
第 7 年宣告并发放的股利（SCF）　　　8 106
第 7 年 12 月 31 日的留存收益余额（BS）　？

13. **存货和应付账款的会计分录**。根据一家日本电子公司在第 7 年的财务报告，它在第 6 年的 12 月 31 日的商品存货余额为 408 710 百万日元。假定该公司在第 7 年一共赊购了价值 1 456 412 百万日元的存货，而它在第 7 年 12 月 31 日的商品存货余额为 412 387 百万日元，在第 6 年 12 月 31 日和第 7 年 12 月 31 日的应付账款账户余额分别为 757 006 百万日元和 824 825 百万日元。请编制会计分录记录存货和应付账款在第 7 年中所发生的变化。该公司的编报单位为百万日元（¥），回答本练习题时，可假定该公司按照美国公认会计原则或者国际财务报告准则编制其财务报告，这对本题不会产生重要影响。

14. **保险费的会计分录**。宝莲娜公司（Bonana）是一家集服装设计、制造和零售为一体的美国企业，在它截至第 8 年 3 月 31 日的年度财务报告中，报告了预付保险费 24.0 百万美元。假定这个金额是公司预付未来两个月的某保险项目，再假定宝莲娜公司在第 8 年的 6 月 1 日又支付 156 百万美元续保了一年的服务。如果宝莲娜公司每月都进行结账处理，请写出它在第 8 年的 4 月 30 日、5 月 31 日、6 月 1 日、6 月 30 日和 7 月 31 日应当编制的会计分录。宝莲娜公司按照美国公认会计原则编制财务报表，编报单位为百万美元。

15. **预付租金的会计分录**。总部在瑞典的 EBB 集团（EBB Group）是全球最大的工程公司之一，它采用美国公认会计原则编制财务报表，编报单位为百万美元。根据 EPP 集团在第 7 年的财务报告，该公司在第 7 年 1 月 1 日的预付租金余额为 247 百万美元，假定均为集团预付的下月工厂和办公场所租金。再假定 EBB 集团在第 7 年的 1 月 31 日又支付 3 200 百万美元作为第 7 年 2 月 1 日起至第 8 年 1 月 31 日止的年度租金。EBB 集团的财务年度与日历年度相同。要求：
    a. 写出 EBB 集团在第 7 年 1 月应当编制的会计分录，反映预付租金账户所受到的影响。
    b. 写出 EBB 集团在第 7 年年末应当编制的会计分录，反映预付租金账户所受到的影响。

16. **借款的会计分录**。SAPC 有限责任公司（SAPC）是南非的一家造纸企业，它在第 6 年的 9 月 30 日报告了长期带息借款共计 1 634 百万美元。SAPC 公司采用国际财务报告准则编制财务报表，编报单位为百万美元。第 7 年 9 月 30 日，SAPC 公司长期带息借款的余额增加为 1 828 百万美元。假定 SAPC 公司在第 7 年的 3 月 30 日曾经从当地一家银行新借入 1 200 百万美元，借款年利率为 7.5%，到期日为第 9 年的 3 月 30 日；再假定 SAPC 公司每年在 3 月份的最后一天支付利息。SAPC 公司的财务年度起止为每年的 10 月 1 日至次年的 9 月 30 日，公司在每年的 9 月 30 日结账。要求：
    a. 在以第 7 年的 9 月 30 日为年度截止日的财务年度中，SAPC 应编制什么样的会计分录来记录所偿还的借款？
    b. 关于 SAPC 公司在第 7 年 3 月 30 日所借入的这笔贷款，它在以第 7 年、第 8 年和第 9 年的 9 月 30 日为截止日的财务年度里，分别应当编制哪些会计分录？

17. **与利润表相关的会计分录**。日本的一家汽车制造企业 JCM 在截至第 7 年 3 月 31 日的财务报告里披露，它当年实现了年度产品销售收入 226 700 亿日元，相应的产品销售成本为 183 560 亿日元。假定这家企业的全部销售都是赊销，但截至第 7 年的 3 月 31 日，它已收到了当年全部的赊销款。请编制该企业在截至第 7 年 3 月 31 日的财务年度里，与上述交易相关的会计分录。假定这家企业按照美国公认会计原则编制财务报表，编报单位为亿日元（¥）。

18. **与利润表相关的会计分录**。以色列的一家药品公司 IDC 报告它在截至第 7 年 12 月 31 日的财务年度里实现了销售收入净额 9 408 百万美元，对应的销售成本为 6 531 百万美元。假定这家公司所有的销售都是赊销，在第 7 个财务年度里，它收到的客户付款累计为 2 659 百万美元。请编制这家公司在第 7 个财务年度里与上述交易相关的会计分录。假定这家企业按照美国公认会计原则编制财务报表，编报单位为百万美元。

19. **更正记账错误的会计分录**。博斯蒂克公司（Bostick Enterprises）在第 14 年的 1 月 1 日买入了一台设备，共支付取得成本 120 000 美元。该设备预计可以使用 10 年，期满无残值。取得设备时，博斯蒂克公司借记了设备费用账户 120 000 美元，同时贷记了货币资金账户 120 000 美元。博斯蒂克公司的会计年度截止日为每年的 12 月 31 日。请问：该公司在第 14 年年末时应编制怎样的会计分录来更正初始的记账错误并记录正确的影响金额（不考虑所得税的影响）。博斯蒂克公司按照美国公认会计原则编制财务报表，编报单位为美元。

解决问题

20. **编制资产负债表和利润表。** 下列信息摘取自卡伦公司（Callen Incorporated）第 7 年和第 8 年的账簿记录中。该公司按照美国公认会计原则编制财务报表，编报单位为千欧元（€）。

资产负债表项目	12 月 31 日	
	第 8 年	第 7 年
应付账款	€ 16 402	€ 14 063
货币资金	30 536	2 559
固定资产（净值）	98 130	149 990
普通股	72 325	72 325
商品存货	114 249	151 894
短期银行借款	15 241	43 598
长期负债	31 566	38 315
其他流动资产	109 992	134 916
其他流动负债	84 334	109 335
其他非流动资产	56 459	88 955
其他长期负债	19 859	27 947
留存收益	169 639	222 731

利润表项目	截至第 8 年 12 月 31 日的财务年度
管理费用	€ 141 183
销货成本	382 349
所得税费用	24 324
利息费用	2 744
销售收入	695 623
销售费用	72 453

要求：

a. 为卡伦公司编制第 7 年和第 8 年 12 月 31 日的比较资产负债表，按以下类别对资产负债表项目进行分类：流动资产，非流动资产，流动负债，长期负债和所有者权益。

b. 为卡伦公司编制一张以第 8 年 12 月 31 日为截止日的年度利润表，将利润表项目按收入和费用进行分类。

c. 编制一张分析表，对留存收益项目在第 7 年 12 月 31 日至第 8 年 12 月 31 日之间的变动进行解释。卡伦公司在第 8 年中曾经宣告过股利，你需要自己想办法去推导股利的金额是多少。

21. **编制资产负债表和利润表。** 中国石油公司（COC）是中国的一家大型石化企业，下面列出的是该公司在第 7 年和第 8 年的财务数据。中国石油公司按国际财务报告准则编制财务报表，编报单位为百万美元。

资产负债表项目	12 月 31 日	
	第 8 年	第 7 年
货币资金	$88 589	$54 070
应收账款	18 419	8 488
预付账款	20 386	12 664
存货	88 467	76 038
其他流动资产	20 367	13 457
固定资产（净值）	247 803	231 590
油气资产	326 328	270 496
无形资产	20 022	16 127
其他非流动资产	163 711	132 214
应付账款	104 460	77 936
预收账款	12 433	11 590
其他流动负债	84 761	90 939
长期负债	35 305	30 401
其他长期负债	42 062	36 683
普通股	444 527	354 340
留存收益	270 544	213 255

利润表项目	第 8 年
营业收入净额	$835 037
利息与其他收入	3 098
销售成本	487 112
销售费用	41 345
日常管理费用	49 324
其他经营费用	64 600
利息费用	2 869
所得税费用	49 331

要求：

a. 为中国石油公司编制截至第 8 年 12 月 31 日的年度利润表。

b. 编制中国石油公司在第 7 年和第 8 年 12 月 31 日的比较资产负债表。由于中国石油公司采用国际财务报告准则，请按照惯例，将非流动资产项目和长期负债项目分别报告在流动资产项目和流动负债项目之前。

c. 请编制一份分析表，对留存收益账户在截至第 8 年 12 月 31 日的财务年度里的变化进行说明。

22. **交易分析与利润表和资产负债表的编制。** 参考第 2 章解决问题第 13 题中所介绍的莫尔顿公司在第 12 年 12 月 31 日的信息，莫尔顿公司在第 13 年 1 月 1 日正式开业，它使用权责发生制作为会计核算基础，在第 13 年中发生了下列交易和事项：

(1) 第 13 年期间：从各位供货商那里共计赊购了价值为 1 100 000 美元的存货。

(2) 第 13 年期间：共计赊销了价值 2 000 000 美元的商品。

(3) 第 13 年期间：出售给客户的商品成本合计为

1 200 000 美元。

(4) 第13年期间：从客户那里收到过往赊销欠款共计1 400 000 美元。

(5) 第13年期间：向供货商支付因赊购而产生的应付款共计950 000 美元。

(6) 第13年期间：支付第13年期间接受的各种销售与管理服务，共计付款625 000 美元。

(7) 第13年6月30日：货款与应付票据到期，本息合计全部支付给设备供应商（详见第2章解决问题13第（7）项交易）。

(8) 第13年12月31日：确认长期银行贷款的利息费用（详见第2章解决问题13第（6）项交易）。

(9) 第13年12月31日：确认第13年的保险费用（详见第2章解决问题13第（5）项交易）。

(10) 第13年12月31日：确认第13年的折旧费用（详见第2章解决问题13第（2）和第（7）项交易）。

(11) 第13年12月31日：确认第13年的所得税费用和应交所得税。莫尔顿公司适用的所得税税率为40%，假定第13年的所得税需要等到第14年3月15日才支付。

要求：

a. 开设相关的T形账户，将莫尔顿公司在第13年1月1日的各个资产负债表账户余额（请参考第2章解决问题第13题）和上述11项交易的影响登记到T形账户中。

b. 为莫尔顿公司编制第13年的利润表。

c. 为莫尔顿公司编制第12年和第13年12月31日的比较资产负债表。

23. **交易分析与利润表和资产负债表的编制**。参考第2章解决问题第14题中帕特森公司在第13年1月所发生交易的信息。以下是该公司在2月份所发生的交易情况：

(1) 2月1日：帕特森公司购买了2年期的火灾责任保险，保险从2月1日起生效，公司预付了2年的保险费2 400 美元。

(2) 2月5日：购入价值1 050 000 美元的商品，其中，有价值1 455 美元商品的供应商，正好与帕特森公司在1月份退回瑕疵产品的供应商为同一会计主体，且该供应商还没有将1月份所退商品涉及的款项退还给帕特森公司。本月购入的其他商品均还没有向供应商付款。

(3) 2月份期间：向客户一共出售了价值1 500 000 美元的商品，其中，有4 500 美元的商品是在1月份就预付了现金给帕特森公司的，其余商品均为赊销。

(4) 2月份期间：在交易（3）中所销售商品的成本合计为950 000 美元。

(5) 2月份期间：用现金支付销售与管理费用共计235 000 美元。

(6) 2月份期间：从客户那里陆续收到以前的赊销欠款共计1 206 000 美元。

(7) 2月份期间：向供应商支付以前的赊购商品欠款共计710 000 美元。

(8) 2月28日：确认2月份的租金费用。

(9) 2月28日：确认2月份的折旧费用2 500 美元。帕特森公司使用"累计折旧"账户记录折旧。

(10) 2月28日：确认专利权的摊销费用450 美元。帕特森公司并没有开设"累计摊销"账户，相反，它将摊销额直接计入专利权账户中。

(11) 2月28日：确认2月份的保险费用。

(12) 2月28日：确认应付抵押贷款的相关利息费用（详见第2章解决问题14第（12）项交易）。

(13) 2月28日：确认2月份的所得税费用。帕特森公司适用的税率为40%，2月份的所得税需要在4月15日前支付。

要求：

a. 开设相关T形账户，将帕特森公司在第13年2月1日各资产负债表账户的余额（详见第2章解决问题2.14）和上述13项交易的影响登记到T形账户中。

b. 编制帕特森公司在第13年2月份的利润表。

c. 编制帕特森公司第13年1月31日和2月28日的比较资产负债表。

24. **各类交易与调整分录**。LBJ集团（LBJ Group）是欧洲的一家工程公司，假定它在以第3年12月31日为截止日的年度里，发生了以下6项交易。LBJ集团采用美国公认会计原则编制财务报表，编报单位为百万美元。请编制相关会计分录记录这6项交易，并写出公司在第3年12月31日应编制的相关调整分录。可以不用写会计分录摘要，并且，假定这6项交易之间是相互独立的。

a. 第3年11月1日，LBJ集团开出90天期的票据交给供货商，购买了价值180 000 美元的存货，该票据的年利率为8%，到期日为第4年的1月31日。

b. 第3年12月5日，LBJ集团收到一位客户交来的产品和服务预付款842 000 美元，这些产品和服务预计将在第4年1月才提供给客户。
c. LBJ集团在第3年10月1日用现金付款购买一台价值1 400 000美元的机床,该机床的预计使用年限为10年,估计期满残值为160 000美元。
d. 第3年9月30日,LBJ赊销了价值565 000美元的商品给一位客户,这些商品在LBJ集团账上的成本为422 000美元。
e. 第3年9月1日,LBJ集团为总部大楼购买了1年期的保险,保险生效日为购买日当天,LBJ集团用现金支付了全部保险费用360 000美元。
f. 第3年11月16日:LBJ集团发行了40 000股普通股,每股面值1美元,发行价为每股26美元。LBJ集团将发行股票收到的现金用来支付它的应付账款。

25. **会计分录,调整分录与编制利润表和资产负债表。** 以下是瑞宝建材供应公司(Rybowiak's building Supplies)在第12年6月30日的资产负债表:

瑞宝建材供应公司
资产负债表
第12年6月30日

资产	
货币资金	$44 200
应收账款	27 250
商品存货	68 150
预付保险费	400
流动资产合计	$140 000
设备——原价	$210 000
减:累计折旧	(84 000)
设备——净值	$126 000
资产总计	$266 000
负债与股东权益	
应付账款	$33 100
应付票据	5 000
应付职工薪酬	1 250
流动负债合计	$39 350
普通股	$150 000
留存收益	76 650
股东权益合计	$226 650
负债与股东权益合计	$266 000

在7月份,这家公司又发生了如下交易:
(1) 赊销商品,销售价格合计为85 000美元。
(2) 从各供货商那里赊购商品存货,价值总计46 300美元。
(3) 支付7月份的租金11 750美元。
(4) 支付7月份的职工薪酬共计20 600美元。
(5) 收回应收账款34 150美元。
(6) 支付应付账款38 950美元。

此外,还有以下信息涉及影响到7月末的调整分录:
(7) 公司在第12年3月1日支付了为期1年的保险服务费,服务生效日为购买日当天。该项保险是在第12年6月30日公司享有的唯一一项保险服务。
(8) 公司对它所拥有的设备按10年期计算折旧,设备的残值可以忽略不计。
(9) 在7月份的最后两天,对员工所提供服务应支付的薪酬为1 600美元,但公司尚未支付。这也是公司在7月末唯一还没有支付的职工薪酬。
(10) 公司在第12年6月30日发行的应付票据是90天期的,年利率为6%。
(11) 公司在第12年7月31日持有的商品存货价值为77 950美元,7月份所售商品的成本等于公司在第12年6月30日所持有的存货价值加上公司在7月份购入存货的价值之和,再减去公司在第12年7月31日持有商品存货的价值。

要求:
a. 为瑞宝建材公司在7月份所发生的交易和其他事件编制相应的会计分录。公司按项目的性质对费用进行分类(即保险费用、折旧费用等)。在分析交易对资产负债表恒等式的影响时,可将收入或者费用项目考虑为留存收益账户,但在会计分录中必须写清楚特定的收入或者费用账户的名称和借贷方向。请一定指出每笔会计分录对资产、负债和所有者权益项目的增减影响。
b. 开设T形账户,在相应账户中登记公司在第12年6月30日的余额和上述11项交易的影响。
c. 为瑞宝建材公司编制7月份的利润表,不考虑所得税的影响。
d. 为"b"部分开设的部分T形账户编制必要的结账分录。
e. 编制瑞宝建材公司在第7年6月30日和7月31日的比较资产负债表。

26. **编制权责发生制下的利润表和资产负债表。** 鲍勃·汉森在2013年1月1日开了一家零售商店,他投资50 000美元,取得这家零售商店的全部普通股股权。此外,商店从当地银行借了40 000美元的贷款,连本带息需要在2014年的12月31日一次性还清。贷款的年利率为10%,按年计息。接下来,汉森零售商店用现金买入了价值60 000美元的一栋楼,估计可以用30年,没有残值,将采用直线法计算折旧。此外,汉森零售商店在2013年期间一共赊购了价值 125 000 美元的商品，截至 2013 年年末，已经支付了其中 97 400 美元的货款。在 2013 年 12 月 31 日所进行的实地盘点表明，汉森零售商店所持有期末存货的价值为 15 400 美元。

在 2013 年期间，汉森零售商店向客户现销商品的金额为 52 900 美元，赊销商品的金额为 116 100 美元。截至 2013 年 12 月 31 日，这些赊销款中已有 54 800 美元全部收回。商店发生并支付的其他成本费用项目包括职工薪酬 34 200 美元和水电等公用事业费用 2 600 美元。此外，截至 2013 年年末，商店已经发生但尚未支付的费用项目还有职工薪酬 2 400 美元和水电等公用事业费用 180 美元。汉森零售商店适用的所得税税率为 40%，2013 年的所得税需要在 2014 年 3 月 15 日才支付。假定汉森零售商店按照美国公认会计原则编制财务报表，编报单位为美元。要求：

a. 为汉森零售商店编制 2013 年的利润表，假定它采用权责发生制作为会计核算基础，并在销售成立时确认收入。注意请对收入和费用项目列出相应的计算过程。
b. 为汉森零售商店编制它在 2013 年 12 月 31 日的资产负债表，注意对不能直接得到报告金额的资产负债表项目，请列出必要的计算过程。

27. **分析交易，编制利润表和资产负债表。** 参考第 2 章解决问题第 15 题中瑞佳多百货商店在第 8 年 1 月 31 日的信息，该商店在第 8 年 2 月 1 日正式开业了，当月发生了如下经济交易或事件：
(1) 2 月 1 日：购入商品陈列柜和电脑设备等，总计价值 90 000 美元。此次采购所需款项全部从当地银行贷款取得，贷款年利率为 12%，连本带息需要在第 9 年的 2 月 1 日一起偿还。
(2) 2 月份期间：赊购商品存货，价值总计 217 900 美元。
(3) 2 月份期间：向客户销售商品，其中现销价格合计为 62 900 美元，赊销价格合计为 194 600 美元。这些商品对应的成本总计 162 400 美元。
(4) 2 月份期间：向员工支付当月服务薪酬总计 32 400 美元。
(5) 2 月份期间：支付第 8 年 2 月份的公用事业账单（水费、电费、气费等），共计 2 700 美元。
(6) 2 月份期间：收到赊购客户支付的前欠货款总计 84 600 美元（参考交易 (3) 中的信息）。
(7) 2 月份期间：支付商品供应商开来的账单（见前述交易 (2) 中的信息），采购原价为 210 000 美元，由于付款及时获得了 2% 的现金折扣。另外还有一笔已经超出了折扣期的货款，价值 29 000 美元，商店已经全额支付。瑞佳多百货商店将获得的付款折扣用作调整商品的取得成本处理。
(8) 2 月 28 日：经过计算，员工在 2 月份最后几天所提供劳动服务的价值为 6 700 美元，瑞佳多商店将在第 8 年 3 月初再支付给员工。
(9) 2 月 28 日：瑞佳多商店在 2 月份已经发生但将于第 8 年 3 月份才支付的公用事业费总计 800 美元。
(10) 2 月 28 日：预计在交易 (1) 中所购入的商品陈列柜和电脑设备都只有 5 年的服务期，期满无残值。瑞佳多百货商店采用直线法对这类设施在使用年限内计算折旧，并使用"累计折旧"账户进行核算。
(11) 2 月 28 日：瑞佳多商店在第 8 年 1 月 31 日预付了租金，现在需要确认商店在 2 月份所接受租赁服务的价值。
(12) 2 月 28 日：瑞佳多商店在第 8 年 1 月 31 日预付保险费购买了保险服务，现在需要确认商店在 2 月份所接受保险服务的价值。
(13) 2 月 28 日：瑞佳多商店按 60 个月对专利权价值进行摊销（即确认为费用），该商店没有开设"累计摊销"账户，而是直接将摊销额减记专利权的价值。
(14) 2 月 28 日：由于交易 (1) 中所借入的借款，瑞佳多商店需要确认当月的利息费用。
(15) 2 月 28 日：瑞佳多商店需要按照税前利润的 30% 计算缴纳所得税。根据所得税法的规定，瑞佳多百货商店需要在每个季度结束后的第 15 天支付上一季度的所得税金（即实际的税金缴纳日分别为第 8 年的 4 月 15 日、7 月 15 日 10 月 15 日和次年的 1 月 15 日）。

要求：
a. 开设 T 形账户，根据第 2 章解决问题第 15 题中的信息，登记瑞佳多百货商店在第 8 年 2 月 1 日的余额和上述 15 项交易的影响额。
b. 为瑞佳多百货商店编制第 8 年 2 月份的利润表。
c. 为瑞佳多百货商店编制第 8 年 1 月 31 日和 2 月 28 日的比较资产负债表。

28. **分析交易，编制利润表和资产负债表。** 哲洛克书店（Zealock Bookstore）在一所大学校园旁边新开了一家店，开业日为第 4 年的 7 月 1 日。在第 4 年期间，哲洛克书店发生了下列交易或事件。哲洛克书店的会计期间与日历年度保持一致。
(1) 第 4 年 7 月 1 日：收到昆·哲洛克投入的 25 000 美元。作为交换，昆·哲洛克则得到了书店的 25 000 股普通股，每股面值 1 美元。
(2) 第 4 年 7 月 1 日：从当地银行借款 30 000 贷款用于补充营运资金需求。该笔贷款的年利率为 6%，需要在第 5 年的 6 月 30 日连本带息一起还清。
(3) 第 4 年 7 月 1 日：签署了为期 3 年的租赁协议，每年租金 20 000 美元，哲洛克书店已经预付了第一年的租金。
(4) 第 4 年 7 月 1 日：支付现金 4 000 美元买入一批书架，预计这些书架的使用年限为 5 年，期满无残值。
(5) 第 4 年 7 月 1 日：支付现金 10 000 美元购入一批电脑，预计这些电脑的使用年限为 3 年，3 年后的残值预计为 1 000 美元。
(6) 第 4 年 7 月 1 日：向多位书籍经销商缴纳保证金存款共计 8 000 美元，如果哲洛克书店能及时支付它在第 4 年 7 月 1 日至第 5 年 6 月 30 日期间，从这些经销商手中采购的书款，那么这些存款可以在第 5 年 6 月 30 日全额退回。
(7) 第 4 年期间：从经销商处赊购了价值 160 000 美元的各种书籍。
(8) 第 4 年期间：卖出销售价格总计为 172 800 美元的书籍，其中有 24 600 美元已收到货币资金，另外 148 200 美元的书籍为赊销，尚未收款。卖出书籍的成本合计 140 000 美元。
(9) 第 4 年期间：向经销商退回未卖出的书籍和一部分订购错误的书籍，总价值 14 600 美元，这些书籍都是赊购的，均尚未向供应商付款。
(10) 第 4 年期间：收到客户交来的赊购书籍款项共计 142 400 美元。
(11) 第 4 年期间：支付员工薪酬共计 16 700 美元。
(12) 第 4 年期间：欠经销商的书籍采购款到期，向经销商支付 139 800 美元。
(13) 第 4 年 12 月 28 日：收到客户为特殊订单支付的预付款共计 850 美元，哲洛克书店已经发出订购单去采购这些订单涉及的书籍，预计要等到第 5 年才能够收到。
(14) 第 4 年 12 月 31 日：由于交易（2）中所借入的贷款，需要计提第 4 年的贷款利息。
(15) 第 4 年 12 月 31 日：计算并记录第 4 年应承担的租金费用。
(16) 第 4 年 12 月 31 日：对哲洛克书店在交易（4）中所购入的书架，需要计算并记录当期的折旧费用。
(17) 第 4 年 12 月 31 日：对哲洛克书店在交易

(5) 中所购入的电脑，需要计算并记录当期的折旧费用。
(18) 第 4 年 12 月 31 日：计算并记录第 4 年的所得税费用。哲洛克书店适用的所得税税率为 40%，当年的所得税应在第 5 年的 3 月 15 日支付。

要求：
a. 开设 T 形账户，将上述 18 项交易登记到 T 形账户中。
b. 编制截至第 4 年 12 月 31 日的哲洛克书店半年期利润表。
c. 编制哲洛克书店在第 4 年 12 月 31 日的资产负债表。

注意：解决问题第 29 题将继续在本题基础上延伸到第 5 年的损益交易。

29. **交易分析，编制比较利润表和比较资产负债表。** 请参考解决问题 28 中哲洛克书店的信息，以下是这家书店在第 5 年所发生的交易。
(1) 第 5 年 3 月 15 日：缴纳第 4 年的所得税。
(2) 第 5 年 6 月 30 日：连本带息偿还银行贷款。
(3) 第 5 年 7 月 1 日：取得另一笔银行贷款，本金 75 000 美元，到期日为第 10 年的 6 月 30 日，年利率 8%，利息在到期时随本金一起支付。
(4) 第 5 年 7 月 1 日：收到书籍经销商退回的保证金。
(5) 第 5 年 7 月 1 日：支付租金，租赁期从第 5 年的 7 月 1 日起，至第 6 年的 6 月 30 日。
(6) 第 5 年期间：赊购了价值总计为 310 000 美元的书籍。
(7) 第 5 年期间：售出书籍价款总计 353 700 美元，其中有 24 900 美元为现金销售，有 850 美元是在第 4 年 12 月已预收的特殊订单所对应的书籍，另外 327 950 美元对应的书籍为赊销。全部已售书籍对应的销售成本为 286 400 美元。
(8) 第 5 年期间：将价值 22 700 美元未售出的书籍退回给经销商，对于这些退货的书籍，哲洛克书店都还没有付款给经销商。
(9) 第 5 年期间：收到客户支付的赊购书款，总计 320 600 美元。
(10) 第 5 年期间：支付员工薪酬总计 29 400 美元。
(11) 第 5 年期间：向书籍经销商支付前欠购货款，共计 281 100 美元。
(12) 第 5 年 12 月 31 日：宣告并发放股利 4 000 美元。

要求：
a. 开设 T 形账户，将解决问题 28 中哲洛克书店在第 4 年 12 月 31 日的资产负债表账户余额登记到 T 形账户中，并登记上述 12 项交易的影响和哲洛克公司在第 5 年 12 月 31 日应编制的调整分录，以正确计量哲洛克书店第 5 年的经营业绩和反映该书店第 5 年 12 月 31 日的财务状况。

b. 编制哲洛克书店第 4 年和第 5 年的比较利润表。

c. 编制哲洛克书店在第 4 年和第 5 年 12 月 31 日的比较资产负债表。

30. **重构利润表和资产负债表**。（改编自史蒂芬 A. 泽夫教授编写的习题）波多贝罗公司（Portobello Co.）是一家零售企业，已经营业 10 年了。假定现在正是第 18 年的 12 月 28 日，还有三天就是财务年度截止日了。此时，由于一场山洪暴发，冲毁了公司的管理办公室并毁掉了绝大部分的会计记录。经过清点，公司目前只留存有第 17 年 12 月 31 日的资产负债表（见表 3-6）、支票簿、银行对账单和几张被水浸湿了的应收账款和应付账款余额单子。根据对残留文件的审核和与公司员工所进行的调查，你了解到了下面这些信息。

表 3-6　波多贝罗公司资产负债表
第 17 年 12 月 31 日
（解决问题 30）

资产	
货币资金	$18 600
应收账款	33 000
应收票据	10 000
应收利息	600
商品存货	22 000
预付保险费	4 500
流动资产合计	$88 700
计算机系统	
原价	$78 000
减：累计折旧	(26 000)
净值	$52 000
资产总额	$140 700
负债与股东权益	
应付账款	$36 000
应付股利	1 800
应付职工薪酬	6 500
应交税费	10 000
预收账款	600
负债合计	$54 900
普通股	$40 000
留存收益	45 800
股东权益合计	$85 800
负债与股东权益总额	$140 700

资料来源：© Cengage Learning 2014.

(1) 公司的保险代理人说，公司所购买的 4 年期保险还有 6 个月才到期，即保险服务的到期日为第 18 年的 12 月 31 日；这项保险政策由公司在第 15 年预付了 4 年期保险费共计 12 000 美元购买。

(2) 第 18 年期间，公司董事会一共宣告了 6 000 美元的股利，其中在第 18 年里已经支付给股东的金额为 3 000 美元，剩余的股利预计将在第 19 年里支付。波多贝罗公司董事会在第 17 年里也宣告了股利，其中有 1 800 美元是在第 18 年年初支付的。

(3) 第 18 年 4 月 1 日：应收票据到期，公司收到艾伯顿公司交来的现金 10 900 美元，其中本金 10 000 美元，剩余为利息。这张票据是艾伯顿公司在第 17 年 7 月 1 日开出的，9 个月期，根据票据条款规定，全部利息均在第 18 年 4 月 1 日随本金一起支付。

(4) 截至第 18 年 12 月 31 日，波多贝罗公司欠商品供应商的货款比起第 17 年 12 月 31 日时的水平低了 20 000 美元。在第 18 年里，公司向商品供应商一共支付了 115 000 美元。根据实地盘点的结果，第 18 年 12 月 31 日的商品存货余额比第 17 年 12 月 31 日的多 18 000 美元。在第 18 年的 12 月 8 日，公司还用发行的普通股换回了价值 11 000 美元的商品存货。此外，波多贝罗公司的其他采购都是赊购的。

(5) 波多贝罗公司在第 18 年的 3 月 1 日买入了价值 60 000 美元的配送卡车，并向卡车销售商开出本金为 60 000 美元、4 年期，年利率为 10% 的票据用以支付卡车货款。波多贝罗公司承诺将每半年支付一次票据利息，第一次支付时间为第 18 年的 9 月 1 日，公司在这一天已实际支付了相关利息。这辆配送卡车预计可以使用 10 年，估计期满时还能有残值 6 000 美元。波多贝罗公司按直线法计算卡车的折旧费用。

(6) 公司的计算机系统预计可以使用 6 年，期满残值为 0。

(7) 公司的全部销售都是赊销，通常在发货给客户时确认销售收入。在第 18 年中，公司一共收到客户支付的购货款 210 000 美元。波多贝罗公司的会计师把应收账款明细分类账重新进行了整理，按照每位客户名称重新梳理了它们还欠公司的货款。根据整理记录，截至第 18 年 12 月 31 日，客户欠公司货款的总金额为 51 000 美元，但其中有一位客户在第 18

年里支付了 1 400 美元的现金给波多贝罗公司，而对应的货物要等到第 19 年才能发货。此外，还有 600 美元是另一位客户在第 17 年时支付给波多贝罗公司的，相应的货物公司在第 18 年里已经发出。

(8) 在第 18 年里，波多贝罗公司一共以现金形式向员工支付了 85 000 美元薪酬。其中，有 6 500 美元所对应的员工服务是在第 17 年里完成的，还有 4 000 美元是预付员工将在第 19 年里提供的服务，其余均为支付的员工在第 18 年里所提供的服务。截至第 18 年 12 月 31 日，公司还欠员工在第 18 年末所提供服务的薪酬没来得及支付，累计金额为 1 300 美元。

(9) 在第 18 年里，波多贝罗公司一共用现金支付了 27 000 美元的不动产税和所得税。其中，有 10 000 美元是支付的公司在第 17 年的应付所得税，有 3 000 美元是预付的第 19 年的不动产税。截至第 18 年年末，波多贝罗公司尚欠 4 000 美元的所得税还没有支付。

(10) 公司与一家管理咨询公司签订了总金额为 48 000 美元的咨询服务协议。根据协议规定，公司应在第 19 年的 1 月 1 日先支付 12 000 美元的首付款，公司打算执行这项付款计划。截至第 18 年 12 月 31 日，该咨询公司已经完成了预计全部咨询服务工作的 10%。

要求：为波多贝罗公司编制第 18 年的利润表和第 18 年 12 月 31 日的资产负债表。

31. **重构利润表和资产负债表**。电脑需求公司（Computer Needs, Inc.）经营着一家专门销售各种电脑软硬件的零售商店。这家商店在第 7 年的 1 月 2 日开业，第 1 年的经营就非常成功，实现净利润 8 712 美元，年末银行存款账户的余额为 15 600 美元。表 3-7 是这家商店在第 7 年的利润表，表 3-8 则是它在第 7 年末的资产负债表。

随着第 8 年一点一点地过去，电脑需求公司的股东和管理层都感觉越来越好了。看起来，商店里总是人头攒动，销售情况预期能超过第 7 年。但不幸的是，一场恐怖的闪电暴风雨在第 8 年的 12 月 31 日击中了这家商店，几乎完全毁掉了电脑需求公司的电脑，而里面保存着该公司的会计记录信息！现在，公司要评估第 8 年的经营业绩和计算当年的所得税，这都需要先计算第 8 年的盈利情况，该怎么办呢？

为了编制第 8 年的利润表和第 8 年末的资产负债表，假定你了解到了下列信息：

表 3-7 电脑需求公司利润表
以第 7 年 12 月 31 日为截止日的会计年度
（解决问题 31）

销售收入	$152 700
销货成本	(116 400)
销售与管理费用	(17 400)
折旧费用	(2 800)
利息费用	(4 000)
所得税	(3 388)
净利润	$8 712

资料来源：© Cengage Learning 2014.

表 3-8 电脑需求公司资产负债表
第 7 年 12 月 31 日
（解决问题 31）

资产	
货币资金	$15 600
应收账款	32 100
存货	46 700
预付账款	1 500
流动资产合计	$95 900
固定资产	
原价	$59 700
减：累计折旧	(2 800)
净值	$56 900
资产总计	$152 800
负债与股东权益	
应付账款——商品供货商	$37 800
应交所得税	3 388
其他流动负债	2 900
流动负债合计	$44 088
应付抵押贷款	50 000
负债总额	$94 088
普通股	$50 000
留存收益	8 712
股东权益合计	$58 712
负债与股东权益总额	$152 800

资料来源：© Cengage Learning 2014.

(1) 电脑需求公司的开户银行提供了该公司在第 8 年中的账户交易情况，见表 3-9 所示。

(2) 第 9 年 1 月，从第三方信用卡公司和客户那里收到第 8 年的销售款项，共计 40 300 美元。这个金额是你能找到的关于第 8 年 12 月 31 日应收账款水平的最佳估计数。

(3) 商店员工对第 9 年 1 月 1 日的商品存货进行了实地盘点，结合当前的供应商目录，你估计这些商品的总价值为 60 700 美元。

(4) 电脑需求公司在第 8 年 10 月 1 日就支付了它的年度保险费（包含在表 3-9 中"支付给员工和其他为企业提供销售与管理活动主体的金额"项目中）。你了解到，这 1 800 美元的保险金涵盖的保险期间为整个第9年。

(5) 根据第7年的折旧情况和第8年新购入的设备情况，你估计第8年的折旧费用应当为3 300美元。

(6) 第9年1月从商品供应商那里收到的各种账单合计金额为45 300美元。这个金额是你能找到的、代表该商店在第8年12月31日的应付账款水平的最佳估计数。

(7) 其他流动负债主要是应付给员工和其他为企业提供了销售和管理服务主体的费用，截至第8年12月31日，其他流动负债的金额为1 200美元。

要求：为电脑需求公司编制一份第8年的利润表和第8年12月31日的资产负债表。电脑需求公司适用的所得税税率为28%。

表3-9　电脑需求公司银行账户变动分析
以第8年12月31日为截止日的会计年度
（解决问题31）

第8年1月1日余额	$15 600
收入	
现销所得	37 500
从第三方信用卡公司和客户那里收到的支票	151 500
支出	
支付给商品供货商	(164 600)
支付给员工和其他为企业提供销售与管理活动的主体	(21 000)
支付给美国政府的第8年所得税	(3 388)
支付给银行抵押贷款利息（4 000美元）和本金（800美元）	(4 800)
支付给设备供应商	(6 000)
第8年12月31日余额	$4 812

资料来源：© Cengage Learning 2014.

32. **记账错误对财务报表的影响。** 安迪那瓶业公司（Embotelladore Andina S. A.）位于智利，是可口可乐产品的制造和配送服务商，假定该公司发生了下列这些交易或事项。安迪那瓶业公司采用智利的会计准则编制其会计报表，编报单位为千智利比索（$）。请用"高估"、"低估"或"无影响"来说明下面这些记账错误或者疏漏对公司在12月31日资产、负债和股东权益项目的影响（包含影响方向和金额）。不考虑所得税的影响。

a. 12月1日，安迪那瓶业公司支付120 000比索租入一栋建筑楼，租期为当月和下月共计两个月。公司在12月1日以120 000比索借记了"租金费用"账户，贷记了"货币资金"账户，然后在12月或1月中，都没有对这笔会计分录进行任何调整。

b. 12月15日：安迪那瓶业公司收到一位客户交来的82 000比索，作为他所订购的一批货物保证金，安迪那公司预计这批货物要等到下个月（即1月份）才能发货给客户。对此，安迪那公司在12月15日借记了"货币资金"账户，贷记了"销售收入"账户。在12月或1月中，安迪那瓶业公司都没有对这笔会计分录再进行任何调整。

c. 12月1日，安迪那瓶业公司购入一辆卡车，打算用来将中央仓库的饮料配送给各零售商。卡车成本为98 000比索，预计可以用4年，期末无残值。对此，安迪那公司借记了"卡车费用"账户98 000比索，贷记了"货币资金"账户98 000比索，并且在12月中没有对此项购买业务再进行其他处理。

d. 12月15日，安迪那瓶业公司购入了价值86 800比索的办公用品，并对这项交易借记了"办公用品"账户，贷记了"货币资金"账户。"办公用品"存货账户在12月1日的余额为27 700比索，根据12月31日进行的实地盘点结果，公司在年末时还持有办公用品存货24 600比索，公司在12月31日尚未对"办公用品"账户进行任何调整。

e. 由于在12月1日取得了一项60天期的借款，安迪那瓶业公司在12月应承担34 500比索的利息费用。12月1日，公司在账簿中正确记录了贷款的本金，但在12月31日未对利息费用进行任何处理。这笔贷款应在下个月月末，即1月31日到期，利息应随本金一起支付。

f. 安迪那瓶业公司在12月23日赊购了价值17 900比索的商品，当时它借记了"商品存货"账户，贷记了"应付账款"账户。公司在12月28日支付这笔货款时，又借记了"销货成本"账户，贷记了"货币资金"账户。但实际上，截至12月31日，这些商品并没有销售出去。

33. **记账错误对财务报表的影响** 12月31日是会计期间的截止日，但福格特福公司（Forgetful Corporation）却遗漏了很多的调整分录。福格特福公司按照美国公认会计原则编制财务报表，编报单位为美元。请使用高估、低估和无影响等符号，说明遗漏下述独立事项的调整分录将对公司在12月31日的资产、负债和股东权益造成的影响，请同时指出影响金额和影响方向。不考虑所得税的影响。

a. 12月15日，福格特福公司收到一位客户交来的商品定金1 400美元，定金涉及的商品将在下月

（即1月）才生产和发货。对此笔定金，公司借记了"货币资金"账户，贷记了"销售收入"账户，并且直到12月31日都没有对上述记录再进行任何调整。

b. 7月1日，福格特福公司购入一台价值5 000美元的设备，对此，公司借记了"销货成本"账户，贷记了"货币资金"账户。设备可以用5年，预计到期无残值。

c. 11月1日，福格特福公司的一笔应收账款到期，客户交来一张金额为2 000美元的票据。对此，公司在收到票据时借记了"应收票据"账户，贷记"应收账款"账户。这张票据为6个月期，到期日为次年4月30日，年利率12%。福格特福公司对此张票据没有做其他分录。

d. 10月1日，福格特福公司支付了1年的保险费1 200美元，保险期从当日开始计算。对此，公司分别借记了"预付保险费"账户和"保险费用"账户900美元与300美元，贷记了"货币资金"账户1 200美元。此外没有再编制其他调整分录。

e. 12月31日，福格特福公司的董事会宣告了1 500美元的股利，对应的股利支付日为15天以后，即次年的1月15日。关于此次股利宣告，福格特福公司没有进行任何会计处理。

f. 12月1日，福格特福公司赊购了一台价值50 000美元的设备，对此，它借记了"机器设备"账户50 000美元，贷记了"应付账款"账户50 000美元。10天后，公司支付了此笔设备购置款，并获得了2%的付款折扣。对此，它贷记了"货币资金"账户和"其他收入"账户，金额分别为49 000美元和1 000美元，同时借记了"应付账款"账户50 000美元。福格特福公司通常将得到的现金折扣用作抵减资产的取得成本。12月28日，公司为安装这台设备，支付4 000美元给安装工人。为此，公司以4 000美元借记"维修费用"账户，同时贷记"货币资金"账户。3天后，即1月1日，这台设备正式投入生产了。由于设备是在1月1日才正式投入生产中的，公司在12月份中没有记录任何折旧信息。

34. **反推期初的资产负债表。**（解决问题34至36均由乔治H. 索特教授编写）以下是普瑞玛公司（Prima Company）公司的信息：

    （1）表3-10：第8年12月31日资产负债表。
    （2）表3-11：第8年的净利润与留存收益表。
    （3）表3-12：第8年的现金收入与支出表。

    当期的商品采购金额为127 000美元，全部为赊购。所有的其他经营费用都贷记预付费用账户。

要求：为普瑞玛公司编制第7年12月31日的资产负债表。（提示：开设T形账户，将第8年12月31日的资产负债表金额登记到T形账户中。然后根据利润表和现金收入与支出表中的信息，推导当年所发生的交易，然后，将交易金额登记到T形账户中。最后，倒推计算第7年12月31日的账户余额。）

表3-10　普瑞玛公司资产负债表
第8年12月31日
（解决问题34）

资产	
货币资金	$10 000
有价证券	20 000
应收账款	25 000
商品存货	30 000
预付的各种服务费	3 000
流动资产合计	$88 000
土地、建筑物与设备（原值）	$40 000
减：累计折旧	(16 000)
土地、建筑物与设备（净值）	$24 000
资产总计	$112 000
负债与股东权益	
应付账款（应付商品采购款）	$25 000
应付利息	300
应交所得税	4 000
流动负债合计	$29 300
贷款与应付票据（6%，长期）	20 000
负债合计	$49 300
普通股	$50 000
留存收益	12 700
股东权益合计	$62 700
负债与股东权益合计	$112 000

资料来源：© Cengage Learning 2014.

表3-11　普瑞玛公司净利润与留存收益
以第8年12月31日为截止日的会计年度
（解决问题34）

销售收入	$200 000
减费用：	
销货成本	$130 000
折旧费用	4 000
税收费用	8 000
其他经营费用	47 700
利息费用	1 200
费用合计	$190 900
净利润	$9 100
减：股利	5 000
留存收益增加	$4 100

资料来源：© Cengage Learning 2014.

表3-12　普瑞玛公司现金收入与支出报表
以第8年12月31日为截止日的会计年度
（解决问题34）

现金收入	
现金销售收入	$47 000
收到赊购客户付款	150 000
收款合计	$197 000
现金支出	
支付给商品供应商	$128 000
支付给各种服务提供商	49 000
支付税费	7 500
支付利息费用	1 200
支付股利	5 000
购买有价证券	8 000
现金支出合计	$198 700
现金支出超过现金收入额	$1 700

资料来源：© Cengage Learning 2014.

35. **反推现金收入与支出信息**。表3-13是赛康达公司（Secunda Company）在第8年年初和年末的比较资产负债表，而表3-14则是这家公司第8年的利润表。赛康达公司的所有销售都是赊销，所有采购也是采用赊购形式。折旧费用和到期的预付款都计入其他经营费用账户。在年初宣告的股利被公司借记了留存收益账户。

   要求：为赛康达公司编制一张分析表，说明它在第8年的全部现金交易情况。（提示：开设T形账户，将第7年和第8年12月31日的余额登记到T形账户中。然后从收入和费用账户开始，推导当年所发生的交易，并将交易发生额登记到T形账户的适当位置。注意，第8年12月31日的留存收益账户余额中，包含了第8年中的损益和股利的共同影响。）

表3-13　赛康达公司资产负债表
第7年和第8年12月31日
（解决问题35）

	12月31日	
	第8年	第7年
资产		
货币资金	$9 000	$20 000
应收账款	51 000	36 000
商品存货	60 000	45 000
预付费用	1 000	2 000
流动资产合计	$121 000	$103 000
土地、建筑物和设备（原值）	$40 000	$40 000
减：累计折旧	(18 000)	(16 000)
土地、建筑物和设备（净值）	$22 000	$24 000
资产总计	$143 000	$127 000

（续）

	12月31日	
	第8年	第7年
负债与股东权益		
应付利息	$2 000	$1 000
应付账款	40 000	30 000
流动负债合计	$42 000	$31 000
应付抵押贷款	17 000	20 000
负债总额	$59 000	$51 000
普通股	$50 000	$50 000
留存收益	34 000	26 000
股东权益合计	$84 000	$76 000
负债与股东权益总计	$143 000	$127 000

资料来源：© Cengage Learning 2014.

表3-14　赛康达公司利润表
截至第8年12月31日的会计年度
（解决问题35）

销售收入		$100 000
减：费用		
销货成本	$50 000	
利息费用	3 000	
其他经营费用	29 000	
费用总计		$82 000
净利润		$18 000

资料来源：© Cengage Learning 2014.

36. **反推利润表**。表3-15和表3-16分别是特尔奇娅公司（Tertia Company）在第8年年初和年末的比较资产负债表与第8年的现金流入与流出信息表。

   要求：请根据这些信息，编制一份特尔奇娅公司在第8年的利润表和留存收益变动表。（提示：开设T形账户，将第7年12月31日和第8年12月31日的余额登记到T形账户中。然后，从每一条现金收支信息开始，推导在这一年中所发生的交易，并将交易影响登记到T形账户中。注意，留存收益账户中包含第8年的损益和股利事件的共同影响。）

表3-15　特尔奇娅公司资产负债表
第7年和第8年的12月31日
（解决问题36）

	12月31日	
	第8年	第7年
资产		
货币资金	$67 800	$40 000
应收账款与应收票据	41 000	36 000
商品存货	49 500	55 000
应收利息	700	1 000
预付服务费	5 200	4 000

	12月31日	
	第8年	第7年
固定资产	47 000	47 000
减：累计折旧	(12 000)	(10 000)
资产总额	$199 200	$173 000
负债与股东权益		
应付账款（各种服务费）	$2 500	$2 000
应付账款（商品采购款）	41 000	34 000
应交财产税	1 500	1 000
应付抵押贷款	30 000	35 000
负债合计	$75 000	$72 000
普通股	$25 000	$25 000
留存收益	99 200	76 000
股东权益合计	$124 200	$101 000
负债与股东权益总计	$199 200	$173 000

资料来源：© Cengage Learning 2014.

表3-16 特尔奇娅公司现金收入与支出报表
截至第8年12月31日的会计年度
（解决问题36）

	第8年
现金收入	
1. 收到赊购客户的付款	$144 000
2. 现金销售	63 000
3. 收到的利息	1 000
现金收入合计	$208 000
减：现金支出	
4. 付给商品供应商的款项	$114 000
5. 偿还抵押借款	5 000
6. 支付利息	500
7. 预付各种服务费	57 500
8. 支付财产税	1 200
9. 支付股利	2 000
现金支出合计	$180 200
第8年的现金余额增加	$27 800

资料来源：© Cengage Learning 2014.

37. **编制调整分录**。假定有一家在每年12月31日结账的企业，它雇用了一位全职的簿记员和一位兼职的专业会计师，后者专门负责每年12月31日的调账、结账和编制会计报表工作。有一年，企业使用了下面这种简化的簿记和交易记录惯例：当收到现金时，企业借记货币资金账户，贷记收入账户；当支付现金时，企业借记费用账户，同时贷记货币资金账户。之所以采用这种简化的簿记方法，是因为：（1）能加强现金收支记录的效率，因为这样在企业的现金账户中总是能看到最新的余额信息，（2）可以将平时的记账工作完全交给簿记员来完成，只在年终结账时聘请专业会计师来调账就可以了。到了12月31日，企业再请专业会计师来编制调整分录，以正确地计量企业当期的收入和费用情况，并且计算出资产负债表账户的正确余额来。要求：请为以下几种独立的情况编制恰当的会计调整分录。

a. 第6年9月1日，企业作为承租人预付了24 000美元的1年期租金，租赁期从当日开始计算。企业将这24 000美元全部借记了租金费用账户，贷记了货币资金账户。从9月1日至12月31日期间，企业作为承租人没有对这笔会计分录进行任何调整。请为这家企业编制在12月31日应做的调整分录，以正确地确认预付租金和租金费用账户的金额，并请回答，第6年的租金费用金额应当为多少？

b. 请参考"a"部分的信息，假定第6年的12月31日，在编制了调整分录以后，承租人的预付租金账户余额为16 000美元，均为预付的第7年1月1日至8月31日期间的租金。第7年9月1日，企业作为承租人又预付了总额为30 000美元的1年期租金，租赁期开始日为付款当天。企业将这30 000美元全部借记了租金费用账户，同时贷记了货币资金账户，并在第7年中未有进行其他任何调整。请编制该企业在第7年12月31日应做的调整分录，并说明这家企业在第7年的租金费用为多少？

c. 参考"b"部分的信息，假定第7年的12月31日，在编制了调整分录以后，企业的预付租金账户余额为20 000美元，均为预付的第8年1月1日至8月31日期间的租金。到第8年9月1日，企业又预付了18 000美元共计未来6个月的租金，租赁期开始日从当时就开始计算。企业作为承租人，按这个金额借记了租金费用账户，贷记了货币资金账户，并且在第8年中未作任何调整。请编制这家企业在第8年的12月31日应编写的调整会计分录，并回答第8年的租金费用应当为多少？

d. 当这家企业在支付工资时，总是借记工资费用账户，贷记货币资金账户。假定应付职工薪酬账户在4月初的余额为5 000美元，均为企业应当支付给职工在3月末尾几天劳动的薪酬。企业在4月份一共向员工支付了30 000美元，并按这个金额借记了工资费用账户。4月末，根据截至上个付薪日以后的用工记录，企业还欠员工 4 000 美元的薪酬尚未来得及支付，这是这家企业在 4 月末唯一的一项未支付薪酬。请编制必要的调整会计分录，并回答 4 月份的工资费用应当为多少？

e. 企业支付全款购入了一项 1 年期的保险服务，生效日为第 5 年的 5 月 1 日。企业将保险费全额借记了保险费用账户。待企业在第 5 年 12 月 31 日编制调整分录后，预付保险费账户的余额已正确地被调整为 3 000 美元。如果这家企业每个月都会结账，且目前正在准备编制第 6 年 1 月 31 日的资产负债表，请问，这家企业在第 6 年的 1 月 31 日应编制什么样的调整分录？

f. 企业作为出租人，会收到的一栋公寓楼的租金，簿记员总是直接按承租人交来的现金金额贷记租金收入账户。在第 7 年年初，预收租金这个负债账户的余额为贷方的 25 000 美元，对应着企业作为出租人在第 7 年中应当为承租人提供的租赁服务。在第 7 年期间，企业又收到了承租人交来的 250 000 美元租金，对此，簿记员借记了货币资金账户，贷记了租金收入账户，并且在整个第 7 年中没有对此笔分录再进行其他调整。到第 7 年年末，对各明细账户的分析显示，已经收到的租金中，有 30 000 美元对应的是第 8 年的租赁服务。请编制必要的调整分录，并计算企业在第 7 年的租赁收入为多少。

g. 企业在第 5 年的 1 月 1 日购入了一台新设备，价值 10 000 美元，簿记员当时借记了折旧费用账户，贷记了货币资金账户，金额分别为 10 000 美元，并且在第 5 年当中没有再对此设备记录进行任何调整。此台设备预计可以使用 5 年，预期残值为 0。作为一名专业的会计师，请写出你在编制第 5 年 12 月 31 日的资产负债表前应当完成的调整分录。

第4章
资产负债表：资源与融资的列报和分析

CHAPTER 4

学习目标

1. 知道什么是资产、负债和股东权益，了解这三个会计要素在资产负债表上的确认（记录）标准、计量方法（计量）和在资产负债表上的分类（分类）。
2. 理解美国公认会计原则和国际财务报告准则对资产负债表信息的确认和计量规定。

面对企业的资产负债表，财务报表使用者常常会提出下面这些问题：

1. 企业所拥有的全部经济资源都被报告为资产负债表中的资产了吗？对这些资产的全部要求权都被包含在负债和股东权益项目中的吗？如果不是的话，什么样资源和要求权没有被确认在资产负债表中？为什么呢？

2. 资产负债表上所报告的那些金额与我们在市场中所观察到的价格是什么关系？比如，某项资产在资产负债表中所报告的金额是否就是企业把这项资产出售所能收到的价款金额呢？某项负债在资产负债表中所报告的金额是否恰好就是企业要了结这项支付义务而必须支付的代价金额呢？资产负债表中报告的股东权益金额与企业股权的市场价值之间有什么关系呢？

3. 资产负债表是如何揭示企业的筹资来源的？为什么不同企业之间的筹资安排会存在差别呢？

要回答上述问题和解决其他关于企业财务状况方面的疑虑，就必须先读懂资产负债表。本章主要讨论与资产负债表，尤其是与资产负债表中的资产和负债相关的下述概念：

- 定义
- 确认
- 计量

当然，我们在第 2 章所介绍过的资产负债表编制程序，也是理解上述这几个概念的基础。

4.1 相关概念

4.1.1 资产负债表恒等性

在第 1 章里，我们曾经介绍说，资产负债表是企业的三大主要报表之一，有时也被称为财务状况表（statement of financial position）。资产负债表向我们列示了企业在某一时刻所拥有的资源（资产）以及这些资源的融资来源（负债与股东权益）。[⊖] 从资产负债表中，我们可以看到下述恒等性的存在，即所谓的**资产负债表恒等式**（balance sheet equation）：

$$资产 = 负债 + 股东权益$$

根据这个恒等式，一家企业所拥有的资产与企业的债权人和股东对这家企业所提供的资金支持总是相等的。换句话讲，公司管理层利用债权人所提供的资金（即负债）和股东所提供的资金（即股东权益）来获取公司的资源（即资产）。负债与股东权益的性质和搭配比例构成了企业的**融资结构**（financing structure）问题，我们随后会重新回到这个话题上来。

4.1.2 资产负债表分类

资产负债表对各种项目按类别进行列报。根据转化为现金（适用于资产项目）或需要用现金去支付（适用于负债项目）所需要的时间长短，资产和负债都被分为了两类。根据企业管理层的预期，能在一个正常的**营业周期**（operating cycle）里转化为现金，或被出售、被消耗的资产，就是**流动资产**（current assets）；否则，只能被归类为**非流动资产**（noncurrent assets）。同样地，企业管理层预期需要在一个营业周期里用现金去偿还或者了结的义务，就是**流动负债**（current liabilities）；否则，只能被归类为**长期负债**（noncurrent liabilities）。

所谓营业周期，是指企业将货币资金转换为可出售的商品或服务，然后将商品或者服务出售给客户，最后从客户那里收到付款所需要经历的时间段。营业周期通常取决于企业的商业模式。比如，短的营业周期可能只有 1 到 3 个月，但是，在建筑行业或者酿酒业，营业周期也可能长达数年。根据会计惯例，除非营业周期超过了 1 年，否则，我们通常用 1 年为标准来区分流动和非流动项目。即所谓的流动资产（或者流动负债），就是指将在 1 年内转换为现金（或者需要用现金支付）的资产（或负债）。

流动资产项目包括货币资金、为短期目的而持有的有价证券、应收账款和应收票据、商品存货、原材料和各种物资、在产品与产成品以及预付的保险费和租金等各种预付的款项。非流动资产则包括房地产、厂场和设备、

[⊖] 企业编制资产负债表的频率、向哪些监管机构提供报告以及是否需要公开披露报表信息等，都由其所在地的财务报告司法监管机构所规定。比如，在美国，所有公开发行了债券或者权益证券的公司都必须按季度编制并提交财务报告。此外，半年度报告更为常见。但是，为了支持企业做出正确的决策，例如，为了向某家银行申请贷款等，企业也可以自行编制更为短期的财务报表。

长期证券投资和无形资产（例如专利权、商标和商誉）等。

流动负债项目包括企业欠供应商的款项（应付账款）、欠员工的款项（应付职工薪酬）和欠政府部门的款项（应交所得税）。此外，长期负债中的短期部分也属于流动负债——即长期借款和应付债券中，将于一年内到期的部分，也应被报告为流动负债。而长期负债是指到期日在1年以上的带息负债（比如债券、抵押借款和类似的负债产品）。此外，一些在长期租赁合同下的支付义务、员工退休后的支付义务和一些不带息的义务（例如递延所得税负债）等，也属于长期负债。

4.1.3 资产负债表的格式：美国公认会计原则的规定

典型的资产负债表总是先报告资产，然后再报告负债和股东权益。根据美国公认会计原则的规定，企业应当按照资产的流动性由强到弱来列示资产。在这里，流动性（liquid）特指将资产转化为现金的容易程度。按照美国公认会计原则编制的资产负债表，总是以先报告流动性最强的资产项目——现金和现金等价物，然后是其他流动资产项目，再接着才报告非流动资产。同样地，在报告负债项目时，也是先列出企业可能最先需要偿还的项目（流动性最强或者最接近到期日的负债项目），然后再依次报告其他负债项目，最后才报告可以最晚偿还的负债项目（流动性最差或者距离到期日最远的负债项目）。

表1-1（见第1章）中，贵成公司在2013年2月27日的资产负债表就是按照美国公认会计原则编制的。这张报表首先披露了"现金及现金等价物"1 826百万美元，然后，按照流动性由强转弱依次报告其他的流动资产，最后以流动性最差的流动资产项目"商品存货"（5 486百万美元）和"其他资产"（1 144百万美元）作为结束。而对非流动资产，则是按照下面这样的顺序来报告的：

- 不动产、厂场和设备，净值　　　　　　　　　　　　4 070百万美元
- 商誉　　　　　　　　　　　　　　　　　　　　　　2 452百万美元
- 商标品牌权　　　　　　　　　　　　　　　　　　　159百万美元
- 客户关系　　　　　　　　　　　　　　　　　　　　279百万美元
- 股权投资和其他投资　　　　　　　　　　　　　　　324百万美元
- 其他资产　　　　　　　　　　　　　　　　　　　　452百万美元

在负债部分，贵成公司首先报告了它可能会最快偿还的负债项目——应付账款（企业欠供应商的款项），金额为5 276百万美元；然后是公司已经售出但还等待被使用的礼品卡支付义务；⊖再紧接着，是公司员工已经挣得、但公司还没有来得及支付的员工薪酬（应付职工薪酬和相关费用），共计544百万美元。接着往下看，贵成公司报告了1 104百万美元的长期负债，这个金额中排除了将在下一年度就到期的长期负债，因为这部分将于一年内到期的长期负债（35百万美元）被报告在了流动负债部分。在股东权益部分，贵成公司报告了5 797百万美元的留存收益，这是该公司长期以来通过营利活动所积累（即累积盈利），并且还没有分配给股东的净资产。

利用贵成公司的资产负债表，我们可以对资产负债表恒等式进行验证：资产（18 302百万美元）等于负债（8 978百万美元、1 256百万美元和1 104百万美元之和，即11 338百万美元）加上股东权益（6 964百万美元）之和。

4.1.4 资产负债表的格式：国际财务报告准则的规定

国际财务报告准则允许但并不强制企业在资产负债表中按照相反的顺序来列报项目，即将资产和负债按照流动性由弱到强来进行排列。第1章中的表1-5泰晤士有限责任公司的资产负债表就是按照国际财务报告准则的要求编制的。这是泰晤士公司在2013年12月31日的资产负债表，它将流动性最差的资产——价值2 986.9百万欧元的商誉——列报在最前面。泰晤士公司的长期有形资产共计1 338.3百万欧元，由土地、建筑物、厂场和设备所组成。顺着列表往下，可以看到泰晤士公司流动性最强的资产是银行存款和现金等价物，这些项目在2013年年末的价值为1 960.1百万欧元。利用泰晤士公司的资产负债表，我们也可以验证资产负债表恒等式，资产（18 007.6百万欧元）等于负债（2 766.9百万欧元与11 486.9百万欧元之和，即14 253.8百万欧元）加上股东权益（3 753.8百万欧元）之和。

⊖ 我们将在第5章中讨论对礼品卡的会计处理问题。

贵成公司的资产负债表是按美国公认会计原则编报的,而泰晤士公司的资产负债表是按国际财务报告准则编报的,虽然两者的编报依据不同,但所列报的信息却是类似的,只是顺序稍有差异罢了。不过,还有很多问题我们还没有谈到,包括:

1. 什么样的资源可以被企业报告为资产?什么样的义务应当被企业报告为负债?或者说,某个项目要被报告为资产负债表上的资产或者负债,需要满足什么样的条件才行呢?按照美国公认会计原则和国际财务报告准则,这些确认条件之间有区别么?

2. 企业是如何计量它们的资产和负债项目的呢?即在资产负债表上,某个项目被报告的金额是如何决定的呢?美国公认会计原则和国际财务报告准则在计量要求方面存在差异么?

3. 企业是如何计量股东权益的呢?股东权益由哪些项目所组成,它们在资产负债表中应当怎样报告?美国公认会计原则和国际财务报告准则对这些股东权益的组成项目,它们的计量和列报方式规定有差别么?

本章的后续部分将重点讨论上面这几个问题,我们会在必要的时候分别按美国公认会计原则和国际财务报告准则来介绍这两套会计准则体系的要求,但我们把美国财务会计准则委员会或者国际会计准则理事会所发布的公告都称为权威指南(authoritative guidance)。

4.2 资产的确认与计量

4.2.1 资产的定义与确认条件

资产的确认是指辨别某一项目是否能作为一项资产被报告在资产负债表上。如果某一项目能被称为一项资产,则它必须同时满足:(1)资产的定义,和(2)资产的确认标准。⊖

- **资产的定义** 资产是由过去的交易或者事件形成的、企业所控制的经济资源,它很可能⊜为企业带来未来的经济利益。美国公认会计原则和国际财务报告准则对资产的定义基本上是一致的。
- **资产的确认条件** 某一项目如果要被确认为资产,需要同时满足以下三条标准:
  1. 企业拥有该项目或者能控制该项目的使用权。
  2. 使用该项目的权利是由过去的交易或者交换所带来的。
  3. 该项目能带来的未来经济利益能被可靠地计量。

虽然所有的资产都能带来未来经济利益,但注意,不是所有能带来未来经济利益的项目都属于资产。这是因为,能被确认为资产的未来经济利益项目必须要同时满足以上3个确认标准。其中,前两个标准是资产的定义所要求的,而第3个标准则属于确认的范畴:满足了资产定义的项目只有在能被可靠计量的前提下,才能被确认为资产。在这里,金额可靠(reliability)是指这个金额与它拟反映的情况相关,不存在重大错误或偏差,如果让不同的人来判断,都能得出相同或者类似的金额。⊜比如,假定资产负债表上的某个报告金额代表存货的取得成本,那么企业为取得存货而支付的价格就是一个可靠的计量值,因为如果让不同的人来计量,都可以根据存货的采购发票得出相同的金额来。美国公认会计原则和国际财务报告准则都没有说什么样的金额才是足够可靠的,这说明在不同情况下,可靠性的判断标准可能是不一样的,并且会非常主观。

为了帮助大家理解上述这几个条件对资产确认的影响,我们来看几个虽然具有未来经济利益,但不一定能被确认为资产的例子。以下除非特别有说明,否则美国公认会计原则和国际财务报告准则对这几个例子所要求的会

⊖ 在美国公认会计原则体系下,财务会计准则委员会在1985年发布的财务会计概念公告第6号"财务报表要素"第26段对资产进行了定义,并且在1984年发布的财务会计概念公告第5号"企业财务报表的确认与计量"第63~65段中,论述了资产的确认标准。而在国际财务报告准则体系下,资产的定义出现在国际会计准则理事会在2010年发布的《财务报表编制与列报框架》第4章"剩余内容"第4.4~4.14段。

⊜ 商业安排的结果往往存在着不确定性,所以,"很可能"在这里主要是指根据所能获得的信息来判断,某个项目或事件能合理地预期会发生。

⊜ 财务会计准则委员会和国际会计准则理事会在2010年9月发布的概念指南中,使用了"如实反映(representational faithfulness)"这个概念来形容资产确认标准中的可靠性要求。美国公认会计原则对如实反映的概念性指南规定出现在2010年发布的《财务会计概念公告第8号:财务报告概念框架》第3章"有用财务信息的质量特征"第QC12~QC16段中。国际财务报告准则的概念性指南则出现在国际会计准则理事会在2010年发布的《财务报表的编制与列报框架》第3章第QC12~QC16段。

计处理都是相同的。

例题1 贵成公司销售了一台电视机给某位客户，价款合计为1 000美元，这位客户用贵成公司的联名信用卡付了款。本例中，虽然贵成公司没有收到任何货币资金，但它收到了未来经济利益——形式是现金付款的承诺。贵成公司会将这种利益确认为一项资产（一项应收账款），因为作为电视销售交易的结果，它拥有了收取特定金额货币资金（1 000美元）的权利。

例题2 泰晤士公司买入了一台新设备，打算用于通信系统制造过程，因为这台新设备能以机器控制的生产过程取代大量的人工操作。泰晤士公司同意将向设备供应商提供200 000股自己的普通股作为交换，来换取这台设备的所有权。在交易发生时，泰晤士公司的股票价格为每股32欧元。本例中，泰晤士公司可以将新设备确认为一项资产，因为它已经拥有了设备的所有权，并且预期能收到该设备带来的未来经济利益——形式是人工成本的降低。○

例题3 泰晤士公司售出了16套防卫系统，价款总计为8 000万欧元。买方答应将在泰晤士公司发货时就先支付2 000万欧元，余款分四期等额在未来4年每年的年末支付。等到买方付清了最后一次款项后，泰晤士公司会将防卫系统的法定所有权转移给买方。在本例中，虽然泰晤士公司在未来4年中对这些防卫系统依然拥有法定所有权，但这些系统的使用权却已经不再归属于它了。只要买方按规定付清了款项，防卫系统所能带来的未来经济利益都归属并且将一直归属于买方。因此，这些防卫系统应属于买方的资产，而不再属于泰晤士公司。泰晤士公司应当在发货时将收到的2 000万欧元现金确认为一项资产，同时将剩余款项确认为一项应收款。

例题4 很多顾客喜欢在贵成公司购买电子产品，是因为他们看上了贵成公司的一项独立服务——"傻瓜帮"，即专门帮助顾客安装各种产品。贵成公司为此雇用了有才干的职员，投资对他们进行培训，以保证他们能提供高质量的专业服务。公司管理层认为，这些服务能为公司带来更多忠诚的客户，让他们在将来更愿意购买贵成公司的东西。因此，满足"傻瓜帮"客户的需求能为公司带来未来经济利益的流入——形式是使贵成公司的产品销售额增加。但在本例中，无论是预期的未来销售额还是得到了满足的客户，都不能被确认到贵成公司的资产负债表上去，因为贵成公司不能够控制客户的未来采购决策。

例题5 让我们在例题4的基础上进一步延伸，"傻瓜帮"服务本身也具有未来经济利益。但是，它仍然不应当被确认在贵成公司的资产负债表上，因为这项服务本身无法拥有或者控制某个人。（以运动队为例，与运动员之间的合约可以被确认为资产，但是运动员本身不是球队的资产。）

例题6 与很多公司一样，贵成公司也会建立并维护一套客户名单和资料，用来邮寄产品目录和其他一些促销用途。由于建立和维护客户名单是需要时间并消耗资源的，因此做出这样的决策必然需要一定的投入和持续的开支。客户名单能带来的预期利益，因为客户在收到了促销材料后，能购买公司的产品从而带来未来的现金流入，名单上的客户买得越多，客户名单的预期未来经济利益流入就越大。但在本例中，企业自己建立的这种客户名单却不能被确认为一项资产。虽然它已经符合了资产的定义，但它还不符合资产的确认标准，因为公司还不能够可靠地计量这种未来经济利益的价值大小。不过，如果是从外部购入（externally purchased）的客户名单，则可以被确认为一项资产，并直接以购买价格进行计量（记录）。在贵成公司的资产负债表上，它将这种外购的客户名单报告为了"客户关系"，并按购买价格进行计量。○

例题7 泰晤士公司计划将在下一年到波兰去新开一家制造部。它已经看好了一套购买价格为5亿欧元的设施，并计划再花2亿欧元对这套设施进行改造。泰晤士公司计划用现有的货币资金和最近发行普通股所筹集的资金来为这项交易融资。本例中，虽然泰晤士公司已经有了购买并改造这套设施的计划，但这套设施还不是泰晤士公司的资产，因为它还没有与设施的现有所有人进行交易，取得对这些设施的控制权。

例题8 我们在例题7的基础上继续延伸。假定泰晤士公司和设施的所有人已经签订了合同，双方都承诺将在1年后交易这套设施。本例中，这种承诺的交换属于**待执行合同**（executory contract），即为了共同的将来利益而交换的承诺，但双方都还没有开始执行。泰晤士公司获得了占有设施未来经济利益的权利，但合同的双方都还

○ 我们稍后再来讨论这台设备在资产负债表上应报告为多少金额，因为这属于资产计量的范畴了。
○ 第10章会更详细地讨论内部研发和外部购买无形资产之间的区别，并介绍美国公认会计原则和国际财务报告准则在这方面的差异。

没有开始履行合同义务——设施的所有人还没有交出设施的控制权，泰晤士公司也还没有就彼此已经达成的购买价款进行支付。除非合同的双方或者一方已经开始执行他们的合同义务了，否则，待执行合同肯定不应当被确认为资产或者负债。

例题9 我们在例题7和例题8的基础上再进行延伸。为购买这套设施，假定泰晤士公司向设施所有人已经支付了1亿欧元，这时，它已经部分履行了合同义务，因此，可以在部分履行范围内确认一项资产。因此在本例中，泰晤士公司可以确认一项被称为"工厂设施定金"的资产，价值为1亿欧元。

4.2.2 资产的计量

资产负债表上的每项资产都报告有一个相对应的货币金额（即资产的计量值）。这些货币金额的计量基础是由权威会计指南所规定的。在本部分中，我们来学习美国公认会计原则和国际财务报告准则所使用的一些计量基础。

取得成本或历史成本 所谓**取得成本**（acquisition cost）或**历史成本**（historical cost），就是在获取一项资产时所支付的价格（或其他支付形式的现金等价金额）。大部分资产都按照取得成本进行初始计量，在买卖合同、发票和已付支票等资料中可以很方便地找到取得成本的计量依据。之所以要按照取得成本对资产进行初始计量，是因为买方相信所购入的资产是能够带来未来经济利益流入的（即增加未来的现金流入或者减少现金流出），且这个流入金额会至少等于资产的购买价格，否则买方就会发生损失，也就不会愿意买入这项资产了。这说明，取得成本实质上就是所交易资产预期未来经济利益大小的最低限。

如果交易对象是一项非金融资产，那么取得成本除了发票价格之外，还包括为了使这项资产达到可使用状态之前而发生的所有支出或者支付义务，比如，运输成本、安装成本、装卸费和经纪人佣金等。下面这个例子就是某设备的取得成本之计算过程：

设备的发票价格	€400 000
减：由于及时付款而获得2%的现金折扣 ⊖	(8 000)
发票价格净额	€392 000
运输成本	13 800
安装成本	27 000
成本合计	€432 800

企业可以通过支付现金或者交换其他有价值的商品来获取资产。比如，一家公司可能用自己的普通股股权去换入一项资产。像这种不通过现金交易而换回的资产，其取得成本应当等于换出资产的公允价值或者换入资产的公允价值，视两者谁更可靠而定。

例题10 回到例题2中去，泰晤士公司用自己的200 000股普通股作为代价，换回了一台新设备。泰晤士公司的股票价格在这笔交易发生时为每股32欧元，因此，在资产负债表上，泰晤士公司应当报告这台设备的价值为640（=200 000股×32/股）万欧元，即所换出股票的公允价值。此外，如果为了使这台设备达到预定可使用状态还发生了其他成本支出的话，这些成本支出也应当加计到设备的取得成本中。

重置成本 所谓资产的**重置成本**（current replacement cost），是指企业在当前要获得与这项资产具有同样服务潜能的另一项资产而必须支付的价格。从定义中可以看出，重置成本是一个能反映计量日各种经济状况的**入手价值**（entry value）。在美国公认会计原则中，当存货的价值（根据畅销程度来判断）下降，已经低于其取得成本时，就需要用重置成本来对存货进行计量。因为存货的采购或者生产是连续的，要获取它的重置成本，只需要参考供应商的产品目录或者价格清单就可以做到，因此相对比较容易取得。⊖

可实现净值 所谓**可实现净值**（net realizable value），是指公司如果在当前的公平交易中将资产出售，所能得到的现金净额（即出售价格减去出售费用之差）。可实现净值是一种**脱手价值**（exit value），它反映的是当这项资产离开公司时，会计主体所能够收到的价值。可实现净值与公允价值很接近或者相像，但两者绝不等同。

⊖ 这里的处理与我国现行准则规定有所不同。在中国，如果因及时付款而获得了采购金折扣（现金折扣），是不能调整所购置资产价格的，需要作为当期财务费用的减少处理。——译者注

⊖ 第9章中对存货的会计核算有更详细的介绍。

公允价值　根据美国公认会计原则和国际财务报告准则的定义，所谓**公允价值**（fair value），是指"在计量日的有序交易中，市场参与人出售一项资产所能够收到的价格，或者转移一项负债而必须付出的代价"。[一] 公允价值与可实现净值的区别在于，采用公允价值计量时，不需要扣除出售费用或者其他交易成本。[二] 公允价值这个概念无论是应用到资产上还是负债上，都属于脱手价值的范畴。

资产的公允价值实质上是一种**机会成本**（opportunity cost），它表示如果企业在当前将这项资产出售，就能收到的价款金额；而企业选择了不出售，因此便失去了得到这个金额的机会。在公允价值概念中，反映出了市场参与人（market participant）的观点。即企业是从市场参与人会如何使用这项资产、而不是企业管理者会如何使用这项资产的角度在看待资产的价值。此外，与取得成本不同，公允价值还反映了当前的经济状况，而取得成本则只考虑企业在最初取得这项资产时的情况。所以，公允价值是可能（而且一定会）发生波动和变化的，而它变化的频率、方向和程度都由市场经济状况的变化来决定。

公允价值也是一个假设的金额（即如果企业能在此时售出这项资产的话，可以得到的价格），因此在应用公允价值对资产进行计量时，并不需要从真实的交易中去获取数据。但是，取得成本却不一样，资产的取得成本通常都可以从实际交易记录中观察得到，比如，资产的购买发票等。不过，虽然公允价值计量不需要以真实发生的交易为基础，但确实存在着有些项目的公允价值会比其他项目的公允价值更容易被观察得到。例如作为企业资产的一些商品或者证券，是在有组织并且活跃的市场中进行交易的，因此企业可以很容易地观察到这些资产的公允价值。但是，对那些不存在活跃交易市场的资产，会计人员就只能对他们的公允价值进行估计。根据权威会计指南的要求，在估计资产的公允价值时，企业应当合理使用计量技术、输入变量和市场参与人可能使用的假设条件。我们在后续的例题中，将介绍当不存在活跃交易市场时，企业可以使用的一种公允价值计量技术。

未来现金净流量的现值　使用恰当的利率对一个或者多个未来现金流量进行贴现所能够得到的金额，就叫作现值。[三] 而**未来现金流量的现值**（present value of future cash flows）则是指与一项资产相关的、各个单笔未来现金流入量或者流出量的现值之和。现值计算本身并不是一种计量属性，而只是一种获得计量属性的方式或者方法。特别地，如果在计算现值时，将贴现利率或者未来现金流入量和流出量这些输入变量取市场参与人所可能使用的数值时，企业就可以利用这种技术来得到公允价值的估计值。某项资产的现值总是低于与这项资产相关的未来现金流入量和流出量之代数和，因为资金或者其他资源的使用总是会关联着某种程度的隐含利息成本。下面这个例题将向我们说明现值计算的一般方法。

例题 11　作为债权人，贵成公司向全球零售商公司提供了价值 100 万美元的贷款，根据双方签订的借款协议，全球零售商公司应当在未来 5 年内的每年年末向贵成公司支付 130 000 美元，然后在第 5 年年末再额外支付 655 000 美元。这样，全球零售商公司将向贵成公司支付的总金额就是 130.5 万（=130 000×5+655 000）美元。这笔贷款的未来现金流入量之现值受贴现利率的影响，如果采用市场参与人在公平的借贷交易中会使用的利率来作为贴现率的话，这样计算得到的现值就是这笔贷款的公允价值。比如，假定这个利率为 7%，那么，这笔贷款的现值（同时也是公允价值），就可以计算如下（假定每笔现金流量都发生在当年年末，计算中以千美元为单位）：

第 1 年：	$130 \div (1.07)^1$	=	$121.50
第 2 年：	$130 \div (1.07)^2$	=	113.55
第 3 年：	$130 \div (1.07)^3$	=	106.12
第 4 年：	$130 \div (1.07)^4$	=	99.18
第 5 年：	$130 \div (1.07)^5$	=	92.69
第 5 年：	$655 \div (1.07)^5$	=	467.01
合计		=	$1 000.05

[一] 美国公认会计原则对公允价值的定义在《美国会计准则汇编》820~10，第 35~2 段中，公允价值计量在资产方面的应用出现在《美国会计准则汇编》820~10 第 35~10 段至第 35~15 段中。而国际财务报告准则的定义则出现在国际会计准则理事会发布的《国际财务报告准则第 13 号——公允价值计量》，2011 版附录 A 中。

[二] 不考虑交易费用的原因是因为它本不属于资产或者负债本身的特性，而是在出售资产或者转移负债的过程时才会发生的费用。因此，交易费用是与交易特性相关，而不是与资产或者负债本身特别相关的。

[三] 本书附录中对贴现技术进行了介绍。

四舍五入后，这些未来现金流量的贴现值之和正好等于100万美元。从企业经营的观点来看，贵成公司之所以愿意借出100万美元给全球零售商公司，是希望能在未来5年中收回100万美元本金的同时还获得每年7%的报酬率。贵成公司期望从全球零售商公司那里收到的未贴现现金流量总额为130.5万（=130 000×5+655 000）美元，其中既包含了本金，也包含了按7%的利率所计算的利息。[○]

在难以获取市场交易价格信息时，我们就可以使用贴现现金流量技术来估计资产的公允价值。首先，企业需要确认与资产相关的未来现金流量的金额。在这个贵成公司提供贷款的例题中，这些现金流量在贷款合同中是规定好的。不过，在实务中，与一项资产相关的未来现金流量会受到很多因素的影响，包括技术创新、竞争者的产品跟进和通货膨胀利率水平等。即使在这个贷款例题中，虽然合同已经规定好了现金流量的分布，但全球零售商公司还是有可能会发生违约（即不能按照合同规定的条件付款）。所以，在估计公允价值时，贵成公司还需要从市场参与人的角度来估计全球零售商公司发生违约的概率。

第二步，企业需要选择恰当的利率来作为贴现率，对未来现金流量进行贴现，计算得到现值。在估计资产的公允价值时，应当站在市场参与人的角度来选择贴现率，将对未来通货膨胀水平的预期和现金流量的不确定性等能反映出当前经济状况的因素都考虑在内。

4.2.3 特定资产的计量方法

同一项资产，在纳税申报、财务报告和应用于内部管理决策时，是可以采用不同的计量标准的。此外，在特定的经营环境下，也需要采用不同的资产计量标准。比如，关于某个仓库的保险条款中，可能会特别规定该仓库的被保险金额以其重置成本为标准。在本教材中，我们重点关注的是在财务报告中使用的计量标准。

美国公认会计原则和国际财务报告准则都对企业在财务报告中可使用的资产计量标准进行了规范。本章稍前部分曾经提到，对大多数资产项目来说，应当以取得成本作为其初始计量基础。但不同资产的后续计量标准是不一样的。我们先讨论资产的主要分类，然后再来看看它们的计量标准。

金融资产（financial assets）主要包括货币资金和对货币资金的要求权，例如应收账款等。现金作为流动性最强的一项金融资产，以库存数量或者银行存款的数量进行报告。而对于应从客户那里收取的款项，则以企业预期能收到的货币资金额进行报告。如果应收账款的期间长于1年，那么根据会计惯例，就需要将预期未来现金流量折现为现值报告在财务报表中，否则就会忽略隐含利息问题。由于企业通常在1~3个月内就会收回绝大多数的应收账款，根据重要性原则，我们在会计处理上就不考虑对这些应收账款进行贴现处理了。[○]

除了货币资金和应收账款以外，很多企业还持有有价证券投资等金融资产，这些证券通常表现为其他企业所发行的债券或者股票。对这类资产，企业一般也按取得成本进行初始计量，但后续计量则会根据投资性质的不同而有所区别。[⊜]

非金融资产（nonfinancial assets）是指企业所拥有的、在经营活动中能创造未来现金流量的有形或者无形的资源。存货、土地、建筑物、机器设备、专利权和许可权等，都是常见的非金融资产形式。对非金融资产，也按取得成本进行初始计量；然后再逐渐调减它们的金额，以反映随着时间的推移企业所消耗的资产经济利益和公允价值的减少。

折旧（depreciation）就是一种调减非金融资产价值的方式。通过折旧，我们将资产的取得成本扣除预计残值后的金额以合理的方式分配到该资产提供未来经济利益的期间（即该资产的使用寿命期间）。所以，折旧将资产的成本在它提供利益的期间内进行分配，其结果就是减少资产的账面价值（carrying value），^四从初始取得成本开始，慢慢降低到该资产的残值水平。折旧的目的是将资产成本在它提供利益的期间内进行分配，而不是追踪其公允价值的变动。

另一种调减非金融资产价值的方式是减值（impairment），它发生于一项资产的公允价值低于其账面价值时。美国公认会计原则和国际财务报告准则都要求企业要对资产进行减值测试，并对减值损失的计量进行了特别的规定。^⑤

○ 我们将在第11章中更全面系统地讨论公允价值计量问题，不过，估计公允价值的其他计量技术和方法不在本教材的讨论范围之内。
○ 在第1章中，我们已经介绍过重要性原则。
⊜ 我们将在第14章中再具体讨论有价证券投资问题。
四 所谓资产的账面价值，就是这个资产项目在资产负债表中所列报的金额。
⑤ 我们在第16章中对这些规定再进行详细的讨论。

4.3 与资产计量相关的三个惯例

资产价值的计量与三个会计惯例紧密相关，它们是：持续经营、相关性与可靠性以及谨慎性。

4.3.1 持续经营

在会计处理时，我们假定企业会按照它当前的计划一直持续经营下去。一家**持续经营**（going concern）的企业会通过对资产的使用或者出售来实现其公允价值的变动。在这里，**实现**（realized）的意思是转换为现金。从会计核算的角度来看，如果某一项目被报告到了资产负债表上，我们就说这个项目被**确认**（recognized）了。㊀对绝大多数资产来说，美国公认会计原则和国际财务报告准则所要求的确认标准是这样的：

- 价值减少。当一项资产的价值减少发生在它被实现（即被转换为较低金额的现金流量）以前时，企业会以资产减值的方式来确认资产价值的减少。因此，企业常常会确认未实现的损失。
- 价值增加。对于大多数非金融资产由于公允价值上涨而导致的未实现收益，美国公认会计原则是不允许企业确认在报表中的，除非企业将增值的资产真正地卖掉了。而国际财务报告准则允许、但并不要求企业确认非金融资产因为公允价值上涨而带来的未实现收益。也就是说，国际财务报告准则允许企业按照高于账面价值的公允价值对某些非金融资产进行价值重估（revalue）。㊁

4.3.2 相关性与可靠性

回想资产确认的第3个条件：未来经济利益需要具有相关的计量基础，使企业能够可靠地予以计量。㊂在这里，**相关性**（relevance）是指信息能对财务报告使用者的决策产生影响，相关的财务会计信息应能帮助使用者形成预测或者更正他们的预期。在保障可靠性的前提下，准则制定者应在历史成本、公允价值和市场价值等资产计量属性中选择最具有相关性的属性作为计量标准。

可靠性（reliability）是指所报告的信息应当能够合理地保证不出现偏误，如实反映它所要反映的内容。在准则制定者看来，取得成本就是一个可靠的信息，因为它如实地反映了企业在获取一项资产时所付出的经济代价。可靠性还意味着所报告的金额是经得起验证的。比如，取得成本是可靠的，因为如果让不同的会计师来核算的话，他们都能以合同或者发票资料为参考，得到同样的金额作为取得成本。再比如，如果参考活跃市场中所交易的资产价格，那么公允价值计量也是可靠的。但是，由于很多资产并不存在活跃的交易市场，所以一些会计人员会认为取得成本的可靠程度是高于公允价值的。

4.3.3 谨慎性

谨慎性（conservatism）也称稳健性，曾经被认为是一种有倾向的财务报告态度，它要求"在对净利润和净资产的计量中，只能向下低估，绝不能向上高估"。㊃正是由于会计谨慎性的要求，我们在实务中对某些资产会采用取得成本与公允价值孰低来进行计量。㊄从会计的观点来看，资产负债表中所报告某项资产的账面价值是不应当超过企业预期能从使用或者出售这项资产的过程中能得到的货币金额的，因此，会计上会要求对资产进行减值测试并确认减值损失。用取得成本计量再配合减值测试，能使资产在资产负债表中的价值具有谨慎性（即可能以更低值进行报告）。

这三个惯例在实务中已被广泛接受，但这并不能证明这样做的正确性。有些企业的经理认为，取得成本计量比公允价值计量更好，因为后者常常会带来报告利润的波动性增加。公允价值计量所增加的利润波动性反映了经

㊀ 与确认标准的重要程度一样，区别确认与实现这两个概念对于正确理解权责发生制会计也是很关键的。只要某个项目符合被报告到财务报表中的条件，就可以被确认在财务报表中，与这个项目是否已通过转换为现金的方式实现与否是无关的。
㊁ 我们在第10章中将讨论这些情况。
㊂ 相关性和如实反映分别在财务会计准则委员会发布的《财务会计概念公告第8号》（2010版）第3章"会计信息的质量特征"第QC6~QC10段和QC12~QC16段中有所讨论。
㊃ 出自美国会计原则委员会第4号公告第171段。美国财务会计准则委员会发布的《财务会计概念公告第2号：会计信息的质量特征》（1980年版）对此也有讨论。不过后者已被2010年版的《财务会计概念公告第8号》所取代。以后你将会学习到，实际上，没有任何会计方法能够保证在所有期间里都报告较低的利润。越是谨慎的会计方法，在前期报告的会计利润越低，但在后期报告的会计利润就会越高。
㊄ 前面我们曾经提到，当资产的公允价值高于其账面价值时，国际财务报告准则允许、但不要求企业对这些资产按公允价值进行计量，而美国公认会计原则是不同意这种做法的。从这个意义上来讲，国际财务报告准则不如美国公认会计原则谨慎。

济环境中所实际发生的变化。美国公认会计原则和国际财务报告准则对绝大部分资产都特别规定了它们的计量基础，如果有出现管理层可以选择计量基础的情形，我们也会特别提请大家注意的。

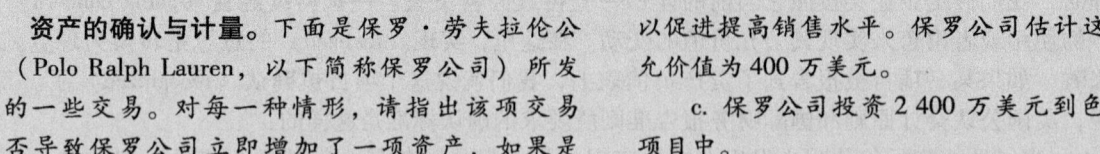

自习问题4.1

资产的确认与计量。 下面是保罗·劳夫拉伦公司（Polo Ralph Lauren，以下简称保罗公司）所发生的一些交易。对每一种情形，请指出该项交易是否导致保罗公司立即增加了一项资产，如果是的话，请指出相关会计账户的名称和对应的金额。

a. 保罗公司花1 600万美元为一种新型香水做广告宣传，以期能吸引新的客户。

b. 保罗公司与诺德斯特姆百货公司签订合同，以销售它的秋季服饰。在合同中，保罗公司承诺将配送一些牛仔装专款给诺德斯特姆百货公司，而诺德斯特姆百货公司也承诺将陈列和推广这些牛仔装，以促进提高销售水平。保罗公司估计这份合同的公允价值为400万美元。

c. 保罗公司投资2 400万美元到色彩经营研发项目中。

d. 保罗公司投入80万美元到学费资助项目中，以鼓励它的中层管理人员攻读MBA学位。从过去的数据来看，有80%受此资助的管理人员能最终取得学位，并在公司继续持续工作5年及以上。

e. 保罗公司在西雅图附近购入了一个仓库，并为此承担了7 500万美元的抵押贷款。在保罗公司付清全部抵押借款以前，仓库的法定所有权归银行所有（即抵押贷款的出借方）。

4.4 负债的确认与计量

4.4.1 负债的定义与确认条件

当企业收到了商品或者服务，并向对方承诺将在未来某个恰当的时候支付某个特定的金额时，就会有负债产生。[一]所有的会计负债都是一种义务，但并不是所有的义务都属于负债。某一项目要成为资产负债表中的一项负债，必须要同时符合（1）负债的定义，和（2）负债的确认条件：

- **负债的定义**　负债是由过去的交易或者事项所引起的、将在未来向其他主体转移资产或者提供服务的现时义务，负债很可能会导致未来经济利益的流出。
- **负债的确认条件**　负债的确认条件包括：
  1. 负债是一种现时义务，将来的承诺或者意图并不能构成负债。
  2. 负债是由过去的交易或者交换所带来的，这种导致负债产生的事件被称为责任事件（obligating event）。
  3. 负债很可能[二]会导致未来经济资源的流出，且企业对此难以采取主动的避免措施。
  4. 负债应当具有相应的计量基础，使企业能够可靠地予以计量。

为帮助大家更好地理解负债的确认条件，我们来看几个例题。在这些例题中，有些交易导致了负债的产生，但有些交易却还不足以确认负债。

例题12　贵成公司从索尼公司购入商品存货，答应将在30天内向索尼公司付款180 000美元。本例中，这笔付款义务将作为一项负债出现在贵成公司的资产负债表上，因为贵成公司收到了商品，必须在未来某个恰当的时间（即30天内）向索尼公司支付特定的金额，即这里的180 000美元。又由于贵成公司承诺将在1年内支付这笔款项，所以它是一项流动负债（应付账款）。

例题13　贵成公司通过发行长期债券筹集了5 000万美元，根据债券合约规定，贵成公司将在未来每年的2

[一] 在美国公认会计原则中，负债的定义出自财务会计准则委员会发布的《财务会计概念公告第6号：财务报表要素》（1985年版）第35段，而负债的确认条件则出自《财务会计概念公告第5号：企业财务报告的确认与计量》（1984年版）第63~65段。在国际财务报告准则中，对负债的定义出自国际会计准则理事会发布的《财务报表的编制和列报框架》（1989年）第60~64段。在本教材的专业术语中，对美国公认会计原则和国际财务报告准则的负债定义都有介绍。

[二] 与资产的定义相类似，在负债的定义中，也使用了很可能（probable）这个词，表示根据现有的可获取证据，可以合理地预期到某个事件的发生。

月 27 日向债券持有人支付借款额的 10% 作为他们的投资收益，此外，还必须在 20 年后偿还借款本金 5 000 万美元。本例中，这 5 000 万美元的支付义务属于一项负债，因为贵成公司收到了现金，且在将来必须偿还这笔借款。从现在起直到第 19 年，贵成公司都应将这笔借款报告为资产负债表中的一项长期债务（报告在"长期负债"栏目中）；但在第 19 年年末，贵成公司应将这笔借款重新分类为一项流动负债（报告在"一年内到期的长期负债"项目中）。与本金的确认不同的是，每年 10% 的利息是随着时间的推移逐渐变成负债的。在每年年末，贵成公司都应当记录 500 万（= 5 000 万 × 10%）美元的应付利息作为一项流动负债。在这里，责任事件体现为时间的推移。

例题 14 泰晤士公司收到一位客户交来的 6 000 万欧元，作为客户订购空中导航系统的预付款，泰晤士公司预计能在下一年度中将这套系统完成并交付给客户。本例中，预收的现金 6 000 万欧元构成了泰晤士公司的一项负债，责任事件为泰晤士公司收到了货币资金。该责任事件导致泰晤士公司承担了在下一年度交付空中导航系统给客户的义务，否则，它就必须将预收款项退还给客户。㊀由于这项支付义务预计会在 12 个月内通过提交导航系统给客户来完成，所以泰晤士公司应将这 6 000 万欧元确认为一项流动负债报告在资产负债表的"预收账款"项目中。㊁

例题 15 泰晤士公司与自己的工会签订了一项协议，承诺会增加工资 6% 和提高医疗福利。在本例中，尽管这项协议催生了一项义务，但由于责任事件还没有发生，所以并没有立即产生负债。需要等到雇员已经提供了劳动服务，并要求泰晤士公司支付薪酬和提供医疗福利时，才能视作责任事件的发生。所以，泰晤士公司要随着雇员的工作进度在资产负债表上逐步地确认负债。

例题 15 中的协议是一种**共同未执行合同**（mutually unexecuted contract），也称为**待执行合同**（executory contract），因为合同的双方（泰晤士公司和公司工会）都还没有开始执行合同。一般情况下，企业不应当将待执行合同中所规定的义务确认为一项会计负债，当然，如同我们在例题 8 中所讲过的那样，也不能根据待执行合同中所规定的利益来确认资产。㊂

例题 16 泰晤士公司为它建造和销售的通信系统提供了为期 5 年的质量保证。本例中，根据质量保证规定，对于所出售的通信系统，泰晤士公司承诺将提供维修服务，这种承诺即构成了一项义务。即使在泰晤士公司开出的通信系统销售发票中并没有明确列出，但实际上，在商品销售价格中已经包含了对未来质量保证服务的收费。在销售达成的时候，泰晤士公司就得到了利益流入（从客户那里收到了货币资金，或者收取货币资金的权利），但它显然还没有完成应当在质量保证期间完成的义务，这些义务需要在未来 5 年的质保期间内去完成。根据过去的经验，泰晤士公司可以估计一下会根据质保条款向公司提出质保服务的客户比例，以及提供这些质保服务的预期成本。然后以这些估计值为基础来计量质量保证负债。㊃

例题 17 一位客户起诉泰晤士公司，声称由于公司销售的安防系统存在缺陷，导致其发生了 1 000 万欧元的损失。目前，由于案件还没有审结，因此，泰晤士公司还没有接到任何法庭判决。在本例中，除非企业判断自己很可能会输掉官司，而且对损失的预计满足其他几个条件，否则，是不应当将未审结的诉讼确认为一项负债的。如果企业判断最终损失不是很可能发生，或者虽然很可能会发生损失，但却无法合理地预计损失的规模，这时就不应当确认负债。换句话说，除非泰晤士公司很可能会承当赔偿损失，并且能够合理地估计出赔偿的金额，否则，它就不应当记录与这项诉讼相关的负债。在这种情况下，泰晤士公司只应当在财务报表附注中披露这项法律诉讼（如果这项诉讼比较重大的话）以及未来会发生赔偿损失的可能性。

例题 16 中的保证承诺是一种支付时间不确定或者支付金额不确定，或者两者兼而有之的负债。在资产和负债的确认条件中，"很可能"作为条件之一，当涉及支付金额不确定、支付时间不确定或者两者兼而有之的负债判断时，是具有不同意义的。根据国际财务报告准则，在确认此类负债时，"很可能"的意思是指发生的可能性要大于 50%。将这个判断标准应用于例题 16，泰晤士公司就需要判断客户要求质量保障服务的概率是否会超过

㊀ 在有些预收款交易中，制造商是没有退还现金的选择权的。如果它不能按期提供承诺的商品，就必须承担法庭所判定的赔偿要求，赔偿金额通常根据客户由于得不到预定的商品而遭受的损失程度来决定。
㊁ 在第 8 章中，我们会对这个项目进行更详细的介绍。
㊂ 我们在第 12 章中会更详细地讨论这些合同安排的会计处理问题。
㊃ 在第 9 章中，对产品质量保证负债有专门讨论。

50%，如果会的话，那么它就应当确认一项产品质量保证负债。而美国公认会计原则并没有为"很可能"设定一个精确的概率判断标准，在实务中，大家普遍把"很可能"理解为接近80%的概率。这即是说，如果一项负债的金额不确定或者发生时间不确定，或者两者均不确定，那么，它的发生概率至少要不低于80%，我们才能将它确认在财务报表上。对这类负债的计量要求，美国公认会计原则和国际财务报告准则的规定是类似的（但并不绝对相同），均提出应按照最可能发生的金额来计量这类负债。⊖

对于例题17中的法律诉讼，无论是依照美国公认会计原则还是国际财务报告准则，都不应当确认负债。对这类潜在的支付义务，如果企业判断它的影响重大，则应当在财务报表附注中进行披露。在这个例子中，企业并不认为由诉讼可能带来的支付义务是很可能发生的，也不能合理地预计可能的赔偿金额。

像例题16和例题17中列举的这些情形实际是非常普遍的。比如，大多数企业对所销售的产品都或多或少会提供质量保证（例题16）。对例题17中的诉讼事项，在会计上通常只进行披露而不予以确认，因为它们还不符合负债的会计确认标准。再举个例子，贵成公司在资产负债表上报告了一个项目叫作"承诺与或有事项"，相关信息在该公司报表附注13中有提供。在泰晤士公司的资产负债表（表1-5）中，也有一个项目叫作"预提或有准备"，相关信息在该公司报告附注22中进行了解释。

4.4.2 负债的确认小结

例题12~例题17向我们介绍了在不同的金额与发生时间不确定程度下，各种负债的确认与计量情况。在图4-1中，我们将负债按照它们的特征分成了六种类型。该图和上面这些例题都表明，不同负债的不确定程度变化是非常大的。在有些情况下，如果一项不确定义务的发生达不到某个概率标准，根据会计准则指南的要求，则不应当将其确认为一项负债。

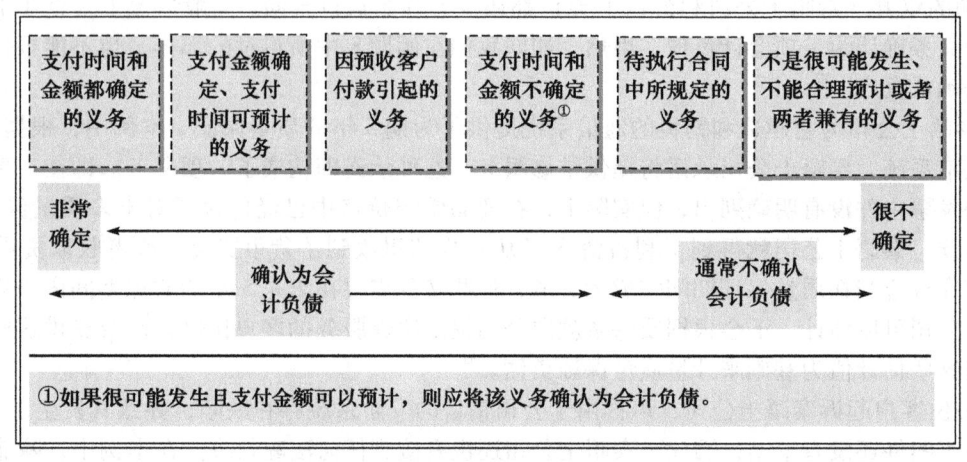

图4-1 按不确定性程度对负债进行分类

资料来源：© Cengage Learning 2014.

4.4.3 负债的计量

很多负债都是金融负债，需要用货币资金或者其他资产去进行了结。对那些将于1年或者更短期间内到期的负债，企业应当按照到期需要偿还的金额来计量。如果负债的偿还日在1年以上（比如，例题13中贵成公司所发行的债券），则企业应当将它报告在资产负债表的长期负债类别下，按未来现金流出额的现值进行计量。⊖

除了支付现金之外，需要用商品的配送或者是服务的提供来了结的负债属于非金融负债。比如，在例题16中，泰晤士公司承诺提供系统维修服务这样的质量保证责任，就属于非金融负债。例题14中的预收货币资金也

⊖ 根据美国公认会计原则，如果未来的可能支出存在一个范围，且在这个范围内，各种结果发生的可能性相同，则企业应按该范围内的最低值来确认这项负债。但根据国际财务报告准则，如果公司的未来支出金额涉及多种可能性，比如产品质量保证安排，则应当按照最佳估计数来确认负债。

⊖ 在第11章中，我们会对负债的计量进行专门的讨论。

属于非金融负债，因为泰晤士公司预期会通过提供导航系统来完成它的义务。此外，顾客已经购买但还没有使用的礼品卡、期刊出版商收到的杂志订购费用、影院或者球队预售的表演或者比赛门票、出租人预收的未来租金和航空公司卖出的预售机票等，都属于非金融负债。核算这类负债可能用到的会计账户名称包括"预收账款""递延收入""预收收入"和"递延收益"等。⊖

自习问题 4.2

负债的确认与计量。 下面是保罗·劳夫拉伦公司（Polo Ralph Lauren，以下简称保罗公司）所发生的一些交易。对以下每一种情形，请指出该交易是否立即导致了负债的产生，如果是的话，请指出相应的账户名称和保罗公司应确认的负债金额。

a. 保罗公司在精品店里出售每张面值 100 美元的礼品卡，假定这些礼品卡从发行日开始计算，在 3 年内有效。

b. 参考自习问题 4.1 的情形 a，保罗公司从服务提供商那里收到了一张 1 600 万美元的广告服务发票，这是一家专注于电视广告服务的供应商。

c. 根据律师的通知，保罗公司成为一场诉讼中的被告。原告宣称，由于保罗公司不合法地使用了原告的时尚设计，导致原告至少损失了 1 200 万美元的利润。保罗公司的律师认为法庭很可能会判保罗公司承担责任。根据保罗公司管理层的估计，赔偿损失范围将在 200 万美元到 1 000 万美元之间，并且各种结果出现的概率相等。

d. 由于员工长达两周的罢工，导致保罗公司的一家服饰工厂被关闭。此次事件使保罗公司无法正常配送价值 2 000 万美元的商品，而与这些商品的相对应货款早由保罗公司预收。

4.5 股东权益的计量与披露

股东权益（shareholders' equity）是一种剩余的利益或者要求权。即企业的所有者（股东）只有在满足了债权人的利益要求之后才对企业的资产拥有要求权。⊜因此，股东权益的计量完全受资产负债表中资产和负债这两个要素计量要求的影响。通过会计核算程序，也可以独立地计算出企业股东权益的金额。

很多国家和地区的公司法都要求企业将股东权益区分为所有者投入的金额和企业通过经营积累且还没有分派给股东的部分。企业所报告的收到股东投入金额，等于它在发行股份时收到的股东初始认购金额。很多企业会更进一步地将收到的股东投入再区分为股份的**面值**（par）（或者称为**名义金额**（nominal）或**设定金额**（stated value））和收到超过面值的部分，即**超额缴入股本**（additional paid-in capital，APIC）或**股本溢价**（share premium），（也称**超面值认购资本**，capital contributed in excess of par value）。⊜在本教材中，常用股本溢价来称呼这个账户。企业可以自行决定所发行股票的面值，但一般情况下，公司股份的面值都比较小，通常为每股 1 美元或者更低的金额，而且很少会等于企业在出售该股票时能实际收到的金额。在公司初次发行股票时，它所收到的发行所得就等于这些股票的面值与股东愿意支付的股本溢价之和，我们把这个总金额称为**投入资本总额**（contributed capital）或者**实收资本总额**（paid-in capital）。

举例来说，根据贵成公司的报告，它的普通股面值为 4 200 万美元，股本溢价为 44 100 万美元。所以，贵成公司收到的股东投入资本总额就是 4 200 万美元与 44 100 万美元之和，即 48 300 万美元。

在公司股份发行之后，后续再发生的在投资者之间的普通股份转让（比如股票市场中的交易）对发行股票公司的股东权益金额不会产生影响，因为发行公司本身并没有参与到这些股份转让的交易中去。因此，在股价上涨的市场中，公司资产负债表所报告的股东投入资本总额往往会低于当时的普通股市场价值。资产负债表中所报告

⊖ 虽然这些账户名称在实务中非常普遍，但本书中并没有采用到全部的这些名称。账户名称中出现的"收入"这个字眼可能会让读者误以为企业在利润表中确认了项目，但实际上并不是这样的。

⊜ 出自美国财务会计准则委员会发布的《财务会计概念公告第 6 号：财务报表的要素》（1985 年）第 49 段。

⊜ 面值与股本溢价之间的区别在法律上影响很大，但在经济上并不具有实质影响。因此，有些企业也将这两个部分合在一个账户中进行核算，账户名称通常为"普通股"，同时核算股份的面值和股本溢价。

的股东权益金额不会、本身也不是普通股权益市场价值的计量指标。不过，如果想要了解一家上市公司的市场价值，可以通过查找这家公司最近的股票交易价格（在很多在线服务中都能查到），再乘以公司资产负债表中所报告的发行在外普通股流通数量，就可以方便地得到。

留存收益（retained earnings）属于企业净资产的一部分，它来源于企业通过经营获取的盈利。每一期的盈利在扣除了发放给股东的股利之后，留存在企业中的这部分便是留存收益。每一期的未分配利润都在留存收益账户中进行累积。如果企业的累积经营成果表现为亏损而不是盈利，那么这个账户一般就称为"**累计亏损**（accumulated deficit）"，而不再使用"留存收益"这个账户名称。

留存收益是企业融资来源的渠道之一，它不一定与货币资金或者某种特定形式的资产相对应。与负债或者投入资本相比较，留存收益在实务中一般被称为内部融资来源（internal financing），而负债和投入资本则被称为外部融资来源（external financing）。

例题18 霍斯金斯有限责任公司（Hoskins Limited）在2011年1月1日登记成立。该公司在初次公开募集股份中发行了15 000股每股面值0.10欧元的普通股，发行价格为每股10欧元。2011年，霍斯金斯公司实现了净利润30 000欧元，支付股利10 000欧元。这样，到2011年12月31日，霍斯金斯公司资产负债表中的股东权益部分就应当报告如下：

普通股（每股面值0.10欧元，已发行15 000股）	€1 500
股本溢价	148 500
留存收益	20 000
股东权益合计	€170 000

上述报告中，1 500欧元的股本面值等于普通股的每股面值与所发行股票数量之乘积，即0.10欧元/股×15 000股。而股本溢价148 500欧元等于股票发行所得150 000（=15 000股×10欧元/股）欧元减去这些股票的面值合计1 500欧元之后所能得到的差额。留存收益20 000欧元受两个因素的共同影响，一是霍斯金斯公司通过第1年的经营赚得了利润30 000欧元，二是公司发放了股利10 000欧元，两者之差即为留存收益在当期的增加额20 000欧元。

例题19 在例题18的基础上，假定现在是2012年12月31日。霍斯金斯公司在2012年中又发行了5 000股普通股，发行价格为每股12欧元；实现净利润5 000欧元；支付股利10 000欧元。那么，霍斯金斯公司在2012年12月31日的资产负债表中应当报告股东权益信息如下：

普通股（每股面值0.10欧元，已发行20 000股）	€2 000
股本溢价	208 000
留存收益	15 000
股东权益合计	€225 000

其中，普通股面值合计2 000欧元等于每股面值与股票发行总数之乘积，即0.10欧元/股×20 000股，因为2011年已经发行了15 000股普通股，2012年又发行了5 000股普通股，合计一共是20 000股。股本溢价的总额为208 000欧元，是2011年的股本溢价148 500欧元与2012年新发行5 000股普通股的股本溢价55 000（=12/股×5 000股－面值500，即60 000－500）欧元之和。霍斯金斯公司的股票价格从2011年的每股10美元上涨为了2012年的每股12美元，但对2011年所发行的15 000股普通股在公司资产负债表中的价值不会产生任何影响，因为公司所收到的投入资本总额（即面值与股本溢价之和）并没有发生变化，所以股价的波动不会影响投入资本在资产负债表中的计量。资产负债表中所报告的金额只反映这些股票在最初发行时的价格水平。⊖

霍斯金斯公司在2012年年末的留存收益水平为15 000欧元，是公司截至2012年所实现的累计未分配利润金额，具体说来，等于2012年年初的留存收益20 000欧元加上2012年所实现盈利5 000欧元，再减去2012年发放的股利10 000欧元。由于股利会导致留存收益（不是本期收益）的减少，所以企业可以宣告并支付高于当年盈利水平的股利。即使它在某一年中发生了亏损，只要留存收益还是正数，也是可以发放股利的。

⊖ 在第15章中，对能够影响股本溢价的更复杂交易情形进行了讨论。

本章小结

资产负债表列报三类项目：资产、负债和股东权益。这三类项目描绘了企业在某一特定时刻的财务状况。广义地讲，资产表示能为企业带来未来经济利益流入的、能运用到企业经营中去的经济资源；负债和股东权益则表示企业用以获取资源的资金是从哪里来的，代表着这些资金的提供者对企业资源的要求权。以下两条是编制资产负债表的关键因素：

1. 判断某一项目是否符合资产或负债的定义和确认条件，如果符合的话，则考虑如何对该项目进行计量。

2. 如果企业确认了一项资产，则表示这是由过去的交易或者交换所引起的、由企业所控制的经济资源，该资源能为企业带来未来经济利益流入，且企业能够对它进行可靠的计量。如果企业将某义务确认为负债，则表示该义务是由过去的交易或者事项所引起的、会引起未来经济利益流出且企业难以避免的义务，企业能够对该支付进行可靠的计量。股东权益报告的金额包括两个部分，即股东的投入和企业在经营过程中所累积留存下来的净资产，这两个部分通常被称为投入资本和留存收益。在金额上，股东权益等于企业的总资产减去总负债之差额。

绝大多数资产和负债的定义与确认条件（尤其是本教材中所讨论的那些项目）在美国公认会计原则和国际财务报告准则中是一致的。一旦某个项目符合了相应的确认条件，企业就必须对该项目应当在资产负债表中所报告的金额进行计量。不同项目的计量方法是存在差别的，美国公认会计原则和国际财务报告准则对每类资产和负债的计量要求都做了特别规定。一般情况下，企业会以现金等价额来计量金融资产，而对非金融资产则按取得成本进行计量，再调减其损耗或者减值。

自习问题解答

自习问题4.1 解答参考

（保罗·劳夫拉伦公司；资产的确认与计量）

a. 保罗公司不应当确认资产。由于广告支出所能带来的未来经济利益存在不确定性，这些利益的金额大小也难以计量。因此，美国公认会计原则和国际财务报告准则都不允许公司将广告支出资本化为资产进行报告（某些直复营销成本⊖除外）。

b. 保罗公司不应当确认资产。美国公认会计原则和国际财务报告准则都不允许企业将互相的承诺记录为一项资产。

c. 由于研究支出所可能带来的未来经济利益存在较大的不确定性，计量也存在问题，因此，美国公认会计原则和国际财务报告准则都不允许企业将研究支出记录为一项资产。这个会计问题在第10章中有更详细的介绍。

d. 如 a 部分所述，由于未来经济利益的不确定性程度较高，计量困难，因此保罗公司不能确认资产。

e. 保罗公司应当确认一项资产，记录"土地与建筑物"的增加，金额为 7 500 万美元。保罗公司应将购买价格在土地和建筑物之间进行分配，因为建筑物需要计算折旧，而土地不需要折旧。保罗公司可以对土地和该建筑物进行单独估价，然后以此估值为基础来进行价格分配。所有权的法律归属不是资产确认的必要条件，保罗公司已经取得了使用土地和建筑物的权利，只要它能够按要求偿还抵押贷款，它就可以一直使用这些资产。

自习问题4.2 解答参考

（保罗·劳夫拉伦公司；负债的确认与计量）

a. 保罗公司应当确认一项负债，记录到"预收账款"账户中，以出售礼品卡所实际收到的金额进行计量。

b. 保罗公司应当确认一项负债，记录到"应付账款"账户中，按1 600万美元计量。

c. 根据美国公认会计原则，保罗公司应当确认一项负债，按估计赔偿范围的下限进行计量。

d. 在收到客户付款时，保罗公司记录了一项负债"预收账款"，金额为2 000万美元。由于公司已将预收款确认为了负债，假定客户也愿意等待公司的延迟交货，所以公司不用再确认其他负债了。

⊖ 直复营销（direct-response marketing）成本主要由广告费用组成，包括公司产品或者服务的优惠券等。美国公认会计原则认为，企业能够比较可靠地计量这些成本所带来的未来经济利益流入，因此应当将这些成本确认为资产报告在资产负债表上，然后在预计未来利益的流入期间对这些资产进行摊销。如果是优惠券的话，则按3个月的服务期摊销。（美国注册会计师协会，会计准则执行委员会，第937号立场公告《广告费用的报告》(1994年)。

关键术语与概念

资产负债表恒等式（balance sheet equation）
融资结构（financing structure）
营业周期（operating cycle）
流动资产（current assets）
非流动资产（noncurrent assests）
流动负债（current liabilities）
长期负债（noncurrent liabilities）
资产的定义（asset definition）
资产的确认条件（asset recognition）
待执行合同（executory contract）
取得成本/历史成本（acquisition (historical) cost）
重置成本（current replacement cost）
入手价值/入账价值（entry value）
可实现净值（net realizable value）
脱手价值（exit value）
公允价值（fair value）
机会成本（opportunity cost）
未来现金流量的现值（present value of future cash flows）
金融资产（financial assets）

非金融资产（nonfinancial assets）
持续经营（going concern）
已实现（realized）
已确认（recognized）
相关性（relevance）
可靠性（reliability）
稳健性/谨慎性（conservatism）
负债的定义（liability definition）
负债的确认条件（liability recognition）
共同未执行合同，待执行合同（mutually unexecuted contract, executory contract）
股东权益（shareholders' equity）
面值/名义价值/设定价值（par, nominal, stated value）
超额缴入股本/股本溢价/超面值缴入（additional paid-in capital (APIC), share premium, capital contributed in excess of par value）
投入资本/缴入资本（contributed capital, paid-in capital）
留存收益（retained earnings）
累计亏损（accumulated deficit）

思考题、练习题和解决问题

思考题

1. 复习关键术语与概念中所列术语和概念的含义。
2. 会计谨慎性惯例对哪一类信息使用者可能是不利的？
3. 资产和负债的确认条件之一都是"由过去的交易或者事项所引起的"，你知道为什么要这样要求么？
4. 请问我们根据什么会计标准来判断某一项目是否应被包含到存货、设备、建筑物以及其他类似资产的取得成本中？为什么要采用这样的判断标准？
5. 在会计上，我们一般不会根据待执行合同来确认资产或者负债。请问这样做的理由是什么？
6. 如果在购买商品或者设备时享受了现金折扣，则在会计上可以将折扣金额调减所购资产的取得成本⊖。请问这样做的理由是什么？
7. 有一群投资者投资了一栋办公楼，没做任何装修就把它出租给了承租人。这栋办公楼是在5年前从一家建筑公司那里买得的，当时预计这栋建筑物还可以使用40年。请指出在以下每种计量方法下，怎样才能得到这栋办公楼的计量价值？
    a. 取得成本
    b. 调整后的取得成本（需调减已消耗的办公楼服务）
    c. 重置成本
    d. 可实现净值
    e. 公允价值
8. 一家企业的某些资产与另一家企业的负债总是相互关联的。比如，卖方企业资产负债表上所报告的应收账款，在买方企业的资产负债表上就是一项应付账款。请指出以下这些项目是属于资产还是负债，并给出在交易另一方的资产负债表上，这些项目所对应的会计账户名称。
    a. 预收账款   b. 应付债券
    c. 应收利息   d. 预付保险费
    e. 预收租金
9. 请指出以下这些项目是否已经满足了负债确认的全部条件？如果是的话，企业应当如何计量这些项目？
    a. 应付票据所滋生的应计利息。
    b. 收到客户交来的预付商品或者服务款，对应的商品或者服务将稍后提供。
    c. 经过客户确认的商品或者服务订单，对应的商品或者服务还没有配送。

⊖ 请注意这样的做法与中国目前的实务是不一致的，对现金折扣，中国目前的做法是调减当期财务费用处理。——译者注

d. 产品质量保证承诺。
e. 如果在诉讼中败诉，公司必须赔偿的损失金额。
f. 公司签订合同，承诺将在未来10年内每年采购的一定数量天然气。
g. 航空公司承诺，如果乘客按正常价格飞行的里程数累积达到某个标准，将可以换取的免费飞行里程。

10. 在以下几种独立的情形中，公司应确认的负债金额为多少？
    a. 公司被人起诉，估计败诉的可能性为90%。一旦败诉，公司很可能会要遭受价值100 000美元的损失。
    b. 一家麦片公司发放了一些可以用来换取早餐麦片的优惠券，发放量一共为100万张，公司向零售商承诺将按每张优惠券1美元的价格与零售商之间进行结算。公司预计，这些优惠券被使用的概率大约为9%。

11. 在资产和负债的定义以及不确定条件下负债的确认条件中，都出现了"很可能"这个词，请问：
    a. 在资产和负债的定义中，"很可能"的意思是什么？
    b. 根据美国公认会计原则和国际财务报告准则，当未来支付义务的金额和/或发生时间存在不确定时，负债确认条件中的"很可能"应当如何来判断？

练习题

12. **资产负债表的格式**。阿瑞塞尔公司（Aracel）是一家位于巴西的纸浆制造商，它采用美国公认会计原则编制会计报表，编报单位为千美元。以下是该公司在第6年的部分信息（摘录并改编自巴西阿拉卡儒纤维公司（Aractuz Celulose）的财务报表）：

存货	$202 704
其他流动资产	132 782
其他长期负债	350 761
不动产、厂场与设备，净值	2 151 212
留存收益	1 293 301
货币资金与短期投资	579 643
商誉	192 035
普通股（无面值）	295 501
优先股	614 496
其他非流动资产	451 757
短期负债	286 819
长期负债	1 155 050
应收账款	285 795

要求：
a. 按照美国公认会计原则的要求，为阿瑞塞尔公司编制第6年年末的资产负债表。
b. 假定阿瑞塞尔公司按照国际财务报告准则编制财务报表，请编制该公司第6年年末的资产负债表。

13. **资产负债表的格式**。美味食品集团（Delicious Foods Group）是一家比利时的食品经销商，以下信息出自该公司第7个财务年度末的资产负债表。美味食品集团按照国际财务报告准则编制会计报表，编报单位为百万欧元。要求：按照美国公认会计原则下公司编报的常用格式，为美味食品集团编制一份资产负债表。（信息摘录并改编自德尔海兹集团（Delhaize Group）的财务报表）

资产	
商誉	€2 445.7
无形资产	552.1
不动产、厂场与设备	3 383.1
其他非流动资产	244.0
	€6 624.9
存货	€1 262.0
应收款	564.6
其他流动资产	121.5
现金及现金等价物	248.9
	€2 197.0
资产总计	€8 821.9
负债与权益合计	
股本	€50.1
股本溢价	2 698.9
留存收益	2 355.3
其他准备与调整	(1 428.3)
股东权益合计	€3 676.0
长期债务	€1 911.7
融资租赁支付义务	595.9
准备金	207.2
其他长期负债	210.4
长期负债合计	€2 925.2
短期借款	€41.5
一年内到期的长期负债	108.9
一年内到期的融资租赁支付义务	39.0
预提费用	41.8
应交所得税	58.7
应付账款	1 435.8
应计费用	375.7
其他流动负债	119.3
流动负债合计	€2 220.7
负债合计	€5 145.9
负债与股东权益总计	€8 821.9

14. **财务报表项目分类**。以下是一些常用的资产负债表或利润表项目分类：

CA——流动资产；NA——非流动资产
CL——流动负债；NL——长期负债
CC——投入资本；RE——留存收益
NI——利润表项目（收入或费用）
X——通常不出现在资产负债表或利润表中的项目

要求：应用以上缩写字母，指出以下项目如果按照美国公认会计原则和国际财务报告准则的规定，应分别归属于哪一类别？如果按照美国公认会计原则和国际财务报告准则所进行的分类有所不同，请指出区别在哪里。

a. 制造工厂
b. 利息收入
c. 公司回购的库存股
d. 研究与开发支出
e. 销售人员所使用的汽车
f. 库存现金
g. 向供应商承诺下一会计期间将采购的存货
h. 销售人员赚得的佣金
i. 物料存货
j. 三个月内到期的应付票据
k. 持有土地的公允价值增加
l. 宣告的股利
m. 欠政府的所得税
n. 还有6年到期的应付票据
o. 6年期的应付票据，但在下一年度就将要到期了

15. **资产负债表关系**。詹宁斯集团（Jennings Group）是马来西亚的一家投资管理公司，以下是从该公司报告中摘录的最近4年数据。詹宁斯集团应用马来西亚会计准则编制财务报表，编报单位为百万林吉特（RM）。要求：计算这四期报表数据中的缺失值。回答此问题时，可假定詹宁斯集团是按照美国公认会计原则编报的。（数据摘录并改编自云顶集团（Genting Group）的财务报表）

	第7年	第6年	第5年	第4年
非流动资产	?	RM18 717.4	RM11 289.1	RM9 713.9
股东权益	RM21 537.3	16 666.9	9 002.0	?
资产总额	?	28 224.7	?	?
流动负债	?	4 351.3	1 494.2	1 755.2
流动资产	10 999.2	?	?	6 882.6
长期负债	5 721.7	?	?	3 540.7
负债与股东权益总额	30 178.9	?	18 491.3	?

16. **资产负债表关系**。京都公司（Kyoto Corporation）是一家日本的建筑企业，下面这些信息取自它最近4年的资产负债表。京都公司按照日本会计准则编制财务报表，编报单位为十亿日元（¥）。要求：计算这四年中的报表缺失数据。回答此问题时，可以假定京都公司应用的是国际财务报告准则。（数据摘录并改编自日本鹿岛建设株式会社（Kajima Corporation）的财务报表）

	第10年	第9年	第8年	第7年
资产总计	¥2 107	?	?	¥1 870
长期负债	437	?	¥411	467
非流动资产	?	¥773	703	?
负债总额	?	?	1 583	?
流动负债	1 318	1 148	?	1 172
股东权益	?	298	220	?
流动资产	1 323	1 133	?	1 110
负债与股东权益合计	?	?	?	?

17. **资产负债表关系**。芬麦斯特公司（Finmest）是芬兰的一家造纸企业，下面这个表格列出了这家公司在最近4年的一些财务数据。芬麦斯特公司按照国际财务报告准则编制财务报表，编报单位为百万欧元（€）。请计算出这四年数据中的相关缺失值。（数据摘录并改编自美卓公司（Metso Corporation）的财务报表）

	第11年	第10年	第9年	第8年
流动资产	€3 357	€2 995	?[1]	€2 097
非流动资产	?	1 973	?	?
负债合计	?	?	?	?
资产合计	?	?	€3 904	?
流动负债	?[2]	2 610	1 802	1 466
长期负债	957	?	?	1 109
股东权益合计	?	?	1 292	?
投入资本	?	711	?	634
留存收益	910	?[3]	553	361
负债与股东权益合计	5 254	?	?	?

[1] 流动资产 − 流动负债 = €675。
[2] 流动资产 − 流动负债 = €651。
[3] 第10年的净利润为€252，发放股利€66。

18. **资产与负债的确认和计量**。丹妮·艾凡斯在赢得了全美超模大赛之后与福特模特儿公司（Ford Models）签约，成为《封面女郎》杂志的代言模特儿，同时还允许《ELLE》杂志使用她的一张照片。尽管福特模特儿公司并没有披露合同细节，但我们知道它将在未来三年内每年支付给丹妮·艾凡斯500 000美元。现在，假定这些未来支付额的现值一共为120万美元。签约时，福特模特儿公司还向丹妮提供了一辆宝马M3敞篷跑车，价值70 000美元。请问，福特模特儿公司在与丹妮签约时，应如何进行相应的会计处理呢？

19. **资产的确认与计量**。美国杜克大学（Duke Univer-

sity）为它的教职员工子女提供学费资助，资助范围为每位员工不超过两位子女，每位子女不超过8个学期的大学本科阶段学费。杜克大学要求，凡是在该大学连续全职工作7年以上，且在接受资助时仍为该学校全职教职员工的，都可以为他的子女申请这项学费资助。校方认为，这项学费资助计划能吸引并帮助到一些员工。请问：对于每年的学费资助计划支出，杜克大学应如何进行会计处理？

20. **资产的计量**。珍妮弗果汁公司（Jennifer's Juice）是美国的一家有机食品零售商，最近，它为自己的北加州教堂山店添置了一台全新的冷冻装置。珍妮弗果汁公司为这台冷冻装置支付了130万美元，然后又花费120 000美元对装置进行了必要的改装，支付了55 000美元用于运输和安装，最后还为这套装置支付了48 000美元的保险费，保险涵盖期为1年，从下月起开始计算。接下来，假定珍妮弗果汁公司还雇用了一位制冷技术人员专门负责该装置的维护工作，该技术员的年薪为80 000美元。问：珍妮弗公司应当记录这套冷冻装置的取得成本为多少？上面这些金额中，如果有不应当计算到冷冻装置的取得成本中去的项目，那么对这些项目应该进行怎样的会计处理呢？

21. **或有损失的确认**。以下一系列事件均为假设，并非真实发生。2013年7月5日，一位顾客在诺德斯特姆公司（Nordstrom）购物时从自动扶梯上滑倒，背部和颈部受伤。2014年1月15日，该顾客向法院起诉，要求诺德斯特姆公司赔偿100万美元。案件于2014年4月30日开审，陪审团在2014年6月15日达成一致，判定诺德斯特姆公司对此负有疏忽责任，应赔偿该顾客400 000美元。诺德斯特姆公司于2014年6月25日向更高级法院提出上诉，后者在2014年11月1日宣判，要求原审法院重新审理此案。原审法院于2015年3月21日对此案件进行了重审，这一次，另一个陪审团在2015年4月20日宣布他们仍然认为诺德斯特姆公司负有疏忽责任，应赔偿原告500 000美元。2015年5月15日，诺德斯特姆公司支付了500 000美元的判决赔偿金。诺德斯特姆公司按照美国公认会计原则编制会计报表。请问：

   a. 在上述一系列事件中，如果有负债项目需要确认的话，诺德斯特姆公司应在何时开始确认？如果该公司确认了一项负债，请问金额应当为多少？请解释你的理由。

   b. 如果诺德斯特姆公司按照国际财务报告准则编制财务报表的话，你的答案会如何变化呢？

22. **资产的确认与计量**。雀巢公司（Nestle S. A）是瑞士的一家巧克力制造商，假定这家公司发生了以下虚构的交易，请指出如果按照美国公认会计原则或者国际财务报告准则，以下每项交易的发生是否会导致公司确认一项新的资产？如果是的话，请指出相应的会计账户名称和应记录的金额，以及该项资产应作为资产负债表上的流动资产还是非流动资产进行列报。雀巢公司的编报单位为百万瑞士法郎（CHF）。

   a. 雀巢公司将800百万瑞士法郎投资于一种政府债券，该债券将于5年后到期，到期值为1 000百万法郎，雀巢公司有意将该债券持有至到期。

   b. 距离年末还有两个月的时候，雀巢公司向它的保险公司支付了价值240百万瑞士法郎的保险费，投保对象为雀巢欧洲工厂。

   c. 雀巢公司向捷克共和国的一位开发商支付了6百万瑞士法郎，获得购买一块土地的选择权。雀巢公司打算利用这块土地建造仓库，专门为东欧市场服务。这块土地的价格为450百万瑞士法郎。

   d. 雀巢公司与它的首席执行官签订了为期4年的聘用合同，承诺每年将向首席执行官提供价值17.4百万瑞士法郎的待遇，其中，有3.1百万瑞士法郎为基本薪酬，其余为预期奖励和递延薪酬安排。该合约自下月起生效。

   e. 雀巢公司投入80百万瑞士法郎到研究与开发项目中，研发一种新型低卡里路的巧克力。全部投资额中，有60%将用于纯研究项目，剩余的用于开发项目。该项研发计划非常成功，企业已准备为此新配方申请专利。预计在申请专利的过程中，还将花费0.5百万瑞士法郎的申请费用和各种资料填报费用。

   f. 雀巢公司接到通知，一位可可供应商已经通过铁路货运发出了发票价格为700百万瑞士法郎的可可豆，相关货款需要在30天内支付。在雀巢公司确认收货以前，这些货物的所有权仍然属于供应商。

23. **资产的确认与计量**。瑞安控股集团（Ryanair Holdings, Plc）是爱尔兰的一家航空公司，假定它发生了以下虚构的交易。请指出如果根据美国公认会计原则或者国际财务报告准则，以下每项交易的发生是否会导致瑞安航空确认一项新的资产；如果要确认一项新资产的话，请指出相关的账户名称和该资产的计量金额，以及这项资产在资产负债表上应该被列报为流动资产还是非流动资产。瑞安航空公司的编报单位为千欧元（€）。

a. 瑞安航空公司的董事会决定购入10架波音777飞机，每架飞机的价格预计为640百万欧元。

b. 瑞安航空公司向波音公司订购了10架波音777飞机，每架飞机单价为640百万欧元。

c. 瑞安航空公司向波音公司支付了60百万欧元，作为前述事项中所订购飞机的定金。

d. 瑞安航空公司花费了50百万欧元取得未来5年内在北京首都国际机场的起飞和着陆权利。

e. 瑞安公司购入了价值77百万欧元的地面设备，其中有12百万欧元已经开出支票支付，另外65百万欧元向当地银行抵押贷款支付。

f. 瑞安公司发行了市场价值为160百万欧元的普通股，用来交换当地一家破产航空公司的二手飞机，这些飞机在卖方航空公司的账面价值为75百万欧元。

24. **负债的确认与计量。** 汉娜微电子有限公司（Hana Microelectronic Public Company Limited）的总部设在泰国，主要经营电子产品和半导体，假设它发生了以下这些交易。请指出如果按照美国公认会计原则或者国际财务报告准则的规定，下述交易是否会导致它确认一项新的负债？如果确认会计负债的话，请指出相应的账户名称和确认金额，并说明此项负债在资产负债表上应报告为短期负债还是长期负债？汉娜微电子公司的编报单位为百万泰铢（Bt）。

    a. 汉娜微电子公司同意从日本富士通公司那里以300 000万泰铢的价格购入一块土地和一个制造工厂。

    b. 汉娜微电子公司收到一位客户开来的支票，金额为16 800万泰铢，要求订购汉娜公司将在下月生产的商品。

    c. 与交易b情形类似，但客户订购的商品中有一半可在下月发货，还有一半需要等3年后才发货。

    d. 汉娜公司当年发行了600万股普通股，每股面值1泰铢，共计筹资6 200万泰铢。

    e. 汉娜微电子公司从当地银行借入2 400万泰铢，将在未来3年内分期等额偿还，年利率为9%。

    f. 汉娜公司与某供应商签订协议，承诺将在未来2年内从该供应商处购买不低于4 500万泰铢的商品。

    g. 参考交易f，假定汉娜公司向该供应商下订单，共计订购了价值1 500万泰铢的商品。

25. **负债的确认与计量。** 假定以下是柏林交响乐团（Berlin Philharmonic）所发生的一些虚构交易。请指出如果按照美国公认会计原则或者国际财务报告准则，这些交易是否会导致柏林交响乐团确认一项新的负债。如果是的话，请给出相应的负债账户名称和计量金额，并回答这项负债在资产负债表中应被列报为短期负债还是长期负债。假定柏林交响乐团的编报单位为欧元（€）。

    a. 柏林交响乐团收到了3 040 000欧元的下一季度销售票款。

    b. 柏林交响乐团支付185 000欧元向一家印刷公司下订单，购买下一季度的交响乐演出节目服务。

    c. 柏林交响乐团收到了它在交易b中所订购的服务，同时还收到了一张金额为185 000欧元的发票。

    d. 柏林交响乐团收到律师通知，说有一位忠实听众在上一季度欣赏了他们的演出，当时她坐在交响乐厅的第一排，现在因听力受损而向法院提出了诉讼，要求柏林交响乐团赔偿他1 000万欧元。这位客户以前都坐得比较靠后，但这一次由于她所购演出票对应的那张椅子恰好被损坏了，被工作人员建议换到了第一排的座位。

    e. 柏林交响乐团与它的首席小提琴师签订了为期3年的合约，承诺将每年支付该小提琴师140 000欧元的薪酬。

    f. 柏林交响乐团与赛蒙·拉特尔爵士签订了为期5年的合约。拉特尔爵士是柏林交响乐团的首席指挥家。合约聘请拉特尔爵士在当前的合约到期后继续担任交响乐团2012年的代言人。根据合同条款，从2012年开始，柏林交响乐团将每年支付拉特尔爵士200万欧元，且无论柏林交响乐团今后是否要求拉特尔爵士发表任何公开代言，这笔钱都应当支付给拉特尔爵士。

26. **或有损失的确认与计量。** 荷兰皇家壳牌公司（Royal Dutch Shell）是荷兰的一家石油天然气企业，假定它发生了下面这些虚构的事件或者交易。某日，假定壳牌公司的一个钻油平台倒塌了，对海底和周围的海水造成了污染和损失。请指出结合下面这些信息，根据美国公认会计原则或国际财务报告准则，壳牌公司是否应当确认一项负债？如果确认的话，金额应当为多少呢？壳牌公司的编报单位为百万美元。

    a. 对事故平台进行检查后，工程师们认为，大部分损害是可以自然修复的，因此他们认为损失为0的概率差不多有90%；当然，还有10%的概率是凭借自然的力量无法修复这些损失，那么在这种情况下，就需要公司再花费1 000万美元的干预成本才行。

    b. 经过进一步讨论，上述工程师更正了他们的评估结论。现在，他们认为有51%的可能性损失额会高达 500 万美元，还有 49% 的可能性损失额为 0。

c. 环境专家对事故平台进行了调查，他们认为，损失范围非常大，需要立即进行清除。估计的损失范围为：有 20% 的概率会损失 2 500 万美元；有 35% 的概率会损失 3 亿美元；还有 45% 的概率会损失 40 亿美元。

d. 经过进一步分析，上述环境专家也更正了他们的评估结果。现在，他们认为由 85% 的可能性事故损失会高达 50 亿美元，还有 15% 的可能性事故损失会为 0。

解决问题

27. **记账错误对资产负债表恒等式的影响。** 匈牙利电信公司（Magyar Telekom）是一家匈牙利无线电通信企业，它采用国际财务报告准则编制财务报告，编报单位为百万匈牙利福林（HUF）。对以下这些假定发生的交易或者事件，请指出如果匈牙利电信公司漏记或者在记账时出现了错记，对公司资产、负债和股东权益可能造成的影响（包括高估、低估或者无影响）。比如，假定匈牙利电信公司漏记了发行价值 10 000 匈牙利福林的普通股，影响应当为：
    - 资产——低估 10 000 匈牙利福林
    - 负债——无影响
    - 股东权益——低估 10 000 匈牙利福林

    (1) 匈牙利电信公司向一位供货商订购了价值 5 600 百万匈牙利福林的存货，但在账簿中未做任何记录。

    (2) 匈牙利电信公司收到了它在交易（1）中订购的存货，然后借记了存货账户 6 500 百万匈牙利福林，同时贷记了应付账款 6 500 百万匈牙利福林。

    (3) 匈牙利电信公司购入了价值 17 000 百万匈牙利福林的新设备，其中已用现金支付 2 500 百万匈牙利福林，余款签发了一张应付票据。在记录这项交易时，该公司借记了设备账户 2 500 百万匈牙利福林，同时贷记了货币资金账户 2 500 百万匈牙利福林。

    (4) 匈牙利电信公司为它的总部建筑大楼投保，支付了一年的保险费 36 000 百万匈牙利福林，保险将从下个月开始生效。记录这项交易时，该公司借记了不动产账户 36 000 百万匈牙利福林，贷记了货币资金账户 36 000 百万匈牙利福林。

    (5) 匈牙利电信公司赢得了一项合约，将在下一年度为某位客户提供无线电通信服务。这项合约的价值为 25 000 百万匈牙利福林，客户已经交来一张价值 6 000 百万匈牙利福林的支票作为定金。对此，匈牙利电信公司没有做任何会计记录。

    (6) 匈牙利电信公司发行了 200 万股普通股，每股面值 100 匈牙利福林，发行时该公司股票的市场价格为每股 700 匈牙利福林。该公司用发行股票所得换回了一块土地，对此，它借记了土地账户 200 百万匈牙利福林，同时贷记了普通股账户 200 百万匈牙利福林。

    (7) 匈牙利电信公司与公司主席签订了为期 3 年聘任合同，承诺将每年支付主席 6.6 百万匈牙利福林的薪水，聘期从下个月开始计算。对于该聘任合同，公司没有做任何会计记录。

28. **记账错误对资产负债表恒等式的影响。** 委内瑞拉钢铁公司（Siderurgica Venezolana）主营钢铁和金属加工业，假定它在最近一个会计年度中编制了如下一些会计分录。该公司按照国际财务报告准则编制财务报表，编报单位为千美元。请用"高估""低估"或"无影响"等缩写来说明委内瑞拉钢铁公司在记录这些交易时发生的记账错误对资产、负债和股东权益项目可能造成的影响。比如，假定委内瑞拉钢铁公司在记录发行价值 10 000 美元的普通股时借记了货币资金账户，贷记了应付债券账户，则记账错误的影响为：
    - 资产——无影响
    - 负债——高估 10 000 美元
    - 股东权益——低估 10 000 美元

    (1) 设备　　　　　　　　　　10 000
    　　　货币资金　　　　　　　　　　2 000
    　　　应收账款　　　　　　　　　　8 000

资产	=	负债	+	股东权益	（类别）
+10 000					
−2 000					
−8 000					

    委内瑞拉钢铁公司购入价值 10 000 美元的设备，已付现 2 000 美元，并开出应付票据 8 000 美元。公司借记了设备账户，同时贷记了货币资金账户 2 000 美元和应收账款账户 8 000 美元。

    (2) 设备　　　　　　　　　　4 000
    　　　货款与应付票据　　　　　　　4 000

资产	=	负债	+	股东权益	（类别）
+4 000		+4 000			

委内瑞拉钢铁公司订购了价值4 000美元的设备，将于下月收到。订购时，公司预付了1 000美元的定金，承诺将于对方发货时付清余款。对此，公司借记了设备账户4 000美元，贷记了货款与应付票据账户4 000美元。

(3) 货币资金　　　　　　　800
　　　应收账款　　　　　　　　　　　800

资产	=	负债	+	股东权益	（类别）
+800					
-800					

委内瑞拉钢铁公司收到一位客户交来的定金800美元，按照此金额借记了货币资金账户，同时贷记了应收账款账户。发生此项交易时，这位客户实际上并没有欠公司任何款项。

(4) 预付租金　　　　　　　1 000
　　　应付租金　　　　　　　　　　 1 000

资产	=	负债	+	股东权益	（类别）
+1 000		+1 000			

委内瑞拉钢铁公司签订了一份租赁协议，租入仓储空间1年，租期从下月开始计算。公司应在每月月初支付当月租赁费用1 000美元。为此，公司借记了预付租金账户1 000美元，同时贷记了应付租金账户1 000美元。

(5) 委内瑞拉钢铁公司发行市场价值为2 500美元的普通股，换回了一项专利权，对此项交易，公司没有进行任何会计记录。

(6) 商品存货　　　　　　　4 900
　　　货币资金　　　　　　　　　　 4 900

资产	=	负债	+	股东权益	（类别）
+4 900					
-4 900					

委内瑞拉钢铁公司用现金购入了价值4 900美元的办公设备。对此，公司借记了商品存货账户4 900美元，贷记了货币资金账户4 900美元。

29. **资产负债表的格式、术语与会计方法**。海瑟薇大西洋航空有限公司（Hathway Atlantic Airways Limited，以下简称海瑟薇公司）的总部位于香港，表4-1是这家公司在第11年和第10年12月31日的年末资产负债表。这张报表中所用的术语、格式和会计方法均遵从香港财务报告准则的规定，编报单位为百万港币（HKD）。（数据摘录并改编自国泰航空公司（Cathay Pacific Airways Limited）的财务报表）。

表4-1　海瑟薇大西洋航空有限公司资产负债表
（解决问题29）
（编报单位：百万港币（HKD））

	年度截止日12月31日	
	第11年	第10年
资产与负债		
非流动资产和长期负债		
固定资产	HKD62 388	HKD57 602
无形资产	7 782	7 749
长期股权投资	10 054	8 826
其他长期应收款与投资	3 519	3 406
	83 743	77 583
长期负债	(40 323)	(33 956)
相关质押保证金	7 833	8 164
长期负债净额	(32 490)	(25 792)
退休福利支付义务	(268)	(170)
递延税款	(6 771)	(6 508)
	(39 529)	(32 470)
净长期资产	44 214	45 113
流动资产与流动负债		
存货	882	789
商业及其他应收款项	11 376	8 735
流动资金	21 649	15 624
	33 907	25 148
一年内到期的长期负债	(4 788)	(7 503)
相关质押保证金	910	1 352
一年内到期的长期负债净值	(3 878)	(6 151)
商业及其他应付款项	(14 787)	(10 999)
预收运输收入	(6 254)	(4 671)
应交税费	(2 475)	(2 902)
	(27 394)	(24 723)
净流动资产	6 513	425
净资产	HKD50 727	HKD45 538
资本与公积金		
股本	HKD788	HKD787
公积金	49 761	44 599
归属于海瑟薇公司股东的权益	50 549	45 386
少数股东权益	178	152
股东权益总额	HKD50 727	HKD45 538

资料来源：© Cengage Learning 2014.

要求：

a. 请按照美国公认会计原则的要求和通用格式，为海瑟薇公司重新编制一份资产负债表。

b. 请按照国际财务报告准则的要求和通用格式，为海瑟薇公司重新编制一份资产负债表。

30. **资产负债表格式、术语与会计方法**。英孚泰克公司（Infotech Limited）是一家印度的信息科技企业，表4-2是这家公司在第12年年末和第11年年末的比较资产负债表。英孚泰克公司按照印度特许会计师协会颁布的会计准则编制财务报表，编报单位为百万卢比（RS. Crore）。（数据摘录并改编自印孚瑟斯技术有限公司（Infosys Limited）的财务报表）

表 4-2 英孚泰克有限公司第 12 年年末和第 11 年年末的资产负债表

（解决问题 30）

（编报单位：百万卢比）

	第 12 年年末	第 11 年年末
资金来源		
股东提供资金		
股本	Rs286	Rs286
公积金与盈余	13 204	10 876
	Rs13 490	Rs11 162
资金运用		
固定资产		
原值	Rs4 508	Rs3 889
减：累计折旧	1 837	1 739
账面净值	2 671	2 150
加：在建工程	1 260	957
	3 931	3 107
投资	964	839
递延所得税资产	99	79
流动资产、贷出款项和预付款		
各类应收款	3 093	2 292
现金与银行存款	6 429	5 470
贷出款项与预付款	2 705	1 199
	12 227	8 961
减：流动负债与预提费用		
流动负债	1 483	1 162
预提费用	2 248	662
净流动资产	8 496	7 137
	Rs13 490	Rs11 162

资料来源：© Cengage Learning 2014.

要求：

a. 按照美国公认会计原则通用的格式和术语，重新为英孚泰克公司编制一份资产负债表。

b. 按照国际财务报告准则通过的格式和术语，重新为英孚泰克公司编制一份资产负债表。

31. **资产负债表的格式、术语与会计方法。** 斯文森公司（Svenson）是瑞典的一家电信企业，表 4-3 是该公司在第 7 年和第 6 年年末的资产负债表。斯文森公司采用国际财务报告准则编制财务报表，编报单位为百万瑞典克朗。除了资产负债表上所报告的这些项目之外，假定你还获得了如下交易信息。（数据摘录并改编自爱立信公司（Ericsson）的财务报表）

表 4-3 斯文森公司第 7 年年末和第 6 年年末资产负债表

（解决问题 30）

（编报单位：百万瑞典克朗（SEK））

	年度截止日 12 月 31 日	
	第 7 年	第 6 年
资产		
非流动资产		
无形资产		
资本化的开发费用	SEK3 661	SEK4 995
商誉	22 826	6 824
知识产权、商标与其他无形资产	23 958	15 649
不动产、厂场与设备	9 304	7 881
金融资产		
对联营企业和合营企业的投资	10 903	9 409
其他股权投资	738	721
长期客户融资	1 012	1 921
其他长期金融资产	2 918	2 409
递延所得税资产	11 690	13 564
	87 010	63 373
流动资产		
存货	22 475	21 470
商业应收款	60 492	51 070
短期客户融资	2 362	1 735
其他短期应收款项	15 062	15 012
短期投资	29 406	32 311
现金与现金等价物	28 310	29 969
	158 107	151 567
资产总计	SEK245 117	SEK214 940
股东权益与负债		
股东权益		
股东权益	SEK134 112	SEK120 113
少数股东权益	940	782
	135 052	120 895
长期负债		
退休后福利	6 188	6 968
长期准备金	368	602
递延所得税负债	2 799	382
长期借款	21 320	12 904
其他长期负债	1 714	2 868
	32 389	23 724
短期负债		
短期准备金	9 358	13 280
短期借款	5 896	1 680
应付账款	17 427	18 183
其他短期负债	44 995	37 178
	77 676	70 321
负债与股东权益总计	SEK245 117	SEK214 940

资料来源：© Cengage Learning 2014.

- 斯文森公司在第 7 年对一块取得成本为 300 百万瑞典克朗的土地进行了重新估值，确认这块土地目前的公允价值为 1 200 百万瑞典克朗。

- 斯文森公司在第 7 年调减了一台设备的价值，在调整前，该设备的账面净值为 2 400 百万瑞典克朗，现已调整为按设备的公允价值 1 600 百万瑞典克朗进行计价。
- 公司竞争对手对公司提出了一项涉及专利权侵权的诉讼，在第 7 年资产负债表的"短期准备金"项目中，已包含了这项诉讼可能带来的估计损失金额。斯文森公司估计这项诉讼的结果分布为：有 10% 的可能会损失 6 000 百万瑞士克朗，有 10% 的可能会损失 2 400 百万瑞士克朗，有 30% 的可能会损失 500 百万瑞士克朗，有 10% 的可能会损失 40 百万瑞士克朗，还有 40% 的可能不会发生任何损失。

要求：按照美国公认会计原则要求的通用格式、术语和会计方法为斯文森公司重新编制一份第 7 年年末的资产负债表，不考虑报告金额变化所可能引起的所得税影响。

32. **资产负债表的格式、术语与会计方法。** 表 4-4 是保罗·罗伦公司（Paul Loren Company）在第 10 年和第 9 年的年末资产负债表，这张报表是按照美国公认会计原则下通用的格式、术语和会计方法编制的，编报单位为百万美元。（数据摘录并改编自保罗·劳夫拉伦公司（Polo Ralph Lauren）的财务报表。）

除了保罗·罗伦公司在资产负债表上所提供的这些信息之外，假定你还获得了下述资料：

- 保罗·罗伦公司在第 10 年调减了一栋建筑物的账面价值，这栋建筑物的取得成本为 200 百万美元，现已按其当前公允价值 182 百万美元进行了调整。
- 保罗·罗伦公司在第 10 年对存货的价值进行了重估，这些存货在重估前的账面价值为 135 百万美元，现已按公允价值 165 百万美元进行调整。
- 在第 10 年的"承诺与或有事项"中，包含了一项针对保罗·罗伦公司提出的、违反合同规定的法律诉讼。保罗·罗伦公司估计这次诉讼的结果分布为：有 70% 的可能性会损失 100 百万美元，有 20% 的可能性会损失 500 百万美元，还有 10% 的可能性会损失 10 亿美元。

要求：
a. 按照美国公认会计原则下通用的格式、术语和会计方法，为保罗·罗伦公司重新编制一份第 10 年年末的资产负债表，不考虑报告金额的调整所可能带来的所得税影响。
b. 如果保罗·罗伦公司采用国际财务报告准则编制财务报表，则你对要求 a 的回答会有哪些变化？

表 4-4　保罗·罗伦公司第 10 年年末和第 9 年年末的资产负债表
（解决问题 32）
（编报单位：百万美元（US＄））

	第 10 年年末	第 9 年年末
资产		
流动资产		
现金与现金等价物	$563.1	$481.2
短期投资	584.1	338.7
应收账款，扣减坏账准备 206.1 和百万美元 190.9 百万美元后净值	381.9	474.9
存货	504.0	525.1
递延所得税资产	103.0	101.8
预付费用及其他	139.7	135.0
流动资产合计	2 275.8	2 056.7
长期投资	75.5	29.7
不动产与设备，净值	697.2	651.6
递延所得税资产	101.9	102.8
商誉	986.6	966.4
无形资产，净值	363.2	348.9
其他资产	148.7	200.4
资产总计	$4 648.9	$4 356.5
负债与股东权益		
流动负债		
应付账款	$149.8	$165.9
应交所得税	37.8	35.9
应计费用与其他	559.7	472.3
流动负债合计	747.3	674.1
长期借款	747.3	674.1
递延所得税负债	282.1	406.4
其他长期负债	126.0	154.8
负债合计	1 902.7	1 909.4
股东权益		
A 类普通股，每股面值 0.01 美元，已发行 7 570 万股和 7 230 万股，流通在外 5 610 万股和 5 590 万股	0.8	0.7
B 类普通股，每股面值 0.01 美元，已发行并流通在外 4 210 万股和 4 330 万股	0.4	0.4
股本溢价	1 243.8	1 108.4
留存收益	2 544.9	2 177.5
库存股，A 类，成本（1 960 万股和 1 640 万股）	(1 197.7)	(966.7)
累计其他综合收益	154.0	126.8
股东权益合计	2 746.2	2 447.1
负债与股东权益合计	$4 648.9	$4 356.5

资料来源：© Cengage Learning 2014.

第 5 章
利润表：报告经营活动的成果

CHAPTER 5

学习目标

1. 理解利润表中收入和费用的分类。
2. 掌握收入和费用的确认时点与金额计量。
3. 理解综合收益的概念，理解净利润与综合收益之间的关系。

利润表报告企业在一段时期内的**净收益**（net income）或**净亏损**（net loss）情况，例如季度利润表或者年度利润表，分别报告企业在某季度或者某年度内的损益情况。净收益常常也被称为**净盈利**（earnings）或者**净利润**（profit），它等于收入与费用之差加上利得与损失之差的和。⊖在本章中，我们主要关注收入和费用的影响。所谓**收入**（revenues），是指企业通过出售商品或者提供服务而从客户那里得到的净资产（即资产减去负债之差）增加额，收入能带来股东权益的增加；所谓**费用**（expenses）则是企业在赚取收入的过程中所消耗的净资产，费用会导致股东权益的减少。因此，作为一种业绩计量指标，收入反映了企业所提供商品或者服务的价值，而费用则反映了企业在创造和配送这些商品或者服务的过程中所付出的代价。由于净利润这个概念反映了企业是如何将努力（费用）转化为可出售的成果（收入）的，因此，净利润普遍受到财务报表使用者的重视，净利润越高，说明企业的业绩越好。

本章主要介绍与收入和费用确认相关的计量原则和会计核算问题，重点集中于简单的收入确认情形，并介绍利润表中对收入和费用的典型分类与列报方式。在本章的最后，我们还对综合收益与净利润这两个概念进行了对比。

5.1 相关术语与概念

我们在第3章中曾经介绍说利润表是企业的主要财务报表之一。利润表也被称为经营报表（statement of operations）、经营活动表（statement of operating activity）或损益表（statement of profit and loss）。与资产负债表报告企业在某一时点上的资产、负债和股东权益不同，利润表反映的是企业在某一会计期间内的经营成果。这里的"会计期间"，是指从期初资产负债表日到期末资产负债表日之间的那一段时间。举例来说，表1-2就是贵成公司分别以2013年2月27日、2012年2月28日和2011年2月27日为年度截止日的年度利润表，这张利润表反映了在两个资产负债表日之间的1年期会计期间内，企业的净资产所发生的变动。换句话说，利润表汇总地列示了某一会计期间内收入带来的资源增加金额和费用导致的资源减少金额，报告的是动量。反过来，资产负债表列报的却是资产、负债和股东权益在报告日当天的水平，报告的是存量。资产负债表和利润表之间的联系关系式（第3章中有介绍）说明了它们之间的这种区别：

$$留存收益(期初值) + 当期净利润 - 当期股利 = 留存收益(期末值)$$

或，

$$留存收益(期初值) - 留存收益(期末值) = 当期净利润 - 当期股利$$

或，

$$当期留存收益的变动 = 当期净利润 - 当期股利$$

该关系式说明，某一会计期间留存收益的变动等于企业当期净资产的变动，即当期净利润扣除当期股利影响以后的金额。以贵成公司截至2013年2月27日的会计年度为例，该公司报告当年的净利润为1 317百万美元，股利234百万美元。根据上式，贵成公司2012财务年度的净利润扣除股利之后的差为1 083百万美元（=1 317百万美元 -234百万美元），恰好等于根据资产负债表数据可以计算出的该公司留存收益项目在2011财务年度到2012财务年度中的变化值（1 083百万美元 =5 797百万美元 -4 714百万美元）。

5.2 利润表项目的列报

利润表项目被划分为广义的收入和费用两类，一般都习惯先报告收入项目，再报告费用项目。在利润表的列报方面，美国公认会计原则和国际财务报告准则的大部分要求都是相似的，但下列项目除外：

- 美国公认会计原则除了要求将收入与费用分别单独报告以外，还对企业应当单独披露哪些项目以及这些项目的披露顺序作了少许规定。国际财务报告准则要求企业单独列报收入、融资成本（比如利息费用）、所得税费用、当期利润或损失和某些其他项目。
- 如果某项目的规模、性质或者发生频率对理解企业业绩有重要影响，美国公认会计原则和国际财务报告

⊖ 美国财务会计准则委员会在《财务会计概念公告第5号：企业财务报表中的确认与计量》（1984）中使用了收益（earnings）这个术语，例如，在这份公告的第33~44段中。国际会计准则委员会在《国际会计准则第1号：财务报表的列报》（2003修订版）中使用的是利润（profit）这个词，例如，在该准则的第82~88段中。很多报表编制者习惯将这个概念称为净收益（net income），因此我们也沿用了这种惯例。请理解净收益、利润和盈利都是指的同一个项目。

准则都要求单独列报这些项目。
- 美国公认会计原则和国际财务报告准则都要求单独列报拟终止经营项目的影响㊀和属于少数股东的本期收益㊁。
- 国际财务报告准则允许公司按照性质或者功能对费用进行分类,美国公认会计原则对此却没有严格规定,但证券交易委员会要求它的会员对费用按功能进行分类。㊂

要了解按照美国公认会计原则和按照国际财务报告准则所编制的利润表在格式方面的差别,我们可以重新回看贵成公司的利润表(第1章的表1-2)和泰晤士公司的利润表(第1章的表1-6)。

5.2.1 收入的报告

利润表总是以收入项目为开始。所以,分析师们常常将收入增长称为"顶线项目"增长。在第3章中,我们定义收入(revenues,或称销售收入,sales,sales revenues)为企业通过提供商品或者服务而换回的净资产流入(例如货币资金或者应收款)。关于企业是否需要将不同业务部门(常被称为分部,segments)的收入合并进行报告,以及应当如何合并等问题,美国公认会计原则和国际财务报告准则都规定得比较宽泛,没有任何规定强制多种经营的公司必须在利润表内分别报告不同部门的收入。㊃贵成公司在截至2013年2月27日的年度利润表中报告它的收入为49 694百万美元;泰晤士公司在截至2013年12月31日的年度利润表中报告它的收入为12 881.5百万欧元。

5.2.2 费用的报告

紧接着收入项目,贵成公司和泰晤士公司马上就报告了销货成本信息。**销售成本**(cost of goods sold,或**劳务成本**,cost of services rendered)是企业在当期所销售产品或者提供服务的成本。贵成公司报告的销售成本为37 534百万美元;泰晤士公司报告的销货成本为10 633.4百万欧元。

通常,我们习惯将销售收入与销货成本之差称为**毛利**(gross margin)或**毛利润**(gross profit)。贵成公司报告的毛利润为12 160百万美元;泰晤士公司没有直接报告毛利润,但我们可以通过自行计算得到它的毛利润为2 248.1(= 12 881.5 - 10 633.4)百万欧元。无论是美国公认会计原则还是国际财务报告准则都没有对"毛利润"这个概念进行具体的定义,也没有强制企业在利润表上报告该项目。但是,由于这两套会计准则体系都要求企业单独披露销售收入与销货成本项目,所以我们总是可以自行计算得到一家企业的毛利润。

在销售成本项目之下,利润表通常会列示其他**经营费用**(operating expenses)作为减项。除销货成本以外,有两类最常见的经营费用,即销售与日常管理费用(selling,general,and administrative expenses,简写作 SG&A)和研究与开发费用(research and development expenses,简写作 R&D)。贵成公司报告它的销售与日常管理费用为9 873百万美元;而泰晤士公司报告它的销售与日常管理费用为1 445.3百万欧元(即市场与销售费用901.9百万欧元与日常管理费用543.4百万欧元之和),研究与开发费用为550.5百万欧元。

从销售收入中减去全部经营费用,就可以得到**经营利润**(operating profit)或**经营收益**(operating income)。美国公认会计原则和国际财务报告准则都没有要求企业单独列报经营利润项目,也没有对利润表中的经营(operating)这个词进行特别定义,因此,所谓的经营费用项目列表是不存在的。㊄具体需要将哪些费用划分为经营费用,完全取决于公司管理层的判断。贵成公司和泰晤士公司分别报告了经营利润2 235百万美元和51.8百万欧元。

在报告了经营费用或经营利润之后,紧接着就是其他(非经营)项目了。按照美国公认会计原则编报的大部分企业都会单独披露融资成本项目,比如利息费用。而国际会计报告准则要求企业必须单独列报融资成本。同时,美国公认会计原则和国际财务报告准则都要求企业对重大的非主营业务项目进行单独列报。例如,出售公司总部所在的建筑大楼可能会创造利得,从而增加企业利润。但很显然,出售公司总部大楼并不属于企业的主营业务,因此不能被报告在收入项目中;它只能与公司的其他非主营项目一起,被报告在经营利润之后,通常,在

㊀ 第17章会讨论终止经营问题。
㊁ 第14章更详细地讨论了少数股东权益问题。权威指南中常用"非控股权益"这个词,但在实务中,更多公司使用"少数股东权益"这种说法。
㊂ 本书中的利润表都按功能对费用进行分类,例如管理费用,或销货成本等。按性质对费用进行分类时考虑费用发生的目的,例如分为薪酬费用、保险费用等。
㊃ 但美国公认会计原则和国际财务报告准则都要求公司应当在财务报表附注中披露企业分部的相关信息。我们在这里强调的是企业通常不需要在利润表内单独报告不同部门的经营成果。第17章中介绍了分部报告的相关知识。
㊄ 不过,美国公认会计原则和国际财务报告准则都对现金流量表中的"经营"进行了定义。

"其他收益"这个项目中进行具体列报。

从贵成公司的利润表来看，该公司列报的非经营项目包括利息费用 94 百万美元（属于减少利润的项目）和投资与其他收益 54 百万美元（属于增加利润的项目）。而泰晤士公司报告的非经营项目包括利息收入与利息费用、其他融资收益与费用和非经常性收益与损失。这些非经营项目合计导致泰晤士公司的利润减少了 476.1 百万欧元。

将非经营费用从经营利润之中减去之后，就可以得到税前利润（profit before income tax）项目了。税前利润乘上所得税税率，可以计算出所得税费用（income tax expense）。最后，从税前利润中减去所得税费用，就可以得到税后净利润。⊖

有时，企业可能会将经营的一部分（比如某一生产线或者商业部门）进行出售，在会计上，我们将这种拟出售的单元称为终止经营（discontinued operations）业务⊖，并将它们与企业的持续经营（continuing operations）业务进行区分。所以，无论是美国公认会计原则还是国际财务报告准则，都要求企业在利润表中单独披露"持续经营取得的利润"和"拟终止经营项目的利润"。这样做有利于信息使用者根据利润表对企业的未来盈利能力进行预测，因为来自持续经营的利润预期是可以重复的，而来自终止经营项目的利润却是难以继续的。基于同样的原因，在资产负债表中，对终止经营项目的资产和负债也应当单独进行列报。

为了帮助讲解，我们在表 5-1 列出了惠顿公司（Wheaton Corporation）以 2013 年 1 月 31 日为截止日的年度利润表（2012 财务年度），并在表 5-2 中列出了该公司同期期末的资产负债表。在这份 2012 财务年度的利润表中，惠顿公司报告了终止经营业务的损失 79 百万美元，而在该公司 2012 财务年度的期末资产负债表中，在流动资产和流动负债项目下均报告了终止经营项目的影响，分别为 140 百万美元和 92 百万美元。因为这些项目是预期将在 1 年内就将要被处置的，所以惠顿公司将它们报告为了流动项目。

表 5-1 惠顿公司合并利润表　　　　　　　　　　　　　　　（编报单位：百万美元）

	以 1 月 31 日作为年度截止日		
	2013 年	2012 年	2011 年
收入：			
销售净额	$405 046	$401 087	$373 821
会员费与其他收益	3 168	3 287	3 202
	408 214	404 374	377 023
成本与费用：			
销售成本	304 657	304 056	284 137
经营、销售与日常管理费用	79 607	77 520	70 934
经营利润	23 950	22 798	21 952
利息：			
负债利息	1 787	1 896	1 863
融资租赁利息	278	288	240
利息收入	(181)	(284)	(309)
利息，净值	1 884	1 900	1 794
持续经营税前利润	22 066	20 898	20 158
所得税准备：			
当期	7 643	6 564	6 897
递延	(504)	581	(8)
	7 139	7 145	6 889
持续经营利润	14 927	13 753	13 269
终止经营的收益（亏损），税后影响净值	(79)	146	(132)
合并净利润	14 848	13 899	13 137
减：归属于少数股东的合并净利润	(513)	(499)	(406)
归属于惠顿公司的合并净利润	$14 335	$13 400	$12 731

资料来源：© Cengage Learning 2014.

⊖ 我们将在第 12 章中讨论如何在财务报告中列报所得税的相关信息。
⊖ 在权威准则指南中，终止经营主要针对整个经营部门或者单元的出售，而不用在单项资产的出售上。在第 17 章中，我们介绍了美国公认会计原则和国际财务报告准则对终止经营的定义差别。

表 5-2　惠顿公司合并资产负债表　　　　　　　　　　　　　　　　（编报单位：百万美元）

	1月31日	
	2013年	2012年
资产		
流动资产：		
现金及现金等价物	$7 907	$7 275
应收账款，净值	4 144	3 905
存货	33 160	34 511
预付费用及其他	2 980	3 063
与终止经营相关的流动资产	140	195
流动资产合计	48 331	48 949
不动产与设施：		
土地	22 591	19 852
建筑物与建筑改良	77 452	73 810
装置与设备	35 450	29 851
运输设施	2 355	2 307
不动产与设施合计	137 848	125 820
减：累计折旧	(38 304)	(32 964)
不动产与设施，净值	99 544	92 856
融资租入的不动产：		
融资租入的不动产	5 669	5 341
减：累计摊销	(2 906)	(2 544)
融资租入的不动产，净值	2 763	2 797
商誉	16 126	15 260
其他资产与递延费用	3 942	3 567
资产总计	$170 706	$163 429
负债与股东权益		
流动负债：		
短期借款	$523	$1 506
应付账款	30 451	28 849
应计负债	18 734	18 112
应交所得税	1 365	677
1年内到期的长期负债	4 050	5 848
1年内应支付的融资租赁款	346	315
与终止经营相关的流动负债	92	83
流动负债合计	55 561	55 390
长期借款	33 231	31 349
长期应付融资租赁款	3 170	3 200
递延所得税与其他	5 508	6 014
可赎回的非控股权益	307	397
承诺与或有事项	—	—
股东权益：		
优先股（每股面值0.10美元）	—	—
普通股（每股面值0.10美元）	378	393
股本溢价	3 803	3 920
留存收益	66 638	63 660
累积其他综合收益	(70)	(2 688)
惠顿公司股东权益总额	70 749	65 285
少数股东权益	2 180	1 794
股东权益合计	72 929	67 079
负债与股东权益总计	$170 706	$163 429

资料来源：© Cengage Learning 2014.

在本章中，我们所讨论的贵成公司利润表是按照美国公认会计原则编制的，而泰晤士公司利润表则是按照国际财务报告准则编制的。从这些例子中，可以看出利润表的格式和项目名称是非常多样的。不过，截至目前，我们的讨论还只局限在利润表的列报项目上，而下面这几个问题还没有开始触及：

1. 在什么样的条件下企业才能记录（确认）收入或者费用？
2. 企业应当如何对收入和费用进行计量？

所以在接下来的内容中，我们就来讨论这两个问题。

5.3 收入的确认与计量

5.3.1 收入的确认

收入的确认（revenue recognition）是指在何时可以报告收入以及记录收入的金额应当为多少。企业管理层需要应用收入确认条件来判断在某项交易中是否应当记录收入和相关的费用。收入确认是财务报告中最为复杂的问题之一，这是因为：

- 首先，虚报收入是一种常见的会计舞弊方式。
- 其次，企业常常会将产品与服务进行捆绑，并且企业销售的安排非常多元化。举例来讲，企业有可能在出售某台机器的同时，又提供5年期的质量保证承诺、安装服务和员工培训与软件升级服务，这就是一种多元化的销售安排。⊖

收入交易往往发生在企业与客户之间，会导致企业净资产的增加。还有一些交易虽然也导致净资产增加，但交易的对方并不是企业的客户，因此需要与收入交易进行区分。比如，企业发行普通股收到货币资金，显然也会增加净资产，可这项交易并不创造收入。但是，如果用商品或者服务换回资产，却应当确认收入。

此外，还应当注意区分收入与**利得**（gains），以及费用与**损失**（losses）这两对概念。在本章前部分中，我们曾经提到将公司总部建筑大楼对外出售实现了利得，该利得即是指出售所收到的现金或其他资产超过了建筑大楼在出售时的账面价值之差。利得能够增加企业的净资产并使当期利润增加，但它不产生于企业与其主营业务客户之间的交易中。因此，利得跟收入是有区别的。类似地，损失会减少企业的净资产并使当期利润降低，但它不是由于企业的主营业务而导致的，因此不属于经营费用。例如，根据泰晤士公司的报表，它在报告期间内由于处置资产而发生了1百万欧元的非经常性损失。

收入的确认既涉及确认时点（什么时候确认收入）问题，也涉及计量（所确认的收入应当为多少金额）问题。比如，企业有可能在它生产拟销售的产品时就确认收入，也可能在它将产品配送给客户时再确认收入，还可能在收到了客户付款时就确认收入，或者在其他时点也可能确认收入。美国公认会计原则和国际财务报告准则都规定了严格的收入确认条件，用以规范企业记录收入的时点。⊖我们目前先介绍比较简单的收入确认问题，以帮助大家理解权责发生制会计的重要特点，并讲解记录收入和费用的会计分录。作为权责发生制会计的一个公认做法，企业只有在当交易满足了以下两个条件时才能够确认收入：

Ⅰ. 卖方已经提供了全部（或接近全部）他所承诺的商品或者服务。

Ⅱ. 卖方已经收到了货币资金或者其他能够转换为货币资金的资产，例如应收账款。

这两个条件中，条件Ⅰ关注卖方企业是否完成了他应当完成的义务。对绝大多数的商品销售或者服务提供，企业都可以在销售时就确认收入，因为通常在销售达成时，卖方就会及时提供商品或者服务。即使有些项目还没有完成（比如，承诺提供质量担保和承诺允许客户退货），只要卖方企业已实质完成了对买方的大部分义务，并且能够合理地估计未完成项目的成本，卖方也可以确认收入。

条件Ⅱ关注卖方企业最终能够收到的现金金额是否能够可靠地计量。买卖双方所达成的交换价格就是买方愿意为卖方所提供商品或者服务而支付的资产，用这样的交易价格来计量收入是非常合适的。

5.3.2 收入确认条件的应用

为帮助大家理解收入的确认条件，并了解收入确认问题对财务报告的重要性，我们来考虑下面这几个出售商品或者服务的交易，并分析在这些交易中，是否需要确认收入。

⊖ 我们在第8章中再讨论多元化销售安排下的收入确认与计量问题。
⊖ 我们在第8章中再详细讨论这些确认条件。

例题1 贵成公司销售了一台电视机给一位客户，售价1 000美元，客户已经付款。由于这台电视机是降价销售的，客户不能够要求退货或者换货。本例中，贵成公司已经收到了现金，因此交易已经满足了确认条件Ⅱ；由于贵成公司在将电视机交给客户以后就不再承担其他任何额外的义务，因此确认条件Ⅰ也已经满足。所以，贵成公司应该就本交易确认收入，并编制相关会计分录如下：⊖

货币资金　　　　　　　　　　　　　　　　　　　　　　　　　　　1 000
　　销售收入　　　　　　　　　　　　　　　　　　　　　　　　　　　　　1 000

资产	=	负债	+	股东权益	(类别)
+1 000				+1 000	利润表→留存收益

卖出价值1 000美元的商品并收到现金。

例题2 贵成公司销售了一台电视机给一位客户，售价1 000美元，该客户用贵成公司联名信用卡付款。这台电视机是降价销售的，客户不能要求退货或者换货。本例中，贵成公司已经得到了将来可以收到现金的承诺（应收账款），因此，交易已经满足了确认条件Ⅱ。⊖由于贵成公司在交付了这台电视机以后已没有承担其他任何义务，因此，交易也符合了确认条件Ⅰ的要求。贵成公司应就本交易确认收入并编制会计分录如下：

应收账款　　　　　　　　　　　　　　　　　　　　　　　　　　　1 000
　　销售收入　　　　　　　　　　　　　　　　　　　　　　　　　　　　　1 000

资产	=	负债	+	股东权益	(类别)
+1 000				+1 000	利润表→留存收益

赊销价值1 000美元的商品。

例题3 贵成公司出售礼品卡。本例中，由于贵成公司向礼品卡持有人承诺将提供与礼品卡面值等额的商品，公司已经承担了一项负债。假定这些礼品卡的有效期为5年，过期后如果还没有被使用，贵成公司将不再承担任何责任。这表示，如果贵成公司在会计年度的第1天卖出了1 000美元的礼品卡，则意味着它在未来60个月内就承担了向持卡人提供等额商品的义务。出售礼品卡时，贵成公司收到了1 000美元现金，因此交易符合收入确认条件Ⅱ；但是，贵成公司还没有达到确认条件Ⅰ的要求，它还承担着在将来需要支付1 000美元等价商品的义务。⊜因此，在礼品卡出售时，贵成公司应编制的会计分录为：

货币资金　　　　　　　　　　　　　　　　　　　　　　　　　　　1 000
　　预收账款㊃　　　　　　　　　　　　　　　　　　　　　　　　　　　　1 000

资产	=	负债	+	股东权益	(类别)
+1 000		+1 000			

客户购买礼品卡，记录出售礼品卡并取得现金。

在出售礼品卡时，贵成公司不能确认收入。只有在它将商品提交给持卡人后，才能够确认收入。假定持卡人用礼品卡购买了价值700美元的电脑显示器，贵成公司应编制如下会计分录，确认收入的实现：

预收账款　　　　　　　　　　　　　　　　　　　　　　　　　　　　700
　　销售收入　　　　　　　　　　　　　　　　　　　　　　　　　　　　　　700

资产	=	负债	+	股东权益	(类别)
		-700		+700	利润表→留存收益

卖出电脑显示器，确认相关的销售收入。

如果此后一直等到礼品卡到期都没有其他交易再发生，那么，在到期日，贵成公司便可将礼品卡余额确认为收入，编制如下会计分录：

⊖ 在确认收入时，贵成公司也应当确认相应的销货成本。我们在本章稍后部分再来讨论记录销售成本的会计分录。
⊖ 我们在第8章中会重新再来讨论该应收账款的计量问题，因为客户最终也有可能不会付款。
⊜ 这是一个延迟履行义务的例子。我们在第8章中会进一步讨论延迟履行义务。
㊃ 贵成公司在资产负债表上把这个项目称为"礼品卡负债"。

```
预收账款                                          300
    销售收入                                           300
```

资产	=	负债	+	股东权益	（类别）
		-300		+300	利润表→留存收益

在60个月以后，礼品卡到期作废，将礼品卡中未使用的部分确认为收入。

例题4 另一名客户用贵成公司的联名信用卡购买了礼品卡。本题与例题3的唯一区别在于贵成公司此时收到的是一项应收账款而非现金。因此，这种情况下的会计分录应与例题3的相同，只是将借方账户由货币资金更换为应收账款：

```
应收账款                                          1 000
    预收账款                                           1 000
```

资产	=	负债	+	股东权益	（类别）
+1 000		+1 000			

客户购买礼品卡，记录赊销的礼品卡。

在例题1和例题3中，贵成公司都收到了客户所支付的现金，因此这两笔交易都符合收入确认条件Ⅱ的要求。但例题1中的交易同时还满足了确认条件Ⅰ的要求，因为客户已经拥有了电视机的所有权；而例题3中的交易却不满足确认条件Ⅰ的要求，因为客户购买的礼品卡还没有被使用掉。因此，在例题1中，贵成公司应确认收入；但在例题3中，却不能够确认收入。再来看例题2和例题4，在这两笔交易中，贵成公司都没有从客户那里直接收到现金，但它所收到的应收账款是预期可以转化为现金的，所以这两笔交易都满足了收入确认条件Ⅱ的要求。不过，在例题2的交易中，客户已经拥有了电视机的所有权，所以收入确认条件Ⅰ也得以满足；但例题4中的交易却不满足收入确认条件Ⅰ。因此，贵成公司对例题2中的交易应确认收入，但对例题4中的交易却不能确认收入。例题1~例题4说明了权责发生制会计的一个重要特点——什么时候从客户那里收到现金对收入的确认时点不构成影响，真正重要的是：卖方是否收到了可以转化为现金的资产，以及是否已经完成了向买方提交商品或者服务的义务。

5.3.3 收入的计量

卖方应当按照可从客户那里收到的现金或者非现金资产的现金等价值来计量收入。这个金额通常会等于买卖双方在销售当时所达成的交换价格。但是，如果在确认收入时，卖方企业还没有完成他所应当完成的全部义务，则应当将未完成义务部分所对应的价格予以扣除。

5.4 费用的确认与计量

5.4.1 费用的确认时点

资产能够带来未来经济利益，而费用则是对所耗费的经济利益而进行的计量。**费用确认**（expense recognition）的时点是指企业是在何时消耗这些经济利益的，关键问题为"企业在什么时候消耗了资产所带来的经济利益？"即，应当在什么时候将一项资产从资产负债表上注销，从而转移到利润表上成为一项费用呢？

资产负债表	利润表
资产 ─────────────→费用（将减少净利润和资产负债表上的留存收益）	

5.4.2 费用的确认条件

如果满足以下任一项条件，企业就应当确认费用：

1. 某项交易在耗用资产的同时也产生了一项收入。比如，当我们在确认商品销售收入时，就耗用了存货这项资产的经济利益，因此，应当在确认收入的同时也确认"销货成本"这项费用的增加。在这种情况下，费用的金额取决于相关存货的**产品成本**（product costs）大小。所以，某些费用的确认时点是与相关收入的确认相对应的，这种将所售商品或者服务的成本与对应销售收入的确认相配的做法，在会计上被称为**配比惯例**（matching convention）。

2. 对资产的耗用是由时间的推移而引起的。例如，企业在当月消耗了本月的仓库租金所带来的经济利益，因此，就应当把本月的租金记录为这个月的**期间费用**（period expenses）。绝大部分的管理性支出都属于期间费用。

5.4.3 产品成本的确认

对于商品销售，卖方可以很容易地将所消耗的资产经济利益与对应的销售收入进行配比，因为在销售达成和收入确认时，卖方资产负债表中有对应的存货被减少了。所以，在确认收入时，卖方就可以根据减少的存货金额同时记录销货成本费用的增加。⊖

5.4.4 期间费用的确认

企业有很多支出能使多个会计期间受益，且与特定的收入交易之间不存在必然联系。比如，企业的管理费用，包括公司总裁的薪酬、会计与信息系统的运行成本和法律费用、员工培训费以及公司企划费用等辅助活动开支，都属于这一类支出。这些管理性成本（administrative costs）与企业生产或者销售的产品之间没有必然联系，因此，在会计处理时，应当根据企业当期所消耗的这类成本来确认费用，即把它们作为期间费用处理。

另一类期间费用的例子是市场推广或产品销售的成本，例如销售人员的工资和佣金、产品目录的制作成本。企业应在耗用这类成本的当期将它们确认为期间费用。

5.4.5 费用的计量

费用是对某会计期间内所耗用资产的计量，因此，费用的计量基础应当与所耗用资产的计量基础相一致。如果企业在资产负债表上对某项资产是按照取得成本计量的，那么，对该项资产的耗用也应当以取得成本为基础来进行计算。我们用例题5和例题6来说明产品成本、期间费用和费用计量的概念。

例题5 在例题1中，贵成公司以现销的方式卖出了一台电视机，价格为1 000美元。对该笔交易，贵成公司确认了收入，会计分录为：

货币资金　　　　　　　　　　　　　　　　　　　　　　1 000
　　销售收入　　　　　　　　　　　　　　　　　　　　　　　　1 000

资产	=	负债	+	股东权益	（类别）
+1 000				+1 000	利润表→留存收益

卖出价值1 000美元的商品并收到现金。

但贵成公司在确认收入的同时还应当报告与所售电视机相关的费用。假定贵成公司最初采购这台电视机的价格为650美元，那么，当这台电视机被卖出时，它就应当编制如下会计分录，确认电视机的销售成本：

销货成本　　　　　　　　　　　　　　　　　　　　　　650
　　存货　　　　　　　　　　　　　　　　　　　　　　　　　650

资产	=	负债	+	股东权益	（类别）
-650				-650	利润表→留存收益

确认因商品销售而导致的存货减少。

这笔交易会影响贵成公司的利润表。同时，当收入和费用账户都被结转至留存收益账户时，也会使贵成公司的资产负债表受到影响。在这笔交易中，收入的确认使留存收益增加1 000美元，费用的确认又使留存收益减少650美元，因此最后的净影响是留存收益账户增加了350美元（税前）。另一方面，贵成公司的净资产也增加了350美元，因为货币资金增加了1 000美元，同时存货又减少了650美元。

例题6 贵成公司在年度销售活动到来前，总是会印制一些广告邮寄给企业的贵宾客户，假定每年的这类支出为200万美元。本例中，虽然贵成公司的管理层相信花200万美元所进行的促销能使公司的毛利润增加至少200万美元，但没有任何人能证明促销支出与特定项目的销售之间存在任何数量化的因果联系。因此，贵成公司应将促销成本作为期间费用记录在发生当期：

⊖ 我们将在第9章中讨论存货的会计处理问题。

广告与促销费用				2 000 000	
货币资金					2 000 000
资产	=	负债	+	股东权益	（类别）
-2 000 000				-2 000 000	利润表→留存收益

记录 200 万美元的广告与促销成本。

自习问题 5.1

收入与费用的确认。 克兰多尔公司（Crandall SA）采用权责发生制作为会计核算基础，并在销售商品或者提供服务时确认收入。要求：对下列每项交易，请指出克兰多尔公司应当在 4 月份确认的收入或者费用金额，并写出该公司在 4 月份应当编制的相关会计分录。

a. 4 月，从客户那里收到了 3 月份所销售和配送商品的款项 15 000 欧元，相关商品的成本为 8 000 欧元。

b. 4 月，向客户卖出一批价值 24 500 欧元的商品，已收到现金，这些商品对应的成本为 6 500 欧元。

c. 向客户赊销了另一批商品，销售价格为 105 000 欧元。克兰多尔公司预计要到 5 月份才能收到客户付款。所售商品是克兰多尔公司上个月从供应商那里购入的，采购成本为 82 000 欧元。克兰多尔公司还没有付款给供应商。

d. 4 月份向供应商支付采购款 45 000 欧元，对应的这批商品已由克兰多尔公司在 3 月份卖出，当时的销售价格为 109 000 欧元。

e. 4 月份向供应商支付采购款 50 000 欧元，对应的这批商品已被克兰多尔公司在 4 月份售出，当时的销售价格为 90 400 欧元。

f. 4 月份从供应商处订购并已出售给客户的商品成本为 20 000 欧元，销售给客户的价格合计为 38 000 欧元，全部为赊销。克兰多尔公司预计将在 5 月份再付款给供应商。

g. 4 月份，还从供应商处订购了一批价值 101 000 欧元的商品，克兰多尔公司计划到 5 月份再向供应商付款，同时预计这批商品也能在 5 月份以 123 000 欧元的价格售出。

h. 收到客户交来的 26 500 欧元，预定公司将在 5 月份发货的一批商品。这批商品克兰多尔公司还没有储备，预计将在 5 月份进行采购，并且预计采购价格为 23 000 欧元。

5.5 综合收益

截至目前，本章已讨论了收入和费用的确认与计量问题，这两个项目对企业的净利润水平有着很大影响。向客户销售商品或者提供服务能增加（或减少）企业的净资产，同时通过净利润（或净损失）影响企业的留存收益。

美国公认会计原则和国际财务报告准则都要求公司在一些特定情况下对某些资产或者负债的账面价值进行调整，但这两套会计准则体系都不允许企业将这种账面价值的调整直接确认到净利润中，因而也不能将相关影响反映在留存收益项目中。于是，企业就只能将这类账面价值的变动记录到"**其他综合收益**"（other comprehensive income，OCI）账户中了。本章稍后将介绍其他综合收益的会计核算问题。现在，让我们先来看看"其他综合收益"和"累积其他综合收益"（other comprehensive income，AOCI）这两个概念。

例题 7 假定由于某个经济事件的影响，美国公认会计原则和国际财务报告准则都要求企业将某项资产的账面价值从 1 000 万美元调整为 800 万美元。根据相关会计核算要求，需要调整的这 200 万资产价值不能够记录到净利润中，只能记入"其他综合收益"账户。因此，企业应当编制会计分录如下：

其他综合收益（调低资产估值）	2 000 000	
资产		2 000 000

净利润与其他综合收益之和构成了**综合收益**（comprehensive income）。这样，企业在某个会计期间内全部的

净资产变动，除了由企业与股东的交易所引起的之外，剩下的就是综合收益的影响了。⊖

$$净利润 + 其他综合收益 = 综合收益$$

美国公认会计原则和国际财务报告准则都要求企业在资产负债表上报告其他综合收益的累积影响，相关账户的名称为"**累计其他综合收益**"（accumulated other comprehensive income，AOCI）。累积其他综合收益是每一期其他综合收益的累计金额，这种关系就跟我们在留存收益账户里累计扣除了股利支付以后的净利润是一样的。累积其他综合收益属于股东权益的一部分。

$$留存收益(期初) + 净利润 - 股利 = 留存收益(期末)$$
$$累积其他综合收益(期初) + 本期其他综合收益 = 累积其他综合收益(期末)$$

美国公认会计原则和国际财务报告准则都要求企业列示其他综合收益所包含的具体项目，对此，企业可以选择两种列报方式。⊖

1. 单独披露综合收益表，列报所有影响净资产变动的事项。这张报表应同时包含净利润项目和其他综合收益项目。
2. 编制两张报表，即一张利润表和一张单独的综合收益表。

本章小结

用企业销售商品或者提供劳务所取得的收入，扣除为取得收入而发生的费用，再调整当期某些利得和损失的影响，就能得到某会计期间的净利润。美国公认会计原则和国际财务报告准则都要求使用权责发生制作为会计核算的基础。在权责发生制下，收入的确认与现金的实际收到是不相关的。作为卖方企业，只要完成了对客户的义务并且收到了现金或者其他可以转换为现金的资产，就可以确认收入。此外，企业还需要将所售商品的成本（产品成本）与当期确认的收入相配比，这样配比得到的费用就是销货成本；而对于企业在会计期间内消耗的资产利益，还应当确认为其他费用（期间费用）。

自习问题解答

自习问题 5.1 解答参考
（收入与费用的确认）

a. 在 4 月份，克兰多尔公司对此笔交易既应当不确认收入，也不应当确认费用，但应编制会计分录确认从客户那里收到了 3 月份的销售货款：

货币资金	15 000	
应收账款		15 000

b. 对此笔交易，克兰多尔公司应确认收入 24 500 欧元，费用 6 500 欧元。

货币资金	24 500	
销售收入		24 500
销货成本	6 500	
商品存货		6 500

c. 克兰多尔公司对此笔交易应当确认收入 105 000 欧元，同时确认费用 82 000 欧元。

应收账款	105 000	
销售收入		105 000
销货成本	82 000	
商品存货		82 000

d. 对此笔交易，克兰多尔公司在 4 月份不应当确认任何收入或者费用。但是应编制会计分录记录支付给供应商的现金：

应付账款	45 500	
货币资金		45 500

e. 对此笔交易，克兰多尔公司应在 4 月份确认收入 90 400 欧元，同时确认费用 50 000 欧元。

商品存货	50 000	
货币资金		50 000
货币资金	90 400	
销售收入		90 400

⊖ 企业与股东之间的典型交易类型包括发放股利、发行股票和股票回购等。

⊖ 2011 年，美国财务会计准则委员会发布了《会计准则更新第 2011–05 号：综合收益的列报》，取代了《会计准则汇编》第 220 号。《会计准则更新第 2011–05》建议了这两种可选的披露形式。这份指南从 2011 年 12 月 31 日起生效。在这份指南发布以前，采用美国公认会计原则进行编报的企业还可以将综合收益列报为股东权益变动表的一部分。

销货成本	50 000		
商品存货		50 000	

f. 对此笔交易,克兰多尔公司应确认收入 38 000 欧元,同时确认费用 20 000 欧元。

商品存货	20 000		
应付账款		20 000	
应收账款	38 000		
销售收入		38 000	
销货成本	20 000		
商品存货		20 000	

g. 对此笔交易,克兰多尔公司在 4 月份既不应当确认收入,也不应当确认费用,但应在 4 月份编制相关会计分录,记录收到的采购商品和支付商品采购款的义务:

商品存货	101 000	
应付账款		101 000

h. 对此笔交易,克兰多尔公司在 4 月份既不应当确认收入,也不应当确认费用,但应编制相关会计分录,记录从客户那里预收的现金和在未来将要配送商品给客户的义务:

货币资金	26 500	
预收账款		26 500

关键术语与概念

净收益或净亏损(net income or net loss)
盈利(earnings)
利润(profit)
收入(revenues)
费用(expenses)
销售成本,劳务成本(cost of goods sold, cost of services rendered)
毛利率,毛利润(gross margin, gross profit)
经营费用(operating expenses)
经营收益,经营利润(operating income, operating profit)
持续经营利润(income from continuing operations)

拟终止经营利润(income from discontinued operations)
收入的确认(revenue recognition)
利得(gain)
损失(loss)
费用确认(expense recognition)
产品成本(product costs)
配比惯例(matching convention)
期间费用(period expense)
其他综合收益(other comprehensive income,OCI)
综合收益(comprehensive income)
累计其他综合收益(accumulated other comprehensive income,AOCI)

思考题、练习题和解决问题

思考题

1. 复习关键术语与概念中列出的术语和概念的含义。
2. "资产和负债的计量与收入和费用的计量密切相关。"请解释这句话的含义。
3. 请说出成本和费用之间的区别是什么?
4. 针对借款而支付的利息和针对普通股本而发放的股利都会减少企业的净资产或者股东权益,但会计师在计算利润时,将利息作为费用处理,而普通股股利却不作为费用处理。请问这是为什么?
5. 请解释为什么我们需要在利润表中将持续经营的利润和拟终止经营的利润分别进行列报。
6. 在权责发生制下,即使企业没有收到现金也可能确认收入。请问,如果卖方企业在收到货币资金以前就要确认收入的话,销售交易必须要满足什么条件才行?
7. 假定有位客户已经向公司预付了款项,而公司计划在下个月再将相应的商品配送给这位客户。在这种情况下,为什么公司在收到现金时不能确认收入呢?
8. 请问为什么区分收入和利得是非常重要的?
9. 假定有两家公司的其他情况都非常类似,请问为什么说要比较他们的经营利润是非常困难的?
10. 一位学生说:"对我来说,如果一家公司在报告利润增长的同时却发生现金短缺,简直就是不可思议的!"请向他解释为什么可能出现这种现象。

练习题

11. **收入的确认。**尼曼·马库斯百货公司(Neiman Marcus)是一家美国零售企业,它采用权责发生制作为会计核算基础,并按照美国公认会计原则编报。一般情况下,尼曼·马库斯公司在商品销售时确认收入。针对下面这些假想的交易,请指出尼曼·马库斯百货公司在 2 月、3 月和 4 月应当确认的收入金额(如果需要确认收入的话)。假定它发生了如下交易:

a. 3 月份时,从一位客户那里收到 800 美元西装定制款，公司计划在4月份制作这些西装并配送给客户。

b. 客户交来2 160美元现金，支付公司餐厅在3月份为客户所提供的餐食价款。

c. 3月份时，收到客户交来的39 200美元，均为2月份公司出售并配送的商品价款。

d. 3月份时，向客户赊销商品共计59 400美元，预计这些款项能在4月份收到。

e. 将商店里的部分营业空间出租给一家旅行社，月租9 000美元，从3月1日开始计算。3月1日，收到旅行社交来的两个月租金18 000美元。

f. 与交易e的情形相同，但假定公司是在4月1日收到的支票，支付3月份和4月份的租金。

12. **收入的确认。** 恒天然合作集团有限公司（Fonterra Cooperative Group Limited，简称恒天然）是一家新西兰的乳制品企业，采用权责发生制作为会计核算基础，通常在销售商品或者提供服务时确认收入。恒天然公司按照新西兰会计准则编制财务报表，编报单位为百万新西兰元（NZ$）。回答此问题时，可以假定恒天然公司采用的是国际财务报告准则。请指出下面这些交易或者事件中，哪些需要恒天然公司立即确认收入？

a. 恒天然公司已经完成了一份13 000公升牛奶订单的巴斯德氏杀菌工作，计划下周将这些牛奶配送到杂货连锁店去。这些牛奶的销售价格为26 000新西兰元，恒天然公司还没有开始配送，也没有向杂货连锁店开出发票。

b. 参考交易a的情形，但是假定杂货连锁店已经就这份订单向恒天然公司支付了5 000新西兰元的定金。

c. 恒天然公司将这批牛奶配送到了杂货店，并开出了销售发票，但杂货连锁店还没有支付这些账单。

d. 配送后的次日，杂货连锁店联系恒天然公司，说有3 000公升牛奶在发货前就已经变质了，只能倾倒处理。杂货连锁店拒绝支付这3 000公升牛奶的价款。

e. 恒天然公司投资1 000万新西兰元打算开发一项技术，将一种干酪素（即牛奶和奶酪中所含的一种蛋白质）副产品转换为乙醇。恒天然公司预期使用这项技术能为公司在下一年度中带来至少200万新西兰元的销售收入。

f. 参考交易e的情形，假定恒天然公司已经签下了一份价值40 000万新西兰元的乙醇销售合同。

13. **费用的确认。** 太阳微系统公司（Sun Microsystems）采用权责发生制作为会计核算基础，在销售商品或者提供服务时确认收入。该公司按照美国公认会计原则编制会计报表，编报单位为美元。针对下面这几笔假想的交易，请指出太阳微系统公司在6月份、7月份或者8月份应当确认的费用金额（如果需要确认费用的话），这些交易为：

a. 7月1日，为租入一间仓库而支付180 000美元租金，租金为1年，从当日开始计算。

b. 7月2日，收到一张6月份的电费账单，总额为4 560美元。公司在7月份将这份账单已经付清。

c. 7月份，赊购了价值12 600美元的办公器材，其中5 500美元已在当月付款，余款计划在8月份付清。公司在7月1日持有的办公器材库存价值为2 400美元，在7月31日和8月31日的办公器材库存价值分别为9 200美元和2 900美元。

d. 7月15日，支付当年的办公设施财产税7 200美元。

e. 7月15日，定制一辆厢式货车用作配送产品，已经支付定金2 000美元，预计对方制造企业能在9月30日交货。

f. 7月25日，预付员工8月份的工资4 500美元。

g. 7月25日，支付广告费6 600美元，这些广告已在6月份登载在计算机期刊上。

14. **费用的确认。** 特易购集团（Tesco Plc）是一家总部在英国的杂货店和连锁零售商，它采用权责发生制作为会计核算基础，通常在销售商品或者提供服务时就确认收入。特易购公司按照国际财务报告准则编制财务报表，编报单位为英镑（£）。请针对下列这些假想的交易或者事件，指出特易购公司在10月份应当确认的费用金额（如果需要确认的话）。这些交易或者事件为：

a. 10月5日，支付了440 000英镑的商业宣传费，相关商业宣传已经在9月份的英国电视频道播出。

b. 10月6日，为在9月30日已经收到的冷冻系统付款1 200 000英镑。公司预期这套冷冻系统能使用5年，期满无残值。

c. 10月10日，支付自今年10月1日至次年9月30日的财产税300 000英镑。

d. 10月15日，为10月10日购入的清洁用品付款15 500英镑。公司在10月1日和10月31日的清洁用品库存分别为3 500英镑和5 400英镑。

e. 10月20日，支付10月1日的叉车修理费4 000英镑。从10月1日开始计算，这辆叉车还可以再使用5年。

f. 10月25日，为特易购公司计划买入的一块土地支付了100 000英镑定金,公司计划在这块土地上修建新的商店。

g. 10月31日,支付200 000英镑租金租入一间仓库,租金所涵盖的租赁期为10月和11月两个月。

15. **净利润与资产负债表变动**。邦德尔公司（Bondier Corporation）是加拿大的一家飞机制造商,以下是该公司在第8年1月31日和第7年1月31日的比较资产负债表数据。这些数据摘录自邦德尔公司第8年1月31日的资产负债表,该公司按照加拿大会计准则编制财务报表,编报单位为百万美元。在回答本问题时,可以假定该公司是按照美国公认会计原则或者国际财务报告准则编报的,这对本题的解答不会产生影响。

邦德尔公司资产负债表数据 第8年1月31日和第7年1月31日		
	1月31日	
	第8年	第7年
资产合计	$ 20 562	$ 18 577
负债合计	17 444	15 844
普通股	2 078	1 968
留存收益	1 040	765

在截至第8年1月31日的会计年度中,邦德尔公司宣告并支付了30百万美元的股利;同年,该公司还报告留存收益调增了12百万美元。要求:

a. 请通过分析留存收益项目的变化,计算在截至第8年12月31日的会计年度中,邦德尔公司所实现的净利润为多少?

b. 请利用邦德尔公司的数据,证明下式是否成立:
净利润 = 资产的增加 − 负债的增加 − 投入资本的增加 + 股利 +（或）− 其他调整额

16. **净利润与资产负债表变动**。麦格通信公司（Magtelkom）是一家匈牙利的通信企业,以下是它在第11年和12年年末的资产负债表信息。麦格通信公司按照国际财务报告准则编制财务报表,编报单位为百万匈牙利福林（HUF）。

麦格通信公司资产负债表数据 第11年和第12年年末		
	第12年	第11年
资产合计	HUF1 135 578	HUF1 131 595
负债合计	553 885	538 428
普通股	129 954	128 728
少数股东权益	66 695	67 128
留存收益	385 044	?

在第12个财务年度中,麦格通信公司宣告并支付了72 729百万匈牙利福林的股利,并进行了一些其他的调整,使留存收益项目调增了307百万匈牙利福林。要求:

a. 计算麦格通信公司在第11年年末的留存收益余额。
b. 计算麦格通信公司在第12年的净利润为多少?

17. **利润表关系**。诺瓦有限公司（Novo Limited）是香港的一家个人电脑制造商,下面的数据摘录自该公司截至第9年和第10年3月31日的年度利润表。诺瓦公司按照香港财务报告准则编制财务报表,编报单位为千美元。在回答本问题时,可以假定诺瓦公司采用的是美国公认会计原则或者国际财务报告准则,这对本题的解答没有重大影响。

	第10年	第9年
收入	$16 351 503	$13 978 309
销货成本	13 901 523	12 091 433
销售与管理费用	1 103 713	1 033 296
毛利	?	?
税前利润	?	?
广告费用	595 902	488 150
研究与开发费用	229 759	196 225
其他收益（费用）	?	18 130
所得税费用	47 613	26 197
净利润	484 708	?

要求:计算上表中第9年和第10年的缺失值。

18. **利润表关系**。斯维斯泰克公司（SwissTek）是一家瑞士的工程企业,下面是它在第11、12和13年度的一些利润表信息。斯维斯泰克公司按照美国公认会计原则编制财务报表,编报单位为百万美元。

	第13年	第12年	第11年
产品销售收入	$ 24 816	?	$ 17 622
所得税费用	595	?	464
息税前利润	4 023	2 557	?
劳务收入	4 367	3 778	3 342
销售与管理费用	4 975	?	3 780
劳务成本	?	2 570	2 305
税前利润	?	2 076	1 199
其他经营收益（费用）	?	139	37
利息与其他融资费用	286	?	407
毛利润	8 968	6 744	?
产品销售成本	17 292	13 967	13 205
其他非经营收益（费用）	?	(321)	(258)
利息与股利收益	273	147	?
净利润	3 757	1 390	?

要求:计算这3年里各年数据中的缺失值。

19. **利润与权益的关系**。詹姆士·约翰公司（James John Corporation）是一家集设计、制造和销售为一体的美国服饰公司,以下是这家企业以 3 月 31 日为截止日的第 10、11 和 12 年度比较资产负债表信息。詹姆士·约翰公司按照美国公认会计原则编制财务报表,编报单位为百万美元。

詹姆士·约翰公司资产负债表数据
第 10、11 和第 12 年的 3 月 31 日

	3 月 31 日		
	第 12 年	第 11 年	第 10 年
普通股	?	?	$1.1
累积其他综合收益	?	$(27.2)	0.0
留存收益	$1 742.3	?	1 090.3
库存股	?	(87.1)	(80.0)
股本溢价	872.5	783.6	?
股东权益合计	2 334.9	?	1 675.7

詹姆士·约翰公司在第 10 年以后再没增发过普通股。在第 11 年里,詹姆士·约翰公司报告实现了净利润 308.5 百万美元,宣告并发放现金股利 19.6 百万美元。在第 12 年里,詹姆士·约翰公司用 234.4 百万美元回购了部分普通股。要求:请计算上述三年中,各年数据的缺失值。

20. **利润与权益的关系**。棕榈门公司(Palmgate Company)是美国的一家消费品制造企业,以下是该公司的部分截至 12 月 31 日的第 7、8 和第 9 年比较资产负债表和利润表数据。棕榈门公司按照美国公认会计原则编制财务报表,编报单位为百万美元。

棕榈门公司部分财务报表信息
第 9、8 和第 7 年的 12 月 31 日

	12 月 31 日		
	第 9 年	第 8 年	第 7 年
利润表信息:			
净利润	$1 737.4	$1 353.4	$1 351.4
其他综合收益	414.4	?	1.5
资产负债表信息:			
普通股	?	?	732.9
累计其他综合收益	?	(2 081.2)	(1 804.7)
以权益结算的股份支付	(218.9)	(251.4)	(283.3)
优先股	197.5	222.7	253.7
留存收益	10 627.5	?	8 968.1
库存股	?	?	(7 581.0)
股本溢价	1 517.7	1 218.1	?
股东权益合计	?	?	1 350.1
其他信息:			
宣告并支付的股利	?	677.8	607.2
股票回购成本	829.8	492.9	615.6
发行普通股	0	0	0

要求:计算表中棕榈门公司这三年中各年的缺失数据值。

21. **累积其他综合收益关系**。莫斯特奇公司(MosTechi Corporation)是一家日本的电子制造企业,以下是该公司截至 3 月 31 日的第 6、7 和第 8 年部分信息。莫斯特奇公司按照美国公认会计原则编制财务报表,编报单位为百万日元(¥)。

莫斯特奇公司资产负债表数据
第 8、7 和第 6 年的 3 月 31 日

	3 月 31 日		
	第 8 年	第 7 年	第 6 年
普通股	¥626 907	¥624 124	¥621 709
累计其他综合收益	?	?	?
留存收益	?	1 602 654	1 506 082
库存股	?	(3 127)	(6 000)
股本溢价	1 143 423	1 136 638	1 134 222
股东权益合计	3 351 500	?	2 870 338

莫斯特奇公司在第 7 和第 8 个财务年度的其他综合收益分别为 229 238 百万日元和 40 944 百万日元。在第 8 个财务年度中,莫斯特奇公司实现了净利润 126 328 百万日元,宣告并支付股利 25 042 百万日元。在第 8 个财务年度里,因为一次会计政策变更的累积影响,还调低了留存收益 3 807 百万日元。要求:计算上述 3 年中每一年的数据缺失值。

22. **累积其他综合收益**。索拉奥克斯公司(Solaronx Company)是一家美国的国防制造企业,以下是该公司以 12 月 31 日为年度截止日的第 10、11 和第 12 年部分比较资产负债表信息。索拉奥克斯公司按照美国公认会计原则编制会计报表,编报单位为百万美元。

索拉奥克斯公司资产负债表数据
第 10、11 和第 12 年的 12 月 31 日

	12 月 31 日		
	第 12 年	第 11 年	第 10 年
普通股	$5	$5	$5
累计其他综合收益	?	?	(1 919)
留存收益	?	?	2 998
库存股	(816)	(543)	(73)
股本溢价	10 097	9 722	9 540
股东权益合计	?	?	?

索拉奥克斯公司在第 12 年、第 11 年和第 10 年的其他综合收益分别为 774 百万美元、-31 百万美元和 275 百万美元。此外,在第 12 年,索拉奥克斯公司一次性将累计其他综合收益调低了 1 338 百万美元。第 12 年、第 11 年和第 10 年的综合收益分别为 2 057 百万美元、840 百万美元和 692 百万

美元，在这3年中宣告并发放的股利分别为429百万美元、394百万美元和356百万美元。要求：计算上述3年中，每一年的缺失数据值。

23. **终止经营**。法码科尔公司（PharmaCare）是德国的一家制药企业，以下是该公司以12月31日为年度截止日的第6年和第7年财务报表部分信息。法码科尔公司按照国际财务报告准则编制财务报表，编报单位为百万欧元（€）。请问：
   a. 在法码科尔公司第7年的净利润中，有多少是来源于拟终止经营项目的？与第6年的情况相比如何呢？
   b. 法码科尔公司第7年的总资产中，有多少是与拟终止经营项目相关的？与第6年的情况相比如何呢？
   c. 法码科尔公司在第7年中，与终止经营项目相关的资产出现了大面积下降，请问，原因是什么？

法码科尔公司资产负债表和利润表数据 以12月31日为截止日的第6年和第7年		
	12月31日	
	第7年	第6年
持续经营的利润（税后）	€2 306	€1 526
拟终止经营的利润（税后）	2 410	169
拟终止经营相关资产	84	2 925
资产总额	51 378	55 891

24. **终止经营**。欧兰特尔公司（Oratel S. A. E.）是一家埃及通信企业，以下是该公司以12月31日为年度截止日的第13年和第12年部分财务信息。欧兰特尔公司按照埃及会计准则编制财务报表，编报单位为千埃及镑（£）。在回答本问题时，可假定欧兰特尔公司执行的是美国公认会计原则或者国际财务报告准则，这对本题的回答不会产生重大影响。

欧兰特尔公司资产负债表和利润表数据 以12月31日为截止日的第13年和第12年		
	12月31日	
	第13年	第12年
持续经营的利润（税前）	£9 293 448	£4 456 900
拟终止经营相关资产	?	7 327 709
持续经营利润所得税	2 571 426	?
拟终止经营的利润（税后净值）	?	1 020 213
持续经营的利润（税后）	?	3 595 713
净利润	11 935 088	?
持续经营中使用的资产	34 348 838	?
资产总计	39 492 853	34 209 746

要求：计算这两年数据中的缺失值。

解决问题

25. **利润表的格式**。瑟门特克斯公司（Cementex Corporation）是一家墨西哥的建筑企业，以下是它以12月31日为年度截止日的第9年和第10年的利润表。瑟门特克斯公司按照墨西哥会计准则编制财务报表，编报单位为百万比索（$）。

瑟门特克斯公司利润表数据 以12月31日为截止日的第10年和第9年		
	12月31日	
	第10年	第9年
销售收入净额	$236 669	$213 767
销售成本	157 696	?
毛利润	?	77 320
管理及销售费用	33 120	28 588
配送费用	13 405	?
其他费用，净值	3 281	580
经营利润	?	33 925
财务费用	8 809	?
融资收益	862	536
金融工具取得收益（费用）	2 387	(161)
其他金融收益（费用）	6 647	4 905
通过权益投资中享有的收益	1 487	1 425
所得税前利润	?	34 845
所得税	?	?
合并利润	?	?
少数股东本期收益	837	?
属于瑟门特克斯公司股东的本期利润	?	27 855

假定瑟门特克斯公司在第10年和第9年的实际所得税率分别为15.11%和16.35%。请：
   a. 计算上述两年数据中的缺失值。
   b. 按照国际财务报告准则的要求，以正确的格式为瑟门特克斯公司编制一份第9年和第10年的利润表。

26. **利润表的格式**。好运品牌公司（GoodLuck Brand）是一家创业于美国的生产经销商，以下是该公司以12月31日为年度截止日的第6、7和第8年利润表数据。好运品牌公司使用美国公认会计原则编制财务报表，编报单位为百万美元。

	第8年	第7年	第6年
销售收入净额	$8 769.0	$7 061.2	$6 145.2
产品销售成本	4 618.9	3 843.0	3 342.1
酒类商品消费税	514.0	326.5	299.7
广告、销售与管理费用	2 070.1	1 694.4	1 433.6
无形资产摊销	43.5	33.4	35.4
重组支出	21.2	—	9.8
经营利润	1 501.3	1 163.9	1 024.6

	第8年	第7年	第6年
利息费用	332.4	158.9	77.3
其他财务费用（收益）	(40.2)	78.9	(47.0)
扣除少数股东本期收益和所得税前的利润	1 209.1	926.1	994.3
所得税	311.1	324.5	261.1
少数股东本期收益	67.9	20.0	17.2
持续经营的利润	830.1	581.6	716.0
拟终止经营的利润，税后	—	39.5	67.8
净利润	$830.1	$621.1	$783.8

要求：假定好运品牌公司按照国际财务报告准则编制财务报表，请以正确的格式为该公司编制一份第6年、第7年和第8年的利润表。

27. **更正利润表交易的错误**。布鲁优公司（Broyo Corporation）是一家大型纸业企业，以下是该公司截至第13年12月31日的年度利润表。布鲁优公司按照国际财务报告准则编制财务报表，编报单位为百万欧元（€）。

	第13年
销售收入净额	€4 221
产品销售成本	(3 110)
毛利润	1 111
销售与日常管理费用	(794)
其他经营收益，净值	17
在联营企业享有的利润份额	1
经营利润	335
融资收益与费用，净值	(43)
持续经营税前利润	292
所得税	(72)
持续经营税后利润	220
拟终止经营利润，税金净值	17
利润总额	€237
少数股东享有的本期利润	1
归属于布鲁优公司股东的本期利润	236

此外，布鲁优公司还提供了下列发生在第13年期间的6项交易或事项信息：

a. 第13年10月5日，布鲁优公司与国际办公文具公司签订了一份销售合同，拟向国际办公文具公司配送50 000盒办公用纸，销售总价格为200百万欧元。布鲁优公司在签订协议当天确认了收入200百万欧元，并确认了销售成本160百万欧元。但是截至第13年12月31日，这份合同所涉及的商品还未开始配送。

b. 第13年10月18日，布鲁优公司与一位客户签订了价值45百万欧元的合同，客户当时就支付了20百万欧元的现金作为保证，布鲁优公司将这20百万欧元记录为了收入，但在同日没有确认任何费用。

c. 第13年10月28日，布鲁优公司完成了交易b中所签定合同要求的全部事项，配送货物涉及的存货成本为36百万欧元。由于布鲁优公司在10月份已经记录过收入了，这次在10月28日就没有再进行任何会计处理。

d. 第13年第4季度中，布鲁优公司为研究与开发项目投资了11百万欧元，旨在研发一种新型的防水纸张，但不幸的是该项研发项目失败了。布鲁优公司将这11百万欧元资本化为开发资产，计划从第14年开始，在10年内进行摊销。

e. 第13年12月1日，布鲁优公司向一位客户配送了价值266百万欧元的纸类产品，相应的成本为250百万欧元。客户承诺将在第14年的1月份支付货款给布鲁优公司。由于截至第13年的12月31日都还没有收到货款，布鲁优公司对此笔交易没有进行任何会计记录。

f. 第13年12月5日，布鲁优公司将一个制浆车间对外出售，交易价格为100百万欧元。该制浆车间在出售前的资产负债表账面价值为80百万欧元，布鲁优公司对这笔交易的记录为：借记"货币资金"账户100百万欧元，贷记"收入"账户100百万欧元；同时再借记"产品销售成本"账户80百万欧元，贷记"厂场与设备"账户80百万欧元。

要求：对上述每笔交易，不考虑所得税的影响，请指出布鲁优公司的会计处理是否导致了收入或者费用的错报，如果是的话，请指出错报的方向是高估还是低估。

28. **更正利润表交易的错误**。蜻蜓有限责任公司（Dragonfly Limited）是一家总部位于新加坡的多元化电子企业，以下是它截至第7年12月31日的年度利润表信息。蜻蜓公司按照新加坡财务报告准则编制财务报表，编报单位为千新加坡元（$）。回答此问题时，可以假定蜻蜓公司是按照美国公认会计原则或者国际财务报告准则编制财务报表的，这对本题的解答不会产生重大影响。

	第7年
销售收入	$460 830
销售成本	(416 378)
毛利润	44 452
其他收益	1 558
销售与营销费用	(20 714)

	（续）
	第7年
日常管理费用	(20 254)
开发费用	(1 232)
融资费用，净值	(6 692)
出售土地利得	6 546
关联企业投资收益	(2)
税前利润	3 662
所得税	(1 094)
净利润（损失）	$2 568
归属于少数股东的本期收益	(567)
归属于公司股东的本期收益	3 135

假定蜻蜓公司在第7年中还发生如下6项交易或者事项：

a. 第7年1月，蜻蜓公司从客户那里收到1 000千新加坡元，这是该客户支付的第6年12月的赊购欠款，该批货物蜻蜓公司已在第6年12月中旬发货。对此，蜻蜓公司在1月份确认了收入1 000千新加坡元。

b. 第7年2月2日，蜻蜓公司答应向一位客户提供价值25 000千新加坡元的高端电子产品。当日，蜻蜓公司确认了销售收入25 000千新加坡元，同时按这批高端电子产品存货的账面价值18 000千新加坡元确认了销售成本。根据协议，蜻蜓公司在第7年9月份将这批高端电子产品配送给了客户。

c. 几年前，当房地产市场还不那么红火时，蜻蜓公司就购入了一些土地。第7年6月4日，蜻蜓公司将一部分账面价值为454千新加坡元的土地对外出售，价格为7 000千新加坡元。对此，蜻蜓公司记录了出售土地利得6 546千新加坡元。

d. 在第7年中，蜻蜓公司为开发的一项新产品投入了1 232千新加坡元开发费用，已全部费用化处理。目前，该新产品的设计和制造已接近完成。公司审计师认为，蜻蜓公司应当将这些开发费用进行资本化处理。

e. 第7年12月，蜻蜓公司确认了有价证券投资利息收入230千新加坡元，但这笔收入被记录到了销售收入中。

f. 蜻蜓公司在第7年共支出了15 000千新加坡元广告费用。由于管理层认为这些广告将为公司带来未来收益，蜻蜓公司将这部分支出资本化为了一项资产。截至目前，这些资产尚未开始进行摊销。

要求：对以上每笔交易，请指出蜻蜓公司所进行的会计处理是否会高估或者低估公司的收入和费用项目。

29. **利润表的分类与解释**。海风公司（SeaBreeze）是一家创业于台湾的半导体制造企业，以下是它在第12个财务年度里报告的信息。海风公司按照国际财务报表准则编制财务报表，编报单位为百万元（¥）。

	第12年
销售收入	¥1 891 466
销售成本	(1 737 427)
毛利润	154 039
销售与日常管理费用	(98 524)
税前利润	55 515
所得税	(23 594)
净利润（损失）	¥31 921

此外，假定你还获得了以下5个项目的额外信息（财务数据货币单位均为百万元）。

a. 海风公司在第12年里因出售资产一共取得了利得10 000百万元，公司将这些利得报告为了收入的一部分。

b. 海风公司将融资收益25 800百万元报告在了收入项目中，将融资费用12 000百万元报告在了销售成本项目中。

c. 海风公司调减了存货价值共计6 000百万元，被记在了销售与日常管理费用项目中。根据行业特点，通常情况下，这种存货减值应记录在销售成本中。

d. 海风公司将研究与开发支出共计34 000百万元记录在了销售成本项目中。这些支出所涉及的技术均未研发成功（因此，是不满足研发费用资本化条件的）。

e. 公司在第12年里承诺将终止部分经营业务，这部分拟终止经营业务在当年所创造的毛利润为22 000百万元。

要求：在上述5项交易或者事件里，海风公司所进行的会计处理涉及的利润表分类是否正确？请进行评价。如果你不同意海风公司的报表分类处理，请说明理由，并指出你认为的正确分类将对公司目前毛利润和净利润水平产生的影响。

30. **利润表的分类与解释**。黛仁公司（Dyreng Plc.）是比利时的一家建筑企业，以下是它在第11年的相关信息。黛仁公司按照国际财务报告准则编制财务报表，编报单位为千欧元（€）。

	第 11 年
销售收入	€18 957.2
销售成本	(14 161.9)
毛利润	4 795.3
其他经营利润	107.9
销售与日常管理费用	(3 929.5)
其他经营费用	(36.5)
经营利润	€937.2
融资费用	(347.2)
投资收益	14.5
税前持续经营利润	604.5
所得税	(203.7)
持续经营净利润	400.8
拟终止经营项目利润（税后）	23.7
净利润	€424.5

除表中数据外，假定你还获得了下述 6 项信息：

a. 黛仁公司在第 11 年中与伦敦市政府签订了一项协议，将在盖特威克机场为该市新修建一座航站楼，合同价格为 240 千欧元。具体的修建工作将于第 12 年开工。为此，伦敦市政府已经向黛仁公司支付了 80 千欧元承诺金。黛仁公司根据合同在第 11 年确认了收入 240 千欧元，但由于工程还未开工，黛仁公司在确认收入时并未记录任何成本费用。

b. 黛仁公司根据在第 10 年所签订的一份合同在第 11 年确认了收入 700 千欧元。该份合同涉及的全部工作已在第 10 年完成，但客户直到第 11 年才支付相关合同款项。在确认收入的同时，黛仁公司还根据项目所发生的成本记录，在同期确认了 660 千欧元的费用。

c. 黛仁公司在第 11 年对它的管理部门进行了整合，然后将一栋办公楼以 560 千欧元的价格对外售出。这栋办公室在出售前的账面价值为 600 千欧元。黛仁公司对此笔交易分别按上述金额确认了收入和销售成本。

d. 在编制完第 11 年的利润表之后，黛仁公司发现它将 45 千欧元的拟终止经营项目利润报告在了其他经营利润项目中。不考虑此笔交易的所得税影响。

e. 黛仁公司在第 11 年完成了一项改造项目，合同价格为 450 千欧元，公司为该项目支出的材料、人工和制造费用等共计 230 千欧元。黛仁公司已将项目账单寄送给客户，但是由于在第 11 年中没有收到对方客户的付款，黛仁公司在第 11 年的利润表中就没有记录这笔交易。

f. 一家企业在第 11 年向黛仁公司表示，希望能够租赁黛仁公司在某改造项目中的直立脚手架，用于该企业的广告宣传，这家企业提出的价格为 960 千欧元，租期 1 年。黛仁公司接受了这家企业的提议，并将此 960 千欧元作为减少该改造项目成本加以记录。截至第 11 年年末，脚手架的租赁期还剩下 6 个月。

要求：评价黛仁公司关于上述 6 个事项的处理对利润表项目分类的影响。如果你不同意黛仁公司的做法，请说出理由，并说明你认为正确的做法对公司当前毛利润和税前持续经营利润会造成的影响。

31. **计算税率**。下面是一家跨国计算机设备制造商所报告最近两年的数据（编报单位为百万美元），该公司按照美国公认会计原则编制财务报表。

	第 10 年	第 9 年
收入	$88 396	$87 548
费用	(76 862)	(75 791)
税前利润	11 534	11 757
所得税费用	(3 441)	(4 045)
净利润	$8 093	$7 712

要求：

a. 计算在各年中，净利润占收入总额的比重。
b. 计算在各年中，税前利润占收入总额的比重。
c. 计算在各年中，所得税费用占税前利润的比重，该比重即为公司的实际税率（effective tax rate）。
d. 通过这些比率，说明公司的获利能力在第 9 年和第 10 年间发生变化的主要原因是什么？

第 6 章
现金流量表

学习目标

1. 了解为什么在以权责发生制为会计核算基础编制了资产负债表和利润表之后,还需要再编制现金流量表。
2. 知道经营活动、投资活动和筹资活动所涉及的现金交易类型。
3. 能够根据比较资产负债表和利润表信息编制现金流量表。
4. 会分析现金流量表。

知道达美航空公司（Delta Airlines）和通用汽车最大的汽车零件供应商德尔福公司（Delphi）之间有什么共同点么？——它们同在21世纪初向法院申请了破产保护！这些申请破产的公司在破产前通常都有数年的盈利历史，然后在某日却由于不能产生足够的现金来支付经营费用或者偿还到期债务而申请破产。因此，创造现金流量和合理安排现金收支时机的能力对一家企业的成功来说，是至关重要的。有鉴于此，美国公认会计原则和国际财务报告准则都要求企业编制**现金流量表**（statement of cash flows），报告会计期间内现金的来源与运用情况。现金流量表反映了企业的经营活动、投资活动和筹资活动对会计期间内现金流量的影响，它与反映企业财务状况的报表（资产负债表）和反映企业经营成果的报表（利润表）之间互相关联，但又存在区别。

6.1 编制现金流量表的必要性

一家明明赚钱的企业，为什么会出现现金短缺呢？这可以从以下两个方面来进行解释。

1. **某一会计期间的净利润与当期经营活动的现金流量并不相等**。在第1章里我们曾经谈到，绝大多数企业都使用权责发生制作为核算经营业绩的会计基础，这就意味着，利润与当期的现金流量之间是不同步的。要理解为什么会出现这样的结果，让我们来回顾收入和费用的确认问题：

   - **收入的确认**。企业一般在销售时确认收入，无论当时它们是否已经收到了相应的现金。类似于航空公司这样的一些企业，通常能在提供服务和确认收入之前就收到现金；但对更多的制造企业和经销商来说，往往只能在提供服务并确认收入之后才收到现金。因此，利润表中所报告的收入往往与当期从客户那里所实际收到的现金金额是不一致的。
   - **费用的确认**。企业对费用的确认一般分两种情况，要么与相关的收入配比确认在同一会计期间，要么根据企业对资源或者服务的消耗时间来进行确认，而与特定费用所对应的现金流出不一定恰好就发生在费用被确认的那个会计期间内。因此，利润表中所报告的费用与当期企业实际支付给材料供应商或者服务提供者的现金流出往往也是不一致的。

   与大部分经营费用所对应的现金流出往往发生在企业根据销售所能收到的现金流入之前，这种现金流出与现金流入之间的时滞就可能导致现金发生短缺。现金短缺问题尤其容易发生在处于成长期的公司中。在一般企业里，给员工付酬和支付供应商货款的时点总是早于从客户那里收款的时点，如果企业的发展速度越快（即雇佣更多员工和租入更多空间来扩展业务的速度越快），现金的短缺就会越严重。当企业还在等待从客户那里收款时，就已经需要向员工或者供应商付款了。这时，企业就可能会，比如，找银行借入资金来进行周转。

   上述例子说明，在任何会计期间内，利润表都无法说明当期现金流量的情况。换句话讲，在以权责发生制作为会计核算基础来计算净利润之外，我们还需要编制另一张独立的财务报表，以反映现金流量的变动情况。这张报表可以帮助使用者判断企业对现金流量的需求，并了解企业是如何处理这些需求的。

2. **企业的投资活动和筹资活动也会引起现金的流入与流出**。利润表并不能直接反映企业的很多投资和融资现金变化。为帮助大家理解投筹资活动对利润和现金的不同影响，我们来看下面这几个例子：

   - 为获得足够的生产能力，企业往往需要用现金去购买不动产、厂场和设备等固定资产。在这些资源的取得当期，企业将这些支出资本化（capitalize，即记录为一项资产，而不是报告为一项费用处理），报告为不动产、厂场和设备。只有在今后各期的利润表中，才能够看到这类成本的费用化，通常是以折旧费用的形式出现在利润表上。
   - 负债的偿付也需要使用现金。利润表会报告企业支付的利息费用，但对于本金的偿还却没有反映。债务本金的偿还与费用无关，因此，这一项目永远不可能出现在企业的利润表上。
   - 一些企业会用现金支付股利。但股利并不属于利润表中的费用范畴，股利只是发放给企业股东的净资产。

   所以，无论是资产负债表还是利润表，都无法报告企业现金的来源与运用情况。资产负债表虽然报告了期初和期末现金账户的余额，但却无法解释为什么当期的现金发生了这样的变化。利润表计量了企业当期由于销售商品或提供劳务而取得的收入高于（或低于）其成本的净资产价值，但在权责发生制下，企业因赚取利润而导致的净资产增加不可能全是现金形式的。所以，只有现金流量表才能帮助报表使用者了解一家企业的现金来源与运用情况。

6.2 现金流量表概述

表6-1是家乐氏集团（Kellogg Group）截至2013年12月31日这个财务年度的现金流量表。我们在本章稍后会介绍计算经营活动现金流量的直接法和间接法，为方便后部分的讨论，这里还提供了家乐氏集团在2012和2013财务年度的年度资产负债表（表6-2）和2013年的利润表（表6-3）。

6.2.1 现金流量表解释了两个资产负债表日之间现金变动的原因

在家乐氏集团的现金流量表中，最后几行报告了公司资产负债表上当期期初和期末的现金余额，这些金额与家乐氏集团2013财务年度资产负债表上的期初现金余额（524百万美元）和期末现金余额（255百万美元）是一样的。美国公认会计原则和国际财务报告准则均一致要求，企业应通过现金流量表来对当期现金和**现金等价物**（cash equivalents）所发生的变动进行解释。所谓现金等价物，是指具有高度流动性的短期投资，是企业冗余现金的一种暂存形式。在本书中，我们使用"现金流量（cash flows）"这个术语来指代现金和现金等价物的流量⊖。现金流量表的其他各行分别说明当期的各项现金流入和流出情况，正是这些流入和流出项目解释了两个资产负债表日之间企业现金变化的原因。因此，现金流量表报告了企业的现金随着时间推移而发生的变化或者流动情况，而资产负债表报告的则是某一特定日期的企业现金余额情况。

表6-1 家乐氏集团合并现金流量表 （编报单位：百万美元）

间接法		直接法	
	2013年		2013年
经营活动产生的现金流量：		**经营活动产生的现金流量：**	
净利润	$1 192	现金的来源：	
加：折旧费用	243	销售商品、提供劳务收到的现金	$12 690
营运资本的变动：		现金的运用：	
应收账款	(132)	购买商品支付的现金	(7 049)
存货	27	支付的销售和日常管理项目	(3 554)
应付账款	136	支付的利息⊖	(276)
应计负债	(140)	支付的所得税	(485)
经营活动产生的现金流量	$1 326	经营活动产生的现金流量	$1 326
投资活动产生的现金流量：		**投资活动产生的现金流量：**	
购买不动产、厂场与设备	(525)	购买不动产、厂场与设备	(525)
新增长期投资	(264)	新增长期投资	(264)
投资活动中使用的现金流量	$(789)	投资活动中使用的现金流量	$(789)
筹资活动产生的现金流量：		**筹资活动产生的现金流量：**	
偿付债券支出的现金	(233)	偿付债券支出的现金	(233)
支付股利	(573)	支付股利	(573)
筹资活动中使用的现金流量	$(806)	筹资活动中使用的现金流量	$(806)
现金流量变动	$(269)	现金流量变动	$(269)
期初现金流量余额	$524	期初现金流量余额	$524
期末现金流量余额	$255	期末现金流量余额	$255

资料来源：© Cengage Learning 2014.

6.2.2 现金流量表将导致现金变动的原因区分为经营活动、投资活动和筹资活动三个方面

现金流量表将导致当年的现金流入和流出项目按性质区分为三类：经营活动产生的现金流量、投资活动产生的现金流量和筹资活动产生的现金流量。在图6-1中，就是按这三类现金流量分别进行报告的。现对这三类现金流量分别介绍如下。

⊖ 美国财务会计准则委员会，《财务会计准则公告第95号：现金流量表》（1987年）（汇编主题230）；国际会计准则理事会，《国际会计准则第7号：现金流量表》（1992年）。

⊖ 根据美国公认会计原则，支付的利息应报告为经营活动的现金流出。——译者注

1. 经营活动产生的现金流量。一家财务健康的公司总是能通过销售商品和提供劳务创造持续的现金流入。经营活动产生的现金流量能说明企业的经营活动是否能够创造正的现金流。利用**经营活动产生的现金流量**（cash flow from operations），企业可以购买建筑物和设备、支付股利、偿还长期负债以及用于支付其他投资活动或者筹资活动的需求。

2. 投资活动产生的现金流量。投资活动产生的现金流量（cash flow from investing activities）报告在现金流量表的第二部分。构建非流动资产，尤其是不动产、厂场和设备等，是这类活动中最有代表性的一项现金运用项目。随着这些非流动资产的陈旧和被处置，企业必须要对它们进行更新；另一方面，随着企业规模的日渐壮大，也必须不断添置新的非流动资产。在购置这些资产时，部分现金可能来自于现有旧资产的出售所得，但这类现金流入极少能够满足新资产构建对现金的需求。对那些增长不那么迅速的公司来说，往往可以积累经营活动产生的现金流量来购置新的非流动资产；但如果是高速增长的公司，则将不得不通过借款或者发行股票来为这些固定资产的构建筹措资金了。

3. 筹资活动产生的现金流量。企业通过借款或者发行股票筹集现金，向股东支付股利或者偿还借款、回购股票而使用现金，这些都是**筹资活动产生的现金流量**（cash flow from financing activities），报告在现金流量表的第三部分。

模糊的现金流量分类 有些现金流量并不容易清晰地被归类为以上三大类现金流量之一。例如，以利息或者股利形式收到的证券投资收益，你也许会认为它们属于经营活动产生的现金流量，因为利息或者股利都是利润表中的收入项目之一；但你可能也会同意它们属于投资活动产生的现金流量，因为这些现金流量产生的原因是某些证券的买卖，而这些证券的买卖正是报告在现金流量表的投资活动类别下的。根据美国公认会计原则，收到的利息或者股利应当报告为经营活动产生的现金流量，而投资证券的买卖则应当报告为投资活动的现金流量。但是，如果根据国际财务报告准则，那么企业可以将收到的利息或者股利报告为经营活动、投资活动或者筹资活动三大类之一，前提是只要这种分类标准在各个会计期间能够保持一致。

类似这种比较模糊的分类项目还有利息费用。由于利息费用是利润表中的费用项目之一，所以将它作为经营活动的现金流出量报告在现金流量表中是不无道理的。但是，利息是由于借债行为而产生的，而债务的借入和偿还在现金流量表中是属于筹资活动的，因此，将利息费用作为筹资活动的现金流量予以报告似乎也很合理。美国公认会计原则要求企业将用现金支付的利息费用报告在经营活动类别下；而国际财务报告准则却允许企业将用现金支付的利息费用报告为经营活动、投资活动或者筹资活动任意之一，但前提仍然是需要在各个会计期间保持分类标准的一致。不过，无论是根据美国公认会计原则，还是根据国际财务报告准则，发行和偿还债务、以及支付现金股利都属于筹资活动产生的现金流量。

最后，某些证券的买卖既可被划分为投资活动，也可被划分为经营活动，一些短期负债的增加既可被归类为经营活动，也可被归类为筹资活动。

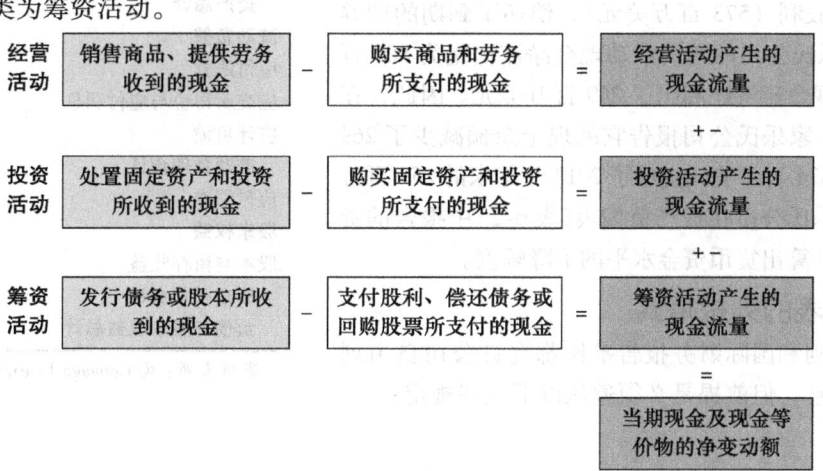

图 6-1 现金流量的分类

资料来源：© Cengage Learning 2014.

自习问题 6.1

现金流量涉及的活动类型。 对于下列发生在当期的各项现金流量项目，在编制现金流量表时，应被划分为经营活动、投资活动还是筹资活动？如果你认为这当中存在有不应当报告在现金流量表中的交易，也请指出，并说明具体的原因。假定这家公司是按照美国公认会计原则编制财务报表的。

a. 向商品供应商支付 96 900 美元。
b. 发行股票，收到 200 000 美元。
c. 当期销售商品，收到客户支付的 49 200 美元。
d. 当期收到客户交来的上期赊销款 22 700 美元。
e. 当期收到客户交来的 1 800 美元，相关的商品将由企业在下期发出。
f. 支付 16 000 美元负债利息。
g. 支付 40 000 美元购入一块土地。
h. 发行市场价值为 60 000 美元的普通股，用以换回一块土地。
i. 因为员工在本会计期间提供的人工服务，支付员工薪酬 25 300 美元。
j. 对于员工在上一会计期间提供人工服务企业还未支付的薪酬，在本会计期间予以支付，共计 7 900 美元。
k. 支付 53 800 美元，从专利权发明人手中购回一项专利权。
l. 向银行借款买入一栋建筑楼。
m. 向股东支付股利 19 300 美元。
n. 出售一台设备，取得 12 000 美元。该设备最初的取得成本为 20 000 美元，出售时已经累计折旧 8 000 美元。
o. 因债券到期，支付 100 000 美元偿付债券本金。
p. 支付 40 000 美元，购入 IBM 公司的普通股。
q. 因交易 p 中购入的普通股，收到 IBM 公司发放的现金股利 200 美元。

6.2.3 解读现金流量表中的信息

根据表 6-1，家乐氏公司在 2013 年实现了正的经营活动现金流量 1 326 百万美元，大于当年在投资活动使用的现金流出量 789 百万美元。在商业活动中，我们将经营活动产生的现金净流量扣除投资活动中使用的现金流量之差称为**自由现金流量**（free cash flow）⊖。家乐氏公司在 2013 财务年度中的自由现金流量为 537（= 1 326 - 789）百万美元。

企业可以利用自由现金流量做很多事情。比如，用来偿还负债、支付股利、回购普通股权，或者简单地直接以货币资金的形式存放在资产负债表上等。从家乐氏公司的情况来看，它在最近支付了普通股股利（573 百万美元），偿还了到期的债券（233 百万美元）。家乐氏公司的筹资活动现金净流出量为 806 百万美元，比它的自由现金流量还高出了 269 百万美元。因此，在表 6-1 的最后一行中，家乐氏公司报告它的现金余额减少了 269 百万美元，从期初的 524 百万美元变成了 2013 年年末的 255 百万美元了。如果比较家乐氏公司在资产负债表（表 6-2）中报告的货币资金余额，也可以计算出货币资金水平的下降幅度。

6.2.4 现金流量表的列报格式

美国公认会计原则和国际财务报告准则都允许公司自由列报现金流量表中的信息，但前提是必须遵从以下这些规定：

表 6-2 家乐氏集团合并资产负债表

（编报单位：百万美元）

	2013 年	2012 年
流动资产		
现金及现金等价物	$255	$524
应收账款	1 143	1 011
存货	897	924
流动资产合计	$2 295	$2 459
不动产、厂场与设备（原价）	4 500	3 975
累计折旧	1 567	1 324
不动产、厂场与设备（净值）	2 933	2 651
长期投资	2 138	1 874
资产总计	$7 366	$6 984
流动负债		
应付账款	561	425
应交所得税与应付利息	78	78
应计负债	102	242
流动负债合计	$741	$745
应付债券	1 789	2 022
股东权益		
股本与留存收益	4 836	4 217
股东权益合计	$4 836	$4 217
负债与股东权益总计	$7 366	$6 984

资料来源：© Cengage Learning 2014.

⊖ 自由现金流量是一个经常被财务分析师和投资银行家提及的会计学术语，存在多种定义。当其他人使用这个术语时，请留意它的具体定义。

- 企业必须从经营活动、投资活动和筹资活动三个方面来报告现金流量，且必须报告当年和以前两年的比较数据。
- 必须报告现金的期初和期末余额，以及现金余额的变动情况。其中现金余额的变动情况应当与经营活动、投资活动和筹资活动的现金流入量与流出量相吻合。
- 在投资活动和筹资活动产生的现金流量中，不得随意将项目的现金流入量与流出量进行抵消，即不能只报告净现金流量的影响，而应分别报告现金流入量的总额和现金流出量的总额。例如，企业应当报告当年用于购买不动产、厂场和设备所花费的现金流出总额，和当年出售不动产、厂场和设备所收到的现金流入总额，而不能将上述两个项目进行抵消，只报告净值。⊖
- 在现金流量表的经营活动、投资活动和筹资活动中，不报告非货币性交易（nonmonetary transactions）或者非现金交易（non-cash transactions）的影响。非货币性交易对资产负债表中的资产和负债会产生影响，但不涉及现金的流入或者流出。比如，发行普通股换取设备、将债权转换为股权等，都属于非货币性交易。对非货币性交易，企业可以在现金流量表中单独进行披露，也可以在一份独立的附表中，或者在报表附注中进行披露。

从贵成公司的现金流量表（表1-3）和泰晤士公司的现金流量表（表1-7）中，我们都可以看到上述这些规定的执行。这两家公司的现金流量表：

- 都分别报告了经营活动、投资活动和筹资活动产生的现金流量。
- 期初和期末现金余额的变动与当年的现金流量情况是相符合的。
- 都从净利润出发，使用间接法计算得到经营活动产生的现金流量。我们稍后将向大家介绍如何运用间接法来编制现金流量表。

6.2.5 现金流量表将净利润调整为经营活动产生的现金流量

在第3章中，我们曾经首次教大家如何编制现金流量表。当时，我们分析货币资金账户中的每一笔记录（现金变动额），然后将这些现金变动额一一记录到现金流量表中，只不过在当时，我们还没有对现金流量按经营活动、投资活动和筹资活动进行分类。尽管美国公认会计原则和国际财务报告准则都鼓励企业运用我们在第3章中所介绍的方法来编制现金流量表（即直接法），但绝大多数企业都喜欢从净利润出发，将净利润调整为经营活动产生的现金流量，这种计算经营活动产生的现金流量的方法，就是间接法。

1. 直接法　用直接法来列报现金流量表中经营活动产生的现金流量，需要用当期从客户那里收到的现金减去当期支付给供应商、员工、债权人和税务机关的现金。表6-1右面部分的家乐氏公司现金流量表就是使用直接法编制的。

2. 间接法　用间接法来编制现金流量表中经营活动产生的现金流量，需要以当期净利润为起点，然后调整收入和费用项目中与当期收到客户的付款和向商品与服务的提供商支付的款项不一致的项目，最后得到当期经营活动产生的现金流量。表6-1左面部分的家乐氏公司现金流量表就是使用间接法编制的。

大多数公司都使用间接法来计算经营活动产生的现金流量。在美国财务会计准则委员会和国际会计准则理事会推荐使用直接法以前，绝大部分企业使用的都是间接法。因此，无论是财务报表的编制者还是使用者，对间接法都已经比较熟悉。⊖凡是有经验的财务分析师几乎都知道怎样将净利润调整为经营活动产生的现金流量。但从我们多年的教学经验来看，很多学生在刚开始接触现金流量表时，都对理解间接法中的调整感到困难，反而更容易理解直接法一点。因此，在讲解如何计算经营活动产生的现金流量时，我们将同时介绍间接法（因为它使用更广泛一些）和直接法（因为它可能更容易理解一些）。这两种方法只在计算经营活动产生的现金流量方面存在差别，而在计算投资活动和筹资活动产生的现金流量方面还是一样的。

⊖ 因为报告总额比只报告净值能提供更多的信息给报表使用者，准则制定机构认为报告总额能更好地呈现公司经营活动、投资活动和筹资活动的现状。

⊖ 如果企业使用直接法编制现金流量表，它也必须单独报告将净利润调整为经营活动产生的现金流量过程，这种调整可以报告在现金流量表底部，也可以单独以附注的形式进行报告。

现金流量表

经营活动产生的现金流量（CFO）	经营活动产生的现金流量（CFO）
使用间接法编制	使用直接法编制
投资活动产生的现金流量（CFI）	投资活动产生的现金流量（CFI）
筹资活动产生的现金流量（CFF）	筹资活动产生的现金流量（CFF）
现金的变动额 = CFO + CFI + CFF	现金的变动额 = CFO + CFI + CFF

6.3 编制现金流量表

企业可以直接对货币资金账户里的记录进行整理，将它们分类为经营活动、投资活动或筹资活动产生的现金流量，然后据此编制现金流量表。但是，由于影响现金收支的交易数目众多，这种方法显得非常不便捷。很多公司在设计会计系统时，就留心累计编制利润表和资产负债表所需要的信息，然后将利润表和资产负债表中的信息转换为编制现金流量表所需要的数据。我们下面来看一个利用T形账户工作表来将资产负债表和利润表信息转换为现金流量表信息的例题。使用这种方法的前提是理解资产负债表中现金变动的计算公式，下面进行具体介绍。

6.3.1 现金变动公式

要学习如何编制现金流量表，先要懂得现金的变动与非现金项目变动之间的关系。根据会计恒等式，有：

资产 = 负债 + 股东权益　　　　　　资产负债表等

现金资产 + 非现金资产 = 负债 + 股东权益　　　式（公式1）

无论是根据期初资产负债表还是根据期末资产负债表，上述等式都应该成立。因此，进一步地，既然期初和期末的数据都成立，那么下式也必然成立：

现金的变动 + 非现金资产的变动 = 负债的变动 + 股东权益的变动　　　　　　（公式2）

对上式进行整理，可以得到：

现金的变动 = 负债的变动 + 股东权益的变动 − 非现金资产的变动　　现金变动等式（公式3）

现金变动等式（公式3）中，左边是现金项目的变动额，右边则表示全部非现金项目的变动额应当等于现金的变动额。该公式表明，现金项目的变动额（即公式3左边）等于负债与股东权益的变动额之和再减去非现金资产的变动额。举例来说，取得银行借款，能增加企业的货币资金，但同时也增加负债；而发行普通股取得现金则在增加现金的同时也增加了股东权益。这两笔交易都使公式3的左右两边同时发生变化。

再比如，支付现金去购买存货或者设备等非现金资产，一方面使现金减少，另一方面，也使非现金资产增加。在公式3的右边，非现金资产的变动前面的符号为负，因此，支付现金去购买非现金资产，使公式3两边都同时减少。我们可以通过观察非现金账户的变化来找出现金账户变化的原因，并将其分别归类为经营活动、投资活动或者筹资活动。这段楷体文字就是现金流量表T形账户工作表法的工作依据。

6.3.2 T形账户工作表

T形账户工作表与企业分类账中的账户结构不同，它更像是一个草稿本，用于对部分非正式簿记系统信息进行计算。我们用T形账户工作表来归纳交易对现金账户的影响。由于每期影响货币资金账户的交易众多，大多数企业都会在利润表和资产负债表编制完成以后才开始编制现金流量表。因此，在本部分中，我们将教大家如何根据资产负债表和利润表信息，一步一步地编制出现金流量表。

第1步　取得现金流量表编制期间对应的期初和期末的资产负债表以及当期的利润表。比如，要编制家乐氏集团2013年的现金流量表，我们需要先得到该集团公司在2012年12月31日和2013年12月31日的资产负债表（表6-2），以及2013财务年度的利润表（表6-3）。

第2步　编制T形账户工作表。以家乐氏集团2013财务年度的数据为例，见表6-4所示。工作表的最上端是主账户"现金"，然后我

表6-3　家乐氏集团合并利润表
（编报单位：除每股数据外，均为百万美元）

	2013年
销售收入	$12 822
销货成本	(7 212)
折旧费用	(243)
销售与日常管理费用	(3 414)
经营利润	**$1 953**
利息费用	(276)
税前利润	**$1 677**
所得税费用	(485)
净利润	**$1 192**

资料来源：© Cengage Learning 2014.

们将它分为三个部分,用"经营活动""投资活动"和"筹资活动"表示。每个 T 形账户最上一行的数字表示期初余额,而最末一行的数字则表示期末余额。家乐氏集团的货币资金期初余额和期末余额分别为 524 百万美元和 255 百万美元,与资产负债表(表 6-2)中的数据相一致。账户中的符号"√"表示对应的金额为期初或者期末余额。主账户"现金"代表公式 3 的左边——现金项目的变动。

开设好"现金"这个主 T 形账户(即表 6-4 的上部)之后,再为各个负债、股东权益和非现金项目分别开设 T 形账户。在表 6-4 的下部,就报告了家乐氏集团在 2013 财务年度中各个非现金账户的变动情况。由于"应交所得税"与"应付利息"账户在本年没有发生变动,所以在这里不用列出。接下来,根据资产负债表数据(见表 6-2),为每个 T 形账户分别登记期初和期末余额。这些 T 形账户的金额变动之和就是公式 3 的右边所表示的非现金项目的变动。

现金的变动 = 负债的变动 + 股东权益的变动 − 非现金资产的变动

现金变动等式(公式 3)

表 6-4 家乐氏集团 T 形账户工作底稿

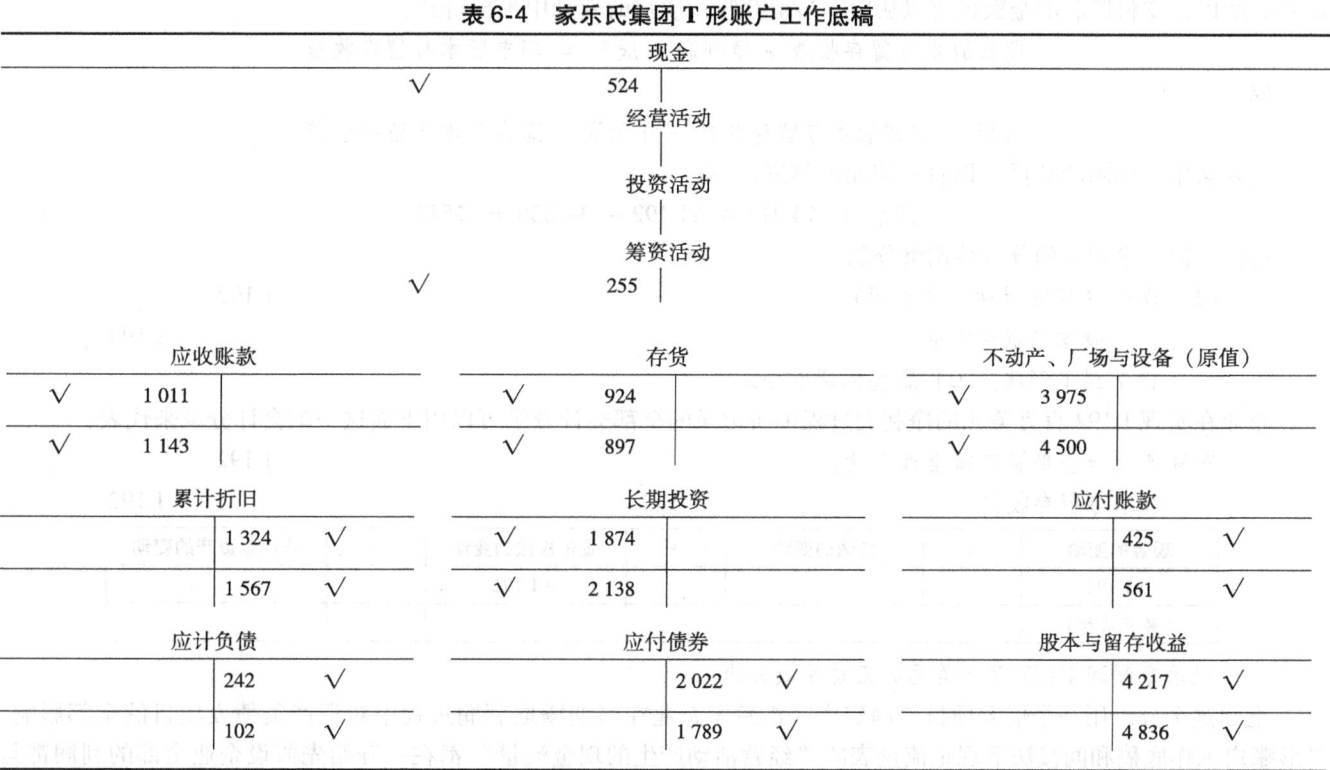

资料来源:© Cengage Learning 2014.

第 3 步 对主账户"现金"在期初和期末之间所发生的变动进行解释。这一步主要是通过对当期每个非现金账户所对应的现金影响进行会计处理来完成的。首先,需要对当期各个账户中原来的记录进行重构,将这些原记录的金额过渡到 T 形账户工作表所对应的账户中。然后,将主账户"现金"中的记录按"经营活动""投资活动"或者"筹资活动"进行分类。用全部非现金账户的变动净额来解释当期现金的变动,即公式 3 的左面。换言之,如果重构的交易记录能解释公式 3 的右边部分,那么左面部分现金变动的原因也一定能得到解释。

在将账簿中的原始会计记录过渡到 T 形账户工作表时,我们需要编制分析性调整分录(analytic entries)来代替原来的会计分录,这些分析性调整分录并不属于企业簿记系统的一部分,只应用在工作底稿中。一旦完成了 T 形账户工作底稿和现金流量表的编制工作,这些调整分录也就完成了它们使命。当然,企业也可以将这些分析性调整分录以档案的形式保存起来,以供日后参照。

在 T 形账户工作底稿中,所有的借记金额应当是等于所有的贷记金额的。如果没有将交易记录完整,或者将部分交易在 T 形账户中记错了方向,就常常会发生错误。当 T 形账户工作底稿编制完成,会计人员发现一个或者多个账户中的记录无法解释相关账户在当期所发生的变动时,这类错误就会显现出来。这时,编制者就只有重新追踪每笔记录，直到查出错误所在。

如果能首先对补充信息进行会计处理，重构当年交易就会变得轻松许多。以下是家乐氏集团在2013年的相关补充信息：

1. 净利润为1 192百万美元（见表6-3）。
2. 当期没有发生任何不动产、厂场和设备的出售、处置或减值事项。根据当期利润表（见表6-3）中的记录，折旧费用为243百万美元。这个金额与2012年和2013年年末资产负债表中所报告的"累计折旧"项目的变动额是相符合的，也是243（=1 567-1 324）百万美元。
3. 除支付股利外，家乐氏集团公司在2013年没有发生其他任何与股东之间的交易，即没有增资或者减资。
4. 当期宣告并支付的股利合计为573百万美元。由于"补充信息3"告诉我们，家乐氏公司在2013年没有其他与股东之间的交易发生，因此"股本与留存收益"账户在当年的唯一变动原因就是当年实现利润和支付股利的影响。所以，支付股利的金额也可以从股本与留存收益项目的变动中推导得到：

$$期初股本与留存收益 + 净利润 - 股利 = 期末股本与留存收益$$

或：

$$股利 = 期初股本与留存收益 + 净利润 - 期末股本与留存收益$$

代入家乐氏集团的数据（以百万美元为单位），有：

$$股利 = \$4\,217 + \$1\,192 - \$4\,836 = \$573$$

这样，记录净利润的分析性调整分录为：

（1）现金（经营活动：净利润）　　　　　　　　　　　　　　　　　　　1 192
　　　　股本与留存收益　　　　　　　　　　　　　　　　　　　　　　　　　　　　1 192
　　　记录到T形账户工作底稿的调整分录。

企业在实现1 192百万美元的净利润过程中所记录的全部会计分录可以用下面这一笔会计分录来代表：

净资产（=全部资产减全部负债）　　　　　　　　　　　　　　　　　　1 192
　　　股本与留存收益　　　　　　　　　　　　　　　　　　　　　　　　　　　　　1 192

现金的变动	=	负债的变动	+	股东权益的变动	-	非现金资产的变动
+1 192				+1 192		
（经营活动）						

记录净利润1 192百万美元的汇总等效分录。

上面这个分录用一个借方项目"净资产"汇总了企业在当期赚取利润过程中对资产负债表项目的全部影响。T形账户工作底稿和间接法下现金流量表的"经营活动产生的现金流量"都在一开始先假设企业全部的利润都与经营活动产生的现金流量相对应，然后再慢慢对违反该假定的交易进行或加或减的调整。因此，在分析性调整分录（1）中，我们先假定借方"经营活动产生的现金流量"的增加额等于当期的净利润水平。

$$现金的变动 = 负债的变动 + 股东权益的变动 - 非资产项目的变动 \quad 现金变动等式（公式3）$$

由于并非所有的费用发生都对应着现金的减少，因此，要计算出经营活动产生的现金流量，我们必须从净利润中反加回曾经作为费用在计算净利润时被减去、但实际上却并没有导致当期现金减少（只减少了当期的非现金净资产）的项目——例如"折旧费用"。因此，需要编制分析性调整分录（2）如下：

（2）现金（经营活动：反加回折旧费用）　　　　　　　　　　　　　　　243
　　　　累计折旧　　　　　　　　　　　　　　　　　　　　　　　　　　　　　　243
　　　记录到T形账户工作底稿的调整分录。

折旧费用在计算净利润的过程中曾经被减去，但实际上，折旧费用并不会导致当期现金的减少。家乐氏集团在过去某个时候曾经用现金去购入不动产、厂场和设备等固定资产，然后现在对这些资产进行折旧。这笔现金支出应记录为过去进行固定资产投资当时的现金流量，并且应当属于投资活动的现金流量。（在对"不动产、厂场与设备"账户编制分析性调整分录时，我们还会回到这笔现金支出上面来。）通过编制折旧费用的调整分录，我们将这种不减少现金的费用项目反加回到净利润中，以正确计算经营活动产生的现金流量。

接下来，我们针对补充信息中"宣告和发放股利573百万美元"，编制分析性调整分录：

（3）股本与留存收益　　　　　　　　　　　　　　　　　　　　　　　　573
　　　　现金（筹资活动：股利支出）　　　　　　　　　　　　　　　　　　　　　　573
　　　　记录到T形账户工作底稿的调整分录。

发放股利使留存收益和现金同时减少。在现金流量表中，支付现金股利属于筹资活动产生的现金流出量。

将补充信息在T形账户工作底稿中登记完成后，我们接下来就应当对资产负债表中非现金账户的剩余变化一一进行分析。㊀下面我们将根据资产负债表中项目出现的顺序，依次对非现金账户的变动进行解释。

"应收账款"账户在当期增加了132（=1 143 - 1 011）百万美元，对此，在T形账户工作底稿中应记如下：

（4）应收账款　　　　　　　　　　　　　　　　　　　　　　　　　　132
　　　　现金（经营活动：现金流出）　　　　　　　　　　　　　　　　　　　　　　132
　　　　记录到T形账户工作底稿的调整分录。

企业在当期的经营活动中实现了销售收入，但并不是所有的销售都会伴随现金的同步增加，比如，赊销就只能导致应收账款的增加。因为我们在编制现金流量表时是以净利润为起点的（先假定全部的销售都与现金收款同步），因此，在计算经营活动产生的现金流量时，必须将那部分不伴随现金流量的销售收入减去，即需要调整销售收入与收到的客户付款之间的差额，这就是"应收账款"账户的变化额。所以，在计算经营活动产生的现金流量时，应当从净利润中减去（反加回）"应收账款"账户的本期增加（减少）额。

接下来，下一个发生了余额变动的非现金账户是"存货"，该账户在编报期间内减少了27（=897 - 924）百万美元。在T形账户工作底稿中，应记录为：

（5）现金（经营活动：现金流入）　　　　　　　　　　　　　　　　　　27
　　　　存货　　　　　　　　　　　　　　　　　　　　　　　　　　　　　　　　27
　　　　记录到T形账户工作底稿的调整分录。

家乐氏集团资产负债表中的"存货"项目在编报期间内减少了。在计算经营活动产生的现金流量时，我们必须从净利润中反加回当年存货的减少金额；相反，如果当年的存货水平增加了，则应当从净利润中减去相应的存货增加额。

再下一个非现金账户是"不动产、厂场与设备"。该账户在报告当期增加了525（=4 500 - 3 975）百万美元。在"补充信息2"中曾经提到，家乐氏集团在2013财务年度中没有出售或处置过任何固定资产，也没有对不动产、厂场和设备计提过减值。因此，能使这个账户发生变动的唯一交易就是公司在2013年新购买固定资产了。新增固定资产的金额必然等于该账户的增加额，即525百万美元。所以在T形账户工作底稿中编制的调整分录应当为：

（6）不动产、厂场与设备（原值）　　　　　　　　　　　　　　　　　525
　　　　现金（投资活动：购买不动产、厂场与设备）　　　　　　　　　　　　　　525
　　　　记录到T形账户工作底稿的调整分录。

接下来，再下一个非现金账户是"长期投资"。该账户在2013年期间增加了264（=2 138 - 1 874）百万美元。由于没有其他信息，我们可以假定家乐氏集团在2013年是通过支付现金去取得这些长期投资的，因此，可编制分析性调整分录如下：

（7）长期投资　　　　　　　　　　　　　　　　　　　　　　　　　　264
　　　　现金（投资活动：新增长期投资）　　　　　　　　　　　　　　　　　　　264
　　　　记录到T形账户工作底稿的调整分录。

接下来的非现金账户是"应付账款"。它从2013年年初的425百万美元增长为了年末的561百万美元，增长额是136百万美元。我们在T形账户工作底稿中可以用以下分析性调整分录来解释该账户的变化：

（8）现金（经营活动：现金流入）　　　　　　　　　　　　　　　　　136
　　　　应付账款　　　　　　　　　　　　　　　　　　　　　　　　　　　　　136
　　　　记录到T形账户工作底稿的调整分录。

㊀ 在编制真实的企业现金流量表时，编制者会参考企业账簿记录中每个账户的交易变动记录。

要理解这一笔调整分录，可以假定家乐氏集团在 2013 年由于赊购各种资源（例如存货）而导致应付账款增加。到 2013 年年末，家乐氏集团已经取得了这些资源，但还没有向供应商支付相应的货款，因此，应付账款的增加将导致当年经营活动产生的现金流量变得更高。

下一个金额发生了变动的非现金账户为"应计负债"。下面这笔分析性调整分录可以用来解释"应计负债"账户的余额减少原因：

（9）应计负债　　　　　　　　　　　　　　　　　140
　　　现金（经营活动：现金流出）　　　　　　　　　　　140
　　　记录到 T 形账户工作底稿的调整分录。

这笔调整分录的编制逻辑与调整分录（8）正好相反。家乐氏集团的"应计负债"账户余额下降了 140(＝102－242) 百万美元，说明该公司当期支付的现金已经超过了它从相关债权人那里获得的资源价值，因此才会出现负债的减少。所以，影响净额就是经营活动产生的现金流出正好等于负债项目的减少金额，即 140 百万美元。

"应付债券"是最后一个在报告当期余额发生了变动、但还没有被解释的非现金账户，该账户在 2013 财务年度中减少了 233(＝1 789－2 022) 百万美元。我们由此可以推测出，家乐氏集团公司在当年使用现金来偿付了已经到期的部分债券，因此，需要编制调整分录：

（10）应付债券　　　　　　　　　　　　　　　　　233
　　　 现金（筹资活动：偿付到期债券）　　　　　　　　　233
　　　 记录到 T 形账户工作底稿的调整分录。

表 6-5 是已经登记完成的家乐氏集团 2013 年完整 T 形账户工作底稿。这 10 笔分析性调整分录合计解释了该集团公司全部非现金 T 形账户的变动，并在"现金"账户中对现金的变动原因也进行了分类和解释。

表 6-5　家乐氏集团 T 形账户工作表（已调整非现金账户的变动）

			现金			
		√	524			
			经营活动			
净利润	(1)		1 192	132	(4)	应收账款的增加
反加回折旧费用	(2)		243	140	(9)	应计负债的减少
存货的减少	(5)		27			
应付账款的增加	(8)		136			
			投资活动			
				525	(6)	购买不动产、厂场与设备
				264	(7)	取得长期投资
			筹资活动			
				573	(3)	支付股利
				233	(10)	偿付到期债券
		√	255			

应收账款			存货			不动产、厂场与设备（原值）	
√	1 011		√	924		√	3 975
(4)	132				27　(5)	(6)	525
√	1 143		√	897		√	4 500

累计折旧			长期投资			应付账款	
	1 324　√		√	1 874			425　√
	243　(2)		(7)	264			136　(8)
	1 567　√		√	2 138			561　√

应计负债			应付债券			股本与留存收益	
	242　√			2 022　√			4 217　√
(9)　140			(10)　233		(3)　573		1 192　(1)
	102　√			1 789　√			4 836　√

资料来源：© Cengage Learning 2014.

第 4 步最后，利用 T 形账户工作底稿中主账户"现金"所记录的各项信息，就可以着手开始编制现金流量表了。表 6-1 就是家乐氏集团公司的现金流量表。下面我们将从直接法和间接法两个角度来分别介绍现金流量表的编制过程。

自习问题6.2

为现金流量表的编制准备 T 形账户工作底稿。表 6-6 是若比公司（Robbie Corporation）在 2012 年和 2013 年 12 月 31 日的比较资产负债表，表 6-7 是该公司 2013 年度的利润表。若比公司在 2013 年没有处置任何不动产、厂场和设备等固定资产，在此期间宣告并发放了股利 2 000 美元。要求：根据上述资料，参考表 6-5 的格式，为编制若比公司的现金流量表准备一份 T 形账户工作底稿。

表 6-6　若比公司比较资产负债表
2012 年和 2013 年 12 月 31 日
（自习问题 6.2）　　　　　　　　　　　　　　　　（编报单位：千美元）

	12 月 31 日	
	2013 年	2012 年
资产		
流动资产		
货币资金	$25	$10
应收账款	22	15
商品存货	18	20
流动资产合计	$65	$45
非流动资产		
不动产、厂场与设备	$66	$50
减：累计折旧	(31)	(25)
不动产、厂场与设备合计	$35	$25
资产合计	$100	$70
负债与股东权益		
流动负债		
应付商品采购款	$37	$30
流动负债合计	$37	$30
长期负债		
应付债券	18	10
负债合计	$55	$40
股东权益		
普通股	$20	$10
留存收益	25	20
股东权益合计	$45	$30
负债与股东权益合计	$100	$70

资料来源：© Cengage Learning 2014.

表 6-7　若比公司 2013 年利润表
（自习问题 6.2）　　　　　　　　　　　　　　　　（编报单位：千美元）

销售收入	$180
销货成本	(140)
销售与管理费用	(25)
折旧费用	(6)
利息费用	(2)
净利润	$7

资料来源：© Cengage Learning 2014.

6.3.3 用直接法编制现金流量表

在本部分中，我们将介绍如何利用直接法来计算现金流量表中"经营活动产生的现金流量"。表 6-1 中的右面部分就是用直接法来计算的经营活动现金流量。直接法下的推导过程分为三步，见表 6-8 中的三个部分所示。

第 1 步 将利润表信息复制到左框内。

第 2 步 将 T 形账户工作底稿中主账户"现金"中"经营活动"栏目下的全部加减项复制到中间的框中，并在框下的"净利润"那一行中，填入编报期内实现的净利润 1 192 百万美元。在利润表项目旁边填入相应的增加额或者减少额。比如，将应当调减的"应收账款"账户本期增加额填写在"销售收入"项目的旁边，将折旧费用调整项填写在"折旧费用"项目旁边，等等。完成这一步工作的前提是一定要理解与每一加减调整项相对应的利润表项目是什么。在将金额填写到（b）栏时，我们使用括号来表示现金的减少额，没有括号的数字则表示现金的增加额。将（b）栏中的各个金额相加，看看是否正好等于用间接法计算的"经营活动产生的现金流量"金额。（b）栏内容非常类似于用间接法计算的经营活动产生的现金流量，只是项目的排列顺序有所不同——净利润项目出现在最下方，而不是最上方，且其他项目都是按利润表的顺序排列的。

第 3 步 将（a）栏的金额与（b）栏的金额相加，并将结果填写到（d）栏中。同时，将（d）栏中的金额标注为"现金流入量"或者"现金流出量"，并对该笔现金收支的性质进行略微的说明。最后，将（d）栏中的金额加总起来，如果全部步骤不出现差错的话，（d）栏金额合计应当恰好等于（b）栏金额合计，正好都是本期"经营活动产生的现金净流量"金额。

6.3.4 用间接法编制现金流量表

间接法主要影响现金流量表中"经营活动产生的现金流量"部分。它以企业在当期所实现的净利润为起点，调整净利润为当期经营活动产生的现金净流量。下面，我们仍然以家乐氏集团的数据为例，介绍如何运用间接法调整和计算经营活动产生的现金流量。在表 6-1 家乐氏集团 2013 财务年度现金流量表中，左面部分就是用间接法编制的。

第 1 行首先报告家乐氏集团在当期实现的净利润 1 192 百万美元，该数据取自利润表（表 6-3）。然后，我们需要开始对净利润进行调整。第 1 步调整是加回不伴随现金流出的折旧费用 243 百万美元（见表 6-3 家乐氏集团利润表的第 3 行）。这是因为，家乐氏集团在过去某个时候曾经用现金购买了建筑物或者设备等固定资产，当时已经将相应的现金支出报告为了投资活动的现金流出。由于这些建筑物和设备的服务年限涵盖多个会计期间，而我们在利润表中需要以费用的方式反映当期对这些长期资产的价值耗用情况，所以，会计人员在每个会计期间就以折旧费用的形式将这些资产取得成本的一部分确认为折旧费用。记录折旧费用一方面会减少股东权益，另一方面会增加企业的累计折旧，而后者会减少企业的净资产规模。[⊖]企业确认折旧费用的会计分录为：

　　折旧费用　　　　　　　　　　　　　　　　　　　　　　　243
　　　累计折旧　　　　　　　　　　　　　　　　　　　　　　　　　243
　　记录当年的折旧费用 243 百万美元。

但折旧费用的确认并不会伴随现金的流出。因为很显然，在上面这笔会计分录中，我们并没有贷记"货币资金"账户。所以，确认折旧费用仅仅只导致净利润的减少。

间接法以净利润为起点，但在计算净利润时，我们曾经减去了折旧费用（从表 6-3 的第 3 行就可以看出）。因为折旧费用只减少净利润而不导致现金流出，所以，将折旧费用加回到净利润中才能使我们更接近企业真实的现金流量情况。因此，在间接法下计算经营活动产生的现金流量时，我们需要在调整中将本期的折旧费用加回，

⊖ 长期资产的会计处理在第 10 章中进行介绍。我们在这里提出折旧费用和累计折旧，是因为它们对现金流量表的编制和理解影响重大。

表6-8　家乐氏公司：根据T形账户工作底稿数据，运用直接法编制现金流量表

在本表中，每个步骤都是一个独立的部分，稍后我们会将全部内容融合成在一份单独的报表中。

第1步：填写利润表和经营活动产生的现金流量信息。

经营活动	(a)	(b)	T形账户工作底稿中相关资产负债表账户的变动 (c)	(d)
销售收入	$12 822			
销货成本	(7 212)			
折旧费用	(243)			
销售与日常管理费用	(3 414)			
利息费用	(276)			
所得税费用	(485)			
净利润	$1 192			
		$1 326	= 使用间接法计算的经营活动产生的现金流量	$—

第2步：将T形账户工作底稿上的信息填写在相关的利润表项目旁边。

经营活动	(a)	从T形账户工作底稿中复制 (b)	T形账户工作底稿中资产负债表账户的相关变动 (c)	(d)
销售收入	$12 822	(132)	= 应收账款的增加	
销货成本	(7 212)	27	= 存货的减少	
		136	= 应付账款的增加	
折旧费用	(243)	243	= 不减少现金的费用	
销售与日常管理费用	(3 414)	(140)	= 应计负债的减少应交所得税和应付利息（当期无变动）	
利息费用	(276)			
所得税费用	(485)			
净利润	$1 192	$1 192	= 净利润	
		$1 326	= 使用间接法计算的经营活动产生的现金流量	$—

第3步：将各金额按行进行加总，得到直接的现金收入和现金支出金额。

经营活动	(a)	从T形账户工作底稿中复制 (b)	T形账户工作底稿中资产负债表账户的相关变动 (c)	直接法 (d)	经营活动产生的现金流量：流入减流出
销售收入	$12 822	(132)	= 应收账款的增加	$12 690	= 销售商品收到的现金
销货成本	(7 212)	27	= 存货的减少	(7 049)	= 采购商品支付的现金
		136	= 应付账款的增加		
折旧费用	(243)	243	= 不减少现金的费用	—	
销售与日常管理费用	(3 414)	(140)	= 应计负债的减少应交所得税和应付利息（当期无变动）	(3 554)	= 支付销售及日常管理费用
利息费用	(276)			(276)	= 支付利息费用
所得税费用	(485)			(485)	= 支付所得税费用
净利润	$1 192	$1 192	= 净利润		
		$1 326	= 使用间接法计算的经营活动产生的现金流量	$1 326	= 使用直接法计算的经营活动产生的现金流量

注：(b) 栏中的信息就是用间接法计算的经营活动产生的现金流量。

资料来源：© Cengage Learning 2014.

以消除非付现费用的影响。○

接下来,需要调整营运资本项目对净利润的影响,即表 6-1 中所报告的,减去 "应收账款" 账户的本期增加额 132 百万美元和 "应计负债" 账户的本期减少额 140 百万美元,加回 "存货" 账户的本期减少额 27 百万美元和 "应付账款" 账户的本期增加额 136 百万美元。我们以应收账款为例来解释这些调整。

"应收账款" 项目表示截至资产负债表日,客户已经购买但还没有付款的金额。要推导出家乐氏集团在 2013 年从客户那里实际收款的金额,理解下面这几个项目是很有必要的。

- **本期收到的前期赊销款**。家乐氏集团在当期和以前各个会计期间都有赊销发生,因此,当期收到的客户付款中,有一部分可能是来自于前期的销售。这些前期销售的相关收入已经报告在了相关前期的利润表中,同时增加了家乐氏集团对应以前年度的应收账款金额。如果在本期,家乐氏公司收到了前期的销售付款,那么 "应收账款" 余额就应当被减少。
- **本期的现销,以及本期就收回的本期赊销款**。在家乐氏集团本期所实际收到的客户付款中,还有可能是由于(a)本期的现销,和(b)本期的赊销,但客户在本期就已经付款这两种情况。不过,这两种情况都不会影响家乐氏集团 2013 年年初和年末的应收账款金额。
- **本期的赊销,截至期末都还未收到赊销款**。家乐氏集团在 2013 年发生了赊销,相应的款项要等到 2013 年以后的会计期间才能收到。

根据表 6-2,家乐氏集团的应收账款在 2013 财务年度中增加了 132(=1 143-1 011)百万美元,这个金额应当是受上述各类交易综合影响的结果。因此,家乐氏集团在 2013 年收到的客户实际付款金额应当等于 2013 年的销售收入(根据表 6-3 中的报告,为 12 822 百万美元)减去当期应收账款的增加金额(或者加上当期应收账款的减少金额),○即 12 690 百万美元(等于 12 822 百万美元的销售收入减去 132 百万美元 "应收账款" 账户的本期增加额)○。

为反映当期从客户那里所收到的现金,间接法要求在净利润中调整当期确认的销售收入(12 822 百万美元)与当期实际收到的现金(12 690 百万美元)之差,即当期 "应收账款" 账户的变动金额。在间接法下计算经营活动产生的现金流量时,企业应从净利润中减去当期应收账款的增加额,或者加回当期应收账款的减少额。

下表中列出了间接法下需要在净利润中调整的营运资本项目。

营运资本账户	在间接法下计算经营活动产生的现金流量时需要对净利润进行的调整
流动资产项目的变动:	
增加	减去增加额
减少	加上减少额
流动负债项目的变动:	
增加	加上增加额
减少	减去减少额

实际上,无论是直接法还是间接法,所计算得到的经营活动产生的现金流量都是一致的。间接法以净利润(也就是全部收入与费用之差)为起点,然后调整收入和费用项目中与现金的流入或流出不一致的项目金额;而直接法则直接列出与现金增加同步的收入金额和与现金减少同步的费用金额。

○ 也可从另一角度来进行解释。假定有一家企业在某个会计期间唯一发生的事项就是记录了金额为 100 美元的折旧费用,除此以外再无别的交易或者事项。那么,这家企业将报告经营成果为负,即本期发生净损失 100 美元,而现金没有任何变化,经营活动产生的现金流量为 0。因此在调整时,我们从净损失-100 美元出发,然后反加回折旧费用 100 美元,正好消除了-100 美元净损失的影响,得到经营活动产生的现金流量为 0。在后续章节中,我们还将解释为什么资产负债表中 "累计折旧" 项目的变动额,很少会恰好等于利润表中的 "折旧费用" 的金额。

○ 从另一个角度来解释,我们来考虑两种在现实生活中不容易出现的极端情形假定。首先,假定期初资产负债表中所报告的应收账款在本期全部都没有收回,这样,当期收到的客户付款就等于销售收入减去当期应收账款的增加额。其次,假定一家企业在过去有赊销,但在当期所有的销售都表现为现销,且还收回了一些过去的赊销款,此时,当期收到的客户付款就等于当期销售收入加上当期应收账款的减少额。

○ 这与直接法下所报告的当期从客户那里所收到的现金金额(见表 6-1 右面部分)是相等的。

自习问题 6.3

根据 T 形账户工作底稿编制现金流量表。 参考自习问题 6.2、自习问题 6.2 解答参考和表 6-13 所提供的信息，完成下列要求：

a. 利用表 6-13 中 T 形账户工作底稿信息，按照表 6-8 的格式，用直接法计算若比公司 2013 年经营活动产生的现金流量。

b. 用直接法编制若比公司 2013 年现金流量表中的"经营活动产生的现金流量"部分。

c. 用间接法编制若比公司 2013 年现金流量表中的"经营活动产生的现金流量"部分。

d. 为若比公司编制 2013 年现金流量表中"投资活动产生的现金流量"和"筹资活动产生的现金流量"。

6.3.5 向更复杂的交易情形扩展

与现实生活中企业公开披露的现金流量表相比，家乐氏集团这个例子至少在以下四个方面还显得太过简单。

1. 需要进行解释的资产负债表账户还比较少。
2. 还没有涉及一些影响经营活动现金流量的复杂交易情形。
3. 在第 3 步中记录的交易都只是一借一贷的简单分录。
4. 除留存收益账户外，对其他非现金账户的变动解释都只需要在工作底稿上编一笔分析性调整分录就能完成。

由于与解读现金流量表相关的大多数复杂问题都涉及我们将在后续章节中介绍的会计处理事项，所以，目前我们在这里仅讨论其中的一种，即与资产出售相关的复杂交易类型。我们首先假定企业在报告期间内按账面价值处置了部分设备，即处置设备所收到的现金正好等于被处置设备的取得成本减去它在被处置当时的累计折旧额。在这种情况下，设备的处置不会导致损益产生。

不涉及损益的设备处置 仍然以家乐氏集团的情况为例，假定该集团公司在 2013 年将部分设备对外出售，取得了 13 百万美元现金。这些设备的初始取得成本为 20 百万美元，在被处置当时的累计折旧刚好为 7 百万美元，这样，在编报期间内，记录设备处置的会计分录为：

货币资金	13
累计折旧	7
不动产、厂场与设备（原值）	20

以账面价值处置设备的会计分录。

假定家乐氏集团在 2013 年的货币资金减少数仍然为 269 百万美元。为反映刚才这笔资产处置的新信息，我们需要增加一笔调整分录（1a），然后将原来的调整分录（6）和调整分录（2）分别更正为（6a）和（2a）。首先，用下面这笔分析性调整分录在 T 形账户工作底稿中确认处置设备的影响：

(1a)	现金（投资活动：处置设备）	13
	累计折旧	7
	不动产、厂场与设备（原值）	20

记录到 T 形账户工作底稿的调整分录。

将处置设备实际取得的现金记录在"现金（投资活动：处置设备）"的借方，这样，将调整分录（1a）过入 T 形账户工作底稿后，"不动产、厂场和设备（原值）"账户和"累计折旧账户"将变为：

不动产、厂场与设备（原值）				累计折旧			
√	3 975					1 324	√
		20	(1a)	(1a)	7		
√	4 500					1 567	√

接下来，让我们来看看"不动产、厂场与设备（原值）"账户所发生的变动：根据该账户的期初余额和期末余额来判断，当期该账户的借方净增加额为 525（= 4 500 - 3 975）百万美元。由于上述设备处置活动，使目前该

账户的贷方被记录了 20 百万美元（调整分录 1a）。于是，在贷方已经显示减少了 20 百万美元的前提下，要解释"不动产、厂场与设备（原值）"为什么还出现了增加，就只可能是因为家乐氏集团在 2013 年新增加了不动产、厂场与设备，且价值为 545(= 525 + 20) 百万美元。

所以，我们需要重新编制一笔分析性调整分录（6a）来取代原来的调整分录（6），调整分录（6a）完整地解释了"不动产、厂场与设备（原值）"所发生的变动。

  (6a) 不动产、厂场与设备（原值）   545
      现金（投资活动：取得不动产、厂场与设备）   545
      记录到 T 形账户工作底稿的调整分录。

根据同样的道理，"累计折旧"账户所发生的变动也可以这样进行解释。根据该账户的期初和期末余额判断，"累计折旧"账户在编报期间的贷方净增加额为 243 百万美元，考虑调整分录（1a）设备处置的影响之后，应有借方发生额 7 百万美元。因此，企业在 2013 年所确认的折旧费用就应当是 250(= 243 + 7) 百万美元。一样地，我们需要重新编制一笔调整分录（2a）来取代原来的调整分录（2），以完整反映累计折旧账户所发生的变动。

  (2a) 现金（经营活动：加回折旧费用）   250
      累计折旧   250
      记录到 T 形账户工作底稿的调整分录。

现在，由于当期的折旧费用增加了 7 百万美元，将导致企业的净利润从原来的 1 192 百万美元下降为现在的 1 185(= 1 192 - 7) 百万美元，但对经营活动产生的现金流量没有任何影响。不过，由于"股本和留存收益"账户的期末余额仍然为 4 836 百万美元，而期初余额为 4 217 百万美元，当期实现的净利润为 1 185 百万美元时，当期宣告并发放的股利就应当为 566(= 1 185 + 4 217 - 4 836) 百万美元。所以，需要重新编制一笔调整分录（3a）来取代原来的调整分录（3），以完整地反映"股本和留存收益"账户所发生的变动。

  (3a) 股本与留存收益   566
      现金（筹资活动：股利支出）   566
      记录到 T 形账户工作底稿的调整分录。

表 6-9 列出了在考虑设备处置这笔新交易后，家乐氏集团更正后的 T 形账户工作底稿。

处置设备发生亏损 现在，我们重新假定前例中家乐氏集团处置设备的数据。假定设备的处置价格不是 13 百万美元，而是 12 百万美元。这样，处置设备时的会计分录应为：

  货币资金   12
  设备处置损失   1
  累计折旧   7
    不动产、厂场与设备（原值）   20
    记录处置设备的会计分录。

这笔会计分录将这台被处置的设备在企业账簿中的所有记录都结平了，其中，包括设备的原值 20 百万美元和家乐氏集团在使用这台设备期间全部累计的折旧金额 7 百万美元；另一方面，在这笔会计分录中，还记录了家乐氏集团因处置这台设备而收到的现金 12 百万美元；处置设备所得与设备的账面价值之差，即设备的处置损失，金额为 1[= 12 - (20 - 7)] 百万美元。该损失使家乐氏集团的净利润也下降了 1 百万美元。

在 T 形账户工作底稿中，应编制下面这笔分析性调整分录，以确认将设备按 12 百万美元的价格出售的影响。

  (1a) 现金（投资活动：处置设备）   12
     现金（经营活动：反加回处置设备损失）   1
     累计折旧   7
       不动产、厂场与设备（原值）   20
       记录到 T 形账户工作底稿的调整分录。

借记"现金（投资活动：出售设备）"12 百万美元，反映设备出售所实际收到的现金；借记"现金（经营活动：反加回出售设备损失）"1 百万美元则是因为这 1 百万美元曾经在计算净利润的过程中曾经被减去，但实际上它并不属于企业的经营活动影响，不会导致经营活动产生的现金流量减少，因此需要被反加回去，与折旧费用的反加是一样的道理。企业在过去某个时候曾经花钱购买了该设备，现在将这台设备以低于其账面价值的价格对外出售，发生的亏损会减少净利润，但绝不导致现金在当期流出企业。

表 6-9　家乐氏集团更正后的 T 形账户工作底稿

			现金			
		√	524			
			经营活动			
净利润	(1)		1 185	132	(4)	应收账款的增加
反加回折旧费用	(2a)		250	140	(9)	应计负债的减少
存货的减少	(5)		27			
应付账款的增加	(8)		136			
			投资活动			
出售不动产、厂场与设备收到的现金	(1a)		13	545	(6a)	购买不动产、厂场与设备支付的现金
				264	(7)	取得长期投资
			筹资活动			
				566	(3a)	支付股利
				233	(10)	偿付到期债券
		√	255			

	应收账款			存货			不动产、厂场与设备（原值）	
√	1 011		√	924		√	3 975	
(4)	132				27	(5)	(6a)	545	20	(1a)
√	1 143		√	897		√	4 500	

	累计折旧			长期投资			应付账款	
		1 324	√	√	(8)4			425	√
(1a)	7	250	(2a)	(7)	264			136	(8)
		1 567	√	√	2 138			561	√

	应计负债			应付债券			股本与留存收益	
		320	√		2 022	√		4 217	√
		140	(9)	(10)	233		(3a)	566	1 185	(1)
		180	√		1 789	√		4 836	√

资料来源：© Cengage Learning 2014.

处置设备发生亏损对现金流量表其他各行的影响如下：

经营活动产生的现金流量	
净利润（处置设备损失）	$(1)
反加回设备处置损失	1
经营活动产生的现金流量	$0
投资活动产生的现金流量	
处置设备收到的现金	$12
处置设备导致的现金变动	$12

有人认为处置设备发生亏损的原因在于企业过去的折旧计提不足。如果家乐氏集团在过去就能非常肯定地知道这台设备在现在的价值只有12百万美元，那么它在过去使用这台设备的时候肯定就应该再多计提1百万美元的折旧费用。这样，现在处置设备的时候就不会有损益产生了。

处置设备产生利得　让我们把这个例题再扩展一下，假定家乐氏集团处置设备所收到的价款为15百万美元。那么，在设备处置当时，相关的会计分录就应当为：

货币资金	15	
累计折旧	7	
不动产、厂场与设备（原值）		20
处置设备利得		2
记录设备处置的会计分录。		

这笔会计分录与前面那笔记录处置设备发生亏损的会计分录一样，将该设备在资产负债表中的原值和累积折旧都清除了，同时还记录了因处置设备而收到的现金。在本例的假设条件下，处置设备所收到的现金超过了设备在被处置时的账面价值，因此产生了处置利得，该利得使得企业当期的净利润也增加了2百万美元。

通过以下这笔调整分录，可以在T形账户工作底稿中反映将设备以15百万美元的价格出售的影响：

(1a)　现金（投资活动：处置设备）	15	
累计折旧	7	
不动产、厂场与设备（原值）		20
现金（经营活动：减去处置设备利得）		2
记录到T形账户工作底稿的调整分录。		

借记"现金（投资活动：处置设备）"项目，反映设备处置时实际收到的现金15百万美元；贷记"现金（经营活动：减去处置设备利得）"2百万美元，是因为这2百万美元在计算净利润时曾经增加了净利润，但它并不会伴随经营活动的现金流入，因此需要从净利润中减去。如果在工作底稿的经营活动部分不将这2百万美元的利得减去，则会高估这笔交易的现金流入量，从下面的分析中可以看出：

经营活动产生的现金流量	
净利润（处置设备利得）	$2
减去不伴随经营活动现金流入的设备处置利得	(2)
经营活动产生的现金流量	$0
投资活动产生的现金流量	
处置设备收到的现金	$15
处置设备导致的现金变动	$15

自习问题6.4

编制现金流量表。 表6-10是高顿公司（Gordon Corporation）2012年和2013年年末的比较资产负债表；表6-11是该公司在2013年的利润表，其他信息如下：

- 高顿公司在2013年宣告并支付了现金股利120 000美元。
- 高顿公司在2013年将原值为55 000美元的建筑物与设备对外出售，处置时，这些建筑物与设备的累计折旧为30 000美元。

要求：

a. 为编制高顿公司在2013年的现金流量表准备一份T形账户工作底稿，使用间接法计算经营活动产生的现金流量。

b. 参考表6-8的样式，列报高顿公司在2013年经营活动所产生的现金流量。

c. 用直接法计算经营活动产生的现金流量，为高顿公司编制一份2013年的现金流量表。

表6-10 高顿公司2013年12月31日和2012年12月31日的比较资产负债表

（自习问题6.4）　　　　　　　　　　　　　　　　　　　　　　　　　（编报单位：千美元）

	12月31日	
	2013年	2012年
资产		
流动资产		
货币资金	$40	$70
应收账款	420	320
商品存货	470	360
预付账款	70	50
流动资产合计	$1 000	$800
不动产、厂场与设备		
土地	$250	$200
建筑物与设备（已分别扣除2013年和2012年的累计折旧840美元和800美元）	1 150	1 000
不动产、厂场与设备合计	$1 400	$1 200
资产合计	$2 400	$2 000
负债与股东权益		
流动负债		
应付账款	$440	$320
应交所得税	80	60
其他流动负债	360	170
流动负债合计	$880	$550
长期负债		
应付债券	200	250
负债合计	$1 080	$800
股东权益		
普通股	$540	$500
留存收益	780	700
股东权益合计	$1 320	$1 200
负债与股东权益合计	$2 400	$2 000

资料来源：© Cengage Learning 2014.

表6-11 高顿公司2013年利润表

（自习问题6.4）　　　　　　　　　　　　　　　　　　　　　　　　　（编报单位：千美元）

销售收入	$1 600
减：	
销货成本	(900)
折旧费用	(70)
销售与管理费用	(255)
利息费用	(30)
出售建筑物与设备损失	(15)
所得税费用	(130)
净利润	$200

资料来源：© Cengage Learning 2014.

6.4 利用现金流量表所提供的信息

现金流量表所提供的信息能帮助报表使用者：（1）评估经营活动对企业流动性的影响；（2）了解企业的经营活动、投资活动和筹资活动所产生现金流量之间的关系。

6.4.1 经营活动对流动性的影响

当期经营活动对企业现金流量的影响如何？——这是资产负债表和利润表都无法反映的一个重要问题。利润的增加并不一定会导致经营活动产生的现金流量也增加。当利润的增加来源于企业经营规模的扩张时，经营活动所产生的现金流量往往还会减少。在那些正处于成长期的成功企业中，由于应收账款和存货的规模快速扩大，往往导致利润与现金流之间越来越不能同步。企业一方面要等待应收账款的收回，另一方面又不得不因为对未来销售增长的预期而付款购入更多的存货，最终使经营活动产生的现金流量越来越少，甚至变为负数。因此，当经营规模持续增长时，企业往往需要发行债务或者新的普通股来筹措资金，以满足增长对现金的需求。长期融资的失败会导致企业经常出现流动性问题。

另一方面，现金流量的增加也可能伴随着利润的下降。例如，假定一家公司因出现经营困难而缩减了营业规模，于是净利润下降，甚至变成了净亏损状态，但它却仍然有可能具有正的经营活动现金流量。这是因为它可以将以前会计期间的赊销款慢慢收回，而同时也不再需要付现购入更多的存货——这两个方面的影响都能为企业节省现金。

6.4.2 经营活动、投资活动与筹资活动现金流量之间的关系

企业产品的特点和它的成长情况决定了三类活动所产生现金流量之间的关系是不一样的。例如，假定我们比较一家新成立不久且成长迅速的企业和一家稳定且发展基本成熟的企业，两者的现金流量特点就会有所不同。请看下面这四种不同的现金流量模式：

现金流量来源：	企业 A	企业 B	企业 C	企业 D
经营活动	$(3)	$7	$15	$8
投资活动	(15)	(12)	(8)	(2)
筹资活动	18	5	(7)	(6)
现金净流量	$0	$0	$0	$0

可以看出，企业 A 是一家新成立不久但成长快速的公司。它在应收账款和存货项目中被占用了不少的资金，因此导致经营活动产生的现金流量为负数；为了经营扩张的需要，企业 A 对厂场和设备等固定资产进行了比较大规模的投资，因此投资活动产生的现金流量也为负数；为了支持它的投资活动和经营活动，它不得不从企业外部渠道去筹措资金。

与企业 A 相比，企业 B 更成熟一些，但仍然也还处在成长期当中。企业 B 的经营是获利的，并且它从经营活动中产生了正的现金流量；但依靠这些经营活动产生的现金流量仍然无法完全满足成长中所需要的设备和厂场等投资需求，因此，企业 B 仍然需要从外部渠道去筹措资金。

企业 C 的现金流量模式是典型的处于成熟期、稳定发展的企业所共有的。这类企业依靠经营活动所产生的现金流量已经可以满足新设备和厂场的投资需求了，并且常常还能有些剩余，利用这些剩余的现金流，企业可以用来偿还以前的融资，或者向股东支付股利。

企业 D 是一家即将进入衰退期的公司。也许是因为应收账款和存货水平的下降，它通过经营活动产生的现金流量现在还是正数。但随着衰退期的到来，经营活动产生的现金流量将慢慢变为负数。衰退期的企业已不再有什么大额的资本支出项目，因此可以将经营活动产生的现金流量用来偿还债务和回购股份。当然，这类企业也可以在此时用现金去投资开发新的产品或者考虑进入新的行业领域。

当然，以上这四种现金流量模式并不能涵盖全部我们在企业财务报告中能找出的现金流量特点，但它向我们说明了企业的产品和所处行业特点会影响到我们对现金流量表信息的解读。

6.5 利用现金流量表信息时应注意的问题

一些分析师认为，在评价企业业绩和进行估值时，经营活动产生的现金流量与净利润指标是同等关键的，甚至在某些情况下，经营活动产生的现金流量可能会更重要一些。⊖要使用经营活动产生的现金流量指标来评价企业的经营业绩，需要从以下两个方面来考察现金流量：

1. 现金流量的发生时间。
2. 现金流量表中对现金流量的分类与披露，以及相关的报表附注信息。

6.5.1 经营活动现金流量的发生时间

企业在何时支出现金方面是具有一定选择权的。例如，在接近会计期末的时候将本应向供应商支付的货款再往后拖延几天，便能保有现金，并因而增加当期现金流量表中"经营活动产生的现金流量"规模；而移挪到下期初再进行的现金支付又将减少下一会计期间"经营活动产生的现金流量"规模。因此，跨期延迟支付能增加本期的经营活动现金流量，并降低下一会计期间的经营活动现金流量。如果企业在下一会计期间仍然重复这样的操作（将当期的支付安排继续推迟到第三个会计期间）就可以抵消掉期初支付的不利影响了。所以，如果一家成长型的企业在每个会计期末都延迟支付，就能报告出比真实水平更高的经营活动现金流量。这样的企业实际上是利用了供应商所提供的短期融资。只要不违反合同或者协议的规定，延迟付款在法律上是行得通的。但如果大量地或者过分地延迟付款，势必会影响企业的声誉或者信用等级。

6.5.2 交易的分类与披露

在本章较前部分中，我们曾经提到过对现金流量进行分类的困难或者模糊性问题。复杂金融工具所涉及的现金流量分类已经超出了本书的讲解范围，且涉及较多可能你还没有见过的交易类型。如果希望使用经营活动产生的现金流量作为业绩评价的指标，一定要注意分类标准对经营活动现金流量的影响，因为这种影响有可能是非常大的。

例题1 区分购买存货的现金流量和进行投资活动的现金流量。假定一家企业购入了一些物品用来短期出租给客户并收取租金，例如，电影和游戏光碟等。这些物品的有效使用年限大约为6个月到2年左右。那么，

- 这些物品应当属于存货么？如果是的话，那么为购买这些物品而支付的现金就应当报告为经营活动的现金流出量。
- 这些物品应该属于非流动资产么？如果是的话，那么所支付的现金就应当属于投资活动的现金流出量。

企业只是出租这些物品，并没有出售。在会计实务中，会将购买用于出租物品的现金流出报告为经营活动的现金流量。具体划分为哪一类现金流量并不会影响到企业为购买这些用于出租物品而支付的总现金流出，但是如果企业将这类现金流出报告为购买长期资产的支出的话，经营活动的现金流量显然就会增加了。

例题2 很多汽车经销商会通过银行借款来为部分存货垫资，这种融资安排通常被称为展销贷款（floor plan financing）。那么，通过展销贷款所取得的资金属于经营活动的现金流量么？因为它的功能跟应付账款对存货的影响似乎没有区别。又或者还是应该报告为筹资活动的现金流量呢？在会计实务中，我们将这些融资安排报告为筹资活动。同样地，具体划分为哪一类现金流量并不会影响企业的总现金流量，也不会改变这种融资安排的实质，但是却确实会对经营活动产生的现金流量带来较大影响。

⊖ 估值（例如，进行企业估值）时，区分一次性项目和重复性项目的不同影响是非常重要的。但根据现金流量表中的列报，要区分可重复发生项目和不可重复发生项目是比较困难的。因此，我们在这方面还得要去参考利润表。本书第17章会介绍这些内容。

自习问题6.5

交易对现金流量表的影响。 表6-12是某会计报告期的一张简化现金流量表。表中一共有11行数据，其他行的金额（用字母"S"表示的）均为各种小计或者总计数，在后面的问题中可以不考虑这几个项目的影响。假定当期的会计核算过程已经完成，编报企业已经编制好了全部的财务报表，这时才发现有一项交易被遗漏了。企业将这笔交易重新在账户中进行了补充登记，然后更正了所有的相关财务报表项目。针对以下每笔交易，请指出现金流量表中编号为多少的行次将受到这笔交易的影响，并指出影响金额和方向。如果是编号为（3）的净利润项目受到了影响，请指出对净利润的影响方向是增加还是减少。答题时，可以不考虑所得税的影响。

（提示：写出企业在账簿系统中记录这笔交易时会编制的会计分录；然后，针对分录中的每一个项目，确认它会使表6-12中的具体哪一行金额受到影响。）

a. 办公电脑应记录折旧费用2 000美元。

b. 用现金10 000美元购买了一台机器。

c. 宣告普通股现金股利6 500美元；企业在当年年末实际发放了这笔股利。

d. 发行普通股取得12 000美元现金。

e. 出售原作为长期资产核算的对其他公司普通股投资，取得现金15 000美元，该项投资在被处置当时的账面价值为15 000美元。

表6-12 简化现金流量表
（自习问题6.5）

经营活动产生的现金流量	
销售商品、提供劳务所收到的现金	(1)
减：支付给供应商、员工和其他类似主体的现金	−(2)
经营活动产生的现金流量 [=(1)−(2)]	S1
将净利润调整为经营活动产生的现金流量	
净利润	(3)
加：计算经营活动现金流量需要的调增项	+(4)
减：计算经营活动现金流量需要的调减项	−(5)
经营活动产生的现金流量 [=(3)+(4)−(5)]	S1
投资活动产生的现金流量	
处置"投资性"资产所收到的现金	+(6)
取得"投资性"资产所支出的现金	−(7)
投资活动产生的现金流量 [=(6)−(7)]	S2
筹资活动产生的现金流量	
增发负债或股票所收到的现金	+(8)
偿还负债或回购股份所使用的现金	−(9)
支付股利所使用的现金	−(10)
筹资活动产生的现金流量 [=(8)−(9)−(10)]	S3
现金变动净额 [=S1+S2+S3]	(11)
期初货币资金余额	S4
期末货币资金余额 [=(11)+S4]	S5

资料来源：© Cengage Learning 2014.

本章小结

现金流量表报告了企业的经营活动、投资活动和筹资活动对现金流量的影响，它所提供的信息能帮助报表使用者加深对以下概念的理解。

1. 经营活动对企业短期支付能力的影响。
2. 维持现有水平和扩大经营规模所需要的资本性投资需求。
3. 企业在融资方面所发生的重要变化。

分析各个资产负债表项目在当期所发生的变动情况是编制现金流量表的前提，如现金变动公式（公式3）所示。根据资产负债表恒等式，我们可以推导出，现金账户的净变动额等于所有非现金账户的净变动额之和。

通常，现金流量表中"经营活动产生的现金流量"是以当期净利润为起点，用间接法计算并列报的。间接法对净利润组成项目中不伴随现金流入的收入、不导致现金流出的费用和营运资本项目的变动进行调整，计算得到经营活动所产生的现金流量。也有一些公司按照直接法来列报经营活动产生的现金流量，先列出因销售商品或提供劳务在当期所收到的全部现金，然后再从中减去在当期付现的全部费用支出。投资活动和筹资活动所产生的现金流量报告在经营活动产生的现金流量之后。

解读现金流量表信息的前提是一定要理解企业所处行业的经济特征，包括与资本密集度、增长特点等类似的各种情况。

自习问题解答

自习问题6.1 解答参考
（现金流量涉及的活动类型）
a. 经营活动
b. 筹资活动
c. 经营活动
d. 经营活动
e. 经营活动
f. 经营活动⊖
g. 投资活动
h. 由于该项目不影响当期现金流量，因此不应出现在现金流量表中。企业应该在一张单独的附表或者财务报表附注中披露此项交易。
i. 经营活动
j. 经营活动
k. 投资活动
l. 由于该项目不影响当期现金流量，因此不应出现在现金流量表中。企业应该在一张单独的附表或者财务报表附注中披露此项交易。
m. 筹资活动
n. 投资活动
o. 筹资活动
p. 投资活动
q. 经营活动⊖

自习问题6.2 解答参考
（若比公司；为现金流量表的编制准备T形账户工作底稿。）
表6-13即是一份完整的若比公司T形账户工作底稿。

表6-13 若比公司T形账户工作底稿
（自习问题6.2） （编报单位：千美元）

现金

√	10		
经营活动			
(2)	2	7	(1)
(4)	6		
(5)	7		
(8)	7		
投资活动			
		16	(3)
筹资活动			
(6)	8	2	(9)
(7)	10		
√	25		

应收账款

√	15	
(1)	7	
√	22	

商品存货

√	20		
		2	(2)
√	18		

不动产、厂场与设备

√	50	
(3)	16	
√	66	

累计折旧

	25	√
	6	(4)
	31	√

应付商品采购款

	30	√
	7	(5)
	37	√

应付债券

	10	√
	8	(6)
	18	√

普通股

	10	√
	10	(7)
	20	√

留存收益

		20	√
(9)	2	7	(8)
		25	√

资料来源：© Cengage Learning 2014.

⊖ 按美国公认会计原则的要求，利息的支付属于经营活动的现金流出量。——译者注
⊖ 按美国公认会计原则的要求，收到被投资公司发放的股利属于经营活动的现金流入量。——译者注

自习问题 6.3 解答参考

（若比公司；根据 T 形账户工作底稿编制现金流量表。）

a. 根据表 6-13 中 T 形账户工作底稿信息，用直接法计算经营活动产生的现金流量，计算过程见表 6-14 所示。

表 6-14　利用 T 形账户工作底稿数据用直接法计算若比公司经营活动产生的现金流量
（自习问题 6.3）

1. 复制利润表数据和经营活动产生的现金流量数据。
2. 将 T 形账户工作底稿中的数据填写在相关的利润表项目旁边。
3. 将各行数据相加，得到直接法下的现金流入和流出。

经营活动	(a)	间接法 (b)		T 形账户工作底稿中相关资产负债表项目的变动 (c)	直接法 (d)	经营活动的现金流入与流出
销售收入	$180 000	$(7 000)	=	应收账款的增加（1）	$173 000	收到客户付款
销货成本	(140 000)	2 000	=	存货的减少（2）	$(131 000)	购买商品支付的现金
		7 000	=	应付商品采购款的增加（5）		
销售与管理费用	(25 000)			（无对应资产负债表账户变动）	(25 000)	支付的销售与管理费用
折旧费用	(6 000)	6 000		不导致现金流出的费用（4）	—	
利息费用	(2 000)	—		应付利息（在资产负债表中无变化）	(2 000)	支付的利息费用
净利润	$7 000	$7 000	=	净利润合计	$15 000	= 用直接法计算的经营活动现金流量
		$15 000	=	用间接法计算的经营活动现金流量		

注：(b) 列中的信息就是用间接法计算的经营活动现金流量，排列顺序不同而已。

资料来源：© Cengage Learning 2014.

b. 用直接法编制的若比公司现金流量表如下：

现金的来源：	
从客户那里收到的现金	$173 000
现金的使用：	
购买商品支付的现金	(131 000)
为销售与日常管理费用支付的现金	(25 000)
用现金支付的利息支出	(2 000)
经营活动产生的现金流量	$15 000

c. 用间接法编制的若比公司现金流量表如下：

净利润	$7 000
折旧费用（加）	6 000
调整营运资本项目的变动：	
应收账款的增加（减）	(7 000)
存货的减少（加）	2 000
应付账款的增加（加）	7 000
经营活动产生的现金流量	$15 000

d. 若比公司在 2013 年的投资活动和筹资活动产生现金流量应报告如下：

投资活动产生的现金流量	
购买不动产、厂场与设备所使用的现金	$(16 000)
投资活动产生的现金流量	$(16 000)
筹资活动产生的现金流量	
发行债券所收到的现金	$8 000
发行普通股所收到的现金	10 000
支付普通股股利支出的现金	(2 000)
筹资活动产生的现金流量	$16 000

e. 若比公司在 2013 年所发生的现金流量净变动为：

经营活动产生的现金流量（直接法或间接法）	$15 000
投资活动产生的现金流量	(16 000)
筹资活动现金的流量	16 000
净现金流量	$15 000
2013 年期初现金余额	$10 000
2013 年期末现金余额	$25 000

自习问题 6.4 解答参考

（高顿公司；编制现金流量表）

表 6-15 是已经编制完成的高顿公司 T 形账户工作底稿，表 6-16 是用直接法计算和列报的经营活动产生的现金流量，表 6-17 则是一份正式的现金流量表。

表 6-15　高顿公司 T 形账户工作底稿（自习问题 6.4）　　　　（编报单位：千美元）

		现金		
	√	70		

		经营活动		
(1)	200	100	(5)	
(3)	15	110	(6)	
(4)	70	20	(7)	
(10)	120			
(11)	20			
(12)	190			

		投资活动		
(3)	10	50	(8)	
		245	(9)	

		筹资活动		
(14)	40	120	(2)	
		50	(13)	
√	40			

	应收账款			商品存货			预付账款	
√	320		√	360		√	50	
(5)	100		(6)	110		(7)	20	
√	420		√	470		√	70	

	土地			建筑物与设备			累计折旧	
√	200		√	1 800			800	√
(8)	50		(9)	245	55	(3)	30	70	(4)
√	250		√	1 990			840	√

	应付账款			应交所得税			其他流动负债	
	320	√		60	√		170	√
	120	(10)		20	(11)		190	(12)
	440	√		80	√		360	√

	应付债券			普通股			留存收益	
	250	√		500	√		700	√
(13)	50			40	(14)	(2)	120	200	(1)
	200	√		540	√		780	√

资料来源：© Cengage Learning 2014.

表 6-16　高顿公司：利用 T 形账户工作底稿，用直接法计算经营活动产生的现金流量
（自习问题 6.4）　　　　　　　　　　　　　　　　　　　　（编报单位：千美元）

1. 复制利润表数据和经营活动产生的现金流量数据。
2. 将 T 形账户工作底稿中的数据填写在相关的利润表项目旁边。
3. 将各行数据相加，得到直接法下的现金流入和流出。

经营活动	(a)	间接法 (b)		T 形账户工作底稿中相关资产负债表项目的变动 (c)	直接法 (d)	经营活动的现金流入与流出
销售收入	$1 600	$(100)	=	应收账款的增加	$1 500	收到客户付款
销货成本	(900)	120	=	应付账款的增加	(890)	购买商品支付的现金
		(110)	=	商品存货的增加		
折旧费用	(70)	70	=	（不导致现金流出的费用）	—	
销售与管理费用	(255)	190	=	其他流动负债的增加	(85)	支付的销售与管理费用
		(20)	=	预付费用的增加		
利息费用	(30)	—	=	应付利息（在资产负债表中无变化）	(30)	支付的利息费用
处置建筑物与设备损失	(15)	15	=	（不导致现金流出的损失）	—	
所得税费用	(130)	20	=	应交所得税的增加	(110)	支付的所得税
净利润	$200	$200	=	净利润合计	$385	= 用直接法计算的经营活动现金流量
		$385		用间接法计算的经营活动现金流量		

注意：(b) 列中的信息就是用间接法计算的经营活动现金流量，排列顺序不同而已。
资料来源：© Cengage Learning 2014.

表 6-17　高顿公司 2013 年现金流量表
（自习问题 6.4）（编报单位：千美元）

经营活动产生的现金流量
销售商品、提供劳务收到的现金	$1 500
购买商品向供应商支付的现金	(890)
支付的销售和管理费用	(85)
支付的借款利息	(30)
支付的所得税	(110)
经营活动产生的现金流量	$385

将净利润调整为经营活动产生的现金流量
净利润	$200
加：	
折旧费用	70
出售设备损失	15
应付账款的增加	120
应交所得税的增加	20
其他流动负债的增加	190
减：	
应收账款的增加	(100)
商品存货的增加	(110)
预付费用的增加	(20)
经营活动产生的现金流量	$385

投资活动产生的现金流量
购买土地支付的现金	$(50)	
出售建筑物与设备收到的现金	10	
购买建筑物与设备支付的现金	(245)	
投资活动使用的现金流量净额		(285)

筹资活动产生的现金流量
发行普通股收到的现金	$40	
支付股利使用的现金	(120)	
偿还债券使用的现金	(50)	
筹资活动使用的现金流量净额		(130)
当期现金变动净额		$(30)
2013 年期初现金余额		70
2013 年期末现金余额		$40

资料来源：© Cengage Learning 2014.

自习问题 6.5 解答参考
（交易对现金流量表的影响）

为每笔交易编制会计分录，能帮助我们理解它们对表 6-12 中 11 个编号行的影响。

a. 折旧费用　　　　　　　　　　　2 000
　　累计折旧　　　　　　　　　　　　　　2 000

现金的变动	=	负债的变动	+	股东权益的变动	非现金资产的变动
0		0		−2 000	−2 000

这笔会计分录对经营活动现金流量没有影响，因此第 (1) 行和第 (2) 行都保持不变。该分录借方账户"折旧费用"增加会影响利润表，所以第 (3) 行"净利润"要减少 2 000 美元。折旧费用减少净利润，但并不影响第 (11) 行的现金流量。因此，第 (4) 行应增加 2 000 美元，反映应反加回到净利润中去的折旧费用。这样，就消除了折旧对经营活动现金流量和现金变动总额的影响。

b. 机器设备　　　　　　　　　　　10 000
　　货币资金　　　　　　　　　　　　　　10 000

现金的变动	=	负债的变动	+	股东权益的变动	非现金资产的变动
−10 000（投资活动）		0		0	+10 000

这笔会计分录不会影响"从客户那里收到的现金"和"支付给供应商、员工和其他类似主体的现

金"，因此第（1）行和第（2）行金额均不受影响。由于贷记了"货币资金"账户，因此第（11）行将减少10 000美元。又因为第（11）行表示的是当期现金变动净额，因此现金流量表中的其他行次一定还有变动。购买设备是一种投资活动，所以第（7）行应增加10 000美元。注意（7）前面的负号，表示这一行的金额为现金流出，因此第（7）行的增加则意味着企业现金的减少。

c. 留存收益   6 500
  货币资金   6 500

现金的变动	=	负债的变动	+	股东权益的变动	−	非现金资产的变动
−6 500（筹资活动）		0		−6 500		0

这笔会计分录贷记了货币资金账户，因此第（11）行应当减少6 500美元。另一方面，股利的发放属于筹资活动，所以第（10）行应增加6 500美元。

d. 货币资金   12 000
  普通股   12 000

现金的变动	=	负债的变动	+	股东权益的变动	−	非现金资产的变动
+12 000（筹资活动）		0		+12 000		0

这笔会计分录借记了"货币资金"账户，因此第（11）行应增加12 000美元。另一方面，发行普通股属于筹资活动，因此第（8）行应增加12 000美元。

e. 货币资金   15 000
  长期股权投资   15 000

现金的变动	=	负债的变动	+	股东权益的变动	−	非现金资产的变动
+15 000（投资活动）		0		0		−15 000

这笔会计分录借记了"货币资金"账户，因此，第（11）行应增加15 000美元。另一方面，出售长期股权投资是一种投资活动，因此第（6）行应增加15 000美元。

关键术语与概念

现金流量表（statement of cash flows）
现金等价物（cash equivalents）
经营活动产生的现金流量（cash flow from operations）
投资活动产生的现金流量（cash flow from investing activities）
筹资活动产生的现金流量（cash flow from financing activities）
自由现金流量（free cash flow）
直接法（direct method）
间接法（indirect method）
现金变动等式（cash change equation）
T形账户工作表（T-account work sheet）

思考题、练习题与解决问题

思考题

1. 复习并思考关键术语与概念所列术语和概念的含义。
2. 有人说："按照权责发生制会计核算基础，可以很容易地完成利润表的编制；如果按照现金收付制会计核算基础来编制利润表的话，也可以轻松地完成现金流量表的编制。"请问你同意这样的说法么？请给出理由。
3. "采用权责发生制作为会计核算基础，使我们需要编制现金流量表。"请解释这句话的意思。
4. "现金流量表为我们提供了一家企业的资产及其资金来源的结构变动信息。"请解释这句话的意思。
5. 一位学生问："用直接法计算经营活动产生的现金流量比用间接法更容易理解。但为什么在实务中，多数公司却采用间接法在编制它们的现金流量表呢？"你能回答他的提问吗？
6. 在现金流量表上，用现金支付的利息费用被划分为经营活动产生的现金流量，而偿还债务支出的现金却被划分为筹资活动的现金流量。请解释这样做的理由是什么。
7. 根据美国公认会计原则，用现金支付的债务利息应报告为经营活动的现金流量，而用现金支付给股东的股利却被划分为筹资活动的现金流量。请解释为什么要将这两类现金支出划分为不同的类型？
8. 在现金流量表中，应付账户的变动被报告为经营活动，而短期银行借款的变动则被报告为筹资活动。请解释为什么要这样划分现金流量类型。
9. "用抵押借款取得设备"这样的交易是不能被报告

在现金流量表中的，但应在补充说明或者报表附注中进行披露。请问，为什么应当要求企业披露这类交易的信息呢？为什么又不能在现金流量表中报告这类交易呢？

10. 一位作者写道："折旧费用是企业实现增长的主要现金来源之一。"一位读者对此进行批评说："事实是，就算企业在任意年份中多计提了1 000万美元的折旧，它能够用来扩大厂房或者增加库存和应收账款需求的现金总额也不能增加一毛。因此，说折旧费用是一种现金来源是不对的，并且引起误导。"请对上述说法进行评价，回答时请注意考虑所得税的影响。

11. 一家企业实现了净利润，但它在当年的经营活动现金流量却是负数。请问这种情况是怎么发生的？

12. 一家企业发生了净亏损，但它在当年的经营活动现金流量却是正数。请问这种情况是怎么发生的？

13. 以高于账面价值的价格处置设备将导致企业收到的现金流量等于设备的账面价值再加上设备的处置利得，而后者会增加同期的企业利润。请问，会计师在现金流量表中会如何处理此笔交易呢？请同时考虑直接法和间接法这两种编制方法。

练习题

14. **根据资产负债表和现金流量表信息推算销售收入**。根据微型化学公司（Microchem Corporation）披露的财务报告，它在年初和年末的应收账款余额分别为5 196百万欧元和5 334百万欧元；该公司的现金流量表是用直接法编制的，报表中披露"销售商品或提供劳务收到的客户付款"为33 551百万欧元。假定微型化学公司所有的销售都是赊销，请计算它在当年的销售收入金额。

15. **根据现金流量表信息推算销货成本**。根据伊莱克卓品（Electropin Company）公司现金流量表的"经营活动产生的现金流量"部分，间接法计算过程显示，该公司当年的存货增加了1 753百万美元，而应付商品采购款则没有发生变动；在直接法计算部分，报告该公司当年为采购和生产存货一共支付了64 713百万美元。请根据以上信息计算伊莱克卓品公司当年的销货成本。

16. **根据现金流量表信息推算销货成本**。根据泰勒商店（Taylor Stores）用间接法计算的"经营活动产生的现金流量"部分所披露的信息，该商店的存货在当年一共增长了570万美元，而应付存货采购款余额的变动为590万美元；在直接法计算的"经营活动产生的现金流量"部分，泰勒商店在当年为采购商品存货而支付的现金为64 690万美元。请根据以上信息计算泰勒商店当年的销货成本。

17. **根据现金流量表信息推算职工薪酬**。在将净利润调整为经营活动产生的现金流量部分，耀西集团（Yoshi Group）披露它当年的应付职工薪酬余额下降了2 100万日元；其他信息还表明该集团在当年用现金支付的职工薪酬一共为885 300万日元。根据上述信息，请推算耀西集团当年的职工薪酬费用为多少？

18. **推算用现金支付的股利**。JAJ公司报告它在年初和年末的留存收益水平分别为26 571百万美元和28 132百万美元；公司的应付股利账户余额在当年增加了233百万美元；JAJ公司在当年实现了净利润5 030百万美元。请问，JAJ公司在当年用现金支付的股利金额为多少？请指出该信息如果报告在像表6-12这样的简化现金流量表中，应放在哪个位置比较合适？

19. **借款和利息对现金流量表的影响**。吉利公司（Gillette Limited）在10月1日通过发行债券的方式筹集了25 000万英镑，这批债券的年利率为6%，利息在每年的4月1日和10月1日支付，20年期。吉利公司的会计年度截止日为每年的12月31日。要求：参考表6-12的格式，请指出上述交易在债券发行当时，和发行后当年10月1日至12月31日期间对吉利公司现金流量表的影响。

20. **所得税对现金流量表的影响**。瑞迪恩公司（Radion Corporation）在年初和年末的应交所得税余额分别为7 810万美元和6 010万美元，当年的所得税费用为16 150万美元。要求：参考表6-12的格式，指出上述信息对瑞迪恩公司当年现金流量表的影响包括哪些？

21. **租赁交易对现金流量表的影响**。詹宁斯公司（Jennings Company）在2014年1月1日的预付租金（预付房东款）账户余额为1 200美元，均为预付的公司大楼在2014年1月的租金。2014年2月1日，詹宁斯公司又支付了2014年2月1日至2015年1月31日全年的租金共计18 000美元，会计处理为借记"预付租金（预付房东款）"账户18 000美元，贷记"货币资金"账户18 000美元。2014年年末，公司编制调整分录正确地报告了资产负债表和利润表中的相应金额。要求：参考表6-12的格式，请指出上述信息对2014年现金流量表项目的影响。

22. **计算经营活动产生的现金流入量**。信息科技公司（Infotech Corporation）是一家系统工程企业，表6-18是摘自该公司当年财务报表的一些信息。要求：请计算信息科技公司当年因销售商品或者提供劳务收到的客户付款一共为多少？

表 6-18　信息科技公司当年财务报表数据
（练习题 22 和 23）
（编报单位：千美元）

销售收入	$14 508
销货成本	(11 596)
折旧费用	(114)
包括职工薪酬在内的其他费用	(2 276)
所得税费用	(210)
净利润	$312
摘自年初和年末资产负债表的数据	
应收账款	$782　减少额
存货	66　减少额
预付费用	102　减少额
应付存货采购款	90　增加额
应付职工薪酬	240　减少额

资料来源：© Cengage Learning 2014.

23. **计算经营活动产生的现金流出量**。表 6-18 是信息科技公司当年财务报表中的一些项目，参考表中所给出的信息，请回答：
    a. 信息科技公司当年向商品供应商一共支付了多少现金？
    b. 信息科技公司当年向它的员工和其他服务提供者一共支付了多少现金？

24. **倒推建筑物与设备账户的变动**。根据迪尔润公司（Dearing Incorporated）的比较资产负债表，其"建筑物与设备（原值）"账户在年末的余额为 17 369 百万美元，而一年前，这个账户的余额为 16 825 百万美元；"累计折旧"账户的年末和年初余额分别为 5 465 百万美元和 4 914 百万美元。根据现金流量表，该公司在当年为购买建筑物与设备而发生的支出为 1 314 百万美元。根据利润表，该公司当年的折旧费用为 1 253 百万美元。此外，迪尔润公司在当年还按账面价值处置了一批建筑物与设备。

    要求：计算迪尔润公司在当年处置的建筑物设备原值与累计折旧金额，计算处置所得到的现金为多少。

25. **根据资产负债表账户的变动情况编制现金流量表**。英克劳德航空公司（Incloud Airlines）在它的比较资产负债表中披露了最近年份的下列信息（报告单位为千美元）：

变动项目	变动金额	变动方向
货币资金	$40 308①	增加
应收账款	15 351	减少
存货	15 117	增加
预付账款	16 776	增加
不动产、厂场与设备（原值）	1 134 644②	增加
累计折旧	264 088	增加
其他非经营性资产	8 711	增加
应付账款	660	减少
其他流动负债	114 596	增加
长期负债	244 285	增加
其他非经营性负债	140 026	增加
普通股	96 991	增加
留存收益	340 879③	增加

① 货币资金在年初和年末的余额分别为 $387 511 和 $418 819。
② 英克劳德航空公司在当年没有处置任何不动产、厂场与设备。
③ 公司在当年实现的净利润为 $474 378。

要求：
a. 为英克劳德航空公司编制一张现金流量表，将其他非经营资产的变动和其他非经营性负债的变动分别视为投资活动和筹资活动。
b. 对英克劳德航空公司当年的经营活动、投资活动和筹资活动现金流量模式进行简要评价。

26. **计算并解释经营活动产生的现金流量**。下列项目摘录自班伯格公司（Bamberger Enterprises）最近年份的财务报表（编报单位为千美元）：

销售收入	$14 600
折旧费用	(210)
所得税费用	(200)
其他费用	(13 900)
净利润	$290

班伯格公司当年流动资产和流动负债项目的变动情况如下：

应收账款	$780	减少额
存货	80	减少额
预付费用	100	减少额
应付账款	90	增加额
其他流动负债	240	减少额

要求：
a. 计算该公司经营活动产生的现金流量为多少？
b. 请简要说出该公司经营活动产生的现金流量大于净利润的主要原因是什么？

27. **计算并解释经营活动产生的现金流量**。芬兰卡（Finanka）是芬兰的一家移动电话生产企业，以下是该公司的部分财务数据（报告单位为百万欧元）：

	2013年	2012年	2011年	2010年
净利润（亏损）	€3 847	€2 542	€1 689	€1 032
折旧费用	1 009	665	509	465
项目增加（减少）额：				
应收账款	2 304	982	1 573	272
存货	422	362	103	121
预付费用	(49)	33	17	(77)
应付账款	458	312	140	90
其他流动负债	923	867	1 049	450

要求：

a. 用间接法计算芬兰卡公司在这4年中经营活动产生的现金流量。

b. 简要解释为什么在这几年里经营活动产生的现金流量与当年实现的净利润或者净亏损之间会出现差异。

28. **计算并解释现金流量**。市场之星公司（Market Star）是一家为客户制作广告并投放到电视、杂志和其他媒介的营销服务企业。该公司的应收账款均为应收客户款，应付账款均为应支付给各种媒介的款项。市场之星公司在今年中有收购其他营销服务公司。以下是该公司在最近3年中的一些数据（编报单位为百万美元（$））：

	2013年	2012年	2011年
净利润	$499	$363	$279
折旧与摊销费用	226	196	164
应收账款的增加（减少）	514	648	238
存货的增加（减少）	98	13	35
预付款的增加（减少）	125	(10)	64
应付账款的增加（减少）	277	786	330
其他流动负债的增加（减少）	420	278	70
购买不动产、厂场与设备	150	130	115
取得证券投资（长期）	885	643	469
支付股利	122	104	88
发行长期债务	599	83	208
发行普通股（回购）	(187)	(252)	42

要求：

a. 为市场之星公司编制最近3年的比较现金流量表，用间接法计算经营活动产生的现金流量。

b. 讨论净利润与经营活动产生的现金流量之关系，并简要评价公司在这几年中经营活动、投资活动和筹资活动产生现金流量的模式。

29. **设备处置损益对现金流量的影响**。表6-19是拉盖公司（Largay Corporation）最近年度的简化现金流量表（编报单位为千美元）。假定在编制完成这份现金流量表后，你发现公司在当年最后一天还处置了一台设备，但却还没有来得及进行相关账务处理，因处置设备而收到买方支付的支票也还没有来得及送存银行。该设备的原始价值为50 000美元，处置时已累计折旧了40 000美元。假定拉盖公司处置这台设备取得的价款分别为以下几种情况，请重新编制公司的现金流量表（不考虑所得税的影响）：

a. 10 000美元　　b. 12 000美元　　c. 8 000美元

表6-19　拉盖公司今年的现金流量表
（练习题29）
（编报单位：千美元）

经营活动产生的现金流量	
净利润	$100
折旧费用	15
营运资本账户的变动	(40)
经营活动产生的现金流量	$75
投资活动产生的现金流量	
购买建筑物与设备	(30)
筹资活动产生的现金流量	
偿还长期负债	(40)
现金变动净额	$5
年初货币资金余额	27
年末货币资金余额	$32

资料来源：© Cengage Learning 2014.

30. **各类交易对现金流量表的影响**。表6-12是某会计期间的一份简化现金流量表，其中共有11行基础数据，其他均为这些基础数据的小计或者合计数，在回答下面问题时，不考虑这些小计或者合计数的影响。假定当期的会计循环已经完成，企业已经编制好了全部财务报表，然后才发现有一项交易被疏漏而没有登记到账簿中。企业在账簿中补充登记了这项交易，然后在财务报表中更正了该交易的可能影响。要求：假定被遗漏登记的就是以下这些独立的交易，对每一笔交易，请指出现金流量表的哪些行次金额会受到影响，并说出影响的具体金额和方向。如果是第（3）行的净利润项目会受影响，请指出是会增加还是会减少净利润。回答时可以不考虑所得税的影响。（提示：先编制出公司在账簿记录中应登记的会计分录，然后，针对会计分录中的每一个项目，具体分析它会影响表6-12的哪些行次。）

a. 摊销一项专利权的价值，记录费用增加600美元。

b. 发行市场价值为50 000美元的普通股，用于交换一处工厂所在地。

c. 赊购了价值7 500美元的存货。假定在公司还没有记录这笔被遗漏的交易前，当年的存货余额表现为净增加。

d. 用现金购买了价值6 000美元的存货。假定在公司还没有记录这笔被遗漏的交易前，当年的存货余额表现为净增加。

e. 有价值1 500美元的商品存货发生了火灾损失，公司对此没有购买相关保险。假定在公司还没有记录这笔被遗漏的交易前,当年的存货余额表现为净增加。

f. 收回一项价值为1 450美元的应收账款。假定在公司还没有记录这笔被遗漏的交易前,当年的应收账款表现为净增加。

g. 发行了价值10 000美元的债券,已收到现金。

h. 按账面价值处置了一台设备,取得现金4 500美元。

解决问题

31. **根据财务报表数据推算现金流量情况**。海蒂密地（Heidi's Hide-out）是一家酒吧和视频游戏俱乐部,同时也出租私有聚会空间,表6-20是该公司的财务报表数据。海蒂密地主要与下述主体发生交易：

    - 公司员工,有些员工由公司预付工资,另一些员工则先工作,后领取工资；
    - 房产出租人,公司向一些房产出租人预付租金,但也向另一些房产出租人后付租金；
    - 各类客户,一些客户会为特殊聚会提前支付服务费,但另一些客户则先使用聚会服务,然后再结算服务费；
    - 包括食品和饮料在内的各类商品供应商,海蒂密地公司会向一些供应商预先付款,但对另一些供应商,则可以要求先配货,然后再结算货款。

    海蒂密地公司与它的客户、供应商和员工都使用现金结算,从不使用任何非现金资产来结算。

要求：

a. 计算海蒂密地公司在当年收到的零售客户支付的现金金额。

b. 计算海蒂密地公司当年为租赁场地而向房产出租人支付的现金金额。

c. 计算海蒂密地公司当年向员工支付的现金金额。

d. 计算海蒂密地公司在当年支付给零售商品供应商的现金金额,包含已经出售给零售客户的食品和饮料的价款。

32. **根据资产负债表和利润表数据推算现金流量**。（根据Stephen A. Zeff教授编写的一道习题而改编。）假定你是平原国家银行（Plains State Bank）的一位分析师,专门负责研究小企业财务报表,为银行寻找贷款客户。现在,数字零售公司（Digit Retail Enterprises Inc.）向你提交了它在2012年和2013年年末的资产负债表（见表6-21）和2013年的利润表（见表6-22）。此外,你还知道数字零售公司在2013年没有购入新的不动产、厂场与设备等固定资产。现在,你需要：

a. 计算数字零售公司在2013年收到的客户付款金额。

b. 计算数字零售公司在2013年采购商品的取得成本。

c. 计算数字零售公司在2013年支付给商品供应商的现金金额。

d. 计算数字零售公司在2013年支付给员工的现金金额。

e. 计算数字零售公司在2013年支付给保险公司的现金金额。

f. 计算数字零售公司在2013年支付给房产出租人的现金金额。

g. 计算数字零售公司在2013年支付的现金股利。

h. 计算数字零售公司在2013年因出售不动产、厂场与设备而收到的现金金额。

表6-20 海蒂密地公司今年的财务报表部分数据摘录
（解决问题31）

	年初数	年末数
资产负债表		
货币资金	$22 000	$10 000
应收零售客户款	8 000	8 900
零售商品存货	11 000	10 000
预付工资	1 000	1 500
预付租金	5 000	5 600
预付零售商品供应商货款	10 000	10 500
资产总额	$57 000	$46 500
应付零售商品供应商货款	$8 000	$7 700
零售客户预付款	9 000	10 000
应付租金	6 000	5 300
应付职工薪酬	2 000	1 800
股东权益	32 000	21 700
负债与股东权益总额	$57 000	$46 500
当年利润表数据		
来自零售客户的销售收入		$120 000
零售商品销售成本	$90 000	
租金费用	33 000	
职工薪酬费用	20 000	
减：费用合计		$(143 000)
净利润（损失）		$(23 000)

资料来源：© Cengage Learning 2014.

表6-21 数字零售公司资产负债表
（解决问题32）

	2013年 12月31日	2012年 12月31日
资产		
流动资产		
货币资金	$50 000	$36 000
应收账款	38 000	23 000
应收票据	—	7 500
应收利息	—	100
商品存货	65 000	48 000
预付保险费	12 000	9 000
预付租金	—	2 000
流动资产合计	$165 000	$125 600

	2013年 12月31日	2012年 12月31日
不动产、厂场与设备		
原值	$90 000	$100 000
减：累计折旧	(35 000)	(20 000)
净值	$55 000	$80 000
资产总计	$220 000	$205 600
负债与股东权益		
流动负债		
应付账款——商品供应商	$20 000	$18 000
应付职工薪酬	2 800	2 100
应付租金	3 000	—
预收客户付款	6 100	8 500
贷款与应付票据	5 500	—
应付股利	2 600	4 200
其他流动负债	3 700	1 300
流动负债合计	$43 700	$34 100
股东权益		
普通股	$164 500	$160 000
留存收益	11 800	11 500
股东权益合计	$176 300	$171 500
负债与股东权益总计	$220 000	$205 600

资料来源：© Cengage Learning 2014.

表 6-22 数字零售公司 2013 年利润表
（解决问题 32）

销售收入		$270 000
出售不动产、厂场与设备利得		3 200
利息收入		200
收入合计		$273 400
减：费用		
销货成本	$145 000	
薪酬费用	68 000	
租金费用	12 000	
保险费用	5 000	
折旧费用	20 000	
其他费用	13 800	
费用合计		$263 800
净利润		$9 600

资料来源：© Cengage Learning 2014.

33. **利用T形账户工作底稿编制现金流量表并解释。**
表6-23和表6-24是霍尔公司当前年度的简要财务报表数据。该公司在当年处置了一台原价为15 000美元的设备，取得现金5 000美元，该设备在被处置当时的累计折旧为10 000美元。要求：
a. 为霍尔公司编制一份当前年度的现金流量表，使用间接法计算经营活动产生的现金流量。用T形账户工作底稿辅助现金流量表的编制。
b. 使用直接法计算经营活动产生的现金流量，请列示出计算过程。
c. 使用直接法编制霍尔公司的现金流量表，表中应同时包括将净利润调整为经营活动产生的现

金流量部分。
d. 对霍尔公司经营活动、投资活动和筹资活动产生的现金流量模式进行评价。

表 6-23 霍尔公司比较资产负债表
（解决问题 33）

	1月1日	12月31日
资产		
货币资金	$52 000	$58 000
应收账款	93 000	106 000
存货	151 000	162 000
土地	30 000	30 000
建筑物与设备（原值）	790 000	830 000
减：累计折旧	(460 000)	(504 000)
资产总额	$656 000	$682 000
负债与股东权益		
应付存货采购款	$136 000	$141 000
应付利息	10 000	8 000
抵押贷款	120 000	109 000
普通股	250 000	250 000
留存收益	140 000	174 000
负债与股东权益总额	$656 000	$682 000

资料来源：© Cengage Learning 2014.

表 6-24 霍尔公司当前年度利润与留存收益表
（解决问题 33）

销售收入		$1 200 000
费用		
销货成本	$788 000	
员工薪酬费用	280 000	
折旧费用	54 000	
利息费用	12 000	
所得税费用	22 000	
费用合计		$1 156 000
净利润		$44 000
普通股股利		(10 000)
本年留存收益增加额		$34 000
1月1日留存收益余额		140 000
12月31日留存收益余额		$174 000

资料来源：© Cengage Learning 2014.

34. **利用T形账户工作底稿编制现金流量表并解释。**
表6-25是迪克森制造公司（Dickerson Manufacturing Company）今年的财务报表数据。其他信息如下：
1) 公司今年的净利润为568 000美元，已宣告并发放股利60 000美元。
2) 建筑物与设备在今年的折旧费用为510 000美元。
3) 公司在今年处置了一台原价为150 000，已经累计折旧120 000美元的机器，处置价格为25 000美元。
4) 公司的债券到期，已经按账面价值偿付。
要求：
a. 为迪克森制造公司编制一张今年的现金流量表，采用间接法计算经营活动产生的现金流量。使用T形账户工作底稿来辅助现金流量表的编制。

b. 对该公司经营活动、投资活动和筹资活动的现金流量模式进行评价。

表 6-25 迪克森公司比较资产负债表
（解决问题 34）

	1月1日	12月31日
资产		
流动资产		
货币资金	$358 000	$324 000
应收账款	946 000	1 052 000
存货	1 004 000	1 208 000
流动资产合计	$2 308 000	$2 584 000
非流动资产		
土地	$594 000	$630 000
建筑物与设备	8 678 000	9 546 000
减：累计折旧	(3 974 000)	(4 364 000)
非流动资产合计	$5 298 000	$5 812 000
资产总计	$7 606 000	$8 396 000
负债与股东权益		
流动负债		
应付账款	$412 000	$558 000
应交税金	274 000	290 000
其他短期应付款	588 000	726 000
流动负债合计	$1 274 000	$1 574 000
长期负债		
应付债券	1 984 000	1 934 000
负债合计	$3 258 000	$3 508 000
股东权益		
普通股	$1 672 000	$1 704 000
留存收益	2 676 000	3 184 000
股东权益合计	$4 348 000	$4 888 000
负债与股东权益总计	$7 606 000	$8 396 000

资料来源：© Cengage Learning 2014.

35. **根据公开披露的年度报告用直接法推算经营活动产生的现金流量。** GTI 公司专门为通信、计算机、汽车和电器行业制造各种零部件和电子或者半导体处理设备。由于大部分产品的下游产业都属于周期性行业，GTI 公司的销售变动也受商业周期影响。表 6-26 是 GTI 公司在 2011 年、2012 年和 2013 年的年末资产负债表，表 6-27 是该公司在 2012 年和 2013 年的利润表。此外，公司财务报表附注中还披露了如下相关信息（公司编报单位均为千美元）：

1）公司将折旧费用报告在"管理费用"项目下，2012 年和 2013 年的折旧费用总额分别为 641 千美元和 625 千美元。
2）其他非流动资产主要为专利权，专利权的摊销费用也报告在"管理费用"项目下，2012 年和 2013 年的专利权摊销金额分别为 25 千美元和 40 千美元。
3）"其他流动负债"和"其他长期负债"项目的变动均属于与"管理费用"项目有关的经营活动交易。

要求：

a. 为 GTI 公司编制 2012 年和 2013 年的现金流量表而准备一份 T 形账户工作底稿。
b. 为 GTI 公司编制 2013 年和 2013 年的现金流量表，用间接法列报经营活动产生的现金流量。
c. 用直接法推算 2012 年经营活动产生的现金流量。
d. 讨论净利润与经营活动产生的现金流量之间的关系，评价 GTI 公司经营活动、投资活动和筹资活动产生的现金流量模式。

表 6-26 GTI 公司资产负债表
（解决问题 35）
（编报单位：千美元）

	12月31日		
	2013 年	2012 年	2011 年
资产			
货币资金	$367	$475	$430
应收账款	2 545	3 936	3 768
存货	2 094	2 966	2 334
预付费用	122	270	116
流动资产合计	$5 128	$7 647	$6 648
不动产、厂场与设备（净值）	4 027	4 598	3 806
其他非流动资产	456	559	193
资产总计	$9 611	$12 804	$10 647
负债与股东权益			
应付存货采购款	$796	$809	$1 578
短期借款	2 413	231	11
其他流动负债	695	777	1 076
流动负债合计	$3 904	$1 817	$2 665
长期负债	2 084	4 692	2 353
其他长期负债	113	89	126
负债合计	$6 101	$6 598	$5 144
优先股	$289	$289	$—
普通股	86	85	83
超额缴入股本	4 394	4 392	4 385
留存收益	(1 259)	1 440	1 035
股东权益合计	$3 510	$6 206	$5 503
负债与股东权益总计	$9 611	$12 804	$10 647

资料来源：© Cengage Learning 2014.

表 6-27 GTI 公司利润表
（解决问题 35）
（编报单位：千美元）

	2013 年	2012 年
销售收入	$11 960	$22 833
销货成本	(11 031)	(16 518)
销售与管理费用	(3 496)	(4 849)
利息费用	(452)	(459)
所得税费用	328	(590)
净利润（亏损）	$(2 691)	$417
优先股股利	(8)	(12)
归属于普通股普通的净利润（亏损）	$(2 699)	$405

资料来源：© Cengage Learning 2014.

36. **解读用直接法编制的现金流量表。** 表 6-28 是卡特公司（Carter Corporation）最近三年的合并利润表，卡特公司用直接法计算经营活动产生的现金流量，见表6-29所示。要求：

a. 公司的"应收账款"项目在2013年发生了什么样的变化？
b. "应付存货采购款"在2013年增长了181.4百万美元，那么请问，"存货"项目在2013年的变动情况如何？
c. 公司在2013年用现金支付的利息费用与2013年的利息费用之间相差了多少？请计算出两者之间的差额，并说明当年实际支付的利息费用是高于、低于还是等于当年的利息费用。
d. 从2011年到2012年，该公司的净利润上升了10%多一点；但从2012年到2013年，净利润几乎翻了一倍。你认为是什么引起了净利润出现这么大的变动呢？

表6-28 卡特公司合并利润表
（解决问题36和37）
（编报单位：除每股数据外，均为百万美元）

	2013年	2012年	2011年
销售收入净额	$76 329.5	$43 821.4	$37 006.7
销售成本	60 221.8	32 079.2	27 312.1
毛利润	16 107.7	11 742.2	9 694.6
经营费用合计	11 314.4	9 300.6	7 675.1
经营利润	4 793.3	2 441.6	2 019.5
利息费用，净额	434.6	215.8	110.5
所得税前利润	4 358.7	2 225.8	1 909.0
所得税费用	1 721.7	856.9	684.3
净利润	2 637.0	1 368.9	1 224.7
优先股股利，扣除所得税影响后净值	14.2	13.9	14.1
属于普通股股东享有的净利润	$2 622.8	$1 355.0	$1 210.6
普通股基本每股收益：			
每股净利润	$1.97	$1.65	$1.49
加权平均外发普通股数	1 328.2	820.6	811.4
普通股稀释每股收益：			
每股净利润	$1.92	$1.60	$1.45
加权平均外发普通股数	1 371.8	853.2	841.6
宣告每股股利	$0.228 75	$0.155 00	$0.145 00

资料来源：© Cengage Learning 2014.

表6-29 卡特公司现金流量表用直接法列报的经营活动现金流量部分
（解决问题36和37）
（编报单位：百万美元）

	2013年	2012年	2011年
经营活动产生的现金流量			
销售商品、提供劳务收到的现金	$61 986.3	$43 273.7	$36 923.1
			（续）
	2013年	2012年	2011年
购买存货支付的现金	(45 772.6)	(31 422.1)	(26 403.9)
支付给员工和其他供应商的现金	(10 768.6)	(9 065.3)	(8 186.7)
收到的利息和股利	33.6	15.9	6.5
支付的利息	(468.2)	(228.1)	(135.9)
支付的所得税	(1 780.8)	(831.7)	(591.0)
经营活动产生的现金流量净额	3 229.7	1 742.4	1 612.1

资料来源：© Cengage Learning 2014.

37. **解读用直接法编制的现金流量表**。参考上题中卡特公司的信息，请回答：

a. "应收账款"项目在2012年发生的变动情况是怎样的？
b. 卡特公司的"存货"项目在2012年增加了624.1百万美元，请问，"应付存货采购款"在2012年的变动情况如何？
c. 公司在2012年的利息费用和用现金支付的利息费用之间的差距有多大？请计算出两者之间的差异金额，并指出实际支付的利息费用是否超过或低于当年的利息费用金额。

38. **通过现金流量表反推**。表6-30是昆塔纳公司（Quintana Company）的资产负债表，表6-31是该公司的现金流量表。昆塔纳公司在2013年以账面价值处置了部分投资、设备和土地，其中，被处置设备的累计折旧为20 000美元。

要求：为昆塔纳公司编制它在2013年1月1日，即年初的资产负债表。

表6-30 昆塔纳公司2013年12月31日全部资产负债表账户
（解决问题38）

资产	
货币资金	$25 000
应收账款	220 000
商品存货	320 000
土地	40 000
建筑物与设备（原值）	500 000
减：累计折旧	(200 000)
长期投资	100 000
资产合计	$1 005 000
负债与股东权益	
应付账款	$280 000
其他流动负债	85 000
应付债券	100 000
普通股	200 000
留存收益	340 000
负债与股东权益合计	$1 005 000

资料来源：© Cengage Learning 2014.

表 6-31 昆塔纳公司 2013 年现金流量表
（解决问题 38）

经营活动产生的现金流量		
净利润		$200 000
加：		
折旧费用	60 000	
应付账款的增加	25 000	
减：		
应收账款的增加	(30 000)	
商品存货的增加	(40 000)	
其他流动负债的减少	(45 000)	
经营活动产生的现金流量		$170 000
投资活动产生的现金流量		
处置投资收到的现金	$40 000	
处置建筑物与设备收到的现金	15 000	
处置土地收到的现金	10 000	
购买建筑物与设备支付的现金	(130 000)	
投资活动产生的现金流量		(65 000)
筹资活动产生的现金流量		
发行普通股收到的现金	$60 000	
发行债券收到的现金	40 000	
支付股利使用的现金	(200 000)	
筹资活动产生的现金流量		(100 000)
现金变动净额		$5 000

资料来源：© Cengage Learning 2014.

39. **解读现金流量表**。表 6-32 是思吾奇鞋业公司（Swoosh Shoes, Inc.）最近三年的现金流量表。请回答：

a. 为什么在这三年里思吾奇公司的利润一直都在增长，但"经营活动产生的现金流量"却一直在下降？

b. 在这三年中，是什么主要原因影响着思吾奇公司"投资活动产生的现金流量"在发生变化？

c. 在这三年中，思吾奇公司投资活动所使用的现金是从哪里筹集来的呢？

d. 对思吾奇鞋业公司在 2013 年使用短期借款的恰当性进行评价。

表 6-32 思吾奇鞋业公司现金流量表
（解决问题 39）
（编报单位：百万美元）

	2013 年	2012 年	2011 年
经营活动产生的现金流量			
净利润	$287	$243	$167
折旧与摊销	34	17	15
其他加减项	3	5	(5)
经营活动提供的营运资本	$324	$265	$177
应收账款的减少（增加）	(120)	(105)	(38)
存货的减少（增加）	(275)	(86)	(25)
其他经营性流动资产的减少（增加）	(6)	(5)	(2)
应付账款的增加（减少）	59	36	21
其他经营性流动负债的增加（减少）	32	22	36
经营活动产生的现金流量	$14	$127	$169
投资活动产生的现金流量			
出售不动产、厂场与设备收到的现金	$2	$1	$3
购买不动产、厂场与设备支付的现金	(165)	(87)	(42)
取得投资支出的现金	(48)	(3)	(1)
投资活动产生的现金流量	$(211)	$(89)	$(40)
筹资活动产生的现金流量			
增加短期负债取得的现金	269	—	—
增加长期负债取得的现金	5	$1	—
发行普通股取得的现金	3	2	$3
减少短期负债支出的现金	—	(8)	(96)
偿还长期负债支出的现金	(10)	(2)	(4)
支付股利支出的现金	(41)	(26)	(22)
筹资活动产生的现金流量	$226	$(33)	$(119)
现金变动净额	$29	$5	$10
年初现金余额	89	84	74
年末现金余额	$118	$89	$84

资料来源：© Cengage Learning 2014.

40. **解读现金流量表**。斯波坎纸业集团（Spokane Paper Group）是一家林业产品公司，表 6-33 是它最近三年的现金流量表。在这段时间里，斯波坎集团遭遇了财务困境，这一点从该集团日益增加的亏损额中可以很明显地看出来。请回答：

a. 斯波坎纸业集团每一年的经营结果都是净亏损，但"经营活动产生的现金流量"项目却仍然是正数。请解释为什么会出现这样的情况。

b. 在这三年中，导致斯波坎集团"投资活动产生的现金流量"项目发生变动的主要原因是什么？

c. 斯波坎集团在 2011 年和 2012 年长期融资发生变动的主要原因是什么？

表 6-33 斯波坎纸业集团现金流量表
（解决问题 40）
（编报单位：百万美元）

	2013 年	2012 年	2011 年
经营活动产生的现金流量			
净利润（亏损）	$(63)	$(77)	$(154)
折旧费用	236	268	266
其他加项（减项）	41	(43)	(56)
应收账款的减少（增加）	(68)	—	(46)
存货的减少（增加）	6	(31)	(3)
应付账款的增加（减少）	55	15	9
其他流动负债的增加（减少）	9	(1)	50
经营活动产生的现金流量	$216	$131	$66
投资活动产生的现金流量			
出售不动产、厂场与设备收到的现金	$171	$24	$202

	2013年	2012年	2011年
购买不动产、厂场与设备支付的现金	(271)	(222)	(283)
其他投资交易的影响	(75)	9	(31)
投资活动产生的现金流量	$(175)	$(189)	$(112)
筹资活动产生的现金流量			
短期负债的增加（减少）	$25	$27	$(54)
增加长期负债取得的现金	139	84	131
发行优先股取得的现金	—	287	191
偿还长期负债支出的现金	(116)	(269)	(164)
支付股利支出的现金	(84)	(67)	(55)
其他融资交易的影响	2	(2)	(5)
筹资活动产生的现金流量	$(34)	$60	$44
现金变动净额	$7	$2	$(2)
年初现金余额	22	20	22
年末现金余额	$29	$22	$20

资料来源：© Cengage Learning 2014.

41. **解释现金流量表关系**。表6-34是以下8家公司在同一年里的现金流量表：
   a. 美国航空公司（American Airlines，航空运输业）
   b. 美国家用产品公司（American Home Products，制药业）
   c. 美国埃培智集团（Interpublic Group，广告与其他营销服务业）
   d. 宝洁公司（Procter & Gamble，消费品行业）
   e. 锐步公司（Reebok，运动鞋业）
   f. 德州仪器公司（Texas Instruments，电子产品业）
   g. 有限品牌公司（Limited Brands，专业零售业）
   h. 普强公司（Upjohn，制药业）

   要求：讨论这几家公司的净利润与经营活动产生的现金流量之间的关系，以及它们各自的经营活动、投资活动和筹资活动产生的现金流量模式。

表6-34 各公司现金流量表
（解决问题41） （编报单位：均为百万美元）

	美国航空	家用产品	埃培智集团	宝洁公司	锐步公司	德州仪器	有限品牌	普强公司
经营活动产生的现金流量								
净利润（亏损）	$(110)	$1 528	$125	$2 211	$254	$691	$455	$491
折旧费用	1 223	306	61	1 134	37	665	247	175
其他加项（减项）	166	71	23	196	(4)	(9)	—	7
应收款的减少（增加）	37	14	(66)	40	(65)	(197)	(102)	6
存货的减少（增加）	(27)	(157)	16	25	(82)	(60)	(74)	(21)
应付款的增加（减少）	34	325	59	98	35	330	118	63
其他流动负债的增加（减少）	54	(185)	(15)	(55)	(2)	112	110	(11)
经营活动产生的现金流量	$1 377	$1 902	$203	$3 649	$173	$1 532	$754	$710
投资活动产生的现金流量								
资本支出（净值）	$(2 080)	$(473)	$(79)	$(1 841)	$(62)	$(1 076)	$(430)	$(224)
出售（取得）有价证券	290	24	3	23	—	(47)	—	(287)
出售（取得）其他业务部门	—	(9 161)	—	(295)	—	—	(60)	308
其他投资活动	36	(5)	(85)	105	(4)	—	—	(1)
投资活动产生的现金流量	$(1 754)	$(9 615)	$(161)	$(2 008)	$(66)	$(1 123)	$(490)	$(204)
筹资活动产生的现金流量								
增加（减少）短期借款	$(380)	$8 640	$35	$(281)	$37	$(1)	$(322)	$5
增加长期负债带来的现金	730	—	42	414	—	1	150	15
增加股本带来的现金	1 081	38	19	36	13	110	17	—
偿还长期负债减少的现金	(1 069)	—	(15)	(797)	(3)	(88)	—	(46)
回购库存股支出的现金	—	(314)	(37)	(14)	(112)	—	—	(32)
支付股利支出的现金	(49)	(903)	(36)	(949)	(25)	(79)	(102)	(264)
其他筹资活动的影响	82	11	(14)	1	(12)	4	—	37
筹资活动产生的现金流量	$395	$7 472	$(6)	$(1 590)	$(102)	$(53)	$(257)	$(285)
现金变动净额	$18	$(241)	$36	$51	$5	$356	$7	$221
年初现金余额	45	1 937	256	2 322	79	404	34	281
年末现金余额	$63	$1 696	$292	$2 373	$84	$760	$41	$502

资料来源：© Cengage Learning 2014.

42. **解释直接法和间接法**。表 6-35 是勇猛斗士公司（Fierce Fighters Corporation）最近 3 年的现金流量表节选，其中，"经营活动产生的现金流量"部分是用间接法编制的。可以发现，在编报期间内，勇猛斗士公司的经营活动现金流量是连续下滑的。请注意，表中标题为"变动额"并以灰色为底色的栏是原始的现金流量表中所没有的。要求：

   a. 利用表 6-35 中所提供的信息，思考为什么勇猛斗士公司"经营活动产生的现金流量"项目在 2011～2012 年和 2012～2013 年期间每年都下滑差不多 20%，请为此写一份简单的说明（不超过 50 字）。如果你从报表中找不出发生这种情况的原因，则可以自由猜测。

   b. 现在，请参考表 6-36。这份报表也是节选自勇猛斗士公司的最近 3 年的现金流量表，且与表 6-35 中的报告年份相同，只不过这里的"经营活动产生的现金流量"部分是用直接法计算的。同样地，请写一份简短的解释（不超过 50 字），说明勇猛斗士公司"经营活动产生的现金流量"项目为什么在 2011～2013 年期间，每年都会下滑差不多 20%？如果从报表中找不出原因的话，也可以自由猜测。

   c. 你认为哪种列报经营活动产生的现金流量的方法更容易理解一点，直接法还是间接法？

表 6-35 勇猛斗士公司合并现金流量表节选
（背景为阴影的栏表示变动额，与原始报表无关）
（解决问题 42）
（编报单位：百万美元）

间接法 以 12 月 31 日为年度截止日	2013 年	变动额	2012 年	变动额	2011 年
经营活动产生的现金流量					
净利润	$427	(181)	$608	141	$467
将净利润调整为经营活动产生的现金流量：					
折旧费用	266	91	175	(18)	193
无形资产的摊销	379	173	206	10	196
向员工发行的普通股	46	38	8	6	2
处置终止经营业务损失	—	(56)	56	56	—
处置不动产、厂场与设备损失（利得）	(7)	(20)	13	(8)	21
退休人员福利收入	(269)	223	(492)	(243)	(249)
减少（增加）：应收账款	1 273	1 952	(679)	(849)	170
存货成本	(28)	(105)	77	(95)	172
预付费用与其他流动资产	17	45	(28)	(73)	45
增加（减少）：预收长期合约客户账款	(648)	(1 314)	666	645	21
应付账款与应计项目	(696)	(783)	87	89	(2)
预计合同损失	(65)	(85)	20	28	(8)
递延所得税负债	174	(171)	345	115	230
应交所得税	(13)	(41)	28	(30)	58
退休后福利	(75)	17	(92)	37	(129)
其他非货币性交易的影响	36	24	12	(8)	20
经营活动产生的现金流量净额	$817	(193)	$1 010	(197)	$1 207

注：变动额是指从右侧金额变化到左侧金额之差，即 2011 年至 2012 年的变动情况和 2012 年至 2013 年的变动情况。"变动额"栏的每个数字都是差额，即该栏左侧的数字减去右侧的数字之差。

资料来源：© Cengage Learning 2014.

表6-36 勇猛斗士公司合并现金流量表节选
（背景为阴影的栏表示变动额，与原始报表无关）
（解决问题42） （编报单位：均为百万美元）

直接法（不调整净利润与经营活动产生的现金流量） 以12月31日为年度截止日	2013年	变动额	2012年	变动额	2011年
经营活动产生的现金流量					
现金来源					
收到客户付款					
收到长期合同客户付款	$3 102	1 664	$1 438	(253)	$1 691
其他收款	11 148	4 145	7 003	(447)	7 450
减：支付给供应商和员工的现金	(13 251)	(6 001)	(7 250)	465	(7 715)
净现金利润	$999	(192)	$1 191	(235)	$1 426
现金边际贡献率	7.0%		14.1%		15.6%
收到的诉讼赔款	$220	220	$—	—	$—
收到的利息收入	17	—	17	(1)	18
收到的所得税返还	23	8	15	(60)	75
其他现金收入	24	14	10	3	7
经营活动产生的现金流量	$1 283	50	$1 233	(293)	$1 526
其他经营性现金流出					
支付的利息	$333	168	$165	(51)	$216
支付的所得税	126	69	57	(28)	85
其他现金支出	7	6	1	(17)	18
经营活动中使用的现金合计	$466	243	$223	(96)	$319
经营活动产生的现金流量净额	**$817**	(193)	**$1 010**	(197)	**$1 207**

注：变动额是指从右侧金额变化到左侧金额之差，即2011年至2012年的变动情况和2012年至2013年的变动情况。"变动额"栏的每个数字都是差额，即该栏左侧的数字减去右侧的数字之差。

资料来源：© Cengage Learning 2014.

43. **有关操纵经营活动产生的现金流量问题**。某公司的高层财务管理人员希望增大公司的"经营活动产生的现金流量"项目金额，要求你实施下面这些策略。请问，下面哪些策略实施以后确实能增大公司的经营活动现金流量？请评价实施这些策略是否恰当并且明智。

   a. 将设备的维护工作推迟到下一个会计期间去进行。
   b. 将购买新设备的计划推迟到下一会计期间去实施。
   c. 由公司将价值100万美元的应收账款出售给某金融机构，取得现金98万美元，同时向银行承诺，如果这笔应收账款的坏账金额超过2万美元，将由公司对银行补偿差额部分。
   d. 将本应支付的员工保险费推迟到下一会计期间再进行支付。
   e. 尽管欠某些供应商的货款已经逾期，但公司仍推迟到下一会计期间才进行支付。
   f. 在销售商品时就收取现金，并向客户承诺如果他们要求退货的话，可在下一会计期间再要求全额退款。

第 7 章
财务报表分析

学习目标

1. 理解投资项目的期望收益与风险之间的关系，懂得财务报表分析在提供关于收益与风险信息方面的作用。
2. 理解企业经营规模对业绩分析的影响，并能够运用比率分析来克服不同规模的影响。
3. 理解净资产收益率（ROE）和总资产收益率（ROA）在计量企业获利能力方面的有用性，懂得这两个财务比率之间的关系。
4. 理解利用杜邦分析体系分解净资产收益率指标可以获得哪些方面的信息。
5. 知道短期流动性风险与长期流动性风险之间的差别，了解可以用哪些财务比率来评价企业的短期偿债能力和长期偿债能力。
6. 能对企业业绩进行纵向和横向的比较。
7. （附录）会编制预计财务报表。

在第 1 章中，我们曾向大家介绍过贵成公司的财务报表。如表 1-2 所示，贵成公司在 2010~2012 这三个财务年度中，分别实现了净利润 1 407 百万美元、1 003 百万美元和 1 317 百万美元；而表 1-1 则告诉我们，该公司的总资产在报告期间也持续增长，从 2010 年度的 12 758 百万美元增长到 2011 年度的 15 826 百万美元，再增长为了 2012 年度的 18 302 百万美元。

但这些财务数据并不能告诉我们贵成公司在报告年度内经营得是否成功。或者说，如果想要回答如下这些关于贵成公司的业绩和风险方面的问题，仅凭单独的一张资产负债表，或者单独的一张利润表所提供的信息，是还不足够的：

- 与以前年度或者与其他的竞争对手相比较，贵成公司最近的获利能力如何？
- 贵成公司主要的利润来源是什么？是来自于所售商品或者劳务的买卖价差呢，还是主要是靠销量来推动的？或者是前述两者的结合？
- 贵成公司所面临的主要风险是什么？例如，它有能力偿还到期债务么？

要回答上述问题，就需要对贵成公司的财务报表和报表附注中的相关信息进行分析。本章主要介绍财务报表分析的工具和技术。图 7-1 中列出了进行财务报表分析和估值时的一般步骤。

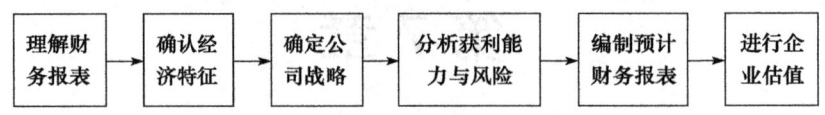

图 7-1　财务报表分析概述

资料来源：© Cengage Learning 2014.

1. **理解三大主要财务报表和相关附注的报告目的与报告内容**。我们的财务报表分析将涉及资产负债表、利润表和现金流量表，这三张报表已经分别在第 4 章、第 5 章和第 6 章中进行了介绍。

2. **确认所在行业的经济特征**。我们以确认企业所在行业的经济特征为起点。贵成公司是一家美国的零售企业，所售商品涉及消费电子产品、家居办公产品、娱乐软件、家用电器和其他相关服务，所在行业的主要经济特征包括：

- **产品的性质**。贵成公司所提供的产品和服务与竞争对手提供的是类似并且同质的，我们把这些产品通称为商品（commodities）。
- **竞争程度**。行业内充满了竞争，很多公司都提供类似的产品。新竞争对手的行业进入障碍包括规模、配送网络和市场渗透情况等。
- **成长特征**。美国国内市场已基本饱和，因此未来增长只能来自于引入新的商店概念和国际化扩张。

3. **确定公司战略**。下一步，我们需要确定公司在行业发展中的竞争战略。贵成公司以产品丰富、相对低价和优良服务为重，并且同时注重实体店销售和网络销售。

4. **计算表示获利能力和风险的财务指标并进行解释**。绝大多数财务报表分析都会考察企业的获利能力或者风险指标。根据财务报表数据所计算出来的比率，是我们可以用来评价企业获利能力和风险水平的一种分析工具。本章将介绍这些主要的获利能力和风险指标。

在分析一家公司的获利能力和风险水平时，将企业的情况与某个标杆值去进行比较常常是很有用的。我们常取企业本身在过去的业绩情况（纵向时序分析）和竞争对手在同期的业绩情况（横向同业分析）来作为比较标杆。在本章的后续部分中，我们将同时介绍这两种分析方法。

5. **编制预计财务报表**。在研究了企业近年来的获利能力和风险情况之后，分析人员通常会在一系列的经济、行业和公司特有情况假定条件下，编制企业在未来 3 到 5 年内的预计财务报表。⊖

6. **对企业进行估值**。现在，分析师就可以利用预计的净利润、现金流量和其他财务报表项目来对企业进行估值了。不过，企业估值属于高级财务和会计学科的内容，已经超出了本书的教学范围。

⊖ 本章后所附的附录 7.1 就介绍了如何编制贵成公司 2013 财务年度（截至 2014 年 2 月 27 日）的预计财务报表。

7.1 财务报表分析的目的

分析师在进行报表分析前首先会问的第一个问题是:"我需要关注的东西是什么?"要回答这个问题,需要我们事先对投资决策有一定的了解。假定最近有人送了你 25 000 美元作为礼物,你现在必须要决策如何投资使用这 25 000 美元。你现在面临的投资选项可以是把钱存入一家当地银行,或者是用来投资贵成公司的股票,该股票目前的市场价格为每股 25 美元。你打算根据这两个投资选项的预期**收益**(return)情况和相关**风险**(risk)水平来决定你的投资选择。

目前,银行定期存款的年利率为 3%,由于银行破产的几率非常小,你认为每年实现 3% 的收益率是很有把握的。如果投资贵成公司的股票,收益可能来自两个方面。首先,你预期贵成公司每年会支付至少每股 0.15 美元的现金股利;其次,由于股票的市场价格是在不停波动变化中的,因此,如果购买股票的话,还可能得到最终的出售价格与购买价格之差,即价格增值(price appreciation,或者如果为负的话,则称价格贬值,price depreciation)。

与定期存款投资方案比较,投资普通股的风险更大(即最终投资结果的波动性水平更高)。因为未来的股利水平和市场价格波动情况都受贵成公司未来获利能力影响。如果竞争对手开了更多的新门店或者引入了新产品和服务,使得贵成公司的市场份额下降,那么,未来的收益情况就会低于目前的预期水平。另一方面,如果贵成公司新开更多的门店,或者成功地引入新产品和服务,那么,未来的收益水平也可能会高于目前的预期。此外,如同汇率发生变动就会影响到进口商品的成本或者政府监管行为一样,通货膨胀和失业率等宏观因素也会影响到贵成公司的股票价格。由于绝大多数人都是厌恶风险的,因此,如果放弃定期存款选项而选择购买贵成公司股票的话,你一定会期望能获得更高一些的收益率。

理论和实证研究的结果均表明,投资一家企业能获得的预期收益率与这家公司的预计获利能力是相关、或者至少是部分相关的。分析人员通过对企业的过去盈利情况进行研究,来判断企业的经营业绩,并帮助他们形成对企业未来获利能力的预期。此外,在投资决策中还需要对风险进行评估。例如,企业有可能会陷入现金短缺而无力及时支付供应商货款的窘境,或者,也可能会因为发行了过多的债务而无力支付利息和偿还本金。利用财务报表所提供的信息,可以帮助我们了解风险因素对期望报酬率的影响。因此,绝大部分的财务报表分析都着力于对一家公司的获利能力或者风险水平(或者两者兼而有之)进行判断。在图 7-2 中,我们总结了财务报表分析与投资决策策之间的关系。

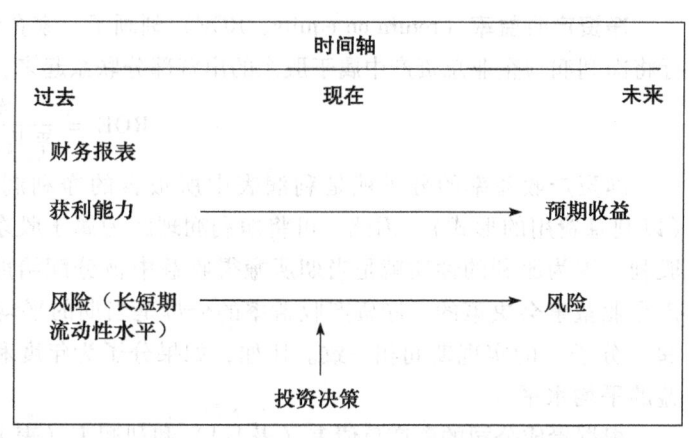

图 7-2　财务报表分析与投资决策的关系
资料来源:© Cengage Learning 2014.

7.1.1 财务报表分析在评价企业获利能力与风险水平方面的作用

如果只根据财务报表所提供的原始资料,使用者是很难了解到企业的获利能力或者风险水平的;也不能直接拿着两家公司的报表数据就开始进行比较。例如,光凭净利润金额的大小,我们无法判断两家公司获利能力的高低。因为同样金额的利润,有可能是由一家规模很大的公司靠微薄的利润率实现的,也可能是由一家小公司靠惊人的利润率来实现的。类似地,如果两家公司报告了相同的利润,也不能就此判断他们的财务健康状况也相同。在评价公司的获利能力或者对两家公司进行比较时,考虑规模的影响是非常重要的。在财务分析中,我们使用财务比率和共同比财务报表来处理不同公司之间由于经营规模差异而造成的影响。其中,共同比利润表将利润表中的每一行数据都处理成销售收入的一定百分比,而共同比资产负债表则将资产负债表中的每一行数据都报告为总资产的一定百分比。我们将在本章稍后部分详细介绍共同比财务报表的使用。

7.1.2 财务比率

如果两家不同投资规模的公司赚取了不同金额的利润,要对这两家公司的获利能力进行比较,利用财务比率来消除经营规模的影响会非常有帮助。财务分析人员习惯用比率的方式来表达两个财务报表项目(例如利润和投资额)之间的关系。一些财务比率直接比较两个利润表项目,而另一些财务比率也可能只用到资产负债表数据,但还有一些比率会用到多张财务报表项目数据。由于采用比率能使得数据更加易于理解,方便解释和进行比较,所以,比率分析在财务报表分析实践中应用很广。将比率计算出来以后,需要将它们与某个标准或者标杆值去进行比较,比率分析才会显得有意义。以下列出了常用的比较基准选择:(1)当期计划值;(2)本公司前期的相应比率值;(3)同行业中类似公司的相应比率值;(4)同行业中其他公司的平均比率值。

我们将以贵成公司在2010、2011和2012财务年度的数据来讲解财务比率的计算,相关报表参见表1-1(资产负债表)、表1-2(利润表)和表1-3(现金流量表)。我们建议大家在学习本章所讨论的财务比率时,能追踪相关的金额至贵成公司的财务报表,这样才能真正地理解如何从财务报表中取值来计算相关的财务比率。

7.2 获利能力分析

企业是通过经营活动创造利润的,例如,贵成公司就是通过销售电子产品、办公设备和家用电器给客户来实现盈利的。在本部分中,我们将介绍两个获利能力指标——净资产收益率和总资产收益率,并分析这两个指标之间的关系。

7.2.1 净资产收益率

净资产收益率(return on equity,ROE)刻画了一家企业利用股东所提供的资源来赚取净利润的能力,这个指标将净利润与企业总资产中属于股东的出资部分联系起来,计算公式为:

$$\text{ROE} = \frac{\text{净利润}}{\text{平均股东权益}}$$

净资产收益率的分子就是利润表中所报告的净利润。由于在计算净利润时已经扣除了对债权人的支付(以利息费用的形式),因此,可将净利润理解为属于股东的利润。在净资产收益率的分子中,并不需要减去股利,因为股利的性质就是当期所赚得收益中被分配给股东的一部分,是否发放股利以及发放多少股利都是由企业董事会决策的。净资产收益率的分母是当期的平均股东权益,⊖该平均值所对应的报告期间应当与净利润(分子)的实现期间相一致。比如,如果分子为年度利润,那么分母就应当是年初股东权益和年末股东权益的平均水平。

根据贵成公司的资产负债表(表1-1)和利润表(表1-2)中所披露的数据,该公司在2012财务年度的净资产收益率为21.7%,计算过程为:

$$\text{ROE} = \frac{\$1\ 317}{\frac{1}{2} \times (\$5\ 156 + \$6\ 964)} = \frac{\$1\ 317}{\$6\ 060} = 21.7\%$$

21.7%的净资产收益率说明,针对股东投入到公司的每1美元,贵成公司在1年中能创造21.7美分的净利润。要想知道21.7%的净资产收益率所代表的业绩是好还是不好,我们可以将贵成公司2012财务年度的净资产收益率与它在以前年度的净资产收益率去进行比较。贵成公司在2011财务年度的净资产收益率为20.7%:

$$\text{ROE} = \frac{\$1\ 003}{\frac{1}{2} \times (\$4\ 524 + \$5\ 156)} = \frac{\$1\ 003}{\$4\ 840} = 20.7\%$$

因此,在2011财务年度到2012财务年度期间,贵成公司的获利能力(用净资产收益率衡量的)增强了。

⊖ 在净资产收益率计算公式中,所使用的股东权益应当为资产负债表中企业的普通股股东权益,因此,如果企业发行有优先股的话,优先股股东权益是应当在这里被扣除掉的。我们将在第15章中介绍优先股权益问题。

7.2.2 总资产收益率

总资产收益率（return on assets，ROA）衡量一家企业利用全部资产来赚取净利润的能力，且不区分这些资产的融资来源是什么（即是通过负债融入的，还是股权融入的）。总资产收益率与净资产收益率的区别在于后者只关注一种融资来源——股东所提供的资金——的获利能力。总资产收益率的计算公式如下：

$$\text{ROA} = \frac{\text{净利润}}{\text{平均总资产}}$$

因此，总资产收益率是企业在一段时期内的净利润与同期平均总资产水平的比值。利用表1-1和表1-2中的数据，我们可以计算出贵成公司在2012年度的总资产收益率为：

$$\text{ROA} = \frac{\text{净利润}}{\text{平均总资产}} = \frac{\$1\,317}{\frac{1}{2} \times (\$15\,826 + \$18\,302)} = 7.7\%$$

这个总资产收益率说明，针对每1美元的资产投入，贵成公司在2012财务年度中实现了0.077美元的净利润。要判断这样的总资产收益率水平是否良好，我们可以将它与贵成公司以前年度的总资产收益率进行比较。贵成公司在2011财务年度的总资产收益率计算如下：

$$\text{ROA} = \frac{\text{净利润}}{\text{平均总资产}} = \frac{\$1\,003}{\frac{1}{2} \times (\$12\,758 + \$15\,826)} = 7.0\%$$

因此，计算结果表明，贵成公司在2011至2012财务年度期间提高了它对资产的使用效率，针对每单位美元的资产，它所创造的净利润从0.07美元上升为了0.077美元，上升百分比为10%（=[0.077 − 0.07]/0.07）。

7.2.3 净资产收益率和总资产收益率之间的关系

从前面的计算结果来看，贵成公司的净资产收益率是高于其总资产收益率的。比如，在2012财务年度，净资产收益率为21.7%，而总资产收益率只有7.7%。这两个比率之间存在着什么关系？对任何一家盈利的公司来说，净资产收益率都会高于总资产收益率么？要厘清这两个比率之间的关系，我们就必须先来谈谈**财务杠杆**（financial leverage）。财务杠杆是计量一家企业的总资产中，有多少是来源于负债的指标，或者说，它表征了一家企业的负债程度。利用财务杠杆，可以将净资产收益率和总资产收益率之间的关系表达如下：

$$\text{ROE} = \text{ROA} \times \text{财务杠杆}$$

$$\frac{\text{净利润}}{\text{平均股东权益}} = \frac{\text{净利润}}{\text{平均总资产}} \times \frac{\text{平均总资产}}{\text{平均股东权益}}$$

上式表明，如果用平均总资产与平均股东权益之比作为财务杠杆的话，那么，净资产收益率就可以表示为总资产收益率与财务杠杆的乘积。⊖如果一家企业100%的资产都是依靠权益资金融入的（即没有负债融资），那么它的财务杠杆比率为等于1（或者100%）。相应地，如果一家企业全部资产中有50%是股东投入的，那么它的财务杠杆比率就为2（或200%）。

表7-1说明了贵成公司在2011和2012财务年度的净资产收益率影响因素。贵成公司2012财务年度的财务杠杆比率（平均总资产与平均股东权益之比）为2.82（=[1/2×(15 826 + 18 302)]/[1/2×(5 156 + 6 964)]），说明该公司每1美元的权益资金对应的总资产为2.82美元。这个比率的大小与1之间的差额说明了在公司总资产中，非权益资金所占的比重，比率越是大于1，就说明非权益资金所占的比重越高。同时，我们也看到，贵成公司的总资产收益率（7.7%）与财务杠杆比率（2.82）之乘积恰好等于该公司在2012财务年度的净资产收益率，即21.7%。

⊖ 财务杠杆可以有多种表达方式，包括平均总负债水平与平均总资产的比值，平均股东权益与平均总资产的比值，以及上述比值的倒数等，都属于财务杠杆比率。在上面这个公式中，我们使用的是平均总资产与平均股东权益之比。

表7-1 贵成公司净资产收益率影响因素分解

	ROE	=	总资产收益率	×	财务杠杆
2012 财务年度……	21.7%	=	7.7%	×	2.82
2011 财务年度……	20.7%	=	7.0%	×	2.95

资料来源：© Cengage Learning 2014.

将贵成公司在2012财务年度的净资产收益率及其影响因素与2011财务年度的水平进行比较，可以发现公司的净资产收益率在2011~2012财务年度期间之所以上升，是受到了两方面因素的共同影响。一方面，贵成公司的总资产收益率从7.0%上升到了7.7%；另一方面，贵成公司的财务杠杆水平从2.95下降为了2.82。这两个方面的影响方向是互不一致的，由于净资产收益率最终还是上升的，所以我们可以认为第一方面的影响（总资产收益率的上升）超过了第二方面的影响（财务杠杆水平的下降）。

概念注释

由于总资产收益率指标的分母是平均总资产，所以，是不受公司融资决策影响的。但是，融资决策对总资产收益率的分子（净利润）却是有影响的，因为利息费用的发生会减少企业的净利润水平。为了克服利息费用的影响，一些分析师于是就会对总资产收益率公式的分子进行调整，使之不受融资决策的影响。调整后的总资产收益率计算公式为：

$$ROA = \frac{净利润 + 税后利息费用}{平均总资产}$$

在调整后的总资产收益率计算公式中，将税后利息费用反加回净利润中。因为在计算得到净利润前，曾经将利息费用从企业的应税收益中减去，因此在其他条件相同的情况下，利息费用的发生会减少公司的应税收益，从而减少所得税负担。由于利息费用允许被税前扣除而节约的所得税支出（或者称"税盾"），等于利息费用的金额与1减去企业所得税税率之差的乘积。因此税盾实际上就是企业融资决策对利润的影响额，从技术上来讲，使用调整后的总资产收益率计算公式才是正确和恰当的。贵成公司在2012和2011财务年度调整后的总资产收益率计算如下[①]：

$$ROA = \frac{净利润 + 税后利息费用}{平均总资产} = \frac{\$1\,317 + (1 - 0.365)(\$94)}{\frac{1}{2} \times (\$15\,826 + 18\,302)} = 8.1\%$$

$$ROA = \frac{净利润 + 税后利息费用}{平均总资产} = \frac{\$1\,003 + (1 - 0.396)(\$94)}{\frac{1}{2} \times (\$12\,758 + 15\,826)} = 7.4\%$$

在单独使用总资产收益率指标时，调整后的公式是更为恰当的；但在分解净资产收益率的过程中，还是只能使用未经调整的总资产收益率计算公式。因此，在本章中，当我们提到总资产收益率指标时，仍然使用的是未经调整的计算公式。

① 贵成公司在2011和2012财务年度的适用税率分别为39.6%和36.5%。

自习问题 7.1

净资产收益率分析。表7-2和表7-3分别为马克姆公司（Markum Corporation）的资产负债表和利润表。请根据这些财务报表所提供的信息，回答下列有关马克姆公司获利能力的问题：

a. 马克姆公司在2013年的净资产收益率为多少？
b. 马克姆公司在2013年的总资产收益率为多少？
c. 马克姆公司在2013年的净资产收益率和总资产收益率出现差异的原因是什么？

表7-2　马克姆公司2012年和2013年合并资产负债表　（编报单位：百万美元）

	2013年		2012年	
资产				
现金及现金等价物	$6 000	4.8%	$4 000	4.0%
应收账款	15 000	12.1%	12 000	12.0%
商品存货	28 000	22.6%	20 000	20.0%
流动资产合计	$49 000	39.5%	$36 000	36.0%
不动产、厂场与设备	75 000	60.5%	64 000	64.0%
资产总计	$124 000	100.0%	$100 000	100.0%
负债与股东权益				
应付账款	$31 000	25.0%	$24 800	24.8%
应付职工薪酬及其他	19 000	15.3%	16 000	16.0%
流动负债合计	$50 000	40.3%	$40 800	40.8%
长期负债	18 000	14.5%	12 000	12.0%
股东权益：				
普通股股本	1 500	1.2%	1 000	1.0%
股本溢价	24 500	19.8%	18 000	18.0%
留存收益	30 000	24.2%	28 200	28.2%
股东权益合计	$56 000	45.2%	$47 200	47.2%
负债与股东权益总计	$124 000	100.0%	$100 000	100.0%

资料来源：© Cengage Learning 2014.

表7-3　马克姆公司2012和2013年合并利润表　（编报单位：百万美元）

	2013年		2012年	
销售收入	$92 000	100.0%	$85 000	100.0%
销货成本	67 000	72.8%	70 000	76.1%
毛利润	$25 000	27.2%	$15 000	16.3%
销售与日常管理费用	8 000	8.7%	6 000	6.5%
研究与开发费用	7 000	7.6%	5 000	5.4%
经营利润	$10 000	10.9%	$4 000	4.3%
利息费用	2 000	2.2%	1 000	1.1%
所得税前利润	$8 000	8.7%	$3 000	3.3%
所得税费用	3 200	3.5%	1 200	1.3%
净利润	$4 800	5.2%	$1 800	2.0%
税率	40.0%		40.0%	

资料来源：© Cengage Learning 2014.

7.2.4　杜邦财务分析体系

杜邦财务分析体系（Dupont Decomposition Analysis）是理解一家公司获利能力（以净资产收益率和总资产收益率衡量的）来源的有用工具。它首先将净资产收益率的影响因素分解为财务杠杆和总资产收益率（如同我们在上一部分做的那样），然后再继续将总资产收益率分解为两个财务比率乘积的共同影响，即**销售净利率**（profit margin ratio）与**总资产周转率**（asset turnover ratio）。图7-3中列出了具体的分解过程。

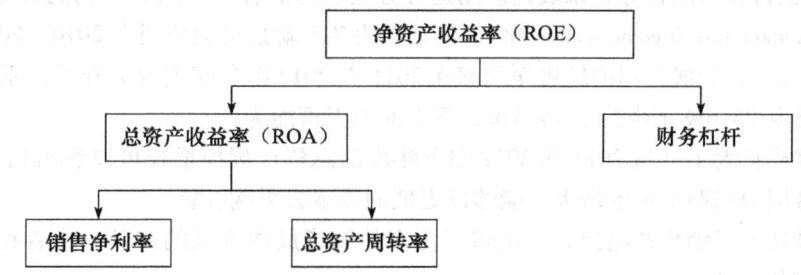

图7-3　用杜邦财务分析体系分解ROE和ROA

资料来源：© Cengage Learning 2014.

对总资产收益率的分解如下：

$$ROA = 销售利润率 \times 总资产周转率$$

$$\frac{净利润}{平均总资产} = \frac{净利润}{销售收入} \times \frac{销售收入}{平均总资产}$$

销售净利润（即净利润与销售收入之比值）衡量了一家公司在既定收入的情况下控制费用的能力，或者在既定费用水平的情况下提高销售价格的能力，或者上述两者兼而有之。通过控制费用水平或者提高销售价格，企业可以从既定的销量中获取更多的利润，从而增加销售净利润。

总资产周转率衡量了一家企业利用现有资产规模创造收入的能力，或者换句话说，为实现特定的销售收入水平，而对资产规模进行控制的能力。在收入水平既定的情况下，所需要用到的资产规模越小，则总资产周转率越大，说明企业的获利能力越强。

在表7-4中，将贵成公司2011和2012财务年度的总资产收益率进一步分解为了销售净利率与总资产周转率的乘积。根据表7-4中的计算结果我们可以知道，贵成公司的总资产收益率从2011财务年度的7.0%上升为了2012财务年度的7.7%，是由以下两个因素互相作用的结果：

- 销售净利率从2.2%上升为了2.7%；
- 总资产周转率从3.1下降为了2.9。

表7-4　贵成公司2011年和2012年总资产收益率的影响因素分解

	ROA	=	销售净利率	×	总资产周转率
2012财务年度……	7.7%	=	2.7%	×	2.9
2011财务年度……	7.0%	=	2.2%	×	3.1

资料来源：© Cengage Learning 2014.

如果要想知道究竟是什么原因引起了上述两方面的变动，需要进一步分析销售净利率和总资产周转率的变动原因，我们将在下一部分中再来讨论。

企业可以通过提高销售净利率或者总资产周转率，或者同时提高这两个指标来增大它的总资产收益率。只是，在实务中这肯定不是非常容易就能实现的。例如，一家在竞争市场中销售商品的企业往往很难可以通过涨价来提高其销售净利率，因此，要增大总资产收益率，这类企业只能更多地在总资产周转率方面去做努力（比如通过严格的存货控制来缩短存货持有期）。而对那些需要在不动产、厂场与设备方面有较大投入的企业来说，如果其产能已经接近最高限了，也很难有能力通过增加总资产周转率来提高总资产收益率。对这类公司来说，采取行动提高销售净利润率也许会更现实一些（比如，通过创造品牌价值来增加产品的销售）。

销售净利率和总资产周转率两者之间也是互相影响的。在其他条件不变的情况下，如果降低产品销售价格（由此降低了销售净利率），通常将导致销量的上涨（由此增加了总资产周转率）；相反，如果调高销售价格（由此将增大销售净利率），将导致销量的下滑（由此降低总资产周转率）。

7.2.5　分析销售净利率的变动原因

在销售收入水平既定的情况下，费用的变化将引起销售净利率发生变动。为说明这个问题，我们可以将利润表中每一行的金额都用销售收入的百分比来表达。用这种方式表达的各项费用和净利润百分比的利润表，通常被称为共同比利润表（common-size income statement）。例如，表7-5就是贵成公司在2010~2012财务年度的共同比利润表，通过该表可以发现，贵成公司的销售净利率在2011至2012财务年度内上升了，原因是：

- 销货成本百分比从75.6%下降为了75.5%，下降的原因可能为：
  - 贵成公司的规模扩大了（从2011和2012财务年度的总资产规模增长可以看出），因此可以有更强的议价能力，或者因为采购批量的增大，能够以更低的成本去采购存货。
  - 贵成公司可能调整了销售产品组合，出售了更多的销货成本率低的产品，或者在销货成本率低的市场中出售了更多的产品。
  - 贵成公司可能通过加强对商品采购、存储和配送的管理减少了库存成本和残次品。
- 销售与日常管理费用占销售收入的百分比从20.0%下降为了19.9%，下降的原因可能为：

- 有竞争对手的退出使得竞争压力减小，导致贵成公司降低了广告和其他营销成本。
- 贵成公司改善了营销渠道，从而降低了销售与日常管理费用。
- 贵成公司可能改变了销售组合，卖出了更多销售与日常管理费用率低的产品或者在销售与日常管理费用率低的市场中卖出了更多的产品。

• 重组和减值支出占销售收入的百分比都下降了，其中，重组支出占销售收入的百分比从 0.2% 下降为了 0.1%，而减值损失占销售收入的百分比则从 0.1% 下降为了 0.0%。这说明，贵成公司在 2012 财务年度中比 2011 财务年度的重组支出和减值损失更小。

表 7-5 贵成公司 2012、2011 和 2010 财务年度共同比利润表 （编报单位：百万美元）

	2012 财务年度		2011 财务年度		2010 财务年度	
收入	$49 694	100.0%	$45 015	100.0%	$40 023	100.0%
销货成本	37 534	75.5%	34 017	75.6%	30 477	76.1%
毛利润	$12 160	24.5%	$10 998	24.4%	$9 546	23.9%
销售与日常管理费用	9 873	19.9%	8 984	20.0%	7 385	18.5%
重组支出	52	0.1%	78	0.2%	0	0.0%
商誉与商标权减值	0	0.0%	66	0.1%	0	0.0%
营业利润	$2 235	4.5%	$1 870	4.2%	$2 161	5.4%
其他收益（费用）						
投资收益及其他	54	0.1%	35	0.1%	129	0.3%
投资减值损失	0	0.0%	(111)	-0.2%	0	0.0%
利息费用	(94)	-0.2%	(94)	-0.2%	(62)	-0.2%
所得税费用和权益法下投资损益前的利润	$2 195	4.4%	$1 700	3.8%	$2 228	5.6%
所得税费用	802	1.6%	674	1.5%	815	2.0%
权益法下的投资损益	1	0.0%	7	0.0%	(3)	0.0%
扣除少数股东本期收益前的净利润	$1 394	2.8%	$1 033	2.3%	$1 410	3.5%
少数股东本期收益	(77)	-0.2%	(30)	-0.1%	(3)	0.0%
归属于贵成公司的本期净利润	$1 317	2.7%	$1 003	2.2%	$1 407	3.5%

资料来源：© Cengage Learning 2014.

7.2.6 分析总资产周转率的变动原因

各类资产周转率的变动都会影响到总资产周转率，分析人员通常会计算以下三类资产周转率：应收账款周转率、存货周转率和固定资产周转率。

应收账款周转率 应收账款周转率（accounts receivable turnover ratio）说明了一家企业以现金的方式收回赊销货款的速度，它等于企业当期销售收入与平均应收账款的比值：[⊖]

$$\frac{销售收入}{平均应收账款}$$

贵成公司在 2012 财务年度中的应收账款周转率可计算如下：

$$\frac{销售收入}{平均应收账款} = \frac{\$49\,694}{\frac{1}{2} \times (\$1\,868 + \$2\,020)} = 25.6 \text{ 次/年}$$

财务分析人员也经常用企业从实现销售到收回现金之间所需要的平均天数来表示应收账款周转率，这样计算得到的指标叫作应收账款平均周转天数或者平均收账期（days accounts receivable are outstanding or days outstanding for receivables）。要计算这个指标，只需要用 365 除以应收账款周转率就可以了。例如，贵成公司在 2012 财务年度的平均收账期为 14.3 天（=365 天/每年 25.6 次）；在 2011 财务年度，应收账款周转率为 37.2 次，平均收账期

⊖ 从理论上讲，如果目的只是衡量一家企业收回应收账款的速度，那么分子应当只是赊销收入（即不包括现销收入）。除了一些直接与消费者进行交易的零售企业（例如速食零售业）以外，大部分企业都以赊销方式提供商品或者服务，并且极少在财务报告中披露销售收入总额中赊销和现销所占的比重。因此，在计算应收账款周转率时，分析人员会直接使用销售收入总额作为分子，所以将现销部分也计算在内了，这样做会增大企业真实的应收账款周转率。

为 9.8 天。应收账款周转率的下降或者平均收账期的延长，说明贵成公司在 2012 财务年度中相对 2011 财务年度将销售收入转化为现金的速度放慢了，原因可能是：

- 贵成公司逐渐增大了赊销占销售总额的比重。由于在我们的计算中，应收账款周转率的分子中包含了现销收入（这样做本是不恰当的），但在分母中又只包含赊销收入，因此现销比重的减小会降低应收账款周转率。
- 为提高销售额，贵成公司可能向客户提供了更优惠的付款条件，允许客户更迟些付款。在其他条件相同的情况下，客户通常总是更愿意迟些付款的。

与直接出售给客户个人不同，大部分客户对象为企业的公司都会赊销，且通常在销售完成以后 30~90 天内才收款。要解释某企业的应收账款周转率和应收账款周转天数，必须首先了解企业的销售条件。如果一家企业的销售条件为"30 天内付全款"，而企业的收款时间却长达 45 天，这就说明这家企业的收款与销售条件不相符合，需要企业更正自己的信用条件和收款政策。如果一家企业的收款条件为"45 天内付全款"而平均收账款恰好也为 45 天，则说明企业的应收账款管理与设定条件是相符的。

绝大多数企业都将赊销作为一种促销策略。如果企业愿意提供信用，客户往往会更愿意购买或者买得更多。这些企业常常还鼓励客户延迟付款，这样，他们就可以要求客户就未付款的金额支付利息，取得利息收入。因此，在进行多期的应收账款周转率比较时，或者将应收账款周转率与同行业的其他公司进行比较时，都需要考虑公司的销售收入增长率、利息收入金额、授信活动的管理成本以及坏账损失的大小等因素的共同影响。

存货周转率　存货周转率（inventory turnover ratio）说明了一家企业出售存货的速度，这个速度是用商品从进入企业开始，到因出售而离开企业为止所需要的时间来衡量的。存货周转率等于销货成本与当期平均存货之间的比值：

$$\frac{销货成本}{当期平均存货}$$

式中，分子为当期企业销售存货的成本，[一]分母为当期持有存货的平均水平。贵成公司在 2012 财务年度的存货周转率可计算如下：

$$\frac{销货成本}{当期平均存货} = \frac{\$37\,534}{\frac{1}{2} \times (\$4\,753 + \$5\,486)} = 7.3 \text{ 次／年}$$

这说明，存货从购入到被销售出去，平均需要 50.0 天（=365 天/每年 7.3 次）。在 2011 财务年度中，贵成公司的存货周转率为每年 7.2 次，存货周转天数为 50.7 天。存货周转率的上升（或者存货周转天数的下降）原因可能为：

- 存货控制系统的改善使得存货水平下降，存储成本和毁损成本降低。这与我们在前面讨论过的销货成本占销售收入的比重下降结论是一致的。
- DVD 或 CD 等类似周转更快的商品在销售组合中所占的比重上升。

存货周转率的管理涉及两个互为矛盾的问题。一方面，在既定的商品销售净利率下，企业希望利用尽量低的库存但是销售更多的产品，因此存货周转率的上升意味着存货所占用的资金成本下降。另一方面，企业管理层并不希望存货的库存水平太低，因为这样会有因为存货短缺而失去销售机会的风险。如果出现了存货短缺，尽管能提高企业的存货周转率，但却会导致企业失去客户，从而将存货投资水平下降而带来的好处抵消得干干净净。因此，在设定存货水平和选择最优的存货周转率时，企业必须在上述两个方面进行平衡。

固定资产周转率　固定资产周转率（fixed-asset turnover ratio）关注销售收入与企业的固定资产投资（即不动产、厂场与设备的规模）之间的关系。通常，理解固定资产的"周转"比理解存货的周转要困难一些，所以也许将这个指标称为固定资产生产效率指标（fixed-asset productivity ratio）更为恰当一点，因为它考察的是销售收入与固定资产的特定投资水平之间的关系：

[一] 有些分析人员在计算存货周转率时不使用销货成本、而用销售收入作为分子，如果销售收入与销货成本之比相对一致，那么无论是使用销售收入还是使用销货成本作为分子，计算出来的存货周转率变化趋势都是一样的。但是，如果使用销售收入作为分子，据此计算的存货周转天数就是不恰当的了。

$$\frac{销售收入}{平均固定资产水平}$$

贵成公司在 2012 财务年度的固定资产周转率为：

$$\frac{销售收入}{平均固定资产水平} = \frac{\$49\ 694}{\frac{1}{2} \times (\$4\ 174 + \$4\ 070)} = 12.1 \text{ 次／年}$$

这表示，对应于每 1 美元的固定资产投资，贵成公司在 2012 财务年度中实现了 12.10 美元的销售收入。在 2011 财务年度中，贵成公司对应每 1 元的固定资产投资所实现的销售收入为 12.0 美元。因此，贵成公司的固定资产周转率在 2011～2012 财务年度中上升了。财务分析人员对固定资产周转率的变动解释通常都很谨慎。企业对固定资产（比如新生产设施）的投资通常都远早于这些资产所制造或者陈列产品的销售收入实现，因此，较低或者下降的固定资产周转率可能对应的是一家成长型的公司，正在为未来的增长做准备。另一方面，预期销售收入将会下滑的公司也可能会削减固定资产方面的支出，从而增大固定资产周转率的数值。

一些分析师认为，在比较不同企业的经营特点时，固定资产周转率的倒数是非常有用的，因为它衡量了要实现特定水平的销售收入而必需的固定资产投资规模。对贵成公司来说，在 2012 财务年度中固定资产周转率的倒数为 0.08（= 1.0/12.1 次）美元，这说明在 2012 财务年度中，要实现 1 美元的销售收入，贵成公司必须投入 0.08 美元的固定资产。

资产周转率小结 表 7-6 中所总结了前面所讨论的贵成公司 2011 和 2012 财务年度的四类周转率指标。我们在前面曾经指出，贵成公司的资产周转率在 2011～2012 财务年度中下降了，应收账款周转率从 2011 财务年度的 37.2 次下降为了 2012 年度的 25.6 次。在 2012 财务年度中，应收账款占到了公司总资产的 11%（= 2 020/18 302），如果其他条件相同的话，应收账款周转率的下降将拖累总资产周转率也下滑。另一方面，存货和固定资产占到了贵成公司总资产的大约 52%（= [5 486 + 4 070]/18 302），这两项资产周转率都略有上升。存货周转率和固定资产周转率的略微上升乘以它们较大规模的影响后，与应收账款周转率的下降相比，显然更占据优势，所以，此三项资产周转率最终的综合影响使得贵成公司的总资产周转率在 2011 至 2012 财务年度中出现了下降。

表 7-6 贵成公司的资产周转率

	2012 财务年度	2011 财务年度
总资产周转率	2.9	3.1
应收账款周转率	25.6	37.2
存货周转率	7.3	7.2
固定资产周转率	12.1	12.0

资料来源：© Cengage Learning 2014.

7.2.7 杜邦分析体系小结

如果用净资产收益率来衡量一家企业的业绩，那么，杜邦分析体系能帮助分析人员理解企业业绩的来源。利用杜邦分析体系，我们可以知道：

- 净资产收益率受两个因素的共同影响：总资产收益率和财务杠杆，后者反映了企业的负债资金和权益资金融资比重。
- 总资产收益率也受两个因素的共同影响：销售净利率和总资产周转率。销售净利率由费用与销售收入之间的关系所决定，而总资产周转率则受应收账款周转率、存货周转率和固定资产周转率的共同影响。

自习问题 7.2

总资产收益率分析。参考自习问题 7.1 中马克姆公司的信息，请说明导致该公司在 2013 年总资产收益率上升的主要原因是什么？请使用共同比利润表和各个资产周转率指标来进行说明。

7.2.8 获利能力分析总结

本章介绍了两个综合的获利能力评价指标：净资产收益率和总资产收益率，总结如图 7-4 所示。在第 1 层次中，用总资产收益率和净资产收益率计量企业总体的获利能力，并说明财务杠杆的影响；在第 2 层次中，我们将总资产收益率分解为销售净利率和总资产周转率；最后，在第 3 层次中，我们进一步分解销售净利率和资产周转率，以探求导致企业获利能力发生变动的更多原因。

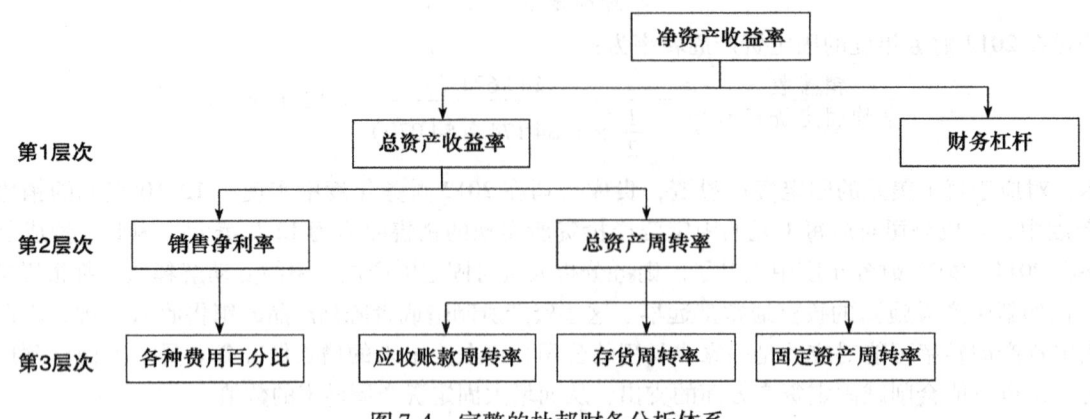

图7-4 完整的杜邦财务分析体系

资料来源：© Cengage Learning 2014.

7.3 风险分析

面对多个可选择的投资方案时，投资者必须比较各个方案之间的风险大小。影响企业经营的各种风险因素包括：

1. 宏观风险因素，例如通货膨胀、利率变动和失业率等。
2. 行业因素，例如竞争状况、技术发展情况和监管政策变动等。
3. 公司特有的因素，例如工人罢工，由于火灾或者其他情况带来的损失，或者企业管理团队的关键技能和天赋等。

风险评价的重要指标之一是**流动性**（liquidity），即企业是否有能力及时支付到期债务。在评价企业的流动性时，需要用到时间标准。请考虑以下三个问题：

1. 企业明天是否有足够的现金支付员工工资？
2. 企业在未来6个月内是否有足够的现金向供应商付款？
3. 企业今后是否有能力偿还5年后到期的债务？

要回答第一个问题，我们可以检查当前库存的现金和银行存款余额是否足够明天应支付的员工工资。对第二个问题，我们需要知道企业在未来6个月里通过经营活动能创造的现金金额和企业在这段时间里还可能承担的新负债金额，通过这些渠道所取得的现金都可以用来支付供应商。要回答第三个问题，我们则必须关注企业长期的现金创造能力，然后再判断等到将来债务到期时，企业是否能够拥有足够的现金来清偿。第三个问题涉及的是企业的长期流动性风险。下面，我们就开始介绍反映企业短期和长期流动性风险的财务比率。

7.3.1 短期流动性风险的计量指标

在这部分中，我们介绍四个衡量企业**短期流动性风险**（short-term liquidity risk）的财务指标：(1) 流动比率；(2) 速动比率；(3) 经营活动现金净流量与流动负债之比值；(4) 营运资本周转率。

流动比率 流动比率（current ratio）等于企业的流动资产与流动负债之比值。其中，流动资产主要包括货币资金和预期能在自资产负债表日起1年内转换为现金，或者被消耗、出售的资产；而流动负债主要是指需要在1年内用现金（或者服务）去了结的义务。因此，流动比率说明了一家企业偿付其短期负债的能力。如果一家企业的流动比率大于1.0，说明该企业在未来1年中持有足够多的流动资产来偿还其短期债务。如下所示，贵成公司的流动比率在2011至2012财务年度间从0.97上升为了1.18：

流动比率	$=\dfrac{流动资产}{流动负债}$
2012 财务年度：$10 566/$8 978	1.18
2011 财务年度：$8 192/$8 435	0.97

流动比率的变动趋势有时容易让人产生误会。比如，当流动比率大于1.0时，流动资产和流动负债的等额增加将导致该比率下降，或者，如果流动资产和流动负债出现等额减少，将导致该比率上升。⊖由于这种数学关系的存在，在经济萧条期（即增长机会少的时候），企业就可以使用货币资金去偿还短期负债，使流动比率提高；或者，在经济繁荣时期，企业就可以通过延迟支付流动负债来保有现金（以有利于为增长机会融资），使流动比率下降。因此，较高的流动比率背后有可能只是一个走下坡路的企业，而较低的流动比率背后也可能隐藏着具有获利前景的经营机会。

此外，管理层也可以利用这一点，将资产负债表日的流动比率粉饰得比平时的更好看一些。比如，企业可以在接近会计期末的时候将赊购存货的计划推迟，也可以加速催收长期应收款，然后将收款所得用来偿还流动负债。这些行动都可以增大企业的流动比率，分析人员将这类行为称为报表的窗饰（window dressing）。

速动比率 速动比率（quick ratio，有时也被称为**酸性测试比率**，acid test ratio）的计算思想与流动比率类似，但它的分子中只包含能够被企业快速转换为现金的流动资产，例如货币资金、有价证券和应收账款等。在一些企业中，将存货转换为现金实际上比收回应收账款会更快速。因此，财务分析人员需要决策在不同的情况下，在分子中是否应当包含应收账款或者存货。在本书中，我们假定分子应当包含应收账款而不包含存货。速动比率的分母由全部流动负债所组成。一般情况下，速动比率的比值大约为流动比率的一半，但这根据行业的不同区别也会很大。

假定贵成公司的速动比率中考虑了应收账款而排除了存货，那么，该公司在2011年和2012年的速动比率可计算如下：

速动比率	= 货币资金、有价证券和应收账款 / 流动负债
2012财务年度：（$1 826 + $90 + $2 020）/$8 978	0.44
2011财务年度：（$498 + $11 + $1 868）/$8 435	0.28

因为货币资金、有价证券和应收账款的增加，贵成公司的速动比率与流动比率的变动趋势一样，在2011~2012财务年度中也上升了。不过，在这两年中，贵成公司的速动比率都不及流动比率的一半。这大概是因为该公司最大的一项流动资产项目——存货——在计算速动比率时被排除在外了。由于我们可以合理地认为，只要贵成公司愿意，它能够很快地卖掉至少绝大部分的存货，因此我们也可以计算出包含了存货项目的速动比率如下：

包含了存货项目的速动比率	= 货币资金、有价证券、应收账款和存货 / 流动负债
2012财务年度：（$1 826 + $90 + $2 020 + $5 486）/$8 978	1.05
2011财务年度：（$498 + $11 + $1 868 + $4 753）/$8 435	0.85

这一组数据显示，当将存货纳入速动比率的分子中以后，速动比率的比值上升了很多。

经营活动产生的现金净流量与流动负债之比 一些财务分析人员批评将流动比率和速动比率作为短期流动性风险指标不够恰当，因为这两个指标都是使用特定时点上的资产负债表数据计算出来的，如果在那个特定的时点上财务报表金额异常偏大或者偏小，那么，依据这样的数据所计算出来的比率就不能反映企业平日真实的情况。如果管理层知道分析人员会用这种特定时点上的指标来评价企业的话，他们就可以采取一些措施来粉饰这些比率。比如，在接近资产负债表日的时候，企业就可以用货币资金去偿还短期债务（使分子和分母同时减少相同的金额），或者赊购存货（使分子和分母增加相同的金额）。

而采用**经营活动产生的现金净流量与流动负债之比**（cash flow from operations to current liabilities ratio）则可以克服上面提到的这种不足，该比率的分子为当期经营活动产生的现金净流量，分母则是当期的平均流动负债水平。通常情况下，对一家财务健康并且发展较成熟的公司来说，该比值应当为40%及以上。贵成公司在2011和

⊖ 对分数而言，分子和分母同时增加相等的金额将使分数的值更接近于1.0，而分子和分母的同时减少相当的金额将使分数的值更加偏离1.0。

2012 财务年度中的经营活动产生的现金净流量与流动负债之比可计算如下：

经营活动产生的现金净流量与流动负债之比	$=\dfrac{\text{经营活动产生的现金净流量}}{\text{平均流动负债}}$
2012 财务年度：$2 206/[0.5×($8 435+$8 978)]	25.3%
2011 财务年度：$1 877/[0.5×($6 769+$8 435)]	24.7%

由此可知，贵成公司的经营活动产生现金净流量与流动负债之比是低于40%这个标杆值的。

营运资本周转率 营运资本周转率主要评价企业的**营业周期**（operating cycle，也称**现金周转期**，cash cycle，或**盈利周期**，earnings cycle）。所谓营业周期，是指从企业支付现金去购买或者生产产品开始计算，直到产品被销售出去，并收回现金所需要的时间长度。因此也可将营业周期理解为公司为经营支出（包括与产生、销售、收款、付款整个流程中的净支出）所需要的融资时间。像贵成公司这样的零售企业在一个营业周期中会发生很多的交易，例如：（1）向供应商赊购存货；（2）向客户出售商品存货，取得现金或者应收账款；（3）应收款到期，从客户那里收到现金；（4）应付账款到期，向供应商付款。

对大多数企业来说，这个周期会不断循环。企业持有存货的天数（即365天/存货周转率）就是每个营业周期中企业从购买存货到存货被销售出去所需要的时间长度；应收账款的周转天数（即365天/应收账款周转率）就是每个营业周期中企业从卖出存货到从客户那里收到现金所需要的时间长度。

企业必须为存货和应收账款所占用的资金进行融资。一般情况下，供应商可以提供一部分的融资额，我们将每个营业周期中从赊购存货开始到向供应商支付现金为止所需要的这段时间称为应付账款的周转天数（即365天/应付账款周转率）。其中，**应付账款周转率**（accounts payable turnover ratio）等于企业的赊购金额与平均应付账款之比值。一般情况下，企业不会直接披露他们的采购数据，但财务分析人员可以利用下面这个等式来推测企业的采购金额：

$$\text{期初存货}+\text{本期采购金额}=\text{本期销货成本}+\text{期末存货}$$

经过整理，即可以得到：

$$\text{本期采购金额}=\text{本期销货成本}+\text{期末存货}-\text{期初存货}$$

利用这个公式，假定已知贵成公司在2011年年初的存货金额为4 708百万美元，我们可以计算出该公司在2011和2012财务年度的采购数据：

	采购金额	=	本期销货成本	+	期末存货	-	期初存货
2012 财务年度	$38 267	=	$37 534	+	$5 486	-	$4 753
2011 财务年度	$34 062	=	$34 017	+	$4 753	-	$4 708

而贵成公司在2011和2012财务年度中的应付账款周转率则计算如下：

应付账款周转率	$=\dfrac{\text{当期采购金额}}{\text{平均应付账款}}$
2012 财务年度：$38 267/[0.5×($4 997+$5 276)]	7.45
2011 财务年度：$34 062/[0.5×($4 297+$4 997)]	7.33

在2011和2012财务年度中，贵成公司的平均应付账款周转天数分别为49.8天（=365/7.33）和49.0天（=365/7.45）。对应收账款周转率的解释需要考虑两个互为矛盾的观点。一方面，应付账款周转率提高（周转天数缩短）表明公司更快地向供应商进行付款，而如果过早地付款是有可能损失现金能为我们带来的潜在收益的。但另一方面，应付账款周转率提高也意味着应收账款的余额相对降低了，那么企业在短期内的支付压力就减小了。大多数企业都希望尽量延长它们的应付账款周转天数，但同时也不能损伤它们与供应商之间的良好合作关系。因此，企业往往会尽力与供应商之间去协商有利的支付条件，然后尽量将付款时间延迟到临近协议支付日的时候。

从企业将现金转换为商品或者服务，然后将商品或者服务出售给客户，最后从客户那里收回现金为止所需要的时间（用天数表示）就是企业的营业周期。可以计算出贵成公司的营业周期如下：

财务年度	存货周转天数	+	应收账款周转天数	-	应付账款周转天数	=	营业周期
2012	50.0	+	14.3	-	49.0	=	15.3
2011	50.7	+	9.8	-	49.8	=	10.7

从上述数据来看，贵成公司在2011至2012财务年度中减少了存货周转天数和应付账款周转天数，但增加了应收账款周转天数，净影响为该公司的营业周期增加了4.5天（从10.7天增加为15.3天）。造成这种结果的最主要原因是该公司的应收账款周转天数从9.8天上升为了14.3天。贵成公司在2012财务年度的营业周期为15.3天，说明它的经营活动现金流出时间平均要比经营活动现金流入的时间提前15.3天。因此，如果它想要为这15.3天的经营活动所需进行融资，那么就需要融入大约15.3天的现金需求量。

短期流动性风险分析总结　流动比率和速动比率都刻画了企业在某一特定时日的流动性水平。贵成公司的流动比率非常接近标杆值1.0，但速动比率和经营活动产生现金流量与流动负债的比值却低于标杆水平；该公司在收回应收账款方面的效率下降，应收账款周转天数从2011财务年度的9.8天上升为了2012财务年度的14.3天。不过，贵成公司加快了存货的销售，使存货周转天数从2011财务年度的50.7天下降为了2012财务年度的50.0天。最后，由于该公司的应付账款周转期从2011财务年度的49.8天下降为了2012财务年度的49.0天，可以说明，公司通过延迟向供应商付款为采购融资的比重也在下降。总体看来，贵成公司的短期流动性风险是比较低的。

自习问题7.3

分析短期流动性风险。参考表7-2和表7-3中马克姆公司的信息，回答下列问题：

a. 计算马克姆公司在2013年度的流动比率和速动比率。

b. 计算马克姆公司在2013年度的营运资本周转率（即应收账款周转率、存货周转率和应付账款周转率）。

c. 马克姆公司在2013年的营业周期（用天数表示）有多长？

d. 请问，你对马克姆公司在2013年年末的短期流动性风险评价如何？

7.3.2　长期流动性风险的计量指标

财务分析人员用**长期流动性风险**（long-term liquidity risk，也被称为清算风险，solvency risk）计量指标来评价企业支付将来到期的长期负债等类似义务的本金和利息的能力。当企业不能如期支付债务本息时，就会出现财务困难，引起企业重组或者被清算。

应对长期流动性风险的最佳办法就是企业有能力积累多年的盈利。如果一家企业是获利的，那么它要么可以通过经营活动创造足够的现金流量，要么可以通过向债权人和股东筹资而获得资金支持。因此，我们在前面所讨论过的获利能力指标对于长期流动性风险的评价也是有帮助的。除此之外，分析人员常用的长期流动性风险评价指标还包括负债比率、经营活动产生的现金净流量与负债总额的比值和利息覆盖倍数。

负债比率　衡量长期流动性风险的负债比率有很多种表达方式，因此在比较不同公司之间的负债比率时，需要小心所使用的负债比率表达方式具体是哪一种，以及应当如何计算和对负债比率进行比较。

在本书中，我们使用三种负债比率来计量企业的长期流动性风险：

1. **资产负债率** = 负债总额/资产总额
2. **长期负债率** = 长期负债/资产总额
3. **负债权益比** = 长期负债/股东权益

资产负债率说明了企业全部资产中有多少是来自于负债资金支持的；而长期负债率则说明企业的全部资产中有多少是受长期负债资金支持的；负债权益比刻画了企业通过负债所筹集的长期资金与股东所提供的权益资金之

间的比值。一般情况下,负债比率越高,说明企业的长期流动性风险越大,即企业在将来不能如期偿付债务本息的可能性越大。由于借债是有风险的,大部分企业都必须决策他们所能承担的财务杠杆水平能有多高。

表7-7列出了贵成公司在2011和2012财务年度中的负债比率。由于这三个负债比率之间是彼此高度相关的,在评价企业的长期流动性风险时,分析人员通常会只使用其中的1个或者2个指标。

在2011至2012财务年度中,这些负债比率所显示的变动趋势都比较一致,均显示贵成公司的长期流动性风险有所下降。

在评价企业的负债比率时,分析人员会习惯根据企业盈利和经营活动产生现金流量的稳定性而调整比较的基准。企业的盈利和现金流越稳定,则可接受的负债程度或者安全负债比率就可以设定得越高。举例来讲,公用事业公司的资产负债率普遍就比较高,经常介于60%至70%之间。这是因为公用事业公司的盈利和

表7-7 贵成公司的负债比率

资产负债率		
2012 财务年度:	$11 338/ $18 302	61.9%
2011 财务年度:	$10 670/ $15 826	67.4%
长期负债率⊖		
2012 财务年度:	$1 104/ $18 302	6.0%
2011 财务年度:	$1 126/ $15 826	7.1%
负债权益比		
2012 财务年度:	$1 104/ $6 964	15.9%
2011 财务年度:	$1 126/ $5 156	21.8%

资料来源:© Cengage Learning 2014.

现金流量都十分稳定,因此大部分投资者都可以接受它们承担比较高的负债水平。但是,如果面对的是一家盈利和现金流量都不稳定的公司,那么同样是这群投资者,也难以接受这样的企业去承担高负债。

经营活动产生的现金净流量与负债总额的比值 在负债比率的计算中,并没有考虑现金流的情况(但毕竟到期的利息和本金是需要企业用现金去偿付的),因此,我们用**经营活动产生的现金净流量与负债总额的比值**(cash flow from operations to total liabilities ratio)来克服这一弱点。在评价短期流动性风险时,我们也用到了经营活动产生的现金净流量,但与先前不同的是,这里的比率计算分母中包含了全部负债(即流动负债与长期负债之和)。对一家成熟且财务健康的公司来说,经营活动产生的现金净流量与负债总额的比值大约在20%及以上。

根据贵成公司的报表信息,计算出经营活动产生的现金净流量与负债总额的比值如下:

经营活动产生的现金净流量与负债总额的比值	= 经营活动产生的现金净流量 / 平均负债总额
2012 财务年度:$2 206/[0.5 × ($10 670 +$11 338)]	20.0%
2011 财务年度:$1 438/[0.5 × ($8 234 +$10 670)]	15.2%

可以看出,在2011财务年度中,贵成公司经营活动产生现金净流量与负债总额的比值是低于20%这个比较基准的,但在2012财务年度中,它刚好达到了这一基准要求。

利息覆盖比率 另一个衡量企业长期流动性风险的指标是利润与利息费用之间的比值,即**利息覆盖比率**(interest coverage ratio),它等于企业当期的息税前利润与利息费用的比值。⊖该比率说明了企业的经营获利对债权人的相对保护程度。一般情况下,分析人员愿意接受的利息覆盖比率最低值为3.0。不过,相对来说,如果一家企业的利息覆盖比率平均比较高但波动非常大,而另一家企业的利息覆盖比率虽然低一些但却非常稳定,那么分析人员通常还是会更喜欢后者多一点。3.0的标杆值意味着企业所实现的息税前利润至少等于它所需要支付的当前利息费用水平的三倍。

贵成公司在2011和2012财务年度中的利息覆盖比率可计算如下:

利息覆盖比率	= 税前利润 + 利息费用 / 利息费用
2012 财务年度:($2 195 +$94)/ $94	24.4 倍
2011 财务年度:($1 700 +$94)/ $94	19.1 倍

⊖ 作者在原书中计算"长期负债率"和"负债权益比"时,只使用了"长期借款"项目的数据,而没有使用"长期负债"的数据。在实务操作中,分析人员可视分析数据的需要,判断是否在这里使用全部长期负债的数据。——译者注

⊖ 如果债务契约要求企业分期偿还本金,则利息覆盖倍数指标的分母还应当包括当期应当偿还的本金额。

因此，贵成公司的利息覆盖比率从 2011 财务年度的 19.1 倍上升为了 2012 财务年度的 24.4 倍。由于该公司的利息覆盖比率远远超过了 3.0 的比较基准值，我们可以认为，贵成公司具有足够的盈利来承担它的利息支出。

有人认为，用利息覆盖比率来评价企业的长期流动性风险是不恰当的，因为该比率的分子使用的是利润指标而不是现金流量指标，而企业只能用现金来支付利息和其他固定支出，利润是不具有支付能力的。所以，当利息覆盖比率比较低的时候，分析人员就会参考使用一些现金流量指标，例如，使用经营活动产生的现金流量作为分子来计算新的财务指标。

长期流动性风险分析总结　　长期流动性分析主要关注一家企业融资结构中债务（尤其是长期债务）所占的比重，以及企业是否有足够的净利润和现金流量用以清偿这些债务的本息。从贵成公司的情况来看，它的总资产中只有一小部分是由长期负债资金提供的，而且该公司的利息覆盖比率远远超过了比较基准值，保障力强。这两方面的数据都显示，贵成公司的长期流动性风险是比较低的。

自习问题 7.4

分析长期流动性风险参考表 7-2 和表 7-3 中马克姆公司的信息，回答下列问题：

　　a. 为马克姆公司计算 2012 年和 2013 年的三个负债比率：资产负债率、长期负债率和负债权益比。

　　b. 计算马克姆公司在 2012 年和 2013 年的利息覆盖比率。

　　c. 从 2012 年到 2013 年，马克姆公司的长期流动性风险得到改善了还是变得更差了？你对马克姆公司在 2013 年年末的长期流动性风险是如何评价的呢？

7.4　比率分析的局限

作为一种了解企业财务健康状况的工具，比率分析也是有局限的，主要表现在：

1. 由于这些财务比率都是根据财务报表数据来计算的，因此，财务报表的缺陷将使这些比率也受到影响。

2. 很多比率之间的变动都是互相关联的，因此不能提供相对独立的意见。比如，流动比率和速动比率的变化一般都是同方向且比例类似的，因此，财务分析人员在评价某一方面的获利能力或者风险时，通常会计算出这一方面的一系列比率来，以供参考。

3. 在比较同一企业不同时期的财务比率时，财务分析人员必须意识到在这段时期内所发生的一些经济条件变化对财务比率可能造成的影响。比如，生产线的变动或者销售地区的改变、价格的变化以及公司并购的影响等。

4. 在将某特定企业的财务比率与其他类似企业的财务比率之间进行比较时，财务分析人员必须事先了解这些企业之间的差别，比如，他们是否采用了不同的会计核算方法，经营方式和融资偏好等方面是否存在差别？

5. 财务比率本身并不能说明管理的好坏，它们只是能指出分析人员应当展开进一步调查的方向或者领域。比如，如果一家企业的存货周转率下降了（通常会被认为是一种不好的趋势），也许只是因为企业预计到了未来的销售会增长，所以比较大量地囤积了零售商品而已。在下任何结论以前，分析人员必须将财务比率分析所揭示的含义与对其他因素的调查结果相结合，才能得出有意义的结论。

7.5　共同比财务报表

共同比财务报表将报表中的每一个项目都用某个金额的百分比来表示，在分析特定企业不同时期的情况或者对不同规模的企业进行比较时，显得特别有价值。我们在本章一开始就曾经提到，**共同比资产负债表**（common-size balance sheets）将每个资产负债表项目都用它占总资产的金额百分比来表示，而**共同比利润表**（common-size income statement）则将每个利润表项目都用它占收入总额的百分比来表示。我们曾经讨论过贵成公司的共同比利润表，如表 7-5 所示。而表 7-8 则是贵成公司在 2010～2012 财务年度中的共同比资产负债表。

表 7-8 贵成公司 2012、2011 和 2010 财务年度共同比资产负债表（编报单位：百万美元）

	2012 财务年度		2011 财务年度		2010 财务年度	
资产						
流动资产						
现金与现金等价物	$1 826	10.0%	$498	3.1%	$1 438	11.3%
短期投资	90	0.5%	11	0.1%	64	0.5%
应收账款	2 020	11.0%	1 868	11.8%	549	4.3%
商品存货	5 486	30.0%	4 753	30.0%	4 708	36.9%
其他流动资产	1 144	6.3%	1 062	6.7%	583	4.6%
流动资产合计	$10 566	57.7%	$8 192	51.8%	$7 342	57.5%
不动产、厂场与设备						
土地与建筑物	$757	4.1%	$755	4.8%	$732	5.7%
租入资产改良	2 154	11.8%	2 013	12.7%	1 752	13.7%
固定设施与设备	4 447	24.3%	4 060	25.7%	3 057	24.0%
融资租赁的财产	95	0.5%	112	0.7%	67	0.5%
	$7 453	40.7%	$6 940	43.9%	$5 608	44.0%
减：累计折旧	(3 383)	18.5%	(2 766)	17.5%	(2 302)	18.0%
固定资产净值	$4 070	22.2%	$4 174	26.4%	$3 306	25.9%
商誉	2 452	13.4%	2 203	13.9%	1 088	8.5%
商标品牌权	159	0.9%	173	1.1%	97	0.8%
客户关系	279	1.5%	322	2.0%	5	0.0%
股权投资和其他投资	324	1.8%	395	2.5%	605	4.7%
其他资产	452	2.5%	367	2.3%	315	2.5%
资产总计	$18 302	100.0%	$15 826	100.0%	$12 758	100.0%
负债与股东权益						
流动负债						
应付账款	$5 276	28.8%	$4 997	31.6%	$4 297	33.7%
礼品卡负债	463	2.5%	479	3.0%	531	4.2%
应付薪酬与相关费用	544	3.0%	459	2.9%	373	2.9%
应计负债	1 681	9.2%	1 382	8.7%	975	7.6%
应付所得税	316	1.7%	281	1.8%	404	3.2%
短期借款	663	3.6%	783	4.9%	156	1.2%
一年内到期的长期债务	35	0.2%	54	0.3%	33	0.3%
流动负债合计	$8 978	49.1%	$8 435	53.3%	$6 769	53.0%
长期负债	1 256	6.9%	1 109	7.0%	838	6.6%
长期借款	1 104	6.0%	1 126	7.1%	627	4.9%
负债合计	11 338	62.0%	10 670	67.4%	8 234	64.5%
承诺与或有负债						
股东权益						
优先股	0	0.0%	0	0.0%	0	0.0%
普通股	42	0.2%	41	0.3%	41	0.3%
股本溢价	441	2.4%	205	1.3%	8	0.1%
留存收益	5 797	31.7%	4 714	29.8%	3 933	30.8%
累计其他综合收益	40	0.2%	(317)	-2.0%	502	3.9%
贵成公司股东权益合计	$6 320	34.5%	$4 643	29.3%	$4 484	35.1%
少数股东权益	644	3.5%	513	3.2%	40	0.3%
股东权益合计	$6 964	38.0%	$5 156	32.6%	$4 524	35.5%
负债与股东权益合计	$18 302	100.0%	$15 826	100.0%	$12 758	100.0%

资料来源：© Cengage Learning 2014.

根据表 7-8，在 2012 财务年度末，贵成公司的应收账款占资产总额的比重为 11.0%。与其他那些和贵成公司有着类似经营模式的企业相比，11.0% 是偏高还是偏低呢？贵成公司所拥有的不动产和设备净值在 2012 财务年度末占资产总额的百分比为 22.2%，这一共同比水平是否恰当呢？将贵成公司共同比资产负债表中的项目与其他同行业公司的比值进行比较，有助于我们了解贵成公司相对于它的竞争对手是否做得更好。

利用共同比资产负债表对公司进行比较时，前提是假定企业的规模大小是不影响某特定资产负债表项目与资产总额之间的关系的。同样地，利用共同比利润表比较不同公司之间的业绩时，也假定企业的规模大小是不影响某特定利润表项目与销售总额之间的关系的。然而，这些假定有可能在某些情况下并不成立。比如，大公司通常能获得规模经济，因此会影响到业务经营中各要素所占比重，从而降低了他们的共同比与小规模竞争者之间的可比性。举例来讲，大型的商品和服务采购商（比如贵成公司）所拥有的与供应商之间的议价能力比起小规模采购商（比如小型的电子产品商店）的谈判能力来说，就要强得多。这种强大的议价能力意味着贵成公司可以获得：

- **更低的采购单价。** 在采购数量不变的情况下，更低的采购单价意味着记录到存货项目中的单位价格更低，对存货周转率和销货成本占收入的百分比都会造成影响。
- **相对小额但是更加频繁的采购。** 小额但是更加频繁的采购能降低贵成公司所持有存货的数量，从而改善存货周转率。
- **更有利的支付条款。** 更有利的支付条件将使贵成公司更迟向供应商付款，从而延长现金的保有时间，改善应付账款周转率指标。

将贵成公司的共同比财务报表与小规模的竞争者——消费者电子有限公司（Consumers Electronics Limited, CEL）的情况进行比较，结果显示，贵成公司确实拥有更强的议价能力。表7-9是消费者电子公司在2010~2012年度的共同比资产负债表，而表7-10则是该公司同期的共同比利润表。消费者电子公司的财务报表编报单位为千美元，而贵成公司的财务报表是按百万美元编制的。因此，消费者电子公司相对贵成公司来说规模要小得多。可以发现，相对消费者电子公司的数据来看，贵成公司的存货百分比更小而应付账款百分比却更高。一般情况下，财务分析人员不会将两家规模差异过大的公司进行共同比资产负债表的比较。例如，有经验的报表使用者一定不会用贵成公司的共同比资产负债表去跟一家当地的小电子产品商店的共同比资产负债表进行比较。

表7-9　消费者电子有限责任公司2012年、2011年和2010年年末共同比资产负债表

（编报单位：千美元）

	2012年年末		2011年年末		2010年年末	
资产						
现金及现金等价物	$612	5.0%	$451	4.2%	$406	4.8%
应收账款	1 512	12.5%	1 417	13.1%	1 350	16.0%
商品存货	3 567	29.4%	3 984	36.9%	2 910	34.4%
其他流动资产	301	2.5%	721	6.7%	456	5.4%
流动资产合计	$5 992	49.3%	$6 573	60.9%	$5 122	60.6%
土地	697	5.7%	546	5.1%	401	4.7%
建筑物与设备，净值	5 454	44.9%	3 678	34.1%	2 929	34.7%
不动产与设备合计	6 151	50.7%	4 224	39.1%	3 330	39.4%
资产总额	$12 143	100.0%	$10 797	100.0%	$8 452	100.0%
负债与股东权益						
应付账款	$1 040	8.6%	$1 066	9.9%	$906	10.7%
贷款与应付票据	2 015	16.6%	1 814	16.8%	1 524	18.0%
其他流动负债	584	4.8%	816	7.6%	410	4.9%
流动负债合计	$3 639	30.0%	$3 696	34.2%	$2 840	33.6%
长期债务	1 741	14.3%	1 724	16.0%	1 243	14.7%
股东权益：						
普通股	$25	0.2%	$25	0.2%	$20	0.2%
股本溢价	1 653	13.6%	1 750	16.2%	1 649	19.5%
留存收益	5 085	41.9%	3 602	33.4%	2 700	31.9%
股东权益合计	$6 763	55.7%	$5 377	49.8%	$4 369	51.7%
负债与股东权益合计	$12 143	100.0%	$10 797	100.0%	$8 452	100.0%

资料来源：© Cengage Learning 2014.

表7-10 消费者电子有限公司2012年、2011年和2010年共同比利润表（编报单位：千美元）

	2012年		2011年		2010年	
销售收入	$25 675	100.0%	$23 542	100.0%	$19 120	100.0%
销货成本	17 765	69.2%	16 713	71.0%	13 711	71.7%
毛利润	$7 910	30.8%	$6 829	29.0%	$5 409	28.3%
销售与日常管理费用	5 681	22.1%	5 412	23.0%	4 162	21.8%
重组支出	0	0.0%	13	0.1%	4	0.0%
经营利润	$2 229	8.7%	$1 404	6.0%	$1 243	6.5%
投资收益	12	0.0%	16	0.1%	8	0.0%
利息费用	(123)	-0.5%	(131)	-0.6%	(27)	-0.1%
税前利润	$2 118	8.2%	$1 289	5.5%	$1 224	6.4%
所得税费用	635	2.5%	387	1.6%	367	1.9%
净利润	$1 483	5.8%	$902	3.8%	$857	4.5%

资料来源：© Cengage Learning 2014.

用财务比率分析企业的业绩

如本章前面所述，在评价一家企业在某特定会计时期的经营情况时，需要将这家企业的情况与下述标准进行比较：（1）该企业本身在早期的业绩指标；（2）其他企业在同一会计期间的业绩指标。

上述第一种分析方法被称为**纵向时序分析**（time-series analysis），需要对企业在不同时期的财务比率进行比较；第二种分析方法被称为**横向同业分析**（cross-section analysis），需要将目标公司的财务比率与其他公司的同期数据进行比较。在横向同业分析中，要注意选择与公司具有相同业务类型的企业作为比较对象。在这里，相同业务类型的选择应当包括行业属性、规模、企业战略、区域划分和产品多元化情况等多方面的综合情况。下面，我们以贵成公司为例来对财务比率进行纵向时序分析和横向同业分析。

财务比率的纵向时序分析 表7-5中的信息显示，贵成公司的毛利率（=毛利润除以销售收入的比值）从2010年的23.9%上升为2011年的24.4%，再上升为2012年的24.5%；与毛利率的上涨趋势保持一致的，是销售成本率的下降趋势（从2010年的76.1%下降为2011年的75.6%，再下降为2012年的75.5%）。

在2010年至2012期间，销售收入持续上涨。每一年的销售收入上升，再加上销售成本占销售收入比重的下降，正是贵成公司所具有的价格优势、采购优势和调整高毛利率产品在销售组合中所占比重的综合结果。即销售成本的增加与销售收入的增加不是同比例的，销售成本的增长速度小于销售收入的增长速度。无论导致这种状况的潜在原因是什么，当销售收入的增长快于销售成本的增长时，就会表现出我们现在看到的销售成本率的下降。

在2010年至2011年期间，贵成公司的营业利润率（=营业利润与销售收入的比值）从5.4%下降为了4.2%，但在2011年至2012年期间，营业利润率又从4.2%的水平上升到了4.5%。具体来讲，营业利润率在2010年至2011年之间的下降主要受以下三个方面因素的综合影响：（1）销货成本百分比的下降；（2）销售与日常管理费用所占百分比的上升；（3）非持续性支出（重组支出与资产减值损失）所占比重的上升。

而如前所述，贵成公司的获利能力在2011至2012年度期间的改善主要受以下三个因素的综合影响：（1）销货成本率的进一步下降；（2）销售与日常管理费用的下降；（3）非持续性支出的减少。

在分析贵成公司的获利能力时，财务分析人员应当仔细确认这些比率在不同时期之间发生变动的原因。

财务比率的横向同业分析 下面，我们将用贵成公司的相关比率与它的竞争对手——消费者电子公司——的财务比率进行一一对比，以此来讲解财务比率的横向同业分析。在表7-9和表7-10中，已列出了消费者电子公司在2010～2012财务年度的共同比资产负债表和共同比利润表。

要进行横向同业分析，需要将贵成公司的指标与其他零售商的同一指标进行比较，而且，这里的其他零售商所销售的产品或提供的服务最好要与贵成公司的类似。如果将零售企业的财务指标与非零售企业的财务指标去进行比较，通常是没有什么意义的。这种不可比性主要是由于商业模式不同的影响——不同商业模式下的企业具有不同的资产类型和融资结构——因此，飞机制造商波音公司、快餐零售企业麦当劳和消费产品制造公司高露洁等，与贵成公司之间都存在着明显的区别。商业模式的差异会导致不同公司之间在风险和获利能力方面存在较大不同，因此体现在财务报表中的结果也会有所不同。在这里，我们只将贵成公司的情况与一个竞争对手（消费者产品公司）的情况进行比较。但实际上，我们还可以将贵成公司与更多类似公司的情况去进行比较。无论怎样选择比较对象，关键是要保证比较对象与被比较对象之间具有共同的商业模式（例如行业划分和其他因素等），以保障财务指标的可比性。

我们先看消费者电子公司和贵成公司的共同比利润表。消费者电子公司在2012年的利润率（净利润与销售收入的比值）为5.8%，大约为同期贵成公司2.7%的利润率水平的2.2倍。两张利润表的比较结果显示，消费者电子公司之所以具有更高的利润率，主要是因为它的销售成本率更低（在2012年消费者电子公司和贵成公司的销售成本率分别为69.2%和75.5%），但销售与日常管理费用率稍高（在2012年为22.1%，而同期贵成公司的为19.9%）。而贵成公司更高的销售成本率主要是由于它的规模更大（相对来说，消费者电子公司的规模更小，而且只在当地营业），因此受竞争和激进定价政策的影响，销售成本率更高。不过，贵成公司可以实现规模经济，因为它的销售与日常管理费用占收入的百分比相对消费者电子公司来说更低一些。

在我们的分析中，假定贵成公司与消费者电子公司对信息的分类、处理和汇总都是类似的，认识到这一点对于财务分析是非常重要的。比如，我们假定贵成公司和消费者电子公司都将店面成本报告在了利润表的同一行次中，而这种情况其实有可能是不成立的。而且，企业一般不会披露很多的细节信息让我们去调整财务报表数据。一般情况下，财务分析人员可以将数据汇总为一个更大的类别，让这个类别能包含尽量类似的成本项目，这样才利于比较。比如，只要能确认出两家公司的全部经营费用，分析人员就可以计算出两家公司的营业利润占销售收入百分比，然后再进行比较。在2012财务年度中，贵成公司的营业利润占销售收入百分比为4.5%，而消费者电子公司的为8.7%。

即使是两家其他条件都比较类似的企业，除了那些合计数以外，它们的利润表格式也可能是不可直接用作比较的。这时，就只有比较利润率了。这是因为，按照定义，只要是按照相同的会计准则在进行编报，所有企业的净利润就应该是可比的。而且，因为净利润是全部利润表项目影响的最终结果，所以利润表的格式和列报方式、项目名称和小计金额等方面所存在的差异对净利润都不会产生影响。这也是为什么在对类似的企业进行业绩评价时，净利润率（净利润占销售收入的比值）被广泛使用的原因。不过，如果企业的商业模式不同，那么净利润率的比较也是没有意义的。

自习问题7.5

计算获利能力和风险程度比率。根据消费者电子公司的资产负债表（表7-9）和利润表（表7-10）信息，请计算该公司在2012财务年度中的下列比率：

a. 净资产收益率（ROE）；
b. 总资产收益率（ROA）；
c. 财务杠杆比率；
d. 销售毛利率；
e. 销货成本占销售收入比重；
f. 销售与日常管理费用比值；
g. 总资产周转率；
h. 应收账款周转率；
i. 存货周转率；
j. 固定资产周转率；
k. 流动比率；
l. 速动比率；
m. 应付账款周转率；
n. 营业周期；
o. 资产负债率；
p. 长期负债率；
q. 负债权益比；
r. 利息覆盖比率。

本章小结

在表 7-11 中，我们总结了本章中介绍的全部财务比率情况。

在本章中，我们一开始就提出了"应该投资于定期存款还是投资于贵成公司的普通股"这个问题。通过对贵成公司所进行的财务报表分析显示，这是一家正在成长过程中、有盈利能力的企业，但在短期或者长期的流动性风险方面，贵成公司还存在一些小问题。在做出最终的投资决策以前，投资者还需要确定至少以下三个方面的信息。首先，是财务报表之外的有关企业的未来获利能力和风险方面的信息，例如财经媒体中报道的相关文章，公司披露的长期投资计划，分析人员对公司未来需求的判断以及企业竞争者的战略等。其次，投资者还必须清楚他所愿意且也能够承担的风险程度。最后，投资者还必须判断按照当前的股票价格购买是否划算。[⊖]在为投资者进行买或者卖的推荐以前，分析人员会将他们对公司获利能力和风险的判断与股票当前的价格去进行比较。一家经营得并不怎么好的企业，如果它目前的股票价格被低估了，分析人员也会推荐购买；相反，一家经营得非常好的企业，如果分析人员判断它的股票价格已经被高估了，那么就不会进行推荐。在这种时候进行投资决策分析，最重要的就是直觉、判断和经验。

表 7-11 财务比率总结

财务比率	分子	分母
获利能力比率		
净资产收益率，或权益净利率（ROE）	净利润	当期平均股东权益
总资产收益率（ROA）	净利润	当期平均总资产
调整融资影响后的总资产收益率	净利润 + 利息费用（税后影响净额）	当期平均总资产
销售净利率	净利润	销售收入
各类费用占比	各类费用额	销售收入
总资产周转率	销售收入	当期平均总资产
应收账款周转率	销售收入	当期平均应收账款
存货周转率	销售成本	当期平均存货
固定资产周转率	销售收入	当期平均固定资产
财务杠杆比率，或权益乘数	当期平均总资产	当期平均股东权益
短期流动性风险比率		
流动比率	流动资产	流动负债
速动比率，或酸性测试比率	高流动性的资产（现金、有价证券和应收账款等）[①]	流动负债
经营活动产生的现金净流量与流动负债之比值	经营活动产生的现金净流量	当期平均流动负债
应付账款周转率	当期采购金额[②]	当期平均应付账款
应收账款周转天数，或平均收账期	365 天	应收账款周转率
存货周转天数，或存货持有期	365 天	存货周转率
应付账款周转天数	365 天	应付账款周转率
长期流动性风险比率		
资产负债率	负债总额	资产总额
长期负债率	长期负债金额	资产总额
债务权益比	长期负债金额	股东权益金额
经营活动产生的现金净流量与负债总额之比值	经营活动产生的现金净流量	当期平均负债金额
利息覆盖比率，或已获利息倍数	息税前利润	利息费用

[①]有些公司可能会将应收账款的金额排除在外，而有些公司还可能会将存货的金额纳入进来。
[②]当期采购金额 = 销售成本 + 期末存货 − 期初存货

资料来源：© Cengage Learning 2014.

[⊖] 在金融或者财务教材中会讨论投资决策中的其他因素。也许最重要的是某个特定的投资项目与投资者的整个投资组合之间如何搭配的问题。现代研究结果认为，相对于投资项目本身的特点来看，要判断一项投资是否恰当，投资组合中的其他要素和投资者对待风险的态度其实更为重要一点。

|附录7A| 预计财务报表

会计人员把根据一系列特别假定所编制的财务报表称为**预计财务报表**（pro forma financial statements）。例如，假定企业当年利润表中所报告的某些交易如果并没有真实发生，那么企业的报表将会是什么样子的？这些被假定为没有发生的交易通常是一些异常的或者非持续性的收入、费用、利得和损失项目。只有在排除了这类项目的影响之后，企业所报告的估算盈利才能被投资者视为正常的、可持续的盈利。

预计财务报表的更常见形式是在一系列未来情况的假定下所编制的预计报表体系。例如，假定过去的模式（比如增长率或者收益率）会持续下去，那么企业的未来报表会如何？或者在新的增长率、负债水平、获利能力等假定条件下，企业的未来财务报表可能会是什么样？这样，企业可以预测未来的销售收入水平、净利润、总资产和现金流量情况，以确保企业经营能够产生足够的现金流量来支持未来的长期资产支出。在改变产品线或者定价政策时，企业会想要知道这些改变对收益率可能带来的影响；在公司并购时，企业会想要预测收购对象的未来财务报表，用以判断应该支付的收购价格。

本附录介绍和说明了编制预计（估算）财务报表的程序，并演示了预计财务报表的运用。如果你曾经学习过管理会计与成本会计，你一定知道有一个词叫作"预算"。针对企业整体水平所编制的预算与预计（估算）财务报表基本是一致的，只是预计财务报表的用途和格式可能会有所不同。企业管理层和分析人员会出于不同的目的而使用预计财务报表和预算，但这两者的编制程序确实是类似的。

编制预计财务报表

编制预计财务报表的前提是对未来可能发生的各种情况进行一系列假定。这些假定的合理性会直接影响到预计财务报表的可用性。各类电子表格程序的应用会使编制预计财务报表的计算过程大大简化，但是必须要注意"废进废出"这句警示所提醒我们——只有在保证输入的假定条件符合一定合理性要求的前提下，预计财务报表的质量和有效性才能够得到保障。通常，细心的分析人员会在电子表格中单独用一部分空间将各种假定条件——列出。在那些优质的预计财务报表中，分析人员可以通过不断改变关键假定条件的赋值来查看不同假定情况变化对估算财务结果的影响。

预计财务报表的编制一般是以利润表为起点的，然后是资产负债表，最后再是现金流量表。因为一般情况下，经营活动水平会决定所需的资产数量，继而影响到融资需求水平。而现金流量表中的金额则可以直接取自预计利润表和比较资产负债表。

我们在这里列出编制预计财务报表的程序如下：

1. 估算营业收入水平；
2. 估算除融资成本和所得税费用以外的其他经营费用水平；
3. 预计要支持估算营业活动水平而必需的资产数量；
4. 预计要保障第3步中所需要的资产数量而必需的融资需求（包括负债和投入资本）；
5. 预计第4步中的负债融资成本，预计所得税费用、净利润、股利水平和留存收益的变动；
6. 根据预计资产负债表和利润表信息，预计未来的现金流量表。

在表7-12中，对这6个步骤进行了总结。下面，我们将以本章曾经讨论过的贵成公司数据为例来向大家介绍预计财务报表的编制方法。在这里，我们估算出了该公司在2013财务年度的财务报表。请注意：本书中所使用的百分比数据都经四舍五入处理，只保留一位小数（比如10.1%），但在中间的计算过程中，我们没有进行四舍五入处理。⊖

⊖ 这里的意思是，本部分中以贵成公司为例所进行的预计财务报表是利用例如表7-8中的数据，在EXCEL这样的电子表格中计算出精确的各个项目占总资产的百分比（未进行四舍五入处理），然后将这个精确的百分比应用到对项目将来值的估算中。所以，在贵成公司2013财务报表估算这一部分，可能会看到比较多的项目估算值与括号中的计算过程结果不完全一致，但差额往往很小很小，这是因为括号中的百分比是经过了四舍五入处理而得到的。——译者注

表 7-12　编制预计财务报表的步骤

利润与留存收益变动表	资产负债表	
第1步：估算营业收入 销售收入 其他收入	**第3步：估算资产水平** 货币资金 应收账款	**第4步：估算负债与投入资本** 应付账款 应付票据和借款
第2步：估算经营费用 销货成本 销售与日常管理费用 息税前利润	存货 其他流动资产 投资 固定资产	其他流动负债 长期负债 其他负债 投入资本
第5步：估算融资费用、所得税费用和留存收益的变动 利息费用 所得税费用 净利润 股利 留存收益的变动额	其他资产	**第5步：估算留存收益** 留存收益

现金流量表		
第6步：估算现金流量表		
经营活动 净利润 折旧费用 其他调整 应收账款的变动 存货的变动 其他流动资产的变动 应付账款的变动 其他流动负债的变动 经营活动产生的现金流量	**投资活动** 购买固定资产 出售投资 取得新的投资 其他投资性交易的影响 投资活动产生的现金流量	**筹资活动** 应付票据和短期借款的变动 长期负债的变动 普通股股本的变动 股利 其他融资性交易的影响 筹资活动产生的现金流量

资料来源：© Cengage Learning 2014.

第1步　估算营业收入

估算销售收入是编制预计财务报表的起点。财务分析人员会对企业的历史收入水平变动情况进行研究，判断这种趋势是否还将持续。在这一步骤中，会涉及以下问题：

1. 企业在将来有计划要改变产品线或者定价政策、收购其他公司或者采取其他会改变历史销售模式的行动吗？
2. 企业的竞争对手会改变他们的战略吗？或者是否有新的竞争对手进入从而改变市场份额的分布呢？
3. 宏观经济情况是否会影响到企业的销售？例如，企业的销售水平是否会受经济周期的影响？销售是始终保持稳定的还是会随着其他变量（比如当期人口增长率）水平的变化而发生波动的？

关于销售收入的假定直接影响着预计财务报表中的绝大部分项目。因此，销售收入情况是编制预计财务报表过程中最重要的一项假定。

根据表 7-5 中的信息，贵成公司的销售收入从 2010 财务年度的 40 023 百万美元上升为了 2011 财务年度的 45 015 百万美元，增长率为 12.5%［＝(45 015/40 023)－1］；而在 2011 至 2012 财务年度中，销售收入又从 45 015 百万美元上升至了 49 694 百万美元，增长率为 10.4%［＝(49 694/45 015)－1］。因此，贵成公司在宏观经济增长并没有出现放缓迹象、公司本身也没有发生其他大型并购活动的前提下，销售收入的增长率是下降的。我们假定在 2013 财务年度中，经济状况还会略有走弱，估计贵成公司的销售收入在 2012 至 2013 财务年度会增长大约 10% 左右。因此，预计 2013 财务年度的销售收入水平为 54 663（＝49 694×1.10）百万美元。

第2步　估算经营费用

了解企业各种经营费用的性态是估算经营费用的前提。通常，分析人员会考虑以下这些问题：

1. 该费用项目会随着销售收入水平的变动而变动么？或者说，该费用项目具有变动成本的特性么？再或者是，该成本费用在某特定时期内，无论销售收入在什么样的水平上，都会保持相对固定的水平，即具有固定成本的特性么？管理会计或者经济学课程告诉我们，从长期来看，几乎所有的成本都是会变动的；但从短期来看，有些成本项目是相对固定不变的。所以，要判断某一成本项目是固定的还是变动的，需要事先选定估计期的长短才行。
2. 某一费用项目是否同时具有变动成本和固定成本的某种特性，即属于混合成本或者阶梯成本呢？

3. 在短期内，企业是否可以随意改变一些固定成本项目（例如维修费用和广告费用支出）的金额，以应付当前出现的一些状况呢？或者企业对某固定成本项目（例如设备的折旧费用）几乎没有任何操纵权？

了解每一成本项目的性态，对预测是非常有帮助的。

表7-5是贵成公司在2010、2011和2012财务年度的共同比利润表，我们可以使用这些共同比来预测经营费用。

销货成本 为了达成销售，贵成公司需要事先进行采购。因此，销货成本是随销售收入水平的变动而变动的。贵成公司的销货成本占销售收入的百分比从2010财务年度的76.1%下降为了2011财务年度的75.6%，并继而下降为2012财务年度的75.5%。假定这种销售成本占比的下降是由于公司在零售店中推广了存货控制系统所带来的，贵成公司在2013财务年度中将更加受益于这套存货控制系统所带来的好处，将销货成本占比进一步降低为75.2%。那么，预计该公司在2013财务年度的销货成本水平将为41 107（=75.2%×54 663）百万美元。

销售与日常管理费用 销售与日常管理费用占收入的比重从2010财务年度的18.5%上升为了2011财务年度的20.0%，但在2012财务年度中又下降为了19.9%。我们估算贵成公司在2013财务年度中，销售与日常管理费用的占比将等于19.5%，因此，2013财务年度的销售与日常管理费用水平预计为10 659（=19.5%×54 663）百万美元。

其他经营费用 企业在利润表中有可能会报告其他经营费用，这些费用当中，有些可能是会持续发生的，但有些却可能只是一次性的。会持续发生的其他经营费用的一个最常见例子就是研究与开发费用；而非持续发生的其他经营费用的常见例子则为重组支出。贵成公司没有报告研究与开发费用，因此我们不需预计任何可持续发生的经营费用（指在销货成本与销售与日常管理费用之外）。贵成公司确实报告了重组支出和减值损失，但是这两个项目并不是在所有年度中都会反复出现的。所以，我们可以假定贵成公司在2013财务年度中没有重组支出和资产减值损失发生。

非经营性费用 现在，贵成公司的利润表中只剩下其他收入和其他费用（损失）项目还未进行估算了。其他收入一般包括资产的一次性出售利得和投资收益；其他费用（损失）一般包括资产的一次性出售损失或者资产减值、融资支出（利息费用）与所得税费用等。我们假定贵成公司在2013财务年度中不会发生一次性的利得或者损失，但投资收益为50百万美元。根据最近的借款水平，我们假定贵成公司每年的利息支出占借款额的6%。最后，我们假定贵成公司的所得税税率为36%。利息费用水平的预计需要等到我们估算出2013财务年度的债务规模之后，而所得税费用的估算也需要等到我们完成了贵成公司的预计税前利润之后。

现在，贵成公司的利润表上还剩下"权益法下的投资收益"和"少数股东本期收益"两个项目未完成2013年的水平估算。⊖简单地讲，"权益法下的投资收益"就是贵成公司在投资控股权比例在20%~50%之间的被投资企业中，按控制权比例所享有的损益份额。在2012财务年度中，这个金额为1百万美元；我们预计在2013财务年度中，这个金额将达到3百万美元。

"少数股东本期收益"是贵成公司的盈利中属于子公司少数股东所享有的损益部分。比如，如果贵成公司拥有另一家公司90%的所有权，那么少数股东的控制权比例就是10%。我们可以简单地估算贵成公司在2013财务年度中归属于少数股东的本期收益为100百万美元。

第3步 估算资产

估算资产负债表中的资产总额时，需要我们保持与估算利润表时相一致的假设条件。一种方式是假定总资产周转率（即销售收入/平均资产总额）与上一年度的基本类似。例如，贵成公司在2010、2011和2012财务年度中的总资产周转率分别为3.0、3.1和2.9。假定贵成公司在2013财务年度的目标总资产周转率为2.8，那么我们就可以通过下面这个方程式计算出2013财务年度末的预计总资产规模：

$$总资产周转率 = \frac{销售收入}{平均总资产} = \frac{\$54\ 663}{\frac{1}{2} \times (18\ 302 + X)} = 2.8$$

求解这个方程中的未知数（用X表示2013财务年度的期末总资产），可以知道，2013财务年度中，期末总资产规模将为20 743百万美元。接下来，分析人员就可以利用共同比资产负债表中的各项资产占总资产比重来计算求解每一资产项目的估算金额了。我们将使用这个方法来预计贵成公司的特定资产项目余额。

另一种预计总资产规模的方法是利用企业在过去若干年中的总资产增长率，例如，贵成公司在过去三年中总

⊖ 我们将在第14章中讨论对关联公司的权益投资和少数股东权益问题。

资产的平均增长率为11%（其中，2010、2011和2012财务年度的总资产增长率分别为-6%、24%和16%，三年平均即11%）。按这种方法，可以估算出贵成公司在2013财务年度的期末总资产将为20 315（=18 302×1.11）百万美元。然后，分析人员可进一步利用共同比资产负债表上的百分比来计算各个单项资产项目的金额。此外，还有第三种估算未来总资产水平的方法，即利用一系列的资产周转率和各种资产增长率假定，然后将各个单项资产的预计金额合计起来，计算得到预计总资产的规模水平。

货币资金 假定贵成公司在2012财务年度中的货币资金占比（即总资产的10%）恰好反映了未来经营所需的货币资金水平。于是，可以计算出2013财务年度的估算现金与现金等价物规模为2 070百万美元（=20 743×10.0%⊖）。

如果其他预测结果显示贵成公司的货币资金余额将超过2 070百万美元，我们将假定贵成公司会将多出的部分资金以股利的方式发放给股东；如果其他预测结果显示贵成公司的货币资金余额将不及2 070百万美元的水平，我们可以假定公司会通过发行（出售）更多的普通股来填补这个资金需求缺口。这种假定说明了贵成公司会如何处理资金的冗余或是不足。编制预计财务报表时，编报人必须了解企业在资金出现冗余或者短缺时会如何应对。

短期投资 短期投资反映了贵成公司用作购买其他公司所发行的债券和股票等证券的货币资金规模。根据2012财务年度中该项目的共同百分比，我们可以预计出短期投资在2013财务年度期末的余额将为102（20 743×0.5%）百万美元。

应收账款 绝大多数公司的应收账款都是随收入变动而变动的。贵成公司的共同比资产负债表显示，应收账款占资产总额的百分比在2011和2012财务年度分别为11.8%和11%。我们假定在2013财务年度中，应收账款的占比仍然与2012财务年度的保持一致，为11.0%，那么，就可以估算出2013财务年度期末的应收账款水平为2 289（=20 743×11%）百万美元。

存货 商品存货占资产总额的比重从2010年的36.9%下降为了2011和2012财务年度的30.0%。假定在2013财务年度中，该项目的占比仍然保持与2012财务年度的一致，那么，商品存货在2013财务年度期末的估算余额就是6 218（=20 743×30.0%）百万美元。

其他流动资产 根据贵成公司的共同比资产负债表，其他流动资产占资产总额的比重在2010、2011和2012财务年度分别为4.6%、6.7%和6.3%，假定在2013财务年度中，该项目的共同百分比仍然与2012财务年度保持一致，那么可估算得到其他流动资产在2013财务年度期末的余额为1 297（=20 743×6.3%）百万美元。

不动产、厂场与设备 假定贵成公司在2013财务年度中不动产、厂场与设备的原值、累计折旧和净值的共同比都与2012财务年度的水平保持一致，即分别为40.7%（不动产、厂场与设备的原值）、18.5%（累计折旧）和22.2%（不动产、厂场与设备的净值），那么，可以估算出这三个项目在2013财务年度期末的余额分别为8 447（=20 743×40.7%，原值）百万美元、3 834（=20 743×18.5%，累计折旧）百万美元和4 613（=8 447-$3 834，净值）百万美元。

此外，我们进一步假定贵成公司在2013财务年度中没有固定资产的处置或者减值事件发生，因此，唯一会影响不动产、厂场与设备原值账户的交易就是购买新的固定资产了（资本支出），而且唯一可能影响累计折旧项目的事项也就只有定期的折旧计算了（折旧费用）。在第10章中我们会详细谈到，实际上有很多其他交易也是会影响不动产、厂场与设备账户的，在编制更为复杂的预计财务报表时，我们就需要考虑这些交易的影响了。

无形资产 贵成公司的无形资产项目包括商誉（在2012财务年度中，占资产总额的13.4%）、商标品牌权（占资产总额的0.9%）和客户关系（占资产总额的1.5%）等几项内容。我们假定这几个资产负债表项目在2013财务年度中的总资产占比仍然保持与2012财务年度的水平一致，那么，这几个无形资产项目在2013财务年度期末的余额可预测如下：商誉为2 779（=20 743×13.4%）百万美元；商标品牌权为180（=20 743×0.9%）百万美元；客户关系为316（=20 743×1.5%）百万美元。

权益与其他投资 权益与其他投资项目主要受贵成公司对其他公司的普通股权持股比例影响。假定贵成公司的权益与其他投资项目在2013财务年度中仍然保持与2012财务年度相同的共同百分比1.8%，那么，该项目的预测值为367（=20 743×1.8%）百万美元。

其他资产 通常情况下，为简化处理，我们会将一些不太重要的项目合计报告为一项"其他资产"。假定贵

⊖ 如前所注释的，这里括号中的10%是经过四舍五入处理后只保留一位小数的结果，参考表7-8中的2012财务年度的数据，实际上真正的货币资金占总资产比重为（1 826/18 302×100%），用这个比值去乘以2013财务年度的估算总资产规模20 743百万美元，得到货币资金在2013财务年度的估算值为2 070百万美元，而不是20 743×10%=2 074百万美元。在后续较多的项目中都存在这个问题，此后就不再重复进行解释。——译者注

成公司在 2013 财务年度的其他资产共同百分比与 2012 财务年度水平一致，仍为总资产的 2.5%，那么，在 2013 财务年度期末，其他资产的预计金额为 512(=20 743×2.5%) 百万美元。

第 4 步　估算负债与投入资本

下面我们来估算资产负债表右方的项目。负债与投入资本的估算需要依赖我们在第 1 步和第 2 步中所估计的营业活动水平和在第 3 步中所估算的总资产规模。

应付账款　在 2012 财务年度中，贵成公司的应付账款占总资产的比重为 28.8%，假定这一比例在 2013 财务年度中仍然保持不变，那么应付账款项目在 2013 财务年度期末的余额就应当为 5 980(=20 743×28.8%) 百万美元。

其他流动负债　贵成公司报告了一系列的流动负债项目，包括礼品卡负债、应付薪酬与相关费用、应计负债、应付所得税、短期借款和一年内到期的长期借款等。为简化起见，我们假定这些项目在 2013 财务年度中占资产总额的共同比水平都与 2012 财务年度的保持一致，⊖这样，根据这些百分比和预计总资产规模 20 743 百万美元，就可以估算出这些项目在 2013 财务年末的余额：

流动负债项目	计算过程	在 2013 财务年末的估算金额
礼品卡负债	$20 743×2.5%	$525
应付薪酬与相关费用	$20 743×3.0%	617
应计负债	$20 743×9.2%	1 905
应付所得税	$20 743×1.7%	358
短期借款	$20 743×2.6%	751
一年内到期的长期负债	$20 743×0.2%	40

长期负债　贵成公司的长期负债主要是与经营活动有关的（因而不属于筹资活动）、且到期日在 1 年以上的负债项目，主要包括退休后福利和递延所得税等。为简化起见，我们仍然假定这些负债项目占资产总额的百分比与 2012 财务年度的保持一致，因此，长期负债在 2013 财务年末的估算金额为 1 424(=20 743×6.9%) 百万美元。

长期借款　该项目反映贵成公司承担的、到期日在 1 年以上的借款。其中，将于 1 年以内到期的部分已经被报告在了"一年内到期的长期借款"项目下。一般情况下，长期借款的金额与公司的现金需求密切相关，因此需要等到现金流入和流出都估算完成后再来进行计算。用这种方法来确定负债融资的需求金额需要我们不断地对预计财务报表进行调整和试算。鉴于这一过程的复杂性，我们在这里先用简单的方法来说明预计财务报表的编制过程，因此，仍然使用先前的假定，利用 2012 财务年度的相关项目占资产总额的共同比来估算其在 2013 财务年度期末的金额，这样，可以估算出长期负债在 2013 财务年末的金额为 1 251(=20 743×6.0%) 百万美元。

优先股　在 2010~2012 财务年度期间，贵成公司的资本结构中并未出现任何优先股。我们假定在 2013 财务年度中仍然会是这样，因此，估计优先股在 2013 财务年末的金额为 0。

普通股与股本溢价　在估算货币资金项目时，我们曾经假设如果当年产生的现金流量金额不足货币资金账户的估计余额 2 070 百万美元，则贵成公司就需要发行新的普通股。由于目前还没有开始估算现金流量表，因此，贵成公司在 2013 财务年度中能创造或者使用的现金流量金额还未知。所以，我们在这里先暂时假定贵成公司在 2013 财务年度中不会增发新的普通股，如果将来预计现金流量表显示企业会有现金需求时，我们可以再重新回到这个假定上来。所以，普通股与股本溢价在 2013 财务年末的金额将与这两个项目在 2012 财务年末的金额保持不变，分别为 42 百万美元和 441 百万美元。

累计其他综合收益　假定累计其他综合收益将随着总资产而成比例地变动，因此，可以估算出累计其他综合收益项目在 2013 财务年末的余额为 45(=20 743×0.2%) 百万美元。

少数股东权益　假定少数股东权益占总资产的比重与 2012 财务年度保持一致，可以估算出该项目在 2013 财务年末的金额将为 730(=20 743×3.5%) 百万美元。

第 5 步　估算利息费用、所得税费用、净利润、股利和留存收益的变动额

利息费用　通常，利息费用的规模与借款规模之间存在着比较稳定的关系。假定在 2013 财务年度中，企业的非经营性负债年利率为 6%，而根据我们在上一步骤中得到的结果，预计 2013 财务年度非经营性负债的平均规模

⊖ 在更复杂一些的估算中，短期经营性负债（礼品卡负债和应付职工薪酬等）与销售规模之间通常是紧密联系的，因为销售收入的多少实际上就代表着经营活动的水平。但是，短期借款项目的估算金额则与企业的融资需求相关。此外，一年内到期的长期负债估算金额是会在财务报表附注中披露的，根据债务合约中所规定的将于下一年度中到期的长期债务规模，很容易就能找出该项目的金额来。

为 1 922[=1/2 ×(663 +35 +1 104 +751 +40 +1 251)]百万美元,所以,可以估算出利息费用将为 115(=6% × 1 922)百万美元。

所得税费用 根据销售收入、营业费用和利息费用的估算结果,可以推算出企业的税前利润为 2 832(54 663 - 41 107 - 10 659 + 50 - 115)百万美元。如果企业在 2013 财务年度中适用的所得税税率为 36% 的话,可以估算出所得税费用将为 1 020(=36% ×2 832)百万美元。

留存收益 在 2013 财务年度中,估算的净利润将增加企业的留存收益,而宣告的股利将减少企业的留存收益。如表 7-13 所示,2013 财务年度的估算净利润金额为 1 815 百万美元。而计算企业宣告的股利金额有两种办法,一种是利用资产负债表恒等式先求出 2013 财务年末应有的留存收益总额,然后再利用留存收益变化关系式来推算宣告股利的金额:

$$资产 = 20\ 743\ 百万美元$$

$$负债 = 5\ 980 + 525 + 617 + 1\ 905 + 358 + 751 + 40 + 1\ 424 + 1\ 251$$
$$= 12\ 851(百万美元)$$

$$股东权益 = 42 + 441 + 留存收益 + 45 + 730$$
$$= (1\ 258 + 留存收益)百万美元$$

利用资产负债表恒等式:

$$资产 = 负债 + 股东权益$$
$$20\ 743 = 12\ 851 + 1\ 258 + 留存收益$$

从上式中解出留存收益:

$$2013\ 财务年末的留存收益 = 6\ 634\ 百万美元$$

接下来,利用留存收益变化关系式来求解当期所宣告的股利金额:

$$期末留存收益 = 期初留存收益 + 净利润 - 股利$$
$$6\ 634 = 5\ 797 + 1\ 815 - 股利$$
$$股利 = 978(百万美元)$$

如果应用第二种方法,则可先估算出贵成公司的现金流量表,然后求出公司在 2013 财务年度中能实现的现金净流量金额,最后,根据我们对该公司的货币资金假定,任何超过 2 070 百万美元的货币资金都将用作股利支付。我们将在计算出贵成公司的 2013 财务年度预计现金流量表各项目金额以后再重新回到该第二种方法上面来。

至此,编制预计财务报表的第 1 步至第 5 步完成以后,我们已能够编制出贵成公司的预计利润表(表 7-13)和预计资产负债表(表 7-14)了。请注意:由于四舍五入的影响,一些资产负债表项目的合计数可能会与实际加减得到的金额稍有差异。

表 7-13 贵成公司的预计利润表 (编报单位:百万美元)

	2013 年
销售收入	$54 663
销货成本	41 107
毛利润	$13 556
销售与日常管理费用	10 659
重组支出	0
商誉与商标权减值	0
营业利润	$2 897
其他收益(费用)	
投资收益及其他	50
投资减值损失	0
利息费用	(115)
所得税费用和权益法下投资损益前的利润	$2 832
所得税费用	1 020
权益法下的投资损益	3
扣除少数股东本期收益前的净利润	$1 815
少数股东本期收益	(100)
归属于贵成公司的本期净利润	$1 715

资料来源:© Cengage Learning 2014.

表 7-14　贵成公司预计资产负债表　　　　　　　　　　（编报单位：百万美元）

	2013 财务年末
资产	
流动资产	
现金与现金等价物	$2 070
短期投资	102
应收账款	2 289
商品存货	6 218
其他流动资产	1 297
流动资产合计	$11 976
不动产、厂场与设备	
土地与建筑物	$858
租入资产改良	2 441
固定设施与设备	5 040
融资租赁的财产	108
	8 447
减：累计折旧	3 834
固定资产净值	4 613
商誉	2 779
商标品牌权	180
客户关系	316
股权投资和其他投资	367
其他资产	512
资产总计	$20 743
负债与股东权益	
流动负债	
应付账款	$5 980
礼品卡负债	525
应付薪酬与相关费用	617
应计负债	1 905
应付所得税	358
短期借款	751
一年内到期的长期债务	40
流动负债合计	$10 176
长期负债	1 424
长期借款	1 251
负债合计	$12 851
承诺与或有负债	
股东权益	
优先股	$0
普通股	42
股本溢价	441
留存收益	6 634
累计其他综合收益	45
贵成公司股东权益合计	$7 162
少数股东权益	730
股东权益合计	$7 892
负债与股东权益合计	$20 743

资料来源：© Cengage Learning 2014.

第 6 步　预计现金流量表

现在，分析人员可以直接利用预计利润表和预计资产负债表来编制预计现金流量表了。表 7-15 已经列出了贵成公司在 2013 财务年度的预计现金流量表。请注意：由于四舍五入的影响，一些报表项目的合计数可能会与实际加减数略有偏差。

关于预计现金流量表，有以下一些事项是需要注意的：

- "购买不动产、厂场与设备"的金额(资本支出额)是根据"不动产、厂场与设备"账户在2013财务年度中的变动额来推算的,即994(=8 447-7 453)百万美元。而折旧费用则等于"累计折旧"账户当年的变动额451(=3 834-3 383)百万美元。我们在第10章中将会谈到,实际上,如果当期有固定资产处置发生的话,这些计算可能就会复杂很多。
- 货币资金在2013年度的增加额244(=2 385-1 494-652+5)百万美元,与预计资产负债表中货币资金的金额相对于2012财务年度的增加额是一致的。
- 在第5步中,如果我们不用第一种方法来估算股利的话,现在就可以使用第二种方法,根据预计现金流量表中的数据来进行股利的估算了。还记得在本例最初,我们曾经假定在2013财务年末所需要的现金余额为2 070百万美元,现在根据预计现金流量表中除股利项目之外的其他现金流量情况,我们可以估算要实现货币现金的期末余额所需要的股利金额:

经营活动产生的现金净流量	$2 385
− 投资活动所使用的现金	($1 494)
+ 筹资活动产生的现金净流量	$240 + $86 − 股利
+ 汇率变动对现金的影响	$5
= 当期现金变动额	$244

因此,我们可以根据下式解出股利的金额:

$$\$2\,385 - \$1\,494 + \$240 + \$86 - 股利 + \$5 = \$244$$

$$股利 = \$978$$

表7-15　贵成公司预计现金流量表　　　　　　　　　　　　　　　　　(编报单位:百万美元)

	2013财务年度
经营活动产生的现金流量	
扣除少数股东本期收益前的净利润	$1 815
将净利润调整为经营活动产生的现金流量:	
折旧费用	451
扣除新增资产或负债后经营资产的变化:	
应收账款的增加	(269)
商品存货的增加	(732)
其他流动资产的增加	(153)
应付账款的增加	704
其他经营性负债项目的增加	359
应付所得税的增加	42
长期经营性负债的增加	168
经营活动提供的现金流量总额	$2 385
投资活动产生的现金流量	
新增不动产、厂场与设备	$(994)
新增无形资产	(385)
新增短期投资	(12)
新增权益性投资	(43)
新增其他非流动资产	(60)
投资活动产生(使用)的现金流量总额	$(1 494)
筹资活动产生的现金流量	
发行普通股	$0
支付的股利	(978)
新发行的债务	240
少数股东权益的增加	86
筹资活动产生(使用)的现金流量总额	$(652)
汇率变动的影响	5
现金及现金等价物增加(减少)总额	244
期初现金及现金等价物	1 826
期末现金及现金等价物	$2 070

资料来源:© Cengage Learning 2014.

自习问题解答

自习问题 7.1 解答参考

（马克姆公司；净资产收益率分析）

a. 马克姆公司在 2013 年的净资产收益率为：

$$\frac{净利润}{平均股东权益} = \frac{\$4\,800}{\$51\,600} = 9.3\%$$

b. 马克姆公司在 2013 年调整筹资活动影响前的总资产收益率为：

$$\frac{净利润}{平均资产总额} = \frac{\$4\,800}{\$112\,000} = 4.3\%$$

c. 马克姆公司的净资产收益率大于总资产收益率，这是因为该公司的财务杠杆是大于 1.0 的。如下所示，可以计算出，马克姆公司的财务杠杆程度为 2.2：

$$\frac{平均资产总额}{平均股东权益} = \frac{\$112\,000}{\$51\,600} = 2.2$$

自习问题 7.2 解答参考

（马克姆公司；净资产收益率分析）

总资产收益率：

$$\frac{净利润}{平均资产总额} = \frac{\$4\,800}{\$112\,000} = 4.3\%$$

销售净利率：

$$\frac{净利润}{销售收入} = \frac{\$4\,800}{\$92\,000} = 5.2\%$$

销货成本占收入比重：

$$\frac{销货成本}{销售收入} = \frac{\$67\,000}{\$92\,000} = 72.8\%$$

销售与日常管理费用占销售收入比重：

$$\frac{销售与日常管理费用}{销售收入} = \frac{\$8\,000}{\$92\,000} = 8.7\%$$

研究与开发费用占销售收入比重：

$$\frac{研究与开发费用}{销售收入} = \frac{\$7\,000}{\$92\,000} = 7.6\%$$

总资产周转率：

$$\frac{销售收入}{平均总资产} = \frac{\$92\,000}{\$112\,000} = 0.8 \text{ 次}/\text{年}$$

应收账款周转率：

$$\frac{销售收入}{平均应收账款} = \frac{\$92\,000}{\$13\,500} = 6.8 \text{ 次}/\text{年}$$

存货周转率：

$$\frac{销货成本}{平均存货} = \frac{\$67\,000}{\$24\,000} = 2.8 \text{ 次}/\text{年}$$

固定资产周转率：

$$\frac{销售收入}{平均固定资产} = \frac{\$92\,000}{\$69\,500} = 1.3 \text{ 次}/\text{年}$$

自习问题 7.3 解答参考

（马克姆公司；分析短期流动性风险）

a. 计算马克姆公司在 2013 年度的流动比率和速动比率：

流动比率：

$$\frac{流动资产}{流动负债} = \frac{\$49\,000}{\$50\,000} = 98.0\%$$

速动比率：

$$\frac{现金 + 应收账款}{流动负债} = \frac{\$21\,000}{\$50\,000} = 42.0\%$$

b. 计算马克姆公司在 2013 年度的营运资本周转率：

应收账款周转率：

$$\frac{销售收入}{平均应收账款} = \frac{\$92\,000}{\$13\,500} = 6.8 \text{ 次}/\text{年}$$

存货周转率：

$$\frac{销货成本}{平均存货} = \frac{\$67\,000}{\$24\,000} = 2.8 \text{ 次}/\text{年}$$

应付账款周转率：

$$\frac{采购金额}{平均应付账款} = \frac{\$75\,000}{\$27\,900} = 2.7 \text{ 次}/\text{年}$$

其中：采购金额 = 本期销货成本 + 期末商品存货 − 期初商品存货

= $67\,000 + \$28\,000 − \$20\,000$

= $75\,000$

c. 马克姆公司在 2013 年的营业周期计算如下：

应收账款周转天数：

$$\frac{365}{应收账款周转率} = \frac{365}{6.8} = 54 \text{ 天}$$

存货周转天数：

$$\frac{365}{存货周转率} = \frac{365}{2.8} = 131 \text{ 天}^{\ominus}$$

应付账款周转天数：

$$\frac{365}{应付账款周转率} = \frac{365}{2.7} = 136 \text{ 天}^{\ominus}$$

最后，马克姆公司的营业周期为：

应收账款周转天数 + 存货周转天数 − 应付账款周转天数 = 49 天

d. 马克姆公司在 2013 年年末的短期流动性风险看似较高，其流动比率为 98.0%，低于 1.0 的比较基准；不过，该公司的速动比率（42%）倒是在基准值范围以内，接近流动比率的一半。马克姆公司的营业周期为 49 天，说明它的现金流出平均要早于现金流入 49 天，因此公司至少需要备足 49 天的融资需求才能正常运转。

$\ominus$ 这里取 131 天而不是 130 天，主要是计算过程中四舍五入的影响。存货周转天数 = 365 天 × 平均存货 $24\,000$/销货成本 $67\,000$。——译者注

$\ominus$ 这里取 136 天而不是 135 天，主要是计算过程中四舍五入的影响。应付账款周转天数 = 365 天 × 平均应付账款 $27\,900$/采购金额 $75\,000$。——译者注

自习问题7.4 解答参考
（马克姆公司；分析长期流动性风险）

			2012 年		2013 年	
a. 资产负债率 =	$\dfrac{\text{负债总额}}{\text{资产总额}}$ =	$\dfrac{\$52\,800}{\$100\,000}$ =	52.8%	$\dfrac{\$68\,000}{\$124\,000}$ =	54.8%	

$$\text{长期负债率} = \dfrac{\text{长期负债}}{\text{资产总额}} = \dfrac{\$12\,000}{\$100\,000} = 12.0\% \quad \dfrac{\$18\,000}{\$124\,000} = 14.5\%$$

$$\text{负债权益比} = \dfrac{\text{长期负债}}{\text{股东权益}} = \dfrac{\$12\,000}{\$47\,200} = 25.4\% \quad \dfrac{\$18\,000}{\$56\,000} = 32.1\%$$

b. $\text{利息覆盖倍数} = \dfrac{\text{息税前利润}}{\text{利息费用}} = \dfrac{\$4\,800 + \$3\,200 + \$2\,000}{\$2\,000} = 5.0 \quad \dfrac{\$1\,800 + \$1\,200 + \$1\,000}{\$1\,000} = 4.0$

c. 马克姆公司的长期流动性风险在 2012～2013 年度中增大了，因为负债比率都在升高，而利息覆盖倍数却在下降。不过，在 2013 年度中的利息覆盖比率仍在可接受范围内（当然是呈现下降趋势的），负债比率也还不算特别高。因此，从整体上看，马克姆公司在 2013 年年末的长期偿债能力还是比较强的。

自习问题7.5 解答参考
（消费者电子公司；计算获利能力与风险程度比率）

a. 净资产收益率（ROE）= $\dfrac{\$1\,483}{\frac{1}{2} \times (\$5\,377 + \$6\,763)} = 24.4\%$

b. 总资产收益率（ROA）= $\dfrac{\$1\,483}{\frac{1}{2} \times (\$10\,797 + \$12\,143)} = 12.9\%$

c. 财务杠杆比率 = $\dfrac{\frac{1}{2}(\$10\,797 + \$12\,143)}{\frac{1}{2} \times (\$5\,377 + \$6\,763)} = 1.9$

d. 销售净利率 = $\dfrac{\$1\,483}{\$25\,675} = 5.8\%$

e. 销货成本占收入之比 = $\dfrac{\$17\,765}{\$25\,675} = 69.2\%$

f. 销售与日常管理费用占比 = $\dfrac{\$5\,681}{\$25\,675} = 22.1\%$

g. 总资产周转率 = $\dfrac{\$25\,675}{\frac{1}{2} \times (\$10\,797 + \$12\,143)} = 2.2$ 次/年

h. 应收账款周转率 = $\dfrac{\$25\,675}{\frac{1}{2} \times (\$1\,417 + \$1\,512)} = 17.5$ 次/年

i. 存货周转率 = $\dfrac{\$17\,765}{\frac{1}{2} \times (\$3\,984 + \$3\,567)} = 4.7$ 次/年

j. 固定资产周转率 = $\dfrac{\$25\,675}{\frac{1}{2} \times (\$4\,224 + \$6\,151)} = 4.9$ 次/年

k. 流动比率 = $\dfrac{\$5\,992}{\$3\,639} = 1.6$

l. 速动比率 = $\dfrac{\$612 + \$1\,512}{\$3\,639} = 0.58$

m. 应付账款周转率 = $\dfrac{\$17\,765 + \$3\,567 - \$3\,984}{\frac{1}{2} \times (\$1\,066 + \$1\,040)} = 16.5$ 次/年

n. 营业周期 = $\left(\dfrac{365}{17.5}\right) + \left(\dfrac{365}{4.7}\right) - \left(\dfrac{365}{16.5}\right) = 76$ 天

o. 资产负债率 = $\dfrac{\$3\,639 + \$1\,741}{\$12\,143} = 44.3\%$

p. 长期负债率 = $\dfrac{\$1\,741}{\$12\,143} = 14.3\%$

q. 负债权益比 = $\dfrac{\$1\,741}{\$6\,743} = 25.7\%$

r. 利息覆盖比率 = $\dfrac{\$1\,483 + \$635 + \$123}{\$123} = 18.2$ 倍

关键术语与概念

收益与风险（return and risk）
获利能力（profitability）
净资产收益率（return on equity, ROE）
总资产收益率（return on assets, ROA）
财务杠杆（financial leverage）
杜邦财务分析体系（DuPont Decomposition Analysis）
销售净利率（profit margin ratio）
资产周转率，总资产周转率（asset turnover, asset turn-

over ratio）
应收账款周转率（accounts receivable turnover ratio）
存货周转率（inventory turnover ratio）
固定资产周转率（fixed-asset turnover ratio）
流动性（liquidity）
短期流动性风险（short-term liquidity risk）
流动比率（current ratio）
速动比率，酸性测试比率（quick ratio or acid test ratio）
经营活动产生的现金流量与流动负债之比（cash flow from operations to current liabilities ratio）
营业周期，现金周转期，盈利周期（operating cycle, cash cycle, earnings cycle）
应付账款周转率（accounts payable turnover ratio）

长期流动性风险（long-term liquidity risk）
资产负债率（liabilities to assets ratio）
长期负债率（long-term debt ratio）
负债权益比（debt-equity ratio）
经营活动产生的现金流量与负债总额之比（cash flow from operations to total liabilities ratio）
利息覆盖倍数，已获利息倍数（interest coverage ratio）
共同比资产负债表（common-size balance sheet）
共同比利润表（common-size income statement）
纵向时序分析（time-series analysis）
横向同业分析（cross-section analysis）
预计财务报表（pro forma financial statements）

思考题、练习题和解决问题

思考题

1. 复习关键术语与概念中所列术语和概念的含义。
2. "财务比率是将报表中两个项目互相关联起来的有用工具。不过，要解释某个特定财务比率的变动并非易事，因为变动有可能是因为分子，也有可能是因为分母，甚至分子和分母的同时变动而引起的。"假定企业的销货成本占收入之比从65%上升为了68%，请以此为例，对上面这句话进行解释。
3. 简化的总资产周转率计算式并没有调整利息费用的影响。请解释为什么从技术上来说，在计算这个比率时应当调整利息费用的影响才更好，并请说明如何进行具体的调整。
4. 一家企业在总资产周转率下降的同时表现出了应收账款周转率、存货周转率和固定资产周转率都在上升。请问：出现这种情况的合理解释是什么。
5. 请解释对一家没有优先股的公司来说，它的净资产收益率会低于另一家其他条件类似、但有优先股的公司的净资产收益率。
6. 一家公司的总裁说："在我们公司，资产每4周就能周转一次。"另一行业的公司总裁说，"目前我们公司的情况是，如果一年内能将资产周转4次，我们就能过得很舒服了！"请解释这两位公司总裁想要表达的意思是什么。
7. 有人认为，任何企业在某个特定的时间段内都存在着一个最佳存货周转率。请对这种观点进行解释。
8. 请问，净资产收益率在什么情况下会大于总资产收益率？在什么情况下又会小于总资产收益率呢？
9. 一位企业家宣称她的新公司既能获得超强的销售净利率，又能保持优异的总资产周转率。请说明这种情况是否可能发生？

10. 既然财务杠杆对净资产收益率是有放大作用的，那为什么一家企业不应该尽量去多负债呢？即为什么企业不去尽力争取负债融资，使资产负债率接近100%呢？

练习题

11. **计算并分解总资产收益率**。两家餐饮连锁公司——卡勒姆公司（Calem Incorporated）和盖特尔公司（Garter Company）——在他们各自的最近年报中披露了如下信息（编报单位为百万美元）：

	卡勒姆公司	盖特尔公司
销售收入	$2 352	$22 787
净利润	76	2 335
当期平均资产总额	1 473	29 183

卡特姆餐饮连锁公司的特点是定位较高，并且所有的餐馆都是自有的；而盖特尔公司虽然也出售高档的餐饮，但它的连锁店只有部分是自有的，另有一些则是以特许权经营的方式运作的。盖特尔公司拥有绝大多数特许经营餐馆所占用的土地和建筑物，然后将经营场所出租给特许加盟人使用。

要求：
a. 分别计算这两家公司的总资产收益率。
b. 将上一步计算得到的总资产收益率分解为销售净利率和总资产周转率。
c. 对这两家公司的获利能力进行比较和评价。

12. **两类零售商的获利能力分析**。以下信息摘自两家零售企业最近的年度报告（编报单位均为百万美元）。其中一家企业为连锁折扣店，而另一家则是专业服饰零售商。请根据以下信息判断这两家企业中的哪一家为连锁折扣店，哪一家为专业服饰零售商，并使用恰当的财务比率对你的判断进行解释。

	A公司	B公司
销售收入	$3 750	$6 834
净利润	476	243
当期平均资产总额	2 458	2 574

13. **计算并分解净资产收益率**。莫比雷克斯公司（Mobilex）是一家石油企业，以下信息摘自它最近三年的年报中（编报单位为百万美元）：

	2013年	2012年	2011年
销售收入	$404 552	$377 635	$370 680
净利润	40 610	39 500	36 130
当期平均资产总额	230 549	213 675	201 796
当期平均股东权益	117 803	112 515	106 471

要求：

a. 计算该公司在各年的净资产收益率。

b. 将净资产收益率进一步分解为销售净利率、总资产收益率和财务杠杆比率的乘积。

c. 请问，莫比雷克斯公司在最近3年中的获利能力变化情况是怎样的？

14. **两家公司的获利能力比较**。以下是两家不同的公司在最近年度财务报表中披露的四类信息数据（编报单位为百万美元）：

	A公司	B公司
当年数		
销售收入	$3 750	$6 143
净利润	476	934
当年平均数		
资产总额	2 458	5594
股东权益	2 256	2 566

要求：

a. 分别计算这两家公司的总资产收益率，然后将其分解为销售净利率与总资产周转率的乘积。

b. 分别计算这两家公司的净资产收益率，然后将其分解为销售净利率、总资产周转率和财务杠杆比率的乘积。

c. 在这两家企业中，其中一家是品牌摩托车制造商，另一家则专注于咖啡店的零售经营，且后者的大部分的经营场所都是租赁来的。请指出公司A和公司B分别是哪一家企业？并说出你的判断依据。

15. **两家公司的获利能力比较**。以下是两家不同的公司在最近年度财务报表中披露的四类信息数据（编报单位为百万美元）：

	A公司	B公司
当年数		
销售收入	$38 334	$93 469
净利润	6 986	6 999
当年平均数		
资产总额	52 010	187 882
股东权益	39 757	49 558

要求：

a. 分别计算这两家公司的总资产收益率，然后将其分解为销售净利率与总资产周转率的乘积。

b. 分别计算这两家公司的净资产收益率，然后将其分解为销售净利率、总资产周转率和财务杠杆比率的乘积。

c. 在这两家公司中，其中一家是半导体开发和制造商，另一家为电信服务公司。请指出哪一家为公司A，哪一家为公司B？你是根据什么来进行判断的？

16. **分析两家公司的应收账款**。德尔塔公司（Delta Inc.）和桑妮德公司（SunnyDay Company）都是电脑制造企业，下面是它们的一些财务信息（编报单位为百万美元）。德尔塔公司出售客户定制的个人电脑，主要面向个人客户；桑妮德公司出售高端电脑和网络软件，主要面向商业客户。

	德尔塔公司	桑妮德公司
销售收入	$61 133	$13 873
1月1日应收账款余额	6 152	2 702
12月31日应收账款余额	7 693	2 964

要求：

a. 计算这两家公司的应收账款周转率。

b. 计算这两家公司的平均应收账款周转天数。

c. 请问，是什么原因导致了这两家公司的应收账款周转率之间出现差异？

17. **分析3年期的存货**。快乐时光公司（Funtime Inc.）是一家玩具制造企业，以下是有关它的部分信息（编报单位为百万欧元）：

	2013年	2012年	2011年
销售收入	€5 970	€5 650	€5 179
销货成本	3 193	3 038	2 806
平均存货水平	406	380	415

要求：

a. 计算快乐时光公司在这几年中的存货周转率。

b. 计算快乐时光公司在这几年中的平均存货周转天数。

c. 计算快乐时光公司在这几年中销货成本占销售收入的比重。

d. 请问，你认为快乐时光公司在这3年中的存货管理工作做得怎么样？

18. **分析3年期的固定资产周转情况**。米奇集团是一家娱乐业公司，以下是它的部分信息（编报单位为百万英镑）：

	2013年	2012年	2011年
销售收入	£35 510	£33 747	£31 374
平均固定资产	16 270	16 174	15 362
新增固定资产	1 566	1 299	1 823
折旧费用	1 491	1 436	1 339

要求：
a. 计算米奇集团各年的固定资产周转率。
b. 请问，米奇集团在这几年中的固定资产管理效率如何？

19. **计算并解释短期流动性风险财务比率**。弗里特思尼克（FleetSneak）是一家运动鞋品和服饰的设计与制造商，以下数据取自它的财务报表（编报单位为百万美元）：

当年数	2013年	2012年	2011年	
销售收入	$16 326	$14 955	$13 740	
销货成本	9 165	8 368	7 624	
净利润	1 492	1 392	1 212	
经营活动产生的现金流量	1 879	1 668	1 571	
5月31日	2013年	2012年	2011年	2010年
现金与有价证券	$2 847	$2 303	$1 825	$1 229
应收账款	2 495	2 383	2 262	2 120
存货	2 122	2 077	1 811	1 650
预付账款	613	583	453	529
流动资产合计	$8 077	$7 346	$6 351	$5 528
应付账款	$1 040	$952	$775	$780
银行借款	131	299	76	153
其他流动负债	1 413	1 362	1 148	1 098
流动负债合计	$2 584	$2 613	$1 999	$2 031

要求：
a. 计算弗里特思尼克公司在每年5月31日的流动比率和速动比率。
b. 计算该公司在2011、2012和2013财务年度的经营活动产生现金流量与流动负债之比、应收账款周转率、存货周转率和应付账款周转率。
c. 请问，弗里特思尼克公司在这3年期间的短期流动性风险变动情况是怎样的？

20. **计算并解释短期流动性风险财务比率**。吉内瓦公司（Geneva S. A.）是一家总部位于瑞士的消费食品企业，以下数据摘自它的财务报表（编报单位为百万欧元）：

当年数	2013年	2012年	2011年	
销售收入	€89 625	€78 533	€73 135	
销货成本	37 530	32 474	30 435	
净利润	8 874	7 277	6 498	
经营活动产生的现金流量	11 030	9 197	8 461	
12月31日	2013年	2012年	2011年	2010年
现金与有价证券	€5 737	€7 129	€11 188	€9 887
应收账款	9 316	9 056	9 193	7 640
存货	5 602	4 988	5 250	4 545
预付账款	955	760	1 234	756
流动资产合计	€21 610	€21 933	€26 865	€22 828
应付账款	€8 566	€7 810	€7 151	€5 871
银行借款	14 826	9 626	12 120	9 525
其他流动负债	2 783	2 742	3 792	3 415
流动负债合计	€26 175	€20 178	€23 063	€18 811

要求：
a. 计算吉内瓦公司在每年12月31日的流动比率和速动比率。
b. 计算该公司在2011年、2012年和2013年的经营活动产生现金的现金流量与流动负债之比、应收账款周转率、存货周转率和应付账款周转率。
c. 请问，你认为吉内瓦公司在这3年中的短期流动性风险变动情况如何？

21. **计算并解释长期流动性风险财务比率**。京都电子公司（Kyoto Electric）是一家日本的电子产品生产和服务供应商，以下数据取自该公司的财务报表（编报单位为十亿日元）：

当年数	2013年	2012年	2011年	
息税前利润	¥651	¥635	¥538	
经营活动产生的现金流量	1 074	936	1 411	
利息费用	155	161	165	
12月31日	2013年	2012年	2011年	2010年
长期负债	¥5 871	¥6 278	¥7 150	¥7 391
负债总额	10 488	10 814	11 247	11 540
股东权益总额	3 034	2 780	2 502	2 360

要求：
a. 计算京都电子公司在2010年、2011年、2012年和2013年各年年末的长期负债率和负债权益比。
b. 计算该公司在2011年至2013年期间各年度的经营活动产生现金流量与负债总额之比和利息覆盖倍数。
c. 请问，你认为京都电子公司在这3年中的长期流动性风险变化情况如何？

22. **计算并解释长期流动性风险财务比率**。阿克坦根公司（Arctagon）是一家总部位于荷兰的钢铁制造企业，以下数据均取自该公司的财务报表（编报单位为百万欧元）。在这3年中，阿克坦根公司曾经收购了其他钢铁企业。

当年数	2013年	2012年	2011年	
息税前利润	€11 538	€6 624	€4 160	
经营活动产生的现金流量	8 539	6 828	6 034	
利息费用	676	895	404	
12月31日	2013年	2012年	2011年	2010年
长期负债	€15 106	€16 416	€6 760	€1 206
负债总额	52 749	53 114	17 448	7 760
股东权益总额	38 662	31 947	11 264	4 301

要求：
a. 计算阿克坦根公司在每年年末的长期负债率和负债权益比。

b. 计算该公司在 2011 年至 2013 年期间各年度的经营活动产生的现金流量与负债总额之比和利息覆盖倍数。

c. 请对阿克坦根公司在这 3 年期间内的长期流动性风险变动情况进行评价。

23. **各种交易对财务比率的影响**。请说出下列各项彼此独立的交易对（1）净资产收益率，（2）流动比率和（3）资产负债率会产生的影响（请说明交易发生后会使比率增大、减小或是无影响）。请说明你在回答中所使用的必要假定。

a. 赊购价值 205 000 美元的存货。

b. 赊销一批存货，销售收入为 150 000 美元，对应所售商品的成本为 120 000 美元。

c. 从客户那里收回价值 100 000 美元的应收账款。

d. 向供应商支付价值 160 000 美元的应付账款。

e. 将原价为 40 000 美元，累计折旧为 30 000 美元的一台机器以 10 000 美元的价格售出。

f. 宣告现金股利 80 000 美元，将于下一会计期间实际发放。

g. 发行普通股，价值 75 000 美元。

h. 购买一台价值 60 000 美元的设备，其中 10 000 美元已用现金支付，另外 50 000 美元已开出票据，承诺将在未来 5 年内偿付。

24. **各种交易对财务比率的影响**。请说出下列各项彼此独立的交易对（1）营运资本（＝流动资产－流动负债）和（2）速动比率（其中，速动资产包含应收账款但不包含存货）可能产生的影响（即交易发生后会使相关财务比率增大、减小或是无影响）。请说明你在回答中所使用的必要假定。

a. 赊销一批商品，价值 300 000 欧元，对应的销货成本为 240 000 欧元。

b. 宣告现金股利 160 000 欧元，将于下一会计期间实际发放。

c. 赊购价值 410 000 欧元的商品存货。

d. 将一台原价为 80 000 欧元，已经累计折旧 60 000 欧元的设备对外出售，取得价款 20 000 欧元。

e. 由于产品质量问题，向供应商退回价值 7 000 欧元的商品存货，这批存货在购买时已经付款，目前也收到了供应商所退回的现金。

f. 在本年度会计期间内的最后一天，公司发行了 10 000 股每股面值为 10 欧元的普通股，发行价格为每股 15 欧元。利用这次股票发行所得，公司收购了另一家公司的如下资产：应收账款 30 000 欧元；商品存货 60 000 欧元和厂场与设备 100 000 欧元。同时，公司还承诺将替被收购公司偿还价值 40 000 欧元的流动负债。本交易中，收购公司的速动比率最低要求为 0.75。

解决问题

25. **计算并解释多个会计期间的获利能力与风险水平财务比率**。博时爱公司（Bullseye Corporation）是一家总部在美国的零售企业，主要以折扣价销售各种服装、家居用品、电子产品、运动器材、玩具和娱乐产品。与其他竞争对手相比，博时爱公司的特点是推广多品牌的流行趋势产品、强调客户服务和提供舒适宜人的购物体验。此外，该公司也向客户提供自己的信用卡服务。从 2010 年 12 月 31 日至于 2013 年 12 月 31 日，该公司的零售商店从 1 397 家上升到了 1 591 家，开业两年以上的商店在 2011 年、2012 年和 2013 财务年度中的销售增长率分别为 5.6%、4.8% 和 3.0%。博时爱公司在截至 2011 年、2012 年和 2013 年 12 月 31 日会计期间的利润表如表 7-16 所示，对应会计期末的资产负债表如表 7-17 所示，同期间的现金流量表见表 7-18 所示。最后，在表 7-19 中，列出了博时爱公司在 2011 和 2012 财务年度中的相关财务比率情况。

表 7-16 博时爱公司比较利润表
（解决问题 25）
（编报单位：百万美元）

	以 12 月 31 日为截止日的		
	2013 年	2012 年	2011 年
销售收入	$61 471	$57 878	$51 271
其他收入	1 918	1 637	1 376
收入合计	63 389	59 515	52 647
减各项费用：			
销货成本	41 895	39 399	34 927
销售与管理费用	16 200	15 022	13 370
利息费用	669	597	490
费用合计	58 764	55 018	48 787
税前利润	4 625	4 497	3 860
所得税费用	1 776	1 710	1 452
净利润	$2 849	$2 787	$2 408

资料来源：© Cengage Learning 2014.

表 7-17 博时爱公司比较资产负债表
（解决问题 25）
（编报单位：百万美元）

	12 月 31 日			
	2013 年	2012 年	2011 年	2010 年
资产				
货币资金	$2 450	$813	$1 648	$2 245
应收账款（净值）	8 054	6 194	5 666	5 069
存货	6 780	6 254	5 838	5 384
预付账款	1 622	1 445	1 253	1 224
流动资产合计	$18 906	$14 706	$14 405	$13 922
不动产、厂场与设备（净值）	25 908	22 681	20 501	18 042
其他非流动资产	1 559	1 212	1 552	1 511
资产合计	$46 373	$38 599	$36 458	$33 475

		(续)		
	\$6 721	12月31日		
	2013年	2012年	2011年	2010年
负债与股东权益				
应付账款	\$6 721	\$6 575	\$6 268	\$5 779
一年内到期的长期负债	1 964	1 362	753	504
其他流动负债	3 097	3 180	2 567	1 937
流动负债合计	\$11 782	\$11 117	\$9 588	\$8 220
长期借款	16 939	9 925	10 582	10 216
其他非流动负债	2 345	1 924	2 083	2 010
负债总额	\$31 066	\$22 966	\$22 253	\$20 446
普通股（每股面值0.10美元）	\$68	\$72	\$73	\$74
股本溢价	2 656	2 387	2 121	1 810
留存收益	12 761	13 417	12 013	11 148
累计其他综合收益	(178)	(243)	(2)	(3)
股东权益合计	\$15 307	\$15 633	\$14 205	\$13 029
负债与股东权益合计	\$46 373	\$38 599	\$36 458	\$33 475

资料来源：© Cengage Learning 2014.

表 7-18 博时爱公司比较现金流量表
（解决问题25）
（编报单位：百万美元）

	以12月31日为截止日的		
	2013年	2012年	2011年
经营活动产生的现金流量			
净利润	\$2 849	\$2 787	\$2 408
加减调整项：			
折旧费用	1 659	1 496	1 409
其他加减调整项	485	296	474
应收账款的减少（增加）	(602)	(226)	(244)
存货的减少（增加）	(525)	(431)	(454)
预付账款的减少（增加）	(38)	(25)	(52)
应付账款的增加（减少）	111	435	489
其他流动负债的增加（减少）	186	530	421
经营活动产生的现金流量净额	\$4 125	\$4 862	\$4 451
投资活动产生的现金流量			
新增不动产、厂场与设备	\$(4 369)	\$(3 928)	\$(3 388)
其他投资交易影响	(1 826)	(765)	(761)
投资活动产生的现金流量净额	\$(6 195)	\$(4 693)	\$(4 149)
筹资活动产生的现金流量			
新增（减少）短期借款	\$500	\$—	\$—
新增长期借款	7 617	1 256	913
发行普通股	210	181	231
偿还长期借款	(1 326)	(1 155)	(527)
回购普通股	(2 808)	(901)	(1 197)
支付股利	(442)	(380)	(318)
其他融资交易影响	(44)	(5)	(1)
筹资活动产生的现金流量净额	\$3 707	\$(1 004)	\$(899)
现金变动额	\$1 637	\$(835)	\$(597)
年初现金余额	813	1 648	2 245
年末现金余额	\$2 450	\$813	\$1 648

资料来源：© Cengage Learning 2014.

表 7-19 博时爱公司财务比率分析
（解决问题25）

财务年度	2012年	2011年
总资产收益率	7.4%	6.9%
销售净利率	4.8%	4.7%
总资产周转率	1.5	1.5
其他收入占销售收入百分比	2.8%	2.7%
销售成本占销售收入百分比	68.1%	68.1%
销售与管理费用占销售收入百分比	25.9%	26.1%
利息费用占销售收入百分比	1.0%	1.0%
所得税费用占销售收入百分比	2.3%	2.9%
应收账款周转率	9.8	9.6
存货周转率	6.5	6.2
固定资产周转率	2.7	2.7
净资产收益率	18.7%	17.7%
财务杠杆比率	2.5	2.6
流动比率	1.3	1.5
速动比率	0.6	0.8
应付账款周转率	6.2	5.9
经营活动产生的现金流量与流动负债之比	47.0%	50.0%
资产负债率	59.5%	61.0%
长期负债率	25.7%	29.0%
负债权益比	63.5%	74.5%
流动活动产生的现金流量与负债总额之比	21.5%	20.8%
利息覆盖倍数	8.5	8.9

资料来源：© Cengage Learning 2014.

要求：

a. 如表7-19所示，计算出以12月31日为截止日的2013财务年度相关财务比率。

b. 请问，博时爱公司在这3年中总资产周转率的变动原因是什么？请尽量挖掘出导致财务比率发生变动的各种可能原因。

c. 请问，博时爱公司在这3年中净资产收益率发生变动的原因是什么？

d. 博时爱公司在这3年中的短期流动性风险变化情况如何？

e. 博时爱公司在这3年中的长期流动性风险的变化情况如何？

26. **获利能力与风险水平分析的横向比较**。本题需要对三家知名的折扣连锁店进行获利能力和风险水平的比较，这三家公司分别为：卡图公司（Cartoo）、探歌公司（Taggle）和唯美特公司（Wilmet）。其中，卡图公司的总部位于西班牙，而探歌和唯美特公司均位于美国。表7-20和表7-21中列出了这三家公司在 2011、2012 和 2013 财务年度的获利能力比率,表 7-22 中则列出了这三家公司同期的风险水平比率。在表 7-23 中,还有一些这几家公司的其他数据。为便于数据的可比,这些报表中的金额编报单位都是美元。表 7-23 中的第一个项目是销售收入总额的增长情况,括号里则是连续开店在 2 年以上的商店销售收入增长情况(同店销售增长)。销售收入总额的增长等于同店销售增长与新开店和新并购店面的收入增长之和。

要求:仔细研究这些财务比率,然后回答下列问题:

a. 唯美特和探歌公司的竞争战略是有差别的。相对探歌公司来说,唯美特公司一直保持着较高的总资产周转率。请利用财务报表中的信息,说明这两家公司在经营获利能力方面为什么会存在差别?
b. 唯美特公司和卡图公司的竞争战略比较类似,但唯美特公司的总资产周转率一直高于卡图公司的。利用财务报表中的信息,请说明这两家公司在经营获利能力方面为什么会有差别?
c. 有哪家公司在 2013 年年末的风险特别大吗?为什么?

表 7-20　卡图公司、探歌公司和唯美特公司的总资产收益率比较分析
(解决问题 26)

	总资产收益率		
	2011 年	2012 年	2013 年
卡图公司	3.8%	3.4%	3.4%
探歌公司	7.0%	7.2%	6.4%
唯美特公司	8.5%	8.0%	7.8%

	销售净利率			总资产周转率		
	2011 年	2012 年	2013 年	2011 年	2012 年	2013 年
卡图公司	2.5%	2.4%	2.3%	1.5	1.4	1.5
探歌公司	4.7%	4.8%	4.6%	1.5	1.5	1.4
唯美特公司	3.7%	3.5%	3.4%	2.3	2.3	2.3

	卡图公司			探歌公司			唯美特公司		
	2011 年	2012 年	2013 年	2011 年	2012 年	2013 年	2011 年	2012 年	2013 年
销售收入	100.0%	100.0%	100.0%	100.0%	100.0%	100.0%	100.0%	100.0%	100.0%
其他收入	1.5	1.4	1.5	2.7	2.8	3.1	1.1	1.2	1.2
销货成本	(80.4)	(80.6)	(80.7)	(68.1)	(68.1)	(68.2)	(76.9)	(76.6)	(76.5)
广告费用	(1.5)	(1.4)	(1.5)	(2.0)	(2.0)	(1.9)	(0.5)	(0.6)	(0.5)
销售与管理费用	(15.2)	(15.1)	(15.1)	(24.1)	(23.9)	(24.4)	(17.7)	(18.1)	(18.4)
所得税费用	(1.3)	(1.3)	(1.2)	(3.2)	(3.3)	(3.3)	(2.0)	(2.0)	(2.0)
销售净利率	2.5%	2.4%	2.3%	4.7%	4.8%	4.6%	3.7%	3.5%	3.4%
应收账款周转率	13.8	12.8	13.3	9.6	9.8	8.6	141.2	125.4	115.3
存货周转率	10.0	10.2	10.3	6.2	6.5	6.4	7.7	8.0	8.3
固定资产周转率	3.8	3.9	3.9	2.7	2.7	2.5	3.9	3.8	3.7
占资产总额比重:									
应收账款	11%	12%	10%	16%	16%	17%	2%	2%	2%
存货	12	11	12	16	16	15	22	22	20
固定资产	37	37	37	56	59	56	59	60	61
其他资产	40	40	41	12	9	12	17	16	17
合计	100%	100%	100%	100%	100%	100%	100%	100%	100%

资料来源:© Cengage Learning 2014.

表 7-21　卡图公司、探歌公司和唯美特公司的净资产收益率比较分析
（解决问题 26）

	净资产收益率		
	2011 年	2012 年	2013 年
卡图公司	23.6%	20.8%	18.6%
探歌公司	17.7%	18.7%	18.4%
唯美特公司	22.2%	21.2%	20.4%

	销售净利率			总资产周转率			财务杠杆比率		
	2011 年	2012 年	2013 年	2011 年	2012 年	2013 年	2011 年	2012 年	2013 年
卡图公司	2.5%	2.4%	2.3%	1.5	1.4	1.5	6.5	6.0	5.6
探歌公司	4.7%	4.8%	4.6%	1.5	1.5	1.4	2.6	2.5	2.7
唯美特公司	3.7%	3.5%	3.4%	2.3	2.3	2.3	2.6	2.6	2.6

资料来源：© Cengage Learning 2014.

表 7-22　卡图公司、探歌公司和唯美特公司风险分析比较
（解决问题 26）

	卡图公司			探歌公司			唯美特公司		
	2011 年	2012 年	2013 年	2011 年	2012 年	2013 年	2011 年	2012 年	2013 年
短期流动性									
流动比率	0.65	0.66	0.67	1.50	1.32	1.60	0.90	0.90	0.81
速动比率	0.36	0.37	0.36	0.76	0.63	0.89	0.19	0.20	0.16
经营活动现金流量与流动负债之比	19.4%	16.4%	19.4%	50.0%	47.0%	36.0%	38.3%	40.1%	36.9%
应收账款周转天数	26	29	27	38	37	42	3	3	3
存货周转天数	36	36	36	59	56	57	48	46	44
应付账款周转天数	95	96	91	62	59	57	36	37	37
长期流动性									
资产负债率	82.1%	80.6%	80.0%	61.0%	59.5%	67.0%	63.2%	60.8%	62.5%
长期负债率	26.3%	25.9%	25.7%	29.0%	25.7%	36.5%	25.3%	23.4%	24.5%
负债权益比	146.8%	133.4%	128.6%	74.5%	63.5%	110.7%	68.7%	59.8%	65.5%
经营活动现金流量与负债总额之比	11.2%	10.1%	11.8%	20.8%	21.5%	15.3%	21.0%	21.6%	20.0%
利息覆盖倍数	6.6	6.5	6.0	8.9	8.5	7.9	13.1	11.3	10.4

资料来源：© Cengage Learning 2014.

表 7-23　卡图公司、探歌公司和唯美特公司的其他财务报表数据
（解决问题 26）

	2011 年	2012 年	2013 年
销售收入增长率 [同店销售增长]			
卡图公司	1.0% [0.9%]	5.2% [1.2%]	6.8% [1.8%]
探歌公司	12.2% [5.6%]	12.9% [4.8%]	6.3% [3.0%]
唯美特公司	9.8% [3.4%]	11.7% [2.0%]	8.6% [1.6%]
商店数量			
卡图公司	7 003	7 358	7 906
探歌公司	1 397	1 488	1 591
唯美特公司	6 141	6 779	7 262
占地面积（千平方英尺）			
卡图公司	156 216	164 354	181 899
探歌公司	178 260	192 064	207 945

	2011 年	2012 年	2013 年
唯美特公司	741 897	806 988	869 341
单位平方英尺销售收入			
卡图公司	$582	$587	$618
探歌公司	$288	$301	$296
唯美特公司	$416	$428	$431
单店销售收入			
卡图公司	$12 988 587	$13 103 550	$14 224 804
探歌公司	$36 700 787	$38 896 505	$38 636 706
唯美特公司	$50 308 582	$50 891 282	$51 573 396
平均单店面积（平方英尺）			
卡图公司	23 307	22 337	23 008
探歌公司	127 602	129 075	130 701
唯美特公司	120 810	119 042	119 711
单位平方英尺存货水平			
卡图公司	$49	$46	$52
探歌公司	$33	$33	$33
唯美特公司	$43	$42	$40
单位平方英尺固定资产水平			
卡图公司	$156	$154	$163
探歌公司	$115	$118	$125
唯美特公司	$115	$117	$122
人均销售收入			
卡图公司	$242 942	$248 590	$269 992
探歌公司	$178 458	$193 443	$197 592
唯美特公司	$201 925	$213 617	$209 818

资料来源：© Cengage Learning 2014.

27. **计算并解释获利能力和风险程度财务比率。** 盖普尔集团（Gappo Group）和李米拓公司（Limito Brands）在专业服饰零售市场中都处于领先地位。相对来说，盖普尔集团的产品（包含牛仔裤、衬衫和T恤等）更标准和保守一些，而李米拓公司的产品更时尚和新潮一些。表7-24是这两家公司在2013财务年度的比较利润表，表7-25是他们在2012和2013财务年末的比较资产负债表。这两家公司在2013财务年度中分别实现了经营活动产生的现金流量2 081百万美元（盖普尔集团）和765百万美元（李米拓公司）。两家公司的所得税率均为35%。请根据这些信息选择适当的财务比率，说明哪一家公司更符合下面这些要求：

a. 在2013财务年度中获利能力更强。
b. 在2013财务年度中短期偿债能力更强。
c. 在2013财务年度中长期偿债能力更强。

表 7-24 盖普尔集团和李米拓公司的比较利润表
（解决问题27）
（编报单位：百万美元）

以2013年8月31日为截止日的财务年度	盖普尔集团	李米拓公司
销售收入	$15 763	$10 134
利息收入	117	146
转让零售商店净收益	—	230
收入合计	$15 880	$10 510
费用：		
销货成本	$10 071	$6 592
销售与管理费用	4 377	2 640
利息费用	26	149
所得税费用	539	411
费用合计	$15 013	$9 792
净利润	$867	$718

资料来源：© Cengage Learning 2014.

表7-25 盖普尔集团和李米拓公司的比较资产负债表
（解决问题27）
（编报单位：百万美元）

截至8月31日的财务年度：	盖普尔集团 2013年	盖普尔集团 2012年	李米拓公司 2013年	李米拓公司 2012年
资产				
现金及有价证券	$1 939	$2 644	$1 018	$500
应收账款	—	—	355	176
存货	1 575	1 796	1 251	1 770
预付账款	572	589	295	325
流动资产合计	$4 086	$5 029	$2 919	$2 771
不动产、厂场与设备（净值）	3 267	3 197	1 862	1 862
其他非流动资产	485	318	2 656	2 460
资产总计	$7 838	$8 544	$7 437	$7 093
负债与股东权益				
应付账款	$1 006	$772	$517	$593
一年内到期的长期负债	138	325	7	8
其他流动负债	1 289	1 175	850	1 108
流动负债合计	$2 433	$2 272	$1 374	$1 709
长期借款	50	188	2 905	1 665
其他长期负债	1 081	910	939	764
负债合计	$3 564	$3 370	$5 218	$4 138
普通股股本	$55	$55	$262	$262
股本溢价	2 783	2 631	1 550	1 565
留存收益	9 223	8 646	4 758	4 277
累计其他综合收益	125	77	31	(17)
库存股	(7 912)	(6 235)	(4 382)	(3 132)
股东权益合计	$4 274	$5 174	$2 219	$2 955
负债与股东权益总计	$7 838	$8 544	$7 437	$7 093

资料来源：© Cengage Learning 2014.

表7-26 德普克莱公司的财务比率
（解决问题28）

	2011年	2012年	2013年
销售收入增长率	7.6%	8.5%	6.3%
获利能力比率			
总资产收益率	18.8%	20.4%	18.6%
销售净利率	21.6%	23.2%	23.0%
总资产周转率	0.87	0.88	0.81
净资产收益率	72.5%	64.3%	55.8%
财务杠杆比率	3.9	3.1	3.0
应收账款周转率	5.2	5.3	5.1
存货周转率	2.2	2.2	2.0
固定资产周转率	3.4	3.4	3.1
共同比利润表			
销售收入	100.0%	100.0%	100.0%
投资收益	1.6	1.7	2.2
其他收入	1.7	1.2	1.9
销货成本	(22.0)	(21.6)	(23.4)
销售与管理费用	(33.5)	(31.2)	(30.6)
研究与开发费用	(14.5)	(14.9)	(14.6)
其他经营费用	(0.2)	(0.1)	(0.1)
所得税费用	(9.5)	(10.4)	(10.2)
利息费用（税后影响额）	(1.5)	(1.1)	(1.7)
短期流动性风险指标			
流动比率	1.4	1.5	1.3
速动比率	1.0	1.0	0.9
经营活动产生的现金流量与流动负债之比	66.1%	52.5%	70.9%
应收账款周转天数	70	69	72
存货周转率天数	167	168	186
应付账款周转天数	120	105	100
长期流动性风险指标			
资产负债率	72.2%	62.2%	68.0%
长期负债率	19.4%	18.7%	22.8%
负债权益比	69.6%	49.5%	71.3%
经营活动产生的现金流量与负债总额之比	32.6%	24.7%	33.7%
利息覆盖倍数	15.6	22.6	14.0

资料来源：© Cengage Learning 2014.

28. **解释获利能力和风险程度财务比率**。德普克莱（Depkline Plc）公司是一家总部位于英国的制药企业，表7-26中列出了该公司在2011、2012和2013财务年度中的一些财务比率情况。请根据信息回答下列问题：
    a. 德普克莱公司在2011~2013年度中销售净利率上升的可能原因有哪些？
    b. 德普克莱公司的总资产周转率从2012年的0.88下降为了2013年的0.81，你认为可能的原因有哪些？
    c. 德普克莱公司的流动比率从2012年的1.5下降为了2013年的1.3，你认为可能的原因有哪些？
    d. 你认为有哪些可能的原因导致了两个现金流量比率在2011~2013共三年期间出现这样的变化趋势？

29. **解释获利能力和风险程度财务比率**。斯干塔尼亚公司（Scantania）是瑞典的一家生产卡车和其他重型交通工具的企业，同时也为它的客户提供融资服务。表7-27中列出了该公司在2011、2012和2013财务年度的一些财务比率。其中，共同比利润表中的"融资净收益"等于企业所赚得的应收账款利息与应收账款占用资金所产生的借款利息之差。要求：
    a. 请问，你认为是什么原因导致了斯干塔尼亚公司的销售净利率在2011~2013财务年度中出现了上升？
    b. 该公司在这3年期间里出现了销货成本占销售收

入的比重下降，而存货周转率同时却呈上升趋势，请问，你认为导致这种状况的原因是什么？

c. 请问，固定资产周转率在 2012～2013 财务年度中上升的可能原因是什么？

d. 在 2011～2012 财务年度中，总资产周转率一直保持为 0.85，但应收账款周转率、存货周转率和固定资产周转率却都在上升。请问，应当如何解释总资产周转率的稳定呢？

e. 在 2011～2012 财务年度中，两个与现金流量相关的财务比率都上升了，请问出现这种情况的可能解释是什么？

f. 在 2012～2013 财务年度中，流动比率和速度比率都下降了，请问你认为可能的原因是什么？

表 7-27 斯干塔尼亚公司的财务比率
（解决问题 29）

	2011 年	2012 年	2013 年
销售收入增长率	11.5%	11.7%	19.4%
获利能力比率			
总资产收益率	6.3%	7.1%	9.5%
销售净利率	7.4%	8.4%	10.1%
总资产周转率	0.85	0.85	0.94
净资产收益率	20.7%	23.8%	33.6%
财务杠杆比率	3.3	3.3	3.5
应收账款周转率	1.97	2.03	2.16
存货周转率	4.92	5.21	5.79
固定资产周转率	2.51	2.65	3.02
共同比利润表项目			
销售收入	100.0%	100.0%	100.0%
投资收益	1.2	1.0	0.5
净融资收益	1.6	1.4	1.3
销货成本	(75.5)	(73.9)	(73.2)
销售与管理费用	(11.3)	(10.9)	(9.8)
研究与开发费用	(3.9)	(4.3)	(4.0)
所得税费用	(3.7)	(4.1)	(4.2)
利息费用（税后影响额）	(1.0)	(0.9)	(0.6)
短期流动性风险指标			
流动比率	1.2	1.2	1.0
速动比率	0.8	0.9	0.7
经营活动产生的现金流量与流动负债之比	35.1%	37.5%	37.7%
应收账款周转天数	186	179	169
存货周转率天数	74	70	63
应付账款周转天数	34	38	38
长期流动性风险指标			
资产负债率	69.7%	70.3%	72.9%
长期负债率	24.7%	20.3%	21.7%
负债权益比	81.4%	68.6%	80.1%
经营活动产生的现金流量与负债总额之比	15.5%	19.1%	20.7%
利息覆盖倍数	8.8	11.0	18.2

资料来源：© Cengage Learning 2014.

30. **侦探性分析——确认公司**。有效的财务报表分析离不开对企业经济特征的深刻理解，而很多这些特征都是可以通过各种财务报表项目之间的关联来发现的。表 7-28 中列出了分属于不同行业 12 家公司的共同比简化资产负债表和利润表数据，表中的每一个项目都是用该项目占营业收入的百分比来表示的（即将报表中的每个金额都除以当年的营业收入）。若某个财务报表项目的金额使用横线表示的，不一定说明这个项目的金额为零，也可能是因为该项目的金额太小或者达不到披露的重要性程度。以下是关于这 12 家公司、它们的总部所在国家以及它们的简要经营活动介绍。

（1）雅高集团（Accor，法国）：是全球最大的酒店集团，运营着包括索菲特（Sofitel）、诺富特（Novotel）、6 号汽车旅馆（Motel 6）和其他品牌在内的多个酒店品牌。近年来，通过不断收购已经建成的连锁酒店，雅高集团成长得很快。

（2）阿尔贝德钢铁公司（Arbed-Acier，卢森堡）：生产平板钢材，主要出售给欧洲汽车行业的公司。

（3）家乐福（Carrefour，法国）：在欧洲、拉丁美洲和亚洲经营百货超市和大型超级市场。

（4）德国电信（Deutsche Telekom，德国）：是欧洲最大的有线和无线通信服务供应商。近年来，对通信业公司的管制已经日渐放松。

（5）富通集团（Fortis，荷兰）：提供保险和金融服务。营业收入主要来自收到的保费、投资收益和贷款利息收入；营业费用包括当期实际支付和预计将在未来支付的保险承诺。

（6）埃培智集团（Interpublic group，美国）：为客户提供广告文案服务，并从各类媒体购入广告时间和空间，然后出售给客户。主要营业收入包括埃培智集团为客户提供广告文案服务的佣金和销售媒体广告的时间或空间所得。经营费用主要为支付给员工的薪酬。埃培智集团近年来购入了不少其他营销服务类的公司。

（7）玛莎百货（Marks & Spencer，英国）：在英国经营百货商店，同时在欧洲和美国还开有不少其他零售商店。此外，该公司还为客户购货提供信用卡服务。

（8）雀巢公司（Nestlé，瑞士）：全世界最大的食品制造商，主要销售方便食品、咖啡、奶制品和矿泉水。

（9）罗氏控股（Roche Holding，瑞士）：开发、生

产并销售多种处方药。

(10) 太阳微系统公司⊖(Sun Microsystems，美国)：主要设计、制造和出售电脑网络中使用的工程站与服务器，该公司将多种配件的制造工作都外包给别的制造商。

(11) 东京电力公司 (Tokyo Electric Power，日本)：主要面向东京提供电力服务，在服务领域中基本处于垄断地位。

(12) 丰田汽车 (Toyota Motor，日本)：汽车制造商，并向客户提供融资服务。

要求：尽量找寻线索，将上述公司与表7-28中所列出的公司和行业一一进行配比。

表7-28 侦探性财务分析所需数据（解决问题30）

	1	2	3	4	5	6	7	8	9	10	11	12
年末资产负债表												
现金及有价证券	4.7%	16.4%	8.9%	8.4%	16.7%	7.4%	16.1%	21.3%	72.0%	8.3%	1.4%	338.8%
应收账款	8.5	15.9	16.5	27.6	35.9	17.7	81.1	29.6	24.0	10.5	5.9	533.4
存货	9.9	2.8	9.9	5.8	6.4	25.7	—	1.3	20.0	2.9	—	—
不动产、厂场与设备原值	40.8	20.9	59.0	69.6	88.3	130.9	23.0	110.3	83.3	278.9	535.4	15.3
累计折旧	(15.0)	(9.1)	(33.2)	(17.8)	(50.5)	(67.7)	(11.8)	(35.5)	(35.2)	(112.5)	(284.9)	(12.9)
不动产、厂场与设备净值	25.8	11.8	25.8	51.8	37.8	63.2	11.2	74.8	48.1	166.4	250.5	2.4
长期股权投资	4.0	14.3	3.0	0.6	18.8	10.3	1.4	10.7	7.7	22.4	16.9	41.9
其他资产	15.0	10.9	11.7	3.6	7.1	1.9	63.5	42.1	69.1	56.3	5.4	61.9
资产总额	67.9%	72.1%	75.8%	97.8%	122.7%	126.2%	173.2%	179.8%	240.9%	266.8%	280.1%	978.4%
流动负债	37.3%	25.5%	29.7%	26.4%	42.7%	34.5%	106.0%	65.1%	48.3%	42.6%	51.3%	820.8%
长期借款	12.0	6.1	6.6	9.1	22.2	23.3	22.7	49.6	56.4	95.8	167.7	76.9
其他长期负债	2.1	1.8	5.9	2.3	4.2	17.2	10.6	10.9	24.5	27.8	24.7	42.2
股东权益	16.5	38.7	33.6	60.0	53.6	51.2	33.9	54.2	111.7	100.6	36.4	38.5
负债与股东权益总额	67.9%	72.1%	75.8%	97.8%	122.7%	126.2%	173.2%	179.8%	240.9%	266.8%	280.1%	978.4%
当年利润表												
营业收入	100.0%	100.0%	100.0%	100.0%	100.0%	100.0%	100.0%	100.0%	100.0%	100.0%	100.0%	100.0%
其他收入	1.1%	2.7%	1.0%	0.2%	0.7%	2.3%	1.9%	0.3%	13.8%	0.7%	—	—
销货成本	87.8	45.2	44.5	64.6	68.0	81.0	55.3	75.5	27.2	45.0	57.3	32.6
折旧与摊销费用	3.0	4.9	4.1	3.2	5.9	5.3	2.0	7.1	9.7	23.9	19.9	—
销售与管理费用	6.3	24.8	38.9	24.3	16.4	13.6	27.8	8.1	40.0	15.2	7.3	22.5
利息费用	1.4	0.4	2.0	1.3	0.4	3.5	1.9	3.0	5.2	8.6	8.6	35.4
研究与开发费用	—	9.8	1.3	—	3.7	—	—	—	13.8	—	—	—
所得税费用	1.3	5.8	3.1	2.4	2.5	0.3	5.9	3.7	4.4	3.9	2.8	2.2
其他项目（净值）	(0.8)	—	0.8	0.3	0.6	(2.1)	0.7	(1.1)	—	0.6	—	1.7
费用合计	99.0%	90.9%	94.7%	96.1%	97.5%	101.6%	93.7%	95.8%	100.5%	97.2%	95.9%	94.4%
净利润	2.1%	11.8%	6.3%	4.1%	3.2%	0.7%	8.2%	4.5%	13.3%	3.5%	4.1%	5.6%

资料来源：© Cengage Learning 2014.

31. **编制预计财务报表**。（根据附录7A的知识）在解决问题25中，列出了博时爱公司 (Bullseye Corporation) 2011年、2012年和2013年的财务报表和财务比率。请根据这些资料，完成下列要求：

  a. 利用下面给出的这些假定，为博时爱公司编制 2014~2018 财务年度的预计财务报表。

  b. 针对你在上一部分内容中发现将来可能发生的现金短缺问题，请问博时爱公司可以采取哪些措施来应对？

  c. 请问，有哪些原因导致了预计将来的净资产收益率发生变动？

利润表假定

1. 销售收入在2011年和2012年的增长率分别为 12.2%和12.9%，主要是由新店数量增加和老店的销售收入增长所共同影响的。受经营萧条的影响，销售收入在2013年仅增长了6.3%。虽然博时爱公

⊖ 该公司已在2009年被美国甲骨文公司收购。——译者注

司还会继续不停地开新店，但宏观经济状况和竞争的影响也仍然会阻碍销售收入的增长。因此，假定博时爱公司的销售收入在2014~2018年期间会按9%的速度增长。
2. 在过去3年中，其他收入项目（主要来自对应收账款计算的利息）的规模一直占销售收入的3%左右。因此，假定其他收入项目仍然会持续这一历史占比。
3. 销货成本占销售收入的比重从2011年的66.1%略微上升到了2013年的68.2%。假定在2014~2018年期间，销货成本占销售收入的比重将为68.1%。
4. 销售与管理费用占销售收入的比重从2011年的26.1%略微上升到了2013年的26.2%。在未来，随着博时爱公司的销售收入每年按9%的速度增长，是会有更多规模效益体现的。因此，假定销售与管理费用占销售收入的比重在2014~2018年期间将为26.0%。
5. 为开发新的店面，博时爱公司借入了长期借款。在2013年，带息负债的平均利率水平大约为4.4%。假定在2014~2018年期间，全部借款（包括长期借款和一年内到期的长期负债）的利率都为5%。注意计算利息时，应使用各年流动在外负债的平均金额。
6. 在过去3年中，博时爱公司的平均所得税费用占税前利润的比重一直在38%上下。假定在2014~2018年期间，该公司的所得税费用占税前利润比重仍然维持在38%。
7. 在2011~2013年期间，博时爱公司的股利水平一直以平均17.9%的速度增加。假定在2014~2018年期间，公司的股利水平将按照每年16%的速度增长。

资产负债表假定
8. 将货币资金作为开放变量，它应当等于能使博时爱公司的资产总额等于负债总额加上股东权益之和的那个金额。
9. 应收账款将随着销售收入的增长而增长。
10. 存货将随着销售收入的增长而增长。
11. 预付费用都与持续经营项目有关，例如预付的租金或者保险费。因此，假定预付费用会随着销售收入的增长而增长。
12. 在最近3年中，博时爱公司的不动产、厂场与设备以年均12.4%的比率增长。预期新店的开张仍然需要投入额外的固定资产，但增长速度应当不会再像最近几年这么快了。假定在2014~2018年期间，不动产、厂场与设备的规模会按每年10%的速度增长。
13. 在过去3年中，其他资产项目的变动幅度非常小。假定在2014~2018年期间，其他资产会一直保持2013年年末的水平，不发生变动。
14. 从2011年至2013年，博时爱公司的应付账款周转率从5.9上升为了6.4。假定在2014~2018年期间，该公司的应付账款周转率会维持在每年6.5左右。
15. 根据博时爱公司的财务报表附注信息，在每年12月31日，将于一年内到期的长期负债金额为：2013年：1 964百万美元（已报告在截止日为2013年12月31日的资产负债表中）；2014年：1 951百万美元；2015年：1 251百万美元；2016年：2 236百万美元；2017年：107百万美元；2018年：2 251百万美元。
16. 其他流动负债项目都是与持续经营活动相关的，预期将随销售收入的增长而增长。
17. 博时爱公司使用长期借款来为固定资产的购置计划融资。因此，长期借款项目主要受两个因素的影响，一是随着每一年都有一部分长期借款被分类为"一年内到期的长期负债"而减少，二是剩余的长期负债金额将随着每一年的不动产、厂场与设备的增加而增加。例如，在2013年12月31日，博时爱公司的资产负债表显示"一年内到期的长期负债"为1 964百万美元，这是公司将在2014年清偿的金额。到2014年年末，博时爱公司将会把长期负债中的1 951百万美元重新分类为"一年内到期的长期负债"（见前述第15项说明），因此剩余的长期负债金额就是14 988（=16 939－1 951）百万美元。由于在2014年中不动产、厂场与设备的增长率为10%，所以，如果长期负债项目也同步增加的话，那么，在2014年12月31日，预计长期负债的金额应为16 487（=14 988×1.1）百万美元。
18. 其他长期负债项目主要由两个项目组成，一是与退休后福利有关的，二是应在1年以后才支付的税款。假定其他长期负债项目将随着销售收入的增长而增长。
19. 假定普通股股本和股本溢价项目都不发生变动。
20. 假定累计其他综合收益项目将随着销售收入的增长而增长。

现金流量表假定
21. 假定折旧费用会随着不动产、厂场与设备的增长速度而增长。
22. 假定导致资产负债表中其他长期负债项目和累计其他综合收益项目发生变动的事项都属于经营活动。
23. 假定"其他融资交易的影响"项目在2014~2018年均为0。

PART 3

第三部分

根据 GAAP 和 IFRS 对资产和权益进行计量与报告

第8章
收入的确认、应收账款和预收账款

CHAPTER 8

学习目标

1. 理解并运用收入确认条件，包括收入确认的时点和收入的计量。
2. 理解收入（利润表项目）与应收账款（资产）和预收账款（负债）之间的关系。
3. 掌握应收账款的计量，包括坏账准备和销售退回准备的核算。

8.1 回顾损益的确认原则

在第 5 章中,我们曾经介绍了权责发生制下的收入确认问题。在权责发生制下,确认收入能带来利润的增加,而相关费用的发生则将导致利润的减少。会计准则对收入和费用确认的具体标准有专门的规定。本章将在上述内容的基础上进行扩展,讨论**收入确认**(revenue recognition)原则和**收入计量**(revenue measurement)标准这两个问题。对于收入的确认,我们曾经在第 5 章中已进行定义,即某项目是否应当以及在何时应当被记录为收入;而收入的计量,则是指如果某项目能被报告为收入,那么,收入的金额应当是多少?美国公认会计原则和国际财务报告准则在收入的确认和计量方面所规定的条件是大致类似的。⊖下面我们将先介绍收入确认的一般条件,然后再通过一些例子来说明如何确定收入确认的具体时点和金额。

收入确认 美国公认会计原则和国际财务报告准则均规定,与客户之间所进行交易安排只有在满足了特定条件之后才能进行收入的确认。尽管上述双方所规定的条件在一些细节上还是存在差异的(详见附录 8A),但对以下这两条基本要求却是一致的:

1. 卖方已经实质上完成了它应当为买方所提供的义务,例如将商品的所有权已经转移给了买方。⊖
2. 卖方已经从买方那里获得了一项能够被可靠计量的资产,并且,如果这项资产的形式不为现金的话,卖方应当能合理地保障将它转换为现金的可能性。

费用确认 企业应当在资产被消耗的同时确认费用的增加(**费用确认**,expense recognition)。如果某一事件或者交易的发生能够满足收入的确认条件,那么企业就应当在收入确认的同时也确认相关资产的消耗(即费用),使之能与所确认的收入相配比。比如,当卖方企业报告销售商品所带来的收入时,也应当同时确认相关的商品销货成本。

8.2 损益确认原则的应用

例题 1 好市多量贩公司(Costco)是一家零售商业企业。它要求顾客必须事先用现金或者美国运通卡(American Express Card)支付一笔不可退款的会员年费,然后才能在好市多店里买东西。假定有一位顾客在好市多公司支付 50 美元取得了一年的会员资格,然后,他花费 12.85 美元买了 20 包纸巾和 440 美元买了 4 个新轮胎。其中,在他所支付的轮胎价格中,还包括了由好市多的轮胎技术人员将提供的装配与调试服务,以及今后 3 年内的轮胎换位和调校服务。上述款项均已用这位顾客的运通信用卡付款支付。⊜

好市多应在何时将这 50 美元的会员费确认为收入? 在出售会员资格时,好市多就能够可靠地对这笔收入进行计量;收取会员费后,好市多就承担了在 1 年内向顾客提供购货服务的义务。因此,好市多公司应当在会员有效期内,每月将这 50 美元会员费的 1/12,即 4.17 美元确认为收入。

好市多应在何时将纸巾的销售款确认为收入? 由于好市多对顾客所购买的纸巾已不再承担任何进一步的义务,因此,在销售完成时就可将其确认为收入。

好市多应在何时确认轮胎的销售以及装配、调试和换位服务收入? 在首次安装轮胎的时候,好市多就履行了提供轮胎和初次的安装与调试服务。因此,好市多可在安装工作完成后即将 440 美元中所包含的轮胎销售与安装服务部分确认为收入。而对于该 440 美元中所包含的后续调校与轮胎换位服务部分,好市多公司应予以递延,直到它完成了今后 3 年内的相关服务后,才能将其确认为收入。

例题 2 宝爵禄葡萄园(Pol Roger Vineyards)负责将葡萄加工为香槟酒,然后装瓶、用木塞密封、放到地窖

⊖ 附录 8A 中详细区分了截至本书出版前,美国公认会计原则和国际财务报告准则在收入确认方面的差异。国际财务会计理事会和美国财务会计准则委员会当前正在开发一个联合项目,力争达成一个一致的收入确认权威指南。附录 8B 中介绍了这个项目涉及的部分收入确认建议。

⊖ 在附录 8A 中将会提到,美国公认会计原则强调卖方已经通过完成销售中的义务而实现了收入;而国际财务报告准则强调与商品所有权相关的报酬和风险均已经转移给了客户(指商品销售收入),或者已经提供了相关的服务(指劳务收入)。

⊜ 如果客户用信用卡付款,商家通常很快就可以从信用卡发行单位那里收到货币资金,但是由于发卡机构会收取手续费,商家实际收到的金额会比客户承诺付款的金额少几个百分点。站在商家的角度来看,这种类型的交易非常类似于有着小额折扣的现金销售交易。客户最终有可能不付款的风险是由信用卡发行方承担的,它们会依靠收取融资费用和其他收费项目来补偿这种风险。

中窖藏起来。在窖藏过程中，每隔几个月就需要酿酒师进行人工转瓶操作。而且，为保障发酵效果，酿酒师还需要定期将酵母气体释放。假定宝禄爵葡萄园与某位客户签订了价值 1 500 万欧元的香槟酒销售合同。根据该合同，宝禄爵葡萄园应将这批香槟酒存储到地窖中，并完成与窖藏和酿造相关的全部必要工作。合同价格中已经涵盖了香槟酒的生产成本和窖藏服务费用。合同客户将在窖藏工作开始时预付宝禄爵葡萄园 750 万欧元，然后在香槟酒发货时再付余款。

宝禄爵葡萄园应在何时确认香槟酒的销售收入？因为宝禄爵葡萄园所应尽的义务需要等到客户取得了香槟酒的所有权以后才能算是完成，所以，宝禄爵公司只能在将香槟酒发货给客户以后才能确认相关销售收入。此外，由于香槟酒的质量有可能会变差，客户可能会因此而要求退货（或者根本不要求发货）并拒绝支付余下的 750 万欧元，因此，宝禄爵在此以前尚不能可靠地确定收入的金额。

例题 3 Mac 电脑是苹果公司（Apple Inc.）所销售的众多产品之一。在这类销售交易中，顾客将收到电脑实物（也许还有一些已经预先安装好的软件）、享受售后非软件服务和将来的软件升级服务。苹果公司所销售的 Mac 电脑价格各异，假定其中一种型号的售价将近 2 500 美元，顾客通常用现金或者信用卡进行支付。

苹果公司应在何时确认 Mac 电脑的销售收入？由于顾客直接支付现金或者苹果公司很快就能从信用卡公司那里收到现金，因此，苹果公司显然是能够对收入的金额进行可靠计量的。苹果公司可将总收入（即本例中的 2 500 美元）区分为两个部分，一部分是它已经完成义务（将电脑发货）的价格，另一部分则是未来义务（提供非软件服务和可能的软件升级）的价格。在发出电脑时，它就可以确认与第一部分价格相关的电脑销售收入，而与未来义务相关的第二部分收入则需要在电脑的整个有效寿命期内予以递延确认。我们在本章的后续部分中还将回到这个例子上面来。

例题 4 庞巴迪公司（Bombardier）是加拿大的一家飞机和火车制造商。这个行业的产品生产周期通常都在 1 年以上。假定庞巴迪公司最近签订了一项总价为 20 亿欧元的合同，承诺将向欧盟的某客户提供 25 辆新型高速火车。该客户首付了 2.5 亿欧元，然后将在未来 4 年内分期支付余款。

庞巴迪公司应在何时确认合同收入？当庞巴迪公司签订合同并从客户那里收取 2.5 亿欧元首付款的时候，还没有开始执行任何它应当履行的义务，因此，签订合同时还不能确认收入。虽然根据收入确认的第 1 个条件，庞巴迪公司似乎可以在交付火车时将全部合同金额确认为收入，但对这种长期合同，还需要适用特殊的收入确认条件。如果庞巴迪公司能够合理可靠地估计合同收入与完成合同要求所需要花费的成本，那么它就可以将收入确认在合同期内。在本章后续章节里，我们将讨论这类长期合同的收入确认问题。

例题 5 密歇-布特餐饮公司（Mitchells & Butlers Plc.）是英国一家有名的酒馆与酒吧餐饮运营商。该公司的业务之一是经营或特许经营大约 40 多家名为合一酒吧（All Bar One）的酒楼。假定在与某被特许经营人所签订的合同中，密歇-布特公司同意提供包括选址、装修设计、营销、广告和招聘在内各种服务，而被授权的特许经营人则同意向密歇-布特公司支付 30 000 英镑的特许经营费。在这个行业中，允许被特许经营人在未来若干年内分期等额支付特许经营费是很普遍的。

密歇-布特公司应在何时确认特许经营合同收入？在与被特许经营人签订合同的时候，密歇-布特公司多半还没有来得及完成全部的承诺义务。即使我们假定它在签订合同时已经完成了这些服务内容，密歇-布特公司所能收到的特许经营费也是难以可靠计量的，因为被特许经营人最后是否会支付全部的 30 000 英镑特许经营费还存在着不确定性。由于无法满足第 2 个收入确认条件（即卖方所收到的资产价值应能够得到可靠地计量）的要求，收入的确认时点将被递延，直到密歇-布特公司能可靠地确定它所能收到的金额为止。

上述这些例子说明了与收入确认的时点和收入计量相关的两个条件在各种情况下是如何应用的：卖方是否已经执行或者在实质上完成了应向买方提供的全部服务，以及卖方是否已经收到了一项金额能够被可靠计量的资产。这里列出了一些我们将在本章中予以进一步讨论的话题：

- 如果客户承诺稍后付款，则卖方应将这种承诺记录为应收账款。
- 如果收款安排存在高度不确定性，则卖方应当在收到现金时再确认收入。
- 如果客户在卖方发货或者提供服务前就支付了款项，则卖方应在收到这类款项时先将其记录为预收账款。
- 对客户的退货权利，即销售退回应当如何进行会计核算？

- 对一揽子合同（即当合同包含多个可交付内容时）应当如何进行会计核算？
- 对长期合同，可使用完工百分比法（the percentage-of-completion method）和完成合同法（the completed contract method）进行会计核算。

由于权责发生制的原因，收入的确认与现金的实际收到往往是不同步的。收入确认的标准要求卖方应当已经：(1) 执行了应当向买方履行的义务，(2) 收到了现金或可被转换为现金的资产。卖方确认收入的时点可能发生在现金的实际收到之前、之后或者与现金收款的时点相同步。当买方以未来付款的承诺来换取卖方提供的商品或者服务时，卖方可以将这种承诺确认为应收账款，并在资产负债表中将其报告为一项流动资产——应收款项（同样的金额在买方的资产负债表中将被报告为一项应付账款）。由于一些客户可能最终不会履行他承诺的付款义务，因此，资产负债表上所报告的应收账款价值并不恰好等于卖方所拥有的全部债权金额，而应当只是卖方所估计的、将来能够实际收到的金额。本章将会介绍如何估算可能发生的坏账以及如何进行相应的会计处理。

有时，客户会在收到商品或者服务前就先向卖方进行付款，比如，例题2中的750万欧元现金支付和例题4中的2.5亿欧元现金支付。这种交易将导致卖方的资产和负债同时增加。此时，卖方应先按照已收到的商品或者服务金额确认一项负债——预收账款。⊖等卖方已经实际为买方提供了商品或者服务以后，再确认收入并同时减少负债。

有些销售安排是允许客户选择退货的，在这种情况下，客户拥有的退货权显著地增大了销售的不确定性，因此，卖方只能将收入的确认时点予以递延，直到退货期满后才能确认收入。而在另一些情况下，卖方也可以在销售达成当时就确认收入，但同时必须要对可能发生**销售退回**（sales returns）进行预估。⊜允许客户退货的销售安排所带来的会计问题既包括业绩判断方面的（卖方是否已经履行了所有应当完成的义务？），也包括资产计量方面的。

有时，公司会签订**一揽子合同**（multiple deliverable contract），即在一份合同中同时销售多种商品或服务。比如，苹果公司所销售的Mac电脑（例题3）就包括了电脑实物本身、非软件服务以及可能的软件升级服务。出于会计核算目的，对一揽子合同，一些公司会将总合同分割为不同的子合同，然后单独考虑每一子合同是否满足收入确认条件。⊜卖方公司可以将合同总金额分配到各个子合同中，然后依据公司是否完成了某一子合同所规定的义务来决定是否确认子合同涉及的收入金额。根据美国公认会计原则的要求，卖方公司应根据相关销售价格（即如果卖方单独出售合同涉及的商品或服务时可能达成的交易价格，也称独立销售价格）占比，将合同总金额在各个子合同之间进行分配。其中，分配给某一子合同的销售收入应等于该子合同的独立销售价格与全部子合同的独立销售价格之和的比值与合同总金额之乘积。

对类似庞巴迪公司的火车销售（例题4）这样的长期合同，需要适用特殊的收入确认指南。如果卖方能够可靠地估计合同的完工成本和将来的收款金额，就可以使用**完工百分比法**（percentage-of-completion method）来确认合同收入和与之配比的合同成本。这种方法的应用之一是将某一期间内的收入看作为当期已发生成本占预计全部完工总成本之比的函数，这样，当期的完工百分比就与当期已发生成本的多少密切相关，并且这个百分比将影响到当期收入的确认额。举例来说，如果为生产和提供这25辆火车，庞巴迪公司在2013年所发生的成本占预计完工总成本的比重为25%，那么，它就可以将合同总价格的25%——即4亿（=20亿×25%）欧元——确认为2013年的收入。同时，将总成本的25%也记录为2013年的费用。所以，庞巴迪公司在将火车发货给客户的时候并不需要记录收入，相反，它的收入是随着成本的发生而逐步确认的。

⊖ 如果卖方在1年内就能完成它所应当履行的义务，那么对应的预收账款就是一项流动负债。但是，如果交易安排长达1年以上，那么，卖方就应当将提前收到的买方付款区分为将于1年内完成销售义务的部分（流动负债）和需要等到1年及以上时间才能完成的销售义务部分（长期负债）。

⊜ 国际会计报告准则并没有明确规定卖方必须要等到退货期满后才能确认收入；但美国公认会计原则针对客户拥有退货权的交易则规定了6个具体的条件，满足这6个条件的交易，就可以在销售达成时确认收入。（美国财务会计准则委员会，《财务会计准则公报第48号：存在退货权时的收入确认》（1981版）。（汇编主题605）

⊜ 美国公认会计原则规定了卖方企业在什么条件下必须将一揽子合同分立为多个子合同进行会计核算的条件（《新兴问题工作组公告第08-1号：多个交付商品时的收入合同》，2010版）（汇编主题605）。（美国公认会计原则对软件产品另外规定了特殊条款）。国际财务报告准则提到了在某些情况下需要针对单笔交易中的多个不同部分分别应用收入确认条件，但并没有规定在什么情况下必须进行合同的分立。关于合同分立的原理也已经超出了本书的范围。

> **自习问题8.1**
>
> **收入确认的时点。** 假定索尼公司（Sony Corporation, 卖方）将5 000台42英寸的LCD平面电视发货给贵成公司（买方）。请应用收入确认的2个基本条件，判断在下面几种互相独立的合同安排下，索尼公司应在什么时点确认收入的实现？
>
> a. 合同要求贵成公司应在收货后30天内按照每台电视机2 000美元的价格向索尼公司付款。同时，对损坏或者有质量缺陷的电视机，贵成公司可在任何时候要求索尼公司退货并退还全款。
>
> b. 合同要求贵成公司应在收货后30天内按照每台电视机2 000美元的价格向索尼公司付款。自收到电视机之日起，贵成公司可在6个月内申请无理由退货。
>
> c. 合同规定，贵成公司应代索尼公司出售这些电视机。贵成公司负责存储、保管和营销这些电视，同时，所制定的销售价格应在双方认可的价格范围内。预期的销售价格将为每台电视机3 400美元。作为代价，索尼公司向贵成公司支付每台电视机400美元的销售手续费。贵成公司可选择在任何时候将未售出的电视机退还给索尼公司。

8.3 在销售完成时确认损益

很多交易在销售完成的当时（即卖方发出商品或者提供服务时）就满足了收入确认条件。比如，一些公司制造（或购买）某种产品或者提供某种服务，客户出现后，他们为客户提供了产品或者服务，同时收到了客户所支付现金或者其他资产。要判断是否能够在销售完成时就确认收入，必须考虑以下这些在销售完成以后才会发生的事件影响：

- 有些客户不会支付他们所欠货款。这类事件引出了坏账的会计处理问题，这种情况会影响到应收账款的计量金额。
- 有些客户会要求退货。这类事件的存在要求我们要估计销售退回的可能性并进行相关会计处理。
- 公司向客户提供了一些承诺保障服务。这类事件引出了质量保障成本的会计处理问题。

我们在本章中将对前两个会计问题进行讨论，而将质量保障成本的会计问题放到第9章去学习。

8.3.1 应收账款

应收账款（accounts receivable，也称**商业应收款**，trade receivables）是指卖方企业报告在资产负债表中的客户赊购欠款。由于卖方企业认为，一般情况下这些欠款在较短时期（例如30天以内）就可以收回，所以应收账款属于一项流动资产。如果有自资产负债表日开始计算，预计收款日在1年以上的应收账款，则应报告为非流动资产。

由于不是所有的客户最终都会支付他们的欠款，因此，我们将卖方始终无法收回的应收账款称为**坏账**（uncollectible account）。没有企业愿意向最终不会付款的客户去销售商品或者提供服务，但要辨别出这些客户（假如可行的话）的成本往往超过了这么做所能得到的收益。比如，如果某零售商想要确保每位赊购客户最终都会付款，那么它在销货时就必须：

- 搜集客户的信用资料，例如它的信用历史，
- 对客户支付欠款的能力和意愿进行评价。

而搜集和分析这些数据都需要时间，如果客户不愿意等待的话，就会转向其他的交易方，从而导致销售机会的丧失。此外，如果卖方想要完全避免坏账的发生，就很有可能会拒绝掉很多实际上最终会要付款的客户，因为这些客户可能会无法通过为将坏账减少为零而专门设计的严格信用审查。所以，对卖方来说，接受一定程度坏账的存在，是能提高总体销售水平的。只要最终收到的赊销款能够超过销货成本和其他客户服务成本，卖方企业终究是受益的。

大多数公司都会发现，最好是能够承担一定的坏账成本这一事实并不意味着企业就可以随意授信或者不努力去催收。相反，我们应当通过对信用政策进行成本－效益分析来制定策略，使企业在任何销售达成以前就能够对可能发生的坏账损失的金额进行合理地预期。

8.3.2 计提坏账准备的方法

有两个会计问题与应收账款密切相关：(1) 应收账款在资产负债表日的计量金额，(2) 由于发生坏账所带来的损失应在何时确认到利润表中去。根据会计权威指南的要求，企业应按扣除坏账准备以后的净值报告应收账款，即资产负债表中所报告的应收账款价值应当是企业预期将来能够从客户那里收到的金额。所以，比起客户最初承诺的付款金额来，报表中所报告的价值应当会更小一些。至于第 (2) 个问题，卖方企业应当在有证据表明应收账款可能难以收回时，就一方面按预计无法收回的款项减记利润，另一方面通过坏账准备的计提减少应收账款的账面价值。绝不能等到客户实际发生违约的时候才确认坏账。我们结合下面这个例子来讲解这两点要求。

例题6 草坪保养公司 (Turf Maintenance Company) 从 2013 年 1 月 1 日开始营业，它在每个月末向客户寄出当月草坪保养服务的账单，然后预期客户们在 30 天内付款。2013 年中，草坪保养公司就它当年所提供的服务一共向客户们开出了总金额为 2 000 000 美元的账单，它在每个月末都以当期账单总额借记 "应收账款" 账户，贷记 "营业收入" 账户。如果将这些会计分录在 2013 年的影响累计起来，则可以用下面这笔汇总分录来表达：

应收账款（总额）	2 000 000	
营业收入		2 000 000

记录 2013 年全年的赊销。

如果有客户超过了 30 天还没有付款，草坪保养公司就会启动催收措施，比如再寄送一次账单，或者直接给客户打电话联系等。这些催收措施多少都能起到一定的作用，但是，仍然还是会有一些应收账款始终收不回来。草坪保养公司的政策是，将超过 6 个月都无法收回的账单作为坏账处理。

由于我们是在卖方实际收到现金以前就确认收入的，所以，需要对最终可能发生的坏账金额进行合理并且可靠地预期。㊀ 会计准则指南要求使用**备抵法** (allowance method) 来核算坏账准备。备抵法要求我们根据每一期的赊销金额来预计将来可能发生的坏账损失，然后，在每个会计期末，通过编制调整分录来确认坏账准备：一方面借记利润的减少，另一方面同时贷记**坏账准备** (allowance for uncollectible) 账户。"坏账准备" 是一个资产备抵账户，它是 "**应收账款（总额）**(accounts receivable, gross)" 账户的附属。"应收账款（总额）" 账户记录客户欠款的总金额，而企业预计能从客户那里所实际收到的款项被称为 "**应收账款（净值）**(accounts receivable, net)"，等于 "应收账款（总额）" 的金额减去其备抵账户（坏账准备）的金额之差。

　　　　　　应收账款(总额)
　　　　减：坏账准备
　　　　＝ 应收账款(净值)

很多公司都将由此导致当期利润的减少额记录为**坏账费用** (bad debt expense)，最终报告在日常管理费用或者销售费用中。㊁

我们接下来介绍备抵法下的会计处理程序，同时也讨论管理层是如何预计可能发生的坏账规模的。

假定草坪保养公司估计每月赊销总额中大约有 2% 是难以收回的，那么在每个月月末，它都需要做一笔调整会计分录，一方面借记 "坏账费用" 账户，另一方面贷记 "坏账准备" 账户。合计起来，这些调整分录对 2013 年度财务状况的累计影响可以用下面这一笔汇总分录来予以表示：

坏账费用	40 000	
坏账准备		40 000

估算 2013 年赊销可能产生的坏账（$40 000 = 2% × $2 000 000）

㊀ 收入确认的第 2 个条件指出，企业应当已经收到了现金或者其他能被合理可靠地计量的资产。如果企业得到的只是付款承诺，而又不能合理可靠地计量买方所承诺的金额，则无法满足第 2 个收入确认条件，对此类交易，无论是美国公认会计原则还是国际财务报告准则，都不允许企业确认收入。

㊁ 在实务中，计提坏账准备时，有些企业会借记费用账户（坏账费用），也有些企业会借记一个收入备抵账户。在本书中，我们使用费用账户。如果在借方使用收入备抵账户的话，那么这样报告出来的销售收入净额就是企业预计最终能收到现金的销售金额。

坏账费用（bad debt expense）也被称为**坏账备抵**（provision for bad debts）或者**呆账备抵**（provision for uncollectible accounts）。⊖这40 000美元的坏账费用代表草坪保养公司预计最终不能收到的销售款，故应减少2013年的利润。另一方面，草坪保养公司并没有马上就将对特定客户的债权注销为坏账，相反，应收账款的金额还是按预期应该收回的金额计量的，因为这些预期将会发生的坏账毕竟目前还没有真实发生，企业尚不清楚最终哪些应收款项应被注销掉。

所以企业使用了"坏账准备"这个资产备抵账户，我们在第2章中曾经提到，资产备抵账户所报告的金额应当是企业资产负债表中相应资产价值的减项。资产备抵账户的余额一般都在贷方，与资产账户的借方余额相抵减后，就能得到该项资产的净值。所以，贷记"坏账准备"账户意味着"应收账款（总额）"账户的减项增加，最终的影响是减少了"应收账款（净值）"账户的借方余额。⊜

"应收账款（总额）"是一个统驭账户。所谓**统驭账户**（control account，也称总账户或**控制账户**，controlling account），是指一系列类似账户的集合。⊜实质上，企业是针对每一位客户单独进行记账核算的，账户名称可能就是客户的名字。将全部个别账户的余额加总起来，就是统驭账户"应收账款（总额）"的余额。当企业收到某位客户的付款时，会借记"货币资金"账户，然后贷记该位特定客户的应收账款子账户。全部个别客户的应收账款子账户余额之和仍是统驭账户"应收账款（总额）"的余额。如果草坪保养公司的客户在2013年中一共付款了1 900 000美元，那么，草坪保养公司所做的会计分录累计起来就应当是：

货币资金　　　　　　　　　　　　　　　　　　　　　　　　　　1 900 000
　　应收账款（总额）——各明细账户　　　　　　　　　　　　　　　　　　1 900 000

确认2013年收到的当年赊销款。

这笔会计分录记录以后，"应收账款（总额）"账户中剩下的就是各位还未付款的赊购客户欠款之和了，合计为100 000（= 2 000 000 – 1 900 000）美元。此时，草坪保养公司的应收账款（净值）为60 000（= 应收账款账户余额100 000 – 坏账准备账户余额40 000）美元。

在提供服务和寄送账单的时候，草坪保养公司并不知道客户未来是否会最终付款，否则，它就不会向那些最终不会付款的客户提供服务了。为了核算估计将来可能发生的坏账损失，企业专门开设了一个单独的账户"坏账准备"，来作为"应收账款（总额）"账户的备抵账户。应收账款总额减去坏账准备就可以得到应收账款的净值，表示企业预计在将来能够实际收款的金额。⑳

当企业发现某位客户的欠款无法收回时，就通过编制会计分录来注销这笔欠款。一方面，借记"坏账准备"账户，另一方面，贷记"应收账款（总额）"账户。⑤这一步骤就是应收账款的**注销**（writing off）。草坪保养公司的政策是如果有客户超期6个月都不付款了，就将对应的应收账款注销。所以，在每个会计期间，草坪保养公司都要对应收账款的各个明细账户进行仔细的筛查，找出那些超期6个月及以上的应收账款，然后将它们予以注销。假定，在2013年，草坪保养公司确认共有合计金额为15 000美元的各类应收账款已经超期了6个月及以上，于是编制会计分录将这些应收账款注销为坏账：

坏账准备　　　　　　　　　　　　　　　　　　　　　　　　　　15 000
　　应收账款（总额）——各明细账户　　　　　　　　　　　　　　　　　　15 000

注销2013年确定无法收回的应收账款，合计15 000美元。

⊖ 根据美国公认会计原则，此处的备抵（Provision）性质为一种费用，而不是负债。在国际财务报告准则中，常用Provision这个词表示支付时间或支付金额，或者两者同时都不确定的负债。

⊜ 一般情况下我们习惯在账户名称中省略"总额"这两个字，直接用"应收账款"账户表示全部赊销欠款；但用"应收账款（净额）"表示企业预期能够收回的赊销额。

⊜ 另一个统驭账户的例子是"不动产、厂场与设备"，大多数企业都会按类别核算或者甚至单独核算每一台设备和建筑大楼，最后将各个子账户的金额全部合计起来报告在统驭账户中。

⑳ 美国公认会计原则和国际财务报告准则均要求企业披露充分的信息，使财务报表使用者能推算出应收账款的总额、坏账准备的金额和应收账款的净值。

⑤ 一些税收机构不允许企业从税前利润中扣除采用备抵法计算的坏账准备，相反，只有当企业真正确认某一笔应收账款成为坏账时，才允许将它作为坏账费用在税前扣除。这种方法常被称为直接转销法（direct write-off method），美国公认会计原则和国际财务报告准则都不采用这种方法。

在备抵法下,将特定客户的应收账款注销为坏账是不影响利润表的,只有企业在计提坏账准备时,才会影响到利润表。同时,将特定客户的应收账款注销为坏账对应收账款的净值也不会产生影响,因为注销分录一方面减少应收账款(总额),另一方面减少的是该账户的备抵账户"坏账费用",借贷的金额是相等的。比如,在刚才这笔分录中,坏账的注销使应收账款(总额)的余额减少了 15 000 美元,同时坏账准备的余额也减少了 15 000 美元。

由于使用了备抵法,资产负债表中的"应收账款(净值)"始终反映的是企业预期能收到货币资金的金额。比如,在 2013 年年末,草坪保养公司预计它能实际收款的金额为 60 000 美元,计算过程为:

应收账款(总额)($2 000 000 - $1 900 000 - $15 000)	$85 000
减:坏账准备($40 000 - $15 000)	(25 000)
应收账款(净值)	$60 000

8.3.3 备抵法的应用程序

一般情况下,企业在发现某位特定客户的欠款变为坏账时,就会确认坏账并注销对应的应收账款,这类会计分录并不一定要到会计期末才编制的。但是,企业编制调整分录计提坏账准备却通常都是在会计期末。这样,在计提坏账准备的调整分录编制前,"坏账准备"账户的余额就有可能会出现在借方。但一旦计提坏账准备的调整分录登记入账以后,"坏账准备"账户的余额就会出现在贷方了。由于调整分录的编制总是会在资产负债表编报以前,所以,资产负债表中的"坏账准备"账户绝对不可能出现借方余额。

表 8-1 中总结了与企业赊销有关的各类会计核算程序,我们用箭头指出了其中四类必备的会计分录:
1. 浅灰色箭头表示赊销货物或者服务(借记"应收账款(总额)"账户,贷记"销售收入"账户)。
2. 中灰色箭头表示收到客户支付的货款(借记"货币资金"账户,贷记"应收账款(总额)"账户)。
3. 深灰色箭头表示估计可能发生的坏账,计提坏账准备(借记"坏账费用"账户,贷记"坏账准备"账户)。
4. 黑色箭头表示某笔应收账款被企业认定为坏账,予以注销(借记"坏账准备"账户,贷记"应收账款(总额)"账户)。

表 8-1 小结:赊销所影响到的账户

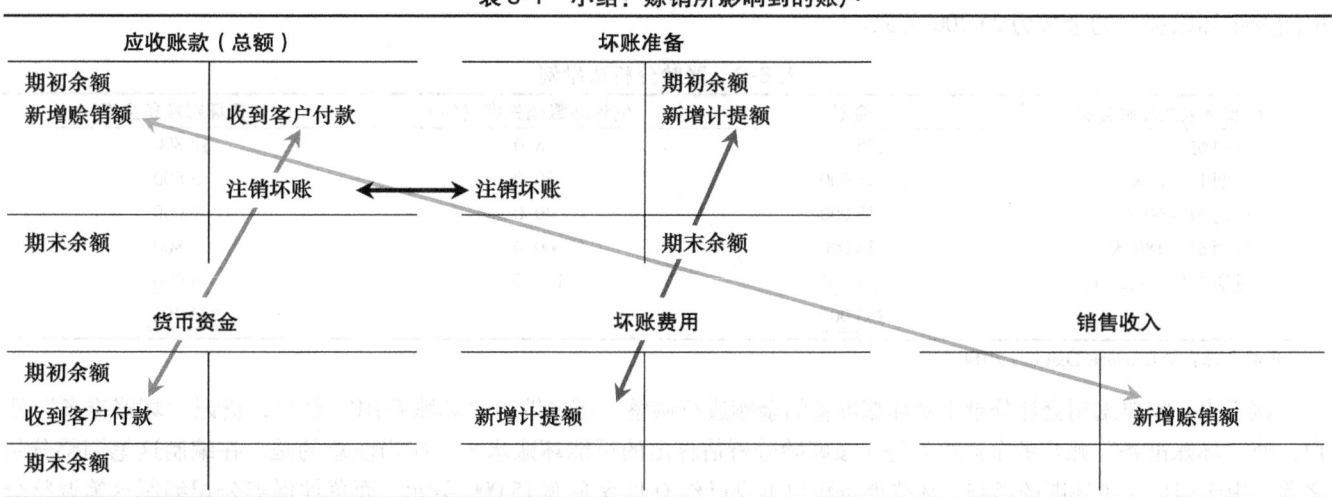

资料来源:© Cengage Learning 2014.

8.3.4 估算坏账准备的金额

在例题 6 中,我们简单地假定赊销金额的 2% 会成为坏账。现在,我们将正式介绍两种可以用来估算坏账准备金额的方法:**销售百分比法**(percentage-of-sales procedure)和**账龄分析法**(aging-of-accounts-receivable procedure)。如果企业一直坚持正确地使用这两种方法,则两种方法最终计量出的累计收益和总资产金额将是一致的。美国公认会计原则和国际财务报告准则都没有规定企业必须使用哪一种方法,有些企业甚至同时使用这两种方法。例如表 8-2 中就是一家零售企业关于坏账核算的会计政策。这家企业是按照多种因素来估算坏账准备的,这些因素包括以账龄为基础的历史数据、过去的坏账注销经验和对未来信用损失的预期等，该企业以 151 天为标准，将超期 151 天以上的应收账款确认为坏账；或者，如果有客户发生破产等特殊事项时，即使超期未到 151 天，这家企业也会及时地确认坏账。

表 8-2 与坏账核算相关的会计政策描述

本企业按资产负债表日应收账款可能发生潜在损失的最佳估计数作为坏账准备余额。在综合考虑超期债权的历史情况、注销经验和对未来业绩的期望等因素的基础之上，对应收账款的可收回性进行评价。在账项被注销以前，本企业会对超期账项计提坏账准备。一般情况下，如果某项应收账款超期 151 天以上还不能达成一份完整的月度付款计划，企业就会将它确认为坏账，并同时予以注销。此外，如果债务人发生破产或者其他使得将来收款困难的类似事项，相应的应收账款就会立即被注销为坏账处理。

资料来源：© Cengage Learning 2014.

8.3.5 销售收入百分比法

赊销规模是影响坏账多少的重要因素，因此，有人提出了销售收入百分比法。在这种方法下，企业需要根据过去的经验或者参考类似企业的情况先估计一个百分比，然后在每个会计期的期末根据当期赊销规模估算出当期的坏账金额，以这个金额借记"坏账费用"账户，贷记"坏账准备"账户。例题 6 中就是使用的这种方法。

8.3.6 账龄分析法

账龄分析法的应用分为两个步骤：

1. 根据当前应收账款的情况估算可能发生的坏账，和
2. 对"坏账准备"账户进行调整，使"应收账款（总额）"账户的余额减去"坏账准备"的余额之差恰好能等于企业预期可能收回的应收账款净额。

在第 1 个步骤中，应当依据应收账款的账龄（即债务人该笔欠款所经历的天数）来估算当前可能发生的坏账。表 8-3 就是一个根据账龄对应收账款进行分类的例子，表中数据的估算依据完全依赖于企业的经验。为说明账龄分析法的应用，假定草坪保养公司在 2013 年年末的应收账款（总额）账户余额为 85 000 美元（= 2013 年赊销金额 2 000 000 美元 - 已收款金额 1 900 000 美元 - 2013 年已经注销的坏账 15 000 美元），在表 8-3 中，列出了将这些应收款项按账龄进行分类的情况，结合每一类别的应收账款水平和对应的估计坏账损失发生率，可以估算出可能发生坏账损失的金额为 24 200 美元。

表 8-3 账龄分析法举例

应收账款按账龄分类	金额	估计坏账损失率（%）	估算坏账准备金额
未到期	$35 000	8.0	$2 800
过期 1~30 天	18 000	20.0	3 600
过期 31~60 天	15 000	40.0	6 000
过期 61~180 天	13 000	60.0	7 800
过期 180 天及以上	4 000	100.0	4 000
	$85 000		$24 200

资料来源：© Cengage Learning 2014.

接下来，需要编制会计分录来对坏账准备的余额进行调整，通过借记"坏账费用"账户，贷记"坏账准备"账户，使"坏账准备"账户的余额恰好等于按账龄分析估算出的可能坏账水平。应当注意的是，在编制这笔调整分录之前，由于当期注销坏账的影响，坏账准备账户本身已经有借方余额 15 000 美元，而草坪保养公司编制这笔调整分录的目的是要将"坏账准备"账户在 2013 年末的余额最终调整为贷方 24 200 美元，所以，这笔调整分录应为：

坏账费用　　　　　　　　　　　　　　　　　　　　　　　　　　　　39 200
　　坏账准备　　　　　　　　　　　　　　　　　　　　　　　　　　　　　　　39 200
调整坏账准备账户的余额为 24 200（= -15 000 + 39 200）美元。

8.3.7 销售收入百分比法与账龄分析法比较

表 8-4 中总结了销售收入百分比法和账龄分析法之间的差别。其中，楷体部分表示是企业估算的金额，而黑体部分则是根据估算金额计算得到的（调整数，plug）。在销售收入百分比法下，企业根据估算值一方面直接确

认坏账费用的增加，另一方面贷记坏账准备的增加。在账龄分析法下，企业需要先估算出坏账准备账户的期末余额，然后再一方面借记坏账费用账户，另一方面贷记坏账准备账户，使坏账准备账户最后的期末余额恰好能等于估算数。如果在销售收入百分比法下所使用的百分比能恰好地代表过去的收款情况，那么，用两种方法所计算出的坏账准备账户期末余额应当是大致相当的。

表 8-4 坏账准备的估算方法比较

销售收入百分比法下的坏账准备		账龄分析法下的坏账准备	
	期初余额		期初余额
	新增准备额（估算数）		新增准备额（调整数）
当期注销坏账		当期注销坏账	
	期末余额（调整数）		期末余额（估算数）

资料来源：© Cengage Learning 2014.

在销售收入百分比法下，企业首先需要估算当期应当计提的坏账费用，然后根据这个应当计提的当期坏账费用金额、坏账准备账户的期初余额和当期实际注销的坏账水平来计算坏账准备账户的期末余额。但在账龄分析法下，企业首先估算的是坏账准备账户的期末应有余额，然后再根据这个期末应有余额、期初余额和当期实际注销的坏账情况来计算当期应当计提的坏账准备金额。

8.3.8 估算坏账水平发生变化的处理

经济状况、授信政策、收款措施和其他很多因素的变化都会导致估算的坏账水平与实际发生的坏账情况之间出现差异，因此，我们需要在每个会计期间对我们的估计值进行复核和调整，以反映最新的情况。按照美国公认会计原则和国际财务报告准则的要求，对此类调整应当使用未来适用法，即不需追溯调整前期利润表和资产负债表中的数据，而是直接调整坏账准备账户的当期和未来期间余额就可以了。

使用未来适用法来处理会计估计变更的理由，在于权责发生制会计离不开会计估计。如果企业的估计是负责且谨慎的，那么，只要不出现突然和大幅度的经济条件变化，估计值和最终结果之间的差异是不会相差太大，而且可以此消彼长的。如果要求对估计值和实际值之间的差异进行追溯调整，就会导致企业对前期财务报表不断地进行重述，从而给财务报表使用者造成困惑，并进而影响财务报表的可信度。

例题 7、8、9 都是与坏账相关的会计处理问题。在这几个例题中，我们都是先采用账龄分析法来计算坏账准备账户的期末应有余额，然后再根据这个余额水平来推导当期应当计提的坏账准备金额和确认的坏账费用，最后，我们还将用这种方法计算出的坏账费用水平与销售收入百分比法所估算的坏账费用水平进行了比较。

例题 7 珊瑚设计公司（coral Designs）在 2013 年年初的坏账准备账户余额为 120 000 欧元。在 2013 年中，珊瑚设计公司实现了赊销 5 000 000 欧元，估计坏账损失的发生率为 2%；当年，公司将价值 60 000 欧元的应收账款注销为了坏账。2013 年年末，该公司使用账龄分析法估算出坏账准备账户应有期末余额 130 000 欧元。将上述信息用 T 形账户的形式可表示如下：

坏账准备			
		120 000	期初余额
坏账注销	60 000		
		?	计提坏账准备
		130 000	期末余额

根据账龄分析法，珊瑚设计公司可以推算出当期需要计提的坏账准备金额应满足：€120 000 - €60 000 + 当期计提坏账准备金额 = €130 000。因此，当期应确认坏账费用并计提坏账准备 70 000 欧元：

坏账费用　　　　　　　　　　　　　　　　　　　　　　　　　　　　　70 000
　　坏账准备　　　　　　　　　　　　　　　　　　　　　　　　　　　　　　　70 000

确认坏账费用，调整坏账准备账户的期末余额为 130 000 欧元。

如果使用销售收入百分比法，当期应当确认的坏账费用金额将为 100 000（= 2% × 5 000 000）欧元，从而使得坏账准备账户的期末余额变为160 000欧元，比账龄分析法下的结果高出30 000欧元。

例题8 假定其他信息同例题7一样，但管理层预计坏账准备账户应有的期末余额为200 000欧元，用T形账户的形式表达如下：

坏账准备			
		120 000	期初余额
坏账注销	60 000		
		?	计提坏账准备
		200 000	期末余额

根据账龄分析法，珊瑚设计公司可当期应当计提的坏账准备金额应满足：€120 000 − €60 000 + 当期计提坏账准备金额 = €200 000，因此，当期应确认坏账费用并计提坏账准备140 000欧元：

坏账费用　　　　　　　　　　　　　　　　　　　　　　140 000
　　坏账准备　　　　　　　　　　　　　　　　　　　　　　　　140 000
确认坏账费用，调整坏账准备账户的期末余额为200 000欧元。

这样，用账龄分析法计算出的当期坏账费用水平140 000欧元，要比使用销售收入百分比法估算出的当期坏账费用水平100 000（= 2% × 5 000 000）欧元高出40 000欧元。

例题9 假定其他信息同例题7一样，但管理层预计坏账准备账户应有的期末余额为45 000欧元，用T形账户的形式表达如下：

坏账准备			
		120 000	期初余额
坏账注销	60 000		
		?	计提坏账准备
		45 000	期末余额

在这种情况下求解当期应当计提的坏账准备金额时，我们发现，只有借记坏账准备账户15 000欧元，才能调整坏账准备账户得到贷方期末余额45 000美元。因此，珊瑚设计公司必须借记坏账准备账户15 000欧元，同时贷记坏账费用账户15 000欧元。即：

坏账准备			
		120 000	期初余额
坏账注销	60 000		
冲销当期坏账准备和费用	?		
		45 000	期末余额

珊瑚公司应当编制会计分录如下：

坏账准备　　　　　　　　　　　　　　　　　　　　　　15 000
　　坏账费用　　　　　　　　　　　　　　　　　　　　　　　　15 000
冲销坏账费用，调整坏账准备账户的期末余额为45 000欧元。

如果当前的信息显示以前期间估计的坏账费用过高，就会出现例题9这样的情况。本例中，珊瑚公司在2013年中不仅不确认任何坏账费用，反而还需要转回前期已经确认的坏账费用15 000欧元。这样做的后果将导致珊瑚公司在2013年的费用总额（包含坏账费用在内的）减少15 000欧元，从而使公司的期末净资产增大15 000欧元。

8.3.9　关于坏账的会计处理小结

使用备抵法核算无法收回的应收账款时，需要经历以下四个步骤：

（1）记录赊销收入

应收账款（总额）　　　　　　　　　　　　　　　　　销售价格
　　销售收入　　　　　　　　　　　　　　　　　　　　　　销售价格

(2) 收到客户偿付的赊销款

　　货币资金　　　　　　　　　　　　　　　　　　　　　　　　　实际收款额
　　　　应收账款（总额）　　　　　　　　　　　　　　　　　　　　　　实际收款额

(3) 估算可能发生的坏账⊖

　　坏账费用　　　　　　　　　　　　　　　　　　　　　　　　　估算金额
　　　　坏账准备　　　　　　　　　　　　　　　　　　　　　　　　　　估算金额

(4) 在备抵法下注销实际发生的坏账⊖

　　坏账准备　　　　　　　　　　　　　　　　　　　　　　　　　实际发生坏账
　　　　应收账款（总额）　　　　　　　　　　　　　　　　　　　　　　实际发生坏账

8.3.10　应收账款分析

下面介绍应收账款在财务报表中的列报、与应收账款相关的常用财务比率和应收账款与货币资金之间的转换问题。

财务报表列报　在资产负债表上，应收账款应以企业预期能够实际收回的金额进行列报，即资产负债表中所报告的应收账款金额应当等于期末应收账款总额减去坏账准备的余额。在表1-1资产负债表中，贵成公司报告它2013年2月27日（2012财务年度末）和2012年2月28日（2011财务年度末）的应收账款净值分别为2 020百万美元和1 868百万美元。

表8-5中列出了贵成公司的坏账准备账户在2011和2012财务年度中的变动情况。

表8-5　贵成公司的坏账准备账户变动明细　　　　　　　　　　　　　（单位：百万美元）

描述	期初余额	增加额本期计提金额	减少额本期转销坏账	期末余额
坏账准备账户				
2013年2月27日	$97	$48	$(44)①	$101
2012年2月28日	$114	$(5)	$(12)①	$97

①减少额为本期注销坏账扣除本期重新收回已注销坏账金额后的净值。

资料来源：© Cengage Learning 2014.

利用贵成公司资产负债表（表1-1）和表8-5中的信息，可以计算出该公司的"应收账款（总额）"账户在2013年2月27日和2012年2月28日的余额分别为：

　　2013年2月27日应收账款（总额）= 应收账款净值 + 坏账准备余额 = $2 020 + $101 = $2 121

　　2012年2月28日应收账款（总额）= 应收账款净值 + 坏账准备余额 = $1 868 + $97 = $1 965

利用上述信息，我们可以推出贵成公司2013年2月27日，即会计期末为计提坏账准备而编制的调整会计分录。根据表8-5，坏账准备账户在当期的增加额为48百万美元，因此，当期计提坏账准备的金额即为48百万美元，调整会计分录为：

　　坏账费用　　　　　　　　　　　　　　　　　　　　　　　　　48
　　　　坏账准备　　　　　　　　　　　　　　　　　　　　　　　　　　48

同样，根据表8-5，坏账准备账户在2012财务年度中的减少额为44百万美元，主要为当期注销的坏账，会计分录为：

　　坏账准备　　　　　　　　　　　　　　　　　　　　　　　　　44
　　　　应收账款（总额）　　　　　　　　　　　　　　　　　　　　　　44

此外，我们还可以分析出贵成公司从客户那里所收到的全部现金金额，包括现销的款项和事后收到的赊销款项。根据表1-2，贵成公司在2012财务年度的销售收入为49 694百万美元，为简化起见，我们假定这些全部都是

⊖ 如果使用销售收入百分比法，则可直接估算当期坏账费用水平；但如果使用账龄分析法，则先估算出坏账准备账户的应有余额，然后再调整计算。企业在每个会计期间都会对他们的估算进行复核和调整，并使用未来适用法按新估计值进行会计处理。

⊖ 当企业判断某笔款项确实无法再收回时，就需要注销该笔应收账款为坏账。

赊销收入。这样，收到客户的赊销付款必然就会减少应收账款（总额），如果我们画出"应收账款（总额）"的T形账户，并将期初和期末余额以及其他影响该账户变化的交易表示在T形账户中，则有：

应收账款（总额）			
期初余额	1 965		
本期新增赊销额	49 694	44	注销坏账
		49 494	收回客户欠款
期末余额	2 121		

根据假定，当期销售收入全部体现为赊销，因此本期新增赊销额为49 694百万美元；前面的分析显示本期实际注销为坏账的应收账款为44百万美元，因此，当期收回客户欠款金额可通过下式计算得到：

期末余额 = 期初余额 + 本期新增赊销额 − 本期注销坏账 − 本期收回客户欠款

$2 121 = $1 965 + $49 694 − $44 − 本期收回客户欠款

从上式中可解出，截至2013年2月27日，当期收回的客户欠款金额为49 494百万美元。从上述分析中还可以看出，赊销收入在销售总额所占比重多少对贵成公司当期从客户那里一共收到了多少货币资金是没有重要影响的，因为T形账户记录表明，在销售总额一定的情况下，如果现销增加1元，那么本期新增赊销额就会减少1元，与之同时，贷方的收回客户欠款也会减少1元。

与应收账款有关的财务比率 财务报表中的数据可以帮助我们分析企业应收账款的可回收性和坏账准备计提的充分性。与应收账款相关的常用比率主要包括我们在第7章中介绍的应收账款周转率和应收账款周转天数，以及我们接下来将要介绍的坏账注销率，后者主要应用于坏账分析。根据表1-1和表8-5所提供的信息，我们可计算出在2012财务年度中"注销的坏账金额与客户平均欠款金额（平均应收账款总额）之比"：

财务年度截止日	当期注销坏账金额	应收账款净额	坏账准备余额	应收账款总额	当期注销坏账与平均应收账款总额之比
2013年2月27日	$44	$2 020	$101	$2 121	2.15%
2012年2月28日	$12	$1 868	$97	$1 965	

在2012财务年度中，贵成公司所注销的坏账占当期平均应收账款总额的比重为2.15%。

此外，还可以使用"计提坏账准备占销售收入的百分比"和"坏账准备占应收账款总额的百分比"这两个指标来评价企业的坏账准备计提情况。根据表1-2中的信息，贵成公司在2012财务年度和2011财务年度的销售收入分别为49 694百万美元和45 015百万美元，结合表8-5中的信息，可计算出这两个比率为：

财务年度截止日	计提坏账准备（冲销）(1)	销售收入(2)	计提（冲销）坏账准备占销售收入百分比 (1)/(2)=(3)	坏账准备账户余额(4)	应收账款总额余额(5)	坏账准备占应收账款的百分比 (4)/(5)=(6)
2013年2月27日	$48	$49 694	0.097%	$101	$2 121	4.76%
2012年2月28日	$(5)	$45 015	(0.011%)	$97	$1 965	4.94%

2012财务年度的"计提坏账准备占销售收入的百分比"为0.097%，而在2011财务年度，由于贵成公司贷记了坏账费用账户，因此2011年度的该比率为−0.011%。另一方面，坏账准备占应收账款总额的百分比从2011财务年度的4.94%下降为了2012财务年度的4.76%。

将应收账款转换为现金 通过从客户那里收回所欠货款或者将应收账款（从客户那里收取货币资金的权利）转让给其他主体，企业可以将应收账款转换为现金。根据转让的不同形式和相关的会计处理，将应收账款转让后应收账款的余额将减小（或变为零）。具体的转让形式至少包括以下三种。

1. 以应收账款作为质押，向银行或者其他金融机构申请贷款。在这种情况下，应收账款仍然由企业管理，企业需要负责向客户催收货款和偿还金融机构的贷款。只有当企业不能按时偿还贷款时，金融机构才拥有对被质押应收账款的索取权。如果企业以应收账款作为质押申请贷款，该应收账款仍将作为一项资产报告在企业的资产负债表中，而相应的贷款则报告为一项负债，但企业应当在财务报表中披露相关的借款协议安排。

2. 将应收账款保理（factor，也称托收保付，即出售）给银行或者其他金融机构，换取货币资金。在这种情况下，相关金融机构将取得应收账款的控制权，并负责向客户催收。保理后，由于该应收账款已经被出售，因此不出现在企业的资产负债表中。

3. 将应收账款转让给可向投资者发行债务凭证的独立法人，等到将来客户支付货款后，再将收到的货款以现金形式支付给债券投资者。如果客户实际付款额不足以支付债券的本息，则企业将承担剩余支付义务。这种安排被称为**证券化**（securitization），即将一项资产（应收账款）转换为投资者所持有的债券。

将应收账款转换为货币资金的更多讨论已偏离了本书的介绍范围，了解上述内容的目的是为了便于大家在不同的企业之间对应收账款进行比较。例如如果将一家实施了**应收账款转让业务的企业**与另一家企业没有转让应收账款的企业之间进行比较，无论两家公司的产品市场具有多少相似度，这种情况下两家公司的应收账款余额和相关比率都是不具有可比性的。在第12章中，我们对应收账款的转让问题有更多的介绍。

自习问题8.2

在销售完成时确认收入。斯堪尼亚公司（Scania）是瑞典的一家大型重型卡车、公交车、发动机和相关设备制造与服务企业，假定以下交易或者事项发生在它以2013年12月31日为截止日的会计年度中，请写出相关的会计分录。

a. 2月：斯堪尼亚公司卖出了4台卡车发动机，每台价格为20 000克朗，买方同意在60天内支付货款。

b. 3月：斯堪尼亚公司与某位客户签订了50辆运输车的交易合同，合同总价为250 000克朗。斯堪尼亚公司预计能在6月份交货，买方同意将在交货时付款。

c. 4月：交易a中的客户全额支付了4台卡车发动机的货款。

d. 5月：斯堪尼亚公司将一辆卡车以725 000克朗的价格出售给一位客户，商品已经发出，买方在发货时支付了相当于成交价格20%的货款，余额将在120天内支付。

e. 6月：斯堪尼亚公司将运输车发出（见交易b），客户如约付款。

f. 7月：交易d中的客户宣布进入破产清算程序，斯堪尼亚公司预计将无法收回这位客户的所欠货款。

g. 12月：斯堪尼亚公司当年的赊销总额为700亿克朗，根据估算，其中约有2%将难以收回。

8.3.11 销售退回的核算：备抵法

我们在前面介绍了用备抵法来核算可能发生的坏账费用。实际上，当会计人员能够合理可靠地估计可能发生的事项对未来现金流量的影响时，在整个销售过程中都可以使用备抵法。例如备抵法也可以应用于销售退回的会计核算。所谓销售退回，是指买方退回商品并要求退款。当买方有权要求销售退回时，企业可在销售达成时对可能的销售退回金额进行合理可靠地估算，美国公认会计原则和国际财务报告准则都要求企业使用备抵法来估算销售退回的规模并确认其影响。[一]具体地讲，卖方企业需要根据预计的销售退回金额借记一个收入抵减账户，将当期实际报告的销售收入调整为企业预期不会出现销售退回的确定销售金额。因此，按照估计的退货影响调减当期销售收入以后，利润表中所报告的收入是按照企业预计能够实际从客户那里收到的现金金额来计量的。按照美国公认会计原则和国际财务报告准则的规定，除非企业能够合理可靠地预计可能的退货金额，并使用备抵法在计算利润时将预计退货部分的金额扣除，否则，对于买方享有退货权的交易，在退货期满前是不能够确认销售收入的。表8-6是贵成公司的销售退回准备明细，与表8-5非常类似，只是这里涉及的是销售退回准备账户的变动情况。

[一] 有些具有销售退回权的销售是不符合收入确认条件的。美国公认会计原则对具有退货权的销售是否符合收入确认条件进行了明确的规定（财务会计准则委员会《财务会计准则公告第48号：具有退货权的收入确认》(1981年版)（汇编主题605）。国际财务报告准则对此没有明确的条件规定。判断一项具有退货权的销售是否符合收入确认条件不属于本书讲解范围。

表8-6 贵成公司销售退回准备账户变动明细

描述	期初余额	增加额本期计提金额	减少额本期实际退货	期末余额
销售退回准备账户，净值：				
2013年2月27日	$18	$14	$15①	$17
2012年2月28日	$16	$11	$9①	$18

①减少额为本期实际退货金额扣除退回商品价值和销售佣金调整之后的净额。

资料来源：© Cengage Learning 2014.

贵成公司的销售退回准备账户在2012财务年度期初的余额为18百万美元，当期增加的销售退回准备为14百万美元，相关会计分录为：

  销售退回   14
    销售退回准备   14

其中，"销售退回"是"销售收入"的备抵账户，专门用来累积需要从销售收入总额中扣除的减项。借记"销售退回"账户将导致"销售收入（净额）"的减少，从而降低企业的利润。⊖"销售退回准备"账户也属于备抵账户，用作归集"应收账款（总额）"账户的减项。"销售退回准备"账户的余额表示企业预计将会取消的应收账款，或者预计将来将会退款给退货客户的现金。表8-6中的信息显示，贵成公司在2012财务年度中发生了销售退回（包含销售佣金的影响）共计15百万美元，因此，"销售退回准备"账户的余额为17(= 18 + 14 – 15)百万美元。

备抵法还可用于卖方企业对产品质量保证的核算。质量保证条款向买方承诺，当产品出现问题时，卖方将负责维修或进行置换，因此，在销售达成时，卖方企业应当要能够合理可靠地预计可能发生的质量保证成本。如果卖方企业暂时无法进行合理可靠地预计，则应当将收入的确认递延到能够完成预计或者等实际的质量保证成本已经发生了以后才确认收入。我们将在第9章中讨论质量保证成本的具体会计处理问题。简单总结一下就是，在与销售有关的未来现金流量还存在不确定性时，卖方企业都可以使用备抵法来进行会计处理。

8.4 在销售完成以后确认损益

一些企业在销售完成以后还会继续为买方提供实质性服务，而另一些企业在销售完成当时对能否在将来收到销售款项还存在着重大不确定性。在这两种情况下，因不确定情况的影响，收入确认条件在销售完成当时无法满足。在这里，我们重复一遍与收入确认相关的两个条件：

条件1：卖方已实质性地完成了它应当向买方履行的义务。

条件2：卖方已经从买方那里收到了一项能被可靠计量的资产，并且如果该项资产属于非现金资产项目的话，卖方应能合理地确保将该项目转换为现金的可能性。

8.4.1 实质性义务还未完成

在例题1至例题4中，卖方都在完成或者实质性地完成应向买方履行的义务之前就收到了客户支付的货币资金。比如，例题1中，好市多公司已经收到了50美元的会员年费；例题2中，宝爵禄葡萄园已经收到了1 500万欧元香槟酒合同价款的一半；例题3中，苹果公司在提供未来的非软件服务和软件升级服务之前，也收到了2 500美元；例题4中，庞巴迪公司在交付25辆高速列车以前就收到了2.5亿欧元价款。在这些情况下，虽然卖方企业都已经收到了货币资金（满足了条件2），但它们都还没有通过提供相应的商品或者服务来赚取到与这些货币资金所对应的全部收入（不满足条件1）。相反，在收到这些货币资金的同时，卖方企业承担了一项在将来提供商品或者服务的义务。这种义务属于**延期交货负债**（deferred performance obligations），常用的对应会计账户名称为"**预收账款**（advances from customers）"，也被称为**递延收入**（deferred revenue）或者**待赚取收入**（unearned revenues）。⊖与应付账款等其他负债项目不同，延期交货负债是不需要用支付货币资金的方式去偿还的，它需要企业

⊖ "销售退回"账户是销售收入的备抵账户，借记该账户将增加销售退回的金额，从而减少了当期的销售收入。从销售收入中减去销售退回，将降低当期销售收入净值和当期净利润。

⊖ 这个账户的名称并没有统一规定，一些企业所使用的名称具有比较强的行业特性，例如，航空公司通常将这种账户称为航空运输负债（Air Traffic Liability）。"递延收入"这个账户名称有时会给学生造成困惑，让人误以为这是一个利润表账户。本教材尽量避免将"收入"这个词用在资产负债表账户中。

通过提供承诺的商品或服务来了结。当企业如约提供了它们承诺买方的商品或者服务时，延期交货负债得以清偿，同时企业可以确认收入。

为说明在提供商品或者服务以前就收到了相关货币资金的会计处理，我们以例题 1 中的 50 美元会员年费为例来进行讲解。假定好市多公司在会计报告期末前一个月出售了一份会员资格，则它应编制如下会计分录，记录收到的客户付款和相关的未来服务义务（提供未来的购货许可）：

货币资金　　　　　　　　　　　　　　　　　　　　　　　　　　　　50.00
　　预收账款　　　　　　　　　　　　　　　　　　　　　　　　　　　　　　　50.00

只有当好市多公司完成了会员协议中所规定的义务之后，以上收入才算已经赚到。因此，它应该保障拥有会员资格的顾客在未来 12 月内可以在任意一家好市多店购物的权利。每月月末，随着当月义务的完成，好市多公司可以将这 50.00 美元中的 1/12，即 4.17 美元，确认为当月的收入：

预收账款　　　　　　　　　　　　　　　　　　　　　　　　　　　　4.17
　　销售收入　　　　　　　　　　　　　　　　　　　　　　　　　　　　　　　4.17

于是，在做完第一笔这样的分录以后，"预收账款"账户在会计期末的余额变为了 45.83 美元。

苹果公司出售 Mac 电脑的会计处理也与之类似，但涉及两个稍微复杂的因素。首先，2 500 美元的销售价款对应着三方面的内容：(1) 提供电脑实物给客户；(2) 非软件服务；(3) 软件升级服务。当客户从苹果公司取走电脑以后，苹果公司就已经赚得了第 (1) 方面的收入，但另两方面的收入所对应服务期涵盖了约定的产品寿命期间。因此，苹果公司可以根据这几方面服务内容的相对价格将整个交易售价分配给销售协议中所规定的各项服务内容。其中，这里的相对价格是指企业（或者提供类似产品或服务的其他企业）单独出售各项产品或者服务内容的成交价格，在有些情况下，相对价格是由企业估算出来的。用整个交易的成交价格乘以某单项产品或者服务内容的相对价格在全部产品或者服务内容的价格之和中所占的比重，就是分配给该单项产品或者服务内容的收入金额。举例来说，假定在苹果公司的这个例子中，三项产品或者服务内容的独立销售价格分别为：电脑，2 200 美元；非软件服务，300 美元；软件升级服务，200 美元。上述独立销售价格的合计为 2 700 美元，因此，苹果公司应将 2 500 美元的总收入进行如下分配（以下金额四舍五入到 1 美元）：

- $\underline{\$2\,037}\left(=\$2\,500\times\dfrac{\$2\,200}{\$2\,700}\right)$，分配给电脑本身；
- $\underline{\$\ \ 278}\left(=\$2\,500\times\dfrac{\$300}{\$2\,700}\right)$，分配给非软件服务；
- $\underline{\$\ \ 185}\left(=\$2\,500\times\dfrac{\$200}{\$2\,700}\right)$，分配给软件升级服务
- $\underline{\$2\,500}\,(=\$2\,037+\$278+\$185)$，交易成交总额

第二个比较复杂的问题是，应在什么时点对销售合同中各个不同的产品或者服务内容进行销售收入的确认。在销售完成时，苹果公司就已经完成了将电脑实物交付给客户的义务，因此，它可以在发货后就将 2 037 美元确认为电脑销售收入。⊖而非软件服务和软件升级服务在销售完成时都还没有完成交付义务。根据苹果公司在财务报告附注中的披露，该公司对此类未交付义务的收入确认是按照估计的服务时间（24~48 个月），使用直线法来进行会计处理的。假定本例中的服务期限为 48 个月，因此，下面这笔会计分录就是苹果公司在出售了一台 Mac 电脑以后应当编制的（为简化起见，我们假定这笔销售发生在苹果公司某会计年度的第一天）：

销售完成时（假定发生在某会计年度第 1 天）

货币资金　　　　　　　　　　　　　　　　　　　　　　　　　　　　2 500
　　销售收入　　　　　　　　　　　　　　　　　　　　　　　　　　　　　　　2 037
　　预收账款⊖　　　　　　　　　　　　　　　　　　　　　　　　　　　　　　463

以 2 500 美元的价格出售一台附加非软件服务和软件升级服务的 Mac 电脑。

⊖ 与此同时，苹果公司还应当确认与电脑销售相关的产品销售成本，但在本例题中暂时不予强调。
⊖ 苹果公司实际使用的账户名称为"递延收入"。

该会计年度期末

    预收账款   115.75

        销售收入   115.75

会计期末，确认当期实现的非软件服务和软件升级服务收入 115.75（=463/48 个月×12 个月）美元。

自习问题 8.3

实质性义务还未完成，在销售之后确认收入。 假定以下各项独立的交易均发生于斯堪尼亚公司截至 2013 年 12 月 31 日的会计年度中，为每项交易编制适当的会计分录。

a. 3 月：斯堪尼亚公司签订了一项出售 50 辆运输车的交易合同，合同总金额为 250 000 克朗，买方在合同签订以后立即支付了全部货款，斯堪尼亚公司预计将在 6 月份交货。

b. 5 月：斯堪尼亚公司出售了一辆卡车，成交价格为 725 000 克朗，卡车已经交付给买方，对方在交货时支付了 20% 的货款，并答应将在 60 天内支付余款。合同成交价格中还包含了将由斯堪尼亚公司在 6 月份提供的为期 2 天的操作培训，以及自发货之日开始计算的、为期 3 年的客户支持服务。以上产品或者服务的独立出售价格为：卡车，690 000 克朗；操作培训，40 000 克朗；客户支持服务，50 000 克朗。

c. 6 月：斯堪尼亚公司将交易 a 中的运输车交付给客户，并完成了交易 b 中的操作培训。

d. 9 月：斯堪尼亚公司与一位客户达成协议，将在 2014 年 1 月份与该客户签订合同销售 10 辆客运汽车了，合同总金额为 7 000 000 克朗。买方答应将在 10 月份先向斯堪尼亚公司支付 200 000 克朗定金。

e. 10 月：交易 d 中的客户向斯堪尼亚公司支付了 200 000 克朗。

f. 12 月：斯堪尼亚公司确认了 8 个月（5 月～12 月）的客户服务支持收入（交易 b）。

8.4.2 对将来收款的把握还存在重大不确定性

在一些销售业务中，卖方可能会难以合理可靠地估计将来收款的时点和金额。例如，在例题 5 的特许经营权安排中，被授权的特许经营人可在较长时期内逐步支付特许权经营费用。因此，在卖方已经提供了商品或者服务很长时间以后，才能实质性地收到买方的付款。由于特许经营（和其他小生意）的失败率较高，所以卖方是很难合理可靠地估计它将来最终能收到的特许经营费有多少的。

当销售达成时，如果卖方对于将来可能收款的金额或时点还存在着重大不确定性，美国公认会计原则和国际财务报告准则都要求企业应该在实际能收到货币资金时再确认销售收入。这种情况下常见的会计处理方法有两种：**分期收款确认法**（installment method）和**成本回收法**（cost recovery method）。㊀下面我们介绍卖方应如何使用这两种方法。

分期收款确认法㊁ 在分期收款确认法下，卖方应根据买方付款的进度来确认销售收入，并根据交易涉及商品或服务的**毛利率**（gross margin percentage），将毛利总额在多个会计期间进行分配。其中，毛利是指销售收入扣除销货成本之差，而毛利率则等于毛利除以销售收入所得到的百分比。

举例来说，假定一位顾客同意在未来三年内分三次共计支付货款 20 000 英镑，三次付款金额分别为 7 500 英镑、8 750 英镑和 3 750 英镑；㊂交易所售商品在卖方企业的采购成本为 14 000 英镑。因此，本笔交易的毛利额为 6 000（=20 000 − 14 000）英镑，毛利率则为销售收入的 30%（=6 000/20 000）。在这笔交易达成时，卖方已将商品所有权转移给了买方，并换回了一项应收账款，但这笔应收账款的可收回性还存在着高度的不确定性。因此，

㊀ 根据美国公认会计原则，会计原则委员会发布的第 10 号意见书"综合意见——1966"（汇编主题 605）第 12 段和相关附注 8 介绍了这些方法。而国际财务报告准则并未提到这些方法。

㊁ 我国现行会计准则中并未采用这里所介绍的分期收款确认法。——译者注

㊂ 本例题（和本章的其他例题）都没有考虑客户延期付款额的利息问题。

在销售达成时，卖方应当确认应收账款的增加，贷记存货的减少，但相关的销售毛利则应当递延到实际收到了货币资金以后再予以确认。[⊖]所以，在本例中，卖方公司在销售达成以后应编制的会计分录为：

应收账款（总额）	20 000	
存货		14 000
递延毛利		6 000

按企业出售商品的成本贷记资产负债表中的存货账户，同时确认应收账款和递延毛利账户。[⊖]

以后，如果卖方实际收到了买方支付的货币资金，则可以将其确认为收入，同时，用毛利率（如本例中的30%）乘以所收到的资金额，确认相应的毛利，并按收入金额的70%确认成本。因此，当客户真正支付第1笔金额7 500英镑时，卖方企业应当确认相应的收入和成本，会计分录为：

货币资金	7 500	
递延毛利	2 250	
销货成本（销售收入7 500英镑的70%）	5 250	
应收账款（总额）		7 500
销售收入		7 500

记录第1笔分期付款7 500英镑，按实际收到的货币资金额确认为收入，按毛利率与该收入额的乘积2 250（=30%×7 500）英镑减少递延毛利，并按收入额的70%确认销货成本。此笔分录对利润的影响为2 250（=销售收入7 500 - 销货成本5 250）英镑。

当卖方企业收到买方所支付的第2笔付款8 750英镑时，应编制会计分录：

货币资金	8 750	
递延毛利	2 625	
销货成本（销售收入8 750英镑的70%）	6 125	
应收账款（总额）		8 750
销售收入		8 750

记录买方支付的第2笔分期付款8 750英镑，按实际收到的货币资金额确认为收入，按毛利率与该收入额的乘积2 625（=30%×8 750）英镑减少递延毛利，并按收入额的70%确认销货成本。此笔分录对利润的影响为2 625（=销售收入8 750 - 销货成本6 125）英镑。

当收到买方企业支付的第3笔付款时，应编制会计分录：

货币资金	3 750	
递延毛利	1 125	
销货成本（销售收入3 750英镑的70%）	2 625	
应收账款（总额）		3 750
销售收入		3 750

记录买方支付的第3笔分期付款3 750英镑，按实际收到的货币资金额确认为收入，按毛利率与该收入额的乘积1 125（=30%×3 750）英镑减少递延毛利，并按收入额的70%确认销货成本。此笔分录对利润的影响为1 125（=销售收入3 750 - 销货成本2 625）英镑。

这样，当买方最终完成了第3笔货款的支付以后，卖方企业资产负债表中的"应收账款（总额）"账户的余额就变为0了，卖方关于这笔交易累计确认的收入刚好等于20 000（=7 500 + 8 750 + 3 750）英镑，累计确认的成本为14 000（=5 250 + 6 125 + 2 625）英镑，而累计实现的毛利也刚好等于6 000（=20 000 - 14 000 = 2 250 + 2 625 + 1 125）英镑。

如果买方后来不能按要求支付全部货款，则卖方企业可以想办法重新收回所出售的商品，并按商品的可实现

⊖ 递延毛利不属于负债，因为卖方已经完成了它应当向卖方提供的义务。从概念上来讲，递延毛利应当属于资产备抵账户（美国财务会计准则委员会《财务会计概念公告第6号：财务报表的要素》（1985年版，第232-234段）；但是，很多公司都将递延毛利列报为流动负债，或者报告在负债和股东权益项目之间。

⊖ 在本教材中，我们根据《概念公告第6号》的精神，将递延毛利报告为资产的减项。

净值重新将其报告为存货。同时，卖方企业还应当注销对应"应收账款（总额）"账户和"递延毛利"账户的余额，确认重新收回商品时的损益。在本例中，假定客户没能完成第3次付款，卖方企业从买方那里收回了存货，但这批存货的可实现净值只有2 600英镑了，那么，卖方企业应编制会计分录：

存货——重新收回存货	2 600	
递延毛利	1 125	
重新收回存货发生损失（调整项目）	25	
应收账款（总额）		3 750

注销无法收回的分期收款债权（3 750英镑）和相关的递延毛利（1 125英镑），按可实现净值（2 600英镑）确认重新收回的存货，并确认损失（25英镑）。

成本回收法[⊖] 成本回收法要求企业在全部成本收回以前，均按每次实际收到的货币资金金额同时确认收入和成本。即在全部成本得以回收以前，卖方企业在每次收到买方付款时都确认相同金额的收入和成本，不确认毛利和损益；直到卖方所收到的买方付款金额已累计超过了所售商品的成本以后，买方再付款时，就只确认收入而不再确认费用了。在销售达成时，成本回收法下的会计处理与分期收款确认法下是一致的，两种方法之间的差异主要在于买方在今后进行分期付款时的会计处理。成本回收法不需要用毛利率去乘以客户的分期付款额，而是按每期实际收款额同时确认相等金额的收入和成本，直到全部成本都回收完毕。仍然沿用前面的例题，我们来看看在成本回收法下所编制的会计分录与分期收款确认法下的差别。由于两种方法下在销售达成时的会计分录都是一致的，这里就不再重复销售达成时的会计处理了。

当收到买方第一次支付的7 500英镑时，卖方企业应编制会计分录：

货币资金	7 500	
销货成本（借贷平衡额）	7 500	
应收账款（总额）		7 500
销售收入		7 500

收到买方企业首期付款7 500英镑，按实际收款额确认收入，同时确认与收入金额相等的成本。至此，卖方企业已将总成本14 000英镑中的7 500英镑收回。此笔分录对利润的影响为0（＝销售收入7 500－销货成本7 500）英镑。

当收到买方企业支付的第二期货款8 750英镑时，卖方企业应编制会计分录：

货币资金	8 750	
递延毛利	2 250	
销货成本	6 500	
应收账款（总额）		8 750
销售收入		8 750

收到买方企业第二次付款8 750英镑，按实际收款额确认收入，并确认销货成本6 500英镑。因为此笔交易涉及的总成本为14 000英镑，在上一笔收款中已经回收了7 500英镑，所以这里只需要再回收6 500英镑就已收回了全部成本。此笔分录对利润的影响为2 250（＝销售收入8 750－销货成本6 500）英镑。

当收到买方企业第三期支付的货款3 750英镑时，卖方企业应编制会计分录：

货币资金	3 750	
递延毛利	3 750	
应收账款（总额）		3 750
销售收入		3 750

收到买方企业第三期付款3 750英镑，按实际收款额确认收入。由于此时卖方已经回收了此笔交易的全部成本14 000英镑，因此此笔收款额应全部确认为当期利润。此笔分录对利润的影响为3 750（＝销售收入3 750－销货成本0）英镑。

[⊖] 我国现行会计准则中并未采用成本回收法。——译者注

如果买方未能如约支付货款，卖方可收回已出售的商品。此时的会计处理与分期收款确认法一致。

分期收款确认法与成本回收法比较　分期收款确认法比成本回收法更早报告利润，即使顾客最后没能全额付款，在分期收款确认法前期也会确认利润。这种差别主要源自两种方法所依赖的假定不同。分期收款确认法假定卖方会收到买方承诺的全部付款额，[一]而成本回收法则假定收款存在高度不确定性。因此，成本回收法要求等待全部成本都已经回收以后，再考虑确认利润。

美国公认会计原则规定，只有当应收账款的期限较长、并且卖方难以合理可靠地估计将来能收回的金额时，才能够选择使用分期收款确认法或者成本回收法。[二]国际财务报告准则对此没有具体规定，但在它的一般指南中有类似的定性规定。

自习问题 8.4

对收款结果不确定时的损益确认。假定斯堪尼亚公司在 2013 年 1 月 1 日答应按 1 080 000 克朗的价格出售两辆卡车给一家名为希望工程（Project Hope）的非营利组织，后者正在计划开辟运输业务。这两辆卡车在斯堪尼亚公司账簿中记录的成本为 980 000 克朗。对此项业务，希望工程组织已收到了部分投资，但它的商业计划显示，包括预计未来现金流量在内的很多财务问题还存在较大的不确定性。斯堪尼亚公司同意在 1 月份交付卡车，并答应希望工程组织可以分 12 期按月等额付款，其中首次付款日为 2013 年 6 月 30 日。假定希望工程组织如期支付了前三次货款，但未能支付后续款项；斯堪尼亚公司在 2013 年 12 月收回了两辆卡车的所有权，并估计这两辆卡车的可实现净值为 690 000 克朗。要求：做出下列两种情况下斯堪尼亚公司对上述交易应编制的会计分录：

a. 斯堪尼亚公司采用分期收款确认法。
b. 斯堪尼亚公司采用成本回收法。

8.5　在发货前确认损益

如果企业与买方达成的是一项长期合同，则也可能在合同期间内（即将承诺的商品交付给顾客以前）就分期确认收入和费用。比如，庞巴迪公司出售火车的例子（例题 4）就是这样。长期合同（例如，飞机、火车、船舶或建筑物等产品的制造或修建合同）通常具有以下三个特点：

1. 建造期（生产期）横跨多个会计期间。
2. 卖方所生产或者建造的产品已有确定的买方，并且卖方已经与买方事先就合同价格达成了一致，对买方将来的付款能力不存怀疑。
3. 买方通常会随着生产或者建造进度而分期付款，这种款项一般被称为**分期进度款**（progress payments）。

具有上述特征的长期合同，如果满足在生产或者建造期确认收入的条件，就可以确认收入。这些条件是：

- 根据合同安排，已有确定的买方、买卖双方对将要交付的具体产品和产品交易价格已经达成一致。
- 卖方可以合理地预期买方将会随工程进度分期支付合同价款，或者在卖方完工时付款。
- 卖方可以合理可靠地预计它完成合同标的产品所需要发生的成本总额。

根据美国公认会计原则和国际财务报告准则的要求，如果合同安排符合上述这些条件，那么，企业就可以使用完工百分比法在合同期间确认相应的收入和费用。但是，如果合同安排不能同时符合上述条件，美国公认会计原则要求企业使用全部完工合同法确认收入。国际财务报告准则不允许企业使用全部完工合同法，而是规定了另一种类似于成本回收法的会计处理。[三]我们下面将介绍完工百分比法和全部完工合同法的应用。

[一]　或者如果买方停止了付款，卖方是可以重新收回商品从而弥补其还未回收的成本的。
[二]　会计原则委员会《第 10 号意见书：综合性意见》（1966 年版）注释 8（汇编主题 605）。
[三]　美国公认会计原则体系中，《第 45 号会计研究公报：长期建造合同》（1955 年版）（汇编主题 605）对此有规定。国际财务报告准则体系中，在《国际会计准则第 11 号：建造合同》（1993 年版）中规定。

8.5.1 完工百分比法

完工百分比法（percentage-of-completion method）在产品建造或者生产期的每个会计期间都将合同总金额的一部分确认为收入，每一期所确认的收入金额是由当期所完成的工作量占预计工作总量的百分比来决定的。[⊖]在实务中，常用截至目前已经发生的成本占预计至完工将要发生的总成本之比来表示完工程度。[⊖]一般情况下，企业需要在一个被称为"建造工程"（construction in progress，或"工程施工"，construction in process）的存货账户中累积建造所发生的成本。每一次，当企业按工程进度将合同总金额的一部分确认为收入的同时，也需要按同样的完工百分比将预计合同总成本的一部分确认为费用，即借记"销货成本"账户，贷记"建造工程"账户。完工百分比法符合权责发生制和配比原则的要求，收入确认不受收款计划（指分期工程款）的影响。即使合同规定买方在卖方交付了产品之后才一次性支付合同价款，只要卖方认为将来的收款是有保障的，并且能够合理地预计完工的总成本，也可以使用完工百分比法。

为说明完工百分比法的具体账务处理要求，我们仍以例题 4 中的信息为例，庞巴迪公司答应在未来 4 年内向客户提供 25 辆火车，合同总价款为 20 亿欧元。在签订合同时，客户就支付了 250 百万欧元，余款将在未来 4 年的每年年末分期等额支付 437.5 百万欧元。庞巴迪公司预计完成合同将会发生的总成本为 16 亿欧元，分别为：第 1 年，400 百万欧元；第 2 年，600 百万欧元；第 3 年，400 百万欧元；第 4 年，200 百万欧元。合同将实现的预期总毛利为 4 亿欧元（= 20 亿欧元 − 16 亿欧元）。假定庞巴迪公司按实际已发生的成本占预计总成本的比作为完工百分比，因此，它应当按下表中的金额分年确认收入和费用（货币单位为百万欧元）：[⊜]

年	完工进度	收入	−	费用	=	利润
1	€400/€1 600 = 25.0%	€500		€400		€100
2	€600/€1 600 = 37.5%	750		600		150
3	€400/€1 600 = 25.0%	500		400		100
4	€200/€1 600 = 12.5%	250		200		50
		€2 000	−	€1 600	=	€400

在收到首笔付款时，庞巴迪公司应编制会计分录：

第 1 年年初

货币资金	250.0	
预收货款		250.0

签订合同时，收到 250 百万欧元。

在第 1 年年末，庞巴迪公司应确认收到的第 1 笔分期付款额和按完工百分比法确认当期的收入和费用（第 1 年的完工进度为 25%）：

第 1 年年末

货币资金	437.5	
预收货款		437.5

收到剩余合同价款的第 1 笔分期付款额 437.5（= 25% × [2 000 − 250]）百万欧元。

预收货款	500.0	
销货成本	400.0	
销售收入		500.0
建造工程		400.0

在第 1 年年末，预收账款账户的余额为 187.5（= 250.0 + 437.5 − 500）百万欧元。

[⊖] 有时，随着时间的推移，预计完工总成本也可能会发生变化，这时，每期所确认的收入金额就由截至当期期末所完成的累计完工百分比与截至上期期末所完成的累计完工百分比之差与合同总金额的乘积来决定。

[⊖] 此外，还有一种本书并未介绍的计量完工进度的方法，即工程估计法。在这种方法下，需要由专家通过对建造过程中实物进行勘察来判断工程的完工进度。

[⊜] 假定在本例中，庞巴迪公司实际发生的成本与它预期的每年成本和总成本是相等的。

在第2年年末，庞巴迪公司应确认收到的第2笔分期付款额，并同时按完工百分比法确认当年的收入和费用（当年的完工进度为37.5%）：

第2年年末

货币资金	437.5	
预收货款		437.5

收到剩余合同价款的第2笔分期付款额437.5（=25%×[2 000-250]）百万欧元。

应收账款（总额）	125.0	
预收货款	625.0	
销货成本	600.0	
销售收入		750.0
建造工程		600.0

在庞巴迪公司确认第2年的收入以前，预收账款账户的余额为625（=期初余额187.5+437.5）百万欧元。庞巴迪公司首先将预收账款余额减少至0（即借记该账户625百万欧元），然后将剩余的收入125（=750-625）百万欧元借记"应收账款（总额）"账户。⊖

第3年年末，庞巴迪公司应确认收到的第3次分期付款额，并按完工百分比法确认当年的收入和费用（第3年的完工进度为25.0%）：

第3年年末

货币资金	437.5	
应收账款（总额）		125.0
预收货款		312.5

收到剩余合同价款的第3笔分期付款额437.5（=25%×[2 000-250]）百万欧元。庞巴迪公司应首先用此金额冲减客户欠款额（应收账款总额），然后再将剩余的款项记录为预收账款。

应收账款（总额）	187.5	
预收货款	312.5	
销货成本	400.0	
销售收入		500.0
建造工程		400.0

在庞巴迪公司确认第3年的收入以前，预收账款账户的余额为312.5百万欧元。记录第3年的收入时，庞巴迪公司首先将预收账款余额减少至0（即借记该账户312.5百万欧元），然后将剩余的收入187.5（=500-312.5）百万欧元借记"应收账款（总额）"账户。

在第4年年末，庞巴迪公司应确认收到的最后一期分期付款额，并按完工百分比法确认当年的收入和费用（第4年的完工进度为12.5%）：

第4年年末

货币资金	437.5	
应收账款（总额）		187.5
预收货款		250.0

收到剩余合同价款的最后一笔分期付款额437.5（=25%×[2 000-250]）百万欧元。作为卖方，应首先用此金额冲减客户欠款额（应收账款总额），然后再将剩余的款项记录为预收账款。

预收货款	250.0	
销货成本	200.0	
销售收入		250.0
建造工程		200.0

⊖ 庞巴迪公司也会应用本章稍前所介绍的备抵法来估计可能发生的坏账损失。

8.5.2 全部完工合同法

全部完工合同法（completed contract method）也适用于长期建造合同及类似合约。在这种方法下，卖方需要等到全部建造或者生产工作都已经完成，并将产品交付给买方以后，才能确认收入。美国公认会计原则规定，全部完工合同法主要适用于卖方企业对未来的成本或者收款情况缺乏可靠的估计，从而导致合同的结果出现不确定时。沿用前面的例子，如果庞巴迪公司使用全部完工合同法来进行会计处理的话，那么它在这份火车销售合同的前3年中都不能确认任何收入或者费用，一直要等到它向买方交付了25辆火车之后，才一次性地确认20亿欧元的收入和16亿欧元的销货成本。在完工百分比法和全部完工合同法下，这笔交易的毛利总额都是4亿欧元，但在全部完工合同法下，这4亿欧元是在项目完成当期一次性确认的。如果使用全部完工合同法，在火车的生产建造期间，庞巴迪公司收到客户付款（分期进度款）时，应借记"货币资金"账户，贷记"预收账款"账户；同时，还应将生产建造期间发生的成本累积在"建造工程"账户中。

8.5.3 完工百分比法与全部完工合同法比较

相对来说，采用完工百分比法能报告卖方在合同期间的业绩信息，而全部完工合同法将所有利润都只确认在合同完工期间，所以，完工百分比法能比全部完工合同法更及时地反映当期业绩情况。不过，合同期如果越短，两种方法下的会计差别就会越小。

由于合约安排的最重要一点是收入确认的条件，因此，在没有与特定的买方签下合同时，企业就应当使用全部完工合同法。比如，建造商基于投机目的而开发的住宅房产，这些房产是否能销售出去还依赖于未来的市场情况，而且，未来的销售价格和收款情况都还存在着很大的不确定性。此外，即使合同的价格已经确定，如果对于合同涉及的成本总额还存在重大不确定性，卖方也不能使用完工百分比法。

8.5.4 当卖方无法可靠估计合同结果时，国际财务报告准则对合同收入的确认要求

国际财务报告准则规定，当合同结果可以得到合理可靠的估计时，卖方可以使用完工百分比法。但当卖方无法合理可靠地估计合同成本或者收入时，国际财务报告准则规定卖方应当按已经发生的成本确认费用，按已经发生并可回收的成本金额确认收入。这种会计处理与前面介绍的成本回收法非常类似。

自习问题8.5

长期建造合同的损益确认。假定通用建筑工程公司（General Construction Company）与一位中国客户在2013年6月签订合约，为其承建一栋标价为14 500万元的建筑大楼。通用建筑工程公司计划该项目将在2014年1月1日开建，预计将在2016年9月完工，预计完成整个合同的总成本为10 000万元。通用建筑工程公司在2014年、2015年和2016年实际发生的建造成本分别为3 000万元、6 000万元和1 000万元。合同买方答应将在每年年初支付等额的工程进度款。通用建筑工程公司在2016年9月如期完成了合同要求。请计算在下述几种假定下，通用建筑工程公司在2014年、2015年和2016年的毛利润（即收入减费用之差）：

a. 通用建筑工程公司使用完工百分比法。
b. 通用建筑工程公司使用全部完工合同法。
c. 当合同结果不能可靠地估计时，通用建筑公司使用国际财务报告准则规定的方法进行核算，假定本例中全部所发生的成本都是可收回的。

本章小结

对大多数企业来说，收入是最大的一个持续性财务报表项目，也是企业经营获利能力的一个重要指标，它代表着企业与客户进行交易所取得的经济利益流入。收入以及相关费用的确认时点和计量问题，需要遵从美国公认会计原则和国际财务报告准则的具体规定。在准则指南中，详细规定了在什么样的情形下需要在销售达成之前、之后或者当时就确认收入。在确认收入之前，卖方必须已经完成或者实质性完成了它应向买方所履行的义务，并且能可靠地估计它能够从买方那里获得的现金或者其他资产的现金等值金额。如果这两个条件中的任

意一个不能得到满足,那么卖方企业都必须将收入的确认时点往后递延。此外,会计准则指南还对一揽子交易和长期合同等特殊情况进行了专门规定。

企业的应收账款(总额)账户反映客户承诺将来会付款的金额,在资产负债表上,应收账款项目是按扣除了估计难以收回的坏账金额以后的净值列报的。当卖方企业判定某笔应收账款成为坏账时,应当将该笔应收账款予以注销。

|附录8A| 美国公认会计原则和国际财务报告准则关于收入确认条件的对比

8A.1 美国公认会计原则对收入确认条件的规定

概念指南指出,当交易同时满足以下两个条件时,卖方就可以确认收入:⊖

1. 卖方已经赚得了收入。即卖方已经实质性地完成了它应向买方履行的义务。("已赚取"条件)
2. 该收入已经实现或者可以实现。即卖方已经收到了现金或者其他可以转换为现金的资产。("已实现"或者"可实现"条件)

此外,美国证券交易委员会(SEC)在《专职会计公告第104号》(SAB 104)中将收入确认条件总结为以下4个:⊜

1. 表明存在销售约定的证据是具有说服力的。
2. 商品已经交付或者服务已经提供。
3. 所提供的商品或者服务的价格是固定的或者是可确定的。
4. 可以合理地确信能够收到货款;即卖方可以计量收入的金额并合理地确信它能够最终收到这笔收入。

《专职会计公告第104号》中所规定条件2、3和4与《第5号财务会计概念公告》中的规定十分类似,但前者还要求具有说服力的证据能表明与买方之间的销货安排确实是存在的,例如合同、前期商业往来或者商业实务惯例等。在销货安排中,对买卖双方关于交易的性质、商品或者服务的交易条件、买卖双方应承担的风险、付款时间等类似事项,应有明确的规定。

8A.2 国际财务报告准则对收入确认条件的规定

国际财务报告准则要求区分商品销售收入和劳务收入。⊜以下是它所规定的五个商品销售收入确认条件;其中,第1条和第2条仅适用于商品销售收入:

1. 卖方已将商品所有权上的主要风险与报酬转移给买方。
2. 卖方既没有保留通常与所有权相联系的继续管理权,也没有对已售出的商品实施有效控制。
3. 收入的金额能够可靠地计量。
4. 与此笔交易相关的经济利益很可能流入企业。
5. 相关的已发生或将发生的成本能可靠地计量。

根据国际财务报告准则,劳务收入的确认条件只需要在上述第3条、第4条和第5条之外再加上1条:截至报告期末,交易的完工进度能够可靠地确定。

8A.3 美国公认会计原则与国际财务报告准则的比较

在国际财务报告准则所规定的商品销售收入确认条件中,第1条和第2条等同于美国公认会计原则中的"已赚取"条件——均强调卖方已经完成了它应向买方履行的义务。第3条和第4条等同于美国公认会计原则中的"已实现"或"可实现"条件——均强调卖方应当已经获得了一项能够可靠计量的资产,且该资产能带来利益流入。最后,国际财务报告准则所规定的第5条确认条件,与成本计量或费用确认有关。

因此,美国公认会计原则和国际财务报告准则在强调收入的赚取过程(国际财务报告准则将其描述为与所有权相关的风险和报酬的转移)和实现原则(国际财务报告准则将其描述为可靠计量和经济利益流入)方面是一致的。但是,这并不是说美国公认会计原则和国际财务报告准则对收入确认条件的规定是完全相同的。美国公认会计原则规定了超过200项具体的收入确认标准指南,大多与特定行业或者特定交易类型相关。而国际财务报告准

⊖ 财务会计准则委员会《第5号财务会计概念公告:企业财务报告的确认和计量》(1984年版),第83~84段。
⊜ 美国证券交易委员会,《专职会计公告第104号》,第17 CFR,211部分,2003年12月。
⊜ 国际会计准则委员会《国际会计准则第18号:收入》(1993年版)。

则只提出了一个普遍标准和少量具体的特定标准。因此，举例来说，美国公认会计原则对特许权使用费、软件销售收入和房地产销售收入等都进行了具体的规定，而国际财务报告准则对收入确认的规定却没有具体到这种特定行业交易的层面。⊖

|附录8B|　FASB-IASB 收入确认联合方案概述

8B.1　联合方案的起源与目标

美国财务会计准则委员会（FASB）和国际会计准则理事会（IASB）在 2008 年共同发布了一份讨论稿，提出了改进和趋同收入确认指南的初步方案。该联合方案的目标包括：

- 在不与美国公认会计原则和国际财务报告准则发生重大偏差的情况下，制定一项适用于绝大多数收入交易的单一会计准则。
- 消除双方现有准则体系中的不一致和不足之处。
- 减少收入确认的不同处理方法。
- 增强财务报告的可比性，为财务信息使用者提供更有用的信息。

2010 年 6 月，美国财务会计准则委员会与国际会计准则理事会就收入的确认问题发布了联合征求意见稿，并在 2012 年 1 月再次发布修订后的征求意见稿。在这些征求意见稿中，规定了收入确认要求并希望从财务报表的编制者、使用者、审计师和其他主体那里寻求各种输入信息。截至本书交付印刷之前，财务会计准则委员会和国际会计准则理事会正在考虑这些输入信息。在本附录中，总结了 FASB-IASB 收入确认联合方案的一些特点。

8B.2　提议的方案

在附录 8A.1 中，我们总结了截至本书交付印刷之前根据美国公认会计原则和国际财务报告准则所规定的收入确认基本条件。由美国财务会计准则委员会和国际会计准则理事会联合开发的这套收入确认方案将以一项单一的核心原则取代现有的这些基本收入确认条件：

> 收入确认的时点由商品或者服务是否已经提供给买方来决定，这依赖于买方是否已经获得了被转移物品的控制权，商品或者服务的交付可能是一次性发生的，也可能是需要在一段时期内才能完成的。

上述核心原则的应用涉及 5 个步骤，其中第 1 步应当以买卖双方之间已达成了隐性或者显性的买卖合约为前提：

1. 确认与买方之间已达成的合约。
2. 确认合约中所规定的单独履约义务（在这一步中，可能包括确认一揽子合同中的各个单独项目）。
3. 确定交易价格。
4. 将合约交易价格分摊至合同中各项单独履约义务。
5. 在履约义务完成后（即当买方获得了商品或者服务的控制权以后，举例来说，买方拥有了法定所有权或者占有了实物以后）即可确认收入。该提案还规定，在满足特定条件的情况下，卖方可在一段时期内逐渐完成履约义务。

上述联合方案在大多数情况下并不影响当前的会计实务。比如，对在销售达成时就付款的现金交易，收入的确认是不受影响的。此外，该提案也没有否定完工百分比法的使用。另一方面，大多数在现行会计实务中会受到此提案影响的交易安排已超过了本书作为基础性教材的讨论范围，因此，我们只强调联合方案与第 8 章中所讨论会计方法在以下 4 个方面存在的可能差异：

1. 联合方案强调与买方之间需要存在交易合同，而不是收到了一项资产。由于该提案对收入确认中的收款情况不做要求，因此分期确认收入法和成本回收法可能会受到影响。但是，如果收款的可能性存在严重的质疑，往往就不可能存在交易合同，这样的话也不可能确认收入了。

2. 联合方案强调交易价格，而不是当前《专职会计公告第 104 号》中所规定的固定或者可确定的金额。交易价格有可能受一些可变因素的影响，从而可能需要对交易金额进行估算。

3. 对于一揽子合同，联合方案要求卖方要先进行评估，然后在此基础上进行区分（distinct）和分解。其中，区分和分解是在此次共同提案中新提出来的，如果卖方经常单独销售某项商品或者服务，或者买方能够从某项商品服务中单独受益，那么此项商品或者服务就是可区分和分解的。不过，联合方案要求将整个合同收入分摊到各

⊖ 美国财务会计准则委员会，《财务会计准则公告第 45 号：特许权使用费收入的会计处理》（1981 年版，汇编主题 952），《财务会计准则公告第 66 号：房地产销售收入的会计处理》（1982 年版，汇编主题 360）。

单项可区分的收入项目中，与本章中所讨论的苹果公司以合同涉及产品或者服务的单独销售价格或者估计价格为标准来分摊合同总金额的会计处理是非常类似的。

4. 联合方案要求将预计不能收回的应收账款（比如坏账费用）确认为收入的减项，而不再是一项费用。这一变化本身对利润没有影响，但对利润表中各项目的金额会产生影响。

自习问题解答

自习问题8.1解答参考
（索尼公司；收入确认的时点）

a. 在将电视机发货给贵成公司时，索尼公司已经发生了绝大部分的成本费用。根据经验，索尼公司应有足够的信息支持它们可靠地估计出可能毁损或出现质量问题的电视机成本。因此，该销售安排符合收入确认的第1个条件——已经实质性完成了应当完成的义务。本交易中，已有达成的交易价格（每台电视机2 000美元），并且贵成公司承诺将在30天内付款，所以，第2个条件也已满足。索尼公司可在贵成公司取得这批电视机的所有权时确认销售收入。通常，这个时点应当是贵成公司收到这批电视机的时候，或者索尼公司发出这批电视机的时候。

b. 这种交易安排与"a"的比较类似。在发货时，索尼公司已经满足了第1个收入确认条件的要求。但是，对于贵成公司在将来是否会要求退货和退款，却存在着较大的不确定性。索尼公司可视以下这两个事件谁更早发生来确认销售收入：（1）贵成公司通知索尼公司这批电视已被全部售出，（2）自贵成公司收到这批电视机以后，6个月的退货期已经过去。在以上这两种情况下，退回电视机的可能性就索尼公司来说都已经消失了，而贵成公司已经承诺了将在30天内付款。此外，根据美国公认会计原则，如果索尼公司能够可靠地预计贵成公司可能退回的电视机数量，并且满足一些其他条件要求，则也可以像上述"a"部分那样在销售完成时就确认收入的实现。

c. 在这种情况下，贵成公司实质上成为索尼公司所生产电视机的受托代销人，而索尼公司则是委托代销方。在委托代销协议中，委托人（索尼公司）将商品（电视机）发货给受托人（贵成公司）用作销售目的，在贵成公司将商品销售出去以前，商品的所有权仍然由索尼公司持有。因此，由于索尼公司最终所能收到的款项还取决于贵成公司是否能将电视机销售出去、以及最终的销售价格，所以，在发货给贵成公司的时候，索尼公司还不能确认销售收入，因为无论是从时间还是金额来判断，索尼公司最终所能收到的款项在发货时都是不确定的。所以，只有在索尼公司实际收到了贵成公司交来的销售款项，或者收到了贵成公司发来的通知，列明了当期已经销售的金额以后，索尼公司才能够确认销售收入。

自习问题8.2解答参考
（斯堪尼亚公司；在销售完成时确认收入）

a. 以每台卡车发动机20 000克朗的价格卖出4台，买方同意在60天内支付货款。
　　应收账款（总额）　　　　　80 000
　　　　销售收入　　　　　　　　　　80 000

b. 与某位客户签订了50辆运输车的交易合同，合同总价为250 000克朗。由于此时斯堪尼亚公司还未完成任何义务，客户也没有付款，因此不做任何会计分录。

c. 交易a中的客户全额支付了4台卡车发动机的货款。
　　货币资金　　　　　　　　　80 000
　　　　应收账款（总额）　　　　　　80 000

d. 将一辆卡车以725 000克朗的价格卖出。
　　货币资金　　　　　　　　　145 000
　　应收账款（总额）　　　　　580 000
　　　　销售收入　　　　　　　　　725 000

e. 将运输车发货，确认收入并记录客户付款。
　　货币资金　　　　　　　　　250 000
　　　　销售收入　　　　　　　　　250 000

f. 注销一项无法收回的坏账，金额为580 000克朗。
　　坏账准备　　　　　　　　　580 000
　　　　应收账款（总额）　　　　　　580 000

g. 估算当年赊销引起的坏账费用，计提坏账准备。
　　坏账费用　　　　　　　140 000 000
　　　　坏账准备　　　　　　　140 000 000

自习问题8.3解答参考
（斯堪尼亚公司；实质性义务还未完成，在销售之后确认收入）

a. 将买方支付的50辆运输车合同款250 000克朗记录为预收账款，因为斯堪尼亚公司此时还没有完成交付运输车的义务：
　　货币资金　　　　　　　　　250 000
　　　　预收账款　　　　　　　　　250 000

b. 记录出售卡车、提供操作培训和客户支持服务的收入：
货币资金	145 000	
应收账款（总额）	580 000	
销售收入		641 347
预收账款		83 653

3件合同标的物的独立销售价格之和为780 000（=690 000+40 000+50 000）克朗，分配给卡车的成交金额为641 347（=725 000×[690 000/780 000]）克朗；分配给操作培训服务的成交金额为37 179（=725 000×[40 000/780 000]）克朗；分配给客户支持服务的成交金额为46 474（=725 000×[50 000/780 000]）克朗。

c. 交付交易a中的运输车和完成了交易b中的操作培训，分别应编制会计分录：

预收账款	250 000	
销售收入		250 000
预收账款	37 179	
销售收入		37 179

d. 只是达成协议，所以不需要做任何会计处理。

e. 交易d中的客户如约付款，应编制会计分录：

货币资金	200 000	
预收账款		200 000

f. 编制调整分录，记录5月~12月已经实现的合计8个月的客户支持服务收入（交易b）：

预收账款	10 328	
销售收入		10 328

在交易b中，分配给客户支持服务的合同总金额为46 474（=725 000×[50 000/780 000]）克朗。斯堪尼亚公司应将该金额在客户支持服务合计3年的有效期内进行均匀分摊，因此，在2013年5月~12月期间中应确认的客户服务收入为10 328（=46 474×[8个月/36个月]）克朗。

自习问题8.4解答参考

（斯堪尼亚公司；对收款结果不确定时的损益确认）

a. **分期收款确认法下的分析和会计分录**。在销售达成时，斯堪尼亚公司应从账上注销这两辆卡车，确认一笔应收账款，并确认递延毛利100 000（=1 080 000-980 000克朗）。这笔交易的毛利率为大约9.26%（=100 000/1 080 000）。销售达成时的会计分录应为：

应收账款（总额）	1 080 000	
存货		980 000
递延毛利		100 000

按照惯例，斯堪尼亚公司可将递延毛利报告在负债项目中；但本书根据《概念公告第6号》的要求，将递延毛利作为资产减项处理。

6月~8月：希望工程项目一共按月支付了3期货款，针对每一期付款，斯堪尼亚公司都应编制如下会计分录：

货币资金	90 000	
递延毛利	8 334	
销货成本（使借贷平衡额）	81 666	
销售收入		90 000
应收账款（总额）		90 000

斯堪尼亚公司收到合同总金额的1/12，即90 000（=1 080 000/12个月）克朗，按此金额确认收入。在分期收款确认法下，斯堪尼亚公司同时还需要确认毛利8 334=毛利率（9.26%）×实际收款（90 000）克朗。希望工程项目支付了3次90 000克朗后，应收账款账户的余额为810 000（=1 080 000-3×90 000）克朗；递延毛利账户的余额为74 998（=100 000-3×8 334）克朗。

希望工程项目未能如约支付后期款项，2013年12月，斯堪尼亚公司重新收回了这两辆卡车的所有权，此时卡车的可实现净值为690 000克朗。斯堪尼亚公司应编制会计分录：

存货——回收存货	690 000	
递延毛利	74 998	
商品回收损失（使借贷平衡额）	45 002	
应收账款（总额）		810 000

斯堪尼亚公司将应收账款和递延毛利账户余额注销，按可实现净值确认重新回收的存货，并将差额确认为商品回收损失。

b. **成本回收法下的分析和会计分录**。在销售达成当时，斯堪尼亚公司编制的会计分录与分期收款确认法下的相同。

6月~8月：希望工程项目按月支付了三期货款，针对每一期付款，斯堪尼亚都应编制下列会计分录：

货币资金	90 000	
销货成本	90 000	
销售收入		90 000
应收账款（总额）		90 000

斯堪尼亚公司收到合同总金额的1/12，即90 000（=1 080 000/12个月）克朗。在成本回收法下，斯堪尼亚公司在全部回收总成本980 000克朗以前，都应当按相同金额确认销货成本和销售收入，因此6月~8月的毛利为0。希望工程项目支付了3次90 000克朗后，应收账款账户的余额为810 000（=1 080 000-3×90 000）克朗；递延毛利账户的余额仍为100 000克朗。

希望工程项目未能如约支付后期款项，斯堪尼亚公司在2013年12月重新收回了两辆卡车的所有权，此时，这两辆卡车的可实现净值为690 000克朗。斯堪尼亚公司应编制会计分录：

存货——回收存货	690 000
递延毛利	100 000
商品回收损失（使借贷平衡额）	20 000
应收账款（总额）	810 000

斯堪尼亚公司将应收账款和递延毛利账户余额注销，按可实现净值确认重新回收的存货，并将差额确认为商品回收损失。

自习问题 8.5 解答参考

（通用建筑公司；长期建造合同的损益确认）

a. 完工百分比法

年份	当年新增完工百分比	合同收入	合同费用	净利润
2014 年	30/100(=0.30)	¥43 500 000	¥30 000 000	¥13 500 000
2015 年	60/100(=0.60)	87 000 000	60 000 000	27 000 000
2016 年	10/100(=0.10)	14 500 000	10 000 000	4 500 000
合计	100/100(=1.00)	¥145 000 000	¥100 000 000	¥45 000 000

b. 全部完工合同法

年份	合同收入	合同费用	净利润
2014 年	¥0	¥0	¥0
2015 年	0	0	0
2016 年	145 000 000	100 000 000	45 000 000
合计	¥145 000 000	¥100 000 000	¥45 000 000

c. 当通用建筑工程公司不能合理估计合同结果时，按照国际财务报告准则规定的处理方法：

年份	合同收入	合同费用	净利润
2014 年	¥30 000 000	¥30 000 000	¥0
2015 年	60 000 000	60 000 000	0
2016 年	55 000 000	10 000 000	45 000 000
合计	¥145 000 000	¥100 000 000	¥45 000 000

关键术语与概念

收入确认（revenue recognition）
收入计量（revenue measurement）
费用确认（expense recognition）
销售退回（sales returns）
一揽子合同（multiple deliverable contract）
坏账费用，坏账备抵，或呆账备抵（bad debt expense, provision for bad debts, provision for uncollectible accounts）
统驭账户，总账户，或控制账户（control/controlling account）
注销（writing off）
销售百分比法（percentage-of-sales procedure）
账龄分析法（aging-of-accounts-receivable procedure）
应收账款周转率（accounts receivable turnover ratio）
应收账款周转天数（days receivables outstanding）
证券化（securitization）
应收账款，商业应收款（accounts receivable, trade receivables）
坏账，无法收回的账款（uncollectible account）
备抵法（allowance method）
坏账准备（allowance for uncollectibles account）
应收账款（总额）(accounts receivable, gross account)
应收账款（净值）(accounts receivable, net account)
延期交货负债，预收账款，递延收入或待赚取收入（deferred performance obligations, addvances from customers, deferred revenue, unearned revenues）
分期收款确认法（installment method）
毛利润率，毛利率（gross margin percentage, gross margin）
成本回收法（cost recovery method）
分期进度款（progress payments）
完工百分比法（percentage-of-completion method）
建造工程账户，或工程施工账户（construction in progress, construction in process account）
完工合同法（completed contract method）

思考题、练习题和解决问题

思考题

1. 复习关键术语与概念中所列术语和概念的含义。
2. 在收入确认会计处理方法中，即使公司已经收到了买方的付款，成本回收法和完工合同法都要求将损益的确认进行递延。请问，这两者方法之间的差别是什么？
3. 一揽子合同的会计处理要求卖方将与买方所签订的合同进行分立（按照合同标的的组成或者不同的交付产品），把合同总金额分配到各个单独的子合同中。在长期建造合同中，完工百分比法在会计处理时也需要将合同所涉及的收入和成本分期进行确认。请问：这两种会计处理方法都需要将合同总金额进行分割，它们之间的区别和相似之处各有哪些呢？

4. 在使用备抵法对可能发生的坏账进行会计核算时需要新开设一个备抵账户，核算估计可能发生的坏账金额。请问，为什么财务报表使用者会同时需要应收账款总额和估计坏账准备的金额呢？

5. a. 在网球场中有一句名言，说如果你一开始就能发出好球来，那一定是因为你根本就没有用尽全力。将这句话引申到商业领域，如果一家企业从来就没有发生过坏账的话，那一定是赊销政策放得还不够开。请问，你同意这样的说法吗？请对这个引申的结论进行评论。

   b. 在什么样的情形下，发生更高金额的坏账会比发生较少金额坏账反而更好？

   c. 在什么样的情形下，更高的坏账发生率会比较低的坏账发生率反而是好事？

6. 请问，在会计期间内，什么情况下"坏账准备"账户有可能会出现借方余额？但我们说在资产负债表中，期末的坏账准备账户绝对不可能出现借方余额，请问这是为什么？

7. 完工百分比法在建筑类企业的收入确认中应用非常普遍。请问，为什么制造业的企业在损益确认时一般都不会使用这种方法呢？

8. 分期收款确认法和成本回收法在公司收取现金时都会确认收入。那么，为什么运用这两种方法在不同期间所确认的损益（即当期收入与当期费用之差）还是有所区别呢？

9. "当企业预计能从买方收回的货币资金总额存在高度不确定性时，使用成本回收法会比分期收款确认法更加适当。"请对这句话进行解释。

10. 一家杂志出版社对愿意一次性预付三年订购款的客户提供了优惠的订购折扣。根据该折扣政策，杂志出版社一共收款45 000美元，按此金额贷记了"预收账款"账户，与这批订购杂志对应的发行和配送成本预计为32 000美元。请问，为什么会计处理会报告一项金额为45 000美元的负债，而不是32 000美元？

11. 坏账费用和预计销售退回都会减少销售当期的利润。请问，在会计处理上对这两种事件的要求有什么区别和类似的地方？

12. 请问，分期收款确认法下所使用的"递延毛利"账户是属于什么性质的？一般情况下，在资产负债表上应如何报告该账户？

练习题

13. **各种商业类型的收入确认问题**。请讨论针对以下各种类型的商业企业，应在何时确认收入和相应的销货成本？

    a. 鞋店。

    b. 一家造船厂与政府签订合约承建一艘航空母舰。

    c. 一家房地产开发商以长期合约的方式出售地块，只要求了少量的首付款。

    d. 美发店。

    e. 柑橘种植商。

    f. 一家电视片出版商，将所拍电视片在前三年的产权出售给影视网络公司，然后再收回给自己。

    g. 一家住宅楼开发商，在开发前并没有特定的客户对象，而是等待住宅开发好以后再开始向客户进行推销和出售。

    h. 一家精品威士忌酒生产商，它所出售的威士忌酒至少会窖藏6~12年。

    i. 一家储蓄贷款协会，专门提供房产抵押贷款。

    j. 一家旅游代理公司，向客户出售各种票证，客户在后期能持这些票证去旅游或者选择退回票证。

    k. 一家印刷公司，按客户需求定制各种信签纸和便签等产品。

    l. 一家向食品店出售优惠券的企业，客户持有这些优惠券可以在食品店里优价购买各种家居产品。

    m. 食品批发配送商。

    n. 牲畜农场主。

    o. 一家运输公司，往往在某一会计期间承运货物，然后在下一会计期间跨洋运输货物，最后在第三个会计期间到达交货地点卸载货物。所有这些运输工作都是按合同安排进行的，相应的运输费用收取没有太多的不确定性。

14. **各种交易安排下的损益确认问题**。请参考附录8A中的收入确认基本条件，根据这些基本条件，讨论下列情况下收入确认的时点和相应的收入计量金额应当为多少？

    a. A公司在收取一定的预收费用后，专门为客户开发各种软件程序。在将软件出售并交付给客户之后，A公司将向客户提供许可密码，允许客户在今后2年内进入它的网站下载一些数据和其他软件。在此期间内，A公司还承担有更新其网站内容的义务。

    b. B公司开发各种软件程序，然后出售给新成立的存储应用服务提供商（SAPs），后者承诺将在未来两年内支付这些软件的使用费。这些应用服务提供商随后将软件程序放在他们的网站上，出售给希望获得使用权的客户。

    c. C公司也开发各种软件程序，成功后便将程序放在自己的网站上，并向访问客户出售为期2年的软件使用权。客户需要先支付一笔费用才能要获得这些软件。

d. D公司在互联网中运营一家拍卖网站。要在该网站上挂牌销售商品的客户都必须先向D公司支付一笔商品上架费用，然后在商品售出之后再向D公司支付一笔交易费。如果最后拍卖获胜者未能履行承诺付款买走商品，交易费是可以退还的。

e. E公司在它的网站上出售各类供应商所提供的各种产品，它将客户的需求转达给供应商，由后者来完成订单。客户使用第三方所发行的信用卡进行付款支付，E公司最后根据所售出的商品从供应商企业那里收取一笔费用。

f. F公司在它的网站上出售各类供应商所提供的各种产品，它向供应商企业承诺每月最低的商品销量，并按此销量向供应商企业支付存储和保险费用。商品的真实库存管理和发货给客户都是由供应商企业负责的。客户通常使用第三方所发行的信用卡付款。

g. G公司专业制造和销售个人电脑，购买了个人电脑的客户如果还愿意继续购买为期3年的互联网接入服务，则可以得到价值400美元的返利单。客户需要将他们的返利单邮寄给互联网服务提供商，即ISP。ISP将承担90%的返利费用，而电脑制造商将承担余下的10%返利费用。如果客户所订购的互联网接入服务不满3年，则双方将重新分配返利的费用，由于ISP最初承担的部分为360（=90%×400）美元，而G公司承担的为40（=10%×400）美元，因此，G公司将向ISP支付部分费用，以使ISP所承担的返利费用从360美元下降到某个更小的金额。

h. H公司将其网站上的广告空间出售给其他公司。在收取一定的先期费用后，H公司会向购买了广告空间服务的客户承诺，保证1年内的每个月都有一定最低数量的点击率和浏览量。如果该承诺的点击率和浏览量达不到最低保证要求，H公司将向客户返还一定比例的费用。

i. I公司将其网站上的广告空间出售给其他公司。最近，I公司收到了奥普斯达公司（upstart）支付的10 000股普通股，用以换取一定的广告空间。奥普斯达公司拟在6个月内进行初次公开募股，在最近的一轮融资谈判中，风险资本家为该公司的普通股所开出的价格为每股10美元。

j. J公司和K公司都是网站运营商，它们都会免费向客户提供一定时间的广告空间服务。

15. **坏账准备账户的含义**。请指出下列各种说法是否准确描述了坏账准备账户的含义。如果该描述与坏账准备账户无关，请指出为什么。

    a. 是指如果将来客户不支付他们所欠款项，企业能获得的资产。
    b. 是指如果将来客户不支付他们所欠款项，企业能获得的现金。
    c. 是对客户在当期购买货物且没有付款，并且将来可能也得不到付款的估计金额。
    d. 是对客户所购买商品金额做出的一种估计，与客户是否付款无关，是企业估计的可能退货金额。
    e. 是对客户已经购买商品但尚未付款、并且估计今后也不会付款的金额估计。
    f. 如果客户在当期购买了商品且在后期并没有支付他们所欠货款，那么估计卖方企业需要向其他方所支付的款项。
    g. 如果客户曾经购买了商品但在后期并没有支付他们所欠货款，那么估计卖方企业需要向其他方所支付的款项。
    h. 是对当期销售收入中，将会成为当期坏账费用部分的金额估计。
    i. 是递延收入的一部分。
    j. 是留存收益的一部分。

16. **在销售达成时确认收入和预收账款**。百特文治公司（Pret a Manger）是一家食品连锁企业，零售店主要分布在英国和美国，以提供快速和新鲜的食品而出名。假定有一位顾客在伦敦希斯罗机场店购买了一个火腿芝士法棍（4.50英镑）、一小份水果沙拉（2.40英镑）和一个麸皮香蕉松饼（1.50英镑），并用现金进行了支付。请：

    a. 对此笔交易，百特文治公司应编制怎样的会计分录进行处理？
    b. 假定除了上述交易内容以外，这位顾客还购买了一张价值40英镑的百特文治消费卡（用作将来在百特文治店里进行消费）。请问，百特文治公司应编制怎样的会计分录记录这笔交易？
    c. 假定在本题最初提到的这笔交易中，顾客没有使用现金付款，而是使用他上个月购买的百特文治消费卡付款的。假定该消费卡上的余额足以支付它的本次购物款项，请问，百特文治公司应当编制怎样的会计分录来记录此笔交易。

17. **在销售达成时确认收入和预收账款**。床品卫浴公司（Bed, Bath & Beyond）是美国的一家家居产品零售商，假定有一天，一位顾客在该商店购买了下列产品：价值100美元的浴巾、价值135美元的电熨斗，价值45美元的熨衣板和价值250美元的礼品卡，销售税为整个订单金额的5%，顾客使用现金支付了货款。请问：床品卫浴公司应编制怎样的会计分录来确认此笔交易中的收入？（暂忽略相关费用确认的会计处理。）

18. **在销售达成时确认收入**。玛莎百货公司（Marks and Spencer Group, Plc.）是英国的一家零售企业，它按照国际财务报告准则编制财务报告，编报单位为百万英镑（£）。在玛莎百货公司财务报表附注中，披露了下列信息：
    - 收入项目由商品销售收入扣除商品退回和折让以后的净额组成。对于在线销售的家具和其他产品，玛莎公司在发货时记录收入。
    - 玛莎公司所报告的应收账款为应收账款总额扣除坏账准备和估计销售退回以后的净值。坏账准备和估计销售退回的期初和期末余额分别为110万英镑和330万英镑。报告期内没有任何已注销的坏账重新收回的记录。

    假定在截至2013年3月29日的这个会计年度中，玛莎公司报告的营业收入（扣除商品退回和折让前的金额）为902 200万英镑，在2013会计年度中发生的商品销售成本为553 520万英镑。假定玛莎公司估计商品退回和折让的金额占销售总额的1%，并且，当年的全部销售全都体现为赊销，玛莎公司估计销售总额的1.5%有可能会发生坏账。要求：
    a. 在截至2013年3月29日的这个会计年度中，玛莎公司应当怎样编制确认收入和费用的相关会计分录？
    b. 在截至2013年3月29日的这个会计年度中，玛莎公司应当怎样编制估计销售退回和坏账费用的相关会计分录？
    c. 在截至2013年3月29日的这个会计年度中，玛莎公司实际发生的销售退回和注销的坏账金额合计为多少？

19. **在销售达成时确认收入**。新联想集团（Lentiva Group Limited）在它的财务报表附注中是这样描述它所执行的收入确认政策的：
    - 对商品销售收入（例如硬件和软件的销售收入），本公司在商品所有权和与之相关的风险已实质性地转移给客户以后才确认收入。通常情况下，在确认销售收入时，应当有说服力的证据表明销售交易是存在的，交易价格是固定或者可确定的，收款能得到合理保障，并且商品已经交付给了买方。
    - 对需要提供培训服务的销售合同，本公司会将对应的销售确认进行递延，然后在合同期（通常为3年）内随合同执行进度逐期确认收入。

    假定新联想集团在2013年1月1日向某公共教育系统出售了50 000台笔记本电脑，售价合计7 500万美元，售价中包含了一项预期将在2年内均匀完成的培训服务。该培训服务的单独出售价格为每台笔记本电脑收取100美元，该笔记本电脑的单独出售价格为每台1 500美元，所售笔记本电脑在新联想集团的成本为每台1 200美元，而与提供培训服务相关的成本预计为每台笔记本电脑50美元。在销售达成时，客户向新联想集团一次性支付了1 500万美元，并承诺将在30天内支付余款。假定该项交易已经符合了收入确认的第1个条件，请问：在下述这几个日子，新联想集团应编制哪些会计分录进行会计处理？
    a. 2013年1月1日？
    b. 2013年12月31日？
    c. 2014年12月31日？

20. **对折扣券的会计处理**。莫瑞森咖啡馆（Morrison's Cafeteria）向客户出售折扣券，这些折扣券可在将来用作购买餐食。每本折扣券的售价为25美元，面值30美元，即，客户凭一本折扣券可消费菜单上标价为30美元的产品。截至1月1日，莫瑞森咖啡馆有价值4 000美元的折扣券已经售出但尚未被使用，下表是其后3个月内的现金流入情况：

	3月份	2月份	1月份
客户现金购买的金额	$50 000	$48 500	$48 000
出售折扣券收到的现金	2 400	2 200	2 100
现金收入总额	$52 400	$50 700	$50 100

    在这3个月中，也有一些客户用折扣券购买了餐食，这些折扣券所对应的扣除折扣后的净额分别为：1月份，1 600美元；2月份，2 300美元；3月份，2 100美元。
    要求：
    a. 编制莫瑞森咖啡馆在1月份、2月份和3月份的相关会计分录，对上述信息进行会计处理。
    b. 请问，折扣券的销售和使用对莫瑞森咖啡馆在3月31日的资产负债表有影响么？如果有的话，请说明具体的影响情况。

21. **劳务合约的会计处理**。艾博森公司（Abson Corporation）于2013年1月1日开始营业，专业出售复印机，同时也为客户提供复印机的维护和保养服务，服务价格为每年600美元。艾博森公司在与客户签订服务合约时就会收取600美元，并贷记"预收劳务合约款"账户，然后在服务期内按季度分期确认服务费收入。为计算方便,艾博森公司假定每个季度的服务合约都是在季度中期签订的。2013 年服务合约的销售情况和相关的服务费用见下表所示:

	签订合约涉及的销售收入	发生的服务费用
第 1 季度	$180 000（300 份合约）	$32 000
第 2 季度	300 000（500 份合约）	71 000
第 3 季度	240 000（400 份合约）	105 000
第 4 季度	120 000（200 份合约）	130 000

要求:
a. 为艾博森公司编制 2013 年前 3 个季度的相关会计分录,假定该公司在 3 月 31 日、6 月 30 日和 9 月 30 日都需要编制季度会计报告。
b. 请问,"预收劳务合约款"账户在 2013 年 12 月 31 日的余额应当为多少?

22. **用备抵法核算坏账损失**。多元科技公司（Diversified Technologies）在 2013 年 1 月 1 日开业,当年实现赊销共计 126 900 美元,从客户那里收回赊销款 94 300 美元。根据多元科技公司估计,2013 年的赊销金额中,将有大约 4% 左右成为坏账不能收回。在 2013 年中,公司已经将价值 2 200 的应收账款注销为了坏账。该公司采用备抵法核算坏账损失。要求:
a. 计算多元科技公司在 2013 年的坏账费用金额应当为多少?
b. 计算多元科技公司在 2013 年 12 月 31 日的资产负债表上应报告应收账款的账面价值为多少?

23. **应收账款的账龄**。约克公司（York Company）的应收账款信息如下:

账龄	应收账款余额
0～30 天	$1 200 000
31～60 天	255 000
61～120 天	75 000
120 天以上	30 000

约克公司使用账龄分析法计提坏账准备,当前,坏账准备账户的贷方余额为 16 000 美元。根据过去的收款经验,0～30 天内的应收账款出现坏账的可能性为 0.5%；31～60 天内的应收账款出现坏账的可能性为 1.0%；61～120 天内的应收账款出现坏账的可能性为 10%；120 天以上的应收账款出现坏账的可能性为 30%。要求:请编制相应的会计分录为约克公司计提坏账准备。

24. **应收账款的账龄**。德芙公司（Dove Company）的应收账款信息如下:

账龄	应收账款余额
未到期	$1 200 000
逾期 0～30 天	400 000
逾期 31～60 天	90 000
逾期 61～120 天	40 000
逾期 120 天以上	20 000

当前,公司"坏账准备"账户有贷方余额 17 200 美元。根据过去的收款经验,德芙公司认为它应当按下述百分比来估计可能发生的坏账金额:逾期 0～30 天以内的应收账款出现坏账的可能性为 0.5%；逾期 31～60 天以内的应收账款出现坏账的可能性为 1%；逾期 61～120 天以内的应收账款出现坏账的可能性为 10%；逾期 120 天以上的应收账款出现坏账的可能性为 70%。要求:为德芙公司编制相应的会计分录,记录当年的坏账费用。

25. **应收账款的账龄**。根据哈米莉亚公司（Hamilia S. A）的财务记录,应收账款的余额信息如下:

账龄	应收账款余额
0～30 天	€980 000
31～90 天	130 000
91～150 天	102 000
150 天以上	68 000

哈米莉亚公司采用账龄分析法计提坏账准备,"坏账准备"账户在会计期末的贷方余额为 96 600 欧元。根据过去的收款经验,哈米莉亚公司估计不同账龄的应收账款最终发生坏账的比例为:0～30 天以内的应收账款可能有 0.5% 会发生坏账；31～90 天以内的应收账款可能有 3% 会发生坏账；91～150 天以内的应收账款可能有 15% 会发生坏账；超过 150 天的应收账款可能有 75% 会发生坏账。要求:为哈米莉亚公司编制相应的会计分录核算坏账准备的计提。

26. **备抵法下的情景重现**。以下是苏华德公司（Seward Corporation）的一些账户信息,该公司以每年的 12 月 31 日作为会计年度截止日。

	1 月 1 日	12 月 31 日
应收账款（总额）	（借方）$82 900	（借方）$87 300
坏账准备	（贷方）8 700	（贷方）9 100
坏账费用	—	（借方）4 800
销售收入	—	（贷方）240 000

苏华德公司的所有销售都是赊销,当年没有收回任何以前注销过的坏账。要求:对当年发生的下列交易或事项进行会计处理:
a. 赊销。

b. 确认坏账费用。
c. 注销无法收回的坏账。
d. 从客户那里收回赊销款。

27. **备抵法：根据事件重构会计分录。**（本题由 S. A. Zeff 教授编写）潘多拉公司（Pandora Company）在 2013 年中共将 2 200 美元应收账款注销为了坏账，当年也没有重新收回任何曾经注销为坏账的应收账款。坏账准备账户在 2013 年年初和年末的余额分别为 3 500 美元和 5 000 美元。要求：请编制潘多拉公司在 2013 年计提坏账准备的会计分录。

28. **备抵法：根据事件重构会计分录。**（本题由 S. A. Zeff 教授编写）根据米尔顿公司（Milton Corporation）2013 年和 2014 年 12 月 31 日的资产负债表，应收账款（总额）的价值分别为 15 200 000 美元和 17 600 000 美元，而坏账准备账户在 2014 年年初和年末的余额分别为 1 400 000 美元和 1 550 000 美元，均为贷方余额。米尔顿公司在 2014 年的利润表中按当年销售收入的 1% 计提了坏账费用 750 000 美元。假定该公司的所有销售均为赊销，在 2014 年中没有收回任何以前已经被注销为坏账的应收账款。要求：根据以上信息，请写出在 2014 年中所有影响"应收账款（总额）"和"坏账准备"账户的会计分录来。

29. **根据会计分录理解事件。** 根据下列各项独立的会计分录信息，请说出发生了什么样的交易或者事项：

    a. 坏账费用　　　　　2 300
    　　坏账准备　　　　　　　　2 300
    b. 坏账准备　　　　　450
    　　应收账款　　　　　　　　450
    c. 坏账准备　　　　　200
    　　坏账费用　　　　　　　　200

30. **备抵法下的会计分录。** 下表是黑石公司（Heath Company）的赊销数据，该公司是从 2011 年开始营业的。

年度	赊销金额	作为坏账注销的应收账款		
		2011 年	2012 年	2013 年
2011 年	$340 000	$1 800	$5 800	$3 000
2012 年	450 000	—	2 500	8 200
2013 年	580 000	—	—	2 900
	$1 370 000	$1 800	$8 300	$14 100

黑石公司每年按赊销金额的 3% 计提坏账准备，一般情况下，坏账会发生在赊销后的 3 年以内。要求：

a. 按照备抵法的要求，为黑石公司编制 2011 年、2012 年和 2013 年计提坏账准备和注销坏账的会计分录。

b. 请问，你认为按赊销金额的 3% 来计提坏账准备对黑石公司来说合适么？

31. **备抵法下的会计分录。** 以下是施耐德公司（Schneider Corporation）的一些销售数据，该公司从 2011 年开始营业。

年度	赊销金额	作为坏账注销的应收账款		
		2011 年	2012 年	2013 年
2011 年	$750 000	$1 300	$8 700	$3 900
2012 年	1 200 000	—	2 500	16 600
2013 年	2 400 000	—	—	3 100
	$4 350 000	$1 300	$11 200	$23 600

施耐德公司每年按赊销金额的 2% 计提坏账准备，一般情况下，坏账都发生在赊销后的 3 年以内。要求：

a. 按照备抵法的要求，为施耐德公司编制 2011 年、2012 年和 2013 年计提坏账准备和注销坏账的会计分录。

b. 请问，你认为按赊销金额的 2% 来计提坏账准备对施耐德公司来说合适么？

32. **备抵法下的账务处理。** 假定下列数据取自富士通公司（Fujitsu Limited）以 2012 年和 3 月 31 日和 2011 年 3 月 31 日为截止日的会计年度报表。富士通公司的编报单位为百万日元（¥）。在本题中，可以假定富士通公司是按照美国公认会计原则或者国际财务报告准则编制财务报表的。

	2012 年 3 月 31 日	2011 年 3 月 31 日
应收账款（总额）	¥1 054 048	¥885 300
坏账准备	(6 906)	(6 781)
销售收入	5 100 163	—

假定富士通公司的销售均为赊销，每年按照赊销金额的 1% 计提坏账准备。在报告年度中，公司未曾重新收回任何以前已经注销的坏账。要求：请为下述交易或者事项编制相关会计分录：

a. 记录当年发生的赊销。
b. 确认当年坏账费用（计提坏账准备）。
c. 注销当年发生的坏账。
d. 记录当年收到的客户付款。

33. **与供应商和客户的交易对现金流量的影响。** 沃里马丁公司（WollyMartin Limited）是一家大型零售企业，它在截至 2013 年 9 月 30 日的会计年度中记录了下述会计信息：

资产负债表部分信息	2013年9月30日	2012年9月30日
应收账款	€8 600	€8 000
减：坏账准备	(750)	(700)
商品存货	11 200	11 000
应付账款	7 500	7 000
利润表部分信息	2013年	
销售收入	€130 000	
坏账费用	(2 000)	
销货成本	(85 000)	

沃里马丁公司的顾客主要由大量的零售客户组成，其中一些客户会赊购商品；公司的供应商也非常众多，其中一些供应商同意公司赊购它们的商品。沃里马丁公司的应收账款和应付账款一直都是用货币资金结算的，从来没有进行过非货币性资产形式的结算。要求：

a. 计算沃里马丁公司在当年收到客户支付的货币资金金额为多少？

b. 计算沃里马丁公司在当年向供应商付款的货币资金金额为多少？

34. **收入确认的完工百分比法和完工合同法**。莎侬建筑公司（Shannon Construction Company）承建了一座造价为6 000 000美元的仓库，与该仓库相关的预计且实际发生的成本分别为：2012年，1 200 000美元；2013年，3 000 000美元；和2014年，600 000美元。仓库在2014年建造完成。要求：请分别使用完工百分比法和完工合同法计算莎侬建筑公司在2012年、2013年和2014年的收入、费用和税前利润。

35. **收入确认的完工百分比法和完工合同法**。雷神公司（Raytheon）承建了一项造价为90 000万美元的导弹探测系统，与该系统相关的预计且实际发生的成本分别为：2011年，20 000万美元；2012年，20 000万美元；2013年，30 000万美元。该系统在2013年建造完工。要求：请分别使用完工百分比法和完工合同法计算雷神公司在2011年、2012年和2013年的收入、费用和税前利润。

36. **收入确认的分期收款确认法和成本回收法**。坎宁安房产公司（Cunningham Realty Partners）在以2013年12月31日为截止日的这个会计年度中售出了一块成本为80 000美元的土地，成交价为120 000美元，客户承诺将在未来4年内分期等额付款，其中第一次付款日为2013年12月31日。要求：请分别使用分期收款确认法和成本回收法计算坎宁安公司在这4年内的收入、费用和税前利润。

37. **收入确认的分期收款确认法和成本回收法**。在截至2012年12月31日这个会计年度中，一家飞机制造商以7 200万美元价格售出了一架喷气式飞机。假定该飞机的生产成本合计为5 700万美元。卖方承诺将在未来3年内每年支付价款2 400万美元，其中第一次付款日为2012年12月31日。要求：请分别使用分期收款确认法和成本回收法计算该飞机制造商在这3年中的收入、费用和税前利润。

解决问题

38. **在销售达成时和销售完成后确认收入**。假定诺德斯特龙百货公司（Nordstrom）在2013年12月一共售出了价值2 000万美元的商品和1 200万美元的提货卡，其中赊销的金额为2 400万美元，其余已经收到了现金。这些所售出的商品在诺德斯特龙百货公司账簿中的取得成本为720万美元。此外，假定诺德斯特龙百货公司估计，按12月份的赊销金额计算，其中有1%估计将成为坏账，有2%的商品销售估计最终会被退回。（注意在估计商品退回时，不考虑提货卡的销售额）。要求：

a. 诺德斯特龙公司在2013年12月应编制什么样的会计分录来记录它在12月份的销售情况？

b. 假定诺德斯特龙公司每月都会进行结账，请问，该公司在2013年12月需要编制什么调整分录？

c. 假定在2013年12月没有其他影响当月税前利润的交易发生，请问，诺德斯特龙公司在2013年12月实现的税前利润为多少？

d. 2014年1月，客户用提货卡购买了价值600万美元的商品，对应的商品成本为360万美元。请问：诺德斯特龙公司在2014年1月应编制怎样的会计分录来记录这些交易？假定销售退回的百分比仍然与2013年12月的估计保持一致。

39. **在销售达成时和销售完成后确认收入**。希尔顿花园旅店（Hilton Garden Inn）隶属于希尔顿酒店连锁，它向住店客人提供了两种订房方式。一种是在网上购买网络特别优惠价格，每晚150美元，但不可退款；另一种是支付可退款费率，每晚220美元。无论客人选择哪种订房方式，在订房时都会先按全款扣取信用卡金额。如果选择网络特别优惠价格，在入住前取消订房仍然需要收取全款；但如果选择可退款费率，则只要在入住到达日下午3点以前取消就可退回订房全款，但如果在当日3点以后取消则需要支付一晚的费用。假定希尔顿花园旅店每天都会做会计分录记录当天所发生的业务，请问，对下列这些交易应编制怎样的会计分录进行处理？（不考虑相关的费用分录）假定希尔顿花园旅店在客人订房当天就会向客人的信用卡要求扣款，而信用卡公司在收到扣款通知后的当天就会记录希尔顿花园旅店的货币资金增加。

a. 2013年2月2日，一位客人选择按不可退款的网络特别优惠价格预定了一间房，预计入住4晚，入住日为2013年2月16日。这位客人在当天如期到达旅店，并在 2013 年 2 月 20 日办理退房手续后离开。

b. 2013 年 2 月 2 日，一位客人按不可退款的网络特别优惠价格预定了一间房，预计入住 4 晚，入住日为 2013 年 2 月 16 日。但在 2013 年 2 月 14 日，客人又取消了此次预定。

c. 2013 年 2 月 2 日，一位客人选择按可退款的订房费率预定了一间房，预计入住 4 晚，入住日为 2013 年 2 月 16 日。2013 年 2 月 16 日，客人如期到达，并在 2013 年 2 月 20 日办理退房手续后离开。

d. 2013 年 2 月 2 日，一位客人选择按可退款的订房费率预定了一间房，预计入住 4 晚，入住日为 2013 年 2 月 16 日。但在 2013 年 2 月 14 日，客人又取消了此次预定。

e. 2013 年 2 月 2 日，一位客人按可退款的订房费用率预定了一间房，预计入住 4 晚，入住日为 2013 年 2 月 16 日。但在 2013 年 2 月 16 日下午 6 点，客人又取消了此次预定。

40. **在销售达成时和销售完成后确认收入**。斯通虫害防治公司（Stone Pest control）为客户提供害虫灭绝服务，服务内容根据各种协议安排或者服务包而有所不同。例如，客户可以在必要时通知斯通公司上门提供喷药除虫服务，斯通公司对此类服务的收费为每次 80 美元。如果是单独的一次白蚁检查，斯通公司的收费是每次 100 美元。或者，客人也可以与斯通公司签订年度服务合同，每年缴纳 300 美元服务费后，斯通公司将负责每季度上门服务一次，再外加一次白蚁检查。对签订了年度服务合同的客户，在每年的两次季度上门服务之间，如果额外再要求上门进行喷药服务是免费的。根据斯通公司的预计，在季度上门服务之外，这些签订了年度服务合同的客户每年平均会要求一次额外的上门喷药服务。要求：对以下每项交易，为斯通公司编制相应的收入确认会计分录，不考虑相关费用的会计处理。

a. 2013 年 1 月 2 日，一位客户来电要求斯通公司上门提供喷药除虫服务，这位客户与斯通公司之间没有签订年度服务合同。斯通公司在 2013 年 1 月 4 日上门完成了服务要求，客户对此次服务支付了现金。

b. 2013 年 1 月 2 日，一位客户来电要求斯通公司上门提供喷药除虫服务和白蚁检查服务，这位客户与斯通公司之间没有签订年度服务合同。斯通公司在 2013 年 1 月 4 日完成了服务要求，客户对此次服务支付了现金。

c. 2013 年 1 月 2 日，一位客户来电要求斯通公司上门提供喷药除虫服务和白蚁检查服务，这位客户在 2013 年 1 月 4 日与斯通公司签订了年度服务合同，同日，斯通公司为该客户提供了首次季度服务和白蚁检查服务。客户在 1 月 4 日用现金支付了整个合同价款。

d. 对于发生在两次季度服务之间的喷药除虫服务，斯通公司应如何进行会计核算？

e. 2013 年 4 月 30 日，交易 c 中的客户又来电要求斯通公司上门提供喷药除虫服务。

41. **分析应收账款的变化**。以下数据选自鹿岛建设（Kajima Corporation）公司截至 2009 年 3 月 31 日至 2012 年 3 月 31 日的年度财务报表中。鹿岛建设公司按照日本会计准则编制会计报表，编报单位为百万日元（¥）。在本题中，可以假设该公司是按照美国公认会计原则或者国际财务报告准则编报的。

	2012 年	2011 年	2010 年	2009 年
资产负债表项目				
应收账款和应收票据（总额）	¥630 044	¥468 387	¥455 517	¥382 692
坏账准备	5 286	10 673	8 341	13 441
利润表项目				
销售收入（假定 100% 为赊销）	1 891 466	1 775 274	1 687 380	
坏账费用	1 084	3 152	2 999	

要求：

a. 为鹿岛建设公司编制 2010 年、2011 年和 2012 年记录下列事项的会计分录：
（1）确认销售收入；
（2）确认坏账费用；
（3）注销实际发生的坏账；
（4）收到客户支付的现金。

b. 将应收账款和应收票据的金额合在一起，统一作为应收项目，计算下列财务比率：
（1）2010 年、2011 年和 2012 年的应收账款周转率，以销售收入总额作为分子，并以平均应收款（净值）作为分母。
（2）2010 年、2011 年和 2012 年的坏账费用与赊销收入之比。
（3）2010 年年末、2011 年年末和 2012 年年末的坏账准备与应收款（总额）之比。
（4）2010 年、2011 年和 2012 年实际注销的坏账与平均应收款（总额）之比。

c. 请问，在 b 部分所计算得到的这些财务比率说明鹿岛建设公司在 2010 年 ~ 2012 年期间的应收账款收款情况如何？

42. **分析应收账款的变化**。下列数据取自北极星公司（Polaris Corporation）2010 ~ 2013 年的财务报表和报表附注，该公司的会计年度截止日为每年的 3 月末。

	2013 年	2012 年	2011 年	2010 年	
销售收入总额	$4 880.1	$4 295.4	$3 746.3	$3 305.4	
坏账费用	36.8	40.1	20.1	20.1	

	3 月末				
	2013 年	2012 年	2011 年	2010 年	2009 年
应收账款（总额）	$680.4	$605.6	$599.2	$566.7	$539.5
减：坏账费用	(172.0)	(138.1)	(115.0)	(111.0)	(97.8)
应收账款（净值）	$508.4	$467.5	$484.2	$455.7	$441.7

假定北极星公司每年的总销售收入中，有大约75%为赊销。要求：

a. 计算北极星公司在2010年～2013年实际注销的坏账金额。

b. 计算北极星公司在截至2010年3月至2013年3月的这4个会计年度中，从客户那里实际收到的赊销款金额。

c. 计算北极星公司在截至2010年3月至2013年3月的这4个会计年度中，从客户那里实际收到的销售收入金额。

d. 以销售收入总额作为分子，以应收账款净值作为分母，计算北极星公司在截至2010年3月至2013年3月的这4个会计年度中的应收账款周转率。

43. **分析应收账款信息**。阿拉克鲁斯公司（Aracruz Celulose）是巴西的一家造纸企业，它按照美国公认会计原则编制会计报表，编报单位为千美元。在截至2012年12月31日和2011年12月31日的这两个会计年度中，阿拉克鲁斯公司报告了如下关于应收账款项目的信息：

	2012 年 12 月 31 日	2011 年 12 月 31 日
应收账款（总额）	$365 921	$290 429
坏账准备	4 318	4 634
注销的应收账款	433	25

该公司在2010年12月31日的坏账准备余额为4 067千美元。要求：

a. 请问，阿拉克鲁斯公司的应收账款项目在2012年12月31日和2011年12月31日的账面价值是多少？

b. 阿拉克鲁斯公司的客户在2012年12月31日和2011年12月31日尚欠公司的总金额是多少？

c. 阿拉克鲁斯公司在2011年和2012年中确认计提坏账准备的会计分录是什么？

44. **分析应收账款信息**。美卓公司（Metso Corporation）是芬兰的一家专业开发各种纸浆纸业产品的制造企业，它按照国际财务报告准则编制会计报表，编报单位为百万欧元（€）。在截至12月31日的2012和2011会计年度中，美卓公司披露了下列关于应收账款项目的信息：

	2012 年 12 月 31 日	2011 年 12 月 31 日
应收账款（净值）	€1 274	€1 218
坏账准备	36	35
坏账费用	13	10
坏账准备账户的其他发生额	(7)	(4)

其中，"坏账准备账户的其他发生额"主要是企业并购和汇率变动的影响。美卓公司在2010年12月31日的坏账准备账户余额为35百万欧元。要求：

a. 请问，在美卓公司2012年12月31日和2011年12月31日的资产负债表上，应收账款项目的账面价值应当为多少？

b. 美卓公司的客户在2012年12月31日和2011年12月31日尚欠公司的货款总额为多少？

c. 请问，美卓公司在2012年和2011年中实际确认所发生的坏账时，编制的会计分录是什么？

45. **影响应收账款和坏账准备账户的交易理解**。平斯公司（Pins Company）从2013年开始营业，当年的所有销售都表现为赊销，合计金额为700 000美元，其中已经收到了500 000美元。2013年12月31日，平斯公司估计全部销售额中大约有2%会成为坏账，同日，该公司还注销了确实已经无法收回的价值8 000美元的应收账款。

以下是该公司在2014年12月31日的相关项目的信息：

应收账款（总额）（借方余额）	$300 000
坏账准备（借方余额）	10 000
销售收入（贷方余额）	800 000

2014年12月31日，平斯公司对它的应收账款进行了账龄分析，估计当年的应收账款期末余额中，有价值11 000美元的账款将难以收回，即坏账准备账户在年末应有贷方余额11 000美元。公司按此估计编制了适当的调整会计分录。在2014年所实现的销售收入800 000美元中，部分为赊销，部分为现销，但具体金额未知。要求：

a. 请问，应收账款（总额）在2013年年末的余额为多少？是借方余额还是贷方余额？
b. 请问，坏账准备账户在2013年年末的余额为多少？是借方余额还是贷方余额？
c. 2014年的坏账费用为多少？
d. 请问，2014年实际注销的坏账金额为多少？
e. 请问，平斯公司在2014年实际收到的客户付款金额为多少？（包含2014年的现销金额和收到的2013年和2014年的赊销款。）
f. 在平斯公司2014年12月31日的资产负债表上，应收账款项目的净值应当为多少？

46. **与应收账款相关的记录错误对财务比率的影响**。请指出以下各类错误对这几项财务比率可能造成的影响：（1）总资产利润率；（2）应收账款周转率；（3）资产负债率。请用"O/S"表示高估，"U/S"表示低估，"NO"表示无影响。假定在发现下述这些错误处理以前，这几项财务比率的比值都是小于100%的。

a. 一家使用备抵法核算坏账费用的企业在会计期末忘记估计无法收回的应收账款了。
b. 一家使用备抵法核算坏账费用的企业在会计期末忘记注销当期实际发生的坏账了。
c. 一家企业在收到一位客户交来的付款支票时，贷记了"预收账款"账户，但实际上这位客户支付的是以前欠企业的赊销款。
d. 企业将在会计期末最后一天收到的客户订单记录为了销售收入，但实际上客户所订购的产品要等到下一会计期间才能发货。
e. 一家企业向一位客户赊销了产品，然后立即在账簿中记录了此项交易。几天后，客户在还没有付款以前就退回了产品，但企业忘记了在账簿记录中记录此次商品退换。一般情况下，企业会将销售退回作为销售收入的减项处理。

47. **核电站的损益确认问题**。法国能源公司阿海珐集团（Areva Group）最近签订了一份价值20亿美元的合同，将承建一座铀浓缩厂。对该项目，阿海珐公司计划于2013年开工，并预计在2019年完工。假定客户答应按如下方式付款：在2012年12月20日签订合同时，付款2 000万美元；在2013年~2018年每年12月31日，付款10 000万美元；在2019年12月31日工程完成时，再付款138 000万美元。再假定阿海珐公司在后续建造工程中发生的成本情况为：2013年，34 000万美元；2014~2018年，每年23 800万美元；2019年，17 000万美元。阿海珐公司使用"工程施工"账户累计项目建造成本。此外，尽管在项目建造过程中发生成本的同时涉及现金支付、减少资产或者增加负债等多种方式，为简化本题中的处理，可以假定所有的成本费用都是用现金支付的。要求：

a. 计算阿海珐集团在2013年~2019年期间按下列收入确认方法将会报告的收入、费用和税前利润金额：
   (1) 完工百分比法；
   (2) 完工合同法。
b. 在写出在"a"中两种收入确认方法下，阿海珐集团在2012年、2013年、2014~2018年和2019年对与该合同处理相关的会计分录。

48. **承包商的损益确认问题**。2010年10月15日，弗兰尼克建筑公司（Flanikin Construction Company）签合同承建了一座购物中心，合同总金额为18 000万美元。预计和后来实际发生的现金收款与合同成本发生情况如下：

年份	收到客户付款	预计和后来实际发生的成本
2010年	$36 000 000	$12 000 000
2011年	45 000 000	36 000 000
2012年	45 000 000	48 000 000
2013年	54 000 000	24 000 000
	$180 000 000	$120 000 000

要求：
a. 计算按照以下会计方法弗兰尼克公司在这4年中应当确认的收入、费用和净利润各为多少？
   (1) 完工百分比法；
   (2) 完工合同法。
b. 请写出弗兰尼克公司在2010年、2011年、2012年和2013年中关于该合同应编制的会计分录。假定弗兰尼克公司在"工程施工"账户中累计合同成本，尽管在项目建造过程中发生成本的同时涉及现金支付、减少资产或者增加负债等多种方式，为简化本题中的处理，可以假定所有的成本费用都是用现金支付的。请写出在完工百分比法和完工合同法下弗兰尼克公司应编制的会计分录。
c. 请问，你认为哪一种会计方法能更好地报告弗兰尼克建筑公司的合同业绩？为什么？

49. **收款结果不确定条件下的损益确认问题**。家具零售店（Furniture Retailers）主要面向零售客户出售各种家具，它向客户提供了多种支付方式。2013年1月，一位客户买下了一整套价值8 400美元的餐厅和客厅家具，交易条件为分期付款：零首付，并自2013年1月31日起每月支付400美元。这套家具的成本为6 800美元。在家具零售店的资产负债表中，"递延毛利"项目是作为一项负债报告的。要求：不考虑客户欠款部分的利息问题，请问，根据下列两种收入确认方法，家具零售店在 (1) 2013 年 1 月销售达成时，(2) 每个月收到该客户支付的现金付款时，应编制什么样的会计分录进行处理？

a. 分期收款确认法；
b. 成本回收法。

50. **收款结果不确定条件下的损益确认问题**。家电销售与服务公司（Appliance Sales and Service）向零售客户出售各种家用电器，且为客户提供了多种付款方式，该公司的会计年度截止日为每年的 6 月 30 日。2013 年 7 月，一位客户以分期付款方式在家电销售与服务公司购买了一台冰柜、一台冰箱和一台对流加热烤箱，付款条件为零首付，然后分 10 次每月支付 244 美元，首次付款日定在 2013 年 7 月 31 日。该笔销售订单的毛利率为 9%，家电销售与服务公司在资产负债表中将递延毛利项目报告为一项负债，不考虑客户欠款的利息问题。要求：

a. 假定这位客户如期支付了 10 期货款。请问，在以下两种收入确认方法下，家电销售与服务公司在 (1) 2013 年 7 月销售达成时，(2) 每次收到客户的分期付款时，应编制什么样的会计分录进行处理？
   (1) 分期收款确认法；
   (2) 成本回收法。

b. 假定这位客户在 2013 年 11 月付款后就再也没有支付剩余欠款了。2013 年 12 月，家电销售与服务公司重新收回了这 3 件家电产品，估值为 980 美元。请问，在下述两种会计处理方法下，家电销售与服务公司应编制怎样的会计分录进行会计处理？
   (1) 分期收款确认法；
   (2) 成本回收法。

51. **在销售当时确认损益与分期收款确认损益**。J. C. 司班阁邮购公司（J. C. Spangle catalog company）在 2012 年 1 月 1 日开业，头两年的经营活动情况如下表所示：

	2013 年	2012 年
销售收入，全部为赊销	$300 000	$200 000
收到客户付款：		
支付 2012 年赊销款	110 000	90 000
支付 2013 年赊销款	120 000	—
商品采购	240 000	180 000
12 月 31 日库存商品余额	114 000	60 000
除商品成本外的其他费用，全部用现金支付	44 000	32 000

要求：
a. 假定 J. C. 司班阁邮购公司采用权责发生制作为会计核算基础，在销售达成时确认销售收入，请为该公司编制 2012 年和 2013 年的利润表。
b. 假定 J. C. 司班阁邮购公司采用权责发生制作为会计核算基础，按照分期收款确认法的要求在收到客户现金付款时才确认销售收入，请为该公司编制 2012 年和 2013 年的利润表。注意，"除商品成本外的其他费用，全部用现金支付"，该项目主要是期间费用。

52. **特许经营权的收入确认**。匹克因鸡餐公司（Pickin Chicken, Inc.）和欢乐乡村公司（Country Delight, Inc.）都出售他们的鸡肉食品连锁店特许经营权。在这种交易安排下，加盟商可以使用特许方的产品，享受由特许方所提供的全国培训项目和广告资源。加盟方支付 50 000 美元就可以成为一座城市的唯一特许经销商，其中 20 000 美元在签订加盟合同时就必须支付，剩余款项可在未来 5 年内分期，每年支付 6 000 美元，第一次支付分期付款的时间为特许经营合同签订后 1 年。匹克因鸡餐公司在签订授权合同时就会确认特许经营权收入，但欢乐乡村公司则按分期收款确认法确认特许经营权收入。在 2011 年、2012 年和 2013 年这三年中，这两家公司都各自分别签订了 8 份、5 份和 0 份特许经营授权合同。要求：

a. 计算这两家公司在 2011 年~2017 年将确认的收入金额各自为多少？
b. 请问，你认为作为特许经营权的授予人，在何时确认特许经营权收入比较恰当？为什么？

53. **各种商业类型的损益确认问题**。大部分公司在销售完成或者发出商品和服务时都或多或少会确认一些收入，并会按照权责发生制的要求，将发生的费用与相关的收入配比，或者确认在这些资源被消耗的相应会计期间里。表 8-7 中列出了 7 家公司在最近一个会计年度内的共同比利润表，其中所有数据都是用项目占收入总额的百分比来表示的。在表 8-7 中，还给出了按当年投入平均资产计算的各家公司的总资产周转率情况。以下是对这 7 家公司各自的经营活动简介。

安进公司（Amgen）主要涉足生物科技产品的开发、制造和销售。通常情况下，一种生物科技产品的开发和取得许可需要耗时 10 年及以上的时间。安进公司目前主要制造和销售两大类产品，还有更多产品尚处于开发过程中。

百富门公司（Brown-Forman）是一家烈性酒酿造商。在将各种原料混合后，这家公司需要将产品窖藏 5 年及更长时间，然后才能对外出售。

表 8-7 特定公司的共同比利润表
（解决问题 53）

	安进	百富门	迪尔	福陆	黄金西部	美林证券	罗克韦尔科林斯
收入							
商品销售收入	98.7%	99.9%	83.6%	—	—	—	99.3%
劳务收入	—	—	—	99.7%	2.0%	47.5%	—
投资利息收入	1.3	0.1	16.4	0.3	98.0	52.5	0.7
收入合计	100.0%	100.0%	100.0%	100.0%	100.0%	100.0%	100.0%
费用							
销货成本或劳务成本	(14.3)	(35.5)	(69.4)	(95.6)	—	(43.3)	(77.4)
销售与管理费用	(23.4)	(33.1)	(11.4)	(0.6)	(15.9)	—	(12.6)
其他经营费用①	(26.4)	(15.4)	(3.5)	—	(3.3)	—	—
利息费用	(0.7)	(1.3)	(11.0)	(0.2)	(60.4)	(47.2)	(0.9)
税前利润	35.2%	14.7%	4.7%	3.6%	20.4%	9.5%	9.1%
所得税费用	(16.1)	(5.9)	(1.6)	(1.3)	(8.4)	(3.9)	(3.5)
净利润	19.1%	8.8%	3.1%	2.3%	12.0%	5.6%	5.6%
收入/平均资产总额	0.9	1.3	0.7	3.1	0.1	0.1	1.2

①对安进公司和迪尔公司，主要是研究与开发费用，对百富门公司主要是消费税，对黄金西部公司，主要是贷款损失准备金。

资料来源：© Cengage Learning 2014.

迪尔公司（Deere）主要生产农用设备，它的产品主要卖给一个独立运作的配送商体系，后者负责将设备出售给最终消费者。迪尔公司向配送商和最终用户都会提供融资和保险服务。

福陆公司（Fluor）主要负责长期工程的建造，它将很多实际的建造工作进行分包，并收取服务费。

黄金西部公司（Golden West，现已成为美联银行的一部分）是一家储贷金融公司，它从储蓄那里吸收存款，然后贷款给客户，主要贷款类型为个人房屋抵押贷款。在发放贷款时，客户往往需要按照贷款金额支付一定的手续费；然后按月归还部分本金和按未归还本金部分计算的利息。

美林证券公司（Merrill Lynch，现已成为美国银行的一部分）从事证券业务。它主要从短期资本市场来源获取资金，然后投资于短期可出售的金融工具。美林证券公司也提供财务咨询、买卖中介服务、证券承销和投资管理等服务，并按服务项目进行收费。

罗克韦尔柯林斯公司（Rockwell Collins）是一家科技航空电子产品企业，它的客户包括美国政府和一些私人企业。该公司主要接受客户委托从事研发工作，项目合同期通常长达几年，并需要不断更新。

要求：

a. 上述这些公司应在何时确认收入？在确认费用时，这些公司会各自面对怎样的特殊问题？

b. 导致上述这些公司的销售收入净利率出现差异的可能原因有哪些？

54. **理解坏账准备账户**。一家公司审计委员会委员问该公司的财务总监："你怎么知道公司的坏账准备是否充足呢？"请讨论以下各个独立的回答情景下，公司的坏账准备计提是否充足。

a. "我一般是以公司的现金和有价证券是否足以弥补客户不支付欠款而带来的现金短缺来判断的。"

b. "我检查了以往期间销售带来的坏账费用情况，认为我们的坏账准备计提是充足的。"

c. "我对本期销售导致的全部应收账款都进行了账龄分析，结果证明了我们的坏账准备是充足的。"

d. "我对全部应收账款都进行了账龄分析，结果证明我们的坏账准备是充足的。"

e. "我们向本期被注销为坏账的那些欠款客户进行了详细的证实，认为这些账款的注销是合理的。"

f. "在本期期末，我们向还没有注销为坏账的欠款客户进行了详细的证实，认为不注销这些欠款是合理的。"

g. "我知道上期期末的坏账准备是合理的，然后，我使用两家优质信用报告机构对本类客户所推荐的销售收入百分比来估计了本期可能发生的坏账费用并计提了坏账准备。"

第 9 章
营 运 资 本

CHAPTER 9

学习目标

1. 了解营运资本的主要组成项目（除第 8 章介绍的应收账款和预收账款和第 13 章将要介绍的有价证券之外）和各项目经常涉及的交易类型。包括货币资金、预付项目、存货、应付账款、短期介绍、应计负债（例如应付工资和应交税金）、产品质量保证金（warranties）和重组债务等。
2. 理解存货项目的构成和存货成本流转，懂得商业企业和制造企业的存货会计处理方法。
3. 理解产品质量保证负债和重组债务的确认与计量要求。

9.1 相关术语与概念

在第 3 章中，我们曾经介绍了流动资产、流动负债与非流动资产和非流动负债之间的区别。对资产项目，我们以企业是否会在 1 个营业周期内将其转换为现金，或者消耗和出售来判断流动和非流动；对负债项目，我们以企业是否需要在 1 个营业周期内偿还或者了结义务来判断流动和非流动。由于大部分企业的营业周期都不超过 1 年，因此，在会计上习惯以 1 年为时间标准来判断项目的流动性，长于 1 年的为非流动项目，短于 1 年的即为流动项目。所谓**营运资本**（working capital），就是企业的流动资产扣除流动负债之后的剩余；而**流动比率**（current ratio）就是流动资产与流动负债之间的比值，也被称为**营运资本率**（working capital ratio）。

营运资本和流动比率都提供了企业**流动性**（liquidity）方面的信息。所谓流动性，是指企业在短期债务到期时能够按时偿债的能力。如果一家企业的流动资产大于流动负债，就会有正的营运资本，同时流动比率也就会大于 1；但是，如果一家企业的流动负债相比流动资产金额更高，则营运资本就会变成负数，而流动比率就会小于 1。一般情况下，大部分企业的营运资本都是大于 0 的，而且，"营运资本为负"这种现象本身并不表示企业一定不能按时偿还到期债务，比如，企业可能享有银行信贷限额，因此可以通过临时借款来偿债。

表 1-1 是贵成公司在 2013 和 2012 财务年度末的资产负债表，表 1-5 是泰晤士公司在 2013 年 12 月 31 日和 2012 年 12 月 31 日的资产负债表。根据贵成公司的资产负债表，该公司在 2013 年 2 月 27 日的营运资本为 1 588（= 10 566 − 8 978）百万美元，流动比率为 1.18，后者表示，对应于未来 1 年内即将到期的每 1 美元负债，贵成公司有 1.18 美元流动资产可用来偿还。而如果利用泰晤士公司的资产负债表数据，可计算出该公司的营运资本为负 483（= 11 004 − 11 487）百万欧元。不过，根据泰晤士公司第 22 项财务报表附注，在该公司的流动负债中包含了一项名为"预提或有准备"的项目，该项目的大部分金额都是不需要在未来 1 年内支出现金的，本教材稍后会对此问题进行更详细的解释。就现在而言，请记住，将机械计算出来的财务比率在不同公司之间直接进行比较往往是难以保证可比性的。

会计师对营运资本的定义（即流动资产总额减流动负债总额）与财务中常常使用的营运资本定义是不同的，这主要是因为大家对非经营性项目的处理不一致而引起的。在公司财务中，营运资本被定义为短期**经营性资产**（operating assets）扣除短期**经营性负债**（operating liability）之差，即不考虑流动资产和流动负债中的投融资项目——**金融资产**（financial assets）和**金融负债**（financial liabilities）的影响。在表 1-5 泰晤士公司的资产负债表中，很容易看出经营性项目和金融性项目之间的差别，因为该公司是单独披露短期金融负债项目和短期经营性负债项目的。区分一项资产（或负债）是属于经营性资产（经营性负债）还是金融资产（金融负债）的主要标准，是企业持有该项目的目的。特别地说，企业持有该项目是为了在经营中直接使用还是用它来为经营活动进行投融资？从资产方来看，短期金融资产一般是指那些能滋生利息或者投资收益的项目，比如有价证券和其他短期投资。⊖从负债方来看，短期金融负债一般是指需要计算利息的支付义务，比如短期银行借款和一年内到期的长期负债项目。在本书中，我们所使用的营运资本这个术语将遵循会计师的传统定义。

本章的后续部分将介绍一些流动资产项目（货币资金、预付账款和存货）和流动负债项目（应付账款、短期借款、应计负债、应交所得税、产品质量保证负债和重组债务）。⊖

9.2 常见的流动资产项目

9.2.1 现金与现金等价物

现金（cash）主要包括库存现金、汇票、银行支票、支票账户存款和定期存款等项目。在很多公司的资产负债表中，现金与**现金等价物**（cash equivalents）是合在一起列报的。所谓现金等价物，是指公司用作临时投资用途的多余现金，属于流动性非常强的短期资产。一般情况下，我们将到期日在 3 个月以内的固定收益投资作为现

⊖ 财务报表使用者是无法了解管理层持有有价证券或其他短期投资的目的的。例如，管理层可能会计划利用这些资产来支持一项经营战略，这样，他们就会将这些证券或者投资划分为经营性资产。

⊖ 在第 8 章中，已经介绍了两个与收入相关的营运资本账户（应收账款和预收账款）。我们在后续章节中还会介绍一些其他的流动资产和流动负债项目，例如，在第 13 章中将会讨论"有价证券"，在第 11 章中会讨论"一年内到期的长期负债"，在第 12 章中会介绍"1 年内到期的递延税款"。

金等价物管理，而到期日在 3 个月以上的投资工具则划分为短期投资或者有价证券进行核算。现金和现金等价物都按照他们的等值货币金额进行计量。

9.2.2 预付账款

预付账款（prepayments，也称**预付资产**，prepaid assets ⊖）通常表示公司已经支付但还没有消费的各种服务，例如，预付租金和保险费就代表着公司已经付款、但还没有使用的租赁和保险服务的价值。假定一家企业在 8 月 1 日支付 18 000 英镑购买了未来 12 个月的保险服务，那么，企业就应当编制如下会计分录：

  预付保险费   18 000
    货币资金   18 000
  用货币资金支付未来 12 个月的保险服务。

然后，在将来 12 个月每个月的月末，该企业都需要编制如下调整分录：

  保险费用   1 500
    预付保险费   1 500
  记录当月消费的保险服务价值 1 500（=18 000/12 个月）英镑

如果该企业在 12 月 31 日需要编制资产负债表，则预付账款金额将为 10 500（=18 000-5 个月×1 500/每个月）英镑。

9.2.3 存货

所谓**存货**（inventory）是指企业在经营过程持有以备出售或进一步加工使用的资产。当企业最终将存货售出时，应将该存货按账面价值结转，成为利润表中的费用项目——销货成本。存货是商业企业和制造业企业的一项主要资产，而销货成本通常也是这些企业金额最高的一项费用项目。

存货的变化可以用存货等式（inventory equation）来说明。下面这个等式就说明了存货实物数量的变化关系：

$$\underbrace{期初存货 + 本期增加的存货}_{\text{本期可供销售（使用）的存货}} - 本期减少的存货 = 期末存货$$

假定一家企业在会计期初持有 2 000 磅糖（期初存货），本期又购进了 4 500 磅糖（本期新增），则该企业在当期持有可供销售或者使用的糖就为 6 500 磅（=2 000+4 500）。我们将期初存货与本期新增加存货之和称为"本期可供销售（使用）的存货"。如果该企业在当期使用了 5 300 磅糖（本期减少），那么，期末仓库里剩下的糖就应当为 1 200 磅（期末库存）。

上述存货等式也可写作：

$$\underbrace{期初存货 + 本期增加的存货}_{\text{本期可供销售（使用）的存货}} - 期末存货 = 本期减少的存货$$

如果一家企业期初有 2 000 磅糖，本期购进了 4 500 磅，期末时经过盘查，发现仍然持有 1 200 磅糖，那么，可以推算出企业在当期使用了 5 300 磅（=2 000+4 500-1 200）糖。⊖

财务报表中需要报告的是存货的金额（例如价值多少美元、欧元或者元等）而不是实物数量（比如多少个、多少公斤或者多少立方尺等）。因此，会计人员需要根据存货成本情况来将存货的实物数量转换为价值金额予以报告。如果企业存货的取得成本是恒定的，那么所有存货项目的单位成本都是一样的，这样，存货数量和金额的变化就必然是一致的，只需要根据数量的变化就可以很方便地求出金额的变化来。但是，由于存货的单位取得成本总是在不停发生变动的，关于存货的会计处理于是就变得复杂起来。

以下将重点讨论存货会计处理中的 3 个问题：

①存货取得成本所包含的内容；②对存货取得以后市场价格发生波动的处理；③存货流转过程中的成本流转假定，包括单位成本变动对存货成本计量的影响。

⊖ 实际上，除货币资金外的所有资产都是一种预付，因此我们更喜欢使用预付账款这个说法，但是在实践中这个项目经常被称为预付资产。

⊖ 在这种形式的存货等式下，需要企业事先了解可供销售的存货数量和期末存货数量，然后再根据已知数量关系，计算出当期减少的存货数量。这种计算当期减少存货数量的方法叫作定期实地盘存法（periodic inventory method）。如果企业能在平时使用存货时就记录下本期减少存货的数量，则可以使用永续盘存法（perpetual inventory method）。

9.2.4 问题1：存货成本的构成

根据成本计量的基本原则，我们在资产负债表中所报告的存货金额应当包含企业在取得存货并使他们达到可出售状态前发生的所有费用。

对**商业企业**（merchandising firms）来说，比如贵成公司，所取得的存货直接就是已经达到了可对外出售状态的。因此存货的取得成本包括扣除因及时付款而获得现金折扣之后的发票价格⊖、加上企业在运输、收货、拆包、检查和上架过程中发生的费用，以及其他一切在采购过程中发生的合理支出。

对**制造企业**（manufacturing firms）来说，比如泰晤士公司，所获取的存货通常并不是直接就已经达到了可以对外销售状态的。制造业企业需要将它们取得的原材料和各种零部件在车间里进行加工和组装，最终生产出产成品。这些产成品的取得成本通常由以下三部分所组成：

- **直接材料**（direct material，也称为**原材料**，raw material）：指制造企业能直接追溯到它所产生的每件产品中的材料成本。例如，泰晤士公司的直接材料可能包括钢铁、塑料、螺钉螺帽、组装的CD机、收音机和导航系统、以及其他被用到了产成品之上的实物。
- **直接人工**（direct labor）：指在将原材料加工称为产成品的过程中所消耗的人工成本。以泰晤士公司为例，该公司的直接人工主要是指与生产线上的工厂工人相关的薪酬费用。
- **制造费用**（manufacturing overhead）：在生产过程中，还有很多对生产过程非常重要、但是又不能直接追溯到每件产品上面去的间接成本项目发生，比如，生产设施的折旧费用、保险费用和相关税金、车间管理人员的人工成本和车间设备的物料供应等。

对制造业企业来说，在产品被卖出并确认收入之前所发生的制造类成本被统称为**产品成本**（product cost）。产品成本属于资产，它们被累积在各种类型的存货账户之中，例如，原材料、在产品（也称生产成本）和产成品等。在美国，上市公司必须在它们的财务报告中披露以上三类存货项目的金额，通常的披露位置是在某个附注当中。而国际财务报告准则也认为存货成本构成方面的信息"对财务报表使用者非常有用"。⊜ 回看泰晤士公司的资产负债表（见表1-5，第44~46页），该公司报告它在2013年12月31日的存货账面价值为2 210.8百万欧元。根据该公司在财务报表第15项附注中的披露，泰晤士公司的存货组成信息如表9-1所示（单位为百万欧元）。⊜

表9-1 泰晤士公司财务报表附注15：存货

	2013年	2012年
原材料	€ 530.5	€ 504.1
在产品（包括建造合同）	1 195.7	1 191.1
半成品和产成品	859.6	859.9
可供出售的产成品	125.1	145.1
存货总额	€ 2 710.9	€ 2 700.2
存货跌价准备①	(500.1)	(472.8)
存货净值	€ 2 210.8	€ 2 227.4

①"准备"在这里是指存货的总金额超过其市场价值，即净额的部分。

资料来源：© Cengage Learning 2014.

与商业企业一样，制造业企业也会发生销售费用（比如，销售佣金与销售人员所用汽车的折旧费用、保险费用和税收等）和管理费用（比如，首席执行官的薪酬和人力资源部所用电脑的折旧等）。无论哪种类型的企业都应当将销售费用和管理费用作为**期间费用**（period expenses）进行会计处理。期间费用不属于资产，企业在什么时候消费了相应的商品或者服务，这些期间费用就应当确认在相应的会计期间。

制造业企业的会计处理概述 图9-1总结了

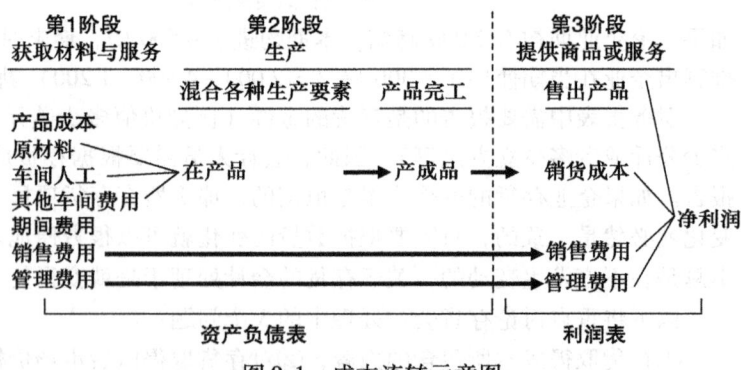

图9-1 成本流转示意图

资料来源：© Cengage Learning 2014.

⊖ 这一点与我国会计当前的实务要求不同，我国要求将实际得到的现金折扣作为财务费用的减少处理，在确认存货取得成本时，不考虑现金折扣的影响。——译者注

⊜ 国际会计准则理事会，《国际会计准则第2号——存货》（2003修订版）第37段。

⊜ 泰晤士公司提取了存货跌价准备，该准备金的金额等于泰晤士公司预计的存货成本高于其重置成本之差。

制造业企业的成本流转过程，图 9-2 列示了制造成本是如何流向各类账户的。

原材料		生产成本		产成品		销货成本	
资产 借记增加	资产 贷记减少	资产 借记增加	资产 贷记减少	资产 借记增加	资产 贷记减少	股东权益 借记减少	股东权益 贷记增加
购入原材料的成本	生产领用原材料的成本 →	生产领用的原材料成本	生产完工入库产品的制造成本 →	生产完工入库产品的制造成本	售出产品的制造成本 →	售出产品的制造成本	

货币资金或应付职工薪酬							
资产的增加或负债的减少	资产的减少或负债的增加						
		生产过程耗用的直接人工价值	生产过程中耗用的直接人工价值				

货币资金、累计折旧及其他相关账户							
资产的增加或负债的减少	资产的减少或负债的增加						
		生产过程中发生的制造费用 →	生产过程中发生的制造费用				

图 9-2 生产成本在不同账户之间的结转

资料来源：© Cengage Learning 2014.

对于不同完工进度的存货，制造业企业应开设不同的账户来进行核算。其中，"**原材料**"（raw material inventory）账户用以核算企业购入的、还没有被生产车间领用的原材料库存。在购入原材料时，企业应借记"原材料"账户。当生产车间实际领用原材料时，相应地也应当将原材料的成本从"原材料"账户转记到"生产成本"账户中去，即按领用原材料的实际成本，借记"生产成本"账户，贷记"原材料"账户。"原材料"账户的余额表示企业在仓库或其他储存地持有的原材料成本。

"**生产成本**"（work-in-process inventory）账户（也称为**在产品账户**，work-in-progress inventory account）专门用来归集生产车间所领用的原材料价值、生产过程中发生的直接人工价值和制造费用。当生产完工时，企业会将产成品实物从生产车间转移到产成品库房，同时也应将与这些产成品相关的生产成本转记到"**产成品**（finished goods inventory）"账户中。即按分配给产成品的生产成本价值贷记"生产成本"账户，同时借记"产成品"账户。这笔会计分录减少了"生产成本"账户的余额，同时也增加了"产成品"账户的余额。这样，"生产成本"账户在会计期末的余额就表示当期未完工产品所累计的生产成本金额。

"**产成品**"（finished goods inventory）账户用以核算已经生产完工但尚未售出的产品价值。将生产完工的产品出售给顾客时，企业需要将这些产品的制造成本从"产成品"账户转记到"**销货成本**"（cost of goods sold）账户中。"销货成本"是一个费用类账户，因此，该账户的增加将导致利润的减少，并最终减少企业的留存收益。结转销货成本的会计分录为借记"销货成本"账户，同时贷记"产成品"账户。

例题 1 1 月 1 日，月亮产品公司（Moon Products）按每股 30 欧元的价格发行了 10 000 股每股面值 10 欧元的普通股，开始了它在比利时的商业经营活动。1 月份发生的交易和相关会计分录如下：

(1) 月亮产品公司租入一栋建筑楼，并用现金预付了 12 个月的租金，合计 250 000 欧元。

  预付租金   250 000
    货币资金   250 000
  预付 12 个月的租金。

(2) 赊购价值 25 000 欧元的原材料。

  原材料   25 000
    应付账款   25 000
  赊购原材料。

(3) 生产部门领用了价值 20 000 欧元的原材料。

  生产成本   20 000

    原材料   20 000

  生产部门领用原材料。

(4) 1月份共支付职工薪酬 60 000 欧元,其中,生产工人薪酬为 40 000 欧元,营销和管理部门职员薪酬为 20 000 欧元。

  生产成本   40 000

  工资费用   20 000

    货币资金   60 000

  记录职工薪酬费用,其中 40 000 欧元计入生产成本,20 000 欧元计入期间费用。

对制造企业来说,非生产性成本项目应在发生时就确认为费用处理。因此,当职工为企业提供了营销和管理等人力资源服务时,企业就应当记录它所使用的人工服务价值。第(4)笔会计分录说明了生产成本与期间费用之间的区别,借方的第一个项目使得企业的一项资产增加,但第二个项目则使得企业的费用增加,从而减少了股东权益。在第(5)和第(6)笔会计分录中,也能看出生产成本和期间费用之间的区别。

(5) 1月份共计发生各种公用事业费支出 1 200 欧元,其中,1 000 欧元为生产制造部门耗用的,另外 200 欧元是营销和管理部门耗用的。

  生产成本   1 000

  公用事业费   200

    货币资金   1 200

  记录公用事业费,其中 1 000 欧元计入生产成本,200 欧元计入期间费用。

(6) 对第(1)笔会计分录进行调整。1月份应负担的租金费用为 20 833 (= 250 000/12 个月) 欧元。假定月亮产品公司将租入建筑物空间的 70% 用于生产场地,剩余 30% 用于管理(非生产)目的。

  生产成本   14 583

  租金费用   6 250

    预付租金   20 833

  记录当月使用的预付租赁费,其中 14 583 计入生产成本欧元,6 250 欧元计入期间费用。

(7) 1月份完工并入库的产品生产成本合计为 48 500 欧元。⊖

  产成品   48 500

    生产成本   48 500

  记录当月完工入库的产品价值。

(8) 1月份,月亮产品公司共计实现商品销售收入 75 000 欧元,其中 25 000 欧元为赊销。

  货币资金   50 000

  应收账款   25 000

    销售收入   75 000

  实现销售收入 75 000 欧元。

(9) 1月份所售产品的成本合计为 42 600 欧元。

  销货成本   42 600

    产成品   42 600

  结转产品销售成本 42 600 欧元。

⊖ 在实务中,企业需要按照一定的成本会计方法来计算完工入库的产品成本,这些方法会在其他课程中讲授。

表 9-2 中列出了月亮产品公司在 1 月份实现的税前利润情况。表 9-3 则汇总了影响当月存货账户的 T 形账户记录。月亮产品公司在 1 月份实现了税前利润 5 950 欧元。截至 1 月末，该公司还有价值 5 000 欧元的原材料，价值 27 083 欧元的在产品和价值 5 900 欧元的产成品。在月亮产品公司 1 月末的资产负债表中，应报告存货的账面价值为 37 983（= 5 000 + 27 083 + 5 900）欧元。

制造过程的会计处理小结 对制造企业所发生的销售和管理费用的会计处理，与商业企业的是基本一致的，这类期间费用应在发生时就予以确认。但与商业企业不同的是，制造企业在对存货的会计处理方面比较特殊。商业企业所购入的商品往往是直接就可以对外出售的，因此只需要在采购时直接借记存货账户，出售时再贷记存货账户就可以了。而制造企业在将原材料加工成产成品的过程中还会发生各种成本费用。当制造企业在生产过程中耗用原材料、人工成本和制造费用时，应当确认一项资产——即部分完工的和全部完工的存货。在这些加工完成的产品被售出以前，制造企业需要将它们的成本在资产账户中进行归集（即借记资产账户），这些账户包括原材料、生产成本和产成品等。等待这些产品被售出以后，企业再按照所售产品的实际成本贷记产成品账户，然后借记销货成本账户。

表 9-2 月亮产品公司 1 月份利润表

销售收入	€75 000
减：费用	
销货成本	€42 600
工资费用	20 000
公用事业费	200
租金费用	6 250
费用合计	69 050
税前利润	€5 950

资料来源：© Cengage Learning 2014.

表 9-3 月亮产品公司 1 月份存货类交易的 T 形账户记录

	原材料				生产成本		
√	0			√	0		
(2)	25 000	20 000	(3)	(3)	20 000		
				(4)	40 000	48 500	(7)
				(5)	1 000		
				(6)	14 583		
√	5 000			√	27 083		
	产成品				销货成本		
√	0						
(7)	48 500	42 600	(9)	(9)	42 600		
√	5 900						

资料来源：© Cengage Learning 2014.

自习问题 9.1

生产成本在各账户间的结转。 以下是哈斯科尔公司（Haskell Ltd.）在 3 月份的一些生产活动信息：

要求：

a. 计算哈斯科尔公司在 3 月份发生的原材料成本为多少？

b. 计算哈斯科尔公司 3 月份完工入库的产成品价值为多少？

c. 计算哈斯科尔公司在 3 月份出售产品的成本为多少？

d. 计算哈斯科尔公司在 3 月份的税前利润为多少？

	3 月 1 日	3 月 31 日
原材料	£42 400	£46 900
生产成本	75 800	63 200
产成品	44 200	46 300
当月生产活动信息		
购入原材料		60 700
发生人工成本		137 900
取暖、照明和电力费用		1 260
其他生产成本		
生产设备租赁费		1 800
生产场地租赁费		4 100
到期的预付保险费		1 440
收入与非生产费用信息		
销售收入		400 000
销售与管理费用		125 000

9.2.5 问题2：存货的后续计量

美国公认会计原则和国际财务报告准则都要求按取得成本对存货进行初始计量（在问题1中已讨论），但是，企业所持有存货的市场价格是在不断变化之中的。因此，接下来我们将讨论在存货购入以后，如果市价再发生波动，企业应如何进行会计处理。美国公认会计原则和国际财务报告准则对市场价格的定义虽然有所不同，但都是以现在重新购置存货所需要花费的成本为基础来考虑的（**重置成本**，replacement cost）。

市价上涨的会计处理 在企业取得了存货之后，由于多种原因，存货的价格有可能会上涨，我们把由于这些原因所导致的存货价值增值称为持有收益（holding gain）。举例来说，如果有一种原材料属于稀缺物资（比如稀土矿物），必然将导致其价格上涨，那么采用该原材料所生产的产品价格都会上涨。再比如，新劳动合同的实施将增加人工成本，从而使得企业重置其产成品的成本增加。如果一家企业打算按照上涨以后的重置成本或者市场价格来对其存货价值进行重新计量的话，它就需要编制下面这笔会计分录：

存货   X
  未实现存货持有收益   X
记录存货市价的上涨。

但是，无论是美国公认会计原则还是国际财务报告准则，都不允许企业按高于取得成本的金额对存货进行重新计量。⊖因为虽然存货的市价上涨后，公司可以提高存货的销售价格，但实际上只有等到存货真正被卖出以后，才能实现价格上涨所带来的利益流入。因此，美国公认会计原则和国际财务报告准则都要求，企业应将存货的持有收益递延到这些存货真正被出售的时候再予以确认。

市价下跌的会计处理 存货的市价也可能由于多种原因而发生下跌，我们将这些原因所导致的存货价值贬值称为持有损失（holding loss）。比如，竞争对手引入了技术超强的产品；一种产品原料被曝光说对健康有害等；再比如，使用成本更低的原材料进行生产，也能使产成品的制造成本下降。

当存货的重置成本低于其取得成本时，美国公认会计原则和国际财务报告准则都要求企业应当调减（即调低资产负债表中的账面价值）存货的价值，会计人员将这种情况称为存货的减值（impaired），并将这种计价基础称为**成本与市价孰低**（lower-of-cost-or-market basis）。⊜确认存货发生减值的会计分录会一方面导致在利润表中报告损失，另一方面在资产负债表中报告更低的存货账面价值。一旦确认了存货减值，美国公认会计原则不允许企业在后续进行减值的转回；但国际财务报告准则允许企业在过去导致存货减值的因素消失后将以前的减值转回，只是规定转回后的存货价值不应超过最初的存货取得成本。

为说明存货减值的会计处理，假定贵成公司有取得成本为119 000美元的存货发生了市价下跌，下跌幅度为5 000美元。那么，贵成公司应编制如下会计分录确认存货减值：

未实现存货持有损失   5 000
  存货   5 000
记录存货减值损失5 000美元。

"未实现存货持有损失"账户（也称"减值损失"账户）属于当期费用的一种，很多公司会将该项目报告在销货成本中。⊜

举例来说，在表9-4中，期初存货价值为19 000美元，当期购入了100 000美元的存货，期末存货的价值为25 000美元，对应的市场价值为20 000美元。如果企业按照成本与市价孰低的原则对期末存货进行计量，那么，计算出的销货成本就会比只按照取得成本计量期末存货时计算出来

表9-4 按不同的期末存货计价原则计算的销货成本

	按取得成本计量	按成本与市价孰低计量
期初存货	$19 000	$19 000
当期采购的存货	100 000	100 000
当期可供销售的存货	$119 000	$119 000
减：期末存货	(25 000)	(20 000)
当期销货成本	$94 000	$99 000

资料来源：© Cengage Learning 2014.

⊖ 农业资产有例外，但该话题已超出本书讨论范围。
⊜ 美国注册会计师协会，会计程序委员会《会计研究公告第43号——存货定价》（1953年，汇编主体330）；国际会计准则理事会《国际会计准则第2号——存货》（2003年修订版）。
⊜ 与我国的实务处理要求不同，我国要求将当期计提的存货跌价损失报告在"资产减值损失"项目中，不影响销货成本。只有当以前计提了跌价损失的存货在当期卖出时，才按照存货的账面价值结转至销货成本。——译者注

的数值高出 5 000 美元。这 5 000 美元正是存货发生了跌价损失的结果，与按照取得成本进行期末计量相比较，净利润也减少了 5 000 美元。企业在财务报表附注关于销货成本的披露中，应当对重大的存货跌价信息进行说明，以帮助财务报表使用者理解销货成本的构成。

如果同样还是这批存货，到下一会计期末时的市价又上涨了 3 000 美元，那么，根据美国公认会计原则，企业仍然应当按照成本与市价孰低的原则[一]，报告此批存货的价值为 20 000 美元。但是，如果贵成公司是按照国际财务报告准则编报的，那么，它可以通过编制下面这笔会计分录将过去计提的部分存货跌价准备转回：

存货 3 000
  未实现存货持有收益 3 000

部分转回以前计提的存货跌价准备，国际财务报告准则允许这样做，但美国公认会计原则不允许。

对有些行业的企业来说，会经常性地遭遇存货价格的波动，因此，这些企业常常会使用一个专门的备抵账户来记录存货成本与市价之间的价格调整。[二]比如，表 9-5 就是雀巢集团（Nestlé Group）使用的存货跌价准备账户信息。根据雀巢集团在第 7 个会计年度末的资产负债表，存货的账面价值为 9 272 百万美元，其中，存货总额（gross）为 9 547 百万美元，等于存货净值（net，即资产负债表列报值）9 272 百万美元与存货跌价准备账户的期末余额 275 百万美元之和。该公司根据成本与市价孰低原则对存货的减值进行估计，并将其记录在一个存货备抵账户——"存货跌价准备"（也叫"按可变现净值注销的减值准备"）中。假定该公司在第 7 年按照成本与市价孰低原则需要进行的存货价值调整金额为 100 百万美元，那么，它就应当编制如下会计分录：

表 9-5 雀巢集团披露的第 6 年和第 7 年 12 月 31 日的存货信息

10. 存货		
	第 7 年末	第 6 年末
原材料、在产品和各种物料	$3 590	$3 102
产成品	5 957	5 164
存货跌价准备	(275)	(237)
	$9 272	$8 029

资料来源：© Cengage Learning 2014.

未实现存货持有损失 100
  存货跌价准备 100

记录存货减值损失 100 百万美元。未实现存货持有损失将减少当期的利润。由于在第 6 个会计期末至第 7 个会计期末之间一些其他存货项目的公允价值可能增加，部分抵消减值的影响，因此存货跌价准备账户最终的增加额并不一定恰好会等于 100 百万美元。

根据国际财务报告准则，企业计提的存货减值准备是允许转回的，前提是转回的金额不能超过以前累计计提的存货减值金额。[三]基于下面这两点原因，对存货按照成本与市价孰低原则进行期末计价是会计政策稳健性的表现：

1. 如果市价下跌，它在存货售出前就确认损失；但如果市价上涨，它仅在存货售出后才确认市价高于初始取得成本带来的收益。

2. 按成本与市价孰低原则在资产负债表中所报告的存货价值永远也不会高于、但却有可能低于存货的取得成本。[四]

成本与市价孰低法下存货出售时的会计处理 只要企业计提了跌价准备的存货还可以对外出售，那么，在该存货被最终售出时，企业是会要报告存货销售收入的。在确认收入的同时，企业会借记"销货成本"账户，贷记"存货"账户。销售收入与销货成本之差即为该笔交易所创造的毛利。假定存货的销售价格一直保持恒定不变，按成本与市价孰低原则所进行的调整将导致计提准备期间存货账面价值的减少，但在未来存货最终售出期间所实

[一] 此时的"成本"是指这批存货当前的账面价值 20 000 美元，而市价为 23 000 美元。——译者注
[二] 根据美国公认会计原则，如果"有重要证据表明市价在存货售出前是会恢复的"，那么，企业在中期（季度）财务报告中就可以不用确认存货的减值。（汇编主题 330-10-55）。
[三] 而且，由于企业对每类存货都要按成本与市价孰低原则进行价值调整，使用国际财务报告准则进行编报的企业可能会在同一年度中对某类存货计提减值准备，而对另一类存货又在转回过去计提的减值准备。
[四] 根据会计政策稳健性的要求，我们应尽量不高估资产和留存收益金额，从而导致较低的累计净利润总额。但稳健性并不是要求我们每年都报告较低的利润。只要时间跨度足够长，一项在前期报告较低利润的会计政策必然在将来某个时期会报告出较高的利润。稳健的会计政策将导致早期的利润较低。

现毛利的增加。

如果存货跌价准备的计提和出售发生在同一会计报告期间，那么，当期的利润表将同时受到这两方面的影响。减值损失的确认直接就抵消了按较低市价所确认的销货成本的影响。但如果企业在某一会计期间对存货计提了跌价准备，然后在以后会计期间才将该存货售出，则在减值发生当期，损益会减少；但在其后存货被售出期间，将可以报告更高的利润。举例来说，假定贵成公司估计有一批价值400百万美元的女装存货由于时尚变化的原因几乎已经没有任何销售价值，则该公司将计提400百万美元的价值，使这批女装的账面价值减少为0；其后，假定贵成公司在下一会计期间又以5百万美元的价格将这批女装售出，那么，它将报告销货成本为0，而销售收入为5百万美元，这样，导致出售期的利润为5百万美元，两个会计期间的净损益合计为－395（＝－400+5）百万美元。如果贵成公司不使用成本与市价孰低原则的话，则在存货售出的那个会计期间也会报告同样的净损益－395百万美元。因此，成本与市价孰低法的使用并没有改变存货在整个寿命期内的净损益总额，但确实会导致在前期报告较低的利润。

存货后续计量的影响小结 存货的损益是由其最终销售价格与取得成本之差决定的，但该损益究竟该报告在自存货取得之日起至被出售之日止的哪一期会计报表上，却是由存货的后续计量原则决定的。如果企业要确认存货的增值（美国公认会计原则和国际财务报告准则一般都不允许这样做），则确认增值当期的利润将高于按取得成本报告存货价值时所披露的利润；但在后期当企业实际将该存货出售时，出售当期的利润会降低。这是因为此时存货的账面价值已经被调高，因此销货成本更大的原因。如果企业使用成本与市价孰低法进行期末存货的计量，则在存货出现减值的那个会计期间，利润会低于按取得成本报告存货价值时所披露的利润；但在后期该存货被售出时，出售期的利润会更高。因此，如果只是单看某个会计期间的损益的话，该损益的大小是受资产负债表中存货价值高低的影响的。

9.2.6 问题3：存货成本价值流转

如果企业的会计记录中有某期期初存货的价值（等于上期期末存货的价值）和当期因购货或者生产完工而增加存货的价值，则可以轻松计算得到当期可供使用或者可供销售存货的价值。一般情况下，通过商品条码或者其他方法，企业可以确认所销售的存货或者期末库存存货是哪一个购买或者生产批次的。㊀通过这种个别认定，企业可以追踪每件商品至它们的购买发票或者成本记录。㊁这种计算发出商品成本的方法就是**个别认定法**（specific identification）。

下面举例说明个别认定法的应用。假定一家自行车商店的期初库存中有一辆1号自行车，采购成本为2 500美元。在会计期间内，该商店又分别以2 900美元和3 000美元的价格买入了2号自行车和3号自行车，并以5 500美元的价格卖出了一辆自行车。这三辆自行车在实物外观上是没有差别的，只是由于商店采购他们的时间不一致，导致了他们的取得成本是不一样的。

根据上述信息，我们可以写出如下用成本金额来表示的存货等式：

期初存货	+	本期采购存货	−	本期销货成本	=	期末存货
$2 500	+	$5 900	−	?	=	?

假定这家自行车商店采用个别认定法来确定当期售出自行车的成本，根据产品序列号或者条形码，商店判断出实际销售出去的是2号自行车，那么，销货成本就应当为2 900美元，并且期末存库将由1号自行车和3号自行车所组成，成本合计为5 500（＝2 500+3 000）美元。

如果这家商店并没有建立所售产品与期末库存产品的个别认定系统，那么，它就只有期初产品库存和当期采购商品成本的记录，却没有当期销售产品成本或者期末库存产品成本的数据。在会计期末，该商店可以通过实地

㊀ 从理论上来说，企业也可以应用类似的方法来确认在产品和完工产品，但对于包含上千个各种零部件、每一个零部件都来自于自己的制造流程的企业来说，这样做是不现实的。绝大多数公司都建立了标准成本制度来分配完工产品的成本。标准成本制度是管理和成本会计课程的重要话题。

㊁ 在永续盘存制（Perpetual inventory system）下，企业可以在存货售出当时就计算出所售产品的成本。但在实地盘存制（periodic inventory system）下，企业只能在期末通过实地盘点期末库存来确定当期所售产品的成本。请参考专业术语表中对这两种存货盘存制度的介绍。在本书中，除非特别说明，我们假定企业使用的是实地盘存制。

盘点来确定期末库存商品的数量，但却难以确定这些商品的成本。不过，它一定能计算出当期可供销售商品的成本总额（等于期初库存价值与当期采购价值之和）。然后，可以根据最近一次采购成本，或者最早的采购成本，或者可供销售商品的平均成本等，来确定期末库存商品的成本（或者当期销售商品的成本）。一旦确定了一个未知量，无论是期末库存成本还是当期销货成本，根据存货等式，自然就可以计算出另一个来。因为期末库存和当期销货成本这两个未知量之和必然是等于当期可供销售的商品成本（即期初库存和当期采购之和）的。分配给一个未知量的价值越高，那么另一个未知量的价值就会越低。

简而言之，企业要么必须知道或者假定它知道当期出售或者期末留存的存货成本。个别认定法可以避开假定，但是如果存货之间非常类似，或者对存放在储存罐里的汽油或采石场中的石灰那样特殊的存货，要应用个别认定法是非常不实际的。即使企业追踪存货中的每件产品流转在技术上是可行的（例如通过扫描产品条形码来实现），在经济上也不一定会符合成本效益原则。比如，家装器材店通常不会使用条形码来追踪每块木条或者铁锤的销售情况。

美国公认会计原则和国际财务报告准则都没有强制企业使用个别认定法，相反，它们都允许企业选择一种**成本流转假定**（cost-flow assumption）。成本流转假定与存货实物的流转并不需要保持一一对应。典型的存货成本流转假定包括：

1. 加权平均成本法。
2. 先进先出法（FIFO）。
3. 后进先出法（LIFO）。美国公认会计原则允许使用后进先出法，但国际财务报告准则禁用此方法。

下面我们将利用表9-6中的数据来说明这些成本流转假定的应用。

表9-6 成本流转假定与历史成本计量的比较

假定数据			
期初库存：	1号自行车		$2 500
本期采购：	2号自行车		2 900
	3号自行车		3 000
可供销售的商品成本			$8 400
销售收入：1辆自行车			$5 500
		成本流转假定	
	先进先出法	加权平均成本	后进先出法
财务报表数据	(1)	(2)	(3)
销售收入	$5 500	$5 500	$5 500
销货成本	2 500①	2 800②	3 000③
销售毛利	$3 000	$2 700	$2 500
期末库存价值	$5 900④	$5 600⑤	$5 400⑥

① 1号自行车的成本为2 500美元。 ④ 2号和3号自行车的成本合计 $2 900 + $3 000 = $5 900。
② 自行车的平均成本为2 800（=8 400/3）美元。 ⑤ 两辆自行车的平均成本合计为 2 × $2 800 = $5 600。
③ 3号自行车的成本为3 000美元。 ⑥ 1号和2号自行车的成本合计 $2 500 + $2 900 = $5 400。
资料来源：© Cengage Learning 2014.

在**加权平均**（weighted-average）成本流转假定下，企业需要计算出当期全部可供销售产品（包括期初存货在内）的平均成本，然后利用该加权平均成本与当期销售产品的数量和期末库存产品的数量，计算得到当期的销货成本与期末库存价值。在表9-6中，第（2）列数据就是根据加权平均成本流转假定计算得到的。当期可供销售自行车的加权平均成本为 2 800[= 1/3 × (2 500 + 2 900 + 3 000)] 美元。因此，当期的销货成本就是2 800美元，而期末库存的价值则为5 600（=2 × 2 800）美元。

而**先进先出法**（first-in, first-out，FIFO）成本流转假定最早购进的存货最先被销售出去，因此留在期末库存里的存货应按最近购入的取得成本计量。如果企业确实是按照存货购入的批次最先使用或者销售最早购入的材料或者商品的，那么，先进先出法成本流转假定就与企业存货的实物流转是一致的。表9-6中的第（1）列就是根据先进先出法计算的结果，它将1号自行车的成本分配给了销货成本，将2号和3号自行车的成本留作了期末库存。先进先出法就像是一条传送带：先购入存货的成本先被使用或者出售，而留作期末存货构成的都是近期采购的成本。

后进先出法（Last-in，first-out，LIFO）成本流转假定将最后购入存货的成本分配给当期减少的存货，因此期末库存存货的成本都由最早期的采购成本所组成。一些人认为，采用后进先出法能将最近的成本信息与最近取得的收入相配比，因此，这样计算得到的企业盈利数字质量更高。在表 9-6 中第（3）列数据就是根据后进先出法成本流转假定计算的，它将 3 号自行车的成本分配给了当期销货成本，而将 1 号自行车和 2 号自行车的成本留在了期末库存中。后进先出法就像是咖啡店里堆放的托盘一样：最后购进的存货成本就像被堆放在咖啡托盘最上面一层，将最先被费用化处理；而最长久存放的，是企业最初购进存货的价值；在商品价格普遍随时间推移而上涨的情况下，最初购进的存货往往是成本最低的，只要企业一直持有存货，这些最低的成本就会一直停留在期末库存中保持不动。后进先出法成本流转假定与存货实物的流转往往是不一致的。即企业即将出售的下一个产品往往并不一定会是它刚刚才采购或者生产完工的。如同我们下面即将介绍的，企业选择使用后进先出法，通常是因为在这种成本流转假定下，销货成本数据能更接近目前的成本实际，在某些情形下，可以使企业报告更低的利润，从而减少所得税负担。

前面曾经提到，国际财务报告准则是不允许使用后进先出法成本流转假定的。但在美国，如果企业在财务会计报告中确实使用了后进先出法，那么税收机构也会允许企业按照后进先出法来计算应纳税所得额。⊖ 在存货的采购成本持续上涨而企业不断加大采购量的情况下，采用后进先出法成本流转假定将比先进先出法或者加权平均成本流转假定报告更高的销货成本，更低的报告期利润，从而得到较低的当期所得税额。表 9-6 中的数据已经说明了这一点，自行车的采购成本在报告期内持续上涨（从每辆 2 500 美元上涨到每辆 2 900 美元，再上涨到每辆 3 000 美元），使用后进先出法报告的毛利润在三种成本流转假定下是最低的（即 2 500 美元）。不过，后进先出法并不一定总能报告出最低的净利润，因为存货的数量或者取得成本并不总是持续上涨的，本章附录 9A 对此进行了说明。

9.2.7 各种成本流转假定的比较与选择

大家应当注意，在表 9-6 中，三种成本流转假定下的销货成本与期末库存价值之和都等于当期可供销售的商品成本，即 8 400 美元。当存货的采购价格发生波动时，这些成本流转假定都不能同时在利润表和资产负债表中报告最新的成本信息。比如，当存货的采购成本价格上涨时（例如表 9-6 中的情形），如果我们将最近的、更高的采购成本报告在了销货成本中，就像后进先出法那样，那么，早期的、更低的采购成本就必然会出现在资产负债表的期末存货价值中。只要企业按照取得成本对存货进行计价，那么最近的取得成本信息要么就只能出现在资产负债表上，要么就只能报告在利润表中，绝不可能同时在两张报表中都使用。

三种成本流转假定中，先进先出法将最贴近当前的成本信息留在了资产负债表中，因为在这种方法下，期末存货的金额大都是按照最近的采购价格来计算的。而先进先出法下的销货成本信息则比较过时，因为它使用的是期初存货和本期采购中的早期成本信息。三种成本流转假定中，在存货采购成本上涨的情况下，先进先出法会报告出更高的净利润；但在存货采购成本下降的情况下，先进先出法会报告出更低的净利润。

在后进先出法下，期末存货里所包含的有可能是很多年前的存货取得成本。如果存货的采购成本持续上涨并且企业存货的数量持续增加，后进先出法下的资产负债表金额会远低于当前的成本价值，而销货成本金额则接近当前的成本实际情况。在这三种成本流转假定中，当存货成本上涨时，后进先出法往往会导致最高的销货成本，从而报告最小的净利润；但在存货成本下跌时，后进先出法将报告最低的销货成本，从而导致最高的净利润。此外，由于商品的销售价格总是随存货的采购成本而变化的，使用后进先出法所报告的毛利润将是波动性最小的。

加权平均成本流转假定的影响介于先进先出法和后进先出法之间，但它对于财务报表的影响要更类似于先进先出法一些。当存货周转较快时，使用加权平均成本流转假定所报告的数字金额与使用先进先出法的是非常接近的。因此在接下来的讨论中，我们将认为先进先出法和加权平均法对利润表具有类似的影响。

使用不同的成本流转假定所报告的销货成本与期末库存之差受存货取得成本变化速度的影响。如果存货的采购价格保持稳定的话，按照后进先出法用早期的采购价格来计量的期末存货或者按照先进先出法用早期的价格来计算的销货成本，与现时的成本差异不会太大。但是随着存货采购价格变动的速度加快，用早期的价格或是最近的价格作为标准进行计量的结果差异就会显现出来，导致按照先进先出法和后进先出法所报告的销货成本和期末

⊖ 这种"如果要按照后进先出法计算应纳税所得额，就必须也使用后进先出法编制财务会计报告"的要求被称为后进先出法一致性规定（LIFO conformity rule）。美国的相关披露准则要求使用后进先出法进行发出存货计价的公司仍然应当按照最近的成本或者先进先出法成本流转假定来披露期末库存的价值。这样，再结合其他财务报表信息，报表使用者就能按使用需要，自行计算出按照先进先出法成本流转假定或者其他类似假定的期末库存价值和当期销货成本。

库存之间出现巨大的差别。

销货成本之间的差别与存货周转（即企业销售存货的速度）之间也是有关系的。随着存货周转速度的加快，近期存货采购价格在当期可供销售商品成本中所占的比重就会越来越高。由于各种成本流转假定并不影响当期存货的采购价格，销货成本不会因为成本流转假定的不同而发生较大的变化。但在资产负债表中，即使存货周转的速度非常快，不同成本流转假定下所报告的期末存货价值也会差别巨大。企业使用后进先出法的时间越长，按照后进先出法和先进先出法所报告的期末存货价值差异就会越大。本章在附录9A中专门说明了后进先出法和先进先出法对财务报表的不同影响。

自习问题 9.2

根据不同的成本流转假定，计算销货成本与期末库存价值。 表9-7中列出了某企业在6月和7月的期初库存、当期采购、当期减少和期末库存的价值。

要求：

a. 分别按照（1）先进先出法，（2）后进先出法和（3）加权平均成本流转假定，计算该企业在6月份的销货成本与期末存货价值。

b. 分别按照（1）先进先出法，（2）后进先出法和（3）加权平均成本流转假定，计算该企业在7月份的销货成本与期末存货价值。

表 9-7 存货价值计算数据
（自习问题 9.2）

	数量	单位成本	成本总额
X 项目			
6月1日期初库存价值	—	—	—
6月1日，采购	100	$10.00	$1 000
6月7日，采购	400	11.00	4 400
6月18日，采购	100	12.50	1 250
可供销售的商品合计	600		$6 650
6月份出售的存货	(495)		?
（6月30日）期末库存与（7月1日）期初库存	105		$?
7月5日，采购	300	13.00	3 900
7月15日，采购	200	13.50	2 700
7月23日，采购	250	14.00	3 500
可供销售的商品合计	855		$?
7月份出售的存货	(620)		?
7月31日期末库存	235		$?

资料来源：© Cengage Learning 2014.

9.2.8 分析存货信息

利用财务报表和相关附注中所披露的信息，可以帮助我们分析存货和销货成本对企业的获利能力和风险的影响。下面我们将介绍如何进行类似的分析。

在第7章中，我们介绍了两个与存货管理相关的财务比率，即**销货成本占销售收入的比重**（cost of goods sold percentage）和**存货周转率**（inventory turnover ratio）。销货成本占销售收入的比重越高，说明单位销售收入中需要用来补偿产品销货成本的比例就越大，因此能贡献成为企业盈利的部分就越小。行业经济特征、企业经营战略和营业环境等因素都会对销货成本占营业收入的比重产生影响。在高度竞争的市场环境中，企业所制定的销售价格往往不可能偏离销货成本太多，因此在这种环境中竞争的企业往往比在竞争不那么激烈的市场中经营的企业拥有更高的销货成本占销售收入比重。而存货周转率指标，即销货成本与当期平均存货的比值，则计量了企业销售存货的速度。

利用表1-1和表1-2中贵成公司的资产负债表与利润表数据，我们可以计算出该公司在截至2013年2月27日的会计年度中的上述财务比率。贵成公司的销货成本占销售收入比重为75.5%：

$$\frac{\text{销货成本}}{\text{销售收入}} = \frac{\$37\,534}{\$49\,694} = 75.5\%$$

而存货周转率为 7.3：

$$\frac{\text{销货成本}}{\text{平均存货}} = \frac{\$37\,534}{\frac{1}{2} \times (\$5\,486 + \$4\,753)} = 7.3$$

这样的存货周转率水平说明，贵成公司的库存商品平均要经过 50 天（=365 天/每年 7.3 次）才能销售出去。

由于销货成本占销售收入的比重和存货周转率这两个财务比率都用到了销货成本数据，因此，这两个比率之间应该会存在着某种联系。⊖销货成本占销售收入的比重如果发生变动，销售净利率必然就会受到影响；而存货周转率如果发生变动，总资产周转率必然也会受到影响。下面我们将分述销货成本占销售收入比重和存货周转率的各种变化所可能带来的影响。

销货成本占销售收入的比重增加且存货周转率也增加　这将导致销售净利率下降且总资产周转率上升，但对总资产收益率的影响方向则取决于这两方面影响共同作用。发生这种情况的原因可能是企业调整了销售组合，卖出了更多周转快但毛利率低的商品；也可能是因为企业增大了制造过程中的外包比例，使得原材料和在产品的库存下降，但与之同时，也不得不将部分利润拱手让给承包方。

销货成本占销售收入的比重下降但存货周转率上升　这将导致企业的销售净利率和总资产周转率同时增加，从而提高总资产收益率水平。如果企业加强对存货的控制并提高存货周转率，就有可能出现这种情况，存储空间的节约和冷、背、残、次存货成本的减少都可以降低销货成本占销售收入的比重。

或者，由于市场对企业产品的需求增加，存货的周转加快，由于需求旺盛，企业可以适当提高销售价格，从而降低销货成本占销售收入的比重。对制造业企业来说，如果在它的成本结构中固定成本所占的比例较高，而它刚好又有剩余生产能力来配合增加的需求，那么虽然销货成本总额也会增加，但由于企业不用再投入任何额外的固定成本了，单位生产成本就会表现为下降，并且最终导致销货成本占销售收入的比重也会下降。

销货成本占销售收入的比重增加且存货周转率下降　这将导致企业的销售净利率和总资产周转率都下降，从而降低总资产收益率。发生这种情况的原因可能是企业的存货发生了冷、背、残、次等事项，按照成本与市价孰低原则，企业不得不对存货进行减值处理。对制造业企业来说，如果在它的成本结构中，固定成本所占比例较高，而它又恰逢产品需求下降导致生产速度也变缓，存货周转率降低；但与之同时，由于企业的固定成本总额是保持不变的，因此分配到单位成本上的固定成本将会上升，从而导致单位制造成本也上升。

销货成本占销售收入的比重下降且存货周转率也下降　这将导致企业的销售净利润增大但总资产周转率下降，而总资产收益率的影响方向则取决于这两方面影响的共同作用。发生这种情况的原因可能是企业降低了制造过程中的外包比例，因此能获得更多的毛利润，但与之同时却需要库存更多的原材料和在产品，从而降低了存货周转率。或者，如果企业提升了商品销售组合中高毛利率产品的比重，而这些产品销售速度又比较缓慢，也会造成这样的结果。

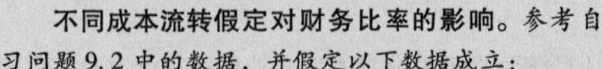

自习问题 9.3

不同成本流转假定对财务比率的影响。 参考自习问题 9.2 中的数据，并假定以下数据成立：

	7月31日	6月30日
除存货以外的其他流动资产	$3 480	$1 650
流动负债	4 820	2 290

a. 请分别使用（1）先进先出法，（2）后进先出法和（3）加权平均成本流转假定，进行发出存货的计价，计算该企业在 6 月 30 日和 7 月 31 日的流动比率。假定在这三种成本流转假定下，企业的应交所得税金额没有差别。

b. 请分别使用（1）先进先出法，（2）后进先出法和（3）加权平均成本流转假定，进行发出存货的计价，计算该企业在 7 月份的存货周转率（=销货成本÷平均存货）。

⊖ 在第 7 章中，我们曾经将总资产净利率分解为销售净利率与总资产周转率的乘积。

9.3 常见的流动负债项目

流动负债是指在下一营业周期就会到期的负债，通常，流动负债项目的到期日距离资产负债表日不会超过1年。应付账款、短期借款、应计负债（例如应付职工薪酬和应交所得税等）、延期交货负债（包括预收账款和产品质量保证金负债）和重组债务等，都属于流动负债。此外，一年内到期的长期负债也属于流动负债项目。[一]

在经营过程中，企业会不停地偿还流动负债，同时也会有新的流动负债项目不停地产生。由于企业预计自当前资产负债表日起，在几周或几个月之内都不会去了结这些负债，因此，这些负债的现值有可能是低于其将来实际需要支付额的。[二]一般情况下，企业会按照将来需要付款的全部金额来计量这些负债，因为对于流动负债项目来说，现值与将来值之间的差异非常小，如果单设账户来反映这些差异（例如利息费用）的话，实在会有些不符合成本-效益原则的要求。

9.3.1 应付账款

一般情况下，企业购货后并不会立即向供应商付款。这样，在收到供应商开来的账单（发票）时，企业会先记录一项负债，称为**应付账款**（account payable，有时也被称为**商业应付款**，trade payables）。企业有可能会把这些账单积存起来，直到某个特定的月份再来一次性地支付所有的欠款。由于这些应付账款通常都是不计息的，因此，企业实际上通过延迟支付而使用了供应商所提供的信用。但是，如果支付延期过久，将损害企业的信用等级，从而使得将来的信用受到限制。

在第7章中，我们曾经介绍过应付账款周转率——即当期采购额与平均应付账款之间的比值。我们知道，根据存货等式可以有：[三]

$$期初存货 + 当期采购额 = 当期销货成本 + 期末存货$$

利用贵成公司截至2013年2月27日的资产负债表（表1-1）和当年利润表（表1-2）数据，我们可以根据上式计算出贵成公司当年的采购金额（单位为百万美元）：

$$\$4\,753 + 当期采购额 = \$37\,534 + \$5\,486$$
$$当期采购额 = \$38\,267$$

因此，贵成公司当年的应付账款周转率为：

$$\frac{当期采购额}{当期平均应付账款} = \frac{\$38\,267}{\frac{1}{2} \times (\$5\,276 + \$4\,997)} = 7.5$$

如何理解应付账款周转率为7.5所表示的含义呢？一种思路是从它所表示的天数来看，贵成公司在采购以后平均要多长时间才会向供应商付款呢？如果我们用365除以应付账款周转率，就可以得到应付账款周转天数，这个指标说明了企业应付账款管理的效率。贵成公司在截至2013年2月27日的这个会计年度里，应付账款周转天数为49天（=365/7.5），即贵成公司在采购完成后平均要等待将近50天才会向供应商付款。

下面我们将引入**现金周转期**（cash cycle，也称**盈利周期**，earnings cycle，或者**营业周期**，operating cycle）概念。所谓现金周转期，是指从企业最初取得存货（或原材料）起开始计算，然后生产和销售产品，最终从客户那里收回现金并向供应商付款所需要的时间。现金周转期等于存货周转天数+应收账款周转天数-应付账款周转天数。利用贵成公司截至2013年2月27日的会计年度数据，我们可以计算出它的现金周转期为：

$$\underset{(存货周转天数)}{50\,天} + \underset{(应收账款周转天数)^{[四]}}{14\,天} - \underset{(应付账款周转天数)}{49\,天} = 15\,天$$

这说明，贵成公司在经营中需要资金融资支持的时间为15天，与其他的一些零售商相比，这个时间是比较短的。如果贵成公司还能进一步减少存货周转天数（即加大存货周转率），或更快地从客户那里收款（即加大应

[一] 我们将在第11章中讨论该项目。
[二] 本章在附录9A中讨论了现值的概念。
[三] 在这里的讨论中，假定所有的信用销售都是关于存货采购的，并且所有贷记"应付账款"账户的交易都是与向存货供应商付款相关的。但在现实生活中，"应付账款"账户实际上还可能会记录其他采购业务引起的负债，例如因采购办公用品等管理性项目所延期支付的款项。
[四] 我们在第7章中曾经计算过这个指标，见179页。

收账款周转天数），或者将向供应商的付款再往后稍作延迟（即降低应付账款周转率）的话，它的现金周转期还可以再进一步降低。在其他条件相同的情况下，现金周转期越短，企业的盈利能力就越强。

大多数公司的现金周转期都是正数，但戴尔公司（Dell Inc.）却是个例外。戴尔公司是一家笔记本和台式机电脑制造经销商，它的现金周转期是负数。根据该公司所披露的财务信息，它的年度应收账款周转率一般为11.6（即应收账款周转天数为31.5天），存货周转率为53.8（即存货周转天数为6.8天），而应付账款周转率为4.4（即应付账款周转天数为83.0天），这样，可以计算出戴尔公司的现金周转期为 –44.7天（=31.5天+6.8天–83.0天）。这说明，戴尔公司从供应商那里平均可以得到45天的免息融资。这种不寻常的现金周转期部分是因为戴尔公司的存货周转率特别高而引起的。在戴尔公司，只有收到客户订单以后才会开始电脑的制造，因此，在它的资产负债表上看不到太多的存货（尤其是产成品存货）。从电脑制造完成到被销售出去的时间间隔非常短，因此，存货周转率就特别高。

9.3.2 短期借款和应付利息

企业通过签署短期**应付票据**（note payable）的方式从银行或其他贷款人那里获得1年以内的融资。当从放款人那里收到借入的资金时，企业应记录一项负债，即**短期借款**（note payable）[⊖]。假定贵成公司在2013年6月1日从当地银行借入了1 000 000美元，承诺将按每年6%的利率支付利息，则在2013年6月1日，贵成公司应编制如下会计分录：

货币资金　　　　　　　　　　　　　　　　　　　　　1 000 000
　　短期借款　　　　　　　　　　　　　　　　　　　　　　　　1 000 000
从银行借入1 000 000美元。

随着时间的推移，企业需要编制相应的会计分录来记录利息费用。一般情况下，由于这些利息并不需要立即支付，属于应计利息，因此这些分录大多属于调整分录，借记"利息费用"账户，贷记"应付利息"账户。例如，在2014年2月末（即贵成公司2013财务年度的截止日），贵成公司应编制如下调整分录来记录应计利息：

利息费用　　　　　　　　　　　　　　　　　　　　　　45 000
　　应付利息　　　　　　　　　　　　　　　　　　　　　　　　45 000
按每年6%的利率计算短期借款9个月的利息（6月～次年2月）；6% × 1 000 000 × (9/12) = 45 000美元。

当借款人需要实际支付利息费用时，再编制会计分录贷记"货币资金"账户，同时借记"应付利息"账户。一般情况下，借款协议中也会对借款人归还本金的方式进行详细规定。假定贵成公司在2014年5月30日全额归还了这笔借款，那么，它就应当编制如下这两笔会计分录：

利息费用　　　　　　　　　　　　　　　　　　　　　　15 000
　　应付利息　　　　　　　　　　　　　　　　　　　　　　　　15 000
按每年6%的利率计算短期借款最后3个月的利息（3月～5月），6% × 1 000 000 × (3/12) = 15 000美元。

短期借款　　　　　　　　　　　　　　　　　　　　　1 000 000
应付利息　　　　　　　　　　　　　　　　　　　　　　60 000
　　货币资金　　　　　　　　　　　　　　　　　　　　　　　　1 060 000
归还短期借款的本金和利息。

9.3.3 应付职工薪酬

一般情况下，在会计报告期末，企业通常不会立即同步支付应付给职工的各种薪酬费用。比如，一家企业的会计报告期以每年的12月31日为截止日，但它通常不会在这一天立即付清员工此前完成的所有工作劳酬。为保障企业在财务报表中正确地记录了它所欠职工的薪酬金额，会计人员需要按照截止会计报告期末职工已经挣得，但企业还没有来得及支付的金额，编制会计分录借记"工薪费用"，贷记"**应付职工薪酬**（wages and salaries payable）"账户。

[⊖] note payable若直译应为"应付票据"，但该"应付票据"与我国一般企业资产负债表中的"应付票据"含义不同，实质是表示向金融机构的短期借款，而我国的应付票据核算的是企业所签发的应付商业汇票。故这里按其实质意义，翻译为"短期借款"。——译者注

在职工薪酬总额中，有一部分应当以所得税或其他税收的方式上交给政府部门，此外，还有一定比例的薪酬可能需要用来缴纳工会经费和各种保险费用，这些金额都属于企业工薪费用的组成部分，只是企业需要将这部分金额从直接支付给职工的总额中扣除，然后再以每个职工的名义代扣代缴将其支付给相关政府部门、工会和保险公司等。此外，企业本身作为雇主还需要负担各种工薪税，或者承诺为员工支付各种其他福利，例如带薪休假等。因此，作为雇主，企业需要在员工提供服务期间就计提员工已经挣得、但尚未使用的假期成本（包含与之相关的工薪税和员工福利税等），而不能等到员工实际休假并收到工薪支付时才来进行记录。这样做将导致企业在每个月都记录部分的员工休假成本，而不是将其全部记录在员工实际休假的那段时间内。

例题2 假定无线电器材公司（Radio Shack）萨克拉门托店的员工薪酬总额为100 000美元，其中，包含雇主（即无线电器材公司萨克拉门托店）需要按此总金额为员工缴纳平均40%的各种税收项目。此外，公司还需要为这些员工代缴总计500美元的工会经费和3 000美元的健康保险费。萨克拉门托店还需要按员工工薪总额的大约18%支付各种工薪税，并向消防员基金保险公司（Fireman's Fund）支付4 500美元为员工购买人寿健康保险。当期员工已经挣得的带薪休假价值为4 000美元。无线电器材公司萨克拉门托店预计，它将为此应负担的雇主工薪税与福利税为带薪假期费用总额的18%。

对于上述员工薪酬，需要编制下述会计分录来进行记录。请注意，如果工薪的发放对象为生产工人，则企业需要借记的账户就不应当为"工薪费用"，而应当使用"生产成本"账户。

工薪费用	100 000	
应付政府的各种税金		40 000
应付工会经费		500
应付保险费		3 000
应付职工薪酬		56 500

记录员工薪酬费用，其中，应付职工薪酬额56 500美元为最后得到的、能使分录借贷平衡的金额。

工薪费用	18 000	
保险费用	4 500	
应付工薪税		18 000
应付保险费		4 500

记录应由雇主承担的应付员工薪酬部分。

工薪费用	4 720	
预计带薪休假与应付福利		4 720

记录应由当期负担的预计带薪休假与应付福利费用4 720[=4 000+(0.18×4 000)]美元。

9.3.4 应交所得税

大多数企业的组织形式都是公司，需要按照它们的应纳税所得额（即纳税申报表中报告的利润）计算缴纳所得税。⊖当然，在一些行政区域中，也会对公司所得实行优惠免税。企业每期应支付的所得税金额由当期的应纳税所得额（通常与企业在财务报表中报告的税前利润是有所不同的）和适用的公司所得税税率决定。这即是说，在一些行政管辖区域内，向税收机构所申报的企业利润（即我们所称的**应纳税所得税**）与企业在利润表中所报告的利润金额（即我们所称的税前利润）通常是不一致的。导致应纳税所得与税前利润（有时也被称为账面利润）之间出现差额的原因很多，我们将在第12章中进行详细讨论。

企业将它应向税收机关缴缴的税收额报告为一项流动负债——**应交所得税**（income tax payable）。一些公司会使用更广义一些的账户名称，例如**应交税金**（taxes payable），在其中反映企业应缴纳的各种税金（例如财产税、销售税、城市与州所得税等）。一般情况下，记录应交税金的会计分录会借记"税收费用"账户，贷记"应交税金"账户。

⊖ 如果企业的组织形式为合伙或者独资企业，则不需要缴纳企业所得税，只需要按照合伙人或者独资企业业主的身份缴纳个人所得税就可以了。合伙企业的每位合伙人或者独资企业业主需要将他/她们在企业中所享有的收益份额加入到他/她的其他收入来源中，计算缴纳个人所得税。

9.3.5 产品质量保证金

在第8章中，我们曾经介绍了预收账款这种延期交货负债项目。延期交货负债产生的原因是企业已经接受了客户支付的款项，但还没有向客户提供产品或者相应的服务。如果企业承诺在将来将对产品提供售后服务或者维修保证（warranty），则这就是延期交货负债的另一种形式。在销售达成时，企业需要预计可能产生的**产品质量保证金负债**（warranty liability）（采用国际财务报告准则进行编报的企业会将此账户称为"**产品质量保证金准备**，warranty provision"）⊖。

随着时间的推移，企业慢慢可以了解到实际的产品质量保证和相应的费用发生情况。为便于讲解企业对产品质量保证金的会计处理，假定泰晤士公司在某会计年度中销售了价值280百万欧元的空中交通管制系统，根据公司估计，最终可能会发生的产品质量保证费用大约会占到销售收入的4%。因此，当期的预计产品质量保证费用为11.2（4%×280）百万欧元。这样，在空中交通管制系统销售达成时，泰晤士公司应编制的会计分录就是：

应收账款	280.0	
产品质量保证费用	11.2	
销售收入		280.0
产品质量保证金负债		11.2

记录销售收入和按销售收入的4%估计产品质量保证金负债。如果泰晤士公司使用永续盘存制的话，它还会同时记录对应的产品销货成本；如果使用实地盘存制的话，则会在期末记录产品销货成本。

泰晤士公司在销售收入确认的同期，同时确认一项产品质量保证费用和相关的产品质量保证金负债，不能将这些产品质量保证费用记录在将来维修工作实际已经发生时。对具有产品质量担保的产品，其销售价格中实际上已同时包含了相应的产品成本和未来的质量保证服务费用，因此，在销售当期就确认产品质量保证费用更加符合配比原则，将相关的质量保证费用与对应的销售收入相配比。在这个例子中，虽然产品质量保证金负债的金额和发生时间都是不确定的，但泰晤士公司能对此进行合理的预计。美国公认会计原则和国际财务报告准则都要求企业在它们能"合理预计"将来可能发生的金额时，对产品保证金费用进行预提，并确认为相应的负债。

在以后会计期间，关于此项产品质量担保，假定泰晤士公司共发生了4.8百万欧元的费用。这样，它就应该编制如下会计分录：

产品质量保证金负债	4.8	
货币资金		4.8

记录维修费用。企业在实际提供产品质量保证服务时并不需要确认费用，因为它在产品销售当期就已经确认并计提了相关费用了。

这样，企业为产品质量保证而实际发生支出时，对净利润就不会造成影响。净利润所受到的影响发生在企业销售产品的当期，当泰晤士公司根据当期销售的产品按预计将会发生的产品质量保证费用计提产品质量保证金负债时。在每个资产负债表日，企业都需要根据过去积累的经验情况，调整当期应确认的产品质量保证费用，以确保产品质量保证金负债账户（或根据国际财务报告准则，使用"产品质量保证准备"账户）有足够的贷方余额，可以合理地确保将来可能发生的产品质量维修成本。

产品质量保证金的会计处理方法与第8章中所介绍的应收账款可能发生坏账的备抵法非常类似，因此，这种核算方法也被称为"产品质量保证金准备法"。在**产品质量保证金准备法**（allowance method for warranties）下，需要在当期的利润中反映与当期所售商品相关的未来产品质量保证费用估计值，以后再视实际情况对该估计值再进行调整。在资产负债表中，产品质量保证金负债项目的金额表示编报企业估计的、在将来可能发生的产品质量保证成本。对于前期计提的产品质量保证金负债，如果有转回，则将该转回视为会计估计变更处理，增加转回当期的会计净利润。

如果企业的产品质量保证期小于等于1年，则相关的产品质量保证金负债应被视为一项流动负债；但如果企业的产品质量保证期长于1年，则企业应当分别确认产品质量保证金负债的流动部分和非流动部分。如果按照国际财务报告准则编制财务报表，则上述两类金额都应报告为资产负债表中的"产品质量保证金准备"；但美国公认会计原则对产品质量保证金负债并没有规定统一的名称，所以很多公司会将其归类在"其他负债"项目下。

⊖ 准备（provision）这个词在美国公认会计原则中通常用来表示费用，但在国际财务报告准则中常常用来指一项负债。

自习问题9.4

产品质量保证金负债。 在截至 2013 年 12 月 31 日的这个会计年度中，瑞典卡车公司（Swede Trucks）报告了如下与产品质量责任相关的负债信息（编报单位为百万欧元）。完成本题时，可不考虑汇率变动的影响。瑞典卡车公司采用国际财务报告准则编制财务报告，其"产品责任保证金准备"属于负债项目。

2013 年	产品责任
1月1日	€1 028
当期计提的准备金	1 339
当年使用的准备金	-1 056
当年转回的准备金	-230
汇率变动影响	-24
12月31日	€1 057

要求：

a. 瑞典卡车公司在 2013 年年末的资产负债表中，报告的产品责任负债金额为多少？

b. 瑞典卡车公司在 2013 年年末记录产品责任保障费用而编制的会计分录是什么？这笔会计分录对瑞典卡车公司 2013 年的净利润有什么影响？

c. 瑞典卡车公司在 2013 年实际发生产品质量保障支出时，编制的会计分录是什么？该笔会计分录对瑞典卡车公司 2013 年的净利润有什么影响？

d. 瑞典卡车公司在 2013 年编制了什么样的会计分录（如果有的话）来转回以前多计提的产品质量保障责任？该笔会计分录对瑞典卡车公司 2013 年的净利润有什么影响？

9.3.6 重组债务

企业有时会需要对它的部分或者全部经营业务进行重组。所谓**重组**（restructuring），是指企业的经营范围或者方式发生了重大的实质性改变，例如，将某个分部或者工厂出售或关闭、合并职能办公室、将经营场所从一个地点搬迁到另一个地点、解雇员工或者终止租赁协议、以及出售资产等，都属于重组活动。企业之所以要进行重组，是它们希望重组后的企业能够运行得更加有效，并增强盈利能力。

美国公认会计原则和国际财务报告准则都要求企业要事先估算重组的成本，并将其记录为一项费用，同时确认相应的**重组负债**（restructuring liability，美国公认会计原则术语）或者**重组准备**（restructuring provision，国际财务报表准则术语）。如果重组活动预计将持续 1 年以上，则企业应在资产负债表中分别报告与重组债务或重组准备相关的流动负债部分和非流动负债部分。美国公认会计原则和国际财务报告准则在重组债务的确认时点问题上存在着差异。根据美国公认会计原则，企业只有在满足下列条件的情况下才能确认重组债务：

1. 管理层已就重组计划做出了承诺。
2. 重组成本符合负债的定义——属于一项企业无法主动避免的现实义务。

根据国际财务报告准则，如果企业已就重组计划做出了承诺，并且该计划已得到管理部门的批准，那么，企业就可以确认重组债务了。其中，第一个承诺条件要求管理层能够估计重组活动发生的时点和成本，将拟终止经营的计划通知到相关员工。国际财务报告准则并不要求相关的重组成本要符合负债的定义，因此，采用国际财务报告准则编报的企业一般比按照美国公认会计原则编报的企业更早确认重组费用。

根据美国公认会计原则和国际财务报告准则，对重组支出的会计处理要求与产品质量保证金的会计处理非常类似，均只可使用备抵法。为说明相关会计分录的编制，假定瑞典卡车公司在 2013 年的财务报表中报告了一项价值 38 百万欧元的重组准备金（负债项目）。由于瑞典卡车公司按照国际财务报告准则编报，所以准备金在这里表示一项负债。在财务报表附注中，该公司披露了如下信息（单位为百万欧元）：

2013 年	
1月1日	€45
当年计提的准备金	14
当年使用的准备金	-18
当年转回的准备金	-2
汇率变动影响	-1
12月31日	€38

⊖ 参见财务会计准则委员会，《汇编主题420》；国际会计准则理事会，《国际会计准则第37号：准备金、或有资产与或有负债》（1998 年版）。

"重组准备金"账户（负债项目）的期初余额为45百万欧元。瑞典卡车公司在2013年确认了14百万欧元的重组支出（即"当年计提的准备金"），并编制了如下会计分录：

  重组费用   14
    重组准备金   14
  记录当年计提的重组费用。

瑞典卡车公司还报告它在2013年实际发生了18百万欧元的重组支出（即"当年使用的准备金"）：

  重组准备金   18
    货币资金（或其他由于重组活动而耗用的资产项目）   18
  记录当年实际发生的重组支出。

最后，假定不考虑汇率变动的影响，瑞典卡车公司还报告它在2013年转回了以前年度多提的重组准备2百万欧元（即"当年转回的准备金"）：

  重组准备金   2
    重组费用   2
  转回以前多提的重组准备金。

自习问题 9.5

为涉及流动负债项目的交易编制会计分录。 阿斯顿公司（Ashton S. A.）在截至2008年12月31日的会计年度里发生了下列交易，请为每笔交易编制相应的会计分录。阿斯顿公司按照国际财务报告准则编制财务报告。

a. 1月2日：企业从第一国家银行借入90天期借款10 000欧元，借款利率为9%。

b. 1月3日：从供应商处赊购价值8 000欧元的商品。

c. 1月10日：收到客户交来的款项1 500欧元，作为阿斯顿公司将于2月份发出的一批商品预付款。

d. 1月份：赊销商品12 000欧元，对应成本为6 000欧元。

e. 1月份：向供应商支付赊购款合计8 000欧元，收到客户支付的货款7 000欧元。

f. 1月31日：1月份所售商品均包含了2年期的质量保证。阿斯顿公司估计将来发生的质量保证金费用大约为销售收入的8%。没有客户在1月份要求公司提供质量保证服务。

g. 1月31日：1月份应负担的员工薪酬为4 000欧元，其中由企业代员工暂扣的部分为：20%的职工个人所得税、10%的养老金与福利税、200欧元的工会经费。此外，企业作为雇主还应额外负担10%的养老金和福利税以及3.5%的失业保险税。截至1月底，这些薪酬和相关的税款都还没有支付。

h. 1月31日：企业对银行贷款（见交易a）计提利息费用。

i. 1月31日：企业按1月份税前利额的40%计提所得税费用，但尚未支付。

j. 2月1日：阿斯顿公司向员工支付扣除代扣代缴部分以后的1月份薪酬。

k. 2月10日：企业将交易c中客户订购的商品全额发出给客户，这批商品的成本为800欧元。

l. 2月15日：企业向相关政府部门和工会缴纳了工薪税和工会经费。

m. 2月20日：一位在1月份购买了商品的客户向企业提出维修要求，维修成本为220欧元，全部用现金支付。

n. 3月14日：阿斯顿公司决定对业务进行重组，并公布了经管理层批准后的重组计划。公司管理层已将相关事项通知到将要解雇的员工，关于此次重组计划的估计成本为50 000欧元。

o. 6月20日：阿斯顿公司关闭了在3月份的重组计划中承诺关闭的工厂，用现金支付了相关的费用共计20 000欧元。截至目前，阿斯顿公司发现此前估计的重组费用被高估了12 500欧元。

本章小结

企业的流动资产与流动负债之差被称为营运资本。流动资产项目包括货币资金、应收账款（在第8章中已讨论）、有价证券（将在第13章中进行讨论）、预付项目和存货；而流动负债项目则包括应付账款、短期借款、一年内到期的长期借款（将在第11章中进行讨论）、预收账款（在第8章中已讨论）、某些短期支付义务（例如应付职工薪酬和应交税金）、递延税款的流动部分（将在第12章中进行讨论）、某些短期保证负债和管理层预计将在未来1年内支出的重组支出等。

在本章所讨论的全部营运资本账户中，存货是最为复杂的一个。存货的计价同时影响着利润表（通过销货成本和减值损失两个账户）和资产负债表，因为我们既需要在资产负债表中报告存货的期末账面价值，也需要在利润表中报告当期的销货成本金额。由于某一会计期间的当期销货成本与期末存货之和必然等于当期期初的存货余额与当期采购或者通过其他方式取得的存货价值之和，因此，分配给费用（即销货成本）的金额和分配给存货（即期末存货余额）的金额之和总是等于某个固定的金额的，如何将这个金额在当期销货成本和资产余额之间进行分配？——这主要决定于企业管理层所选择的成本流转假定（例如，先进先出法、后进先出法还是加权平均法）。在价格普遍上涨而存货量也在增加的情况下，后进先出法将导致企业报告最大的销货成本和最小的期末存货余额；而先进先出法下所报告的期末存货价值则是最接近资产负债表日的存货成本的。

|附录9A| 后进先出法对财务报表的影响

如果采用后进先出法进行发出存货的计价，那么，所报告的销货成本就是最能反映存货当前的成本情况的。在价格普遍上涨时期，如果纳税人选择使用后进先出法，通常就能报告较低一些的应纳税所得额，从而降低企业的所得税负担。美国的税收政策是允许企业使用后进先出法进行纳税申报的，但仍有一些其他的行政管辖区域不允许企业这样做。在美国，企业如果想在纳税申报时使用后进先出法，那么按照要求，这家企业在财务报告中也必须使用后进先出法（在本章脚注中，我们曾经介绍过"后进先出法一致性"规定），这样，这些企业向股东所报告的利润也将低于如果使用先进先出法进行存货发出计价情况下的。不过，对那些采用后进先出法进行存货计价的公司来说，虽然向股东报告的利润可能偏低，但延后支付的所得税确实能使公司现金流量的现值增加。

9A.1 后进先出法下的存货层次

在任何一年中，如果企业采购的存货超过了当年的销货量，都会导致存货期末库存数量增加。在某一会计年度中增加的存货数量被称为**后进先出法下的存货层次**（LIFO inventory layer）。举例来说，假定一家公司自2009年开始，在连续4年中每年购进100部移动电话，但只卖出98部移动电话，那么，到第4年——即2012年年末，该公司将有8部移动电话库存。在后进先出法下，这8部电话的成本组成为编号为001和002的电话成本（2009年的）、编号为101和102的电话成本（2010年的）、编号为201和202的电话成本（2011年的）和编号为301和302的电话成本（2012年的）之和。用专业术语来讲，我们会说该公司有4个后进先出法下的存货层次，分别用这些移动电话的获取年份来表示。当然，企业实际持有的移动电话库存实物多半都是在2012年才购入的，例如，编号为393至400的这8部移动电话，但在资产负债表中，它们将分别按这4年的采购成本进行报告。

9A.2 后进先出法下的存货层次释放

对采用后进先出法进行发出存货计价的美国企业来说，必须考虑后进先出法存货层次释放的影响，该影响也被称为**后进先出法清算**（LIFO liquidation）。在存货价格持续上涨并且库存数量不断增加的情况下，采用后进先出法能降低企业当期的税收负担。但如果企业的期末库存数量下降，则在库存下降的当期，就会产生相反的影响：早期的、来自以前年度单位成本更低的后进先出法存货层次将离开资产负债表而被报告为利润表中的费用项目。如果一家企业的期末存货数量低于期初存货数量，那么，在该会计期间内的销货成本中，就会包含当期的采购成本再加上原本包含在期初存货中的前期的、金额更低的成本；最终，与继续维持期初存货数量水平情况下所报告的利润表项目比较，企业将报告更低的销货成本，更高的利润并承担较高的所得税费用。

举例来说，如表 9-8 所示，某企业在 2012 年年初有存货 460 件，共计成本额为 34 200 美元，该企业采用后进先出法进行发出存货计价。假定在 2012 年年末，存货的单价为每件 120 美元，该企业适用的所得税税率为 40%。如果该企业在 2012 年期末的存货水平下降为 100 件，则在 2009、2010 和 2011 年所采购的合计 360 件存货的成本都应被计入到销货成本中，该 360 件产品对应的成本合计金额为 29 200（= 6 600 + 9 600 + 13 000）美元，但同样数量的产品所对应的当前成本价值却是 43 200（= 360 件 × 120/件）美元。因此，与期末库存数量不下降的情况相比，销货成本被低估了 14 000（= 43 200 − 29 200）美元，原因是企业将早期的后进先出法存货层次释放了出来。在税前利润被高估了 14 000 美元的情况下，税后利润也比相对保持期末存货数量仍然为 460 件的情况下多出了 8 400（= [1 − 40%] × 14 000）美元。所以，只有在企业不释放后进先出法存货层次的前提下，后进先出法才可能为企业递延税收的支付。

表 9-8 后进先出法的存货层次数据举例
（2012 年 12 月 31 日的存货信息）

后进先出法下的存货层次		成本	
存货采购年度	采购数量	单位成本	成本总额
2008 年	100	$50	$5 000
2009 年	110	60	6 600
2010 年	120	80	9 600
2011 年	130	100	13 000
	460		$34 200

资料来源：© Cengage Learning 2014.

9A.3 后进先出法下的资产负债表

在后进先出法下，资产负债表中所报告的存货价值通常都远低于其现时成本。为此，美国证券交易委员会（SEC）非常担心这类过时的信息会误导财务报表使用者的决策。因此，它要求那些采用后进先出法进行发出存货计价的登记注册公司，在其财务报表附注中再披露按先进先出法或者现时成本对存货进行计价的金额与后进先出法计价结果之间的差异。一些管理人员将按先进先出法或现时成本报告的存货价值与按照后进先出法报告的存货价值之差称为**后进先出法储备**（LIFO reserve），也有人将这种差异称为"后进先出法计价准备"，但后者使用并不如前者广泛。

9A.4 将按后进先出法报告的财务报表信息调整为按先进先出法进行报告

利用企业在财务报表附注中披露的"按先进先出法或者现时成本计价与按后进先出法计价所导致的存货价值差异"，分析师可以调整计算得到按先进先出法进行发出存货核算情况下的期末存货价值与当期销货成本价值，并据此调整使用后进先出法进行核算的公司与使用先进先出法进行核算的公司之间的信息可比性。为举例说明如何进行此类调整，我们参考超级香皂公司（Super Soap Company）在截至 2012 年 12 月 31 日的会计年度中的数据。表 9-9 是该公司的利润表，表 9-10 为资产负债表中的资产部分，而表 9-11 则是按照证券交易委员会对采用后进先出法核算公司的要求披露的存货信息。

表 9-9 超级香皂公司合并利润表 （编报单位：百万美元）
截至 2012 年 12 月 31 日的会计年度

销售收入净额	$13 789.7
销售成本	6 042.3
毛利润	7 747.4
销售及日常管理费用	4 973.0
其他（收益）费用，净额	121.3
经营利润	2 653.1
利息费用，净额	156.6
税前利润	2 496.5
所得税费用	759.1
净利润	$1 737.4
普通股每股收益（基本）	$3.35
普通股每股收益（稀释）	$3.20

根据高露洁牙膏公司（Colgate Palmolive Company）财务报表改编

资料来源：© Cengage Learning 2014.

表 9-10　超级香皂公司合并资产负债表信息摘录　　　　（编报单位：百万美元）

12月31日	2012年	2011年
资产		
流动资产		
现金及现金等价物	$428.7	$489.5
应收账款（分别扣除坏账准备50.6百万美元和46.4百万美元后的净值）	1 680.7	1 523.2
存货	1 171.0	1 008.4
其他流动资产	338.1	279.9
流动资产合计	3 618.5	3 301.0
不动产、厂场与设备，净值	3 015.2	2 696.1
商誉，净值	2 272.0	2 081.8
其他无形资产，净值	844.8	831.1
其他资产	361.5	228.0
资产总计	$10 112.0	$9 138.0

资料来源：© Cengage Learning 2014.

表 9-11　超级香皂公司财务报表附注中关于存货的信息摘录　　　（编报单位：百万美元）

<u>存货</u>　本公司对期末存货按照成本与市价孰低原则进行报告。其中，大约80%的存货是按照先进先出法进行发出存货计价的，而对其他存货则按照后进先出法进行发出存货计价，这些存货主要分布在美国和墨西哥地区。

<u>16. 资产负债表信息补充</u>

存货	2012年	2011年
原材料	$258.2	$248.3
在产品	43.7	45.4
完工产品	869.1	714.7
存货合计	$1 171.0	$1 008.4

按后进先出法计价的存货在2012年和2011年12月31日的价值分别为498.8百万美元和438.2百万美元。如果按现时成本计算这些期末存货的价值，会比后进先出法下的计价金额分别高出87.4百万美元和46.9百万美元。后进先出法下存货数量的清算对2012、2011和2010年的利润没有影响。

资料来源：© Cengage Learning 2014.

根据超级香皂公司的披露，它对大约80%的存货是按照先进先出法进行核算的，但剩下的约20%存货则是使用后进先出法核算的。根据美国惯例，如果一家公司对大部分存货都采用后进先出法核算的话，这家公司才被认为是一家后进先出法公司。在本例中，超级香皂公司仅对其20%的存货采用了后进先出法进行发出存货的计价。

在表9-12中，我们将部分按照后进先出法核算的存货价值和销货成本转换为了全部按照先进先出法假定核算的结果。其中，第1列是超级香皂公司的资产负债表上部分使用后进先出法所报告的存货价值和利润表中的销货成本与销售收入情况。我们根据存货等式推算出了当期的采购金额。根据附注中所披露的先进先出法与后进先出法计价差异，我们在第3列中计算出了按照先进先出法报告的期初和期末存货价值。根据超级香皂公司的报告，在2012年年末，如果全部按照先进先出法进行存货发出计价，所报告的存货价值将高于部分按照后进先出法所报告的存货价值87.4百万美元（在2011年年末，该差异为46.9百万美元）。这说明，如果超级香皂公司完全按照先进先出法对所有存货进行核算的话，它的期末存货和期初存货将分别比目前报告的价值高出87.4百万美元和46.9百万美元。由于在先进先出法和后进先出法下，当期采购金额是没有差异的，因此，利用存货等式，我们可以计算出按照先进先出法将报告的当期销货成本金额为6 001.8百万美元，而如果采用后进先出法，销货成本则为6 042.3百万美元。在后进先出法和先进先出法下报告的毛利润分别为7 747.4百万美元和7 787.9百万美元。按照先进先出法报告的毛利润高于按照后进先出法下的值，说明企业当期的库存有所增加。

表9-12 根据财务报表和附注信息推算的先进先出法下超级香皂公司的利润

（编报单位：百万美元）

（粗体显示的金额直接取自超级香皂公司的财务报表，其他金额则是推算的。）

	后进先出法（实际使用）	+	先进先出法与后进先出法之差异	=	先进先出法（假定）
期初存货价值	**$1 008.4**		$46.9		$1 055.3
当期采购存货价值	6 204.9①		0.0		6 204.9
当期可供销售的存货价值	$7 213.3		$46.9		$7 260.2
减：期末库存价值	**1 171.0**		87.4		1 258.4
当期销货成本	**$6 042.3**		$(40.5)		$6 001.8
当期销售收入	**13 789.7**		0.0		13 789.7
减：当期销货成本	6 042.3		(40.5)		6 001.8
当期销售毛利	$7 747.4		$40.5		$7 787.9

①财务报表中并没有直接给出当期采购货物价值的计算：

当期采购金额 = 当期销货成本 + 期末库存价值 − 期初库存价值
$6 204.9 = $6 042.3 + $1 171.0 − $1 008.4

资料来源：© Cengage Learning 2014.

此外，还可计算出在后进先出法和先进先出法下的存货周转率如下：

后进先出法：$6 042.3/[0.5×($1 008.4 + $1 171.0)] = 每年5.5次

先进先出法：$6 001.8/[0.5×($1 055.3 + $1 258.4)] = 每年5.2次

其中，后进先出法下的存货周转率指标很容易产生误导，因为它的分子是存货的现时成本，而分母却是后进先出法层次中最早的那些成本数据。相对来说，先进先出法下的存货周转率更准确地说明了企业存货的周转情况，因为它的分子和分母都相对更接近存货的现时成本价值。

同样地，我们还可以考察衡量企业短期流动性的流动比率指标（=流动资产/流动负债）。如果一家企业在价格上涨且存货库存增加的情况下使用后进先出法对发出存货进行计价，那么，在流动比率的分子中所包含的存货价值就会比使用先进先出法时更低。因此，对那些不仔细阅读企业财务报表信息的使用者来说，就很容易低估后进先出法公司的短期偿债能力。

9A.5 选择先进先出法还是后进先出法

由于美国的税收机构允许企业在纳税申报时使用后进先出法对存货进行计价，因此，美国的企业都需要在先进先出法和后进先出法之间进行选择（但请注意，后进先出法在国际财务报告准则中是不被允许使用的）。对美国企业来说，下面这几个因素会影响到他们对成本流转假定的选择决策：

1. 制造成本或者采购成本的波动范围：如果这些成本都基本保持稳定，那么三种成本流转假定下所报告的期末存货价值和当期销货成本价值都不会出现显著差别。

2. 存货周转率水平：存货周转得越快，三种成本流转假定下所报告的期末存货和销货成本差异就越不明显。

3. 预期成本变动的方向：当总成本上升时，先进先出法会报告出更高的税前利润和净利润；但当总成本下降时，先进先出法将导致更低的税前利润和净利润。

4. 向股东报告更高的利润重要还是节约所得税更重要：这个问题只有美国企业需要考虑。

5. 使用后进先出法的簿记成本更高（比如，需要对公司的所有产品追踪其后进先出法层次）且与通常情况下的存货实物流转不一致：这个问题也只有美国企业需要考虑。

6. 如果企业在纳税申报中使用了后进先出法，那么按照规定，在普通财务报告也必须使用后进先出法。

从近年来的情况来看，超过半数的美国企业对它们的大部分存货都使用先进先出法进行发出计价，只有略超过四分之一的企业对大部分存货使用后进先出法，不到三分之一的企业使用加权平均法或者个别认定法。使用后进先出法的企业多集中在化工行业和工农机械制造业，此外，在零售业也比较普遍。最少有企业使用后进先出法的行业是技术类的公司，例如，计算机和其他电子设备公司，因为他们面对的是生产成本正在下降的格局。由于大部分的国外税收机构都不允许企业在纳税申报时使用后进先出法,因此,很多使用后进先出法的美国企业对它们的国外经营部分也只能采用先进先出法进行核算了。

自习问题9.6

评价后进先出法层次释放的影响 参考自习问题9.2中的数据,假定该企业在8月份购买了800单位的存货,每件存货的采购价格为15美元,并在当期销售了725件此类存货商品。

要求:

a. 分别使用(1)先进先出法,(2)后进先出法,和(3)加权平均法成本流转假定,计算8月份的销货成本和8月末的期末存货价值。

b. 计算后进先出法层次释放对当年税前利润的影响金额。

自习问题解答

自习问题9.1解答参考

(哈斯科尔公司;生产成本在各账户之间的结转。)

a. 期初原材料库存 £ 42 400
本期购入原材料 60 700
当月可供使用的原材料 £ 103 100
减:期末原材料库存 (46 900)
当月使用的原材料 £ 56 200

b. 期初在产品 £ 75 800
当月使用的原材料(根据解答a) 56 200
当月发生的直接人工成本 137 900
取暖、照明和电力费用 1 260
生产设备租赁费 1 800
生产场地租赁费 4 100
到期的预付保险费 1 440
期初在产品与当月增加的生产成本合计 £ 278 500
减:期末在产品 (63 200)
当期完工入库的产成品 £ 215 300

c. 期初产成品 £ 44 200
当月完工入库的产成品(根据解答b) 215 300
减:期末产成品 (46 300)
当期销货成本 £ 213 200

d. 税前利润为 61 800(= 400 000 - 213 200 - 125 000)英镑

自习问题9.2解答参考

(根据不同的成本流转假定,计算销货成本与期末库存价值。)

a. 见表9-13。

b. 见表9-14。

表9-13 自习问题9.2参考解答,a部分

	数量	单位成本	总成本 先进先出法	总成本 后进先出法	总成本 加权平均法
期初存货	—				
6月1日,采购	100	$10.00	$1 000	$1 000	$1 000
6月7日,采购	400	11.00	4 400	4 400	4 400
6月18日,采购	100	12.50	1 250	1 250	1 250
可供销售的存货成本	600		$6 650	$6 650	$6 650
6月份减少的存货	(495)		(5 345)①	(5 595)③	(5 486)⑤
期末存货价值	105		$1 305②	$1 055④	$1 164⑥

① (100 × $10.00) + (395 × $11.00) = $5 345。
② (100 × $12.50) + (5 × $11.00) = $1 305。
③ (100 × $12.50) + (395 × $11.00) = $5 595。
④ (100 × $10.00) + (5 × $11.00) = $1 055。
⑤ 495 × ($6 650/600) = $5 486。
⑥ 105 × ($6 650/600) = $1 164。
资料来源:© Cengage Learning 2014.

表9-14 自习问题9.2参考解答,b部分

	数量	单位成本	总成本 先进先出法	总成本 后进先出法	总成本 加权平均法
7月1日,期初存货	105	见表9-13	$1 305	$1 055	$1 164
7月5日,采购	300	$13.00	3 900	3 900	3 900
7月15日,采购	200	13.50	2 700	2 700	2 700
7月23日,采购	250	14.00	3 500	3 500	3 500
可供销售的存货成本	855		$11 405	$11 155	$11 264
7月份减少的存货	(620)		(8 115)①	(8 410)③	(8 168)⑤
期末存货价值	235		$3 290②	$2 745④	$3 096⑥

① $1 305 + (300 × $13.00) + (200 × $13.50) + (15 × $14.00) = $8 115。
② (235 × $14.00) = $3 290。
③ (250 × $14.00) + (200 × $13.50) + (170 × $13.00) = $8 410。
④ $1 055 + (130 × $13.00) = $2 745。
⑤ 620 × ($11 264/855) = $8 168。
⑥ 235 × ($11 264/855) = $3 096。
资料来源:© Cengage Learning 2014.

自习问题 9.3 解答参考

（不同成本流转假定对财务比率的影响）

a. 流动比率

	先进先出法	后进先出法	加权平均成本
6月30日			
($1 650 + $1 305)/$2 290	1.29		
($1 650 + $1 055)/$2 290		1.18	
($1 650 + $1 164)/$2 290			1.23
7月31日			
($3 480 + $3 290)/$4 820	1.40		
($3 480 + $2 745)/$4 820		1.29	
($3 480 + $3 096)/$4 820			1.36

b. 存货周转率

	先进先出法	后进先出法	加权平均成本
7月			
$8 115/0.5 ($1 305 + $3 290)	3.53		
$8 410/0.5 ($1 055 + $2 745)		4.43	
$8 168/0.5 ($1 164 + $3 096)			3.83

自习问题 9.4 解答参考

（瑞典卡车公司；产品质量保证金负债）

a. 瑞典卡车公司在 2013 年 12 月 31 日的资产负债表中报告产品责任负债的期末余额为 1 057 百万欧元。

b. 为记录 2013 年的产品质量保证费用（即"当年计提的产品质量责任准备金"），瑞典卡车公司应编制如下会计分录：

| 产品质量保证费用 | 1 339 | |
| 产品质量保证金准备 | | 1 339 |

该笔会计分录将使瑞典卡车公司 2013 年的净利润减少 1 339 百万欧元。

c. 为记录 2013 年实际发生的产品质量保证费用（即"当年使用的产品质量保证准备金"），瑞典卡车公司应编制如下会计分录：

| 产品质量保证金准备 | 1 056 | |
| 货币资金（或维修所消耗的其他资产项目） | | 1 056 |

该笔会计分录不影响瑞典卡车公司 2013 年的净利润。

d. 为转回以前多计提的产品质量保证金准备（即"当年转回的产品质量保证金准备"），瑞典卡车公司应编制如下会计分录：

| 产品质量保证金准备 | 230 | |
| 产品质量保证费用 | | 230 |

该笔会计分录将使瑞典卡车公司 2013 年的利润增加 230 百万欧元。

自习问题 9.5 解答参考

（阿斯顿公司；为涉及流动负债项目的交易编制会计分录）

a. 1月2日

| 货币资金 | 10 000 | |
| 短期借款 | | 10 000 |

取得利率为 9% 的 90 天期短期借款。

b. 1月3日

| 商品存货 | 8 000 | |
| 应付账款 | | 8 000 |

赊购商品存货。

c. 1月10日

| 货币资金 | 1 500 | |
| 预收账款 | | 1 500 |

收到客户预付款，相应的商品预计将在 2 月份发出。

d. 1月份

| 应收账款 | 12 000 | |
| 销售收入 | | 12 000 |

记录 1 月份的赊销收入。

| 销货成本 | 6 000 | |
| 商品存货 | | 6 000 |

结转所售商品成本。

e. 1月份

| 应付账款 | 8 000 | |
| 货币资金 | | 8 000 |

支付给供应商的赊购款。

| 货币资金 | 7 000 | |
| 应收账款 | | 7 000 |

收到客户交来的赊购款。

f. 1月31日

| 产品质量保证费用 | 960 | |
| 产品质量保证金负债 | | 960 |

估计 1 月份所售产品可能发生的质量保证成本：8% × €12 000 = €960。

g. 1月31日

工薪费用	4 000	
代扣代缴的应交税金		800
应交养老金与福利税		400
代扣代缴的工会经费		200
应付职工薪酬		2 600

记录 1 月份扣除代扣代缴的税收项目和工会经费以后的职工薪酬。

工薪费用	540	
应交养老金与福利税		400
应交失业保险税		140

记录应由雇主负担的工薪税。

h. 1月31日

| 利息费用 | 75 | |
| 应付利息 | | 75 |

计提1月份应负担的短期借款利息费用：€10 000 × 9% × 30/360 = €75。

i. 1月31日

所得税费用	170	
应交所得税		170

计提1月份的应交所得税：40% × (€12 000 − €6 000 − €960 − €4 000 − €540 − €75) = €170。

j. 2月1日

应付职工薪酬	2 600	
货币资金		2 600

将扣除代扣代缴金额后的1月份职工薪酬支付给职工。

k. 2月10日

预收账款	1 500	
销售收入		1 500

将客户预定的商品发货，确认相应的销售收入。

销货成本	800	
商品存货		800

记录所售商品成本。

l. 2月15日

代扣代缴的应交税金	800	
应交养老金与福利税	800	
应交失业保险税	140	
代扣代缴的工会经费	200	
货币资金		1 940

支付工薪税和工会经费。

m. 2月20日

产品质量保证金负债	200	
货币资金		200

1月份售出的产品发生质量保证维修费用。

n. 3月14日

重组费用	50 000	
重组负债		50 000

记录估计将会发生的重组费用。

o. 6月20日

重组负债	20 000	
货币资金		20 000

为关闭重组计划中的工厂而发生的支出。

重组负债	12 500	
重组费用		12 500

转回过去高估的重组费用。

自习问题9.6解答参考

（评价后进先出法层次释放的影响。）

a. 参见表9-15。

b. 125 × ($15 − $13) = $250。

表9-15　自习问题9.6解答参考，a部分

			总成本		
	数量	单位成本	先进先出法	后进先出法	加权平均法
期初存货	235	见表9-14	$3 290	$2 745	$3 096
8月份采购金额	600	$15	9 000	9 000	9 000
可供销售的存货成本	835		$12 290	$11 745	$12 096
8月份减少的存货	(725)		(10 640)①	(10 625)③	(10 503)⑤
期末存货价值	110		$1 650②	$1 120④	$1 593⑥

① $3 290 + (490 × $15) = $10 640。
② (110 × $15) = $1 650。
③ (600 × $15) + (125 × $13) = $10 625。
④ $1 055 + (5 × $13) = $1 120。
⑤ ($12 096/835) × 725 = $10 503。
⑥ ($12 096/835) × 110 = $1 593。

资料来源：© Cengage Learning 2014.

关键术语与概念

营运资本（working capital）
流动比率，营运资本率（current ratio, working capital ratio）
流动性（liquidity）
经营资产，经营负债（operating assets, operating liabilities）
金融资产，金融负债（financial assets, financial liabilities）
现金（cash）
现金等价物（cash equivalents）
预付项目，预付资产（prepayments, prepaid assets）
存货（inventory）
商业公司（merchandising firm）
制造公司（manufacturing firm）
直接材料，原材料（direct materials, raw materials）
直接人工（direct labor）
制造费用（manufacturing overhead）
产品成本（product costs）
期间费用（period expenses）
原材料存货（raw materials inventory）
在产品存货（work-in-process inventory, work-in-progress inventory）
产成品存货（finished goods inventory）
销货成本（cost of goods sold）
重置成本（replacement cost）
成本与市价孰低原则（lower-of-cost-or-market basis）
个别认定法（specific identification）
成本流转假定（cost-flow assumption）
加权平均法（weighted average）

先进先出法（first-in, first-out, FIFO）
后进先出法（last-in, first-out, LIFO）
销货成本占销售收入的比重（cost of goods sold percentage）
存货周转率（inventory turnover ratio）
应付账款，商业应付款（accounts payable, trade payables）
现金周转期，盈利周期，营业周期（cash cycle, earnings cycle, operating cycle）
应付票据，短期借款（note payable）
应付职工薪酬（wages and salaries payable）
应交所得税，应交税金（income taxes payable, taxes payable）

保证（warranty）
产品质量保证金负债，产品质量保证金准备（warranty liability, warranty provision）
产品质量保证金准备法（allowance method for warranties）
重组（restructuring）
重组债务，重组准备（restructuring liability, restructuring provision）
后进先出法下的存货层次（LIFO inventory layer）
后进先出法清算（LIFO liquidation）
后进先出法储备（LIFO reserve）

思考题、练习题和解决问题

思考题

1. 复习关键术语与概念所列术语和概念的含义。
2. 什么样的预付项目可以作为一项资产加以确认？如何对预付项目进行会计核算呢？
3. 为什么要按照取得成本对存货进行计量？这样做的依据是什么？
4. 根据设备类型的不同，企业可将其折旧作为生产成本或者期间费用处理。请解释这句话的意思。
5. 请对商业企业的"商品存货"账户和制造业企业的"产成品存货"账户进行比较。
6. "因为单独去认定每个项目的成本太高了，所以在计算存货成本时，需要先确定成本流转假定。从理论上来说，个别认定法比其他任何成本流转假定都好，它避免了其他成本流转假定下可能的利润操纵行为。"请对这句话进行评价。
7. 假定企业的存货数量在某会计期间内没有发生变化。在物价上涨时期，使用先进先出法或后进先出法这两种成本流转假定，哪一种能导致企业报告更高的期末存货价值？哪一种能导致企业报告更高的销货成本？
8. "由于应付账款是一种没有成本的资金来源，因此，企业应当从其供应商那里获取尽可能多的融资。"请问，你同意这句话么？为什么？
9. 弗朗西斯 W. 帕克学校（Francis W. Parker School）是一家私营初级学校，以每年的 6 月 30 日为其财年度截止日。它与教师们的合约一般为 10 个月期，从每年的 9 月份签到次年的 6 月份，不过，它会从 9 月开始至次年的 8 月分 12 个月等额向教师们支付劳酬。假定在目前这个学年中，学校应向教师支付的合同薪酬总额为 3 600 000 美元，请问，在该学年末（即 6 月 30 日）的财务报表中，这所学校应如何报告相关的金额呢？
10. 索尼公司向客户承诺，如果购买了它的商品，在购买后的两年内，无论任何原因出现质量问题，索尼公司都会负责维修。但一位著名的会计师却说，索尼公司销售的有缺陷电视机数量绝"不为零"。请解释这是为什么。
11. 请比较坏账准备核算的备抵法（见第 8 章）与产品质量保证金核算的备抵法有什么相同和不同的地方。
12. 企业储备一定数量的以前会计期间应计费用（例如产品质量保证金负债或重组负债）有什么意义？当企业将多提的准备转回时，对转回当期的利润表、资产负债表和现金流量表各有哪些影响？

练习题

13. **预付项目的会计处理。** 一家比利时食品配送商报告它在 2012、2011 和 2010 年 12 月 31 日的预付费用期末余额分别为 30.7 百万欧元、25.8 百万欧元和 42.1 百万欧元。假定这些预付项目都是提前支付的仓库和商品保险费，该公司在这 3 年中的每一年都支付了 50 百万欧元的保险费。该公司按照国际财务报告准则编制财务报告，编报单位为百万欧元（€）。要求：
    a. 在这三年中的每一年，该食品配送商都应编制什么样的会计分录来确认这些预付费用？
    b. 该公司在 2011 年和 2012 年编制了什么样的会计分录来确认仓库和存货的保险费用？

14. **预付项目的会计处理。** 液晶显示器公司（Liquid Crystal Display Corporation, LCD）是一家韩国跨国企业，它在 2012 年 12 月 31 日和 2011 年 12 月 31 日报告的预付项目期末余额分别为 345 609 韩元和 260 324 韩元。假定在 2012 年年初，预付项目主要由 3 个月的工厂仓库预付租金组成；3 个月后，液晶显示器公司又预付了 1 年的租金。液晶显示器公司按照韩国公认会计准备编制财务报告，编报单位为百万韩元（KRW）。在本题中，可以假定液晶显示器公司使用的是美国公认会计原则或者国际财务报告准则（不会对本题产生实质性影响）。要求：
a. 在2012年1月~3月，液晶显示器公司编制了什么样的与预付租金项目相关的会计分录？
b. 在2012年3月末，液晶显示器公司编制了什么样的会计分录来确认预付1年的租金？
c. 在2012年4月~12月，液晶显示器公司编制了什么样的与预付租金项目相关的会计分录？

15. **确认存货成本的组成**。林戈尔德酿酒厂（Ringgold Winery）是一家美国大型酿酒商。它在2012年花费了220万美元用于购买葡萄（其中包括运输成本200 000美元），发生了价值50 000美元的材料处理费用（例如橡木桶、酒瓶和木塞等）、145 000美元的人工费用和100 000美元的机器成本以及250 000美元的水电费支出。在2~3年的窖藏期中，林戈尔德公司又发生了额外的储存成本（600 000美元）、保险费用（120 000美元）、间接人工支出（180 000美元）和作为产品成本计算的相关财产税支出（28 000美元）。此外，林戈尔德公司在同一会计期间内还发生了400 000美元的研究与开发费用和价值200 000美元的广告费用。要求：确认上述支出项目中，无论林戈尔德公司最后是否卖出了这些酒，都应计算到林戈尔德公司的"酒类存货"账户中的项目有哪些。

16. **确认存货成本的组成**。春伯利百货商店（Trembly Department Store）从2012年1月1日开始营业，并在1月份发生了如下交易。要求：确认春伯利百货公司应当包含在它的商品存货计价中的金额。
a. 1月份赊购商品总额300 000美元。
b. 将上述商品运送到春伯利商店的仓库里，发生运输费用13 800美元。
c. 采购经理的工资为3 000美元。
d. 仓库的折旧费用、财产税、保险费用和水电支出等，合计27 300美元。
e. 仓库经理的工资为2 200美元。
f. 春伯利公司将在交易a中所购买商品退回给供应商的金额为18 500美元。
g. 春伯利公司在交易a中所赊购商品一共得到的现金折扣为4 900美元。

17. **存货计价对资产负债表和净利润的影响**。瑞瑟凡斯公司（ResellFast）专门购入各种居民住房和商用房产用于转售，该公司以每年的12月31日为会计年度截止日，并按季度编制财务报表。2012年2月5日，瑞瑟凡斯公司在佛罗里达州的迈阿密购入了一座可容纳15个品牌经营的露天购物广场，成本为2000万美元。2012年4月12日，一场暴风雨使得该商场的部分摊位遭受了洪水损失，使购物广场的公允价值降低为1650万美元。2012年8月14日，一家大型零售公司宣布要在这个露天购物广场旁边兴建一个新商店。这一投资计划的公布，再加上瑞瑟凡斯公司已对遭受洪水损失的摊位进行了修缮，一时间使得很多小型零售商前来询问如何可以在该露天购物广场获得一席经营场地。2012年11月8日，瑞瑟凡斯公司将该购物广场以2750万美元的价格售出。要求：假定瑞瑟凡斯公司按美国公认会计原则编制会计报表，请计算在2012年每个季度季末，该露天购物广场在瑞瑟凡斯公司资产负债表上的账面价值应当为多少？对同期利润表的影响是什么？

18. **存货与应付账款的会计处理**。塔吉特百货公司（Target Corporation）是一家美国零售企业，按照美国公认会计原则编制财务报告，编报单位为百万美元（$）。下列信息取自该公司的年初和年末资产负债表：

	百万美元	
	年末数	年初数
商品存货	$6 780	$6 254
应付账款	6 721	6 575

根据塔吉特百货公司在利润表中的报告，当期销货成本为41 895百万美元。假定该公司的应付账款全部为应付存货采购款，要求：
a. 塔吉特百货公司在这一年中采购商品存货的金额是多少？
b. 针对"a"部分的采购交易，塔吉特百货公司编制的会计分录是什么？（假定所有的采购都采用的赊购形式。）
c. 塔吉特百货公司在这一年中向供应商付款的会计分录是怎样编制的？

19. **存货与应付账款的会计处理**。特易购公司（Tesco Plc.）是英国最大的一家连锁百货公司，它使用国际财务报告准则编制财务报告，编报单位为百万英镑（£）。在最近的一个财务年度中，特易购公司报告了下列年初和年末数据：

	百万英镑	
	年末数	年初数
商品存货	£ 2 420	£ 1 911
商业应付款	3 936	3 317

在报告年度中，特易购公司向供应商付款的金额一共为43 558百万英镑，假定该公司的商业应付款全部都是应付存货采购款。要求：
a. 特易购公司在当年记录向供应商付款的会计分录应当是怎样编制的？

b. 特易购公司在该会计年度中采购商品存货的金额是多少？它应当要编制什么样的会计分录来记录这些采购呢？
c. 特易购公司当年的销货成本是多少？你编制了什么样的会计分录来反映这些成本呢？

20. **计算一家制造企业的利润**。阳光下的快乐助晒油公司（Fun-in-the-Sun Tanning Lotion Company）是一家使用有机原料生产美黑防晒乳的专业企业。在第一年的经营中，它一共采购了价值78 200美元的原材料，其中，有56 300美元的材料已经投入到了美黑防晒乳的生产流程中。在这个会计年度中，一共发生了制造人工成本36 100美元和制造费用26 800美元。根据年末的盘点结果，未完工的美黑防晒乳产品价值为12 700美元，完工的美黑防晒乳产品价值为28 500美元。要求：请计算该公司当年的销货成本。

21. **计算一家制造企业的利润**。金美特公司（GenMet）是一家美国消费品制造企业，下列数据取自它截至2013年10月31日的财务报表中，该公司的编报单位为百万美元（$）：

	2013年10月31日	2012年10月31日
原材料存货	$101.5	$73.7
在产品存货	119.1	100.8
完工产品存货	322.3	286.2

在2013财务年度中，金美特公司一共发生了制造成本（包含原材料、直接人工和制造费用）2 752.0百万美元，当年的销售收入为6 700.2百万美元，销售与管理费用为2 903.7百万美元，利息费用为151.9百万美元。要求：如果该公司适用的所得税税率是35%，计算结果保留一位小数，请计算该公司在2013财务年度的净利润应当为多少？

22. **计算一家制造企业的利润**。以下数据摘取自水晶化学公司（Crystal Chemical Corporation）截至2013年12月31日的年度财务报表中（编报单位为百万欧元）：

	2013年12月31日	2012年12月31日
原材料存货	€373	€452
在产品存货	837	843
完工产品存货	2 396	2 523

该公司在报告年度一共发生了制造成本（包括直接材料、直接人工和制造费用）合计28 044百万欧元，当年的销售收入为32 632百万欧元，营销与管理费用合计2 436百万欧元，利息费用828百万欧元。水晶化学公司适用的所得税税率为35%。要求：计算水晶化学公司在报告年度的净利润为多少？

23. **存货差错的影响**。沃伦公司（Warren Company）采用先进先出法成本假定进行发出存货的计价，以期初存货加当期采购金额再扣减期末存货之后的差额作为当期的销货成本。其中，期末存货的价值是通过对商品进行实地盘点来获取的。2012年12月30日，沃伦公司收到了一位供货商所发来的商品，并已验收入库。在2012年12月31日进行期末盘点时，将这批商品的价值也进行了统计。尽管沃伦公司当时还没有收到供应商所寄来的这批商品发票，但根据卖方在交易达成时所提供的信息，它知道这批商品的成本应当为1 000美元。2013年1月4日，沃伦公司收到了这批商品的购货发票，然后在账簿中记录了此次采购。简单地说，沃伦公司在2012年12月收到了商品实物，并在实地盘点时将这批商品包含在了2012年12月末的库存价值中，但当时却并没有做任何会计分录记录此次购货交易。相反，公司将这笔交易记录在了2013年1月份的账簿中。假定沃伦公司一直没有发现此项记录错误，请指出下面这几个项目所受到的影响是什么？（被高估、低估还是无影响，不考虑所得税的影响。）
a. 2012年12月31日的存货价值。
b. 2013年12月31日的存货价值。
c. 2012年的销货成本。
d. 2013年的销货成本。
e. 2012年的净利润。
f. 2013年的净利润。
g. 2012年12月31日的应付账款价值。
h. 2013年12月31日的应付账款价值。
i. 2013年12月31日的留存收益金额。

24. **存货计价的成本与市价孰低法**。墨西哥水泥集团（Cemex S.A.）是墨西哥的一家水泥建筑企业，根据财务报告，它在年末的存货价值为19 631百万墨西哥比索，当年由于按照成本与市场孰低法对期末存货进行计价而计提的减值准备金额为131百万墨西哥比索，存货跌价准备账户的期末余额为556百万墨西哥比索。要求：
a. 墨西哥水泥集团在12月31日的存货总额（扣除跌价准备前的金额）应当是多少？
b. 墨西哥水泥集团在年末记录存货减值的会计分录是什么？

25. **存货计价的成本与市价孰低法**。爱立信公司（Ericsson）是瑞典的一家网络通信企业，它在12月31日的存货总额为25 227百万克朗，存货跌价准备账户的期末余额为2 752百万克朗。在这一年中，爱立信公司一共记录了价值1 276百万克朗的存货减值，假定这批被减值的存货原价为3 500百万克朗。爱立信公司按照国际财务报告准则编制财务报告，编报单位为百万瑞典克朗（SEK）。

要求：

a. 爱立信公司在12月31日的存货账面价值为多少？

b. 爱立信公司在当年记录存货减值的会计分录是怎样编制的？

c. 假定在次年1月，这批被减值存货的市场价值上升到了2 800百万克朗。请问，爱立信公司会编制怎样的会计分录？

d. 如果爱立信公司按照美国公认会计原则编制财务报告，你对上述"a"至"c"问题的回答会有些什么变化呢？

26. **不同成本流转假定下的计算**。以下是太阳健康食品公司（Sun Health Food）在它的第一个经营年度中采购维他命的情况记录：

	数量	单价	成本合计
1月5日采购	460	$4.30	$1 978
4月16日采购	670	4.20	2 814
8月26日采购	500	4.16	2 080
11月13日采购	870	4.10	3 567
合计	2 500		$10 439

12月31日，库存的维他命还有420单位。要求：计算在以下每种成本流转假定条件下，太阳健康食品公司在12月31日的期末库存价值和当年的销货成本。

a. 先进先出法。

b. 加权平均法。

c. 后进先出法。

27. **不同成本流转假定下的计算**。阿诺德公司（Arnold Company）在它的第1个经营月度里，记录了如下的原材料采购情况：

	数量	单价	成本合计
1月2日采购	1 200磅	$2.20	$2 640
1月8日采购	2 200磅	2.25	4 950
1月15日采购	2 800磅	2.28	6 384
1月23日采购	1 500磅	2.30	3 450
11月28日采购	3 000磅	2.32	6 960
可供使用的存货合计	10 700磅		$24 384

阿诺德公司在1月31日的原材料库存为3 500磅。要求：根据以下各种不同的成本流转假定，计算阿诺德公司在1月31日的原材料库存价值和当月被生产领用的原材料价值。

a. 先进先出法。

b. 加权平均法。

c. 后进先出法。

28. **后进先出法对多期财务报表的影响**。哈蒙公司（Harmon Corporation）在2011年1月1日开始营业，采用后进先出法进行发出存货的计价。在前3年的经营中，该公司的采购与销售情况如下所示：

	采购		销售	
	数量	单价	数量	单价
2011年	83 000	$20.00	64 000	$32.00
2012年	92 000	25.00	101 000	40.00
2013年	120 000	30.00	110 000	48.00

要求：

a. 计算哈蒙公司在这3年中每年的期末存货价值应当为多少？

b. 计算哈蒙公司在这3年中每年的毛利润是多少？

29. **后进先出法下的盈利操纵可能性**。EKG公司（EKG Company）是一家医疗器材制造商，使用后进先出法进行发出存货的计价。它在年初持有10 000件某种产品，每件单价为8美元。在这一年中，它又生产了60 000件这样的产品，每件生产成本为15美元。根据预计，EKG公司在当年可以销售70 000件这种产品。现在已是11月，EKG公司需要制定12月的生产计划。截至目前，公司已经可以暂停继续生产，因为当年已经完成了60 000件产品了；但另一方面，EKG公司也可以再生产10 000件这种产品。无论生产数量为多少，每件产品的生产成本都将为22美元。假定EKG公司在当年实际销售了70 000件这样的产品，平均销售价格为每件30美元。要求：

a. 在这一年中所剩下的日子里，什么样的生产量能使公司当年的销货成本最高？这个最高的销货成本具体为多少美元？

b. 在这一年中所剩下的日子里，什么样的生产量能使公司当年的销货成本最低？这个最低的销货成本具体为多少美元？

c. 请比较在上述两个部分的生产计划下，EKG公司的毛利润有什么不同？

30. **将后进先出法转换为先进先出法**。卡特公司（Cat Incorporated）专门生产建筑、农业和林业所用的机器设备，它遵从美国公认会计原则编制财务报告，编报单位为百万美元（$）。卡特公司按照后进先出法报告的2013年12月31日和2012年12月31日存货价值分别为7 204百万美元和6 351百万美元。在2013财务年度中，卡特公司的销货成本为32 626百万美元。根据该公司在财务报表附注中的信息披露，2013年12月31日和2012年12

月 31 日的存货价值分别比按照先进先出法成本流转假定所计算出来的价值高出了 2 617 百万美元和 2 403 百万美元。要求：假如卡特公司没有采用后进先出法，而是采用先进先出法的话，在 2013 财务年度应报告的销货成本是多少？

31. **分析后进先出法和先进先出法下信息**。凡尔肯马达公司（Falcon Motor Company）是美国的一家汽车发动机制造商，它采用后进先出法进行发出存货的计价。在截至 2013 年 12 月 31 日的这一年里，凡尔肯公司的销货成本为 142 587 百万美元。在这 2013 年的财务报告附注中，它还披露了如下信息：

	2013 年 12 月 31 日	2012 年 12 月 31 日
按先进先出法计算的存货总额	$11 221	$11 032
减：后进先出法差额调整	(1 100)	(1 015)
按后进先出法计算的存货总额	$10 121	$10 017

要求：
a. 凡尔肯公司在 2013 年 12 月 31 日和 2012 年 12 月 31 日的存货账面价值为多少？
b. 如果凡尔肯公司采用先进先出法进行发出存货计价的话，它在 2013 年的销货成本将为多少？

32. **与职工薪酬相关的会计分录**。麦吉事务所（McGee Associates）的职员在截至 6 月 30 日的这个会计年度中一共挣得了 700 000 美元的薪酬，但其中的 30% 被麦吉事务所保留，用来支付代扣代缴的个人所得税和工薪税。此外，麦吉事务所还必须承担工资总额 10% 的雇主税，按工资总额的 4% 计提利润分享基金，留待员工们退休时分享。据估算，员工们在该会计年度中已挣得的带薪假期价值约为 14 000 美元，附加福利的价值为该金额的 20%。

要求：
a. 为上述与职工薪酬相关的事项编制相应的会计分录。
b. 麦吉事务所承担的职工薪酬总额应当是多少？

33. **坏账准备和产品质量保证金的核算**。赫尔利公司（Hurley Corporation）专业销售各种家居用品（例如冰箱和洗碗机等），销售方式为赊销，并对所售出的产品附有产品质量保证。根据赫尔利公司的预算，销售收入的 2% 最终可能成为无法收回的坏账，而产品质量保证成本大约占销售收入的 6%。实际的坏账和产品质量保证支出一般都会发生在销售达成后的三年以内，下面是该公司一些账户的具体数据：

12 月 31 日：	2013 年	2012 年	2011 年
应收账款，扣减坏账准备后净值（2013、2012 和 2011 年 12 月 31 日的坏账准备分别为 245 百万美元、405 百万美元和 355 百万美元）	$6 470	$7 750	$7 000
估计产品质量保证金负债	1 720	1 535	1 325
当年数：	2013 年	2012 年	
销售收入	$16 000	$18 000	

要求：
a. 请编制一份分析表，解释坏账准备账户在 2012 年和 2013 年中的变化。
b. 请编制一份分析表，解释产品质量保证金负债账户在 2012 年和 2013 年的变化。

34. **产品质量保证金负债及其后续支出的会计分录**。美诺公司（Miele Company）是一家由家族经营的德国电器企业，假定它对产品提供两年的质量保障期。根据美诺公司的估计，今年的产品质量保障成本将占到销售收入的 4%。在美诺公司去年年初的资产负债表上，估计产品质量保证金负债的账面价值为 30 000 欧元。美诺公司实际支付的产品质量保障成本都发生在销售之后的两年以内。假定相关的销售收入（全部为赊销）和实际的产品质量保障支出情况（全部用现金支付）如下所示：

	销售收入	实际发生的产品质量保障支出
去年	€1 200 000	€12 000
今年	1 500 000	50 000

要求：
a. 为美诺公司编制确认销售收入、记录产品质量保障成本和记录实际的质量保障支出的会计分录（不要求结账分录）。
b. 产品质量保证金负债账户在今年年末的余额应当为多少？

35. **产品质量保证金负债及其后续支出的会计分录**。皇速自行车公司（Kingspeed Bikes）对它销售的高端竞赛自行车提供为期三年的质量保障，根据该公司的估算，在三年质保期内可能发生的质保总成本将占到销售收入为 6%。皇速自行车公司将在销售达成之后的三年内支付任何必要的质量保障支出。该公司在 2011～2013 财务年度中发生的相关销售收入（全部为现金销售）和实际发生的自行车质量保证支出（其中 60% 为现金支出，40% 为零部件成本）如下所示：

	销售收入	当年实际发生的质保期内产品质量保障支出
2011 年	$800 000	$22 000
2012 年	1 200 000	55 000
2013 年	900 000	52 000

要求：

a. 为上述相关事项编制 2011 年、2012 年和 2013 年的会计分录（不考虑结账分录）。

b. 该公司在 2013 年年末的产品质量保证金负债账户余额为多少？

36. **重组债务及其后续事项的会计分录**。塞披纸业公司（Sappi Paper Limited）是南非的一家造纸企业。在截至 9 月 30 日的这个财务年度中，塞披公司报告一个资产负债表项目——"重组准备金"账户的期末余额为 16 百万兰特，而期初余额为 41 百万兰特。在这个财务年度中，塞披公司用现金支付了 32 百万兰特的应付遣散费和厂场关闭支出，没有调整其他重组预估项目。要求：编制相关的会计分录，记录塞披公司当年的重组准备金变动情况。

37. **重组债务及其后续事项的会计分录**。2012 年 12 月 31 日，德尔琼布斯集团（Delchamps Group）报告它的重组准备金余额为 50.9 百万欧元，其中有 12.5 百万欧元预计将于 2013 年支付，其余预计将于 2014 至 2015 年期间支付。该账户在年初的余额为 84.0 百万欧元。假定德尔琼布斯集团在 2012 年计提了价值 14.2 百万欧元的重组支出，并转回了以前多提的重组支出 7.3 百万欧元。要求：

a. 为德尔琼布斯集团编制它在 2012 年的全部与重组活动相关的会计分录。

b. 德尔琼布斯集团在 2012 年 12 月 31 日的资产负债表中将会怎样报告它的重组准备金项目？

c. 德尔琼布斯集团在 2012 年的重组活动对它的利润表有什么影响？这些活动在现金流量表中应当怎样进行报告呢？回答本问题时可不考虑税的影响。

解决问题

38. **为某制造企业编制相关会计分录和利润表**。凯瑟琳户外家具公司（Katherine's Outdoor Furniture）是一家专业的草坪、阳台和池畔家具制造企业，它在 1 月 1 日的相关存货账户信息如下：

原材料存货	$226 800
在产品存货	427 900
完工产品存货	182 700

凯瑟琳户外家具公司在 1 月份发生的交易情况如下：

（1）赊购价值 667 200 美元的原材料；

（2）生产部门领用价值 689 100 美元的原材料；

（3）支付 1 月份职工薪酬情况如下：

生产工人	$432 800
销售人员	89 700
管理人员	22 300

（4）计算出 1 月份大楼和设备的折旧情况如下：

应由制造部门分摊的折旧费用	$182 900
应由销售部门分摊的折旧费用	87 400
应由管理部门分摊的折旧费用	12 200

（5）发生并用现金支付其他经营成本如下：

与制造活动相关的支出	$218 500
与销售活动相关的支出	55 100
与管理活动相关的支出	34 700

（6）当月生产完工并转入完工产品仓库的产品成本价值 1 564 500 美元。

（7）1 月份销售金额合计为 2 400 000 美元，全部为赊销。

（8）在 1 月 31 日执行的存货实地盘点结果显示，期末完工产品的价值为 210 600 美元。

要求：

a. 为凯瑟琳户外家具公司在 1 月份所发生的交易或事项编制相应的会计分录。

b. 为凯瑟琳户外家具公司编制 1 月份的利润表（不考虑所得税的影响）。

39. **制造成本在账户之间的流转**。以下是诺德康普顿公司（Lord Crompton Plc.）6 月份生产活动方面的一些信息：

	6 月 30 日	6 月 1 日
原材料存货	£ 43 600	£ 46 900
生产易耗品存货	7 700	7 600
在产品存货	115 200	110 900
完工产品存货	71 400	76 700

该公司在 6 月份发生各种与生产相关的成本费用如下：

购买原材料	£ 429 000
购买易耗品	22 300
发生人工成本	362 100
取暖、照明和电力费用	10 300
保险费用	4 200

同时，由于过去的工厂并购导致诺德康普顿公司还应承担折旧费用和在当月到期的预付租金信息为：

工厂设备折旧费用	£ 36 900
预付租金到期	3 600

此外，其他相关信息为：

销售收入	£ 1 350 000
销售与管理费用	246 900
利息费用	47 100
适用的所得税税率	40%

要求：

a. 计算诺德康普顿公司在 6 月份所耗用的原材料和生产易耗品成本。
b. 计算诺德康普顿公司在 6 月份生产完工入库的完工产品价值为多少？
c. 计算诺德康普顿公司在 6 月份的销货成本。
d. 计算诺德康普顿公司在 6 月份的净利润为多少？

40. **制造成本的流转。**轿车公司（Sedan Corporation）是一家日本汽车制造商，它按照美国公认会计原则编制财务报告，编报单位为百万日元（¥）。轿车公司在 2013 年和 2012 年 3 月 31 日的相关财务报表中披露了如下关于存货的信息：

	百万日元	
	2013 年	2012 年
原材料与易耗品存货	¥374 210	¥362 686
在产品存货	239 937	236 749
完工产品存货	1 211 569	1 204 521

在截至 2013 年 3 月 31 日的这个会计年度中，轿车公司报告的产品销售成本为 20 452 338 百万日元；在上述两个会计年度中，该公司都没有因期末按照成本与市价孰低原则对存货进行计价而计提存货跌价准备。要求：

a. 轿车公司在 2013 年 3 月 31 日所持有全部存货的账面价值应当为多少？
b. 轿车公司在 2012 年生产完工的产品成本为多少？
c. 假定轿车公司在截至 2013 年 3 月 31 日的这个财务年度中发生的直接成本和制造费用共计 12 000 000 百万日元，那么，在该财务年度中投入生产的原材料和易耗品价值一共为多少？轿车公司需要编制怎样的会计分录来记录生产领用原材料和易耗品？
d. 轿车公司在截至 2013 年 3 月 31 日的这个财务年度中，对外采购的原材料和易耗品价值为多少？假定所有的采购都是采用的赊购方式，轿车公司应编制什么样的会计分录来记录这些采购？

41. **制造成本的流转。**麦伟科集团（Minevik Group）是一家瑞典的高科技工程企业，它按照国际财务报告准则编制财务报告，编报单位为百万瑞典克朗（SEK）。在截至 2013 年和 2012 年 12 月 31 日的财务年度中，麦伟科集团报告了下列与存货有关的信息：

	（百万瑞典克朗）	
	12 月 31 日	
	2013 年	2012 年
原材料存货	SEK6 964	SEK5 690
在产品存货	5 157	4 093
完工产品存货	13 180	8 955

根据麦伟科集团的报告，2013 年的销货成本为 57 222 百万瑞典克朗。根据财务报表附注中的披露，该销货成本中包含了价值 281 百万瑞典克朗的完工产品减值损失。要求：

a. 麦伟科集团在 2013 年 12 月 31 日的全部存货账面价值为多少？
b. 麦伟科集团在 2013 年记录存货减值的会计分录应当是怎么编制的？
c. 在麦伟科集团根据成本与市价孰低原则对期末存货计提减值准备之前的销货成本应当为多少？
d. 麦伟科集团在 2013 年中生产完工产品的成本是多少？
e. 假定麦伟科集团的直接人工和制造费用金额为直接材料成本的 3 倍，即每花费 1 克朗的直接材料，麦伟科集团需要再发生 3 克朗的直接人工和制造费用。请问，麦伟科集团在 2013 财务年度中生产投入的直接材料价值是多少？该集团应当编制怎样的会计分录来记录这些生产用料的耗用？
f. 麦伟科集团在 2013 财务年度中购入原材料的成本为多少？

42. **对存货按成本与市价孰低计价；美国公认会计原则与国际财务报告准则比较。**好运公司（Good Luck Brands）报告它在 2013 年 12 月 31 日和 2012 年 12 月 31 日的全部存货账面价值分别为 2 047.6 百万美元和 1 937.8 百万美元。该公司按照美国公认会计原则编制财务报告，编报单位为百万美元（$）。要求：

a. 假定在 2013 年 1 月 1 日，好运公司的存货市价上涨为 2 300.0 百万美元，请问，好运公司在 1 月 1 日是否应当编制什么会计分录来进行调整？如果答案为"是"的话，应编制怎样的会计分录呢？
b. 假定在 2014 年 1 月 1 日，好运公司的存货市价下跌为 1 880.6 百万美元，请问，好运公司在这一天是否应当编制什么会计分录来进行调整？如果答案为"是"的话，应编制怎样的会计分录呢？
c. 沿用"b"中的情景，假定以前计提了减值的存货在 2014 年 2 月 16 日的市场价值又上涨为了 1 962.3 百万美元，请问，好运公司是否应当编制什么会计分录来进行调整呢？如果答案为"是"的话，应编制怎样的会计分录呢？
d. 如果好运公司是按照国际财务报告准则编制财务报告的话，你对上述"a""b"和"c"的回答会改变吗？

43. **对存货会计处理方法的详细比较。**贝盾公司（Burton Corporation）在 2011 年 1 月 1 日开始营业，下面是它在 2011 年和 2012 年中的商品采购信息：

	购买数量	单价	取得成本
2011 年 1 月 10 日	600	$10	$6 000
2011 年 6 月 30 日	200	12	2 400
2011 年 10 月 20 日	400	15	6 000
2011 年采购合计	1 200		$14 400

	购买数量	单价	取得成本
2012 年 2 月 18 日	500	$14	$7 000
2012 年 7 月 15 日	500	12	6 000
2012 年 12 月 15 日	800	10	8 000
2012 年采购合计	1 800		$21 000

贝盾公司在 2011 年和 2012 年的销售量分别为 1 000 件和 1 500 件。要求：

a. 按照先进先出法计算贝盾公司在 2011 年的销货成本。
b. 按照后进先出法计算贝盾公司在 2011 年的销货成本。
c. 按照加权平均成本流转假定计算贝盾公司在 2011 年的销货成本。
d. 按照先进先出法计算贝盾公司在 2012 年的销货成本。
e. 按照后进先出法计算贝盾公司在 2012 年的销货成本。
f. 按照加权平均成本流转假定计算贝盾公司在 2012 年的销货成本。
g. 2011 年的净利润在先进先出法下更高还是在后进先出法下更高，请对此进行解释。
h. 2012 年的净利润在先进先出法下更高还是在后进先出法下更高，请对此进行解释。

44. **先进先出法和后进先出法对利润表和资产负债表的影响。** 韩奥油品公司（Hanover Oil Products, HOP）经营着一家加油站，它在 1 月 1 日刚开业，按照汽油平均采购价格上浮 10% 作为产品定价。以下是该公司在 1 月份、2 月份和 3 月份的采购情况：

	购买加仑数	单价	取得成本
1 月 1 日	4 000	$1.40	$5 600
1 月 13 日	6 000	1.46	8 760
1 月 28 日	5 000	1.50	7 500
合计	15 000		$21 860

	购买加仑数	单价	取得成本
2 月 5 日	7 000	$1.53	$10 710
2 月 14 日	6 000	1.47	8 820
2 月 21 日	10 000	1.42	14 200
合计	23 000		$33 730

	购买加仑数	单价	取得成本
3 月 2 日	6 000	$1.48	$8 880
3 月 15 日	5 000	1.54	7 700
3 月 26 日	4 000	1.60	6 400
合计	15 000		$22 980

这三个月中的销售情况为：
1 月份：20 840 美元（13 000 加仑）
2 月份：35 490 美元（22 000 加仑）
3 月份：28 648 美元（17 000 加仑）

要求：

a. 分别使用先进先出法和后进先出法计算韩奥油品公司在 1 月份的销货成本。
b. 分别使用先进先出法和后进先出法计算韩奥油品公司在 2 月份的销货成本。
c. 分别使用先进先出法和后进先出法计算韩奥油品公司在 3 月份的销货成本。
d. 为什么在上述三个月中，能报告出最高金额销货成本的发出存货计价方法是不同的？
e. 分别使用先进先出法和后进先出法计算上述 3 个月中的销货成本占销售收入比重。
f. 在上述 3 个月中，使用哪种发出存货计价方法计算出来的销货成本占销售收入比重是最稳定的？请解释为什么会出现这样的情况。
g. 由于采购价格太高，韩奥油品公司故意让 3 月底的存货低于计划 1 000 加仑。假定韩奥油品公司在 3 月 26 日采购的汽油不是 4 000 加仑而是 6 000 加仑，因此导致 3 月末的汽油存货正好等于当月初的存货量 3 000 加仑。请分别使用先进先出法和后进先出法计算 3 月份的销货成本，然后，请回答为什么你的结果会与"c"部分的回答仍是一样的，或者有所不同呢？

45. **根据期末存货金额推导隐含信息。**（本小题改编自注册会计师考试试题）贝奇公司（Burch Corporation）在 2010 年 1 月 1 日开始经营，它在 2010 年、2011 年和 2012 年所采购商品的价值分别为 100 000 美元、125 000 美元和 135 000 美元。下表列出了贝奇公司在不同的存货成本流转假定或计价原则下在资产负债表中应报告的期末存货价值：

12 月 31 日	资产负债表中的存货价值		
	后进先出法	先进先出法	成本与市价孰低法
2010 年	$40 200	$40 000	$37 000
2011 年	36 400	36 000	34 000
2012 年	41 800	44 000	44 000

在回答下列各问题时，请指出你是如何推导出答案的。你可以假定在任何一年中，价格持续上涨或者

持续下降，但请不要假定价格在同一年中时涨时跌。

要求：

a. 贝奇公司的存货价格在 2010 年是上涨的还是下跌的？

b. 贝奇公司的存货价格在 2012 年是上涨的还是下跌的？

c. 在哪种存货计价方法下，能使 2010 年的净利润价值最高？

d. 在哪种存货计价方法下，能使 2011 年的净利润价值最高？

e. 在哪种存货计价方法下，能使 2012 年的净利润价值最高？

f. 哪种存货计价方法能使 2010~2012 这三年的净利润价值最低？

g. 请问，在先进先出法下所报告的 2012 年净利润相对成本与市价孰低法所报告的 2012 年净利润高或者低出了多少？

46. **后进先出法层次对采购行为影响和盈利操纵机会。** 威尔森公司（Wilson Company）是一家专业销售 E 化工产品的企业，多年来，它一直使用后进先出法对发出存货进行计价。2012 年 12 月 31 日，该公司持有的这种 E 化工产品库存量为 4 000 磅，单价从 2003 年的每磅 30 美元至 2012 年的每磅 52 美元不等，如下表所示：

采购年份	采购单价	数量	成本
2003 年	$30	2 000	$60 000
2008 年	46	200	9 200
2009 年	48	400	19 200
2012 年	52	1 400	72 800
合计		4 000	$161 200

E 化工产品在 2013 年的采购成本为每磅 62 美元，但采购代理商预计在 2014 年，该产品的价格将回落到每磅 52 美元。根据 2013 年的销售情况，预计将卖出 7 000 磅 E 化工产品；而威尔森公司一直希望保持 4 000 磅产品库存。鉴于采购价格将会下跌的预期，采购代理商建议威尔森公司将 2013 年年末的期末库存数量从 4 000 磅调低至 600 磅，然后到 2014 年再将其恢复到 4 000 磅的水平。

但威尔森公司的会计主管认为这样做是不明智的，因为如果将公司的存货水平下调到 600 磅的话，当期的销货成本就会特别的低（因为会释放早期的后进先出法层次），那么相应的所得税负担就会特别重。所以，该会计主管建议还是必须要保持 2013 年年末的存货库存量为 4 000 磅的水平。

假定为了满足 2013 年的销售需求，威尔森公司确实需要 7 000 磅 E 化工产品，而该化工产品在 2013 年和 2014 年的采购价格也确实如销售代理商所预期的那样，威尔森公司的所得税税率为 40%。根据上述信息，请完成下列要求：

a. 假定公司按照会计主管的建议，仍然保持 2013 年的期末存货水平为 4 000 磅，请按照后进先出法计算 2013 年的销货成本水平和 2013 年年末的存货价值。

b. 假定公司听从了采购代理商的建议，将 2013 年的期末存货水平调整为 600 磅，请按照后进先出法计算 2013 年的销货成本水平和 2013 年年末的存货价值。

c. 假定公司最终听从了会计主管的建议而没有采纳采购代理商的意见，请计算公司在 2013 年可节约的税收支出和为此多花的存货采购支出。

d. 你认为威尔森公司应该采纳谁的意见呢？在你的回答中，请注意要考虑盈利质量问题。

e. 威尔森公司的管理层希望知道，不同的采购量计划会在多大程度上影响到 2013 年的利润？假定如果听从会计主管的建议，2013 年的税后利润将为 50 000 美元。那么，通过刻意控制 E 化工产品的采购量，2013 年的税后净利润浮动范围能有多大？

47. **理解存货信息披露内容。** 参考解决问题 40 中轿车公司在 2013 和 2012 年 3 月 31 日的存货相关信息。在轿车公司 2013 年 3 月 31 日的财务报表附注中，披露了该公司的部分存货是按照后进先出法进行发出存货计价的。特别地，轿车公司披露，在 2013 年和 2012 年 3 月 31 日，使用后进先出法进行报告的存货价值分别为 283 735 百万日元和 357 055 百万日元，分别高于如果按照先进先出法将报告的存货价值 13 780 百万日元和 30 360 百万日元。要求：

a. 如果轿车公司使用先进先出法对全部存货进行估值，那么，在 2013 年和 2012 年 3 月 31 日，它应当报告的存货价值为多少？

b. 如果轿车公司使用先进先出法对全部存货进行估值，那么，它在 2013 年的销货成本将为多少？注意：后进先出法储备将全部分配进入产成品存货中。

48. **计提产品质量保证金负债；重组交易。** 假定中央电器公司（Central Appliance）专门销售各种家用电器，且全部采用现销的方式。每一年，该公司按全部电器的采购成本借记"商品存货"账户。对于所销售的产品，中央电器公司在产品售后 1 年内都提供质量保障服务。由于已有多年的经验，公司能够合理可靠地估计产品质量保障情况。

下表中是中央电器公司 2012 年财务报表信息摘录和 2013 年发生的一些事项汇总。2013 年，由于公司将本年提供质量保障服务的支出计入了"产品质量保证金负债"账户，导致该账户的余额由 2012 年年末的贷方余额变成了 2013 年年末的借方余额 15 000 美元。即在中央电器公司计提当年的产品质量保证金负债以前，"产品质量保证金负债"账户表现为借方余额 15 000 美元。同时，"商品存货"账户由于已借记了当期全部的存货采购，又还没有编制当期关于销货成本的调整分录，表现为借方余额 820 000 美元，即当期可供销售商品的全部价值。中央电器公司只在每年年末在编制调整分录并结账。

资产负债表信息摘录		2012 年年末
商品存货		$100 000
其他资产账户		110 000
资产合计		$210 000
产品质量保证金负债		$6 000
其他负债和股东权益账户		204 000
负债与股东权益合计		$210 000
利润表信息摘录	2013 年	2012 年
销售收入	$1 000 000	$800 000
产品质量保证费用	?	18 000

2013 年年末，中央电器公司的管理层对过去 12 个月的电器销售情况进行了分析，将仍在质保期内的所售电器分成了以下三类：在 6 月 30 日或以前售出的（售出 6 个月以上的）、在 6 月 30 日至 11 月 30 日售出的（售出 1～5 个月的）和在 12 月 1 日以后售出的（售出不到 1 个月的）。假定根据公司估计，在售出 6 个月以上的电器中，有 0.5% 是需要维修服务的；在售出 1～5 个月内的电器中，有 5% 是需要维修服务的；在最后这个月所售出的电器中，有 8% 是需要维修服务的。根据上述分析结果，管理层判断 2013 年所售产品在 2014 年估计将会发生的维修服务支出为 5 000 美元。公司在 2013 年 12 月 31 日的期末存货价值为 120 000 美元。要求：

a. 中央电器公司在 2013 年采购商品存货的总价值是多少？
b. 中央电器公司在 2013 年的销货成本是多少？
c. 中央电器公司在 2013 年发生的维修服务支出金额为多少？
d. 中央电器公司在 2013 年的产品质量保证服务费用是多少？
e. 为下列事项编制会计分录：2013 年的实际维修服务支出、2013 年计提产品质量保证费用和 2013 年的销货成本结转。

49. **理解重组信息披露**。拜耳集团（Bayer Group）是一家德国制药企业，它在 12 月 31 日的财务报表附注中披露它的重组准备金余额为 154 百万欧元，同一项目在上年的可比数为 196 百万欧元。根据拜耳集团的报告，它在这一年中发生的重组支出为 134 百万欧元，转回多提的重组支出 31 百万欧元，此外，由于汇率变动和合并范围变化等原因的影响，还减少了该项目的余额 5 百万欧元。要求：

a. 拜耳集团在这个财务年度中为确认重组支出和转回多提的重组支出，编制了什么样的会计分录？
b. 拜耳集团在这个财务年度中做了怎样的会计分录来记录"重组准备金"账户的新增额？

第 10 章
长期有形资产和无形资产

CHAPTER 10

学习目标

1. 理解资本化支出和费用化支出之间的区别。
2. 理解计量长期资产取得成本的原则。
3. 能够区分使用寿命有限的资产和使用寿命不确定的资产,知道什么是折旧或摊销。
4. 能根据初始估计值计算折旧和摊销,并能根据估计情况的变化对折旧和摊销额进行调整。
5. 当以各种可能的价格处置长期资产时,知道如何进行会计处理。
6. 知道如何记录长期资产的减值。

在第 3 章中，我们区分了流动资产与非流动资产。在第 9 章中，我们讲授了如何对一些流动资产（预期将在未来 12 个月中耗用的资产）进行会计处理。非流动资产也称长期资产，是指预计使用期在未来 12 个月以上的资产项目。流动资产和非流动资产都包含企业在营业中使用的**经营资产**（operational assets）和主要用作投资目的的**金融资产**（financial assets）。⊖ 在本章中，我们将主要介绍长期经营性质的资产，既包括土地、建筑物和设备等**有形资产**（tangible assets），也包括专利权、品牌和商标等**无形资产**（intangible assets）。美国公认会计原则和国际财务报告准则对这些资产在以下领域都提供了规范指南：

1. 对于相对能使企业长期受益的支出，判断是应当作为一项长期资产确认在资产负债表上，还是应当作为一项费用确认到利润表中。
2. 判断是否应当将长期资产进行折旧或摊销。
3. 如果需要对长期资产进行折旧或摊销的话，应如何决定折旧或摊销期以及具体的折旧或摊销方法。
4. 如何处理折旧或摊销计算中所用到会计估计值的变更。
5. 长期资产处置的会计处理。
6. 如何确认长期资产公允价值的变动。

由于长期资产的特点，会需要一些特别的会计处理，包括下面这几个方面：

- 长期资产具有相对比较长的使用寿命。从会计处理方面来看，要求企业将长期资产可能实现的利益以一定合理的方法分配到该资产使用寿命内的每个会计期间。
- 这类资产的使用寿命和公允价值可能会由于技术进步、新产品的引入、政府监管政策的变化以及其他因素的原因而发生变动。那么，在会计处理方面，也必须进行相应的调整。
- 长期无形资产不具有实物形态。因此，适用于有形资产的确认和计量原则并不一定也能完全适用于无形资产。

在很多企业，长期资产投资都是资产负债表上的重要项目，在每期的现金支出中也占有非常高的比重。例如，在贵成公司截至 2013 年 2 月 27 日的资产负债表（表 1-1）上，报告长期有形资产和无形资产的价值就分别为 4 070 百万美元和 2 890 百万美元（商誉、商标权和客户关系等几个项目的总和）。同期现金流量表（表 1-3）显示，贵成公司当期用作取得长期资产所支出的现金为 615 百万美元。而根据泰晤士公司 2013 年 12 月 31 日的资产负债表（表 1-5）和同期现金流量表（表 1-7）中，泰晤士公司持有长期有形（无形）资产的账面价值为 1 338.3 百万欧元（3 912.2 百万欧元，即商誉和其他无形资产的合计），当期为取得长期资产而支出的现金为 418.9 百万欧元。

第 7 章曾经介绍了固定资产周转率，即销售收入与平均固定资产价值的比值。其中的固定资产，一般就是指长期有形资产。⊜ 作为企业经营效率的衡量指标之一，固定资产周转率越高，就说明企业所投资的每单位美元长期有形资产能带来的销售收入越多。管理层对长期资产的管理效率直接影响着固定资产周转率的大小，从而影响到企业的业绩。因此，要提高业绩，管理层就应当尽量投资于能带来高毛利（指销售收入与销货成本之差）的产品或者服务的长期资产，或者及时处置生产效率低的长期资产。

为理解企业对长期资产的使用情况，财务报表使用者不仅需要了解与长期资产相关的会计准则规定，还需要对企业在应用这些准则时所使用判断和估计有一定了解。

10.1 资本化支出与费用化支出

对于一项相对能使企业长期受益的支出，是应当作为一项资产确认在资产负债表上，还是应当作为一项费用确认到利润表中呢？在第 4 章中曾经谈到，如果一项支出既符合资产的定义，又满足资产的确认条件，那么，就可以作为一项资产予以确认。这里的确认条件包括：（1）该资产是由过去的交易或者事项带来的、其未来经济利益的使用权已经归属于企业；（2）在初始确认时，企业能够合理可靠地计量该资产能带来的预期经济利益。对于不符合上述两个条件的支出，就应当作为当期费用进行会计处理。

⊖ 金融资产的会计处理将主要在第 13 章和第 14 章中进行介绍。
⊜ 有时，当固定资产（Fixed assets）用作广义含义时，也同时包含长期有形和无形资产。

一般情况下，用货币资金换取能带来未来服务潜力的资源都是满足第一个条件（资产定义）的，但第二个条件——可计量性——却由于要等待全部预期利益都体现出来的时间太长而变得难以满足。对无形资产来说，要判断是否满足第二个条件会比有形资产更加具有挑战性，因为无形资产所能带来的利益实现是很难被观察的。下面我们将通过一些例题来说明长期资产确认条件的应用。

例题 1 贵成公司支付现金购入了土地和一栋建筑物。首先，土地和建筑物是可以为贵成公司带来未来利益的；其次，由于这项交易发生在独立的买卖双方之间，因此交易价格可以作为资产取得时的预期经济利益计量值。所以，这些土地和建筑物应当确认为贵成公司资产负债表中的资产项目。

例题 2 贵成公司通过自己的员工参与和与外部承包商的合作，自行建造了一座新商店。这座新商店在完工后能为贵成公司带来未来利益流入。与例题 1 相比，本例在以下两个方面有所不同：（1）新商店的部分建造成本是发生在贵成公司内部的；（2）贵成公司并没有像例题 1 那样一次性购入完整的资产，而是通过发生支出自行构建的资产。从本例情况来看，首先，在建造过程中的新商店建筑表明未来利益很可能会实现；其次，在建造过程中，不断累计发生的建造支出就是这些未来利益的成本。因此，建造过程中发生的全部支出构成了自行建造资产的成本。自行建造的资产（在新商店完工以前通常被称为在建工程）应当作为一项资产确认在贵成公司的资产负债表上。

例题 3 默克制药公司（Merck）从所有权人手中购入一项专利权，价值 120 百万美元。有了这项专利权，默克公司就可以在一段特定的时期内垄断性地研发和销售一种专利化学药品。从默克公司与专利权卖方之间所发生的这笔交易来看，默克公司已拥有了使用该专利的权利，而享有专利权能带来预期利益的成本也是明确的。因此，该专利权应当作为一项资产确认在默克公司的资产负债表上。

例题 4 默克公司在本会计年度中一共花费 48 亿美元在新药物的确认、开发和测试上。本例与例题 3 的不同之处在于：（1）这项支出发生在默克公司内部；（2）默克公司并没有一次性地购入一项完整的资产。可以肯定的是，如果没有预期未来利益，默克公司是不可能投资于这项研发项目的。但是根据美国公认会计原则的要求，企业应当将研究与开发（R&D）支出在发生当期进行费用化处理，因为这类支出无法满足资产确认的第二个必要条件，企业无法合理可靠地计量未来可能实现的经济利益。㊀由于企业很难确认出在每年发生的研发支出中，有多少可能带来未来利益，而有多少不能带来未来利益，因此，默克工程应当这 48 亿美元的支出确认为一项费用。

但国际财务报告准则对研究与开发支出的会计处理要求与上述美国公认会计原则的要求有所不同。根据国际财务报告准则，企业需要区分研究支出（research costs）与开发支出（development costs）。对研究支出，与美国公认会计原则的要求一样，应当费用化处理；但对满足一定条件的开发支出，则允许确认为一项资产。㊁国际财务报告准则规定，当以下三个条件同时满足时，即可以判断研究支出转为了开发支出：（1）项目已具有技术可行性；（2）企业有意愿和能力将项目开发完成，实现其最终用途或者对外出售；（3）企业可以合理可靠地计量该开发资产。如果上述三个条件能同时满足，则项目可由研究阶段转为开发阶段，并将开发阶段的支出确认为一项资产。

例题 5 IBM 公司正在自行研发一项新计算机软件产品。对于自行研制的软件产品，美国公认会计原则的规定与国际财务报告准则关于研究与开发费用的规定是相似的。㊂因此，IBM 公司应将项目实现技术可行性以前的支出进行费用化，然后将其后所发生的支出确认为一项资产。

为说明资产确认条件在企业购买无形资产时的应用情况，假定贵成公司在截至 2013 年 2 月 27 日的这个会计年度所发生的一次企业合并中，支付 100 百万美元购入了卡帕克斯公司（CarPax Inc.）的一些资产，如下表所示。表中一些资产是按公允价值列示的，另有一些其他资产和负债未列出。

㊀ 美国财务会计准则委员会，《财务会计准则公告第 2 号：研究与开发支出的会计处理》（1974 年，汇编主题 730）。
㊁ 国际会计准则理事会，《国际会计准则 38 号：无形资产》（1998 年）。
㊂ 美国财务会计准则委员会，《财务会计准则公告第 86 号：对出售、租赁或以其他方式上市的计算机软件成本的会计处理》（1985 年，汇编主题 350）。

不动产与设备	$47
可辨认的无形资产：	
客户名单	8
商号权	10
进行中的研发项目	15
商誉	20
合计	$100

贵成公司使用增值额或其他方式来记录所购可辨认资产的公允价值，包括卡帕克斯公司自行研发且未列入资产负债表中的无形资产。所谓可辨认资产，是指该资产要么（1）是可以分离的（即可与购买主体分离并单独用于出售、转移、授权、出租或交换），或（2）来源于合同或其他法定权利。⊖

例题 6 贵成公司应将从卡帕克斯公司购入的有形资产（47 百万美元）、客户名单（8 百万美元）和商号权（10 百万美元）分别按公允价值确认为资产。即使这些资产中有部分是卡帕克斯公司自行研发的、按照美国公认会计原则的要求，不能被确认为卡帕克斯公司的资产的。

例题 7 贵成公司应按其公允价值（15 百万美元）将**进行中的研发项目**（In-process research and development）确认为一项资产，这项资产累计了还未达到技术可行性的研发项目成本。对于企业从外部购入的进行中的研发项目，企业应当按其公允价值在初始确认时就报告为一项资产；即使该项目的原开发方将相关开发成本已经费用化处理，如果在企业合并中购入了这样的项目，也应将其确认为一项资产。⊖

例题 8 除了可辨认有形和无形资产的公允价值外，对于价值 20 百万美元的商誉，贵成公司也应将其确认为一项资产。在企业合并中，购买价格代表着所购入实体（enterprise）的公允价值，即全部可辨认和不可辨认净资产的价值（提示：净资产 = 资产减去负债之差）；而这里的所谓**商誉**（goodwill），就是贵成公司所购入的、不可单独确认资产的公允价值。贵成公司应当将这部分商誉确认为一项资产，因为它确实是贵成公司所并购企业公允价值组成的一部分。在对企业合并的会计处理中，商誉是按照购买价格与全部可单独辨认净资产的公允价值之差来进行初始计量的。

在图 10-1 中，我们总结了与获取潜在长期利益资源相关支出的会计处理要求，表示如下：

	资源性质	
	有形	**无形**
内部取得	自行建造的建筑物和设备（资本化）	研究与开发费用（根据美国公认会计原则，应当费用化处理；但根据国际财务报告准则，对研究阶段的支出应当费用化，对开发阶段的支出则可以资本化。） 广告费用（费用化） 员工培训费（费用化） 软件开发费用： 达到技术可行性以前的（费用化） 达到技术可行性以后的（资本化）
外部取得	土地、建筑物和设备（资本化）	已具有技术先进性（资本化） 进行中的研发项目（资本化） 专利权、商标权、客户关系和其他可辨认资源（资本化） 熟练人工和其他不可辨认资源（作为商誉的一部分） 商誉（资本化）

图 10-1 对能带来潜在长期利益支出的会计处理要求

资料来源：© Cengage Learning 2014.

⊖ 除一些特殊情况外，对单独可辨认有形资产和无形资产的会计处理要求是类似的，与贵成公司以资产组形式从卡帕克斯公司购入该资产还是买下整个企业（企业合并）无关。在第 14 章中，我们将讨论购入整个企业的会计处理。财务会计准则委员会，《财务会计准则第 141 号》（2007 年修订版，汇编主题 805）；国际会计准则委员会，《国际会计报告准则第 3 号：企业合并》（2007 年）。

⊖ 美国财务会计准则委员会《财务会计准则公告第 141 号：企业合并》（2007 修订版，汇编主题 805）；国际会计准则理事会《国际财务报告准则第 3 号：企业合并》（2007 年）。

1. 购买或者自行建造有形资产的支出可以确认为资产，因为有形资产的实体可以作为可能实现未来利益的证明。公允价值是购买或者建造有形资产成本的最好证明。

2. 对内部研发无形资产的支出，应在发生时就确认为费用，因为没有任何有效的外部证据能证明它的存在或者价值。不过，对此有两个例外，一是在确定实现了技术可行性之后的软件开发成本（美国公认会计原则），另一个是在已经实现技术可行性之后发生的开发成本（国际财务报告准则），对此两种情况，允许资本化处理。

3. 对于从第三方购买无形资产的支出，可资本化处理。因为市场交易证明了该无形资产的存在，并证明了它的公允价值。

4. 在企业合并中，实际购买价款超过被并购方全部可辨认有形和无形资产公允价值（指扣除负债后净值）之和的部分，体现为商誉。商誉应确认为一项资产。

美国公认会计原则和国际财务报告准则在对有形资产和无形资产的购置支出、从内部和外部获得的无形资产的会计处理等方面存在诸多不一致的地方。在进行公司之间的比较时，财务报表使用者需要首先确认这些会计政策的不一致。例如，由于会计规则的影响，制造业公司的资产负债表所确认的有形资产金额巨大，相比科技企业和服务业的公司来说，后者由于存在大量的研发活动，因此具有很多不能确认在资产负债表中的无形资产，其总资产看起来就会比制造业公司的小很多。再比如，由于会计规则的影响，如果一家公司总是习惯外购无形资产的话，由于这些外购的无形资产都是可以确认在资产负债表中的，就会比总是习惯自行研发无形资产的企业看起来拥有更多的资产。

10.2 取得成本的计算

无论是有形的还是无形的长期资产，都应按取得成本进行初始计量，即初始入账成本应等于该资产在取得日的公允价值。这里的取得成本，是指使该长期资产达到可使用状态前发生的全部支出。举例来讲，一台设备的取得成本包括它的发票价格（扣除折扣后的）、运输费用、安装成本和其他为使设备达到可使用状态前的必要支出。以下是几个稍微复杂点的例题。

例题9 参考例题1，假定贵成公司在决定购买土地和建筑物的过程中，发生了下列开支：

1. 土地及其地上已有建筑物的买价合计为 1 000 000 美元。
2. 支付给律师处理购买合同的费用为 10 000 美元。
3. 支付给当地房地产税收机构的税费为 2 000 美元。
4. 相关管理人员在考察这块土地和谈判购买价格的过程中所挣得的薪酬为 8 000 美元。
5. 在考察这块土地的过程中使用了公司的汽车，相关的汽车使用费 375 美元。
6. 在考察这块土地的过程中使用了公司的汽车，相关的折旧费用为 440 美元。
7. 向工程顾问咨询建筑物的结构、公允价值和进行必要修缮需要的开支等事项，支付咨询顾问费 15 000 美元。
8. 在考察过程中，公司的汽车涉及了一起多车事故，为此，在保险公司赔偿之外，还由公司承担了 3 000 美元的维修费。
9. 由于专心于此次考察，导致公司管理人员疏忽了一位可能的新客户，使公司损失了利润 20 000 美元。

上述项目中，前六项都与土地和建筑物的考察与取得过程直接相关。因此，贵成公司应在一个临时的"土地与建筑物"账户中归集上述支出。对于上述第 5 项和第 6 项支出，由于它们的金额相对来说不具有重要性，因此一些公司会直接将它们作为期间费用处理。不过，如果严格从会计理论应用的角度来处理的话，这类支出也是应当资本化处理的。将有关这块土地和建筑物的支出都归集完成后，贵成公司应当将所归集的总成本 1 020 815（= 1 000 000 + 10 000 + 2 000 + 8 000 + 375 + 440）美元在土地和建筑物之间进行分配，分配基础为两者的公允价值之比。举例来说，假定该建筑物的公允价值为 250 000 美元，土地的公允价值为 750 000 美元，两者合计出售价格为 1 000 000 美元，那么，贵成公司应将总成本 1 020 815 美元的 25%（=250 000/1 000 000）分配给建筑物，其余 75% 分配给土地，然后在后续计量中按此金额为基础对建筑物计提折旧（当然，对土地不用计算折旧）。第 7 项开支仅与建筑物有关，因此应将此工程顾问费单独计入建筑物的成本中。对第 8 项开支，事故后的汽车维修费用，一些会计师也会将其资本化处理，理由是毕竟它发生在企业考察这块土地和建筑物是否值得购买的过程中。但也有人会建议将第8项开支进行费用化处理，因为它并不是企业为了取得这块土地和建筑物而必须发生的开支项目。第9项开支，失去的利润，并不是企业在与外界进行的公平交易中所发生的成本，无论是按照美国公认会计原则还是国际财务报告准则编制财务报告，都不允许确认机会成本。

例题10 参考例题3，默克公司所购入专利权的成本中，除了应当包括支付给所有权人的买价120百万美元以外，还应当包括默克公司为评估该专利所有权而发生的法律费用800 000美元和该专利权的注册费1 800美元。因此，该专利权在默克公司账簿中的最终取得成本为120 801 800（=120 000 000 + 800 000 + 1 800）美元。

关于非现金交易 有时，企业会通过交换另一项非现金资产或者通过发行自身的股票或债券来换取一项资产的所有权。在这种情况下，该换入资产的取得成本应以换出对价的公允价值或者换入资产的公允价值两者中更可靠的那一个为计量基础来决定。

自行建造的资产 如果一家企业就像例题2中的贵成公司那样，自行建造建筑物或设备，则它应当将建造过程中所发生的相关人工费用、材料支出和制造费用都资本化确认为一项资产。美国公认会计原则和国际财务报告准则都允许企业将**建造期间的利息费用**（interest costs during construction）包含到自行建造的长期资产成本中，因为企业在自行建造资产的过程中发生融资费用就跟发生人工成本和材料支出一样，是非常自然的。⊖

资本化处理的利息费用金额应以为建造该项资产而发生的借款额为基础进行计算，确保是单纯因为建造该项资产才会发生的那部分利息费用。如果工程的建造成本大于专门借款额，则企业应使用加权平均全部借款利率来计算资本化的利息金额。在同一会计期间资本化的利息金额不得超过企业当期承担的利息总额。当建造完工时，利息的资本化也应一并停止。

将（资本化的）利息支出也包含在自行建造的资产成本中，会减少企业在资产建造期间的利息费用，从而增加净利润；但对企业需要用现金支付的利息支出却毫无影响。由于资本化利息费用的影响，自行建造的长期资产会比直接外购的类似资产具有更高的初始确认成本，从而使将来每期的折旧费用也增加，而净利润减少。不过，利息费用的资本化对所构建资产在整个寿命期内的费用总额和现金流量总额是没有影响的。

例题11 参考例题2。假定下表中是贵成公司长期负债的构成情况：

为建造大楼而借入利率为5%的基建借款	$1 000 000
其他借款，平均利率6%	3 600 000
长期负债合计	$4 600 000

假定在这一年中，"在建大楼"账户的平均余额为3 000 000美元。贵成公司认为其中1 000 000美元来自新增专项借款，其余2 000 000美元来自其他借款，因此可以此为基础来计算当期应资本化的利息金额：

$1 000 000 × 5%	$50 000
$2 000 000 × 6%	120 000
$3 000 000	$170 000

记录当期利息费用和资本化利息的会计分录应为：

利息费用	266 000	
应付利息		266 000

将全部利息确认为费用：$266 000[=(5% × $1 000 000) + (6% × $3 600 000)] = $50 000 + $216 000。

在建大楼	170 000	
利息费用		170 000

将与自建大楼相关的利息费用资本化处理。资本化利息导致当期利息费用减少，大楼的建造成本增加，对需要企业用现金支付的利息费用没有影响。

⊖ 美国财务会计准则委员会《财务会计准则公告第34号：利息费用的资本化》（1979年，汇编主题835）；国际会计准则理事会《国际会计准则第23号：借款费用》（2007修订稿）。

以上两笔会计分录可合并为一笔：

利息费用	96 000	
在建大楼	170 000	
应付利息		266 000

记录当年的资本化利息和费用化利息。

按照规定，企业必须披露当年的利息费用总额 266 000 美元，和资本化的利息金额 170 000 美元。在本例中，报告在利润表中的利息费用将为 96 000 美元。

自习问题 10.1

计算固定资产的取得成本。 吉森公司（Jensen Company）购买了一块带有附属建筑物的土地，拟用作新工厂开发。公司收到了多个独立承包商关于拆除旧建筑物并兴建新工厂的工程报价，但最后，吉森公司拒绝了所有的报价，决定利用公司自己的人工、设施和设备来完成相关的拆除和构建工程。

吉森公司将全部与该事项相关的交易都计入到了一个叫作"在建工程"的账户中，该账户中记录的各项目明细已列示在本题的"要求"部分。在建造工程完工时，吉森公司会将"在建工程"账户结清，使该账户的全部金额将被重分类到下列账户中：

1. "土地"账户
2. "建筑物"账户
3. "收入""利得""费用"或"损失"账户
4. 除土地和建筑物以外的其他资产负债表账户

要求：将下列每笔交易项目重分类到上述 1~4 类账户中，并且如果选择 4（其他资产负债表账户）的话，请指出该账户的具体性质。

a. 土地及其上旧建筑物的成本。

b. 为购买此块土地和办理产权转让手续而支付的法律服务费用。

c. 在建造新建筑物的过程中所耗用材料或物料的采购金额。

d. 在拆除旧建筑物过程中发生的直接人工和材料费用。

e. 为修建新建筑物而发生的打地基费用等直接成本。

f. 由于及时支付项目 c 中采购款项而获得的现金折扣。

g. 为此次购建活动而取得专项借款在本年度的利息费用。

h. 如果吉森公司将此次建造活动委托给独立承包商的话，就可以将建造活动中使用的自有资金投资于有价证券，从而取得相应的投资利息。吉森公司按这个可能得到的利息收入金额借记了"在建工程"账户，贷记了"利息收入"账户，以使该自行建造房地产的成本能与直接从独立承包商那里外购的成本可比。

i. 在建造期间使用公司卡车的折旧费用，该卡车也同时用于公司其他经营活动。

j. 出售旧建筑物残料所得；吉森公司按此金额借记了"货币资金"账户，同时贷记了"在建工程"账户。

k. 为取得建筑许可证而发生的费用。

l. 部分公司工程管理人员的薪酬费用。其中，按照估计当年为新建筑物的计划和建造所服务时间的部分借记"在建工程"账户，其余部分借记"工资费用"账上。

m. 支付该新工厂所在地的财产税（这些财产税本是前任业主所欠下的，但吉森公司同意支付）。

n. 支付该新工厂所在地在建造期间的财产税。

o. 为建筑物拆除和建造的相关工人所购买的保险费；根据保险政策规定，如果发生任何事故，公司需要首先支付 5 000 美元的免赔额。

p. 有工人受伤，公司为此支付了 2 000 美元的费用，由于根据保险政策，该金额在保险公司免赔额范围，所以需要公司承担。

q. 在新修建的建筑物中安装的机器成本。

r. 在项目 q 中发生的机器安装费用。

s. 自行建造新建筑大楼的利润（按照最低独立承包商报价与公司的实际建造成本之差计算的）；企业按此金额借记了"在建工程"账户，同时贷记了"建造收入"账户。

10.3 长期资产的后续计量

对于长期资产的后续计量,即在长期资产的寿命期内,如何对取得成本进行会计处理的问题,需要遵循下列原则:

- 对于**寿命有限**(finite life)的长期资产,应在每个会计期间内,根据公司在当期使用该资产的情况,将长期资产取得成本的一部分确认为当期费用。在这里,资产的寿命是指其**服务年限**(service life)或者**有效使用期**(useful life),即企业管理层计划使用该资产的时间长度。如果管理层计划在一段有限的时间内使用该资产,或者,比如像专利权那样,由于合同或者法律规定对资产的使用期限做出了规定的,则可以判断该资产的使用寿命是有限的。企业管理层应对长期资产的服务年限进行估计。类似建筑物、设备、专利权、版权、土地使用权和客户名单等长期资产,都属于寿命有限的资产。随着时间的推移,由于企业在每个会计期间都应确认这类资产的使用费用,因此在企业的资产负债表中,这类长期资产的账面价值会逐渐降低。
- 对于**使用寿命不确定**(indefinite life)的长期资产,不需要在每个会计期间确认费用,在资产负债表中,可以始终按取得成本进行报告。⊖所谓使用寿命不确定的长期资产,是指这类资产的服务年限不受法律条规、监管政策、合同规定或其他经济因素的影响。例如,商业名称、商标权、商誉和一些可重复申请的许可权利等,都属于使用寿命不确定的长期资产。此外,土地、艺术品等有形资产也可被视为使用寿命不确定的长期资产,因为它们的服务年限可以非常长,而且难以确定。
- 对使用寿命有限的长期有形资产或无形资产,将它们的取得成本定期计入当期损益的过程,就是所谓的**折旧**(depreciation)或**摊销**(amortization)。

例题 12 参考例题 2 和例题 11,贵成公司使用了该建筑大楼所提供的服务,按照大楼的取得成本扣除预计残值后的金额,在建筑大楼的寿命周期内对该建筑物计算折旧。这里的残值,是指企业预计的、该建筑物在使用期满后的价值。当建筑物使用期满时,企业需要将其出售所得与当时的账面价值(即该预计残值)进行比较,以确定出售利得或者损失。

例题 13 参考例题 3 和例题 10 中默克公司购入的专利权。虽然法律规定该专利权的保护期限为 20 年,但公司管理层认为由于技术进步的原因,将缩短专利权的经济使用年限。因此,默克公司应以经济使用年限和法定年限两者之中更短的那一个作为专利权的预期使用寿命,然后将该专利权的取得成本在该预期使用寿命内进行摊销。

10.3.1 折旧与摊销

接下来我们将详细介绍折旧和摊销这两个基本概念,并举例说明折旧和摊销的具体方法。

折旧与摊销:成本分配过程 长期资产的取得成本实质上是企业为将来会使用的服务而提前预付的款项,与预付租金的性质相同。因此,当企业在每个会计期间内使用该资产所提供的服务时,就应将扣除预计残值后的一部分取得成本作为当期所使用的服务成本,确认为当期的费用。在会计上,把这种定期确认的成本称作**折旧费用**(depreciation expense,对有形资产)或**摊销费用**(amortization expense,对无形资产)。因此,长期资产的取得成本实际上就是它在使用寿命内的多个会计期间内所提供服务的总成本或**共同成本**(joint cost)。对共同成本的分配通常并不存在唯一正确的方法,因此,企业需要事先选定一种折旧或者摊销方法,将扣除预计残值后的长期资产取得成本系统地分摊到它所提供服务的各个会计期间里。

折旧与摊销:并不计量经济价值减少的幅度 折旧和摊销只是对长期资产取得成本的一种分配,与估值无关。在日常生活对话中,我们可能会用折旧和摊销这两个词来指代长期资产价值的减损,因为在长期资产的寿命期内,随着我们对它的使用,它的价值确实会从取得成本开始逐渐下降,直到不再继续为企业提供服务为止。但是,定期的折旧或者摊销并不是长期资产价值下降幅度的计量指标,折旧与摊销的目的本身也不是为了计量资产价值的减损,而只是对资产的成本的一种系统性分配方法。假定在某段时期内,某项资产的价值上升了,这时企业也仍然要对这项资产计提折旧或者摊销金额。当发生这样的情况时,就会有两个不同的影响出现:(1)该资产

⊖ 不过,如果发生了减值,则这类资产的账面价值还是应当减少。

所实现的增值实质是一种持有利得（holding gain）；(2) 以折旧或者摊销的形式将该资产的取得成本在服务期内进行分摊。这里提到的所谓持有利得，是指资产公允价值的增加。

10.3.2 折旧与摊销的金额决定

要计算长期资产的折旧或者摊销金额，企业管理层需要：

1. 计算该资产的应计折旧额或应摊销总额。
2. 估计该资产的服务年限（或有效使用年限）。
3. 选取恰当的方法在资产的服务期内计算折旧或者摊销金额。

在接下来的这一部分中，我们将依次讨论这三个问题。

长期资产的应计折旧额或应摊销总额：扣除残值影响后的取得成本 企业应以扣除预计残值后的取得成本作为长期资产计算折旧或者摊销金额的基础。所谓**残值**（salvage value）或**残余价值**（residual value），是指企业估计的、在使用期末处置该资产时能够收到的金额。由于残值可以从企业的最终处置所得中得到补偿，所以在计算应计折旧额或者应摊销总额时，应当将残值予以扣除。

对建筑物来说，在实务中常假定其残值为零，因为在建筑物的寿命期末，企业还需要花费一定的开支来拆除建筑物，所以可以假定建筑物的拆除成本与残料处置价值基本相当。不过，其他有形资产的残值往往是不可忽视的。比如，汽车租赁公司对汽车的置换往往会比其他正常的汽车置换提前很多年，它们会期望从旧车的处置中将大部分的取得成本收回。而由合同性权利所限制的无形资产，比如一个机场的土地使用权，通常都有特定的到期日，并且期末无残值。

还有一些资产在使用期满是不能直接对外出售的，相反，处置这些资产还需要发生大量的开支，称为弃置费用，比如，在服务期满时废除核电站就是这样一个例子。在这样的情况下，企业必须在取得该项资产时就估计将来可能发生的弃置费用，并按其公允价值记录到该项资产的初始确认成本之中。同时，企业还应当按相同金额确认一项负债，称为资产退废负债（asset retirement obligation）。在计算折旧金额时，弃置费用的公允价值也应计入应计折旧额中，因为企业必须通过在资产有效使用年限内的折旧来对将来可能发生的弃置费用进行补偿。

估计服务年限（有效使用年限） 除了监管条例、合同规定和法律因素的影响外，**实物与功能因素**（physical and functional factors）也会对资产的服务年限产生影响。其中，实物因素包括自然的陈旧与损耗、生锈等化学反应以及气候的影响等；而功能性因素主要是指技术的落后，因为无论是有形资产还是无形资产，都会受技术进步因素的影响。例如，生产流程的改变能降低单位生产成本，从而使得继续使用旧设备变得不经济，但此时的旧设备从物理形态上来看完全还是很好的；公司的电脑本还可以正常工作，但却被体积更小、速度更快的新电脑所取代了；零售店里的商品陈列架和店面装饰都还没有陈旧，但企业仍然为了让店面看起来更美观一些，仍然会置换它们。技术进步完全可以使无形资产在一夜之间就被淘汰。

在折旧和摊销的计算中，估计资产的有效服务年限可能是最难的一部分。由于损耗通常受外部因素的左右，很难确定它对资产有效服务年限的影响。因此，企业必须每年复核资产的估计有效使用年限，一旦估计服务年限发生了变化，那么将来的折旧和摊销金额都要受到影响。我们将在本章后续部分再来讨论这些估计值发生变化时的会计处理。

折旧与摊销的方法 资产的取得成本、估计残值和有效服务年限一旦确定，应计折旧额或应摊销总额和折旧或摊销年限也就确定了。但企业还需要再选取一种系统的方法，用于将应计折旧额或应摊销总额在资产的有效服务年限内进行分摊。在折旧方法的选择方面，美国公认会计原则和国际财务报告准则都为企业提供了多种可供选用的方法。其中，常见的有形资产折旧方法包括：

(1) 直线法，或称年限平均法；(2) 工作量法；(3) 加速折旧法（前期折旧金额较多）。

而对无形资产的摊销，则多使用直线法。

⊖ 美国公认会计原则并不允许企业在账簿中确认长期有形资产和无形资产的持有利得；而国际财务报告准则允许在满足一定条件的情形下，在账簿中确认持有利得。我们将在本章后续部分中讨论这个问题。

⊖ 美国财务会计准则委员会《财务会计准则公告第143号——资产退废负债的会计处理》（2001年，汇编主题410）；国际会计准则理事会《国际会计准则第16号：不动产、厂场与设备》（1998年）。

下面我们将分别举例来介绍这几种折旧和摊销方法。

直线法 直线法（straight-line（time）method）是企业财务报告中最常见的一种折旧或摊销方法。在直线法下，每期折旧或摊销额等于资产的取得成本（包括弃置费用）减预计残值之差，再除以预计服务年限，即：

$$年折旧或摊销额 = \frac{取得成本 - 预计残值}{预计可使用年数}$$

举例来说，假定一台机器的取得成本为5 000美元，预计残值为200美元，预计可使用5年。那么，该机器每年的折旧费用就应当为960[=（5 000 –200）/5] 美元。再比如，如果一项专利权的取得成本为30 000美元，预计可以使用5年，残值为0，那么，每年的摊销费用就应当为6 000（=30 000/5）美元。

如果企业在某一会计期中取得了一项长期资产，则应当按照当期使用该资产的时间长短来计算当期的折旧或者摊销金额。比如，假定企业是在会计年度截止日前的3个月购入上例中的设备的，那么，该设备在该会计期间内的折旧费用就应当为240[=960 ×（3个月/12个月）] 美元。

工作量法 一些资产的使用程度与时间的联系并不紧密，在这种情况下，如果使用直线法来对这些资产计算折旧费用，就会造成折旧的多少与资产的使用量之间相脱节。比如，制造车间通常都会有一些季节性的经营安排，因此，在一年中的某些时间段里，它们会一天24小时地使用某些设备，但在另一些时间段里，同样是这些设备，却又连一天8小时都用不上。很多运输工具在使用年限内的每一年中，使用量往往就是不一样的。所以，对这些资产来说，**工作量法**（straight-line（use）method）折旧就会显得更加合适。比如，企业可以根据当期行驶里程占预计总行驶里程的比重，来计算一辆卡车的当期折旧费用。首先，按下式计算出单位里程的折旧费用：

$$单位工作量的折旧或摊销费用 = \frac{取得成本 - 预计残值}{预计工作总量}$$

假定有一辆卡车的取得成本为54 000美元，预计残值为4 000美元，预计在报废前能行驶总里程为200 000英里。那么，每英里的折旧费用就是0.25[=（54 000 –4 000）/200 000] 美元。如果这辆卡车在某一会计年度中一共行驶了24 000英里，那么，当年的卡车折旧费用就是6 000（ =24 000 ×0.25）美元。

加速折旧法 对于有些需要计提折旧的资产来说，它们的服务效率是随着使用时间或者使用量的增加而降低的。比如，切削工具用久了就会慢慢失去精度；印刷设备的年数越久远，就越需要频繁地维修服务；旧办公大楼的租金往往会比新办公大楼的租金低一些等。这说明，一些资产在早期能提供更多更好的服务，但随着使用年数的增加，与这些资产相关的维护费用也会增加。因此，有人提出了加速折旧法，即在早期确认较多的折旧费用，而在后期确认较少的折旧费用。

余额递减法（declining-balance method）和**年数总和法**（sum-of-the-years'-digits method）是两种最常见的加速折旧法。在余额递减法下，每期折旧费用等于资产的账面价值（即取得成本扣除**累计折旧**（accumulated depreciation）后的净额）⊖与折旧率的乘积。其中，所谓双倍余额递减法（double-declining balance method），就是取对应直线法折旧率的两倍为新的折旧率。即如果用n表示资产的可使用年限，那么直线法下的年折旧率就是1/n，而双倍余额递减法下的折旧率就是2/n。在余额递减法下，企业是永远都不可能将一项资产折旧完毕的，因此，需要在资产使用期满以前，将折旧方法转换为直线法。

年数总和法要求我们首先应根据一项资产的可使用年限计算出年数总和，例如，假定一项资产可使用5年，则年数总和就是15（ =5 +4 +3 +2 +1）。那么，第1年的折旧率就应当是5/15，第2年的折旧率就是2/15，依次类推。而应计折旧总额则与直线法下的相同，均为资产的取得成本扣除预计残值后的余额。将应计折旧总额与当年的折旧率相乘，就可以得到当年的折旧费用金额。

为说明双倍余额递减法和年数总和法的具体应用情况，我们仍以前面提到的机器为例。这台机器的取得成本为5 000美元，预计残值为200美元，预计可使用5年。那么，按照双倍余额递减法所计算出的每年折旧金额就应当为（假定企业从第4年开始改为直线法）：

⊖ 在双倍余额递减法下不需要考虑残值。因此要注意资产的账面价值不应低于其预计残值。

年	账面价值		双倍余额递减折旧率		当年折旧费用
第1年	$5 000	×	40% = 2 × (1/5)	=	$2 000
第2年	$3 000 (= $5 000 - $2 000)	×	40% = 2 × (1/5)	=	1 200
第3年	$1 800 (= $3 000 - $1 200)	×	40% = 2 × (1/5)	=	720
第4年	$1 080	×	1/2	=	540 ⊖
第5年	$540	×	1/2	=	540

而采用年数总和法所计算出的每年折旧费用为：

年	取得成本减预计残值		年数总和折旧率		当年折旧费用
第1年	$4 800 (= $5 000 - $200)	×	5/15	=	$1 600
第2年	$4 800	×	4/15	=	1 280
第3年	$4 800	×	3/15	=	960
第4年	$4 800	×	2/15	=	640
第5年	$4 800	×	1/15	=	320

在这两种加速折旧法下，第1年的折旧费用都是历年中最高的，然后每年再逐渐递减。

自习问题 10.2

计算每期折旧额。 马克姆公司（Markam Corporation）在2013年1月1日购入一台新设备，花费了20 000美元。公司预计：
- 这台设备可以使用5年。
- 这台设备的工作总量大约为24 000机器工时。
- 5年末能有价值2 000美元的残值。

要求：按照下列折旧方法计算该设备在这5年中的折旧费用。

a. 直线法。
b. 工作量法。该设备在前4年每年工作5 000机器工时，在第5年工作4 000机器工时。
c. 双倍余额递减法（假定从2015年年初改为直线法）。
d. 年数总和法。

10.3.3 影响折旧和摊销方法选择的因素

折旧和摊销对财务报表中的净利润和纳税申报表中的应税利润都有影响。在大多数国家和地区，税收机关都会明确列出允许企业在纳税申报时使用的折旧方法。只要不违反税收机构的规定，企业常常会在财务报告和纳税申报中使用不同的折旧方法，但这样做就会导致财务报表中的折旧费用与纳税申报表中的可扣除折旧额出现差异，从而引起所得税会计问题。⊖

税务报告 如果税务机关允许企业在纳税申报时选用不同的折旧方法，那么企业就应当尽量选择能使税收抵减额的现值最大的那种折旧方法。如果税率稳定且企业能够产生足够的利润来消化税收抵减额，那么，尽早抵减肯定比后期抵减更划算，因为现在就能节约下来的税金肯定比将来才能节约的税金更有价值。所以，当税收机关允许企业在多种折旧方法中进行选择时，企业就应当在法律规定范围内，选择能使近期纳税额尽量少的、尽量能推迟纳税义务的方法。

财务报告 在财务报告中，折旧与摊销的作用是尽量合理地分配长期资产的取得成本。与长期资产的成本相对应的受益期是该资产的整个寿命期所对应的全部会计期间，因此，应当怎样将总成本在各个会计期间进行分

⊖ 这里的做法与我国现行做法有所不同，在我国，如果采用双倍余额递减法计算折旧，需要在资产到期前两年开始考虑残值，并改为直线法。所以，如果按我国的做法，第4年和第5年的折旧费用就应当分别等于（$1 080 - $200)/2 = $440。——译者注

⊖ 本书在第12章中对所得税会计进行了介绍。

配?这是没有唯一正确的方法的。所以,会计准则只要求企业应当按照合理的估计在财务报表中报告折旧费用。在实务中,直线法是用得最多的。

10.3.4 定期计提折旧或者摊销费用的会计处理

定期确认折旧或者摊销费用时,需要借记一个费用账户或者产品成本账户。如果是生产车间所在的建筑物和在制造过程中使用的设备,那么相关的折旧费用就应当计入在产品和完工产品的成本中。即用我们在第9章所介绍的知识点来讲,这类折旧应当计入产品成本。一样地,如果企业在产品的生产过程中用到了半导体专利,那么该专利权的摊销费用也应当构成产品成本,所以也应借记"生产成本"账户。⊖但是,对客户名单的摊销,则应当记作"摊销费用",或者记作"销售费用",这主要取决于企业对费用的归类使用的是费用性质法还是费用功能法。对于公司总部办公设施的折旧,也可以记作"折旧费用"或者"管理费用"。最重要的是,客户名单的摊销和总部办公设施的折旧都不应当计入产品成本中,因为它们都属于期间费用。

记录有形资产的折旧或者无形资产的摊销时,本来应当直接贷记相关的资产账户,例如"建筑物"或"设备"(有形资产),或"专利权"(无形资产)等账户。但是,无论是美国公认会计原则还是国际财务报告准则,都要求企业应当同时披露长期资产的成本(账面总额)和累计折旧或者累计摊销额。⊜"累计折旧"和"累计摊销"都是典型的备抵账户,专门用来累计它们各自的被调整账户的金额减少情况。同时披露成本总额和累计折旧或累计摊销的情况,可以让分析师了解企业长期资产的成本总额中,有多少已经通过折旧或者摊销的形式转移到了损益当中,以及剩余未转移的取得成本水平。如果企业在计提折旧或者摊销费用时直接贷记相应的资产账户,则对该账户的分析就只能得到上述两方面影响的净值——即长期资产的账面净值,或者资产负债表账面价值。

举例来说,记录当期生产设施的折旧费用1 500美元(属于产品成本),会计分录应这样编制:

  生产成本   1 500
    累计折旧   1 500

而记录当期办公设施的折旧费用1 500美元(属于期间费用)的会计分录则为:

  折旧费用   1 500
    累计折旧   1 500

年末"累计折旧"账户的余额表示截至资产负债表日止,企业所拥有全部有形资产的累计折旧总额。该账户的余额应从它的被调整账户,例如,"不动产、厂场与设备,总额"(总额在这里指资产的取得成本)的余额中减去。因此,这两个账户的余额之差就是长期资产的净账面价值(net carrying value)或账面净值(net book value)。如果有企业在资产负债表中报告"不动产、厂场与设备,净值",该项目的金额就是"不动产、厂场与设备"账户的余额减去"累计折旧"账户的余额之差。即:

          不动产、厂场与设备,总额
        减:累计折旧
        = 不动产、厂场与设备,净值

10.4 信息更新对长期资产的影响

至此,本章已介绍了如何确定长期资产的取得成本以及计算折旧与摊销的方法,这些都是基于在取得长期资产时所了解的信息而做出的决定。随着我们对长期资产的使用,往往会逐渐了解到更多关于这些有形或者无形资产的新信息,影响着我们对这些资产的会计处理和判断。所以,下面我们将介绍当长期资产的预计服务年限或预计残值发生变化,或者长期资产发生维护或改善支出时的会计处理。

⊖ "生产成本"账户属于资产类。诸如制造设施的折旧费用这些产品成本应先在"生产成本"账上中进行累积,直到生产完工后再转入"完工产品"账户中。

⊜ 美国财务会计准则委员会《会计准则汇编主题350-30-50;汇编主题360-10-50》;国际会计准则理事会《国际会计准则第16号:不动产、厂场与设备》(1998年);《国际会计准则第38号:无形资产》(1998年)。

10.4.1 使用年限或预计残值发生变化

企业应当在每个会计期间都根据不断更新的信息,对长期资产的预计使用年限和残值进行复核。如果这些会计估计发生了重大变化,那么企业就必须对相应的折旧或者摊销计划进行调整(即调整将来的折旧和摊销金额)。不过,对于过去已经计提的折旧或者已经确认的摊销费用,则不必再进行任何调整。因此,企业应将长期资产当前的账面价值扣除新的估计残值后之余额,在新的预计剩余使用寿命期间进行分配。[⊖]这样的报告要求是由会计估计的性质和作用所决定的。管理层利用他们在做出估计时所能了解到的全部最佳信息,对长期资产的使用年限、预计残值、可能发生的坏账损失、产品质量保证成本等类似项目做出估计;随着新信息的到来,这些估计完全有可能会发生变化。很多会计估计的变化对财务报表不会产生实质性重大影响,因此不必因为会计估计发生了变化而要求企业去重述以前期间的财务报表,这样不仅费时费力,还会给报表使用者造成困扰,误以为以前的估计是错误的(实际上,这些估计都是依据当时的信息合理做出的,只是现在信息发生了变化而已)。

为帮助大家理解会计估计发生变化时对**每期折旧与摊销变动的会计处理**(treatment of changes in periodic depreciation and amortization)要求,我们来看图 10-2 中的例子。假定有一家企业:

- 以 9 200 美元购买了一台办公设备;
- 估计该设备可以使用 15 年;
- 估计该设备在使用期末能有残值 200 美元。

在第 1 年至第 5 年,按照直线法对该设备计算的折旧金额为每年 600[=(9 200 − 200)/15] 美元。但在第 6 年计提折旧费用之前,企业对持有固定资产的使用年限和预计残值进行了复核,根据截至目前的新信息,企业发现:

- 这台办公设备的预计总使用寿命只有 10 年,而不是先前预计的 15 年;
- 预计该设备在使用期满时能有残值 50 美元,而不是先前预计的 200 美元。

服务年限和预计残值的改变对将来的折旧计算会产生影响。新的每期折旧额应当能保证"累计折旧"账户在新的预计使用年限届满时,所累计的金额恰好等于该资产的应计折旧总额。现在,正确的应计折旧总额应当是 9 150(= 初始取得成本 9 200 − 更新后的预计残值 50)美元。对于以前期间已经计提的折旧,企业不应当再重新进行调整。在本例中,第 6 年发生会计估计变更前,还没有计算折旧的取得成本部分为 6 200 [9 200 −(5 年 × 每年 600)] 美元。根据新的估计,该设备 6 200 美元所对应的折旧年限还剩下 5 年(即第 6 年和其后的 4 年)。所以,估计使用年限的变更和预计残值的变更(从 200 美元变为了 50 美元),将使得企业当年和未来的每年折旧额从 600 美元变更为 1 230[=(6 200 − 50)/5 年] 美元。在第 6 年 12 月 31 日和将来每年末的折旧分录应当为:

折旧费用	1 230	
累计折旧		1 230

根据新的会计估计,计提第 6 年的折旧费用。

在图 10-2 中,列出了会计估计变更后的折旧情况。

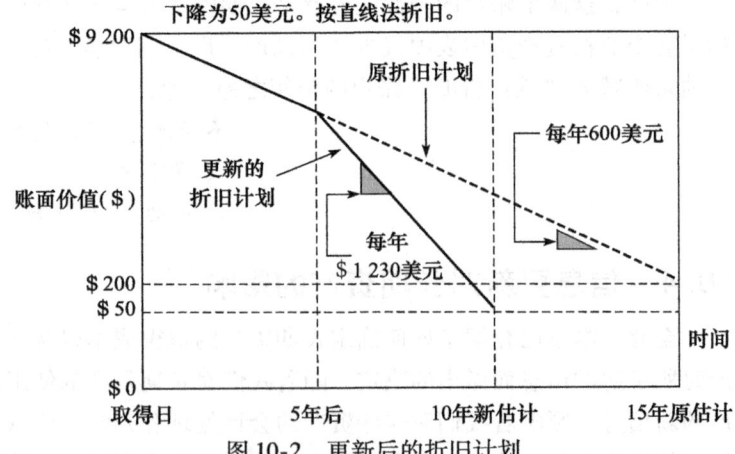

图 10-2 更新后的折旧计划

资料来源:© Cengage Learning 2014.

[⊖] 美国财务会计准则委员会《财务会计准则公告第 154 号:会计变更与差错更正》(2005 年,第 19 段,汇编主题 250);国际会计准则理事会《国际会计准则第 16 号:不动产、厂场与设备》(1998 年)。

自习问题 10.3

会计估计变更后的调整。 中央电气公司（Central State Electric Company）自行建造了一座核电站，建造成本合计为 200 百万美元。公司预计该核电站可使用 50 年，期满时将发生包含拆除成本和处理放射性原料等在内的弃置费用，估计这些弃置费用在目前的公允价值为 20 百万美元。假定中央电器公司在每年年末按直线法计算并计提折旧费用。

在核电站投入运作后的第 11 年里，国会发布了新的核废物处置监管条例。根据新条例，预计该核电站的弃置费用公允价值将从原来的 20 百万美元上升到 24 百万美元。在第 31 年，中央电气公司又将该核电站的预计服务总年限更正为 60 年。

要求，根据上述信息，计算中央电气公司在：
a. 第 1 年的折旧费用应当为多少？
b. 第 11 年的折旧费用应当为多少？
c. 第 31 年的折旧费用应当为多少？

10.4.2 为维护和改善性能而发生的长期资产后续支出

企业经常会因为维护、维修和改善有形资产的性能而发生各种支出。根据美国公认会计原则和国际财务报告准则的要求，对这类支出，企业应当：

- 将维修支出作为当期费用处理。
- 将改良支出资本化处理，并因此而调整今后的折旧或者摊销金额。

维修支出 为保持有形资产的正常运营，企业会发生定期的清洁、调试等**维护费用**（maintenance）；在资产发生故障或损坏之后，还会发生各种**修理费用**（repairs）。这些支出不会延长资产的预计使用年限，也不会增加它们的服务潜能。因此，美国公认会计原则和国际财务报告准则都建议将这类支出费用化处理，即确认为支出当期的费用。

改良支出（improvements） 改良支出能增强资产的服务潜能，例如，延长使用寿命、降低运行成本或提高产出率等。像这种能够增强资产服务潜能的支出，符合美国公认会计原则和国际财务报告准则所规定的资产定义与确认条件，因此，应在发生这类支出时，将其资本化处理，即按改良支出借记相关资产账户（或一个新的资产账户）。这样，发生改良支出后，应计折旧的资产价值增加了，企业将来每期的折旧额也应相应增加。

例题 14 假定泰晤士公司的一栋建筑楼遭受了火灾损失，发生了 200 000 欧元的修理与改良支出。公司判断，其中有 160 000 欧元属于修理费用，40 000 美元属于改良支出。因此，公司应编制会计分录如下：

建筑大楼	40 000	
火灾损失	160 000	
货币资金		200 000

记录火灾损失和后续支出。

上述分录也可以拆分为两笔来做，也许更容易理解一点：

火灾损失	160 000	
货币资金		160 000

记录火灾损失。

建筑大楼	200 000	
货币资金		200 000

记录建筑大楼的改良支出。

改良支出与维修支出的区分 有些支出可能既属于维修费用（应作为期间费用处理）又属于改良支出（应资本化为资产处理）。比如，由于某房屋的天花板损坏了，我们现在置换了一块新的上去。如果建筑师设计并装上去的新天花板比原来那个旧的更坚固和耐用，那么，置换天花板的支出中就既包括维修支出又包括改良支出。企业需要运用专业判断，并参考全部可获得的信息，对一笔支出中的维修成分和改良成分进行区分。

自习问题 10.4

区分维修支出与改良支出。 珀迪公司（Purdy Company）从福斯特公司（Foster Company）购入了两辆旧卡车，买价均为每辆 15 000 美元，但两辆车的具体状况各有不同。在价格协商的过程中，珀迪公司了解到第一辆卡车的发动机需要修理，估计修理费用为 4 000 美元。购入卡车后，珀迪公司立即将这辆卡车送去修理，实际花费修理费用 4 200 美元。购买时，珀迪公司以为第二卡卡车是正常的，但购买以后才发现，这辆卡车需要更换新的轴承才行。于是，公司在购买后一周之内将第二辆卡车也送去进行了维修，维修费用也为 4 200 美元。要求：

a. 对这两辆卡车，珀迪公司公司应记录购买成本为多少？

b. 如果你在"a"部分中认为两辆卡车的入账成本是不一致的，请对这两辆卡车的维修费用进行区分。

10.5 长期资产的处置

在这一部分中，我们讨论长期资产的出售、报废或与其他资产进行交换，将对资产计价和净利润所可能带来的影响。

资产的出售 企业一方面应记录通过资产处置而得到的对价（通常为货币资金），另一方面应同时结清所处置资产在企业各个账户中的所有记录，然后将差额确认为处置利得或者损失。由于长期资产的处置通常不属于企业的主要经营活动，因此企业只需要报告处置的净利得或损失就可以了。即不需要将处置所得记录为收入，然后按被处置资产的账面价值确认成本，而是直接按照上述两者之差报告为利得或者损失就可以了。

在记录资产的出售以前，企业应当先确认所处置资产在截至处置日的折旧或者摊销费用。处置时，企业需要结清被处置资产的取得成本和相关累计折旧（或累计摊销）金额。编制处置分录时，企业应按资产出售所得借记相关货币资金账户，然后将所出售的资产按账面价值结清，以净额贷记（即贷记长期资产账户，同时借记累计折旧或者累计摊销账户，借方金额小于贷方金额）。一般情况下，借方登记的出售所得与所处置资产的账面价值往往是不相等的，两者之差就形成了处置利得（如果差额为正）或者损失（如果差额为负）。

举例来说，假定贵成公司有一台办公设备，原价为 5 000 美元，预计可以使用 4 年，预计残值为 200 美元。贵成公司按直线法对这台设备计提折旧，每年计提折旧的金额为 1 200 [=(5 000 −200)/4] 美元。目前，贵成公司已对该设备计提了两年的折旧。在第 3 年的年度中期，贵成公司将这台设备对外出售。那么，首先应对该设备计提第 3 年年初至出售日的折旧 600 [=1/2 ×(5 000 −200)/4] 美元，会计分录为：

折旧费用	600	
累计折旧		600

记录截至资产处置前的第 3 年折旧费用。

在这笔会计分录之后，该办公设备的账面价值就变为了 2 000 美元，即初始确认成本 5 000 美元扣除按直线法计算的每年 1 200 美元、共计两年半的折旧费用 [=5 000 −(2.5 年 × 1 200/年) =5 000 −3 000]。如果知道了设备出售所得，就可以编制设备处置的会计分录了。

1. 假定贵成公司出售该设备取得了价款 2 000 美元，那么，会计分录就应当是：

货币资金	2 000	
累计折旧	3 000	
设备		5 000

在这种情况下，由于出售所得刚好等于出售时设备的账面价值，所以出售不导致利得或者损失。

2. 如果贵成公司将该设备以 2 300 美元的价格售出，则会计分录应为：

货币资金	2 300	
累计折旧	3 000	
设备		5 000
出售设备利得		300

此时，由于设备出售所得大于出售时设备的账面价值，所以贵成公司应当确认利得。该利得将增加贵成公司当年的净利润，并最终增加留存收益。

3. 假定贵成公司将该设备以 1 500 美元的价格售出，那么，会计分录应当为：

货币资金	1 500	
累计折旧	3 000	
出售设备损失	500	
设备		5 000

由于出售设备所得小于出售时设备的账面价值，因此，贵成公司确认了设备出售损失。该损失会影响到贵成公司当年的净利润，并因此减少留存收益。

资产的报废 对一些长期资产，如果不存在合适的交易市场，企业就会在适当的时候将它们进行报废处理。例如，如果有一辆汽车在车祸中遭受了严重毁损，已无修理的必要，那么，企业就会按该资产的账面价值将其注销，并报告损失。再比如，假定贵成公司决定将一辆受损严重的卡车报废，该卡车的初始取得成本为 120 000 美元，在报废前已累计折旧 67 000 美元，那么，相关会计分录就应当为：

累计折旧	67 000	
设备报废损失	53 000	
设备		120 000

用于非货币性资产交换 企业可以将它们拥有的长期资产作为对价，用于交换另一项资产。在这类交换过程中，可能会支付少量的补价，或者也可能不用支付任何补价。由于在这类非货币性资产交换中基本不涉及或只涉及很少量的货币性资产，会计准则对此进行了特殊的规定。㊀美国公认会计原则和国际财务报告准则均要求企业在**非货币性资产交换**（trade-in transaction）中，应按照换出资产的公允价值来作为换入资产的入账基础，但换入资产的公允价值更加准确可靠的除外。㊁举例来说，假定贵成公司有一辆小货车，初始取得成本为 275 000 美元，已累计折旧 25 000 美元，当前的账面价值为 250 000 美元。贵成公司用这辆小货车作为对价，换回了另一辆公允价值为 260 000 美元的货运大卡车。假定在这笔交易中，贵成公司所换回大卡车公允价值是合理可靠的，且交换具有商业实质，那么，与这笔交易相关的会计分录应当为：

设备（大卡车）	260 000	
累计折旧（旧货车）	25 000	
设备（旧货车）		275 000
非货币性交换利得		10 000

用账面价值为 250 000 美元的小货车换回一辆公允价值为 260 000 的大卡车，此笔交易中，换入大卡车的公允价值是可靠的。

10.6　长期资产的公允价值变动

企业购买资产的目的，是期望得到该资产能带来的未来经济利益。但由于世界是变化的，这些资产所可能带来的未来经济利益自然也是在不停变动之中的。当未来经济利益发生了变化，资产的公允价值必然也会发生变动，例如未来经济利益增加时，资产的公允价值会上升；而未来经济利益下降时，资产的公允价值也会下跌。对此，会计准则对如何在财务报表中确认公允价值的变动进行了专门的规定。在这一部分内容中，我们就来讨论长期资产公允价值发生变动时的会计处理。

　㊀ 如果交换涉及的现金支付金额较大，则不能适用非货币资产交换的会计核算要求。
　㊁ 对不具有**商业实质**（commercial substance）的非货币性资产交换，则会计处理要求有所不同。如果企业在进行非货币性资产交换之后的相关未来现金流量不会发生重大改变，则判断交换不具有商业实质，此时，企业就应以换出资产的账面价值为基础，来记录换入资产的价值。详见美国财务会计准则委员会《财务会计准则公告第 153 号：非货币性资产交换》（2004 年，汇编主题 845）；国际会计准则理事会《国际会计准则第 16 号：不动产、厂场与设备》（1998 年修订版）。

10.6.1 长期资产的公允价值增加

无论是有形资产还是无形资产，美国公认会计原则都不允许企业将公允价值增值确认到报表中，从而增加资产负债表中的账面价值。这即是说，企业只有通过出售等方式确实实现了资产的价值增值以后，才能确认其公允价值的增加，因为此时的出售所得就相当于资产的公允价值，企业可以在资产的出售时确认相应的利得。但如前所述，无论资产公允价值的增加发生在哪个会计期间，利得仅能增加企业在资产出售当期的利润。

与美国公认会计原则的规定不同，国际财务报告准则允许在满足某些特定条件的情况下，确认**资产价值重估**（asset revaluations）中的增值额。①确认重估增值意味着企业可以确认未实现的资产公允价值增加额。对长期无形资产来说，确认重估增值的条件非常严格而难以达到，因此，在实务中对无形资产确认重估增值是非常罕见的。②对长期有形资产来说，确认重估增值的条件相对没有那么严格，③但在实务中，真正有确认重估增值的企业仍然不多。在符合重新估值条件的情况下（无论是有形资产还是无形资产），企业就可以按照资产的重估增值金额，借记资产账面价值的增加，同时贷记"其他综合收益"账户。请注意，对重估增值，是不能贷记到净利润中去的。

10.6.2 长期资产的公允价值减少（资产减值）

美国公认会计原则和国际财务报告准则在对待未实现的公允价值增加方面虽然规定不同，但在确认公允价值减少方面却有着一致的规定，即都要求企业确认资产**减值损失**（impairment loss）。这两套准则体系都要求企业在确认和计量减值损失时，应将长期资产区分为以下三类：

第1类：使用寿命有限的长期资产和土地。不动产、厂场、设备、专利权、特许经营权和其他类似的资产、土地等，都属于第1类。除土地外，这一类资产都具有有限的使用寿命，都需要定期折旧或者摊销。

第2类：除商誉以外的、使用寿命不确定的无形资产。品牌名称、商号权和可不断更新的许可权或其他法定权利均属于第2类，它们能为企业提供利益服务的期间都是不确定（indefinite）的，因此不需要定期计算摊销金额。

第3类：商誉。第3类只包含商誉这一个项目。当一家企业并购另一家企业时，就有可能产生商誉。

美国公认会计原则和国际财务报告准则在减值分析时对长期资产都划分为以上三类，不过，两套准则体系在评估减值的过程和对减值的计量要求方面略有不同。就相同方面来看，两套准则体系都要求企业管理层在每个会计期间里，当发现减值迹象时，就对长期资产进行减值测试。这里的减值迹象包括资产市价的严重下跌、企业所面临的技术、市场、经济或者法律环境发生了重大不利改变、预期投资收益率显著上升等等。在发现减值迹象之后，管理层需要按照美国公认会计原则或者国际财务报告准则的要求对资产进行减值测试，如果确认资产减值发生，则应当对减损金额进行计量。我们将在本章附录中分别讨论美国公认会计原则和国际财务报告准则对以上三类资产的减值核算要求。④

在美国公认会计原则和国际财务报告准则体系下，记录减值损失的会计分录都是相似的。如果是长期有形资产出现了减值，首先应结清该资产的取得成本和相关累计折旧账户，然后按减值后的金额确认一项新的资产。⑤如本章附录中所介绍的，对减值损失的计算和新资产的估值要求，在美国公认会计原则和国际财务报告准则体系下略有不同。为说明记录减值的会计分录是如何编制的，假定有一项取得成本为17百万美元的长期有形资产，经分析目前发生了价值5百万美元的减值损失，该资产目前已累计折旧4百万美元，但目前的最新价值为8百万美元。

---

① 财务会计准则理事会《国际会计准则第16号——不动产、厂场与设备》（1988年）和《国际会计准则第38号：无形资产》（1998年）。

② 这些条件包括：（1）以该无形资产所处的活跃市场交易价格为重新估值基础，和（2）必须定期且同时对同类的全部无形资产都进行重新估值。

③ 企业不需要以资产所处的活跃市场交易价格为基础进行重新估值，但是，该重估值必须是最新的，且金额要能够可靠计量。

④ 美国财务会计准则委员会《财务会计准则公告第144号：长期资产减值的会计核算》（2001年，汇编主题360），《财务会计准则公告第142号：商誉与其他无形资产》（2001年，汇编主题350）；国际会计准则理事会《国际会计准则第36号：资产减值》（2004年修订版）。

⑤ 这里与我国现行处理规定有所不同。在我国，对有形资产的减值，只需要按减值部分贷记相应的资产减值准备账户即可，不需要结清被减值资产相关账户并建立新的资产账户。资产减值准备账户作为被减值资产账户的调整账户之一，共同说明被减值资产的账面价值。——译者注

那么，确认减值损失的会计分录应当为：⊖

累计折旧	4.0
资产（新估值）	8.0
资产减值损失	5.0
资产（取得成本）	17.0

  根据美国公认会计原则和国际财务报告准则，"资产减值损失"应作为利润的减项处理。但是，如果企业曾经按照国际财务报告准则的要求确认过资产增值，则应先将减值损失冲销过去确认的重估增值（借记"其他综合收益"账户），若有不足，再继续作为利润的减少处理。

10.7 长期资产在财务报表中的列报

10.7.1 资产负债表中的列报

  在资产负债表中，流动资产和非流动资产是分开列报的。长期有形资产通常报告在非流动资产下的"不动产、厂场与设备"项目下，而长期无形资产则一般单独进行报告或者报告在"其他资产"项目下。通常，企业报告有形资产的取得成本和累计折旧信息有以下三种方式：

  1. 将所有信息都列报在资产负债表中。贵成公司就是采用的这种列报方式（见表1-1；以下为2013年2月27日的数据，报告金额单位为百万美元）

不动产、厂场与设备	
土地与建筑物	$757
租入资产改良	2 154
固定设施与设备	4 447
融资租赁的财产	95
	$7 453
减：累计折旧	3 383
固定资产净值	$4 070

  2. 在资产负债表中仅报告累计折旧和净值，不报告取得成本。如果贵成公司采用这种列报形式的话，那么，它的长期有形资产在资产负债表上的报告就将是：

不动产、厂场与设备，扣除累计折旧 $3 383 后的净值	$4 070

  3. 在资产负债表中报告长期有形资产的净值，然后将取得成本和累计折旧信息披露在附注中。泰晤士公司采用的就是这种列报形式（见表1-5；以下为2013年12月31日的数据，报告单位为百万欧元）：

有形资产，净值	€1 338.3

  然后，在财务报表附注12中，泰晤士公司列报了下列信息（单位为百万欧元）：

	总额	累计折旧	净值
土地	€54.2	€—	€54.2
建筑物	1 039.3	(531.7)	507.6
厂场与设备	2 029.7	(1 518.7)	511.0
其他有形资产	710.6	(445.1)	265.5
有形资产合计	€3 833.8	€(2 495.5)	€1 338.3

⊖ 从我们所读过的财务报告来看，很多企业采用的是另一种做法，即借记减值损失账户，然后贷记累计折旧账户。这种做法和教材正文中所介绍的做法都会使资产的账面价值减少至新的估值金额，两种做法的差别主要体现在对资产取得成本的处理上。如果发生减值的资产并不需要计提折旧或者摊销，例如，像使用寿命不确定的无形资产、土地和商誉这样的长期资产，一些公司会借记减值损失账户，同时减少该项资产的账面价值（贷记）。
例如，若按我国准则要求，则会计分录应为：
借：资产减值损失   5.0
 贷：××资产减值准备   5.0
                              ——译者注

一般情况下，企业会在财务报表附注中分别披露各类长期有形资产和无形资产的信息。有些企业对无形资产也会采用第3种列报形式。

10.7.2 利润表中的列报

在利润表中，折旧和摊销费用可以单独列报，也可能会合并到销售与管理费用中一起列报，或者（如果这些折旧和摊销费用能够计入产品成本的话）被包含在当期销售产品成本中合计列报。⊖例如，在贵成公司的利润表（表1-2）中，配送网络的折旧费用是报告在"销货成本"中的，而与零售经营相关的折旧费用和公司资产的折旧费用则是报告在"销售与日常管理费用"项目下的。

与处置不动产、厂场与设备和无形资产相关的利得或者损失，也需要报告在利润表中，通常会报告在"其他收益与费用"项目下。⊖例如，贵成公司就是将资产处置的损益报告在利润表（表1-2）的"投资收益和其他"项目下的。但是相反，泰晤士公司在它的利润表（表1-6）中，却单独披露了"资产处置利得（损失）及其他"项目。

最后，减值损失有时候也会作为一个独立的项目披露在利润表中，或者合计披露在"销售与管理费用"项目中。贵成公司和泰晤士公司都单独披露了减值损失的信息，前者的报告项目为"商誉与商标权减值"，而后者报告的则是"长期经营资产的减值损失"项目。

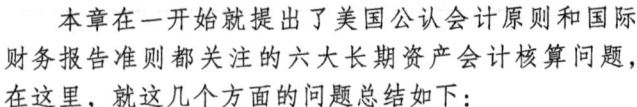

本章小结

本章在一开始就提出了美国公认会计原则和国际财务报告准则都关注的六大长期资产会计核算问题，在这里，就这几个方面的问题总结如下：

1. 如果一项支出同时满足资产的定义和确认条件，那么该项支出就应当资本化为一项资产；否则，就应将这项支出确认为一项期间费用。上述标准对有形资产（例如建筑物和设备）来说比较容易判断，因为有形资产具有实物特性；但对无形资产（例如研究与开发支出、品牌名称和软件开发成本等）来说，由于它们不具有实物形态，在应用上述条件时就比较容易出现难以准确判断的情况。

2. 对建筑大楼、设备和专利权等这一类使用寿命有限的长期资产，企业应在使用期内对它们的取得成本计算折旧或者摊销。但对土地和商誉这一类使用寿命不确定的长期资产，则不用计提折旧或者摊销。此外，无论使用寿命是否有限，企业都应当定期对长期资产进行减值测试。

3. 企业应将长期资产的成本（扣除预计的残值）在资产的预计使用寿命期内进行折旧或者摊销。大多数企业在财务报告中都使用直线法计算折旧或者摊销，即每年的折旧或者摊销金额都是相等的。

4. 美国公认会计原则和国际财务报告准则都要求企业考虑新信息对残值和使用寿命估计值的影响。如果某个估计值发生了变化，那么企业相应地就应当按照变化出现时资产的剩余账面价值，按变化后的剩余使用年限重新计算资产的折旧或者摊销金额。

5. 将资产对外出售时，企业应当一方面记录出售所得，另一方面按所出售资产的账面价值结清相关账户，并将这笔会计分录中借贷双方之间的差额记录为资产处置的利得或者损失。

6. 根据美国公认会计原则，当长期资产的公允价值出现变动时，会计处理是不对称的。企业不能在资产负债表中确认长期资产公允价值的增值，但对减值，则必须确认，且同时还需要确认减值损失。国际财务报告准则也要求企业进行减值测试并确认其中的减值损失，但对于减值测试的一些技术性细节规定与美国公认会计原则的存在差别。此外，根据国际财务报告准则，在符合一定条件的情况下，企业可以在财务报表中确认资产的重估增值，一方面记录未实现的公允价值增加额，另一方面转回以前的减值损失。

无论是美国公认会计原则还是国际财务报告准则，在对长期资产的会计处理方面，都对企业提出了大量的专业判断要求。例如，对使用寿命有限的长期资产，企业必须估计其使用寿命和预计残值，并为它们选择合适的折旧或者摊销方法。此外，在资产的减值测试和按公允价值重估中，也需要用到大量的专业判断和估计。

⊖ 如果相应的折旧和摊销费用属于企业产品成本构成时，就可以报告在产品成本中。如果属于期间费用的话，则应当报告在利润表的其他位置。

⊖ 在我国公司的利润表中，通常在"营业外收入"或者"营业外支出"项目下。——译者注

|附录 10A| 美国公认会计原则和国际财务报告准则关于长期资产减值的会计处理对比

第1类：使用寿命有限的长期资产和土地 对土地和使用寿命有限的长期资产，美国公认会计原则规定了三个步骤来核算它们可能出现的减值。

第1步 比较资产的账面价值与预期未来现金流量（不需要贴现处理）的总和，如果账面价值高于未贴现现金流量的总和，则判断为发生了减值损失。

第2步 将该资产的账面价值高于其公允价值的差额确认为减值损失。

第3步 发生减值损失时，企业应一方面将该资产的账面价值调减为目前的公允价值，另一方面，则需要在利润表中确认减值损失，并由此减少当期净利润。在美国公认会计原则的规定中，减值损失一经确认，是不允许转回的。

至于在第1步中，判断是否发生了减值时为什么要使用未经贴现处理的现金流量，美国财务会计准则委员会解释说，如果企业对该资产的运用能产生的未来现金流量金额还能够覆盖它的账面价值，那么就不应该确认减值。也就是说，在美国公认会计原则体系下，只要资产的未来现金流量总额（不需贴现处理的）还大于等于其账面价值，即使其**公允价值**已经低于账面价值了，也不确认资产减值。

与美国公认会计原则的规定不同，针对第1类资产，国际财务报告准则要求企业应测试和比较资产的账面价值和**可收回金额**（recoverable amount），并定义可收回金额为以下两者中的更高者：(1) 资产的公允价值减处置成本，和 (2) 使用价值，即按当前使用目的，该资产能为企业带来未来现金流量的现值。如果资产的账面价值高于了可收回金额，则差额部分应确认为资产减值损失。因此，可以看出，国际财务报告准则和美国公认会计原则在关于第1类资产的减值处理规定方面，存在着三个方面的差异：

1. 在国际财务报告准则下，不需要根据资产的账面价值和未贴现现金流量的总额来判断资产是否发生了减值；只要资产的账面价值低于了可收回金额，就判断减值发生。

2. 在国际财务报告准则下，减值损失的规模为资产的账面价值高于可收回金额的差额（其中，可收回金额为"资产的公允价值减处置成本"和"在用价值"两者中的较高者）。

3. 如果有证据表明导致资产出现减值的因素消失或者减弱了，根据国际财务报告准则，可将以前确认的资产减值损失全部或者部分转回，但这在美国公认会计原则体系下，是绝对不允许的。

下面用几个例子来说明。

资产减值例题 贵成公司拥有一栋办公大楼，取得成本为2 000万美元，已经累计折旧了500万美元，因此，在资产负债表中，报告这栋办公大楼的账面价值（即账面净值）为1 500(=2 000-1 500)万美元。按贵成公司原来的估计，该办公大楼可用于对外出租30年，每年收取租金167万美元，最后，可以按800万美元的价格将该大楼对外售出。但是，最近的情况表明，由于在该办公大楼旁边新开了一家购物中心，贵成公司估计该大楼最多还能对外出租15年，然后就得对外出售处理。假定贵成公司在计算该大楼租金的现值时，使用的贴现率为8%。

例题15 现在，假定贵成公司预计这栋办公大楼在未来15年内，每年能产生租金135万美元，在15年后，能以500万元的价格将该大楼对外售出。如果按8%的利率对该大楼每年的现金流量进行贴现计算，可知大楼未来现金流量的现值为1 310万美元，该金额也就是国际财务报告准则所定义的该办公大楼的在用价值。假定这栋办公大楼目前的公允价值为1 250万美元，预计如果对外出售的话，处置成本为50万美元。

如果根据美国公认会计原则，由于预期未来现金流量的总额为2 525(135万/年×15年+500)万美元，高于大楼的账面价值1 500万美元，所以，可以判断该办公大楼没有发生减值。虽然贵成公司实质上已经发生了经济损失（因为大楼的公允价值1 250万美元已经比它当前的账面价值1 500万美元更低了），但也不用确认任何减值损失。但是，如果根据国际财务报告准则，首先应确认办公大楼的可收回金额：将大楼的公允价值减处置成本1 200(1 250-50)万美元与在用价值1 310万美元相比，应取较高者，即1 310万美元作为办公大楼的可收回金额。然后，再将这栋办公大楼的账面价值1 500万美元和可收回金额1 310万美元进行比较，由于账面价值更高，因此，应确认该办公大楼发生了减值损失190(1 500-1 310)万美元。

例题16 现在，假定贵成公司估计在未来15年中，该办公大楼每年能实现租金60万美元，然后在第15年末，能将这栋办公大楼按300万美元的价格售出。如果按8%的利率对未来现金流量计算贴现的话，可得未来现金流量的现值总额为610万美元。该610万美元即为国际财务报告准则中所定义的在用价值。假定该大楼目前的公允价值为550万美元，处置成本为30万美元。

根据美国公认会计原则,由于该大楼的预期未贴现现金流量总额为 1 200[=(60 万/年×15 年)+300 万]万美元,低于其账面价值 1 500 万美元,因此,可以判断该办公大楼发生了减值,应确认减值损失 950 万美元,即账面价值 1 500 万美元与公允价值 550 万美元之差。如果根据国际财务报告准则,贵成公司应首先计算大楼的可收回金额:即在用价值 610 万美元和公允价值减处置成本之净额 520(=550-30)万美元之中的较高者,取 610 万美元;然后,将该 610 万美元与大楼的账面价值 1 500 万美元进行比较,确认减值损失 890(=1 500-610)万美元。

在两套准则体系下,确认减值损失的会计分录是类似的。以例题 16 中的数据为例,首先需要结清办公大楼的原取得成本和累计折旧,然后确认新的资产成本:按美国公认会计原则,即公允价值;但是如果按国际财务报告准则,即可收回金额。比如,按照美国公认会计原则的要求,确认减值损失的会计分录为(金额单位为万美元):

累计折旧	500
建筑物(新估值)	550
资产减值损失	950
资产(取得成本)	2 000

如果按国际财务报告准则编制会计分录的话,则应记录被减值资产的金额为 610 万美元,减值损失的金额为 890 万美元,其余不变。无论是按美国公认会计原则还是国际财务报告准则,减值损失的发生均会导致当期利润的减少。但是,如果执行的是国际财务报告准则,且被减值的资产以前恰好又曾经有过重估增值,则应首先用减值去冲减原来的重估增值(借记"其他综合收益"账户),只有当减值金额超出了原来重估增值范围的,再记作当期净利润的减少。

第 2 类:使用寿命不确定的无形资产(除商誉) 由于第 2 类资产都没有确定的使用年限,因此不能根据未贴现的现金流量总和来测试和判断资产是否发生了减值(因为使用年限不确定就无法估算出总的未来现金流量)。根据美国公认会计原则的要求,对除商誉以外的、不需要定期进行摊销的无形资产,当账面价值超出其公允价值时,就应当确认减值。[一]在国际财务报告准则体系下,对此类资产的减值判断与需要计提折旧或者摊销的资产(即第 1 类资产)是基本一致的,只是要求企业无论是否有减值迹象出现,都必须至少每年对这类资产进行一次减值测试。对于损失规模的计量和新账面价值的确认规定等,均与对第 1 类资产的要求一致。

例题 17 在贵成公司 2013 年 2 月 27 日的年末资产负债表(表 1-1)中,报告了一项价值 159 百万美元的商标权,由于该商标权的使用寿命是不确定的,因此贵成公司没有定期摊销其价值。现在,由于出现产品负面消息,导致该商标权的公允价值下跌为 128 百万美元。贵成公司比较了该商标权的账面价值 159 百万美元和公允价值 128 百万美元之后,确认发生了减值损失 31 百万美元,于是,应当编制下列会计分录(金额单位为百万美元):

资产减值损失	31
商标权(或累计摊销)	31

第 1 类与第 2 类资产减值的会计处理总结

由于美国公认会计原则和国际财务报告准则在资产分类和会计核算要求方面的差异,使得长期资产减值的会计处理问题显得非常复杂。在表 10-1 中,对第 1 类和第 2 类资产减值的会计处理要求进行了总结。

表 10-1 除商誉外的长期资产减值会计处理小结

	美国公认会计原则	国际财务报告准则
使用寿命有限的长期资产和土地	当资产的账面价值超过未贴现的未来现金流量总和时,判断资产发生了减值,减值损失的金额等于该资产的账面价值高于其公允价值之差额。其中,公允价值定义为企业在计量日的公平交易中,出售该资产所能收到的价款。	当资产的账面价值超过其可收回金额时,判断资产减值发生,且两者之差即为资产减值的规模。其中,可收回金额定义为"公允价值减处置成本之差"与"继续使用该资产所能得到的未来现金流量现值"两者之中较高的那一个。
使用寿命不确定的无形资产(商誉除外)	当资产的账面价值超过其公允价值时,判断资产减值发生,且两者之差即为资产减值规模。	与需要计提折旧和摊销的长期资产的减值要求一致。

资料来源:© Cengage Learning 2014.

[一] 美国财务会计准则委员会已经发布了指南,允许企业在对使用寿命不确定的无形资产进行减值判断时使用本章附录后续部分将要介绍的商誉减值定性标准。美国财务会计准则委员会,《会计准则更新公告第 2012-02 号:无形资产——商誉与其他无形资产》(汇编主题 350),"对使用寿命不确定的无形资产进行减值测试"(2012 年)。

自习问题 10.5

减值损失的计量。 不动产融资公司（Real Estate Financing Corporation，REFC）在 2011 年 6 月 1 日购入了基韦斯特融资公司（Key West Financing Corporation），取得成本为 250 百万美元，其中，包含基韦斯特融资公司的一项公允价值为 120 百万美元的应收贷款和一项公允价值为 60 百万美元的已出租不动产，剩余 70（= 250 − 120 − 60）百万美元为商誉。2013 年 10 月 15 日，一场飓风席卷了基韦斯特地区，使当地很多房屋和商业都受到了严重损失。上述资产在 2013 年 10 月 15 日的相关信息如下（金额单位为百万美元）：

	账面价值	未贴现的未来现金流量总和	公允价值
应收贷款	$140	$160	$125
不动产	80	65	50
商誉	70		
合计	$290		

假定基韦斯特融资公司在 2013 年 10 月 15 日飓风过后的公允价值为 310 百万美元。要求：根据美国公认会计原则的要求，计算上述情景中第 1 类资产和第 2 类资产可能发生减值损失金额。

第 3 类：商誉的减值　请回忆例题 8，在企业合并中，如果购买价格超过了所购企业可辨认净资产的公允价值之和，则差额就体现为商誉。在美国公认会计原则和国际财务报告准则这两套准则体系下，商誉都是不需要定期进行摊销的。相反，两套准则体系都要求企业在出现相关减值迹象（例如监管环境发生变化或者关键人员离职等）时对商誉进行减值测试，并规定减值测试至少每年应当进行一次。

在对商誉进行减值测试时，应当以**报告单元**（reporting unit，美国公认会计原则）或**现金流产生单元**（cash-generating unit，国际财务报告准则）为基础进行。这里的报告单元或者现金流产生单元，是指可独立产生现金流入的相关资产组。[⊖] 企业需要使用这些可辨认的资产组来计量商誉的公允价值（美国公认会计原则）或可收回金额（国际财务报告准则）。

根据美国公认会计原则的要求，企业在测试商誉减值是否发生以前，应当先判断其他非流动资产是否发生了资产减值，然后再按照两个步骤对商誉减值进行测试。[⊖] 第一个步骤是定量分析，企业需要比较报告单元的公允价值与包含商誉在内的资产减负债后的账面价值，如果账面价值较高，则可能发生了商誉减值，那么就需要执行下一步。在下一步中，企业需要根据报告单元内各项可辨认资产和负债的公允价值比例，对报告单元的公允价值进行分配，并将剩余的公允价值分配给商誉；然后，再将该分配金额与商誉本身的账面价值进行比较。在这一步骤中所执行的分配并不影响报告单元内各项资产和负债的报告金额，进行此分配的目的只是为了对商誉是否发生减值进行测试。如果分配的商誉金额小于其账面价值，则企业需要将上述两者的差额确认为商誉的减值损失。

第二个步骤是定性分析。企业需要对一些定性的因素（例如行业或经济条件发生了不利变化、成本发生了不利变化）等进行评价，判断这些因素是否会很可能引起报告单元的公允价值继续低于其账面价值。如果企业认为报告单元的公允价值并没有"很可能"低于其账面价值，则减值测试完成；否则，企业应重新回到上述第一个步骤的定量分析中。从 2012 年开始，美国公认会计原则允许企业在上述两个选项中进行选择；但国际财务报告准则并不允许企业进行定性的评估。在本书即将出版之前，美国财务会计准则委员会已经宣布允许企业将商誉减值的定性测试推广应用于第 2 类资产，即除商誉以外的其他使用寿命不确定的无形资产中。

下面我们用一个例子来说明定量分析程序。

例题 18　参考例题 6~例题 8，贵成公司用 100 百万美元购入卡帕克斯公司的一些资产如下：

⊖ 根据《财务会计准则公告第 142 号》，所谓报告单元，是指管理层会经常复核其独立财务信息的分部或分部业务。而在《国际会计准则第 36 号》中，能产生现金流入的单位被定义为企业可辨认的最小资产组合，其产生的现金流入能基本独立于其他资产或者资产组。

⊖ 美国财务会计准则委员会《财务会计准则公告第 142 号：商誉与其他无形资产》（2001 年，汇编主题 350）；《会计准则更新公告第 2011-08 号》"无形资产——商誉与其他无形资产（主题 350），商誉的减值测试"（2011 年）。

不动产与设备	$47
可辨认的无形资产	
客户名单	8
商号权	10
进行中的研发项目	15
商誉	20
合计	$100

假定根据美国公认会计原则所规定的条件，贵成公司可将卡帕克斯公司作为一个报告单元；假定受市场竞争的影响，卡帕克斯公司所生产产品和提供服务的价格急剧下跌，导致卡帕克斯公司的公允价值下降为 80 百万美元。

- 贵成公司应首先按照美国公认会计原则的要求，对有形长期资产进行减值判断和计量。这些资产在取得时的公允价值为 47 百万美元，假定贵成公司估计，这些不动产和设备能产生的未来现金流量总额为 50 百万美元，高于其账面价值 47 百万美元；再假定，这些资产在目前的公允价值恰好也等于 47 百万美元。因此，可以判断这些不动产和设备没有发生减值。

- 接下来，按照美国公认会计原则的要求，贵成公司应对除商誉以外的其他无形资产进行减值判断和计量。假定贵成公司估计这些无形资产在目前的公允价值为 25 百万美元，比它们的账面价值 33 百万美元低，因此，应确认减值损失 8 百万美元。确认该项减值损失以后，卡帕克斯公司的账面价值将下降到 92（不动产与设备 47 + 无形资产 25 + 商誉 20）百万美元。

- 最后，贵成公司应再按照美国公认会计原则的要求，对商誉进行减值判断和计量。由于已经知道了卡帕克斯这个报告单元中长期有形资产和无形资产的公允价值（分别为 47 百万美元和 25 百万美元），两者之和 72 百万美元即为卡帕克斯报告单元除商誉以外的资产公允价值合计；而题目告诉我们，现在卡帕克斯公司整体的公允价值已经下降到了 80 百万美元。所以，80 百万美元和 72 百万美元两者之差，即 8 百万美元，实际上就是现在商誉的公允价值。由于目前商誉的账面价值仍然为 20 百万美元，明显高于其公允价值 8 百万美元，所以，应当判断商誉发生了减值，减值金额为两者之差 12（=20 − 8）百万美元。结合上述除商誉外的无形资产也发生的减值损失 8 百万美元，贵成公司应编制如下会计分录：

资产减值损失	20	
无形资产		8
商誉		12

分录中的借方账户"资产减值损失"是一个利润表账户，因此该损失最终会体现到利润表中。编制这笔会计分录确认了减值损失后，卡帕克斯报告单元的账面价值就被减至 80（=47 + 25 + 8）百万美元了，刚好等于它在目前的公允价值。

而如果按照国际财务报告准则对减值测试的要求，则应当以**现金流产生单元**（cash-generating unit）为基础进行。所谓现金流产生单元，按照国际财务报告准则的定义，是指企业可以认定的最小资产组合，由这个资产组合所产生的现金流入应当基本上独立于其他资产或者资产组。如果某个现金流产生单元的可收回金额低于其账面价值，则企业就应当将两者之差确认为减值损失，对于此减值损失，应首先分配给该现金流产生单元中的商誉，不够的部分再根据账面价值比例分摊到其他资产上。在分摊减值损失的每一步骤中，分摊给各项资产（包括商誉和其他可独立辨认的资产）的减值损失不应当使该项资产的账面价值低于其可收回金额或者 0 这两者中更高的那一个。如果执行国际财务报告准则，虽然减值测试程序、减值金额和后续的资产负债表账面价值都会与前述美国公认会计原则下的结果有所区别，但确认减值的会计分录在两套体系下却是非常类似的。此外，国际会计报告准则与美国公认会计原则还存在的一点差别是，前者还要求公司在每个报告期末都要对以前的商誉减值在本期是否已经恢复进行评价，如果是的话，则企业还应当将以前确认的减值损失进行转回处理。

例题 19 延用例题 18 的数据，假定贵成公司按照国际财务报告准则编制会计编表，并确定可以将卡帕克斯公司确认为一个现金流产生单元。下表中是卡帕克斯公司各项资产的账面价值和可收回金额⊖（金额单位为百万美元）：

⊖ 为简化例题，我们假定例题 19 中，根据国际会计报告准则确认的可收回金额恰好等于例题 18 中美国公认会计原则下的公允价值。在实务中，这两个金额通常是不一致的。

	账面价值	可收回金额
不动产与设备	$47	$47
无形资产	33	25
商誉	20	8
该现金流产生单元合计	$100	$80

由于该现金流产生单元的账面为 100 百万美元，而可收回金额只有 80 百万美元，所以，贵成公司应确认该现金流产生单元发生了 20 百万美元的减值损失。对于该减值损失，首先应分配 12 百万美元给商誉，使商誉的账面价值减少至其可收回金额 8 百万美元；然后，再按照账面价值比例将剩余的 8 百万美元减值损失分配给不动产与设备和无形资产。但是，在本例中，不动产与设备的账面价值与可收回金额恰好相等，因此不需再确认任何减值损失（因为分配剩余的减值损失金额时，不应使资产的账面价值低于其可收回金额）。因此，剩余的减值损失应全部分配给无形资产，使其账面价值从 33 百万美元下降为 25 百万美元。相关的会计分录与例题 18 中的是一样的。

下表总结了美国公认会计原则和国际财务报告准则在确认商誉减值方面的要求：

	美国公认会计原则	国际财务报告准则
商誉	从 2012 年开始，企业可以选择以下两种方法之一： **定量分析法**：第一步，比较报告单元包含商誉在内的账面价值和公允价值，如果账面价值较高，则继续下一步；如果公允价值较高，则暂停。第二步，比较商誉的账面价值与其公允价值。其中，要计算商誉的公允价值，需要首先得到报告单元整体的公允价值，然后将这个整体公允价值按资产负债表中可辨认资产和负债的公允价值比例进行分配，分配后的剩余即为商誉的公允价值。注意这一步分配的目的仅仅是计算商誉的公允价值。如果商誉的账面价值大于第二步中计算得到的公允价值，则应确认商誉发生了减值。 **定性分析法**：根据可获知的定性信息判断报告单元的公允价值是否很可能小于其账面价值，若是，则进行定量分析法；若不是，则减值测试停止。	如果某现金流产生单元包含商誉在内的净资产账面价值高于其可收回金额，则判断商誉发生了减值。首先，应将该单元整体的减值损失冲减商誉的账面价值，但最多至其可收回金额为止。然后，再将剩余的减值损失按账面价值比例冲减其他资产的价值，但冲减后各资产的价值不应低于其本身的可收回金额。

自习问题 10.6

参考自习问题 10.5 中的信息，假定在 2013 年 10 月 15 日飓风影响后，基韦斯特融资公司的市场价值为 220 百万美元。请根据美国公认会计原则计算第 1 类资产、第 2 类资产和商誉可能发生的资产减值损失。

自习问题解答

自习问题 10.1 解答参考
（吉森公司；计算固定资产的取得成本。）
1. a, b, d, j, m, o, p.
2. c, e, f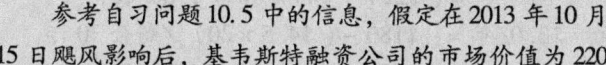, g, i, k, l, n, o, p.
3. h, i, l, p.
4. i, q, r.

解释与说明

d. 拆除旧建筑物，目的是为了能在这块土地上重新建造新的建筑物，相关成本应计入土地，而不能计入新建筑物。

f. 材料和物料的采购成本降低，从而使建筑物的成本也降低。在实务中，也有其他记录可能获得的现金折扣的方法，每种方法下的会计处理是不同的，不过这些已经超出了本书的讨论范围了。

h. 能够资本化的只能是企业实际发生的利息费用，机会成本或者自有资金的隐含利息是不能进行资本化处理的。因此，应编制调整会计分录，一方面借记"利息收入"账户，另一方面同时贷记"在建工程"账户。该笔调整分录的借方记录将抵消掉吉森公司原来所错误确认的收入。

○ 如果按中国会计准则相关规定，此项现金折扣不应对材料和物料的采购成本产生影响，而应计入"财务费用"中。所以，f 项应归类到"3"中，具体为"财务费用"项目。但按美国公认会计原则规定，获得的现金折扣应当调减所采购材料或者物料的成本，因而降低建筑物的成本。——译者注

i. 在对卡车的折旧费用进行分配时，需要用到会计估计。如果企业估算出了当期因建造建筑物而使用的卡车折旧额，则可以按此金额借记"建筑物"账户；然后按企业在其他日常经营活动中所使用的卡车折旧额，借记"折旧费用"或者"生产成本"账户。

j. 贷记"土地"账户，冲减土地的成本。

l. 根据这些工程管理人员为该建造项目工作的时间和为公司其他项目工作的时间比重，将他们的当期薪酬分配计入"建筑物"账户和其他费用账户。从题目描述的情况来看，大部分的薪酬都应计入"建筑物"账户中。

m. 计入土地的成本中。

n. 与企业应将建造期间的利息费用进行资本化处理的理由一致，对建造期间发生的财产税，也应计入"建筑物"成本中。

o. 为工人购买保险而发生的费用，应按照这些工人的薪酬归属，计入相同的账户中。

p. 多半应当作为当期的一项费用或者损失处理。此外，还有一种处理方法是将这2 000美元的支出也计入建筑物的成本中，与保险费用的处理保持一致。不过，如果公司本不应当购买这种有免赔额限制的保险政策，则此项开支应作为一项费用或损失处理。会计核算通常会假定绝大多数的管理团队在绝大多数的时间里做出的决策都是理性的。

q. 借记"机器与设备"账户，即另一个与"建筑物"无关的资产账户。

r. 与前一项目的会计处理保持一致，安装费用是资产取得成本的一个组成部分。

s. 对此确认收入是错误的。因此，应当借记"工程收入"账户，贷记"在建工程"账户，冲销前述错误的影响。

自习问题10.2 解答参考

（马克姆公司；计算每期折旧额。）

a. 直线法：

从2013年至2017年，每年折旧：（$20 000 − $2 000）/5 = $3 600

五年累计折旧：$3 600 × 5 = $18 000

b. 工作量法：

从2013年至2016年，每年折旧：5 000 × $0.75ª = $3 750

2017年折旧：4 000 × $0.75ª = $3 000

因此，从2013年至2017年，连续5年的累计折旧金额为：[（$3 750 × 4）+ $3 000] = $18 000

ª（$20 000 − $2 000）/24 000 = $0.75/机器工时

c. 双倍余额递减法（假定从2015年初改为直线法）：

年	账面价值		双倍余额递减折旧率		当年折旧费用
2013年	$20 000	×	40% = 2 × (1/5)	=	$8 000
2014年	$12 000（= $20 000 − $8 000）	×	40% = 2 × (1/5)	=	4 800
2015年	$7 200（= $12 000 − $4 800）	×	0.33	=	1 733①
2016年	$5 467	×	0.33	=	1 733
2017年	$3 734	×	0.33	=	1 733
2017年年末	$2 000（= 残值）				

① 2015年至2017年的折旧是以2014年年末的账面价值和预计残值2 000美元按直线法计算的。每年的折旧费用 = 1 733[=（7 200 − 2 000）/3年]美元。

d. 年数总和法：

年	取得成本减预计残值		年数总和折旧率		当年折旧费用
2013年	$18 000（= $20 000 − $2 000）	×	5/15	=	$6 000
2014年	$18 000	×	4/15	=	4 800
2015年	$18 000	×	3/15	=	3 600
2016年	$18 000	×	2/15	=	2 400
2017年	$18 000	×	1/15	=	1 200

自习问题10.3 解答参考

（中央电气公司；会计估计变更后的调整）（金额单位均为百万美元。）

a. $4.4/年 =（$200 + $20）/50年；

b. $4.5/年 = [$200 + $20 + $4 −（$4.4/年 × 10年）]/剩余40年
    =（$224 − $44）/40 = $180/40；

c. $3.0/年 = [$180 −（$4.5 × 20）]/剩余30年
    =（$180 − $90）/30 = $90/30

自习问题10.4 解答参考

（珀迪公司；区分维修支出与改良支出。）

a. 第一辆卡车的入账成本应为19 200美元；第二辆卡车的入账成本应为15 000美元，另外支付的4 200美元应记作费用或者损失。

b. 在珀迪公司购入第一辆卡车时，它清楚必须要对这辆卡车进行这项"修理"，因此这笔支出应当是一笔改良支出。第一辆卡车的购买价格比较低，是因为买卖双方都知道还需要再发生新的成本这辆卡车才能正常使用。在购买时，珀迪公司就已经估算了要使卡车实现预期服务潜能而必须花费的成本。虽然后来实际发生的成本4 200美元与当初预期的"大约4 000美元"之间还是有出入，但该差异值与珀迪公司在购买当时的预计相比确实并不重要。如果实际发生的维修费用远远高于了预计的4 000美元（例如假定为7 000美元）那么，可以将差额部分记录为一项损失或者费用。

在购买第二辆卡车时，珀迪公司认为它是正常的，所以才同意支付了购买价格。但后来，珀迪公司不得不再花费维修费用才能使这辆卡车达到购买时的预期状态。在这次修理完成之后，卡车的性能并没有超出珀迪公司在购买时对它的预期，因此，这4 200美元的修理费用应当作为费用或者损失处理。

自习问题10.5解答参考

（不动产融资公司；第1类资产和第2类资产的减值损失计量）

贷款的未来现金流量总额为160百万美元，大于其账面价值140百万美元，因此没有发生减值。而对于题目中涉及的不动产，由于其账面价值80百万美元大于其未来现金流量总额65百万美元，因此不动产融资公司应对此确认减值损失30（=80−50）百万美元。这样，在计提减值损失后，基韦斯特公司的账面价值为260（=应收贷款140+不动产50+商誉70）百万美元。

自习问题10.6解答参考

（不动产融资公司；第1类资产、第2类资产和商誉的减值损失计量）

对贷款和不动产的减值判断与减值损失的计量，与自习问题10.5解答参考中的回答相同。不过在本例中，基韦斯特公司的账面价值260百万美元高于其公允价值220百万美元，因此应判断商誉也发生了减值。要计算商誉减值的金额，需要会计师将报告单元的公允价值220百万美元按各资产项目的公允价值基础，分配125百万美元给贷款、50百万美元给不动产，然后剩余的45百万美元分配给商誉。此时，商誉的公允价值为45百万美元，而账面价值为70百万美元，两者比较可知，商誉发生了减值损失25百万美元。

关键术语与概念

经营资产（operational or operating assets）
金融资产（financial assets）
有形资产（tangible assets）
商誉（goodwill）
建造期间的利息费用（interest costs during construction）
有限使用寿命（finite life）
服务年限，有效使用期（service life, useful life）
使用寿命不确定（indefinite life）
折旧，折旧费用（depreciation, depreciation expense）
摊销，摊销费用（amortization, amortization expense）
共同成本（joint cost）
残值，残余价值（salvage value, residual value）
实物与功能因素（physical and functional factors）
直线法（年限平均法与工作量法）（straight-line (time and use) methods）
余额递减法（declining-balance methods）
年数总和法（sum-of-the-years'-digits method）
无形资产（intangible assets）
进行中的研发项目（in-process research and development, IPR & D）
不动产、厂场与设备，总额（property, plant, and equipment, gross）
不动产、厂场与设备，净值（property, plant, and equipment, net）
每期折旧与摊销变动的会计处理（treatment of changes in periodic depreciation and amortization）
维护费用（maintenance）
修理费用（repairs）
改良支出（improvements）
非货币性资产交换（trade-in transaction）
商业实质（commercial substance）
资产价值重估（asset revaluations）
减值损失（impairment loss）
可收回金额（recoverable amount）
报告单元（reporting unit）
现金流产生单元（cash generating unit）
加速折旧法（accumulated depreciation）

思考题、练习题与解决问题

思考题

1. 复习并思考关键术语与概念中所列术语和概念的含义。
2. 当企业自行建造建筑大楼时，可将相关支出资本化处理；但同样的企业在研发新专利技术时，却必须将相关支出费用化处理；或者，如果企业研发的是准备最终用于对外出售的计算机软件时，则对部分支出允许资本化处理，而其他支出部分则只能费用化处理。请问，为什么美国公认会计原则在对待上述几种支出时，会这样进行规定？
3. 如果默克制药公司为研发新药而进行了投资，则它必须将相关的支出进行费用化处理；但如果它从所有权人手中直接购入一种新药的专利权，则相关支出就可以作为资本化处理；如果它在并购另一家公司时，购入了正在研发过程中的研发项目，则对该尚未研发完成的项目，相关支出也可以资本化处理。请问，为什么美国公认会计原则关于上述几种支出会进行这样不同的规定？

4. 假如企业将自行建造工程项目的过程中所发生的相关利息费用进行资本化处理，请问，与费用化处理相比较，在所建资产的整个寿命期内，从建造阶段、使用阶段一直到该工程项目报废时，对报告利润的影响会有些什么不同？

5. 请比较计算有形长期资产的折旧和无形资产的摊销时，使用寿命有限和使用寿命不确定这两种说法有什么不同。

6. 泰晤士公司在并购另一家公司时，常会将购买价格的一部分分配给品牌名称，但是，对有些品牌名称它会进行摊销，而有些又不摊销。请问，泰晤士公司为什么会这样处理品牌名称的价值呢？

7. 一家航空公司在过去对新飞机一直按25年进行折旧。现在，根据新的航油使用标准和安全标准，公司现有全部飞机的有效使用寿命都将缩短。发生这种情况后，这家航空公司可以：（a）将剩余未折旧金额在飞机的剩余使用年限内分摊折旧，或者（b）立即确认资产减值，然后按账面价值在剩余使用年限内计算以后各期的折旧费用。请问，上述两种做法在什么样的情形下是合适的？

8. 一家企业预计它的一辆运输卡车可以使用5年。在第3年末时，卡车的变速箱坏了，需要花4 000美元重新换一个新的。该公司认为，这笔支出应当进行资本化处理，因为如果不花费这笔支出的话，卡车相当于就报废了；但如果花费了这笔支出，卡车又可以再用3年了。请根据美国公认会计原则和国际财务报告准则的要求，对该公司的理由进行评价。

9. 请说出资本报酬率与美国公认会计原则对长期资产（除不需要摊销的无形资产外）减值的判断标准之间有什么联系。

10. 为什么美国公认会计原则在判断资产是否发生减值时，对需要进行摊销的无形资产要考虑将来可能收回的现金，而对使用寿命不确定的无形资产，则不必考虑？

11. 在判断资产是否发生减值时，美国公认会计原则采用的是未贴现的现金流量而不是贴现现金流量，看似不合常理。请解释为什么在这种情况下使用贴现现金流量似乎更合理一些？

12. 假定在一次公司并购中，由于并购方的竞争激烈，导致购买方估价错误，高估了被收购公司的价值。购买方将超出的购买价格和其他不可辨认的无形利益一起分配确认为了商誉。由于美国公认会计原则和国际财务报告准则都不要求企业对商誉进行摊销，因此高出的购买价格对企业的净利润不会产生影响。请问你同意这种说法么？为什么？

练习题

13. **计算长期资产的取得成本**。澳拜克牛排馆（Outback Steakhouse）在一栋建筑楼里新开了一家店。它向房东支付了260 000美元，其中52 000美元为土地的价格，208 000美元为房产的价格。为此次交易，澳拜克公司花费了12 600美元的法律成本用于办理过户和相关法律文件；然后又支付了35 900美元用于店面装修；第1年，与土地和房产相关的不动产与责任保险费用为12 000美元，其中4 000美元属于装修期间的，8 000美元属于牛排馆开业后的。第1年的房产税为15 000美元，其中5 000美元属于装修期间的，10 000美元属于牛排馆开业后的。要求：请计算上述事项中，澳拜客牛排馆在"土地"和"建筑物"账户中应记录的相关金额是多少？

14. **区分资本化支出与费用化支出**。指出下列每个项目中的支出应借记的账户属于下面几种分类中的哪一类？——（1）除产品成本以外的资产账户；（2）产品成本（即"生产成本"账户）；（3）费用账户。如果应当借记某资产账户，请再说明是流动资产账户还是长期资产账户。

a. 修理办公设备花费了150美元。
b. 紧急修理某办公设备，支出1 500美元。
c. 送货卡车的保养费，250美元。
d. 用三年期借款5 500美元购入一台设备。
e. 支付研究与开发部门工作人员薪酬4 200美元。
f. 支付3 100美元用于报刊广告。
g. 支付生产部门工人工资6 400美元。
h. 公司购入一台设备，需要生产部门的工人进行安装，支付3 500美元作为安装工人的薪酬。
i. 支付办公室工作人员薪酬2 500美元。
j. 在购入某矿场的过程中，支付律师费用1 000美元。
k. 支付1 200美元购入一年期保险，保险生效期从下个月月初开始计算。
l. 支付1 800美元购买短期美国国库券，计划在下一次支付所得税款前出售，然后将出售所得用来缴税。
m. 支付4 000美元取得一种制造专利技术的使用权。
n. 支出10 000美元用于购买一项商标权。

o. 支出100美元的版权注册登记费。
p. 购买账簿记录所需电脑软件，支出1 850美元。
q. 从发明人手中购入一种可能用来治疗高血压的药物研究项目，花费8 600美元。

15. **自行建造资产的成本**。博尔顿公司（Bolton Company）花90 000美元购入一片土地打算兴建工厂。在这片土地边上，有一栋规模很小的办公大楼，估价约20 000美元，博尔顿公司打算在对这栋办公楼进行适当的改造和装修后继续使用它（见以下项目（4）中的说明）。博尔顿公司制定了工厂建造计划，并收到了建造工厂的报价，但它最后拒绝了所有的报价，决定自行建造这座工厂。公司管理层认为，下列这些项目都应当包含在工厂的建造成本中：

（1）修建工厂需要的各种物资	$200 000
（2）挖土工作成本	12 000
（3）建造工厂期间的人工费用	140 000
（4）将旧建筑楼改造为办公楼的成本	13 000
（5）博尔顿公司用现金支付工厂建造期间的专门借款利息①	6 000
（6）博尔顿公司为其他用途而借入资金产生的利息	9 000
（7）为建造工厂而购买物资所得到的现金折扣	7 000
（8）在工厂建设期间发生的管理层监管费用	10 000
（9）项目（3）中工人的薪酬保险费	8 000
（10）建造期间发生的、不在保险赔偿范围内的工人受伤支出	3 000
（11）建造期间发生的管理与其他费用	8 000
（12）铺路和修人行道的支出	5 000
（13）支付给负责工厂建造的建筑设计师费用	4 000
（14）土地转让过程中的律师费用	2 000
（15）建造期间发生工人受伤而支付的相关律师费用	1 000
（16）贷记"留存收益"账户的利润（即预计成本与最低报价之差）	11 000

①指建造期间发生的全部利息金额。

要求：请说出上面这些项目开支应计入以下哪些账户中："土地""工厂大楼""办公楼"和"周边改良"。如果有些项目开支不应计入以上任意四个账户之一，请说明排除它们的理由。

16. **自行开发产品的成本**。达克车辆制造公司（Duck Vehicle Manufacturing Company）在开发一种新型水陆两用的旅游观光车时，发生了各种成本费用。假定达克公司按照美国公认会计原则编制会计报表，请指出下列每项支出的正确会计处理方法。

（1）负责设计新车的工程师们的薪酬	$325 000
（2）由外部承包商负责制造的新车样车成本	278 200
（3）负责样车测试人员的薪酬和测试耗材费用	68 900
（4）对新样车进行尾气检测而支付给环保代理机构的费用	15 200
（5）为新型观光车注册专利而花费的法律费用	12 500
（6）新型观光车金属部件的铸造、模塑成本	46 000
（7）为新型观光车申请当地制造许可而发生的费用	5 000
（8）为客户生产的第一辆新型观光车而发生成本	167 600

17. **计算建造期间的资本化利息**。博时艾商场（Bulls Eyes Store）今年自行开发了一家新店。如果不考虑对今年利息费用的资本化处理，则"在建工程"的平均余额为3 400 000美元。博时艾商场为建造这家新店而申请了专门借款2 000 000美元，年利率6%；此外，博时艾公司还有其他借款总计8 000 000美元，平均利率为7%。要求：请计算博时艾公司在当年应当计入"在建工程"账户中的资本化利息金额。

18. **建造期间的资本化利息金额**。奈科斯特公司（Nextor）是一家钢铁制造企业，它在美国佛蒙特州自行建造了一个新的制造工厂。"在建工程"账户在2013年年初的余额为3 000万美元，当年的建造活动发生得十分均衡，到2013年年底，"在建工程"账户的余额变为了6 000万美元（不含当年的资本化利息）。公司在这一年中的借款情况如下：

新取得的建设贷款，年利率8%	$25 000 000
过去发行的债券，平均利率6%	100 000 000
全部带息债务总额	$125 000 000

要求：
a. 计算2013年应计入"在建工程"账户中的资本化利息金额。
b. 写出确认2013年利息费用的会计分录。
c. 2014年12月31日，奈科斯特公司完成了新工厂的建造并将其投入使用。"在建工程"账户在2014年的平均余额为11 000万美元。上表中列出的债务在建造期间仍然存在，与之同时，公司也没有发行任何新的带息债务。请写出确认2014年的利息费用和资本化利息的会计分录。

19. **各种折旧方法下的计算**。卡尔顿公司（Carlton, Inc）在2013年新购入了一台机器，取得成本为88 800美元。公司预计这台机器可以使用6年，预计总的工作工时可以达到30 000小时；并且预计到使用期末，这台机器能有残值4 800美元。要求：按照下面这些折旧方法，分别计算这台机器在前3年中每一年的折旧费用应当为多少？
   a. 直线法（平均年限法）。
   b. 工作量法。假定这台机器在前3年的工作量分别为：第1年，4 500小时；第2年，5 000小时；第3年，5 500小时。

20. **各种折旧方法下的计算**。拉克配送公司（Luck Delivery Company）在2013年1月1日新买了一辆卡车，取得成本为30 000美元。公司预计这辆卡车能使用5年，到期无残值。拉克公司的年度结账日为每年的12月31日。要求：请指出在以下各种折旧方法假定下，拉克公司对这辆卡车在使用年限内每年应计提的折旧费用是多少？
   a. 直线法（平均年限法）。
   b. 双倍余额递减法，并在2016年转为直线法。
   c. 年数总和法。
   d. 如果按相关税收政策规定，这辆卡车在第1年~第6年中每年的折旧比例应当为：20%，32%，19.2%，11.5%，11.5%和5.8%。根据税法规定，在计算折旧时，可不考虑残值的影响。

21. **折旧年限与残值的变更**。托姆公司（Thom Corporation）在2011年1月1日支出10 000 000美元购买了一台计算机，当时估计可使用6年，预计残值为1 000 000美元，公司按直线法计算折旧。2013年1月1日，托姆公司发现由于新技术的影响，该计算机的总预计使用寿命缩短为4年，且估计残值也只有600 000美元。要求：计算计算机的折旧年限和残值估计变更以后，托姆公司在2013年应计提的折旧费用金额为多少？假定这些变更并不意味着资产减值。

22. **与变更预计服务年限相关的会计分录**。请为佛罗里达制造公司（Florida Manufacturing Corporation）发生的下列交易写出相应的会计分录。该公司使用直线法计算资产折旧，并以每年的12月31日为年底结账日。
   a. 公司在2013年11月1日购入一台切割机，价值180 000美元。公司预计这台机器可以使用12年，期末残值为7 200美元。请写出佛罗里达公司在2013年12月31日对这台机器应当编制的折旧费用会计分录。
   b. 请写出公司在截至2014年12月31日的会计年度中，关于该机器折旧费用的会计分录。
   c. 2019年8月，公司预计这台机器的总寿命实际上只有14年，期末残值估计为3 840美元。请写出在截至2019年12月31日的这个会计年度中，与这台机器的折旧费用相关的会计分录。
   d. 佛罗里达公司在2024年3月31日将这台机器以40 000美元的价格卖出。假定该公司按照"c"部分的要求编制了会计分录，请写出在出售日应编制的会计分录。

23. **区分修理支出与改良支出**。受龙卷风的影响，迪士尼乐园（Disney World）最受欢迎的项目之一——飞越太空山项目（Space Mountain）遭到了破坏。公司支付30 200美元重新置换了被龙卷风毁坏的钢筋固定装置，86 100美元置换了被龙卷风毁坏的房顶，同时，还支付26 900美元在房顶上安装了新的空调系统，12 600美元换掉了被雨水损坏的地毯。根据迪士尼公司的估计，由于更换了更高质量的钢铁加固装置，使项目所能承受的总重量增加了20%；而新的空调系统也比过去的在制冷能力方面提高了25%的工作效率。要求：请计算上述支出项目中，迪士尼乐园应作为修理支出的金额和作为改良支出的金额各自为多少？

24. **长期有形资产减值金额的计算**。怀尔伍德资产公司（Wildwood Properties）拥有一栋公寓楼，在2013年1月1日的账面价值为15 000 000美元。由于高速公路管理部门决定在这栋公寓楼旁边建造一条高速路，使得这栋公寓楼对租户的吸引力大幅度下降。怀尔伍德资产公司估计在未来6年内，它能收到这栋楼的租金总额为每年1 400 000美元，然后在第6年末可以将这栋楼对外以4 000 000美元的价格出售。怀尔伍德资产公司使用预计现金流量的现值来作为美国公认会计原则下这栋楼的公允价值和国际财务报告准则下的可收回金额计量，适用的贴现率为10%。假定所有现金流量都发生在每年年末，请分别计算怀尔伍德资产公司根据美国公认会计原则和国际财务报告准则应确认的资产减值金额。

25. **计算减值损失的金额**。提里斯公司（Tillis Corporation）在2011年1月1日购入了基兰公司（Kieran Corporation），取得成本为2 400 000美元。基兰公司的各项资产在并购日的公允价值分别为：土地，400 000美元；建筑物，600 000美元；设备，900 000美元。2013年6月15日，由于竞争对手引入了新产品，对基兰公司产品的未来销售情况会造成显著影响。又由于基兰公司所拥有的不动产、厂场与设备都是专门用作生产现有产品的，所以这一事件对基兰公司所拥有固定资产的价值也会造成影响。以下是基兰公司的不动产、厂场与设备在2013年6月15日的相关信息：

	账面价值	未贴现现金流量	公允价值
土地	$550 000	$575 000	$550 000
建筑物	580 000	600 000	580 000
设备	1 200 000	950 000	800 000

基兰公司作为一个整体，在2013年6月15日的公允价值为2 200 000美元。

要求：根据美国公认会计原则，计算在2013年6月15日，基兰公司的各项不动产、厂场与设备和商誉应当计提的减值损失金额。

26. **计算固定资产处置损益**。福得阿普快递公司（Fedup Express）在2009年1月1日支付48 000美元购入了一辆送货卡车，当时预计这辆卡车可以使用6年，期满残值为6 000美元。福得阿普公司使用直线法对这辆卡车计算折旧费用。2013年7月1日，福得阿普公司将这辆卡车以14 000美元的价格对外出售。要求：写出福得阿普公司在2013年7月1日应编制的相关会计分录，包括确认2013年的折旧费用和记录卡车出售事项的记录。

27. **倒推固定资产处置所得**。威尔科克斯公司（Wilcox Corporation）在本期期初和期末资产负债表中报告了如下数据：

	期初数	期末数
不动产，厂场与设备（原值）	$400 000	$550 000
累计折旧	180 000	160 000
账面净值	$220 000	$390 000

在这一年中，威尔科克斯公司因出售机器设备实现的利得总额为4 000美元，此外，它还新购置了价值230 000美元的机器设备，当年的折旧费用总额为50 000美元。要求：计算威尔科克斯公司在当年出售机器设备的成交金额为多少？

28. **更正错账的会计分录**。为下列事项写出正确的更正分录。在每种情形下，假定企业都使用直线折旧法，并以每年的12月31日作为结账日。

a. 某企业在2011年1月1日支付3 000美元购入一台计算机，它每年按取得成本的25%对计算机计算折旧。2013年6月30日，企业将这台计算机按800美元的价格出售，并重新支出4 000美元购入了一台新计算机。对此事项，假定簿记员编制了下列会计分录：

设备　　　　　　　　　　　3 200
　　货币资金　　　　　　　　　　　3 200

b. 某企业支出7 000美元购入了一辆二手卡车，该卡车在原售出单位的成本为12 000美元。企业的簿记员对此次购买业务编制了如下会计分录：

卡车　　　　　　　　　　　12 000
　　累计折旧　　　　　　　　　　　5 000
　　货币资金　　　　　　　　　　　7 000

c. 某企业在2011年4月1日用1 200美元购入了一台测试机，每年按10%的折旧率对它计算折旧。2013年6月30日，这台测试机被人偷走了。假定企业对此没有购买相关的保险，于是，簿记员编制了如下会计分录：

偷盗损失　　　　　　　　　1 200
　　测试设备　　　　　　　　　　　1 200

解决问题

29. **与有形资产和无形资产有关的会计分录**。请为月亮宏观系统公司（Moon Macrosystems）发生的下列交易编制相应的会计分录：

a. 2011年1月1日，购入价值400 000美元的计算机和价值40 000美元的计算机软件。月亮公司预计这些计算机可以使用10年，期满时的残值为40 000美元；计算机软件可以用4年，期满无残值。

b. 支付20 000美元将上述计算机设备安装在办公室，支付10 000美元对上述购入的软件进行安装和测试。

c. 用直线法计算2011年和2012年的折旧与摊销费用。在购入当年，月亮公司按整年计算折旧，并将折旧与摊销费用作为期间费用处理。

d. 2013年1月1日，由于新的软件面世，使得月亮公司在交易"a"所购入的软件完全报废。请做出必要的会计分录。

e. 2013年1月2日，月亮公司将上述计算机的总折旧年限更正为14年，预计残值56 000美元。请写出该公司在2013年与折旧有关的会计分录。

f. 2014年12月31日，月亮公司将上述计算机以260 000美元的价格售出。请写出该公司在2014年的相关会计分录。

30. **与折旧有关的估计变更对净利润的影响**。云彩航空公司（Cloud Airlines）的资产规模为30亿美元，其中包括原值为25亿美元、目前账面净值为16亿美元的各种飞机。云彩公司每年的净利润大约为总资产规模的6%。在财务报告中，云彩公司使用直线法按10年对飞机计算折旧，并将预计残值设定为取得成本为10%。目前，云彩公司刚刚宣布变更了它的折旧政策，将按照14年对飞机计算折旧，并将预计残值设定为取得成本的12%。云彩公司目前所拥有的飞机都已经使用了4年，假定它适用的所得税率为35%。

要求：计算此次折旧政策变更对云彩公司的净利

润可能产生的影响，并同时计算影响的绝对额和相对百分比。

31. **减值损失的确认与计量**。请根据美国公认会计原则的要求判断在下列各独立情形下，是否发生了资产减值，如果是的话，请写出相应的会计分录。如果不符合资产减值损失的确认要求，请解释原因，并指出恰当的会计处理方法是什么。

    a. 商业现实公司（Commercial Reality Corporation）专门向波士顿的租赁户提供办公室场所出租。它所拥有的一栋办公大楼原价为8 000万美元，已经累计折旧了2 000万美元。现在，由于波士顿市政府宣布将在这栋办公楼的一侧新修一个高速路出口，对该办公大楼的未来租金造成不利影响，导致该办公楼的预计未贴现租金和处置金额合计从12 000万美元下降为了5 000万美元，而公允价值从8 500万美元下降为了3 200万美元。

    b. 参考"a"部分资料，假定在消息宣布后，与该大楼有关的未贴现现金流量合计为7 000万美元，公允价值下降为4 400万美元。

    c. 医疗服务公司（Medical Services Corporation）计划并修建了自己的办公大楼和诊所。根据最初的预计，这栋大楼的成本为1 500万美元。但是，由于后来负责监督工程项目的人医疗任务太重，没有认真追踪建造的成本，导致最终的大楼建造成本达到了2 500万美元。公司预计这栋大楼能带来的未来现金流量合计为2 200万美元，而大楼目前的公允价值只有1 600万美元。

    d. 麦迪科制药公司（Medco Pharmaceuticals）两年前以4 000万美元的价格购入了新起点生物科技公司（New Start Biotechnology），它将其中2 500万美元分配给了新起点公司所持有的一项专利，剩余1 500万美元分配给了商誉。截至本期末，麦迪科公司将该项专利的账面价值已摊销至2 000万美元。最近，由于一位竞争对手得到了一种生物制药的许可权，使麦迪科公司购入新起点公司专利权的公允价值大幅下跌。根据公司估计，按该专利权所生产的药物在未来能带来的未贴现现金流量计算，合计为1 800万美元，而该专利权在目前的公允价值为1 200万美元。与此同时，麦迪科公司所持有的新起点公司在此时的公允价值为2 500万美元。

    e. 切克加盟公司（Chicken Franchisees Inc.）购入了全国餐饮连锁欢乐鸡餐厅（Chicken Delight Restaurants）在亚特兰大地区的特许经营权，初始取得成本为1 500万美元。自那以后，切克加盟公司对该特许经营权逐期进行摊销，目前该特许经营权的账面价值为1 000万美元。最近，由于配送给加盟商的鸡肉存在有害农药残留，欢乐鸡餐厅的公众形象一下子变得非常负面，使餐厅经营大受影响。根据切克加盟公司的预计，欢乐鸡品牌能带来的未贴现未来现金流量合计大约为600万美元，而该特许经营权的公允价值目前只有300万美元。

32. **研发支出的费用化与资本化**。辉瑞公司（Pfizer）是一家制药企业，它计划在今后几年内每年投入9 000万美元进行新药物的研究与开发。根据辉瑞公司的预计，研发投入加大后，能使公司的税前利润（不含研发支出的）从投入当年开始连续三年每年增长3 600万美元。假定辉瑞公司目前每年的税前利润水平大约为3 000万美元，公司会计主管非常想知道以下两种研发支出会计处理对企业财务报表的影响：

    （1）在支出当年即将所有研发投入都费用化处理（即目前美国所要求的会计处理政策）。

    （2）将每年的研发投入资本化，然后从支出当年开始计算，按3年进行摊销。

    假定辉瑞公司在连续4年中，每年初确实投入了9 000万美元进行研发活动，公司利润也确实如预计那样实现了增长，不考虑所得税的影响，要求：

    a. 假定辉瑞公司按照政策（1）的要求将全部研发支出都费用化处理了，请问公司在这4年内的税前利润情况将会是怎样的？

    b. 假定辉瑞公司按照政策（2）的要求将研发支出进行资本化处理，然后再按3年进行摊销，请问公司在这4年内的税前利润情况会是怎样的？同时，请计算出这4年中每年末资产负债表中的"递延研发支出"（资本账户）项目金额应当为多少？

    c. 为什么说政策（1）更符合会计谨慎性原则的要求呢？

    d. 如果辉瑞公司继续在每年都投资9 000万美元用于研发活动，而且每年的税前利润也像最初4年那样一直增长下去，请问两种政策下公司的税前利润和资产负债表会有怎样的区别？

33. **理解长期资产信息披露**。科美瑞卡磨坊公司（Comerica Mills, Inc.）是一家食品加工企业，表10-2是它在截至2012年5月28日和2013年5月27日的会计年度中，编制的期末资产负债表部分信息摘录。

表10-2 科美瑞卡磨坊公司部分资产负债表信息

（编报单位：百万美元）

（解决问题10.33）

	2013年 5月27日	2012年 5月28日
流动资产	$3 054	$3 041
土地	61	54
建筑物	1 518	1 430
设备	4 016	3 859
资本化的软件开发支出	225	211
在建工程	276	252
土地、建筑物与设备合计	6 096	5 806
减：累计折旧	(3 082)	(2 809)
土地、建筑物与设备——净值	3 014	2 997
需要摊销的无形资产		
专利权与商标权——净值	12	12
不需要摊销的无形资产		
品牌价值	3 682	3 595
商誉	6 835	6 652
无形资产合计	10 529	10 259
其他资产	1 587	1 778
资产总计	$18 184	$18 075

资料来源：© Cengage Learning 2014.

要求：

a. 科美瑞卡公司的经营范围中，并不包含电脑软件的开发。那么，请问为什么在它的资产负债表中会报告有"资本化的软件开发支出"这个资产项目呢？

b. 科美瑞卡公司是否有可能对它的电脑软件计提了摊销费用，请解释？

c. 科美瑞卡公司对应计折旧的资产使用直线法计算折旧，该公司在2013财务年度中，一共确认了421百万美元的折旧费用。请计算在2013财务年度中，该公司所拥有固定资产的平均可使用寿命和已使用年限是多少？

d. 根据表中信息，科美瑞卡公司在2013财务年度中是否处置过任何应计折旧的资产项目呢？为什么？

e. 根据表中信息，你判断科美瑞卡公司主要是靠内部积累扩张的还是靠并购其他消费食品公司实现增长的？为什么？

f. 根据表中信息，科美瑞卡公司在2013财务年度中是否有可能也并购了其他公司呢？请解释为什么。

g. 科美瑞卡公司将专利权和商标权作为需要摊销的无形资产，你认为它是基于什么样的考虑呢？

h. 科美瑞卡公司将品牌价值作为不需要摊销的无形资产进行管理，你认为这事为什么呢？

i. 科美瑞卡公司在利润表（此处未有提供）中报告了一个项目"利息费用——净值"。根据表10-2中的信息，你认为科美瑞卡公司将什么项目作为了当期实际利息支出的减项呢？

34. **理解长期资产信息披露**。哈根公司（Hargon, Inc.）是一家生物制药产品的研发与生产商，表10-3摘录自它在2012年12月31日和2013年12月31日的资产负债表。请问：

a. 哈根公司每年需要对"在建工程"账户计提折旧费用吗？为什么？

b. 哈根公司使用直线法计算长期资产的折旧费用，该公司在2013年的折旧费用总额为593百万美元。请计算哈根公司在2013年应计折旧资产的平均使用寿命和已使用年限。

c. 哈根公司在2013年中是否有处置任何应计折旧的资产呢？请解释为什么？

d. 请解释为什么哈根公司会将"研发完成的产品技术"、"核心技术"、"商标权"和"外购技术权"作为需要摊销的无形资产进行管理？请单独考虑以上这4个项目。

e. 哈根公司使用直线法摊销无形资产的价值，2013年的摊销费用共计370百万美元。请计算哈根公司在2013年需要摊销无形资产的平均总使用寿命和已使用年限。

f. 请解释为什么"研发完成的产品技术"在2013年的价值从3 077百万美元下降为了2 877百万美元，而"核心技术"和"商标权"项目的金额却仍然保持不变？

g. 根据哈根公司的经营特点，它在资产负债表中所报告的"商誉"项目一般会包括些什么内容？

h. 哈根公司在利润表（此处未有提供）中报告了一个项目"利息费用——净值"。根据表10-3中的信息，你认为哈根公司将什么项目作为了当期实际利息支出金额的减项呢？

表10-3 哈根公司资产负债表摘录

（编报单位：百万美元）

（解决问题10.34）

	2013年 12月31日	2012年 12月31日
流动资产	$11 712	$9 235
土地	398	294
建筑及改良设施	2 776	2 485
设备	4 243	3 584
在建工程	1 271	958
土地、建筑物与设备合计	8 688	7 321
减：累计折旧	(2 767)	(2 283)
土地、建筑物与设备——净值	5 921	5 038
需要摊销的无形资产		
研发完成的产品技术	2 877	3 077
核心技术	1 348	1 348

	2013年 12月31日	2012年 12月31日
商标权	190	190
外购技术权	350	—
其他无形资产	454	335
需要摊销的无形资产合计	5 219	4 950
减：累计摊销	(1 472)	(1 208)
需要摊销的无形资产——净值	3 747	3 742
商誉	11 302	10 495
其他资产	1 106	787
资产总计	$33 788	$29 297

资料来源：© Cengage Learning 2014.

35. **理解长期资产信息披露**。HP3 公司是一家计算机软硬件与相关服务的开发与制造商，表 10-4 是它在 2012 年 10 月 31 日和 2013 年 10 月 31 日的资产负债表信息摘录。

   a. HP3 公司使用直线法对建筑物、租入资产改良、机器和设备计算折旧，它在 2013 年的折旧费用合计为 1 922 百万美元。请计算该公司在 2013 年的平均应计折旧资产预计使用寿命和平均已使用年限。

   b. 根据表中信息，可以判断 HP3 公司在 2013 财务年度中处置了任何应计折旧的资产么？为什么？

   c. 为什么 HP3 公司会将客户合约、核心技术、专利权和产品商标权作为需要摊销的无形资产核算？请单独考虑以上 4 类资产的特点再回答。

   d. HP3 公司使用直线法对需要摊销的无形资产计算摊销，公司在 2013 财务年度的摊销费用合计为 783 百万美元。请计算 2013 财务年度中需要摊销的无形资产平均使用寿命和平均已摊销年限。

   e. 7 年前，HP3 公司并购了卡西欧电脑公司（Casio Computer Company）。请问，为什么 HP3 公司会将卡西欧公司的品牌名称作为不需摊销的无形资产进行管理？

   f. 根据报表中的信息，HP3 公司在 2013 财务年度中进行过公司收购活动么？为什么？

表 10-4　HP3 公司资产负债表信息摘录

（编报单位：百万美元）

（解决问题 10.35）

	2013年 10月31日	2012年 10月31日
流动资产	$47 402	$48 264
土地	464	534
建筑与租入资产改良	6 044	5 771
机器与设备	9 903	8 719
土地、建筑物与设备合计	16 411	15 024
减：累计折旧	(8 613)	(8 161)
土地、建筑物与设备——净值	7 798	6 863
需要摊销的无形资产：		
客户合约、客户名单与经销协议	3 239	2 586
开发完成的技术、核心技术与专利权	2 768	1 923
产品商标权	115	103
需要摊销的无形资产合计	6 122	4 612
减：累计摊销	(3 465)	(2 682)
需要摊销的无形资产——净值	2 657	1 930
无需摊销的无形资产：		
卡西欧公司品牌名称	1 422	1 422
商誉	21 773	16 853
无形资产合计	25 852	20 205
其他资产	7 647	6 649
资产总计	$88 699	$81 981

资料来源：© Cengage Learning 2014.

第 11 章
长期借款、债券与租赁

学习目标

1. 会选择适当的贴现率来对合同规定的未来现金流量计算贴现，确定借款与应付债券的发行价格、账面价值与公允价值。
2. 理解实际利率法，并能用实际利率法对债务的溢价或者折价进行摊销。
3. 理解金融负债的公允价值选择权。
4. 能够区分资本租赁（美国公认会计原则术语）或融资租赁（国际财务报告准则术语）与经营租赁，理解对这两类租赁的不同会计处理要求，以及租赁的分类对财务报表的影响。
5. 能正确对融资租赁和经营租赁进行会计核算。

在第9章中我们曾经提到，对于应收账款和存货等流动资产，企业一般会采用短期借款形式或者利用商业信用（延期向供应商付款）来进行融资，然后再用今后若干月内收到的客户付款来偿还短期借款和向供应商支付货款。对于不动产、厂场和设备等长期资产，企业一般需要使用长期借款或者由股东直接或间接提供的资金来提供融资支持。在本章中，我们主要讨论长期借款协议（即从资产负债表日开始计算，偿还期在1年以上的借款）的会计处理问题。

在企业的资本结构中，长期负债使用得越多，企业无法按期偿还本息的可能性就越大，因此破产或者违约风险也就越高。财务分析师习惯使用一些财务比率来评价与长期借款相关的风险，比如，长期负债在融资总额中所占的比重，"长期负债率"就是其中的一个。

$$长期负债率 = \frac{长期负债}{负债 + 股东权益}$$

而"负债权益比"则将企业的长期负债总额与股东权益总额进行比较，[⊖]用以说明在企业总的长期资金来源中，由债权人所提供的部分和由股东所提供的部分各自所占的比重如何。

$$负债权益比 = \frac{长期负债}{股东权益}$$

在表11-1中，列出了不同行业的4家公司这两个负债比率的分布情况，同时，还报告了这几家公司的不动产、厂场和设备占总资产的比重。我们可以用这些比率来判断企业所处行业的经济特征、它对固定资产的依赖情况和对长期负债融资的使用情况。

表11-1　4家公司的负债比率比较　（%）

企业	长期负债率	负债权益比	不动产、厂场与设备占总资产的比重
SA电气公司	43.4	193.5	81.5
博伊西公司	44.9	59.1	54.1
WPP集团	8.3	24.1	2.8
英特尔公司	3.8	5.0	36.4

资料来源：© Cengage Learning 2014.

SA电气公司（SA Electric）　SA电气公司是南美的一家受政府管制的电力服务供应商，在它的总资产中，不动产、厂场与设备占了很大的比重；但从对这些资产的融资支持来看，该公司对长期负债的依赖明显超过了对股东权益的依赖（因为它的负债权益比已经明显超过100%了）。SA电气公司的垄断地位有效地降低了它的违约或者破产风险，因此它的借款成本相对是比较低的。此外，它的生产和运输设施还可用作债务的抵押，即当SA电气公司不能按期偿债时，债权人可以将这些设施拍卖了，用拍卖所得来抵偿SA公司的借款。

博伊西公司（Boise Cascade）　博伊西公司是一家美国企业，它使用专门的固定资产设备将木浆制作成各种纸制品。在这4家公司中，它的不动产、厂场与设备占总资产之比和负债权益比都是次高的。博伊西公司的风险程度比电力行业的企业要高出很多，因为首先，它不属于垄断企业，产品的定价取决于市场而不是政府管制；其次，相对于电力行业来说，博伊西公司的销售收入受业务活动水平的影响很高；再次，博伊西公司也没有SA电气公司那么多的资产可用于借款抵押。因此，由于风险较大，使博伊西公司的借款成本提高，影响了它对借款融资的依赖。

WPP集团（WPP Group）　WPP集团是一家英国的社区服务企业，向全球用户提供广告、市场研究、公共关系和其他服务。除了少量的设备以外，WPP集团几乎就没有什么其他固定资产了（它的绝大部分办公场地都是租赁取得的）。在这里所比较的4家企业里，WPP集团的固定资产比重最低，负债权益比也属于倒数第二低的。由于WPP集团主要是通过员工所提供的服务、而不是靠资产的运营来创造价值的，因此，它没有必要、同时也没有能力使用固定资产作为抵押物去借入长期负债。

英特尔公司（Intel）　英特尔公司是一家美国的半导体设计与制造企业，在生产半导体的过程中需要用到大量的设备类固定资产。在表中，该公司的不动产、厂场和设备占总资产比重看起来并不是特别高，主要是因为它的设备受技术更新快的影响，通常都需要在4年内折旧完毕。与其他3家公司相比，英特尔公司的长期负债率和

[⊖]　"权益（equity）"的典型用法本是指资产负债表右边的任何项目——不管来源于谁。但在现代商业环境中，"权益"这个概念的范围已被缩小为股东权益，即投入资本和留存收益。因此，当碰到"权益"这个词时，要小心联系语境，考虑它是指的广义权益还是狭义权益。

负债权益比是最低的，这主要有两个方面的原因。首先，该公司盈利能力非常强，因此通过自身的经营积累了不少资金；其次，英特尔公司所生产产品的技术更新风险特别大，产品生命周期基本不会超过2年，如果再过分依赖于债务融资的话，势必会加大融资风险和借款成本了。

上述几个例子充分说明了企业所处的行业和经济特征对它的长期债务融资行为和风险评价的影响。本章主要讨论长期债务的确认和计量问题。根据美国公认会计原则或国际财务报告准则的要求，什么样的义务可被确认为长期负债？根据这两套准则体系，在资产负债表中，应如何报告长期负债的金额？美国公认会计原则和国际财务报告准则在关于负债会计处理方面的规定基本是一致的，只有少许的例外。在本章中，我们将分别讨论长期借款、应付债券和租赁的会计处理问题。接下来首先介绍长期借款和债券，然后在下一个部分中专门讨论租赁。

11.1 长期债务市场概述

本部分主要介绍债务市场概况，以方便大家对后续将要介绍的长期负债会计处理加深理解。债务市场有很多专门术语，所以，请准备好迎接这些新词汇吧！

11.1.1 长期债务融资的来源

期待长期资金来源用作购买固定资产或者企业并购的企业，通常会选择如下两者之一：（1）向商业银行、保险公司或其他金融机构借款；（2）在资本市场中发行债券等债务工具融资。

向商业银行或者其他金融机构申请借款时，通常会要求企业提供抵押资产。例如，企业为购买设备而申请借款时，通常就会以该设备作为抵押物。如果在借款期间内企业的财务健康状况不能达到特定要求或者不能如期偿还借款，那么债权人就有权收回抵押物然后将其出售所得用来抵债。我们通常将银行借款的财务契约称为**票据**（note），因此这类借款在资产负债表中有时就会被报告为**应付票据**⊖（notes payable）。银行借款的期限一般都在10年以内，且通常一笔借款只有一个债权人。向单一的债权人借款可以避免公开发行债务的报告要求，但是在这种情况下，由于并不存在债务的公开交易市场，所以除非借款协议中规定了特定的借款偿还条件，否则，债务人要在借款到期前摆脱借款协议的束缚就是非常困难的。

很多企业会通过在公开债务市场中发行**债券**（bond）来募集长期资金。所谓债券，是一种与银行或者保险公司所签订的借款协议相类似的金融契约，上面列明了借款人和债权人关于债券的偿付、企业经营政策和债券存续期间的其他借款行为等问题达成一致的条款。这种金融契约有一个专门的名称，叫作**债券契约**（bond indenture）。在资产负债表中，债券报告在"应付债券"（bonds payable）项目下。与借款不同的是，债券的到期日通常长于10年，而且与借款通常只需要面对单一债权人相比较，债券的持有人非常众多。对于即将在下一会计年度内就到期的债券，企业在资产负债表中应当将其进行重分类，报告为流动负债，其余部分则报告为长期负债。此外，企业还必须在财务报表附注中列出全部的长期负债清单。

11.1.2 各种类型的债券条款

债券的发行受具体的债券条款规定影响。例如，抵押物能为债券的清偿提供保障（担保债券），或者企业也可以完全凭主体信用去发行债券（**无担保债券**，unsecured borrowing）。根据在企业发生破产清算时可享有的优先顺序，无担保债券又可以区分为具有**优先权**（senior rights）的债券和**次级的**（subordinated rights）债券，前者的持有人在发行主体发生破产清算时能够比后者的持有人先得到偿付。

债券的偿还方式也有很多种。典型的**信用债券**（denbenture bond）会定期支付利息，例如，通常为每半年付息一次，然后在债券到期时再一次性偿还债券本金。但**分期等额还本付息券**（serial bond）则会在债券存续期内定期偿付利息和部分本金。而**零息券**（zero coupon bond）在债券整个存续期内都不支付任何利息，全部的利息和本金都在债券到期时才支付。我们会在后面部分中再对本金（principal）和利息（interest）这两个概念进行更准确的定义。

可转换公司债券（convertible bonds）允许它的持有人在特定条件下将债权转换为对发行公司的普通股权。这样，如果债券发行以后公司的普通股市场价格上升，债券持有人就能从中受益。因此，这类转换权是有价值的。

⊖ 请注意这里与我国资产负债表中的"应付票据"项目不同，在我国，应付票据是指应付商业汇票，而不是银行借款。银行借款在我国的资产负债表中会直接报告为"短期借款"或者"长期借款"。——译者注

如果直到债券到期时，持有人都还未行使这种转换权，那么，发行公司就只需要在债券到期时与普通债券一样偿付本息就可以了。我们将在第15章中详细讨论可转换债券的问题。

还有一些债券是**可赎回的**（callable），即发行公司有权利在这些债券到期前，按照某个特定的价格将债券购回。通常，如果利率在债券发行以后持续走低，发行公司就可能行驶它的赎回权利，因为企业此时能够以更低的利率借入资金，然后再利用借款来赎回过去所发行的高利率债券。

反过来，债券投资者有时候也可以拥有**卖出权**（put option），即满足特定条件的情况下，他们可以强制发行公司在债券到期前就进行偿付。通常，如果市场利率上升，投资者就可能行使手中的卖出权，这样，方便他们利用债券出售所得再去投资回报率更高的债务凭证。

债券可能是**固定利率**（fixed interest rate）的，也可能是**浮动利率**（variable interest rate）的。固定利率债券在整个存续期内都按固定比率支付利息，而浮动利率债券在存续期内支付利息的比率则是变动的。通常，在债券契约中，会规定具体的浮动利率债券每期利息计算方法。

行业经济特征、公司财务健康状况和债券所具有的具体条款特征等，共同决定了债券投资的风险，而债券投资风险反过来也影响着投资者在债券发行当时和发行以后的必要报酬率大小以及债券的交易价格。接下来，我们将讨论一般情况下的金融工具计量问题，然后专门讨论长期借款、应付债券和租赁的计量问题。要理解本章后续部分中介绍的计算过程，你必须要事先懂得复利的概念和了解如何计算复利条件下**未来现金流量的现值**（present value of future cash flows）。在本书末尾的附录中，对复利知识进行了介绍。

11.1.3 金融工具的计量：一般原则

所谓**金融工具**（financial instrument），是指企业所签订的一种金融协议，在此协议中，企业承诺将在未来某个时候收回或者支付现金或其他资源，以换取现在付出或者收到的现金或其他资源。借款、债券和租赁等，都属于金融工具；本书第13章中将要讨论的衍生产品，也属于金融工具。这些金融工具的典型特征，是它们都采用合约的方式规定了企业在将来某个特定时刻应当收取或者支付特定金额的计算办法。

借款和债券的会计计量需要遵循以下这两条一般原则：

1. 最初借款额和借款取得以后债券或者借款的市场价值，应当等于按某个适当的利率（以后将具体讨论这个利率）计算的、未来或者剩余现金流量的贴现值。

2. 我们将能使某金融工具的未来现金流量现值等于其目前公允价值时的贴现率，称为该金融工具的**内含报酬率**（internal rate of return）或者**到期收益率**（yield to maturity），或者在更普遍的情况下，直接将其称为**市场利率**（market interest rate）。如果在金融契约中并没有明确指出某工具的内含报酬率，则投资者可以根据附录中的程序自行解出这个利率来，称为**隐含利率**（implicit interest rate）。在金融工具的发行日，其公允价值必然等于发行所得，即借款总额。要理解借款和债券的会计核算要求，我们还必须再引入两个概念：

- **历史市场利率**（historical market interest rate）：指借款取得日的贴现率。按这个利率对合同规定的现金流量进行贴现，能使未来现金流量的现值恰好等于初始借款额，即借款在发行日的公允价值。
- **当前市场利率**（current market interest rate）：指借款取得以后，某后续计量日的贴现率。按这个利率对合同规定的现金流量进行贴现，能使剩余未来现金流量的现值恰好等于该笔借款在该后续计量日的公允价值。

本章后续部分将介绍两种美国公认会计原则和国际财务报告准则允许公司采用的长期借款和债券会计核算方法，即摊余成本法和公允价值法。

1. **摊余成本法**（amortized cost）：在债务存续期内，用历史市场利率来计算借款或者债券的账面价值，同时在财务报表附注中，披露按当前市场利率计算的这些金融工具的公允价值。由于这种方法在目前的公司财务报告中被普遍采用，因此本章将主要介绍这种方法。

2. **公允价值法**（fair value）：在每个会计期末按公允价值来计量借款和债券的金额，计算公允价值时，采用当前市场利率替代历史市场利率来对剩余现金流量进行折现。美国财务会计准则委员会和国际会计准则理事会将这种方法称为**公允价值选择权**（fair value option）。[⊖] 我们在本章后续部分将对此进行具体介绍。

⊖ 美国财务会计准则委员会，《财务会计准则公告第159号：金融资产和金融负债的公允价值选择权》（2007年，汇编主题825）；国际会计准则理事会，《国际会计准则第39号：金融工具的确认与计量》（1999年，2003年修订）。

11.2 借款的会计核算

企业通过签发票据的形式从银行、保险公司和其他金融机构取得借款，在该票据中，会详细规定借款的各项条件。

例题1 2014年1月1日，纽森姆公司（Newsom Company）从银行借款125 000美元用来购买土地，公司以此块土地作为抵押品取得了借款，利率按贷款余额的12%计算，每半年按复利计息（即每半年6%）。借款人需要在取得借款后的前4.5年中在每年6月30日和12月31日支付17 000美元，然后在第5年末（即贷款到期日）再支付16 782美元彻底了结这笔借款。⊖

初始计量 这笔贷款的初始计量金额应当等于借款额125 000美元。该金额恰好等于按债权人所要求的收益率——假定仍然是按12%的年利率，在每半年计息一次条件下，企业未来现金付款额的现值。

当一笔贷款的设定利率（例如本例中的按6%每半年计息一次）恰好等于债权人所要求的报酬率（恰好也是按6%每半年计息一次）时，实际取得的借款金额也恰好会等于贷款的本金（如果是债券，则称为面值）。当我们开始讨论债券账面价值的计量时，这个概念的重要性将会变得更加突出。

纽森姆公司在账簿中应当编制如下会计分录，以记录这笔贷款的取得和土地的购买：

2014年1月1日
  货币资金   125 000
    长期借款   125 000
  记录从银行贷款125 000美元，贷款年利率12%，每半年计息，需要每半年偿还17 000美元，
  并在最后一期结清余款16 782美元。

2014年1月1日
  土地   125 000
    货币资金   125 000
  用货币资金125 000美元购入一块土地。

借款取得以后的后续计量 借款取得后，第1个计息期（即1月~6月）的利息费用合计为7 500（=6%×125 000）美元，而企业在6月末应按要求向银行支付17 000美元。因此，应编制如下会计分录来记录第1个计息期的利息费用、贷款偿还金额和长期借款本金的减少金额：

2014年6月30日
  利息费用   7 500
  长期借款   9 500
    货币资金   17 000
  记录第1个计息期的利息费用、贷款偿还金额和长期借款本金的减少金额。

这样，在经历了第一个长度为6个月的计息期之后，贷款的账面价值变为：

2014年1月1日长期借款余额	$125 000
加：第1个计息期的应计利息（6%×125 000美元）	7 500
减：2014年6月30日实际偿付现金金额	(17 000)
2014年6月30日长期借款余额	$115 500

这笔贷款在2014年6月30日的账面价值，等于将剩余现金流量按12%的年利率、每半年复利计息一次进行贴现计算时，所得到的现值。

上述计算过程说明了第2个重要概念：在存续期内，资产负债表上所报告的借款金额（即借款的账面价值），等于按历史市场利率（在本例中，即按12%的年利率每半年复利计息一次）将剩余现金流量贴现所能得到的现值。在贷款的整个存续期内，当前市场利率与历史市场利率往往是不相同的。因此，未对长期借款和债券使用公允价值选择权（稍后将详述）进行会计核算的企业，应使用历史市场利率对尚未偿还的借款金额进行会计核算。

⊖ 在本章附录中的例题9有解释该17 000美元是如何计算得到的。

表 11-2 长期借款摊销计划表

本金 125 000 美元，年利率 12%，每半年按复利计息（即按 6% 每半年计息）。
在前 9 个半年中，每期偿还 17 000 美元，最后一期偿还 16 782 美元。

期数（1）	期初余额（2）	当期利息费用（3）	当期还款额（4）	当期偿还的本金（5）	期末余额（6）
0					$125 000
1	$125 000	$7 500	$17 000	$9 500	115 500
2	115 500	6 930	17 000	10 070	105 430
3	105 430	6 326	17 000	10 674	94 756
4	94 756	5 685	17 000	11 315	83 441
5	83 441	5 006	17 000	11 994	71 448
6	71 448	4 287	17 000	12 713	58 734
7	58 734	3 524	17 000	13 476	45 259
8	45 259	2 716	17 000	14 284	30 974
9	30 974	1 858	17 000	15 142	15 832
10	15 832	950	16 782	15 832	0

注：此表中的数字是按四舍五入到1美元处理的，但实际上在计算时，我们是用EXCEL电子表格精确计算的。
第（2）列 = 第（6）列的上期数；
第（3）列 = 6% × 第（2）列，但第 10 期除外，第 10 期的第（3）金额 = 第（4）列 − 第（5）列；
第（4）列为已知；
第（5）列 = 第（4）列 − 第（3）列；
第（6）列 = 第（2）列 − 第（5）列。
资料来源：© Cengage Learning 2014.

摊销计划表（amorization schedule） 表 11-2 是该笔贷款的摊销计划表。在这张表格中，列出了贷款存续期内每个计息期的利息费用和现金偿还金额，以及贷款的账面价值等这几个指标在这 10 个计息期中的分布情况。其中，每期的利息费用等于债权人所要求的报酬率（每计息期 6%）与当期期初贷款的未偿还金额之乘积。在表 11-2 中，这种逐期摊销一种金融工具的价值至其到期值的方法被称为**实际利率法**（effective interest method）。实际利率法具有下列特点：

1. 无论是初始计量还是后续计量，借款、债券和其他金融工具都按使用历史市场利率（即发行时的到期收益率）将剩余现金流量进行贴现所能得到的现值进行计量。
2. 每一期的利息费用等于历史市场利率与当期期初金融工具的账面价值之乘积。

在本例中，借款的账面价值在每期都在发生变化，主要受每期应计利息的增加和偿还本息的影响。

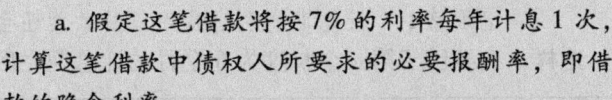

自习问题 11.1

附息借款的隐含利率与摊销计划表。 维拉公司（Vera Company）取得了一笔本金为 100 000 美元的三年期借款，实际收到金额为 97 375.69 美元。维拉公司承诺的还款方式为：在第 1 年和第 2 年年末各偿还 6 000 美元，然后在第 3 年年末再偿还 106 000 美元。要求：

a. 假定这笔借款将按 7% 的利率每年计息 1 次，计算这笔借款中债权人所要求的必要报酬率，即借款的隐含利率。

b. 按照表 11-2 的格式为这笔借款编制摊销计划表。

11.3 债券的会计核算

企业常常会通过在公开债券市场向众多投资者发行债券的方式来募集长期资金。如前所述，发行公司在债券存续期内的资金需求和投资者对债券的偏好等因素导致不同债券的条款差别非常大。在这些条款的设计方面，投资银行常常会为公开发行债券的公司提供很多参考建议。

11.3.1 债券的现金流量特点

不同债券的发行人向投资者支付现金流量的模式是不一样的，常见的形式有定期付息到期还本、分期等额还本付息和零息券三种。

例题2 福特汽车公司（Ford Motor Company）发行了 250 百万美元的分期付息到期还本债券，年利率为 8%，每半年计息，20 年期。根据债券契约规定，福特公司应在这 20 年中，每 6 个月就向债券投资者支付 10（= 8% × 250 × 6/12）百万美元的利息，然后在第 20 年年末归还 250 百万美元的本金。如果用专业术语来讲，本例中的 250 万美元就是债券的**本金**（principal）或者**面值**（face value），而 8% 则称为**票面利率**（coupon interest rate）。在这个例子中，250 百万美元同时也是该债券的**到期值**（maturity value）。面值这个词是指印刷在债券凭证上的本金金额，面值或者本金是计算每期利息支付金额的基础。⊖过去，在这样的债券上曾经一度附有息票，表明每期的利息等于 4% 与本金金额的乘积；息票上还会注明日期，每两张息票之间的间隔期将为 6 个月。投资者可以每隔 6 个月就从债券上撕下相应日期的息票，然后就像送存他们所收到的支票一样，把这些息票也交到银行去送存。现在，虽然支票和电子资金划转早已取代了息票，但票面利息（coupon）这个词却一直还在使用之中。用 8% 的票面利率乘以本金 250 百万美元，就可以得到每年的现金付款额 20 百万美元，按计划，福特公司将每半年支付 10 百万美元。

例题3 克莱斯勒公司（Chrysler Company）发行了 180 百万美元 15 年期的分期等额还本付息券。根据债券契约规定，克莱斯勒公司需要在未来 15 年中，每隔半年就像债券持有人支付 10 409 418 美元。该定期偿付额中既包括部分利息也包括部分本金。债券的面值或者说本金为 180 百万美元，没有规定票面利率，但实际上在每期偿还金额中都包括有隐含利息。我们将在本章稍后部分对这种分期等额还本付息券进行更深入的讨论。

例题4 通用汽车公司（General Motors Corporation）发行了 300 百万美元 10 年期的零息券。这批债券不需要公司定期支付利息，相反，300 百万美元的到期值中既包含了本金，也包含了全部利息。虽然这种债券不会表明票面利率，但根据它们的发行所得和到期值，实际上是可以求出其中的隐含利率来的。我们将在本章后续部分中对这种零息券进行更多的讨论。

11.3.2 与债券相关的术语回顾

现在，让我们来回顾一下以下这些与债券相关的专业术语：

1. 在债券契约中，会规定好本次所发行债券的未来现金流量计算基础。只有了解了债券未来现金流量的分布情况，才可能正确地对债券进行初始计量和后续计量。

2. 与债券相关的术语包括：

a. 面值（face value）：指印刷在债券上面的金额，是计算每期票面利息的基础。⊖对定期付息到期还本券和零息券来说，面值是等于债券的到期值的；但对分期等额还本付息券来说，这一条就不成立了。

b. 本金（principal）：对定期付息到期还本券和分期等额还本付息券来说，本金与面值是一个概念；但对零息券来说则并非如此。

c. 到期值（maturity）：指发行人在债券到期时需要偿付的金额。对定期付息到期还本券和零息券来说，到期值就等于面值。

d. 公允价值（fair value，有时也称为**市场价值**，market value）：指债券在发行日或者发行后存续期内的任何日子，在市场中进行交易的价格。

e. 票面利率（coupon rate）：指在债券契约中规定的利率，对定期付息到期还本券来说，用这个利率乘以债券的面值，就可以得到企业应支付的每期利息金额。票面利率通常用年利率表示，但债券发行人却可以在 1 年内分多次等额付息。例如，常见的付息期为每半年一次。举个例子，如果票面利率为 6%，每半年付息 1 次，那么，发行人就应按 3% 的利率，每 6 个月计算 1 次利息。利息支付的频率会影响到债券的收益率和摊销计算。票面利

⊖ 很多人将每期的付款额称为利息支付（interest payment）。但这样称呼很容易引起误会，因为你很快就会发现，每期的利息费用金额几乎从来就不等于每期发行人向债券投资者所支付的金额。利息这个专业术语有时指的是每期的支出额（即支付的票面利息），有时则指的是每期的费用额——利息费用。当上述两者的金额不一致时，我们将尽量只用利息来指代每期的利息费用额，而不是实际支出额。每期的实际付款额中总是会包含支付给投资人的部分利息，但并不一定会是自从上一次支付以来的全部利息。如果每期付款额大于当期的全部应计利息额，则多出的付款额将被视为本金的偿还。利息的支付和本金的偿还都会减少负债的金额，因此，对这种付款额的一种全面称呼应当是**债务偿付金额**（debt service payments）。

⊖ 面值的英文表达除 face value 外，还有 par value。在本教材中，为减少混乱，我们统一用 face value 表示债券的面值，用 par value 表示优先股或普通股的面值。

率与债券发行时的历史市场利率并不一定是相等的,我们稍后会对此进行更详细的讨论。

f. 历史市场利率(historical market interest rate)或初始到期收益率(initial yield to maturity):在债券发行时,如果按此利率对债券全部未来现金流量进行贴现,那么,贴现值的和恰好就会等于债券的初始发行价格。

g. 当前市场利率(current market interest rate):能使债券全部未来现金流量的现值恰好等于其目前公允价值的贴现率。

11.3.3 债券的初始计量

债券的初始发行价格受以下两个因素的共同影响:

1. 债券契约中所规定的未来现金流支付情况,这个问题在前面已经讨论过了。
2. 愿意购买该债券的投资者所要求的必要报酬率。以下将对这个问题进行主要讨论并举例说明。

例题 2(续) 针对例题 2 中所发行的债券,福特公司需要每半年就支付 10 百万美元的利息,然后再在债券发行后第 20 年年末偿还 250 百万美元的本金。如果画出资金分布时间轴(请参考附录中关于资金分布时间轴的介绍)来,这种每半年一次的利息支付涵盖了一共 40 个长度为 6 个月的计息期间,如下图所示(金额单位为百万美元):

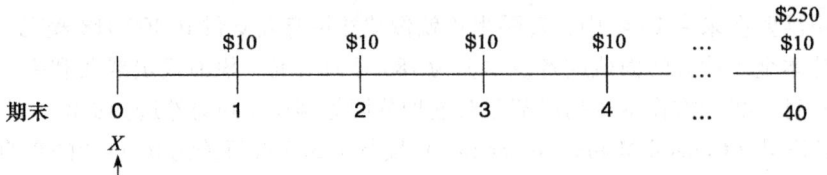

假定对于福特公司所发行的这种债券,市场所要求的报酬率为按 8% 的年利率每半年计息 1 次。这样,该债券的初始发行价格就应该为 250 百万美元,计算过程如下(计算中用到了本书附表 4 中的年金现值系数和附表 2 中的复利现值系数,金额均四舍五入到千美元):

共计 40 期,每期金额为 10 百万美元的年金,按 4% 的利率贴现:10 百万美元 × 19.792 77	$197 927 700
第 40 期末的 250 百万美元,按 4% 的利率贴现:250 百万美元 × 0.208 29	52 072 500
初始发行价格(因四舍五入原因,在教材中直接取 250 百万美元)	$250 000 200

请注意我们曾经在例题 1 中提到过的概念:当票面利率恰好等于历史市场利率或债券发行时投资者要求的报酬率时,债券的初始发行价格恰好也等于其面值。

例题 3(续) 现在我们来分析克莱斯勒公司所发行分期等额还本付息券的估值。克莱斯勒公司在未来的 15 年中,必须每 6 个月就向债券持有人支付 10 409 418 美元,用资金分布时间轴可表示如下(金额单位为百万美元):

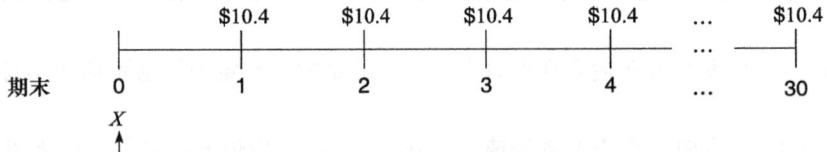

假定对于克莱斯勒公司所发行的这种债券,市场要求的报酬率为按 8% 的年利率,每半年计息 1 次。那么,初始发行价格的计算过程如下:

共计 30 期,每期金额为 10 409 418 美元的年金(见附表 4),按 4% 的利率贴现:10 409 418 美元 × 17.292 03	$180 000 000

初始发行价格等于债券的面值,意味着该债券的隐含利率恰好等于市场所要求的报酬率。

例题 4(续) 通用汽车公司所发行的债券要求它在第 10 年年末向债券持有人一次性支付 300 百万美元。资金分布时间轴为(金额单位为百万美元):

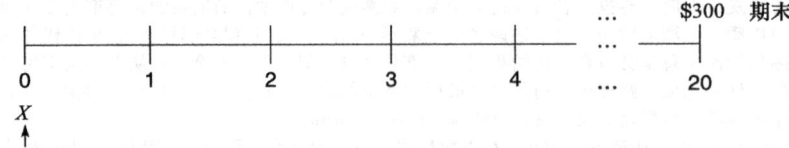

假定与福特公司和克莱斯勒公司所发行的债券一样,市场对通用汽车公司所发行债券要求的收益率也是按

8%的年利率,每半年计息1次,那么,债券的初始发行价格可计算如下:

20期后的300百万美元(见附表2),按4%的利率贴现:300百万美元×0.456 39	$136 917 000

所以,该债券的面值和到期值高于其发行价格,两者之差163 083 000(=300 000 000 - 136 917 000)美元实际上就是借款136 917 000美元所承担的利息。为更清楚地说明这一点,请注意,136 917 000美元在4%的利率水平下,20期后的终值恰好也大约等于300 000 000(=136 917 000×2.191 12)美元。即债券投资者现在向通用汽车公司支付136 917 000美元,换取在10年后收回300 000 000美元的权利。该计算过程说明,零息券的投资者也是可以赚取利息的,只不过这些利息需要等到债券到期时才能一次性收到。零息券的利率都是隐含的,利息被包含在了债券到期时可以得到的面值和债券的初始发行价格之差额中。

自习问题11.2

零息券的摊销计划表

a. 参考表11-2的格式,为例题4中所发行的债券编制一份摊销计划表。

b. 这份零息券的金额是如何在这10年中增长到300百万美元去的?

发行价格不等于面值时 债券上所标明的票面利率并不一定恰好会等于债券投资者在债券发行时所要求的必要报酬率。新债券的发行准备工作常常耗时数月,当公司最终敲定了债券契约和其他文件中将要规定好的票面利率后,到债券的真正发行往往还需要很长时间,而在这段时间中,市场利率往往会发生波动。票面利率与发行时的市场利率之间往往相差不大(零息券除外),但在会计处理中,却必须将这些差异反映出来。当票面利率不等于市场所要求的报酬率时,发行价格也就会不等于债券的面值,一般来说,你会发现:

1. 当市场所要求的必要报酬率高于债券的票面利率时,债券的初始发行价格会低于其面值,或者称该债券为**折价**(discount to face value)发行。

2. 当市场所要求的必要报酬率低于债券的票面利率时,债券的初始发行价格会高于其面值,或者称该债券为**溢价**(premium to face value)发行。

举例来说,假定在前面福特公司所发行的债券中,市场对该债券所要求的报酬率是按10%的年利率,每半年计息1次,那么,该债券的初始发行价格就应当为:

共计40期,每期金额为10百万美元的年金,按5%的利率贴现:10百万美元×17.159 09	$171 590 900
第40期末的250百万美元,按5%的利率贴现:250百万美元×0.142 05	35 512 500
初始发行价格	$207 103 400

如果投资者按面值250百万美元购买福特公司的债券,他们就只能得到8%的到期收益率。因此,期望报酬率为10%的投资者肯定是不会花250百万美元来买这种债券的,因为如果按10%的利率水平对该债券的未来现金流量进行贴现,只能得到207 103 400美元,小于购买成本250百万美元。所以,如果按面值出售这种债券,必然会发现在市场上找不到对这种债券的需求,从而最终导致债券的出售价格下跌到207 103 400美元,此时该债券所提供的报酬率恰好等于按10%的年利率水平、每半年复利1次的要求。初始发行价格207 103 400美元与债券的到期值250 000 000美元之差,表示福特公司在债券到期时将额外支付的利息,因此,该债券的总利息费用为442 897 600[=(10 000 000×40)+(250 000 000 - 207 103 400)]美元。该债券向投资者所承诺的现金流量仍然如同债券契约中所规定的那样,一点也没有变化,但是投资者所要求的必要报酬率变动了,所以债券的发行价格也就受到了影响。

这个例题说明,当投资者所要求的报酬率(例如本例中的10%)高于债券的票面利率(例如本例中的8%)时,债券只能折价发行。实际发行所得与债券面值之差刚好可以弥补投资者所要求的报酬率与债券票面利率之差所带来的影响。而像例题4中,通用公司所发行零息券,也是折价发行债券的一种极端例子,这种债券的票面利率为0，因此投资者对这种债券所要求的报酬率与票面利率之差恰好也就是投资者所要求的利率。

现在让我们来看看另一种情况，如果债券的票面利率高于投资者所要求的报酬率会怎么样呢？假定在福特公司债券的例子中，投资者所要求的是按6%的年利率水平，每半年计息1次，那么，债券的初始发行价格就应当为：

共计40期，每期金额为10百万美元的年金，按3%的利率贴现：10百万美元×23.114 77	$231 147 700
第40期末的250百万美元，按3%的利率贴现：250百万美元×0.306 56	76 640 000
初始发行价格	$307 787 700

如果投资者花250百万美元买入这种债券，他们就能实现按8%的年利率水平、每半年计息1次的报酬率。如果投资者所要求的报酬率仅是按6%的水平每半年计息，那么，将有更多的投资者愿意购买这种债券，买方力量的加强会使得债券的价格上涨，直到发行价格变为307 787 700美元，此时，投资该债券所能实现的报酬率恰好等于市场所要求的、按6%的年利率、每半年计息1次的水平。债券发行所得307 787 700美元与债券的到期值250 000 000美元两者之差，表示发行公司利息费用的减少，因此，发行人的实际总利息费用应当为342 213 000〔=(10 000 000×40) - (3 077 877 - 250 000 000)〕美元。与前面的例子一样，债券契约中所规定的现金流量分布并没有发生任何变化，只是市场所要求的报酬率变动了，因此初始发行价格也改变了。

折价或溢价本身与债券发行人的信用风险是无关的。一些像通用电气（General Electric）这样大牌的企业，信用风险很低，能够按6%的利率水平借入资金，也可能会选择按5%的利率水平折价发行债券。相反，一些信用评级较低的企业，在贷款时平均要支付10%的利率水平时，也可以按12%的利率溢价发行债券。不过，在现实中，很难看到哪只债券的票面利率与市场收益率会相差1%或2%个点（即100或200个基点）以上，因此，现实生活中的折价或者溢价程度很少会向这几个例题这样明显。

下面我们再来看一个计算债券的初始发行价格的例子。假定债券的面值为100 000美元，按12%的年利率每半年计息1次，5年期。

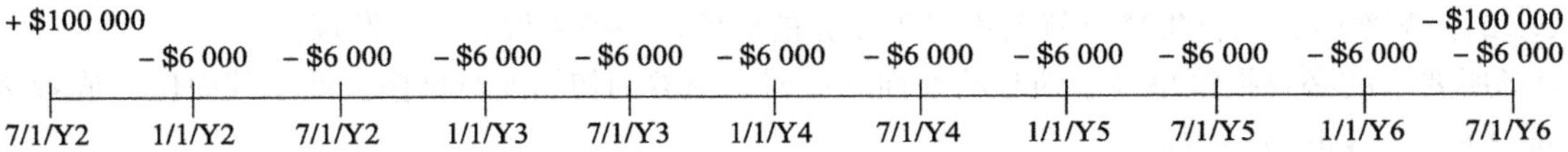

```
+$100 000                                                                    -$100 000
         -$6 000 -$6 000 -$6 000 -$6 000 -$6 000 -$6 000 -$6 000 -$6 000 -$6 000 -$6 000
7/1/Y2   1/1/Y2  7/1/Y2  1/1/Y3  7/1/Y3  1/1/Y4  7/1/Y4  1/1/Y5  7/1/Y5  1/1/Y6  7/1/Y6
```

图11-1　5年期，按12%的年利率、每半年计息1次的债券资金分布时间轴（面值100 000美元，按面值发行）
资料来源：© Cengage Learning 2014.

平价发行　麦考利公司（Macaulay）在第1年的7月1日发行了面值为100 000美元、按12%的年利率每半年付息1次的信用债券。根据债券契约，麦考利公司将在第6年的7月1日，即5年后偿还债券本金；而利息则定期在每年的1月1日和7月1日支付，每期支付的利息额为6 000美元。在图11-1中，列出了与该债券相关的这两种现金流量的资金分布时间轴。假定在第1年的7月1日，市场对麦考利公司债券所要求的报酬率恰好也等于按12%的年报酬率、每半年计息1次的水平。那么，根据上述信息，可计算债券的发行价格如下：

(a) 将在5年后支付的100 000美元的现值	
（根据附表2，1美元在利率为6%、10个计息期条件下的复利现值为0.558 39；$100 000×0.558 39 = $55 839）	$55 839
(b) 在今后5年中，每半年支付6 000美元的现值	
（根据附表4，1美元的普通年金在期数为10，利率为6%的条件下的现值为7.360 09；$6 000×7.360 09 = $44 161。）	44 161
发行所得合计	$100 000

折价发行　假定同样的债券，麦考利公司所提供的报酬率为按14%的年利率、每半年计息1次。在这种情况下，该债券在第1年7月1日以后的现金流量分布（即每期的利息支付和到期的本金偿还）仍然如图11-1所示，保持不变。但市场会使用14%的利率，以每半年为一个计息期，对这些未来现金流量贴现计算现值。因此，该债券的发行所得（即初始市场价格）为：

(a) 将在5年后支付的100 000美元的现值	
（1美元在利率为7%、10个计息期条件下的复利现值为0.508 35；$100 000×0.508 35 = $50 835）	$50 835
(b) 在今后5年中，每半年支付6 000美元的现值	
（1美元的普通年金在期数为10，利率为7%的条件下的现值为7.023 58；$6 000×7.023 58 = $42 141。）	42 141
发行所得合计	$92 976

假定麦考利公司按债券面值的92.98%发行这些债券，发行所得为92 980美元，那么，在这种情况下该债券所隐含的市场收益率就只略略低于按14%的年利率每半年计息1次时的收益率。

溢价发行 假定同样的债券，麦考利公司所提供的报酬率为按10%的年利率、每半年计息1次。在这种情况下，该债券在第1年7月1日以后的现金流量分布仍然如图11-1所示，保持不变。但市场会使用10%的利率，以每半年为一个计息期，对这些未来现金流量贴现计算现值。因此，该债券的发行所得为：

（a）将在5年后支付的100 000美元的现值	
（1美元在利率为5%、10个计息期条件下的复利现值为0.613 91；$100 000×0.613 91 = $61 391）	$61 391
（b）在今后5年中，每半年支付6 000美元的现值	
（1美元的普通年金在期数为10，利率为5%的条件下的现值为7.721 73；$6 000×7.721 73 = $46 330。）	46 330
发行所得合计	$107 721

假定麦考利公司按债券面值的107.72%发行这些债券，发行所得为107 720美元，那么，在这种情况下该债券所隐含的市场收益率就只略略高于按10%的年利率、每半年计息1次时的收益率。

以下这几条原则总结了债券的发行所得与其面值之间的关系：
1. 当市场利率恰好等于债券的票面利率时，债券发行所得或公允价值会恰好等于其面值；
2. 当市场利率高于债券的票面利率时，债券发行所得或公允价值会低于其面值；
3. 当市场利率低于债券的票面利率时，债券发行所得或公允价值会高于其面值。

自习问题 11.3

计算债券的发行价格。英杰尔公司（Engel Corporation）在第1年的1月1日发行了面值为1 000 000美元的债券，票面利率10%，每年6月30日和12月31日分期等额付息，并将于第10年的12月31日到期。

要求：假定市场对该债券所要求的报酬率情况如下所示，请计算该债券的发行价格。

a. 按8%的年利率、每半年计息1次。
b. 按10%的年利率，每半年计息1次。
c. 按12%的年利率，每半年计息1次。

11.3.4 债券发行以后的会计处理

平价发行的债券 下面我们用例题来说明应当如何对平价发行的债券进行会计处理。仍然沿用前面按面值发行麦考利公司债券的例子，假定该公司会在每年6月30日和12月31日编制会计报表。那么，在债券发行时，公司应编制会计分录：

第1年7月1日

货币资金	100 000	
应付信用债券		100 000

按面值发行5年期、按12%的年利率、每半年计息1次的信用债券100 000美元。

在每个会计期末和付息日，债券发行人都应当确认当期的利息。例如，在第2年1月1日付息前，麦考利公司就应当编制如下会计分录：

第1年12月31日

利息费用	6 000	
应付利息		6 000

记录最近6个月的利息费用。

第2年1月1日

应付利息	6 000	
货币资金		6 000

支付6个月的债券利息。

折价发行的债券　仍然沿用前面的例子，假定麦考利公司发行了票面利率为12%、面值为100 000美元、5年期、每半年计息一次的债券；假定市场对该债券所要求的报酬率为14%。我们在前面曾经计算出此时该债券的发行价格将为92 976美元，那么，记录债券发行的会计分录应为：

第1年7月1日

  货币资金   92 976

    应付信用债券   92 976

  债券的发行所得只有92 976美元，而不是面值100 000美元，说明债券投资者希望债券发行人麦考利公司能提供高于12%的报酬率。当发行价格为92 976美元时，债券投资者刚好能实现他们所希望得到的14%的收益水平。此时，债券的投资收益将由两个部分所组成，一是在未来5年中，每半年1次、共计10次的利息支付，每次6 000美元；二是在债券到期时还能多得到的7 024(= 100 000 - 92 976) 美元。

  对麦考利公司来说，在债券存续期内，将承担的总利息费用为67 024美元 (= 总额为60 000美元的定期利息支付，加上到期时还要支付的7 024美元)。对利息费用的会计处理需要在债券的整个存续期内，使用实际利率法将67 024美元的总利息费用进行分摊。下面我们将重点介绍实际利率法的应用，如果你能参考表11-3来进行学习的话，也许会感觉更有帮助一点。

表11-3　实际利率法摊销计划表

（面值为$100 000、票面利率12%、每半年计息1次的5年期债券，按面值的92.976%发行，

实际利率为按14%的年利率、每半年付息1次）

每半年编制会计分录

利息费用   第（3）列的金额

  货币资金   第（4）列的金额

  应付信用债券   第（5）列的金额

计息期数 （每半年）(1)	期初负债金额 (2)	实际利息： 每期负债额的7%（3）	票面利息：面值的6% (4)	负债账面价值增加额 (5)	期末负债金额 (6)
0					$92 976
1	$92 976	$6 508	$6 000	$508	93 484
2	93 484	6 544	6 000	544	94 028
3	94 028	6 582	6 000	582	94 610
4	94 610	6 623	6 000	623	95 233
5	95 233	6 666	6 000	666	95 899
6	95 899	6 713	6 000	713	96 612
7	96 612	6 763	6 000	763	97 375
8	97 375	6 816	6 000	816	98 191
9	98 191	6 873	6 000	873	99 064
10	99 064	6 936	6 000	936	100 000
		$67 024	$60 000	$7 024	

注：编制此表时，所有金额都已四舍五入到1美元。

  第（2）列 = 上期第（6）列；

  第（3）列 = 7% × 第（2）列，但第10期的金额除外，第10期的金额是倒推得到的；

  第（4）列为债券契约所规定的每期票面利息额；

  第（5）列 = 第（3）列 - 第（4）列，但第10期的金额除外，第10期的金额是倒推得到的。

  第（6）列 = 第（2）列 + 第（5）列。

  资料来源：© Cengage Learning 2014.

实际利率法下的利息费用　根据实际利率法（effective interest method），每一期的利息费用等于企业在发行债券时的市场利率（在本例中，即按14%的年利率每半年计息一次，也就是每期7%）与当期期初负债账面价值的乘积。举例来说，在从第1年的7月1日至当年12月31日——即第1个计息期里，利息费用就应当为6 508(= 7% × 92 976) 美元。但根据债券契约的规定，债券发行人在第2年的1月1日只需要支付6 000(= 6% × 100 000) 美元，即票面利率与债券面值的乘积。所以，利息费用6 508美元与应付利息6 000美元两者之差，将增加该债券的账面价值，即发行人在债券到期时应当支付给投资人的金额。因此，在第1年的12月31日，债券发行人应当

编制如下会计分录来确认过去 6 个月内的利息费用：

第 1 年 12 月 31 日

利息费用	6 508	
应付利息		6 000
应付信用债券		508

记录第 1 个计息期内的利息费用。

在第 1 年末的资产负债表中，"应付利息"项目应作为一项流动负债列报。而应付信用债券则应列报在资产负债表中的非流动负债类别下，金额为 93 484（= 92 976 + 508）美元。

第 2 年 1 月 1 日，债券发行人应支付首期利息给债券投资者。相关会计分录为：

第 2 年 1 月 1 日

应付利息	6 000	
货币资金		6 000

向债券投资者支付首期利息。

第 2 期（即从第 2 年的 1 月 1 日至当年的 6 月 30 日）的利息费用为 6 544（= 7% × 93 484）美元，比第 1 期的 6 508 美元水平高一些，这主要是因为第 2 期时，期初负债金额已有所增加的缘故。麦考利公司在第 2 年的 6 月 30 日应编制如下会计分录来确认当期的利息费用：

第 2 年 6 月 30 日

利息费用	6 544	
应付利息		6 000
应付信用债券		544

记录过去 6 个月的利息费用。

表 11-3 是该债券在 5 年存续期内的摊销计划表，其中，第（3）列是每期的实际利息费用，第（6）列则是该应付债券在每期期末的账面价值。

用实际利率法确认债券的利息费用对财务报表具有如下影响：

1. 每期的利息费用等于当期期初负债账面价值的某个固定百分比。在实际利率法下，该百分比就是债券发行时的市场利率水平。如果该债券是折价发行的，则每期的利息费用金额将随着负债账面价值的增加也不断增加。

2. 在每期期末的资产负债表中，应付债券的价值相当于将剩余现金流量按债券发行时的市场利率贴现所能得到的现值。例如，在第 2 年的 7 月 1 日，发行人在支付了第 2 期的利息之后，剩余现金流量的现值可计算如下：

（a）将在 4 年后支付的 100 000 美元的现值	$58 201
（根据附表 2，1 美元在利率为 7%、8 个计息期条件下的复利现值为 0.582 01；$100 000 × 0.582 01 = $58 201）	
（b）剩余 8 期每半年 1 次的利息支付，在 14% 的年利率水平下的现值	35 827
（根据附表 4，1 美元的普通年金在期数为 8，利率为 7% 的条件下的现值为 5.971 30；$6 000 × 5.971 30 = $35 827）	
现值合计	$94 028

在表 11-3 中的第（6）列，该应付债券在第 2 个计息期期末的价值恰好也等于 94 028 美元。

溢价发行的债券　下面我们来讨论对溢价发行的债券应当如何进行会计处理。假定麦考利公司将发行面值为 100 000 美元、年利率 12%、5 年期、每半年计息 1 次的债券，市场对该债券所要求的收益率为 10%，每半年计息一次。如前所述，我们曾经推导过，在这样的条件下，债券的发行价格将为 107 721 美元。麦考利公司在债券发行时应编制会计分录：

第 1 年 7 月 1 日

货币资金	107 721	
应付信用债券		107 721

这样，麦考利公司得到的实际借款额为 107 721 美元。发行所得为 107 721 美元，而不是面值 100 000 美元，意味着该债券的票面利率 12% 已经超出了投资者期望得到的报酬率。投资该债券所能得到的报酬包括在未来 5 年

中的10期、每期金额为6 000美元的利息，再扣除在债券发行时额外支付给发行人的7 721（=107 721-100 000）美元，因为这7 721美元在债券到期时是无法得到偿付的。

对麦考利公司来说，利用该债券筹资将要承担的总利息费用为52 279美元（=总计金额为60 000美元的定期支付利息，扣除在发行时收到且在到期时不必偿付的7 721美元）。下面我们来讨论在实际利率法下应当如何对利息费用进行会计处理，学习以下内容时，如果能同时参考表11-4中的数据，将会感觉更有帮助。

表11-4 实际利率法摊销计划表
（面值为 $100 000、票面利率12%、每半年计息1次的5年期债券，按面值的107.721%发行，实际利率为按10%的年利率、每半年付息1次的水平）

每半年编制会计分录
利息费用 第（3）列的金额
应付信用债券 第（5）列的金额
货币资金 第（4）列的金额

计息期数（每半年）(1)	期初负债金额 (2)	实际利息：每期负债额的5% (3)	票面利息：面值的6% (4)	负债账面价值增加额 (5)	期末负债金额 (6)
0					$107 721
1	$107 721	$5 386	$6 000	$614	107 107
2	107 107	5 355	6 000	645	106 462
3	106 462	5 323	6 000	677	105 785
4	105 785	5 289	6 000	711	105 074
5	105 074	5 245	6 000	746	104 328
6	104 328	5 216	6 000	784	103 544
7	103 544	5 177	6 000	823	102 721
8	102 721	5 136	6 000	864	101 857
9	101 857	5 093	6 000	907	100 950
10	100 950	5 050	6 000	950	100 000
		$52 279	$60 000	$7 721	

注：编制此表时，所有金额都已四舍五入到1美元。
第（2）列=上期第（6）列；
第（3）列=5%×第（2）列，但第10期的金额除外，第10期的金额是倒推得到的；
第（4）列为债券契约所规定的每期票面利息额；
第（5）列=第（3）列-第（4）列，但第10期的金额除外，第10期的金额是倒推得到的。
第（6）列=第（2）列-第（5）列。
资料来源：© Cengage Learning 2014.

实际利率法下的利息费用 在实际利率法下，每期的利息费用等于债券发行时的市场利率（在本例中，即按10%的年利率、每半年计息1次的水平，或者说，每半年5%）与当期期初应付债券的账面价值之乘积。例如，从第1年的7月1日起，至当年12月31日为第1个半年的计息期，该期的利息费用应当为5 386（=5%×107 721）美元。而根据债券契约的规定，麦考利公司在第2年1月1日应支付的利息金额为6 000（=6%×100 000）美元，即计息期内债券的票面利率与面值之乘积。实际支付额6 000美元与利息费用5 386美元两者之差，应作为应付债券账面价值的减少处理。因此，麦考利公司在第1年的12月31日应编制如下会计分录来确认第1期的利息费用：

第1年12月31日
  利息费用   5 386
    应付信用债券   614
    应付利息   6 000
  记录6个月的利息费用。

在麦考利公司第1年年末的资产负债表上，"应付利息"项目将作为一项流动负债列报，而"应付信用债券"则应报告为一项长期负债，金额为107 107（=107 721-614）美元。

第2年1月1日，当债券发行人实际支付第1期的利息给投资者时，应编制会计分录：

第 2 年 1 月 1 日

应付利息	6 000	
货币资金		6 000

支付第 1 期 6 个月的利息。

第 2 个计息期（从第 2 年的 1 月 1 日至当年的 6 月 30 日）的利息费用金额为 5 355（＝5%×107 107）美元。由于相对于上一期期初的账面价值，"应付信用债券"账户在本期期初的账面价值有所下降，因此相对上一期的利息费用 5 386 美元来说，本期的利息费用金额也下降了。麦考利公司应编制如下会计分录记录第 2 个计息期的利息费用：

第 2 年 6 月 30 日

利息费用	5 355	
应付信用债券	645	
应付利息		6 000

记录 6 个月的利息费用。

表 11-4 是该债券在 5 年存续期内的摊销计划表，其中，第（3）列是每期的实际利息费用，第（6）列则是该应付债券在每期期末的账面价值。

用实际利率法确认债券的利息费用对财务报表具有如下影响：

1. 在利润表中报告的每期利息费用，等于当期期初负债账面价值的某个固定百分比。在实际利率法下，这个百分比就是债券发行时的市场利率水平。如果该债券是溢价发行的，则每期的利息费用金额将随着负债账面的价值的减少也不断减少。

2. 在每个计息期期末的资产负债表中，应付债券的价值相当于将剩余现金流量按债券发行时的市场利率贴现所能得到的现值。

自习问题 11.4

编制与债券相关的会计分录。 参考自习问题 11.3 中的信息，请写出债券发行人在第 1 年的 1 月 1 日、6 月 30 日和 12 月 31 日应编制的相关会计分录，假定在债券发行时，市场所要求的必要报酬率分别为：

a. 按 8% 的年利率，每半年复利 1 次；
b. 按 10% 的年利率，每半年复利 1 次；
c. 按 12% 的年利率，每半年复利 1 次。

11.3.5 债券的到期与清偿

绝大部分债券都会在设定到期日才自动终止。参考表 11-3 中的例子，麦考利公司发行了票面利率为 12% 的债券，发行时的市场利率为 14%。在债券到期日，麦考利公司需要支付最后一期利息 6 000 美元和债券的面值 100 000 美元，相应的会计分录为：

第 6 年 7 月 1 日

利息费用	6 936	
货币资金		6 000
应付信用债券		936

见表 11-3 中第 10 个计息期的数据。

应付信用债券	100 000	
货币资金		100 000

债券到期，偿付本金。

在到期日前提前终止的会计核算 有时，企业会在债券真正到期前，就从投资者手中购回自己所发行的债券。但是，由于市场利率的波动，债券的回购价格（即回购时的公允价值）往往并不等于它在发行人资产负债表上所报告的账面价值。假定麦考利公司原来发行票面利率为12%的债券时，市场利率为14%。3年后，即第4年的6月30日，假定市场利率上升为了15%。此时，我们可以计算出（具体计算过程略）如果按15%的年利率水平，每半年计息1次，那么还有2年到期的、票面利率为12%的债券在目前的公允价值应当等于其面值的94.9760%。

会计原则和实务并不能影响到市场中的债券定价。因此，虽然麦考利公司在资产负债表中报告"应付信用债券"项目的价值为96612美元（见表11-3中第6个计息期的数据），但这批债券在当时的市场价值已经只有94976美元了。站在投资者的角度来看，这些债券与在第4年6月30日发行的2年期、实际利率为15%的债券没有区别，因此，他们会认为债券产生了折价5024（=100000-94976）美元。

如果麦考利公司在第4年6月30日买回自己所发行的面值为10000美元的债券，那么它需要支付9498（=0.94976×10000）美元，而这些债券在当时所对应的账面价值为9661美元。在回购时，麦考利公司应编制如下会计分录：

第4年6月30日

利息费用	6 713	
应付利息		6 000
应付信用债券		713

见表11-3中第6个计息期的数据。

应付利息	6 000	
货币资金		6 000

记录利息的支付。

应付信用债券	9 661	
货币资金		9 498
提前购回债券利得		163

以低于账面价值的价格提前购买债券，实际回购价格与账面价值之差确认为利得。

由于企业只支付9498美元就可以了结一项金额为9661美元的负债，因此，应将两者之差确认为提前购回债券利得，该利得的产生来源于第1年至第4年的利率上升。在历史成本会计报告模式下，只有当债券发行人实现了该利得，即确实在某会计期间提前赎回了该债券时，才能够将这种利得确认到利润表中。这种情况与企业投资购买土地——土地价格上涨——然后在某个会计期间将土地出售——但全部利得都只能确认在出售当期是一样的。这样处理的原因在于，会计是按历史成本报告的，因此，对于公允价值的变动，只有当企业真正在公平交易中实现了以后才能进行确认。

11.3.6 债券的账面价值和公允价值的披露

会计准则要求企业在资产负债表中按照历史市场利率报告借款和债券的账面价值，并同时在财务报表附注中披露其公允价值。[⊖]所谓长期负债的公允价值，是指在计量日（通常为资产负债表日），企业通过有序的市场交易回购该负债所需要支付的金额。如果存在活跃的交易市场，那么债券在计量日的市场价格就是其公允价值。如果不存在活跃的交易市场，那么债券的公允价值就可以用将债券契约所规定的现金流量按计量日的市场利率进行贴现所能得到的现值表示。

11.4 公允价值计量选择权

在前面我们曾经提到，美国公认会计原则和国际财务报告准则允许企业对包括借款和债券在内的某些金融资

[⊖] 美国财务会计准则委员会，《财务会计准则公告第107号：披露金融工具的公允价值》（1992年，汇编主题825）；《财务会计准则公告第157号：公允价值计量》（2006年，汇编主题820）；国际会计准则理事会，《国际财务报告准则第7号：金融工具——披露》（2005年）。

产和负债使用下列两种计量基础之一进行会计核算：(1) 摊余成本，即如同本章前面部分所讲述的，以历史市场利率为基础进行计量；(2) 公允价值，即根据当前的市场条件，使用当前的市场利率来进行计量。在第3章中，我们曾经介绍过公允价值计量基础，在这里，我们将继续介绍如何在资产负债表中报告金融资产和金融负债的公允价值，并将未实现的公允价值变动损益（通常被称为"未实现利得和损失"）确认到利润表中。这里所讨论的公允价值选择权同样也适用于我们在后续章节中将要介绍的一些其他项目，包括第13章中将要介绍的债权和股权投资以及衍生金融工具等。

权威的会计准则体系已经认同了公允价值在金融资产和金融负债计量中的作用，并同意相对历史成本计量指标来说，公允价值能提供更相关和可靠的信息。根据历史市场利率对借款和债券按摊余成本进行会计核算，是一种基于历史成本的方法。美国公认会计原则和国际财务报告准则都要求企业对一些与套期保值活动相关的金融工具，应采用公允价值进行计量，我们将在第13章中具体讨论这些问题。目前，美国公认会计原则和国际财务报告准则都允许、但并不强制要求企业对符合条件的金融资产和金融负债采用公允价值计量，也许将来有一天，准则会要求企业对所有金融工具都采用公允价值计量。

对符合条件的金融工具，企业可以根据具体的情况（或者区分不同的金融工具类型）选择用公允价值计量或者按历史市场利率采用摊余成本计量。企业需要在首次采用美国财务会计准则委员会发布的《财务会计准则公告第159号》或国际会计准则理事会发布的《国际会计准则第39号》时就做出这种选择，或者在采用了上述准则之后，新获得一项金融资产或者承担一项金融负债之时就做出这种选择。一旦选择了采用公允价值计量，通常都不允许再转回其他计量基础。

《财务会计准则公告第157号》（汇编主题820）和《国际财务报告准则第13号》提出了公允价值计量要求，并通过权威指南允许或要求一些项目应当使用公允价值进行计量。实际上，无论一家企业在资产负债表中对债券使用的是公允价值还是摊余成本（历史成本）计量基础，无论这家企业用什么方法来报告费用、收益与损失，债券在存续期内对利润的总影响完全取决于债券发行当时对现金流量分布的安排。发行人从投资者那里获得资金，然后在债券的存续期内履行定期的偿付义务，例如，支付每期的利息和在债券到期时偿付本金，或者进行债券回购。企业所要承担的总费用为存续期内债务偿付的总额与从投资者那里获取资金的总额之差。如果企业从投资者那里获得的资金总额大于企业债务偿付的总额，那么发行企业甚至还能通过债券的发行获利。本章末有一个练习题就是关于这种情况的。

与公允价值选择权相关的概念

所谓公允价值，是指熟悉情况的市场参与人，在计量日发生的公平、有序交易中，如果出售一项资产所能收到的金额，或者了结一项负债需要所支付的金额。公允价值的取得需要我们假定交易是发生在资产或者负债的主要交易市场中的，或者，如果缺乏这种市场的话，则应该取对报告主体来说最方便参与的市场。这样，能在公开资本市场中正常获取和偿还长期负债资金的企业就可以方便地以它在类似市场中偿还这些债券所需要支付的金额，来作为其公允价值的参考值。

公允价值的取得还需要我们假定主要（或者最方便参与的）市场的交易参与人与报告主体之间的关系是相互独立的，对所交易的资产或者负债有足够的认识和了解，愿意且能够与报告主体一起达成这项交易。而且，还假定这些市场参与人会对所交易的金融资产或金融负债做出最佳安排。

公允价值的输入变量分为以下三类：
1. 层级1：报告主体能够获得的、相同资产或者负债在计量日的活跃市场中的交易价格。

⊖ 美国财务会计准则委员会，《财务会计准则公告第159号：金融资产和金融负债的公允价值选择权》（2007年，汇编主题825）；国际会计准则理事会，《国际会计准则第39号：金融工具——确认与计量》（1999年，2003年修订）。

⊖ 美国财务会计准则委员会，《财务会计准则公告第133号：衍生工具与套期保值活动的会计处理》（1998年，汇编主题815）；国际会计准则理事会，《国际会计准则第39号：金融工具——确认与计量》。

⊖ 财务会计准则委员会，《财务会计准则公告第157号：公允价值计量》（2006年，汇编主题820）；国际会计准则理事会，《国际财务报告准则第13号：公允价值计量》（2011年），自2013年1月1日起生效。这两份准则的指南都非常类似。

2. 层级2：除层级1的市场价格以外的其他可观测输入变量。例如类似资产或者负债在活跃市场中的交易价格，或者相同资产或者负债在非活跃市场中的交易价格等。当使用现金流量的现值来代表公允价值时，这类输入变量还包括与现值计算特别相关的一些可观测因素，例如利率、收益率曲线、外汇汇率、信用评级和违约风险等。

3. 层级3：不可观测的输入变量，即报告主体自己做出的、关于市场参与人会如何为资产和负债进行定价的假定。

在确定公允价值时，企业应当首先使用层级1的输入变量，其次是层级2的，最后才考虑层级3的输入变量。⊖

公允价值选择权允许企业对符合条件的金融工具自由选择使用公允价值或者摊余成本进行计量，这样，就有可能出现企业对一部分金融工具采用历史市场利率（摊余成本计量），而同时对另一部分金融工具却采用公允价值在进行报告。因此，企业必须披露充分的信息，帮助财务报表使用者理解这种混合会计计量的影响。

此外，企业在资产负债表中必须单独报告采用公允价值计量的金融资产和金融负债，并披露为什么要对这些项目采用公允价值进行计量。

11.5 租赁的会计处理

作者注：在本书付印之时，美国财务会计准则委员会和国际会计准则理事会对租赁的会计处理指南刚刚进行了修订，其中，承租人和出租人的会计处理都发生了变化。在本书中，未考虑新提议的出租人会计处理程序。

对于租赁的会计处理，目前的要求是区分经营租赁（operating leases）与资本租赁（capital leases，或者国际财务会计准则委员会的用语为 finance leases）。本书将同时介绍这两种租赁条件下的会计处理问题。美国财务会计准则委员会和国际会计准则理事会的提案要求不再区分这两种租赁，承租人可以使用类似于当前资本租赁的会计处理办法来核算绝大多数的租赁业务。在本部分中，我们用旧规定（old rules）来指代我们写作本书时的核算要求，并用新提议（proposed rules）来指代国际会计准则委员会和美国财务会计准则委员会所提议的新核算要求。

除借款以外，利用别人的资金来获取建筑物、设备和其他资产的另一种方法是与财产所有人（即出租人（lessor））签订租赁合同。各种租赁的特点不一，但共同点都在于允许承租人拥有资产的使用权。美国公认会计原则和国际财务报告准则对长期租赁规定了两种核算方法：**经营租赁法**（operating lease method）和**资本租赁法**（capital or finance lease method）。⊜在资本租赁法下，承租人需要在确认租赁资产使用权的同时记录一项租赁负债，类同于它借款购买了资产一样。

为帮助大家理解这两种方法，假定美食仓公司（Food Barn）想购入一台大型计算机，该计算机的售价为45 000美元，预计可使用3年。假定如果借款购买的话，美食仓公司在这3年内必须按每年8%的利率支付借款成本。现在，计算机制造商提出，美食仓公司可以用45 000美元现金购买这台计算机，也可以通过在未来3年内每年年末支付17 461.51美元租赁这台计算机。⊜在实务中，承租人通常需要提前预付租金，但在这里，为简化计算，假定租金的支付都发生在每年年末。无论是选择购买还是租赁，美食仓公司都必须自己负责与该计算机相关的财产税、维护费用和维修费用等。假定美食仓公司在2013年1月1日最终签订了租赁合同。

11.5.1 经营租赁法——旧规定

如果在一项租赁中，资产所有人或出租人仍然保留了与资产所有权相关的全部或大部分收益与风险权利，那么，在会计上我们应将其判断为经营租赁。在经营租赁中，承租人仅仅只是付钱取得了一段时期内的资产使用

⊖ 更多关于企业使用层级2和层级3的变量来确定公允价值的困难，可参考美国证券交易委员会《对2008年紧急经济稳定法案第133部分的建议与报告：盯市会计研究》。

⊜ 美国财务会计准则委员会《财务会计准则公告第13号：租赁的会计处理》（1975年，1980年修订，汇编主题840）；国际会计准则理事会《国际会计准则第17号：租赁》（1982年，1997年和2003年修订）。在术语方面，美国公认会计原则使用"资本租赁法"（capital lease method），国际财务报告准则使用"融资租赁法"，两者的实质是一样的。本部分中将较多使用"资本租赁法"这种说法。

⊜ 3年期、每年17 461.51美元的年金在贴现率为8%的条件下，现值为45 000美元。

权。例如，如果你在赫兹租车（Hertz）或者阿维斯出租汽车公司（Avis）租一辆车开了几天，就是一种典型的经营租赁。如果在一项租赁中明确规定承租人在租赁期末必须将资产归还出租人，而该资产在租赁期届满时还能够提供大量的未来经济利益，所以出租人收回租赁资产后，可以在未来将该资产继续出租或者出售出去。这时，出租人就承担了与该资产相关的技术更新等风险，而这些风险会对它继续出租或者出售该资产的能力带来影响。如果在我们的例子中，计算机制造商，而不是美食仓公司承担了与计算机所有权相联系的大部分风险和收益权，那么按现行规定，就应当判断该项租赁的性质为经营租赁，因此，在租赁日，承租人的资产负债表中不应确认任何资产或者负债项目。所以，2013年1月1日，当美食仓公司签订租赁合同时，如果判断这项业务属于经营租赁，则在当天就不应编制任何会计分录。但在未来3年的每年12月31日支付租金时，它应当编制如下会计分录：

每年12月31日
  租赁费用   17 461.51
    货币资金   17 461.51
  记录每年的计算机经营租赁费用。

11.5.2 资本租赁法——旧规定

如果在一项租赁中，承租人承担了所租赁资产的全部或者绝大部分收益权和风险，那么，在会计上我们应将其判断为资本租赁。在美食仓公司这个例子中，由于租赁期与被出租资产计算机的可使用年限几乎相当，所以，美食仓公司几乎承担了与该资产的市场价值相关的全部风险。如果美食仓公司——而不是计算机制造商——承担了计算机所有权上的绝大部分风险和收益权，那么，按现行规定，应将此项租赁判断为一项资本租赁，在签订租赁合同时，即应当确认一项长期资产（使用被租赁资产的权利），并同时将未来需要支付的租金确认为一项长期负债。因此，在签订租赁合同时，美食仓公司应按未来付款额的现值，即本例中的45 000美元，同时记录一项资产和一项负债的增加，相关会计分录为：

2013年1月1日
  租赁资产——计算机   45 000
    租赁负债   45 000
  按资本租赁法确认租赁资产和租赁负债。

每年末，美食仓公司都必须对租赁资产和租赁负债进行会计处理。在实务中，很多企业都会将资本租赁租入的资产视同自有资产一样对待，照样按期计提折旧费用。因此，假定美食仓公司使用直线法计算折旧费用，并且假定该计算机在期满时无残值，那么在每年年末，它就应当编制会计分录：

每年12月31日
  折旧费用——计算机   15 000
    累计折旧——计算机   15 000
  根据资本租赁法记录租入资产的折旧费用。

同时，美食仓公司在每年年末还需要根据租赁合同的规定支付当期租金，并同时一方面确认利息费用，另一方面减少租赁负债的金额。在这里，需要使用本章在讲解借款和债券部分已经介绍过的实际利率法，将每期实际支付的租金分割为当期的利息和应付租金本金的减少两个部分。表11-5是该项租赁负债的摊销计划表。

表 11-5 摊销计划表

45 000美元的资本租赁负债，分3年、每年末等额偿还17 461.51美元，利率为8%，每年复利一次。

期数 (1)	期初余额 (2)	当期利息费用 (3)	当期还款额 (4)	负债本金的减少额 (5)	期末余额 (6)
1	$45 000.00	$3 600.00	$17 461.51	($13 861.51)	$31 138.49
2	31 138.49	2 491.08	17 461.51	(14 970.43)	16 168.06
3	16 168.06	1 293.45	17 461.51	(16 168.06)	0

资料来源：© Cengage Learning 2014.

因此，美食仓公司在每年末支付租金的会计分录如下：

2013年12月31日

利息费用	3 600.00	
租赁负债	13 861.51	
货币资金		17 461.51

确认租金的支付。第1年的租赁负债利息为3 600（=8%×45 000）美元，租金总额与租赁负债利息两者之差为租赁负债本金的减少额。这笔会计分录入账后，租赁负债的现值将变为31 138.49（=45 000-13 861.51）美元。

2014年12月31日

利息费用	2 491.08	
租赁负债	14 970.43	
货币资金		17 461.51

确认租金的支付。第2年的租赁负债利息为2 491.08（=8%×31 138.49）美元，租金总额与租赁负债利息两者之差为租赁负债本金的减少额。这笔会计分录入账后，租赁负债的现值将变为16 168.06（=31 138.49-14 970.43）美元。

2015年12月31日

利息费用	1 293.45	
租赁负债	16 168.06	
货币资金		17 461.51

确认租金的支付。第3年的租赁负债利息为1 293.45美元，由于四舍五入的影响，与1 293.44（=8%×16 168.06）美元稍有偏差，租金总额与租赁负债利息两者之差为租赁负债本金的减少额。这笔会计分录入账后，租赁负债的现值将变为0（=16 168.06-16 168.06）美元。

11.5.3 经营租赁法和资本租赁法对承租人财务报表的影响

在资本租赁法下，租赁资产和租赁负债都会被报告在承租人的资产负债表上，而在经营租赁法下，上述两者都不需要在承租人的报表中进行报告。

表11-6 经营租赁法与资本租赁法下承租人所确认的费用对比

年	每年确认的费用		
	经营租赁法	资本租赁法	
1	$17 461.51	$18 600.00	（=$15 000.00 + $3 600.00）
2	17 461.51	17 491.08	（= 15 000.00 + 2 491.08）
3	17 461.51	16 293.45	（= 15 000.00 + 1 293.45）
合计	$52 384.53	$52 384.53	（= $45 000.00 + $7 384.53）

资料来源：© Cengage Learning 2014.

以美食仓公司的计算机租赁事件为例，表11-6中列出了经营租赁法和资本租赁法下的性质与费用金额差别。在经营租赁法下，租金费用总额为52 384.53（=17 461.51×3）美元。而在资本租赁法下，计算机的折旧费用合计为45 000（=15 000×3）美元，利息费用合计为7 384.53（=3 600.00+2 491.08+1 293.45）美元，两者加总恰好也等于52 384.53美元。因此，经营租赁法和资本租赁法下的费用总额是相同的，且都等于企业总的相关现金支出额。因此，两种方法下的区别仅在于费用确认的时间，而不是费用的总金额。对承租人来说，资本租赁法相对经营租赁法能相对更早地确认费用。

在现金流量表中，经营租赁法将每期的租赁付款额都报告为经营活动的现金流出量；但在资本租赁法下，与利息费用相关的租金支付被报告为经营活动的现金流出量，[⊖]而与租赁负债减少相关的租金支付则被报告为筹资活动的现金流出量。此外，在将净利润或净损失调整为经营活动的现金流量时，承租人的折旧费用在资本租赁法下

⊖ 在美国，利息支出在现金流量表中应归类为经营活动。——译者注

也会更高。

11.5.4 经营租赁与资本租赁的会计区别——旧规定

相对经营租赁法来说，资本租赁法在租赁期间将导致企业报告更高的长期负债和负债权益比，而负债率高的企业总是容易被贴上"风险太大"的标签。因此，如果可以选择的话，承租人往往愿意选择经营租赁法。同时，经营租赁法相对资本租赁法来说，在租赁期内确认费用的速度更慢。这些财务报表影响总是促使承租人在当前的规定下尽量选择经营租赁法进行核算。

美国公认会计原则对资本租赁的判断标准——旧规定 美国公认会计原则对什么样的租赁可以作为资本租赁报告在承租人的财务报表中做出了专门的规定。如果一项租赁符合以下 4 个条件之一，即可被确认为资本租赁，否则，将只能作为经营租赁处理。

1. 根据租赁合同，租赁期届满后，租赁资产的所有权将转移给承租人。
2. 根据租赁合同，承租人可在将来某个具体的时候以低于当时公允价值的优惠价格购买租赁资产。
3. 租赁期的长度占到了租赁资产有效使用年限的 75% 及以上。
4. 合同所规定最低租赁付款额的现值大于或者等于签订租赁合同时该资产公允价值的 90%。在计算现值时，应使用与承租人的信用程度相当的利率水平作为贴现率。

以上标准试图分清楚在租赁合同中，是哪一方承担了被租赁资产的经济风险和享有了被租赁资产的利益。如果在租赁期届满时，租赁资产自动成为承租人的财产，或者承租人只需要支付一个很优惠的价格就能取得租赁资产的所有权，那么就可以判断承租人享有和承担了租赁资产所有权上的大部分利益与风险。如果租赁期占到了租赁资产有效可使用年限的绝大部分（美国公认会计原则规定的 75% 及以上），那么也可以判断承租人享有了租赁资产能带来的绝大部分利益——尤其是如果我们用现值来衡量这些利益时，同时也承担了与租赁资产相关的绝大部分技术更新风险。

出租人和承租人常常可以通过合理地安排租赁合同中的条款来避免上述前 3 个条件，这样能方便将一项租赁业务作为经营租赁进行会计处理。但第 4 个条件却不那么容易避开。这个条件要求承租人比较合同所规定的最低租赁付款额的现值和签订合同时租赁资产的公允价值。出租人本可以按照租赁资产的公允价值将其对外出售，或选择将其出租给承租人。最低租赁付款额的现值与贷款非常类似，因为承租人对两者将来付款的承诺几乎是相同的。只有当最低租赁付款额的现值大于或等于现在出售该资产所能收到价款的 90% 时，才能保证出租人通过租赁合约获得报酬。即该项资产公允价值的 90% 都是基本有保障的，出租人只需要在租赁期届满时通过出售或者继续出租该项资产，收回其公允价值的 10% 就可以了。

另一方面，站在出租人的立场上，如果超过出租资产公允价值 10% 的金额都是不确定的，那么在会计上就应当判断出租人享受和承担了出租资产所有权上的大部分利益和风险，该项租赁就应当判断为经营租赁处理。租赁付款金额和时间的一点点变化都有可能导致租赁付款额的现值偏离 90% 的判断标准。

国际财务报告准则对资本租赁的判断标准——旧规定 国际财务报告准则对租赁性质的判断标准是一样的——重点是区分在租赁业务中，哪一方主体享受和承担了租赁协议的利益与风险？与美国公认会计原则不同的是，国际财务报告准则并没有规定具体的百分比，例如租赁期应当占租赁资产可使用寿命的 75% 及以上，或 90% 的现值判断标准。相反，国际财务报告准则提出了一些具体的指标，用以判断哪一方主体享受和承担了更多的租赁协议利益和风险，并允许企业和注册会计师运用他们的职业判断来区分经营租赁和资本租赁。因此，国际财务报告准则提出的资本租赁判断标准与美国公认会计原则十分类似，但是并不具体：

1. 租赁期届满，租赁资产的所有权会转移给承租人么？
2. 承租人具有优惠购买权么？
3. 租赁期涵盖了租赁资产的大部分有效使用年限么？
4. 最低租赁付款额的现值与租赁资产公允价值大致相当么？
5. 租赁资产是承租人专用的么？

因此，假定承租人签约了一项租赁业务，涉及最低租赁付款额的现值只相当于租赁开始时该资产公允价值的 89%，在这种情况下，如果按照美国公认会计原则，就可以判断它为经营租赁；但在国际财务报告准则下，却仍然有可能需要判断为资本租赁进行会计处理。

承租人的会计处理——新提议 国际会计准则理事会和美国财务会计准则委员会在一个合作项目中提出，承租人对大部分租赁都应当使用资本租赁法进行会计处理。即承租人应计算出预计租赁付款额的现值，并按此金额同时确认一项资产和一项租赁负债。然后在以后会计期间按照前面所介绍的资本租赁法那样对费用进行确认。

11.5.5 出租人的会计处理——旧规定

在现行规定下，出租人对于经营租赁和资本租赁的会计处理与承租人恰好相反。

出租人对经营租赁的会计处理——旧规定 出租人仍然应当报告通过经营租赁租出的资产。如果这项资产恰好是出租人所生产的，那么它将按生产成本出现在制造企业的资产负债表上。如果出租人是一家金融机构，先购入资产然后再将其用于出租，那么出租资产将按其取得成本报告在出租人的资产负债表上。回到美食仓公司的例题中，假定该公司所租入的计算机对出租人而言的制造成本为 39 000 美元，那么，出租人首先应当编制会计分录将该计算机从"存货"这个流动资产项目中转出，重归类为"设备"这个非流动资产项目。

2013 年 1 月 1 日
  设备（出租给客户的计算机）   39 000
    存货   39 000
  按制造成本 39 000 美元将计算机从存货中转出，重新归类为设备。

在以后的每一年中，出租人都应当将收到的租金确认为"租金收入"，正像承租人确认"租赁费用"那样。

每年 12 月 31 日
  货币资金   17 461.51
    租金收入   17 461.51
  按经营租赁法确认出租计算机的年度收入。

此外，出租人还应当每年对租赁资产计提折旧费用。计算折旧时，出租人应按它自己账上的取得成本 39 000 美元来计算折旧（在前面介绍资本租赁法下承租人的会计处理时，我们是按承租人的取得成本 45 000 美元来计算折旧费用的）。同时，出租人应当按照出租资产的预计使用年限来计算折旧，通常，预计使用年限都会稍长于资产的租赁期。在这里，我们假定这台计算机的有效使用年限也为 3 年，期末无残值，出租人按直线法对它进行折旧。

每年 12 月 31 日
  折旧费用   13 000
    累计折旧——计算机   13 000
  记录已出租计算机的折旧费用 13 000（= 39 000/3）美元。

出租人对资本租赁的会计处理——旧规定 对于资本租赁，出租人在记账时应类同将资产出售给承租人处理（请注意，承租人在记录资本租赁时，也是类同自己利用出租人所提供的资金购买了该租赁资产进行会计处理的）。出租人得到了承租人未来付款的承诺，因此应当确认一项资产"应收租金"。现在，我们仍然假定出租给美食仓公司的计算机就是由出租人自己制造的，那么，在 2013 年 1 月 1 日签订租赁合同时，出租人应编制如下两笔会计分录：

2013 年 1 月 1 日
  应收租金   45 000
    销售收入   45 000
  将计算机"出售"，换取现值为 45 000 美元的一系列未来收款。当然，出租人并不是正式出
  售该资产，只是将资产的一部分未来利益和风险转移给了承租人，使出租协议看起来像资产
  出售而已。

2013 年 1 月 1 日
  销货成本   39 000
    存货   39 000
  结转"出售"计算机的成本。

这样，计算机制造商在签订租赁合同时就确认了 6 000（= 45 000 - 39 000）美元的毛利润。

此外，在租赁期内每年年末，与承租人编制支付租金的会计分录相对应，出租人应编制收取租金的会计分

录,出租人应将每期所收取的租金部分确认为"利息收入",另一部分减少"应收租金"。下列会计分录中的金额均来自表11-5"摊销计划表"。

2013年12月31日

货币资金	17 461.51	
利息收入		3 600.00
应收租金		13 861.51

收到承租人支付的租金,其中第1年的应收租金利息为3 600(=8%×45 000)美元,实际收到的租金与应收租金利息之差作为减少"应收租金"处理。此笔会计分录后,应收租金的现值变为31 138.49(=45 000+3 600-17 461.51)美元。

2014年12月31日

货币资金	17 461.51	
利息收入		2 491.08
应收租金		14 970.43

收到承租人支付的租金,其中第2年的应收租金利息为2 491.08(=8%×31 138.49)美元,实际收到的租金与应收租金利息之差作为减少"应收租金"处理。此笔会计分录后,应收租金的现值变为16 168.06(=31 138.49+2 491.08-17 461.51)美元。

2015年12月31日

货币资金	17 461.51	
利息收入		1 293.45
应收租金		16 168.06

收到承租人支付的租金,其中第3年的应收租金利息为1 293.45美元,由于四舍五入的原因,与1 293.44(=8%×16 168.06)美元稍有偏差。实际收到的租金与应收租金利息之差作为减少"应收租金"处理。此笔会计分录后,应收租金的现值变为0(=16 168.06+1 293.45-17 461.51)美元。

11.5.6 经营租赁法与资本租赁法对出租人财务报表的影响

对承租人来说,资本租赁法相对经营租赁法能使资产和负债都同时增加。但对出租人来说,在现行准则规定下,被出租的资产(经营租赁法)或者应收租金(资本租赁法)都仍然还应当报告在它的资产负债表中。"应收租金"账户的金额大于"设备"账户的金额之差,体现为出租人"出售"被租赁资产带来的毛利润(即销售收入与销货成本之差)。因此,对出租人来说,经营租赁法和资本租赁法对资产负债表的影响并不如承租人那样明显。

对出租人来说,经营租赁法与资本租赁法对利润表的影响更加重要一点。如果是资本租赁,出租人在签订租赁合同"出售"被租赁资产时,即可确认利润(如本例中的6 000美元),然后在租赁期内每期还可以确认利息收入。出租人在整个租赁期内能确认的利润总额为13 384.53美元,刚好等于它所收到的租金付款额52 384.53(=17 461.51×3)美元与计算机的制造成本39 000美元之差。表11-7总结了两种会计核算方法对出租人利润的影响。

表11-7　经营租赁法与资本租赁法下出租人的利润对比

年	每年确认的收益			
	经营租赁法		资本租赁法	
1	$4 461.51	(= $17 461.51 - $13 000)	$9 600.00	(= $6 000.00 + $3 600.00)
2	4 461.51	(= 17 461.51 - 13 000)	2 491.08	(= 0.00 + 2 491.08)
3	4 461.51	(= 17 461.51 - 13 000)	1 293.45	(= 0.00 + 1 293.45)
合计	$13 384.53	(= $52 384.53 - $39 000)	$13 384.53	(= $6 000.00 + $7 384.53)

资料来源:© Cengage Learning 2014.

出租人的会计处理——新提议　国际会计准则理事会与美国财务会计准则委员会联合项目提出,出租人应对指南范围内的全部租赁合约采用同一种会计方法进行核算。根据双方的提议,出租人应同时确认一项应收款(按合同规定租赁付款额的现值)和一项剩余资产(按租赁资产在租赁期满时的估计残值和其他因素)。当出租人收到承租人交来的租金时,其会计处理类同于现行资本租赁法中的规定。在新提议下出租人会计处理的复杂之处已超出了本书的讨论范围。

自习问题 11.5

承租人和出租人的会计处理：经营租赁法与资本租赁法比较。 2013 年 1 月 1 日，霍尔特书店（Holt book store）想要购买一辆当地汽车经销商的报价为 40 000 美元的送货车。这辆送货车是汽车经销商花费 36 000 美元从制造商那里购入的。经销商向霍尔特书店提出，它也可以通过租赁的方式来获得这辆车的使用权，租赁期为 4 年，每年 12 月 31 日支付租金 11 543.65 美元。4 年后，尽管经销商估计 4 年后这辆送货车已无再销售价值，但霍尔特公司在租赁期满后还是必须将这辆送货车退还给汽车经销商。汽车经销商向霍尔特书店要求的融资利率为 6%。要求：

a. 根据美国公认会计原则目前所规定的 4 项条件，这项租赁应判断为资本租赁还是经营租赁？请给出理由。

b. 假定在本小问中，这项租赁符合经营租赁的特点。请问，霍尔特书店在租赁期开始的前两年应编制哪些相关会计分录？

c. 沿用"b"部分的情况，请做出汽车经销商的相应会计处理。假定该汽车经销商使用直线法折旧，且该送货车的预计期末残值为 0。

d. 假定在本小问中，这项租赁符合资本租赁的特点。请问，霍尔特书店在租赁期开始的前两年应编制哪些相关会计分录？

e. 沿用"d"部分的情况，请做出汽车经销商的相应会计处理。

f. 计算经营租赁法和资本租赁法下，霍尔特书店在租赁期中的每一年所确认的费用金额。

g. 计算经营租赁法和资本租赁法下，汽车经销商在租赁期中的每一年所确认的收益金额。

h. 为什么承租人在经营租赁法和资本租赁法下的费用总额是一样的呢？为什么出租人在经营租赁法和资本租赁法下的收益总额（收入减去费用之差）是一样的呢？

i. 为什么承租人的费用总额与出租人的收益总额会不一致呢？

11.5.7 租赁信息披露

企业必须在财务报表附注中披露未来 5 年内资本租赁和经营租赁的预计现金流量情况，以及 5 年后的全部相关现金流量汇总数。此外，企业还必须披露资本租赁的相关现金流量现值。⊖表 11-8 是购物商店公司（Mall Stores Corporation's）的租赁信息披露情况（根据塔吉特公司（Target Corporation）的财务报表编制）。

表 11-8 购物商店公司的租赁信息披露

截至 2013 年 2 月 2 日，根据不可取消的租赁协议，未来最低租赁付款额信息为：

未来最低租赁付款额（百万美元）	经营租赁	资本租赁
2013 年	$239	$12
2014 年	187	16
2015 年	173	16
2016 年	129	16
2017 年	123	17
2017 年以后	2 843	155
未来最低租赁付款额合计	$3 694①	232
减：利息②		(105)
未来最低租赁付款额的现值		$127③

①合同规定的租赁付款总额中，包括 1 721 百万美元可延期、并预计将选择延期的租赁合同，和 98 百万美元将在 2013 年及以后新开商店的法定最低租赁付款额。
②用每项租赁合同各自规定的利率计算得到。
③包含一年内到期的应付租赁款 4 百万美元。
资料来源：© Cengage Learning 2014.

⊖ 目前，企业还不能对资本租赁下的相关资产和负债使用公允价值计量。详见美国财务会计准则委员会《财务会计准则公告第 159 号：金融资产和金融负债的公允价值选择权》第 8 段（2007 年，汇编主题 825）；国际会计准则理事会《国际会计准则第 39 号：金融工具——确认与计量》（2003 修订版）。

购物商店公司在流动负债中报告了 4 百万美元的应付资本租赁款,在长期负债中报告了 123 百万美元的应付资本租赁款。与很多公司一样,购物商店公司并没有明确指出它在计算资本租赁相关现金流量现值时所使用的加权平均利率水平到底是多少。

购物商店公司的大部分租赁都属于经营租赁。因此,相关的租赁资产和负债都不用报告在资产负债表上。在分析经营租赁信息时,报告使用者可选择使用下列两种方法之一:

1. 不考虑资产负债表外的经营租赁付款承诺影响。
2. 计算出未来经营租赁付款额的现值,然后将这个金额加总到非流动资产和长期负债中,这一过程称为"**模拟资本化**"(constructive capitalization)处理。

在计算未来经营租赁付款额的现值时,需要用到以下两个估计:

1. 适当的贴现率。
2. 第 5 年以后的现金流量总额的分布假定。

其中,贴现率应当相当于长期抵押借款的利率。假定 2013 年 2 月 2 日,购物商店公司长期借款和债券的加权平均借款利率为 5.5%。下面我们就用 5.5% 作为贴现率来讲解如何对经营租赁进行模拟资本化处理。

由于前 5 年的经营租赁现金流量是逐年下降的,所以有人可能会假定 2017 年以后的应付租赁款也是逐渐下降的;还有一种办法是假定购物商店公司在 2017 年以后每年的应付经营租赁款将一直维持 2017 年的水平,即每年 123 百万美元,直到将 2 843 百万美元的总计金额支付完毕为止。如果这样假定的话,购物商店公司就将在未来 23.1 年(= 2 843/123)中每年都支付 123 百万美元的经营租赁款,因此,这些经营租赁合同的总年限估计为 28.1 年(= 5.0 + 23.1),多与零售商店的租赁有关。

表 11-9 中列出了对 2013 年 2 月 2 日购物商店公司应付经营租赁款的现值计算过程。在此部分计算过程中,2017 年以后的现金流量是按年金计算现值的。

对购物商店公司的应付经营租赁款进行模拟资本化处理的结果,是为该公司增加了 1 982 百万美元的不动产、厂场与设备、227 百万美元的一年内到期的长期负债、和 1 755(= 1 982 - 227)百万美元长期负债。根据购物商店公司原来的报告和这里资本化调整,该公司在 2013 年 2 月 2 日的长期负债比率和债务 – 权益比为:

长期负债比率

按报告金额:$15 126 / $44 560 = 33.9%

按调整后金额:($15 126 + $1 755)/($44 560 + $1 982)= 36.3%

负债权益比

按报告金额:$15 126 / $15 307 = 98.8%

按调整后金额:($15 126 + $1 755)/ $15 307 = 110.3%

表 11-9 经营租赁付款承诺的现值

年	付款额	利率为 5.5% 时的现值系数	现值
2013 年	$239	0.947 87	$227
2014 年	187	0.898 45	168
2015 年	173	0.851 61	147
2016 年	129	0.807 22	104
2017 年	123	0.765 13	94
2017 年以后	2 843①	13.193 69② × 0.765 13③	1 242
合计			$1 982

① 假定购物商店公司在 2017 年后每年付款 123 百万美元,直到将这 2 843 百万美元付清;
② 23.1 期,每期金额为 123 百万美元的年金现值系数;
③ 5 期的复利现值系数。
资料来源:© Cengage Learning 2014.

因此,对经营租赁的应付租金进行模拟资本化调整后,购物商店公司的债务比率上升了。对航空公司、铁路公司、汽车制造企业和其他零售企业等较多使用经营租赁的企业来说,这种上升尤其显著。

11.5.8 长期负债的会计处理总结

长期负债要求企业在未来 1 年以后的某个具体时间偿还确定的金额。下面我们对长期负债在资产负债表中的列报、列报金额的计算以及利润表中相关利息费用金额的计算过程做一个小结。

资产负债表列报 除非企业选择了公允价值选择权,否则,本章中所讨论的这些负债项目在资产负债表中都应当按其未来需要付款额的现值进行报告。计算现值时,会用到历史利率——即负债产生当日的市场利率。

资产负债表列报金额和摊余成本法下的利息费用计算 本章所介绍的长期负债在资产负债表中的列报金额和

相关利息费用的计算过程如下：

1. 以收到资产的现金等价金额作为负债的初始计量值。该金额等于按借款开始日或者租赁开始日的市场利率为贴现率、对未来合约规定的付款额进行贴现所能得到的现值（有时，负债承担企业还不得不通过求解内含报酬率的办法来求出负债初始确认时的市场利率，具体请参见附录中的介绍。）

2. 企业付款偿还负债或者编制利息调整分录时，应当按照当期期初负债的账面价值（包括前期已经累计尚未支付的利息在内）与历史市场利率的乘积确认当期的利息费用，并按此金额借记"利息费用"账户，贷记"应付利息"账户。待企业实际支付利息或偿还负债时，再借记"应付利息"账户，贷记"货币资金"账户。

上述第2步会对负债的账面价值产生影响，使下一期期初负债的账面价值更加接近于面值（或者如果账面价值已经等于面值了，则不再继续影响账面价值）。如果会计师按上述步骤进行会计处理，那么，资产负债表中所报告的该项负债金额就将等于将剩余未来付款额按历史市场利率贴现时，所能计算得到的现值。

表11-2、表11-3和表11-4等摊销计划表都说明了各种长期负债的核算问题。接下来的这个自习问题也主要是关于核算程序的。

自习问题 11.6

长期负债的会计核算。 本题主要考核上面所介绍这些长期负债的会计处理程序。假定有一家企业每年结账一次，在结账前编制各种调整分录。假定这家企业在承担各种长期负债时，市场利率为每年10%，每年计息一次，各项负债均为2年期。该企业按照以下步骤对长期负债进行会计处理：

1. 计算企业在债务取得当日所实际收到的款项（初始发行所得，或实际借款额）。

2. 编制会计分录记录债务的取得或发行和实际收到的货币资金。

3. 在第1年年末，编制应计利息或者现金偿付的会计分录，重新计算该项负债在第1年年末的账面价值。将负债本金和应付利息合并在一个账户中核算，称为"货币性债务"（monetary liability）。

4. 在第2年年末，编制应计利息或者现金偿付的会计分录，重新计算该项负债在第2年年末的账面价值。

要求： 请按上述步骤对下列各项长期负债项目进行会计处理：

a. 企业在第1个会计期期初取得了一笔借款，承诺将在第2个会计期期末一次性偿还1 000美元。

b. 企业发行票面利率为10%的分期付息、到期还本债券，承诺将在第1年年末偿付100美元，然后在第2年年末偿付1 100（=1 000+100）美元。

c. 企业发行票面利率为8%的分期付息、到期还本债券，承诺将在第1年年末偿付80美元，然后在第2年年末再偿付1 080（=1 000+80）美元。

d. 企业发行了票面利率为12%的分期付息、到期还本债券，承诺将在第1年年末偿付120美元，然后在第2年年末再偿付1 120（=1 000+120）美元。

e. 企业取得了一笔需要分期等额偿付的借款，承诺将在第1年和第2年年末各偿付576.19美元。

本章小结

本章主要讨论了长期借款、公司债券和租赁的会计处理问题。对这些长期负债，企业可以在以下两种计量方法中选择其中之一作为会计核算基础：

1. 以历史市场利率为基础的摊余成本计量方法。
2. 公允价值计量。

美国公认会计原则和国际财务报告准则所规定的公允价值选择权允许企业对符合条件的长期借款和债券项目，采用公允价值或者摊余成本进行计量；但对于长期租赁，则不允许使用公允价值计量。

表11-10总结了本章所讨论的长期负债项目在资产负债表中的列报要求，并对公允价值计量和摊余成本法下的长期负债资产负债表列报金额与利息费用金额的计算要求进行了比较。

表 11-10　长期负债的会计核算要求小结

使用历史市场利率的摊余成本法	公允价值计量	使用历史市场利率的摊余成本法	公允价值计量
资产负债表列报	**资产负债表列报**	**资产负债表列报**	**资产负债表列报**
资产负债表日，长期负债的金额应等于将其剩余现金流量按债务取得日的市场利率计算贴现，所能得到的现值	资产负债表日，长期负债的金额应按其在当时的公允价值进行计量	2. 以后，当企业进行现金偿付或者需要编制应计利息的调整分录时，按期初负债的账面价值（包含前期利息在内）与历史市场利率的乘积确认为当期的利息费用，借记"利息费用"账户，贷记"应付利息"账户；待企业实际用现金进行偿付时，再借记"应付利息"账户，贷记"货币资金"账户	2. 在以后每一个资产负债表日，按负债的公允价值进行后续计量。一种方法是以当前的市场利率作为贴现率，计算出合同所规定的剩余现金流量的现值。然后用期初和期末的负债金额之差来调整当期实际的现金偿付额和利息费用，确认未实现利得或损失。准则指南并没有具体规定如何在这两个利润表项目之间对价值变动净额进行分配
计算	**计算**		
1. 按收到的现金（或现金等价物）金额对负债进行初始计量。该金额等于将债务合同规定的未来现金流量按债务取得日的历史市场利率进行贴现所能得到的现值（有时，借款人需要通过求解内含报酬率的方式，自行去求出隐含的市场利率来）	1. 初始计量金额的确定与摊余成本法相同。在债务取得日，历史市场利率与当时的市场利率是相等的		

资料来源：© Cengage Learning 2014.

自习问题解答

自习问题 11.1 解答参考

（维拉公司；附息借款的隐含利率与摊销计划表）

a. 见下表：

年	还款额	按7%的利率贴现的现值系数	现值[a]
1	$6 000	0.934 58	$ 5 607.48
2	6 000	0.873 44	5 240.63
3	106 000	0.816 30	86 527.58
合计			$97 375.69

a：在现值计算过程中使用的现值系数比表中所保留的小数位数更多。

b. 摊销计划表如表 11-11 所示。

表 11-11　借款摊销计划表
本金 100 000 美元，
票面利率6%，按必要报酬率7%每年计息一次
（自习问题 11.1）

期数 (1)	期初余额 (2)	当期利息费用 (3)	当期还款额 (4)	负债的增加（减少）额 (5)	期末余额 (6)
1	$97 375.69	$6 816.30	$6 000.00	$816.30	$98 191.99
2	98 191.99	6 873.44	6 000.00	873.44	99 065.43
3	99 065.43	6 934.57[a]	106 000.00	934.57	0

a：由于四舍五入的原因，这里的金额出现了 0.01 美元的尾差。

资料来源：© Cengage Learning 2014.

自习问题 11.2 解答参考

（零息券的摊销计划表。）

a. 详见表 11-12。

b. 随着到期支付日的临近，零息券的现值是不断增加的，增加部分即为每期的应计利息费用。

表 11-12　面值为 300 百万美元，10 年期的零息券摊销计划表
按8%的利率每半年计息一次
（解决问题 11.2）

期数 (1)	期初余额 (2)	当期利息费用 (3)	当期还款额 (4)	负债的增加额 (5)	期末余额 (6)
1	$136 916 084	$5 476 643	$0	$5 476 643	$142 392 727
2	142 392 727	5 695 709	0	5 695 709	148 088 436
3	148 088 436	5 923 537	0	5 923 537	154 011 974
4	154 011 974	6 160 479	0	6 160 479	160 172 453
5	160 172 453	6 406 898	0	6 406 898	166 579 351
6	166 579 351	6 663 174	0	6 663 174	173 242 525
7	173 242 525	6 929 701	0	6 929 701	180 172 226
8	180 172 226	7 206 889	0	7 206 889	187 379 115
9	187 379 115	7 495 165	0	7 495 165	194 874 280
10	194 874 280	7 794 971	0	7 794 971	202 669 251
11	202 669 251	8 106 770	0	8 106 770	210 776 021
12	210 776 021	8 431 041	0	8 431 041	219 207 062
13	219 207 062	8 768 282	0	8 768 282	227 975 344
14	227 975 344	9 119 014	0	9 119 014	237 094 358
15	237 094 358	9 483 774	0	9 483 774	246 578 132
16	246 578 132	9 863 125	0	9 863 125	256 441 258
17	256 441 258	10 257 650	0	10 257 650	266 698 908
18	266 698 908	10 667 956	0	10 667 956	277 366 864
19	277 366 864	11 094 675	0	11 094 675	288 461 539
20	288 461 539	11 538 462	0	11 538 462	300 000 000

资料来源：© Cengage Learning 2014.

自习问题 11.3 解答参考

（英杰尔公司；计算债券的发行价格。）

a.

现金流量	年利率为8%，每半年复利一次，10年期的现值系数	现值
10年末的1 000 000美元	0.456 39①	$ 456 390
10年中每隔6个月支付的50 000美元	13.590 33②	679 516
发行价格		$1 135 906

① 见附表2，利率为4%，期数为20时对应的系数。
② 见附表4，利率为4%，期数为20时对应的系数。

b.

现金流量	年利率为10%，每半年复利一次，10年期的现值系数	现值
10年末的1 000 000美元	0.376 89①	$ 376 890
10年中每隔6个月支付的50 000美元	12.462 21②	623 110
发行价格		$1 000 000

① 见附表2，利率为5%，期数为20时对应的系数。
② 见附表4，利率为5%，期数为20时对应的系数。

c.

现金流量	年利率为12%，每半年复利一次，10年期的现值系数	现值
10年末的1 000 000美元	0.311 80①	$311 800
10年中每隔6个月支付的50 000美元	11.469 92②	573 496
发行价格		$885 296

① 见附表2，利率为6%，期数为20时对应的系数。
② 见附表4，利率为6%，期数为20时对应的系数。

自习问题 11.4 解答参考

（英杰尔公司；编制与债券相关的会计分录）

a.

1月1日
货币资金　　　　　　　　　1 135 906
　　应付债券　　　　　　　　　　　　1 135 906
发行面值为1 000 000美元、票面利率10%、每半年计息1次的债券，发行时市场利率为8%。

6月30日
利息费用（=4% × $1 135 906）
　　　　　　　　　　　　　45 436
　　应付债券　　　　　　　　　　　4 564
　　货币资金（=5% × $1 000 000）　50 000
记录第1个计息期的利息费用并支付第1期利息。

12月31日
利息费用 [=4% × ($1 135 906 – $4 564)]
　　　　　　　　　　　　　45 254
　　应付债券　　　　　　　　　　　4 746
　　货币资金（=5% × $1 000 000）　50 000
记录第2个计息期的利息费用并支付第2期利息。

b.

1月1日
货币资金　　　　　　　　　1 000 000
　　应付债券　　　　　　　　　　　　1 000 000
发行面值为1 000 000美元、票面利率10%、每半年计息1次的债券，发行时市场利率为10%。

6月30日
利息费用（=5% × $1 000 000）
　　　　　　　　　　　　　50 000
　　货币资金（=5% × $1 000 000）　50 000
记录第1个计息期的利息费用并支付第1期利息。

12月31日
利息费用（=5% × $1 000 000）
　　　　　　　　　　　　　50 000
　　货币资金（=5% × $1 000 000）　50 000
记录第2个计息期的利息费用并支付第2期利息。

c.

1月1日
货币资金　　　　　　　　　885 296
　　应付利息　　　　　　　　　　　885 296
发行面值为1 000 000美元、票面利率10%、每半年计息1次的债券，发行时市场利率为12%。

6月30日
利息费用（=6% × $1 135 906）
　　　　　　　　　　　　　53 118
　　货币资金（=5% × $1 000 000）　50 000
　　应付债券　　　　　　　　　　　3 118
记录第1个计息期的利息费用并支付第1期利息。

12月31日
利息费用 [=6% × ($885 296 + $3 118)]
　　　　　　　　　　　　　53 305
　　货币资金（=5% × $1 000 000）　50 000
　　应付债券　　　　　　　　　　　3 305
记录第2个计息期的利息费用并支付第2期利息。

自习问题 11.5 解答参考

（霍尔特书店与汽车经销商；承租人和出租人的会计处理：经营租赁法与资本租赁法比较）

a. 根据美国公认会计原则所规定的4个条件判断如下：
(1) 租赁期满，租赁资产的所有权将归承租人：不符合。

(2) 租赁合同中规定了承租人享有优惠购买权：不符合。
(3) 租赁期占租赁资产尚可使用年限的75%及以上：符合。
(4) 合同规定最低租赁付款额的现值大于或等于签订租赁合同时被租赁资产公允价值的90%：符合。按6%的利率对最低租赁付款额计算现值为 40 000（= 11 543.65 × 3.465 11）美元，等于租赁期开始时被租赁资产的公允价值40 000美元。

按照规定，如果符合上述条件中的任意一条，即可判断为资本租赁。因此，由于该项租赁已符合了上述两个条件，应判断为资本租赁。

b. 会计分录为：

每年12月31日
 租赁费用   11 543.65
  货币资金   11 543.65
记录经营租赁法下，租入送货车每年的租金费用。

c. 会计分录为：

2013年1月1日
 设备（租出送货车） 36 000
  存货   36 000
将送货车从"存货"账户转出，重新归类为"设备"。

每年12月31日
 货币资金   11 543.65
  租金收入   11 543.65
记录经营租赁法下，租出送货车每年的租金收入。

每年12月31日
 折旧费用   9 000
  累计折旧   9 000
记录经营租赁法下，租出送货车每年的折旧费用。

d. 会计分录为：

2013年1月1日
 租入资产——送货车 40 000
  租赁负债   40 000
记录资本租赁法下"获得"的送货车，并同时确认相关的负债。

2013年12月31日
 利息费用（= 6% × $40 000）
       2 400.00
 租赁负债   9 143.65
  货币资金   11 543.65
确认资本租赁法下2013年的利息费用、租金支付和租赁负债的减少额。此笔会计分录后，2013年年末租赁负债的账面价值变为 30 856.35（= 45 000 + 2 400.00 − 11 543.65）美元。

2013年12月31日
 折旧费用   10 000
  累计折旧   10 000
记录租入送货车在2013年的折旧费用 10 000（= 40 000/4）美元。

2014年12月31日
 利息费用（= 6% × $30 856.35）
       1 851.38
 租赁负债   9 692.27
  货币资金   11 543.65
确认资本租赁法下2014年的利息费用、租金支付和租赁负债的减少额。此笔会计分录后，2014年年末租赁负债的账面价值变为 21 164.08（= 30 856.35 + 1 851.38 − 11 543.65）美元。

2014年12月31日
 折旧费用   10 000
  累计折旧   10 000
记录租入送货车在2014年的折旧费用 10 000（= $40 000/4）美元。

e. 会计分录为：

2013年1月1日
 应收租金   40 000
  销售收入   40 000
记录资本租赁法下，"出售"的送货车。

2013年1月1日
 销货成本   36 000
  存货   36 000
结转资本租赁法下送货车的"出售"成本。

2013年12月31日
 货币资金   11 543.65
  利息收入   2 400.00
  应收租金   9 143.65
记录2013年的利息收入、租金收取和应收租金额的减少，各项金额与承租人的相应内容互相对应。

2014年12月31日
 货币资金   11 543.65
  利息收入   1 851.38
  应收租金   9 692.27
记录2014年的利息收入、租金收取和应收租金额的减少，各项金额与承租人的相应内容互相对应。

f. 各年确认的费用比较：

年	每年确认的费用	
	经营租赁法	资本租赁法
2013年	$11 543.65	$12 400.00（= $10 000.00 + $2 400.00）
2014年	11 543.65	11 851.38（= 10 000.00 + 1 851.38）
2015年	11 543.65	11 269.84（= 10 000.00 + 1 269.84）
2016年	11 543.65	10 653.38（= 10 000.00 + 653.38）
合计	$46 174.60	$46 174.60（= $40 000.00 + $6 174.60）

g. 各年确认的收益比较：

年	每年确认的收益			
	经营租赁法		资本租赁法	
2013 年	$2 543.65	(= $11 543.65 − $ 9 000.00)	$ 6 400.00	(= $4 000.00 + $2 400.00)
2014 年	2 543.65	(= 11 543.65 − 9 000.00)	1 851.38	(= 0.00 + 1 851.38)
2015 年	2 543.65	(= 11 543.65 − 9 000.00)	1 269.84	(= 0.00 + 1 269.84)
2016 年	2 564.65	(= 11 543.65 − 9 000.00)	653.38	(= 0.00 + 653.38)
合计	$10 174.60	(= $46 174.60 − $36 000.00)	$10 174.60	(= $4 000.00 + $6 174.60)

h. 承租人的费用总额与现金支出额恰好相等，出租人的收益也正好等于现金流入减去现金流出额。因此，经营租赁法和资本租赁法只是在不同的会计期间确认收入、费用和相关的收益而已。

i. 承租人的费用总额与现金流出总额都等于46 174.60（ = 11 543.65 × 4 ）美元。出租人的收益总额也恰好等于现金流入总额46 174.60（ = 11 543.65 × 4 ）美元与购买送货车的现金流出总额36 000美元之差。

自习问题11.6解答参考

（长期负债的会计核算）

表11-13列出了这5种长期货币性负债的会计核算过程，在第a列至第e列分别用未来现金流量的现值表示。这5类货币性负债的会计处理程序实际上是一样的。

1. 计算企业通过承担债务而收到的资金金额和当时的市场利率。有时，可能这两个数字都是已知的；有时，可能只知道实际收到的金额，需要自己去计算市场利率；又有时，像表11-13所列出5种情况的那样，市场利率是已知的，但能够通过承担债务而收到的金额却是需要计算的。

   a. 要计算出通过承担债务而能够收到的金额，需要事先知道债务合约所规定的未来现金流量分布情况和历史市场利率，用每一期的现金流量乘以对应的现值系数（见本书附表2），然后再加总起来就可以得到未来所有现金流量的现值和。在表11-13中，列出了在利率为10%的条件下，1年期的复利现值系数为0.909 09，2年期的复利现值系数为0.826 45。

   b. 如果已知通过承担负债而实际收到的资金额和未来一系列合同规定好的现金流量分布情况，需要计算债务产生当时的市场利率，就需要求解这一系列现金流量的内含报酬率（internal rate of return）。在本书附录中，介绍了求解内含报酬率的方法。从表11-13中可以看出，只有在票面利率为10%的债券和分期等额偿还负债这两种情况下，承担债务能够获得的初始货币资金额才为1 000美元。而在其余三种情况下，实际收到的货币资金额都和1 000美元之间略有差异，这是因为在这三种情况下，未来现金流量的现值不等于1 000美元所引起的。尽管如此，一些人还是喜欢把这种负债称为"1 000美元的债务"。

2. 按实际所得到的货币资金额借记"货币资金"账户，贷记相应的货币性负债账户。在本例中，我们统一使用"货币性负债"账户这个名称，但在实务中，企业实际上会根据负债的类别使用更具体一些的账户名称。

3. 以后，在每一个合同规定的付款日和会计期期末，企业应按当期期初的负债账面价值（包括本金和应付利息之和）与历史市场利率的乘积确认利息费用，借记"利息费用"账户，贷记"货币性负债"账户。

   如果企业实际进行了现金偿付，则应借记"货币性负债"账户，贷记"货币资金"账户。此后，负债的账面价值应等于其期初余额加上当期的利息费用、再减去当期实际偿付的金额之差。

   在表11-13中，并没有直接列示出这个过程来。但是，如果你在此时回到步骤1，按历史市场利率（在本例中，为10%）对合同规定的剩余现金流量计算现值的话，你会发现，这个现值恰好等于步骤3执行完成后长期负债的账面价值。

4. 在以后每一个偿付负债的日子，或者会计期末结账日，重复步骤3。最后，当企业支付最后一期款项时（如表11-13中最末一行），刚好结平负债和相应的应付利息账户，不再留下任何负债金额了。这样的会计处理使企业的负债在实际终结时，账面上的金额也恰好变为零。

表 11-13　按未来现金流量的现值计量的长期负债：会计核算比较
（自习问题 11.6）

	a. 一次性偿付的 1 000 美元借款，2 年期			b. 票面利率为 10%（年利息 100 美元）的债务，2 年期		
	金额	借方	贷方	金额	借方	贷方
(1) 按负债取得日的市场利率10%计算合同规定未来付款额的现值。						
（a）第1年	$0			$100.00		
（b）第2年	$1 000.00			$1 100.00		
乘以对应的现值系数（见附表2）						
0.090 90 ×（a）	$0			$90.91		
0.826 45 ×（b）	826.45			909.09		
（c）现值合计	$826.45			$1 000.00		
(2) 根据步骤1，对取得借款和实际收到的现金或其他资产进行初始计量。						
货币资金或其他资产		826.45			1000.00	
货币性负债			826.45			1000.00
(3) 偿付日或会计期末的首次记录：第1年末						
（a）计算利息费用＝期初负债×历史市场利率。						
（1）（c）中的金额×10%	$82.64			$100.00		
（b）记录利息费用。						
利息费用		82.64			100.00	
货币性负债			82.64			100.00
（c）记录现金的偿付（若有的话）。						
货币性负债		—			100.00	
货币资金			—				100.00
（d）计算货币性负债的账面价值。						
期初余额	$826.45			$1 000.00		
加：利息费用	82.64			100.00		
合计	$909.09			$1 100.00		
减：偿付的现金（若有的话）	—			(100.00)		
＝期末余额	$909.09			$1 000.00		
(4) 第2次记录：第2年末						
（a）计算利息费用＝期初负债×历史市场利率。						
（d）中的金额×10%	$90.91			$100.00		
（b）记录利息费用。						
利息费用		90.91			100.00	
货币性负债			90.91			100.00
（c）记录现金的偿付（若有的话）。						
货币性负债		1 000.00			1 100.00	
货币资金			1 000.00			1 100.00
（d）计算货币性负债的账面价值						
期初余额	$909.09			$1 000.00		
加：利息费用	90.91			100.00		
合计	$1 000.00			$1 100.00		
减：偿付的现金（若有的话）	(1 000.00)			(1 100.00)		
＝期末余额	$0			$0		

(续)

c. 票面利率为8%（年利息80美元）的债券，2年期			d. 票面利率为12%（年利息120美元）的债券，2年期			e. 2年期分期等额偿还借款，每年付款576.19美元		
金额	借方	贷方	金额	借方	贷方	金额	借方	贷方
$80.00			$120.00			$576.19		
$1 080.00			$1 120.00			$576.19		
$72.73			$109.09			$523.81		
892.57			925.62			476.19		
$965.30			$1 034.71			$1 000.00		
	965.30			1 034.71			1000.00	
		965.30			1 034.71			1000.00
$96.53			$103.47			$100.00		
	96.53			103.47			100.00	
		96.53			103.47			100.00
	80.00			120.00			576.19	
		80.00			120.00			576.19
$965.30			$1 034.71			$1 000.00		
96.53			103.47			100.00		
$1 061.83			$1 138.18			$1 100.00		
(80.00)			(120.00)			(576.19)		
$981.83			$1 018.18			$523.81		
$98.18			$101.82			$52.38		
	98.18			101.82			52.38	
		98.18			101.82			52.38
	1 080.00			1 120.00			576.19	
		1 080.00			1 120.00			576.19
$981.83			$1 018.18			$523.81		
98.18			101.82			52.38		
$1 080.01			$1 120.00			$576.19		
(1 080.00)			(1 120.00)			(576.19)		
$0[①]			$0			$0		

① 存在四舍五入引起的误差0.01美元。

资料来源：© Cengage Learning 2014.

(续)

关键术语和概念

票据（note）
应付票据（notes payable）
债券（bond）
债券契约（bond indenture）
应付债券（bonds payable）
无担保债券（unsecured borrowing）
优先权；次级权（senior rights; subordinated rights）
信用债券（debenture bond）
分期等额还本付息券（serial bond）
零息券（zero coupon bond）
可转换公司债券（convertible bond）
可赎回债券（callable bond）
（债券的）卖出权（put option (for bond)）
固定利率；变动利率（fixed interest rate; variable interest rate）
未来现金流量的现值（present value of future cash flows）
金融工具（financial instrument）
内含报酬率；到期收益率（internal rate of return; yield to maturity）

市场利率（market interest rate）
隐含利率（implicit interest rate）
历史市场利率（historical market interest rate）
当前市场利率（current market interest rate）
摊余成本法（amortized cost）
公允价值法（fair value）
公允价值选择权（fair value option）
摊销计划表（amortization schedule）
实际利率法（effective interest method）
面值（principal; face value）
票面利率（coupon interest rate）
到期值（maturity value）
市场价值（market value）
折价；溢价（discount to face value; premium to face value）
实际利率法（effective interest method）
经营租赁法（operating lease method）
资本租赁法；融资租赁法（capital lease method; finance lease method）
模拟资本化（constructive capitalization）

思考题、练习题和解决问题

思考题

1. 复习并思考关键术语与概念所列术语和概念的含义。
2. "债券发行后，按发行时的市场利率运用摊余成本进行后续计量，使债券的账面价值与按照历史成本或取得成本对资产进行计量是一致的。"请解释这句话的含义。
3. "在实际利率法下，使用的是历史市场利率，使企业每期应付债券的利息费用都是相等的。"你同意这种说法么？如果不同意的话，应该如何修改这句话呢？
4. 一家企业发行了两种债券，这两种债券的发行价格、发行时的市场利率和债券到期日都是相同的。一种债券是每半年付息一次，到期一次还本；另一种债券是分期等额还本付息。请问，这两种债券在存续期内的利息费用总额会是一样的么？请解释为什么。
5. A公司发行了面值为1 000 000美元、票面利率为9%、每半年付息一次、到期一次还本的债券，发行时市场年利率为8%。B公司发行了面值为1 000 000美元、票面利率为7%、每半年付息一次、到期一次还本的债券，发行时的市场年利率也为8%。两家公司所发行的债券都是20年期，请问，A公司和B公司能收到相等的发行价款么？为什么？
6. "无论企业对债券的核算是采用按历史市场利率折现的摊余成本计量，还是按当前市场利率条件下的公允价值计量，只要企业坚持在债券到期时才进行偿付，该债券在存续期内对企业税前利润的影响总额是一致的。"你同意这种说法么？请解释为什么。
7. 参考思考题6，如果企业在债券到期前就提前进行了赎回，你的回答会改变么？
8. 参考前面这两个问题。请回答在什么样的情形下，企业的借款活动也能导致净利得？请举例进行说明，然后再概括为一般情形。你会发现，虽然一般的情形是适用于所有的长期借款形式的，但以零息券为例能很好地帮助你思考这些问题。
9. 一家零售企业在一个购物中心里租赁了一间铺面，租期为10年，而该购物中心的铺面至少还可以再用30年。按照租赁合同的规定，作为承租人，这家零售企业每月需要支付一个小额的固定金额再加上上月销售收入的10%作为租金。请问，按照现行的准则规定，这家零售企业应将此项租赁合同划分为经营租赁还是资本租赁进行会计处理？

10. 沿用上题中的情形。请问，根据新提议的租赁核算要求，这家零售企业应如何核算此项租赁合同？
11. 对承租人来说，资本租赁与用分期偿还的借款购入设备有什么异同？
12. "作为设备的制造商，出租人在租赁期内所确认的总收益（收入减去费用的金额）与承租人在租赁期内所确认的总费用是相等的。"你同意这种说法么？请解释为什么？
13. "如果可以的话，承租人在财务报告中会尽量将租赁合同作为经营租赁处理，但在税务报告中却尽量希望作为资本租赁处理。"请解释这句话的含义。
14. "如果可以的话，出租人在财务报告中会尽量将租赁合同作为资本租赁处理，但在税务报告中却尽量希望作为经营租赁处理。"请解释这句话的含义。

练习题

15. **当设定利率与历史市场利率不同时的借款摊销计划表**。海格公司（Hager Company）从奥卢西亚计算机公司（Volusia Computer Company）买入了一台计算机。该计算机的现销价格（公允价值）为37 938美元，海格公司开出了一张3年期、到期值为40 000美元的带息票据支付了货款。该票据要求海格公司除了到期支付面值以外，还应在每年年末支付面值的6%，即2 400美元，作为利息。票据的隐含利率为每年8%。要求：
    a. 按表11-2的格式为这张票据编制摊销计划表。
    b. 写出海格公司与该票据相关的全部会计分录，但计算机的折旧分录除外。
16. **计算债券的发行价格**。计算下列债券的发行价格。
    a. 面值为10 000 000美元的零息券，20年期，发行时的市场年利率为8%，每半年计息1次。
    b. 面值为10 000 000美元的分期等额还本付息券，分40期每半年偿付500 000美元，每期偿付金额中既包含当期利息也包含部分本金，20年到期。发行时的市场年利率为6%，每年计息1次。
17. **计算债券的发行价格**。计算下列各种债券的发行价格。
    a. 面值为1 000 000美元，20年期的零息券，发行时的市场年利率为10%，每半年计息1次。
    b. 面值为1 000 000美元的分期等额还本付息券，每半年偿付50 000美元，20年付清，发行时的市场年利率为6%，每半年计息1次。
    c. 面值为1 000 000美元、票面利率为10%的分期付息、到期一次还本券，每半年支付1次利息，本金在20年后到期时支付。发行时的市场年利率为8%，每半年计息1次。
    d. 面值为1 000 000美元的分期付息、到期还本券，票面利率为前10年按6%计算，后10年按8%计算，本金在20年以后偿付。发行时的市场利率为10%，每半年计息1次。
18. **债券的摊销计划表**。今年1月1日，沃曼科公司（Womack Company）发行了票面利率为10%、每半年付息一次、到期一次还本的5年期公司债券，债券的面值为100 000美元，发行时的市场年利率为8%，每半年计息1次。要求：
    a. 计算这批债券的发行所得为多少。
    b. 假定沃曼科公司采用按历史市场利率计算的摊余成本对这批债券进行计量，请参考表11-2的格式，为这批债券编制一份摊销计划表。
    c. 假定在这批债券发行后的第3年年末，沃曼科公司按债券面值的103%回购了面值为10 000美元的债券，并提前进行了终止。请写出提前赎回债券并终止确认的相关会计分录来。
19. **债券的摊销计划表**。2012年1月1日，苏华德公司（Seward Corporation）发行了面值为100 000美元、票面利率8%、每半年计息1次的3年期分期付息、到期还本债券。该债券的利息计划于每年的6月30日和12月31日支付，每次支付面值的4%，因此每年的利息金额为面值的8%。债券发行时的市场年利率为10%，每半年计息1次。要求：
    a. 计算这些债券的实际发行所得为多少？
    b. 假定苏华德公司按历史市场利率计算的摊余成本来计量这批债券，请参考表11-2的格式，为这批债券编制一份摊销计划表。
    c. 假定苏华德公司的会计年度与日历年度一致，请写出这批债券在2012年的相关会计分录。
    d. 2014年1月1日，苏华德公司按债券面值的102%回购了面值为20 000美元的债券，请写出提前赎回债券并终止确认的会计分录。
20. **用摊余成本法对债券进行会计核算**。欧博文公司（O'Brien Corporation）发行了面值为8 000 000美元、票面利率8%、每半年计息1次的20年期分期付息、到期还本券，发行时的市场利率为6%，每半年计息1次。欧博文公司按用历史市场利率计算的摊余成本对这些债券进行后续计量。要求：
    a. 计算这些债券的初始发行价格。
    b. 计算这些债券在第1个计息期的利息费用为多少？
    c. 计算这些债券在第2个计息期的利息费用为

d. 计算这些债券在第2个计息期期末的账面价值为多少？

e. 用现值计算来验证这些债券在第2个计息期期末的账面价值与你在"d"部分所得到的答案是否相等。

21. **用摊余成本法对债券进行会计核算。** 罗宾森公司（Robinson Company）发行了面值为5 000 000美元、票面利率为8%、每半年付息一次、到期一次还本的10年期债券，发行时的市场年利率为10%，按半年利息。罗宾森公司按用历史市场利率计算的摊余成本对这些债券进行后续计量。要求：

a. 计算这些债券的发行价格。

b. 计算这些债券在第1个计息期的利息费用是多少？

c. 计算这些债券在第2个计息期的利息费用是多少？

d. 计算这些债券在第2个计息期期末的账面价值为多少？

e. 用现值计算来验证这些债券在第2个计息期期末的账面价值与你在"d"部分所得到的答案是否相等。

22. **用摊余成本法对债券进行会计核算。** HDC公司（Huergo Dooley Corporation）在若干年前发行了面值为2 000 000美元、票面利率为8%、每半年付息1次的分期付息、到期还本债券，发行时的市场年利率为10%，按半年计息。HDC公司需要向这些债券的持有人在每年的6月30日和12月31日按债券面值的4%支付利息。这些债券的到期日为2012年12月31日。要求：

a. 假定HDC公司根据债券发行时的市场利率所计算出的摊余成本来对这些债券进行后续计量，请计算这些债券在2008年1月1日的账面价值应当为多少？

b. 请写出HDC公司在2008年6月30日确认利息费用并支付利息的会计分录。

c. 请写出HDC公司在2008年12月31日确认利息费用并支付利息的会计分录。

d. 2009年1月1日，市场对这些债券所要求的报酬率为6%，按半年计息。HDC公司在这一天回购并提前终止了20%的债券。请写出相关的会计分录。

23. **按公允价值对债券进行会计核算。** 2013年1月1日，斯特劳德公司（Stroud Corporation）发行了面值为10 000 000美元、票面利率为6%、每半年付息1次的10年期分期付息到期还本券，公司需要在每年的6月30日和12月31日向债券投资者支付利息。债券发行时的市场利率为6%，按半年计息。这批债券在2013年6月30日和2013年12月31日的市场年利率分别为6.2%和6.6%，按半年计息。斯特劳德公司按每期期初的市场利率来计算当期的利息费用。要求：

a. 斯特劳德公司对这些债券采用公允价值进行计量，请计算这些债券在2013年的1月1日、6月30日和12月31日的账面价值。注意，由于本书附表中可能没有本题需要的复利系数，你在计算过程中可能会需要使用到利率表，或者计算器和电子表格程序。

b. 计算上述债券在2013年第1个计息期的利息费用和未实现损益的合计数。注意不必将这个金额区分为利息费用和持有损益。

c. 计算上述债券在2013年第2个计息期的利息费用和未实现损益的合计数。注意不必将这个金额区分为利息费用和持有损益。

24. **按公允价值对债券进行会计核算。** 2014年1月1日，瑞斯丁公司（Restin Corporation）发行了面值为20 000 000美元、10年期、票面利率为8%、每半年付息、到期一次还本的债券，付息日为每年的6月30日和12月31日。债券发行时，市场年利率为按7%每半年计息；这些债券在2014年6月30日和12月31日的市场利率分别为按6.8%和按6.4%每半年计息。瑞斯丁公司按每期期初的市场利率来计算当期的利息费用。要求：

a. 瑞斯丁公司对这些债券采用公允价值进行计量，请计算它们在2014年1月1日、6月30日和12月31日的账面价值。注意，由于本书附表中可能没有本题需要的复利系数，你在计算过程中可能会需要使用到利率表、计算器或电子表格程序。

b. 计算上述债券在2014年第1个计息期的利息费用和未实现损益的合计数。注意不必将这个金额区分为利息费用和持有损益。

c. 计算上述债券在2014年第2个计息期的利息费用和未实现损益的合计数。注意不必将这个金额区分为利息费用和持有损益。

25. **根据现行规定应用资本租赁的判断标准。** 波音公司生产某种喷气式飞机的成本为每架飞机5 000万美元，在正常情况下，这种飞机的对外销售单价为6 000万美元，一般可使用25年。联合航空公司（United Airlines）想从波音公司以租赁的方式取得这种飞机的使用权，双方达成了下列几项租赁方案。请根据现行准则规定判断在以下每种方案安排，该租赁合同应判断为经营租赁还是资本租赁进行会计处理？假定全部方案中涉及的现金流量都发生在每年年末。

a. 联合航空公司每年支付租金600万美元，租期20年。20年后，联合航空公司应将飞机返还给波音公司。联合航空公司20年期抵押贷款的利率为10%。

b. 联合航空公司每年支付租金720万美元，租期15年。15年后，联合航空公司应将飞机返还给波音公司。联合航空公司15年期抵押贷款的利率为10%。

c. 联合航空公司每年支付租金550万美元，租期10年。10年后，联合航空公司可以选择将飞机返还给波音公司，或者按5 500万美元的价格买下这架飞机。联合航空公司10年期抵押贷款的利率为8%。

d. 联合航空公司每年支付租金620万美元，租期18年，租赁期满后，飞机应返还给波音公司。此外，如果这架飞机每年飞行时数超过了5 000小时，那么联合航空公司应再按每小时1 500美元的价格向波音公司额外付款。目前，联合航空公司平均每架飞机每年的飞行小时数为6 200小时。联合航空公司18年期抵押贷款的利率为10%。

26. **根据新提议的准则来判断租赁类型。** 参考上一小题中的4种情景，请根据新提议的准则要求来判断上述租赁的类型。

27. **经营租赁和资本租赁条件下出租人的会计分录编制。** 太阳微系统公司（Sun Microsystems）制造一种工程工作站的成本为7 200美元，销售价格通常为12 000美元。这种工作站的寿命虽然可以估计为10年，但由于技术更新快的原因，一般只预计可以用3年。太阳微系统公司将一套这种工作站租赁给了设计顾问公司（Design Consultants），租赁期自2013年1月1日起开始计算，共计3年，由设计顾问公司在每年年初支付租金4 386.70美元。假定适用的贴现率为10%，太阳微系统公司的报告年度与日历年度相同。要求：

a. 根据目前的准则要求，这项租赁合同应作为经营租赁还是资本租赁进行会计核算？请解释为什么。

b. 假定这项租赁合同可以判断为经营租赁。请写出太阳微系统公司在这3年的租赁期内应编制的相关会计分录。

c. 假定这项租赁合同应当判断为资本租赁。请写出太阳微系统公司在这3年的租赁期内应编制的相关会计分录。

28. **经营租赁和资本租赁条件下承租人的会计分录编制。** 2013年1月1日，鲍德温产品公司（Baldwin Products）作为承租人租赁了一台机器在生产经营中使用，租金为每年10 000美元，在2013、2014和2015年的12月31日支付，3年后，机器需返还给出租人。这台机器预计可以使用5年，所以3年后，出租人可以选择将这台机器对外出售或者是在剩余可使用年限内继续对外出租给别人。鲍德温产品公司能够争取得到的3年期抵押贷款利率为8%，这台机器在租赁期开始日的市场价值为30 000美元。要求：请回答下列问题，并将所有金额都四舍五入到以美元为单位。

a. 这项租赁应作为经营租赁核算还是作为资本租赁核算？

b. 假定这项租赁应当作为经营租赁核算，请写出鲍德温公司在这3年租赁期内应编制的所有相关会计分录。

c. 假定这项租赁应当作为资本租赁核算，请写出鲍德温公司在这3年租赁期内应编制的所有相关延长分录。

d. 计算在这3年租赁期内，分别按照经营租赁法和资本租赁法核算的费用总额。

解决问题

29. **长期债券的会计处理。** 阿加沃尔公司（Aggarwal Corporation）在它2013年度的财务报表附注中披露了下列与长期负债相关的信息。请注意本题中的所有年利率都假定是按每半年计息的，且实际利率法摊销中使用的是按历史市场利率计算出的摊余成本。

	12月31日	
	2013年	2012年
2022年12月31日到期的零息券，面值为800 000美元，发行时的市场利率为10%	?	$301 512
2017年12月31日到期的债券，面值1 000 000美元，票面利率7%，利息在每年的6月30日和12月31日支付，发行时的市场利率为8%	$966 336	?
2028年12月31日到期的债券，面值为1 000 000美元，票面利率9%，利息在每年的6月30日和12月31日支付，发行时的市场利率为6%	?	$1 305 832

要求：

a. 计算上述零息券在2013年12月31日的账面价

值。注意零息券不需要企业定期付息，只在到期时才按面值偿付。请不要误解题干中以楷体显示的那句话的含义。

b. 计算票面利率为7%的债券在2013年的利息费用是多少？

c. 2013年7月1日，阿加沃尔公司从市场中回购了一半的票面利率为9%的债券（即面值为500 000美元），并将它们进行了终止确认，回购价格为526 720美元。请写出公司回购并终止确认债券的会计分录。

d. 请计算这些票面利率为9%的债券在2013年下半年的利息费用为多少？

30. **零息券的会计处理**。当时代华纳公司（Time Warner Inc.）宣布拟通过发行20年期的零息券借款5亿美元时，《华尔街时报》是这样报道的：

纽约——时代华纳公司宣布将通过发行债务募资5亿美元……这位媒体和娱乐业的巨人说，它将通过美林证券公司（Merrill Lynch）发行本金为15.5亿美元的20年期零息券……零息券的发行价通常都大大低于其面值，然后在到期时再按面值进行偿还……在预申报书中，还没有关于发行价格和市场对该债券所要求收益率的说明。⊖ 要求：

a. 假定该债券发行时，市场所要求的报酬率为按6%每年计息1次，请问，时代华纳公司通过发行这批债券能募集到多少资金？

b. 假定时代华纳公司通过发行这批债券实际募集的资金为5亿美元，请问该债券在发行时，市场所要求的报酬率为多少？

c. 假定时代华纳公司通过发行这批债券实际募集的资金为4亿美元，发行时市场所要求的报酬率为按7%每年计息1次。请问时代华纳公司在债券发行后的第1年中应确认的利息费用为多少？假定时代华纳公司采用按历史市场利率计算的摊余成本对债券进行计量。

d. 假定这批债券的实际发行所得为4亿美元，发行时的市场利率为按7%每年计息一次。请问时代华纳公司在这批债券存续期内最后1年应确认的利息费用为多少？假定时代华纳公司采用按历史市场利率计算的摊余成本对债券进行计量。

e. 假定时代华纳公司在发行这批债券时的市场利率为按6%每年计息1次。在这批债券发行10年后，市场所要求的收益率上升为按8%每年计息1次。假定时代华纳公司回购并终止确认了面值为7亿美元的这批零息券，请写出该公司应编制的相应会计分录，请将金额四舍五入到百万美元。

31. **理解和应用债券表**。表11-14列出了一种票面利率为8%，每半年付息1次的债券在各种市场收益率和到期时间情况下的价格分布。请注意表中所列的是最常见的一种债券类型，即每半年付息1次、到期还本的债券的现值。表中的金额是按特定利率和到期时间条件下，价格占债券面值的百分比来表示的。所给利率均为按半年计息条件下的年利率。请回答：

表11-14 用面值的百分比来表示的债券价值
按8%每半年计息的分期付息、到期还本债券①
（解决问题31）

距离到期时间	每半年计息一次条件下的市场年利率					
	6.0	7.0	7.8	8.0	8.3	9.0
0.5	100.970 9%	100.483 1%	100.096 2%	100%	99.856 0%	99.521 5%
1.0	101.913 5	100.949 8	100.188 9	100	99.717 7	99.063 7
1.5	102.828 6	101.400 8	100.278 0	100	99.584 9	98.625 5
2.0	103.717 1	101.836 5	100.363 8	100	99.457 4	98.206 2
2.5	104.579 7	102.257 5	100.446 4	100	99.335 0	97.805 0
5.0	108.530 2	104.158 3	100.815 1	100	98.792 4	96.043 6
9.0	113.753 5	106.594 8	101.276 3	100	98.124 0	93.920 0
9.5	114.323 8	106.854 9	101.324 6	100	98.054 5	93.703 4
10.0	114.877 5	107.106 2	101.371 1	100	97.988 3	93.496 0
15.0	119.600 4	109.196 0	101.750 4	100	97.452 8	91.855 6
19.0	122.492 5	110.420 5	101.964 9	100	97.156 4	90.975 0
19.5	122.808 2	110.551 2	101.987 4	100	97.125 7	90.885 2
20.0	123.114 8	110.677 5	102.009 1	100	97.096 2	90.799 2
25.0	125.729 8	111.727 8	102.185 5	100	96.858 8	90.119 0
30.0	127.675 6	112.472 4	102.305 9	100	96.700 7	89.681 0
40.0	130.200 8	113.374 4	102.444 0	100	96.525 3	89.217 3

① 本表中的数据是在电子表格中运用现值函数求得，然后再用百分比表示的。

资料来源：© Cengage Learning 2014.

a. 为什么在市场利率为8%的那一列下，无论债券的到期时间如何，债券的价格都等于其面值的100%？

b. 为什么无论债券的到期时间是怎样的，以市场利率为8%的那一列为界，为什么左面的债券价格都大于其面值的100%，而右面的债券价格都小于其面值的100%？

c. 为什么以市场利率为8%的那一列为界，左面

⊖ 《华尔街时报》，1992年12月8日，A6版，《时代华纳将在2013年年初借款，然后在2032年年末一次性偿还15.5亿美元》。

的金额随着到期时间的临近逐渐下降至债券面值的100%，而右面的金额随着到期时间的临近逐渐上升至债券面值的100%？

假定有一家公司在2013年1月1日发行了面值为100万美元、票面利率为8%，每半年计息1次的债券，发行时的市场利率为7%，每半年计息。在以下问题d至f中，假定该公司采用历史市场利率对债券进行会计核算。

d. 如果这批债券的有效期为25年，请问，它们的发行价格会是多少？

e. 这批债券在5年后的账面价值是多少？

f. 利用该债券表，按摊余成本法计算2018年的利息费用为多少？然后再利用历史市场利率与2018年每个计息期期初的负债金额之乘积计算出2018年的利息费用。两种方法计算出的利息费用一致么？

32. **理解长期负债信息的披露**。表11-15是摘自家居用品公司（Home Supply Company）财务报表附注的部分信息，请回答：

a. 表中列报的该公司在2012年和2013年2月1日的信用债券、长期借款和中期借款等几个项目的金额都没有发生变动。请问，什么原因最有可能导致长期负债的期初和期末金额都是一样的？

b. 2012年2月1日，公司的优先权借款包括两类；而在2013年2月1日，优先权借款则由4类所构成。请在下面空白单元格中填写出相应的金额。

提示：在面值、到期时间和票面利率一定的情况下，运用EXCEL电子表格可求解这些负债在发行时的历史市场利率水平。求解历史市场利率时，需要对多个利率水平进行测试，直到借款的现值能够在某个利率条件下等于100万美元为止。请注意这些借款的条件，都需要每半年计息1次。在下面这些表格中填写出在每半年计息1次前提下的票面年利率和市场年利率水平。

发行日期	面值	自发行日开始计算的有效期	发行价格	票面利率	历史市场利率
2011年10月					
2011年10月					
2012年10月					
2012年10月					

c. 2013年2月1日的优先权借款金额为1 980百万美元，略略高于4次优先权借款的发行价格1 979（=988+991）百万美元，为什么这两个金额会有所不同？为什么这两者的差异并不大呢？

d. 为什么可转换票据的利率相比家居用品公司的其他负债项目来说，利率会低这么多呢？

e. 参考财务报表附注7中对金融工具的注释。请问，在2012年2月1日和2013年2月1日，长期负债的加权平均历史市场利率和加权平均当前市场利率相比，谁更高一些？请解释原因。

表11-15 家居用品公司财务报表附注信息摘录
（编报单位：百万美元）
（解决问题32）

附注6——长期负债

	利率%	到期年度	2013年2月1日	2012年2月1日
担保债务				
抵押借款	6.57~8.25	2028	$30	$38
未担保债务				
信用债券	6.50~6.88	2029	693	693
长期借款	8.25	2016	498	498
中期借款——A系列	7.35~8.20	2023	27	27
中期借款——B系列	6.70~7.61	2037	267	267
优先权借款	5.00~5.80	2036	1 980	988
可转换票据	0.86~2.50	2021	518	596
资本租赁与其他		2030	400	424
长期负债合计			4 413	3 531
减：一年内到期的长期负债			88	32
长期负债，扣除一年内到期的部分			$4 325	$3 499

资料来源：© Cengage Learning 2014.

优先权借款

2011年10月，公司发行了面值为10亿美元的优先权借款，其中5亿美元的到期日为2021年10月，另外5亿美元的到期日为2041年10月。第一部分优先权借款的利率为5%，实际发行时折价了400万美元；第二部分优先权借款的利率为5.5%，实际发行时折价了800万美元。这些优先权借款的利息需要在每年的4月和10月支付，发行时的折价计入长期负债入账价值中，并在今后予以摊销。实际发行所得净额大约为98 800万美元，主要用以偿还将于2011年12月到期的60 000万美元借款和公司一般用途，包括资本支出和营运资金需求等，以及用于普通股的回购。

2012年10月，公司又发行了10亿美元的优先权借款，其中55 000万美元票面利率为5.4%，到期日为2022年10月；还有45 000万美元票面利率为5.8%，到期日为2042年10月。这两种优先权借款在发行时都各自产生了大约440万美元的折价。两种借款的利息都自2013年4月期开始首期支付，每年的4月和10月各付息一次。发行时的折价计入长期负债的入账价值,并在今后逐渐摊销。实际发行所得净额大约为99 100万美元主要用作公司一般用途,包括资本支出和营运资金需求,以及回购普通股等。

附注7——金融工具
除资本租赁和其他项目之外的公司其他长期负债的公允价值为:

(百万美元)	2013年2月1日		2012年2月1日	
	账面价值	公允价值	账面价值	公允价值
负债:				
长期负债(不包括资本租赁和其他项目)	$4 013	$4 301	$3 107	$3 578
对未在活跃市场中交易的公司债务,采用公司目前发行类似负债和剩余到期时间条件下的适合利率进行贴现,以估计其公允价值。				

33. **出租人和承租人的会计处理**。IBM公司制造了一款电脑,单位成本为每台6 000美元,通常的销售价格为每台10 000美元。阿黛尔公司(Adair Corporation)在经营中恰好需要使用这种电脑,它想出了三种在2013年1月1日取得这种电脑的方法。这种电脑可以使用3年,到期无残值。假定两家公司都使用直线法计算折旧。

    (1) 直接购买:阿黛尔公司将通过银行借款10 000美元,然后用这笔钱向IBM公司购入这种电脑。银行贷款利率为8%,要求阿黛尔公司在2013、2014和2015年的12月31日,每次偿付本息合计3 880美元。

    (2) 经营租赁:阿黛尔公司将从IBM公司租赁这种电脑,然后根据现行准则规定,判断为经营租赁进行会计处理。IBM公司要求阿黛尔公司在2013、2014和2015年的12月31日每次支付年度租金3 810美元。

    (3) 资本租赁:阿黛尔公司将从IBM公司租赁这种电脑,然后根据现行准则规定,判断为资本租赁进行会计处理,假定利率为每年7%。IBM公司要求阿黛尔公司在2013、2014和2015年的12月31日每次支付年度租金3 810美元。

    要求:
    a. 假定阿黛尔公司选择了直接购买,请写出它在2013年1月1日、2013年12月31日和2014年12月31日的相应会计分录。
    b. 假定阿黛尔公司选择了经营租赁方式,请写出它在2013年1月1日、2013年12月31日和2014年12月31日的相应会计分录。
    c. 假定阿黛尔公司选择了资本租赁方式,请写出它在2013年1月1日、2013年12月31日和2014年12月31日的相应会计分录。
    d. 假定阿黛尔公司选择了直接购买,请写出IBM公司在2013年1月1日、2013年12月31日和2014年12月31日应编制的相应会计分录。
    e. 假定阿黛尔公司选择了经营租赁,请写出IBM公司在2013年1月1日、2013年12月31日和2014年12月31日应编制的相应会计分录(如果需要的话)。
    f. 假定阿黛尔公司选择了资本租赁,请写出IBM公司在2013年1月1日、2013年12月31日和2014年12月31日应编制的相应会计分录(如果需要的话)。
    g. 编制一张表,比较在这三种方式下,阿黛尔公司在2013年、2014年和2015年的总费用。
    h. 编织一张表,比较在这三种方式下,IBM公司在2013年、2014年和2015年的总收入和费用情况。

34. **借款购买与经营租赁和资本租赁的比较**。卡罗姆运动用品商店(Carom Sports Collectibles Shop)想要在2013年1月1日安装一台计算机收银系统,预计总共需要支出100 000美元,该系统预计可以使用5年,期满无残值。卡罗姆商品现在有两套获得这套系统的方案:

    (1) 直接购买。公司可以在2013年1月1日发行面值为100 000美元、票面利率为10%,每半年付息、到期还本的债券。这批债券将按面值发行,有效期为5年。

    (2) 租赁。如果选择租赁,需要在2013~2017年未来5年内,每年的12月31日分5期支付租金,这些租金按10%的利率折现到2013年1月1日的现值正好等于100 000美元。

    卡罗姆公司对所有相关资产都使用直线法计算折旧或者摊销费用。要求:
    a. 按照现行准则,请通过编制摊销计划表来验证公司每期需要支付的租金额为26 380美元,注意在第5年中可能会有大约2美元的误差是由于计算过程中的四舍五入所引起的。不过,在本题后续提问中,你仍然可以将其视为每年支付租金26 380美元。
    b. 如果卡罗姆公司选择第(1)种计划方案,请问,哪些资产负债表账户会受到影响?如果该公司选择第(2)种计划方案,而且该租赁符合经营租赁法的要求呢?如果该公司选择第(2)种计划方案,而且该租赁符合资本租赁法的要求呢?

c. 在第（1）种计划方案下，卡罗姆公司在这 5 年中总的折旧费用和利息费用金额是多少？

d. 在第（2）种计划方案下，如果卡罗姆公司使用经营租赁法进行核算，那么它在这 5 年中的费用总额是多少？如果使用资本租赁法呢？

e. 为什么在"d"小问中，经营租赁法和资本租赁法下的费用总额是相同的？为什么"c"小问的答案与"d"小问中的又有区别呢？

f. 在第（1）种计划方案下，第 1 年的费用总额是多少？在第（2）种计算方案下，若符合经营租赁法核算条件，第 1 年的费用总额是多少？如果符合资本租赁法的核算条件呢？

g. 重复"f"小问中的问题，计算 3 种情况下 2017 年的费用总额。

35. **资本租赁和经营租赁对财务报表的影响**。以下是摘自北方航空工程（Notrhern Airlines）最近两个年度的财务报表附注信息（编报单位为百万美元）。北方航空公司按现行准则规定对租赁进行会计核算。

	12 月 31 日	
	2013 年	2012 年
资本租赁租入的资产	$865	$1 019
资本租赁负债	927	1 088
长期负债（包含租赁租赁影响在内）	12 041	13 456
资产总计	29 145	29 495

2012 年 12 月 31 日的财务报表附注显示，未来 1 年以上的最低租赁付款承诺包括：

年度	资本租赁	经营租赁
2013 年	$263	$1 065
2014 年	196	1 039
2015 年	236	973
2016 年	175	872
2017 年	140	815
2017 年以后合计	794	7 453
总计	$1 804	$12 217
减：利息部分	(716)	
租赁负债	$1 088	

2013 年 12 月 31 日的财务报表附注显示，未来 1 年以上的最低租赁付款承诺包括：

年度	资本租赁	经营租赁
2014 年	$196	$1 098
2015 年	236	1 032
2016 年	175	929
2017 年	140	860
2018 年	142	855
2018 年以后合计	652	6 710
总计	$1 541	$11 484
减：利息部分	(614)	
租赁负债	$927	

要求：

a. 假定北方航空公司在每年年末支付全部租赁付款，请编制一张分析表说明 2012 年 12 月 31 日的资本租赁负债是如何从 1 088 百万美元下降为 2013 年 12 月 31 日的 927 百万美元的。

b. 计算北方航空公司在 2012 年 12 月 31 日将资本租赁付款承诺计算现值时所使用的加权平均利率是多少？

c. 编制一张分析表，说明北方航空公司的资本租赁资产是如何从 2012 年 12 月 31 日的 1 019 百万美元下降为 2013 年 12 月 31 日的 865 百万美元的。

d. 写出北方航空公司在 2013 年关于资本租赁的相关会计分录。

e. 写出北方航空公司在 2013 年关于经营租赁的相关会计分录。

f. 假定在计算 2012 年 12 月 31 日和 2013 年 12 月 31 日的经营租赁付款承诺现值时，10% 的利率水平是非常恰当的。请计算在上述两个日子的经营租赁付款承诺的现值。假定北方航空公司在 5 年后的经营租赁付款额都保持为第 5 年的水平（即在 2012 年 12 月 31 日，假定 2017 年后每年都支付 815 百万美元；在 2013 年 12 月 31 日，假定 2018 年后每年都支付 855 百万美元）。

g. 根据北方航空公司目前所报告的金额，计算它在 2012 年 12 月 31 日和 2013 年 12 月 31 日的长期负债比率。

h. 将经营租赁付款承诺进行模拟资本化处理，然后重复"g"部分的要求。

i. 参考你对上面几个问题的解答，请解释为什么承租人更倾向于对租赁使用经营租赁法而不是资本租赁法进行会计核算。

36. **计算利息费用**。GSB 公司在多年前发行了面值为 110 000 美元的每半年付息 1 次、到期还本债券。债券的票面年利率为 8%，每年付息 2 次，每次间隔 6 个月。GSB 公司在发行这批债券时的市场利率为 10%，按半年计息，相当于实际年利率为 10.25%[=(1.05×1.05)−1]。GSB 公司用债券发行时的市场利率计算的摊余成本，使用摊余成本法对这些债券进行会计核算。今年年初的市场利率为 6%，按半年计息，相当于实际年利率为 6.09%[=(1.03×1.03)−1]，且在今年一年中都保持在这个水平。这批债券在今年年初的账面价值为 100 000 美元。当 GSB 公司在今年支付第一期利息时，会计师按应付的资金额贷记了某负债账户。假定这些债券一直流通至到期，请计算出最后一期的债券利息费用为多少？

第 12 章
负债：表外融资、退休后福利与应交所得税

学习目标

1. 懂得企业使用表外融资的原因和方式，理解准则指南对表外融资的核算要求。
2. 理解确认和计量退休后福利的困难，知道如何报告超额的或者不足的养老福利基金。
3. 理解财务报告中收入和费用的确认时期与税务报告中的确认时期不一致时的影响。

在第4章中，我们介绍了负债的概念；然后在第9章中讨论了流动负债，在第11章中讨论了长期借款、债券和租赁。本章将继续探索三个与负债的确认和计量相关的话题：（1）除经营租赁之外的资产负债表表外融资。（2）退休后福利。（3）所得税会计。

12.1 表外融资

所谓**表外融资**（off-balance-sheet financing），是指企业不通过签订符合美国公认会计原则和国际财务报告准则关于负债定义的借款协议，而获取货币资金或其他资产或服务的行为。本部分将主要探索企业进行除经营租赁（在第11章中已经讨论过）之外的表外融资的原因，并介绍主要的表外融资安排形式。

12.1.1 表外融资的原理

一些企业管理者认为，他们进行表外融资的原因主要在于：

1. 降低借款成本。如果借款人在制定借款利率时不知道有表外融资的存在，企业就有可能得到更低的借款成本。
2. 避免债务条款约束。如果债务条款只约束财务报表上所确认的项目，表外融资安排将不会影响企业对这些债务条款的遵守情况。比如，一些债务条款可能会限制企业的负债比率增加。

上述第1个理由的前提是，借款人没有足够的知识、能力和信息来确认表外融资协议的存在和对表外融资进行处理。尽管目前还找不出证据说明借款人确实不了解表外融资的影响，但企业管理层在安排融资结构时，确实常常愿意假定这一点是成立的。上述第2个理由反映出企业确实希望在现有债务条款的约束下能够借入更多的资金。

12.1.2 表外融资安排

在第4章中，我们将负债定义为由过去的交易或事项所引起的，企业需要在将来通过转移资产给其他主体或者为其他主体提供服务来了结的现时义务。但在现实生活中，还存在着一些不能完全符合上述负债定义的表外融资义务，例如待执行合同和或有负债。

待执行合同 企业可能会签下合同，承诺为了得到某项未来经济利益而在将来支付特定的款项。对于这一类的支付义务，只有当企业在过去或者现在已经收到了某项利益的前提下，才可能符合会计上的负债确认条件。如果相关的经济利益只可能在未来得到，在过去或者现在都没有任何体现，那么，这样的支付义务在会计上就被认为是**待执行合同**（executory contract）。一般情况下，企业不应将待执行合同确认为负债。

例题1 在第11章中讨论过的经营租赁付款承诺就是一种常见的待执行合同。设想，如果联合航空公司（United Airlines）想要购入更多的飞机，它当然可以先通过借款取得资金，然后再直接购买，但这样显然会使得联合航空公司资产负债表上的负债增加。因此，联合航空公司选择了签订一份经营租赁合同，承诺将在未来12年内向飞机所有人支付一定金额的租金来换取飞机的使用权。假定这架飞机一共可以使用18年。联合航空公司在飞机上喷上了自己的名称，然后将它投入到了日常运营中，并定期按时支付租金。经营租赁所隐含的假定是联合航空公司能从飞机的使用中受益，而不是在签订租赁合同时就受益。即联合航空公司拥有的是未来利益，而不是过去或者现在的利益。因此，联合航空公司可以通过租赁为飞机争取到融资，而这样的融资方式又可以不作为一项负债报告在资产负债表上。

例题2 路易斯安娜-太平洋公司（Louisiana-Pacific Corporation）和惠好公司（Weyerhaeuser Company，一家林业公司）都需要新设施来提升它们的纸浆处理能力。两家公司都可以通过借款取得所需要的资金，然后自行建造制造工厂。不过，最后这两家公司达成协议，决定成立合伙企业进行联合经营，即在未来20年中，两家公司将各自平分一半新工厂的生产能力，承担一半的经营费用和财务费用。最后，合伙企业利用两家公司的购货承诺取得贷款，建成了工厂。在会计上，这种购货承诺被视为一种待执行合同——全部利益都只可能发生在将来——因此，两家公司都不需要将自己应承担的贷款部分确认负债，这项贷款只在合伙企业的资产负债表中才报告为一

项负债。⊖

或有负债 除了将某项资产抵押取得借款以外，企业还可以通过出售（转移）一项资产给它的购买方（受让人）而获取资金。有些情况下，这类协议可能还会要求资产出售方在某些条件下向购买方支付部分资金。比如，如果该项资产最后所能产生的现金低于购买者的预期，那么，资产的出售方可能就需要向购买方进行现金补偿。对这类交易，至少存在着以下两个会计问题：

1. 资产的出让方应将这类交易记作资产的出售还是担保借款？
2. 如果资产出让方将这类交易记作资产出售，那么，如果将来某些条件满足了，应当由它承担的未来现金支付义务又应该如何进行会计处理呢？

现在让我们先来分析两个例题，然后再回过头来回答上述这两个问题。

例题 3 贵成公司向客户提供商业信用，以鼓励客户购买公司销售的电视、音响和其他电子设施。贵成公司可以将它的应收账款作为抵押品向银行申请贷款，然后再用收回的应收账款来偿还银行贷款的本息。或者，贵成公司也可以将它的应收账款出售给银行，在扣除了预计违约百分比和收款成本后，获得银行愿意支付的某个金额。如果贵成公司选择了后面这一种做法，并且在会计上确认应收账款的出售，那么在它的资产负债表上，就不会有任何新的负债项目产生。

例题 4 诗歌兰公司（Seagram Company）是一家酿酒商，它所生产的威士忌酒平均都会窖藏大约 10 年的时间。在窖藏期间，公司必须支付威士忌的生产成本和储藏费用。诗歌兰公司可以将这些威士忌作为抵押品向金融机构申请贷款，然后将贷款资金用来支付窖藏期间的支出，这样，相应的贷款就必须确认为一项负债。或者，诗歌兰公司也可以将这些威士忌卖给银行，然后帮银行负责窖藏过程的监督工作。窖藏过程完成后，诗歌兰公司可以帮助银行寻找买家，但并不保证这些威士忌的未来销售情况。在后面这种安排下，威士忌的销售价格变动风险是由银行承担的，因此，诗歌兰公司应将此项交易视为威士忌的出售处理，这样，也不会在资产负债表上增加任何新的负债项目。

12.1.3 美国公认会计原则和国际财务报告准则对表外融资安排的核算要求

某项融资安排究竟是应当作为一项负债确认在资产负债表上？还是披露在财务报表附注中？对此，美国公认会计原则和国际财务报告准则都进行了规范。对一项具体的融资安排，准则要求根据具体的事实和各种情况来进行判断，主要涉及两类主题：

1. 在每笔交易中，要判断是哪一方主体享受了资源所能带来的经济利益，并承担了与持有资源相对应的经济风险。
2. 确认融资方是谁。

如果是取得融资的一方同时在承担利益和风险，那么，它就应当确认一项负债。如果是提供融资的一方同时承担了利益和风险，那么，取得融资方就不必确认负债，此项融资交易就是一项表外融资安排。

例题 5 参考例题 1 中的情形。在第 11 章中，判断一项租赁是否属于资本租赁时，需要确认是承租人还是出租人在承担租赁资产的利益与风险。如果是出租人，那么这项租赁就应当是经营租赁，在承租人的资产负债表中就不应确认任何新的负债；但如果是承租人在承担主要利益和风险，那么就应当判断为资本租赁，在承租人的资产负债表中就应当确认一项租赁负债。

例题 6 参考例题 2 中的情形。如果资金出借方只看重购买承诺，既不要求路易斯安娜-太平洋公司也不要求惠好公司对贷款的偿还提供担保，而两家公司对合伙企业都没有控制权，那么，在两家公司的资产负债表上都不用确认任何负债。但是，如果资金出借方要求两家公司中的至少一方对贷款提供担保，则担保人就应当确认所

⊖ 如果该协议可以安排，两家公司一定愿意都不对该合伙企业实施控制，这样，合伙企业就不会出现在任何一家公司的合并财务报表中。如果参与合伙的一方要将该合伙企业纳入合并财务报表范围，则合伙企业的纸浆处理设施贷款就会出现在合并方的合并资产负债表中，在第 14 章中会有更详细的解释。

担保项目的公允价值（美国公认会计原则和国际财务报告准则的共同要求）。如果将来贷款真的违约了，那么担保人就应当应用**或有损失会计**（loss contingency，美国公认会计原则）或者**保证金会计**（provision accounting，国际财务报告准则）的要求进行会计处理，并确认一项负债。

例题7 参考例题3中的情形。假定当出现应收账款无法收回时或者利率上涨超过了某个限度时，贵成公司必须向资金出借方转让更多的应收账款。在这种情况下，贵成公司就同时承担了信用风险和利率风险，因此应将应收账款的转让确认为一项贷款业务。所以，在贵成公司的资产负债表上，应当因此而增加一项新的负债。

例题8 参考例题4中的情形。假定诗歌兰公司对银行担保，保证这些威士忌的销售价格能高于银行的买价，并且还能为银行提供合理的报酬。那么，在这种情况下，诗歌兰公司就承担了经济风险，在它的资产负债表中就必须确认一项负债。但是，如果银行并不要求诗歌兰公司对这些威士忌的最低未来销售价格提供保证，则银行就是这些威士忌的市场价格变动风险和质量水平风险的主要承担者。在这种情况下，诗歌兰公司就可以将此交易记录为威士忌的出售，而不用确认负债。

12.1.4 转让应收账款融资

转让应收账款是一种常见的企业融资方式。例题3和例题7都属于将企业的应收账款转让给银行以换取资金。在一些更复杂的融资协议中，一些企业会将成批的应收账款出售给一个法定的独立主体，由后者专门持有这些应收账款，并以对应的未来收款权为支撑，通过发行证券来筹集资金。这类实体被称为**特殊目的实体**（special purpose entity，SPE）或**可变利益实体**（variable interst entity），而出售应收账款的企业则被称为**转让人**（transferor）。特殊目的实体或可变利益实体向投资者发行证券以筹集资金，然后再用募集得到的资金向转让人进行支付。等待这些应收账款都如期收回以后，投资者才能收回他们的资金。这个过程被称为应收账款的**证券化**（securitization）。表12-1简化地列出了应收账款的证券化结构。

表12-1 简单的应收账款证券化结构

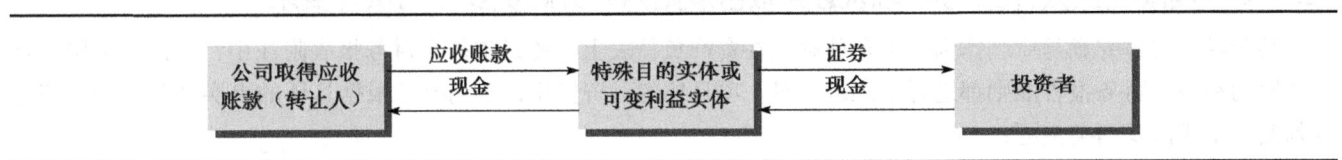

资料来源：© Cengage Learning 2014.

证券化交易可能会持续地涉及转让人和被转让的应收账款。比如，转让人需要负责账款的收回和催收等工作，因此，尽管应收账款已经被转让，但转让人可能仍然会保留了部分信用风险和利率变动风险。美国公认会计原则和国际财务报告准则对表12-1所列示的应收账款转让类型都进行了规范。如果转让人将该交易视为应收账款的出售处理，那么它就必须同时也确认它因此而控制的资产和承担的负债。

12.1.5 表外融资安排的会计处理小结

与存货和研发项目的转移一样，应收账款转移的会计处理已经引起了准则制定者的重视，制定这些报告准则

㊀ 被担保人可以影响到的那一方担保人拥有合伙企业的控制权，应当将该合伙企业纳入合并财务报表范围。
㊁ 第14章中介绍了在什么样的条件下必须将这类实体纳入企业的合并财务报表范围。
㊂ 美国财务会计准则委员会《财务会计准则公告第166号：金融资产的转移》（2009年，汇编主题860）；《财务会计准则公告第156号：金融资产服务的会计处理》（2006年，汇编主题860）；国际会计准则理事会，《国际会计准则第39号：金融工具：确认与计量》（2003修订版）。
㊃ 美国公认会计原则体系下，关于存货转移的指南是美国财务会计准则委员会公布的《财务会计准则公告第49号：产品融资业务的会计处理》（1981年，汇编主题470）；关于研发安排转移的指南为美国财务会计准则委员会公布的《财务会计准则公告第68号：研究与开发项目》（1982年，汇编主题730）；国际财务报告准则的指南比较宽泛，其中有些包含在国际财务报告准则的合并政策中，例如国际会计准则理事会《国际财务报告准则第10号：合并财务报表》（2011年）。

的目的是希望通过恰当的会计处理要求，真正反映出这些融资安排的经济实质。从目前的准则发展趋势来看，是要较多地确认负债。

自习问题12.1

表外融资。惠好公司（Weyerhaeuser）是一家林产品和纸品制造公司，目前，它希望能获得7 500万美元的额外融资。于是，它创立了一个具有独立法人地位的信托，然后在1月1日将一片成熟木料林地的采割权转移给了这家信托。这家信托机构将从银行取得年利率为8%的5年期借款7 500万美元，并在未来5年中的每年12月31日等额进行偿还。每一年，这家信托将通过采割和销售木料得到的现金，然后用来支付贷款和运营成本。按照目前的价格计算，这些林地木料的价值比偿还贷款和支付将来营运成本所需要的资金还高出了10%。木料的未来销售价格将决定该信托机构将来的行动，如下所示：

- 如果木材的销售价格下跌，那么为了偿还负债和支付相关的运营成本，信托机构将不得不采割和出售更多的木材。
- 如果木材的销售价格上涨，那么信托机构将按原计划水平进行采割和销售，然后将所得资金用于偿还负债和支付运营成本后，剩余资金用作投资。到第5年年末，信托机构会将剩余的资金和未采割的木材都交还给惠好公司。

惠好公司对此笔借款将提供担保。另一方面，银行有权在任何时候对林地进行考察，如果银行认为惠好公司对林地的管理不善，将有权选择由银行指定的人来负责林地的管理。

要求：

a. 请确认惠好公司在这种安排下的经济收益和风险各有哪些？

b. 请确认银行在这种安排下的经济收益和风险各有哪些？

c. 惠好公司应将此笔交易作为一项贷款业务处理（即在资产负债表中确认一项负债）还是作为一项销售业务处理（即不在资产负债表中增加任何负债）？请解释你的理由。假定惠好公司不将该信托纳入其合并财务报表范围。

12.2 退休后福利

一些企业会向员工提供养老金和健康保险等退休后福利。在本部分中，我们将讨论与这类福利相关的两方面问题：

- 退休计划成本的确认与计量问题；
- 与退休计划相关的资产和负债的报告问题。

在这里，我们将主要讨论养老金计划的会计处理和适用于健康保险福利的主要原则。对此，美国公认会计原则与国际财务报告准则在一些具体要求方面虽然存在差异，但大体原则却是非常类似的。[一]

12.2.1 养老金费用的确认

企业应当确认养老金计划的成本。但是，究竟应当在何时将这类成本确认为费用呢？一般来说，可以有以下两种选择：（1）在员工为企业提供服务的时候；或（2）当已退休的员工实际接受相关福利的时候。

在第1种方法下，需要在员工提供服务的会计期间内将相关养老金福利的成本确认为当期的**递延薪酬**（deferred compensation），在这种方法下，对养老金费用的处理与工资等短期薪酬的会计处理是基本一致的。

第2种方法需要等到员工将来不再为企业提供服务后，才将养老金福利的成本确认为一项费用。但是，一般情况下，会计都是在企业收到服务（即员工挣得养老金福利）时就应当确认相关的成本费用的，与企业究竟何时

[一] 美国财务会计准则委员会《财务会计准则公告第158号：雇主对设定受益养老金和其他退休后计划的会计处理》（2006年，汇编主题715）；国际会计准则理事会《国际会计准则第19号：员工福利》（2011年修订版）。

实际支付这笔义务（即员工收到相关福利）是没有关系的。因此，美国公认会计原则和国际财务报告准则都要求企业应当将养老金福利的成本确认为员工实际提供劳动服务期间的费用。

12.2.2 养老金计划结构与定义

表12-2列示了一个典型的养老金计划结构，该结构涉及的相关元素包括：

表12-2 典型的养老金计划结构

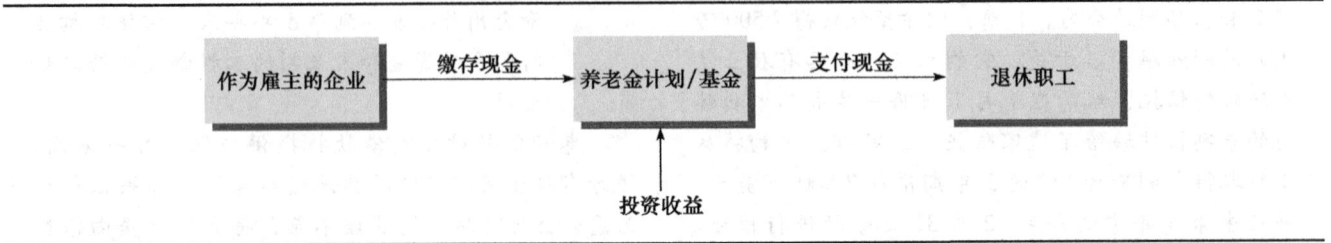

资料来源：© Cengage Learning 2014.

1. 企业设立一个具有独立法人地位的养老金计划。该计划对员工的资格、员工将来可得到的利益、相关基金的来源和该计划的管理人等问题进行规范。一些企业会承诺在每个会计期间为每位员工缴存一定的金额（通常会按照员工的工资比例）。养老金**设定提存计划**（defined contribution plan）要求企业和员工单独或共同定期向养老金账户缴款，但对员工退休后能得到的金额没有确切的规定，员工最终的受益水平在很大程度上需要取决于养老金计划的投资收益。在大多数的养老金固定缴款计划中，员工对基金管理人的投资是有一定发言权的。养老金**设定受益计划**（defined benefit plan）对员工将来可以获得的退休后福利做出了明确规定，这些福利全由雇主企业的缴款和利用这些缴款进行投资所获得的收益来进行支付。由于我们下面将要讨论到的一些原因，在固定受益计划中，养老金计划的资产与负债常常并不相等，容易出现资金不足或者资金过度的养老金计划问题。

2. 雇主企业在每个会计期间都向养老金计划缴存一定数额的现金。养老金计划通常采用信托基金的形式，由基金管理人以员工利益受托人的身份进行基金的管理工作。除非在法律规定的特定条件下，否则，作为雇主的企业是无法动用养老金计划中的资产的。雇主企业不需要将养老金计划的资产和负债合并到自己的资产负债表中。如果是设定提存计划，企业只需要在每一会计期间按照实际缴存的现金确认当期的养老金费用就可以了；如果是设定受益计划，那么每期缴存的现金与当期确认的养老金费用通常都是不相等的。⊖

3. 养老金计划将收到的企业缴存资金用于投资，并在每一会计期间向已退休的员工支付养老金。养老金计划的资产在每一会计期间的变化情况如下所示：

	期初资产
+/−	养老金计划投资的实际收益
+	收到雇主企业的当期缴款
−	支付给退休人员的资金
=	期末资产

美国公认会计原则和国际财务报告准则都要求企业按公允价值报告养老金计划的资产。因此，养老金计划投资的实际收益包括当期收到的利息和股利，再加上当期已实现和未实现的投资公允价值变动之和。

4. 养老金计划在每一会计期间都需要计算养老金负债的金额。在设定提存计划下，养老金负债的金额就等于其资产的金额；但在设定受益计划下，需要按照对应计划的养老金福利计算公式来确定负债的金额。在使用养老金福利计算公式时，需要用到企业管理层对员工离职率、死亡率、未来利率和其他保险精算估值或者假定（actuarial estimates or actuarial assumptions）等参数。养老金负债应按预计未来将要支付给员工的福利在今天的现值进行

⊖ 我们稍后将具体讨论设定受益计划下的养老金费用确认问题。

计量，计算时所使用的贴现率应当以与养老金福利的到期时间类似的、高质量固定收益类投资的报酬率为参照。

在典型的设定受益计划中，养老金福利计算公式通常会考虑员工的服务年限和薪酬水平。比如，企业可能会向某位员工承诺，他今后每年的养老金水平将以他在工作年限中薪酬最高的 5 年的平均年薪为基准，然后按某个固定百分比（例如每年 2%）乘以这个基准得到。在这个例子中，假定这位员工一共为企业服务了 40 年，那么，他将来每年的养老金水平就应当等于按他的 5 年最高薪酬计算的平均年薪为基准，再乘以 80%（40 年，每年 2%）之乘积。

美国公认会计原则将养老金负债的初始计量金额称为**预计给付义务**（projected benefit obligation，PBO）。根据员工的累计服务年限和预计未来工资水平，将养老金计划在未来可能支付给员工的退休金进行贴现计算，所得到的现值总和就是预计给付义务的金额。国际财务报告准则使用的也是类似的计量方法，但它将养老金负债称为**设定受益负债的现值**（present value of a defined benefit obligation）。

在美国公认会计原则体系下，还有一种相关的养老金负债计量方法，称为**累计给付义务**（accumulated benefit obligation，ABO），不过在国际财务报告准则中对此并无相关规定。所谓累计给付义务，就是根据员工的累计服务年限和负债计量当时的现行工资水平，将养老金计划在未来可能支付给员工的退休金进行贴现计算，所得到的现值总和就是累计给付义务的水平。预计给付义务和累计给付义务的差别主要在于对未来工资增长的预期方面，前者考虑了未来的工资增长，而后者则对此没有进行考虑。

美国公认会计原则和国际财务报告准则都要求企业按照预计给付义务的计量方法来计算养老金费用和判断基金状态。养老金计划的负债在每一会计期间的变动情况通常是这样的：

	期初预计给付义务
+	预计给付义务当期的利息增长
+	当期职工服务导致预计给付义务的增长（服务成本）
+/−	精算利得或损失
−	支付给退休人员的资金
=	期末预计给付义务

因此，预计给付义务的变动原因通常包括：

- 随着支付日期的临近，利息会逐期地累计（即每过一年，都应当以当期尚未支付的金额为基础计算当期的利息）。
- 员工又为企业提供了一期的服务，挣得了更多的养老金。
- 关于员工离职率、死亡率等因素的假定发生变化，导致养老金负债也随之发生变动。

12.2.3 养老金计划结构与定义小结

下面我们将对养老金计划结构讨论的要点总结如下：

1. 作为雇主的企业与养老金计划基金是相互独立的法律实体，需要各自编制自己的财务报告。
2. 在设定受益计划下，资产负债表中的资产按公允价值报告，而预计福利负债则按以优质固定收益类投资的报酬率作为贴现率所计算出的现值进行报告。资产与负债之间的差额说明了养老金计划目前的状态是超额的还是不足的。
3. 从长期来看，养老金费用的总额与缴存到养老金计划中的资金是相等的。但是如果是设定受益计划，在各个具体的会计期间里，当期缴存的资金与当期的养老金费用很少是恰好相等的。

12.2.4 设定受益计划的会计处理举例

表 12-3 列出了一个简化的养老金计划在头 4 年里的资产和负债情况。

表 12-3 某设定受益养老金计划的数据举例

	养老金计划资产			
	2010 年	2011 年	2012 年	2013 年
年初的养老金计划资产	$0	$100	$228	$379
雇主企业当年缴存金额	100	120	140	160
当年投资收益	0	8	11	30
当年支付给退休人员的金额	0	0	0	0
	$100	$228	$379	$569

(续)

	养老金计划负债			
	2010年	2011年	2012年	2013年
年初的养老金计划负债	$0	$100	$228	$421
当期增加的服务成本	100	120	140	160
当期增加的利息费用	0	8	18	34
精算假定变动的影响	0	0	5	0
前期服务的影响	0	0	30	0
当期实际支付的养老金	0	0	0	0
年末的养老金计划负债	$100	$228	$421	$615

资料来源：© Cengage Learning 2014.

2010年　假定某企业在2010年1月1日开始营业，并于同日设立了一份设定受益养老金计划。2010年12月31日，企业根据员工所提供的1年服务和预计的未来工资水平，估计出按照该养老金计划在将来需要支付给职工的养老金现值。在估算过程中，用到了对员工离职率、死亡率和其他精算因素的假定，然后按8%的贴现率计算出了当期的预计给付义务。2010年中，作为雇主的这家企业一共向养老金计划缴存了100美元，这100美元被称为当年的**劳务成本**（service cost），正好也等于当期员工服务导致预计给付义务的增加额。2010年年末，养老金计划的资产与负债是相等的，说明该计划下的资金是充足的。

2011年　到2011年年末，由于员工在2010年已经挣得的福利经过了一年的计息，使得养老金计划的预计给付义务增加了8（=8%×100）美元，这个金额被称为**利息费用**（interest cost）。同时，当期的员工服务也使预计给付义务增加了120美元，暗示着这家企业在2011年相对2010年雇用了更多的人工。该养老金计划在2011年1月1日将持有的资金用于投资，实际的资产投资报酬率为8%，因此当期实现了投资收益8美元。雇主企业在当期向养老金计划又缴存了120美元。2011年年末，养老金计划的资产与预计给付义务也是相等的（即养老金计划的资金仍然是充足的）。出现这种结果的原因主要有：（1）年初的养老金计划资产和预计给付义务本来就是相等的；（2）当期的资产投资报酬率与计算预计给付义务时使用的贴现率也是相同的；（3）雇主企业的缴款正好等于当期预计给付义务的增加额；（4）当期没有发生任何与员工离职率、死亡率或其他因素相关的精算估值变动。上述四个原因中，如果前三个有任意一个不成立，或者第四个原因中的估值发生了任何变动，都会导致养老金计划的资产与预计给付义务出现不相等的情况。

2012年　在2012年中，例题中的情形发生了如下变化：

- 养老金计划投资的预期报酬为18（=8%×228）美元，但实际的投资报酬率却只有4.8%（=11/228），与2011年的8%水平不再可比。
- 由于精算假定的变化，使得预计给付义务增加了5美元。
- 雇主企业在2012年变更了养老金福利的计算公式，并同意按新的养老金福利计算办法对以前年度计算的养老金进行调整。由于此项追溯性的政策调整，导致预计给付义务增加了30美元。我们将因这种原因而增加的福利费用称为**前期服务费用**（prior service cost）。

我们仍然使用8%的贴现率来计算预计给付义务。由于雇主企业在2012年度增加了更多的员工，或者调高了预计工资水平，2012年的服务费用增加为了140美元。

在表12-3中，2012年年末的养老金计划资产比当时的预计给付义务少了42（=379-421）美元，这说明养老金计划出现了42美元的资金不足，原因如下：

实际投资报酬11美元，比预期的18美元低了	$7
精算假定变动的影响	5
养老金福利计算公式的变更导致前期服务费用的增加	30
养老金计划资金出现短缺的总金额	$42

在设定受益计划中，雇主企业需要对养老金计划的资金短缺负责。因此，出现这种情况时，雇主企业要么必须提高它的现金缴存金额，要么期待养老金计划投资项目能够在今后赚得更多的回报，或者希望预计给付义务在将来的变动能将目前多出的支付义务给抵消掉。

2013年　在2013年，养老金计划投资的报酬率恢复为了8%（=30/379），比2012年的4.8%有所上升。计算预计给付义务时所使用的利率仍然为8%，相关的精算假定、养老金福利计算公式等都没有任何变动。因此，到2013年年末，养老金计划仍然出现了46(=569-615)美元的短缺，原因是：

2012年出现的投资收益赤字7美元和2013年发生的投资收益赤字4[=8%×(7+5+30)]美元，后者的产生原因是雇主企业没有因前期投资赤字、精算假定和前期服务费用的变化而及时补充缴存现金	$11
2012年精算假定变动的影响	5
2012年养老金福利计算公式变更导致前期服务费用增加的影响	30
养老金计划资金出现短缺的总金额	$46

养老金计划资金短缺的影响将一直持续，而负债还会不停地产生新的利息费用。由于资产是小于负债的，投资收益自然也是小于利息费用的。此时，对雇主企业资产的要求权将有助于大家理解下面这一部分中将要介绍的养老金计划的会计处理问题。

12.2.5 雇主企业对设定受益计划的会计处理举例

设定受益养老金计划的会计处理涉及资产负债表项目列报、养老金费用的计量和养老金会计核算对资产负债表和利润表的影响关系。

在资产负债表中报告养老基金的状态 美国公认会计原则和国际财务报告准则都要求雇主企业报告设定受益计划的基金状态。如果养老金计划的基金超额了，则应将其报告为一项资产；反之，如果养老金计划的基金短缺了，则应将其报告为一项负债。㊀ 如果一家企业设定有多项养老金计划，则需要单独判断每一项养老金计划为净养老金资产还是净养老金负债，然后再分别合并全部的超额计划和全部的短缺计划。如果同时拥有净超额计划和净短缺计划，则应当分别报告一项资产和一项负债。根据该养老金计划的状态是短缺的还是超额的，国际财务报告准则将这个金额称为**净设定受益负债或净设定受益资产**（net defined benefit liability or asset）。企业在记录净设定受益负债或者净设定受益资产时，需要相应地借记或者贷记一个股东权益类账户——"其他综合收益"，该账户与净利润是互相独立的。下面，我们继续沿用表12-3中的例子来讲解。

2010年和2011年 养老金计划的资产和负债在2010年和2011年年末都是相等的，所以，净设定受益资产（或负债）为0，因此，在雇主企业的资产负债表中，不需要增加报告资产或者负债。

2012年 在2012年年末，养老金计划资产出现了短缺42美元，因此，雇主企业应编制如下会计分录：

2012年12月31日
其他综合收益：业绩与精算变动影响	12	
其他综合收益：前期服务费用	30	
养老金给付义务负债		42

资产	=	负债	+	股东权益	（类别）
		+42		-12	其他综合收益→累计其他综合收益
				-30	其他综合收益→累计其他综合收益

将养老金计划短缺资金42美元确认为一项负债，同时减少企业的其他综合收益。

借记"其他综合收益"账户的12美元中，包括养老金投资收益赤字7美元和精算假定变动的影响5美元。按美国公认会计原则的要求，这些项目应计入"其他综合收益"中，以后再逐渐摊销进行会计处理。㊁

在利润表中确认养老金费用 根据美国公认会计原则的规定，设定受益养老金计划㊂下的养老金费用（或者费用的转回）包括：

+	利息费用（由于时间流逝导致负债的增加）
+	服务费用（由于员工又提供了一年的人工服务导致的负债增加）
-	养老金投资的预期收益
+/-	业绩与精算变动影响的摊销
+/-	前期服务费用的摊销
=	养老金费用净额（或转回金额）

㊀ 美国财务会计准则委员会《财务会计准则公告第158号：雇主企业对设定受益养老金计划和其他退休后福利的会计处理》（2006年，汇编主题715和958）；国际会计准则理事会《国际会计准则第19号：员工福利》（2011年修订版）。

㊁ 这些项目的摊销规定太过复杂，已超出了本书的讨论范围。

㊂ 在设定提存养老金计划下，养老金费用就等于每期雇主企业缴存的金额。

由于我们期望养老金投资的预期收益能弥补养老金负债的增加，所以，在计算养老金费用时，要加上利息费用的增加，但减去预期的养老金投资收益。如果养老金投资的预期收益足够高的话，企业当期将可能报告养老金费用的转回（导致利润增加），而不是养老金费用的增加。如果养老金计划的资产与负债是相等的，养老金投资的预期收益率与计算预计给付义务时使用的贴现率也是相等的，那么这两行的金额刚好就可以自然抵消。在表12-3所给出的例题数据中，2011年的情况正好就是这样的。但是，如果利息费用超过了养老金投资的预期收益，就像表12-3中2012年的情形那样，那么就必须依靠雇主企业缴存更多的金额或者由养老金投资的未来收益来弥补两者之间的差额。计算养老金费用时，需要使用的是养老金投资的预期收益率（而不是实际投资收益率），因为养老金计划都是长期性质的，所以应当使用长期的预期收益率来计算投资收益。如果某一年的实际投资收益率偏离了长期的预期收益率，差额也不应当报告到净利润中。最后，在计算养老金费用时，还应当考虑当期服务费用的增加，这与我们在每个会计期间都要确认工资费用的道理是一样的。

在国际财务报告准则体系中，对养老金费用的确认要求与美国公认会计原则的规定有如下三方面不同：

1. 国际财务报告准则规定的服务费用既包括员工多工作了一年之后带来的应付义务增加，也包括由于修订养老金计划而导致未来应付义务变动的影响。后者在美国公认会计原则体系中被单列为前期服务费用，需要立即费用化处理，不能够逐期进行摊销。

2. 国际财务报告准则中的养老金费用不需要单独计算利息费用和养老金计划资产的预期投资收益。相反，它只需要对养老金计划的超额或者短缺部分单独计算净利息影响就可以了。这里的净利息同时包括了养老金计划资产的利息收益影响和设定受益义务的利息费用影响。其中，养老金计划资产的利息收益与美国公认会计原则下的预计收益是非常类似的，但两者的计算过程却是不同的。

3. 在国际财务报告准则中，养老金资产的利息收入与实际投资收益之差，再加上精算收益或者损失的影响，被视为养老金计划重估值的影响，需要报告在其他综合收益中。

12.2.6 设定受益养老金计划的会计处理小结

在美国公认会计原则和国际财务报告准则两套会计准则体系下，雇主企业资产负债表中设定受益计划的基金状态与养老金计划账簿中的基金状态都是互为镜像关系的。养老金计划的资产与养老金负债之间的差异主要受雇主企业的基金缴存政策、基金资产的投资业绩、精算假定的变动和养老金福利计算公式的变动等因素影响。养老金计划所报告的资产是按公允价值计量的，所报告的负债则是使用优质固定收益类投资在当前市场条件下报酬率作为贴现率计算出来的。因此，在雇主企业的资产负债表上和养老基金的资产负债表上所报告的金额会反映相应的价值变动。

美国公认会计原则和国际财务报告准则都要求雇主企业确认相应的养老金费用（或养老金费用转回）。员工服务费用、养老金计划资产的投资收益和养老金计划负债的利息费用、以及两套准则体系下所规定的不同其他因素等，都会影响到各期的养老金费用。在美国公认会计原则体系下，雇主企业需要将待摊销的投资收益和精算收益或损失、待摊销的前期服务费用都报告在其他综合收益中，企业按期摊销这些项目，并将它们报告为各期的养老金费用。在国际财务报告准则体系下，计入其他综合收益的项目不允许进行摊销。

12.2.7 其他退休后福利计划

与前面所介绍的设定受益养老金计划一样，健康保险和其他退休后福利计划的会计处理与报告也需要按照类似的原则和程序进行会计处理。但是，如果健康保险支付义务的资金不足，所产生的负债金额将可能超过养老金不足而产生的负债金额，因为健康保险费用的预计增长率通常都高于工资费用的增长率，而且很多雇主企业并不会定期提存资金来应对将来员工退休后的健康保险支付义务。⊖

⊖ 在各个不同的地区，对雇主企业提存包括养老金在内的员工退休后福利安排的规定和税务处理要求是不一样的。在美国，对雇主企业提存退休后健康计划和设定受益保险计划的监管规定与相关税务要求存在非常大的差别。这种监管政策和税务要求之间的不一致，使企业具有强烈的动机去为设定受益养老金计划定期缴存资金，而不为退休后健康计划去定期缴存资金。

12.2.8 理解退休后福利信息披露

企业在财务报表附注中会披露大量的退休后福利计划信息。下面我们以一家美国电脑制造商英特尔特公司（Intertel Corporation）截至 2013 年 12 月 31 日的年度报告为例，来看看该公司在财务报表附注中关于退休后福利计划的部分披露内容。

表 12-4 中，列出了英特尔特公司在最近两年中的养老金计划基金状态。该公司在 2012 年年末和 2013 年年末的资产负债表非流动负债栏目中，分别报告了养老基金的不足缺口 156 百万美元和 170 百万美元。英特尔特公司在累计其他综合收益中报告金额为待摊销的精算净损失，该公司在 2012 年和 2013 年都不存在待摊销的前期服务费用。

表 12-5 中列出了英特尔特公司在 2012 年和 2013 年的养老金费用净额。其中的利息费用被每年的养老金资产投资收益抵消了不少。

表 12-6 中列出的是英特尔特公司在对养老金计划进行会计处理时所使用的一些估值假定。根据表中信息可知，英特尔特公司在 2013 年年末将计算预计给付义务时所使用的贴现率从 2012 年的 6.7% 调低为了 6.1%，贴现率的小幅度下降使公司未来的养老金支付义务金额增加。养老金资产的预期投资收益率在这两年中是一致的，都保持在 4.5% 的水平。但英特尔特公司将预期员工薪酬增长速度从 5.0% 调增为了 5.1%，薪酬的增加同样也使公司未来的养老金支付义务增加。

表 12-4　英特尔特公司某设定受益养老金计划的基金状态
（报告单位：百万美元）

	养老金计划	
	2013 年	2012 年
1 月 1 日，预计给付义务	$567	$542
当期服务费用	38	12
当期利息费用	34	35
当期精算损失（收益）	123	(10)
当期支付的养老金	(23)	(12)
12 月 31 日，预计给付义务	$739	$567
1 月 1 日养老金资产的公允价值	$411	$303
当期实际资产投资收益	18	20
当期雇主企业缴存	163	100
当期支付的福利	(23)	(12)
12 月 31 日养老金资产的公允价值	$569	$411
12 月 31 日的资金不足	$170	$156
在资产负债表中确认的金额：		
非流动负债	$170	$156
累计其他综合收益	373	268

资料来源：© Cengage Learning 2014.

表 12-5　英特尔特公司的养老金费用构成
（报告单位：百万美元）

	养老金计划	
	2013 年	2012 年
服务费用	$38	$12
利息费用	34	35
养老金资产的预期投资收益	(18)	(13)
前期服务费用的摊销	—	—
前期精算损失的摊销	18	22
养老金费用净额	$72	$56

资料来源：© Cengage Learning 2014.

表 12-6　英特尔特公司在养老金计划中使用的精算假定

精算假定	养老金计划	
	2013 年	2012 年
贴现率	6.1%	6.7%
养老金资产投资的预计收益率	4.5%	4.5%
员工薪酬增长速度	5.1%	5.0%

从表 12-4 和表 12-5 中，我们可以分析出累计其他综合收益中所报告的待摊销精算损失项目的情况如下：

	养老金计划
2012 年年末待摊销的精算损失	$(268)
2013 年增加的精算损失	(123)
2013 年摊销的精算损失	18
2013 年年末待摊销的精算损失	$(373)

其中，2013 年增加的精算损失报告在表 12-4 中养老金支付义务的变动分析部分，而待摊销的精算损失金额则出现在表 12-5 中。

12.2.9 用会计分录记录养老福利支付义务的变动

英特尔特公司在 2013 年年末应编制如下会计分录来记录养老金支付义务的资金短缺：

2013 年

养老金费用	72
其他综合收益（精算损失：$373 - $268）	105
养老金负债（长期负债：$170 - $156）	14
货币资金	163

资产	=	负债	+	股东权益	（类别）
-163		+14		-72	利润表→留存收益
				-105	其他综合收益→累计其他综合收益

记录养老金费用、缴存养老基金和与养老金计划相关的资产负债表账户变动。

表 12-4 和表 12-5 中分别报告了养老基金的缴存金额和养老金费用的金额。此笔会计分录中，在长期负债中确认的养老基金资金缺口恰好将 2012 年年末资产负债表中的养老金负债金额调整为了 2013 年年末的养老金负债金额，而借记"其他综合收益"的金额则反映了 2013 年的待摊销前期精算损失的变动情况。

自习问题 12.2

理解退休后计划的信息披露内容。 表 12-7 中列出了麦克金公司（Microgen Incorporated）在 2011、2012 和 2013 年的养老金、健康保险和寿命保险费用情况。表 12-8 中则分别列出了该公司 2012 年和 2013 年的相关养老金计划、健康保险计划和寿命保险计划情况，以及公司所使用的精算假定情况。要求：

a. 根据表 12-8 中披露的麦克金公司主要养老金计划的支付义务情况，回答该公司在 2013 年报告的精算收益 3 205 百万美元最可能是什么原因引起的？

b. 参考表 12-8 中披露的养老金计划和健康保险计划中的前期服务费用金额，请问，导致该公司 2013 年的前期服务费用增加的最可能原因是什么？

c. 麦克金公司在 2012 年和 2013 年的养老金计划和健康保险计划的投资业绩与预期业绩相比如何？

d. 为什么麦克金公司在资产负债表中的资产和负债部分都报告了主要养老金计划的净基金资产呢？

e. 请编制一张分析表，解释麦克金公司的主要养老金计划在 2012 年年末股东权益中的前期服务费用为什么从 831 百万美元变化为了 2013 年年末的 2 060 百万美元，以及为什么健康保险计划下 2012 年年末的前期服务费用从 2 046 百万美元变化为了 2013 年年末的 5 700 百万美元。

f. 请编制一张分析表，解释为什么麦克金公司的主要养老金计划在 2012 年股东权益中的精算净损失（收益）发生了变动（从 2012 年年末的损失 2 162 百万美元变成了 2013 年年末的收益 4 974 百万美元），以及为什么健康保险计划下的精算净损失发生了变动（从 2012 年年末的净收益 31 百万美元变为了 2013 年年末的净损失 210 百万美元）。

g. 请写出麦克金公司在账簿中确认养老金费用、缴存养老基金和 2013 年净基金资产变动的会计分录。

h. 请写出麦克金公司在账簿中确认健康保险费用、缴存健康保险基金和 2013 年净基金负债变动的会计分录。

表 12-7　麦克金公司养老金（主要计划）和健康保险费用的项目构成
（编报单位：百万美元）
（自习问题 12.2）

	主要养老金计划			健康保险计划		
	2013 年	2012 年	2011 年	2013 年	2012 年	2011 年
服务费用	$1 355	$1 402	$1 359	$286	$229	$243
利息费用	2 416	2 304	2 248	577	455	507
预期资产投资收益	(3 950)	(3 811)	(3 885)	(125)	(127)	(138)
前期服务费用	241	253	256	603	363	326
精算损失	693	729	351	(17)	64	70
费用净额	$755	$877	$329	$1 324	$984	$1 008

资料来源：© Cengage Learning 2014.

表 12-8　麦克金公司养老金（主要计划）和健康保险计划的基金状态
（编报单位：百万美元）
（自习问题 12.2）

	主要养老金计划		健康保险计划	
	2013 年	2012 年	2013 年	2012 年
1 月 1 日的预计给付义务	$43 293	$43 331	$8 262	$9 084
当期服务费用	1 355	1 402	286	229
当期利息费用	2 416	2 304	577	455
计划政策修订的影响	1 470	80	4 257	—
当期精算损失（收益）	(3 205)	(1 514)	320	(707)
当期参与人缴存	173	162	47	43
当期支付的福利费用	(2 555)	(2 472)	(796)	(810)
其他	—	—	30	(32)
12 月 31 日的预计给付义务	$42 947	$43 293	$12 983	$8 262
1 月 1 日的计划资产公允价值	$54 758	$49 096	$1 710	$1 619
当期实际资产投资收益	7 188	7 851	221	222
雇主企业当期缴存	136	121	622	636
参与人当期缴存	173	162	47	43
当期支付的福利费用	(2 555)	(2 472)	(796)	(810)
12 月 31 日的计划资产公允价值	$59 700	$54 758	$1 804	$1 710
基金净资产（负债）	$16 753	$11 465	$(11 179)	$(6 552)
确认为：				
非流动资产	$20 190	$15 019	—	—
流动负债	(111)	(106)	(675)	(681)
长期负债	(3 326)	(3 448)	(10 504)	(5 871)
确认的净资产（负债）	$16 753	$11 465	$(11 179)	$(6 552)
在股东权益中的确认：				
前期服务费用	$2 060	$831	$5 700	$2 046
净精算损失（收益）	$(4 974)	$2 162	$210	$(31)
精算假定：				
贴现率	6.34%	5.70%	6.31%	5.75%
预期资产投资报酬率	8.50%	8.50%	8.50%	8.50%
员工薪酬增长率	5.00%	5.00%	—	—
初始健康保险成本趋势增长率	—	—	9.10%	9.20%
最终健康保险成本趋势增长率	—	—	6.00%	5.00%
距离最终趋势增长率的年数	—	—	18 年	7 年

资料来源：© Cengage Learning 2014.

12.3　企业所得税

与其他费用项目一样，所得税费用也影响着企业的获利能力。我们常用**实际税率**（effective tax rate）这个指标来分析所得税对企业获利能力的影响，用当期的所得税费用⊖除以财务报告中的税前利润，即可得到企业的实际税率：

$$\text{实际税率} = \frac{\text{所得税费用}}{\text{税前会计利润}}$$

请参考表 12-9 中英特尔特公司和贵成公司的相关数据。

⊖　采用美国公认会计原则的企业在财务报表中一般使用备付所得税（provision for income tax）这种说法，而不习惯使用所得税费用（income tax expense）。在美国公认会计原则体系中，provision 通常表示费用；但在国际财务报告准则体系中，provision 通常表示负债。

英特尔特公司的销售净利率比贵成公司的高，分别为 26.3% 和 4.4%；造成这一现象的部分原因之一，在于英特尔特公司的实际税率比较低，只有 28.6%，而贵成公司的实际税率却高达 36.5%。所以说，所得税是导致英特尔特公司的利润率比贵成公司的高的原因之一。当然，导致这种现象的其他原因还包括与两家企业的商业模式和经营结构相关的费用因素。⊖

表 12-9　实际所得税率与销售净利率数据

	英特尔特公司	贵成公司
实际税率	28.6%	36.5%
销售净利率（＝净利润/销售收入）	26.3%	4.4%

资料来源：© Cengage Learning 2014.

在本部分中，我们将讨论如何计量企业所得税费用，以及如何在财务报表附注中披露与企业所得税相关的信息。我们同时关注了美国公认会计原则和国际财务报告准则两套体系对企业所得税的核算要求，两者所提供的指南是非常类似的。

12.3.1　所得税费用的计量

政府要求企业缴纳的所得税金额记录在"应交所得税"账户中，"应交所得税"与每一期的所得税费用并不相等，因为企业在财务报告中所确认的收入和费用金额往往与纳税申报单中所要求的收入与费用确认金额是存在差异的。在接下来的讨论中，我们用到了下面这些术语：

- 我们用会计目的（book purposes）和税务目的（tax purposes）来区分财务报表和纳税申报单。
- 我们用会计利润（book income）来表示财务报表中所报告的利润，用应税利润（taxable income）来表示纳税申报单中的利润。
- 我们用账面价值（book basis）来表示某一项目在财务报表中的待摊销成本，用计税基础（tax basis）来表示该项目在税务报告中的待摊销成本。

会计利润与应税利润之间出现的差异主要有以下两类：

1. **永久性差异**（permanent differences）。会计利润中包含了一些在计算应税利润时永远也不会包括在内的收入或费用项目。例如在美国，某些市政债券的利息收入就是免税的。
2. **暂时性差异**（temporary differences）。会计利润中所包含的某些当期收入或费用项目，在应税利润中应当是属于另一会计期间的。比如，长期资产的折旧费用就是最常见的暂时性差异类型。

企业需要根据应税利润来计算当期的**应交所得税**（income tax payable）。在应税利润中，需要排除永久性差异的影响，并使用税法要求或者允许企业采用会计方法来进行核算。各个地区所规定的永久性差异和暂时性差异的性质与数量是存在差别的。

所得税费用（income tax expense）是在计算会计利润时所报告的金额。它可以等于：

1. 根据应税利润计算的、企业在每一会计期间实际缴纳的所得税；
2. 每期实际缴纳的所得税加上（或减去）由于暂时性差异转回的影响，导致企业在将来会多交（或少交）的所得税。

第 1 种计量方法的拥护者认为，所得税与其他的税种（例如财产税）是没有区别的。每一期的应交税额都等于由政府规定的某个计税基础（例如，财产的评估价值）与相应税率之间的乘积。

但第 2 种计量方法的拥护者更强调两个财务报告目标：确认当期应交所得税的金额，并同时确认由于暂时性差异所带来的将来影响——**递延所得税资产**（deferred tax assets）和**递延所得税负债**（deferred tax liabilities）。在这种计量方法下，导致将来税款减少的暂时性差异能产生一项递延所得税资产；而导致将来应交税款增加的暂时性差异则会产生一项递延所得税负债。采用这种计量方法时，企业的所得税费用是根据会计利润，而不是应税利润来计算的。注意，永久性差异因为永远也不会转回，所以对与所得税相关的现金流出量没有影响，因此对任何一期的所得税费用都不会产生影响。美国公认会计原则和国际财务报告准则目前都采用的是第 2 种所得税计量方法。⊖

12.3.2　暂时性差异举例

表 12-10 中是贝恩斯公司（Burns Corporation）连续 6 年的数据，列示了该公司的某项暂时性差异对所得税会

⊖　我们在第 7 章中曾经讨论过影响销售净利率的因素。
⊖　美国财务会计准则委员会《财务会计准则公告第 109 号：所得税会计》（1996 年，汇编主题 740）；国际会计准则理事会《国际会计准则第 12 号：所得税》（1996 年，2001 年）。这两项准则在大部分要求方面是一致的，但也存在着一些已经超出了本书讨论范围的差异。

计处理的影响。贝恩斯公司购入了一台原价为120 000美元的设备,预计可以使用6年,期末无残值。表中第(1)列和第(5)列数据是贝恩斯公司在这6年中每年扣除折旧费用和所得税费用前的利润情况,每年均为100 000美元。

表12-10 贝恩斯公司设备6年寿命期内的所得税计算

(设备原值120 000美元,可用6年)

	纳税申报表中的信息			
年	扣除折旧费用和所得税前的利润 (1)	按税法规定计算的折旧费用 (2)	应税利润 (3)	应交所得税 (4)
1	$100 000	$24 000	$76 000	$30 400
2	100 000	38 400	61 600	24 640
3	100 000	22 800	77 200	30 880
4	100 000	14 400	85 600	34 240
5	100 000	13 200	86 800	34 720
6	100 000	7 200	92 800	37 120
合计		$120 000	$480 000	$192 000

	财务报表中的信息			美国公认会计原则和国际财务报表准则不允许采用的会计方法		美国公认会计原则和国际财务报告准则要求使用的会计方法	
年	扣除折旧费用和所得税前的利润 (5)	折旧费用 (6)	税前利润 = $100 000 − $20 000 (7)	税前利润减当期应交所得税 (8)	第(8)列的变动百分比 (9)	税前利润减40%的所得税费用 (10)	第(10)列变动的百分比 (11)
1	$100 000	$20 000	$80 000	$49 600		$48 000	
2	100 000	20 000	80 000	55 360	11.6%	48 000	—
3	100 000	20 000	80 000	49 120	−11.3%	48 000	—
4	100 000	20 000	80 000	45 760	−6.8%	48 000	—
5	100 000	20 000	80 000	45 280	−1.0%	48 000	—
6	100 000	20 000	80 000	42 880	−5.3%	48 000	—
合计		$120 000	$480 000	$288 000		$288 000	

(1) = 已知;(3) = (1) − (2);(5) = 已知;(7) = (5) − (6);(9) =【本期(8)/上期(8)】− 1;
(2) = 已知;(4) = 40% × (3);(6) = $120 000/6;(8) = (7) − (4);(10) = (100% − 40%) × (7)。

资料来源:© Cengage Learning 2014.

第(1)列至第(4)列是贝恩斯公司在这6年中纳税申报单上的数据。该公司根据税法的要求,选用了使用加速折旧方法来计算税前扣除。第(3)列中的数据是扣除了当期加速折旧费用后的应税利润,第(4)列中的数据则是假定在40%的所得税税率下,贝恩斯公司每年的应交所得税金额。

第(5)列至第(7)列的数据取自贝恩斯公司的财务报表中。其中,第(6)列为使用直线折旧法计算的每年折旧费用,而第(7)列则为税前会计利润的金额。

假定与美国公认会计原则和国际财务报告准则所规定的不同,如果贝恩斯公司按当期应交所得税来报告所得税费用的话,那么当期的所得税费用就直接等于第(4)列中的数据,所以第(8)列中的数据就是在这种情况下假定的净利润。但第(8)列的表头并没有直接写"净利润",因为美国公认会计原则和国际财务报告准则都不允许这样计量所得税费用,因此,第(8)列实际上就是税前会计利润减去当期应交所得税之后的差额。

请注意第(8)列所报告"假定利润"数据的特点:从第1年到第2年先是上涨了11.6%,然后从第2年到第3年又下降了11.3%,接下来在后面3年中继续向下波动。还记得我们讲过,利润表的作用之一就是帮助报表使用者理解企业的利润是怎么形成的。如果一家企业每年的经营活动几乎一样,税率也没有发生变化,那么报表使用者自然也会预计企业每年的净利润水平都是差不多的。但第(8)列中的数据却恰恰相反,贝恩斯公司在这6

年中做着同样的事情，每年的业绩也是基本一致的，但在这种方法下所报告出来的利润却非常不稳定。所以，如果令所得税费用直接等于每年的应交所得税金额的话，由于暂时性差异导致会计利润和应税利润之间的差额，会使得企业报告的盈利每年都发生较大变化。

表12-11对企业每年所得税费用的计算进行了总结。第（7）列中的所得税费用等于第（2）列中当期应交的所得税金额加上（或者减去）第（5）列中由于暂时性差异的影响，导致企业在将来将会多交（或者少交）的所得税金额。6年的所得税费用合计192 000美元，与这6年中实际应缴纳的所得税金额192 000美元是相等的，只是每一个具体年份中所得税费用的确认金额与当年的现金流出量之间不太一样而已。

表12-11　贝恩斯公司各年所得税费用的计算

年 (1)	应交所得税 (2)	按税法规定计算的折旧费用（3）	按会计方法计算的折旧费用（4）	暂时性差异 (5)	40%乘以暂时性差异（6）	所得税费用 (7)
1	$30 400	$24 000	$20 000	$4 000	$1 600	$32 000
2	24 640	38 400	20 000	18 400	7 360	32 000
3	30 880	22 800	20 000	2 800	1 120	32 000
4	34 240	14 400	20 000	(5 600)	(2 240)	32 000
5	34 720	13 200	20 000	(6 800)	(2 720)	32 000
6	37 120	7 200	20 000	(12 800)	(5 120)	32 000
合计	$192 000	$120 000	$120 000	$0	$0	$192 000

第（5）列 = 第（3）列 – 第（4）列；
第（6）列 = 40% × 第（5）列；
第（7）列 = 第（2）列 + 第（6）列。
资料来源：© Cengage Learning 2014.

美国公认会计原则和国际财务报告准则都要求公司按照税前会计利润来计算每期的所得税费用。这样，像在本例中，当每年的税前会计利润都是80 000（=100 000 – 20 000）美元时，每年的所得税费用也都是一样的32 000（=40% × 80 000）美元，而每年在第（10）列中报告的净利润水平也是一样的，均为48 000（=80 000 – 32 000）美元。在这个例子中，我们假定企业并不存在任何永久性差异。

12.3.3　记录所得税费用

表12-10和表12-11中的数据表明，企业每年的所得税费用与应交所得税金额是不相等的，这两个项目在第1年的差异导致了一项递延所得税负债的产生。这种由于税法采用加速折旧法计算折旧费用、而会计采用直线法计算折旧费用而导致的暂时性差异，将使贝恩斯公司在该项设备使用的早期交较少的企业所得税；但在资产寿命期所涉及的6个年度内，这种暂时性差异是会要转回的，因此在以后年份中，贝恩斯公司就需要多交一定的所得税。贝恩斯公司在第1年记录所得税费用的会计分录应当为：

第1年12月31日

所得税费用	32 000	
应交所得税		30 400
递延所得税负债		1 600

贷记"递延所得税负债"账户的金额，表示贝恩斯公司在当年节约的所得税费用，因为该公司在当年的财务报告中记的折旧费用高于税法所要求的。在第2年和第3年，贝恩斯公司都需要编制类似的会计分录，在第2年和第3年分别增加"递延所得税负债" 7 360美元和1 120美元。因此，到第3年年末，"递延所得税负债"项目的余额就应当为10 080（=1 600 + 7 360 + 1 120）美元。这个金额恰好等于所得税税率40%与截至当时税法规定的累计折旧85 200（=24 000 + 38 400 + 22 800）美元和会计计算的累计折旧60 000（=20 000/年 × 3年）美元两者之差的乘积。

在本例中，由于折旧方法不同而造成的暂时性差异从第4年开始转回。在第4年，贝恩斯公司应编制的所得税费用确认会计分录为：

第 4 年 12 月 31 日

所得税费用	32 000	
递延所得税负债		2 240
应交所得税		34 240

在第 4 年，按会计所使用的直线折旧法计算的折旧费用仍然为 20 000 美元，比税法允许的当年折旧费用扣除额 14 400 美元高。属于当期应付的递延所得税负债金额为 2 240 [= 40% × (20 000 − 14 400)] 美元。贝恩斯公司在第 5 年和第 6 年都将编制类似的会计分录，使"递延所得税负债"账户的金额分别减少（借记）2 720 [= 40% × (20 000 − 13 200)] 美元和 5 120 [= 40% × (20 000 − 7 200)] 美元。这 3 年中减少的"递延所得税负债"金额合计为 10 080 (= 2 240 + 2 720 + 5 120) 美元，使该账户在第 6 年年末的余额恰好为 0。因此，在设备的整个寿命周期内，财务报告中和税务报告中报告的设备折旧费用总额是相等的，均为 120 000 美元，但两份报告中各期所确认的折旧费用具体金额有所差异。表 12-12 中列出了"递延所得税负债"账户在这 6 年中的相关记录情况。

表 12-12　贝恩斯公司递延所得税负债账户
（用"√"符号标记的金额应报告在资产负债表中）

递延所得税负债					
			0	√	第 1 年年初余额
			1 600	(1)	第 1 年发生额
			1 600	√	第 1 年年末余额
			7 360	(2)	第 2 年发生额
			8 960	√	第 2 年年末余额
			1 120	(3)	第 3 年发生额
			10 080	√	第 3 年年末余额
第 4 年发生额	(4)	2 240			
			7 840	√	第 4 年年末余额
第 5 年发生额	(5)	2 720			
			5 120	√	第 5 年年末余额
第 6 年发生额	(6)	5 120			
			0	√	第 6 年年末余额

资料来源：© Cengage Learning 2014.

自习问题 12.3

计算所得税费用。 韦德公司（Wade Corporation）在今年 1 月 1 日购入了一台机器设备，原价 80 000 美元，预计可以使用 4 年，期满无残值。在纳税申报单上，韦德公司是这样计算该设备的折旧费用的：
- 第 1 年按设备原价的 33% 计算折旧费用；
- 第 2 年按设备原价的 44% 计算折旧费用；
- 第 3 年按设备原价的 15% 计算折旧费用；
- 第 4 年按设备原价的 8% 计算折旧费用。

但在财务报告中，韦德公司是按照直线法计提折旧费用的。该公司每年在扣除折旧费用和所得税费用前的利润都为 100 000 美元，适用的所得税税率为 40%。要求：

a. 计算韦德公司在设备使用期内每一年的应交所得税金额。

b. 计算韦德公司在设备使用期内每一年的所得税费用金额。

c. 写出韦德公司在设备使用期内的每一年应编制的与所得税相关的会计分录。

12.3.4　进一步讨论：所得税的财务报告要求

在上一部分贝恩斯公司的例子中，可以看出，企业每一年的所得税费用等于当年的会计税前利润与所得税税率之乘积，仍以贝恩斯公司的数据为例，即每年的所得税费用都是 32 000（= 40% × 80 000）美元。另一方面，贝恩斯公司每一年的所得税费用也等于当年的应交所得税额与递延所得税负债的变动金额之和。例如，第 1 年的所得税费用就等于当期的应交所得税 30 400 美元与递延所得税负债账户的增加额 1 600 美元之和。递延所得税负债账户每年的变动金额实际上就是会计折旧与税法折旧不同所导致的暂时性差异的纳税影响额。

美国公认会计原则和国际财务报告准则对所得税会计处理的要求远比我们例题中的贝恩斯公司情况复杂，主要体现在：

1. 企业适用的所得税税率是经常变化的，因此递延所得税负债账户的金额并不表示企业将来实际会要缴税的金额。

2. 一些暂时性差异可能会导致递延所得税资产的产生。如果企业在财务报告中确认费用的时间早于在纳税申报单中确认费用的时间，那么就会产生递延所得税资产。举例来讲，当企业确认赊销款时，往往需要在财务报告中预先估计将来可能无法收回的款项，但在纳税申报单中，只有当将来客户真的失信不付款时，企业才能确认相关的坏账费用。再比如，企业往往在销售商品当年即对产品预提产品质量维修费用，但在纳税申报时，这些费用只有在维修义务真正发生时才能允许在税前扣除。

3. 企业只有在它预计将来可能产生足够的应税利润时，才能确认相关的递延所得税资产。美国公认会计原则要求企业使用**递延所得税资产估值准备**（deferred tax asset valuation allowance）账户，来将"递延所得税资产"账户的余额调整为预计将来可以确实节约的所得税额。而国际财务报告准则要求企业只将预计将来可以确实实现的金额确认为递延所得税资产，并在财务报表中进行相应的附注说明。

因此，受以下因素的影响，资产负债表中所披露的"递延所得税资产"和"递延所得税负债"项目的金额就会发生变化：

1. 当期发生或者转回的暂时性差异；
2. 预计将来暂时性差异转回期间的所得税税率会发生变化，与当期税率不同时；
3. 企业预计将来的应税所得将发生变化时。如果将来的应税所得减少，企业就不能通过将来少交所得税来实现它的递延所得税资产。

表 12-10 中，贝恩斯公司的例子说明了上述第 1 种因素，即暂时性差异的影响。在这种情况下，我们可以根据会计税前利润来计算当期的所得税费用，然后再根据所得税费用的金额加减当期所得税费用与应交所得税的差额，来确认当期的递延所得税资产或者递延所得税负债。但是，由于上述第 2、3 种因素也经常出现，美国公认会计原则和国际财务报告准则要求企业应使用另一套与贝恩斯公司例子中不同的会计程序来计算各期的所得税费用。

12.3.5 理解所得税信息的披露

表 12-13 是贵成公司在 2012 财务报告中披露的相关信息。

导致法定税率和实际税率之间不一致的原因主要有：(1) 税率差异和 (2) 会计利润和应税利润之间的永久性差异。在 2012 财务年度中，贵成公司适用的联邦所得税税率为 35%，州所得税税率为 4.6%，或者说，在调整了联邦所得税退税的基础上再上加 3%（= 4.6% × (1 − 35%)）。因为贵成公司国外经营的影响，使公司的实际税率降低了。贵成公司报告它的国外经营为它减少了 42 百万美元的税收，或者说导致税率直接降低了 1.9%。该 42 百万美元的差额可能是由于贵成公司的海外经营税率低于美国本土税率造成的，也可能是由于国外子公司的应税利润与会计利润之间存在永久性差异所造成的。

表 12-13 贵成公司截至 2013 年 2 月 27 日的年度所得税信息披露

	%	百万美元
按法定税率计算的联邦所得税额	35.0%	$768
扣除联邦所得税退税后的州所得税	3.0%	66
国外经营退税	(1.9%)	(42)
其他	0.5%	10
实际所得税率	36.5%	$802

资料来源：© Cengage Learning 2014.

在关于递延所得税的信息披露中，贵成公司报告了下列应交所得税和递延所得税信息：

	2012 年	2011 年
当期应交所得税	$832	$717
递延所得税	(30)	(43)
所得税费用	$802	$674

根据这些信息，我们可以推断出贵成公司在 2012 财务年度中关于所得税确认所编制的汇总会计分录为：

所得税费用	802	
递延所得税资产/负债	30	
当期应交所得税		832

在贵成公司所披露的信息内容中,只报告了递延所得税的变动净额,并没有单独报告递延所得税资产和递延所得税负债的借贷情况。但是,贵成公司在账簿记录中是肯定有关于递延所得税资产和递延所得税负债项目的全部明细信息的,只是这些记录都是内部的,不需要对外进行公开披露。

表12-14中列出了贵成公司的递延所得税资产和递延所得税负债项目的构成情况。

根据表12-14,贵成公司在2013年2月27日的递延所得税资产为885百万美元,同时,它还报告了递延所得税资产估值准备151百万美元。这些数据表明,贵成公司预计在它的递延所得税资产885百万美元中,有151百万美元是无法通过将来少交所得税来实现的。贵成公司的递延所得税估值准备账户从2011年度的79百万美元上升为了2012年度的151百万美元,上升了72百万美元。

贵成公司报告它在2012财务年末的递延所得税负债金额为608百万美元,其中有381百万美元都是与不动产和设备相关的,这个金额的产生原因与前面贝恩斯公司例子中因折旧方法等导致的差异会非常类似。

贵成公司报告它的净递延所得税资产为126百万美元,分别报告在资产负债表中的其他流动资产(244百万美元)、其他资产(19百万美元)和其他长期负债(137百万美元)项目中。

表12-14　贵成公司递延所得税信息披露

	2012年	2011年
递延所得税资产		
应计不动产费用	$275	$297
递延收入	150	115
薪酬与福利	189	192
结转后期的净经营损失	211	150
其他项目	60	84
递延所得税资产合计	885	838
递延所得税资产估值准备	(151)	(79)
扣除估值准备后的递延所得税资产	734	759
递延所得税负债		
不动产与设备	(381)	(383)
商誉与无形资产	(196)	(192)
其他项目	(31)	(47)
递延所得税负债合计	(608)	(622)
净递延所得税资产	$126	$137
分别报告在资产负债表下列项目中:		
其他流动资产	$244	$236
其他资产	19	28
其他长期负债	(137)	(127)
净递延所得税资产	$126	$137

资料来源:© Cengage Learning 2014.

自习问题12.4

倒推会计利润和应税利润的组成。 多米尼克公司(Dominiak Company)在某一年的财务报告和税务报告中报告了下列信息:

财务报告披露的折旧费用	$270 000
财务报告披露的税前会计利润	160 000
财务报告披露的所得税费用	36 000
税务报告中的应交所得税	24 000

多米尼克公司对应的联邦所得税与州所得税合计税率为40%。由于市政债券利息在会计报告中是记为收入项目的,但在计算应交所得税时可以予以免除,因此会造成永久性差异。此外,多米尼克公司在纳税申报中使用的是加速折旧法,而在财务报告中使用的是直线折旧法,会造成暂时性差异。

要求:请按照财务会计报告计算方法和纳税申报计算方法,重新编制多米尼克公司的利润表,请指出暂时性差异和永久性差异的影响。

12.3.6　所得税会计小结

在处理由于会计税前利润和税法规定的应税利润之间的暂时性差异所引起的税收影响时,会计的核心问题是要确定这些暂时性差异的形成时间和转回时间。如果存在暂时性差异,美国公认会计原则和国际财务报告准则都要求在计量所得税费用时应当确认暂时性差异的税收影响。如果某会计期间企业的所得税费用与当期应交所得税之间不一致,就必然会产生一项递延所得税资产或者递延所得税负债。

自习问题解答

自习问题 12.1 解答参考
（惠好公司；表外融资）

a. 惠好公司在 1 月 1 日就收到了 7 500 万美元的资金，在第 5 年末，任何剩余的资金和未采割的木材也归惠好公司所享有。惠好公司的主要风险是如果采割和销售木材所能带来的现金流不足以偿还贷款和支付运营成本，那么它将不得不对此负责。

b. 银行有权利就贷款涉及的未偿还本金部分按 8% 的利率水平收取利息收入，并在贷款到期时取得本金。由于惠好公司对贷款提供了担保，而且根据木材的现时价格计算的木材价值比偿还贷款和支付运营成本需要的资金还高出了 10%，因此银行的风险相对是较小的。

c. 惠好公司应按照它所担保债务的公允价值确认一项负债。该公允价值中应包含按当前价格计算的木材价值增值 10%。如果将来木料价格下跌或者品质下降，导致惠好公司将不得不履行它的担保责任时，惠好公司也应确认相应的负债。注意：本小题假定惠好公司不将该信托纳入合并范围。但在实务中，美国公认会计原则可能会要求将该信托作为可变利益实体处理，这样的话，惠好公司就应当分析它与该信托之间的关联关系，然后判断是否应将该信托纳入合并范围，并在合并资产负债表上将这笔银行借款确认为一项负债。

自习问题 12.2 解答参考
（麦克金公司；理解退休后计划的信息披露内容）

a. 麦克金公司将计算预计支付义务的现值时所使用的贴现率从 5.7% 调增为了 6.34%，导致预计支付义务的金额减少，并实现了精算收益。另一个可能的原因是麦克金公司改变了一些精算假定，也导致了预计支付义务的减少。

b. 麦克金公司调整了养老金计算政策，使应支付员工的福利费用增加。表 12-8 中对预计支付义务的变动分析部分表明，计划政策的改变使养老金支付义务和健康保险支付义务都增加了。

c. 养老金计划和健康保险计划的投资实际报酬都超过了各年的预期报酬。以 2013 年为例，麦克金公司的主要养老金计划实现了实际报酬 7 188 百万美元，而此项预计报酬仅为 3 950 百万美元。

d. 麦克金公司拥有多项养老金计划，一些计划的基金处于超额状态，而另一些计划的基金则处于不足状态。根据相关会计准则的规定，由于不能够使用一份计划中的超额资产去弥补另一份计划中的不足资产，因此，麦克金公司必须在它的资产负债表上同时报告超额计划的净资产和不足计划的净负债。

e.

	主要养老金计划	健康保险计划
2012 年 12 月 31 日，前期服务费用	$831	$2 046
加：2013 年增加的前期服务费用	1 470	4 257
减：2013 年摊销的前期服务费用	(241)	(603)
2013 年 12 月 31 日，前期服务费用	$2 060	$5 700

f.

	主要养老金计划	健康保险计划
2012 年 12 月 31 日，精算净损失（收益）	$2 162	$(31)
减：递延的 2013 年实际投资报酬超过预期投资报酬部分：（$7 188 − $3 950）和（$221 − $125）	(3 238)	(96)
2013 年精算损失（收益）	(3 205)	320
2013 年摊销的精算收益（损失）	(693)	17
2013 年 12 月 31 日，精算净损失（收益）	$(4 974)	$210

g.

2013 年 12 月 31 日

养老金费用	755
养老金资产（非流动资产：$20 190 − $15 019）	5 171
养老金负债（长期负债：$3 326 − $3 448）	122
其他综合收益（前期服务费用与前期服务费用的摊销：$1 470 − $241）	1 229
货币资金	136
养老金负债（流动负债：$111 − $106）	5
其他综合收益（养老金计划投资的实际收益超过预期收益部分：$7 188 − $3 950）	3 238
其他综合收益（精算收益与精算损失的摊销：$3 205 − $693）	3 898

资产	=	负债	+	股东权益	（类别）
+5 171		−122		−755	利润表→留存收益
−136		+5		−1 229	其他综合收益→累计其他综合收益
				+3 238	其他综合收益→累计其他综合收益
				+3 898	其他综合收益→累计其他综合收益

h.

2013 年 12 月 31 日

健康保险费用	1 324	
健康保险负债（流动负债：$675 - $681）		
	6	
其他综合收益（前期服务费用与前期服务费用的摊销：$4 257 - $603）	3 654	
其他综合收益（精算损失与精算收益的摊销：$320 + $17）	337	
其他综合收益（其他）	30	
货币资金	622	
健康保险负债（长期负债：$10 504 - $5 871）	4 633	
其他综合收益（健康保险计划投资的实际收益超过预期收益部分：$221 - $125）	96	

资产	=	负债	+	股东权益	（类别）
−622		−6		−1 324	利润表→留存收益
		+4 633		−3 654	其他综合收益→累计其他综合收益
				−337	其他综合收益→累计其他综合收益
				−30	其他综合收益→累计其他综合收益
				+96	其他综合收益→累计其他综合收益

自习问题 12.3 解答参考
（韦德公司；计算所得税费用）

a. 按税法规定，韦德公司每年的应交所得税计算如下：

年	扣除折旧费用和所得税费用前的利润（1）	税法允许扣除的折旧费用（2）	应税利润（3）	应交所得税（4）
1	$100 000	$26 400	$73 600	$29 440
2	100 000	35 200	64 800	25 920
3	100 000	12 000	88 000	35 200
4	100 000	6 400	93 600	37 440
合计	$400 000	$80 000	$320 000	$128 000

第（1）列为已知；
第（2）列 = 80 000 美元 × 各年的折旧率，其中第 1 年为 33%，第 2 年为 44%，第 3 年为 15%，第 4 年为 8%；
第（3）列 = 第（1）列 − 第（2）列；
第（4）列 = 40% × 第（3）列。

b. 按会计所使用的直线折旧法，韦德公司每年的所得税费用为：

年	扣除折旧费用和所得税费用前的利润（1）	会计计算的折旧费用（2）	会计税前利润（3）	所得税费用（4）
1	$100 000	$20 000	$80 000	$32 000
2	100 000	20 000	80 000	32 000
3	100 000	20 000	80 000	32 000
4	100 000	20 000	80 000	32 000
合计	$400 000	$80 000	$320 000	$128 000

第（1）列为已知；
第（2）列 = 80 000/4 = 20 000 美元；
第（3）列 = 第（1）列 − 第（2）列；
第（4）列 = 40% × 第（3）列。

c. 韦德公司在各年应编制的会计分录如下：

第 1 年

所得税费用	32 000	
应交所得税		29 440
递延所得税负债		2 560

资产	=	负债	+	股东权益	（类别）
		+29 440		−32 000	利润表→留存收益
		+2 560			

记录第 1 年的所得税费用、应交所得税和递延所得税负债。

第 2 年

所得税费用	32 000	
应交所得税		25 920
递延所得税负债		6 080

资产	=	负债	+	股东权益	（类别）
		+25 920		−32 000	利润表→留存收益
		+6 080			

记录第 2 年的所得税费用、应交所得税和递延所得税负债。

第 3 年

所得税费用	32 000	
递延所得税负债	3 200	
应交所得税		35 200

资产	=	负债	+	股东权益	（类别）
		−3 200		−32 000	利润表→留存收益
		+35 200			

记录第 3 年的所得税费用、应交所得税和递延所得税负债。

第 4 年

所得税费用	32 000	
递延所得税负债	5 440	
应交所得税		37 440

资产	=	负债	+	股东权益	（类别）
		−5 440		−32 000	利润表→留存收益
		+37 440			

记录第 4 年的所得税费用、应交所得税和递延所得税负债。

自习问题 12.4 解答参考

（多米尼克公司；倒推会计利润和应税利润的组成）
见表 12-15 所示。

表 12-15　多米尼克公司暂时性差异和永久性差异的影响
（自习问题 12.4 解答参考）

	财务报表数据		差异类型	纳税申报表数据	
扣除折旧费用以前的营业利润	$360 000	(6)	—	$360 000	(4)
折旧费用	(270 000)	已知	暂时性	(300 000)	(3)
市政债券利息	70 000	(5)	永久性	—	
应税利润				$60 000	(2)
会计税前利润	$160 000	已知			
按40%计算的应交所得税				$24 000	已知
按扣除永久性差异影响后的会计利润 90 000（160 000 − 70 000）美元的40%计算的所得税费用	(36 000)	已知			
净利润	$124 000	(1)			

资料来源：© Cengage Learning 2014.

计算程序和推导过程：

(1) $124 000 = $160 000 − $36 000。

(2) $60 000 = $24 000/40%。

(3) 折旧费用导致的暂时性差异为（$36 000 − $24 000）/40% = $30 000。由于应交所得税金额比所得税费用少，说明纳税申报单中的折旧费用比财务报表中的折旧费用金额高，因此，纳税申报单上的折旧费用应当为 $300 000 = $270 000 + $30 000。

(4) $360 000 = $300 000 + $60 000。

(5) 财务报表中排除了永久性差异影响后的税前利润为 $90 000 = $36 000/40%。而包括了永久性差异影响后的税前利润为 $160 000 美元，因此，永久性差异的金额为 $160 000 − $90 000 = $70 000。

(6) $160 000 + $270 000 − $70 000 = $360 000。事实上根据上述第（4）中的推导，也可计算得到相同的结果。

关键术语与概念

表外融资（off-balance-sheet financing）
待执行合同（executory contract）
或有损失会计，或保证金会计（loss contingency accounting or provision accounting）
或有负债（美国公认会计原则和国际财务报告准则用语），准备金（国际财务报告准则用语）（contingent obligation (U. S. GAAP and IFRS) versus provision (IFRS)）
特殊目的实体（special purpose entity，SPE）
累计给付义务（accumulated benefit obligation，ABO）
劳务成本（service cost）
利息费用（interest cost）
前期服务费用（prior service cost）
净设定受益负债（或净设定受益资产（net defined benefit liability or asset）
实际税率（effective tax rate）
永久性差异（permanent difference）

可变利益实体（variable interest entity，VIE）
证券化（securitization）
递延薪酬（deferred compensation）
设定提存计划（defined contribution plan）
设定受益计划（defined benefit plan）
预计给付义务（projected benefit obligation，PBO）
设定受益负债的现值（present value of a defined benefit obligation）
暂时性差异（temporary difference）
应交所得税（income tax payable）
所得税费用（income tax expense）
递延所得税资产（deferred tax asset）
递延所得税负债（deferred tax liability）
递延所得税资产估值准备（deferred tax asset valuation allowance）

思考题、练习题和解决问题

思考题

1. 复习关键术语与概念中所列术语和概念的含义。
2. 如果企业通过一项待执行合同进行表外融资，和出售一项资产给客户，同时承诺客户在将来会购回该项资产并补偿相应的差价给客户，请问，这两种融资方式对企业财务报表的影响相同么？

3. "如果确认所有待执行合同中隐含的权利与义务，将消灭所有的表外融资方式。"请问，这句话有什么问题，会对财务报表使用者产生怎样的误导？
4. 在出售应收账款进行表外融资过程中，特别目的实体或者可变利益实体的作用是什么？
5. "在企业将薪酬成本确认为费用的过程中，最主要的会计问题就是递延薪酬问题。"请解释这句话的含义。
6. 请说出为什么在设定受益计划中，资产总额和负债总额不需要报告在雇主企业的资产负债表中，但两者的净额却需要报告在雇主企业的资产负债表中？
7. 为什么说"只要时期足够长，雇主企业承担的养老金费用总额与它缴存到养老金计划中的现金总额是相等的，但与该养老金计划实际支付给退休职工的金额是不相等的"？
8. 请问在什么样的情况下，雇主企业会在其资产负债表中同时报告一项净养老金资产和一项净养老金负债？为什么美国公认会计原则和国际财务报表准则都不允许企业将上述两者抵消后，直接只报告一项养老金净资产或者养老金净负债呢？
9. 当雇主企业确认某一会计期间内养老金资产或者养老金负债的变动金额时，美国公认会计原则所规定的对方科目总是"其他综合收益"账户。为什么不能直接按相应的变动金额借记或者贷记"养老金费用"账户呢？
10. 请说明为什么美国公认会计原则要求企业将养老金投资所实现的收益用来抵减养老金费用？
11. 请说明为什么美国公认会计原则要求企业在用投资收益抵减养老金费用时，要使用预期的投资收益，而不是实际的投资收益。
12. "所得税会计的核心问题是如何处理由于会计税前利润和税法规定的应税利润之间的暂时性差异所引起的税收影响。"请解释这句话的意思。
13. "我们可以将递延所得税负债看作是政府给企业的无息贷款。"请问你同意这句话吗？为什么？
14. 请问，企业在什么样的情况下可以在资产负债表中报告递延所得税资产项目？在什么样的情况下可以报告递延所得税负债项目呢？
15. "对递延所得税的会计处理要求实际上是将暂时性差异对净利润的影响从差异产生的期间递延确认到了差异转回的期间。"请解释这句话的含义。
16. 在企业的纳税事项调节表中，法定税率与实际税率之间的差异信息有什么价值？
17. 如果企业直接是根据税前利润而不是单笔的收入和费用项目来计算所得税费用的，那么递延所得税资产和递延所得税负债的构成信息有什么价值呢？

练习题

18. **利用应收账款进行表外融资**。赛博思器材商店（Cypres Appliance Store）在2013年1月2日有应收账款100 000美元，到期日为2013年12月31日。赛博思公司希望利用这些应收账款来获取融资。要求：
  a. 请为下列发生在2013年的交易（i）和交易（ii）编制适当的会计分录：
    （i）赛博思公司利用这些应收账款为质押，从银行取得92 593美元贷款。这批贷款的到期日为2013年12月31日，利率为8%。
    （ii）赛博思公司将这些应收账款出售给银行，取得92 593美元应收账款转让所得。赛博思公司负责从客户那里收回这些账款，然后将相应的资金归还给银行。
  b. 请比较上述两类交易对赛博思公司的利润表和资产负债表的影响。
  c. 赛博思公司应当怎样安排这项交易，才能使它符合应收账款的出售条件，而不仅是一项抵押贷款？
19. **利用存货进行表外融资**。洛瑞玛公司（Lorimar Company）是一家烟草种植经销商。2013年1月2日，该公司有一批成本为200 000美元的醇化烟草，在当时的市场价值为300 000美元。洛瑞玛公司希望利用这批烟草来获取融资支持。该公司以每年的12月31日为年末截止日。
  a. 为下列发生在2013年和2014年的交易（i）和交易（ii）编制适当的会计分录：
    （i）洛瑞玛公司使用这批烟草存货为抵押，从银行借入300 000美元。该贷款的到期日为2014年12月31日，按10%的利率每年计息。假定这些烟草不存在储存成本，洛瑞玛公司预计并确实在2014年12月31日将这批烟草以363 000美元的价格售出。
    （ii）洛瑞玛公司将这批烟草以300 000美元的价格出售给银行，并承诺将在2年后帮助银行将这批烟草对外出售，出售所得归银行所有。
  b. 对比上述两类交易对洛瑞玛公司利润表和资产负债表的影响。
  c. 洛瑞玛公司应当怎样安排这项交易，使它符合销售的确认条件，而不仅仅是一项抵押贷款？
20. **为设定受益计划编制汇总会计分录**。空中飞行公司（AirFlight）是一家航空飞机制造企业，它只有唯一的一项养老金计划，下面是该计划在2013年的相关信息（编报单位为百万美元）。空中飞行公司按照美国公认会计原则编制财务报表。

2013年年初养老金计划资产	$43 484
加：实际投资收益	4 239
加：雇主企业缴存	526
减：支付的福利费用	(2 046)
2013年年末养老金计划资产	$46 203
2013年年初养老金计划负债	$45 183
加：服务费用	908
加：利息费用	2 497
减：精算收益	(960)
减：支付的福利费用	(2 046)
2013年年末养老金计划负债	$45 582
服务费用	$908
利息费用	2 497
养老金计划投资的预期收益	(3 456)
当期摊销的精算损失	1 101
净养老金费用	$1 050

要求：请为空中飞行公司编制一笔汇总的会计分录，确认2013年的养老金费用、缴存养老金和当期净养老金资产与净养老金负债的变动。请注意"其他综合收益"账户中的记录，根据以上披露的信息来推断该账户的发生额，不考虑所得税的影响。

21. **为设定受益计划编制汇总会计分录**。美味佳肴公司（Tasty Dish Inc.）是一家消费者食品制造公司，它只有一项养老金计划，下面是该计划在2013年的相关信息（编报单位为百万美元）。美味佳肴公司按照美国公认会计原则编制财务报表。

2013年年初养老金计划资产	$5 086
加：实际投资收益	513
加：雇主企业缴存	19
减：支付的福利费用	(233)
2013年年末养老金计划资产	$5 385
2013年年初养老金计划负债	$5 771
加：服务费用	245
加：利息费用	319
减：精算收益	(155)
减：支付的福利费用	(233)
2013年年末养老金计划负债	$5 947
服务费用	$245
利息费用	319
养老金计划投资的预期收益	(391)
当期摊销的精算损失	167
净养老金费用	$340

要求：请为美味佳肴公司编制一笔汇总的会计分录，确认2013年的养老金费用、缴存养老金和当期净养老金资产与净养老金负债的变动。请注意"其他综合收益"账户中的记录，根据以上披露的信息来推断该账户的发生额，不考虑所得税的影响。

22. **为健康保险计划编制汇总会计分录**。瑞莱恩斯公司（Reliance）是一家汽车制造商，它在2013年的财务报告中披露了下列与健康保险计划有关的信息（编报单位为百万欧元）。瑞莱恩斯公司按照美国公认会计原则编制财务报告。

2013年年初健康保险计划资产	€6 497
加：实际投资收益	510
加：雇主企业缴存	0
减：支付的福利费用	(1 547)
2013年年末健康保险计划资产	€5 460
2013年年初健康保险计划负债	€39 274
加：服务费用	617
加：利息费用	2 004
减：精算收益	(9 485)
减：支付的福利费用	(1 547)
2013年年末健康保险计划负债	€30 863
服务费用	€617
利息费用	2 004
健康保险计划投资的预期收益	(479)
当期摊销的精算损失	41
净健康保险计划费用	€2 183

要求：请为瑞莱恩斯公司编制一笔汇总的会计分录，确认2013年的健康保险福利费用、缴存健康保险福利费用和当期净健康保险福利资产与净健康保险福利负债的变动。请注意"其他综合收益"账户中的记录，根据以上披露的信息来推断该账户的发生额，不考虑所得税的影响。

23. **编制与所得税费用相关的会计分录**。福利特运动鞋品公司（Fleet Sneaks）报告了它在最近3年中的相关所得税信息如下（编报单位为百万欧元）：

所得税费用的构成	2013年	2012年	2011年
当期应交所得税	€775.6	€622.8	€495.4
递延所得税	(26.0)	25.4	9.0
所得税费用合计	€749.6	€648.2	€504.4

要求：

a. 请写出福利特运动鞋品公司在2011年、2012年和2013年记录所得税费用的会计分录。

b. 假定福利特运动鞋品公司的递延所得税大多由退休后福利所引起，该公司的实际所得税税率在2011年至2013年期间是非常稳定的，请说明是什么样的可能原因造成该公司的当期应交所得税和递延所得税如此分布？

24. **编制与所得税费用相关的会计分录。**玛丽城电力公司（Marytown Energy）是一家电力企业，它报告了最近3年中的相关所得税信息如下（编报单位为百万美元）：

所得税费用的构成	2013 年	2012 年	2011 年
当期应交所得税	$46	$415	$(96)
递延所得税	344	(74)	368
所得税费用合计	$390	$341	$272

要求：
a. 请写出玛丽城电力公司在 2011 年、2012 年和 2013 年记录所得税费用的会计分录。
b. 假定玛丽城电力公司的递延所得税大多是由折旧费用所导致的暂时性差异而引起，该公司的实际所得税税率在 2011 年至 2013 年期间是非常稳定的，请说明是什么样的可能原因造成该公司的当期应交所得税和递延所得税如此分布？

25. **根据财务报表披露的信息推导永久性差异和暂时性差异。**博纳尔公司（Pownall Company）报告了它在某一年中的下列信息：

会计税前利润	$318 000
所得税费用	156 000
当年应交所得税	48 000
所得税税率	40%

博纳尔公司的会计利润和应税利润之间同时存在永久性差异和暂时性差异的共同影响。要求：
a. 当年的暂时性差异金额为多少？请问，该暂时性差异的存在使会计税前利润与税法应税利润之间的大小关系是怎样的？
b. 当年的永久性差异金额为多少？请问，该永久性差异的存在使会计税前利润与税法应税利润之间的大小关系是怎样的？

26. **重构与所得税相关的信息。**丽莱公司（Lilly Company）在它某一年的财务报表和纳税申报单中，报告了下列信息（编报单位为欧元）：

财务报表中的折旧费用	€322 800
财务报表中的税前会计利润	190 800
财务报表中的所得税费用	42 000
纳税申报单中的应交所得税	27 600

丽莱公司适用政府规定的所得税税率为40%。在丽莱公司的财务报表中，将市政债券利息确认为了收入，但这一项目在纳税申报时是免征所得税的，这是丽莱公司的永久性差异项目。此外，由于该公司在纳税申报中使用的是加速折旧法，而在财务报表中使用的是直线折旧法，因此也造成了暂时性差异。

要求：分别按照财务报告的要求和纳税申报的要求，重新编制丽莱公司在当年的利润表，指出暂时性差异和永久性差异的影响。

27. **暂时性差异对所得税的影响。**伍德沃德公司（Woodward Corporation）在 2013 年购买了一台新机器，花费 50 000 美元。这台机器估计可以使用 4 年，期满无残值。在支付了相应的运行与维护成本后，这台机器每年可为公司带来 25 000 美元的收入 - 成本差（未考虑折旧费用和所得税）。除了这 25 000 美元的收益外，伍德沃德公司每年的其他税前利润为 35 000 美元。伍德沃德公司在财务报告中使用的是直线法折旧，但在税务报告中使用的折旧计算却是按下列比例进行的：第 1 年折旧 33%，第 2 年折旧 44%，第 3 年折旧 15%，最后第 4 年折旧 8%。折旧费用是伍德沃德公司目前唯一的一项暂时性差异，该公司目前适用的联邦所得税和地方所得税税率合计为应税利润的 40%。要求：
a. 计算这 4 年中伍德沃德公司每年的应交所得税金额应当为多少？
b. 计算在这 4 年中，伍德沃德公司拥有的这台机器在每一年年末的会计账面价值和按税法规定计算的计税基础各是多少。这里的计税基础，是指按税法规定计算的机器摊余成本。
c. 计算伍德沃德公司在这 4 年中每一年的所得税费用各自为多少？
d. 请为伍德沃德公司编写 2013 年至 2016 年期间每年确认所得税费用和应交所得税的会计分录。

解决问题

28. **理解有关应收账款出售的信息披露内容。**联邦商店（Federal Stores）拥有多家零售连锁店。2013 年 8 月 30 日，联邦商店将它拥有的全部百货连锁店信用卡应收款出售给了社区银行（Community Bank）。表 12-16 中是关于此次应收账款出售的报告。要求：

表 12-16 联邦商店关于应收款出售的注释
（解决问题 28）

信用卡应收款的出售

2012 年 8 月 13 日，联邦商店（以下简称"本公司"）向社区银行出售了一批信用卡账户及相关应收款余额，合计出售所得接近 36 亿美元，实现税前利得 4.8 亿美元。此次出售所得净额被用于偿还各类并购交易中的债务。在此次本公司与社区银行达成的信用卡账户和相关余额出售交易中，双方签订了长期的营销与服务协定（以下简称"协议"），初步达成的合作期为 10 年，10 年后若双方均仍然愿意继续合作，则可再续签 3 年。该协议在其他问题之外特别规定了：(i) 社区银行对它从本公司购入的应收款享有所有权；(ii) 社区银行对本公司客户新开设的账户欠款拥有所有权；(iii) 对本公司出售给社区银行的信用卡账户，由社区银行负责计提信用准备金；和 (iv) 这些账户的服务和管理也由社区银行负责。

a. 根据表 12-16 中的信息，讨论为什么此次向社区银行出售的信用卡应收款很符合应收账款的出售，而不仅仅是一项抵押贷款？

b. 对联邦商店来说，将这些信用卡应收款对外出售能得到的好处是什么？它为此又负担了哪些成本呢？

29. **理解有关表外融资的信息披露内容。** 刘易斯公司（Lewis Corporation）出售了一批木材给买方企业，并从买方收到了现金和相关应收票据。随后，刘易斯公司想办法将这些应收票据转换为了现金，但同时在资产负债表上并没有确认任何负债。表12-17列出了刘易斯公司在财务报表中对该交易的说明。请根据表12-17中的信息，讨论为什么这笔交易符合资产的出售，而不仅仅是一笔抵押贷款。

表12-17 刘易斯公司关于出售应收票据的注释
（解决问题29）

12. 表外融资协议

2013年，刘易斯公司将南部的木材和林地对外出售，收到了2 640万美元现金和41 000万美元的应收票据。为了降低资金使用成本，（i）刘易斯公司将这41 000万美元的应收票据设立了一个特殊目的实体（SPE）；（ii）该特殊目的实体以这些应收票据为担保，向银行申请了信用证，并以此向不相关的第三方发行了共计36 870万美元的债券；（iii）作为资本投资回报，该特殊目的实体将债券发行所得中的36 580万美元划转给了刘易斯公司。除了这些应收票据以外，该特殊目的实体没有其他任何流动性资产，将来这些应收票据产生的现金流量将只用于偿还该特殊目的实体所发行的债券，该特殊目的实体的债权人不能就特殊目的实体所承担的债务向刘易斯公司提出追偿。特殊目的实体所发行债务的本金是按照刘易斯公司缴存给特殊目的实体的应收票据金额的大约90%（= $36 870/ $41 000）计算的。特殊目的实体的资产（价值41 000万美元的应收票据）已经不受刘易斯公司的控制，不能用来清偿刘易斯公司的债务。同时，特殊目的实体的债权人对刘易斯公司的资产也没有要求权。

30. **理解有关退休计划信息的披露。** 橘汁公司（Juicy-Juice）是美国的一家饮料企业，表12-18和表12-19列出了该公司在财务报表附注中披露的有关养老金和健康保险退休后福利计划信息。请回答：

a. 该公司在2013年的养老金和健康保险计划实现精算收益的最可能原因是什么？

表12-18 橘汁公司的美国养老金和健康保险费用构成
（编报单位：百万美元）
（解决问题30）

	美国养老金计划			健康保险计划		
	2013年	2012年	2011年	2013年	2012年	2011年
服务费用	$245	$213	$193	$46	$40	$38
利息费用	319	296	271	72	78	72
预期资产投资收益	(391)	(344)	(325)	—	—	—
前期服务费用	3	3	6	(13)	(11)	(8)
精算损失	164	106	81	21	26	19
费用净额	$340	$274	$226	$126	$133	$121

资料来源：© Cengage Learning 2014.

b. 在2012年和2013年，养老金计划投资的收益符合预期么？请解释原因。

c. 为什么每一年中的健康保险资产投资预期收益都等于0呢？

d. 编制一份分析表，解释为什么该公司养老金计划中的前期服务费用从2012年年末的5百万美元变为了2013年年末的13百万美元。

e. 编制一份分析表，解释为什么养老金计划中的精算损失从2012年年末的2 285百万美元变为了2013年年末的1 836百万美元。

f. 编制一份分析表，解释为什么健康保险计划中的前期服务费用从2012年年末的114百万美元变为了2013年年末的101百万美元。

g. 编制一份分析表，解释为什么健康保险计划中的净精算损失从2012年年末的419百万美元变为了2013年年末的364百万美元。

h. 请写出该公司在2013年年末确认与养老金计划有关的净养老金费用、养老基金缴存和资产负债表账户净变动的会计分录。

i. 请写出该公司在2013年年末确认与健康保险计划有关的净健康保险计划费用、健康保险基金缴存和资产负债表账户净变动的会计分录。

表12-19 橘汁公司的美国养老金和健康保险计划基金状态
（编报单位：百万美元）
（解决问题30）

	美国养老金计划		健康保险计划	
	2013年	2012年	2013年	2012年
1月1日，应付福利费用	$5 771	$4 968	$1 312	$1 319
服务费用	245	213	46	40
利息费用	319	296	72	78
计划修订的影响	11	—	—	(8)
精算损失（收益）	(163)	517	(34)	(45)
当期实际支付的福利费用	(233)	(241)	(75)	(74)
其他	(3)	18	49	2

	美国养老金计划		健康保险计划	
	2013年	2012年	2013年	2012年
12月31日的应付福利费用	$5 947	$5 771	$1 370	$1 312
1月1日，计划资产的公允价值	$5 086	$4 152	$—	$—
资产的实际投资收益	513	477	—	—
雇主企业缴存	19	699	75	74
当期支付的福利费用	(233)	(241)	(75)	(74)
其他	(7)	(1)	—	—
12月31日，计划资产的公允价值	$5 378	$5 086	$—	$—
净基金资产（负债）	$(569)	$(685)	$(1 370)	$(1 312)
对报表确认项目的影响：				
长期资产	$185	$2 068	$—	$—
短期负债	(25)	—	(100)	—
长期负债	(729)	(2 753)	(1 270)	(1 312)
确认的净资产（负债）	$(569)	$(685)	$(1 370)	$(1 312)
确认在股东权益项目中的影响				
前期服务费用（贷方）	$13	$5	$(101)	$(114)
净精算损失	$1 836	$2 285	$364	$419
精算假定：				
贴现率	5.8%	5.7%	5.8%	5.7%
预期资产投资收益率	7.8%	7.8%	—	—
薪酬增长率	4.5%	4.4%	—	—
初始健康保险成本趋势增长率	—	—	9.0%	10.0%
最终健康保险成本趋势增长率	—	—	5.0%	5.0%
距离最终趋势增长率的年数	—	—	5年	5年

资料来源：© Cengage Learning 2014.

31. **理解关于退休后福利计划的信息披露**。崔德伟公司（Treadaway Inc.）是一家轮胎制造企业，表12-20和表12-21是节选自该公司财务报表附注中关于美国养老金和健康保险等退休后福利计划的部分信息。要求：

a. 根据表12-20中的信息，请说明为什么2011年和2012年的养老金计划利息费用超过了当年的预期资产投资收益，但是这两者在2013年却又是相等的？

表12-20 崔德伟公司美国养老金费用和健康保险费用的构成（编报单位：百万美元）（解决问题31）

	美国养老金计划			健康保险计划		
	2013年	2012年	2011年	2013年	2012年	2011年
服务费用	$103	$56	$41	$25	$23	$25
利息费用	295	294	300	135	149	188
预期资产投资收益	(295)	(258)	(234)	—	—	—
前期服务费用	59	63	71	41	43	45
精算损失	91	86	79	9	10	35
费用净额	$253	$241	$257	$210	$225	$293

资料来源：© Cengage Learning 2014.

b. 崔德伟公司的健康保险计划费用净额在2011年至2012年间发生下滑的最可能原因是什么？

c. 为什么在计算每年的健康保险费用净额时，崔德伟公司都没有从预期资产投资收益中减去任何减项？

d. 请问，崔德伟公司在2013年报告养老金负债和健康保险负债精算收益的最可能原因是什么？

e. 请编制一份分析表，说明为什么崔德伟公司养老金计划的前期服务费用从2012年年末的314百万美元变为了2013年年末的366百万美元？

f. 请编制一份分析表，说明为什么崔德伟公司养老金计划的净精算损失从2012年年末的1 646百万美元变为了2013年年末的1 252百万美元？

g. 请编制一份分析表，说明为什么崔德伟公司健康保险计划的前期服务费用从2012年年末的339百万美元变为了2013年年末的299百万美元？

h. 请编制一份分析表，说明为什么崔德伟公司健康保险计划的精算损失从2012年年末的340百万美元变为了2013年年末的221百万美元？

i. 请写出崔德伟公司在2013年确认与养老金计划相关的净养老金费用、养老金基金缴存和资产负债表账户变动净额的相关会计分录。

j. 请写出崔德伟公司在2013年确认与健康保险计划相关的净健康保险费用、健康保险基金费用缴存和资产负债表账户变动净额的相关会计分录。

表 12-21　崔德伟公司美国养老金计划和健康保险计划的基金状态
（编报单位：百万美元）
（解决问题 31）

	美国养老金计划		健康保险计划	
	2013 年	2012 年	2013 年	2012 年
1 月 1 日，应付福利费用	$5 407	$5 191	$2 629	$3 218
服务费用	103	56	25	23
利息费用	295	294	135	149
计划修订的影响	111	—	1	—
精算损失（收益）	(120)	174	(110)	(532)
计划参与人当期缴存	10	11	26	19
当期实际支付的福利费用	(409)	(334)	(255)	(260)
其他	20	15	27	12
12 月 31 日的应付福利费用	$5 417	$5 407	$2 478	$2 629
1 月 1 日，计划资产的公允价值	$3 404	$3 046	$—	$—
资产的实际投资收益	478	261	—	—
雇主企业缴存	567	420	233	241
当期支付的福利费用	10	11	26	19
其他	(409)	(334)	(255)	(260)
12 月 31 日，计划资产的公允价值	$4 050	$3 404	$4	$—
净基金资产（负债）	$(1 367)	$(2 003)	$(2 474)	$(2 629)
对报表确认项目的影响：				
短期负债	$(19)	$(736)	$(231)	$(254)
长期负债	(1 348)	(1 267)	(2 243)	(2 375)
确认的净资产（负债）	$(1 367)	$(2 003)	$(2 474)	$(2 629)
确认在股东权益项目中的影响				
前期服务费用（贷方）	$366	$314	$299	$339
净精算损失	$1 252	$1 646	$221	$340
精算假定：				
贴现率	5.75%	5.50%	5.75%	5.50%
预期资产投资收益率	8.50%	8.50%	—	—
薪酬增长率	4.04%	4.04%	—	—
初始健康保险成本趋势增长率	—	—	11.20%	11.50%
最终健康保险成本趋势增长率	—	—	5.00%	5.00%
距离最终趋势增长率的年数	—	—	8 年	8 年

资料来源：© Cengage Learning 2014.

32. **理解有关所得税信息的披露内容。** 卡缇曼有限公司（Catiman Limited）是一家农用设备制造商，表 12-22 中的内容节选自该公司截至 2013、2012 和 2011 年 10 月 31 日的财务报表注释。卡缇曼有限公司按照美国公认会计原则编制其财务报表。要求：

   a. 写出卡缇曼有限公司在截至 2012 年 10 月 31 日的会计年度中确认所得税费用和应交所得税的会计分录，请注意考虑递延所得税资产和递延所得税负债账户所受到的影响。
   b. 要求同"a"，请写出卡缇曼有限公司在截至 2013 年 10 月 31 日的会计年度中应编制的相应会计分录。
   c. 在调整按法定税率计算的所得税和公司的所得税费用时，为什么要加上州所得税和地方所得税？
   d. 卡缇曼公司在调整所得税计算过程中，将不可扣除的成本费用和其他项目是合并在一起进行调整的。请问，不可扣除的成本费用可能会增加或者减少实际税率么？为什么？
   e. 请解释为什么企业确认健康保险负债和养老金负债会导致递延所得税资产产生，而确认预付养老金资产会导致递延所得税负债产生？
   f. 销售折让项目主要反映卡缇曼公司根据销售金额确认的质量维修保证金、销售返利和销售退回等内容。请问，为什么销售折让会导致递延所得税资产的产生？
   g. 卡缇曼公司的递延所得税资产估值准备项目在这 3 年中连续上升，请问最可能的原因是什么？
   h. 受折旧费用的影响，递延所得税负债项目会发生变动。请问，什么主要因素决定了该项目的变动方向？
   i. 卡缇曼有限公司将一些设备出租给客户使用，因此而产生了递延所得税负债。请问，卡缇曼公司将这些租赁是当作经营租赁核算的还是融资租赁核算的？对同一类租赁，该公司在税务报告更可能选择采用什么方法进行核算？

表 12-22　卡缇曼有限公司所得税信息披露
（编报单位：百万美元）
（解决问题 32）

	2013 年	2012 年	
税前会计利润	$2 174	$2 107	
所得税费用：			
当期部分	$736	$738	
递延部分	6	(39)	
所得税费用合计	$742	$699	
按 35% 的法定税率对应税利润计算的所得税	$761	$737	
州和地方所得税（扣除联邦退税影响后净额）	22	10	
国外税率	8	(6)	
不可扣除的成本费用和其他项目	(49)	(42)	
所得税费用	$742	$699	
10 月 31 日：	2013 年	2012 年	2011 年
递延所得税的组成			
递延所得税资产：			
健康保险负债	$825	$997	$1 017
销售折让	327	324	304
养老金负债	246	250	156
税收损失与税收抵免结转	132	93	55
其他	362	225	257
估值准备	(50)	(25)	(1)
递延所得税资产合计	$1 842	$1 864	$1 788
递延所得税负债：			
预付养老金资产	$845	$860	$778
折旧费用	214	231	263
递延租赁收入	144	154	159
其他	122	96	104
递延所得税负债合计	$1 325	$1 341	$1 304

资料来源：© Cengage Learning 2014.

33. **理解有关所得税信息的披露。** E 驱动公司（E - Drive）是一家欧洲的计算机生产商，表 12-23 是取自该公司截至 2013、2012 和 2011 年 12 月 31 日的财务报表附注中关于所得税信息的披露情况。E 驱动公司按照国际财务报告准则编制其财务报告。要求：
    a. 写出 E 驱动公司在截至 2012 年财务年度中确认所得税费用和应交所得税的会计分录，使用一个单一的"递延所得税"账户来代替"递延所得税资产"和"递延所得税负债"账户。
    b. 重复"a"中的要求，写出 E 驱动公司在截至 2013 年财务年度中确认所得税费用和应交所得税的会计分录。
    c. 为什么在"a"和"b"两部分的会计分录中，递延所得税的金额并不等于表 12-23 中递延所得税资产和递延所得税负债金额的变动数？
    d. 为什么在法定税率和实际税率的调整过程中，要加上地方所得税的影响？
    e. 为什么 E 驱动公司同时报告了退休后福利的递延所得税资产和递延所得税负债？
    f. 当 E 驱动公司在财务报告和纳税申报单中报告坏账费用和质量保证金费用时，为什么这些项目还会导致递延所得税资产的产生？
    g. E 驱动公司将一些设备出租给客户使用，由此产生了递延所得税负债项目。请问，E 驱动公司在财务报告中更可能将这些租赁视为经营租赁还是融资租赁进行核算？在纳税申报单中，E 驱动公司对这些租赁又会倾向于使用什么会计方法进行核算呢？
    h. 当 E 驱动公司在财务报告和纳税申报单中报告开发费用时，为什么这些项目还会导致递延所得税负债的产生？

表 12-23　E 驱动公司所得税信息披露内容
（编报单位：百万欧元）
（解决问题 33）

	2013 年	2012 年	
税前会计利润	€13 317	€12 226	
所得税费用：			
当期部分	€2 177	€2 047	
递延部分	1 724	2 185	
所得税费用合计	€3 901	€4 232	
法定所得税税率 35%	35%	35%	
地方所得税（扣除联邦退税影响后净额）	1	1	
国外税率影响	(5)	(5)	
其他	(2)	4	
实际税率	29%	35%	
12 月 31 日：	2013	2012	2011
递延所得税的组成			
递延所得税资产：			
股权和其他形式的薪酬影响	€3 147	€3 022	€3 122
退休后福利的影响	3 002	3 039	3 908
资本化的开发费用	1 355	1 728	1 794
坏账与产品质量保证费用的影响	724	937	1 050
其他	3 128	3 471	4 855
估值准备	(510)	(562)	(603)
递延所得税资产合计	€10 846	€11 635	€14 126
递延所得税负债：			
退休后福利的影响	€2 906	€7 267	€7 057
递延租赁收入	1 385	964	622
软件开发成本	505	348	381
其他	1 340	1 502	1 324
递延所得税负债合计	€6 136	€10 081	€9 384

资料来源：© Cengage Learning 2014.

34. **理解有关所得税信息的披露。** 表 12-24 是节选自折扣商店（Dime Store）截至 2013 年、2012 年和 2011 年 1 月 31 日财务年度中关于所得税信息的披露内容。折扣商店根据美国公认会计原则编制财务报告。要求：
    a. 写出折扣商店在截至 2011 年 1 月 31 日的财务年度中，确认所得税费用和应交所得税的会计分录。使用一个单一的"递延所得税"账户来代替"递延所得税资产"和"递延所得税负债"账户。

b. 重复"a"中的要求,写出折扣商店在截至2012年1月31日的财务年度中,确认所得税费用和应交所得税的会计分录。

c. 重复"a"中的要求,写出折扣商店在截至2013年1月31日的财务年度中,确认所得税费用和应交所得税的会计分录。

d. 为什么在上述"a""b"和"c"要求的会计分录中,各年递延所得税账户的发生额与表12-24中递延所得税资产和递延所得税负债的变动额是不相等的?

e. 为什么在法定税率与实际税率的调整过程中,要加上州和地方所得税的影响?

f. 报告中,健康保险计划导致的递延所得税资产和养老金计划导致的递延所得税负债项目说明折扣商店的健康保险计划和养老保险计划是处于怎样的基金状态的?

g. 不动产、厂场和设备所导致的递延所得税负债在2011年1月31日至2012年1月31日之间一直相对比较稳定。请问,折扣商店的这项递延所得税特征暗示了它在不动产、厂场和设备方面的投资是怎样的情况?

h. 该公司没有递延所得税估值准备项目,这说明了什么?

35. **当企业每年都获取新资产时对递延所得税账户的影响**。领英公司(Equilibrium Company)采纳了一项每年都采购一台新设备的计划,它在纳税申报时使用税法所规定的折旧方法,但在财务报表中使用直线法对设备计算折旧费用。这些设备安装好以后的成本都是12 000欧元,估计可以使用6年。领英公司在税务申报中,对此类设备按取得成本的以下百分比从第1年至第6年依次计算折旧:20%、32%、19%、12%、11%和6%。要求:

a. 计算在前7年内每一年的纳税申报单中,可以在税前予以扣除的折旧金额为多少?

b. 使用直线法计算每年的折旧金额为多少?

c. 利用"b"和"a"两部分的答案,计算出每年的折旧费用差异有多大?

d. 根据"c"部分中的答案再乘以40%,计算出资产负债表项目递延所得税负债账户每年的增加额是多少?

e. 计算资产负债表中每年"递延所得税负债"账户的年末余额是多少?

f. 如果领英公司坚持每年都购入一台原价为12 000欧元的新设备,那么资产负债表中的递延所得税项目会出现怎样的变化趋势?

表12-24 折扣商店有关所得税的信息披露内容
(编报单位:百万美元)
(解决问题34)

截至1月31日的财务年度:	2013年	2012年	2011年
税前会计利润	$4 500	$3 862	$3 032
所得税费用:			
当期部分	$1 911	$1 574	$1 052
递延部分	(201)	(122)	94
所得税费用合计	$1 710	$1 452	$1 146
法定所得税税率35%	35.0%	35.0%	35.0%
州和地方所得税(扣除联邦退税影响后净额)	4.0	3.3	3.3
其他	(1.0)	(0.7)	(0.5)
实际税率	38.0%	37.6%	37.8%

	1月31日:			
	2013年	2012年	2011年	2010年
递延所得税的组成				
递延所得税资产:				
以股权结算的薪酬影响	$466	$399	$332	$297
自保福利	238	217	179	143
坏账费用的影响	191	167	147	133
健康保险福利计划的影响	39	39	38	42
其他	192	152	175	97
递延所得税资产合计	$1 126	$974	$871	$712
递延所得税负债:				
不动产、厂场与设备的影响	$1 041	$1 080	$1 136	$806
养老金计划	100	287	268	218
其他	135	114	96	84
递延所得税负债合计	$1 276	$1 481	$1 500	$1 108

资料来源:© Cengage Learning 2014.

36. 获取表外融资。（根据 R. Dieter、D. Landsittel、J. Stewart 和 A. Wyatt 等教授的资料改编）希拉公司（Shiraz Company）希望筹资 5 000 万美元，但是由于各种原因，该公司并不希望这些融资以新增负债的方式出现。希拉公司的流动性十分充分，盈利能力也非常不错，银行非常乐意以最优惠的利率给它贷款 5 000 万美元。但该公司的财务经理列出了以下六份不同的融资方案：

方案 1：转移带追索权的应收账款。 希拉公司可以向信用公司（Credit Company）转移它的应收账款，但转移所得应在未来 2 年内收回归还给信用公司，并按固定利率计息。信用公司将按照这些应收账款的现值减去估计坏账和折扣之后的金额向希拉公司付款。双方谈好，如果一旦成为坏账的金额超过了坏账准备，希拉公司则应以面值购回这些应收账款。此外，在初始转让时，希拉公司可按面值减去按公式和最优惠利率计算的折扣金额购回任何未到期的应收账款（这样可以保护希拉公司不受转让以后利率下跌的不利影响）。现在的会计问题是，这笔交易应当确认为应收账款的出售（希拉公司借记"货币资金"账户，贷记"应收账款"账户，同时再借记某个转让费用或者损失账户）呢，还是以应收账款作为抵押而取得的贷款（希拉公司在转让应收账款时，借记"货币资金"账户，贷记"借款"账户）。

方案 2：产品融资协议。 希拉公司将转移一批存货给信用公司，由信用公司将这批存货存放在一个公共库房中。信用公司可使用这批存货作为它自己的借款抵押物，然后将取得的抵押借款用来支付给希拉公司。根据协议，希拉公司应负责存货的存储费用，并在未来四年中按合同规定的固定价格加上转让时至回购时的利息费用将这批存货购回。这一方案涉及的会计问题是，是判断希拉公司已将这批存货出售给信用公司，然后将后续的回购视为希拉公司的新采购？还是判断希拉公司只是从信用公司取得借款，这批存货仍然应当报告在希拉公司的资产负债表上？

方案 3：采购合约。 希拉公司希望从铁路主线建造一条支线到它的工厂，以方便原材料的运输。希拉公司可以借款然后自行建造这条铁路支线，也可以与铁路承包商签订协议，在未来 10 年内每月都运输一定数量的材料。如果采取后一种合作方案的话，即使希拉公司当月不需要运输任何材料，它也需要按月支付运输费用。而铁路承包商则可以拿着这份运输合约去找银行，以此为担保取得借款来修建这条铁路支线。这一方案的涉及会计问题是，希拉公司在此项交易中是否应当将未来的铁路运输服务借记为一项资产，同时将未来的应付运费贷记为一项负债。另一种处理方案是目前不做任何会计处理，等到希拉公司实际支付运费时才进行会计处理。

方案 4：联合建造。 希拉公司和米申公司（Mission Company）打算联合建造一座工厂，生产两家企业都需要的某种化学原料。两家公司各自出资 500 万美元，并将新工厂命名为化学公司（Chemical）。化学公司由希拉公司做担保（注意只有希拉公司，而没有米申公司），将从银行借款 4 000 万美元。希拉公司和米申公司将各自承担一半的化学公司未来经营费用和债务融资成本。作为债务担保的条件，希拉公司在 4 年后可以选择以 2 000 万美元的价格收购米申公司在化学公司中的权益份额。此方案涉及的会计问题是，作为将最终对化学公司的全部债务问题负责的希拉公司，是否应将化学公司的借款确认为自己的一项负债？或者，希拉公司应将债务担保承诺在财务报表附注中进行披露么？

方案 5：研究与开发合作计划。 希拉公司投入一座实验室和一份可能带来未来盈利的基金分裂技术初步研究成果，成立一家合伙企业"创业公司（Venture）"。创业公司拟将合伙企业的剩余权益以 200 百美元的价格出售给外部投资者，然后再由希拉公司作担保，从银行取得借款 4 800 万美元。虽然创业公司将在希拉公司的管理下开展经营，但它对将来的研究和开发成果的买家拥有自主选择权，可以选择出售给包括希拉公司在内的任何人，而希拉公司也没有义务要购买创业公司的任何产品。此笔交易中涉及的会计问题是，希拉公司是否应当将创业公司的银行贷款 4 800 万美元确认为一项负债？如果希拉公司并没有对该笔银行贷款提供担保，但是却有权利或者义务购买创业公司的研发成果，你对上述问题的回答会改变吗？

方案 6：旅店融资。 希拉公司拥有并经营着一家盈利的旅店，因此它可以将这家旅店作为抵押，申请传统的抵押贷款。或者，它也可以将这座旅店以 5 000 万美元的现金交易价格出售给一家合伙企业。这家合伙企业可以向外部投资者出售 500 万美元的合伙人权益，然后再以该旅店为抵押品，向银行申请 4 500 万美元的抵押贷款，并由希拉公司对该贷款提供担保。在此笔交易中涉及的会计问题是，希拉公司是否应将该合伙企业的银行贷款确认为自己的负债？

请讨论在上述各种情况下，希拉公司是否应当在资产负债表中确认相应的负债或者负债承诺？

第 13 章
有价证券与衍生工具

CHAPTER 13

学习目标

1. 理解企业为什么会购买其他企业或者某政府主体所发行的证券，懂得投资目的对投资会计处理程序的影响。
2. 懂得在会计上应当如何核算短期证券投资和长期证券投资。
3. 知道企业为什么会使用衍生工具合约来对冲利率变动、汇率变动、商品价格变动和其他因素变动所可能带来的风险。
4. 知道如何应用套期保值会计来核算衍生工具合约。
5. 能应用公允价值选择权对有价证券和套期合约进行会计处理。

企业经常会投资其他企业或者政府主体所发行的**有价证券**（marketable securities，包括债券、优先股和股票等）。以下便是一些证券投资的例子。

例题1 高盛投资公司（Goldman Sachs）是一家投资银行，它有一项业务专门是针对证券价格的短期波动而进行交易。比如，以每股45.66美元的价格购入丰田汽车公司（Toyota Motor Corporation）的普通股股票，仅持有3天后，便以每股46.25美元的价格对外售出。

例题2 西南航空公司（Southwest Airlines）出售机票所收到现金的时间明显早于它向客户实际提供运输服务的时间。这时，西南航空公司就可以利用这些现金来购买美国政府发行的短期国库券，否则这些资金就只能闲置在银行账户中。在公司持有这些国库券期间，可以赚取相应的利息收入；当它在经营中实际需要现金时，又可以立即再将这些国库券对外售出，换回资金。

例题3 罗氏控股公司（Roche Holding）是一家制药企业，它购买了多家从事生物技术研究公司所发行的普通股股票。如果这些研究项目取得成功的话，罗氏控股公司将从这些公司的股价上升中获益。

例题4 雀巢公司（Nestle）是一家消费者食品企业，为生产巧克力甜点，它需要采购可可豆。根据生产计划，雀巢公司打算购入2 000吨可可豆，且交货日需安排在未来6个月左右。此时，雀巢公司可以选择在6个月以后到现货市场中直接购买可可豆，也可以通过签订期货购买合约（forward purchase contract）在今天就购入6个月才交货的可可豆。如果采取前一种方式，雀巢公司将不得不接受可可豆的未来价格变动风险；但如果采用后一种方式，则可以将可可豆的成交价格锁定在目前的水平。如果雀巢公司选择利用期货合约将可可豆的交易价格锁定，那么，如果在将来的6个月里可可豆的价格走高，公司显然能节约一笔采购成本。当然，如果未来可可豆的价格下跌，公司也可能遭受机会损失。

例题5 西门子公司（Siemens AG）是一家德国的多元化经营企业，它下订单采购了5 000个泵动机，这些泵动机将在墨西哥进行生产，并在6个月以后交货。西门子公司同意按照每个泵动机64墨西哥比索的价格向供应商付款。目前，欧元与墨西哥比索的汇率大约为1比索可以换到0.06欧元（P1），因此，5 000个泵动机在目前的成交价格应当为19 200（＝64比索×5 000个×0.06/比索）欧元。如果西门子公司担心6个月后交货时，因为货币汇率发生变动的影响，可能使公司的应付账款高于目前与19 200欧元等值的墨西哥货币320 000比索（P320 000，＝64比索/个×5 000个），那么，它可以与银行签订货币远期合约（forward currency contract），约定在6个月后用25 600欧元换入320 000比索，即将汇率锁定为1比索兑换0.08欧元。如果未来欧元价值下跌，导致1比索能换到欧元的比值高于0.08，那么银行将替西门子公司来支付这之间的差额。如果未来的汇率低于或者等于0.08欧元兑换1比索，那么该货币远期合约就自动作废，西门子公司只需要按当时的价格购入320 000比索就可以了。这样，当未来欧元汇率下跌低于0.08兑换1比索时，西门子公司就能从货币远期合约中获益。当汇率在0.06欧元至0.08欧元之间时，西门子公司需要承担一定的成本，即购买远期合约的费用。但是，如果未来汇率高于0.08欧元兑换1比索时，这份远期合约就将西门子公司的汇率风险抵消了。

例题6 钢铁制造企业米塔尔国际公司（Arcelor Mittal）发行了一批价值5 000万欧元的债券，这批债券的利率将随荷兰最低银行利率（目前为6%）上下浮动。为将借款成本稳定在6%的水平，米塔尔国际公司与银行签订了一份利率互换合约（interest rate swap contract）。如果浮动利率上升高于6%，例如，假定上浮到了8%的水平，那么，米塔尔国际公司必须向债券持有人按8%的利率水平付息。但是，银行将向米塔尔公司支付2%的差价，使米塔尔公司的借款净成本率稳定在6%的水平上。如果未来浮动利率下降，低于6%的水平，例如下降到了5%的水平，那么米塔尔公司只需要按照5%向债券持有人付息就可以了，但是，它还必须将借款额的1%支付给银行，使它的借款成本仍然维持在6%的水平上。

上述例题1、2和例题3中所提到的金融资产，根据企业打算持有时间的长短，分别报告在资产负债表的流动资产或者长期资产栏目中。这些金融资产都属于有价证券。而例题4、5和例题6中所提到的金融合约则属于衍生工具（derivatives），根据合约中所规定标准的金融变量（例如利率或者外汇汇率等）的变化，分别报告为企业的资产或者负债。在本章中，我们将主要讨论企业对有价证券和衍生工具投资的会计核算问题，内容包括：

1. 首先，我们讨论有价证券和衍生工具的一般计量问题，以及期末计量的影响。
2. 其次，重点介绍美国公认会计原则和国际财务报告准则对有价证券投资的会计核算要求。
3. 再次，讨论美国公认会计原则和国际财务报告准则对衍生工具的会计核算要求。

4. 最后，我们将讨论并配合例题来讲解公允价值选择权在某些金融资产计量中的应用影响。

13.1 资产计量与收益确认问题

作为背景介绍，在正式引入美国公认会计原则和国际财务报告准则对有价证券和衍生工具的会计核算要求之前，我们先来看看金融资产在资产负债表中的计量和在利润表中涉及的收益确认与哪些会计问题具体关联。

例题7 为说明这些会计问题，我们假定：

1. 2013 年 1 月 1 日，泰晤士公司以每股 50 欧元的价格购入了艾思维有限公司（Elseve Limited）发行的普通股股票 100 股。
2. 2013 年 12 月 31 日，艾思维公司股票的市场价格为每股 60 欧元，泰晤士公司仍然继续持有该公司股票。
3. 2014 年 12 月 31 日，艾思维公司股票的市场价格变为每股 80 欧元，泰晤士公司仍然继续持有该公司股票。
4. 2015 年 1 月 2 日，泰晤士公司将艾思维公司的 100 股股票以每股 80 欧元的价格对外售出。

我们暂时不考虑美国公认会计原则和国际财务报告准则的核算要求，那么，泰晤士公司在它的资产负债表中应当要么按照历史取得成本、要么按照公允价值来计量艾思维公司的股票价值。如果泰晤士公司选择使用公允价值，那么对公允价值变动所产生的损益就应当要么（1）按公允价值变动额确认到"其他综合收益"账户，并在出售股票时全部结转进入净利润，或者（2）将公允价值变动损益全部确认在净利润中。表 13-1 中列出了在上述三种核算方法下，这些股票在资产负债表中的报告金额和对其他综合收益与净利润的影响，箭头表示最后将净利润结转至留存收益中，或者将其他综合收益结转至累计其他综合收益中。

表 13-1 资产计量与收益确认举例

	2013 年	2014 年	2015 年
方法 1：按历史成本计量			
资产负债表	€5 000	€5 000	€0
其他综合收益→累计其他综合收益	0	0	0
净利润→留存收益	0	0	3 000
方法 2：按公允价值计量，并将未实现损益报告在净利润中			
资产负债表	€6 000	€8 000	€0
其他综合收益→累计其他综合收益	0	0	0
净利润→留存收益	1 000	2 000	0
方法 3：按公允价值计量，并将未实现损益报告在其他综合收益中			
资产负债表	€6 000	€8 000	€0
其他综合收益→累计其他综合收益	1 000	2 000	(3 000)
净利润→留存收益	0	0	3 000

资料来源：© Cengage Learning 2014.

13.1.1 方法 1：历史成本计量

在这种方法下，除非投资出现了减值，否则在任何会计期间都应当按投资时的历史取得成本进行计量。⊖例如，泰晤士公司在 2013 年和 2014 年年末资产负债表中报告有价证券的价值均为 5 000 欧元，到 2015 年对外出售股票时，泰晤士公司实现的收益为 3 000（= 8 000 – 5 000）欧元，使 2015 年的净利润水平增加。在历史成本计量方法下，证券没有真正对外售出以前，是不能确认（recognize）任何损益的。只有已经实现（realized）了的损益才会被报告在利润表中。历史成本计量法下的资产负债表不报告证券的公允价值，但从报表使用者的角度来说，证券的公允价值显然比历史成本更加与决策需要相关一些。

13.1.2 方法 2：按公允价值计量并将未实现损益计入净利润

第 2 种方法需要在每一个报告期期末的资产负债表中报告证券的公允价值。例如，泰晤士公司报告它在 2013 年 12 月 31 日所有股票的公允价值为 6 000 欧元，在 2014 年 12 月 31 日所持有股票的公允价值为 8 000 欧元。报告公允价值能使财务报表使用者了解如果公司在资产负债表日将这些证券对外出售，大概能收到多少的金额。

⊖ 美国公认会计原则和国际财务报告准则都要求企业对按历史成本计量的证券投资定期进行减值评估。本书并不涉及减值评估等细节。

证券公允价值所发生的变动属于未实现损益。在第 2 种方法下，可将公允价值变动损益直接计入净利润中，而不必等到这些证券出售时才在净利润中确认损益。这样，财务报表使用者可以直接从利润表中就了解到公司对有价证券的购买、持有和出售情况。这种方法的拥护者认为，如果公允价值可以用来合理可靠地计量资产的价值，那么，按公允价值来将这些资产的未实现损益确认到净利润中，也应当是合理的。

13.1.3　方法3：按公允价值计量并将未实现损益计入其他综合收益

第 3 种方法与第 2 种非常类似，也是在每个报告期末需要用公允价值计量有价证券的价值。但与第 2 种方法的不同之处在于，在第 3 种方法下，对公允价值的变动损益，需要等到企业实际出售证券并实现损益以后才确认到利润表中。因此，在这种方法下，2015 年的净利润包含了企业出售证券并实现的全部损益 3 000 欧元。

为保持本例中资产负债表的平衡关系，当每年证券的公允价值上升时，我们借记了"有价证券"账户，那么也就必须相应地贷记某一个账户同样的金额。在第 3 种方法下，这个对应的贷方账户是"其他综合收益"，该账户在每年报告期末应当被结平，余额结转至另一个股东权益类账户"累计其他综合收益"中。因此，2013 年股票公允价值上涨 1 000 欧元使得当年的"其他综合收益"也增加 1 000 欧元，并在 2013 年年末使"累计其他综合收益"账户的余额也增加 1 000 欧元。而在 2014 年，证券公允价值的上涨 2 000 欧元使当年的"其他综合收益"也增加相应的金额，并导致 2014 年年末的"累计其他综合收益"余额变为了 3 000（= 1 000 + 2 000）欧元。等到泰晤士公司在 2015 年以 8 000 欧元的价格对外出售这些股票时，它就应当编制如下会计分录：

2015 年 1 月 2 日

货币资金			8 000	
其他综合收益			3 000	
有价证券				8 000
出售有价证券实现损益				3 000

资产	=	负债	+	股东权益	（类型）
+8 000				-3 000	其他综合收益→累计其他综合收益
-8 000				+3 000	净利润→留存收益

以 8 000 欧元的价格出售账面价值为 8 000 欧元的有价证券，并通过借记"其他综合收益"账户转回以前确认的未实现持有收益 3 000 欧元。本笔交易一共实现收益 3 000 欧元。2013 年、2014 年和 2015 年的综合收益（即其他综合收益与净利润之和）分别为 1 000 欧元、2 000 欧元和 0 欧元。在 2015 年中，实现的收益和转回的前期未实现收益刚好互相抵消，使得当年的综合收益为 0。

上述三种会计核算方法各有优缺点。美国公认会计原则和国际财务报告准则在对有价证券和衍生工具的核算规范中，混合使用了上述三种方法。

13.2　有价证券的会计处理与报告

例题 1 中，高盛公司买卖有价证券的动机只是为了通过交易来赚取买卖价差；例题 2 中，西南航空公司则是因为利用暂时闲置的资金而进行短期投资。上述两种情况下投资取得的有价证券都应当被归类为资产负债表中的流动资产。但是，如果企业购入有价证券的目的是进行长期投资，如例题 3 中罗氏控股公司，则应当这类证券划分为"**证券投资**"（investments in securities），并报告为一项非流动资产。**有价证券**（marketable securities）这个术语暗示我们，这些证券均存在着一个活跃的交易市场，通过这个市场，可以相对比较容易和可靠地获得证券的公允价值。下面我们分别来讨论和讲解美国公认会计原则和国际财务报告准则中的规定。⊖

⊖ 美国财务会计准则委员会《财务会计准则公告第 115 号：特定债务和权益工具投资的会计处理》（1993 年，汇编主题 320）；国际会计准则理事会《国际会计准则第 39 号：金融工具的确认与计量》（2003 修订版）。2009 年 11 月，国际会计准则理事会发布了《国际财务报告准则第 9 号：金融工具》。2011 年 12 月，国际会计准则理事会将《国际财务报告准则第 9 号：金融工具》的法定生效日期推迟到了 2015 年 1 月 1 日，但允许企业提前执行。本章附录中对《国际财务报告准则第 9 号》中的一些规定进行了小结。

13.2.1 有价证券的分类

美国公认会计原则和国际财务报告准则要求企业将有价证券划分为以下三类：

1. **持有至到期债券**（debt securities held to maturity，美国公认会计原则）或**持有至到期投资**（held-to-maturity investment，国际财务报告准则）主要是指企业有意图和能力持有至到期的债权型投资。持有至到期投资应按照历史取得成本再考虑减值损失后金额在资产负债表中进行报告，表13-1中第1种方法就适用于持有至到期投资的核算。

2. **交易性证券**（trading securities，美国公认会计原则）或**以公允价值计量且其变动计入损益的金融资产**（financial assets at fair value through profit or loss，国际财务报告准则）是指企业以交易获利为目的而持有的债券和权益性证券。本书中，将用术语交易性证券（trading securities）来表示这一类有价证券，这一类证券在每一会计期间所发生的公允价值变动都计入净利润中，其会计处理程序如表13-1中的第2种方法。

3. **可供出售证券**（available-for-sale securities，美国公认会计原则）或**可供出售的金融资产**（available-for-sale financial assets，国际财务报告准则）是指除持有至到期投资和交易性证券以外的其他金融资产。可供出售证券在资产负债表中应按公允价值计量，但公允价值变动导致的未实现损益应报告在其他综合收益中；只有当企业实际出售证券时，才将可供出售证券的已实现的公允价值变动损益计入净利润。表13-1中所列第3种方法就适用于可供出售证券的会计核算。

13.2.2 证券投资时的初始计量

企业应当以历史成本对有价证券投资进行初始计量，包括证券的买价和相应的佣金、税费以及其他费用。⊖ 例如，假定某企业购入了价值10 000美元的有价证券，则会计分录应当为：

有价证券　　　　　　　　　　　　　　　　　　　　　　　　　　　10 000
　　货币资金　　　　　　　　　　　　　　　　　　　　　　　　　　　　　10 000
购入价值10 000美元的有价证券。

如果是权益性证券，当被投资公司的董事会宣告股利时，投资公司应按能够分得的股利确认为收入。如果是债券，那么随着持有时间的增加，投资公司也应将赚得的利息确认为利息收入。假定有一家公司持有股票投资，根据被投资公司宣告的股利分派方案，投资公司可分得250美元的股利；此外，这家公司还持有债券，同期挣得的利息收入为300美元；假定上述股利和利息都还没有实际收到。那么，这家公司应编制的会计分录为：

应收股利和利息　　　　　　　　　　　　　　　　　　　　　　　　　550
　　股利收益　　　　　　　　　　　　　　　　　　　　　　　　　　　　　250
　　利息收入　　　　　　　　　　　　　　　　　　　　　　　　　　　　　300
记录有价证券实现的股利和利息收入。

取得有价证券时的初始计量和持有有价证券期间股利和利息收入的确认都比较简单，但是，有价证券取得以后的后续计量问题就开始超出了历史成本会计处理的范畴了。

13.2.3 购入证券后的后续计量

持有至到期债券如下例所示，企业有时购入债券的目的是为了将它们持有至到期。

例题8 艾迪森联合公司（Consolidated Edison）是一家电力企业，它有1亿美元的应付债券流通在外，5年后到期。为此，艾迪森公司购入了美国政府所发行的债券，这些债券定期所支付的利息和到期值恰好与公司流通在外债券的现金流量相吻合，因此可以利用这些政府债券产生的现金流量来支付公司债券所需要的利息和本金。

根据美国公认会计原则和国际财务报告准则的要求，对公司有意图和有能力持有至到期的债券投资，应按**摊余成本**（amortized cost）进行计量。这类债券在初始计量时使用的是历史取得成本，但如果这些债券的票面利率

⊖ 但是，对于交易性证券，美国公认会计原则和国际财务报告准则都要求不应将交易费用计入取得成本中，这一类证券的交易费用应作为当期费用处理。

与实际利率不相等,那么取得成本与到期值之间就会出现差异,此时,企业就应当使用实际利率法,将取得成本与到期值之间的差异在债券寿命期内进行摊销,摊销额用以调整各期的利息收入。⊖摊销程序包括下面这两个步骤:

1. 债券持有人(投资者)需按期记录利息收入。每期的利息收入金额等于该债券在当期期初的账面价值与实际利率之乘积,然后,按此金额借记"有价证券"账户,贷记"利息收入"账户。最后,"利息收入"账户在期末应结转至留存收益中。

2. 如果投资者在每期都实际收到了利息,则应按实际收到利息金额,借记"货币资金"账户,贷记"有价证券"账户。这样处理之后,"有价证券"账户就会产生一个新的账面价值(称为摊余成本),用在下一会计期间的计算中。

例题9 延续例题8,假定美国政府债券每6个月向投资者支付2 500 000美元利息,相当于这些债券1亿美元面值的2.5%(票面年利率5%,每年分两期等额支付),然后在5年末偿还本金1亿美元。假定在艾迪森联合公司购买这批债券时,实际市场利率为6%,按半年计息(即每6个月3%)。由于实际利率(按6%每半年计息)高于票面利率(按5%每半年计息),这些债券肯定是折价出售。艾迪森联合公司购买这批债券的成本为95 734 898⊜美元。在表13-2中,列出了这些债券在5年后到期前的10个计息期中的摊余成本计算表。

表13-2 债券溢折价摊销表(面值1亿美元,票面利率5%,实际利率6%)

计息期 (1)	期初有价证券 账面价值(2)	按3%计算的当期 利息收入(3)	当期收到的 现金(4)	有价证券账面价值 增加额(5)	期末有价证券的 账面价值(6)
1	$95 734 898	$2 872 047	$2 500 000	$372 047	$96 106 945
2	96 106 945	2 883 208	2 500 000	383 208	96 490 153
3	96 490 153	2 894 705	2 500 000	394 705	96 884 858
4	96 884 858	2 906 546	2 500 000	406 546	97 291 404
5	97 291 404	2 918 742	2 500 000	418 742	97 710 146
6	97 710 146	2 931 304	2 500 000	431 304	98 141 450
7	98 141 450	2 944 244	2 500 000	444 244	98 585 694
8	98 585 694	2 957 571	2 500 000	457 571	99 043 265
9	99 043 265	2 971 298	2 500 000	471 298	99 514 563
10	99 514 563	2 985 437	2 500 000	485 437	100 000 000

注:除第1个计息期以外,其他计息期中,第(2)列中的数据均等于第(6)列的上期数。第1个计息期的第(2)列数据等于债券的购买价格。
第(3)列 = 3% × 第(2)列。
第(4)列为已知。
第(5)列 = 第(3)列 − 第(4)列。
第(6)列 = 第(2)列 + 第(5)列。

资料来源:© Cengage Learning 2014.

在最初购入这批美国政府债券时,艾迪森联合公司应编制的会计分录为:

第1期期初

有价证券	95 734 898	
货币资金		95 734 898

用95 734 898美元购入面值为1亿美元的债券,划分为持有至到期债券进行管理。

由于艾迪森联合公司打算持有这批债券的时间大于1年,在资产负债表中,应将这笔投资划分为非流动资产进行报告。

第1个6个月的计息期过后,艾迪森联合公司再编制会计分录:

⊖ 摊销程序与第11章中所介绍的债务发行人的复利计算类似,本书在表11-2中,以贷款为例进行了讲解。
⊜ 等于按3%的利率,对10期、每期250万美元年金进行贴现和对10期末的10 000万美元进行贴现,计算得到的现值之和。

第 1 个计息期末

有价证券	2 872 047	
利息收入		2 872 047

确认政府债券投资的利息收入：$2 872 047 = 3% × $95 734 898。

第 1 个计息期末

货币资金	2 500 000	
有价证券		2 500 000

收到投资政府债券的利息收入。

艾迪森联合公司可将上述两笔会计分录合并为一笔：

第 1 个计息期期末

货币资金	2 500 000	
有价证券	372 047	
货币资金		2 872 047

在今后 5 年中，每隔 6 个月，艾迪森联合公司都应当按照表 13-2 溢折价摊销计算中的金额编制类似的会计分录。这样，到第 5 年年末，这批债券的账面价值将刚好等于 1 亿美元。所以，等这批债券到期，艾迪森公司实际收到了偿还的本金时，应编制会计分录：

最后 1 个计息期期末

货币资金	100 000 000	
有价证券		100 000 000

债券到期，按面值收回本金。

在持有至到期债券的会计处理中，用到了表 13-1 中介绍的历史取得成本法，无论是初始确认金额还是每一会计期间对溢折价的摊销金额，都用到了债券的初始购买价格 95 734 898 美元。用这种计量方法所计算得到的债券成本叫作持有至到期债券的摊余成本（amortized cost）。此外，持有至到期债券也可能会发生减值，即当这种情况发生时，企业还必须确认持有至到期债券的公允价值下跌金额（未实现损失）。⊖

对持有至到期债券采用摊余成本进行计量（在持有期内，对减值损失以外的公允价值变动一律不予以确认）的理由，在于如果企业确实有意图和有能力将这些证券持有至到期，那么这些证券的公允价值变动与其到期的价值将是没有关联的。但另一方面，也有人对此持反对观点，他们认为：(1) 经济状况的改变（例如利率或债务发行人的信用风险发生改变）可能会影响投资者将这些证券持有至到期的意愿或者能力；(2) 这些证券的公允价值反映出了持有这些证券的机会成本。

自习问题 13.1

债券投资的会计处理。 通用电气资本服务公司（General Electric Capital Services）支付 105 346 美元购入了赛普拉公司（Sapra Company）发行的债券，并将其划分为持有至到期债券。因为这些债券，通用电气资本服务公司将在第 1 年年末收到 8 000 美元，第 2 年年末收到 8 000 美元，然后在第 3 年末收到 108 000 美元。在初始购买这些债券时，市场利率为 6%，每年计息一次。要求：

a. 参考表 13-2 的形式，编制一份债券在寿命期内的溢折价摊销表。

b. 请写出通用电气资本服务公司在购买日和购买后第 1 年年末应编制的会计分录。

⊖ 如果投资者认为持有至到期债券发生了减值，那么就应当确认（借记）"资产减值损失"账户（减少当期净利润），同时调低（贷记）该项投资的账面价值。本书回避了美国公认会计原则和国际财务报告准则中关于此类投资减值损失的判断与计量问题。

交易性证券 企业有时会为了短期获利目标而买卖（交易）债券和权益性证券，比如例题 1 中的高盛投资公司。在这里，交易性（trading）这个词暗示着存在活跃的交易市场，可以通过频繁地买卖活动，从市场价格的短期波动中获取利润。交易性证券的取得和处置通常都属于经营性活动。比如，投资银行就经常在全球各个资本市场中进行频繁交易，以利用不同市场的短时价格差异来获利。其他包括保险公司和经纪公司在内的金融企业，也常常交易证券。制造企业、零售企业和其他非金融公司也可能会出于交易目的而投资证券，只是与金融企业相比，它们没有那么交易频繁而且交易的金额也比较小而已。如果企业持有交易性证券，应在资产负债表中将其报告为流动资产。

在初始确认交易性证券时，应按扣除交易费用后的公允价值进行计量。[⊖]美国公认会计原则和国际财务报告准则都要求企业在资产负债表中以公允价值报告交易性证券，因为活跃交易市场的存在为获取这些证券的公允价值提供了方便。公允价值能为财务报表使用者提供关于企业在一段时期内的交易活动是否成功的最相关信息。此外，我们还要使用一个叫作"交易性证券未实现损失"（unrealized loss）（或者"交易性证券未实现收益"（unrealized gain），或者"交易性证券未实现损益净值"）的利润表账户，如果交易性证券的公允价值下跌了，则借记该账户（损失）；相反，则贷记该账户（收益）。

例题 10 第一保险公司（First Insurance）在 2013 年 12 月 29 日用 400 000 美元购入了太阳微系统公司（Sun Microsystems'）的普通股股票，并将其划分为交易性证券进行管理。2013 年 12 月 31 日，这些股票的公允价值为 402 000 美元。第一保险公司将这些股票在 2014 年 1 月 3 日对外售出，取得 405 000 美元。那么，记录上述三项交易的会计分录应当分别为：

2013 年 12 月 28 日

有价证券	400 000	
货币资金		400 000

购入交易性证券。

2013 年 12 月 31 日

有价证券	2 000	
交易性证券未实现收益		2 000

期末按公允价值计量交易性证券，并将未实现损益确认到净利润中。

2014 年 1 月 3 日

货币资金	405 000	
有价证券		402 000
出售交易性证券实现收益		3 000

出售交易性证券取得收益。

买卖这批证券实现的总收益一共是 5 000（= 现金流入量 405 000 - 现金流出量 400 000）美元。按公允价值对交易性证券进行期末计量，可以在公允价值发生变动时就报告损益，而不必非要等到投资者出售这些证券时才确认损益。此次投资对 2013 年的利润影响为 2 000 美元，表现为当年发生的公允价值波动额；对 2014 年的利润影响为 3 000 美元，同样表现为当年发生的公允价值变动额。这里的会计核算要点与表 13-1 中所介绍的第 2 种方法是一致的。

可供出售的证券 按照美国公认会计原则和国际财务报告准则的要求，凡是不能划分为持有至到期债券或交易性证券的有价证券投资，都应划分为可供出售证券进行会计处理。如果是企业打算在 1 年内就对外出售的可供出售的证券，在资产负债表中应报告为流动资产；其余可供出售的证券则应当报告为长期证券投资。在现金流量表中，可供出售证券的取得和处置通常都应当报告在投资活动产生的现金流量中。根据美国公认会计原则和国际财务报告准则的要求，可供出售证券在资产负债表中应当按公允价值进行计量。

在初始确认可供出售证券时，应当以包含交易费用在内的取得成本计量。[⊜]在以后每个后续资产负债表日，

⊖ 此处的交易费用是指为了买卖证券而发生的费用。

⊜ 如果将某债券划分为可供出售的证券，则企业还必须将债券购买价格和到期值之间的差异（即债券溢折价）在债券剩余持有时间内进行摊销。这种摊销将使得这些每期实际确认的债券利息收益与企业从债券发行人那里每期收到的利息金额之间出现差异。

企业都应当以当时的公允价值来计量可供出售的证券，公允价值与当时的账面价值之差属于未实现损益，应当计入当期"其他综合收益"账户（是一个暂时性的股东权益类账户，不出现在资产负债表中）。到会计期末，企业应当将"其他综合收益"账户结转至"累计其他综合收益"账户（是一个永久性的股东权益类账户，应报告在资产负债表中）。因此，"累计其他综合收益"中包含了自投资开始至报告期资产负债表日，可供出售证券的全部公允价值变动的累计影响。可供出售证券的公允价值变动只有在企业实际对外出售这些证券时才需要确认到净利润中去。表 13-1 中所介绍的第 3 种方法就是可供出售证券的会计处理程序。

例题 11 耐克公司（Nike）在 2013 年 11 月 1 日支出 400 000 美元购入了默克公司（Merck）普通股股票，并将其划分为可供出售的证券进行管理。2013 年 12 月 31 日，这些股票的公允价值为 435 000 美元。2014 年 8 月 15 日，耐克公司将这些股票以 480 000 美元的价格对外售出。那么，对上述交易或者事项，耐克公司应编制如下会计分录：

2013 年 11 月 1 日

有价证券		400 000	
货币资金			400 000

资产	=	负债	+	股东权益	（类型）
+400 000					
-400 000					

购入可供出售的证券。

2013 年 12 月 31 日

有价证券	35 000	
其他综合收益（可供出售证券的未实现损益）		35 000

资产	=	负债	+	股东权益	（类型）
+35 000				+35 000	其他综合收益→累计其他综合收益

期末按公允价值计量可供出售的证券，并将未实现损益确认到其他综合收益项目中。

2014 年 8 月 15 日

货币资金	480 000	
其他综合收益（可供出售证券的未实现损益）	35 000	
有价证券		435 000
出售可供出售证券实现收益		80 000

资产	=	负债	+	股东权益	（类型）
+480 000				-35 000	其他综合收益→累计其他综合收益
-435 000				+80 000	净利润→留存收益

出售可供出售的证券，实现收益；同时转回以前期间确认在"其他综合收益"账户中的未实现持有收益。"其他综合收益"是结转在"累计其他综合收益"中的。

因此，买卖这批证券所实现的收益总额为 80 000 美元（＝现金流入量 480 000 美元－现金流出量 400 000 美元）。在资产负债表中，可供出售证券在每期末的价值都是按公允价值计量的，但公允价值变动的总额只影响了证券出售当年的净利润。在这 2 年中，综合收益的总影响额为 80 000 美元，在会计报表中分别体现为第 1 年的"其他综合收益" 35 000 美元，第 2 年从"其他综合收益"转回的持有收益 35 000 美元和实现的净利润 80 000 美元。股东权益在第 1 年增加了 35 000 美元，第 2 年又增加了 45 000（＝80 000－35 000）美元。

此外，企业必须对可供出售的证券进行减值测试。如果投资企业认为证券发生了减值，则必须将原来计入"累计其他综合收益"中的未实现损失转出，视为损失已经发生。举例来说，假定一家企业在 2013 年 12 月 31 日发现以前确认（在"其他综合收益"账户）中的损失 5 000 美元已经变为减值损失，那么它应该编制会计分录：

2013年12月31日

减值损失				5 000	
其他综合收益（可供出售证券的未实现持有损失）					5 000

资产	=	负债	+	股东权益	（类型）
				-5 000	其他综合收益→累计其他综合收益
				+5 000	累计其他综合收益→净利润

将可供出售证券发生的减值损失计入净利润中。该笔会计分录过后，企业综合收益总额并不受到影响，因为计入净利润中的损失与从其他综合收益中转出的损失刚好互相抵消了，因此，此笔会计分录对股东权益总额也没有任何影响。

交易性证券和可供出售证券的会计处理在资产负债表上是一样的，但在利润表中的影响是有区别的。交易性证券的未实现损益计入公允价值发生变动的当期净利润中，而累积的公允价值变动损益均报告在"留存收益"项目中；但可供出售证券的未实现损益只计入公允价值发生变动当期的"其他综合收益"中，而累积的公允价值变动损益均报告在资产负债表"累计其他综合收益"项目中。如果企业将可供出售证券对外出售，则相应的累积未实现损益（即自企业购入该证券以来全部的公允价值变动金额）就可以通过净利润转入"留存收益"项目中。所以，企业管理层可以决定可供出售证券的价值变动损益计入净利润的时间，但无法操纵交易性证券价值变动计入净利润的时间。不过，这种时机的掌握并不是对称的，因为减值核算规则要求企业在证券发生减值时将所有未实现损失计入净利润中，但对未实现收益却不可以这样做。如果一家企业同时持有交易性证券和可供出售证券，那么财务报表使用者在评价这家企业的盈利能力时，应尤其注意两者的会计处理不一致的影响。

13.2.4　证券的重分类

企业持有证券的目的是可能发生变化的，此时，就有可能需要将一种类别的证券重新分类为其他的证券类别。在重分类时，需要按证券的公允价值结清原类别的证券账户。⊖需要注意的是，如果将持有至到期债券重分类为交易性证券或者可供出售的证券，就需要重新思考当初对该项投资的分类是不是有问题了。

自习问题 13.2

可供出售证券和交易性证券的会计处理。 表13-3中列出了科林公司（Conlin Corporation）的一些有价证券交易情况。要求：

a. 如果科林公司将这些证券划分为可供出售的证券，写出该公司在2013年和2014年应编制的会计分录。

b. 如果科林公司将这些证券划分为交易性证券，写出该公司在2013年和2014年应编制的会计分录。

表 13-3　科林公司
（自习问题 13.2）

证券	取得日期	取得成本	出售日期	出售价格	公允价值 2013年12月31日	公允价值 2014年12月31日
A	2013年2月3日	$40 000	—	—	$38 000	$33 000
B	2013年7月15日	75 000	2014年9月6日	$78 000	79 000	—
C	2013年11月27日	90 000	—	—	93 000	94 000
		$205 000			$210 000	$127 000

资料来源：© Cengage Learning 2014.

⊖ 美国财务会计准则委员会《财务会计准则公告第115号》和国际会计准则理事会《国际会计准则第39号》对重分类时的证券未实现损益会计处理进行了规定，但这一话题已经超出了本书的教学范畴。

13.2.5 关于有价证券的信息披露

美国公认会计原则和国际财务报告准则都要求企业每期披露有关有价证券的信息。下面我们将以表13-4中斯达林公司（Starling Corporation）的资产负债表和附注信息为例来进行讲解。这家企业的信息披露遵照的是美国公认会计原则的要求。国际财务报告准则的要求与之类似，但披露细节稍微会少一些。[⊖]

表13-4 斯达林公司有关有价证券的信息披露
（编报单位：千美元）

资产负债表	2013年9月30日	2012年9月30日
流动资产：		
可供出售的证券	$83 845	$87 542
交易性证券	73 588	53 496
非流动资产：		
长期投资——可供出售的证券	21 022	5 811
	2013财务年度	**2012财务年度**
现金流量表：投资活动		
购买可供出售的证券	$(237 422)	$(639 192)
可供出售的证券到期	178 167	269 134
出售可供出售的证券	47 497	431 181

注释3：短期投资
本公司的短期投资包括以下内容：

	摊余成本	未实现持有收益总额	未实现持有损失总额	公允价值
2013年9月30日				
短期投资——可供出售的证券：				
州和地方政府债券	$81 366	—	$(21)	$81 345
美国政府债券	2 500	—	—	2 500
合计	$83 866	—	$(21)	$83 845
短期投资——交易性证券	67 837			73 588
短期投资合计	$151 703			$157 433
长期投资——可供出售的证券				
美国政府债券	$21 000	$22	—	$21 022
2012年9月30日				
短期投资——可供出售的证券：				
州和地方政府债券	$75 379	$9	$(332)	$75 056
美国政府债券	10 000	—	—	10 000
公司债券	2 488	—	(2)	2 486
合计	$87 867	$9	$(334)	$87 542
短期投资——交易性证券	55 265			53 496
短期投资合计	$143 132			$141 038
长期投资——可供出售的证券：				
州和地方政府债券	$5 893	$—	$(82)	$5 811

2013和2012财务年度中，出售可供出售的证券所得分别为4 700万美元和43 100万美元，实现收益分别为380万美元和10万美元，实现损失分别为10万美元和170万美元。在2013财务年度中，没有已实现损失和重大的实现收益

在2013和2012财务年度中，报告在盈利中的未实现损益净额体现收益750万美元和损失420万美元

资料来源：© Cengage Learning 2014.

1. 持有至到期投资的摊余成本、可供出售证券的累计公允价值、未实现收益或损失总额。斯达林公司短期投资分为可供出售的证券和交易性证券两类，而长期投资则只包括可供出售的证券。可供出售的证券由各种类别的政府债券所组成，该公司没有持有至到期投资。

在表13-4中的摊余成本栏中，报告的是将债券的购买价格与到期值之间的溢折价摊销以后的账面价值；而公允价值栏中报告的则是这些证券在每个资产负债表日的公允价值。中间两栏报告的是可供出售证券的未实现收益总额和未实现损失总额。准则要求企业单独披露未实现收益和未实现损失，这样能比只披露未实现损益净值提供更多的信息含量。在报告涉及的两个资产负债表日，摊余成本和公允价值两者之间的差异都非常小。

[⊖] 美国财务会计准则委员会《财务会计准则公告第115号：某些债务与权益证券投资的会计处理》（1993年，汇编主题320）；国际会计准则理事会《国际财务报告准则第7号：金融工具——披露》（2005年）。

2. 出售可供出售证券所得，以及出售所实现的收益和损失。在现金流量表中，报告了斯达林公司当期为购买可供出售证券所支出的现金信息、可供出售证券到期和出售所收到的现金信息。对斯达林公司来说，这两年中，与有价证券相关的现金流入金额远大于现金流出金额，而且，现金流入的金额比资产负债表中的期初数和期末数都大，这说明，斯达林公司在1年中多次买卖了可供出售的证券组合。在表13-4中，最后一段还披露了公司出售可供出售证券所得、出售实现的收益和损失金额。前述披露的未实现损益金额都是体现在资产负债表中的，在这里，单独再披露已实现的收益和损失净额能比只披露已实现损益净额为投资者提供更多的信息。

3. 报告在一个独立的股东权益账户中的、当期未实现损益净额变化额。由于未实现损益变动净额的影响，在股东权益变动表中，累计其他综合收益项目在2012年增加了1 767千美元，在2013年减少了20 380千美元。斯达林公司并未详细披露累计其他综合收益的这些变动额中有多少来自有价证券的影响，有多少来自现金流量套期的影响，后者将稍后进行详细讨论。

4. 报告在当期利润中的、交易性证券的当期未实现损益变化净额。在表13-4的最后一行第二段中，报告了由于交易性证券的未实现损益变动而影响的2013年度的收益金额和2012年度的净损失金额。

13.3 衍生工具

企业在经营中常常会面临各种风险。比如，连锁经营店的仓库可能遭受火灾，从而使商店的物品受到影响；销售人员乘坐的汽车发生了车祸，会使雇员和其他人受伤，同时损坏公司的汽车；企业所生产的产品可能会给顾客带来伤害，从而引起法律诉讼。对这些风险，大部分企业都会通过购买财产保险、医疗保险或者责任保险来应对。这些保险政策能在免赔额之外，替公司将遭受损失的风险转移到保险公司提供的保险政策许可的范围以内，而公司则只需要支付一定的保险费率购买转移风险的权利就可以了。

但是，企业参与的一些其他交易，仍然会使它们暴露在特定的财务风险之下。比如，考虑下面这几种情况。

例题12 贵成公司在2013年6月30日订购了一批存货，预计将于2014年6月30日由英国供应商发货，价值10 000英镑。美元与英镑的汇率目前为1.6美元=1英镑，因此，将这批存货采购成本转换为美元的话，就是16 000美元。如果在2013年6月30日至2014年6月30日期间，美元发生贬值，而贵成公司必须用美元转换为英镑去向供应商支付货款，这时，贵成公司要支付的货款金额就会高于16 000美元。

例题13 泰晤士公司在2013年1月1日签发了一张票据用来购买生产设备，该票据的面值为100 000英镑，票面利率为每年8%，利息在每年12月31日支付，票据的到期日为2015年12月31日。如果未来利率发生变动，则票据的公允价值也可能随着发生变化。

例题14 艾思维公司（Elseve）在2013年1月1日开出一张应付票据给供应商，用于购买一台生产设备，票据的面值为100 000欧元，按最优借款利率计息。2013年1月1日的最优借款利率为8%，供应商在每年12月31日会重新调整利率，按当时的最优借款利率对下一年度的应付款计息。票据利息在每年12月31日支付，票据到期日为2015年12月31日。如果在票据有效期内，利率上升高于8%，在本例中，那么，艾思维公司就需要按较高的利率付息。

例题15 德尔玛有限公司（Delmar Limited）在2013年10月31日持有10 000加仑威士忌酒库存，公司预计将在2014年3月31日结束这批威士忌酒的窖藏，然后将其用于销售。但是，这批窖藏酒的质量未知，未来的经济因素也未知，这些都会使得预计2014年3月31日的销售价格变得非常困难。

受利率变动、汇率变动和商品价格波动等因素的影响，绝大部分企业都需要面对风险，即交易结果的不确定性。企业可以通过购买金融工具来减轻经营风险，即减少某种结果的波动水平。这些金融工具当中，一些已经具有标准的术语名称，并在活跃市场中进行交易；而另一些则具有比较特殊的名称，没有进行公开交易。在例题12~15所描述的情形中，我们给适合企业购买、用来降低风险的金融工具一个普遍的称呼，叫作**衍生工具**（derivative）。对衍生金融工具的会计处理，除少数特殊情况外，都需要遵循前面介绍过的有价证券会计处理的基本原则。在本部分中，我们就来讨论衍生金融工具的性质、使用、会计处理和报告问题。⊖

⊖ 美国财务会计准则委员会发布《财务会计准则公告第133号》和《财务会计准则公告第138号》与《国际会计准则第39号》对衍生工具的会计处理和披露问题进行了规范。美国财务会计准则委员会《财务会计准则公告第133号：衍生工具与套期业务的会计处理》（1998年，汇编主题815）；美国财务会计准则委员会《财务会计准则公告第138号：特定衍生工具与套期业务的会计处理》（2000年，汇编主题815）；国际会计准则理事会《国际会计准则第39号：金融工具——确认与计量》（2003修订版）。

13.3.1 衍生工具的性质和使用

所谓衍生工具，是指其自身的价值变动受某一可观察变量（例如股票价格、利率、汇率或商品价格等）变动影响的金融工具。与权益性证券相比，衍生工具需要在某一事先规定好的日期进行交割，而权益性证券却是没有固定清算日的。最后，与类似的非衍生交易合约所规定的投资金额相比较，衍生工具只需要很小额的投资，或者甚至不需要任何投资。⊖例如，一份可以购买股票的选择权，其价值与股票市场价格的波动息息相关；一份在未来某个时候会购买一定金额外汇的承诺，其价值与相关汇率的变化紧密相连。企业可以使用衍生工具来对冲由于利率变动、汇率变动和商品价格波动而带来的风险。对冲的基本思想就是用衍生工具公允价值的波动去抵消某项资产、负债或某未来现金流量的公允价值波动，消除或者至少减轻它们的波动影响。下面让我们结合前面那4个例题来进行分析。

例题 16 参考例题 12 中的信息。贵成公司希望能将现在的成本锁定，以消除在交货等待期内美元和英镑汇率发生变动所带来的影响。因此，它在 2013 年 6 月 30 日向银行买入了一份**远期外汇合约**（forward foreign exchange contract），通过这份合约，它可在 2014 年 6 月 30 日以固定的美元金额购入 10 000 英镑。2013 年 6 月 30 日就设定、将在 2014 年 6 月 30 日交割的远期汇率，决定了到时候贵成公司需要支付的美元金额。假定在 2013 年 6 月 30 日，将于 2014 年 6 月 30 日交割的美元兑英镑汇率为 1.64 美元比 1 英镑，那么贵成公司就可以买入这份远期合约，然后将它所要采购存货的成本锁定在了 16 400（= 10 000 × 1.64/1）美元。通过购买远期外汇合约，贵成公司避免了由于货币汇率波动可能带来的存货价格波动影响。如果未来美元兑英镑发生升值，它照样可以享受升值的好处；但如果将来美元发生贬值，它就可以避免发生更大的损失。

例题 17 参考例题 13 中的信息。泰晤士公司希望抵消由于利率变动导致应付票据公允价值变动的影响，那么，它可以与银行进行**利率互换**（interest rate swap）。这种互换允许泰晤士公司将固定利率负债交换为变动利率负债。只要互换协议中的变动利率与票据计息时可能使用到的利率保持一致，应付票据的公允价值和相关互换合约的金额将总是 100 000 欧元。

例题 18 参考例题 14 中的信息。艾思维公司希望抵消利率波动的风险，它也可以与银行进行利率互换交易。这种互换允许艾思维公司用它的浮动利率负债去交换成固定利率负债，这样，未来的现金支付金额就固定为 8% 与票据面值 100 000 欧元的乘积。如果未来利率出现了低于 8% 的情形，艾思维公司将得不到其中的好处，但它从此不用再担心风险了——如果利率上涨超过 8%，也不会有更多成本出现。

例题 19 参考例题 15 中的信息。德尔玛公司希望能锁定它在 2014 年 3 月 31 日出售这批威士忌存货的价格。所以，它可以购入一份**远期商品合约**（forward commodity contact），承诺它将在 2014 年 3 月 31 日按某个固定的价格出售 10 000 加仑威士忌酒。假定在 2013 年 10 月 31 日，将于 2014 年 3 月 31 日交割的威士忌远期价格为每加仑 320 美元，那么，德尔玛公司就将它出售威士忌的现金流入总额锁定为了 3 200 000 美元了。

上述例题中所谈到的远期合约和互换合约都属于衍生工具，但衍生工具的性质和复杂程度差异非常大。下面我们将以互换合约为例来讲解衍生工具的会计处理和报告要求。

13.3.2 衍生工具相关术语

请参考衍生工具的下列特点：

1. 任何衍生工具都有一个或者一个以上的**标的**（underlyings）。这里的所谓标的，是指某指定利率、商品价格、货币汇率等可观察到的变量。例如，例题 16 中指定的标的就是货币汇率，而例题 17 和 18 中的标的则是利率，例题 19 中的标的是威士忌的价格。

2. 任何衍生工具都有一个或者一个以上的**名义金额**（notional amounts）。所谓名义金额，是指货币单位量、蒲式耳、股票数量或者合约中规定的其他特定单位量。例如，例题 16 中的名义金额就是 10 000 英镑，例题 17 和 18 中的名义金额就是票据的面值 100 000 欧元，而例题 19 中的名义金额则是 10 000 加仑威士忌。

⊖ 在美国公认会计原则和国际财务报告准则中，对衍生工具的定义是非常类似的。不过，在某些情况下，由于金融工具的性质和复杂性，我们很难辨别一项金融工具是否属于衍生工具。此外，美国公认会计原则和国际财务报告准则都包含了例外情形——将一些从表面上看完全符合衍生工具定义的金融工具，却不作为衍生工具进行会计核算。

3. 有时，衍生工具不需要初始投资，即合约双方在刚开始都不需要支付任何的金额。企业通常通过与银行等**合约对方**（counterparty）交换承诺来获取衍生工具，这种承诺的交换属于共同待执行合约。

4. 衍生工具通常需要或者允许**以净额进行交割**（net settlement），即当合约双方对衍生合约进行最终结算时，由合约的一方向另一方支付合约的公允价值就可以了。举例来说，例题16中的贵成公司并不需要实际交付16 400美元去换入10 000英镑，它只需要在2014年6月30日，实际需要用英镑支付存货购买价款时，按当日汇率从市场上购入10 000英镑就可以了。接下来，贵成公司再与合约对方（即银行）进行清算，如果当日汇率高于1.64美元比1英镑，那么由银行向贵成公司支付差价；反之，如果当日汇率低于1.64美元比1英镑，那么，则由贵成公司向银行支付差价。所以，2014年6月30日的汇率与1.64美元比1英镑两者之差决定了这份合约在当日的公允价值。而在例题17中，泰晤士公司将按票据中设定的利率水平8%向供应商付息。如果在利率互换合约中所使用的浮动利率上升为10%，那么泰晤士公司将支付给合约对方票据名义金额100 000欧元的2%（=10%−8%）。按8%支付给供应商和按2%支付给合约方导致泰晤士公司支付的总利率达到了10%。如果浮动利率下降为5%，那么，泰晤士公司仍然按票据中原始设定的8%支付给供应商，但它还可以再收到合约对方所支付的票据金额的3%（=8%−5%），这样，它的支付净额也就等于浮动利率5%了。

由于很多衍生工具都不需要初始净投资，所以，按取得成本对这些工具进行初始计量几乎就没有什么意义。但是，这样将可能导致一份初始成本为0的衍生工具在今后的公允价值却变得举足轻重。因此，美国公认会计原则和国际财务报告准则都要求企业在资产负债表中按公允价值来报告它们的衍生工具。

13.3.3 衍生工具的会计处理

企业应当根据它在合约中所享有的权利或者承担的义务，将衍生工具确认为资产负债表中的资产或者负债。例如，例题16中的远期合约对贵成公司来说就有可能是资产也有可能是负债，取决于具体的汇率情况；例题17和例题18中的互换合约对泰晤士和艾思维公司来说也有可能是资产或者负债，取决于具体的利率情况。一项衍生工具究竟应当确认为资产还是负债，是由资产负债表日衍生工具的持有人享有从合约对方收款的权利（资产）还是向合约对方付款的义务（负债）来决定的。所以，类似的，例题19中的远期合约也可能是一项资产或者一项负债，具体由威士忌的价格所决定。

企业在每个会计期间都必须按公允价值对衍生工具进行重新估值，按在此期间内发生的公允价值变动调增或者调减资产负债表中衍生工具资产或者负债的账面价值。另一方面，对于衍生工具发生的当期公允价值变动，也应当要么（1）立即影响企业的净利润（类同交易性证券那样），要么（2）立即影响企业的其他综合收益，以后再影响净利润（类同可供出售的证券那样）。

企业获取衍生工具的目的和它是否选择使用**套期保值会计**（hedge accounting）进行处理决定了衍生工具的公允价值变动是否可以计入当期净利润中。在美国公认会计原则体系和国际财务报告准则体系中，套期保值会计的处理方法都不是强制的，而只是企业可选的。如果选择使用套期保值会计进行处理，企业还需要填报大量的信息和遵循披露要求。无论衍生工具对其他合约结果的波动性影响程度如何，企业都可以不选择使用套期保值会计。

美国公认会计原则和国际财务报告准则要求企业将衍生工具划分为以下三类之一：（1）公允价值套期，（2）现金流量套期，（3）非套期工具。⊖ 其中，对公允价值套期和现金流量套期需要进行特别的会计处理。企业可根据自己对衍生工具的持有目的来决定将一项衍生工具究竟是划分为公允价值套期还是现金流量套期。如果对某一项特定的衍生工具，企业既不将其指定为公允价值套期，也不指定为现金流量套期，那么，按照准则指南的要求，这样的工具就应当作为交易性证券处理（美国公认会计原则要求），或者作为以公允价值计量且其变动计入损益的金融资产处理（国际财务报告准则要求）。对没有指定为套期工具的衍生产品，企业应当在每个报告期末按公允价值进行计量，且将对应的公允价值变动损益计入净利润中。这里的会计处理方法与表13-1中介绍的第2种方法相同。

公允价值套期 用来对冲资产或者负债的公允价值变动风险的衍生工具，被称为**公允价值套期**（fair value hedges）。公允价值套期要么是用来（1）对冲已确认的资产或负债（或属于已确认的资产或负债中的指定部分）

⊖ 美国公认会计原则和国际财务报告准则还允许企业将衍生工具指定为境外经营净投资套期。在本书中我们不考虑这一类套期工具。

的公允价值变动风险的,要么是用来(2)对冲尚未确认的企业承诺(或承诺中的指定部分)的公允价值变动风险的。在例题12和例题16中,贵成公司购入的远期外汇合约就是用来抵消它的存货采购付款承诺可能受到的汇率变动影响的;在例题13和例题17中,泰晤士公司签订的利率互换合约则是用来抵消它的应付票据公允价值可能受到的利率变动影响的。因此,对这两类衍生工具,贵成公司和泰晤士公司都可以分别将它们指定为公允价值套期工具。

现金流量套期用来对冲现金流量波动风险的衍生工具,被称为**现金流量套期**(cash flow hedges)。现金流量套期要么是用来(1)对冲一项已确认资产或者负债的全部或者部分现金流量的,要么就是用来(2)对冲一项预计可发生交易的全部或者部分现金流量的。在例题14和例题18中,艾思维公司签订利率互换合约就是为了对冲它的浮动利率票据的利息支付现金流量波动风险的,在这里,此项票据是一项已确认的负债。在例题15和例题19中,德尔玛公司签订威士忌期货合约,是为了保护它自己免受2014年3月31日威士忌的销售价格波动对现金流量带来的影响,在这里,这批威士忌就是一项已确认的资产。因此,对这两类衍生工具,艾思维公司和德尔玛公司可以分别将它们指定为现金流量套期工具。

企业可以使用某种衍生工具来对冲公允价值变动的风险或者现金流量波动的风险,但没有任何一种衍生工具可以同时对冲这两种风险。例题16中的远期外汇合约和例题19中的远期威士忌价格合约都锁定了现金流量,因此,企业可将这两类衍生工具指定为现金流量套期工具进行会计核算。或者,在例题16中,贵成公司也可通过该远期合约锁定所采购存货的公允价值,因此,该衍生工具也可被指定为公允价值套期工具。而例题19中的德尔玛公司也通过该衍生工具锁定了存货的公允价值,因此,也可将该衍生工具指定为公允价值套期工具。

至此,本部分所讨论的4个例题分别对应了下列可能的会计处理情形:

例题	套期类型	所使用的衍生工具
12和16	公允价值——企业承诺	远期货币合约
13和17	公允价值——已确认的负债	互换合约——浮动利率换固定利率
14和18	现金流量——利息支付	互换合约——固定利率换浮动利率
15和19	现金流量——将来可能发生的交易	远期商品合约

13.3.4 套期损益的会计处理

美国公认会计原则和国际财务报告准则都允许企业自由选择是否将一项衍生工具指定为套期保值工具进行会计核算。对于不指定为套期保值工具的衍生产品,要求在每个资产负债表日按公允价值计量,并将相应的公允价值变动损益计入当期净利润。对于指定为套期保值工具的衍生产品,则需要进一步区分为公允价值套期工具或者现金流量套期工具。对公允价值套期工具和现金流量套期工具的会计处理要求,美国公认会计原则和国际财务报告准则体系的要求是非常类似的。如果是公允价值套期工具,准则要求企业对被套期项目和相关的衍生工具(套期工具)在每个会计期期末都按公允价值计量,并将两者相应的公允价值变动损益均计入当期净利润中。如果套期完全有效的话,衍生工具的收益(损失)将正好可以抵消被套期资产或者负债项目的损失(收益),因此对利润的净影响为0。如果套期并不是完全有效的话,则只有未能完全抵消的损益部分才会对企业当期盈利产生影响。这种会计处理方法就是表13-1中所介绍的第2种方法,只是对套期关系涉及的双方都同时使用公允价值进行计量,双方的公允价值变动损益都计入利润。

如果是现金流量套期工具,那么美国公认会计原则和国际财务报告准则都要求企业对衍生工具(套期工具)在每个会计期末按公允价值进行计量,在套期工具能"高度有效"地对冲被套期项目风险的条件下,公允价值的变动损益计入当期其他综合收益中。但对于套期无效部分的损益,则应立即计入当期净利润。在每个会计期期末,企业应将"其他综合收益"账户结转至"累计其他综合收益"这个资产负债表账户中。对于计入"累计其他综合收益"中的金额,企业可以将与特定套期工具相关的部分逐渐转回,报告在"其他综合收益"中,以消除交易对"累计其他综合收益"项目的影响。根据用作套期的衍生工具种类的不同,该金额要么在套期工具寿命期内定期对净利润产生影响,要么在结算时一次性计入净利润中。这种会计处理方法就是遵循表13-1中所介绍的第3种方法。

对公允价值套期工具和现金流量套期工具的公允价值变动损益进行不同的区别对待,以及套期保值会计的核算依据,来源于配比原则的要求。如果对一项已确认的资产或者负债项目的公允价值套期,那么被套期项目和相关的衍生金融工具（套期工具）都会出现在资产负债表中。在每个会计期末都对被套期项目和相关的衍生工具按各自的公允价值进行计量，并且将被套期项目和套期工具在当期发生的公允价值变动损益都计入净利润中，结果就是在净利润中只出现了套期的净损益，可以说明套期对风险对冲的效果。如果套期是完全有效的，那么对利润的净影响就应当为0，即被套期项目在当期发生的损益刚好可以完全地被套期工具在当期发生的损益所抵消。

如果是对预计将要发生交易的现金流量进行套期，被套期的现金流量收支承诺并不出现在企业的资产负债表上，但是相应的衍生工具却需要报告在资产负债表中。如果将衍生工具在每个会计期间发生的损益计入净利润，但对于未来交易需要现金流量的对应损益却不计入，就会显得非常不配比。因此，根据配比原则的要求，此时应将衍生工具的损益计入其他综合收益中，直到未来交易真的发生了，才将相关的损益全部转入净利润中去。

13.3.5 衍生工具会计核算举例

下面我们以在利率互换的两个例子中用到的衍生工具为例，来说明衍生金融工具的会计核算问题。（此外，例题16中远期外汇合约的核算问题可见自习问题13.3；例题19中的远期商品合约的核算问题见解决问题28。）

公允价值套期：将固定利率债务转换为浮动利率债务的利率互换 这里首先举例说明被指定为公允价值套期工具的利率互换是如何进行会计核算的。参考例题13和例题17中的信息。假定泰晤士公司希望对冲利率变动对它的100 000欧元固定利率债务利息公允价值的影响，因此，它签订了一份利率互换合约，将8%的固定利率债务交换为浮动利率，并将该合约指定为公允价值套期工具。为将帮助大家理解对该公允价值套期的会计核算原理，在表13-5中，总结了下面我们将要讨论的这些会计分录对资产负债表和利润表的影响。大家在学习以下这些会计分录时，可以时不时地参考表13-5中的内容，也许可以帮助加强理解。

表13-5 作为公允价值套期工具的100 000欧元固定利率票据与对应的利率互换的会计处理

	货币资金	设备成本	应付票据：公允价值	互换合约：公允价值	利润表
2013年					
（1）开出票据购买设备	€—	€100 000	€(100 000)	€—	€—
（2）签订互换合约	—	—	—	—	—
（3）记录票据利息	(8 000)	—	—	—	8 000
（4）对应付票据重新估值	—	—	(3 667)	—	3 667
（5）对互换合约重新估值	—	—	—	3 667	(3 667)
2013年12月31日	€(8 000)	€100 000	€(103 667)	€3 667	€8 000
2014年					
（6）记录票据利息	(8 000)	—	1 780	—	€6 220
（7）记录互换合约的利息	—	—	—	220	(220)
（8）记录收到的互换利息	2 000	—	—	(2 000)	—
（9）对票据重新估值	—	—	3 705	—	(3 705)
（10）对互换合约重新估值	—	—	—	(3 705)	3 705
2014年12月31日	€(14 000)	€100 000	€(98 182)	€(1 818)	€6 000
2015年					
（11）记录票据利息	(8 000)	—	(1 818)	—	€9 818
（12）记录互换合约的利息	—	—	—	(182)	182
（13）记录支付的互换利息	(2 000)	—	—	2 000	—
（14）票据到期偿付	(100 000)	—	100 000	—	—
2015年12月31日	€(124 000)	€100 000	€—	€—	€10 000

注：括号中的金额表示为贷方数。
资料来源：© Cengage Learning 2014.

（1）2013年1月1日，泰晤士公司签发票据交给供应商，编制如下会计分录：

    2013年1月1日

        设备   100 000

            应付票据   100 000

        购入设备，签发面值为100 000欧元，固定利率8%的应付票据支付。

（2）2013年1月1日，互换合约属于共同待执行合约。当日的浮动利率为8%，与应付票据的固定利率一致，因此，当日的互换合约公允价值为0，泰晤士公司不需要编制任何会计分录来记录该互换合约。

(3) 2013年12月31日，泰晤士公司支付2013年的应付票据利息：

2013年12月31日

利息费用	8 000	
货币资金		8 000

按固定利率8%确认利息费用，并用现金支付。€8 000 = 8% × €100 000。

(4) 2013年的利率下降了。12月31日，互换合约的浮动利率在2014年被重新调整为6%。泰晤士公司应按公允价值计量应付票据，同时记录由于利率下降引起的互换合约公允价值变动损益。

如果按6%的利率水平对应付票据的剩余现金流量进行贴现的话，则现值为：

利息的现值：€8 000 × 1.833 39	€14 667
本金的现值：€100 000 × 0.890 00	89 000
现值合计	€103 667

泰晤士公司应当编制如下会计分录来记录公允价值的变动：

2013年12月31日

应付票据重新估值损失	3 667	
应付票据		3 667

资产	=	负债	+	股东权益	(类型)
		+3 667		−3 667	利润表→留存收益

以6%的利率对应付票据现金流量贴现，按公允价值计量应付票据，并将计量损失报告在净利润中。

在大多数情况下，当利率发生变动时，企业并不需要像对待这里的应付票据一样，按公允价值对其进行重新估值，相反，只需要仍然按照初始确认该项金融工具时的利率对负债进行会计核算就可以了。但是，如果某金融工具被企业指定为了被套期项目（如这里的应付票据），那么，公允价值套期会计就要求企业要确认该金融工具的公允价值变动，同时还必须也要确认相应的套期工具（如这里的利率互换合约）公允价值的变动。

(5) 利率下降为6%意味着泰晤士公司可以每年节约2 000 [=(8% − 6%) × 100 000] 欧元的利息支付金额，这样，2期金额为2 000欧元、利率为6%的年金现值就是3 667 (=2 000 × 1.833 39) 欧元。因此，互换合约的价值从2013年年初的0，变为了2013年年末的3 667欧元。泰晤士公司应编制如下会计分录：

2013年12月31日

互换合约	3 667	
互换合约重新估值收益		3 667

资产	=	负债	+	股东权益	(类型)
+3 667				+3 667	利润表→留存收益

按公允价值计量互换合约，在资产负债表中确认为一项资产，同时将相关收益报告在净利润中。

应付票据的公允价值变动损失与互换合约的公允价值变动收益恰好互相抵消，说明该互换合约是完全有效的。即"应付票据重新估值损失"账户的金额与"互换合约重新估值收益"账户的金额刚好完全抵消。

(6) 2014年年末，泰晤士公司按照类似的程序进行会计处理。第一，应当记录应付票据的利息费用：

2014年12月31日

利息费用	6 220	
应付票据	1 780	
货币资金		8 000

按应付票据年初账面价值的6%确认利息费用（6 220 = 6% × 103 667），用现金支付的票面利息为合约利率8%与票据面值的乘积（8 000 = 8% × 100 000），两者之差用以调整减少应付票据的账面价值。

泰晤士公司使用实际利率法来计算利息费用。2014年的实际利率为6%，而应付票据在年初的账面价值为103 667欧元。现金支付额8 000欧元是按与设备供应商签订的借款协议中设定的初始利率计算的。

(7) 第二，泰晤士公司应当记录因当年互换合约的现值发生变动而带来的利息收入。

2014年12月31日

互换合约	220	
利息收入		220

互换合约的账面价值随时间推移而增加，确认为利息收入。220 = 6% × 3 667。

以上两笔会计分录合计影响的利息费用（净额）为6 000（= 6 220 - 220）欧元，恰好等于按2014年的浮动利率6%计算乘以票据面值所能得到的乘积。

(8) 第三，根据互换合约，由于利率从8%下降为了6%，泰晤士公司将收到合约对方支付的2 000欧元。

2014年12月31日

货币资金	2 000	
互换合约		2 000

由于利率从8%下降为6%，从合约对方收到现金。

由于利率下降为6%，对泰晤士公司来说，能从合约对方收到2 000欧元付款。

(9) 第四，泰晤士公司在2014年年末必须按当时的公允价值对应付票据和互换合约进行重新估值，因此需要确认当年的公允价值变动损益。假定2014年的利率水平上升了，因此，根据互换协议，将2015年的利率重新设定为10%。那么，按10%的水平对票据的剩余现金流量计算现值为：

利息的现值：8 000 × 0.909 09	€7 273
本金的现值：100 000 × 0.909 09	90 909
现值合计	€98 182

在重新估值前，应付票据的账面价值为101 887（= 103 667 - 1 780）欧元，因此，对应付票据按公允价值重新估值的会计分录为：

2014年12月31日

应付票据	3 705	
应付票据重新估值收益		3 705

资产	=	负债	+	股东权益	（类型）
		-3 705		+3 705	净利润→留存收益

按10%的利率对应付票据的剩余现金流量进行贴现，得到其公允价值，然后按公允价值对应付票据重新估值，调整应付票据的账面价值为3 705（= 101 887 - 98 182）欧元。相应的重新估值收益报告在净利润中。

(10) 互换合约的公允价值下跌，因此，在2015年，得由泰晤士公司向合约对方支付2 000欧元了。现在，该互换合约由泰晤士公司的一项资产转为了一项负债。当贴现率为10%时，2 000欧元的现值为1 818（= 2 000 × 0.909 09）欧元。而在重估值前，互换合约是作为一项账面价值为1 887（= 3 667 + 220 - 2 000）欧元的资产报告的，因此，对该互换合约进行重新估值的会计分录应当为：

2014年12月31日

互换合约重新估值损失	3 705	
互换合约（资产）		1 887
互换合约（负债）		1 818

按10%的利率计算互换合约的公允价值，按公允价值计量并确认相应的减值至当期净利润中。

至此，应付票据的重新估值收益与互换合约的重新估值损失刚好可以互相抵消，因此，互换合约对冲了利率变动的影响。

（11）2015 年的第 1 笔会计分录是确认当年的利息费用和用现金支付的利息。

2015 年 12 月 31 日

利息费用	9 818	
应付票据		1 818
货币资金		8 000

按应付票据年初账面价值的 10% 确认利息费用（9 818 = 10% × 98 182），用现金支付的票面利息为合约利率 8% 与票据面值的乘积（8 000 = 8% × 100 000），两者之差用以调整减增应付票据的账面价值。

（12）同时，泰晤士公司还需要确认互换合约的利息：

2015 年 12 月 31 日

利息费用	182	
互换合约（负债）		182

随着时间又过去了一年，应确认相应的利息费用并增加互换合约的账面价值；182 = 10% × 1 818。

这两笔会计分录之后，利息费用（净值）正好为 10 000（= 9 818 + 182）欧元，等于按浮动利率 10% 乘以票据面值之乘积。

（13）由于浮动利率 10% 超出了固定利率 8%，泰晤士公司应向合约对方支付票据面值的 2% 差价，会计分录为：

2015 年 12 月 31 日

互换合约（负债）	2 000	
货币资金		2 000

因浮动利率 10% 高于固定利率 8%，向合约对方支付差价。

（14）泰晤士公司清偿票据，同时最终交割互换合约。

2015 年 12 月 31 日

应付票据	100 000	
货币资金		100 000

票据到期，予以支付。

而 2015 年 12 月 31 日的"互换合约"账户在上一笔会计分录之后，余额已经变为了 0（= 1 818 + 182 - 2 000）欧元。

表 13-5 中总结了以上这些会计分录对各类账户的影响（其中括号里的金额表示这是一笔贷方记录）。在净利润中，反映了每年的浮动利率影响，其中 2013 年是 8%，2014 年是 6%，而 2015 年是 10%；每年年末，应付票据和互换合约（净值）的资产负债表账面价值之和都是 100 000 欧元。泰晤士公司根据被套期项目及其衍生工具的公允价值变动情况确认公允价值变动损益，并计入当年净利润中。

已确认资产或者负债的公允价值套期会计处理小结　下面对已确认资产或者负债的公允价值套期会计处理要点总结如下：

1. 无论是否存在套期保值会计，公司都应确认被套期的资产或者负债。在没有套期保值会计的情况下，被套期项目的计量应遵循该项目的特别会计核算要求（例如对存货应使用成本与市价孰低法，对长期应收款和应付款应使用未来现金流量的现值进行计量等）。

2. 在企业签订衍生金融工具合约并将该合约指定为公允价值套期时，如果企业进行了初始支付，则应将衍生工具确认为一项资产；相反，如果企业收到了初始支付款，则应将该衍生工具确认为一项负债。否则，无需在资产负债表上报告该项衍生工具。

3. 在每个会计期期末，企业按当时的公允价值对被套期的资产或者负债进行重新估值，并将相应的公允价值变动计入净利润。

4. 在每个会计期期末，企业按当时的公允价值对衍生金融工具（套期工具）进行重新估值，并将相应的公允价值变动计入净利润。

5. 企业应当将被套期资产或者负债和它的相关套期工具在资产负债表中分别列示和报告，不能只报告净额。

6. 在交割衍生工具和被套期项目时，企业应当结清相应的被套期资产或者负债账户，以及相应的衍生工具账户。

现金流量套期：将浮动利率债务转换为固定利率债务的利率互换 下面我们举例讲解作为现金流量套期时的利率互换是如何进行会计核算的。参考例题14和例题18中的信息，艾思维公司想要对冲利率变动对将来的利息支付所可能引起的风险影响，于是与合约对方签订了一份互换合约，将浮动利率的应付票据（当前利率水平为8%）转换为了固定利率，并将这份合约指定为现金流量套期工具。本例中的情形与上述泰晤士公司的情形非常类似，该票据的面值也是100 000欧元，初始的浮动利率为8%，然后到2014年变为了6%，到2015年又变为了10%，票据的到期日为2015年12月31日。在表13-6中，总结了下面我们将要介绍的这些会计分录对艾思维公司的资产负债表和利润表的影响，在学习这些会计分录时，可以结合表13-6中的内容来理解。

表13-6 作为现金流量套期工具的100 000欧元浮动利率票据与对应的利率互换的会计处理

	货币资金	设备：成本	应付票据账面价值	互换合约：公允价值	利润表	其他综合收益
2013年						
(1) 开出票据购买设备	€—	€100 000	€(100 000)	€—	€—	€—
(2) 签订互换合约	—	—	—	—	—	—
(3) 记录票据利息	(8 000)	—	—	—	8 000	—
(4) 对互换合约重新估值	—	—	—	(3 667)	—	3 667
2013年12月31日	€(8 000)	€100 000	€(100 000)	€(3 667)	€8 000	€3 667
2014年						
(5) 记录票据利息	(6 000)	—	—	—	6 000	—
(6) 记录互换合约利息	—	—	—	(220)	—	220
(7) 记录支付的互换合约利息	(2 000)	—	—	2 000	—	—
(8) 对其他综合收益进行重分类部分	—	—	—	—	2 000	(2 000)
(9) 对互换合约重新估值	—	—	—	3 705	—	(3 705)
2014年12月31日	€(16 000)	€100 000	€(100 000)	€1 818	€8 000	€(1 818)
2015年						
(10) 记录票据利息	(10 000)	—	—	—	10 000	—
(11) 记录互换合约利息	—	—	—	182	—	(182)
(12) 记录收到的互换合约利息	2 000	—	—	(2 000)	—	—
(13) 对其他综合收益进行重分类部分	—	—	—	—	(2 000)	2 000
(14) 清偿到期的票据	(100 000)	—	100 000	—	—	—
(15) 互换合约到期交割	—	—	—	—	—	—
2015年12月31日	€(124 000)	€100 000	€—	€—	€8 000	€—

注：括号中的金额表示为贷方数。

资料来源：© Cengage Learning 2014.

（1）记录应付票据的初始确认：

2013年1月1日

设备　　　　　　　　　　　　　　　　　　　　　　　　　100 000
　　应付票据　　　　　　　　　　　　　　　　　　　　　　　　100 000

购买设备，开出面值为100 000欧元，当前浮动利率为8%的应付票据支付。

（2）互换合约在2013年1月1日的公允价值为0，因此，艾思维公司不需要编制会计分录来确认该互换合约。

（3）2013年年末，艾思维公司应记录应付票据在2013年的利息费用：

2013年12月31日

利息费用　　　　　　　　　　　　　　　　　　　　　　　　8 000
　　货币资金　　　　　　　　　　　　　　　　　　　　　　　　8 000

按浮动利率8%记录2013年的利息费用，并用现金予以支付。€8 000 = 8% × €100 000。

(4) 由于本例中的票据是浮动利率的，因此，票据的公允价值不会随利率的波动而变化，但互换合约的公允价值却会受到利率波动的影响。2013年12月31日，当利率被重新设定为6%以后，互换合约的公允价值变为了3 667欧元，即如果利率一直保持为6%的话，艾思维公司在2014年和2015年年末应支付给合约对方的两个2 000欧元的现值，与前述公允价值套期例题中的金额计算过程是一样的。不过，本例中的会计分录却与前面有所区别了，如下所示：

2013年12月31日

互换合约重新估值损失				3 667	
互换合约					3 667

资产	=	负债	+	股东权益	（类型）
		+3 667		-3 667	其他综合收益→累计其他综合收益

按公允价值对互换合约进行期末计价，并将其作为一项负债确认在资产负债表上，同时将损失计入其他综合收益。

将互换合约确认为负债的原因，是艾思维公司在2014年和2015年年末必须向合约对方支付2 000欧元。在前面的例子中，2013年年末的互换合约是一项资产，是因为泰晤士公司在当时有权利收到合约对方在2014年和2015年年末将要支付的2 000欧元。因此，艾思维公司的其他综合收益减少3 667欧元，而泰晤士公司则在净利润中确认3 667欧元的收益。

此时，应付票据的账面价值为面值100 000欧元，互换合约的账面价值为3 667欧元，两者之和103 667欧元，刚好等于按6%的利率对固定利率票据和互换合约的未来现金流量进行贴现，所能得到的现值。

(5) 2014年12月31日，编制会计分录确认浮动利率票据的利率费用，并支付利息：

2014年12月31日

利息费用		6 000	
货币资金			6 000

按浮动利率6%确认2014年的利息费用，并用现金予以支付。6 000 = 6% × 100 000。

(6) 同时，艾思维公司还应当确认互换合约的利息，只是该利息不会立即影响公司的净利润，而是先计入其他综合收益中。而"其他综合收益"账户最后应被结转到"累计其他综合收益"中。

(7) 根据互换合约，艾思维公司此时应向合约对方支付2 000[= 100 000 × (8% - 6%)]欧元。会计分录为：

2014年12月31日

互换合约		2 000	
货币资金			2 000

由于利率从8%下降为6%，应向互换合约对方支付2 000欧元。

(8) 由于互换合约对冲了2014年现金流量的利率风险，艾思维公司应将其他综合收益的一部分重分类计入净利润中，相关会计分录为：

2014年12月31日

利息费用		2 000	
其他综合收益			2 000

资产	=	负债	+	股东权益	（类型）
				-2 000	净利润→留存收益
				+2 000	其他综合收益→累计其他综合收益

将被对冲的应付票据利息费用部分从其他综合收益中重分类计入净利润。

这样，在利润表的利息费用项目中，就包括了（1）根据浮动利率借款协议计算的、按票据面值的6%支付给票据持有人的利息，（2）由于互换合约在2014年的总利息费用为8 000欧元，导致利息费用增加了2%的部分。艾思维公司签订互换合约将它的现金支付水平固定在了应付票据面值的8%，以实现风险对冲。此时，"互换合约"账户表现为贷方余额1 887（=3 667 + 220 - 2 000）欧元，而"累计其他综合收益"账户受该利率互换合约影响的部分则为借方 1 887 欧元。

（9）2014 年 12 月 31 日，将利率重新设定为 10%，使互换合约从一项负债变为了一项资产。如果按 10% 的利率水平，将艾思维公司在 2015 年年末能从合约对方收到的 2 000 欧元现金进行贴现，可以得到 1 818 欧元。因此，在期末对互换合约按公允价值重新计价的会计分录为：

2014 年 12 月 31 日

互换合约（负债）	1 887	
互换合约（资产）	1 818	
互换合约重新估值收益		3 705

资产	=	负债	+	股东权益	（类型）
+1 818		−1 887		+3 705	其他综合收益→累计其他综合收益

按期末公允价值对互换合约进行计价，并作为一项资产确认在资产负债表中，同时将相关收益计入其他综合收益。

报告在"其他综合收益"中的 3 705 欧元重新估值收益，最后会被结转到"累计其他综合收益"中。因此，如果不考虑其他事项的影响，"累计其他综合收益"会有贷方余额 1 818 欧元，与"互换合约"账户的借方余额是相等的。

（10）2015 年年末，确认并支付浮动利率票据的利息：

2015 年 12 月 31 日

利息费用	10 000	
货币资金		10 000

按浮动利率 10% 确认 2015 年的利息费用，并用现金予以支付。10 000 = 10% × 100 000。

（11）同时，艾思维公司应按互换合约在这一年中的利息费用调增互换合约的账面价值：

2015 年 12 月 31 日

互换合约	182	
互换合约利息收入		182

资产	=	负债	+	股东权益	（类型）
+182				+182	其他综合收益→累计其他综合收益

记录本年的利息并增加互换合约的账面价值，€182 = 10% × 1 818。该利息收入应计入其他综合收益中。

（12）根据互换合约协议，合约对方此时应向艾思维公司支付 2 000 欧元：

2015 年 12 月 31 日

货币资金	2 000	
互换合约		2 000

由于利率从 6% 上涨为 10%，记录从合约对方收到的现金。

（13）由于互换合约对冲了 2015 年的利率波动对现金流量的影响，艾思维公司应当累计其他综合收益中的一部分重新分类，计入利润表中的费用项目。相关会计分录为：

2015 年 12 月 31 日

其他综合收益	2 000	
利息费用		2 000

资产	=	负债	+	股东权益	（类型）
				−2 000	其他综合收益→累计其他综合收益
				+2 000	净利润→留存收益

按已对冲的应付票据利息费用金额，将其他综合收益重分类计入净利润中。

这样，2015年的利息费用（净额）就是8 000欧元（=10 000-2 000），正好等于艾思维公司使用利率互换合约对冲风险后的净利息现金支出额。

（14）2015年12月31日，票据到期，艾思维公司对票据进行清偿：

2015年12月31日

  应付票据   100 000

    货币资金   100 000

  清偿到期票据。

而"互换合约"账户在2015年12月31日的余额刚好为0（=1 818+182-2 000）欧元。如果该互换合约并没有能够完全对冲利率波动风险，仅是高度有效的，那么，在"累计其他综合收益"账户中就必然还记录有该互换合约的影响金额，最后，只需要将这个金额结转至净利润中就可以了。

表13-6中，每年的利息费用都是8 000欧元，因此，艾思维公司已经实现了按固定利率8%支付利息费用的目标。"其他综合收益"账户的金额反映了互换合约的公允价值波动情况，而"互换合约"账户则在开始和最后结束时的余额都为0。

已确认资产或者负债现金流量套期的会计处理小结 下面对已确认资产或者负债的现金流量套期会计处理要点总结如下：

1. 企业应将被套期的资产或者负债确认在资产负债表中，并按照相应资产或者负债的会计处理要求进行计量（例如对存货使用成本与市价孰低法；对长期应收和应付款按未来现金流量的现值进行计量等）。

2. 如果企业支付了初始投资额，则将相应的衍生工具确认为一项资产；相反，如果企业在初始确认时收到了货币资金，则将相应的衍生工具确认为一项负债。否则，如果既没有支付也没有收到任何初始金额，则无需在资产负债表中报告该衍生工具。同时，公司应将衍生工具指定为一项套期工具。

3. 在每个会计期期末，应按公允价值对衍生工具进行期末计价，同时将相应的衍生工具公允价值变动损益计入其他综合收益中。

4. 按照被套期项目的损益对净利润的影响金额，将其他综合收益的一部分重新分类计入净利润中。如果衍生工具在对冲被套期项目的损益方面并非高度有效，那么企业就应当立即将无效部分从其他综合收益中重分类计入净利润中，无需等到被套期项目的损益对净利润产生影响的时候才结转。

5. 在资产负债表中，应单独报告被套期的资产和负债与相应的套期工具。在累计其他综合收益中，报告套期工具公允价值变动净额的累计影响。

6. 最终交割金融工具时，应结清相应的被套期资产或负债账户，以及相应的衍生工具账户。

13.3.6 衍生工具会计处理小结

衍生工具在资产负债表中应按公允价值计量，而它们对净利润的影响则取决于企业是否将它们指定为套期工具进行会计核算，以及如果是的话，是属于公允价值套期工具还是现金流量套期工具。

- 对于没有指定为套期工具进行核算的衍生工具所发生的损益、公允价值套期工具的损益和现金流量套期工具中的无效部分，都应在公允价值发生变动的当期就计入净利润，其会计处理要求类同表13-1中所介绍的第2种核算方法。

- 对于有效的现金流量套期工具的损益，首先应计入其他综合收益中，而不计入净利润。对于有效的现金流量套期损益，应当计入"累计其他综合收益"，而不计入当期利润。当被套期项目发生损益对净利润产生影响的时候，企业才能将以前计入其他综合收益中的套期工具损益转出，计入净利润中。这里的会计处理要求类同表13-1中所介绍的第3种方法。

13.3.7 与衍生工具相关的信息披露要求

美国公认会计原则和国际财务报告准则都要求企业在财务报表附注中披露金融工具的公允价值，此外，美国公认会计原则还要求企业披露与衍生工具相关的下列信息（国际财务报告准则也有类似要求，但不完全一样）：

1. 企业的风险管理策略，以及特定衍生工具是如何帮助企业实现风险对冲目标的。披露时，应将衍生工具区分为指定的公允价值套期工具、现金流量套期工具和其他衍生工具。

上述信息披露能帮助财务报表使用者理解企业是如何运用衍生工具来对冲风险的。

2. 对公允价值套期工具和现金流量套期工具，企业应披露由于无效对冲导致计入当期损益的影响净额，以及该净额所计入的具体利润表项目。

上述信息披露能帮助财务报表使用者理解企业套期活动的效率，了解由于无效对冲对损益的影响金额。

3. 对现金流量套期工具，企业必须披露可能导致将累计其他综合收益重分类为净利润的交易或者事件，以及未来12个月中类似重分类的估计金额。

将对未来期间净利润产生影响的未实现损益是报告在累计其他综合收益账户中的。与可供出售的有价证券不同，对大部分衍生工具，管理层并不能随意决定它们的未实现损益将在什么时候计入净利润中。对衍生工具提出这样的披露要求，需要企业对在未来1年中，将从累计其他综合收益转入净利润的金额进行估算，以帮助财务报表使用者预测企业的未来盈利。

4. 由于被套期的企业承诺不再符合公允价值套期的确认条件，或者被套期的未来交易不再符合现金流量套期的确认条件，而对企业当期盈利的净影响金额。

企业可能使用衍生工具来对冲一项未确认的承诺或者未来交易的影响。如果事件发展到最后，企业不再打算完成它的承诺或者继续未来交易，那么，与该承诺或者未来交易相关的衍生工具所发生的全部未实现损益影响都应当计入净利润中。这类信息披露可以让财务报表使用者了解由于衍生工具不再符合公允价值套期或者现金流量套期定义而对当期损益的影响金额。

自习问题13.3

核算作为公允价值套期工具的远期外汇合约。 参考例题12和例题16中的信息，贵成公司在2013年6月30日下订单购买了设备，同时还签订了价值10 000英镑的远期合约。2013年6月30日，交割日为2014年6月30日的远期汇率为1.64美元:1英镑。贵成公司将该远期合约指定为对企业未来付款承诺的公允价值套期工具。要求：

a. 根据美国公认会计原则和国际财务报告准则的要求，贵成公司不需要将购货承诺或者远期合约确认为2013年6月30日的资产负债表项目。请问这样进行会计处理的原因是什么？

b. 2013年12月31日，交割日为2014年6月30日的远期汇率为1.73美元:1英镑。请写出相应的会计分录来记录购货承诺在2013年发生的公允价值变动和远期合约在2013年发生的公允价值变动。假定适用于2013年12月31日的现金流量贴现利率为8%。

c. 写出贵成公司在2014年6月30日应编制的会计分录，记录购货承诺的现值波动情况和远期合约的账面价值变动情况。

d. 2014年6月30日的现汇汇率为1.75美元:1英镑。请写出相关会计分录，记录由于2014年前6个月汇率变动影响导致的购货承诺和远期合约公允价值变化。

e. 写出贵成公司在2014年6月30日用美元购买10 000英镑并支付设备购货款的会计分录。

f. 写出贵成公司在2014年6月30日将远期合约进行到期交割的会计分录。

g. 如果贵成公司将该远期合约指定为对将来发生交易的现金流量套期工具，而不是对公司承诺的公允价值套期工具，那么，"b"至"f"部分的会计分录会有些什么变化呢？

h. 请说出在什么样的情况下贵成公司可以将该远期合约作为公允价值套期工具处理，以及在什么样的情形下可以将该合约作为现金流量套期工具处理。

13.4 适用于有价证券和衍生工具的公允价值计量选择权

美国公认会计原则和国际财务报告准则都允许企业对特定金融资产和金融负债按公允价值进行计量和报告，

并将相应的公允价值变动损益计入当期净利润中。当企业首次采用公允价值选择权的会计准则，或者取得一项符合条件的金融工具，或者在企业合并日等某个特殊的日期，可以以单个工具为基础，应用**公允价值计量选择权**（fair value option）。但是，一旦企业（为某个金融工具）选择了公允价值计量标准，就再也不允许转回非公允价值计量标准了，而应当按照表13-1中介绍的第2种方法进行会计核算。对本章在前面部分所讨论过的以下三类项目，美国公认会计原则和国际财务报告准则两套会计准则体系都共同要求以公允价值进行计量，并将公允价值变动损益报告在净利润中：

(1) 交易性证券。(2) 公允价值套期工具。(3) 未指定为套期工具的衍生工具。

因此，企业可以对本章所介绍过的下列项目也应用公允价值进行计量：

(1) 持有至到期债券。(2) 可供出售的证券。(3) 现金流量套期工具。

对持有至到期债券应用公允价值选择权，将导致对这一类投资的会计处理与交易性证券类似，即按公允价值进行期末计量，同时将当期的公允价值变动损益计入净利润中。对可供出售证券和现金流量套期工具使用公允价值选择权，将导致企业将未实现损益报告在净利润——而不是其他综合收益中。

本章小结

出于多种原因考虑，企业会购入由其他主体（包括政府部门和其他企业）所发行的证券；此外，为了对冲由于利率变动、汇率变动和商品价格变动等可能带来的风险，企业还可能获取衍生工具或者与其他主体签订类似协议。根据美国公认会计原则和国际财务报告准则目前的要求，如果企业不适用公允价值选择权的话，对有价证券和衍生工具应按如下要求进行会计处理：

第3种会计核算方法实际上是将未实现损益计入净利润的时间往后推迟。除非企业已经实现了损益，否则，企业在按公允价值计量可供出售证券和现金流量套期工具的同时，净利润是不受公允价值变动影响的。采用公允价值选择权的企业应将公允价值变动及时确认到净利润中，其会计处理方法与上述方法2是相同的。

会计方法	适用范围
方法1：摊余成本法	持有至到期债券
方法2：公允价值计量，相应的公允价值变动损益计入当期净利润	划分为交易性证券的有价证券 公允价值套期工具 未划分为套期工具的衍生金融工具
方法3：公允价值计量，相应的公允价值变动损益计入其他综合收益，最后才转入净利润	划分为可供出售证券的有价证券 现金流量套期工具

附录13A 国际财务报告准则第9号《金融工具》概述

2009年11月，国际会计准则理事会发布了《国际财务报告准则第9号：金融工具》（IFRS 9），截至本书付印前，该准则的生效日为2015年1月，但允许企业提前采用。

国际财务报告准则第9号不再区分持有至到期投资、可供出售金融资产和以公允价值计量且其变动计入损益的金融资产（交易性证券），只要求企业将全部金融资产根据两个条件进行划分或判断。其中，第一个条件是企业管理该金融资产的业务模式，第二个条件则是该金融资产的合约现金流量特征。如果企业持有金融资产的目的是为了获得合约所规定的现金流量（业务模式条件），并且在合约中对该金融资产的现金流量只规定了本金和利

○ 国际财务报告准则中的公允价值选择权规范出现在国际会计准则理事会发布的《国际会计准则第39号：金融工具——确认与计量》（2003版修订版）中。美国公认会计原则中的公允价值选择权规范出现在财务会计准则委员会发布的《财务会计准则公告第159号：金融资产和金融负债的公允价值选择权》和《财务会计准则公告第115号修订版》（2007年）（汇编主题825）。在会计准则更新第2011-04"公允价值计量"（2011年）中，美国公认会计原则提供了公允价值计量指南（汇编主题820）。国际财务报告准则在《国际财务报告准则第13号：公允价值计量》（2011年）中提供了公允价值计量指南。在公允价值计量方面，美国公认会计原则指南和国际财务报告准则指南非常相像。

○ 美国公认会计原则和国际财务报告准则列出了适用于公允价值选择权的项目，两套会计准则体系的标准稍有不同，不过，本书并不考察全部的项目。

息的支付方式（合约现金流特征条件），那么企业就应该按照摊余成本来计量该项金融资产。除非发生减值，否则在该类金融资产被出售或者重分类以前，是不确认任何公允价值变动的。除此之外，所有其他金融资产都应当使用公允价值计量，并将每期的公允价值变动损益计入净利润中，只有一种情况例外。该例外情况为，企业可以将一项权益性投资指定为"非交易性持有"（not held for trading），这样，这类金融资产就可以以公允价值计量，但将公允价值的变动计入其他综合收益中。这种指定一旦做出，是不可撤销的，而且即使将来出售这类证券时，相关的未实现损益也不允许从累计其他综合收益中转出。

自习问题解答参考

自习问题 13.1 解答参考

（通用电气资本服务公司与赛普拉公司；债券投资的会计处理。）

a. 详见表 13-7。

表 13-7 债券溢折价摊销表（面值 100 000 美元，票面利率 8%，实际利率 6%）

计息期 (1)	期初有价 证券账面 价值 (2)	按6% 计算的 当期利息 收入 (3)	当期收到 的现金 (4)	因收到现金 而减少有价 证券的 账面价 (5)	期末有价 证券的 账面价值 (6)
1	$105 346	$6 321	$8 000	$(1 679)	$103 667
2	103 667	6 220	8 000	(1 780)	101 887
3	101 887	6 113	108 000	(101 887)	0

资料来源：© Cengage Learning 2014.

b. 购买日

有价证券	105 346	
货币资金		105 346

以 105 346 美元购入债券投资。

第 1 年年末

有价证券	6 321	
利息收入		6 321

确认购入债券后第 1 年的应计利息。

第 1 年年末

货币资金	8 000	
有价证券		8 000

记录在第 1 年末收到的债券利息并同时调减有价证券的账面价值。

最后两笔会计分录也可合并为一笔来做：

第 1 年年末

货币资金	8 000	
利息收入		6 321
有价证券		1 679

自习问题 13.2 解答参考

（科林公司；可供出售证券和交易性证券的会计处理）

a. (1) 2013 年 1 月 2 日

有价证券	40 000	
货币资金		40 000

购入证券 A。

(2) 2013 年 7 月 15 日

有价证券	75 000	
货币资金		75 000

购入证券 B。

(3) 2013 年 11 月 27 日

有价证券	90 000	
货币资金		90 000

购入证券 C。

(4) 2013 年 12 月 31 日

证券 A 的未实现损失	2 000	
有价证券		2 000

按公允价值对证券 A 进行期末计价，将未实现损失计入其他综合收益中。

(5) 2013 年 12 月 31 日

有价证券	4 000	
证券 B 的未实现收益		4 000

按公允价值对证券 B 进行期末计价，将未实现收益计入其他综合收益中。

(6) 2013 年 12 月 31 日

有价证券	3 000	
证券 C 的未实现收益		3 000

按公允价值对证券 C 进行期末计价，将未实现收益计入其他综合收益中。

或者，上述第（4）、（5）和第（6）笔会计分录也可合并为一笔：

2013 年 12 月 31 日

有价证券	5 000	
有价证券的未实现收益净额		5 000

按公允价值对可供出售的证券组合进行期末计价，并将未实现收益净额计入其他综合收益中。

(7) 2014 年 9 月 6 日

货币资金	78 000	
证券 B 的未实现收益（其他综合收益）	4 000	
有价证券		79 000
出售有价证券实现的收益		3 000

将证券 B 出售，原计入其他综合收益中的未实现收益会被结转到累计其他综合收益中，先将其转出，减少股东权益。已实现收益则计入净利润中，最后结转至留存收益中，增加股东权益。此笔会计分录对股东权益的净影响额为增加 3 000 美元。2013 年的综合收益为 4 000 美元，但 2014 年的综合收益则为负 1 000 美元，抵消后，这两年中的净影响额为 3 000 美元。

(8) 2014 年 12 月 31 日

证券 A 的未实现损失	5 000	
有价证券		5 000

按公允价值对证券 A 进行期末计价，将未实现损失计入其他综合收益中。

(9) 2014 年 12 月 31 日

有价证券	1 000	
证券 C 的未实现收益		1 000

按公允价值对证券 C 进行期末计价，将未实现收益计入其他综合收益中。

上述第（8）和第（9）笔会计分录也可合并为下面这一笔：

2014 年 12 月 31 日

有价证券的未实现损失净额	4 000	
有价证券		4 000

b. 前三笔会计分录是一样的。但如果将这些有价证券划分为交易性证券的话，在第（4）、（5）、（6）、（8）和第（9）笔会计分录中，未实现损益账户应作为利润表账户处理。而第（7）笔会计分录则应该为：

(7) 2014 年 9 月 6 日

货币资金	78 000	
出售有价证券的已实现损失	1 000	
有价证券		79 000

以低于账面价值的价格出售交易性证券。

自习问题 13.3 解答参考

（核算作为公允价值套期工具的远期汇率合约）

a. 2013 年 6 月 30 日，购货承诺和远期合约都属于共同待执行合约，根据目前的美国公认会计原则或国际财务报告准则，对共同待执行合约不需要进行确认。

b. 与购货承诺和远期合约相关的未贴现现金流量价值变动为 900 [=（10 000×1.73）-（10 000×1.64）] 美元。按 8% 的利率对 6 个月后的 900 美元计算现值，为 865 [=900/(1+8%/2)] 美元。

2013 年 12 月 31 日

企业承诺损失	865	
购货承诺		865

由于美元相对英镑贬值，以前未予确认的公司购货承诺发生损失，将该损失计入当期净利润中。

2013 年 12 月 31 日

远期合约	865	
远期合约收益		865

按期末公允价值计量远期合约（资产），并将公允价值变动收益计入当期净利润中。

c. 2014 年 6 月 30 日

利息费用	35	
购货承诺		35

记录购货承诺在过去 6 个月中的利息费用；$35 = 4% × $865。

2014 年 6 月 30 日

远期合约	35	
利息收入		35

记录远期合约在过去 6 个月中取得的利息收入；$35 = 4% × $865。

d. 由于汇率发生变化，导致购货承诺和远期合约的价值也变化了 200 [=（10 000×1.75）-（10 000×1.73）] 美元。

2014 年 6 月 30 日

企业承诺损失	200	
购货承诺		200

由于美元相对英镑发生贬值，导致购货承诺发生损失，将该损失计入当期净利润中。

2014 年 6 月 30 日

远期合约	200	
远期合约收益		200

由于美元相对英镑发生贬值，导致远期合约的公允价值上升，将该收益计入当期净利润中。

e. 2014 年 6 月 30 日

存货	16 400	
购货承诺	1 100	
货币资金		17 500

用美元换入 10 000 英镑（$17 500 = 10 000 × 1.75），按 1 100（=865 + 35 + 200）美元结清购货承诺账户，同时记录存货的取得成本为 16 400 美元。

f. 2014 年 6 月 30 日

货币资金	1 100	
远期合约		1 100

记录从合约对方收到的货币资金，同时按 1 100（=865 + 35 + 200）美元结清"远期合约"账户。

g. 贵成公司将不再确认购货承诺的公允价值变动。在"b"至"d"中，每笔计入利润表账户的衍生工具公允价值变动都应当计入"其他综合收益"中，最后再结转至"累计其他综合收益"账户。假定套期是高度有效的，那么，与远期合约相关的"累计其他综合收益"余额就应当在 2014 年 6 月 30 日转出到净利润中。

h. 要将该套期工具作为公允价值套期处理，贵成公司的意图必须是锁定它要为存货所支付的价款金额。也许贵成公司已经承诺了某位顾客将在 2014 年 6 月 30 日按某个固定的美元价格将这批存货出售给他，因此，贵成公司就会希望保护它此次销售的预期毛利。要将该套期工具作为现金流量套期处理，贵成公司的意图必须是锁定它将要支付给英国供应商的现金金额。

关键术语与概念

有价证券（marketable securities）
证券投资（investments in securities）
持有至到期债券，或持有至到期投资（debt securities held to maturity or held-to-maturity investments）
交易性证券，或以公允价值计量且其变动计入损益的金融资产（trading securities or financial assets at fair value through profit or loss）
可供出售证券，或可供出售的金融资产（available-for-sale securities or available-for sale financial assets）
摊余成本（amortized cost）
衍生工具（derivative）
远期外汇合约（forward foreign exchange contract）
利率互换（interest rate swap）
远期商品合约（forward commodity contract）
标的（underlyings）
名义金额（notional amounts）
合约对方（counterparty）
以净额进行交割（net settlement）
套期保值会计（hedge accounting）
公允价值套期（fair value hedge）
现金流量套期（cash flow hedge）
公允价值选择权（fair value option）

思考题、练习题和解决问题

思考题

1. 复习并思考关键术语与概念所列术语和概念的含义。

2. 区分下列各对术语的不同意义：
   a. 划分为"持有至到期债券"的债券与划分为"可供出售证券"的债券；
   b. 划分为"交易性证券"的权益性证券与划分为"可供出售证券"的权益性证券；
   c. 债券的摊余成本与债券的公允价值；
   d. 交易性证券的未实现损益与可供出售证券的未实现损益；
   e. 交易性证券的已实现损益与可供出售证券的已实现损益。

3. 请问，为什么交易性证券的未实现损益要报告在净利润中，而可供出售证券的未实现损益却应当计入其他综合收益中？

4. "在资产负债表中以公允价值报告可供出售证券，但相应地，这些证券的未实现损益却不计入企业的当期损益，这样做不符合一致性原则，且为企业提供了盈余管理的机会。"请问你同意这句话所代表的观点么？为什么？

5. 衍生工具在什么样的情况下同时也是一项会计套期工具？在什么样的情况下非衍生工具也可能是一项会计套期工具？

6. 请区分公允价值套期工具和现金流量套期工具有什么异同？

7. "将划分为对企业承诺进行公允价值套期的一项衍生工具确认为企业的资产，却不将该衍生工具的被套期承诺确认为企业的一项负债，这样做不符合一致性原则的要求。"请问，你同意这种说法么？为什么？

8. 对公允价值套期工具，美国公认会计原则和国际财务报告准则都要求将相应的未实现损益在发生时即计入当期净利润中；但对现金流量套期工具，美国公认会计原则和国际财务报告准则都要求递延将未实现损益计入企业净利润的时间。请问，为什么会有这种不同的会计处理要求呢？

9. 请问，为什么企业会取得一项衍生金融工具，但并不将它作为会计套期工具进行核算？

10. "对有价证券采用公允价值选择权，相当于将本章所介绍的会计核算方法全部合并成了一种单一的会计核算方法了。"请问，你同意这种说法么？为什么？

练习题

11. **证券的分类**。不采用公允价值选择权的企业需要根据两个标准来划分它们的有价证券：

- 投资目的：持有至到期债券、交易性证券和可供出售证券。
- 预计持有期长短：流动资产（有价证券）或非流动资产（证券投资）

请应用上述两个标准，对下列证券进行分类。

a. 一家林产品制造公司计划在明年4月开建一个纸浆处理厂，于是在今年12月10日发行了价值2亿美元的普通股为建厂筹集资金。在工厂开建以前，该公司将募股所得2亿美元暂时用于投资美国短期国库券以赚取收益。

b. 一家电力企业有价值1亿美元的公司债券发行在外，5年后才到期。这家企业于是购买了5年后到期的价值1亿美元的美国国库券，计划用这些国库券到期后所收回的资金来偿还所发行的公司债券。

c. 一家银行购入纽约州立政府所发行的债券，以赚取免税的利息收入。该银行计划将在出现经营现金需求时再出售这些债券。

d. 某制药公司购入了一家刚刚创业的生物公司所发行的普通股股票，该生物公司主要从事人类生长激素方面的研究。制药公司希望通过投资能带来未来的合作项目。

e. 某银行专设了一个部门负责日常的证券买卖业务。由于认为当前日产汽车公司（Nissan Motors）的股票正被市场低估，该部门购入了日产汽车公司所发行的部分普通股股票。

f. 一家美国电脑公司发行有需要在未来5年内分期等额并用瑞士法郎来偿还的公司债券。这家公司于是买入了将于7年后到期、用瑞士法郎计价、由瑞士酒厂所发行的债券，计划每年通过出售部分瑞士酒厂债券来获得瑞士法郎，同时用出售所得来清偿按瑞士法郎计价的公司债券。

12. **有价证券与衍生工具的会计核算原则**。假定企业没有采用公允价值选择权，对下列项目a至项目d，请从下列四种方法中选出它们所适用的会计核算方法。
    (1) 以公允价值计量，且将公允价值变动计入当期损益；
    (2) 以摊余成本计量；
    (3) 以公允价值计量，但公允价值变动损益先计入其他综合收益中；
    (4) 根据企业是否适用套期保值会计来决定计量标准。

    a. 一项预计能有效对冲预计销售收入相关风险的衍生工具；
    b. 一项作为负债项目核算的衍生工具，但它没有对冲任何资产或者负债或者未来交易的风险；
    c. 企业购入且有能力持有至到期的债券。但企业在今年过后是否还打算继续将这些证券持有至到期还不确定。该企业经常买卖这类债券。
    d. 持有时间不确定的可供出售证券。

13. **持有至到期债券的会计处理**。莫里公司（Murray Company）在2013年1月1日购入了坎贝尔公司（Kampbell Company）发行的债券，面值合计100 000美元。这些债券将在每年6月30日和12月31日按年利率6%付息，并于2016年12月31日到期。2013年1月1日，如果按半年付息1次来计算的话，这些债券的市场定价能产生8%的到期收益率。莫里公司将这批债券划分为持有至到期债券进行会计核算。要求：
    a. 不考虑佣金和税收，计算莫里公司为这些债券所支付的购买价格是多少？
    b. 参考表13-2，为这些债券编制一份摊销表。
    c. 写出莫里公司在2013年中应当为这些债券投资而编制的相应会计分录。
    d. 写出莫里公司在2016年12月31日应当为这些债券投资而编制的相应会计分录。

14. **持有至到期债券的会计处理**。凯利公司（Kelly Company）在2013年1月1日买入了史迪丽公司（Steedly Company）发行的、面值为500 000美元的公司债券，年利率为7%，将在每年6月30日和12月31日付息，并将在2015年12月31日到期。如果按这些债券在2013年1月1日的价格计算，并且每半年计息1次，那么这些债券的到期收益率将为6%。凯利公司将这些债券划分为持有至到期债券进行会计核算。要求：
    a. 不考虑佣金和税金，计算凯利公司为这些债券而支付的价格是多少？
    b. 参考表13-2的格式，为这些债券编制一份摊销表。
    c. 写出凯利公司在2013年需要为这些债券编制的相关会计分录。
    d. 写出凯利公司在2015年12月31日应编制的相关会计分录。

15. **可供出售证券的会计处理**。下面是埃尔斯顿公司对临时闲余资金的投资情况，该公司将这些投资全部划分为可供出售的证券进行会计核算，且没有采用公允价值选择权。

证券	购买日	取得成本	12月31日的公允价值		出售日	出售价格
			2013年	2014年		
A	2013年10月15日	$28 000	$25 000	—	2014年2月10日	$24 000
B	2013年11月2日	$49 000	$55 000	$53 000	2015年7月15日	$57 000

埃尔斯顿公司未曾收到过A证券发放的任何股利，但在2013年12月31日和2014年12月31日，它分别收到了B证券的股利1 000美元和1 200美元。请写出在2013年、2014年和2015年中与这些证券相关的全部会计分录，包括：

a. 取得这些证券时；
b. 收到股利时；
c. 在12月31日对这些证券进行期末计价时；
d. 出售这些证券时。

16. **可供出售证券的会计处理**。下面是赛蒙斯公司（Simmons Corporation）对临时闲余资金的投资情况，该公司将这些投资都划分为可供出售的证券进行会计核算，且没有采用公允价值选择权。

证券	购买日	取得成本	12月31日的公允价值		出售日	出售价格
			2013年	2014年		
S	2013年6月13日	$12 000	$13 500	$15 200	2015年2月15日	$14 900
T	2013年6月13日	$29 000	$26 200	$31 700	2015年8月22日	$28 500
U	2013年6月13日	$43 000	—	—	2013年10月11日	$39 000

在持有期间，上述这些证券都没有支付过股利。请写出2013年、2014年和2015年与这些证券相关的全部会计分录，包括：

a. 取得这些证券时；
b. 在12月31日对这些债券进行期末计价时；
c. 出售这些证券时。

17. **根据有价证券交易数据倒推**。（根据S. A Zeff教授的练习题改编）费舍尔/布莱克公司（Fischer/Black Company）在2013年购买了一批权益性证券，划分为可供出售的证券进行会计核算。2014年5月22日，公司编制了下面这笔正确的会计分录，记录权益性证券的出售。

货币资金	16 000	
已实现损失（计入净利润中）	5 000	
未实现持有损失（其他综合收益）		3 000
有价证券		18 000

a. 请问，这些证券在2013年的取得成本是多少？
b. 这些证券在2013年年末的市场价格为多少？
c. 费舍尔/布莱克公司在2014年的利润表中报告证券损益的总金额会是多少？

18. **根据有价证券交易数据倒推**。（根据S. A. Zeff教授的练习题改编）康宁公司（Canning）在2013年12月31日购买了维特（Werther）公司发行的2 000股股票。到12月31日时，这些股票的市场价格已经下跌了1 000美元。康宁公司在2014年3月2日将这2 000股股票以18 000美元的价格售出，并报告此笔出售交易实现了收益4 000美元。
要求：
a. 如果康宁公司是将这些股票作为交易性证券核算的，请问，这些证券的取得成本是多少？
b. 如果康宁公司是将这些股票作为可供出售证券核算的，请问，这些证券的取得成本是多少？

19. **根据会计分录重构交易或者事件**。请根据以下各笔独立的会计分录写出可能的交易或者事件是什么。

a. 可供出售证券的未实现损失	4 000	
有价证券		4 000
b. 货币资金	1 100	
出售可供出售证券的已实现损失	200	
有价证券		1 300
c. 有价证券	750	
可供出售证券的未实现收益		750
d. 货币资金	1 800	
有价证券		1 700
出售可供出售证券的已实现收益		100

20. **重构涉及短期可供出售证券的交易**。泽夫公司（Zeff Corporation）在2013年将账面价值为13 000美元的有价证券出售，取得14 000美元。下表中是泽夫公司在财务报表中披露的与可供出售证券相关的信息：

	12月31日	
	2013年	2012年
资产负债表	$195 000	$187 000
有价证券的公允价值	$10 000	$12 000
可供出售证券的未实现收益净值		
利润表	2013年	
出售可供出售证券的已实现收益	$4 000	

a. 请问，这些被出售有价证券的取得成本是多少？
b. 在出售时，这些有价证券的未实现收益是多少？
c. 泽夫公司在2013年年末仍然持有的那些证券在2013年的未实现收益是多少？
d. 2013年购入有价证券的成本是多少？

21. **将远期合约作为公允价值套期工具时的会计核算**。2013年9月1日，特纳公司（Turner Corporation）向一家日本供货商订购了一批制造设备，约定将于2014年6月30日交货，并约定用日元结算采购价款，金额合计为5 200 000日元。特纳公司在2013年9月1日购入了一份远期货币合约，约定将在2014年6月30日按汇率1美元:102日元购入5 200 000日元。特纳公司将该远期合约指定为公允价值套期工具进行会计核算。2013年12月31日，美元和日元在2014年6月30日的远期汇率为1美元:100日元。2014年6月30日，美元和日元在当日的实际汇率为1美元:95日元。上述信息可总结如下：

日期	汇率类别	汇率	日元金额	等值美元金额
2013年9月1日	2014年6月30日交割的远期汇率	$1 = ¥102	¥5 200 000	$50 980
2013年12月31日	2014年6月30日交割的远期汇率	$1 = ¥100	¥5 200 000	$52 000
2014年6月30日	实际汇率	$1 = ¥95	¥5 200 000	$54 737

要求：
a. 使用8%的年利率作为贴现率，计算该远期合约在2013年12月31日的公允价值。该金额表明该远期合约是一项资产还是一项负债？
b. 特纳公司在2013年12月31日的资产负债表中报告购货承诺的金额会是多少？
c. 2014年6月30日，在该笔交易结算前，远期合约的公允价值是多少？
d. 写出特纳公司在2014年6月30日购买设备的会计分录。
e. 写出特纳公司在2014年6月30日进行远期合约到期交割的会计分录。

22. **将远期合约作为现金流量套期工具的会计核算。** 2013年10月1日，彼得公司（Biddle Corporation）从法国购货商那里赊购了一台设备，价款为40 000欧元，约定在2014年3月31日以欧元进行结算。为避免现金流量受汇率波动的影响，彼得公司随即在同日购入了一份远期货币合约，约定将在2014年3月31日按1欧元=1.32美元的汇率购入40 000欧元，彼得公司将这份远期合约指定为现金流量套期工具进行会计核算。2013年12月31日，结算日为2014年3月31日的欧元与美元之间的远期汇率为1欧元=1.35美元，而两种货币在2014年3月31日的实际汇率为1欧元=1.40美元。在本题中，不考虑现金流量贴现的影响，并将上述相关汇率信息总结如下：

日期	汇率类别	汇率	欧元金额	等值美元金额
2013年10月1日	2014年3月31日交割的远期汇率	€1 = $1.32	€40 000	$52 800
2013年12月31日	2014年3月31日交割的远期汇率	€1 = $1.35	€40 000	$54 000
2014年3月31日	实际汇率	€1 = $1.40	€40 000	$56 000

要求：
a. 这份远期合约在2013年12月31日的公允价值是多少？这个金额表明这份合约是一项资产还是一项负债？
b. 在彼得公司2013年12月31日的资产负债表中，应报告应付供应商的应付票据金额为多少？
c. 2014年3月31日，在这份远期合约被到期交割前，该远期合约的公允价值是多少？
d. 写出彼得公司在2014年3月31日向供应商付款的会计分录。
e. 写出彼得公司在2014年3月31日进行远期合约交割的会计分录。

解决问题

23. **短期可供出售证券的会计分录与财务报表列报。** 下表中是多士塔公司（Dostal Corporation）在"流动资产"栏目下报告的"可供出售证券"相关信息：
要求：
a. 假定多士塔公司的会计年度与日历年度一致，写出与上述证券有关的2013年和2014年全部会计分录。
b. 请将与上述有价证券有关的信息合理地列报在2013年12月31日的资产负债表和相关附注中。
c. 请将与上述有价证券有关的信息合理地列报在2014年12月31日的资产负债表与相关附注中。

24. **长期可供出售证券的会计分录与财务报表列报。** 下表中是瑞思公司（Rice Corporation）在"非流动资产"栏目下报告的"可供出售证券"的相关信息：
要求：
a. 假定瑞思公司的会计年度与日历年度一致，写出与上述证券有关的2013年和2014年全部会计分录。
b. 请将与上述有价证券有关的信息合理地列报在2013年12月31日的资产负债表和相关附注中。
c. 请将与上述有价证券有关的信息合理地列报在2014年12月31日的资产负债表与相关附注中。

证券	取得日	取得成本	出售日	出售价格	公允价值	
					2013年12月31日	2014年12月31日
A	2013年2月5日	$60 000	2014年6月5日	$72 000	$66 000	—
B	2013年8月12日	$25 000	—	—	$20 000	$20 000
C	2014年1月22日	$82 000	—	—	—	$79 000
D	2014年2月25日	$42 000	2014年6月5日	$39 000	—	—
E	2014年3月25日	$75 000	—	—	—	$80 000

证券	取得日	取得成本	出售日	出售价格	公允价值	
					2013年12月31日	2014年12月31日
A	2013年3月5日	$40 000	2014年10月5日	$52 000	$45 000	—
B	2013年5月12日	$80 000	—	—	$70 000	$83 000
C	2014年3月22日	$32 000	—	—	—	$27 000
D	2014年5月25日	$17 000	2014年10月5日	$16 000	—	—
E	2014年5月25日	$63 000	—	—	—	$67 000

25. **可供出售证券的财务报表披露信息分析**。表 13-8 中列出了月光矿业公司（Moonlight Mining Company）"可供出售证券"的相关数据。假定月光矿业公司在 2013 年年末没有任何短期有价证券，在 2014 年也没有出售任何短期有价证券，没有购入任何长期有价证券，也没有在 2014 年将任何长期证券重新划分为短期证券。在月光矿业公司的 2014 年利润表中，报告因出售长期有价证券而实现的损失为 3 068 000 美元。要求：
    a. 在 2013 年年末的资产负债表中，该公司报告长期有价证券的未实现损益净值为多少？
    b. 在 2014 年年末的资产负债表中，该公司报告长期有价证券的未实现损益净值为多少？
    c. 该公司在 2014 年出售长期有价证券所得为多少？
    d. 在 2014 年的利润表中，月光矿业公司报告有价证券的未实现损益金额是多少？

    表 13-8　月光矿业公司权益性有价证券数据
    （金额单位：千美元）
    （解决问题 25）

权益性有价证券	取得成本	公允价值
2014 年 12 月 31 日：		
短期有价证券	$7 067	$4 601
长期有价证券	$6 158	$8 807
2013 年 12 月 31 日：		
长期有价证券	$21 685	$11 418

资料来源：© Cengage Learning 2014.

26. **权益性证券的各种会计处理方法影响**。下表中是卡拉汉公司（Callahan Corporation）所持有的权益性有价证券相关数据：

证券	在 2013 年的取得成本	在 2013 年收到的股利	2013 年 12 月 31 日的公允价值	在 2014 年的出售价格	在 2014 年收到的股利	2014 年 12 月 31 日的公允价值
G	$18 000	$800	$16 000	$14 500	$200	$—
H	25 000	1 500	24 000	26 000	500	—
I	12 000	1 000	14 000	—	1 500	17 000
	$55 000	$3 300	$54 000	$40 500	$2 200	$17 000

要求：
    a. 假定上述这些证券都属于"交易性证券"，请指出卡拉汉公司在 2013 年和 2014 年确认的相关收益性质和金额，以及在 2013 年和 2014 年年末资产负债表中对上述这些证券应当怎样进行列报。
    b. 假定上述这些证券都是卡拉汉公司将闲余资金用作临时性投资而取得的，全部划分为"可供出售证券"进行会计核算，请重复"a"中的要求。
    c. 假定上述这些证券都是卡拉汉公司的长期投资，全部划分为"可供出售证券"进行会计核算，请重复"a"中的要求。
    d. 计算上述"a""b"和"c"部分中，三种不同的会计处理方式下卡拉汉公司 2013 年和 2014 年的利润合计数。请问，为什么这三个金额会有所不同？股东权益总额也会有所不同吗？为什么？

27. **与有价证券有关的财务报表信息披露分析与盈余质量问题**。一家银行报告了它在最近一年里的"可供出售证券"项目信息如下（金额单位为百万美元）：

	12月31日	
	2014年	2013年
有价证券的取得成本	$13 968	$14 075
未实现收益总额	1 445	957
未实现损失总额	(218)	(510)
有价证券的公允价值	$15 195	$14 522

2014年，这家银行由于证券的出售或到期所收到的货币资金总额合计37 600百万美元，当年实现收益总额443百万美元，实现损失总额113百万美元。出售和到期的有价证券账面价值合计为37 008百万美元，在2014年收到的利息和股利收入合计1 081百万美元，在2014年购买有价证券合计支出37 163百万美元。要求：

a. 写出这家银行在2014年出售有证券的会计分录。

b. 分析2013年12月31日的未实现收益净值447百万美元是如何变化为2014年12月31日的1 227百万美元的。

c. 计算该银行证券投资在2014年的总收益（包括已实现收益和未实现收益）是多少。

d. 请问，这家银行在2014年如何选择将某些证券出售就可以报告更大金额的已实现收益？

28. **作为现金流量套期工具的远期商品合约会计核算。** 参考本章中例题15和例题19中的信息。德尔玛公司在2013年10月31日持有10 000加仑威士忌存货，每加仑的成本为225美元。德尔玛公司打算在2014年3月31日出售这批存货，但对于这些威士忌在2014年3月31日的销售价格没有把握。因此，德尔玛公司购入了一份威士忌远期合约，该合约不需要任何初始投资，被德尔玛公司划分为对将来发生交易的现金流量套期工具进行会计核算。2013年10月31日，交割日为2014年3月31日的威士忌价格为每加仑320美元。要求：

a. 德尔玛公司在2013年10月31日取得远期商品合约时，是否需要编制什么会计分录？如果需要的话，请写出相应的会计分录。

b. 2013年12月31日是德尔玛公司的会计报告期截止日，当日，2014年3月31日交割的威士忌远期价格为每加仑310美元。请写出相关会计分录记录远期商品合约的价值变动。在本部分和本题其余部分中，都可以不考虑对现金流量进行贴现。

c. 2013年12月31日，德尔玛公司所持有威士忌存货的价值下跌了，它需要编制什么会计分录进行处理么？如果需要的话，请写出相关的分录来。

d. 2014年3月31日，威士忌价格下跌到了每加仑270美元。请写出德尔玛公司需要编制的会计分录对远期合约的价值进行调整。

e. 2014年3月31日，德尔玛公司需要编制什么会计分录反映威士忌存货的价值下跌么？如果需要的话，请写出相关会计分录来。

f. 请写出德尔玛公司在2014年3月31日结算远期合约的会计分录。

g. 假定德尔玛公司在2014年3月31日按每加仑270美元的价格将威士忌售出，请写出确认相关销售收入和销售成本的会计分录。

h. 如果德尔玛公司将该远期商品合约指定为公允价值套期工具而不是现金流量套期工具，请问，"b"部分至"g"部分的回答会有哪些变化？

i. 请说出在什么样的情况下企业可以将远期商品合约作为公允价值套期工具，在什么样的情况下应该作为现金流量套期工具？

29. **将远期货币合约作为公允价值套期工具和现金流量套期工具的会计核算。** 2013年7月1日，欧文斯公司（Owens Corporation）向某欧洲供货商下订单采购了一台制造设备，约定交货日为2014年6月30日，设备价格将以欧元进行结算，合计60 000欧元。欧文斯公司在2013年7月1日同时购入了一份远期货币合约，约定将在2014年6月30日按1欧元=1.32美元的汇率购入60 000欧元。欧文斯公司将这份远期合约指定为公允价值套期工具进行会计核算。2013年12月31日，将于2014年6月30日交割的美元兑欧元远期汇率为1欧元=1.35美元，而2014年6月30日，美元兑欧元的实际汇率为1欧元=1.40美元。下表中将上述相关信息进行了小结：

日期	汇率类别	汇率	欧元金额	等值美元金额
2013年7月1日	2014年6月30日交割的远期汇率	€1 = $1.32	€60 000	$79 200
2013年12月31日	2014年6月30日交割的远期汇率	€1 = $1.35	€60 000	$81 000
2014年6月30日	实际汇率	€1 = $1.40	€60 000	$84 000

要求：

a. 按年利率8%作为贴现率，写出欧文斯公司在2013年7月1日、2013年12月31日和2014年6月30日与购货承诺和远期合约相关的会计分录。假定欧文斯公司的会计年度与日历年度是一致的。

b. 如果欧文斯公司将题中远期合约指定为现金流量套期工具，而不是公允价值套期工具，请问，你对"a"部分的回答会有什么变化？

c. 请说出在什么样的情况下企业可以将一项远期合约作为公允价值套期工具，而在什么样的情况下可以作为现金流量套期工具。

30. **将利率互换作为公允价值套期工具的会计核算。** 桑德瑞托公司（Sandretto Corporation）在2013年1月1日开出一张应付票据给供货商购买某设备，该票据面值50 000美元，年利率6%，每年12月31日支付利息，并将于2015年12月31日到期，桑德瑞托公司有权利在到期日前任何时候按公允价值提前清偿票据，不过，它显然只会在利率下跌的情况下才会行使这种优先权。因为当利率下跌时，票据的公允价值将超过50 000美元，显然对桑德瑞托公司是不利的。为了对冲票据公允价值波动的影响，桑德瑞托公司与银行签订了一份利率互换合约，该合约允许桑德瑞托公司将它的固定利率负债交换为浮动利率负债。假定2013年1月1日的浮动利率水平为6%，2013年12月31日和2014年12月31日的浮动利率水平分别为8%和4%。要求：

a. 写出桑德瑞托公司在2013年1月1日、2013年12月31日和2014年12月31日应编制的会计分录。

b. 桑德瑞托公司决定在2015年1月1日提前将票据清偿，请写出该公司清偿票据并交割利率互换合同的相关会计分录。假定桑德瑞托公司在提前清偿票据和交割互换合约时没有发生其他任何费用。

c. 如果桑德瑞托公司对该应付票据和利率互换合约应用了公允价值选择权进行核算，请问，你对"a"部分的回答会有什么变化么？

31. **将利率互换合约作为现金流量套期工具的会计核算。** 艾弗里公司（Avery Corporation）在2013年1月1日开出一张应付票据给某供货商以购买一台设备，票据面值50 000美元，利率是浮动的。在2013年1月1日，该浮动利率水平为6%，利息在每年12月31日支付，票据将于2015年12月31日到期。为保护它的现金流量不受未来利率波动的影响，艾弗里公司与银行签订了一份利率互换合约，该合约允许艾弗里公司将它的浮动利率负债交换为固定利率为6%的负债。假定票据浮动利率在2013年12月31日上升为8%，在2014年12月31日又下降为4%。艾弗里公司将该利率互换合同指定为现金流量套期工具进行会计核算。请写出艾弗里公司在2013年1月1日、2013年12月31日、2014年12月31日和2015年12月31日应编制的相关会计分录。

第 14 章
长期股权投资

CHAPTER 14

学习目标

1. 理解企业为什么会投资购买其他企业所发行的普通股,以及投资目的和相对规模对股权投资会计核算方法的影响。
2. 会使用权益法核算"积极的少数股权投资"。
3. 理解与"积极的多数股权投资"相关的合并会计报表概念,理解"控制"的含义。
*4. 理解投票权与控制权不一致时企业的合并政策。

由于各种各样的原因，企业常常会购入由其他主体所发行的普通股股票。

例题 1 花旗银行（Citibank）专门有一条业务线是关注证券价格的短期波动，然后进行交易。它在 2013 年 12 月 28 日买入制药公司罗氏控股（Roche Holding, Ltd）的股票，并预计将在 2014 年年初将这些股票售出。

例题 2 微软公司（Microsoft Corporation）买入了一家新成立不久的科技企业 5% 的普通股股权，希望能从这家科技公司将来的成功中分享价值增值。

例题 3 可口可乐公司（Coca-Cola Company，Coke）拥有它的软饮制瓶企业可口可乐瓶业公司（Coca–Cola Enterprises）40% 的普通股股权。这样的股权比例使可口可乐公司能对可口可乐瓶业公司的经营施加重大影响，甚至能够实施控制。在本章后续部分中将会谈到，根据美国公认会计原则的规定，可口可乐公司所持股权份额并不能保证能将可口可乐瓶业公司纳入它的合并报表范围；但是，如果应用国际财务报告准则的话，可口可乐公司是可能需要合并可口可乐瓶业公司的报表的。

例题 4 华特迪士尼公司（Walt Disney Company）拥有 ESPN 电视网的全部普通股股权，因此可以控制 ESPN 电视网的所有政策和日常经营决策。所以，华特迪士尼公司需要将 ESPN 公司的全部资产和负债都纳入合并会计报表范围。

14.1 长期股权投资的会计处理与报告概述

长期股权投资的会计处理受两个因素的影响：(1) 预计投资持有期的长短；(2) 投资目的和投资规模大小。

14.1.1 预计投资期长短

预计投资期长短决定了长期股权投资在资产负债表中的分类是属于流动资产还是非流动资产。对于那些公允价值可以方便地取得、预期将在一年内出售的股权投资，通常划分为**有价证券**（marketable securities），并作为流动资产报告在资产负债表中。比如，在例题 1 中，花旗银行对罗氏控股的投资就属于流动资产。但对于公司预计持有超过 1 年的股权投资，则应当划分为**长期股权投资**（investments in securities），报告在资产负债表中的非流动资产。比如，例题 2 中微软对技术创业公司的投资和例题 3 中可口可乐对可口可乐瓶业公司的投资，都属于长期股权投资。在后续部分中我们还将说明，例题 4 中，华特迪士尼公司对 ESPN 电视网的投资是需要编制合并会计报表的。在合并过程中，需要华特迪士尼公司将"对 ESPN 公司的投资"账户替换为 ESPN 公司的个别资产和负债项目，即将两个独立的法人单位视作一个经济主体来编制财务报表。在合并资产负债表中，不会出现"对 ESPN 公司的投资"这个账户。

14.1.2 股权投资的目的

在这一部分中，我们将说明股权投资的目的和持股比例对会计核算的影响。请参考图 14-1 中的三种投资类型。

1. **消极的少数股权投资**（minority, passive investments） 投资企业取得另一会计主体（被投资企业）的普通股股权，投资目的仅仅是为了获得股利和股票价格增值，而不在于参与被投资企业的经营和决策。在这一类投资中，投资企业的持股比例相对较低，不能够对被投资企业实施控制或者施加**重大影响**（significant influence）。比如，例题 1 中，花旗银行对罗氏控股的投资和例题 2 中，微软对科技创业企业的 5% 股权投资，都

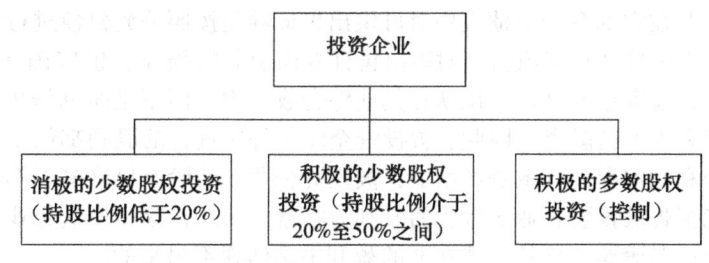

图 14-1 长期股权投资的类别
资料来源：© Cengage Learning 2014.

属于"消极的少数股权投资"这一类别。美国公认会计原则和国际财务报告准则将对另一企业有投票权资本持股比例低于 20% 的投资都视为"消极的少数股权投资"。⊖ 对这一类投资，如果投资企业的预计持有期不超过 1 年，则划分为流动资产；如果预计持有期在 1 年或者 1 年以上，则应划分为非流动资产。在第 13 章中，已经讨论了对

⊖ 美国会计原则委员会《第 18 号意见书：普通股投资核算的权益法》（1971 年，汇编主题 323）；国际会计准则理事会《国际会计准则第 28 号：对关联企业和合作企业的投资》（2011 年）。

债券投资和"消极的少数股权投资"的股票投资的相关会计处理问题。

2. 积极的少数股权投资（minority, active investments） 投资企业获得被投资企业的股权，目的是为了对被投资企业施加重大影响。由于公开上市交易企业的股权分布非常分散，所以，如果投资企业对被投资企业的持股比例不能过半（低于50%），往往也能对被投资企业施加重大影响。㊀在例题3中，可口可乐公司对可口可乐瓶业公司的投资就是"积极的少数股权投资"的例子。根据美国公认会计原则和国际财务报告准则，如果一家公司持有另一家公司有投票权股本的20%~50%，则可以划分为"积极的少数股权投资"一类。㊁"积极的少数股权投资"在资产负债表中应报告为非流动资产，通常称为**"权益法核算的投资"**（equity method investments）或"**对联营企业的投资**"（investments in affiliates）或"**对合营企业的投资**"（investments in associates）。不同企业对这些投资所使用的具体称呼有所不同，因此财务报表使用者需要仔细阅读附注中所披露的信息，以了解企业对"积极的少数股权投资"这种类别是怎样称呼的。

3. 积极的多数股权投资（majority, ovtive investments） 这一类投资的典型特点，是投资企业能够控制被投资企业，有能力决定被投资企业的无论是在董事会决策还是日常经营决策。比如例题4中的情形，华特迪士尼公司购买ESPN电视网，目的是在它的娱乐节目经营范围之外再增加体育电视节目的播出。如果一家企业对另一家企业所有权持股比例超过了50%，根据美国公认会计原则和国际财务报告准则，就可以视为能够控制被投资企业。㊂在后面我们还会谈到，在国际财务报告准则中，还规定了当持股比例低于50%时，判断投资企业是否能够控制被投资企业的具体情形。

在本章中我们主要介绍对"积极的少数股权投资"和"积极的多数股权投资"这两类股权投资的会计处理问题。在讨论中，我们会用字母"P"来表示投资企业（即股权投资的买方，或者母公司），用字母"S"来表示被投资企业（即股权投资的卖方，或者子公司）。

14.2 积极的少数股权投资

当投资企业不能控制被投资企业的财务利益时，应当退而判断是否能够对被投资企业施加重大影响。根据美国公认会计原则和国际财务报告准则，如果拥有一家企业20%及以上的表决权股本，就可以判断对被投资企业具有重大影响；或者，如果合同或者其他因素能够确定重大影响的存在，那么即使持股比例低于20%也是可以的。根据美国公认会计原则和国际财务报告准则的要求，对于"积极的少数股权投资"这一类的长期股权投资（即对被投资企业具有重大影响的长期股权投资），应当使用**权益法**（equity method）进行会计核算。下面我们就来介绍什么是权益法以及权益法的基本原理。

14.2.1 权益法：原理

在介绍权益法的基本原理之前，我们先来回顾一下在第13章中介绍的对可供出售证券的会计处理。投资企业P在它的资产负债表中对可供出售证券是按照公允价值进行计量的；如果收到被投资企业发放的股利，投资企业需要确认投资收益；对因出售证券而引起的损益，也应确认在利润表中（对可供出售证券的公允价值变动损益，投资企业P应当确认在其他综合收益中，而不是净利润中）。假定被投资企业S坚持首先通过自己的收益留存来为经营融资，因此，被投资企业S每年宣告的股利都低于当期净利润水平，或者甚至不宣告股利。那么，由于利润留存而导致资产增加，被投资企业S的股票价格多半会上涨，但是，投资企业P在它的利润表中，却只能报告被投资企业S宣告的股利为收益。因此，除非投资企业P将被投资企业S的股票对外售出，否则，S公司普通股股票价格的上涨在P的盈利中是体现不出来的。

如果仍然沿用这种会计处理方法，让我们来看看假定投资企业P能够对被投资企业S施加重大影响时会怎么样。如果P能够对S施加重大影响，那么，P就能够影响到S的股利政策制定，这样，也就影响了P自己的投资收益。举例来说，如果P希望提高某一会计期间自己的收益水平，那么，它可以通过对S施加影响来要求S支付

㊀ 分散股权（diffuse ownership）意味着普通股股东众多，不容易互相联合起来集中投票。
㊁ 美国财务会计准则委员会，《第35号解释公告：使用权益法核算股权投资的判断标准》（1981年，汇编主题323）；国际会计准则理事会《国际会计准则第28号：对关联企业和合作企业的投资》（2011年）。
㊂ 美国财务会计准则委员会《财务会计准则公告第94号：合并所有拥有多数股权的子公司》（1987年，汇编主题810）；国际会计准则理事会《国际财务报告准则第10号：合并会计报表》（2011年）。

更高的股利水平，或者支付特殊股利。为了避免这种情况出现，在会计处理上，对"积极的少数股权投资"所进行的会计核算，应当与"消极的少数股权投资"这一类型的会计核算区分开来。

14.2.2 权益法：程序

在权益法下，仍然应按取得成本对股权投资进行初始确认。以后在每个会计期间，投资企业 P 应按照它享有的被投资企业 S 在当期实现利润或发生亏损的份额，确认为自己的投资损益；并同时调整投资企业 P 资产负债表上的"对 S 公司投资"资产账户的余额。最后，对被投资企业 S 宣告的股利，投资企业 P 应按照它所享有的份额调减"对 S 公司投资"账户金额。

例题 5 假定公司 P 以 600 000 美元购入了公司 S 发行在外股份的 30%。那么，在 P 公司的账簿中应这样记录该项投资的取得：

(1) 对 S 公司的股权投资　　　　　　　　　　　　　　　　　　　　600 000
　　　货币资金　　　　　　　　　　　　　　　　　　　　　　　　　　　　　　600 000
　　P 公司取得 S 公司 30% 的普通股股份。

取得该项投资后，假定在 P 公司的下一个会计期间结束前，S 公司报告它实现了盈利 80 000 美元。那么，在权益法下，P 公司就应当编制如下会计分录：

(2) 对 S 公司的股权投资　　　　　　　　　　　　　　　　　　　　24 000
　　　对联营公司盈利享有的份额　　　　　　　　　　　　　　　　　　　　24 000
　　按权益法将 S 公司报告盈利的 30% 确认为投资收益；$24 000 = 30\% \times \$80 000$。

"对联营公司盈利享有的份额"账户是一个利润表账户。㊀采用国际财务报告准则的企业更多使用的是"享有关联企业/公司损益份额"这个账户。㊁

如果 S 公司宣告并实际向它的全体普通股股东支付了 30 000 美元现金股利，那么 P 公司可以收到的股利金额为 9 000（=30% × 30 000）美元，它应当编制的会计分录为：

(3) 货币资金　　　　　　　　　　　　　　　　　　　　　　　　　　9 000
　　　对 S 公司的股权投资　　　　　　　　　　　　　　　　　　　　　　　　9 000
　　S 公司宣告并发放了股利，P 公司收到其中的 30%，按权益法进行会计核算。

P 公司将它所享有 S 公司盈利的份额记录为投资的增加，而股利的发放则视同投资的部分返还，因此应当减少"对 S 公司的股权投资"账户。在第(3)笔会计分录中，当被投资企业发放股利时，投资企业贷记的是一个资产类账户。要理解这笔会计分录为什么这样做，我们可以假定有这么一个银行储蓄账户，假定你将 600 000 美元存入一个银行储蓄账户中，银行对这个账户中的钱按 4% 的利率计息（或者说利息为 24 000 美元），稍后，你又从这个账户中取出了 9 000 美元。这样，对这三个事件，你也可以编制会计分录(1)至(3)，只是账户名称稍有改变而已："对 S 公司的股权投资"改为"储蓄存款"，"对联营公司盈利享有的份额"改为"利息收入"，而现金取款 9 000 美元减少了你在储蓄账户中的投资金额。类似地，在权益法下，被投资企业支付的现金股利将减少投资企业的投资金额，因为股利的发放使得被投资企业的留存收益减少了。作为投资人的 P 公司持有被投资企业 S 公司较大数量的投票表决权，往往能对 S 公司的股利政策施加重大影响，就如同你如果开设有储蓄账户，就可以随时在你需要的时候从账户中取钱一样。

假定在下一个会计期间里，S 公司报告实现了盈利 100 000 美元，支付现金股利 40 000 美元。那么，P 公司应当编制会计分录为：

(4) 对 S 公司的股权投资　　　　　　　　　　　　　　　　　　　　30 000
　　　对联营公司盈利享有的份额　　　　　　　　　　　　　　　　　　　　30 000
　　按权益法将 S 公司实现盈利的 30% 确认在投资收益；$30 000 = 30\% \times \$100 000$。

㊀ 如果 S 公司没有报告盈利 80 000 美元，相反却报告当期发生损失 20 000 美元，那么，P 公司应编制会计分录借记"对联营公司亏损应承担的份额"账户，贷记"对 S 公司的股权投资"账户，金额为 6 000（=30% × 20 000）美元。即 S 公司实现的盈利将增加 P 公司的收益，S 公司发生的亏损将减少 P 公司的收益。

㊁ 在我国，统一使用"投资收益"账户来代表"对联营公司盈利享有的份额"和"对联营公司亏损应承担的份额"等账户。——译者注

(5) 货币资金　　　　　　　　　　　　　　　　　　　　　　　　　　12 000
　　　对 S 公司的股权投资　　　　　　　　　　　　　　　　　　　　　　　12 000
　　S 公司宣告并发放了股利，P 公司收到其中的 30%，按权益法进行会计核算。$12 000 = 30% × $40 000。

现在，P 公司的"对 S 公司的股权投资"账户应当有余额 633 000 美元，如下所示：

对 S 公司的股权投资

(1)	600 000	9 000	(3)
(2)	24 000	12 000	(5)
(4)	30 000		
余额	633 000		

假定 P 公司现在将它对 S 公司投资的 1/4 对外出售，取得价款 165 000 美元。那么会计分录应当为：

(6) 货币资金　　　　　　　　　　　　　　　　　　　　　　　　　165 000
　　　对 S 公司的股权投资　　　　　　　　　　　　　　　　　　　　　　158 250
　　　对 S 公司股权投资的出售收益　　　　　　　　　　　　　　　　　　6 750

将对 S 公司股权投资的 1/4 对外出售，这部分投资的账面价值为 158 250（= 1/4 × 633 000）美元。出售这部分投资使 P 公司的净利润能增加 6 750 美元。

将这部分投资出售后，"对 S 公司的股权投资"账户余额为 474 750 美元，如下所示：

对 S 公司的股权投资

(1)	600 000	9 000	(3)
(2)	24 000	12 000	(5)
(4)	30 000		
余额	633 000		
		158 250	(6)
余额	474 750		

确认投资企业对被投资企业其他综合收益所享有的份额　投资企业除了需要按持股比例确认对被投资企业净损益所享有的份额外，还应当确认对被投资企业其他综合收益所享有的份额。⊖投资企业可将它在被投资企业其他综合收益中所享有的份额与它自己的其他综合收益合并在一起。例如在前面的例子中，假定 S 公司的在第 1 个会计期间的其他综合收益为：

有价证券的未实现收益	$3 000
现金流量套期的未实现损失	(2 000)
其他综合收益	$1 000

那么，P 公司应当编制如下会计分录，按照它所拥有 S 公司的股权比例 30%，确认它在 S 公司的其他综合收益中所享受的份额：

对 S 公司的股权投资　　　　　　　　　　　　　　　　　　　　　　　　300
现金流量套期的未实现损失（其他综合收益）　　　　　　　　　　　　　　600
　　　有价证券的未实现收益（其他综合收益）　　　　　　　　　　　　　　　900

确认 P 享有 S 公司其他综合收益的份额。记入"其他综合收益"的金额需要在期末时结转到 P 公司的"累计其他综合收益"账户中。

权益法下，购买价格高于投资企业享有被投资企业所有权份额账面价值时的会计处理　投资企业 P 对被投资企业 S 的投资，在权益法下总是与被投资企业 S 股东权益的一定比例（例如在前面的例子中，为 30%）是相当的。但是，在取得这项投资时，投资企业 P 所实际支付的价格可能会高于这项投资的账面价值，即 P 为取得对 S

⊖ 美国财务会计准则委员会《财务会计准则公告第 130 号：报告综合收益》（1997 年，第 121 段，汇编主题 220）。

公司的投资所实际支付的价格，可能会高于 S 公司在购买日净资产（=资产-负债=股东权益）账面价值的 30%。举例来说，假定 P 公司以 600 000 美元的价格取得了 S 公司 30% 的普通股股权，而 S 公司在购买日的全部股东权益总额为 150 万美元，此时，P 公司对 S 公司投资的取得成本就大于了按持股比例计算的被投资企业净资产账面价值的份额，溢价 150 000 [= 600 000 - (30% × 1 500 000)] 美元。P 公司愿意支付购买溢价的原因可能是因为 S 公司净资产的公允价值与账面价值不相等，也可能是 S 公司还存在一些未确认在报表上的资产（例如商业机密等）。

投资企业对长期股权投资购买溢价的会计处理与企业合并时所产生购买溢价的会计处理原理相同。在第 10 章中我们曾经讨论过，投资企业需要找出那些公允价值与账面价值不一致的资产和负债项目，以及那些未经确认在资产负债表中的资产和负债项目。然后根据投资企业对被投资企业的持股比例，将购买溢价在上述资产和负债项目中进行分配，如果分配后仍有剩余的购买溢价，则确认为商誉。举例来说，假定在上例中，P 公司对购买溢价 150 000 美元是这样进行分配的：其中 100 000 美元确认为建筑物和设备的公允价值增值，剩余 50 000 美元确认为商誉。在具体会计处理时，P 公司并不需要将这些溢价"对 S 公司的股权投资"账户中调整出来，但是，对于分配给使用寿命有限的资产所产生的溢价，P 公司必须按年进行摊销或者折旧。因此，P 公司必须将分配给"建筑物和设备"的 100 000 美元在这些资产的使用寿命期内计算折旧。而对于分配给商誉和使用寿命不确定的资产所产生的购买溢价，美国公认会计原则和国际财务报告准则都不允许投资企业在后续进行摊销，相反，会计准则体系要求投资企业在每年都对投资账户进行减值测试，以确定是否有减值发生。

14.2.3 权益法下的信息披露

表 1-5 泰晤士公司的资产负债表表明，该公司拥有对联营企业的股权投资，泰晤士公司在资产负债表中将这些投资称为"对关联企业净资产的股权投资"，投资余额从 2012 财务年度末的 692.4 百万欧元增加为了 2013 财务年度末的 711.0 百万欧元。表 14-1 中摘录了泰晤士公司在财务报表附注中关于这些投资的信息披露内容，泰晤士公司对这些投资是使用权益法进行会计核算的。

表 14-1 泰晤士公司对关联企业投资的财务报表附注

联营企业名称	持股比例		享有被投资企业净资产的份额（百万欧元）		享有被投资企业盈利的份额（百万欧元）
	2013 年	2012 年	2013 年	2012 年	2013 年
普雷音有限公司	30	30	54.9	57.3	4.6
丹特公众持股公司	20	20	50.0	48.9	6.4
LJGD 公司	25	25	520.2	505.5	23.5
GE 皮克斯公司	20	20	16.4	15.7	1.3
电子公司	33	33	30.4	28.1	6.1
殷都科技公司	33	33	16.3	16.3	1.2
其他	—	—	22.8	20.6	4.9
合计			711.0	692.4	48.0

2012 年 12 月 31 日，享有联营企业净资产的份额	€ 692.4
应享有联营企业盈利（亏损）的份额	48.0
已分配的股利	(26.5)
汇率变动的影响	(2.9)
2013 年 12 月 31 日，享有联营企业净资产的份额	€ 711.0

资料来源：© Cengage Learning 2014.

在表 14-1 中，第一部分列出了泰晤士公司对 6 家联营企业的投资信息，包括被投资企业的名称、持股比例和这些投资在泰晤士公司资产负债表中的账面价值。该表的最后一行"其他"，汇总了泰晤士公司使用权益法核算的其他小企业投资情况。从持股比例这一列可以看出，对这 6 家联营企业，泰晤士公司在 2012 财务年末的持股比例均在20%至33%之间。表中数据还表明，在2013财务年度中，泰晤士公司并没有增加或者减少对这些企业的投资比例，因此，在泰晤士公司的资产负债表中，这些投资的账面价值之所以出现了变化，完全是因为这些被投资企业实现盈利或者发放股利的影响。

表中第二部分报告了全部使用权益法核算的长期股权投资账面价值的变动原因。在泰晤士公司的资产负债表中，"对关联企业净资产的股权投资"账面价值之所以出现了增加，是因为泰晤士公司确认了在这些联营企业净利润中所享有的份额。根据表1-6泰晤士公司的利润表信息，这个份额在2013年是48.0百万欧元。随后，由于联营企业在2013年支付股利的影响，泰晤士公司的"对关联企业净资产的股权投资"账户减少了26.5百万欧元。最后，受汇率波动的影响，"对关联企业净资产的股权投资"账户余额又减少了2.9百万欧元。⊖

表14-1中的信息与表1-7泰晤士公司的现金流量表也是有关联的。在现金流量表中，泰晤士公司报告了净利润的调减项21.5百万欧元，这个金额恰好等于泰晤士公司报告在净利润中的享有关联企业当期盈利的份额48.0百万欧元，减去泰晤士公司当期收到的联营企业支付的股利26.5百万欧元，即21.5 = 48.0 − 26.5。

权益法下长期股权投资的核算小结　在投资企业的资产负债表中，按权益法核算的长期股权投资应归类为非流动资产，其金额应当等于这些股权投资的取得成本，加上投资企业自投资后在被投资企业损益中所享有的份额，再减去投资企业按持股比例分配到被投资企业所宣告的股利金额，最后再减去分配给使用寿命有限资产的购买溢价在当期的折旧或者摊销金额。在投资企业每一期报告的盈利中，应包含它对被企业当期损益应享有或者分担的份额。此外，投资企业还应当按持股比例确认被投资企业当期的其他综合收益。不过，投资企业所使用的会计核算方法对被投资企业的个别会计报表不产生任何影响。

自习问题 14.1

权益法下会计分录的编制表。14-2是依魁集团（Equigroup）"积极的少数股权投资"相关信息。假定数据中取得成本高于被投资企业净资产账面价值份额的部分（购买溢价）是由设备所引起的，从2013年1月1日开始计算，这些设备都还可以使用10年。要求：为下列事项编制相关的会计分录：

a. 编制依魁集团在2013年1月1日取得这些股权时的会计分录。

b. 依魁集团在2013年按权益法核算该股权投资的相关会计分录。

c. 依魁集团在2014年按权益法核算该股权投资的相关会计分录。

d. 依魁集团在2015年1月2日以190 000美元的价格将证券E对外出售的会计分录。

表14-2　依魁集团
（自习问题14.1）

证券	取得日	取得成本	持股比例	2013年1月1日被投资企业净资产账面价值	盈利（损失） 2013年	盈利（损失） 2014年	股利 2013年	股利 2014年
D	1/1/2013	$80 000	40%	$200 000	$40 000	$50 000	$10 000	$12 000
E	1/1/2013	190 000	30%	500 000	120 000	(40 000)	30 000	—
F	1/1/2013	200 000	20%	800 000	200 000	50 000	60 000	60 000

资料来源：© Cengage Learning 2014.

14.3　积极的多数股权投资

当投资企业既能够通过董事会决策、也能够通过日常经营决策来决定被投资企业的业务活动时，我们就说投资企业能够对被投资企业实施控制。根据美国公认会计原则，只有当投资企业在被投资企业中享有控制性财务利

⊖　在本书中我们不考虑汇率变动影响的会计处理问题。

益时，才能够判断投资企业可以控制被投资企业；一般情况下，如果持有被投资企业有表决权股本的50%及以上，或者说，在投资企业中享有多数股权时，就可以判断存在控制关系了。不过，国际财务报告准则却是根据以下三个条件来判断是否存在控制的：（1）投资企业对被投资企业拥有权力；（2）由于投资企业参与到了被投资企业的运营中，因此对被投资企业的可变动收益（例如股票价格的变化）承担风险或者收益；（3）投资企业可以利用它对被投资企业的权力去影响它能够从被投资企业得到的收益（例如，投资企业可以直接决定被投资企业的经营、融资和投资活动）。因此，国际财务报告准则对"控制"的界定比美国公认会计原则规定得更广泛，在应用时需要更多的职业判断。除了拥有多数股权以外，下列这些情形也符合国际财务报告准则中的"控制"标准：

- 投资企业拥有被投资企业较多、但并没有过半的所有者权益份额；通常，其他所有者分别持有的被投资企业股权比例都在投资企业之下，并且其他所有者不会联合起来进行投票。前面我们提到的，可口可乐集团拥有可口可乐瓶业公司40%的股权，那么，根据国际财务报告准则，可口可乐瓶业公司其他股东的持股数量和股东性质将决定可口可乐集团是否能够对可口可乐瓶业公司实施控制。
- 投资企业对被投资企业拥有一定比例的所有权投资，同时，根据合同协议规定，投资企业在被投资企业的董事会中占有过半的席位。

通常情况下，我们将能对被投资企业实施控制的投资企业称为**母公司**（parent，P），而被控制的企业则称为投资企业的**子公司**（subsidiary，S）。根据美国公认会计原则和国际财务报告准则的规定，投资企业应将被投资企业的财务报表纳入合并范围中，编制**合并会计报表**（consolidated financial statements）。⊖在合并会计报表中，同时披露母公司及其所控制子公司的财务状况、经营成果和现金流量情况，就像将整个集团作为一个单一主体进行报告那样。但实际上，母公司和它的每一个子公司都是独立法人，跟其他经济主体一样独立开展经营。

14.3.1 在法律上分开经营的原因

出于多方面的原因，企业会愿意由多个在法律地位上相互独立的公司组成企业集团来开展经营，而不是只作为一个单一的主体来发展。站在母公司的角度来看，拥有具有独立法人地位的多个子公司的原因在于：

1. 减少法律风险或者经营风险 获取原材料、将材料运输给制造工厂、生产产品、将产成品销售到市场等环节都可以由独立的公司来完成。如果在这个过程中，有任意环节（子公司）经营无效或者盈利能力低下，那么，相应的清算损失只会影响到该子公司的股东和债权人，而集团内其他公司可以不受影响。

2. 降低处理不同地区的公司法和税法差异的成本 在多个地区开展经营的企业都需要面对不同的税法和监管法规，如果不同地区的经营都由具有独立法人地位的公司来负责，就可以减少企业在处理不同地区法规差异方面的管理成本。

3. 有利于企业扩张或多元化经营 企业可以通过控制另一家企业的有投票权股本来进入新的经营领域，或者扩张现有的经营。相对于自己去建造一个新的工厂或者开展一项新的业务范围来说，这样做的速度更快，成本更低，而且风险更小。

4. 降低资产处置成本 在处置投资时，相对于需要单独出售各项资产来说，企业集团只需要将子公司的股权出售就可以了，可以节约更多的资产处置成本。

14.3.2 合并报表的目的

与使用权益法核算投资相比较，合并会计报表能提供更多的有用信息。因为所有被控制子公司（独立法人）的资产、负债、收入和费用都纳入了合并会计报表的范围。而权益法则只能：（1）通过长期股权投资账户报告投资企业在被投资企业股东权益中所享有的投资份额；（2）投资企业享有被投资企业净利润（或净损失）的份额。

由于能够对子公司实施控制，所以，母公司实际上可以决定子公司全部资产的使用。因此，母公司并不需要

⊖ 美国财务会计准则委员会，《财务会计准则公告第94号：合并全部拥有多数股权的子公司》（1987年，汇编主题810）；国际会计准则理事会，《国际财务报告准则第10号：合并会计报表》（2011年）。

拥有子公司100%的投票权股本就可以获得对其全部资产的控制权。例如，一家母公司拥有其子公司70%的投票权股本，这时，它就已经可以对被投资企业全部的资产实施控制，而并不是只能控制其70%的资产。所以，将母、子公司的各项资产、负债、收入和费用合并起来进行报告，能更好地反映出这个经济实体的经营和财务状况。

编制合并会计报表的基础是母公司和子公司的个别财务报表。从法律的角度来说，合并会计报表只是各公司个别财务报表的信息补充，绝不能替代个别财务报表。但在公开发布的企业集团年度报告中，通常只包含合并会计报表信息。

例题6 与其他很多公司一样，贵成公司和泰晤士公司都全资拥有自己的财务子公司，专门为想要购买集团公司产品的客户提供融资服务。这些财务子公司均需纳入母公司的合并报表范围，但与此同时，这些财务子公司也必须编制自己的个别财务报表（在某些企业，集团财务报表中还必须包括这些子公司的个别财务报表）。

例题7 一家矿业公司拥有一家南非采矿公司的全部股权，但是，南非政府对于向国外转移资金有着非常严厉的控制。因此，在这个例子中，除了拥有占绝对多数的投票权以外，母公司并不能控制子公司全部的资产，所以不能将该子公司纳入合并报表范围。

14.3.3 企业合并

实际上，一家企业可以通过以下任意一种方式来合并另一家企业：

1. 购买它的资产并承担其债务。
2. 通过购买另一家企业的全部或者多数普通股股权来对其实施控制。通过股权的购买，买方企业可以获得对被合并企业净资产的控制权。

美国公认会计原则和国际财务报告准则都要求使用**购买法**（acquisition method，or purchase method）来核算企业合并。[一]在购买法下，企业合并相当于合并企业购入被合并企业的净资产，与购买其他资产的核算思想基本是等同的，涉及以下两个步骤：

1. 按公允价值计量被合并企业的各项可辨认资产、不可辨认资产和负债。有时，被合并企业可能存在一些未能确认在账簿体系中的可辨认资产或负债，比如，被合并企业可能拥有自行研发的专利权或者商标权，而这些自行研发的无形资产是不能确认在它的资产负债表中的。[二]但在合并资产负债表中，这些资产应按公允价值进行报告了。

2. 比较企业支付的现金、普通股和其他合并对价的公允价值与在合并中购入各项可辨认净资产（可辨认资产减可辨认负债）的公允价值。如果合并对价的公允价值高于合并中取得各项可辨认净资产的公允价值，则差额体现为**商誉**（goodwill）；相反，如果合并中取得各项可辨认净资产的公允价值高于合并对价的公允价值，则差额体现为**廉价购买**（bargain purchase）收益，应立即确认到购买方的净利润中。

自习问题 14.2

购买法对财务报表的影响。 表14-3是鲍威尔公司（Powell Corporation）和斯蒂尔公司（Steele Corporation）在2013年1月1日的资产负债表。鲍威尔公司在这一天以2 700股每股面值1美元、市价为20美元的普通股作为对价，购入了斯蒂尔公司全部的资产和负债。要求：

a. 写出鲍威尔公司购买斯蒂尔公司的相关会计分录。

b. 使用购买法编制鲍威尔公司在2013年1月1日合并了斯蒂尔公司以后的资产负债表。

[一] 美国财务会计准则委员会《财务会计准则公告第141R（2007修订版）：企业合并》（2007年，汇编主题805）；国际会计准则理事会《国际财务报告准则第3号：企业合并》（2008修订版）。

[二] 内部研发无形资产的核算问题在第10章中已有讨论。

表 14-3　鲍威尔公司与斯蒂尔公司在 2013 年 1 月 1 日的财务报表
（自习问题 14.2）

	账面价值	账面价值	公允价值
	鲍威尔公司	斯蒂尔公司	斯蒂尔公司
资产			
流动资产	$10 000	$7 000	$7 000
不动产、厂场与设备（净值）	30 000	18 000	23 000
商誉	—	—	40 000
资产总计	$40 000	$25 000	$70 000
负债与股东权益			
负债	$25 000	$16 000	$16 000
普通股股本（每股面值 1 美元）	1 000	1 000	1 000
股本溢价	9 000	5 000	5 000
留存收益	5 000	3 000	3 000
公允价值高于账面价值的差额	—	—	45 000
负债与股东权益合计	$40 000	$25 000	$70 000

资料来源：© Cengage Learning 2014.

14.3.4　理解合并会计报表

记录企业合并交易。在自习问题 14.2 中，鲍威尔公司取得了斯蒂尔公司的全部资产和负债，并按公允价值进行计量。此次企业合并交易后，斯蒂尔公司的资产就应按从鲍威尔公司所收到对价的金额（即鲍威尔公司所支付普通股股权的价值）进行计量。斯蒂尔公司可以将这些合并对价分发给它的股东，然后将这个具有独立法人地位的公司解散了。不过如果真的这样做的话，斯蒂尔公司就再也不具有法人资格了。

一旦投资企业（母公司）通过购买被投资企业的全部或者过半普通股权，取得了对被投资企业的控制权以后，就需要编制合并会计报表。此时，购买方应在它的个别（母公司）资产负债表账户"长期股权投资"中按照它所购入的被购买方可辨认净资产的份额进行记录。例如如果鲍威尔公司发行了 2 700 股每股面值 1 美元、市价 20 美元的股票，交换了斯蒂尔公司的全部股权，那么，鲍威尔公司就应该这样记录它对斯蒂尔公司的投资：

2013 年 1 月 1 日

对斯蒂尔公司的股权投资	54 000	
普通股		2 700
股本溢价		51 300

编制合并日的合并资产负债表　在表 14-4 中，前两列是鲍威尔公司在 2013 年 1 月 1 日买入斯蒂尔公司的股权后两家公司的个别资产负债表。在鲍威尔公司的个别资产负债表中，包括了对斯蒂尔公司的股权投资账户，并且是按 2013 年 1 月 1 日合并对价的价值计量的（54 000 美元），该合并对价等于斯蒂尔公司可辨认净资产的公允价值与 40 000 美元的商誉价值之和。

表 14-4　鲍威尔公司和斯蒂尔公司的合并工作底稿（2013 年 1 月 1 日）

	鲍威尔公司	斯蒂尔公司	借方	贷方	合并数
资产					
流动资产	$10 000	$7 000			$17 000
不动产、厂场与设备（净值）	30 000	18 000	5 000		53 000
对斯蒂尔公司的股权投资	54 000			54 000	—
商誉	—	—	40 000		40 000
资产总计	$94 000	$25 000			$110 000
负债与股东权益					
负债	$25 000	$16 000			$41 000
普通股股本（每股面值 1 美元）	3 700	1 000	1 000		3 700
股本溢价	60 300	5 000	5 000		60 300
留存收益	5 000	3 000	3 000		5 000
负债与股东权益合计	$94 000	$25 000			$110 000

资料来源：© Cengage Learning 2014.

要编制2013年1月1日的合并资产负债表，鲍威尔公司需要先构建一张像表14-4这样的**合并工作底稿**（consolidation work sheet），前两列先列出鲍威尔公司和斯蒂尔公司的个别资产负债表数据，然后将它们的金额加总起来，得到母子公司的净资产金额合计数。在鲍威尔公司的资产负债表中，有一项资产项目是"对斯蒂尔公司的股权投资"；而斯蒂尔公司的资金负债表中，则列出了这些股权投资所对应的全部净资产。相应地，在鲍威尔公司的股东权益中，列出了其全部资产（包括"对斯蒂尔公司的股权投资"）中，来源于股东的出资部分；而斯蒂尔公司的资产负债表中，也列出了鲍威尔公司所拥有的股权价值。因此，如果要将两家公司视为一个会计主体，编制一张合并资产负债表，列出该合并主体所拥有的资产、负债和股东权益项目，我们必须要抵消其中重复计算了的项目。所以，需要在合并工作底稿中——而不是母公司或者子公司的账簿中——编制抵消会计分录。该笔会计分录需要抵消价值54 000美元的"对斯蒂尔公司的股权投资"、斯蒂尔公司账簿中价值9 000（= 1 000 + 5 000 + 3 000）美元的股东权益，然后将差额45 000（= 54 000 – 9 000）美元用以将"不动产、厂场和设备（净值）"调整为用公允价值计量（调增5 000美元）和增加"商誉"项目（价值为40 000美元）。所以，在合并工作底稿中应编制的会计分录为：

2013年1月1日
  普通股股本   1 000
  股本溢价   5 000
  留存收益   3 000
  不动产、厂场与设备（净值）   5 000
  商誉   40 000
    对斯蒂尔公司的股权投资   54 000
  在合并工作底稿中抵消长期股权投资和斯蒂尔公司的股东权益账户，并将合并价差分配给
  "不动产、厂场与设备"和"商誉"项目。

合并工作底稿中"合并数"这一列的金额与"自习问题14.2解答参考"中表14-9中的金额是一致的，但在自习问题14.2中，我们假定鲍威尔公司是直接购入斯蒂尔公司的各项资产和负债的。

合并日之后对长期股权投资的会计核算 企业合并完成以后，鲍威尔公司在它的个别账簿体系中，应使用权益法来核算对斯蒂尔公司的投资。假定在2013年中，斯蒂尔公司实现了净利润2 500美元，宣告并支付了现金股利400美元；此外，再假定斯蒂尔公司应计折旧的资产从合并日开始计算的话，还拥有的剩余平均使用年限为10年。那么，在2013年，鲍威尔公司在它自己的账簿体系中，应按照权益法的核算要求编制如下会计分录：

2013年12月31日
  对斯蒂尔公司的股权投资   2 500
    应享有斯蒂尔公司投资收益   2 500
  确认鲍威尔公司应享有的斯蒂尔公司盈利。

2013年12月31日
  货币资金   400
    对斯蒂尔公司的股权投资   400
  确认鲍威尔公司应享有斯蒂尔公司派发的股利。

2013年12月31日
  折旧费用   500
    对斯蒂尔公司的股权投资   500
  由于在企业合并日2013年1月1日，被收购公司的公允价值高于其账面价值，因此，如果按
  公允价值计算折旧费用，需要对斯蒂尔公司2013年的盈利进行调整：$500 = \$5\,000/10$。

这样，到2013年12月31日，"对斯蒂尔公司的股权投资"账户的余额变为55 600（= 54 000 + 2 500 – 400 – 500）美元。

编制企业合并日以后的合并会计报表 表14-5中，第（1）列和第（2）列的信息分别取自鲍威尔公司和斯

蒂尔公司在 2013 年 12 月 31 日的账簿记录，而第（3）列则是两家公司各项记录的合并数。但是，基于下面我们将要谈到的原因，该合并数并不一定就是合并会计报表中的正确金额；只有第（4）列中的数据才是正确的合并会计报表金额。我们希望通过表 14-5 中的信息来帮助大家加深对合并会计报表的理解，下面我们将讨论三个话题：（1）编制内部抵消分录的必要性；（2）合并净利润的含义；（3）少数股东权益的性质。

表 14-5　编制合并会计报表

	鲍威尔公司（1）	斯蒂尔公司（2）	合计数（3）	合并数（4）
2013 年 12 月 31 日简化资产负债表				
资产				
流动资产	$12 000	$8 200	$20 200	$14 200
不动产、厂场和设备（净值）	35 400	20 000	55 400	59 900
对斯蒂尔公司的股权投资	55 600	—	55 600	—
商誉	—	—	—	40 000
资产总计	$103 000	$28 200	$131 200	$114 100
负债与股东权益				
负债	$26 500	$17 100	$43 600	$37 600
普通股股本（每股面值 1 美元）	3 700	1 000	4 700	3 700
股本溢价	60 300	5 000	65 300	60 300
留存收益	12 500	5 100	17 600	12 500
负债与股东权益合计	$103 000	$28 200	$131 200	$114 100
2013 年的简要利润表				
收入				
销售收入	$200 000	$50 000	$250 000	$230 000
应享有斯蒂尔公司投资收益	2 500	—	2 500	—
收入合计	$202 500	$50 000	$252 500	$230 000
费用				
销货成本	$125 000	$30 000	$155 000	$135 000
销售与管理费用	50 000	11 800	61 800	61 800
利息费用	2 000	1 500	3 500	3 500
所得税费用	10 200	4 200	14 400	14 400
费用合计	$187 200	$47 500	$234 700	$214 700
净利润	$15 300	$2 500	$17 800	$15 300
宣告股利	(7 800)	(400)	(8 200)	(7 800)
当年留存收益增加额	$7 500	$2 100	$9 600	$7 500

资料来源：© Cengage Learning 2014.

编制内部抵消会计分录的必要性　根据公司法的要求，一般情况下，每个独立的法人单位都必须建立一套独立的会计簿记系统。每家公司在每个会计期间内都应当记录它与其他主体（包括关联单位和非关联单位）之间所发生的全部交易，并在会计期期末，编制自己的个别财务报表。因此，编制合并会计报表时，需要首先将集团内个别财务报表中的相同项目金额加总起来，然后再通过编制调整分录来抵消集团**内部交易**（intercompany transactions）的影响。所谓内部交易，在这里是指发生在集团内母、子公司之间或者子、子公司之间的交易。

合并会计报表要求我们将整个企业集团视为一个会计主体，因此，在合并会计报表中，应当只反映企业集团与集团外部主体之间所发生的交易结果。即假如在集团内部，某个子公司向另一家子公司出售了商品，那么，在编制合并会计报表时，就应当消除这种内部交易的影响。

抵消内部应收应付款　根据个别财务报表中的记录，假定鲍威尔公司曾经借给斯蒂尔公司 6 000 美元现金，至会计期末仍未收回。那么，在表 14-5 中的第（3）列里，这个金额在流动资产中被计算了两次：一次是在鲍威尔公司的"应收账款"项目里，另一次则是在斯蒂尔公司的"货币资金"项目里；与之同时，在第（3）列的"负债"项目中，也包含了斯蒂尔公司报告的这笔"应付账款"6 000 美元。站在整个集团的角度来看，这 6 000

美元并不是集团欠任何外部企业的债务。因此,为了消除资产方的重复记录,并按照整个集团对外部单位的实际欠款金额来报告负债,在编制合并会计报表时,应当将第(3)列中的内部应收账款6 000美元与负债中的内部应付账款6 000美元相互抵消,在合并工作底稿中编制如下抵消会计分录:

2013年12月31日

负债	6 000	
流动资产		6 000

抵消集团内部的债权债务影响。

这样,在第(4)列中,包括了应收账款项目的"流动资产"和包含了"应付鲍威尔公司欠款"项目的"负债",都等于对应项目在第(3)列中的金额减去6 000美元之差。

如果母公司或者某子公司投资了同一集团内部其他公司所发行的债券或者债务,那么,在编制合并资产负债表时,也应当类似地抵消相应的投资金额和负债金额。同时,在编制合并利润表时,还应当将债务人的利息费用和债权人的利息收入互相抵消。

抵消重复报告的投资项目　在鲍威尔公司的资产负债表中,有一项资产为"对斯蒂尔公司的股权投资",报告了鲍威尔公司对斯蒂尔公司净资产的投资金额。同时,作为子公司,斯蒂尔公司在它的个别资产负债表中也一一列出了它所拥有的各项资产和负债项目。在表14-5的第(3)列中,列报的是两家公司对应项目的金额合计数,因此,也就包括了鲍威尔公司的"对斯蒂尔公司的股权投资"金额和斯蒂尔公司的相应净资产金额。在编制合并会计报表时,需要将母公司的"对斯蒂尔公司的股权投资"金额与子公司的相关净资产项目进行抵消,在合并工作底稿中编制如下抵消会计分录:

2013年12月31日

普通股股本	1 000	
股本溢价	5 000	
留存收益	3 000	
应享有斯蒂尔公司投资收益	2 500	
不动产、厂场与设备(净值)	4 500	
商誉	40 000	
宣告的股利		400
对斯蒂尔公司的股权投资		55 600

将"对斯蒂尔公司的股权投资"账户与斯蒂尔公司的股东权益账户抵消,并确认尚未摊销的合并溢价(合并时被合并企业的公允价值高出其账面价值的差额)。

这笔抵消分录与合并日(2013年1月1日)工作底稿中的会计分录非常类似,但仍有以下几点不同之处:

1. 由于使用权益法进行核算,"对斯蒂尔公司的股权投资"账户金额在2013年已经发生了变化。我们需要将鲍威尔公司账簿中的"对斯蒂尔公司的股权投资"账户与斯蒂尔公司账簿中的相关股东权益账户进行全额抵消,这些股东权益账户包括"普通股股本""股本溢价""留存收益"和"宣告的股利"等。此外,"应享有斯蒂尔公司投资收益"2 500美元也应抵消,因为在斯蒂尔公司的账簿中,已经报告了它的各项收入和费用,其净额正是2 500美元。在第(3)列中将两家公司的收入与费用项目相加时,把这笔收益计算了两次,所以在编制合并会计报表时,应当抵消掉"应享有斯蒂尔公司投资收益"项目。类似地,斯蒂尔公司向鲍威尔公司支付了它所宣告的股利,该股利并没有流向集团外部单位,因此,对这种集团内部发放的股利,也应当进行抵消。

2. 调增"不动产、厂场和设备(净值)"账户的金额,刚好就是斯蒂尔公司的对应资产在2013年1月1日的公允价值高出其账面价值的差额5 000美元,再减去1年的折旧费用500美元以后的差额。

3. 因为商誉是不需要摊销的,因此,该项目在2013年12月31日的金额与2013年1月1日的金额是一样的,仍然为40 000美元。鲍威尔公司需要在每个会计期期末都对商誉进行减值测试,在本例中,我们假定商誉没有发生减值。

抵消集团内部销售的影响 在编制合并会计报表时，还需要将利润表中相关集团内部交易的影响进行抵消，使利润表只反映编报主体与集团外部主体之间交易的结果。以内部销售为例，假定根据记录，鲍威尔公司在这一年中将一项成本为20 000美元的商品以20 000美元的价格出售给了斯蒂尔公司，这批商品在2013年12月31日已由斯蒂尔公司全部对外售出。因此，该商品存货在鲍威尔公司的账簿中和在斯蒂尔公司的账簿中都有销售记录（分别为销售给斯蒂尔公司和销售给集团外部企业）。在表14-5的第（3）列中，集团对外部主体的销售收入显然就被高估了。同理，第（3）列中的"销货成本"项目中，也将这批商品的销货成本计算了两次，一次是鲍威尔公司销货给斯蒂尔公司时，另一次是斯蒂尔公司对外部企业进行销售时。在编制合并会计报表时，需要在工作底稿中编制如下抵消会计分录，以消除内部销货业务的影响：

2013年12月31日

销售收入	20 000	
销货成本		20 000

抵消集团内部商品销售的影响。

更现实和复杂的情形 在上例中，我们假定鲍威尔公司是按成本价格20 000美元销售商品给斯蒂尔公司的，这样可以让大家更清楚地看到在编制合并会计报表时，对收入和成本项目的抵消过程。但实际上，销售收入通常都是高于商品的取得成本的。所以，现在我们假定鲍威尔公司将一批成本为15 000美元的商品以20 000美元的价格出售给了斯蒂尔公司，在同一会计期间内，斯蒂尔公司很快又将这批商品以23 000美元的价格对外售出。那么，在编制合并会计报表时，就需要从合计销售收入和合计销售成本这两个项目中共同抵消内部销售收入20 000美元，留在合并利润表中的交易只应该有斯蒂尔公司对外部主体的销售收入23 000美元和鲍威尔公司的商品销货成本15 000美元。这也正是如果我们将鲍威尔公司和斯蒂尔公司看作一个会计主体的话，该合并主体将成本为15 000美元的商品以23 000美元的价格出售后的经营结果。

此外，在会计期末，斯蒂尔公司也可能会没有来得及将这批商品对外全部售出。在这种情况下，在鲍威尔公司的个别利润表中所报告的内部销售利润，实际上还停留在集团内部存货项目中的。所以，这时就还需要抵消鲍威尔公司的内部销售利润和斯蒂尔公司的存货价值高估部分。我们暂时不考虑这种复杂的情形。

合并利润 某一会计期间的合并净利润（或损失）恰好等于母公司按权益法核算所有对子公司投资时，在其个别财务报表中披露的利润额。即合并净利润可表示为：

母公司自身经营的净利润 + 母公司享有子公司当期净利润的份额 - 集团内部交易损益

鲍威尔公司使用权益法核算它对斯蒂尔公司的股权投资，在它报告的2013年净利润15 300美元中，有2 500美元是来自于对斯蒂尔公司的投资收益。因此，在工作底稿中抵消"对斯蒂尔公司的股权投资"账户时，同时也需要抵消"应享有斯蒂尔公司投资收益"2 500美元，因为在合并报表中，已经包括了斯蒂尔公司在2013年的净利润2 500美元了。

合并利润表与母公司按权益法核算时的个别利润表仅在项目列报上存在一些差别。因此，一些会计师会将权益法核算的结果称为单行合并（one-line consolidation）。因为在使用权益法进行会计核算时，母公司会将它在子公司当年的收入减去费用之剩余中所享有的份额全部报告在一个单一账户"应享有子公司投资收益"中，而且母公司对子公司净资产所享有的份额也报告在一个单一的账户"对子公司的股权投资"中。所以，在权益法下，对被投资企业的收入、费用、资产和负债的会计处理结果，实际上就是与将这些被投资企业纳入合并会计报表范围以后，母公司将会报告的损益结果是一样的。

在合并过程中对少数股东权益的处理 如果母公司对纳入合并范围子公司所持有的控制权比例小于100%的有投票权股本，那么，剩余投票权股本的持有者就被称为**非控股股东**（noncontrolling interest）或少数股东（minority interest）。[⊖]根据它们所持有的股权性质，少数股东也为子公司的权益融资提供了部分资金的，因此，少数

⊖ 在美国，实务中一般习惯使用**少数股东权益**（minority interest）这个术语。国际财务报告准则和美国公认会计原则都不使用这个术语了，但是，在很多公司财务报告中，你还是有可能看到这种说法。

股东对子公司的净资产和各期收益也应当按比例享有要求权。

合并资产负债表中的少数股东权益 假定在我们的例子中，鲍威尔公司只取得了斯蒂尔公司 80% 流通在外的股权，而不再是原来的 100%，那么，少数股东所拥有斯蒂尔公司的股权比例就是 20%。

由于鲍威尔公司能对斯蒂尔公司实施控制，因此，它可以直接决定斯蒂尔公司全部资产和负债的使用，而不仅仅只限于 80%（80% 仅是它在斯蒂尔公司所有权中享有的比例）。在合并资产负债表中，应将少数股东所享有合并子公司的权益份额报告为股东权益的一部分。

但是，关于在合并日资产负债表中少数股东权益的报告金额，美国公认会计原则和国际财务报告准则的规定则不太一致。根据美国公认会计原则，在合并资产负债表中，所有资产和负债都应按公允价值计量，因此，少数股东权益的金额应当等于少数股权比例与子公司净资产公允价值的乘积。①以表 14-3 中斯蒂尔公司在 2013 年 1 月 1 日的数据为例，该公司净资产的公允价值为 54 000（= 70 000 − 16 000）美元。那么，根据美国公认会计原则的规定，20% 的少数股东权益在 2013 年 1 月 1 日的合并资产负债表中应报告的金额就是 10 800（= 20% × 54 000）美元。但是，在国际财务报告准则体系下，企业可以选择按美国公认会计原则的这种方法来报告少数股东权益，也可以选择以子公司可辨认（identifiable）净资产的公允价值为基础来计量少数股东权益。在后面这种方法下，显然，商誉就是不可单独辨认的资产项目。②因此，如果按照国际财务报告准则的话，合并日资产负债表中少数股东权益的价值既可能是 2 800[= 20% × (7 000 + 23 000 − 16 000)] 美元，也可能与美国公认会计原则所要求的一样，为 10 800 美元。

在合并利润表中，应报告母公司和子公司的全部收入项目，再减去母公司和子公司的全部费用项目，最后再加减调整集团内部公司之间的收入、费用、利得和损失，然后得到合并净利润。该合并净利润中，也包括了少数股东在本期应享有的收益份额，其金额应当等于少数股东的持股比例乘以子公司的当期净利润，具体可参考表 14-6 中的计算过程。

表 14-6　柏美尔公司与史丹缇可公司 2013 年的利润表数据
（自习问题 14.3）

	柏美尔公司 (1)	史丹缇可公司 (2)	合计数 (3) = (1) + (2)	合并数 (4)
收入				
销售收入	$4 000	$2 000	$6 000	$5 500
应享有史丹缇可公司投资收益	80	—	80	—
收入合计	$4 080	$2 000	$6 080	$5 500
费用				
销货成本	$2 690	$1 350	$4 040	$3 540
销售与管理费用	1 080	480	1 560	1 560
利息费用	30	20	50	50
所得税费用	70	50	120	120
费用合计	$3 870	$1 900	$5 770	$5 270
扣除少数股东本期收益前的利润	$210	$100	$310	$230
史丹缇可公司少数股东本期收益				(20)
净利润	$210	$100	$310	$210

资料来源：© Cengage Learning 2014.

自习问题 14.3

理解合并报表。 柏美尔公司（Pomel Corporation）持有它的子公司史丹缇可公司（Static Company）80% 的有表决权股份，在表 14-6 和表 14-7 中，分别列出了这两家公司在截至 2013 年 12 月 31 日的这个财务年度中的利润表和年末资产负债表。表中前两列数字分别取自这两家公司的个别报表，第 (3) 列数字则是两家公司相同项目的合计数，而第 (4) 列中的金额则是在进行了集团内部事项抵消以后的柏美尔公司和史丹缇可公司的合并报表数额。

要求：

a. 在柏美尔公司的账上，"对史丹缇可公司的股权投资（权益法）"账户中包含了取得成本高于史丹缇可公司股东权益账面价值的合并溢价吗？

---

① 美国财务会计准则委员会《财务会计准则公告第 160 号：合并会计报表中的少数股东权益》（2007 年，汇编主题 810）。
② 国际会计准则理事会《国际财务报告准则第 3 号：企业合并》（2008 年修订版）。

b. 根据表14-6和表14-7中的数据，请从4个方面证实柏美尔公司持有史丹缇可公司80%的股权。

c. 请解释为什么在表14-7中，第(3)列的应收账款金额与第(4)列的应收账款金额会不一致？

d. 请解释为什么在合并资产负债表中不会出现"对史丹缇可公司的股权投资"这个项目？

e. 请问，为什么在合并资产负债表中，"股东权益"项目的合计数是740美元，比柏美尔公司个别资产负债表中的股东权益金额692美元更高？

f. 推算该企业集团在报告年度内发生内部销售的金额是多少？

g. 请解释为什么"应享有史丹缇可公司投资收益"80美元不应出现在合并利润表中？

h. 请问，为什么在合并利润表中会出现"少数股东应享有史丹缇可公司本期收益"项目，但在柏美尔和史丹缇可公司的个别利润表中，却都没有这个项目？

表14-7 柏美尔公司与史丹缇可公司2013年12月31日的资产负债表数据

（自习问题14.3）

	柏美尔公司 (1)	史丹缇可公司 (2)	合计数 (3) = (1) + (2)	合并数 (4)
资产				
货币资金	$125	$60	$185	$185
应收账款	550	270	820	795
存货	460	210	670	670
对史丹缇可公司的股权投资（权益法）	192	—	192	—
不动产、厂场与设备	680	380	1 060	1 060
资产总计	$2 007	$920	$2 927	$2 710
负债与股东权益				
应付账款	$370	$170	$540	$515
应付票据	400	250	650	650
其他流动负债	245	60	305	305
长期负债	300	200	500	500
负债合计	$1 315	$680	$1 995	$1 970
史丹缇可公司少数股东权益	$—	$—	$—	$48
普通股	200	50	250	200
留存收益	492	190	682	492
股东权益合计	$692	$240	$932	$740
负债与股东权益总计	$2 007	$920	$2 927	$2 710

资料来源：© Cengage Learning 2014.

14.3.5 合并政策的披露

企业在财务报表附注中必须披露它的重大会计政策，其中也包括了母公司的**合并政策**（consolidation policy）。如果投资企业没有将持有多数股权比例的子公司纳入合并范围，也应在附注中披露这一事实。在贵成公司的财务报表附注中，就披露了它所采用的公司合并会计核算政策和编制合并会计报表的相关政策。

> **合并会计报表**
>
> 合并会计报表的编制范围是贵成公司及其控股子公司。对于那些我们具有重大影响但不能实施控制的被投资企业，本公司采用权益法进行会计核算，但不纳入合并报表范围。在编报期间，本公司采用权益法核算的"应享有子公司投资收益或损失"都不符合重要性标准。对于集团公司内部之间发生的交易和往来账户影响，都已作抵消。

如果想要知道贵成公司是否100%地拥有纳入合并范围子公司的股权，我们可以参考表1-1中该公司的资产负债表，观察该公司是否在资产负债表中报告了"少数股东权益"项目。在截至2013年2月27日的这个会计期末，贵成公司报告了价值644百万美元的少数股东权益。而在表1-2利润表中，贵成公司也披露了在2012财年度中，应由少数股东享有的本期收益为77百万美元。从报告年度的总利润中减去这个金额，可以得到归属于贵成公司的2012财务年度净利润为1 317（=1 394－77）百万美元。

14.3.6 合并会计报表的局限性

合并会计报表是为母公司的股东而编制的，它并不能取代个别会计报表而存在。

- 债权人一般更关心向他们借款的债务人所拥有的资源情况，因此，相对来说，他们会对借款主体未合并的（即个别）公司财务报表更感兴趣。

- 公司只能根据自有留存收益的情况来宣告股利。
- 当母公司对子公司并没有全资控股时,少数股东只能根据子公司的个别会计报表来判断他们可能分到的股利情况。

14.4 可变利益实体

根据美国公认会计原则的规定,当一家企业对另一家企业拥有控制性财务权益时,便需要编制合并会计报表,而是否拥有控制性财务权益,一般是根据是否拥有多数普通股权,从而能控制投票权来判断的。但是在一些企业中,由于它们的普通股权还不具备与权益相关的一些经济特征,因此,拥有普通股权并不意味着就能拥有控制权。为说明这一点,请看下面列出一份的 P 公司商业协议。在这里,假定 P 公司希望能够通过借款来购买一架飞机。

1. P 公司向不相关的第三方支付 100 000 美元,使该第三方能够拥有实体 S 全部的股权。该第三方随后用 60 000 美元购入实体 S 的全部股权,并留下剩余的 40 000 美元,而实体 S 则得到 60 000 美元现金。

2. 实体 S 向某贷款小组借入 5 000 万美元,用来购买 P 公司希望得到的飞机。对该笔借款,实体 S 承诺将在未来 120 个月内,分期等额偿还 717 500 美元,相当于借款的隐含利率为每月 1%。最终,实体 S 在 120 个月内如约全额偿还了这笔贷款。

3. P 公司向上述贷款小组提供书面担保,承诺如果实体 S 不能如约偿还贷款,将由它来履行其偿债义务。虽然可以将飞机作为这笔贷款的抵押物,但该飞机的价值本身并不能足额满足贷款偿还要求,因此,如果没有 P 公司的书面担保,贷款小组是不会向实体 S 提供贷款服务的。

4. P 公司同意每月支付 717 500 美元,从实体 S 那里租入这架飞机。此外,P 公司还答应额外再支付一小笔费用以补偿实体 S 的交易成本。于是,实体 S 与 P 公司之间就此签订了协议。这样,实体 S 就可以用 P 公司每月所支付的飞机租金来偿还它借款的 5 000 万美元贷款。P 公司得到了这架飞机的使用权,并负责日常的维护工作。而实体 S 在成立时就被限定了只能从事与这笔贷款相关的借款与还款、以及与 P 公司之间的飞机租赁业务。

在图 14-2 中,对上述交易安排进行了描述。

在这种安排下,不相关的第三方是实体 S 的全资控股方,但实际上 P 公司却控制着实体 S 唯一的一项资产(飞机),并对贷款的偿还承担着连带担保责任。在这里,第三方作为实体 S 的股东并没有承担任何管理责任,也没有任何损益发生。如同我们在第 12 章中所介绍的,企业可以利用实体 S 这样的组织来将应收账款转换为现金,或者为大型项目或者研发项目融资等。这里所涉及的会计问题是:在什么样的情况下,这些实体应被纳入合并会计报表范围,而且,此时应由谁来编制这份合并会计报表?

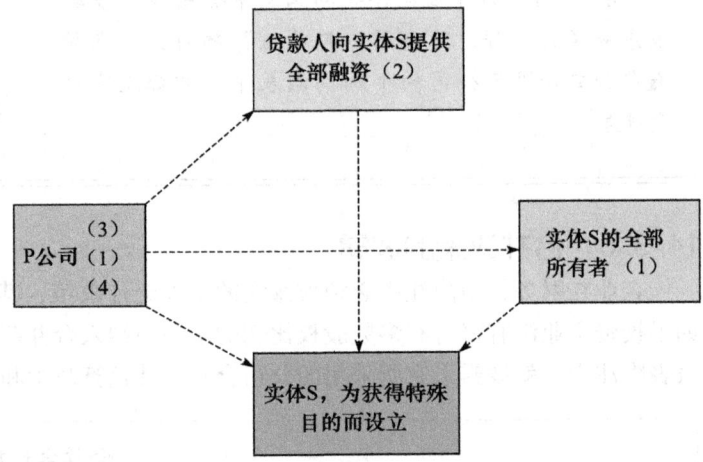

(1) P 公司向实体 S 的所有者支付 100 000 美元,使他们能得到实体 S 的全部股份。
(2) 实体 S 向贷款小组借款 5 000 万美元,用来购买飞机。
(3) P 公司就上述实体 S 的借款向贷款小组提供担保,承诺如果实体 S 不能按期偿债,将由它来履行偿债义务。
(4) P 公司从实体 S 那里租入飞机的使用权,并按月支付租金。

图 14-2 控制了投票权却不符合企业合并范围的某实体举例

资料来源:© Cengage Learning 2014。

美国公认会计原则将上述实体 S 这样的组织称为**可变利益实体**(variable interest entity,VIE)。⊖满足下列特征之一或者两条特征都能同时满足的实体,就可被称为可变利益实体:(1) 投入到该实体的资本金额非常小,所以该实体还需要其他财务支持才能开展业务活动;(2) 该实体的所有者对实体没有实质性的决策权,对该实体所发生的损益也没有实质性的责任。

⊖ 美国财务会计准则委员会《第 46 号解释公告修订版:合并可变利益实体》(2003 年),随后修订为《财务会计准则公告 167 号:对第 46 号解释公告修订版的再次修正》(2009 年,汇编主题 810)。在有些情况下,可变利益实体也被称为特殊目的实体(SPE);不过在官方指南中,并没有使用这个术语。

根据美国公认会计原则的要求，对于符合可变利益实体定义的组织，应由该实体的**首要受益人**（primary beneficiary）将其纳入合并会计报表范围。在我们的例子中，由于实体 S 的所有者并没有实质性的决策权，对实体 S 的损益情况也不承担实质性的责任，因此，可将实体 S 判断为一个可变利益实体。如果 P 公司满足如下两个条件，那么，P 公司将是实体 S 的首要受益人：（1）具有主导实体业务的权利，并能对实体业绩带来最重大的影响；（2）需要承担实体的预计重大损失或分享预计重大收益。

在我们的例子中，P 公司在设立实体 S 就对它可以开展的业务范围进行了限定。此外，P 公司还对可变利益实体 S 的全部债务提供担保。因此，可以认定 P 公司为实体 S 的首要受益人，应由 P 公司来负责编制合并会计报表，并将实体 S 的资产（飞机）和负债（贷款）全部纳入合并范围。该融资协议最终成为 P 公司的一项表外业务。

不过，在国际财务报告准则中，并没有可变利益实体这个概念。相反，国际财务报告准则提出的合并政策广泛适用于各种实体。从合并会计报表政策的角度来看，在国际财务报告准则中，通过持股比例所控制的实体与通过其他协议所控制的实体是没有区别的。⊖ 采用国际财务报告准则进行编报的企业，需要根据本章在"积极的多数股权投资"部分所讲过的合并标准来对实体进行分析，以判断是否将其纳入合并会计报表范围。

本章小结

本章主要讨论了当持股比例大于或者等于 20% 时，长期股权投资的会计核算问题。投资企业应按照所支付现金金额或者其他对价的公允价值，来记录普通股投资的初始取得成本。当企业购入股票投资时，借记的账户既可能是有价证券，也可能是长期股权投资，具体需要根据投资目的和预计投资期长短来进行判断。

对于取得权益性证券以后的会计核算，需要根据投资企业持有被投资企业的股权比例来进行判断：

- 当投资企业的持股比例在 20% 以下，且所持有的股票存在活跃交易市场时，应使用公允价值法进行会计核算。
- 当投资企业持有另一公司（被投资人）普通股股份的 20% 以上，但不超过 50% 时，通常应使用权益法进行会计核算。
- 美国公认会计原则规定，当投资企业持另一公司有表决权股份的 50% 以上时，投资企业就需要编制合并会计报表了。而如果根据国际财务报告准则，当一家企业能够对另一家企业实施控制时，就需要编制合并会计报表了；而且，是否能够实施控制，可以根据是否持有多数股权来判断，也可以根据其他方式来判断。
- 根据美国公认会计原则，投资企业需要应用特殊的准则指南来判断与它相关的组织是否属于可变利益实体（VIE）；如果是的话，还需要进一步判断投资企业是否就是该可变利益实体的首要受益人，并且应当编制合并会计报表。

表 14-8 对我们在第 13 章和第 14 章中所介绍过的股权投资的后续计量和核算问题进行了总结。

合并会计报表和权益法对净利润的影响是一样的，都体现为在抵消了集团内部交易的影响之后，投资企业将它所应享有的被投资企业当期损益份额计入自己的净利润中。在权益法下，该份额体现在投资企业利润表的一个独立项目里。而在合并利润表中，则将被投资企业（子公司）的收入和费用全部与母公司的合在一起进行报告。不过，编制合并会计报表时，合并资产负债表中的项目金额合计会大于权益法下的资产负债表项目金额合计，因为在合并资产负债表中包括了子公司的全部资产和负债项目，而在权益法下，仅在投资企业的"对被投资企业的股权投资"账户中反映投资企业应享有被投资企业净资产的份额。

⊖ 国际财务报告准则对合并政策的规定主要在国际会计准则理事会发布的《国际财务报告准则第 10 号：合并财务报表》（2011 年）中。在该准则的指南部分，列举了对实体控制标准的判断，其中有部分例子非常类似于美国公认会计原则中对可变利益实体的判断。

表 14-8 各类长短期投资的会计核算方法及其影响

会计核算方法	资产负债表	利润表
对可供出售的有价证券（一般当持股比例在20%以下时）和现金流量套期工具采用公允价值法进行会计核算[a]	按公允价值计量投资账户或者衍生金融工具，相关的未实现损益计入"其他综合收益"中	持有期间，应将被投资企业宣告的股利计入投资企业的收益；在与外部主体进行的公平交易中，实现的相关损益也应计入投资企业的利润
对交易性证券（一般持股比例都在20%以下）和公允价值套期工具，采用公允价值法进行会计核算	按公允价值计量投资账户或者衍生金融工具；相关的未实现损益计入当期利润表，最终影响企业的留存收益	持有期间，应将被投资企业宣告的股利计入投资企业的收益；当公允价值发生变动时，应将相关的公允价值变动损益（指当前价值与当前账面价值之差）计入当期损益
摊余成本法（仅适用于投资企业有能力和意图持有至到期的债权投资）[①]	按摊余成本加上本期应计、但尚未收到的利息金额计量	按当期期初的账面价值乘以该债权投资在取得日的历史市场利率之乘积作为当期利息收入
权益法（一般适用于持股比例在20%以上但50%以下时）	按取得成本加上投资企业在投资后应享有被投资企业累计实现损益的份额，再减去已摊销的购买价格高于被投资企业使用寿命有限的可辨认资产公允价值之差额进行计量	调整内部损益影响后，将应享有被投资企业当期净利润的份额确认为投资企业当期的投资收益
合并会计报表（根据美国公认会计原则规定，适用于当持股比例高于50%时；或者根据国际财务报告准则，适用于当投资企业能够对被投资企业实施控制时）	用子公司的各项资产和负债项目取代母公司的股权投资项目，并将少数股东权益报告在母公司的股东权益部分，抵消集团内部资产和负债的影响	将子公司的各项收入与费用项目与母公司的进行合并，同时抵消集团内部交易的影响，然后将少数股东所享有的子公司本期收益减去

①企业可以对这些证券实施公允价值选择权，这样的话，对资产负债表和利润表的影响就与交易性证券和公允价值套期工具的一样了。

资料来源：© Cengage Learning 2014.

自习问题解答

自习问题 14.1 解答参考

（依魁集团；权益法下会计分录的编制。）

a. 2013 年 1 月 31 日

对 D 公司的股权投资	80 000	
对 E 公司的股权投资	190 000	
对 F 公司的股权投资	200 000	
货币资金		470 000

b. 2013 年 12 月 31 日

对 D 公司的股权投资（40% × $40 000）	16 000	
对 E 公司的股权投资（30% × $120 000）	36 000	
对 F 公司的股权投资（20% × $200 000）	40 000	
应享有被投资企业投资收益		92 000

2013 年 12 月 31 日

货币资金	25 000	
对 D 公司的股权投资（40% × $10 000）		4 000
对 E 公司的股权投资（30% × $30 000）		9 000
对 F 公司的股权投资（20% × $60 000）		12 000

2013 年 12 月 31 日

摊销费用	8 000	
对 E 公司的股权投资		4 000
对 F 公司的股权投资		4 000

证券	2013 年 1 月 1 日被投资企业净资产账面价值	所有权比例	取得账面价值的份额	股权投资取得成本	投资溢价	每年应摊销的投资溢价（按 10 年）
D	$200 000	40%	$80 000	$80 000	—	—
E	500 000	30%	150 000	190 000	$40 000	$4 000
F	800 000	20%	160 000	200 000	40 000	4 000

c. 2014 年 12 月 31 日

对 D 公司的股权投资（40% × $50 000）	20 000	
对 F 公司的股权投资（20% × $50 000）	10 000	
对 E 公司的股权投资（30% × $40 000）		12 000
应享有被投资企业投资收益		18 000

2014 年 12 月 31 日

货币资金	16 800	
对 D 公司的股权投资（40% × $12 000）		4 800
对 F 公司的股权投资（20% × $60 000）		12 000

2014年12月31日

摊销费用	8 000	
对 E 公司的股权投资		4 000
对 F 公司的股权投资		4 000

d. 2015年1月2日

货币资金	190 000	
出售股权投资损失	7 000	
对 E 公司的股权投资		197 000

$197\ 000 = \$190\ 000 + \$36\ 000 - \$9\ 000 - \$4\ 000 - \$12\ 000 - \$4\ 000$

自习问题 14.2 解答参考

（鲍威尔公司；购买法对财务报表的影响）

a. 2013年1月1日

流动资产	7 000	
不动产、厂场与设备（净值）	23 000	
商誉	40 000	
负债		16 000
普通股（2 700 × $1）		2 700
股本溢价（2 700 × $19）		51 300

b. 表 14-9 已列出了用权益法核算股权投资时，2013 年 1 月 1 日的合并资产负债表。

表 14-9　鲍威尔公司与斯蒂尔公司合并资产负债表，2013年1月1日

（自习问题 14.2）

资产	
流动资产	$17 000
不动产、厂场与设备（净值）	53 000
商誉	40 000
资产总计	$110 000
负债与股东权益	
负债	$41 000
普通股	3 700①
股本溢价	60 300②
留存收益	5 000
负债与股东权益总计	$110 000

① $3 700 = $1 000 + (2 700 × $1)。
② $60 300 = $9 000 + (2 700 × $19)。
资料来源：© Cengage Learning 2014.

自习问题 14.3 解答参考

（柏美尔公司与史丹缇可公司；理解合并报表）

a. 这种说法不正确。"对史丹缇可公司的股权投资（权益法）"账户显示余额为 192 美元，恰好等于史丹缇可公司股东权益的 80%（$192 = 80% × $240）。如果在企业合并日，史丹缇可公司的公允价值高于其净资产的账面价值，那么对于合并溢价，要么柏美尔公司已经摊销了，要么已经确认为了减值损失了，所以在投资账户中已经看不到合并溢价了。

b. 可从以下 4 个方面予以证实：

1) "对史丹缇可公司的股权投资（权益法）"账户有余额 192 美元，正好等于史丹缇可公司股东权益总额的 80%。当不存在未摊销的合并溢价时（见 a 部分的解答参考），正好支持柏美尔公司对史丹缇可公司的股权投资比例为 80%。

2) "史丹缇可公司少数股东权益"的余额为 48 美元，正好等于史丹缇可公司股东权益金额的 20%（$48 = 20% × $240）。

3) 在柏美尔公司的 2013 年的利润表中，报告了"应享有史丹缇可公司投资收益"80 美元，正好等于史丹缇可公司 2013 年净利润的 80%（$80 = 80% × $100）。

4) "史丹缇可公司少数股东本期收益"为 20 美元，正好也等于史丹缇可公司 2013 年净利润 100 美元的 20%（$20 = 20% × $100）。

c. 柏美尔公司于史丹缇可公司之间存在内部应收和应付款。这是因为，两家公司应收账款的合计数比合并数高出了 25（820 - 795）美元，同样，应付账款的合计数也比合并数高出了 25（540 - 515）美元。

d. 如果在合并资产负债表中既报告"对史丹缇可公司的股权投资"项目，又报告史丹缇可公司的各项资产和负债项目的话，势必会出现重复计算问题了。

e. 这是因为，在合并资产负债表中的股东权益除了包括柏美尔公司本身的股东权益 692 美元以外，还包括了史丹缇可公司 20% 的少数股东权益。

f. 500 美元。计算过程为：$500 = $6 000 - $5 500，或 = $4 040 - $3 540。

g. 在合并利润表中，已经报告了史丹缇可公司各项收入、费用和少数股东应享有的史丹缇可公司本期收益了，净额为 80 美元，如果还要将"应享有史丹缇可公司投资收益"80 美元报告在合并利润表中的话，势必会出现重复计算问题了。

h. 无论两家公司的普通股股东身份如何，在两家公司的个别利润表中，都分别报告了各自的总收入、费用情况。但在合并利润表中，报告是可以分配给史丹缇可公司少数股东和柏美尔公司的利润情况。柏美尔公司的股东对柏美尔公司全部的利润和史丹缇可公司 80% 的利润都享有要求权。而在合并利润表中，合并收入和费用项目确是调整了集团内部交易的影响之后两家公司的收入和费用合计数。因此，应将少数股东应享有史丹缇可公司本期收益作为一个项目单独列报在合并利润表中，因为它不是柏美尔公司的股东可享有的收益。

关键术语与概念

有价证券（marketable securities）
长期股权投资（investments in securities）
消极的少数股权投资（minority, passive investments）
重大影响（significant influence）
积极的少数股权投资（minority, active investments）
权益法核算的投资、对联营企业的股权投资、对合营企业的股权投资（equity method investments, investments in affiliates, investments in associates）
积极的多数股权投资（majority, active investments）
权益法（equity method）
母公司（parent）

子公司（subsidiary）
合并会计报表（consolidated financial statements）
购买法（acquisition, or purchase, method）
商誉（goodwill）
廉价购买（bargain purchase）
合并工作底稿（consolidation work sheet）
内部交易（intercompany transactions）
少数股东权益（noncontrolling interest, minority interest）
合并政策（consolidation policy）
可变利益实体（variable interest entity, VIE）
首要受益人（primary beneficiary）

思考题、练习题和解决问题

思考题

1. 复习关键术语与概念中所列术语和概念的含义。
2. 区分"重大影响"和"控制"这两个概念，并指出这两种情况对公司股权投资会计核算方法的影响。
3. "根据投资企业所使用的不同会计核算方法，已经或可以从其他公司收到的股利应作为计算利润时的一种收入来源，或者投资成本的收回，或者予以抵消。"请解释这句话的含义。
4. 请解释为什么使用权益法核算其长期股权投资的企业必须将股权投资的购买溢价分配给使用寿命有限的资产，然后逐年再进行摊销？
5. 请解释为什么使用权益法核算长期股权投资的企业必须将投资人与被投资人之间所发生的内部损益交易进行抵消？
6. 请解释为什么使用权益法核算长期股权投资的企业必须确认它在被投资企业"其他综合收益"中所享有的份额？
7. 为什么使用权益法核算的结果有时候会被称为"单行合并"？请从资产负债表和利润表两个角度来回答。
8. "用权益法核算对子公司的股权投资、但不编制合并会计报表，与将子公司纳入合并范围并编制合并会计报表所得到的净利润是一样的，但总资产却是不一样的。"请解释这句话的意思。
9. 请区分"对其他公司的少数股权投资"和合并会计报表中的"少数股东权益"这两个项目。
10. 请定义什么叫作经济实体（economic entity），并说明它在编制母公司和其控股的子公司所组成企业集团的合并会计报表时的重要性。
11. "对子公司的股权投资"账户的性质为一项资产账户。请问，在编制合并会计报表时，为什么投资企业必须要将该账户与子公司的股东权益项目进行抵消？
12. 请区分合并利润表中的"少数股东本期收益"项目与合并资产负债表中的"少数股东权益"项目之间有什么不同？
13. 请问，在编制合并会计报表时，为什么必须抵消集团公司内部交易的影响？
14. 请问在什么样的情况下可能出现已经拥有了子公司的多数所有权、但却不能对子公司实施控制？

练习题

15. **权益法下会计分录**。开曼公司（Cayman Company）在1月2日以550 000美元的价格买入了丹佛公司（Denver Company）100%的普通股股权。在合并日，丹佛公司的普通股股本为200 000美元，留存收益余额为350 000美元。企业合并当年，丹佛公司实现了净利润120 000美元，宣告股利30 000美元。开曼公司使用权益法核算对丹佛公司的股权投资。要求：写出开曼公司在当年与核算对丹佛公司的股权投资相关的会计分录。

16. **权益法下的会计分录**。韦伯公司（Weber Corporation）在1月2日支出100百万美元购入了艾比电脑公司（Albee Computer）20%的流动在外普通股股本，对艾比公司具有重大影响，购买价格高出艾比公司净资产账面价值的部分是由于一项专利权增值引起的，该专利权还有10年的摊销期。艾比电脑公司在接受投资当年1月2日和12月31日的股东权益项目如下（金额单位为百万美元）：

	1月2日	12月31日
普通股	$300	$300
留存收益	120	190

艾比电脑公司在报告年度中实现净利润100百万美元，宣告股利30百万美元。韦伯公司在12月31日的应收账款中，有600 000美元是应收艾比电脑公司的。韦伯公司使用权益法核算对艾比电脑公司的股权投资。要求：写出韦伯公司对艾比公司进行股权投资的初始确认会计分录，以及在投资年度中使用权益法核算时的其他相关会计分录。

17. **使用权益法核算股权投资时的会计分录**。伍德公司（Wood Corporation）在1月2日对3家公司进行了长期股权投资，当年发生的相关数据如下所示：

公司名称	取得所有权比例	可辨认净资产在1月2日的账面价值与公允价值	投资取得成本	当年净利润（亏损）	当年宣告的股利
诺克斯公司	50%	$700 000	$350 000	$70 000	$30 000
瓦赫公司	30%	520 000	196 000	40 000	15 000
斯诺公司	20%	400 000	100 000	(24 000)	—

要求：写出上述三项股权投资的初始确认会计分录，并写出使用权益法核算上述投资时，当年的相关会计分录。假定没有发生任何商誉减值。

18. **使用权益法核算股权投资时的会计分录**。以下是斯德斌斯公司（Stebbins Corporation）所持有的"积极的少数股权投资"项目情况：

证券名称	投资取得日	投资取得成本	占被投资企业所有权比例	被投资企业在2013年1月1日可辨认净资产的账面价值
R	1/1/2013	$250 000	25%	$800 000
S	1/1/2013	325 000	40%	750 000
T	1/1/2013	475 000	50%	950 000

证券名称	当年盈利（损失） 2013年	当年盈利（损失） 2014年	当年宣告股利 2013年	当年宣告股利 2014年
R	$200 000	$225 000	$125 000	$130 000
S	120 000	75 000	80 000	80 000
T	(150 000)	50 000	—	—

其中，R公司有一栋还可以使用10年的建筑物，其公允价值高于账面价值160 000美元，因此，其中有40 000美元属于斯德斌斯公司对R公司的投资溢价。斯德斌斯公司就剩余的投资溢价都分配给了商誉。S公司和T公司可辨认净资产的账面价值与公允价值相等。假定在相关投资期间内，没有商誉减值的情况发生。

要求：
a. 写出上述股权投资的初始确认会计分录，并写出斯德斌斯公司在2013年和2014年使用权益法核算上述投资时的相关会计分录。
b. 斯德斌斯公司在2015年1月1日将R公司的股票以275 000美元的价格对外售出，写出相关的会计分录。

19. **倒推合并会计报表问题**。雷诗琪公司（Laesch Company）是礼来公司（Lily Company）的母公司，这种股权控制关系自从礼来公司由雷诗琪公司创办以来就一直存在。礼来公司从来没有宣告过任何股利，而雷诗琪公司的留存收益金额为100 000美元，这些留存收益完全来自于雷诗琪公司自身的业务经营，与公司之间的投资没有任何关系。在雷诗琪公司所编制的合并资产负债表中，并没有出现商誉项目，报告的留存收益金额为156 000美元。请回答以下几个相互独立的问题：
a. 如果雷诗琪公司拥有礼来公司80%的股权，并将礼来公司纳入它的合并会计报表范围，请问，礼来公司的留存收益金额为多少？
b. 如果礼来公司的留存收益金额为77 000美元，请问，雷诗琪公司对礼来公司的控股比例为多少？
c. 假定雷诗琪公司并未将礼来公司纳入合并会计报表范围，但使用权益法核算对礼来公司的投资，那么，请问，雷诗琪公司当年所确认的应享有礼来公司的投资收益为多少？

20. **倒推合并利润表问题**。迪尔科公司（Dealco Corporation）公布了今年的合并利润表，如表14-10所示。当年，未纳入合并范围的联营企业一共实现了盈利140百万美元，将其他的25%留存后，其余的都以股利的形式发放；而纳入合并范围的子公司当年一共实现了280百万美元的净利润，没有宣告股利。要求：
a. 迪尔科公司拥有联营企业的股权比例为多少？
b. 迪尔科公司当年从未纳入合并范围的联营企业那里分得了多少股利？
c. 对于纳入合并范围的子公司，迪尔科公司拥有的持股比例为多少？

表14-10 迪尔科公司合并利润表
（练习题20）

收入	
销售收入	$1 400 000
应享有联营企业投资收益	56 000
收入总额	$1 456 000
费用	
销货成本（不包括折旧费用）	$910 000
管理费用	140 000
折旧费用	161 000
商誉摊销费用	7 000

		（续）
所得税费用：		
当期应付部分	$58 800	
递延部分	14 000	72 800
费用合计		$1 290 800
集团合并净利润		$165 200
减：少数股东本期收益		(42 000)
迪尔科公司股东享有的净利润		$123 200

资料来源：© Cengage Learning 2014.

21. **合并政策与主要合并概念**。CAR 公司是美国境内的一家计算机生产企业，它拥有查理电气公司（Charles Electronics）75% 的表决权股本，法国亚历山大软件系统公司（Alexandre du France Software Systems）80% 的有表决权股本和 R 信用公司（R Credit Corporation，金融企业）90% 的有表决权股本。CAR 公司将查理电气公司纳入了合并会计报表编制范围，使用权益法核算对 R 信用公司的投资，并将对亚历山大软件公司的投资划分为可供出售的金融资产进行会计核算。以下是上述公司年度报告中的一些数据，假定这些公司之间没有任何内部交易发生。

	持有股权比例	净利润	股利	会计核算方法
CAR 集团公司	—	$1 200 000	$84 000	—
查理电气公司	75%	120 000	48 000	合并会计报表
亚历山大软件系统公司①	80%	96 000	60 000	公允价值（可供出售的金融资产）
R 信用公司	90%	144 000	120 000	权益法

①股份的公允价值大于其取得成本。

要求：

a. 根据美国公认会计原则的规定，CAR 公司是否对它的股权投资使用了错误的会计核算方法？如果是的话，是对哪家公司的投资核算方法选择错误了呢？假定 CAR 公司对上述三家公司的股权投资会计核算方法是正确的，请回答下列问题：

b. 在 CAR 集团合并利润表中所报告的净利润中，有多少是来自于这三家被投资企业的？

c. 在 CAR 集团的合并利润表中，"少数股东本期收益"的金额应当是多少？这个金额对 CAR 集团合并净利润的影响是什么？

d. 如果 CAR 公司将上述三家被投资企业都纳入合并范围，那么，CAR 集团的合并净利润应当为多少？

e. 如果 CAR 公司将上述三家被投资企业都纳入合并范围，那么，在合并利润表上应报告的"少数股东本期收益"会是多少？

22. **权益法下的会计分录**。沃格尔公司（Vogel Company）是乔伊斯公司（Joyce Company）的子公司，乔伊斯公司使用权益法核算"对沃格尔公司的股权投资"。要求：请分别站在乔伊斯公司和沃格尔公司的立场上，同时写出下列交易或者事项的相关会计分录。

a. 1月2日，乔伊斯公司以现金从市场中买入沃格尔公司 100% 的股权，共计支出 420 000 美元。当时，沃格尔公司流通在外股本面值为 300 000 美元，留存收益为 80 000 美元。乔伊斯公司将股权投资成本高于沃格尔公司净资产账面价值的差额确认为沃格尔公司一项自行研发专利权的增值，该项专利权在当日来看还可以使用 10 年。

b. 沃格尔公司按成本价从乔伊斯公司那里购入了一批原材料，交易价格为 29 000 美元。

c. 沃格尔公司从乔伊斯公司那里借入 6 000 美元存入银行。

d. 沃格尔公司支付了上述交易"b"中的部分货款，共计 16 000 美元。

e. 沃格尔公司将上述交易 c 中的部分款项偿还给了乔伊斯公司，共计 4 000 美元。

f. 沃格尔公司当年宣告并实际支付了股利 20 000 美元。

g. 沃格尔公司当年实现利润 30 000 美元。

23. **根据已经抵消的内部交易进行倒推**。（根据 S. A. Zeff 教授的练习题改编）阿尔法公司（Alpha）拥有欧米茄公司（Omega）100% 的股权，并将欧米茄公司列入合并会计报表范围，两家公司所组成的企业集团被称为阿尔法/欧米茄集团。在 2013 年，阿尔法公司将一些商品出售给欧米茄公司，定价为阿尔法公司的成本再上浮 50%。这些商品部分已经被欧米茄公司以更高的价格出售给了客户。下表中是取自阿尔法公司、欧米茄公司的一些个别财务报表数据和取自阿尔法/欧米茄集团的一些合并财务报表数据。

	个别财务报表数据		合并财务报表数据
	阿尔法公司	欧米茄公司	
销售收入	$450 000	$250 000	$620 000
销货成本	300 000	210 000	430 000
商品存货	60 000	50 000	100 000

请问：

a. 阿尔法公司在 2013 年向欧米茄公司出售商品取得的销售收入为多少？

b. 2013 年年末，欧米茄公司从阿尔法公司购入的商品还未对外售出的部分，在欧米茄公司账簿中的成本为多少？这批商品对阿尔法公司来说，成本为多少？这两个成本金额，哪一个应当被包括在合并资产负债表的"商品存货"项目中？

24. **根据采购数据倒推**。（根据 S. A. Zeff 教授的练习题改编）2013 年 5 月 1 日，霍马公司（Homer）以 10 000 股普通股股票换入了童加公司（Tonga）的资产，并同时承担了童加公司的全部债务。霍马公司使用购买法核算"对童加公司的股权投资"取得成本。在合并时，童加公司应计折旧资产的账面价值是高于霍马公司估计的公允价值的，但对于其他资产，霍马公司都按公允价值进行了收购，因此，最后总的购买价格超过了童马公司可辨认净资产的账面价值，差额被确认为了商誉。在合并日，童加公司的股东权益为 980 000 美元，负债合计为 80 000 美元，童加公司的账簿中没有报告任何商誉。

霍马公司是这样记录取得的投资的：

流动资产	210 000
应计折旧的资产（净值）	700 000
商誉	120 000
负债	80 000
普通股——面值	150 000
股本溢价	800 000

请问：

a. 在被合并以前，童加公司报告它的总资产账面价值为多少？

b. 在被合并以前，童加公司应计折旧资产的账面价值为多少？

25. **财务报表错误的影响**。使用"高估""低估"或"无影响"来指出下列各项互相独立的事项对企业资产、负债、股东权益和净利润的影响（不考虑所得税的影响）。

a. 在使用权益法核算对子公司的股权投资时，母公司正确地核算了它在子公司当年实现净利润中应享有的收益；但当母公司实际收到子公司支付的股利时，却贷记了"股利收入"账户。

b. P 公司在当年 1 月 1 日购入了 S 公司 30% 的股份，购买价格大于 S 公司对应净资产的账面价值，溢价主要来自 S 公司所拥有一项专利权增值。P 公司正确地核算了它当年应享有 S 公司净利润的份额和收到 S 公司所发放的股利，但是却忘记了摊销股权投资溢价。

c. P 公司在当年向它的全资控股子公司 S 出售了一些存货，并因此而报告了利润。S 公司已将这些存货对外售出，并在当年年底之前就向 P 公司结清了货款。在编制合并会计报表时，P 公司没有就此内部交易编制任何抵消会计分录。

d. 参考 c 部分。假定在当年年末，S 公司尚欠 P 公司货款 10 000 美元，P 公司在编制合并会计报表时未对此内部债权债务进行任何调整。

e. P 公司拥有 S 公司 90% 的股份，在合并会计报表中，P 将少数股东权益作为负债处理。在编制合并工作底稿时，P 公司对少数股东本期收益和少数股东权益没有进行任何处理。

解决问题

26. **编制合并资产负债表**。表 14-11 中，前两列数据取自伊莱公司（Ely Company）和思慕公司（Sims Company）本年末的个别财务报表。伊莱公司在本年 1 月 1 日以 70 000 美元现金购入了思慕公司 100% 的有表决权股份。当日，思慕公司的留存收益余额为 42 000 美元，伊莱公司将股权购买溢价作为商誉处理，并且当年没有发生商誉减值。合并后第一年中，伊莱公司向思慕公司预付了 7 500 美元货款，分别报告为伊莱公司的应收款和思慕公司的负债。要求：在表 14-11 的"合并数"这一列中，填入本年 12 月 31 日伊莱公司和思慕公司合并资产负债表中的恰当金额。

表 14-11 伊莱公司和思慕公司本年 12 月 31 日的会计数据
（解决问题 26）

	伊莱公司	思慕公司	合并数
资产			
货币资金	$12 000	$5 000	
应收账款	25 000	15 000	
对思慕公司的股权投资	78 000	—	
其他资产	85 000	80 000	
资产总计	$200 000	$100 000	
负债与股东权益			
短期负债	$45 000	$40 000	
普通股	50 000	10 000	
留存收益	105 000	50 000	
负债与股东权益合计	$200 000	$100 000	

资料来源：© Cengage Learning 2014.

27. **编制合并资产负债表**。表 14-12 中，前两列数据取自 P 公司和 S 公司 2014 年 12 月 31 日的个别资产负债表。P 公司在 2013 年 1 月 1 日取得了 S 公司 100% 的普通股股权，当时 S 公司的留存收益为 40 000 美元。P 公司将该股权投资的取得成本超出 S 公司净资产账面价值的部分确认为 S 公司所拥有一栋建筑物的增值，该建筑物从 2013 年 1 月 1 日来看，还有 10 年的使用寿命。2014 年 12 月 31 日，P 公司持有一张由 S 公司签发的应付票据，金额为 16 400 美元。要求：

a. 请在表 14-12 中"合并数"一栏中填写 2014 年

12月31日P公司和S公司所组成企业集团的正确资产负债表金额。

b. 计算P公司在2013年1月1日取得对S公司股权投资的成本为多少？

c. 编制一张分析表，解释"对S公司的股权投资"账户从2013年1月1日起至2014年12月31日所发生的变化。

表14-12　P公司与S公司2014年12月31日会计数据
（解决问题27）

	P公司	S公司	合并数
资产			
货币资金	$36 000	$26 000	
应收账款与票据	180 000	50 000	
存货	440 000	250 000	
对S公司的股权投资（权益法）	726 000	—	
不动产、厂场与设备（净值）	600 000	424 000	
资产总计	$1 982 000	$750 000	
负债与股东权益			
应付账款与票据	$110 000	$59 000	
其他负债	286 000	21 000	
普通股股本	1 200 000	500 000	
股本溢价	—	100 000	
留存收益	386 000	70 000	
负债与股东权益总计	$1 982 000	$750 000	

资料来源：© Cengage Learning 2014.

28. **权益法与合并会计报表**。表14-13中，前两列数据取自匹克公司（Peak Company）与瓦力公司（Valley Company）本年度12月31日的个别财务报表。匹克公司在本年1月1日用50 000美元现金购入了瓦力公司100%的普通股股份，当日，瓦力公司的股东权益项目包括5 000美元的普通股股本和45 000美元的留存收益。瓦力公司在本年度共计实现利润10 000美元，宣告并支付现金股利4 000美元。在本年度中，匹克公司向瓦力公司预付了8 000美元，匹克公司将这笔预付款报告在了"应收账款"中，而瓦力公司则将这笔预收款报告在了"应付账款"中。要求：

a. 写出匹克公司在本年1月1日购买瓦力公司普通股股份的会计分录，以及在本年度中，使用权益法对瓦力公司的股权投资进行会计核算的相关会计分录。

b. 为匹克公司和瓦力公司所组成的集团编制合并资产负债表和合并利润表，将相应的数据填写到表14-13中的"合并数"一栏中。

c. 假定在问题c、d和问题e中，匹克公司购买瓦力公司全部普通股股份的成本为70 000美元，而不是50 000美元；而瓦力公司账簿中所记录资产和负债的账面价值与公允价值相等，不过，瓦力公司持有一项内部研发成功的专利权并没有确认在账簿中，公允价值为20 000美元，从合并日开始计算的话，还可以有10年的使用期。请写出匹克公司在本年1月1日取得瓦力公司的股权投资时应编制的会计分录，以及在本年度中应用权益法核算对瓦力公司的股权投资时应编制的相关会计分录。匹克公司将前述专利权的摊销费用记录到了"销售与管理费用"账户中。此外，专利权的摊销会造成账面利润与应税利润之间的永久性差异，即匹克公司在财务报告中将逐期把专利权成本摊销进入费用中，但在纳税申报表中，该项费用是不被认可的。只有等到匹克公司要对外出售这项专利时，其出售所得扣除取得投资时分配给该项专利的公允价值之差将被认定为应税收益或者损失。因此，专利权的摊销费用对所得税费用是没有影响的。

d. 假定匹克公司在本年1月1日用70 000美元购入瓦力公司的全部股份，表14-14中列出了两家公司在本年末的财务数据。请写出该表中本年12月31日匹克公司数据栏中"?"所代表的金额是多少。提示：参考c部分中所编写会计分录的金额。

e. 请写出表14-14中匹克公司和瓦力公司合并资产负债表和合并利润表的相关数据，填写在"合并数"一栏中。

表14-13　匹克公司与瓦力公司本年12月31日的部分会计数据，假定股权投资取得成本为50 000美元
（解决问题28）

	匹克公司	瓦力公司	合并数
资产			
货币资金	$33 000	$6 000	
应收账款	42 000	20 000	
对瓦力公司的股权投资（权益法）	56 000	—	
其他资产	123 000	85 000	
资产总计	$254 000	$111 000	
负债与股东权益			
应付账款	$80 000	$25 000	
应付债券	50 000	30 000	
普通股	10 000	5 000	
留存收益	114 000	51 000	
负债与股东权益总计	$254 000	$111 000	
销售收入	$400 000	$125 000	
应享有瓦力公司投资收益	10 000		
销货成本	(320 000)	(90 000)	
销售与管理费用	(44 000)	(20 000)	
所得税费用	(12 000)	(5 000)	
净利润	$34 000	$10 000	

资料来源：© Cengage Learning 2014.

表 14-14　匹克公司与瓦力公司本年 12 月 31 日的部分会计数据，假定股权投资取得成本为 70 000 美元
（解决问题 28）

	匹克公司	瓦力公司	合并数
资产			
货币资金	$13 000	$6 000	
应收账款	42 000	20 000	
对瓦力公司的股权投资（权益法）	?	—	
其他资产	123 000	85 000	
资产总计	$?	$111 000	
负债与股东权益			
应付账款	$80 000	$25 000	
应付债券	50 000	30 000	
普通股	10 000	5 000	
留存收益	?	51 000	
负债与股东权益总计	$?	$111 000	
销售收入	$400 000	$125 000	
应享有瓦力公司投资收益	?	—	
销货成本	(320 000)	(90 000)	
销售与管理费用	?	(20 000)	
所得税费用	(12 000)	(5 000)	
净利润	$?	$10 000	

资料来源：© Cengage Learning 2014.

29. **非全资控股时权益法与合并会计报表的比较。** 表 14-15 中，前两列是某母公司与其子公司在本年 12 月 31 日的相关会计数据。母公司在本年 1 月 1 日以现金 96 000 美元购入了子公司 80% 的有表决权股本，当时子公司的股东权益由普通股 50 000 美元和留存收益 70 000 美元所组成。子公司在本年度中共计实现净利润 20 000 美元，宣告并发放股利 8 000 美元。请在表 14-15 中"合并数"一栏里填写母子公司所组成企业集团的合并资产负债表和合并利润表数据。

表 14-15　母公司与子公司在本年 12 月 31 日的相关会计数据
（解决问题 29）

	母公司	子公司	合并数
资产			
货币资金	$38 000	$12 000	
应收账款	63 000	32 000	
对子公司的股权投资（权益法）	105 600	—	
其他资产	296 400	160 000	
资产总计	$503 000	$204 000	
负债与股东权益			
应付账款	$85 000	$32 000	
应付债券	150 000	40 000	
负债合计	$235 000	$72 000	
少数股东权益	—		
普通股	$20 000	$50 000	
留存收益	248 000	82 000	
股东权益合计	$268 000	$132 000	
负债与股东权益总计	$503 000	$204 000	
销售收入	$800 000	$145 000	
应享有子公司投资收益	16 000	—	
销货成本	(620 000)	(85 000)	

（续）

	母公司	子公司	合并数
销售与管理费用	(135 000)	(30 000)	
所得税费用	(24 000)	(10 000)	
归属于企业集团的净利润	$37 000	$20 000	
少数股东本期收益	—		
净利润	$37 000	$20 000	

资料来源：© Cengage Learning 2014.

30. **股权投资政策对财务报表的影响。** 对于为它生产饮料瓶的公司，甘顿公司（Ganton）一直遵循着要持有这些公司不超过 50% 股份的政策。在表 14-16 中，列出了甘顿公司和它的饮料瓶生产联营公司在 2013 年 12 月 31 日的资产负债表数据，其中第一列数据是甘顿公司的，它使用权益法核算对饮料瓶生产企业的股权投资；第二列数据取自甘顿公司的财务报表附注，是被投资的饮料瓶生产公司的。截至 2013 年 12 月 31 日，甘顿公司对饮料瓶生产公司的投资成本大于它在该公司净资产中所享有的份额 785 百万美元。

表 14-16　甘顿公司合并资产负债表数据
（金额单位：百万美元）
（解决问题 30）

	甘顿公司报告数	饮料瓶生产联营企业	"合并数"
资产			
流动资产	$12 105	$14 251	$26 356
对饮料瓶生产联营企业的股权投资	7 289	—	
其他非流动资产	23 875	44 636	71 116
资产总计	$43 269	$58 887	$97 472
负债与股东权益			
短期负债	$13 225	$13 930	$27 155
长期负债	8 300	23 374	31 674
负债合计	$21 525	$37 304	$58 829
股东权益	$21 744	$21 583	$21 744
其他股东在饮料瓶生产联营企业中的权益	—	—	16 899
股东权益合计	$21 744	$21 583	38 643
负债与股东权益总计	$43 269	$58 887	$97 472

资料来源：© Cengage Learning 2014.

a. 请问，为什么在"合并数"这一栏中，"其他非流动资产"的金额大于甘顿公司和它的饮料瓶生产联营企业"其他非流动资产"金额的合计数？

b. 假定甘顿公司（1）仅使用权益法核算它对饮料瓶生产企业的股权投资，（2）将这些饮料瓶生产企业纳入合并报表范围，请计算甘顿公司的资产负债率和负债－权益比。

c. 请想想为什么甘顿公司会选择只拥有饮料瓶生产企业不超过 50% 的股份呢？

第 15 章
股东权益：出资与分红

CHAPTER 15

学习目标

1. 理解不同的股东要求权顺序，理解在资产负债表股东权益部分对股东要求权的披露信息。
2. 理解股份发行的会计处理方法。
3. 理解股利和股票分割的会计处理方法。
4. 理解库存股的购买和再次发行是如何进行会计处理的。
5. 理解各种选择权安排的会计处理方法。

在第 8 至第 14 章中，我们讨论了美国公认会计原则和国际财务报告准则体系下对资产和负债的会计核算要求，但资产和负债的变动常常会引起股东权益[1]也发生变化。以下三类交易就是导致股东权益发生变动的主要类型：

1. **收到股东出资**。企业通过发行普通股或者优先股的方式来获取资金，满足经营和投资活动需求，或者向职工支付薪酬。
2. **分配利润**。企业以支付股利或者回购普通股等方式将财产分配给股东。
3. **实现盈利（或者亏损）**。企业通过从债权人和股东那里融入的资产进行经营，实现净利润。

在表 15-1 中，列出了贵成公司资产负债表中的股东权益部分，数据完全摘录自表 1-1 中贵成公司的资产负债表。

表 15-1　贵成公司股东权益信息披露　　　　　　　　　　　　（金额单位：百万美元）

	2月27日	
	2013 年	2012 年
优先股（每股面值 1 美元，已核准发行 400 000 股）；实际发行并流通在外数量——无	$0	$0
普通股（每股面值 0.10 美元，已核准发行 10 亿股），实际发行并流通在外数量：2013 年和 2012 年分别为 418 815 000 股和 413 684 000 股	42	41
股本溢价	441	205
留存收益	5 797	4 714
累计其他综合收益（损失）	40	(317)
少数股东权益	644	513
股东权益合计	6 964	5 156

资料来源：© Cengage Learning 2014.

1. 股东权益只是一种剩余要求权。它表示企业在满足了其他要求权之后，股东对企业资产的剩余索取权。
2. 所有公司都会发行普通股份，此外，还有些公司会发行优先股份。优先股股东相对普通股股东具有优先受偿权。贵成公司在 2012 财务年度中并没有任何优先股流通在外。
3. 普通股通常都有面值或者设定价值，贵成公司的普通股面值为每股 0.10 美元。发行普通股实际所收到的金额超过股票面值或者设定价值的部分，称为"股本溢价"或者"超额缴入股本"，贵成公司就报告了股本溢价，这说明它的普通股发行价格是高于每股 0.10 美元的。绝大多数公众上市公司的股票都是溢价发行的。
4. 企业在每个会计报告期内不断累计当期收入和费用的情况，然后编制当期利润表。某一会计期间实现的净利润会增加企业的留存收益，但净亏损会减少企业的留存收益。[2]
5. 留存收益账户中核算的是企业累计所实现的盈利超过所宣告股利之后的剩余累计净资产。在贵成公司的资产负债表中，留存收益的金额已经超过了企业通过发行普通股而筹集的股本金额。因此，对贵成公司来说，通过经营活动创造并留存的净资产已经成为企业资金的主要来源。事实上，很多经营成功的公司都是这样的。
6. 企业可以定期将经营获利以股利的方式分配给股东，利润分配将导致企业的留存收益和净资产减少。在 2012 财务年度中，贵成公司向普通股股东一共发放了 234 百万美元股利。

在本章中，我们将更深入地学习以上所提到的这些概念，并通过对下列问题的讨论来帮助大家加深对股东权益的理解：(1) 公司发行普通股和优先股的原因，以及这两种类型股票之间的区别；(2) 认股权证在普通股发行过程中的使用情况；(3) 企业回购股票的原因以及相关的会计处理。

与前面的章节一样，我们将同时讨论美国公认会计原则和国际财务报告准则的核算要求。下面将首先介绍股东出资的核算，然后再介绍利润分配与权证安排的会计处理。

---

[1] 在美国，实务中一般将股东权益称为"shareholder's equity"或者"stockholder's equity"。但由于"stock"这个词在英国多用来指存货，因此，国际财务报告准则中一般使用"shareholder's equity"这种说法。

[2] 当"留存收益"账户出现借方余额时，就是累计亏损（accumulated deficit）。

> **术语注释**
>
> "资本"（capital）这个词具有多种含义，包括：
> - 货币资金（例如"企业通过发行股票募集资本"）。
> - 长期资产（例如"企业的资本性资产折旧年限在 7～10 年"）。
> - 各种渠道取得的资金，即资产负债表右面的所有项目都可被称为资本（例如"企业的加权平均资本成本为 11%"）。
> - 股东权益
> - 投入资本，即股东以现金或者其他资产进行出资，用以获取企业股份的那部分所有者权益。
>
> 我们建议你只用这个词来表示投入资本，但其他人肯定会在各种场合下随意使用这个词来表示其他意思，所以，你应当熟悉"资本"的各种含义，理解特定场合和特定时间条件下"资本"的含义。

15.1 股东出资

大部分公开交易企业的运作形式都是**公司**（corporations）。公司这种企业组织形式具有至少下列三方面的优点：

1. 在公司这种组织形式下，所有者（股东）只需要承担**有限责任**（limited liability）。这意味着，如果企业进入清算程序，债权人只能对公司的资产享有要求权，而不能要求企业所有者用个人财产来清偿公司的债务。相反，如果是合伙企业或者独资企业，债权人就对业主所投资的企业和个人财产都拥有要求权。⊖

2. 采用公司这种组织形式，可以通过向投资者发行股份的方式来筹集资金。

3. 采用公司这种组织形式能方便所有权的转让，因为所有者只需要将他们所持有的股份对外出售就可以了，由于股权转让只发生在股东之间，因此，对企业的持续经营不会造成任何影响。

公司是具有法人地位的，因此，公司与它的所有者是互相独立的。投资者根据他们与其他投资者和公司之间的协议对公司出资，成为公司的股东。股东的权益和义务需要受到很多法律条例的规范：

1. 公司注册所在地的公司法。

2. **公司条例**或者**公司执照**（corporate charter）。是公司成立所在地相关管辖机构与企业之间达成的一种协议安排，管辖机构允许企业以公司这种组织形式开展经营，并通过发行股票来募集资金。

3. **公司章程**（corporate bylaws）。由董事会制定，是公司内部事务的管理规范。

4. **股票合约**（capital stock contract）。每种类型的**股票**（capital stock）都有自己的条款规定，在诸如投票权、利润分享、盈利分配和企业清算时的权利等问题方面的规定各不相同。美国公认会计原则和国际财务报告准则都要求企业应当详尽披露流通在外的每一类股票的相关信息。

15.1.1 普通股权益

所有公司都发行有**普通股**（common stock）。普通股的股东只有在债权人和优先股股东的要求权得到满足后才能对企业的资产提出要求权。不过，通常也只有普通股的股东具有投票表决权，即可以有权利去选举公司董事会成员或者参与制定某些公司政策等。

15.1.2 发行股票

企业可以通过发行股票（普通股或者优先股）来换取现金或者非现金资产，甚至服务。此外，还有一些股票发行是各种权证安排协议的交易结果，本章稍后部分将对此进行介绍。

发行股票取得货币性资产 在初始设立时，企业常常会通过发行股票来取得货币资金。以后，在企业又需要额外的权益资金支持时，也会不定期地通过增发股票来换取资金流入。无论是初始发行还是后续增发，企业股票的发行价格通常都会高于其**面值或设定价值**（par, nominal or stated value）。⊜对于这部分差额，企业应带贷记

⊖ 最近，很多合伙企业和独资企业都变为了有限责任企业（LLCs）或者有限责任合作制企业（LLPs）。这些企业安排能将业主的个人债务与企业的负债和其他负面突发事件所引起的支付义务（例如由企业顾客发起的诉讼等）等区分开来。

⊜ 但也不是所有的股票都有面值或设定价值，有些公司会发行无面值股票。企业所在地的管辖机构会制定相关的规范来监管企业发行有面值股票或者无面值股票。股票的面值或者设定价值在过去是股票发行价格的最低限，不过在现在，面值或者设定价值已不像过去那样有意义了。

"**股本溢价**"（additional paid-in capital）账户。

例题 1 假定贵成公司发行了 1 000 股每股面值为 0.10 美元的普通股股票，发行价格为 100 000 美元。那么，会计分录应当为：

货币资金	100 000	
普通股——每股面值 0.10 美元		100
股本溢价		99 900

发行股票取得非货币性资产 企业也可能通过发行股票来换取其他非货币性资产，比如另一家公司的股权。此时，应当按照所发行股票的公允价值计价。如果企业难以合理地估计这些股票的公允价值，则可以按照所收到非货币性资产的公允价值进行计价。[⊖] 后一种情况常常出现在非上市的公司制企业中。当公司的股份没有公开交易市场存在时，是很难对它们的公允价值进行合理估价的。

例题 2 贵成公司发行了 1 000 股每股面值 0.10 美元的普通股，每股公允价值为 100 美元，换回了另一家公司的下列资产（以公允价值计价）：应收账款 6 000 美元，存货 12 000 美元，土地 10 000 美元，建筑物 62 000 美元，以及设备 10 000 美元。那么，贵成公司应当编制如下会计分录：

应收账款	6 000	
存货	12 000	
土地	10 000	
建筑物	62 000	
设备	10 000	
普通股——每股面值 0.10 美元		100
股本溢价		99 900

发行股票换取服务 如果一家公司通过发行股票来换取服务（由职工所提供的服务除外，稍后将专门讨论这一话题），那么，应当比较所收到服务的公允价值和所发行股份的公允价值，选择更可靠的那一个来对该项交易进行计价。

例题 3 贵成公司发行了 1 000 股每股面值为 0.10 美元的普通股股票，用以交换律师所提供的总价值为 10 000 美元的法律服务。那么，应当这样记录这笔交易：

法律服务费用	10 000	
普通股——每股面值 0.10 美元		100
股本溢价		9 900

15.1.3 优先股权益

优先股（preferred stock）股东对企业资产的要求权高于普通股股东的。除此以外，优先股股东可能还具有一些其他特别的权利。与普通股相比，优先股的这种优先权和其他特殊权利降低了优先股股东的投资风险，因此，在通常情况下，优先股的投资报酬率会低于普通股的。各家公司的优先股股东所享有权益和发行公司所需要承担的义务是不一样的，通常包括：

优先领取股利的权利 优先股股东一般能按一定的股利率在普通股股东之前优先分享公司股利。有时候，企业也可能会因为种种原因延后或者取消优先股股利。不过，大部分优先股都规定了**股利可累积权**（cumulative dividend rights），这样，在企业向普通股股东支付任何股利之前，必须先将当期和前期未发放的优先股股利都支付了以后才行。

可赎回条款 发行**可赎回优先股**（callable preferred shares）的公司有权力（但不是义务）以某个固定的价格将优先股购回，回购价格将根据事前约定好的计算方法来决定。赎回条款对发行公司是非常有价值的。比如，假定某企业目前的筹资成本下降到了过去优先股的筹资费用率之下，这时，该企业就可以按更低的成本发行新证券，然后用筹集到的资金按约定好的固定价格将优先股赎回。这种可赎回的权利明显降低了优先股对潜在投资者

⊖ 美国财务会计准则委员会《财务会计准则公告第 141R 号：企业合并》（2007 修订版，汇编主题 805）；国际会计准则理事会《国际财务报告准则第 3 号：企业合并》（2008 年修订版）。

的价值，因此，在同等条件下，发行具有可赎回条款的优先股所能筹集到的资金显然会低于发行不具有可赎回条款的优先股的。

可转换特征 可转换优先股（convertible preferred shares）允许（但不强制）它的持有人在满足某些条件的情况下将手中的优先股转换为普通股。这样，可转换优先股的股东既享有相对稳定的股利保障，优先于普通股股东的要求权，又能对公司的资本增值保有潜在的分享权（当普通股的市价上升时，可以通过将手中的优先股转换为普通股来实现）。因为这种可转换的权利，可转换优先股的市价波动通常与普通股的市价变动是同步的。公司也能从发行可转换优先股中受益，因为在同等条件下，具有可转换特征的优先股股利可以更低。在本章稍后部分，将介绍可转换优先股的会计处理问题。

自习问题 15.1

股东出资的会计分录。 请按照美国公认会计原则的要求，为希力公司（Healy Corporation）在本年发生的下列交易编制相应的会计分录。希利公司的会计年度截止日为每年的 12 月 31 日。

a. 1 月 2 日，以每股 14 美元的价格发行了 100 000 股普通股，每股面值为 10 美元。

b. 1 月 2 日，发行 10 000 股普通股，换入一项专利权，但企业难以准确估计该项专利权的公允价值。

c. 1 月 31 日，以每股 10 美元的价格发行了 5 000 股每股面值为 5 美元的优先股股票。

15.2 公司分红

公司筹集到资本后，就会想办法通过经营获利去积累更多的净资产。一般情况下，企业都会将部分甚至全部经营获利留存，导致留存收益和净资产持续增加。这种由于不断累积的经营获利而带来的净资产增长，往往伴随着公司普通股市场价格的持续上升。很多公司会定期向普通股股东支付股利，每位股东能够享有的每股股利金额是一样的。在本部分中，我们将讨论公司的股利政策，并介绍与股利相关的会计核算问题。

公司也可以使用通过经营获利而累积的净资产来回购普通股股票。回购会导致现金流出公司，与支付股利的影响类似。但与发放股利的影响效果不同的是，在股份回购中，只有选择将股票实际出售给公司的股东才能收到现金。在本部分中，我们也将讨论公司进行股份回购的原因，以及与股份回购相关的会计核算问题。

15.2.1 股利

公司董事会有权宣告股利，不过在此之前，董事们必须从法律层面和财务可行性两个角度来判断拟宣告股利方案的可行性。

关于股利的法律限制——法定的（通过立法） 各地公司法都对公司的股利发放问题做出了一定的限制，如果没有这些规定，董事会就可以肆无忌惮地将企业资产发放给普通股股东，从而伤害债权人和其他相关主体的利益。

比如，法律规定公司不得用资本金来发放股利，即不能通过借记"投入资本"账户来支付公司股利（投入资本是企业从所有者那里筹集来的资本金）。董事会所宣告股利的来源只能是企业的盈利，因此，只能借记"留存收益"账户（留存收益来源于企业的盈利）。在一些地方，即使企业由于过去的亏损导致"留存收益"账户的余额在借方（即余额为负数），但只要当期实现了盈利，也可以在当期盈利的范围内宣告股利。

这些法律限制通常对股东权益和股利的会计处理没有影响，在资产负债表中，通常不会披露法律上允许的最大股利金额，但它会披露相关信息使投资者可以根据当地相关法规的规定自己去推算。

关于股利的法律限制——合同性的 企业与债权人、优先股股东和其他利益主体所签订的合同中，常常也可能会对股利支付进行限制。比如，在一份债券契约中，可能会规定公司的负债总额不得超过股东权益总额。类似这样的条款规定就迫使公司不能大量支付股利，否则就无法达到某些财务指标要求。如果存在比较重大的股利支付限制，公司在财务报表附注中必须进行披露。⊖

⊖ 美国财务会计准则委员会《财务会计准则公告第 5 号：或有事项的会计处理》（1975 年，汇编主题 450）；在国际会计准则理事会《国际会计准则第 1 号：财务报表列报》（2003 年修订版）中，也隐含了相关的披露要求。

股利与公司财务政策　董事会所宣告的股利一般都低于法定的最大股利金额，而将更多的企业盈利仍然积累在"留存收益"项目中，这样做的原因包括：

1. 股利是需要用现金来支付的，企业现金的增长往往不与盈利的增长同步，因此，如果要按法定的最大股利支付额来宣告股利的话，企业就必须想办法去筹集更多的现金。
2. 在经济效益好的年度中适度限制股利的发放，有利于在效益较差的年度中仍然保持住稳定的股利增长势头。
3. 节约下来的股利可以有利于企业的扩张，满足企业的固定资产投资或者营运资本的资金需求。
4. 将一部分股利节约下来，用以偿还企业的债务，可以使经营更加谨慎。

15.2.2　股利的会计处理

股利可以用现金支付，也可以用其他资产支付，还可以直接用普通股支付。

现金股利　假定公司董事会宣告发放**现金股利**（cash dividend）150 000美元，那么，应编制会计分录：

　　留存收益（宣告现金股利）　　　　　　　　　　　　150 000
　　　　应付股利　　　　　　　　　　　　　　　　　　　　　　　　150 000

股利一经董事会宣告以后，就变为了公司的负债。如果截至会计期末，已经宣告的股利还没有发放给股东的话，则"应付股利"就应报告在资产负债表右方的流动负债项目下。等公司实际支付现金股利时，会计分录为：

　　应付股利　　　　　　　　　　　　　　　　　　　　150 000
　　　　货币资金　　　　　　　　　　　　　　　　　　　　　　　　150 000

财产股利　公司也可以向股东发放现金以外的资产，这样的股利被称为**实物股利**（dividend in kind）或者**财产股利**（property dividend）。

财产股利的会计处理与现金股利类似，只是在企业实际发放财产股利时，贷记的账户不再是"货币资金"，而应当是所发放的具体资产项目。借记"留存收益"账户的金额应当等于实际发放资产的公允价值。如果所发放资产的公允价值与账面价值不一致，那么应将两者之间的差额作为损益予以确认。⊖

股票股利　留存下来的企业盈利仍然是股东权益的一部分，一方面用作对企业的再投资，另一方面使企业的净资产不断增加。董事会也可以通过宣告**股票股利**（stock dividend）的方式来使用留存收益。此时，一方面需要借记"留存收益"账户，另一方面贷记"投入资本"账户。股票股利的发放对股东权益总额是没有影响的，只是将一部分"留存收益"转移到了"投入资本"账户而已。如果公司宣告发放股票股利，股东就可根据现有持股比例得到更多的股票。比如，假定一家公司宣告发放5%的股票股利，那么，股东就都可以再收到现有持股数量乘以1/20的额外股票。美国公认会计原则和国际财务报告准则都要求企业按照公允价值记录他们为股票股利而新发行的股份。⊜

例题4　在宣告发放5%的股票股利之前，某企业有1 000 000股无面值的普通股流通在外，这些股票目前的交易价格为每股18美元。发放5%的股票股利需要该企业再发行50 000（5%×1 000 000）股股票。相关会计分录为：

　　留存收益　　　　　　　　　　　　　　　　　　　　900 000
　　　　普通股——无面值　　　　　　　　　　　　　　　　　　　　900 000

股票股利将一部分本来允许以现金股利形式发放给股东的留存收益变为了相对可以更长时间留用的股东权益，企业不需要为股票股利支出现金。对报表阅读者来说，发放股票股利也可以说是股东的一种投资承诺。

15.2.3　股票分割

股票分割（stock split）与股票股利非常类似，表现为公司额外发行新的股票，然后按比例地换回股东手中目前持有的股票，在此过程中，发行公司不会从股东那里收到任何额外的资产。股票分割的执行方式一般有以下两种：⊜

1. **按比例减少新发行股份的面值**。比如，一家公司本来有1 000股每股面值为10美元的普通股流通在外，现在重新发行2 000股每股面值为5美元的股票（即1股分为2股），用以换回目前流通在外的全部股份；或者重新

⊖ 财务会计准则委员会《第29号意见书：非货币性交易的会计处理》（1973年，汇编主题845）。该会计处理方法与国际会计准则理事会的相关要求一致。

⊜ 会计程序委员会《会计研究公告第43号：对会计研究公告1-42号的重述与修订》（1953年，汇编主题505）；该会计处理方法与国际会计准则理事会的相关要求一致。

⊜ 企业也可以进行反向股票分割（reverse stock split），即通过增加股票的面值或者回收流通在外的股份来减少流通股的数量。

发行 4 000 股每股面值为 2.50 美元（即 1 股分为 4 股），用以换回目前流通在外的全部股份。

  2. **不改变每股面值，但发行更多相同面值的股份**。比如，可以通过额外发行与当前流通在外数量相同的股票来实现 1 分为 2 的股票分割效果。

  对于以上述第 1 种方式所实现的股票分割，即通过改变每股面值的方式按比例发行一定数量的新股票来实现的股票分割，不需要企业编制任何会计分录进行处理。但是，如果面值改变后并没有按比例发行新股票，或者根本不改变股票面值，则企业就需要一方面减少"股本溢价"或者"留存收益"，一方面调整"普通股"。股票分割以后，"普通股"账户的金额所代表的股票数量会发生变化，所以，企业应当在股东明细账中详细记录每位股东所新持有的股票数量。

15.2.4　股票股利与股票分割的比较

  股票股利与股票分割有时候很难区分。比如，假定某公司使流动股数量增加了 50%，此时，是应当以股票的市场价格为基础、按发放股票股利处理，还是应当以股票的面值为基础、视为 1 股分为 1.5 股的股票分割处理呢？一般情况下，对于数量较小的股数增加，比如，低于当前流通股数量 25% 的股数增加，是当作股票股利处理的；否则，则作为股票分割处理。

  对股东来说，股票股利和股票分割几乎没有什么经济实质上的差别。每位股东所持有的股票数量都成比例地增加，对他们的所有权比例或者投票权比例没有任何影响。虽然每股账面价值（等于普通股权益总额除以流通在外的股份数量）会下降，但每位股东所持有的股票数量都同比例地上升，因此，每位股东可享有的账面价值总额是不变的。

  但是，股票分割或者股票股利的实施，会使得公司股票的市场价值随着流通股份数量的增加而下跌。举例来说，在 1 股分割为 2 股的股票分割实施以后，每股市场价格从理论上来讲将下降 50%。所以，公司管理层可通过股票分割和股利来使股票价格维持在某个目标交易范围内。例如，董事会可能会认为，股票价格如果能维持在 60 美元至 80 美元之间将最有利于公司股票的交易流通。这样，如果股票上升到了每股 150 美元，董事会就可以宣告实施"1 股分割为 2 股"的股票分割，将股价降低到每股 75 美元左右。

自习问题 15.2

与股票股利和股票分割相关的会计分录。下表是贝克公司（Baker Corporation）在本年 1 月 1 日资产负债表中的股东权益部分信息披露情况：

股东权益	
普通股，每股面值 10 美元，已发行并流通在外 25 000 股	$250 000
股本溢价	50 000
留存收益	150 000
合计	$450 000

不考虑所得税的影响，请为贝克公司的下述每项交易编制适当的会计分录。

a. 3 月 31 日：董事会宣告现金股利为每股 0.50 美元，股利支付日为 4 月 15 日。

b. 4 月 15 日：实际支付了在 3 月 31 日所宣告的现金股利。

c. 6 月 30 日：董事会宣告并发放了 10% 的股票股利，当日每股市价为 15 美元。

d. 12 月 31 日：董事会宣告实施 1 股分割为 2 股的股票分割方案，将普通股的每股面值从 10 美元变成了 5 美元。

15.2.5　股票回购

  公司购回过去已经发行并流通在外的本公司股票，称为**库存股**（treasury stock 或 treasury shares）。库存股不可参与股利分配，不具有投票表决权，在计算每股收益时也应予以剔除。这是因为，公司法认为库存股不属于流通在外的股份。通常，公司会出于下述原因回购他们的普通股股票：

  1. **用作期权安排**。根据员工持股计划的安排，企业可以回购自己的股份，然后授予职工。这样做可以使公司流通在外的股票数量维持在一个相对稳定的范围内，而且不必稀释现有股东的投票表决权，也不会对每股收益造成影响。

  2. **利用多余的现金**。一些企业认为自己的股票是非常具有投资价值的。有证据表明，在企业宣告了股份回购计划后，公司股票确实会上涨。

3. **防止恶意收购**。可能存在着两种动机：
- 回购股份可以降低股东权益，增加公司资本结构中负债的比例，使公司的财务风险加大，减少公司对恶意收购方的吸引力。一些企业甚至会通过借款来回购股份，使公司的负债比率更加快速地上升。
- 回购股份会消耗公司的现金，因此对那些看上了公司充足现金的外部主体来说，自然也就降低了公司对他们的吸引力。

4. **以节税的方式将现金转移给股东**。如果公司向全体股东支付现金股利，则绝大多数股东都需要就收到的股利金额再缴纳个人所得税。所以，公司可以从那些需要现金的股东手中购回他们所持有的股票。相对股利收入来说，很多股东的出售股份收益适用的税率会更低一些。

15.2.6　库存股的会计核算

关于库存股的回购和再次发行的会计处理，美国公认会计原则和国际财务报告准则都要求不能在涉及自己股份的交易中报告任何损益。㊀即使是公司后来出售库存股的价格不同于当初的回购价格，在会计上也不能报告任何的损益。在会计的观点来看，库存股的买卖应当是一种筹资活动，而不属于经营活动。所以，对于库存股买卖中的价差，应当调整"投入资本"账户。

根据美国公认会计原则的规定，最常用的两种库存股核算方法为：㊁

1. 成本法。
2. 推定注销法（constructive retirement method）。

在这两种核算方法下，公司回购库存股都会导致股东权益减少，但影响的具体账户有所不同。这两种方法同时也符合国际财务报告准则的核算要求，即按照库存股的购买成本减少股东权益，不得因库存股交易报告任何损益。㊂下面，我们通过例题讲解来说明这两种方法的具体应用。假定一家公司本来发行有1 000股每股面值为1美元的普通股，发行价格为每股40美元。后来，该企业按每股50美元的价格将这些股票购回作为库存股。

成本法的股票回购　在成本法下，对回购的普通股，应当按回购总成本借记"库存股"账户。

库存股　　　　　　　　　　　　　　　　　50 000
　　货币资金　　　　　　　　　　　　　　　　　　　　50 000

"库存股"属于股东权益类账户，这样，它的借方余额就表示股东权益总额减少。

成本法下再次发行库存股　如果企业选择将过去回购的库存股再次发行，则应按实际发行所得借记"货币资金"账户，然后按这些库存股当初的回购成本贷记"库存股"账户。由于再次发行的价格与当初的回购价格往往是不相等的，因此，假定借方的再次发行所得高于贷方的当初回购成本，则应按双方差额贷记"股本溢价"账户。㊃举例来说，假定上例中的公司将所回购的股份再次以每股55美元的价格发行1 000股，则在成本法下就应当编制会计分录：

货币资金　　　　　　　　　　　　　　　　55 000
　　库存股　　　　　　　　　　　　　　　　　　　　　50 000
　　股本溢价　　　　　　　　　　　　　　　　　　　　 5 000

推定注销法下的股票回购　在推定注销法下，公司回购自己所发行的股份时，应当按所回购股份的面值借记"普通股"账户，按所回购股份的历史发行价格与面值之差借记"股本溢价"账户，然后按回购价格（如本例中的每股50美元）与历史发行价格（如本例中的每股40美元）的差额借或贷"留存收益"账户。使用这种方法核算股份回购的公司，往往是管理层不打算在短期内再次发行所回购的股份，或者是根据相关法律的要求，必须将

㊀ 美国会计原则委员会《APB意见书第6号：会计研究公告状态》（1965年，汇编主题505）；国际会计准则理事会《国际会计准则第32号：金融工具——列报》（2003年修订版）。
㊁ 还有一种不太常用的核算方法，称为面值法（par value method）。
㊂ 会计程序委员会《会计研究公告第43号：对会计研究公告1-42号的重述与更正》（1953年，汇编主题505）；国际会计准则理事会《国际会计准则第32号：金融工具——列报》（2003年修订版）。
㊃ 有时，公司的股票回购成本也可能会高于库存股的再次发行价格。在这种情况下，根据成本法的核算要求，则应当借记"股本溢价"账户，但可借记的金额应当以将"股本溢价"账户的余额冲减至0为限，如果还有剩余，则应继续冲减"留存收益"账户。

所回购的股份进行注销。在推定注销法下,应当这样编制股份回购的会计分录:

普通股	1 000	
股本溢价	39 000	
留存收益	10 000	
货币资金		50 000

推定注销法下再次发行库存股　使用推定注销法进行会计核算的企业,是没有"库存股"这个会计账户的。因此,在股份回购之后所开展的任何股票发行,都应视为新股的发行。记录新股发行的会计分录与本章前面部分介绍的一样:按所发行股份的面值贷记"普通股"账户,按实际发行价格与面值之差贷记"股本溢价"账户。所以,根据例题中的情况,会计分录应当为:

货币资金	55 000	
普通股		1 000
股本溢价		54 000

自习问题 15.3

库存股交易的会计分录。为克里希公司(Crissie Corporation)所发生的下列交易编制恰当的会计分录,使用成本法来核算库存股。

a. 1 月 15 日,按每股 45 美元的价格回购了 2 000 股每股面值为 10 美元的本公司普通股。

b. 4 月 26 日,执行员工股票期权计划,按照行权价格每股 28 美元将 1 200 股普通股交付给相关职工。

c. 8 月 15 日,按照每股 52 美元的价格从市场中回购了 3 000 股每股面值为 10 美元的本公司普通股。

d. 11 月 24 日,向持有 800 股可转换优先股的股东发行了 1 600 股库存股,这些优先股在实施转让前的账面价值为 80 000 美元。克里希公司按照先进先出假定核算再次发行库存股的成本,并按照账面价值结转了相关可转换优先股的成本。

e. 12 月 20 日,在公开市场中以每股 47 美元的价格将 1 500 股库存股出售。

15.2.7　各种权证安排

公司常常可以直接出售本公司股票的**购买选择权**(call options,也称看涨期权),或者用这种购买权利来交换各种商品和服务。购买选择权的持有人可以选择按照某个固定的价格(称为**敲定价格**或**执行价格**,stike price or exercise price)买入公司的所发行的股票。这样,如果公司股票的市场价格高于期权的执行价格,那么执行期权就会对持有人有利。市场价格与执行价格之差,就是期权的**内在价值**(intrinsic value)。

股票期权　很多公司的员工薪酬中都包含本公司股票的购买期权,这种**员工股票期权**(employee stock options,ESOs)允许企业的职工在将来以某个固定的价格购入本公司所发行的股份。采用员工股票期权激励计划,能鼓励职工为增大公司普通股的市场价值而努力工作,节约公司的现金流出。此外,在美国,采用员工股票期权这种薪酬方式相对直接给付货币报酬的方式,还能为员工节约更多的个人所得税。

优先认股权　企业还可以向现有股东赠送或者出售**优先认股权**(stock purchase rights,或 stock rights),使股东能够按照某个设定的价格优先认购公司新发行的普通股。

认股权证　一些公司会发行带有**认股权证**(stock warrants)的债券,使这些债权人也享有公司股票的购买选择权。这类债券的持有人不仅可以收到定期的利息支付,在债券到期时收回本金,还可以选择执行认股权证,按照某个固定的价格购入公司的股份。对公司来说,发行附有认股权证的债券能降低相同情况下的债券融资利率。

类似购买选择权、优先认股权和认股权证等权证都是具有经济价值的。例如,对于员工股票期权,美国公认会计原则和国际财务报告准则都要求应按照公允价值进行会计记录和核算,⊖下面我们将对此进行详细讨论。

⊖ 美国财务会计准则委员会《财务会计准则公告第 123R 号:股份支付》(2004 年,汇编主题 718);国际会计准则理事会《国际财务报告准则第 2 号:股份支付》(2004 年)。

员工股票期权计划　要理解员工股票期权的会计处理,需要事先了解一些概念才行。参考图 15-1。所谓授予日 (grant date),是企业决定授予员工股票期权的日子;而可行权日 (vesting date) 则是员工可以执行手中的股票期权的第一个日子。授予日到可行权日之间的这段时期,被称为等待期 (vesting period)。一般情况下,需要有 1 个或者多个条件达到以后,等待期才算结束。例如:

- 服务条件。需要员工为公司提供一定时间的服务之后,等待期才宣告结束。
- 业绩条件。例如,需要等到公司实现一定的盈利水平之后,等待期才能宣告结束。
- 市场条件。需要等到公司的股票价格达到某一设定目标之后,等待期才能宣告结束。

设立行权条件的目的有两个:

1. 增加员工持续为公司努力工作的可能性;2. 鼓励员工努力为提升公司股票价格而工作。

享有股票期权的员工,会在行权日 (exercise date) 用期权和现金交换公司的股份;而行权价格 (exercise price) 则是指在股票期权合同中注明的、行权时购买公司股份的特定价格。市场价格 (market price) 则是当日公司股份在市场中的交易价格。

股票期权的价值包括以下两个方面:

1. **内涵价值** (benefit element),即在行权日股票的市场价格高出行权价格的部分,被称为期权在行权日的内涵价值。

2. **时间价值** (time value element),与行权有效期的长度有关。

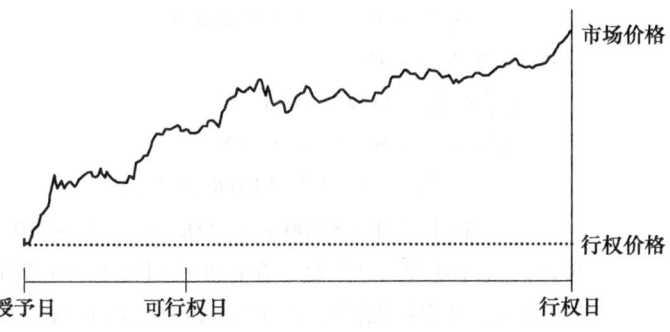

图 15-1　股票期权执行环节图解

资料来源：© Cengage Learning 2014.

在行权日之前,是不可能计量期权的内在价值的。如果当前的股票市场价格高于期权的行权价格,则称为价内期权 (in the money);反之,如果当前的股票市场价格低于期权的行权价格,则称为价外期权 (out of the money)。价内期权比价外期权的价值更大。另一方面,时间价值来自于在行权有效期中,股票市场价格上涨的可能性。可行权期越长、股票的市价波动越大,时间价值就越大。虽然一份股票期权的行权价格高于当前的市场价格(内在价值为 0),但是由于在行权日的市场价格仍然有可能会超过行权价格,因此,这份期权还是具有经济价值的(时间价值仍然为正)。随着期权失效日的临近,这份期权的时间价值才逐步趋近于 0。⊖

员工股票期权的会计处理涉及以下几个步骤:

1. 使用期权定价模型,按授予日的公允价值对股票期权进行计量。⊖记录相关的职工薪酬成本总额,等于预计将会行权的期权数量与每份期权公允价值之乘积。企业需要根据历史经验预计行权前职工的离职率来估计最终将会行权的期权数量。

2. 将股票期权在授予日的公允价值在规定服务年限 (requisite service period) 内摊销。所谓规定服务年限,是指员工要行使股票期权而必须为企业提供服务的时期。企业应当按每期的摊销金额借记"薪酬费用"账户,同时贷记"股本溢价(员工股票期权)"账户。在后续每个资产负债表日,企业不需要再重新计算期权的公允价值。

3. 当员工选择行权时,企业应当按实际收到的价款借记"货币资金"账户,并将在上述第 2 步中计入"股本溢价(员工股票期)"的金额从借方转出,同时按所发行股份的面值贷记"股本"账户,差额贷记"股本溢价"账户。

例题 5　2013 年 3 月 1 日,富尔顿集团 (Fulton Group) 决定向职工提供股票期权,允许他们按每股 35 美元的执行价格购入 1 000 股每股面值为 0.10 美元的本公司股票。该集团使用期权定价模型估计出这份期权的价值为 8 000 美元。为得到该期权,员工需要至少为企业服务 2 年。假定到 2016 年 12 月 31 日,所有的期权都满足了行

⊖ 如希望了解更详细的期权定价理论,请参考 Fischer Black 和 Myron Scholes 的文章"期权定价与公司负债",Journal of Political Economy (1974 年 5 月~6 月刊),PP637~654。

⊖ 要计算期权的公允价值,期权定价模型需要用到当前的市场价格、行权价格、授予日至行权日的预计时间长短、股票价格的波动性估计、预期股利和无风险利率水平等信息。

权条件，全体员工都选择了行权，当日，富尔顿集团的股票市价为每股 50 美元。假定富尔顿集团的财务年度截止日为每年的 12 月 31 日，那么，它应当编制如下会计分录：

2013 年 3 月 1 日
  不编制任何会计分录

2013 年 12 月 31 日
薪酬费用	4 000	
股本溢价（员工股票期权）		4 000

2014 年 12 月 31 日
薪酬费用	4 000	
股本溢价（员工股票期权）		4 000

2015 年 12 月 31 日
货币资金（1 000 × $35）	35 000	
股本溢价（员工股票期权）	8 000	
普通股——面值（1 000 × $0.10）		100
股本溢价（8 000 + [1 000 ×（$35 – $0.10)]）		42 900

  这样进行会计处理的结果是，在企业收到员工所提供的服务时确认费用（在 2013 和 2014 年度各确认了 4 000 美元的薪酬费用），并最终按照员工为获取这些股权而提供服务的等价金额（8 000 美元）和员工的行权价格（35 000 美元）之和增加了投入资本。

  优先认股权　与股票期权一样，优先认股权也是允许权利持有人可以按某个固定的价格购买公司的股票，它与股票期权的主要区别在于：

- **股票期权是由企业授予其员工的**。股票期权是员工的一种薪酬形式，一般情况下，是不能转让或者出售给其他人的。因此，员工股票期权是不能在公开市场中进行交易的。
- **优先认股权是由企业授予给现有股东的**。股东可以选择行使优先认股权，或者将该权利出售给他人。优先认股权是可以在公开市场中进行交易的。

  优先认股权的发行目的通常是为了向现有股东筹集新的资本。向现有股东授予优先认股权并不需要进行任何会计处理，根据美国公认会计原则和国际财务报告准则，在授予日，都不需要对优先认股权进行确认。只有当权利人行使优先认股权时，企业才需要按照发行价格确认新的股份。

  认股权证　认股权证是企业向一般投资大众发行的，或者也可以随债券一起发行。假定一家公司发行认股权证取得了 15 000 美元现金，根据这些认股权证，权利持有人可以按照每股 20 美元的价格购买 10 000 股该公司股票，那么，相关的会计分录为：

货币资金	15 000	
股本溢价（认股权证）		15 000

当认股权证的持有人行使他们的权利时，企业需要收回这些权证，然后发行 10 000 股每股面值为 5 美元的普通股，同时收到 200 000 美元股票认购款。会计分录为：

货币资金	200 000	
股本溢价（认股权证）	15 000	
普通股——每股面值 5 美元		50 000
股本溢价		165 000

如果公司所发行的认股权证到期仍未行使权力，那么，企业应编制下列会计分录：

股本溢价（认股权证）	15 000	
股本溢价		15 000

  如果企业发行了附有认股权证的债券或者优先股，持有人便可将该认股权证与债券或优先股分离，一方面，

享有定期收取债券利息或者优先股股息的权利,另一方面,还享有根据权证认购公司普通股的权利。根据美国公认会计原则和国际财务报告准则的规定,企业应当按照公允价值对认股权证进行单独计量,并将相关发行价格在认股权证和债券或优先股的价值之间进行分配。

例题6 假定贵成公司发行了 20 年期、面值为 1 000 000 美元的债券,按 7% 的年利率每半年付息 1 次。该债券同时附有认股权证,允许持有人按 200 000 美元的价格购入公司发行的 10 000 股普通股。持有人可选择在公开市场出售该认股权证,或者直接行使认股权利。假定这批该附有认股权证的债券共计取得发行价款 1 050 000 美元。发行完成之后,这些债券在市场中的售价为 1 035 000 美元,认股权证的价值为 15 000 美元。那么,贵成公司应编制如下会计分录来记录债券的发行:

货币资金　　　　　　　　　　　　　　　　　　　　　　1 050 000
　　应付债券　　　　　　　　　　　　　　　　　　　　　　　　　1 035 000
　　股本溢价(认股权证)　　　　　　　　　　　　　　　　　　　　15 000

在后续期间,企业应按照第 11 章所介绍的溢价发行债券的核算要求,对债券进行会计核算,而认股权证则需要按照上述要求进行单独核算。

可转换债券或可转换优先股　**可转换债券**(convertible bonds)允许其持有人将手中的债券转换为发行公司的普通股,而**可转换优先股**(convertible preferred stock)允许其持有人将手中的优先股转换为普通股。但是,对于这种转换权,不能像附在债券或者优先股上的认股权证一样,被分离出来在市场中单独进行交易。可转换债券的发行价格为债务和转换权的共同价格;类似地,可转换优先股的发行价格也是优先股和转换权的共同价格。但是,与附有认股权证的债券或者优先股不同,没有人可以从市场中观察得到债券或者优先股与转换权的独立公允价值。在发行可转换证券的会计处理要求方面,美国公认会计原则与国际财务报告准则的规定略有差异。

发行可转换债券或者可转换优先股的会计核算——美国公认会计原则的规定　在大多数情况下,美国公认会计原则要求企业按发行价格确认债券或者优先股,对转换权则不予以分配价格。

例题7　根据贵成公司的信用评级,它可以选择按面值发行 100 000 美元、10 年期、按 8% 的年利率每半年付息 1 次的债券,也可以发行面值为 100 000 美元、按 6% 的利率每半年付息 1 次的可转换公司债券。后者的持有人可按照每 1 000 美元债券转换为 50 股每股面值为 0.10 美元的普通股行使转换权(如果全部持有人都实施转换权,则一共需要 5 000 股普通股),转换价格为每股 20 美元(= $1 000/50 股)。那么,根据美国公认会计原则的要求,应编制的会计分录为:

货币资金　　　　　　　　　　　　　　　　　　　　　　100 000
　　应付可转换公司债券　　　　　　　　　　　　　　　　　　　　100 000

在这笔会计分录中,将可转换债券完全视同普通债券来处理,未确认任何转换权的价值。

发行可转换债券或者可转换优先股的会计核算——国际财务报告准则的规定　根据国际财务报告准则的要求,企业需要将整个发行价格分离为债券或优先股的价值与转换权的价值,在计算过程中,需要用到其他条件相同的情况下,不附有转换权的债券的发行所得金额。

例题8　参考例题7,贵成公司可以按 8% 的年利率发行不附有转换权的普通债券,也可以按照 6% 的年利率发行可转换债券。将按 6% 计算、10 年期、每半年付息 1 次(不行使转换权)能得到的债券利息按 8% 的水平计算贴现,能得到的现值为 86 410 美元。因此,如果贵成公司按面值发行年利率为 6% 的可转换债券,转换权的价值就应当是 13 590(= 100 000 – 86 410)美元。即可转换债券的投资者为转换权所支付的价格为 13 590 美元。根据国际财务报告准则的要求,应当单独确认转换权的价值,所以,应当按 13 590 美元贷记"股本溢价"账户。

可转换债券或可转换优先股实施转换时的会计核算　当可转换债券或可转换优先股的持有人实施转换权利时,在会计处理中,既可以使用账面价值,也可以使用公允价值。

㊀ 美国会计原则委员会《第 14 号意见书:可转换债券与附有股票认购权债券的会计处理》(1969 年,汇编主题 470);国际会计准则理事会《国际会计准则第 32 号:金融工具——列报》(2003 年修订版)。
㊁ 美国会计原则委员会《第 14 号意见书:可转换债券与附有股票认购权债券的会计处理》(1969 年,汇编主题 470)。
㊂ 国际会计准则理事会《国际会计准则第 32 号:金融工具——列报》(2003 年修订版)
㊃ 美国财务会计准则委员会正在考虑可转换债券的会计处理问题,很可能也会采纳国际财务报告准则对可转换债券的会计处理要求。

一般情况下，转换的核算不需要用到当前的市场价格，而是直接按转换前债券或者优先股的账面价值结清相关账户就可以了。⊖

例题9 假定贵成公司的股票市价上涨为了每股30美元，因此，每持有一份面值为1 000美元的债券就可以转换为50股普通股，按当前的市价计算，将价值1 500美元。假定此时全部可转换债券持有人都实施了转换权，那么贵成公司需要发行5 000股每股面值0.10美元的普通股，才能满足转换需求。按照转换前债券的账面价值，贵成公司应编制的会计分录为：

应付可转换公司债券	100 000	
普通股——每股面值0.10美元		500
股本溢价		99 500

另一种允许使用的会计核算方法是使用转换时的市价，这样更能反映出所发行股份的市场价值。在这种方法下，股票的市场价格为每股30美元，因此为满足转换权而发行的5 000股普通股的公允价值就是150 000美元，应编制会计分录为：

应付可转换公司债券	100 000	
可转换债券实施转换损失	50 000	
普通股——每股面值0.10美元		500
股本溢价		149 500

自习问题 15.4

与资本投入相关的会计分录。参考自习问题15.1中的情景。请遵照美国公认会计原则的要求为希利公司（Healy Corporation）在本年发生的下列交易编制会计分录。

a. 3月1日，以每股100美元的价格发行了2 000股面值为100美元的可转换优先股，允许其持有人按照每1份优先股可转换为4股普通股的比例实施转换权。

b. 6月1日，在公开市场中出售了10 000份普通股认股权证，每份价格为5美元。每1份认股权证可按每股24美元的价格购入1股公司的普通股股票。

c. 9月15日，上述"a"中所发行的可转换优先股，有600股优先股股东行使了他们的转换权，当日，公司普通股的市场价格为每股26美元，请按账面价值记录这次转换。

d. 11月20日，上述"b"中所发行的认股权证，有4 000份权证持有人行使了他们的认购权，公司为此收到了96 000美元现金，当时公司普通股的市价为每股32美元。

e. 1月2日，授予员工股票期权，持有人可按每股35美元的价格购入5 000股公司股票，这些期权的公允价值为30 000美元，所要求的员工服务期为3年。公司预计，所有持有人都将会选择行权。

本章小结

资产负债表中的股东权益部分报告了企业的普通股和优先股股东为企业所提供的资金。其中，普通股股东的权益报告在"普通股股本""股本溢价""留存收益""累计其他综合收益""库存股"和其他股东权益类账户中。只有通过研究各个账户的具体变化情况，报表使用者才能了解企业的投入资本、净利润、其他综合收益、股利和库存股交易的情况。

⊖ 根据国际财务报告准则，由于部分发行所得是需要分配给转换权的，所以这些债券的账面价值会低于100 000美元。采用国际财务报告准则编报并按账面价值结转的企业，在债权人真正选择实施转换权时，需要按转换时债务的账面价值结清相关账户。

自习问题解答参考

自习问题 15.1 解答参考
（希利公司；股东出资的会计分录）

a. 1月2日
货币资金	1 400 000	
普通股——每股面值 10 美元		1 000 000
股本溢价		400 000

b. 1月2日
专利权	140 000	
普通股——每股面值 10 美元		100 000
股本溢价		40 000

c. 1月31日
货币资金	50 000	
优先股——每股面值 5 美元		25 000
股本溢价		25 000

自习问题 15.2 解答参考
（贝克公司；与股票股利和股票分割相关的会计分录）

a. 3月31日
留存收益	12 500	
应付股利		12 500

b. 4月15日
应付股利	12 500	
货币资金		12 500

c. 6月30日
留存收益	37 500	
普通股——每股面值 10 美元		25 000
股本溢价		12 500

d. 12月31日
普通股——每股面值 10 美元	275 000	
普通股——每股面值 5 美元		275 000

自习问题 15.3 解答参考
（克里希公司；库存股交易的会计分录）

a. 1月15日
库存股——普通股	90 000	
货币资金		90 000

b. 4月26日
货币资金	33 600	
股本溢价	20 400	
库存股——普通股		54 000

c. 8月15日
库存股——普通股	156 000	
货币资金		156 000

d. 11月24日
优先股	80 000	
库存股——普通股		77 600
股本溢价		2 400

e. 12月20日
货币资金	70 500	
股本溢价	7 500	
库存股——普通股		78 000

自习问题 15.4 解答参考
（希利公司；与资本投入相关的会计分录）

a. 3月1日
货币资金	200 000	
优先股		200 000

b. 6月1日
货币资金	50 000	
股本溢价（认股权证）		50 000

c. 9月15日
优先股	60 000	
普通股——每股面值 10 美元		24 000
股本溢价		36 000

d. 11月20日
货币资金	96 000	
股本溢价（认股权证）	20 000	
普通股——每股面值 10 美元		40 000
股本溢价		76 000

e. 12月31日
薪酬费用	10 000	
股本溢价（股票期权）		10 000

关键术语与概念

公司（corporation）
有限责任（limited liability）
公司执照（corporate charter）
公司章程（corporate bylaws）
股票合约（capital stock contract）
股票（capital stock）
普通股（common stock）

面值、设定价值（par, nominal or stated value）
股本溢价（additional paid-in capital）
优先股（preferred stock）
股利可累积权（cumulative dividend rights）
可赎回优先股（callable preferred shares）
可转换优先股（convertible preferred shares）
现金股利（cash dividend）

实物股利，财产股利（dividend in kind or property dividend）
股票股利（stock dividend）
股票分割（stock split）
库存股（treasury stock，treasury shares）
购买选择权（call options）
执行价格，敲定价格（strike price or exercise price）
内在价值（intrinsic value）
员工股票期权（employee stock options，ESOs）
优先认股权（stock purchase rights，stock rights）
认股权证（stock warrants）
内涵价值（benefit element）
时间价值（time value element）
可转换债券或可转换优先股（convertible bonds or convertible preferred stock）

思考题、练习题和解决问题

思考题

1. 复习关键术语与概念所列术语和概念的含义。
2. 一家企业想要发行10 000股每股面值为100美元的优先股，计划每年向这批优先股的股东支付每份4美元的年度股利。该企业正在考虑让这批优先股具有可赎回或者可转换的特征。请问，在这两种不同的优先股特征情况下，优先股的发行价格会相同么？请予以解释。
3. 普通股股东享有投票表决权，但优先股股东享有优先权。请问，这里的优先权指的是什么？
4. 请对股票期权、优先认股权和认股权证进行比较，并说明三者之间的会计处理差别。
5. 股票期权估值模型表明，股票期权的价值与股票价格的波动水平、授予日至预计行权日的时期长短正相关，与贴现率负相关。请对上面这句话进行解释。
6. 根据美国公认会计原则和国际财务报告准则的要求，向职工提供了股权期权的企业，应当在预计职工服务期内将股票期权的公允价值摊销为费用。请问，摊销处理的理论依据是什么？
7. "股票期权、股票股利和库存股的会计处理要求混淆了企业的资本交易和损益交易。"请解释这句话的含义。
8. 请站在股东的立场上，比较现金股利、实物股利和股票股利之间的区别。
9. 将存货按高于取得成本的价格出售，实现了经济收益，在会计上应报告为当期净利润的增加。但是，如果一家企业将库存股按高于取得成本的价格出售，也实现了经济收益，但在会计上却不能确认为当期利润的增加。请问，同样都是经济收益，为什么会计处理要求会出现不同呢？
10. 请考虑下面这种说法："如果企业回购了自己的股份，该股份就从市场中消失了。"请问，你同意这种说法么？

练习题

11. **发行普通股**。卡特公司（Carter Inc.）在2013年12月1日发行了100 000股每股面值1美元的普通股，当日该公司的普通股市价为每股18美元。请问，卡特公司应编制怎样的会计分录来记录这笔交易？

12. **发行普通股**。2014年9月30日，霍明公司（Homing Corporation）发行了500 000股每股面值0.10美元的普通股股票，当日该公司的普通股股票交易价格为每股30美元。请问，霍明公司应编制怎样的会计分录来记录这笔交易？

13. **股利的会计分录**。请为格拉布尔公司（Grable）所发生的下述交易编制恰当的会计分录：
    a. 格拉布尔公司按惯例向每股面值为100美元的优先股股东宣告季度股利，金额为每股1.50美元。该公司已核准发行的优先股数量为30 000股，目前已发行15 000股，其中，有2 000股已由格拉布尔公司在早期回购，作为库存股管理。
    b. 格拉布尔公司支付了上述交易"a"中的相关优先股股利。
    c. 格拉布尔公司宣布将向现有普通股股东发放价值300 000美元的股票股利，相关股票已发行，无面值。
    d. 格拉布尔公司的无面值股票在市场中的售价为每股200美元，为调整过高的股票交易价格并分散股东的分布情况，格拉布尔公司董事会通过决议，向现有股东按当前持股数的4倍再发行一批股票，该决议已执行。

14. **与股利相关的会计分录**。请为华特公司（Watt Corporation）所发生的下列交易编制恰当的会计分录。截至2013年1月1日，华特公司共有20 000股每股面值为15美元的普通股股票流通在外，"股本溢价"账户的贷方余额为200 000美元。
    a. 2013年3月31日，宣告现金股利为每股0.50美元。
    b. 2013年4月15日，向股东支付了上述a中的现金股利。
    c. 2013年6月30日，宣告并发放了10%的股票股利，当日该公司的每股市场价格为20美元。
    d. 2013年9月30日，宣告每股现金股利0.50

美元。

e. 2013年10月15日，实际支付了上述交易"d"中的股利。

f. 2013年12月31日，宣告将实施股票分割，具有方案为每2股分割为3股，但每股面值不改变。

15. **有关库存股交易的会计分录**。请为达诺斯公司（Danos Corporation）的有关库存股交易编制相关会计分录，采用成本法进行处理。

   a. 按每股30元的价格，回购了本公司所发行的10 000股、每股面值为10美元的普通股票。
   b. 根据员工持股计划，将6 000股库存股交付给企业职工，行权价为每股32美元。假定在行权日，公司普通股票的市场价格为每股35美元。相应的股票期权在发行时的价值为每份6美元，公司已经摊销为费用处理。
   c. 按每股38美元的价格从市场中购回本公司发行的普通股票7 000股。
   d. 将库存股8 000股作为支付对价，用于购买土地，所购土地价值300 000美元，达诺斯公司按照先进先出假定核算库存股。
   e. 将剩余的3 000股库存股按每股36美元的价格重新对外发行。

16. **有关库存股交易的会计分录**。请为梅丽莎公司（Melissa Corporation）的有关库存股交易编制相关会计分录，采用成本法进行处理。

   a. 按每股12美元的价格从市场中购回本公司所发行的10 000股股票，每股账面价值为5美元。
   b. 由于可转换公司债券持有人行使转换权，减少库存股6 000股，这批债券在转换前的账面价值为72 000美元。梅丽莎公司按账面价值结清相关可转换债券账户。
   c. 按每股15美元的价格从市场中购回本公司所发行的股票20 000股，每股账面价值为5美元。
   d. 用24 000股库存股和新发行的6 000股普通股作为对价，换回一块市场价值为540 000美元的土地。

17. **股票期权的会计处理**。2013年1月1日，英特利恩特公司（Intelliant）向部分员工授予了股票期权，允许这些职工按照每股22.63美元的价格购买24 600万股英特利恩特公司的普通股股票，英特利恩特公司预期相关职工将在未来3年内更加努力地为公司服务。2016年12月31日，公司普通股的市场价格为每股40美元，假定英特利恩特公司的相关职工最终都选择了行权。要求：请计算该员工期权计划对英特利恩特公司2013年至2017年每年税前利润的影响有多大？

18. **与员工股票期权相关的会计分录**。2013年12月31日，莫里西公司（Morrissey Corporation）向它的管理层员工授予了50 000份股票期权，允许他们按照每股60美元的价格购买50 000股本公司的普通股，这些普通股的每股面值为1美元。在授予日，公司普通股的市场交易价格刚好也等于每股60美元。在可以行权之前，员工们必须还要再等待两年时间。根据期权定价模型的计算，这些股票期权在授予日的价值为400 000美元。2016年6月30日，有30 000份股票期权的持有人选择了行权，当时的普通股市场价格为每股65美元。2016年11月15日，剩余的股票期权持有人也选择了行权，当时的普通股市场价格为每股72美元。

   要求：请为莫里西公司在2013、2014、2015和2016年与股票期权相关的交易或者事项编制恰当的会计分录，该公司的会计年度与日历年度相同，不考虑所得税的影响。

19. **与员工股票期权相关的会计分录**。沃森公司（Watson Corporation）在2013年12月31日向管理层员工授予了20 000份股票期权，允许他们按照每股25美元的价格购入20 000股本公司的普通股股票，每股面值为10美元。在授予日，沃森公司的普通股市场价格刚好也是每股25美元。期权计划规定的行权等待期为3年。根据股票定价模型的计算，这些期权在授予日的价值为75 000美元。2017年4月30日，有15 000份股票期权的持有人选择了行权，当日股票市场价格为每股30美元。2017年9月15日，剩余股票期权的持有人也选择了行权，当日公司股票的市场价格为每股38美元。

   要求：写出沃森公司在2014年12月31日、2015年12月31日、2016年12月31日、2017年4月30日和2017年9月15日应编制的相关会计分录。假定在2015、2016和2017年中，没有相关的管理层员工离职事件发生。此外，假定该公司的会计年度与日历年度一致，并且不考虑所得税的影响。

20. **与可转换公司债券相关的会计分录**。希金斯公司（Higgins Corporation）在2013年1月2日按面值发行了100万美元的20年期公司债券，这些债券的面值为每份1 000美元，按10%的年利率每半年付息1次。根据协议，每份债券可以转换为40股每股面值为1美元的普通股。假定根据希金斯公司的信用评级，它如果要按面值发行不附带转换权的20年期公司债券，需要按照15%的年利率每半年付息1次。2017年1月2日，可转换公司债券的持有人全部实施了转换权利，假定希金斯公司普通股股票的市场价格在转换当日为每股 45 美元。

要求：根据美国公认会计原则的规定，请为希金斯公司编制 2013 年 1 月 2 日和 2017 年 1 月 2 日的相关会计分录，对这批债券的发行和转换进行会计处理。对于可转换公司债券的转换，请按账面价值结清相关账户。

21. **可转换公司债券的会计处理**。诺顿公司（Symantec）发行了一批可转换公司债券，面值为 10 000 000 美元，目前的账面价值为 10 255 000 美元。按发行时的协议，这些债券的持有人最终全部行使了转换权，将这批债券转换为了 100 000 股每股面值为 10 美元的普通股股票。在实施转换日，诺顿公司的股票市场价格为每股 105 美元。

    要求：请按照（1）账面价值，（2）公允价值写出债券转换时的会计分录。

22. **与认股权证相关的会计分录**。基尔斯滕公司（Kiersten Corporation）在 2013 年 2 月 26 日按每份 4 美元的价格出售了 60 000 份普通股认股权证，允诺每份权证的持有人可以在未来两年内的任何时间，按照每股 30 美元的价格购买 1 股该公司发行的、每股面值为 10 美元的普通股股票。基尔斯滕公司的普通股在 2013 年 2 月 26 日的市场价格为每股 20 美元。2015 年 6 月 6 日，有 40 000 份认股权证的持有人行使了他们的权利，当时公司的普通股市场价格为每股 38 美元。基尔斯滕公司在 2015 年遭受了一场火灾，损失严重而且不能得到保险赔付。受此影响，股票价格下跌为了每股 22 美元。直到 2017 年 2 月 26 日，上述认股权证到期，公司的股票价格始终在每股 22 美元上下。要求：请写出基尔斯滕公司在 2013 年 2 月 26 日、2015 年 6 月 6 日和 2017 年 2 月 26 日与认股权证相关的会计分录。

23. **与认股权证相关的会计分录**。阿法姆公司（Alpharm）在 2008 年 12 月 7 日发行了一批可转换优先股和认股权证，用来在一场私募证券交易中作为对价，购买累计价格为 46 180 000 美元的优先股。根据投资银行家的估计，这些认股权证在当日的公允价值为 2 730 000 美元，因此，阿法姆公司对优先股和认股权证分别按照 43 450 000 美元和 2 730 000 美元进行了初始计量。上述优先股具有股利可累积的特征，截至 2013 年 1 月 15 日，这些优先股累积的应付股利金额为 19 083 000 美元。由于阿法姆公司的留存收益金额为负，该公司每年都按股利金额借记"股本溢价"账户，同时贷记"可转换优先股"账户。2013 年 1 月 15 日，阿法姆公司向市场通过初次公开募集方式发行了普通股，于是优先股持有人将他们所持有的优先股转换为了 5 269 705 股每股面值为 0.01 美元的普通股；相应地，可以购买优先股的认股权证也转换为了可以购买普通股的认股权证。要求：请写出阿法姆公司在 2008 年 12 月 7 日发行优先股和认股权证的会计分录，以及在 2013 年 1 月 15 日，将优先股转换为普通股的会计分录。转换时，使用账面价值结清相关账户。假定相关认股权证仍然流通在外。

解决问题

24. **股票发行的会计分录**。根据美国公认会计原则的要求写出在下列每个独立的情景中，与股票发行相关的会计分录（可以不写摘要说明）。假定有一家企业：

    a. 以每股 30 美元的价格发行了 50 000 股每股面值为 5 美元的普通股。
    b. 按面值发行了 20 000 股每股面值为 100 美元的可转换优先股。
    c. 发行 16 000 股每股面值为 10 美元的普通股，用以交换一项专利权。当日，公司普通股的市场价格为每股 15 美元，专利权卖方列出的销售报价为 250 000 美元。
    d. 发行 25 000 股每股面值为 1 美元的普通股，换回面值和账面价值都为 400 000 美元的一批可转换优先股。当日，公司普通股的市场交易价格为每股 18 美元。转换时，请按账面价值结清相关账户。
    e. 由于员工完成了当年销售业绩，作为奖励，公司发行了 5 000 股每股面值为 10 美元的普通股交付给职工。当日，公司股票在市场的交易价格为每股 12 美元。

25. **股票发行的会计分录**。写出在下列每个独立的情景中，与股票发行相关的会计分录（可以不写摘要说明）。假定有一家企业：

    a. 发行 20 000 股每股面值为 10 美元的普通股，用来换取一批市场价值为 175 000 美元的存货、一块市场价值为 220 000 美元的土地、一栋估价为 1 400 000 美元的建筑物和一台估价为 405 000 美元的设备。
    b. 按面值发行 10 000 股每股面值为 100 美元的优先股。
    c. 根据认股权证持有人的要求，发行 5 000 股每股面值为 1 美元的普通股。这批认股权证是公司在若干年前按每份 8 美元的价格发行的，当时已做了正确的账务处理。行权条件为每份认股权证可按每股 24 美元的价格购买 1 股普通股。
    d. 由于 10 000 股可转换优先股的持有人行使转换权利，发行 20 000 股每股面值为 10 美元的普通股。这批优先股是公司在过去按面值发行的，每股面值为 50 美元。转换时，请使用账面价值结清相关账户。

26. **内部交易与企业经营。** 下面是威尔森公司（Wilson Supply Company）在经营第 1 年中发生的与股东权益有关的一些交易，请写出相应的会计分录。

   a. 1 月 2 日：在州公司管理委员会登记公司章程，核定股本为 5 000 股每股面值 100 美元、年股息率 8% 的优先股和 50 000 股无面值的普通股。公司创始人以每股 30 美元的价格认购了 300 股普通股，并已向公司认缴股款，公司按设定价值每股 30 美元计入"普通股"账户。

   b. 1 月 6 日：按每股 30 美元的价格发行了 2 000 股普通股。

   c. 1 月 8 日：按面值发行了 4 000 股优先股。

   d. 1 月 9 日：向优先股股东派发持股证明。

   e. 1 月 12 日：以 1 000 股优先股和 12 000 股普通股作为对价，交换合作企业理查德森公司（Richardson Supply）的有形资产和商誉。公司对取得有形资产的估值如下：存货，50 000 美元；土地，80 000 美元；建筑物，210 000 美元；设备，120 000 美元。

   f. 7 月 3 日：董事会宣告对截至 7 月 12 日流通在外的优先股发放半年度股利，发放日为 7 月 25 日。

   g. 7 月 5 日：由于公司前 6 个月的经营状况良好，决定进一步扩张。公司以每股 33 美元的价格发行了 25 000 股普通股。

   h. 7 月 25 日：支付在 7 月 3 日所宣告的优先股股利。

   i. 10 月 2 日：董事会宣告将以截至 10 月 12 日登记在册的股东为准，发放普通股股利，每股 1 美元，实际发放日为 10 月 25 日。

   j. 10 月 25 日：支付在 10 月 2 日所宣告的普通股股利。

27. **重构涉及股东权益的交易。** 费雪公司（Fisher Company）从 1 月 1 日起开始经营，表 15-2 是该公司 12 月 31 日资产负债表中的股东权益部分。在这一年中，费雪公司发生了下列交易：

   1）按每股 15 美元的价格发行了股票。
   2）一次性回购了 600 股本公司股票作为库存股。
   3）将部分库存股重新发行。
   4）将取得成本为 6 000 美元的可供出售金融资产以 10 000 美元的价格对外出售。到年末，费雪公司仍然持有公允价值为 14 000 美元的可供出售金融资产，对应的取得成本为 12 000 美元。

表 15-2　费雪公司 12 月 31 日股东权益状况
（解决问题 27）

普通股（每股面值 10 美元）	$60 000
股本溢价	31 440
留存收益	12 000
加：可供出售金融资产的持有收益	2 000
减：360 股库存股——成本	(7 200)
股东权益合计	$98 240

资料来源：© Cengage Learning 2014.

假定以上是该公司当年所发生的全部与普通股权相关的交易，该公司采用成本法核算库存股，请回答下述问题：

a. 费雪公司按每股 15 美元的价格一共发行了多少普通股？
b. 费雪公司回购普通股的价格是多少？
c. 费雪公司重新发售了多少股普通股？
d. 费雪公司将库存股重新发售时，价格为多少？
e. 在当年，公司对上述 1）~4）项交易编制的会计分录是什么？
f. 费雪公司在哪张或者哪些财务报表中报告了它持有可供出售金融资产的损益？

28. **重构涉及股东权益的交易。** 西依公司（Shea Company）自 1 月 1 日起开始经营。表 15-3 是该公司 12 月 31 日资产负债表中的股东权益部分。在这一年中，西依公司发生了下列交易：

   1）以每股 30 美元的价格发行了股票。
   2）一次性从市场中回购了 2 000 股股票作为库存股管理。
   3）将部分库存股重新发行。
   4）将取得成本为 14 000 美元的可供出售金融资产以 12 000 美元的价格对外出售。到年末，西依公司仍然持有公允价值为 18 000 美元的可供出售金融资产，对应的取得成本为 25 000 美元。

表 15-3　西依公司 12 月 31 日的股东权益状况
（解决问题 28）

普通股（每股面值 5 美元）	$100 000
股本溢价	509 600
留存收益	50 000
减：可供出售金融资产的持有损失	(7 000)
减：1 200 股库存股——成本	(33 600)
股东权益合计	$619 000

资料来源：© Cengage Learning 2014.

假定以上是该公司当年所发生的全部与普通股权相关的交易，该公司采用成本法核算库存股，请回答下述问题：

g. 西依公司按每股 30 美元的价格一共发行了多少普通股？

h. 西依公司回购普通股的价格是多少？
i. 西依公司重新发售了多少股普通股？
j. 西依公司将库存股重新发售时，价格为多少？
k. 在当年，西依公司对上述1）~4）项交易编制的会计分录是什么？
l. 西依公司在哪张或者哪些财务报表中报告了它持有可供出售金融资产的损益？

29. **股票期权的会计处理**。罗文公司（Lowen Corporation）每年12月31日都会向它的管理层员工授予股票期权，每份期权可以用来购买1股公司的普通股。罗文公司按照期权授予日的市场价格作为期权的执行价格。授予日后，员工必须再为公司至少工作2年才能取得行权资格并开始行权。表15-4中列出了罗文公司在每年12月31日授予的股票期权情况。要求：请计算股票期权对罗文公司2013年至2017年税前利润的影响。

表15-4 罗文公司股票期权数据
（解决问题29）

年度	年末授予的股票期权	每股执行价格	每份期权的公允价值
2013年	5 000	$18	$2.40
2014年	6 000	$22	$3.00
2015年	7 000	$25	$3.14
2016年	8 000	$30	$3.25
2017年	9 000	$38	$5.33

资料来源：© Cengage Learning 2014.

30. **股票期权的会计处理**。普兰波公司（Pramble Company）每年12月31日都会向它的管理层员工授予股票期权，每份期权可以用来购买1股公司的普通股。普兰波公司按照期权授予日的市场价格作为期权的执行价格。授予日后，员工必须再为公司至少工作2年才能取得行权资格。表15-5中列出了普兰波公司在每年12月31日授予的股票期权情况。要求：请计算股票期权对普兰波公司2013年至2017年税前利润的影响。

表15-5 普兰波公司股票期权数据
（解决问题30）

年度	年末授予的股票期权	每股执行价格	每份期权的公允价值
2013年	35 759	$35.75	$10.99
2014年	40 866	$51.06	$12.50
2015年	29 100	$53.75	$14.34
2016年	33 904	$59.97	$16.30
2017年	33 091	$63.33	$17.29

资料来源：© Cengage Learning 2014.

31. **重构影响股东权益的交易**。表15-6是微技公司（Microtel Corporation）2013年股东权益变动表的一部分内容。该公司在回购普通股后直接就进行了注销处理。要求：请为表15-6中所列出的7项交易写出恰当的会计分录。用表15-6中的金额作为直接作为累计其他综合收益所受影响数（即将税后金额视为税前金额处理）。

表15-6 微技公司股东权益变动表信息摘录
（金额单位：百万美元）
（解决问题31）

	2013
普通股与股本溢价	
年初余额	$59 005
（1）发行普通股	6 783
（2）回购普通股	(6 162)
（3）股权激励费用	889
其他	42
年末余额	$60 557
留存收益	
年初余额	$(20 130)
（4）净利润	14 065
（5）普通股股利	(3 837)
（2）回购普通股	(21 212)
年末余额	$(31 114)
累计其他综合收益	
年初余额	$1 229
（6）有价证券未实现损益变动净额（税后金额）	326
（7）衍生工具未实现损益变动净额（税后金额）	14
汇率变动影响净额（税后金额）	85
年末余额	$1 654
综合收益	
净利润	$14 065
累计其他综合收益变动净额	425
综合收益	$14 490

资料来源：© Cengage Learning 2014.

32. **为股东权益的变动编制会计分录**。表15-7是塞壬斯公司（Sirens, Inc.）2013年股东权益变动表的一部分内容。请为表15-7中所列出的6项交易编制恰当的会计分录。其中，交易（4）和交易（5）不是在公司与职工之间发生的，交易（5）并不需要偿付现金。请使用账面价值记录交易（6）中的票据转换。

表15-7 塞壬斯公司股东权益变动表信息摘录
（金额单位：千美元）
（解决问题32）

	普通股股数	普通股面值	股本溢价
年初余额	1 434 635 501	$1 435	$3 443 214
（1）向第三方发行普通股	22 058 824	22	82 919
（2）向员工发行普通股	4 279 097	4	19 242
（3）股票期权激励费用			52 683
（4）股票期权行权	2 859 232	3	3 529
（5）认股权证行权	4 988 726	5	(5)
（6）可转换票据行使转换权	2 322 190	2	3 182
年末余额	1 471 143 570	$1 471	$3 604 764

资料来源：© Cengage Learning 2014.

33. **为股东权益的变动编制会计分录**。表15-8是布施公司（Busch Corporation）2013年股东权益变动表的一部分内容。请为表15-8中所列出的8项交易编制恰当的会计分录。用表15-8中的金额作为累计其他综合收益的影响数（即将税后金额视为税前金额处理）。

34. **库存股及其对业绩比率的影响**。表15-9中是蒙克公司（Monk Corporation）2013年至2015年的股东权益变动表，该公司根据员工股票期权计划定期回购本公司的普通股，用来分配给职工。此外，该公司还经常会新发行一小部分的普通股，用来满足股票期权计划中所需要的零头股需求。蒙克公司在这三年中的每股收益情况分别为：2013年，每股2.70美元；2014年，每股3.20美元；2015年，每股3.83美元。要求：
    a. 写出2013年的下列会计分录：（1）根据股票期权计划的要求发行新股，（2）回购库存股。
    b. 计算2013年至2014年和2014年至2015年的净利润和每股收益的变化百分比，请问，为什么在2014年和2015年，每股收益的变化百分比都大于净利润的变化百分比？
    c. 计算2013、2014和2015年年末按流通在外普通股数量计算的每股账面价值，和2013年至2014年、2014年至2015年中每股账面价值的变动情况。请问，为什么每股账面价值的变动小于净利润和每股收益的变动呢？
    d. 计算2013、2014和2015年中普通股权益的投资报酬率为多少？
    e. 蒙克公司回购股票作为库存股的主要目的是为了满足股票期权计划的安排吗？为什么？

表15-8 布施公司股东权益变动表信息摘录
（除每股数据外，金额单位均为百万美元）
（解决问题33） 2013

普通股，每股面值1美元
年初余额 $1 473.7
（1）依照股票期权计划发行普通股 8.8
年末余额 $1 482.5

股本溢价
年初余额 $2 962.5
（1）依照股票期权计划发行普通股 283.5
（2）股权激励相关 136.1
年末余额 $3 382.1

留存收益
年初余额 $16 741.0
（3）净利润 2 115.3
（4）普通股股利 (932.4)
年末余额 $17 923.9

库存股——成本
年初余额 $(16 007.7)
（5）回购库存股 (2 707.2)
（2）股权激励相关 0.2
年末余额 $(18 714.7)

累计其他综合收益
年初余额 $(1 230.8)
（6）有价证券未实现损益变动净额（税后金额） 308.1
（7）现金流量套期变动净额（税后金额） (2.0)
汇率变动影响净额（税后金额） 105.2
（8）养老金负债调整（税后金额） 308.1
年末余额 $(922.7)

综合收益
净利润 $2 115.3
累计其他综合收益变动净额 308.1
综合收益 $2 423.4

资料来源：© Cengage Learning 2014.

表15-9 蒙克公司股东权益变动表分析
（金额单位：百万美元）
（解决问题34）

	普通股		留存收益	库存股		合计
	股数	金额		股数	金额	
2012年12月31日	1 483.168	$4 667.8	$10 942.0	(235.342)	$(4 470.8)	$11 139.0
净利润	—	—	3 376.6	—	—	3 376.6
股利	—	—	(1 578.0)	—	—	(1 578.0)
股票期权行权	0.295	74.7	—	14.104	294.3	369.0
回购库存股	—	—	—	(33.377)	(1 570.9)	(1 570.9)
2013年12月31日	1 483.463	$4 742.5	$12 740.6	(254.615)	$(5 747.4)	$11 735.7
净利润	—	—	3 870.5	—	—	3 870.5
股利	—	—	(1 793.4)	—	—	(1 793.4)
股票期权行权	0.156	225.0	—	15.982	426.0	651.0
回购库存股	—	—	—	(38.384)	(2 493.3)	(2 493.3)
2014年12月31日	1 483.619	$4 967.5	$14 817.7	(277.017)	$(7 814.7)	$11 970.5
净利润	—	—	4 596.5	—	—	4 596.5
股利	—	—	(2 094.8)	—	—	(2 094.8)
股票期权行权	0.307	286.5	—	14.183	427.6	714.1
回购库存股	—	—	—	(27.444)	(2 572.8)	(2 572.8)
2015年12月31日	1 483.926	$5 254.0	$17 319.4	(290.278)	$(9 959.9)	$12 613.5

资料来源：© Cengage Learning 2014.

PART 4

第四部分

综合知识

第 16 章
再论现金流量表

CHAPTER 16

学习目标

1. 复习现金流量表的编制原理,尤其是导致净利润与现金流量产生差异的原因。
2. 复习第 6 章中所介绍的现金流量表编制方法——"T 形账户法"。
3. 复习第 8 章至第 15 章中所介绍的各种交易,强化这些交易的现金流量影响。
4. 能够分析和理解现金流量表所提供的信息。

在第6章中，我们介绍了现金流量表的编制原理，并举例说明了如何使用T形账户工作底稿法来编制现金流量表。在第6章之后的各章中，我们又介绍了各种交易对利润表和资产负债表的影响，但暂时忽略了它们对现金流量表的影响。在本章中，我们将使用一个综合的例题来说明各类交易对现金流量表影响。

16.1 与现金流量表相关的概念复习

在第6章中，我们介绍了下述与现金流量相关的概念：

1. 现金流量表解释了一段时期内企业的现金和现金等价物发生变动的原因，并将这些原因归类为经营活动、投资活动和筹资活动三类。

2. 企业在某会计期间内因向客户出售商品或者提供服务所创造的收入，与它在同一期间内所收到客户支付的现金不一定是同步的。现金的收取可能会早于或者晚于收入的确认时点，也可能刚好与收入的确认同步。同样地，在某会计期间内，企业为创造收入而发生的费用与它在当期经营活动中因购买商品或者服务而支付的现金也不一定是同步的。现金的支付也可能会早于或者晚于费用的确认时点，当然也可能刚好与费用的确认时点同步。因此，某会计期间内的净利润通常都与当期经营活动所产生的现金流量是不相等的。

3. 在大多数情况下，企业都使用间接法报告经营活动产生的现金流量，当然，也不是所有企业都在使用间接法。间接法以净利润为起点，然后将当期并没有消耗现金的费用加回，再减去当期并没有收到现金的收入金额，最后将净利润调整为经营活动产生的现金流量。调整过程中通常涉及：

（1）将当期费用高于相关现金流出的项目金额加回（例如折旧费用，由于折旧在当期并没有引起任何现金流出企业，因此，将整个折旧费用的金额都加回）。

（2）将当期收入高于（或低于）相关现金流入的项目金额减去（或加回）。例如，客户在当期为今后期间才交货的商品或者交付的服务所支付的预付款，就是一个典型的、会造成当期收入金额低于相关现金流入金额的例子。

（3）调整利润表中除收入和费用以外的非现金项目影响，包括处置非流动资产的损益、权益法下所确认的投资收益和损失等。

（4）将非现金经营性营运资本账户的贷方增加数[⊖]加回，例如应收账款的减少、存货的减少和应付账款的增加等。

（5）将非现金经营性营运资本账户的借方增加数减去。

4. 投资活动产生的现金流量主要来自企业对非流动资产的购买和出售等活动。例如，除交易性金融资产之外的有价证券的买卖、不动产、厂场和设备的买卖、无形资产与股权投资的取得和处置等，这些活动所涉及的现金流入量和流出量，都属于投资活动产生的现金流量。

5. 筹资活动产生的现金流量包括发行和到期偿还长期借款、发行和回购普通股或优先股、以及发放现金股利等交易中所涉及的现金流量。

16.2 复习：用T形账户法编制现金流量表

会计人员都是在资产负债表和利润表编制完成以后，才着手编制现金流量表的。在第6章中，介绍并举例说明了如何应用T形账户工作底稿来编制现金流量表，下面对该方法的应用步骤总结如下：

第1步 取得现金流量表编制期间内期初和期末的相关资产负债表。

第2步 编制T形账户工作底稿。首先开设一个"现金"主账户，该主账户由"经营活动""投资活动"和"筹资活动"三部分所组成，在"现金"主账户中登记现金及现金等价物的期初数和期末数。所谓现金等价物（cash equivalents），是指作为企业多余现金存放方式的、具有高度流动性的短期投资，一般情况下，只有3个月以内到期的投资才能作为现金等价物。我们用"现金流量"来表示现金和现金等价物的变动量。然后，在T形账户工作底稿中为除"现金和现金等价物"之外的其他资产负债表项目各自开设一个T形账户，填入它们的期初和期末金额。

⊖ 对资产类账户来说，贷方增加数表示当期减少额，但对负债（或权益类）账户来说，贷方增加数则表示当期增加额。因此"非现金经营性营运资本账户的贷方增加数"表示"经营性流动资产项目的减少或者经营性流动负债项目的增加"。同样地，对资产类账户来说，借方增加数表示当期增加额，而对负债（或权益类）账户来说，借方增加数则表示当期减少额。

第3步 通过对其他资产负债表账户的变动进行会计处理，来解释"现金"这个主账户在期初和期末之间所发生的变动。这一步是通过对当期账户中的原始记录进行重构、并将它们登记到工作底稿中对应的账户里来完成的。通过对资产负债表中非现金及现金等价物账户的变动原因进行解释，也就说明了现金及现金等价物的变动原因了。在本章中，我们会大量用到现金变动等式，所以在这里用符号对这个等式进行了简化：

现金变动等式：

$$\text{现金的变动} = \text{负债的变动} + \text{股东权益的变动} - \text{非现金资产的变动}$$

$$\triangle \text{现金} = \triangle \text{负债} + \triangle \text{股东权益} - \triangle \text{非现金资产}$$

第4步 根据T形账户工作底稿中的信息编制现金流量表。

16.3 现金流量表综合举例

下面我们利用埃尔伍德公司（Ellwood Corporation）2013年的数据来进行讲解。表16-1是该公司在2013年的利润表；表16-2是该公司2013年和2012年12月31日的比较资产负债表数据；表16-3则是该公司的现金流量表。在现金流量表中，经营活动产生的现金流量是用间接法计算的，下面我们将对表16-3中每一横行的项目都进行解释。表16-4是T形账户工作底稿。可以看出，埃尔伍德公司当年的现金及其等价物减少了790美元，从2 670（=1 150 +1 520）美元变为了1 880（=1 090 +790）美元。

表16-1 埃尔伍德公司2013年合并利润表

收入与其他收益	
销售收入	$10 500
利息与股利	320
权益法下的投资收益	480
设备处置利得	40
合计	$11 340
费用	
销货成本	$6 000
销售与管理费用	3 550
薪酬费用（员工股权激励计划）	170
土地减值损失	80
出售权益性有价证券损失	30
利息费用	450
所得税费用	300
费用与损失合计	$10 580
净利润	$760

资料来源：© Cengage Learning 2014.

表16-2 埃尔伍德公司合并资产负债表

	12月31日			12月31日	
	2013年	2012年		2013年	2012年
资产			负债与股东权益		
流动资产			流动负债		
现金	$1 090	$1 150	短期借款	$2 750	$2 000
银行存款	790	1 520	应付账款（存货采购款）	3 230	2 450
可供出售的权益性有价证券	190	280	产品质量保证负债	900	1 200
应收账款（净值）	4 300	3 400	预收账款	1 000	600
存货	2 350	1 500	流动负债合计	$7 880	$6 250
预付账款	600	800	长期负债		
流动资产合计	$9 320	$8 650	应付债券	$1 370	$2 820
投资			融资租赁负债	2 100	1 800
对A公司的股权投资（15%——可供出售）	$1 280	$1 250	递延所得税	650	550
对B公司的股权投资（40%）	2 420	2 100	长期负债合计	$4 120	$5 170
投资合计	$3 700	$3 350	股东权益		
不动产、厂场与设备			优先股	$1 200	$1 000
土地	920	1 000	普通股	2 110	2 000
建筑物	8 900	8 600	股本溢价	4 400	4 000
设备	11 540	10 840	累计其他综合收益：		
减：累计折旧	(6 480)	(6 240)	有价证券未实现损失	(40)	(30)
不动产、厂场与设备合计	$14 880	$14 200	正确投资未实现收益	80	50
无形资产			留存收益	10 330	9 960
专利权	$2 550	$2 550	合计	$18 080	$16 900
减：累计摊销	(750)	(600)	减：库存股成本	(380)	(250)
无形资产合计	$1 800	$1 950	股东权益合计	$17 700	$16 730
资产总计	$29 700	$28 150	负债与股东权益合计	$29 700	$28 150

资料来源：© Cengage Learning 2014.

表16-3 埃尔伍德公司2013年合并现金流量表

经营活动产生的现金流量		投资活动产生的现金流量	
(1) 净利润	$760	(17) 出售权益性有价证券取得的现金	$50
将净利润调整为经营活动产生的现金流量：		(18) 出售设备取得的现金	180
(2) 建筑物与设备的折旧费用	700	(19) 购买设备支付的现金	(1 300)
(3) 专利权的摊销费用	150	投资活动产生的现金流量净额	(1 070)
(4) 薪酬费用（员工股票期权计划形式的薪酬）	170		
(5) 土地减值损失	80	**筹资活动产生的现金流量**	
(6) 出售权益性有价证券损失	30	(20) 短期银行借款取得的现金	$750
(7) 递延所得税	100	(21) 发行长期债券取得的现金	400
(8) 大于利息费用的实付利息	(50)	(22) 发行优先股取得的现金	200
(9) 处置设备利得	(40)	(23) 长期债务到期支付的现金	(1 500)
(10) 按权益法确认的关联企业未分配投资收益	(320)	(24) 回购普通股流出的现金	(130)
(11) 预付费用的减少	200	(25) 发放股利支付的现金	(390)
(12) 应付账款的增加	780	(26) 发行普通股（股权激励计划行权）取得的现金	40
(13) 预收账款的增加	400	筹资活动产生的现金流量净额	(630)
(14) 应收账款（净值）的增加	(900)	现金变动净额	$(790)
(15) 存货的增加	(850)	2013年年初现金余额	2 670
(16) 产品质量保证负债的减少	(300)	2013年年末现金余额	$1 880
经营活动产生的现金流量净额	$910		

资料来源：© Cengage Learning 2014.

表16-4 埃尔伍德公司T形账户工作底稿

现金

	√	2 670			
		经营活动			
净利润	(1a)	760	50	(8a)	超过利息费用的支付
折旧费用	(2a)	700	40	(9a)	出售设备收益
摊销费用	(3a)	150	320	(10a)	按权益法核算的关联企业未分配投资收益
股权形式的薪酬	(4a)	170	900	(14a)	应收账款（净值）的增加
土地减值损失	(5a)	80	850	(15a)	存货的增加
出售有价证券损失	(6a)	30	300	(16a)	产品质量保证负债的减少
递延所得税	(7a)	100			
预付费用的减少	(11a)	200			
应付账款的增加	(12a)	780			
预收账款的增加	(13a)	400			
		投资活动			
出售有价证券	(6a)	50	1 300	(19a)	购买设备
出售设备	(9a)	180			
		筹资活动			
短期借款	(20a)	750	1 500	(23a)	偿还长期债务
发行长期债券	(21a)	400	130	(24a)	回购普通股
发行优先股	(22a)	200	390	(25a)	支付股利
发行普通股	(26a)	40			
	√	1 880			

可供出售的权益性有价证券				应收账款（净值）			存货		
√	280			√	3 400		√	1 500	
(6b)	10	80	(6a)	(14a)	900		(15a)	850	
		20	(27a)						
√	190			√	4 300		√	2 300	

预付费用			对A公司的股权投资——可供出售			对B公司的股权投资		
√	800		√	1 250		√	2 100	
		200 (11a)	(28a)	30		(10a)	320	
√	600		√	1 280		√	2 420	

（续）

土地				建筑物				设备			
√	1 000			√	8 600			√	10 840		
		80	(5a)	(29a)	300			(19a)	1 300	600	(9a)
√	920					8 900	√		11 540		√

累计折旧				专利权				累计摊销			
		6 240	√	√	2 550					600	√
(9a)	460	700	(2a)							150	(3a)
		6 480	√	√	2 550					750	√

短期借款				应付账款（存货采购）				产品质量保证负债			
		2 000	√			2 450	√			1 200	√
		750	(20a)			780	(12a)	(16a)	300		
		2 750	√			3 230	√			900	√

预收账款				应付债券				融资租赁负债			
		600	√			2 820	√			1 800	√
		400	(13a)	(8a)	50	400	(21a)			300	(29a)
				(23a)	1 500						
				(30a)	300						
		1 000	√			1 370	√			2 100	√

递延所得税				优先股				普通股			
		550	√			1 1000	√			2 000	√
		100	(7a)			200	(22a)			100	(30a)
										10	(26a)
		650	√			1 200	√			2 110	√

股本溢价				有价证券未实现损失				证券投资未实现收益			
		4 000	√	√	30					50	√
		170	(4a)			10	(6b)			30	(28a)
		200	(30a)	(27a)	20						
		30	(26a)								
		4 400	√	√	40					80	√

留存收益				库存股			
		9 960	√	√	250		
(25a)	390	760	(1a)	(24a)	130		
		10 330	√	√	380		

资料来源：© Cengage Learning 2014.

第1行：净利润

从利润表中可以看到，埃尔伍德公司在当期的净利润为760美元。所以，可以首先假定公司的现金也同步增加，在工作底稿中编制会计分录如下：

（1a）现金（经营活动——净利润）   760
　　　　留存收益   760

净利润对现金变动等式的影响为：

　　　　△现金　　　　　　=　△负债　+　△股东权益　-　△非现金资产
经营活动 + $760(1a)　　=　　$0　　+　　$760(1a)　　-　　$0

在本章中，凡是在数字后还紧跟了字母"a"的会计分录都表示这是现金流量表工作底稿上的分录，而只有数字后面没有附带字母"a"的会计分录才表示埃尔伍德公司在当年实际编制的会计分录。

第2行：建筑物与设备的折旧费用

根据内部会计记录，埃尔伍德公司当年的生产设备折旧费用为450美元，销售与管理部门设施的折旧费用为250美元，在编制表16-1中的利润表时，企业将这些折旧费用分别计入了销货成本与销售和管理费用中。但是，这700美元的折旧是不需要在2013年以经营现金流的方式流出企业的，因为企业在过去购买这些设备和设施时，在购买当年的投资活动中就已经报告了相关资产的现金流出了。因此，在工作底稿中，需要编制调整会计分录，一方面对累计折旧账户的变动进行解释，另一方面将折旧费用反加回净利润中，以得到经营活动产生的现金流量。

（2a）现金（经营活动——反加回本期折旧费用）　　　　　700
　　　累计折旧　　　　　　　　　　　　　　　　　　　　　　　700

加回产品成本中的折旧费用　为什么要将生产设备的折旧费用450美元反加回去呢？在第9章中，我们曾经介绍过，这类折旧费用是作为生产成本，而不是期间费用处理的。因此，会计师在当时借记了"生产成本"账户，贷记了"累计折旧"账户。如果企业在当期将所生产的全部商品都对外销售了，那么，在当期的销货成本就包含了这450美元的折旧费用。由于销货成本中包含了这样的不会在同期伴随现金流出的项目，因此，在调整净利润为经营活动产生的现金流量时，应将这些项目反加回去。

但是，如果企业当期所生产的产成品都没有销售出去，那么，就450美元的折旧费用就会被包含在"生产成本"或者"库存商品"等存货类账户的期末余额中。假定，该企业当期所生产的产成品中有80%被销售出去了，那么，就会有360（=80%×450）美元的折旧费用在销货成本中，而剩下90美元的折旧费用则会包含在期末存货账户中。在编制现金流量表时，我们先将当期生产设备的折旧费用450美元全部反加回净利润中；然后，我们知道实际上还有90美元的折旧费用是包含在期末库存中的，因此，会导致企业的期末存货账户金额增加90美元。在间接法下计算企业经营活动产生的现金流量时，对于期末存货的增加额，是需要减去的。因此，反加回450美元的折旧费用再减去90美元的存货增加额，就恰好等于360美元的应调整折旧费用金额。由于在销货成本中只包括了360美元的折旧费用，所以，销货成本的调整金额应当为360美元。因此，在工作底稿中编制的会计分录（2a）只是将当期全部折旧费用（包括在产品成本和期间费用中）都加回了，并不是只针对销货成本中所包含的折旧费用而进行的调整；所以，在现金流量表的第15行中，需要再将由于折旧费用导致的产成品存货期末余额增加的90美元给减去。

第3行：专利权的摊销费用

对专利权摊销费用进行调整的原因与对折旧费用（无论是计入期间费用的还是计入产品成本的）进行调整的原因是一样的。查阅公司账簿记录可以知道，在2013年的销货成本中，一共包括了专利权摊销费用150美元，所以，可以在工作底稿中编制下面这笔会计分录来解释"累计摊销"账户的变动：

（3a）现金（经营活动——反加回摊销费用）　　　　　　　150
　　　累计摊销　　　　　　　　　　　　　　　　　　　　　　　150

第4行：股票期权形式的薪酬费用

根据埃尔伍德公司在财务报表附注中披露的信息，该公司管理人员的薪酬部分采用了股票期权的形式。在第15章中我们知道，企业会使用期权定价模型来计算某会计期间内授予期权的公允价值等计量指标，然后按该计量指标显示的金额确认为预计受益期间（通常为等待期）的薪酬费用。埃尔伍德公司在2013年摊销计入薪酬费用的股份支付金额为170美元，所以，埃尔伍德公司在当时是编制了下面这笔会计分录的：

（4）薪酬费用　　　　　　　　　　　　　　　　　　　　　170
　　　股本溢价　　　　　　　　　　　　　　　　　　　　　　　170

资产	=	负债	+	股东权益	（类别）
				−170	利润表→留存收益
				+170	投入资本

这170美元的薪酬费用会减少净利润，但却并不会引起2013年的现金流出。另一方面，这笔分录也导致公司

的"股本溢价"账户发生了变动。所以，在工作底稿中，我们编制下述会计分录来对股票期权形式的薪酬费用进行调整：

（4a）现金（经营活动——反加回薪酬费用）　　　　　　　　　　　　　170
　　　　股本溢价　　　　　　　　　　　　　　　　　　　　　　　　　　　　170

员工股票期权对所得税的影响。一些地方的税法会允许公司在税前扣除股票期权激励费用。比如，现在美国税法就允许企业在员工选择行权当年扣除行权部分的内在价值（＝行权日的市场价格－行权价格）。由此所引起的所得税问题和对现金流量表的影响非常复杂，在表16-3埃尔伍德公司的例子中，我们没有予以考虑。

第5行：土地减值损失

根据埃尔伍德公司在财务报表附注中的披露，企业将土地租赁出去预期能够带来的租金收入与预计土地的最终出售价值之和已经严重下跌，因此发生了减值。截至2013年年末，土地的账面价值与公允价值之差为80美元，所以，在埃尔伍德公司的会计系统中，曾经编制了下面这笔会计分录来记录土地减值损失：

（5）土地减值损失　　　　　　　　　　　　　　　　　　　　　　　　80
　　　　土地　　　　　　　　　　　　　　　　　　　　　　　　　　　　　　80

这80美元的减值损失直接减少了当期净利润和期末土地的账面价值，但是，并不会导致在2013年发生现金流出。因此，在工作底稿中应编制下面这笔会计分录，来解释"土地"账户所发生的变动。

（5a）现金（经营活动——反加回资产减值损失）　　　　　　　　　　　80
　　　　土地　　　　　　　　　　　　　　　　　　　　　　　　　　　　　　80

第6行：出售权益性有价证券损失

会计记录表明，埃尔伍德公司在2013年出售了一批可供出售的权益性有价证券，这批证券是该公司在2012年以80美元的价格买入的，在2012年末，按公允价值计为70美元，然后在2013年又按50美元的价格售出。出售这批证券时，埃尔伍德公司在账簿中是这样进行记录的：

（6）现金　　　　　　　　　　　　　　　　　　　　　　　　　　　　　50
　　　出售权益性有价证券实现的损失（利润表）　　　　　　　　　　　　30
　　　　权益性有价证券　　　　　　　　　　　　　　　　　　　　　　　　70
　　　　可供出售证券的未实现损失（其他综合收益）　　　　　　　　　　　10

资产	＝	负债	＋	股东权益	（类别）
＋50				－30	利润表→留存收益
－70				＋10	其他综合收益→累计其他综合收益

△现金	＝	△负债	＋	△股东权益	－	△非现金资产
＋50（投资活动）		0		－20		－70

请注意前面曾经说明，凡是会计分录编号中没有出现字母的，表示这是埃尔伍德公司在账簿中的真正记录。对这些分录，我们会给出它们对现金变动等式的影响；同时，对类似上述这种复杂的交易，我们会给出它们对资产负债表等式的影响；还有一些交易，我们则会同时给出它们对上述两个等式的影响。

对这笔交易，在工作底稿中应编制下面这笔分录：

（6a）现金（投资活动——出售权益性有价证券）　　　　　　　　　　　50
　　　现金（经营活动——出售权益性有价证券损失）　　　　　　　　　30
　　　　权益性有价证券　　　　　　　　　　　　　　　　　　　　　　　　70
　　　　可供出售证券的未实现损失（其他综合收益）　　　　　　　　　　　10

对于证券出售所得到的50美元，在现金流量表中应报告为投资活动，因此列报在第17行。但在表16-3中第1行的净利润中，已经包括了出售权益性有价证券的损失。因此，会计师应将该损失反加回净利润中，才能确保不低估经营活动产生的现金流量。反加回去的这50美元刚好与计算净利润时减掉的30美元损失相互抵消，消除了投资活动对经营活动产生现金流量的影响。在第17行中，已将出售证券所得到的全部现金报告为了投资活动。

不过，分析师在评价企业业绩时，也可能会将权益性有价证券的购买和出售视作经营活动，因为这些交易的发生可能仅仅是出于企业对暂时闲置现金的利用。目前，绝大多数企业都认为这类交易无法与企业发生的销售商品和服务等主要经营活动相媲美，因此，它们都将证券的买卖归类为投资活动。

第7行：递延所得税

埃尔伍德公司在财务报表附注中披露，当期的所得税费用总计金额为300美元，其中有200美元是当期应付的，还有100美元是可以递延到将来再支付的。所以，埃尔伍德公司当年编制了如下会计分录来确认所得税费用：

(7) 所得税费用　　　　　　　　　　　　　　　　　　　　　　300
　　　现金　　　　　　　　　　　　　　　　　　　　　　　　　　　　200
　　　递延所得税负债　　　　　　　　　　　　　　　　　　　　　　100

资产	=	负债	+	股东权益	（类别）
-200		+100		-300	利润表→留存收益

△现金	=	△负债	+	△股东权益	-	△非现金资产
-200（经营活动）		+100		-300		0

如果递延所得税出现在借方，在美国，常用的核算账户为"所得税准备（provision for income tax）"。

这100美元的递延所得税负债在当期减少了净利润，但并不会导致2013年的现金流出。要解释"递延所得税负债"账户在2013年的变动并推导经营活动产生的现金流量，应当在工作底稿中将递延所得税负债账户的当期增加额反加回净利润中：

(7a) 现金（经营活动——反加回递延所得税）　　　　　　　　　100
　　　递延所得税负债　　　　　　　　　　　　　　　　　　　　　　100

我们是按照美国公认会计原则来编制埃尔伍德公司的现金流量表的。如果埃尔伍德公司使用国际财务报告准则的话，则应当根据所得税费用的产生原因，将当期的递延所得税分割为经营活动、投资活动和筹资活动，分别报告在现金流量表中的相应位置。

第8行：大于利息费用的实付利息

在资产负债表报告的应付债券中，有一批债券是过去溢价发行的（即这些债券的票面利率高于发行当时的市场利率，所以当初这些债券的发行所得是大于债券面值的）。债券溢价的摊销，会导致债券存续期内所确认的利息费用低于每期实际支付的利息金额。在埃尔伍德公司的账簿体系中，原来是这样记录当期的利息费用的：

(8) 利息费用　　　　　　　　　　　　　　　　　　　　　　450
　　应付债券　　　　　　　　　　　　　　　　　　　　　　　50
　　　现金　　　　　　　　　　　　　　　　　　　　　　　　　　　500

△现金	=	△负债	+	△股东权益	-	△非现金资产
-500（经营活动）		-50		-450		0

也就是说，埃尔伍德公司实际上支付了500美元的现金出去，但在计算净利润的时候，只扣减了450美元的利息费用。为了解释应付债券账户在当期所发生的变化，另一方面也将净利润调整为经营活动产生的现金流量，在工作底稿中，应编制如下调整分录：

(8a) 应付债券　　　　　　　　　　　　　　　　　　　　　　50
　　　现金（经营活动——大于利息费用的实付利息）　　　　　　　　50

在这里，支付利息费用是作为一项经营活动报告在现金流量表中的，因为人们认为利息是一种经营成本。一些证券分析师会建议将这50美元的现金支出视为本金的偿还，因此应当作为债务筹资活动，而不是经营活动处理，所以，需要报告在现金流量表的筹资活动部分。国际财务报告准则允许——但并不强制——企业将利息的支付报告为筹资活动的现金流出。但是如果按照美国公认会计原则的规定，这50美元的现金流出则是应当作为经营活动报告的，同时，国际财务报告准则也是允许这么做的。

第9行：设备处置收益

埃尔伍德公司的会计记录显示，它在2013年以180美元的价格处置了一台购买成本为600美元，已经累计折旧了460美元的设备。当时，记录设备处置的会计分录为：

(9) 现金 180
  累计折旧 460
    设备 600
    设备处置收益 40

△现金	=	△负债	+	△股东权益	-	△非现金资产
+180（投资活动）		0		+40		+460 -600

在第18行中，已经将设备处置所得180美元全部报告为了投资活动的现金流入量，但在第1行的净利润中，还包括了出售收益40美元。所以，为了避免高估此次设备处置的现金流量变动，会计师需要从净利润中减去这40美元的设备处置收益，才能计算得到正确的经营活动现金流量。

(9a) 现金（投资活动——设备处置） 180
  累计折旧 460
    设备 600
    现金（经营活动——减去设备出售收益） 40

在现金流量表中，设备处置所得到的全部价款都应报告为投资活动的现金流量，与经营活动无关。因为绝大多数企业买卖固定资产的目的都与企业的生产经营能力相关，而不是想要通过固定资产的买卖来创造经营利润。

那么，如果处置固定资产发生的是损失，又应该怎么处理呢？如果处置固定资产发生了损失，则需要将损失金额反加回净利润中，才能得到正确的经营活动现金流量。假定在上述埃尔伍德公司处置固定资产的例子中，该设备的出售价格只有110美元，其他数据不变，那么，在工作底稿中应编制的调整分录为：

(9a) 现金（投资活动——设备处置） 110
  累计折旧 460
  现金（经营活动——加回设备处置损失） 30
    设备 600

第10行：按权益法确认的关联企业未分配投资收益

在资产负债表中可以看到，埃尔伍德公司拥有B公司40%的普通股股份。在2013年中，B公司一共实现了利润1 200美元，支付股利400美元。所以，埃尔伍德公司当年在它的账簿体系中已经编制了如下会计分录：

(10) 对B公司的股权投资 480
    按权益法确认联营企业投资收益 480

资产	=	负债	+	股东权益	（类别）
+480				+480	利润表→留存收益

△现金	=	△负债	+	△股东权益	-	△非现金资产
0		0		+480		+480

记录在B公司盈利中所享有的份额480（=40%×$1 200）美元。

现金 160
  对B公司的股权投资 160

△现金	=	△负债	+	△股东权益	-	△非现金资产
+160（经营活动）		0		0		-160

收到B公司发放的现金股利160（=40%×400）美元。

在表 16-3 第 1 行所报告的净利润中，已经包含了这里的 480 美元按权益法确认的投资收益，但实际上，埃尔伍德公司只收到了 160 美元的现金股利。因此，在工作底稿中，应从净利润中减去 320(=480-160) 美元，才能得到经营活动产生的现金流量。

(10a) 对 B 公司的股权投资	320	
现金（经营活动——减去未分配的关联企业投资收益）		320

第 11 行：预付账款的减少

埃尔伍德公司的预付账款在 2013 年减少了 200 美元，说明它在 2013 年新增的预付账款金额小于它在当年已转销的预付账款金额。假定该公司全部的预付账款都只与销售和管理活动相关，那么，埃尔伍德公司在 2013 年中所做的相关会计分录合计起来的影响是这样的：

(11) 销售与管理费用	3 550	
现金		3 350
预付账款		200

△现金	=	△负债	+	△股东权益	−	△非现金资产
−3 350（经营活动）		0		−3 550		−200

在工作底稿中，为了对预付账款的变化做出解释，需要将经营性流动资产账户的贷方变动额⊖200 美元反加回净利润中去，这样才能得到正确的经营活动现金流出量。

(11a) 现金（经营活动——预付账款减少）	200	
预付账款		200

第 12 行：应付账款的增加

应付账款的增加说明埃尔伍德公司在 2013 年新增加的赊购金额大于它在 2013 年支付的前期赊购金额，因此，这种经营性质的流动负债水平增加，间接地为企业提供了现金，说明供应商为企业所赊购的存货提供了融资。如果觉得难以理解，也可以这样来考虑：假定一家企业签发票据从某供应商那里借入一笔资金，因此应借记"现金"账户，贷记"应付票据"账户；然后，该企业再用这些资金来购买存货或其他东西。可以看出，供应商为企业提供了资金，而企业同时增加了流动负债水平。所以，企业的赊购行为导致的结果与上述这个例子是一样的，只是贷记的账户是"应付账款"而不是"应付票据"罢了。由于供应商所提供的融资与企业的存货采购行为是紧密联系的，所以，在会计上将这种来源的现金归类为经营活动——而不是筹资活动——所产生的现金流量。

(12a) 现金（经营活动——应付账款增加）	780	
应付账款		780

关于应付账款的变动对现金变动等式的影响，我们将在讨论存货项目的调整时一起进行解释。

第 13 行：预收账款的增加

预收账款增加了 400 美元，表明埃尔伍德公司在 2013 年所收到的预收账款金额比它在当年将预收账款转为收入确认的金额要高出 400 美元。在工作底稿中，需要用这 400 美元加上本期净利润，才能推出当期的经营活动产生的现金流量。

(13a) 现金（经营活动——预收账款增加）	400	
预收账款		400

关于预收账款的变动对现金变动等式的影响，我们将在讨论应收账款项目的调整时一起进行解释。

第 14 行：应收账款的增加

应收账款项目出现增加，说明公司当期实际收到客户所支付的欠款比当期新增加的赊销款少。为得到经营活动产生的现金流量，在工作底稿中，应减去应收账款的增加数：

⊖ 因为预付账款减少了，要将减少的金额反加回去。如果预付账款增加了，则体现为借方增加数，那么应将增加额反减出去。

（14a）应收账款（净值） 900
　　　　现金（经营活动——应收账款的增加） 900

这笔分录同时也自动调整了坏账准备账户的变动情况。在工作底稿中，也可以对应收账款总额和坏账准备账户分别进行调整。

现在，让我们再来总结应收账款的变动和预收账款的变动是如何影响现金变动等式的。如果我们将埃尔伍德公司在账簿中对交易13和交易14的记录合并起来，就可以得到下面这笔会计分录：

现金 10 000
应收账款，净值 900
　　预收账款 400
　　销售收入 10 500

△现金	=	△负债	+	△股东权益	-	△非现金资产
+10 000（经营活动）		+400		+10 500		+900

第15行：存货的增加

存货项目出现增加，表明企业在2013年购买的存货金额大于它在当期耗用或者出售的存货金额。在工作底稿中，为推导经营活动产生的现金流量，应按存货的增加额调减现金金额：

（15a）存货 850
　　　　现金（经营活动——存货的增加） 850

现在，让我们来总结存货的变动和应付账款的变动对现金等式的影响。如果我们将埃尔伍德公司在账簿中对交易12和交易15的记录合并起来，则可以得到下面这笔会计分录：

销货成本 6 000
存货 850
　　应付账款（存货采购） 780
　　现金 6 070

△现金	=	△负债	+	△股东权益	-	△非现金资产
-6 070（经营活动）		+780		-6 000		+850

第16行：产品质量保证负债的减少

第9章中曾经谈到，企业会根据当前的销售情况，使用备抵法预计未来的质量保证成本，确认为负债。因此，当企业根据本期产品销售情况而预计未来的产品质量保证成本时，会导致产品质量保证负债账户的余额增加；相反，当企业在本期向客户实际提供产品质量保证服务时，会导致产品质量保证负债账户的余额减少。所以，埃尔伍德公司的产品质量保证负债账户余额在本期减少了300美元，说明该公司在2013年实际支付的产品质量保证服务费用比确认在本期利润表中的产品质量保证费用金额高出了300美元。埃尔伍德公司在2013年预提的产品质量保证费用为920美元，在表16-1中，这项费用被包含在了"销售与管理费用"中。所以，埃尔伍德公司在2013年中所做相关会计分录的综合影响为：

（16）销售与管理费用 920
　　　产品质量保证负债 300
　　　　现金 1 220

△现金	=	△负债	+	△股东权益	-	△非现金资产
-1 220（经营活动）		-300		-920		0

为得到经营活动产生的现金流量，在工作底稿中，应减去产品质量保证金负债的减少数。否则，经营活动产生的现金流量中所包含的只是确认为当期费用的产品质量保证负债金额，而不是当期实际支付的产品质量保证负债金额。

(16a) 产品质量保证负债	300	
现金（经营活动——产品质量保证负债的减少）		300

这样，经过上述调整之后，2013年经营活动产生的现金就是910美元。

第17行和第18行

详见第6行和第9行中的分析。

第19行：购买设备支付的现金

埃尔伍德公司在2013年购入了价值1 300美元的设备，对于该投资活动，应编制的会计分录为：

(19a) 设备	1 300	
现金（投资活动——购买设备）		1 300

这样，经过上述调整之后，埃尔伍德公司在2013年投资活动所产生的现金流量表现为现金净流出1 070美元。

第20行：短期银行借款取得的现金

根据短期融资协议，埃尔伍德公司在2013年从银行借入了750美元的短期借款。虽然这笔借款是短期性质的，但在现金流量表中，仍然将其划分为筹资活动产生的现金流量，而不是经营活动的。在工作底稿中，应编制的会计分录为：

(20a) 现金（筹资活动——取得短期银行借款）	750	
短期借款		750

第21行：发行长期债券取得的现金

埃尔伍德公司在2013年通过发行长期债券，一共筹得了400美元。

(21a) 现金（筹资活动——发行长期债券）	400	
应付债券		400

第22行：发行优先股取得的现金

埃尔伍德公司通过发行优先股，在当年一共筹得了200美元。

(22a) 现金（筹资活动——发行优先股）	200	
优先股		200

第23行：长期债务到期支付的现金

因长期债务到期，埃尔伍德公司一共偿还了1 500美元的债务。由于在表16-1利润表中，没有报告任何有关债务到期的损益事项，因此，可以推断出埃尔伍德公司是按账面价值清偿这些债务的。所以，应编制下面这笔会计分录：

(23a) 应付债券	1 500	
现金（筹资活动——长期债务到期）		1 500

如果企业提前清偿未到期的债务，则通常会在利润表中确认相关的损益。那么，在计算经营活动产生的现金流量时，就应当先调整净利润中所包含的这些损益，然后再将偿还债务所支付的全部现金确认为筹资活动产生的现金流量。

第24行：回购普通股流出的现金

埃尔伍德公司在2013年回购自己所发行的普通股，回购成本为130美元，并将所回购的股票作为库存股处理。对此，在工作底稿中，应编制分录：

(24a) 库存股	130	
现金（筹资活动——回购普通股）		130

第25行：发放股利支付的现金

埃尔伍德公司在2013年向股东宣告并发放了390美元的股利，对此，应编制会计分录：

(25a) 留存收益	390	
现金（筹资活动——发放现金股利）		390

在国际会计准则体系中，允许企业将发放股利所使用的现金报告为经营活动。

第26行：发行普通股（股权激励计划行权）取得的现金

埃尔伍德公司的部分员工在2013年根据股权激励计划选择了行权。这些员工在过去曾经得到公司授予的股票期权，为此，公司在当时曾经确认了20美元的薪酬费用（对应的贷方为"股本溢价"账户。参考第（4）笔会计分录，后者为公司根据股权激励计划确认的本年薪酬费用）。在2013年，这些员工选择了行权，他们支付40美元现金换得了面值为10美元的公司普通股股票。行权时，公司编制的会计分录为：

（26）现金　　　　　　　　　　　　　　　　　　　　　　　　　40
　　　股本溢价　　　　　　　　　　　　　　　　　　　　　　　　20
　　　　普通股　　　　　　　　　　　　　　　　　　　　　　　　　　10
　　　　股本溢价　　　　　　　　　　　　　　　　　　　　　　　　　50

资产	=	负债	+	股东权益	（类别）
+40				−20	投入资本
				+10	投入资本
				+50	投入资本

△现金	=	△负债	+	△股东权益	−	△非现金资产
+40		0		−20		0
				+10		
				+50		

在T形账户工作底稿中，会计人员需要编制下述会计分录来反映此项筹资活动的影响：

（26a）现金（筹资活动——发行普通股）　　　　　　　　　　　40
　　　　股本溢价　　　　　　　　　　　　　　　　　　　　　　20
　　　　　普通股（面值）　　　　　　　　　　　　　　　　　　　　10
　　　　　股本溢价　　　　　　　　　　　　　　　　　　　　　　　50

这样，经过上述对与筹资活动相关的交易进行调整之后，得到当年筹资活动产生的现金流量为现金净流出630美元。

不涉及现金的投资与筹资交易

一些投资和筹资交易由于并不涉及现金，因此不会出现在现金流量表的经营活动、投资活动和筹资活动部分。但是，这些活动对于我们解释资产负债表账户所发生的变动仍然是非常有帮助的。因此，会计人员在T形账户工作底稿中还必须考虑这类交易的影响，才能完整地解释全部资产负债表账户所发生的变动，并正确地计算这些账户变动对现金变动的影响。

权益性有价证券按公允价值重估值的影响　埃尔伍德公司在2013年末按公允价值对权益性有价证券进行了重估值，会计分录为：

（27）有价证券未实现损失（其他综合收益）　　　　　　　　　　20
　　　　可供出售的权益性有价证券　　　　　　　　　　　　　　　20

资产	=	负债	+	股东权益	（类别）
−20				−20	其他综合收益→累计其他综合收益

△现金	=	△负债	+	△股东权益	−	△非现金资产
0		0		−20		−20

在这笔会计分录中，借贷双方都没有出现现金科目，因此对现金没有影响，分录所涉及的交易事项也没有出现在现金流量表中。由于这些证券被归类为可供出售的证券，因此未实现损失也不确认在利润表上。但这笔会计分录能够解释上述权益性有价证券账户在2013年所发生的变动，所以，需要在工作底稿中编制以下分录：

（27a）有价证券未实现损失　　　　　　　　　　　　　　　　　20
　　　　可供出售的权益性有价证券　　　　　　　　　　　　　　　20

按公允价值调整对A公司的股权投资　埃尔伍德公司在2013年对A公司的股权投资（另一项可供出售的投

资）也进行了重估值。会计分录为：

(28) 对A公司的股权投资——可供出售　　　　　　　　　　30
　　　证券投资的未实现收益（其他综合收益）　　　　　　　　　　30

资产	=	负债	+	股东权益	（类别）
+30				+30	其他综合收益→累计其他综合收益

△现金	=	△负债	+	△股东权益	-	△非现金资产
0		0		+30		+30

这笔会计分录对现金流量没有影响，且投资公允价值的变动也不会影响当期净利润。但这笔分录能解释"对A公司的股权投资"账户在本期所发生的变动，所以，需要在T形账户工作底稿中编制分录进行调整：

(28a) 对A公司的股权投资——可供出售　　　　　　　　　　30
　　　　证券投资的未实现收益　　　　　　　　　　　　　　　　　30

融资租赁　埃尔伍德公司在2013年签订了一项长期租赁协议租入一栋建筑大楼，它将这项租赁归类为融资租赁，并在账簿中记录如下：⊖

(29) 建筑物（或融资租入建筑物）　　　　　　　　　　　　300
　　　融资租赁负债　　　　　　　　　　　　　　　　　　　　　　300

资产	=	负债	+	股东权益	（类别）
+300		+300			

△现金	=	△负债	+	△股东权益	-	△非现金资产
0		+300		0		+300

这笔会计分录既不影响现金流量也不影响当期利润。但是，它对埃尔伍德公司的投资活动和筹资活动是有影响的，所以需要披露在现金流量表补充信息或者财务报表附注中。在T形账户工作底稿中，会计人员应编制会计分录：

(29a) 建筑物（或融资租赁建筑物）　　　　　　　　　　　　300
　　　　融资租赁负债　　　　　　　　　　　　　　　　　　　　　300

对这样的非现金交易，虽然不用报告为现金流量表上的经营活动、投资活动或者是筹资活动，但仍然应当予以披露。

债务转换为股权　在2013年，埃尔伍德公司可转换公司债券的投资者行使了他们手中的转换权，将手中的债权转换为了对公司的普通股股权。对此，埃尔伍德公司在账簿中是这样进行记录的：

(30) 应付债券　　　　　　　　　　　　　　　　　　　　　300
　　　普通股　　　　　　　　　　　　　　　　　　　　　　　　100
　　　股本溢价　　　　　　　　　　　　　　　　　　　　　　　200

资产	=	负债	+	股东权益	（类别）
		-300		+100	投入资本
				+200	投入资本

△现金	=	△负债	+	△股东权益	-	△非现金资产
0		-300		+100		0
				+200		

与融资租赁协议类似，这笔分录记载的也是一项重大的非现金交易。因此，虽然现金流量表不报告这笔交易

⊖ 从技术上讲，借方账户不应当是"建筑物"，而应当是"融资租入建筑物"。不过，根据我们对实务的了解，很多公司也直接就使用"建筑物"账户了。

的任何影响,但仍然需要对这笔交易进行单独披露。所以,会计人员需要在T形账户工作底稿中编制如下会计分录,反映这笔筹资交易的影响:

（30a） 应付债券　　　　　　　　　　　　　　　　　　　　　　　300
　　　　　普通股　　　　　　　　　　　　　　　　　　　　　　　　　　　　100
　　　　　股本溢价　　　　　　　　　　　　　　　　　　　　　　　　　　　200

表16-4即为埃尔伍德公司2013年的T形账户工作底稿。

自习问题16.1

交易对现金流量表的影响。 第6章的表6-12是一张简化的现金流量表。对下列每笔交易,请指出表6-12的哪些行次会受到影响,并指出影响的金额和方向（增加还是减少）。其中,假定第（1）行还包括了收到的其他经营收入。如果某交易会影响净利润,请指出它使净利润增加还是减少。不考虑企业所得税的影响。

a. 一家企业将过去用30 000美元的价格购入、已经累计折旧16 000美元的设备对外售出,取得设备处置价款12 000美元。

b. 一家企业在若干年前以账面净值购入了另一家企业25%的普通股股本,采用权益法进行核算。在当期,被投资企业报告实现了净利润80 000美元,并发放了现金股利20 000美元。

c. 一家企业作为承租人在当期支付了融资租赁的租金50 000美元,其中35 000美元为利息费用。

d. 当期所得税费用总额为120 000美元,其中有90 000美元企业已经支付,另外30 000美元为由于税法规定和企业会计政策不一致所引起的暂时性差异,将递延支付。

e. 一家企业拥有某被投资企业10%的普通股股权,划分为长期的可供出售证券进行管理。被投资企业在当期实现了净利润100 000美元,支付股利40 000美元。会计期末,此项投资的公允价值与期初的公允价值相等。

16.4 用直接法计算经营活动产生的现金流量

表16-5列出了用直接法计算的埃尔伍德公司经营活动产生的现金流量。虽然用直接法列报的现金流量不涉及太多现金与权责发生制会计之间的调整,但是,在用直接法编制现金流量表的过程中,所需要的调整却并不比间接法下简单。事实上,间接法下所经历的每一笔加减调整在直接法下都是不可避免的。

比如,请看在推导经营活动产生的现金流量时,直接法与间接法的对比。

- 间接法以净利润总额为起点,然后反加回费用中所包含的不导致现金流出的项目金额,减去收入中所包含的不导致现金流入的项目金额。接下来,再调整非经营性损益的影响——减去非经营性的利得,或者加回非经营性的损失。最后,再对资产负债表中除现金以外的经营性账户的本期变动额进行加减调整。
- 直接法以利润的各个组成项目为起点,列出每个收入和费用项目,然后,再加减调整同样的资产负债表经营性账户的本期变动额。调整时,以利润表的每一行为基础,在旁边水平地列出相应的加减项目。

间接法是先列出收入减去费用后的净额,然后从中再加回或者减去相应的调整项目。而直接法则是将利润表的每一行都作为调整基础,然后对各行分别进行加减调整。由于加减调整的资产负债表变动金额是一样的,因此,两种方法所得到的最终结果——经营活动产生的现金流量——也一定是相同的。

我们认为,如果你能学会用直接法编制现金流量表的话,一定能对经营活动产生的现金流量有更好的理解。因为直接法下的列报方式更容易为人所理解,当然,它的推导过程本身并不是这样的。此外,采用直接法所编制的现金流量表还更易于阅读者理解导致现金在不同期间发生变动的原因。但是,在实务中,很少有企业会在他们的年度报告中使用直接法编制现金流量表。

表 16-5　埃尔伍德公司：根据 T 形账户工作底稿提供的信息，用直接法计算经营活动产生的现金流量

1. 复制利润表数据（见列（a））和经营活动产生的现金流量数据（见列（b））。
2. 将 T 形账户工作底稿中的数据填写在相关的利润表项目旁边（列（b）和列（c））。
3. 将各行数据相加，得到直接法下的现金流入和流出（列（d）和列（e））。

经营利润表：收入、利得、费用与损失 (a)	间接法 (b)	T 形账户工作底稿中相关资产负债表项目的变动 (c)	直接法 (d)	经营活动的现金流入与流出 (e)
销售收入	$10 500	$400　=预收账款的增加	$10 000	收到客户付款
		(900)　=应收账款的增加		
利息与股利	320		320	投资收到的现金
权益法下的投资收益	480	(320)　实际收到的股利只有 160 美元	160	从权益法核算的投资中收到的现金
设备处置利得	40	(40)　非经营活动现金流量	—	
销货成本	(6 000)	450　生产设施折旧费用	(5 470)	购买存货支付的现金
		150　生产用专利权摊销费用		
		780　=应付账款的增加		
		(850)　=存货的增加		
销售与管理费用	(3 550)	250　管理用大楼和设施的折旧费用	(3 400)	支付的销售与管理费用
		200　=预付账款的减少		
		(300)　应付产品质量保证的减少		
薪酬费用（员工股权激励计划）	(170)	170　以期权形式支付的薪酬	—	
土地减值损失	(80)	80　减少土地账面价值的损失	—	
出售权益性有价证券损失	(30)	30　不导致现金流出的损失	—	
利息费用	(450)	(50)　实付利息大于利息费用的金额	(500)	因使用负债而支付的现金
所得税费用	(300)	100　递延所得税，不影响当期的现金	(200)	支付的所得税费用
净利润	$760 =	760　合计………	$910	=用直接法计算的经营活动现金流量
		$910　=用间接法计算的经营活动现金流量		

资料来源：© Cengage Learning 2014.

16.5　解读现金流量表

第 6 章中已经指出，要正确理解现金流量表所报告的内容，需要我们：

- 理解企业所在行业的经济特征；
- 连续观察多期的情况。

下面，我们将更详细地谈谈现金流量表的解读问题。

16.5.1　净利润与经营活动产生的现金流量

净利润（=收入-费用）与经营活动产生的现金流量（=经营活动产生的现金流入量-经营活动产生的现金流出量）是不同的。两者的差异主要体现在资产负债表中流动项目和非流动项目的本期变动额上，具体表现为：

1. 长期资产和长期负债的变动；
2. 经营性营运资本账户的变动。

长期资产和长期负债的变动　在计算经营活动产生的现金流量时，需要在多大程度上用长期资产和长期负债的本期变动额去调整净利润，取决于企业的经营性质。比如，资本密集型企业需要向净利润中反加回高额的折旧费用，但服务性企业的折旧额就会相对小很多；高速成长的企业常常需要反加回递延所得税，不过成熟期或者衰退期的企业则更多地会减去递延所得税；通过在其他企业不断取得非控股性质的投资来实现成长和多元化经营的企业，常常需要从净利润中调减按权益法核算的未分配投资收益；而经营规模不断缩小的企业则常常需要对净利润中所包含的资产处置损益进行加减调整。

营运资本账户的变动　企业的成长速度决定了营运资本账户变动额的调整程度。在高速成长的企业中，应收账款和存货往往急速增加。一些企业会利用供应商或者其他债权人所提供的资金来满足他们的营运资本融资需求

（划分为经营活动），而另一些企业则喜欢使用短期或者长期的借款或者权益融资形式（划分为筹资活动）。

16.5.2 经营活动产生的现金流量、投资活动产生的现金流量与筹资活动产生的现金流量

宏观经济学和市场营销学中的产品生命周期概念对我们理解经营活动产生的现金流量、投资活动产生的现金流量和筹资活动产生的现金流量三者之间的关系非常有用。

在初创期，由于经营还没有开始盈利，企业又必须投资一定量的应收账款和存货，所以往往现金流出量会超过经营活动产生的现金流入量。另一方面，企业需要进行大量的生产经营设施投资，导致投资活动的现金净流量为负。在这一阶段，企业大多只能依靠外部融资来克服经营活动和投资活动对现金的需求。

在成长期，企业的现金流量特征与初创期非常类似，只是随着产品逐渐获得市场认可，销售收入越来越好，企业开始获得净利润。但是，虽然收入不断增长，企业同时也需要购买更多的存货或者提供更多的服务来满足销售要求。由于对大多数企业来说，采购付款的时间都早于同批产品销售收款的时间，因此，成长期的企业在经营中也常常会出现现金短缺。企业成长的速度越快（即使它一直都是盈利的），它对资金的需求就会越迫切。以后随着产品的成熟，三类现金流量之间的关系也逐渐改变。成熟期的到来通常表现为企业的净利润达到某个高点，然后营运资本不再继续增长。经营活动产生的现金流量为正，并且金额越来越大，足以支持企业在固定资产投资方面的需求。在这一阶段，企业通常不再继续增加产能方面的投资，只是基本维持现有投资规模。企业会开始将多余的现金用来偿还在初创期和成长期所欠下的负债，并且可能从这时才开始向股东支付股利。

接下来，如果企业出现了销售收入下滑，或者虽然销售收入保持稳定，但毛利率开始出现下降，这就意味着企业的盈利能力下降，衰退期开始到来。不过，在这一阶段中，应收账款和存货的水平下降，也释放出不少的经营活动现金流量。此外，企业还可能因为处置不需要的固定资产而报告金额为正的投资活动产生的现金流量。利用这些多出的现金，企业可以用来偿还负债，或者投资于别的商业领域。

16.6 衍生工具和公允价值计量选择权对现金流量表的影响

在第13章中，我们介绍了企业使用衍生工具的原因，并说明了衍生工具的会计处理问题。在大多数情况下，衍生工具交易的复杂性体现在企业取得了衍生工具以后，但这些后续交易或者事项在被金融工具最后交割以前，通常都不会涉及现金流量。下面我们以一家用间接法编制现金流量表的企业为例，来说明这类交易对现金流量表的影响。

- 企业用现金购入一批衍生金融工具。这类衍生工具在取得后多作为流动资产中的有价证券进行管理，因此，在经营活动产生的现金流量部分，应调减流动资产的增加，调整金额即为该金融工具的取得成本。如果企业将该金融工具划分为非经营性资产，那么这笔现金流出量就应报告在现金流量表的投资活动部分了。
- 取得衍生工具之后，企业可能会在利润表中报告[⊖]与该衍生工具相关的公允价值变动。这种公允价值变动与现金流量无关，因此，如果在利润中报告了相关公允价值变动收益，则应当在计算经营活动产生的现金流量时，将该收益减去；相反，如果在利润中报告了相关公允价值变动损失，则应当在计算经营活动产生的现金流量时，将该损失加回。
- 取得衍生工具之后，企业可能会在其他综合收益中报告[⊖]与该衍生工具相关的公允价值变动。这类公允价值变动对现金流量和净利润都没有任何影响。
- 当处置这些衍生工具时，可能存在各种影响。比如，如果某衍生工具未作为套期工具，则处置时可能会发生净现金流量。需要用现金来结算的衍生工具，即使是被指定为套期工具，在处置时都会涉及现金流量。只不过，很多情况下衍生工具导致的现金流入量或者流出量都可以与套期工具的现金流出量或者流入量之间相互抵消。此外，还有一些衍生工具的结算需要交付存货或设备一类的资产，不涉及现金流量。本书不可能将所有的可能性都介绍完整，大家可根据具体的情况进行分析。

在第13章中，还提到可以对某些金融资产或金融负债应用公允价值计量选择权。采用公允价值计量选择权的企业，可以在每个会计期期末，按公允价值对相关金融资产和负债的账面价值进行调整。

⊖ 第13章有介绍什么样的情况下需要这样进行报告。
⊖ 第13章有介绍什么样的情况下需要这样进行报告。

- 以金融资产为例，如果公允价值的变动导致其账面价值增加，则企业会在当期利润表中报告一项利得，金额为本期金融资产账面价值的增加数。这样，在计算经营活动产生的现金流量时，作为计算起点的净利润一开始就比较高。然而，这部分高出的净利润并不会伴随着当期的现金流入量，因此，在计算经营活动产生的现金流量时，应将这部分利润增加额给减去。
- 如果公允价值的变动导致账面价值减少，则企业会在当期利润表中报告一项损失，金额等于本期金融工具账面价值的减少数。这样，在计算经营活动产生的现金流量时，作为计算起点的净利润一开始就比较低。然而，这部分减少的净利润并不会伴随着当期的现金流出量，因此，在计算经营活动产生的现金流量时，应将这部分利润减少额给加回去。

16.7 与投资相关的交易对现金流量表的影响

在第14章中，介绍了投资的会计处理问题。表14-8 总结了各种形式的投资对资产负债表和利润表的影响。在这里，我们再根据美国公认会计原则，总结在各种投资核算方法下，投资对现金流量表的影响。

会计核算方法	对现金流量表的影响
• 公允价值法：适用于可供出售的金融资产和现金流量套期。将本期实现的利得和损失报告在净利润中，未实现的利得和损失报告在其他综合收益项目中	• 收到被投资企业所发放的股利时，应报告为投资企业的经营活动产生的现金流量。在间接法下，应从当期净利润中加回已实现的损失，或者减去已实现的收益，才能得到经营活动产生的现金流量。处置可供出售的金融资产时，处置所得应报告为投资活动的现金流入量
• 公允价值法：适用于交易性金融资产和公允价值套期。本期已实现和未实现的损益都报告在净利润中	• 收到被投资企业所发放的股利时，应报告为投资企业的经营活动产生的现金流量。在间接法下，应从当期净利润中加回已实现和未实现的损失，或者减去已实现和未实现的收益，才能得到经营活动产生的现金流量。处置交易性金融资产时，处置所得应报告为投资活动的现金流入量
• 摊余成本法：适用于投资者有能力和意图持有至到期的债权投资。按照表13-4 中所介绍的方法确认和报告利息收入	• 如果是投资企业折价取得的投资，则在经营活动产生的现金流量中就只包含了收到的票面利息。如果投资企业是溢价取得的投资，则在经营活动产生的现金流量中不仅包含了当期的利息收入，还包括了应报告为投资活动产生的现金流入量的当期溢价摊销额。处置投资所得也是如此
• 权益法：投资企业按持股比例确认它在被投资企业盈利中所享有的份额	• 对投资企业来说，经营活动产生的现金流量只有在收到被投资企业所发放股利时才会真正增加。在间接法下，需从净利润中减去按权益法确认的未分配投资收益。如果被投资企业发生了亏损，则投资企业也会按持股比例确认投资损失；在权益法下，应从净利润中反加回按权益法确认的投资损失，因为它不会导致现金的流出
• 合并报表：由投资企业报告合并范围内所有主体的全部盈利，再减去非全资控股子公司中少数股东所享受的本期收益部分	• 在间接法下，计算经营活动产生的现金流量时，应将少数股东本期收益反加回到合并净利润中

本章小结

本章用一个综合例题来对现金流量表进行了讲解，例题中的许多交易都是第6章以后所介绍的内容。

自习问题解答

自习问题 16.1 解答参考

（交易对现金流量表的影响）

a. 此笔交易的会计分录为：

现金	12 000
累计折旧	16 000
设备处置损失	2 000
设备	30 000

△现金	=	△负债	+	△股东权益	−	△非现金资产
+12 000 （投资活动）		0		−2 000		+16 000
						−30 000

借记"现金"账户会使第（11）行增加 12 000 美元。出售设备属于投资活动，因此，第（6）行也增加 12 000 美元。出售损失会减少净利润，因此

第（3）行会减少2 000美元。由于该损失不会导致现金流出，因此在计算经营活动产生的现金流量时，应在第（4）行增加2 000美元，从净利润中将此损失加回。

b. 此笔交易的会计分录为：

现金	5 000	
证券投资	15 000	
权益法下的投资收益		20 000

△现金	=	△负债	+	△股东权益	−	△非现金资产
+5 000 （经营活动）		0		+20 000		+15 000

借记"现金"账户使第（11）行增加5 000美元。由于收到的现金股利在美国公认会计原则下属于经营活动的现金流入，因此第（1）行也应增加5 000美元。对权益法下确认的投资收益，应使第（3）行增加20 000美元。由于企业只收到了5 000美元的现金，所以第（5）行应增加15 000美元，反映从净利润中减去未以股利形式发放的投资收益。

c. 此笔交易的会计分录为：

利息费用	35 000	
融资租赁负债	15 000	
现金		50 000

资产	=	负债	+	股东权益	（类别）
−50 000		−15 000		−35 000	利润表→留存收益

△现金	=	△负债	+	△股东权益	−	△非现金资产
−50 000 （经营活动）		−15 000		−35 000		0

贷记"现金"账户使第（11）行减少50 000美元。由于支付融资租赁负债的利息，使现金流出增加，因此第（2）行应增加35 000美元。确认利息费用导致净利润减少了，因此第（3）行减少35 000美元。在美国公认会计原则下，支付利息费用属于经营活动，在计算经营活动产生的现金流量时，不需要

调整该35 000美元。剩余的现金支付属于筹资活动使用的现金，因此第（9）行应增加15 000美元。

d. 此笔交易的会计分录为：

所得税费用	120 000	
递延所得税负债		30 000
现金		90 000

资产	=	负债	+	股东权益	（类别）
−90 000		+30 000		−120 000	利润表→留存收益

△现金	=	△负债	+	△股东权益	−	△非现金资产
−900 000 （经营活动）		+30 000		−120 000		0

贷记"现金"账户使第（11）行的金额减少90 000美元。由于支付所得税费用，第（2）行的金额应当增加90 000美元。确认所得税费用使净利润减少，因此第（3）行应当减少120 000美元。因为企业在当期值支付了90 000美元的所得税，所以还有30 000美元的所得税费用尚未以现金的方式流出企业，因此第（4）行也应当增加30 000美元。

e. 此笔交易的会计分录为：

现金	4 000	
股利收入		4 000

△现金	=	△负债	+	△股东权益	−	△非现金资产
+4 000 （经营活动）		0		+4 000		0

借记"现金"账户应使第（11）行的金额增加4 000美元。确认股利收入使净利润增加，因此第（3）行应增加4 000美元。由于按照美国公认会计原则的规定，收到证券投资发放的股利属于经营活动，并且股利收入的金额与实际收到的现金股利金额相等，因此在计算经营活动产生的现金流量时，无需再对净利润进行调整。但如果按照国际财务报告准则，则企业可以将收到的现金股利报告为经营活动产生的现金流量，也可以报告为投资活动产生的现金流量。

解决问题

1. **各类交易对现金流量表的影响。** 第6章中的表6-12是一张简化的现金流量表。对下列每笔交易，请指出表6-12的哪些行次会受到影响，并指出影响的金额和方向（增加还是减少）。如果某交易会影响第（3）行的净利润或者第（11）行的现金，请指出它会使净利润或者现金增加还是减少。假定其他经营性收入来源也报告在第（1）行中。回答本题时，不考虑企业所得税的影响，但请注意指出每笔交易对现金变动等式的影响。

a. 某企业宣告发放现金股利15 000美元，其中12 000美元已立即发放给股东，剩余3 000美元将于下一会计期期初发放。

b. 某企业向银行借款75 000美元。

c. 某企业处置一台机器，取得20 000美元处置价

款。该机器的取得成本为40 000美元,已累计折旧35 000美元。

d. 作为承租人,某企业记录当期支付经营租赁款28 000美元。

e. 某企业利用临时闲置资金购入一批权益性有价证券,取得成本为39 000美元。

f. 某企业将一台已经提足折旧的卡车注销,该卡车的取得成本为14 000美元。

g. 某企业在当期以90 000美元的价格购买一批权益性有价证券,划分为可供出售的金融资产,截至会计期末,这批证券的公允价值为82 000美元。请指出在年末按公允价值对证券进行期末计价时,所编制会计分录的可能影响。

h. 某企业在若干年前折价发行了一批债券,本期确认了利息费用15 000美元,其中有14 500美元已用现金支付,剩余500美元作为折价调整贷记了"应付债券"账户。

i. 某企业记录当期发生了商誉减值损失22 000美元,该商誉是在若干年前购入一家子公司80%的股权时产生的。

2. **各类交易对现金流量表的影响**。第6章中的表6-12是一张简化的现金流量表。对下列每笔交易,请指出表6-12的哪些行次会受到影响,并指出影响的金额和方向(增加还是减少)。如果某交易会影响第(3)行的净利润或者第(11)行的现金,请指出它会使净利润或者现金增加还是减少。假定其他经营性收入来源也报告在第(1)行中。回答本题时,不考虑企业所得税的影响,但请注意指出每笔交易对现金变动等式的影响。

a. 某企业购入一栋价值为400 000美元的建筑大楼,其中已付现金40 000美元,另外360 000美元已向卖方签发远期票据,承诺将在未来支付。

b. 某企业用备抵法核算可能发生的坏账,在当期计提了32 000美元的坏账准备。

c. 某企业使用备抵法核算可能发生的坏账,在当期,它确认并注销了28 000美元的坏账。

d. 某企业持有另一企业30%的普通股股权,该项投资为多年前按账面价值取得的。被投资企业在当期实现了净利润40 000美元,支付现金股利50 000美元。

e. 某企业因出售权益性有价证券取得出售所得22 000美元,这批证券的取得成本为25 000美元,取得后一直划分为可供出售的金融资产进行管理,至出售前,这批证券的账面价值为23 000美元。

f. 某企业的优先股持有人将账面价值为10 000美元的优先股转换为了面值为2 000美元的普通股,使用账面价值进行结转。

g. 某企业用一块取得成本和市场价值均为5 000美元的土地抵付公司法律顾问当年的律师费用。

h. 某企业因提供了租赁服务而减记"预收租赁费用"负债账户8 000美元。

i. 某企业将即将在一年内到期、金额为30 000美元的长期负债,重新分类为流动负债。

3. **各类交易对现金流量表的影响**。第6章中的表6-12是一张简化的现金流量表。对下列每笔交易,请指出表6-12的哪些行次会受到影响,并指出影响的金额和方向(增加还是减少)。如果某交易会影响第(3)行的净利润或者第(11)行的现金,请指出它会使净利润或者现金增加还是减少。假定其他经营性收入来源也报告在第(1)行中。回答本问题时,不考虑企业所得税的影响,但请注意指出每笔交易对现金变动等式的影响。

a. 某企业使用完工百分比法核算长期合同收入,在本期确认收入15 000美元。

b. 某企业接受当地政府捐赠的一片土地,公允价值为50 000美元,企业打算在这片土地上兴建生产设施。

c. 为反映公允价值的下跌,某企业对长期证券投资计提减值8 000美元。

d. 某企业在当期对生产设施计提折旧费用60 000美元,当期所生产的产品全部已经对外售出。

e. 某企业在当期计提了35 000美元的产品质量保证金负债。

f. 某企业采用备抵法核算产品质量保证金,当期一共发生产品质量保证支出28 000美元。

g. 某企业在当期一共确认所得税费用80 000美元,其中已用现金支付的所得税费用为100 000美元,同时还减少了递延所得税负债账户20 000美元。

h. 某企业按照成本与市价熟低原则对期末存货进行计价,当期计提存货跌价准备18 000美元。

4. **根据现金流量表信息倒推**。表16-6是迈拓公司(Metals Company)2014年的利润表和现金流量表(根据美国铝业集团(Alcoa)的报表改编)。请为现金流量表中每一个带编号的项目写出相应的T形账户工作底稿中的分录。例如,对第(1)行,相应的工作底稿分录应当为(金额单位:百万美元):

现金(经营活动——净利润)   1 367.4
    留存收益   1 367.4

表16-6 迈拓公司
（金额单位：百万美元）
（解决问题4）

2014年度利润表

销售收入	$20 465.0
出售有价证券收益	20.8
按权益法核算的投资收益	214.0
收入与利得合计	$20 699.8
销货成本	$9 963.3
管理费用	5 570.2
利息费用	2 887.3
所得税费用	911.6
费用合计	$19 332.4
净利润	$1 367.4

2014年现金流量表

经营活动

（1）净利润	$1 367.4
调整不涉及现金收支的交易：	
（2）折旧	664.0
（3）递延所得税负债的增加	82.0
（4）按权益法确认的未分配投资收益	(47.1)
（5）处置可供出售的有价证券实现收益	(20.8)
（6）应收账款的减少（增加）	74.6
（7）存货的减少（增加）	(198.9)
（8）预付账款的减少（增加）	(40.3)
（9）应付账款的增加（减少）	33.9
（10）其他流动负债的增加（减少）	(110.8)
经营活动产生的现金流量	$1 804.0

投资活动

（11）处置可供出售的有价证券收到的现金	$49.8
（12）购买可供出售的有价证券支付的现金	(73.2)
（13）购买固定资产支付的现金	(875.7)
（14）购买子公司支付的现金	(44.5)
投资活动产生的现金流量	$(943.6)

筹资活动

（15）向员工发行普通股收到的现金	$34.4
（16）回购普通股支付的现金	(100.9)
（17）支付股利使用的现金	(242.9)
（18）新增短期借款增加的现金	127.6
（19）新增长期负债增加的现金	121.6
（20）偿还长期负债流出的现金	(476.4)
筹资活动产生的现金流量	$(536.6)
本期现金变动额	$323.8
年初现金余额	506.8
年末现金余额	$830.6

补充信息

（21）通过抵押贷款取得的固定资产	$76.9
（22）通过融资租赁租入的固定资产	98.2
（23）转换为普通股的债务	47.8
（24）其他流动负债的变动均与管理费用相关	

资料来源：© Cengage Learning 2014.

5. **根据T形账户工作底稿用直接法列报经营活动产生的现金流量**。表16-6是迈拓公司（Metals Company）2014年的数据（根据美国铝业集团（Alcoa）的信息改编）。请根据这些信息用直接法列报该公司在当期经营活动产生的现金流量。

6. **根据现金流量表信息倒推**。表16-7是英杰斯公司（Ingers Company）2013年的现金流量表。请为表中每一个带编号的项目写出相应的T形账户工作底稿中的分录。例如，对第（1）行，工作底稿中的分录应当为（金额单位：百万美元）：

现金（经营活动——净利润） 270.3
　　留存收益 270.3

表16-7 英杰斯公司2013年度现金流量表
（金额单位：百万美元）
（解决问题6）

经营活动

（1）净利润	$270.3
调整不涉及现金收支的交易：	
（2）折旧	179.4
（3）处置固定资产利得	(3.6)
（4）按权益法确认的投资收益	(41.5)
（5）递延所得税	15.1
（6）应收账款的减少（增加）	50.9
（7）存货的减少（增加）	(15.2)
（8）其他流动资产的减少（增加）	(33.1)
（9）应付账款的增加（减少）	(37.9)
（10）其他流动负债的增加（减少）	19.2
经营活动产生的现金流量	$403.6

投资活动

（11）资本支出使用的现金	$(211.7)
（12）处置固定资产收到的现金	26.5
（13）有价证券的减少（增加）	(4.6)
（14）被投资企业预付款	18.4
投资活动产生的现金流量	$(171.4)

筹资活动

（15）偿还短期借款支付的现金	$(81.5)
（16）借入长期债务收到的现金	147.6
（17）偿还长期负债支付的现金	(129.7)
（18）股票期权行权收到的现金	47.9
（19）出售库存股收到的现金	59.3
（20）支付股利使用的现金	$(78.5)
筹资活动产生的现金流量	$(34.9)
本期现金变动额	197.3
年初现金余额	48.3
年末现金余额	$245.6

补充信息

（21）新签订的融资租赁协议	$147.9
（22）转换为普通股的优先股	62.0
（23）发行普通股取得的证券投资	94.3

资料来源：© Cengage Learning 2014.

7. **编制现金流量表**。（根据美国注册会计师考试题目改编）沃伦公司（Warren Corporation）的管理层正为现金出现短缺而犯愁，在表16-8中，他们向你提供了公司在2013年6月30日和2014年6月30日的账户余额变动情况分析。

表16-8　沃伦公司2013年6月30日至2014年6月30日的账户余额变动情况

（解决问题7）

	6月30日	
	2014年	2013年
借方余额		
货币资金	$174 000	$223 200
应收账款	306 000	327 600
存货	579 600	645 600
为工厂扩张目的而持有的证券	180 000	—
机器与设备	1 112 400	776 400
租入资产改良	104 400	104 400
专利权	33 360	36 000
合计	$2 489 760	$2 113 200
贷方余额		
坏账准备	$19 200	$20 400
机器与设备的累计折旧	499 200	446 400
租入资产改良的累计摊销	69 600	58 800
应付账款	279 360	126 000
应付现金股利	48 000	—
一年内到期的应付债券，利率6%	60 000	60 000
应付债券，6%	300 000	360 000
优先股	108 000	120 000
普通股	600 000	600 000
留存收益	506 400	321 600
合计	$2 489 760	$2 113 200

资料来源：© Cengage Learning 2014.

在以2014年6月30日作为期末截止日的这个会计年度期间内，沃伦公司发生了如下交易：

(1) 支出463 200美元，购买了一台新机器。此外，还处置了一批过时的机器，这批机器在处置前的账面价值为73 200美元，处置取得价款57 600美元。除计提折旧外，沃伦公司的"机器与设备"及相关账户不再有其他记录事项。

(2) 支付2 400美元法律服务费用，成功赢得了一项专利权。沃伦公司将这2 400美元正确地借记了"专利权"账户。在截至2014年6月30日的这个会计年度中，沃伦公司共计确认了专利权摊销费用5 040美元。

(3) 以每股110美元的价格回购了120股优先股，每股面值100美元，随后将其注销。沃伦公司将回购溢价借记了"留存收益"账户。

(4) 2014年6月10日，公司董事会宣告向普通股股东发放现金股利每股0.24美元，股利支付日为2014年7月10日。

(5) 以下是沃伦公司在2013和2014年6月30日的留存收益比较信息：

	6月30日	
	2014年	2013年
6月30日，年初余额	$321 600	$157 200
净利润	234 000	206 400
小计	$555 600	$363 600
宣告股利	(48 000)	(42 000)
回购优先股溢价	(1 200)	—
6月30日，年末余额	$506 400	$321 600

(6) 沃伦公司在2014年确认并注销坏账3 600美元。

要求：

a. 根据上述信息，编制T形账户工作底稿，为下一步编制现金流量表做好准备。

b. 为沃伦公司编制一份正式的现金流量表，反映该公司在截至2014年6月30日的这个会计年度中的现金流量情况，使用间接法列报经营活动产生的现金流量。

8. **编制现金流量表**。（根据美国注册会计师考试题目改编）罗斯公司（Roth Company）已经编制好了截至2013年的年度财务报表和2014年前3个月的财务报表。请你为该公司编制一份2014年第一季度的现金流量表（截止日为2014年3月31日）。表16-9已经列出了该公司在2013年12月31日和2014年3月31日的资产负债表信息，表16-10是该公司在2014年第一季度的利润表信息，假定这些信息都是正确的。

通过与该公司财务主管的沟通和对财务记录的复核，假定你了解到以下信息：

(1) 2014年1月8日，公司出售有价证券取得现金。这些证券是公司在2013年12月31日购入的，除此以外，公司在2013年未购入任何有价证券。

(2) 罗斯公司的优先股是允许转换为普通股的，转换比例为1股优先股可转换2股普通股。优先股和普通股的每股面值分别为2美元和1美元。

(3) 2014年1月17日，当地政府征用了罗斯公司的3英亩土地，公司为此在2014年3月22日收到了 48 000 美元现金，公司无意于用这些钱再去购买新的土地。

(4) 2014 年 3 月 25 日，公司用现金购入一台设备。

(5) 2014 年第一季度，应付债券的利息费用比公司在当期实际支付的票面利息高出 225 美元。2014 年 3 月 29 日，公司又发行了新的债券，取得现金。

(6) 罗斯公司在 2014 年第一季度宣告了 12 000 美元的现金股利。

要求：

a. 根据上述信息，将资金定义为现金及现金等价物，编制一份 T 形账户工作底稿，为下一步编制现金流量表做好准备。

b. 为罗斯公司编制一份正式的现金流量表，反映该公司在截至 2014 年 3 月 31 日的这个季度中的现金流量情况，使用间接法列报经营活动产生的现金流量。

c. 用直接法列报经营活动产生的现金流量。

表 16-9 罗斯公司资产负债表
（解决问题 8）

	2014 年 3 月 31 日	2013 年 12 月 31 日
货币资金	$131 100	$37 950
可供出售的有价证券	10 200	24 000
应收账款（净值）	73 980	36 480
存货	72 885	46 635
流动资产合计	$288 165	$145 065
土地	28 050	60 000
建筑楼	375 000	375 000
设备	122 250	—
累计折旧	(24 375)	(22 500)
长期股权投资（持股比例 30%，权益法）	100 470	91 830
其他资产	22 650	22 650
资产总计	$912 210	$672 045
应付账款	$25 995	$31 830
应付股利	12 000	—
应交所得税	51 924	—
流动负债合计	$89 919	$31 830
其他负债	279 000	279 000
应付债券	169 275	71 550
递延所得税	1 269	765
优先股	—	45 000
普通股	165 000	120 000
有价证券的未实现持有损失	(750)	(750)
留存收益	208 497	124 650
负债与股东权益总计	$912 210	$672 045

资料来源：© Cengage Learning 2014.

表 16-10 罗斯公司 2014 年第一季度利润表信息
（解决问题 8）

销售收入	$364 212
出售有价证券收益	3 600
权益法下的投资收益	8 640
土地征用收益	16 050
收入合计	$392 502
销售成本	$207 612
管理费用	33 015
折旧费用	1 875
利息费用	1 725
所得税费用	52 428
费用合计	$296 655
净利润	$95 847

资料来源：© Cengage Learning 2014.

9. **编制现金流量表**。（根据美国注册会计师考试题目改编）表 16-11 是比德尔公司（Biddle Corporation）在 2013 年和 2014 年 12 月 31 日的比较财务状况表，表 16-12 是该公司在 2014 年的利润表。其他信息如下：

(1) 2014 年 2 月 2 日，比德尔公司向 2014 年 1 月 15 日登记在册的股东发放了 10% 的股票股利，当日该公司的普通股市场价格为每股 15 美元。

(2) 2014 年 3 月 1 日，比德尔公司发行了 1 900 股普通股作为对价，用以交换一片土地，这些普通股和土地在 2014 年 3 月 1 日的公允价值大约为 20 000 美元。

(3) 2014 年 4 月 15 日，比德尔公司赎回了一批面值和账面价值均为 25 000 美元长期债券，为此，公司在利润表中报告了收益 60 000 美元。

(4) 2014 年 6 月 30 日，比德尔公司处置了一台账面价值为 11 500 的设备，取得价款 9 500 美元，这台设备的取得成本为 26 500 美元。

(5) 2014 年 9 月 30 日，比德尔公司向 2014 年 8 月 1 日登记在册的股东宣告并支付了每股 0.04 美元的现金股利。

(6) 2014 年 10 月 10 日，比德尔公司用 42 500 美元现金购入一块土地。

(7) 由于公司在财务报告中所使用的折旧方法与税法的规定不一致，由此产生了暂时性差异，导致公司有递延所得税产生。

要求：

a. 根据上述信息，编制一份 T 形账户工作底稿，为下一步编制现金流量表做好准备。

b. 为比德尔公司编制一份正式的 2014 年度现金流量表，采用间接法列报经营活动产生的现金流量。

表 16-11 比德尔公司财务状况表（解决问题 9）

	12 月 31 日	
	2014 年	2013 年
资产		
货币资金	$50 000	$45 000
应收账款（分别扣除坏账准备 10 000 美元和 8 000 美元）	105 000	70 000
存货	130 000	110 000
流动资产合计	$285 000	$225 000
土地	162 500	100 000
工场与设备	290 000	316 500
减：累计折旧	(45 000)	(50 000)
专利权	15 000	16 500
资产总计	$707 500	$608 000
负债与股东权益		
负债		
应付账款	$130 000	$100 000
应计负债	100 000	105 000
流动负债合计	$230 000	$205 000
递延所得税	70 000	50 000
长期债券（2020 年 12 月 15 日到期）	65 000	90 000
负债合计	$365 000	$345 000
股东权益		
普通股（每股面值 5 美元，核准发行 50 000 股，截至 2014 和 2013 年末分别已发行 25 000 股和 21 000 股）	$125 000	$105 000
股本溢价	116 500	85 000
留存收益	101 000	73 000
股东权益合计	$342 500	$263 000
负债与股东权益总计	$707 500	$608 000

资料来源：© Cengage Learning 2014.

表 16-12 比德尔公司 2014 年度利润表（解决问题 9）

销售收入	$500 000
赎回债券收益	6 000
收入合计	$506 000
费用：	
成本	$280 000
薪酬费用	95 000
折旧费用	10 000
专利权摊销费用	1 500
处置设备损失	2 000
利息费用	8 000
其他费用	4 000
扣除所得税前费用合计	$400 500
税前利润	$105 500
所得税：	
当期支付部分	$25 000
递延支付部分	20 000
所得税费用	$45 000
净利润	$60 500
每股收益	$2.45

资料来源：© Cengage Learning 2014.

10. **编制现金流量表**。（根据美国注册会计师考试题目改编）表 16-13 是平景公司（Plainview Corporation）2013 年和 2014 年的比较资产负债表信息。该公司在 2014 年的相关信息如下：

（1）留存收益账户的变动情况为：

2013 年 12 月 31 日，留存收益		$755 700
加：净利润		236 580
合计		$992 280
减：		
支付现金股利	$130 000	
再次发行库存股损失	3 000	
支付股票股利	100 200	233 200
2014 年 12 月 31 日，留存收益		$759 080

（2）2014 年 1 月 2 日，平景公司将取得成本和目前账面价值均为 110 000 美元的一批有价证券出售，取得价款 127 000 美元。该公司用此次出售所得、债券偿债基金以及发行利率为 8% 的信用债券所得到的资金，一起偿付了原利率为 6% 的抵押债券。

（3）2014 年 2 月 28 日，公司将库存股再次发行，并将再次发行库存股的"损失"计入留存收益中。

（4）2014 年 10 月 31 日，平景公司宣告将发放股票股利，当日该公司股票的市场价格为每股 12 美元。

（5）2014 年 4 月 30 日，公司仓库遭受火灾，该仓库的取得成本为 100 000 美元，火灾前已累计折旧 65 000 美元。由于公司未对此仓库投保，因此平景公司将此次火灾损失全部计入了利润表。

（6）本年度发生与工场和设备相关的交易，包括处置了一项账面价值为 4 000 美元的建筑楼和购买了一台价值 28 000 美元的机器。

（7）公司在 2013 年和 2014 年分别确认并注销的坏账合计 16 300 美元和 18 500 美元；由于保险到期，分别确认过期的预付保险费 4 100 美元和 3 900 美元。

（8）公司持有 40% 股权的被投资企业在 2014 年报告遭受损失 44 800 美元。

要求：

a. 根据上述信息，编制一份 T 形账户工作底稿，为下一步编制平景公司 2014 年的现金流量表做好准备。

b. 为平景公司编制一份正式的 2014 年度现金流量表，采用间接法列报经营活动产生的现金流量。

表 16-13 平景公司 2014 年和 2013 年 12 月 31 日比较资产负债表
（解决问题 10）

	2014 年	2013 年
资产		
货币资金	$142 100	$165 300
有价证券（公允价值）	122 600	129 200
应收账款（净值）	312 200	371 200
存货	255 200	124 100
预付账款	23 400	22 000
债券偿债基金	—	63 000
长期股权投资（权益法核算）	134 080	152 000
工场与设备（净值）	1 443 700	1 534 600
资产总计	$2 433 280	$2 561 400
负债与股东权益		
应付账款	$238 100	$213 300
短期借款	—	145 000
其他应付款	16 500	18 000
应交所得税	97 500	31 000
递延所得税（长期）	127 900	128 400
应付抵押债券（6%，2022 年到期）	—	310 000
应付信用债券（8%，2029 年到期）	125 000	—
普通股（每股面值 $10）	1 033 500	950 000
股本溢价	67 700	51 000
累计其他综合收益		
有价证券的未实现持有利得	2 500	2 500
留存收益	759 080	755 700
库存股——回购成本为每股 $3	(34 500)	(43 500)
负债与股东权益总计	$2 433 280	$2 561 400

资料来源：© Cengage Learning 2014.

11. **编制并解释现金流量表**。表 16-14 和表 16-15 分别是航空公司（Airlines Corporation）2013 和 2014 年的比较资产负债表与利润表（根据联合航空公司报表改编）。该公司在 2013 和 2014 年新增加的不动产、厂场与设备支出分别为 1 568 百万美元和 2 821 百万美元。其他非流动资产的变动均与公司投资活动有关，而其他长期负债的变动则均由筹资活动引起。要求：
   a. 根据所提供的信息，编制一份 2013 年和 2014 年的 T 形账户工作底稿，为下一步编制现金流量表做好准备。
   b. 编制一份 2013 年和 2014 年的比较现金流量表，采用间接法列报经营活动产生的现金流量。
   c. 对航空公司在 2013 年和 2014 年经营活动、投资活动和筹资活动的现金流量关系进行评价。

表 16-14 航空公司比较资产负债表
（金额单位：百万美元）
（解决问题 11）

	12 月 31 日		
	2014 年	2013 年	2012 年
资产			
货币资金	$221	$465	$1 087
有价证券	1 066	1 042	—
应收账款（净值）	913	888	741
存货	323	249	210
预付账款	209	179	112
流动资产合计	$2 732	$2 823	$2 150
不动产、厂场与设备	8 587	7 704	7 710
累计折旧	(3 838)	(3 805)	(3 769)
其他资产	605	570	610
资产总计	$8 086	$7 292	$6 701
负债与股东权益			
应付账款	$552	$596	$540
短期借款	447	446	121
一年内到期的长期负债	89	84	110
预收账款	843	661	619
其他短期负债	1 826	1 436	1 485
短期负债合计	$3 757	$3 223	$2 875
长期债务	1 475	1 334	1 418
递延所得税负债	368	64	352
其他长期负债	721	719	715
负债合计	$6 321	$5 640	$5 360
普通股	$120	$119	$119
股本溢价	52	48	48
累计其他综合收益			
有价证券的未实现持有利得	92	85	—
留存收益	1 613	1 512	1 188
库存股	(112)	(112)	(14)
股东权益合计	$1 765	$1 652	$1 341
负债与股东权益总计	$8 086	$7 292	$6 701

资料来源：© Cengage Learning 2014.

表 16-15 航空公司比较利润表
（金额单位：百万美元）
（解决问题 11）

	2014 年	2013 年
收入		
销售收入	$11 037	$9 794
利息收入	123	121
处置固定资产收益	286	106
收入合计	$11 446	$10 021
费用		
薪酬费用	$3 550	$3 158
燃油费用	1 811	1 353
佣金费用	1 719	1 336
折旧费用	560	517
其他经营成本	3 514	2 950
利息费用	121	169
所得税费用	70	214
费用合计	$11 345	$9 697
净利润	$101	$324

资料来源：© Cengage Learning 2014.

12. **编制并解释现金流量表**。爱尔兰纸业公司（Irish Paper Company）在全球制造和销售各种纸品。纸张制造属于资本密集型产业，在这一行业中，如果企业不能充分利用它的生产能力，往往就难以取得较好的经营业绩。而纸制品的销售则受宏观经济条件的影响，属于周期型行业，不过相对来说，生活消费用纸产品的销售比商业用纸产品的销售要受商业周期的影响小一些。

    在表16-16中，列出了爱尔兰纸业公司在2012、2013和2014年的比较利润表，表16-17则是该公司在这三年年末的比较资产负债表。其他相关信息如下（金额单位为百万美元）：

    （1）

现金流量信息	2014年	2013年	2012年
对联营企业的投资[a]	$(13)	$86	$(92)
固定资产投资支出	(315)	(931)	(775)
发行长期债务	36	890	449

    [a] 已扣除投资收益和股利的影响

    （2）2012、2013和2014年的折旧费用分别是306百万美元、346百万美元和353百万美元。

    （3）爱尔兰纸业公司在2012年用201百万美元回购了一部分认股权证，在记录这笔交易时，该公司借记了"普通股"账户。

    （4）爱尔兰纸业公司在2012年出售林地赚了一笔钱。它收到了5百万美元现金和一张价值220百万美元的长期应收票据，该公司将这张票据报告在资产负债表"其他资产"项目中。

    （5）除前面提到的现金支出项目外，爱尔兰纸业公司还在2013年通过承担长期抵押负债的方式购买了价值221百万美元的不动产、厂场与设备。

    （6）爱尔兰公司在2014年以高于当初取得成本的价格将库存股重新出售了。

    （7）"其他资产"项目所发生的变动均与投资活动相关。

    要求：
    a. 为爱尔兰公司编制2012、2013和2014年的T形账户工作底稿，为编制现金流量表做准备。
    b. 使用间接法为爱尔兰公司编制2012、2013和2014年的比较现金流量表。
    c. 对爱尔兰纸业公司在这三年中经营活动、投资活动和筹资活动产生的现金流量关系进行评价。

表16-16 爱尔兰纸业公司比较利润表
（金额单位：百万美元）
（解决问题12）

以12月31日为年度截止日	2014年	2013年	2012年
销售收入	$4 976	$5 356	$5 066
投资收益	30	38	31
利息收入	60	23	34
处置固定资产利得（损失）	(34)	19	221
收入合计	$5 032	$5 436	$5 352
销货成本	$3 388	$3 721	$3 493
销售费用	1 005	925	857
管理费用	581	414	303
利息费用	221	199	158
所得税费用	(21)	8	165
费用合计	$5 174	$5 267	$4 976
净利润	$(142)	$169	$376

资料来源：© Cengage Learning 2014.

表16-17 爱尔兰纸业公司比较资产负债表
（金额单位：百万美元）
（解决问题12）

12月31日	2014年	2013年	2012年	2011年
资产				
货币资金	$184	$114	$49	$374
应收账款（净值）	670	829	723	611
存货	571	735	581	522
预付账款	56	54	54	108
流动资产合计	$1 481	$1 732	$1 407	$1 615
长期股权投资	333	322	375	254
不动产、厂场与设备	7 172	7 079	5 969	5 272
累计折旧	(2 977)	(2 698)	(2 392)	(2 160)
其他资产	484	465	387	175
资产总计	$6 493	$6 900	$5 746	$5 156
负债与股东权益				
应付账款	$1 314	$1 178	$992	$920
一年内到期的长期负债	158	334	221	129
其他短期负债	38	83	93	98
流动负债合计	$1 510	$1 595	$1 306	$1 147
长期负债	2 333	2 455	1 678	1 450
递延所得税	661	668	694	607
负债总额	$4 504	$4 718	$3 678	$3 204
优先股	$7	$7	$7	$7
普通股	439	432	428	629
留存收益	1 557	1 758	1 648	1 331
库存股	(14)	(15)	(15)	(15)
股东权益合计	$1 989	$2 182	$2 068	$1 952
负债与股东权益合计	$6 493	$6 900	$5 746	$5 156

资料来源：© Cengage Learning 2014.

13. **编制现金流量表**。（摘录自Stephen A. Zeff教授编写的习题）以下是布瑞达公司（Breda Enterprises, Inc.）的一些会计数据和信息。该公司的会计年度与日历年度保持一致。请根据这些信息，使用间接法为布瑞达公司编制 2014 年的现金流量表，并在现金流量表的每个金额旁写出下面的信息编号。

(1) 2014 年的净利润为 90 000 美元。

(2) 下面是与企业客户相关的三个账户的期初和期末余额情况：

	2014 年 12 月 31 日	2013 年 12 月 31 日
应收账款（总额）	$53 000	$41 000
坏账准备	3 200	1 800
预收账款	1 000	3 700

2014 年 11 月 1 日，为结清企业的一笔金额为 15 000 美元的应收账款，客户交给企业一张 6 个月期、票面利率为 8%、面值为 15 000 美元的票据，该票据利随本清。这张票据是企业在 2014 年所持有的唯一一张应收票据。

(3) "商品存货"与"应付账款"账户信息如下：

	2014 年 12 月 31 日	2013 年 12 月 31 日
商品存货	$43 000	$47 000
应付账款	39 000	27 000

(4) 布瑞达公司在 2014 处置了一台账面价值为 38 000 美元的设备，取得现金 25 000 美元。此外，该公司也用现金购买了新的设备。2014 年的折旧费用合计为 42 000 美元。比较 2014 年"设备"账户的年末和年初余额，可以发现公司所拥有设备的取得成本下降了 26 000 美元，而"累计折旧"账户的余额则在 2014 年增加了 11 000 美元。

(5) "租入资产"和"租赁负债"账户的余额信息如下：

	2014 年 12 月 31 日	2013 年 12 月 31 日	2012 年 12 月 31 日
租入资产（净值）	$71 000	$76 000	$0
租赁负债	73 600	76 000	0

2013 年 12 月 31 日，布瑞达公司签署了一份长期融资租赁合同，根据租赁协议，该公司在 2014 年 12 月 31 日支付了 10 000 美元租赁款。

(6) 布瑞达公司在 2014 年宣告了现金股利 26 000 美元，截至 2014 年 12 月 31 日，还有 10 000 美元未向股东进行支付。公司在 2014 年中一共支付了 8 000 美元 2013 年所宣告的股利。

(7) 布瑞达公司的全部有价证券都属于可供出售的金融资产。该公司在 2014 年没有新购入的有价证券，在 11 月处置了取得成本为 4 500 美元的证券，取得现金 9 100 美元。权益性有价证券在 2013 年和 2014 年年末的公允价值分别为 4 000 美元和 10 500 美元，正好等于它们在这两个报表日的账面价值。

(8) 2014 年，持有布瑞达公司 100 000 美元面值可转换债券的投资者行使转换权，用他们手中的债券交换了 8 000 股每股面值 12 美元的普通股。在转换日，公司普通股的市场价格为每股 15 美元。这些可转换债券当初是溢价发行的，他们在转换日的账面价值为 105 000 美元。布瑞达公司按照公认会计原则的要求按市场价值记录新发行的普通股，并确认了损失 15 000 美元。该损失不属于非经营性项目。自 2014 年 1 月 1 日至转换日，布瑞达公司摊销的债券溢价共计 1 500 美元。

14. **解读现金流量表**。表 16-18 是基尔洛克公司（Gear Locker）最近三年的现金流量表，该公司主要生产运动鞋和运动服饰。请问：

a. 为什么经营活动生产的现金流量是负数呢？

表 16-18　基尔洛克公司现金流量表
（金额单位：百万美元）
（解决问题 14）

	2014 年	2013 年	2012 年
经营活动			
净利润	$55 059	$22 030	$4 371
折旧费用	1 199	446	133
非现金形式的职工薪酬	558	—	—
应收账款的增加	(51 223)	(34 378)	(12 410)
存货的增加	(72 960)	(50 743)	(1 990)
预付账款的增加	(8 624)	(2 432)	(599)
应付账款的增加	17 871	7 179	1 656
其他短期负债的增加（减少）	10 587	11 193	(537)
经营活动产生的现金流量	$(47 533)	$(46 687)	$(9 376)
投资活动			
处置有价证券收到的现金	—	—	$5 661
购建不动产、厂场与设备支付的现金	$(6 168)	$(2 546)	(874)
购建其他长期资产支付的现金	(246)	(406)	(241)
投资活动产生的现金流量	$(6 414)	$(2 952)	$4 546
筹资活动			
短期借款增加（减少）的现金	$(19 830)	$50 104	$4 566
发行普通股收到的现金	69 925	495	—
筹资活动产生的现金流量	$50 095	$50 599	$4 566
本期现金变动额	$(3 852)	$960	$(264)
年初现金余额	4 205	3 245	3 509
年末现金余额	$353	$4 205	$3 245

资料来源：© Cengage Learning 2014.

b. 对于三年中的经营活动现金流量均为负值，基尔洛克公司是如何筹资应对的呢？请说说基尔洛克公司为什么会在各年中做那样的筹资选择。

c. 该公司在这三年中为购建不动产、厂房与设备所支付的现金远远超过了每年反加回净利润中的折旧费用，这说明了什么问题？

d. 每年反加回净利润中的折旧费用在净利润中的占比并不高，请问这主要是什么原因造成的？

e. 基尔洛克公司在2012年至2014年中都没有长期负债，请问公司为什么会选择这样的筹资结构呢？

15. **解读现金流量表**。表16-19是灌装汤料公司（Canned Soup Company）最近三年的现金流量表（根据金宝汤公司的财务报表改编）。该公司是一家消费食品生产商，所处的行业在美国相对发展已经比较成熟。要求：

    a. 该公司每年经营活动产生的现金流量与净利润、折旧费用、递延所得税和其他项目之和都大致相等。你觉得出现这种情况最可能的原因是什么呢？

    b. 在灌装汤料公司现金流量表的投资活动部分，哪些现象表明了该公司已相对进入了成熟期？

    c. 在灌装汤料公司现金流量表的筹资活动部分，哪些现象表明该公司已相对进入了成熟期？

表16-19　灌装汤料公司现金流量表
（金额单位：百万美元）
（解决问题15）

	2014年	2013年	2012年
经营活动			
净利润	$274	$247	$223
折旧费用	171	145	127
递延所得税	31	46	29
其他加计项目	11	34	21
应收账款的减少（增加）	(55)	(40)	(19)
存货的减少（增加）	6	(13)	13
预付账款的减少（增加）	(40)	(11)	(7)
应付账款的增加（减少）	72	53	27
其他短期负债的增加（减少）	(1)	2	29
经营活动产生的现金流量	$469	$463	$443
投资活动			
处置不动产、厂房与设备收到的现金	$41	$21	$30
出售有价证券收到的现金	319	535	328
购建不动产、厂房与设备支付的现金	(245)	(250)	(275)
购买有价证券支付的现金	(70)	(680)	(472)
取得长期股权投资支付的现金	(472)	—	—
其他投资交易	(48)	(34)	(5)
投资活动产生的现金流量	$(475)	$(408)	$(394)

（续）

	2014年	2013年	2012年
筹资活动			
短期借款增加的现金	$86	$5	—
长期借款增加的现金	103	29	$220
发行普通股收到的现金	—	2	4
偿还短期减少支付的现金	(5)	—	(3)
偿还长期借款支付的现金	(106)	(27)	(168)
回购普通股使用的现金	(28)		
支付现金股利使用的现金	(103)	(92)	(84)
筹资活动产生的现金流量	$(53)	$(83)	$(31)
本期现金变动额	$(59)	$(28)	$18
年初现金余额	145	173	155
年末现金余额	$86	$145	$173

资料来源：© Cengage Learning 2014.

16. **解读现金流量表**。普莱姆合约服务公司（Prime Contracting services）专门向政府部门提供各种长期服务。2011年，它主要涉足设备与家具的运输服务。2012年初，它开始逐渐退出这些运输服务，进军需要更多人力资源的服务项目（例如办公文书、培训等）。普莱姆公司的销售收入在最近5年的年复合增长率为28.9%。表16-20是该公司在2011年至2015年的现金流量表，其中，"其他短期负债"项目的变动原因主要是薪酬费用的变化。要求：

    a. 从哪里能看出普莱姆公司正在由资产集中的服务项目向人力集中的服务项目进行战略转变？

    b. 普莱姆公司在2011年至2013年间净利润一直下降，但经营活动产生的现金流量却在增加，你认为最可能的原因是什么呢？

    c. 在2013年和2015年，普莱姆公司的净利润都上升了，但该公司在2014年和2015年的经营活动产生现金流量却都低于2013年的，你认为最可能的原因是什么呢？

    d. 普莱姆公司在这5年中所面临的风险情况是怎么变化的呢？

17. **解读现金流量表**。表16-21是赛普斯公司的现金流量表信息。请回答：

    a. 赛普斯公司的净利润在2011至2013年间上升了，但经营活动产生的现金流量却下滑了，请问你认为最可能的原因是什么？

    b. 赛普斯公司经营活动产生的现金流量在2013年至2015年间上升了，请问你认为最可能的原因是什么？

    c. 赛普斯公司的风险在这五年中的变化如何？

表 16-20 普莱姆合约服务公司现金流量表
（金额单位：百万美元）
（解决问题 16）

	2015 年	2014 年	2013 年	2012 年	2011 年
经营活动					
净利润	$593 518	$412 908	$46 799	$249 438	$261 243
折旧费用	606 633	664 882	826 745	616 335	306 423
递延所得税	(154 000)	(110 116)	55 000	179 584	158 966
资产处置损失（收益）	(35 077)	(117 804)	—	—	20 000
其他	9 100	(19 377)	(51 711)	(7 226)	2 200
应收账款的减少（增加）	175 408	(864 555)	(263 164)	(647 087)	(1 420 783)
其他流动资产的减少（增加）	127 548	(9 333)	(40 067)	(25 792)	(38 031)
应付账款的增加（减少）	(166 672)	(272 121)	(32 732)	(177 031)	507 386
其他短期负债的增加（减少）	(416 856)	927 478	422 929	99 417	266 260
经营活动产生的现金流量	$739 602	$611 962	$963 799	$287 638	$63 644
投资活动					
处置固定资产收到的现金	$175 075	$117 804	—	—	$80 000
雇员贷款支出（收到）的现金	—	—	—	$62 894	(16 960)
购建固定资产使用的现金	(48 296)	(19 222)	$(56 370)	(911 470)	(2 002 912)
投资活动产生的现金流量	$126 779	$98 582	$(56 370)	$(848 576)	$(1 939 872)
筹资活动					
应付票据净增加（减少）额	$325 354	$12 650	$(126 932)	$275 475	$204 817
设备贷款增加的现金	—	—	208 418	793 590	943 589
融资租赁增加的现金	—	—	—	—	915 596
股东贷款增加的现金	—	—	—	117 422	127 500
偿还设备贷款	(736 793)	(437 660)	(564 585)	(389 268)	(236 229)
偿还融资租赁款	—	(304 054)	(296 495)	(268 556)	(124 012)
偿还股东贷款	(28 710)	—	(150 000)	—	(63 077)
筹资活动产生的现金流量	$(440 149)	$(729 064)	$(929 594)	$528 663	$1 768 184
本期现金变动额	$426 232	$(18 520)	$(22 165)	$(32 275)	$(108 024)
年初现金余额	5 913	24 433	46 598	78 873	186 897
年末现金余额	$432 145	$5 913	$24 433	$46 598	$78 873

资料来源：© Cengage Learning 2014.

表 16-21 赛普斯公司现金流量表
（金额单位：千美元）
（解决问题 17）

	2015 年	2014 年	2013 年	2012 年	2011 年
经营活动					
净利润	$6 602	$6 583	$3 716	$1 733	$1 045
折旧与摊销费用	643	586	513	490	491
其他加项	299	151	243	25	20
其他减项	(97)	0	0	0	0
经营活动产生的营运资本	$7 447	$7 320	$4 472	$2 248	$1 556
应收账款的减少（增加）	4 456	(5 452)	(3 589)	(2 424)	(750)
存货的减少（增加）	1 068	1 867	(7 629)	(4 111)	(1 387)
应付账款的增加（减少）	(2 608)	1 496	1 393	2 374	1 228
其他短期负债的增加（减少）	(1 508)	1 649	4 737	2 865	473
经营活动产生的现金流量	$8 855	$6 880	$(616)	$952	$1 120

	2015 年	2014 年	2013 年	2012 年	2011 年
投资活动					
购建固定资产的现金（净值）	$(1 172)	$(1 426)	$(749)	$(849)	$(347)
购买有价证券的现金	(3 306)	0	0	0	0
其他投资活动使用的现金	39	(64)	81	0	45
投资活动产生的现金流量	$(4 439)	$(1 490)	$(668)	$(849)	$(302)
筹资活动					
短期借款增加的现金	$0	$0	$2 800	$700	$0
长期借款增加的现金	0	0	0	0	0
发行股票收到的现金	315	0	0	0	0
偿还短期借款减少的现金	0	(3 500)	0	0	0
偿还长期借款减少的现金	(170)	(170)	(170)	(170)	(170)
回购股票使用的现金	0	0	0	0	(27)
支付股利使用的现金	(2 243)	(1 427)	(964)	(730)	(614)
其他融资交易使用的现金	0	0	0	0	0
筹资活动产生的现金流量	$(2 098)	$(5 097)	$1 666	$(200)	$(811)
本期现金变动额	$2 318	$293	$382	$(97)	$7
年初现金余额	1 540	1 247	865	962	955
年末现金余额	$3 858	$1 540	$1 247	$865	$962

资料来源：© Cengage Learning 2014.

18. **根据财务报表数据推导现金流量；综合练习，包括其他综合收益**。表 16-22 是 LKR 公司当年的一些财务数据，包括部分现金流量信息。请填写出现金流量表中的空白数字所代表的信息（提示：可以从下往上倒着填），然后再回答下列问题。请用正数表示现金流入量（现金收入），用负数表示现金流出量（现金支出）。

a. LKR 公司当年处置旧的"建筑物与设备"所收到的现金是多少？

b. LKR 公司当年出售"可供出售的证券"所收到的现金是多少？

c. LKR 公司在当年新购入了多少"可供出售的证券"？

d. LKR 公司所持有的"可供出售的证券"在当年发生了价值变动，请问，这些证券的价值累计增加或者减少了多少？请说出价值变动的金额和变动方向。

e. LKR 公司当年从持股 40% 的股权投资企业中分得了股利吗？如果有的话，请问金额为多少？

f. LKR 公司拥有 90% 控制权的子公司当年报告净利润了吗？如果有的话，请问，净利润金额是多少？

g. LKR 公司当年因提供产品质量保证服务而发生的维修和置换支出金额为多少？

h. 被 LKR 公司当年注销为坏账的应收账款金额有多少？

i. LKR 公司当年在纳税申报单上填写的折旧费用减项总额是多少？

j. LKR 公司当年支付的现金股利金额是多少？

k. LKR 公司当年筹资活动产生的现金流量总额是多少？

l. LKR 公司当年投资活动产生的现金流量总额是多少？

m. LKR 公司当年经营活动产生的现金流量总额是多少？

n. LKR 公司当年从客户那里收到的现金付款总额是多少？

o. LKR 公司当年为采购存货而流出的现金总额是多少？

p. LKR 公司当年支付的所得税金额为多少？

q. LKR 公司当年对存货的发出计价使用的是先进先出法还是后进先出法？

r. 如果 LKR 公司使用的是另一种存货成本流转假定，那么，当年的税前利润应当是多少？请计算出这个金额，并比较该税前利润与现在的税前利润相比是增加了还是减少了。

s. 截至年末，LKR 公司的存货未实现持有收益是多少？

t. 在当年报表数据中，以下哪个项目更能反映出在上面这个问题中所提到的未实现持有收益？
A. 其他综合收益
B. 累计其他综合收益
C. 净利润
D. 留存收益
E. 以上都不是

表 16-22　LKR 公司盈利与综合收益情况表
（解决问题 18）

	当年数	现金流量表信息		当年数
销售收入	$1 500 000	经营活动产生的现金流量	$ ———	[9]
处置可供出售的证券收益	3 300	投资/投资的回收：		
处置建筑物与设备利得	23 000	购买可供出售的证券支付的现金	———	[8]
股权投资收益	1 600	处置可供出售的证券收到的现金	———	[7]
费用：		购买土地支付的现金	———	[6]
销货成本	$788 000	处置旧建筑物与设备收到的现金	———	[5]
薪酬费用	280 000	购买新建筑物与设备支付的现金	———	[4]
折旧费用	54 000	筹资活动：		
坏账费用	125 000	长期负债的增加（减少）	———	[3]
产品质量保证费用	34 000	发行（回购）普通股	———	[2]
利息费用	12 000	支付的现金股利	———	[1]
所得税费用（当期）	90 400	现金变动净额	$13 000	[0]
所得税费用（递延）	1 600	年初现金余额	52 000	
费用合计	(1 385 000)	年末现金余额	$65 000	
少数股东本期收益[①]	(1 100)			
利润	$141 800			
其他综合收益	7 000			
综合收益	$148 800			

资产负债表信息	12 月 31 日	1 月 1 日	
资产			
货币资金	$65 000	$52 000	处置资产：当年处置建筑物与设备的取得成本为：$40 000
应收账款	197 000	184 000	
减：坏账准备	(43 000)	(41 000)	
预付购货款	4 000	5 000	
存货（按先进先出法计价）	212 000	192 000	当年没有新增也没有处置长期股权投资。LKR 公司对一家联营企业有 40% 的股权，对一家子公司具有 90% 的控制权。
调整为后进先出法计价准备	(58 000)	(50 000)	
预付所得税	—	18 000	
递延所得税	9 800	9 000	
可供出售的证券投资	80 000	68 000	当年处置可供出售的证券，取得成本为：$4 000
长期股权投资	13 700	13 000	
土地	39 000	28 000	
建筑物与设备（成本）	858 000	790 000	
累计折旧	(504 000)	(460 000)	当年处置的可供出售的证券，在处置日的公允价值为：$5 000
资产总计	$873 500	$808 000	
负债与股东权益			
应付账款	$141 000	$136 000	企业适用的所得税率为 40%；递延所得税资产的产生原因是产品质量保证金负债和坏账准备所导致暂时性差异。
预收账款	6 000	14 000	
产品质量保证负债	28 000	28 000	
应付利息	8 000	10 000	
应交所得税	19 000	—	
递延所得税	34 400	32 000	递延所得税负债的产生原因是折旧费用所导致的暂时性差异。
应付抵押款	118 000	120 000	
少数股东权益	2 100	1 000	
普通股	257 000	250 000	
留存收益	236 000	200 000	累计其他综合收益全部由可供出售的证券价值变动引起。
累计其他综合收益	24 000	17 000	
负债与股东权益总计	$873 500	$808 000	

[①] 国际财务报告准则允许将少数股东本期收益报告为费用，而美国公认会计原则在 2014 年 6 月以后已不允许这样做。

资料来源：© Cengage Learning 2014.

第 17 章
综合与扩展

学习目标

1. 复习财务报告概念框架，了解最新的指南变更情况。
2. 能够对前述章节介绍的财务报告准则和概念进行综合理解与应用。
3. 了解美国公认会计原则与国际财务报告准则之间的要求差异。
4. 在掌握利润表信息报告与披露的基础上，再深入了解交易的性质与报告、会计差错与更正、每股收益与分部报告等内容。

第一部分 复习与综合应用

17.1 概念框架

美国财务会计准则委员会和国际会计准则理事会分别都制定了一套概念框架来指导他们的准则制定工作。有趣的是，这两个机构独立开发的两套概念框架在大多数方面都非常类似。不过，依据概念框架本身是制定不出会计准则的，概念框架的作用在于指导准则制定者们保障他们所制定会计准则的质量和一致性。图17-1对概念框架的组成内容进行了总结。

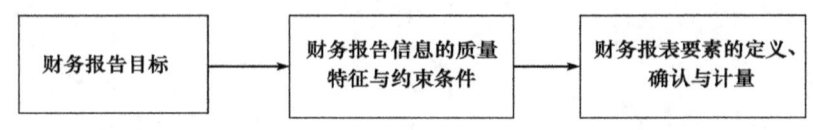

图17-1 概念框架的内容

资料来源：© Cengage Learning 2014.

当前，美国财务会计准则委员会和国际会计准则理事会正在联合开发一套共同的概念框架，截至目前，他们已经就财务报告的目标和决策有用信息的质量特征等问题达成了一致要求。下面，我们将讨论美国财务会计准则委员会和国际会计准则理事会在联合开发概念框架方面所做的努力，这些话题在括号中所指的章节里有更详细的讨论。

17.1.1 财务报告目标（第1章）

财务报告目标主要研究谁是财务报告的主要使用者、他们对财务报告信息的主要需求有哪些，以及如何满足他们的需求。目前，美国财务会计准则委员会和国际会计准则理事会已经在他们的概念框架开发工作中就财务报告的目标问题达成了一致。㊀双方共同认为，企业财务报告的目标通常应包括：

1. 财务报告所提供的信息应有利于决策者做出与报告主体的资源相关的决策，包括购买、出售或者继续持有债务或者权益金融工具，和向报告主体提供或者结清贷款或其他信用工具等决策。

2. 财务报告所提供的信息应能够帮助当前或者潜在的投资者和债权人对报告主体的未来现金流量发生金额、时间和不确定性做出判断。

3. 财务报告应提供有关报告主体的经济资源信息和经济资源所发生的变动，以及谁对报告主体的经济资源拥有要求权和要求权的变动情况。

4. 财务报告应说明报告主体在会计期间内的经营业绩情况。

5. 财务报告应说明报告主体的现金来源和运用情况。

6. 财务报告应说明报告主体的管理层是如何履行受托责任、对企业资源进行有效利用的。

在上述报告目标中，将投资者和债权人（既包括现时的，也包括潜在的）作为企业财务报告的主要使用者；将提供有利于投资和信贷决策的信息作为财务报告的主要目标。概念框架在这一部分中强调，财务报告的目的不是要计量企业的价值，而是提供相关的信息去帮助财务报告的使用者对企业进行估值。国际会计准则理事会和美国财务会计准则委员会指出，不同财务报表使用者对信息的需求是有区别甚至可能相互冲突的，而通用目的的财务报告不可能满足每一位使用者的特殊需求。最后，国际会计准则理事会和美国财务会计准则委员会还一致同意，财务报告是建立在估计、判断和模型的基础之上的，而这些估计、判断和模型都离不开概念框架中的理论支持。

17.1.2 财务报告信息的质量特征（第1章）

质量特征（qualitative characteristics）是财务报告信息是否有用的判断标准。美国财务会计准则委员会和国际会计准则理事会分别在其"第8号概念公告第3章"中和"第2010年版概念框架"中提出了下列会计信息质量特征。

㊀ 美国财务会计准则委员会，《财务会计概念框架第8号："第1章：财务报告的通用目标"》和《第3章：决策有用信息的质量特征》(2010年)；国际会计准则理事会《财务报告概念框架》(2010年)。

1. **相关性**（relevance），指信息能够对资源配置决策产生影响，属于基本质量特征。如果某会计信息能够帮助使用者形成对未来事件结果的判断，或者证实或更正过去的信息或预期，那么这样的信息就被认为是相关的。如果信息能够及时地（称为及时性，timeliness，属于增进质量特征之一）提供给使用者，从而对其决策产生影响，显然能够增强会计信息的相关性。

2. **如实反映**（faithful representation），指会计信息应当忠实地反映它所要表达的事实，属于基本质量特征。如实反映要求信息是完整、中立和无偏的。其中，"完整"是指应当列报所有应披露的必要信息；"中立"是指在选择和列报财务信息时，不应偏袒任何一方利益主体；而"无偏"并不是要求信息在所有方面都正确无误，而是指财务信息的生产加工过程应当是没有漏洞的。

3. **可比性**（comparability），指在财务报告中，对类似项目应采取相同的方法进行会计核算，属于增进质量特征。而**一致性**（consistency）是指同一企业在不同时期对相同项目应当使用同样的会计方法进行核算，或者不同企业在同一时期应当使用相同会计方法对类似项目进行会计核算。概念框架认为，保持一致能增强会计信息的可比性。

4. **可验证性**（verifiability），如果具备一定知识且相互独立的不同观察者都认为某信息是如实反映的，那么该信息就被认为是可验证的。可验证性也属于增进质量特征。

5. **可理解性**（understandability），属于增进质量特征，指会计信息的分类、描述和列报应当是清晰易懂的。

在概念框架中，还提到了**重要性**（materiality，即相关的会计信息是否足以对使用者的决策产生影响）和**成本效益原则**（cost constraints，即准则制定者在开发准则指南的过程中，会对某信息披露能够带给使用者的利益与提供该信息所需要的成本进行比较和权衡）。

概念框架对基础质量特征和增进质量特征之间的区分是这样考虑的。首先，相关性和如实反映这两个特征是决策有用的财务信息应当具备的必要条件。其次，如果某项财务信息不满足相关和如实反映这两个条件，那么，无论它是否符合部分或者全部的增进质量特征，都是没有用的。最后，如果能够增强基本质量特征，那么在必要时牺牲一定的增进质量特征，是可以接受的。例如，我们可以牺牲一定的可比性来增强信息的相关性。

17.1.3 会计要素的定义、确认与计量（第4章和第5章）

会计要素是资产负债表和利润表的搭建基础，会计要素主要包括：

资产负债表（balance sheet）要素：（1）资产；（2）负债；（3）股东权益。

利润表（income statement）要素：（1）收入；（2）费用；（3）利得与损失。

在上述会计要素之外，本部分还会讨论两个与之相关的概念：（1）利润，（2）权责发生制会计。

资产 根据美国财务会计准则委员会在概念框架中的定义，资产是企业在过去的交易或者事项中形成的、由企业拥有或者控制的、可能会流入企业的未来经济利益。而根据国际会计准则理事会在概念框架中的定义，资产是企业由于过去的事项所引起的、由企业控制的经济资源，该资源预期能为企业带来经济利益。与资产的定义相类似，这两套概念框架所提出的资产确认条件也非常类似：（1）企业拥有或者控制着资产的使用权；（2）该使用权是由于过去的交易或者事项所引起的；（3）对于未来可能流入的经济利益，企业能够可靠地予以计量。

在两套概念框架中，对资产的计量属性也进行了讨论。计量属性包括取得成本、现时重置成本和可实现净值等。

在资产的定义和确认条件中，强调"过去的交易所带来的"和"可计量的未来经济利益"这两点。

(1) 存在"过去的交易"，表明企业曾在过去牺牲一定的经济利益来获得该项资产。

(2) 要求具有"可计量的未来经济利益"，以确保企业能够对该项资产能够提供的未来利益进行估值。

在资产的定义中，有一些交易结果是被排除在外的。比如，根据待执行合同（纯粹的交换承诺）可得到的预期经济利益就不能确认为资产。因为在概念框架中，合同的签订本身并不属于过去交易的结果。再比如，如果交易所能够带来预期利益要受某个未来事件发生的结果所影响，那么，这样的利益也不能够确认资产。

在联合概念框架项目开发中，美国财务会计准则委员会和国际会计准则理事会正在重新考虑资产的定义和确认条件。在他们所提议的定义中，强调当前（present）存在的经济资源，而不再强调过去（past）的交易和未来

(future) 的利益。即符合资产定义的资源，应当满足：(1) 企业可以将该资源单独分离出去（例如，通过出售、交换、授权或其他处置方式），(2) 该资源来源于合同或者其他法定权利，这样，即使企业不能交换该项目，也可以通过独立主体之间的协商来确定资源的估值。

在资产确认条件中，还涉及由谁来确认资产的问题。在资产的终止（derecognition）确认方面，这个问题显得特别重要。其中，终止确认是指将一项资产从企业的资产负债表中移除。在过去30年中，准则制定机构已经多次修订了资产终止确认的条件。

如果一项支出能够创造未来经济利益，但企业无法可靠地计量该未来经济利益的大小，那么，如何对该支出进行会计处理也受资产确认条件的影响。例如，对于企业在创造品牌名称和研发新技术方面的支出，是否应当确认资产呢？美国公认会计原则和国际财务报告准则在这一问题上还存在着分歧，前者要求将全部支出费用化处理，而后者允许将一部分支出确认为一项资产。这种对于企业通过内部支出创建的资产和通过外部交易购买的品牌名称、技术和其他无形资产进行不一致的会计处理要求，也是一个值得探讨的问题。

负债 在美国财务会计准则委员会的概念框架中，负债是由于过去的交易或者事项所引起的一项现时义务，完成该义务会涉及可能的未来的经济利益流出，需要企业通过转移资产或者提供服务的方式来进行偿还。而在国际会计准则理事会的概念框架中，负债是过去事件所带来的现时义务，了结该义务预期会导致经济利益流出企业。负债的确认条件包括：

(1) 该义务是一项现时义务，而不是潜在的未来承诺；(2) 该义务是过去交易所导致的结果，称为义务事项（obligating event）；(3) 该义务需要企业在将来用一定的经济资源来清偿，并且企业基本无法主动避免这种经济利益的流出；(4) 该义务具有相关的计量属性，能够被可靠地计量。

除1年内到期的负债可以不用折现以外，对于大多数的金融负债，企业都应以其现值金额进行计量。而对于那些需要通过提供货物或者服务来了结的非金融负债，则一般按照所收到的现金金额（例如对于预收账款）或者提供该产品或服务的预计成本（例如产品质量保证负债）予以计量。

待执行合同中所规定的义务通常不应确认为负债，因为它们并不属于现时义务。根据本书付印之前最新的准则指南①要求，企业应当区分经营租赁业务和融资租赁业务，前者是由于待执行合同所引起的。此外，一些支付义务由于金额或者支付时间是不确定的，也不能够确认为负债，除非它们发生的可能性较大，并且能够被可靠地计量。美国公认会计原则将未决诉讼这样的未被确认的负债项目称为或有事项（contingencies），而类似的项目在国际财务报告准则中则被称为或有负债（contingent liability）。

与前面所讨论的资产一样，美国财务会计准则委员会和国际会计准则理事会也正在考虑负债的定义问题。联合项目所提议的负债定义强调现时（present）义务而不再强调过去（past）的义务事件和将来（future）可能放弃的资源。例如，根据联合项目所提议的负债定义，一些待执行合同将可能被确认为负债，更多的金额和支付时间不确定的义务也将符合负债的定义。

财务会计准则委员会和国际会计准则理事会正在重新思考"不确定性"或者"可能性"在负债的定义、确认和计量中的作用。根据目前的确认标准，要求与该义务有关的经济利益在将来很可能流出企业；那么，对于不确定的支付义务来说，这里的最小可能性水平应该设定为多少？美国公认会计原则在负债的确认方面并没有指出这个最低的可能性水平，但在实务中，大家一般以80%为判断标准。而根据国际财务报告准则，"很可能"则意味着发生的可能性会大于不发生的可能性，因此，一般取大于50%。

美国财务会计准则委员会和国际会计准则理事会有时候也将支付的可能性视为负债的计量问题，而不是定义或者确认问题。公允价值计量的特点之一就是在该计量属性中不会涉及确认中的最小可能性水平问题。比如，某会计主体如果为另一会计主体的债务提供了担保，那么，它就承担了一项无条件的义务，需要随时准备替他人清偿债务。这种无条件支付义务的存在是不受代偿债务发生的可能性影响的。根据目前的指南要求，该无条件（unconditional）义务就属于一项负债，应当按照根据清偿的可能性和最可能清偿的金额所计算出来的公允价值进行计量。同样，在目前的准则指南中，规定了附条件（conditional）义务，那么，担保企业是否需要代偿债务取决于被担保企业是否有

---

① 详见第10章中的讨论。

能力清偿它自己的债务——如果能，那么就不应当将担保义务确认为一项负债；但是，如果被担保企业可能无法清偿自己的债务，那么担保企业就应当将担保义务确认为一项负债。对担保企业来说，如果属于无条件担保义务，则应按公允价值进行初始计量；但如果是有条件担保义务，则应当按照最可能发生的金额予以计量。

股东权益 对公司制企业来说，权益，或者股东权益就是所有者在企业的资产减去负债之后所享有的剩余利益。股东权益计量的是所有者对企业的出资和企业通过营利活动所赚取的利润扣除分派给股东的股利之后的净资产。回购将使企业的所有者权益减少。企业可以发行具有不同权利的权益证券，例如，一类普通股可能每股具有10股投票权，而另一类普通股则每股只具有1股投票权。

混合型证券同时具有负债和权益的特点，例如可转换公司债券和可赎回优先股都属于混合型证券。⊖

收入 在美国财务会计准则委员会的概念框架定义中，收入是企业在持续经营中通过提供所生产的商品或者服务和其他活动来取得的利益流入，收入可以表现为资产的增加或者负债的减少。在国际会计准则理事会的概念框架中，收入被定义为某会计期间内的经济利益流入，是除所有者投入以外的股东权益增加，收入的取得能使企业的资产增加或者负债减少。根据当前的准则指南要求，收入的确认条件为：

1. 赚取收入的过程已经完成。企业已经完成了它向客户所承诺的全部或者接近全部工作。
2. 从客户那里收到相应的资产。企业已经收到了现金或者其他可转换为现金的资产，比如应收账款。

企业应当按照预计可以从客户那里收到的现金金额来计量收入。如果企业预计实际的收款时间距离收入确认的时点在1年以上，则应当按照预计将收到金额的现值来计量收入。

分期发货安排使收入确认的时点和金额更加不好确定。例如，假定企业所销售的商品同时还绑定了一段时期内的某项服务，那么，应当在发货时一同确认商品销售收入和服务收入么？或者，还是应当在发货时只确认商品销售收入，然后等到实际提供服务时再确认服务收入？此外，商品的销售收入和劳务收入的金额又应当如何决定呢？在本书即将付印之时，国际会计准则理事会和美国财务会计准则委员会联合开发的收入项目还正在进行中，该项目将对这些问题和其他收入确认与计量问题进行详细讨论。

费用 美国财务会计准则委员会在概念框架中定义费用为企业在日常经营活动中发生的，为销售商品、提供服务或者其他活动而导致的资产流出或者耗费，或者所增加的负债。在国际会计准则理事会的概念框架中，费用被定义为某会计期间内发生的经济利益减少，表现为资产的流出、耗用或者负债的增加，费用的发生属于与向所有者分配无关的所有者权益减少。费用的确认条件为：

1. 资产被耗用（或者负债被增加）的原因与收入的取得相关。即企业应当将费用与相关的收入相配比。
2. 资产的耗用（或者负债的增加）与时间的流逝相关，并且这些被消耗掉的资源不符合资产的确认条件。

企业应当根据所消耗资产或者增加负债的金额来计量费用的大小。

利得与损失 利得（损失）是指由于偶发或者意外交易所导致的、与收入（费用）和所有者投入（分配）无关的企业净资产增加（减少）。企业通常会直接以净值报告资产处置和负债清偿所引起的利得或损失，该净值等于处置资产所得到的金额与该资产的账面价值之差，或者了结负债时所支付的净资产与该负债的账面价值之差。资产和负债的重估值也可以导致利得或者损失。企业应将这些项目所导致的利得或者损失确认到净利润或者其他综合收益中。

17.1.4　综合收益、净利润和其他综合收益

综合收益等于某一会计期间内的收入减去费用之差，再加上利得减去损失之差，也等于某企业在会计期间内除与所有者交易之外的事项所引起的所有者权益变动额。现行准则指南将企业从主要经营业务中产生的收入和发生的费用计入净利润。此外，净利润中还包括了与企业核心经营业务相关的、由于处置资产和清偿负债等偶然和意外事件所引起的利得和损失。对于由于某些资产和负债重估值所引起的利得和损失，根据现行准则指南的要求，则可能被计入净利润，也可能被计入其他综合收益。在国际会计准则理事会和美国财务会计准则委员会的联合概念框架中，并没有提供任何概念模型可供我们区分哪些项目应当计入净利润，而哪些项目应当计入其他综合收益。如果有特定的后续事件发生，企业也可以将最初计入其他综合收益的利得或损失重新再计入净利润中。在每个会计期期末，企业都应当将当期的其他综合收益全部结转到"累计其他综合收益"账户中。"累计其他综

⊖ 在第15章中介绍了这类证券的会计处理。

收益"是一个股东权益类账户,它的作用是累计各期的其他综合收益,就像我们在留存收益中累计各期的净利润一样。某一会计期间的综合收益应当等于当期的净利润与其他综合收益之和。

权责发生制会计 权责发生制会计将交易或者事件的影响确认在它们实际产生的会计期间,而现金收付制会计则只在实际收到或者付出现金时才记录相关的影响。在权责发生制下,如果一项交易满足了前面提到的收入确认条件,使得企业的净资产增加,即使还没有来得及实际收到现金,也可以确认收入;而如果一项交易满足了前面提到了两个费用确认条件之一,使得企业的净资产减少,即使还没有真正付出现金,也应当确认费用。在权责发生制下,常常会按照过去所收付的现金金额或者将来会收付的现金金额来计量本期的收入和费用,因此收入和费用确认的时点与现金收到和支出的时点常常是不一致的。权责发生制影响着利润表中收入和费用的计量。

权责发生制对资产负债表中的账面价值也会产生影响。企业将未来经济利益可计量的资源报告为资产,资产并不一定表现为现金。企业将因过去收到经济利益而引起的支付义务报告为负债,与该义务是否已经用现金进行支付是无关的。而股东权益则反映了企业由于资本变动和盈利活动所引起的剩余权益变动,与企业实际的现金流入和流出是无关的。

由于权责发生制的关系,利润表和资产负债表中的确认时点与现金流的时点之间出现了差异,因此,企业需要再编制另一张财务报表,详细报告经营活动、投资活动和筹资活动对现金流量的影响。[一]

报告主体 各个财务报表元素(包括资产、负债、收入和费用等)的定义中都涉及报告主体。所谓报告主体,可以是由一系列追求共同商业目标的会计主体所组成的企业集团,集团内各主体通常受内部某一会计主体的控制。例如,某单一会计主体可以通过子公司、合作企业、信托、合伙制和其他公司等形式进行运作,它可以控制部分或者全部这些单位的经营。这里所指的控制,既包括决定另一主体的战略、经营、投资和筹资活动的权利,也包括从该主体的价值增值中获益或者分担价值损失的义务。

除非有特别的证据表明控制权并不存在,否则,美国公认会计原则和国际财务报告准则都将持有被投资企业过半投票表决权作为控制的判断条件。相对来说,国际财务报告准则对控制的定义比美国公认会计原则的更广泛一点,即使拥有的股权比例并未过半,也可能判断为控制关系。有时,企业的组织形式可能会缺乏经济上的所有权利益概念,例如信托组织,或者通过协议来规定控制权而无视所有权比例的情形。在这些情况下,确定报告主体会非常困难。

17.2 财务报告准则与概念综述

对于特定的资产、负债、股东权益、收入、费用、利得和损失项目,都有相应的会计准则指南,[二]在本部分中,我们对这些会计处理要求进行了总结。括号中标注的章节对这些财务报告问题有更详细的介绍和讨论。

财务报告准则应当符合美国财务会计准则委员会和国际会计准则理事会联合概念框架中所提出的财务报告目标、会计信息质量特征和财务报表要素,并与之保持一致。不过,尽管这些概念框架能够指导财务报告准则的制定,但在某些具体的准则方面,光依靠这些指南是不够的。因此,有时候具体准则也会与概念框架之间发生冲突,此时,应当以具体准则为准。

17.2.1 收入的确认(第8章)

根据本书付印前的准则指南要求,企业应当在满足下列条件时确认收入:(1)收入的赚取已经完成,或者已经执行了客户所要求完成的全部或者大部分义务,例如商品或者服务已经提供;(2)已经收到了客户的付款或者取得了金额能可靠计量的收款权利。有些情况下,针对一揽子合同中规定的各项产品,企业可以分别应用收入确认条件。如果是像建造合同这样长期合同收入,一般使用完工百分比法进行确认。如果企业不能合理地估计合同收入和成本,那么,美国公认会计原则允许企业使用完工合同法,但国际财务报告准则要求企业只能使用一种类似成本补偿法的方法(即应当按照当期所发生的成本来确认本期收入,直到企业已经收回全部成本)。在本书付印之际,美国财务会计准则委员会和国际会计准则理事会的收入确认联合项目还在开发之中。

[一] 这就是为什么企业需要编制现金流量表的原因,本书在第6章和第16章中讨论了现金流量表。

[二] 在本书第8章至第15章中已有所介绍。

17.2.2 应收账款（第8章）

企业将预计能在1年以内收到的款项报告为应收账款，并按预计将要收到的现金金额计量。由于企业会预提坏账准备的原因，财务报表中报告的应收账款的金额与客户实际的欠款金额（即应收账款总额）不一定是一致的。如果存在可疑账项，那么，企业就应在每个会计期末估计可能发生的坏账金额，计提坏账准备并在利润表中确认当期的坏账费用。一般情况下，企业都使用一个备抵账户——"坏账准备"来反映预计将来会无法收回的款项，计提坏账准备时，需要借记"坏账费用"账户，同时贷记"坏账准备"账户。如果确认某笔款项确实成为了坏账，那么，就应当借记"坏账准备"账户，同时贷记"应收账款（总额）"，将这笔债权注销。这种会计处理方法一般被称为"备抵法"（allowance method）。

17.2.3 存货（第9章）

企业应当按取得成本对存货进行初始计量。如果是商业企业，取得成本通常包括商品的购买价格和在被售出以前发生的运输费用等；如果是制造企业，取得成本通常包括直接材料、直接人工和在生产产品过程中发生的制造费用。

在商品被售出以前，如果市场价格下跌，低于了其取得成本，那么，企业应当按照成本与市价孰低的原则调整存货的账面价值。除了极少数的几种情况之外（例如，贵金属存货），美国公认会计原则和国际财务报告准则都不允许企业对存货按超过取得成本的金额进行重新估值。如果在某一会计期间内存货的价值上升了，国际财务报告准则允许企业在以前减值的范围内确认减值的转回；但在美国公认会计原则体系下，存货的减值一旦确认，是不允许转回的。

对于当期销售的存货和期末存货，可以使用个别认定法或者其他成本流转假定来判断其价值。美国公认会计原则允许企业采用先进先出法、加权平均成本和后进先出法成本流转假定，但国际财务报告准则不允许企业使用后进先出法。

17.2.4 不动产、厂场与设备（第10章）

不动产、厂场和设备，也被称为固定资产（fixed assets），应当按照取得成本进行初始计量。固定资产的取得成本包括企业为取得固定资产而支付的现金或者放弃其他资产的公允价值，以及企业为使固定资产达到预计可使用状态以前所发生的一切其他支出。对于企业在取得固定资产之后发生的后续支出，如果能够延长该资产的使用寿命或者增加它所能够带来的预期经济利益，则应予以资本化处理。建筑物和设备的使用寿命是有限的，因此企业应当将它们的取得成本扣除预计残值后的金额在预期使用寿命内进行折旧。企业可以使用直线折旧法，也可以使用加速折旧法。如果有新信息显示预计使用寿命或者预期残值与原先的估计不同，则企业应当按新信息对将来每期的折旧金额进行修正。

国际财务报告准则允许企业在特定条件下确认不动产、厂场与设备的增值，按增加的公允价值对固定资产进行重新估值；但美国公认会计原则是不允许确认增值的。此外，当有迹象表明公允价值出现了较大下跌时，企业必须对不动产、厂场和设备进行减值测试。

17.2.5 除商誉以外的无形资产（第10章）

美国公认会计原则和国际财务报告准则都要求企业将为开发品牌、客户关系、新技术和其他无形资产而发生的内部（internally）支出部分或者全部地进行费用化处理。美国公认会计原则将这类支出全部作为发生当期的费用（除软件开发企业的某些成本外），但国际财务报告准则要求研究支出立即费用化处理，但符合条件的开发支出则允许资本化，确认为一项资产。这里的所谓开发支出，是指建立在研究项目成功基础之上的、已经达到了技术可行阶段的项目支出。

与内部研发无形资产所发生的支出处理要求不同，对于通过外部交易市场取得的可辨认无形项目，美国公认会计原则和国际财务报告准则都要求应当确认为资产，因为独立买卖双方之间的交换说明了预期未来经济利益的存在，且交换价格就能表明这些经济利益的公允价值。可辨认的无形资产包括专利权、商标、客户关系和其他已达到可使用状态的经济资源等，也包括正在研究与开发过程中的项目。可辨认的无形资产可能具有有限的使用寿命，也可能具有不确定的使用寿命。其中，不确定并不表示寿命无限，只是难以明确其长短而已。对于使用寿命确定的无形资产，企业应当按期摊销它的价值；但是对于使用寿命不确定的无形资产，则无法进行定期摊销。无论使用寿命是否确定，企业都应当定期对其进行减值测试。

17.2.6 商誉（第10章和第14章）

如果一家企业通过外部市场交易购买另一家企业的股权，所支付的价格超过了被购买企业可辨认净资产的公允价值，那么，差额就被称为商誉。即商誉等于投资企业为被购买企业所支付的价格超出被购买企业可辨认净资产的公允价值部分。商誉的寿命是不确定的，因此，不需要进行摊销；但企业至少每年应当对商誉进行一次减值测试。

17.2.7 借款与债券（第11章）

美国公认会计原则和国际财务报告准则在借款与普通债券方面的核算要求是类似的。企业应当按照发行价格对长期借款和债券进行初始确认。其中，发行价格等于将未来合同现金流量按发行时的市场利率（实际利率，effictive interest rate）进行贴现所能得到的现值。如果实际利率等于债券票面利率，则企业可以按债券面值发行债券；如果实际利率高于债券票面利率，则企业发行所得将小于债券面值（折价发行）；如果债券的票面利率高于实际利率，则企业的发行所得将大于债券面值（溢价发行）。

对于债券在发行时产生的溢折价，企业应当在债券存续期内按照实际利率法进行摊销。在实际利率法下，每一期的利息费用等于实际利率与当期期初负债账面价值的乘积；而利息费用与当期实际需要用现金支付的票面利息之差，则应当用以调整负债的账面价值。具体来说，如果当初债券是折价发行的，则用该差额调增负债的账面价值；如果当初债券是溢价发行的，则用该差额调减负债的账面价值。如果企业在负债到期前进行提前清偿，那么，应当按照清偿前负债的账面价值与清偿实际支付价款之差，确认利得或者损失。

在财务报表附注中，企业应当披露长期负债和应付债券的公允价值，即企业若在资产负债表日了结该项债务所需要支付的金额。如果企业发行的债务存在活跃交易市场，那么债务的公允价值即可取当前债券交易的市场价格；但如果这样的活跃交易市场并不存在，那么企业就需要使用市场参与人可能使用的技术和假设来估计债务的公允价值。例如，一种方法是将债务合同所规定的未来现金流量按照当前市场利率进行折现，计算其贴现值。因为当前的市场利率中，综合反映了市场参与人可能会考虑的各种因素，包括该项债务的信用风险等。

企业也可以对长期负债和应付账款应用公允价值计量选择权。如果这样做的话，那么在资产负债表中，这些项目就应当按照公允价值进行计量；否则，公允价值就只能披露在财务报表附注中。负债的公允价值所发生的变动属于未实现损益，但如果企业应用了公允价值计量选择权，那么这些未实现损益也应当报告在净利润中。

17.2.8 租赁（第11章）

根据本书交付印刷前最新的会计指南，企业应当将租赁区分为经营租赁或者融资租赁，分别应用不同的会计核算方法。其中，经营租赁类同于待执行合同，在承租人的资产负债表中，既不需要确认租赁资产，也不需要确认租赁负债。出租人和承租人只需要根据承租人对租赁资产的使用情况，按期确认租赁收入和租赁费用即可。但在融资租赁法下，对租赁采取了类同分期付款购买资产的会计处理方法：视同承租人从出租人那里借入资金购买资产，而出租人在"出售"资产时确认相应的利润。承租人在资产负债表中需要确认相应的租赁资产和租赁负债，金额为在签订租赁合同时，将合同涉及的现金流量计算折现，所能得到的现值。此后，承租人一方面需要对租入资产计算摊销或者折旧，就跟对自有建筑物和设备的折旧处理一样。另一方面，承租人还需要对租赁负债计算利息费用，就跟对长期负债或债券确认利息费用的方法一样。而对出租人来说，在签订融资租赁合同时，应当比照将租赁资产出售一样地确认应收租赁款，其金额等于租赁合同规定的未来现金流量的现值；然后，将所租赁的资产从自己的账簿中结清，并将上述两者金额之差确认到本期利润中。以后，当承租人每期确认利息费用时，出租人也应当每期确认相应的利息收入。

美国公认会计原则和国际财务报告准则都规定了相关的条件，对经营租赁和融资租赁进行判断，这些条件都重在区分哪一方会计主体享受了租赁资产的利益并承担了相应的风险。如果利益和风险都在出租人，那么该租赁应当判断为经营租赁处理；但如果利益和风险已大部分转移给了承租人，那么该租赁就应当判断为融资租赁处理。美国公认会计原则规定了4个条件，满足其中任意1条即可判断为融资租赁。国际财务报告准则规定的条件更多一些。在本书付印之际，美国财务会计准则委员会和国际会计准则理事会正在联合开发租赁准则指南改进项目。

17.2.9 退休后福利（第12章）

美国公认会计原则和国际财务报告准则都要求企业应将员工退休后福利（主要包括养老金和健康保险支出）作为费用确认在员工为企业提供服务的期间，而不能等到实际支付这些福利时才确认为费用。一般情况下，雇主企业都是将相关资金交给某个在法律关系上与雇主企业相互独立的信托机构，由该机构来负责管理企业的员工退休后福利基金。这些信托机构将所收到的资金用来投资赚取收益，然后用雇主企业缴付的资金和通过投资赚取的收益来支付员工的退休后福利。信托机构的会计记录与雇主企业的会计记录是相互独立的，而且两个主体所记录的金额常常也是不相等的。

管理退休福利基金的信托单位不需要纳入企业的合并会计报表范围，不过，雇主企业必须定期报告每项退休后福利计划的基金净值（即信托资产扣除信托负债后的净额），一方面确认为资产负债表中的资产或者负债，另一方面借记（当计划资金不足时）或者贷记（当计划资金超额时）"其他综合收益"账户。在财务报表附注中，企业还应当披露对退休后福利基金投资的信息，以及当期信托资产和负债所发生的变动情况。

对于固定收益养老金计划，根据美国公认会计原则的要求，企业必须在资产负债表中报告每期的基金状态变动情况，但该基金状态变动并不需要立即确认到净利润中。如果是由于投资业绩偏离预期（或者由于精算假定发生了变动，或者退休后福利计算公式变动）所导致的固定收益养老金计划基金净值发生变动，应首先将变动额记入其他综合收益，然后再摊销至净利润中。根据国际财务报告准则，某些基金净值的变动可以计入其他综合收益，但不需要再将其摊销到净利润中。

17.2.10　所得税（第12章）

财务报告中的税前利润与税收机构所要求的应税利润往往是不一致的，两者之间的差异主要表现为（1）永久性差异（有些项目会影响会计税前利润，但不影响应税利润；或者相反，某些项目只影响应税利润，却不影响会计利润）。（2）暂时性差异（某项目对会计利润的影响时期与对应税利润的影响时期不一致）。企业应当根据财务报告中的利润（扣除永久性差异的影响之后）来计量所得税费用，而税收机构要求征收的所得税额则是按照应税利润计算得到的。所得税费用与应交所得税之间的不一致是由暂时性差异造成的：

当期所得税费用 – 当期应交所得税 = 当期递延所得税资产和递延所得税负债的变动

暂时性差异和未来所得税率的变动会影响递延所得税资产和递延所得税负债，此外，如果递延所得税资产发生了减值，递延所得税资产的净值也会相应发生改变。

17.2.11　有价证券（第13章）

有时，企业会单纯由于希望获得预期收益（例如利息、股利和买卖价差）而购买其他主体所发行的债券或者股票，此时，企业的投资目的与对其他主体实施控制或者施加影响是无关的。美国公认会计原则和国际财务报告准则一致认为，如果持有另一主体任意金额的债券或者仅持有不超过20%投票表决权的股权，都表示企业不能对该被投资企业实施影响或者控制。这类证券投资均属于被动投资，应划分为以下三类之一：（1）持有至到期的债券投资（国际财务报告准则称之为"持有至到期投资"）；（2）交易性证券（国际财务报告准则称为"以公允价值计量且其变动计入损益的金融资产"）；（3）可供出售的证券（国际财务报告准则称为"可供出售的金融资产"）。

如果企业预计持有有价证券的时间不会超过1年，则应将其报告为资产负债表中的流动资产（"有价证券"），如果预计的持有期长于1年，则应报告为资产负债表中的长期资产（"有价证券"或者"长期股权投资"）。

美国公认会计原则和国际财务报告准则对于有价证券的会计处理是这样要求的：⊖（1）持有至到期投资：按摊余成本计量，必要时计提减值准备；（2）交易性证券：按公允价值计量，且将未实现的公允价值变动损益计入净利润中；（3）可供出售的证券：按公允价值计量，且将未实现的公允变动损益计入其他综合收益；对于已实现损益，即处置所得减去摊余成本之差，则计入证券处置当期的净利润。这里的摊余成本，对非债券类证券来说，即为取得成本。可供出售的证券在必要时也需要计提减值准备。

企业也可以对有价证券应用公允价值计量选择权。一旦选用了公允价值计量选择权，那么无论是持有至到期投资还是可供出售的证券，都将视同交易性证券进行会计核算，即在每个会计期末，这些证券都应按期末公允价值进行计量调整，并将未实现的公允价值变动损益计入当期净利润中。

17.2.12　衍生金融工具（第13章）

为了对冲利率、汇率、商品价格等变动所带来的影响和其他风险，企业常常会购买衍生金融工具。美国公认

⊖　在第13章附录中已说明，将于2015年生效的《国际财务报告准则第9号》对有价证券的核算要求已经提出了改变。

会计原则和国际财务报告准则将衍生工具划分为以下三类：

(1) 对已确认的资产或负债，或者尚未确认的企业承诺所进行的公允价值套期；(2) 对现有资产或者负债，或者预计将会发生的交易所进行的现金流量套期；(3) 非套期衍生工具。

对于每种衍生金融工具，企业首先应将其指定为套期工具或者非套期工具；然后，再将套期工具进一步区分为公允价值套期工具或者现金流量套期工具，按照下列原则进行会计核算：

1. 公允价值套期工具：在每个会计期末，对套期工具和被套期项目都按公允价值计量，并将未实现的公允价值变动损益计入净利润。

2. 现金流量套期工具：在每个会计期末，对套期工具按照公允价值进行计量，并将未实现公允价值变动损益计入其他综合收益，但计入金额应以不超过套期工具对风险的对冲范围为限。待企业最后结算套期工具时，再将以前计入其他综合收益的未实现损益转出到净利润中。

3. 非套期衍生工具：在每个会计期末，按公允价值计量衍生工具，并将未实现的公允价值变动损益计入净利润中。

企业也可以对衍生工具应用公允价值计量选择权。一旦选用，受影响最大的是现金流量套期工具。在公允价值计量选择权下，现金流量套期工具的公允价值将直接在发生时就计入净利润，而不再需要先计入其他综合收益项目，待处置时才转入净利润。

17.2.13　长期股权投资（第14章）

企业有时会投资其他企业的普通股，以对被投资企业施加重大影响或者实施控制。美国公认会计原则和国际财务报告准则均认为，如果一家企业持有另一企业20%至50%的有表决权股本，那么就可以认为该企业能对被投资企业施加重大影响；如果持有股权比例超过了50%，那么就认为企业能对被投资企业实施控制，除非另有相反证据出现。此外，国际财务报告准则还指出了当企业对被投资企业持有的股份尚未过半时，也能够实施控制的具体情形。

如果企业能对被投资企业施加重大影响，则应当采用权益法核算长期股权投资。在权益法下，投资企业应按照它在抵消内部交易影响后的被投资企业报告损益中所享有的份额，确认它在当期的投资收益，并按相同的金额同时调增（如果被投资企业实现盈利的话）或者调减（如果被投资企业发生亏损的话）股权投资账户。当实际收到被投资企业发放股利时，投资企业应当减记股权投资账户。如果股权投资的取得成本高于投资企业投资时在被投资企业净资产中所享有的份额，则投资企业应分析该差额产生的原因。如果是由于被投资企业某项使用寿命有限的资产所引起的，则应当将该差额在相关资产的使用寿命内进行摊销。

如果企业能够对被投资企业实施控制，则应当编制合并会计报表。合并会计报表是将若干在法律地位上相互独立的主体视为一个会计主体而编制的，因此，编制合并报表时需要抵消集团内部交易对资产、负债和集团损益的影响。如果母公司对子公司的持股比例低于100%，那么就会出现少数股东和少数股东权益问题。在合并资产负债表中，应报告集团内全部资产和负债项目，并将少数股东权益也报告在合并净资产中，作为集团股东权益的一部分。同样地，在合并利润表中，应报告全部的集团收入和费用项目，然后再将集团净利润分拆成少数股东应享有的本期收益和母公司所享有的本期收益两个部分。

17.2.14　员工股票期权（第15章）

企业应当使用期权定价模型计算出员工股票期权在授予日的公允价值，该价值受当期股票市场价格、行权价格、授予日至行权日的时间长短、预计股票价格的波动水平、预期股利水平和无风险利率等因素的共同影响。每个会计期间，与员工股票期权相关的薪酬费用总额等于企业预计将会行权的期权数量乘以每股期权的价值。企业应当将上述薪酬总额在员工服务期（即企业的预计受益期）内分摊，该服务期由期权授予日至可行权日之间距离来决定。对于股票期权，一般在授予日进行初始计量之后不再调整其价值。

17.2.15　发行认股权证或者附有转换权利的证券（第15章）

有时企业所发行的债券会附有认股权证。在这种情况下，应将实际发行所得在债券价值与认股权证价值之间按各自的公允价值进行分配。如果企业发行可转换公司债券，并且行使转换权时需要发行新股来满足，按美国公认会计原则的要求，应将债券发行所得全部分配给债券，不确认转换权的价值。但是，如果按国际财务报告准则的要求，企业应将发行所得在债券价值和转换权价值之间进行分配。分配时，需要先估计其他条件类似，但不附有转换权的债券的发行价格，然后按此价格分配给债券，并将剩余的发行所得分配给转换权利。

17.2.16 库存股（第15章）

企业购买自己所发行的股票，或者将以前回购的股票再次对外发行，是不能据此确认损益的。如果回购价格和再次发行价格不一致，那么，价差只应调整投入资本账户，而不能计入净利润中。对于回购的库存股，企业可以使用成本法（面值法）或者推定注销法来进行会计核算，两种方法在企业回购自己所发行股票时都减少所有者权益总额，只是影响的具体股东权益账户有所不同而已。

17.2.17 财务报告准则小结

表17-1对美国公认会计原则和国际财务报告准则的一些差异进行了总结。美国财务会计准则委员会和国际会计准则理事会已经达成一致，将共同协调，改进和开发出一套高质量的会计准则体系。在双方的官方网站上，都会及时披露联合项目的开发进展信息。如本书在前述章节中介绍的，随着联合项目的完成，表17-1中的一些差异也会逐渐消失了。

表17-1 美国公认会计原则与国际财务报告准则差异举例

章	涉及报告问题	美国公认会计原则	国际财务报告准则
8	收入确认	要求已经发出商品或提供了相关服务，而且已经取得了能可靠计量的净资产。发布有200多份针对特定行业和特定交易的收入确认指南	发布了一个基本标准和数个收入确认的行业指导标准。对交易结果能可靠估计的长期合同，使用完工百分比法；否则使用成本回收法。不允许使用完工合同法
9	存货与销货成本：成本与市价孰低法	将重置成本和可实现净值结合，共同决定市价的计量	使用可实现净值作为市价的计量
9	存货：成本流转	允许使用以下成本流转假定：个别认定法、先进先出法、加权平均法和后进先出法	允许使用个别认定法、先进先出法和加权平均法，不允许使用后进先出法
10	不动产、厂场与设备：高于取得成本的重估值	不允许	满足一定条件时允许
10	研究与开发成本	除某些软件开发成本外，均在发生当期直接确认为费用	将研究支出在发生当期确认为费用，将满足条件的部分开发支出进行资本化并在预计受益年限内进行摊销
10	不动产、厂场和设备：减值损失	如果账面价值高于未经贴现的未来现金流量总额，需要将账面价值与公允价值之差确认为减值	当账面价值高于可收回金额时需要确认减值，并以公允价值减处置成本后的净额和使用价值两者中更高者作为可收回金额的取值。已计提的减值准备在以后期间可以转回，但转回后账面价值不应超过原取得成本
10	使用寿命有限的无形资产：减值损失	如果未经贴现的未来现金流量总额高于账面价值，要将账面价值高出公允价值的差额确认为减值损失	如果账面价值高于资产的可收回金额，需要确认减值，其中可收回金额以资产的公允价值减处置成本之净额和资产的使用价值两者中较高者为准。已计提的减值损失在以后期间可以转回，但转回后账面价值不能超过原取得成本
10	使用寿命不确定的无形资产（不包含商誉）：减值损失	将账面价值高于公允价值之差确认为减值损失	将账面价值高于可收回金额之差确认为减值损失。其中可收回金额以资产的公允价值减处置成本之净额和资产的使用价值两者中较高者为准。需要每年对这类资产进行减值或减值是否转回的测试
10	商誉：减值损失	第1步：将报告主体的账面价值和公允价值进行比较，如果账面价值高于其公允价值，则进入第2步。第2步：根据资产项目和负债项目各自的公允价值比例，对报告主体的公允价值进行分配，如有剩余，则分配给商誉。如果商誉的账面价值高于所分配得到的公允价值，则将其差额确认为商誉的减值。第3步：每年或者每次当商誉可能发生减值时，都进行商誉的减值测试。也允许公司使用定性的减值测试方法	第1步：确认现金产出单元，比较其账面价值和可收回金额。第2步：将现金产出单元账面价值高于其可收回金额的部分确认为减值损失。减值应当首先冲减商誉的价值，如有剩余，再在其余资产之间根据它们的相对可收回金额比例进行分配。第3步：每年对商誉是否发生减值进行测试

(续)

章	涉及报告问题	美国公认会计原则	国际财务报告准则
12	或有负债（美国公认会计原则）与负债准备①（Provisions）（国际财务报告准则）	将可能发生的支付义务（通常支付的可能性要超过80%）确认为一项负债，按最可能发生金额进行计量；或者，如果找不到最佳估计数的，则按可能发生金额范围的下限进行计量	将很可能需要支付（指支付的可能性超过了50%）的义务确认为一项负债，按将来了结这项支付义务的最佳估计数进行计量
11	租赁	如果满足四个条件之一，则判断为融资租赁；否则按经营租赁处理	用多个指标来判断会计主体在租赁中所享有的利益和承担的风险，然后判断是否属于融资租赁
15	可转换债券	将可转换债券的发行价格全部计入债券的入账价值，不确认转换权的价值（转换权可用现金予以结算的除外）	将可转换债券的发行价格在债券价值和转换权价值之间进行分配

① 国际会计准则第37号将provision定义为"在时间或金额上不确定的负债"，故这里译作负债准备，也有其他资料将其译作或有损失。——译者注

资料来源：© Cengage Learning 2014.

自习问题 17.1

第1章~第16章内容复习。 下面是卡普兰公司（Kaplan Corporation）的一些财务报表，包括2013年的合并利润表（表17-2）、2012年和2013年12月31日的比较合并资产就负债表（表17-3）和2013年的合并现金流量表（表17-4）。此外，还有与一些报表项目相关的8条注释项目也披露如下。

要求：根据这8条注释和相关财务报表所提供的信息，回答后面的提问。建议在回答问题前一定先仔细阅读并理解报表和注释中的信息。

注释1：卡普兰公司采用了如下会计政策：

- 合并基础。卡普兰公司合并了赫尔曼公司（Heimann Corporation）的财务报表，该公司是卡普兰公司在2012年1月2日购入的，卡普兰公司对赫尔曼公司的持股比例为80%。
- 有价证券。卡普兰公司持有的有价证券均划分为可供出售的金融资产，按公允价值进行计量。
- 应收账款。卡普兰公司使用备抵法计提可能发生的坏账损失。
- 存货。卡普兰公司对发出存货采用后进先出法成本流转假定进行计价。
- 投资。卡普兰公司对持股比例在20%以下的股权投资使用公允价值进行计量，对持股比例在20%至50%的股权投资使用权益法进行核算，不纳入合并会计报表范围。
- 建筑物与设备。卡普兰公司在财务报告中使用直线法计算建筑物与设备的折旧，但在纳税申报单中使用的是加速折旧法。
- 专利权。公司对专利权按10年使用直线法进行摊销。
- 长期负债的利息。公司使用实际利率法计算应付债券的利息费用。
- 递延所得税。公司根据由于暂时性差异所引起的会计利润与应税利润之差计算递延所得税。

注释2：有价证券是按公允价值报告的，在2012年12月31日和2013年12月31日，该公允价值分别低于账面价值50 000美元和70 000美元。

注释3：应收账款是按扣除坏账准备后的净值列报的，在2012年12月31日和2013年12月31日，坏账准备金额分别为200 000美元和250 000美元。在销售与管理费用中，包含了坏账费用120 000美元。

注释4：存货项目的组成如下：

	2013年12月31日	2012年12月31日
原材料	$380 000	$330 000
在产品	530 000	460 000
库存商品	2 200 000	1 800 000
合计	$3 110 000	$2 590 000

在2012年12月31日和2013年12月31日，存货的现时成本分别高于按后进先出法计算的期末存货成本金额420 000美元和730 000美元。

注释5：伯顿公司（Burton Corporation）在2013年实现净利润400 000美元，支付现金股利75 000美元。

注释6：2012年1月2日，卡普兰公司通过发行20 000股普通股购入了赫尔曼公司100%的流通在外股份。当日，卡普兰公司所发行普通股的公允价值为每股40美元，而赫尔曼公司各项资产和负债的公允价值与其账面价值相等。卡普兰公司将支付对价与取得赫尔曼公司净资产公允价值之差归因于赫尔曼公司自行研发的一项专利权价值，公司计划将自企业合并之日起，在10年内摊销该专利权的价值。

注释7：流动负债中，包括1项1年期，利率为5%的短期借款，到期日为2014年1月1日。

注释8：应付债券的组成情况如下：

	2013年12月31日	2012年12月31日
票面利率4%，每半年付息一次，到期日为2018年12月31日的债券，面值2 000 000美元	$1 829 390	$1 800 920
票面利率为10%，每半年付息一次，到期日为2022年12月31日的债券，面值3 000 000美元	3 379 790	3 407 720
票面利率为8%，每半年付息一次，到期日为2028年12月31日的债券，面值1 000 000美元	1 000 000	1 000 000
合计	$6 209 180	$6 208 640

a. 卡普兰公司在2013年出售了一批有价证券，如果这些证券的取得成本为180 000美元，请问，这些证券的出售价格为多少？

b. 参考要求"a"，请计算卡普兰公司在2013年所购入有价证券的成本是多少？

c. 卡普兰公司在2013年注销为坏账的客户欠款金额是多少？

d. 计算卡普兰公司在当年收到的客户付款金额为多少？

e. 计算卡普兰公司在2013年中完工并结转至库存商品账户中去的存货成本金额为多少？

f. 卡普兰公司2013年在制造活动中发生了直接人工和制造费用总额为4 500 000美元，请计算它在2013年购入的原材料金额是多少？

g. 如果在注释4所指的现时成本即为使用先进先出成本流转假定计算得到的成本金额，请计算如果卡普兰公司使用先进先出成本流转假定替代目前所使用的后进先出成本流转假定将会报告的销货成本金额。

h. 请编制一张分析表，对卡普兰公司所持有三项股权投资的变动情况进行说明。

i. 请编制一张分析表，对下列账户金额在2013年发生的变动情况进行说明："土地"；"建筑物"；"设备"；"累计折旧"。

j. 请写出卡普兰公司在2012年1月2日购买赫尔曼公司股权时的会计分录。

k. 请计算赫尔曼公司在2012年1月2日的净资产账面价值为多少？

l. 卡普兰公司最初发行票面利率为4%的债券时，每半年计息一次的市场实际利率为6%；发行票面利率为10%的债券时，每半年计息一次的市场实际利率为8%；请证明上述两种在2012年12月31日所发行的债券在2013年末的账面价值确实是1 800 920美元和3 407 720美元（见注释8）。

m. 对卡普兰公司所持有的三种长期公司债券，请分别计算它们在2013年的利息费用金额和它们在2013年发生的账面价值变动金额。

n. 计算卡普兰公司在2013年实际支付的所得税金额。

o. 2013年7月1日，卡普兰公司发行了10 000股普通股，每股发行价格为50美元。请编制一张分析表，说明下列账户在2013年所发生的变动情况："普通股"；"股本溢价"；"留存收益"；"库存股"。

表17-2 卡普兰公司2013年合并利润表
（金额单位：美元）
（自习问题17.1）

收入与利得	
销售收入	$12 000
在未纳入合并范围的联营企业中享有的投资收益	300
股利收入	20
出售有价证券实现收益	30
收入与利得合计	$12 350
费用与损失	
销货成本	$7 200
销售与管理费用	2 709
出售设备发生的损失	80
利息（见注释7和8）	561
费用与损失合计	$10 550
税前利润	$1 800
所得税费用	540
净利润	$1 260

资料来源：© Cengage Learning 2014.

表 17-3　卡普兰公司 2012 年和 2013 年 12 月 31 日的合并资产负债表
（金额单位：美元）
（自习问题 17.1）

	2013 年 12 月 31 日	2012 年 12 月 31 日
资产		
流动资产		
货币资金	$2 919	$1 470
有价证券（注释 2）	550	450
应收账款（净值；注释 3）	2 850	2 300
存货（注释 4）	3 110	2 590
预付账款	970	800
流动资产合计	$10 399	$7 610
股权投资（注释 5）		
对马赫公司的股权投资（10%）	$185	$200
对强生公司的股权投资（30%）	410	310
对伯顿公司的股权投资（40%）	930	800
股权投资合计	$1 525	$1 310
不动产、厂场与设备		
土地	$500	$400
建筑物	940	800
设备	3 800	3 300
取得成本合计	$5 240	$4 500
减：累计折旧	(930)	(1 200)
不动产、厂场与设备净值	$4 310	$3 300
专利权（注释 6）	$80	$90
资产总计	$16 314	$12 310
负债与股东权益		
流动负债		
短期借款（注释 7）	$2 000	$—
应付账款	1 425	1 070
应付职工薪酬	900	1 100
应付利息	100	0
应交所得税	375	250
流动负债合计	$4 800	$2 420
长期负债		
应付债券（注释 8）	$6 209	$209
递延所得税负债	940	820
长期负债合计	$7 149	$7 029
股东权益		
普通股（每股面值 10 美元）	$600	$500
股本溢价	1 205	800
累计其他综合收益：		
有价证券的未实现损失	(70)	(50)
股权投资的未实现损失	(40)	(25)
留存收益	2 690	1 666
合计	$4 385	$2 891
减：库存股（成本）	(20)	(30)
股东权益合计	$4 365	$2 861
负债与股东权益总计	$16 314	$12 310

资料来源：© Cengage Learning 2014.

表 17-4　卡普兰公司 2013 年度合并现金流量表
（金额单位：千美元）
（自习问题 17.1）

经营活动		
净利润		$1 260
加：		
折旧费用	560	
递延所得税	120	
处置设备损失	80	
超过票面利息的利息费用	28	
专利权摊销费用	10	
应付账款的增加	355	
应付利息的增加	100	
应交所得税的增加	125	
减：		
处置有价证券的收益	(30)	
按权益法核算的联营企业投资收益（扣除股利分配额）	(180)	
债券溢价摊销	(28)	
应收账款的增加	(550)	
存货的增加	(520)	
预付账款的增加	(170)	
应付职工薪酬的减少	(200)	
经营活动产生的现金流量净额		$960
投资活动		
处置有价证券收到的现金	$210	
处置设备收到的现金	150	
取得强生公司投资支付的现金	(50)	
购买有价证券支付的现金	(300)	
购买土地支付的现金	(100)	
购买建筑物支付的现金	(300)	
购买设备支付的现金	(1 400)	
投资活动产生的现金流量净额		(1 790)
筹资活动		
取得借款增加的现金	$2 000	
发行普通股收到的现金	500	
出售库存股收到的现金	15	
支付股利流出的现金	(236)	
筹资活动产生的现金流量净额		2 279
现金变动净额		$1 449
现金余额，1 月 1 日		1 470
现金余额，12 月 31 日		$2 919

资料来源：© Cengage Learning 2014.

第二部分 扩 展

17.3 收益的计量与报告：进一步讨论

利润表的基本目的并不是报告当期的净利润（或者净亏损）。因为如果只是想知道当期的净利润（或者净损失），报告使用者只需要用期末留存收益金额减去期初留存收益金额，再调整当期支付的股利，就可以计算得到了。利润表的真正目的在于帮助财务报告使用者理解一家企业各项收入、利得、费用和损失的性质与规模大小，从而可以将企业的业绩与其他企业的进行比较（横向比较分析），或者与企业过去的情况进行比较（纵向比较分析，或者称时间序列分析），使报表使用者对企业的未来判断能够更加有依据。[一]

前面的章节都集中于讨论损益交易的计量（measuring）问题，在本部分中，我们将重点讨论如何在财务报表和报表附注中对损益交易进行报告（reporting）或者披露（disclosing）的问题，主要话题包括：

1. 报表使用者如何看待不同盈利项目的性质？企业应当在利润表中如何报告信息，以利于报表使用者更加理解不同盈利项目的性质？

2. 会计差错、会计政策和会计估计变更对企业报告的利润会有怎样的影响？如果发生了会计差错、会计政策和会计估计变更，应当在何时、以何种方式报告到利润表中呢？

3. 企业通常会报告归属于普通股股东的利润这个指标（每股收益），那么，什么是每股收益，以及每股收益是如何计算得到的呢？

4. 一些企业只有一条产品线，且只在一个地区开展经营，但另有一些企业的经营却是多元化和更复杂的，它们拥有多条产品线或多个业务部门，在多个地区展开经营。那么，在会计上，应当要求这些多元化经营的企业单独报告每个分部的财务信息么？在会计方面，应当如何对分部进行界定呢？企业应当披露哪些分部信息呢？

17.3.1 损益交易的性质与报告

为帮助大家理解损益交易的性质与报告问题，请参考表17-5中伯纳德公司（Bernard Company）的信息。为简化问题，我们假定该公司全部的收入都是现销收入，全部的费用都立即用现金进行了支付，并且不考虑所得税的影响。这样，公司的利润与现金流就是相等的。

表17-5 伯纳德公司：根据现金流量数据计算公司价值

业务活动	现金流量均发生在每期期末 期数								按10%折现的价值
	1	2	3	4	5	6	7	8	
1. 经常性项目	$100	$100	$100	$100	$100	$100	$100	$100	$1 000.00
2. 经常性项目且每年按6%增长	30	32	34	36	38	40	43	45	750.00
3. 周期性项目	115	0	115	0	115	0	115	0	602.38
4. 非经常性项目	120	0	0	0	0	0	0	0	109.09
5. 经常性项目	(40)	(40)	(40)	(40)	(40)	(40)	(40)	(40)	(400.00)
6. 非经常性项目	(70)	0	0	0	0	0	0	0	(63.64)
第1年的净利润	$255								
整个企业的现值									$1 997.83

资料来源：© Cengage Learning 2014.

假定有一位分析师希望对伯纳德公司进行估值。他认为，公司的价值应当等于各项活动所产生现金流量的现值，只是这些公司活动有些是可以重复发生的经常性项目，有些则属于非经常性项目。假定对伯纳德公司的现金流量，适用的年贴现率为10%。在估值时，离不开选择贴现率的问题，因此本书在附录中专门介绍了现值分析技

[一] 横向比较分析和时间序列分析在本书第7章中已有介绍。

术，对此问题进行了讨论。

伯纳德公司一共涉及了6项业务活动，在表17-5中，分别用数字1至6表示。

业务活动1 第1项业务每年可以创造100美元，相关现金流量在每年年末流入企业，并且可以一直持续下去，没有终止期。因此，这项活动的现值为1 000(=100/10%)美元（详见附录中对永续年金现值的介绍）。

业务活动2 第2项业务在第1年年末能创造30美元，并且以后每年的现金流入量还会按6%的比例增长。那么，这项业务活动的现值为750[=30/(10%-6%)]美元（详见附录中关于永续增长年金的估值介绍）。

业务活动3 第3项业务是周期性的，在每个奇数年年末能都产生115美元。这项活动产生的现金流量现值为602.38美元。

业务活动4 第4项业务是非经常性的，它只在第1年年末创造120美元现金流量，折算为在第1年的现值，等于109.09[=120/(1+10%)]美元。

业务活动5 第5项业务属于支出（现金流出），每年年末需要40美元的现金。该项业务活动的资金现值为-400(=-40/10%)美元。

业务活动6 第6项业务是一次性的支出（现金流出），在第1年年末使用70美元现金，其现值为-63.64(=-70/10%)美元。

将各项业务活动的现值合计起来，就是企业的价值，在表17-5中可以看到，合计值为1 997.83美元。从这个例子中可以看出，经常性业务对企业价值的贡献最大。在估算企业价值时，投资者对经常性业务的看重程度通常都大于非经常性业务的，因为经常性业务每年都会对企业的价值产生影响，而非经常性业务根据其定义，只是偶尔才发生，或者只发生一次就不会再重复。

在表17-5中，报告第1年的净利润为255美元（我们在前面曾经假定利润与现金流量是相等的）。投资者和分析师怎样才能根据某一年的利润表去推算企业的价值呢？答案是不可能的，即使是有经验的报表使用者也不可能只根据这么一点点或者一列数据就推算出这种复杂企业的价值来。要估算企业的价值，投资者和分析师都需要了解企业利润各组成项目的明细信息，以及了解这些组成项目的性质是经常性的还是非经常性的。由于经常性项目相对来说比较容易预测到，因此，分析师更愿意使用经常性项目信息来对企业进行估值。

17.3.2 损益交易的报告概述

下面将对各类损益项目的报告问题进行讨论。首先，让我们来看看各类损益项目报告的概况。

1. 对绝大多数涉及损益事项的交易，企业都应当先在利润表中进行报告，而不能绕过利润表，直接计入到其他股东权益账户中。之所以会这样要求，是因为分析师和财务报表使用者在评价企业的经营业绩时，都对利润表非常看重。如果将涉及损益事项的交易报告在别处，就会使报表使用者忽略掉这些交易的存在。

2. 美国公认会计原则和国际财务报告准则均认为，一些损益交易对企业来说是非常重要的，它们来源于企业的主要经营活动，并且是可以重复发生的经常性项目，但另有一些损益交易项目却是偶然性的或者一次性的。因此，企业在利润表中报告这些损益交易时，应当采用一定的方式，方便报表使用者了解这些损益项目的性质（是否属于经常性项目）。

3. 资产或者负债的公允价值变动会引起企业价值也同步发生变化。因此，对于某些公允价值变动，即使当时相关的资产还并未售出或者相关的负债还并未了结，企业也应当在变动发生时就将相应的公允价值变动损益计入当期净利润中。但是，也有一部分资产或者负债的公允价值变动不能够在发生当时就计入净利润，而是应当先计入"其他综合收益"项目中，待到这些价值变动真的实现了，再转入实现当期的净利润。"其他综合收益"账户在期末需要将余额结转至"累计其他综合收益"账户，后者属于股东权益的一部分。

4. 有时，企业可能会发现前期报告的金额有差错，或者发生会计政策或者会计估计变更。对于前期发生的重大会计差错和某些会计政策变更，企业应当进行追溯调整。而对于会计估计变更和另一些会计政策变更，美国公认会计原则和国际财务报告准则都要求企业只需要采用未来适用法，调整当期和未来金额就可以了。

下面，我们将对以下四类涉及损益的报告问题进行更详细的讨论和举例说明：（1）经常性项目和非经常性项目；（2）主营业务和非主营业务；（3）与资产和负债的公允价值变动相关的未实现损益与已实现损益；（4）会计差错、会计政策变更和会计估计变更的处理。

上述四个项目的会计处理将直接影响到报表使用者对企业所报告净利润的解读情况，以及对企业未来盈利情况的预测。因此，美国公认会计原则和国际财务报告准则都要求企业在财务报表中需要对损益交易进行小心的分类。

17.3.3 经常性和非经常性项目、营业项目与营业外项目的报告

分析师在利用企业过去的盈利指标来预测未来的盈利能力时，常常会提问下面这两个问题：

1. 某损益项目是由于企业的持续经营项目所产生的，还是来自于非经常性交易或者事件的影响？
2. 某损益项目是来源于企业的主要经营活动（向客户出售商品或者提供劳务）还是来源于主要经营活动之外的偶发性或者边缘性活动（例如，将企业过去在制造过程中使用的设备对外出售）？

在图17-2中，对上述项目进行了区分，并且对每种情况各举了一个例子。如果需要对公司的持续经营获利能力进行评价，财务报表使用者显然就应当对左上方单元格中的业务投入更多的关注。如果希望根据企业的前期情况对未来的盈利做出预测，那么财务报表使用者就应当更关注经常性损益（recurring income）这两个单元格的情况，因为非经常性损益单元格中的内容对企业的长期获利能力评价影响非常有限。下面我们分别讨论每类损益项目的报告问题。

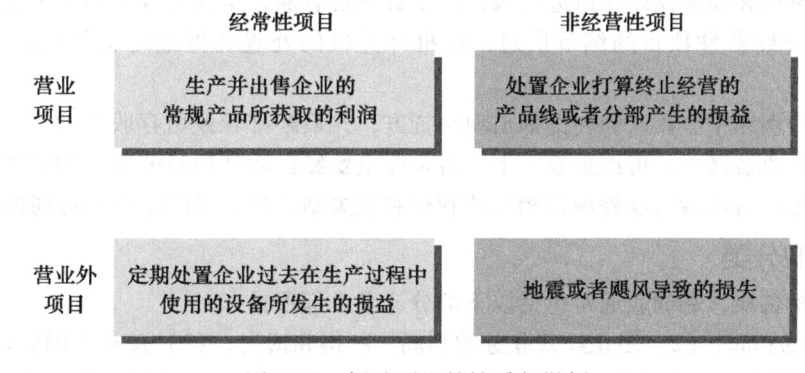

图17-2 损益项目的性质与举例

资料来源：© Cengage Learning 2014.

17.3.4 损益的计量

根据美国公认会计原则和国际财务报告准则的要求，收入和费用应与利得和损失分别进行列报。收入和费用是企业在主要经营活动中发生的经常性项目（图17-2中的左上单元格），这一类损益项目来自企业正常的、经常性的经营活动。相反，利得和损失是由营业外活动（左下单元格）或者非经常性活动（右上和右下单元格）所引起的。对收入和费用项目，应当分别报告它们的总金额，而对利得和损失项目，则应当直接以净额进行列报。参考下面这个例题：

例题1 泰晤士公司向客户出售了一套通信系统，价值400 000欧元，已收到现金，这套系统在泰晤士公司的成本为300 000欧元。因此，泰晤士公司应这样记录这笔交易：

货币资金 400 000
 销售收入 400 000
记录销售收入。

销货成本 300 000
 库存商品 300 000
结转销售成本。

此笔交易属于图17-2中左上单元格类型（经常性的营业项目），在利润表中，应同时报告销售收入与销货成本，告诉报表使用者泰晤士公司出售这套系统的成本和用以弥补该项成本的销售定价。这笔交易的结果将导致泰晤士公司的留存收益增加100 000欧元，但请注意，该100 000欧元并不会单独出现在利润表中，而是销售收入400 000欧元扣减销货成本300 000欧元之后所能得到的结果，即使企业的利润增加

100 000 欧元。

例题 2 贵成公司将以前用在商店里进行数据处理的计算机处置了，此笔交易与贵成公司的主要经营活动没有联系，因为贵成公司主要是出售全新的消费类电子产品的，而不是二手产品。假定这些计算机是贵成公司原来花费 500 000 美元购入的，在处置时已经累计折旧 200 000 美元，因此，处置时的账面价值为 300 000 美元。假定贵成公司处置这批计算机一共获得了 400 000 美元现金，那么，在该公司的账簿中，它就应当编制会计分录：

货币资金	400 000	
累计折旧	200 000	
设备		500 000
处置设备利得		100 000

以高于账面价值 100 000 美元的价格处置一批计算机。

这笔交易属于图 17-2 中左下单元格的业务类型（经常性的营业外项目），在利润表中，只需要直接报告 100 000 美元的处置利得就可以了，不用分别披露这批计算机的处置价格 400 000 美元和处置时的账面价值 300 000 美元。在利润表中，对利得和损失仅以净值进行报告，不必报告总额，是因为我们假定财务报表使用者不需要关于各项营业外项目或者非经营性项目的细节信息。这批计算机的处置利得最终也使贵成公司的留存收益增加 100 000 美元。

请注意，在上述两个例题中，收入和利得都出现在贷方，并最终都导致留存收益增加；费用和损失都出现在借方，并最终都导致留存收益减少。再次重复一下，与企业主要经营活动项目的收入和费用项目应当分别报告总金额，而与企业非经常性项目或者营业外项目相关的利得和损失则应当直接以净值进行列报。

17.3.5 利润表中的分类

根据企业当期盈利的性质，利润表通常包括以下部分或者全部项目：⊖

（1）持续经营业务的利润；（2）终止经营业务的利润、利得和损失；（3）遵从美国公认会计原则的企业还应披露非常利得和损失；国际财务报告准则并未使用"非常（extraordinary）"这个词，但要求对重大损益项目应当单独披露，并同时对应当单独披露的项目和情形提出了建议。⊖

很多利润表只包括上述第一部分的内容。但表 17-6 给出的加文公司（Gavan Company）利润表包括了上述三项内容。

表 17-6 加文公司利润表
（除每股数据外，金额单位均为百万美元）

	2013 年	2012 年	2011 年
持续经营活动所取得的利润			
销售收入	$295	$265	$240
销货成本	(165)	(154)	(144)
销售与管理费用	(67)	(58)	(50)
经营利润	$63	$53	$46
利息收入	7	5	4
利息费用	(22)	(19)	(15)
设备处置利得	3	9	4
税前持续经营活动利润	$51	$48	$39
所得税	(17)	(16)	(13)
持续经营活动利润	$34	$32	$26

⊖ 会计原则委员会《第 30 号意见书：报告经营成果》（1973 年，汇编主题 225）；美国财务会计准则委员会《财务会计准则公告第 130 号：报告综合收益》（1997 年，汇编主题 225）；国际会计准则理事会《国际会计准则第 1 号：财务报表列报》（2011 修订版）。

⊖ 国际会计准则理事会《国际会计准则第 1 号：财务报表列报》（2011 年修订版），第 87 段，不允许将综合收益项目报告为非常项目。

(续)

	2013 年	2012 年	2011 年
终止经营业务的利润、利得与损失			
在 2013 年出售经营分部的利润（损失）（税后净值）	$2	$(4)	$16
处置分部利得	40	—	—
终止经营项目利润	$42	$(4)	$16
非常损益			
飓风损失（税后净值）	—	$(12)	—
净利润	$76	$16	$42
普通股每股收益			
持续经营业务	$3.09	$3.04	$2.60
终止经营业务	3.82	(0.38)	1.60
非常项目	—	(1.14)	—
净利润	$6.91	$1.52	$4.20

资料来源：© Cengage Learning 2014.

持续经营利润 企业从持续经营的业务活动中所取得的收入、利得、费用和损失应当报告在利润表的第一部分"持续经营利润"中，包括企业从其主要经营业务中所取得的利润，也包括与经营活动相关的营业外利润。这一类损益项目的特点是经常性的、可以持续的。如果企业在某一会计年度中没有任何非持续性盈利，则应当在利润表中列报"持续经营活动中取得的利润"这样的标题。这样，由于没有非持续的损益项目，说明利润表中所有报告的收入、利得、费用和损失都来自于持续经营项目。在持续经营项目部分，企业还常常会计算一个各项目影响金额小计数，称为"经营利润"（operating income）。美国公认会计原则和国际财务报告准则并未对经营活动（operating）和非经营活动（non-operating）进行具体的定义，因此，公司在对某一具体项目的归类方面是有一定的自主权利的。在表17-6的例子中，将企业在基本经营活动中通过生产和销售商品或者服务所取得的收入和发生的费用划分为了经营利润。将有价证券和债券投资所取得的利息收入、借款所发生的利息费用和其他营业外利得和损失划分为了持续经营部分的非经营活动损益（non-operating income）。

在持续经营利润部分，企业几乎总是会报告资产减值损失或重组支出，虽然这类项目不一定每年都会发生，看起来像是非持续的，但与这类业务相关的商业活动却属于企业的持续经营活动，因此，这些项目一般会报告在"持续经营利润"部分。

终止经营的利润、利得与损失 有时，企业会在报告年度中或者打算在报告年度后不久的将来就处置某项业务或者某个分部，如果发生这样的情况，企业就必须将该部门或者分部的利润、利得或者损失单独披露在"**终止经营的利润、利得和损失**"部分。这部分信息专门用来提醒财务报表使用者注意，因为这类损益来源是不能够持续的。对终止经营的利润、利得和损失信息，企业应当直接以税后净值列报，且本部分信息应当列示在"持续经营利润"信息之后。

美国公认会计原则和国际财务报告准则对终止经营业务的会计处理要求是基本类似的，不过这两套体系对终止经营的定义略有区别。根据美国公认会计原则，所谓终止经营业务应当首先是企业主体的一个组成部分（a component of an entity），无论是从经营角度还是从融资角度，其业务和现金流量可以明显地与会计主体的其余部分区分开来。⊖在美国公认会计原则体系内，业务分部、部门、分支机构或者资产组都属于企业主体的一个组成部分。而国际财务报告准则则使用了处置组（disposal group）这个概念，并将其定义为将在同一笔交易中处置的一组资产和与这些资产直接相关的负债项目组合。⊖比较而言，国际财务报告准则的"处置组"概念所包含的内容较美国公认会计原则的"组成部分"概念更广一些。

当企业决定处置某一符合终止经营条件的单元时，应将与该单元相关的资产和负债项目在资产负债表中划分为以下四类：

（1）终止经营的流动资产；（2）终止经营的长期资产；（3）终止经营的流动负债；（4）终止经营的长期负债。

对上述资产和负债，企业应当按照账面价值与公允价值孰低的原则进行计量，如果账面价值高于了公允价

⊖ 美国财务会计准则委员会《财务会计准则公告第144号：减值或处置长期资产的会计处理》（2001年，汇编主题360）。
⊖ 国际会计准则理事会《国际财务报告准则第5号：持有待售的长期资产与终止经营》（2004年）。

值，则应当将两者之差报告为利润表"终止经营"部分的利得或损失。在"终止经营"部分，还应当报告拟终止经营分部在报告当年的利润或是亏损情况。如果是比较财务报表，则对于拟终止经营分部的前期业绩也应当重新分类到终止经营部分来进行报告。

在真正被处置以前，拟终止经营分部的业绩都应当报告在利润表的"终止经营"部分中，待该分部真正被处置以后，处置的利得或者损失也应当报告在"终止经营"部分中。

非常损益　根据美国公认会计原则编制的利润表中，都有一栏独立的部分叫作**非常损益**（extraordinary gains and losses）。同时符合下述两个条件的项目，就属于非常项目：

（1）性质特殊；（2）发生偶然。

例如，对大多数公司来说，地震损失、资产被外国政府没收等事件都属于非常项目。企业应当按税后净值报告非常项目的影响。在国际财务报告准则体系下，这类项目也应当单独披露，但国际财务报告准则没有使用"非常"（extraordinary）这个术语。

17.3.6　与某些资产和负债的公允价值变动有关的未实现损益

美国财务会计准则委员会和国际会计准则理事会所制定的一些准则要求或者允许企业报告在每个报告期末对某些资产和负债项目按公允价值进行计量。例如，在前述章节中我们所讨论过的下列项目：（1）对存货采用成本与市价孰低法进行计量（第9章）。（2）确认减值损失时，对固定资产和无形资产按照公允价值进行计量（第10章）。（3）对某些权益性有价证券采用公允价值进行计量（第13章）。

当企业需要调高或者调低账面价值，以反映资产或者负债项目的公允价值变动时，对应的贷方科目（出现升值时）或者借方科目（出现减值时）应当是什么呢？由于在重估值日，企业并未将相应的资产出售或者相应的负债了结，因此，对应的公允价值变动损益还没有实现。不过，尽管仍然是未实现损益，美国公认会计原则和国际财务报告准则也允许企业在一定条件将公允价值变动损益确认到当期净利润中。例如对于存货、固定资产和无形资产所出现的减值，就应当确认在减值发生当期的净利润中去。

但并不是因重估值而引起的所有未实现损益都可以确认到净利润中。根据美国公认会计原则和国际财务报告准则的要求，还有一些未实现损益是需要确认到其他综合收益项目中的。[⊖]某一报告期的其他综合收益包括当期可供出售金融资产的公允价值变动，也包括作为现金流量套期的衍生工具出现的公允价值变动。[⊜]此外，与退休计划相关的、但还没有确认到退休后福利费用的相关损益也包括在其他综合收益中。[⊝]在资产负债表中，股东权益类账户"累计其他综合收益"将报告截至资产负债表日其他综合收益（或损失）的累计金额。综合收益等于传统利润表中所报告的净利润与当期其他综合收益之和。

根据美国公认会计原则和国际财务报告准则，企业可以选择以下两种方式之一来报告其他综合收益：（1）与净利润一起报告在综合收益表中；（2）紧跟在利润表后面，单独报告一份综合收益表。

17.3.7　会计差错与会计变更

企业有时会获得关于前期净利润的新信息，或者在某些情况下，变更其会计政策或者会计估计，比如，考虑下面这几个例子：

1. 贵成公司发现它高估了本年的期末存货价值，由于这个失误，相应的本年销货成本被低估了145.9百万美元，而净利润则被高估了145.9百万美元。

2. 贵成公司在过去多年中一直采用后进先出法对发出存货计价进行计价，但在今年，它决定改用先进先出法。这样，如果它以前也使用先进先出法的话，前期利润数据肯定就会和原来按后进先出法所计算的数据不一致了。

3. 泰晤士公司对制造过程中所使用的机器设备一直按照20年计算折旧。最近，公司用使用效率更高的新设备替代了一批旧设备，并相应缩短了设备的折旧年限。这样，相对过去来说，公司当期和未来的折旧费用就都增加了。

[⊖] 美国财务会计准则委员长《财务会计准则公告第130号：报告综合收益》（1997年，汇编主题220）；国际会计准则理事会《国际会计准则第1号：财务报表的列报》（2003年修订版）。
[⊜] 具体介绍在第13章中。
[⊝] 具体介绍在第12章中。

在上述三种情况下，会计人员都需要按照美国公认会计原则或者国际财务报告准则的要求，判断是否需要：

(1) 追溯调整前期净利润（追溯调整法，retrospective restatement）；(2) 在当期净利润中报告差错调整或者会计变更调整额；(3) 只调整本期和未来期间的净利润（未来适用法，prospective adjustment）

支持进行追溯调整的观点认为，过去的净利润数值只有在有助于预测未来盈利情况的前提下才是有用的。只有追溯调整后，过去的净利润和当期以及未来的净利润计算基础才能保持一致，因此才有利于进行盈利预测。

另一种观点支持在当期利润表中报告这些调整项目的影响，它认为，所有利润表项目都应首先报告在利润表中，这样，如果查看连续多期的利润表，就能看到全部的损益项目。如果将这些项目直接报告在利润表中，相对只是报告一个以前年度损益调整来说，并不会使财务报表使用者高估这些项目的影响。如果我们能充分披露利润表中每一个调整项目的性质，就能使投资者在评价企业获利能力时更好地掌握每个项目的重要性。

而支持未来适用法的观点认为，重述前期利润将削弱财务报告程序的可信度。类似前面三个例子中所出现的问题是非常正常的，在会计核算程序中会不断发生。因此，只需要直接调整当期和未来的损益就可以了，不然，就会显得好像前期的利润计算出现了错误一样。

根据美国公认会计原则和国际财务报告准则的要求，应当区分三种情况：(1) 会计差错更正；(2) 会计政策变更，(3) 会计估计变更，分别不同的会计处理。[○]

差错更正　存货盘点错误或者应用了错误的会计政策等，都会导致会计差错发生。根据美国公认会计原则和国际财务报告准则的要求，如果属于重大差错，那么在**差错更正**（corrections of errors）时，就应当追溯调整前期净利润，并对当期留存收益期初余额进行调整。在前面的举例中，贵成公司因存货盘点失误对2012年年末存货的累计影响为高估留存收益145.9百万美元。如果不考虑所得税的影响，那么，贵成公司在2013年年初应当编制如下会计分录来更正这个差错（金额单位为百万美元）：

　　留存收益　　　　　　　　　　　　　　　　　　　　145.9
　　　商品存货　　　　　　　　　　　　　　　　　　　　　　　145.9

会计政策变更　贵成公司将存货发出计价方法由后进先出法改为先进先出法，属于**会计政策变更**（change in accounting principle）。根据美国公认会计原则和国际财务报告准则的要求，如果根据变更后的会计政策对前期利润进行重述是可行的，则企业就应当根据新的会计政策对以前年度的净利润进行追溯调整。假定在后进先出法和先进先出法下，贵成公司上年末的存货价值分别为450百万美元和525百万美元，那么，在不考虑所得税影响的前提下，贵成公司就应当编制下述会计分录，反映会计政策变更对资产负债表的影响（金额单位为百万美元）：

　　商品存货　　　　　　　　　　　　　　　　　　　　75
　　　留存收益　　　　　　　　　　　　　　　　　　　　　　　75

　　按先进先出法对前期数据进行追溯调整。

贵成公司应当在财务报表中对每一年的前期利润值都按先进先出法进行追溯调整。

会计估计变更　在权责发生制下，很多地方都需要用到会计估值。随着时间的流逝和情况的变化，企业有时根据新获得的会计信息，需要对过去应用的会计估计进行调整。例如坏账的金额和固定资产的估计使用年限等，都可能发生变化，这些都属于**会计估计变更**（changes in estimates）。在前面的例子中，泰晤士公司变更机器设备的服务年限，也属于会计估计变更。在较早的章节中，我们曾指出，企业根据新获得的信息情况需要对会计估计进行调整时，不需要去重新计算过去的收入和费用；相反，只需要在当期报告会计估计变更的影响，并在当期和未来各期按照新的会计估计值进行会计处理就可以了。即对例题中的泰晤士公司来说，只应当调整当期和未来各期的折旧费用，对过去已经计提的折旧费用不再进行调整。

会计估计变更不一定只与经常性的会计计量值（比如折旧年限）相关，有些会计估计变更也可能涉及非常事

○ 美国财务会计准则委员会《财务会计准则公告第154号：会计变更与差错更正》（2005年，汇编主题250）；国际会计准则理事会《国际会计准则第8号：会计政策、会计估计变更与差错》（2003年修订版）。

件或者非持续性事件。例如,假定某法院在本期发现公司应当对若干年前的一次涉及人身伤亡的事故负责,涉案的金额与公司在过去确认损失并计提负债的金额不一致。此时,法院的决策为公司在以前做出的损失判断金额提供了新的证据,那么,公司就应在当期利润表中报告这些项目对利润的影响,不过,通常是在附注中进行披露,而不是直接调整公司的留存收益。

自习问题 17.2

与净利润和留存收益相关的会计分录。 不考虑所得税的影响,请为艾博公司(Able Corporation)在2012年发生的下列交易编制恰当的会计分录。

a. 1月15日:由于上年12月中一次电脑软件错误的影响,导致公司当时没能记录办公设施的折旧费用,总计影响金额为35 000美元。

b. 3月20日:由于加州地震的影响,公司一处仓库发生了70 000美元的损失,公司未对该仓库购买相应的保险。

c. 12月31日:截至2012年12月31日,公司购入的一栋办公大楼已经使用6年了。当时,该大楼的取得成本为400 000美元,估计残值为0,预计可以使用40年。艾博公司对该大楼一直采用直线法计算折旧。现在,艾博公司认为,其实这栋大楼的总计使用年限应当是30年而不是40年。请计算这栋大楼在2012年的折旧费用应当为多少?艾博公司是否需要对前期折旧费用进行调整?

17.4 每股收益

采用美国公认会计原则或国际财务报告准则进行编报的公众上市公司必须在利润表主体部分披露**每股收益**(earnings per share,EPS)信息。[⊖]每股收益是一个常用的公司获利能力衡量指标,[⊖]它等于公司的当期净利润(扣除优先股股利后)与当期**加权平均流通在外的普通股股数**(weighted-average number of outstanding common shares)的比值。其中,加权平均流通在外的普通股股数等于各流通股份数与各自的流通时间(用占1年的百分比表示)的乘积之和来表示。

例题3 根据贵成公司在股东权益变动表(表1-4)中的报告,截至2013年2月27日,它有419百万股普通股流通在外。假定在2013年8月31日,贵成公司又发行了100百万股普通股;2014年1月31日,贵成公司又回购了75百万股普通股。此外,在以2014年2月27日为年度截止日的财务年度中,贵成公司没有发生其他普通股交易。

这样,贵成公司在2013财务年度中的加权平均流通在外的普通股股数为462.75百万股,计算过程如下:

时间段	占1年的百分比	×	流通股数	=	加权平均计算值
2013年3月1日~2013年8月31日	1/2(=6个月/12个月)	×	419	=	209.50
2013年9月1日~2014年1月31日	5/12(=5个月/12个月)	×	519(=419+100)	=	216.25
2014年2月1日~2014年2月27日	1/12(=1个月/12个月)	×	444(=519-75)	=	37.00
2013财务年度中,加权平均流通在外普通股股数					462.75

在表1-2中,报告了贵成公司当年的每股收益信息。在2012财务年度(年度截止日为2013年2月27日),加权平均流通在外的普通股股数为416.8百万股,按此计算出贵成公司的每股收益为3.16(=1 317/416.8)美元。在表1-6中,也报告了泰晤士公司在2103财务年度的每股损失为1.03(=201.8/195.054)欧元。

有些公司可能发行了允许持有人转换为普通股的金融工具(例如可转换公司债券),或者可以通过行权来购

⊖ 美国财务会计准则委员会《财务会计准则公告第128号:每股收益》(1997年,汇编主题250);国际会计准则理事会《国际会计准则第33号:每股收益》(2003年修订版)。

⊖ 如果企业报告多个类别的损益项目,则应当分别披露每个类别的每股收益信息。比如,如果企业报告了终止经营信息,则应当分别披露持续经营的每股收益和终止经营的每股收益。

买公司普通股的金融工具（例如员工持股计划），在这种情况下，公司就需要报告两个每股收益数据：**基本每股收益**（basic earnings per share，即上述所计算的每股收益）和**稀释每股收益**（diluted earnings per share）。当这些金融工具的持有人选择行使转换权或者购买权时，公司将不得不发行额外的股票来满足持有人的行权要求。这些额外发行的股票会增大每股收益计算式中的分母，使每股收益金额下降，这种现象就被称为稀释（dilution）。如果一家企业发行的相关证券一旦行权后能使基本每股收益的稀释程度大于3%，会计上就会要求企业同时列报基本每股收益和稀释每股收益信息。⊖

贵成公司和泰晤士公司都同时报告了基本每股收益和稀释每股收益信息。在2012财务年度中，贵成公司的稀释每股收益为3.10美元，稀释后的加权平均流通股份数为427.5百万股（基本的加权平均流通股份数为416.8百万股）；泰晤士公司报告稀释的每股损失额为1.03欧元，稀释的加权平均股份数为195.488百万股（基本的加权平均股份数为195.054百万股）。在2013年，泰晤士公司的基本每股损失和稀释每股损失都是一样的（均为每股损失1.03欧元），这主要是因为基本加权平均股数和稀释加权平均股数之间的差异非常小。

解读每股收益信息 会计人员和分析人员都不赞成将每股收益作为企业获利能力的衡量指标，原因是每股收益并没有考虑到赚取相应水平的利润所需要的资产规模。如果两家企业的利润规模和每股收益都是一样的，但其中一家需要用更多的资产才能创造这样水平的利润，那么两家的盈利能力实际上是有差别的。

在对不同的公司进行比较时，每股收益指标是比较受限的。比如，如果两家企业的利润规模和普通股东权益规模都是一样的，那么，它们的净资产收益率（ROE）水平也是一样的。但是，如果其中一家企业发行了更多的股份数，那么，这家企业的每股收益相对另外一家来说，就会显得更低一些。

市盈率 财务分析师常常会将每股收益与股票的市场价格联系起来进行比较，他们使用市场价格与每股收益之间的比值，即市盈率指标。举例来说，假定在2013年2月27日，贵成公司的普通股每股市场价格为32美元，那么，贵成公司在当日的市盈率，即P/E比率就是10.1（=32.00/3.16）比1。分析师会说："该股票的销售价格为其盈利的10.1倍"。

股票报价和财务期刊资料中经常都登载有公司的市盈率信息，财务分析师在对这些市盈率进行解释时，需要非常小心。比如，如果一家企业的净利润中包含有非常的、非持续的损益项目时，读者就必须要弄清楚在公布的市盈率指标中，究竟是使用的持续经营的利润还是包含了非常项目的净利润总额？一般情况下，在计算市盈率时，分母应当使用的是企业在正常条件下的持续经营盈利数据。

17.5 分部信息披露

美国公认会计原则和国际财务报告准则都要求公司按经营分部的情况披露一定的信息，⊖这样，可以允许报表使用者获取到相对更明细一些的企业获利能力信息。我们下面首先介绍分部披露要求，然后再举例说明如何应用分部信息披露来分析贵成公司和泰晤士公司的获利能力。

分部信息披露要求 会计准则要求企业披露关于其**经营分部**（operating segments）的信息。所谓的分部，是从企业管理的角度来看的。特别的，美国公认会计原则和国际财务报告准则认为，所谓经营分部，就是符合下列两个条件的企业内部单位：

- 允许管理层为之编制独立的财务信息；
- 管理层可以依据上述财务信息，对经营分部的资源分配和业绩评价进行评判。

在会计上，对经营分部的定义是从管理层运营企业的角度出发来考虑的，这样，就可以向财务报表使用者提

⊖ 美国财务会计准则委员会《财务会计准则公告第128号：每股收益》（1997年，汇编主题260）；国际会计准则理事会《国际会计准则第33号：每股收益》（2003修订版）。

⊖ 美国财务会计准则委员会《财务会计准则公告第131号：企业分部和相关信息的披露》（1997年，汇编主题280）；国际会计准则理事会《国际财务报告准则第8号：经营分部》。

供与管理层在评价企业时所使用的指标一致的信息。这即是说，如果企业是按照产品和服务来组织、管理和评价其经营业绩的，那么，它也就应当按照产品或者服务类别来划分经营分部。绝大多数公司都是按照产品或者服务类别来划分经营分部的，但这并不排除企业也可以按照其所处市场的地理位置来划分分部（如果相关信息可以较低成本获得的话），或者将占收入总额 10% 以上的客户都单独划分分部（称为主要客户）。美国公认会计原则和国际财务报表准则都对公司应当如何划分其分部提出了相应的判断标准。任何内部部门，如果对企业总收入、资产或者损益的贡献占到了 10% 以上，都应当划分为经营分部，报告其分部信息；同时，对于企业所划分的分部，其分部收入之和应当至少占到企业总收入的 75% 以上。

对每一个经营分部，企业都必须报告其收入、资产总额和分部经营业绩情况，[注]以及影响经营利润或者亏损的主要项目，例如折旧费用、利息收入和利息费用等。此外，企业一般还会报告各个经营分部的长期资产和资本支出信息。按照国际财务报告准则的要求，如果企业管理层在平时管理和评价企业业绩时会使用分部负债信息的话，那么，分部负债信息也是应当披露的。不过，美国公认会计原则对此没有特别要求。

企业必须将分部信息与企业整体的收入总额、经营利润总额和资产总额进行核对。一般情况下，各个分部的收入总和应当等于企业的收入总额，但分部营业利润合计不一定会等于企业整体的经营利润，因为有一些公司层面的费用项目（比如管理高层的薪酬费用和公司层面的利息费用等）是难以分配到各个分部去的。各个分部的资产合计数也不一定会恰好等于公司的资产总计额，因为有一些公司层面的资产项目（例如总部资产）也是无法分配到各个分部去的。

17.5.1 分部信息披露

在本部分中，我们将对贵成公司和泰晤士公司的分部信息进行分析。表 17-7 是贵成公司在 2010 至 2012 财务年度的分部信息，表 17-8 是泰晤士公司在 2012 财务年度的分部信息。

表 17-7　贵成公司分部信息
（金额单位：百万美元）

	年度截止日为 2 月 27 或 28 日		
	2013 年	2012 年	2011 年
收入			
国内分部	$37 314	$35 070	$33 328
国际分部	12 380	9 945	6 695
收入合计	$49 694	$45 015	$40 023
按产品或服务划分，占总收入比重			
国内：			
消费类电子产品	39%	39%	41%
办公用品	34%	31%	28%
娱乐软件	16%	19%	20%
家用电器	4%	5%	5%
服务	6%	6%	6%
其他	<1%	<1%	<1%
合计	100%	100%	100%
国际：			
消费类电子产品	20%	26%	39%

○ 无论是企业整体层面上的还是分部层面上的，美国公认会计原则和国际财务报告准则都没有具体规定企业应报告的经营业绩指标，不过，大多数公司都会报告在调整利息收入和利息费用前的经营利润情况和所得税费用情况。

		(续)
	年度截止日为 2 月 27 或 28 日		
	2013 年	2012 年	2011 年
办公用品	53%	45%	30%
娱乐软件	7%	9%	13%
家用电器	8%	10%	13%
服务	12%	10%	5%
其他	<1%	<1%	<1%
合计	100%	100%	100%
营业利润			
国内分部	2 071	1 758	1 999
国际分部	164	112	162
营业利润合计	$2 235	$1 870	$2 161
其他利润（费用）：			
投资收益	54	35	129
投资减值损失和其他	—	(111)	—
利息费用	(94)	(94)	(62)
考虑所得税和权益法下投资损益前的经营利润	$2 195	$1 700	$2 228
资产			
国内分部	$10 431	$9 059	$8 194
国际分部	7 871	6 767	4 564
资产总额	$18 302	$15 826	$12 758
折旧			
国内分部	$585	$550	$500
国际分部	253	180	80
折旧总额	$838	$730	$580
资本支出			
国内分部	$385	$971	$673
国际分部	230	332	124
资本支出合计	$615	$1 303	$797

资料来源：© Cengage Learning 2014.

表 17-8　泰晤士公司分部信息
（金额单位：百万欧元）

	航空产品	国防产品	安防产品	其他产品	泰晤士公司总额
收入合计	4 164.4	5 932.7	3 303.4	(519.0)	12 881.5
经营利润	(309.6)	544.4	(11.1)	(171.9)	51.8
长期经营资产	1 607.6	1 405.8	1 844.7	392.4	5 250.5
短期经营资产	3 026.5	3 372.0	2 474.2	31.1	8 903.8
短期经营负债	(3 297.4)	(4 595.6)	(2 526.6)	(451.8)	(10 871.4)
短期经营性净资产（负债）	(270.9)	(1 223.6)	(52.4)	(420.7)	(1 967.6)
资本支出	182.4	83.0	80.5	73.0	418.9
折旧与摊销	157.3	88.7	131.9	42.9	420.8

资料来源：© Cengage Learning 2014.

贵成公司按大地区来划分分部：国内经营和国际经营。其中，国内经营分部包含在美国境内的所有商店和在线经营；而国际经营分部则包括美国领土之外的所有商店和在线经营。在过去 3 年中，国内经营收入对贵成公司总收入的贡献最大，不过，如果从百分比来看的话，国内收入占总收入的百分比在这三年中是下降的：在 2010、

2011 和 2012 财务年度中，国内收入占总收入的比重分别为 83%（=33 328/40 023）、78%（=35 070/45 015）和 75%（=37 314/49 694）。这种趋势再结合总收入在这三年中都在持续增长这一特点，说明贵成公司的海外经营战略在这几年中的发展是非常成功的。

贵成公司还按产品或者服务类别分别披露了每一经营分部的明细信息。在这两个分部中，消费类电子产品和办公用品所创造的收入在各年中都是最多的。最后，贵成公司还报告了各个经营分部的经营利润、资产、资本支出和折旧信息。这些数据表明，贵成公司的大部分经营利润来自其国内的产品销售和服务提供。此外，贵成公司的大部分资产、资本支出和折旧费用等也都与国内经营相关。

与贵成公司相反，泰晤士公司是按照产品和服务来定义其经营分部的，它按照公司所服务的产品和市场对产品与服务进行了区分，划分了航天产品、国防产品、安防产品和其他产品供给四个分部。如果以收入为判断标准的话，国防产品分部是泰晤士公司最大的一个分部，在 2012 年，创造的收入为 5 932.7 百万欧元，占公司合并总收入的 46%（=5 932.7/12 881.5）。此外，国防产品分部在 2012 年也为公司创造了最多的利润，实际上，该分部也是公司在 2012 年唯一盈利的分部（其他分部都报告了亏损）。

在表 17-8 中的第四栏里，报告了泰晤士公司其他经营分部的情况，这个分部包括的项目有：
- 不满足收入、资产或者损益占比在 10% 以上、因此不需要进行单独披露的经营分部；
- 未分配给其他经营分部的成本项目（例如，集团的研究与开发支出）；
- 当年其他三个分部（航空产品、国防产品和安防产品）之间的内部交易抵消。

贵成公司和泰晤士公司所披露的分部信息与它们各自的财务报表都是相互可以印证的。[①] 例如，贵成公司的国内分部收入（37 314 百万美元）与国际分部收入（12 380 百万美元）之和为 49 694 百万美元——正好等于表 1-2 贵成公司合并利润表的第一行所披露的合并总收入金额。泰晤士公司的分部收入之和为 12 881.5（=4 164.4+5 932.7+3 303.4-519.0）百万欧元，也等于表 1-6 泰晤士公司利润表的第一行所披露的收入总额。

17.5.2 分部信息披露分析

为更好地理解企业各个分部的经营业绩，我们也可以应用第 7 章中所介绍的财务分析工具。比如，我们可以根据企业所披露的分部数据，计算出资产收益率（ROA）、销售利润率和总资产周转率等财务指标。在计算中，可以使用各个分部的经营利润来作为利润指标。在表 17-9 中，计算出了贵成公司各经营分部在 2011 和 2012 财务年度中的总资产利润率、销售利润率和总资产周转率。

表 17-9 贵成公司经营分部获利能力分析
（金额单位为美元）

	2012 年		2011 年	
	国内分部	国际分部	国内分部	国际分部
销售利润率	5.6%（=$2 071/$37 314）	1.3%（=$164/$12 380）	5.0%（=$1 758/$35 070）	1.1%（=$112/$9 945）
总资产周转率	3.83[=$37 314/0.5*($10 431+$9 059)]	1.69[=$12 380/0.5*($7 871+$6 767)]	4.07[=$35 070/0.5*($9 059+$8 194)]	1.76[=$9 945/0.5*($6 767+$4 564)]
总资产利润率	21.3%[$2 071/0.5*($10 431+$9 059)]	2.2%[=$164/0.5*($7 871+$6 767)]	20.4%[$1 758/0.5*($9 059+$8 194)]	2.0%[=$112/0.5*($6 767+$4 564)]

资料来源：© Cengage Learning 2014.

表 17-9 中的信息提示我们，贵成公司各经营分部的获利能力在以下几方面是值得引起注意的。首先，国内分部比国际分部的获利能力要强大很多，在 2012 年，国内分部的总资产利润率为 21.3%，而同期国际分部却只有 2.2%；如果进一步考虑影响总资产利润率的因素，就会发现国内分部的总资产利润率之所以高，是因为它在销售利润率（5.6% 和 1.3%）和总资产周转率（3.83 和 1.69）两方面都比国际分部强。这提示我们，如果贵成公司继续扩大它的海外经营业务，由于国际分部的总资产利润率更低，因此，随着它在公司整体业绩中所占的比重越来越增大，那么公司整体的总资产利润率还将进一步下滑。但是，如果从纵向来看，国际分部的总资产利润率从 2011 年到 2012 年由 2.0% 上升到了 2.2%，这无疑是个令人鼓舞的好现象。

---

① 两家公司的财务报表均在第 1 章中已列出。

自习问题解答

自习问题 17.1 解答参考
（卡普兰公司；第 1 章~第 16 章内容复习）

a. 这些证券的出售价格可计算如下：

处置有价证券的成本	$180 000
处置收益（根据利润表信息）	30 000
处置价格	$210 000

在现金流量表的投资活动部分，可看到处置有价证券所收到的现金为 210 000 美元。编制现金流量表时，会计人员需要将有价证券的处置收益从净利润中减去，以避免高估本笔交易对经营活动产生现金流量的影响。

b. 卡普兰公司在 2013 年所购入有价证券的成本可计算如下：

2012 年 12 月 31 日，有价证券的公允价值	$450 000
加：当年购入有价证券的成本	?
减：当年出售有价证券的成本	(180 000)
减：当年增加的未实现损失（其他综合收益）	(20 000)
2013 年 12 月 31 日，有价证券的公允价值	$550 000

因此，卡普兰公司在 2013 年所购入有价证券的成本为 300 000 美元，报告在现金流量表的投资活动部分。由于这些有价证券均划分为可供出售的金融资产，因此公允价值变动所导致的未实现损失 20 000 美元既不会减少净利润，也不会导致现金流出。所以，会计人员在将净利润调整为经营活动产生的现金流量时，无需对该事项进行调整。

c. 卡普兰公司在 2013 年注销为坏账的客户欠款金额可计算如下：

2012 年 12 月 31 日，坏账准备余额	$200 000
加：2013 年的坏账费用	120 000
减：在 2013 年注销为坏账的客户欠款金额	?
2013 年 12 月 31 日，坏账准备余额	$250 000

因此，卡普兰公司在 2013 年注销为坏账的客户欠款金额应当为 70 000 美元。

d. 卡普兰公司在当年收到的客户付款金额可计算如下：

2012 年 12 月 31 日，应收账款总额①	$2 500 000
加：当年销售收入	12 000 000
减：2013 年 12 月 31 日，应收账款总额②	(3 100 000)
当年收到的客户付款和注销为坏账的应收账款之和	$11 400 000
减：当年注销的坏账金额	(70 000)
当年收到的客户付款金额	$11 330 000

① $2 300 000 + $200 000
② $2 850 000 + $250 000

因此，卡普兰公司在 2013 年收到客户支付的销售付款金额为 11 330 000 美元。在计算净利润的过程中，用到的销售金额为 11 880 000（= 销售收入 12 000 000 − 坏账费用 120 000）美元。会计人员在计算经营活动产生的现金流量时，从净利润中减去了两者之间的差异 550 000（= 11 880 000 − 11 330 000）美元。该 550 000 美元也正好等于卡普兰公司的应收账款（净值）在 2013 年的增加额（= 2 850 000 − 2 300 000）。

e. 卡普兰公司在 2013 年中完工并结转至库存商品账户中去的存货成本金额可计算如下：

2012 年 12 月 31 日，库存商品存货余额	$1 800 000
加：当年完工的产品成本	?
减：当年销售的产品成本	(7 200 000)
2013 年 12 月 31 日，库存商品存货余额	$2 200 000

因此，当年完工并结转至库存商品账户中去的存货成本为 7 600 000 美元。

f. 卡普兰公司在 2013 年购入的原材料金额可计算如下：

2012 年 12 月 31 日，在产品存货余额	$460 000
加：当年投入的原材料成本	?
加：当年发生的直接人工和制造费用	4 500 000
减：当年生产完工的产品成本	(7 600 000)
2013 年 12 月 31 日，在产品存货余额	$530 000

因此，卡普兰公司在 2013 年所使用的原材料价值为 3 170 000 美元。

2012 年 12 月 31 日，原材料存货余额	$330 000
加：当年购入的原材料成本	?
减：当年使用的原材料成本	(3 170 000)
2013 年 12 月 31 日，原材料存货余额	$380 000

因此，卡普兰公司在 2013 年所采购原材料的价值为 3 220 000 美元。

g. 根据注释 4 中现时成本与后进先出假定下的存货成本之间的差额，可计算如下：

	后进先出法	差异	先进先出法
2012 年 12 月 31 日，存货余额	$2 590 000	$420 000	$3 010 000
加：当期采购的存货	7 720 000	—	7 720 000
当期可供使用的存货	$10 310 000	$420 000	$10 730 000
减：2013 年 12 月 31 日，存货余额	3 110 000	730 000	3 840 000
当期销货成本	$7 200 000	$(310 000)	$6 890 000

因此，如果使用先进先出成本流出假定，那么当期的销货成本将为 6 890 000 美元。请注意，在后进先出成本流转假定下，当期销货成本为 7 200 000 美元，比当期采购的存货金额 7 720 000 美元更低。在计算经营活动产生的现金流量时，会计人员会从净利润中减去上述两者之间的差异 520 000（= 7 720 000 - 7 200 000）美元，该差异也等于卡普兰公司的存货在 2013 年的增加额（= 3 110 000 - 2 590 000）。此外，在计算经营活动产生的现金流量时，还需要在净利润中的基础上加回本期应付账款的增加额 355 000 美元，因为卡普兰公司对于当期所增加的存货并没有全额使用现金进行支付。

h. 对卡普兰公司所持有三项股权投资的变动情况分析如下：

对马赫公司的股权投资（公允价值计量）	
2012 年 12 月 31 日，余额	$200 000
加：当年增加的投资	0
减：当年处置的投资	0
减：当年增加的未实现投资损失	15 000
2013 年 12 月 31 日，余额	$185 000
对强生公司的股权投资（权益法）	
2012 年 12 月 31 日，余额	$310 000
加：当年增加的投资	50 000
加：权益法下确认的投资收益（利润表中披露的投资收益总额 300 000 美元，减去应享有伯顿公司的投资收益 160 000 美元）	140 000
减：当年处置的投资	0
减：当年收到的股利（根据其他信息倒推）	(90 000)
2013 年 12 月 31 日，余额	$410 000
对伯顿公司的股权投资（权益法）	
2012 年 12 月 31 日，余额	$800 000
加：当年增加的投资	0
加：权益法下的投资收益（40% × $400 000）	160 000
减：当年处置的投资	0
减：当年收到的股利（40% × $75 000）	(30 000)
2013 年 12 月 31 日，余额	$930 000

卡普兰公司在利润表中报告的权益法下投资收益总额为 300 000（= 140 000 + 160 000）美元，当年收到的现金股利合计为 120 000（= 90 000 + 30 000）美元。在现金流量表中，计算经营活动的现金流量时，从净利润中减去了未以股利形式发放的投资收益 180 000（= 300 000 - 120 000）美元。同时，在现金流量表的投资活动部分，还报告了当年新增加的对强生公司股权投资金额。

i. 对各账户在 2013 年的相关变动情况分析如下：

土地	
2012 年 12 月 31 日，余额	$400 000
加：当年新增加的土地	100 000
减：当年处置的土地	0
2013 年 12 月 31 日，余额	$500 000
建筑物	
2012 年 12 月 31 日，余额	$800 000
加：当年新增加的建筑物	300 000
减：当年处置的建筑物（根据其他信息倒推得到）	(160 000)
2013 年 12 月 31 日，余额	$940 000
设备	
2012 年 12 月 31 日，余额	$3 300 000
加：当年新增加的设备	1 400 000
减：当年处置的设备（根据其他信息倒推得到）	(900 000)
2013 年 12 月 31 日，余额	$3 800 000
累计折旧	
2012 年 12 月 31 日，余额	$1 200 000
加：2013 年的折旧金额	560 000
减：当年处置建筑物的累计折旧金额（根据其他信息倒推得到）	(160 000)
减：当年处置设备的累计折旧金额（后附说明）	(670 000)
2013 年 12 月 31 日，余额	$930 000
设备处置价格	$150 000
设备处置损失	80 000
处置设备的账面价值	$230 000
所处置设备的成本（见上一栏中的计算）	$900 000
减：所处置设备的累计折旧（根据其他信息倒推得到）	(670 000)
所处置设备的账面价值	$230 000

在现金流量表的投资活动部分中，披露了当年新购入土地、建筑物和设备的价值；同样，也是在投资活动部分，还报告了当年处置设备收到的现金金额为 150 000 美元。在计算经营活动产生的现金流量时，会计人员在净利润的基础之上反加回了当年处置设备的损失 80 000 美元；此外，由于折旧并不导致现金流出，因此在净利润的基础上还应反加回当年的折旧费用 560 000 美元。

j. 卡普兰公司在 2012 年 1 月 2 日购买赫尔曼公司股权时的会计分录为：

对赫尔曼公司的股权投资	800 000	
普通股（20 000 × $10）		200 000
股本溢价（20 000 × $30）		600 000

k. 赫尔曼公司在 2012 年 1 月 2 日的净资产账面价值可计算如下：

对赫尔曼公司的股权投资成本	$800 000
专利权，$80 000 + (2 年 × 摊销费用 $10 000/年)	(100 000)
净资产的账面价值	$700 000

l. 验证如下：

票面利率为 4% 的债券	
$40 000 × 9.954	$398 160
$2 000 000 × 0.70138	1 402 760
合计	$1 800 920
票面利率为 10% 的债券 $150 000 × 13.59033	$2 038 550
$3 000 000 × 0.456 39	1 369 170
合计	$3 407 720

m. 三种长期公司债券在 2013 年的利息费用和账面价值变动情况计算如下：

对票面利率为 4% 的债券，当年的利息费用为 108 476 美元，比当年实际支付的票面利息金额 80 000 美元高。在现金流量表中，计算经营活动产生的现金流量时，需要将上述两者之间的差额（即当期摊销的债券折价金额）反加回净利润中。对票面利率为 10% 的债券，当年的利息费用为 272 070 美元，比当年实际支付的票面利息金额 300 000 美元低。在现金流量表中，计算经营活动产生的现金流量时，需要将上述两者之间的差额（即当期摊销的债券溢价金额）从净利润中减掉。同时，在现金流量表中，还在净利润的基础上反加回了当年"应付利息"账户的增加额 100 000 美元，因为卡普兰公司并没有讲 2013 年应付的利息全部都以现金流出的方式实际支付。

n. 卡普兰公司在 2013 年实际支付的所得税金额计算如下：

2012 年 12 月 31 日，应交所得税	$250 000
加：2013 年的所得税费用（计算过程附后）	420 000
减：2013 年已用现金缴纳的所得税	?
2013 年 12 月 31 日，应交所得税	$375 000
所得税费用总额	$540 000
减：当年增加的递延所得税负债	(120 000)
本期所得税费用金额	$420 000

因此，卡普兰公司在 2013 年用现金实际支付的所得税总额为 295 000 美元。在现金流量表计算经营活动产生的现金流量部分，曾经在净利润的基础之上反加回了不需要在当期支付的所得税费用 120 000 美元（即当期"递延所得税负债"账户的增加额）。同时，也反加回了当期"应交所得税"账户的增加额 125 000 美元，因为当期实际用现金支付的所得税金额低于公司在 2013 年应当支付的所得税金额。

o. 对各账户在 2013 年发生的变动情况分析如下：

	期初负债金额	市场利率	利息费用	应付票面利息	负债的增加（或减少）	期末负债金额
票面利率为 4% 的债券						
2013 年 1 月 1 日	$1 800 920	3%	$54 028	$40 000	$14 028	$1 814 948
2013 年 7 月 1 日	1 814 948	3%	54 448	40 000	14 448	1 829 396
合计			$108 476	$80 000	$28 476	
票面利率为 10% 的债券						
2013 年 1 月 1 日	$3 407 720	4%	$136 309	$150 000	$(13 691)	$3 394 029
2013 年 7 月 1 日	3 394 029	4%	135 761	150 000	(14 239)	3 379 790
合计			$272 070	$300 000	$(27 930)	
票面利率为 8% 的债券						
2013 年 1 月 1 日	$1 000 000	4%	$40 000	$40 000	$0	$1 000 000
2013 年 7 月 1 日	1 000 000	4%	40 000	40 000	0	1 000 000
合计			$80 000	$80 000	$0	

	普通股 数量	普通股 金额	股本溢价	留存收益	库存股
2012 年 12 月 31 日，余额	50 000	$500 000	$800 000	$1 666 000	$30 000
当期发行的普通股	10 000	100 000	400 000	—	—
当期出售的库存股	—	—	5 000	—	(10 000)
净利润	—	—	—	1 260 000	—
当期支付的股利（根据其他信息倒推得到）①	—	—	—	(236 000)	—
2013 年 12 月 31 日，余额	60 000	$600 000	$1 205 000	$2 690 000	$20 000

①或者也可参见现金流量表。

资料来源：© Cengage Learning 2014.

在现金流量表，发行普通股收到的 500 000 美元报告在筹资活动部分；再次出售库存股所收到的现金 15 000（= 10 000 + 5 000）美元也报告在筹资活动部分。请注意，再次出售价格 15 000 美元大于库存股的回购成本 10 000 美元的部分，是报告在股本溢价中，而不是净利润中的。

自习问题 17.2 解答参考

（艾博公司；与净利润和留存收益相关的会计分录）

a. 1 月 15 日

留存收益	35 000	
累计折旧		35 000

资产	=	负债	+	股东权益	（类别）
−35 000				−35 000	留存收益

更正前期折旧错误，增加累计折旧，同时调减留存收益。

b. 3 月 30 日

地震损失	70 000	
建筑大楼		70 000

资产	=	负债	+	股东权益	（类别）
−70 000				−70 000	利润表→留存收益

将地震损失确认到利润表中。

如果按照美国公认会计原则编制财务报表的话，艾博公司应将该地震损失报告为非常项目；但是如果它使用国际财务报告准则的话，则不会使用"非常"这种说法。

c. 12 月 31 日

折旧费用	14 000	
累计折旧		14 000

资产	=	负债	+	股东权益	（类别）
−14 000				−14 000	利润表→留存收益

将建筑大楼的折旧年限从 40 年变更为 30 年，过去每年折旧金额为 400 000/40 = 10 000 美元，截至 2012 年 12 月 31 日，建筑大楼的账面价值为 350 000 [= 400 000 − （10 000 × 5）] 美元。按变更后折旧年限，2012 年的折旧费用为 $14 000（= 350 000/25）美元。

关键术语与概念

相关性（relevance）
如实反映（faithful representation）
可比性（comparability）
一致性（consistency）
可验证性（verifiability）
可理解性（understandability）
重要性（materiality）
成本效益原则（cost constraints）
持续经营利润（income from continuing operations）
终止经营利润与损益（income, gains, and losses from discontinued operations）

非常损益（extraordinary gains and losses）
会计差错更正（corrections of errors）
会计政策变更（change in accounting principle）
会计估计变更（change in estimates）
每股收益（earnings per share，EPS）
加权平均流通在外的普通股股数（weighted-average number of outstanding common shares）
基本每股收益（basic earnings per share）
稀释每股收益（diluted earnings per share）
经营分部（operating segments）

练习与解决问题

练习题

1. **辨别会计政策**。指出下列每种描述中所使用的会计政策或方法。

    a. 一种存货成本流转假定。在物价上涨且存货水平保持不下降的前提下，这种存货成本流转假定将导致企业报告更高的净利润。

    b. 一种坏账核算方法。在这种方法下，将可能发生的坏账损失确认在销售发生当期，减少销售当期的利润。

    c. 一种长期股权投资的会计核算方法。如果使用这种方法，在使用间接法编制现金流量表时，需要对净利润进行调整，然后才能计算出经营活动产生的现金流量。

    d. 一种由承租人使用的长期租赁核算方法。在这种方法下，会产生一项长期负债。

    e. 一种存货成本流转假定。在这种流转假定下，资产负债表中报告的存货金额与先进先出法成本流转假定下的结果非常接近。

    f. 一种确认债券利息费用的方法。在这种方法下，债券寿命期内每年的利息费用率都是一样的。

    g. 一种套期金融工具类型。如果某金融工具被指定为这一类的，那么，企业每期的其他综合收益都会受该金融工具价值变动的影响。

h. 一种股权投资核算方法。在这种方法下，即使企业的留存收益没有发生任何变化，投资企业的股东权益总额也可能会减少。

i. 一种长期合同的收入确认方法。在这种方法下，不同时期的利润变动额是最小的。

j. 一种坏账核算方法。在这种方法下，如果企业将某客户的应收账款确认为坏账并予以注销，企业的营运资本不会发生变化。

k. 一种套期金融工具的类型。如果某金融工具被指定为这一类的，那么，企业每期的净利润（而不是其他综合收益）都会受该金融工具价值变动的影响。

l. 一种由出租人使用的长期设备租赁会计核算方法。在这种方法下，出租人需要在自己的利润表中报告设备的折旧费用。

m. 一种存货成本流转假定。在这种流转假定下，资产负债表中所报告的存货金额最接近现时的存货重置成本。

n. 一种股权投资的核算方法。在这种方法下，企业会在收到或者可以收到被投资企业宣告的股利时确认投资收益。

o. 一种折旧方法。在这种方法下，资产前期的账面价值将是比较高。

p. 一种存货成本流转假定。在这种流转假定下，企业能在物价下降期间报告出最低的净利润。

q. 一种由承租人使用的长期设备租赁会计核算方法。在这种方法下，承租人需要在自己的利润表中报告租赁费用。

r. 一种存货成本流转假定。在这种流转假定下，资产负债表中所报告的存货价值与其现时成本可能会差异非常大。

s. 一种由出租人使用的长期设备租赁会计核算方法。在这种方法下，出租人在签订租赁协议时就直接报告收入。

t. 一种存货成本流转假定。在这种流转假定下，如果企业当期存货数量下降，那么当期的销货成本和销售收入之差将可能发生巨大的变化。

2. **辨别会计政策**。请指出在下列每笔独立交易中所使用的会计政策或者处理程序是什么？同时，请简单说出每笔交易或者事件的内容。

a. 货币资金   X
     股利收入   X

资产	=	负债	+	股东权益	（类别）
+				+	利润表→留存收益

b. 可供出售证券的未实现损失   X
     有价证券   X

资产	=	负债	+	股东权益	（类别）
−				−	利润表→留存收益

c. 货币资金   X
     对联营企业的股权投资   X

资产	=	负债	+	股东权益	（类别）
+					
−					

联营企业宣告并发放现金股利。

d. 坏账费用   X
     坏账准备   X

资产	=	负债	+	股东权益	（类别）
−				−	利润表→留存收益

e. 租赁费用   X
     货币资金   X

资产	=	负债	+	股东权益	（类别）
−				−	利润表→留存收益

f. 对联营企业的股权投资   X
     对联营企业的投资收益   X

资产	=	负债	+	股东权益	（类别）
+				+	利润表→留存收益

g. 坏账准备   X
     应收账款   X

资产	=	负债	+	股东权益	（类别）
+					
−					

h. 存货跌价损失   X
     商品存货   X

资产	=	负债	+	股东权益	（类别）
−				−	利润表→留存收益

i. 长期租赁负债   X
   利息费用   X
     货币资金   X

资产	=	负债	+	股东权益	（类别）
−	−			−	利润表→留存收益

j. 库存股   X
     货币资金   X

资产	=	负债	+	股东权益	（类别）
−				−	投入资本

k. 利率互换合同				X	
互换合同重估值利得（利润表）					X
资产	=	负债	+	股东权益	（类别）
+				+	利润表→留存收益

3. **计算每股收益**。坎贝尔公司（Campbell Incorporated）在它2012年和2013年的合并利润表中报告了下列信息：

	2013年	2012年
净利润（千美元）	$1 456 091	$1 200 472
加权平均流通股数（千股）		
基本	702 987	687 910
稀释	713 456	699 012

a. 计算坎贝尔公司在2012年和2013年的基本每股收益。
b. 计算坎贝尔公司在2012年和2013年的稀释每股收益。
c. 请解释基本每股收益和稀释每股收益两者之差的变化趋势是什么。

4. **计算每股收益**。以下是汉切特有限公司（Hatchet Limited）在截至2012年和2013年12月31日的财务年度中相关信息：

	2013年	2012年
净利润（百万美元）	?	?
加权平均流通股数（百万股）		
基本	103.4	?
稀释	?	112.7
每股收益		
基本	$4.13	$3.02
稀释	$4.01	$3.16

要求：计算上表中缺失的下列数据：
a. 2012年的净利润；
b. 2012年的基本加权平均流通在外股数；
c. 2013年的净利润；
d. 2013年的稀释加权平均流通在外股数。

5. **计算加权平均流通在外股数**。肯尼特公司（Kennett Corporation）报告它在最近一个财务年度年末（即2012年12月31日）的流通在外股份数量为214.6百万股。2013年4月1日，肯尼特公司又发行了36.2百万股普通股，每股发行价格为18美元。2013年9月1日，肯尼特公司按照员工股票期权计划的安排又发行了27.4百万股普通股。此外，肯尼特公司在2013财务年度中没有再发生其他普通股交易。

要求：
a. 肯尼特公司在2013年12月31日流通在外的普通股股数是多少？
b. 肯尼特公司在2013财务年度中的加权平均流通在外普通股股数是多少？

6. **计算加权平均流通在外股数**。柏世兰集团（Boslan Group）在2012年12月31日（即该公司最近财务年度的年末）拥有流通在外股份数量为89.1百万股。2013年3月1日，柏世兰公司又发行了25.1百万股普通股，每股发行价格为32美元。2013年8月1日，柏世兰集团回购了22.2百万股普通股。11月1日，柏世兰集团又回购了2.9百万股普通股。此外，柏世兰集团在2013财务年度中没有再发生其他普通股交易。要求：
a. 计算柏世兰集团在2013年12月31日拥有多少流通在外普通股？
b. 柏世兰集团在2013财务年度中的加权平均流通在外普通股股数是多少？

7. **解读每股收益的变动**。A公司和B公司都在2012年开始营业，期初股东权益都是100万美元，流通在外股份数量为100 000股。两家公司在2012年都赚得了100 000美元净利润，按期初股东权益计算的净资产收益率均为10%。A公司在2012年末向普通股股东宣告并发放了100 000美元的股利，而B公司则将所有利润都留存在了企业内部。2013年，两家公司按2013年年初股东权益计算的净资产收益率也均为10%。

要求：
a. 计算A公司和B公司在2012年和2013年的每股收益各是多少。
b. 比较A公司和B公司在2012年和2013年的每股收益数据，计算两家公司各自的每股收益增长率是多少。
c. 用每股收益增长率作为评价标准，请问，哪一家公司的管理层在为股东创造价值方面做得更好？你同意这样的结论么？为什么？
d. 用净资产收益率的变动作为评价标准，请问，哪一家公司的管理层在为股东创造价值方面做得更好？本题中，请使用期初股东权益来计算净资产收益率。你同意这样的结论么？为什么？

8. **对会计差错、会计政策变更和会计估计变更的处理**。金戴恩公司（GenDyn）计算出它在开业头两年的净利润分别为：2012年1 500美元和2013年1 800美元。在公布2013年的财务报表以前，金戴恩公司发现有一个项目需要调低公司的税后利润 400 美元。请指出在下面这几种情况下，金戴恩公司在 2012 年和 2013 年的净利润金额各自应当是多少？（1）该项目为公司在 2012 年的一个折旧费用计算差错（2013 年的折旧费用计算是正确的）；（2）该项目是因公司在 2013 年采用新会计政策，而引起 2012 年的利润可能发生的变动（2013 年的费用项目已按新会计政策计算了）；（3）该项目是因某客户在 2013 年的信用状况恶化，导致 2012 年估计的坏账准备不足。金戴恩公司在 2013 年的坏账费用中已进行了相关的调整。

9. **与会计差错和会计估计变更相关的会计分录。** 请为联合有线电视公司（Union Cable Company）发生在 2012 年的下列事项编制恰当的会计分录。联合有线电视公司的财务年度与日历年度一致，不考虑所得税的影响。

   a. 2012 年 1 月 15 日，公司发现它在 2011 年忘记了对一项专利权进行摊销，相关金额为 12 000 美元。

   b. 2012 年 1 月 20 日，公司发现它在 2011 年 12 月 30 日以 6 000 美元的价格出售了一台设备，当时编制的会计分录为：

货币资金	6 000	
设备出售损失	4 000	
设备（取得成本）		10 000

资产	=	负债	+	股东权益	（类别）
+6 000				-4 000	利润表→留存收益
-10 000					

   截至出售日，该设备已经累计折旧 7 000 美元。

   c. 公司在 2012 年 12 月 31 日将一栋建筑大楼的折旧年限由 30 年变更为了 42 年。该建筑大楼的取得成本为 2 400 000 美元，截至 2012 年 12 月 31 日，已经使用了 11 年。企业还没有计提该大楼在 2012 年的折旧费用。联合有线电视公司使用直线法计算建筑大楼的折旧，并且假定该大楼的预期残值为 0。

   d. 联合有线电视公司按每年销售收入的 2% 计提坏账准备，该公司每年实际的坏账损失占销售收入的比重平均为 1.5%。因此，截至 2012 年年末，在计提 2012 年的坏账准备前，"坏账准备"账户有贷方余额 25 000 美元。对应收账款的账龄分析显示，公司在 2012 年末应有 35 000 美元的坏账准备才足够。联合有线电视公司在 2012 年的销售收入为 1 000 000 美元。

解决问题

10. **综合复习表。** 17-10 和表 17-11 中列出了芝加哥公司（Chicago Corporation）在 2013 年的部分财务信息，包括该公司在 2013 年的合并利润与留存收益表和 2012 年和 2013 年 12 月 31 日的合并比较资产负债表。请仔细研读这些财务报表，然后再回答后面所列出的问题。除报表信息外，另有补充信息如下：

    (1) 在 2013 年，唯一与普通股或者优先股有关的交易为出售库存股。

    (2) 应付债券的到期值（面值）为 4 000 000 美元。

表 17-10　芝加哥公司 2013 年合并利润与留存收益表
（解决问题 10）

收入		
销售收入		$13 920 000
出售机器设备的利得		200 000
权益法下的投资收益：		
芝加哥金融公司	$1 800 000	
罗森瓦尔德公司	125 000	
哈钦森公司	75 000	2 000 000
收入合计		$16 120 000
费用		
销货成本		$5 000 000
员工薪酬费用		3 000 000
厂场与设备的折旧和租赁财产权的摊销费用		1 000 000
专利权的摊销费用		125 000
坏账费用		120 000
利息费用		455 000
管理费用		420 000
所得税费用——当期应付部分		1 430 000
所得税费用——递延部分		170 000
费用合计		$11 720 000
净利润		$4 400 000
减：优先股股利		(120 000)
普通股股利		(2 080 000)
留存收益增加额		$2 200 000
2012 年 12 月 31 日，期初留存收益		2 800 000
2013 年 12 月 31 日，期末留存收益		$5 000 000
基本的普通股每股收益（按平均流通股份数 1 600 000 股计算）		$2.68
稀释的普通股每股收益（假定优先股全部实施转换后）		$2.20

资料来源：© Cengage Learning 2014.

表 17-11　芝加哥公司 12 月 31 日合并资产负债表
（解决问题 10）

12 月 31 日：	2013 年	2012 年
资产		
流动资产		
货币资金	$100 000	$200 000
定期存款	225 000	—
应收账款（分别扣除 2012 年和 2013 年坏账准备 100 000 美元和 160 000 美元后的净值）	600 000	500 000
商品存货	1 800 000	1 500 000
预付账款	200 000	200 000
流动资产合计	$2 925 000	$2 400 000
股权投资		
芝加哥金融公司（持有 40% 的股份）	$4 000 000	$2 200 000
罗森瓦尔德公司（持有 50% 的股份）	1 025 000	900 000
哈钦森公司（持有 25% 的股份）	175 000	100 000
股权投资合计	$5 200 000	$3 200 000
不动产、厂场与设备		
土地	$500 000	$400 000
建筑大楼	4 000 000	4 000 000
机器设备	8 000 000	7 300 000
通过租赁获得的财产权	1 500 000	1 500 000
合计	$14 000 000	$13 200 000
减：累计折旧与摊销	(4 000 000)	(3 800 000)
不动产、厂场与设备合计	$10 000 000	$9 400 000
无形资产（账面净值）		
专利权	$750 000	$875 000
商誉	1 125 000	1 125 000
无形资产合计	$1 875 000	$2 000 000
资产总计	$20 000 000	$17 000 000
负债与股东权益		
短期负债		
应付账款	$550 000	$400 000
预收账款	640 000	660 000
应付职工薪酬	300 000	240 000
应交所得税	430 000	300 000
12 月 31 日：	2013 年	2012 年
预收租金	50 000	—
其他短期负债	460 000	200 000
短期负债合计	$2 430 000	$1 800 000
长期负债		
应付债券	$3 648 000	$3 600 000
设备抵押负债	332 000	1 300 000
应付融资租赁款	1 020 000	1 100 000
长期负债合计	$5 000 000	$6 000 000
递延所得税负债	$1 570 000	$1 400 000
股东权益		
可转换优先股	$2 000 000	$2 000 000
普通股	2 000 000	2 000 000
股本溢价	3 000 000	2 400 000
留存收益	5 000 000	2 800 000
合计	$12 000 000	$9 200 000
减：库存股成本	(1 000 000)	(1 400 000)
股东权益合计	$11 000 000	$7 800 000
负债与股东权益总计	$20 000 000	$17 000 000

资料来源：© Cengage Learning 2014.

要求：

a. 假定芝加哥公司在 2013 年并未重新收回任何以前已被注销的坏账，请计算被芝加哥公司在 2013 年注销为坏账的客户应收款金额为多少？

b. 芝加哥公司使用后进先出法作为发出存货的成本计价方法，如果采用先进先出法的话，期初存货和期末存货的金额就应当分别为 1 800 000 美元和 1 700 000 美元。请分别计算芝加哥公司在 2013 年的实际毛利金额（销售净额减去销货成本金额）和如果采用先进先出法进行发出存货计价的话，相应的毛利金额（不考虑所得税的影响）。

c. 参考"b"项。比较而言，商品存货的数量和取得成本在 2013 年年末和年初是增加了还是减少了。请予以解释。

d. 芝加哥公司对它所持有的三项股权投资均采用权益法进行会计核算，未纳入合并会计报表范围。在取得这三项投资时，取得成本、投资当时被投资公司净资产的公允价值和账面价值均是相等的。请问，这三家被投资企业在 2013 年宣告的股利金额各是多少？你是怎么计算出来的？

e. 参考"d"项。请写出芝加哥公司应用权益法在 2013 年应当编制的相关会计分录。

f. 芝加哥公司只有一栋建筑大楼，是在 2012 年 1 月 1 日购入的。当时，它估计该大楼可以使用 40 年，预期残值为 0。假定公司采用直线法计算折旧，请计算出这栋建筑大楼在 2013 年的折旧费用是多少。

g. 芝加哥公司在 2013 年处置了账面价值为 200 000 美元的机器设备，并收取了现金。这批机器设备的取得成本为 1 000 000 美元。请写出相关的处置分录来。

h. 芝加哥公司的应付债券票面利率为 6%，需要在每年 12 月 31 日支付利息。假定该公司使用实际利率法，请写出该公司在 2013 年 12 月 31 日应当编制的会计分录，以确认 2013 年度的利息费用。

i. 参考"h"项。在芝加哥公司发行这些应付债券时，实际利率或者市场利率是多少？请解释。

j. 在 2013 年留待今后支付的所得税费用 170 000 美元中，有 150 000 美元是由于会计所用折旧方法与税法要求的折旧方法不一致所引起的。如果芝加哥公司适用的所得税税率为 30%，请计算出纳税申报单中的折旧费用金额与公司利润表中的折旧费用金额之间的差异有多大？

k. 请写出相关的会计分录，对库存股在 2013 年所发生的变动进行解释。

l. 如果芝加哥公司所拥有专利权的初始取得成本

为 1 250 000 美元，公司采用直线法对此成本进行摊销，请问，截至 2013 年 12 月 31 日，芝加哥公司已经拥有这项专利权多少年了？

m. 芝加哥公司在 2012 年 12 月 31 日取得了对哈钦森公司的股权投资。假定它持有该项投资的金额保持不变，但对哈钦森公司只拥有 15% 的所有权比例，芝加哥公司的财务报表会有些什么变化？不考虑所得税的影响，并假定这些股份的取得成本为 100 000 美元，在 2013 年 12 月 31 日，这些股份的市场价值比取得成本高出了 250 000 美元。

n. 芝加哥公司在 2013 年向出租人支付了 170 000 美元，取得了资产负债表中所列报的"通过租赁获得的财产权"。假定根据租赁协议，该财产权的使用期限为 10 年。芝加哥公司按直线法对该财产权进行摊销。请问，芝加哥公司在 2013 年使用该租入财产的总费用为多少？

o. 如果芝加哥公司按照成本与市价孰低法报告存货的价值，并且假定这些存货在 2013 年 12 月 31 日的市场价值为 1 600 000 美元的话，请问，财务报表会发生怎样的变化？不考虑所得税的影响。

p. 参考芝加哥公司利润表中的每股收益信息。如果流通在外的优先股股东全部要求行使他们的转换权，芝加哥公司需要发行多少股普通股才行？

q. 请编制一份 T 形账户工作底稿，为编制芝加哥公司 2013 年的现金流量表做准备。将定期存款视为现金等价物处理。

11. **综合复习问题**。表 17-12 是塔克公司（Tuck Corporation）2013 年度的合并利润及留存收益表，表 17-13 则是这家公司在 2012 年和 2013 年 12 月 31 日的合并资产负债表。以下列出了该公司在编制报表时所使用的关键会计政策和一些财务报表附注信息。请在仔细研读了这些财务报表和附注后，一一回答后面的问题或完成相应的计算要求。

表 17-12　塔克公司 2013 年合并利润及留存收益表
（解决问题 11）

收入与利得	
销售收入	$4 000 000
设备处置利得	3 000
租金收入	240 000
股利收入	8 000
按权益法确认的未纳入合并范围联营公司投资收益	102 000
收入与利得合计	$4 353 000
费用、损失与其他减项	
销货成本（包括折旧与摊销费用）	$2 580 000
销售与管理费用（包括折旧与摊销、坏账费用）	1 102 205
产品质量保证费用	46 800

（续）

利息费用	165 995
出售权益性有价证券损失	8 000
所得税费用	150 000
费用、损失与其他减项合计	4 053 000
合并净利润	$300 000
减：宣告的股利	(119 500)
2013 年留存收益增加额	$180 500
2012 年 12 月 31 日的留存收益	277 000
2013 年 12 月 31 日的留存收益	$457 500

资料来源：© Cengage Learning 2014.

表 17-13　塔克公司合并比较资产负债表
（解决问题 11）

	2013 年 12 月 31 日	2012 年 12 月 31 日
资产		
流动资产		
货币资金	$278 000	$240 000
有价证券（注释 1）	141 000	125 000
应收账款——净值（注释 2）	1 509 600	1 431 200
存货（注释 3）	1 525 315	1 257 261
预付账款	32 000	28 000
流动资产合计	$3 485 915	$3 081 461
股权投资（注释 4）		
对塞耶公司的股权投资（持有股权比例为 15%）	$87 000	$92 000
对希契科克公司的股权投资（持有股权比例为 30%）	135 000	120 000
对戴维斯公司的股权投资（持有股权比例为 40%）	298 000	215 000
股权投资合计	$520 000	$427 000
不动产、厂场与设备（注释 5）		
土地	$82 000	$82 000
建筑大楼	843 000	843 000
设备	1 848 418	497 818
租入固定资产	106 036	106 036
固定资产成本合计	$2 879 454	$1 528 854
减：累计折旧与摊销	(420 854)	(383 854)
固定资产净值	$2 458 600	$1 145 000
无形资产		
商誉——净值	$36 000	$36 000
资产总计	$6 500 515	$4 689 461
负债与股东权益		
短期负债		
短期借款（注释 6）	$200 000	$100 000
应付账款	723 700	666 100
预收租金收入	58 000	46 000
预提产品质量保证金	78 600	75 200
应付利息	2 000	1 500
应付股利	30 000	25 000
应交所得税——当期部分	160 000	140 000
一年内到期的抵押借款	37 383	37 383
一年内到期的融资租赁负债	10 000	10 000

	2013 年 12 月 31 日	2012 年 12 月 31 日
短期负债合计	$1 299 683	$1 101 183
长期负债		
应付债券（注释7）	$1 931 143	$1 104 650
抵押借款（注释8）	243 560	262 564
融资租赁负债（注释9）	46 229	52 064
递延所得税负债	145 000	130 000
长期负债合计	$2 365 932	$1 549 278
负债合计	$3 665 615	$2 650 461
股东权益		
可转换优先股，每股面值100 美元（注释10）	$200 000	$700 000
普通股，每股面值 10 美元（注释11）	1 650 000	1 000 000
股本溢价——普通股	583 600	130 000
累计其他综合收益：		
有价证券的未实现损失	(21 000)	(25 000)
证券投资的未实现损失	(21 000)	(16 000)
留存收益	457 500	277 000
合计	$2 849 100	$2 066 000
减：库存股成本（注释12）	(14 200)	(27 000)
股东权益合计	$2 834 900	$2 039 000
负债与股东权益总计	$6 500 515	$4 689 461

资料来源：© Cengage Learning 2014.

会计政策说明

- **合并基础**。塔克公司在 2011 年 1 月 2 日购入了哈佛公司（Harvard Corporation）100% 的股份，已将哈佛公司纳入合并财务报表范围。
- **有价证券**。塔克公司将有价证券全部划分为可供出售的金融资产，并按公允价值进行计量。
- **应收账款**。塔克公司使用备抵法核算可能发生的坏账。
- **存货**。塔克公司使用后进先出法成本流转假定进行发出存货的计价。
- **投资**。塔克公司将持有被投资公司流通在外股份数量 20% 以下的股权投资划分为可供出售的金融资产，按公允价值计价；对持有联营企业股份比例为 20% 至 50% 的股权投资，使用权益法进行会计核算。
- **建筑大楼、设备与租入固定资产**。塔克公司在财务报表中使用直线法计算这些资产的折旧费用，但在纳税申报单上，对这些资产使用加速折旧法计算折旧费用。
- **长期负债的利息费用**。塔克公司采用实际利率法计算长期负债的利息费用。
- **递延所得税**。塔克公司将会计利润与应纳税所得额之间的暂时性差异所导致的所得税影响确认为递延所得税。

财务报表注释

- **注释1**：资产负债表中所报告的权益性有价证券全部为可供出售的金融资产，按公允价值进行计量。截至 2012 年 12 月 31 日和 2013 年 12 月 31 日，这些金融资产的公允价值分别低于其取得成本 25 000 美元和 21 000 美元。塔克公司在 2013 年出售了一批权益性有价证券，对应这些证券的取得成本为 35 000 美元。在 2013 年，塔克公司没有因为这些投资而收到任何股利收入。
- **注释2**：资产负债表中所列示的应收账款为净值，在 2012 年 12 月 31 日和 2013 年 12 月 31 日，为这些应收账款计提的坏账准备金额分别为 128 800 美元和 210 400 美元。塔克公司在 2013 年总计将 63 000 美元的应收账款注销为了坏账。
- **注释3**：如果采用先进先出法成本流转假定，塔克公司的存货在 2012 年 12 月 31 日和 2013 年 12 月 31 日的价值将分别提高 430 000 美元和 410 000 美元。
- **注释4**：戴维斯公司在 2013 年报告实现净利润 217 500 美元，宣告并发放了股利 60 000 美元。塔克公司在 2013 年向戴维斯公司追加了投资 20 000 美元，但它享有戴维斯公司的股权比例仍然保持 40% 不变。
- **注释5**：塔克公司在 2013 年将取得成本为 23 000 美元的设备进行了处置，处置时这些设备的账面价值为 4 000 美元。这是塔克公司在 2013 年中唯一的固定资产处置事项。
- **注释6**：塔克公司在 2013 年 1 月 30 日连本带息偿还了一笔 90 天期、利率为 9%、面值为 100 000 美元借款。2013 年 12 月 1 日，塔克公司又从当地银行借入了 200 000 美元，承诺将按 12% 的利率计息，借款的本金和利息将一并在 6 个月后偿还。
- **注释7**：资产负债表中所报告的应付债券明细信息如下：

	2013 年 12 月 31 日	2012 年 12 月 31 日
面值为 1 000 000 美元、票面利率 6%、20 年期、每半年付息一次、到期日为 2014 年 12 月 31 日的债券，发行时定价为 1 125 510 美元，发行时实际利率为 5%，每半年计息一次	$1 099 823	$1 104 650
面值为 1 000 000 美元、票面利率 8%、20 年期、每半年付息一次、到期日为 2031 年 12 月 31 日的债券，发行时定价为 828 409 美元，发行时实际利率为 10%，每半年计息一次	831 320	—
	$1 931 143	$1 104 650

- **注释8**：抵押借款的抵押物为塔克公司的一栋建筑大楼。公司需要在每年12月31日分期等额偿还40 000美元。该笔抵押贷款的利率为7%，每年计息，最后一期还款日为2013年12月31日。
- **注释9**：融资租赁为一项20年期、不可取消的设备租赁合同。该项租赁需要公司在每年1月2日预付当年的租金10 000美元。最后一期付款日为2020年1月2日。塔克公司按借款利率（租赁隐含利率）8%对这项融资租赁负债进行会计处理。
- **注释10**：每份优先股可以转换为5股普通股。2013年7月1日，有5 000份优先股持有人选择行使了他们的转换权。塔克公司按账面涨价记录优先股的转换。
- **注释11**：2013年10月1日，塔克公司公开发行了40 000股普通股，每股发行价格为15美元。
- **注释12**：库存股的组成如下：

2012年12月31日：	2 250股，每股价格12美元	$27 00
2013年12月31日：	450股每股价格12美元	
	550股每股价格16美元	$5 400
		8 800
		$14 200

塔克公司在2013年出售了1 800股库存股，又回购了550股普通股。

要求：

a. 编制一份分析表，说明权益性有价证券账户在2013年所发生的变动情况。

b. 计算塔克公司在2013年出售流动资产中的权益性有价证券收到了多少现金？

c. 计算塔克公司在2013年的坏账费用是多少？

d. 假定塔克公司使用先进先出成本流转假定，计算该公司的销货成本是多少？

e. "对塞耶公司的股权投资"账户在2013年发生了怎样的变动？请写出相关的会计分录来。

f. 计算塔克公司在2013年对可享有的对塞耶公司的投资损益是多少？

g. "对戴维斯公司的股权投资"账户在2013年发生了怎样的变动？请写出相关的会计分录来。

h. 参考注释5。请写出塔克公司在2013年处置设备的相关会计分录。

i. 参考注释9。请证明租入资产在租赁期开始时的金额确实是106 036美元。

j. 计算塔克公司在2013年收到的租赁收入金额为多少？

k. 计算塔克公司在2013年因向客户提供产品质量保证服务而实际发生的成本支出金额为多少？

l. 参考注释7。计算与塔克公司的100万美元票面利率为6%的债券相关的利息费用金额是多少？

m. "抵押借款"账户在2013年发生了哪些变动？请写出相关的会计分录来。请注意在短期负债中也有抵押借款哦！

n. 请验证在长期负债和短期负债中报告的融资租赁负债项目之和为62 064美元。

o. 请编制一张分析表，对融资租赁负债（短期的与长期的之和）的账面价值在2013年所发生的变化进行说明。

p. 写出塔克公司在2013年的与所得税费用相关的会计分录。

q. 计算塔克公司在2013年用现金支付的所得税金额是多少？

r. 假定塔克公司适用的所得税税率为30%。因为会计所使用的折旧方法与税法要求的折旧方法存在差异，塔克公司在2013年确认了12 000美元的递延所得税费用。请计算出塔克公司所计算出的折旧费用与按税法要求所计算的折旧费用之差为多少？

s. 写出塔克公司的股东在2013年7月1日进行优先股转换的会计分录。

t. 写出相关的会计分录对"库存股"账户在2013年的变动情况进行解释。

12. **小案例：复杂资本结构中涉及的每股收益计算。**

雷顿柏公司（Laybon Ball Corporation）的资本结构相对比较复杂，即该公司同时采用了多种融资方式来筹集资本。除普通股外，雷顿柏公司还发行了股票期权、认股权证和可转换公司债券。表17-15中总结了这些项目的相关信息。雷顿柏公司当年实现净利润9 500美元，适用的所得税税率为40%。要求：

a. 首先，不考虑除普通股以外的其他任何资本因素，请计算该公司的普通股每股收益。

b. 雷顿柏公司在过去曾经向员工提供了股票期权。根据表17-15中的信息，公司的普通股价格在当年一直保持在每股25美元，但股票期权持有人可在任何时候要求行权，以每股15美元的价格购入公司的股票。这即是说，股票期权的持有人能够只出15美元的现金就换得1股雷顿柏公司的普通股。因此，如果期权持有人选择行权的话，公司不得不发行新的普通股来满足他们的行权要求，所以，如果这种情况发生，公司的普通股数量会有所增加，这将导致公司的每股收益下降；不过，从另一方面来说，公司也能因此而获得更多的货币资金。假定这些期权持有人均选择行权，按每股15美元的价格要求购买公司的普通股；再假定公司在发行新的普通股满足了期权持有人的行权要求后，使用新筹集的资金从公开市场以每股25美元的价格购入了库存股。请重新计算公司此时的每股收益。请注意在计算过程中，应将公司拥有的库存股数量从分母中予以扣除。

c. 根据表 17-14，雷顿柏公司当年还有流通在外的认股权证。这些认股权证的持有人可以按每份认股权证支付 30 美元的价格购买 1 股雷顿柏公司的普通股。如果认股权证的持有人都执行他们的认股权利，那么公司流通在外的股票数量必然会增加，从而导致每股收益下降。不过，另一方面，公司的现金也能够得到增加，并且可以直接用这些现金来回购公司的股票作为库存股，减少流通在外的股份数量。假定全部认股权证的持有人都选择执行认股权利，公司发行新的股票满足他们的要求权，并同时使用本次发行所募集的资金用来从公开市场中回购公司的股票作为库存股管理。请计算此时公司的每股收益。在本题计算中，不考虑上述"b"部分中期权的影响。请注意本题中所假设的情形实际上是非常不可能发生的，因为理性的认股权证持有人在他们能够通过公开市场以每股 25 美元购买公司的普通股时，绝对不会选择按每股 30 美元的价格来行使他们的认股权利。

d. 雷顿柏公司还发行有可转换公司债券。持有人可选择将每份可转换公司债券转换为 10 股雷顿柏公司的普通股。如果债券持有人行使转换权，那么公司流通在外的普通股数量就将增加，从而导致美股收益金额下降。但另一方面，公司将不再需要向债券持有人支付利息了，因为实施转换后，流通在外的债券已经不存在了，所以相关的利息费用也没有了。这样，将会增加公司的盈利，从而对每股收益有正的影响。假定全部债权人都选择将可转换公司债券转换为普通股，请计算出此时的公司净利润（别忘了节约的利息费用对所得税费用的影响）和每股收益数据。计算过程中，不需要考虑上述"b"和"c"中期权与认股权证的影响。

e. 现在，让我们来综合考虑上述各种情况的影响。怎样组合上述 b、c 和 d 中的假定，才能使雷顿柏公司的每股收益最低？请计算出这种情况下的每股收益数据来。

f. 针对当年的复杂资本结构和复杂事项，会计人员会报告多个每股收益数据。不过，在财务出版物中，可能只会公布一个每股收益数据。在上述所计算的每股收益数据中，你认为哪一个是最适合披露在公开出版物中的？为什么？

表 17-14　雷顿柏公司：与每股收益计算相关的资本结构信息
（解决问题 12）

假定雷顿柏公司当年相关资本结构和收益信息如下：	
当年流通在外的普通股数量	2 500 股
当年普通股每股市场价格	$25
当年流通在外的股票期权：	
行权时需要发行的股票数量	1 000 股
行权时的每股价格	$15
当年流通在外的认股权证：	
行权时需要发行的股票数量	2 000 股
行权时的每股价格	$30
当年流通在外的可转换公司债券：	
数量（15 年前发行的）	100 份
发行时的价格（＝面值）	$1 000
票面利率（年利率）	4%

资料来源：© Cengage Learning 2014.

附录 A
资金的时间价值：复利的概念与应用

学习目标

1. 理解为什么不同时点上的现金流量具有不同的价值。
2. 理解单笔现金流量与系列现金流量的现值和终值。
3. 将现金流量的现值和终值概念应用到一般商业情景中。

企业参与的交易多种多样，涉及不同时点上的现金收支问题。例如考虑下面这几个例子：

1. 通用电气公司（General Electric）每年都需要向其养老基金托管人支付一笔钱，让这些资金随着时间的推移而产生利息或者赚取其他收益，然后累积在养老基金中，直到将来可以有足够的养老金支付给退休的员工。通用电气公司需要知道它每年应当向养老基金交付多少现金，才能累积到足够的金额用作将来支付给退休的职工？

2. 易趣公司（eBay）正在考虑用一套技术更加先进的计算机系统置换掉现在的旧系统，这样能使公司处理更多的交易、提高工作的效率和积累客户的采购信息。为此，易趣估算了置换这套计算机系统能在将来为公司带来的现金流量增量，但仍然不确定购置这套系统是否明智。

3. 迪士尼公司（Walt Disney）需要筹集资金修建一个新的迪士尼世界展区，公司计划发行5 000万美元票面利率为6%的长期债券，每年支付利息300万（=5 000万×6%）美元，并在20年后偿还本金5 000万美元。迪士尼公司需要知道如果按照现在的市场利率发行这样的债券，它一共能筹集到多少资金。

上述这几种情形和其他商业决策一样，都需要企业将发生在不同时间点上的现金流量进行加总和比较。由于资金是可以、并且通常都能够赚取到利息的，因此，不同时间点上的现金流量是不能直接进行比较的。如果一家企业的投资在下一年度中能赚取6%的回报，那么，今天的1美元就相当于1年以后的1.06美元。在本附录中，将主要介绍不同时点上的现金流量概念和计算工具，具体来讲，资金时间价值的计算主要涉及以下这四种类型：

（1）单笔现金流量的终值；（2）单笔现金流量的现值；（3）一系列等额现金流量的终值；（4）一系列等额现金流量的现值。

下面我们将分别对这四种情况一一进行介绍。

A.1 复利的概念

在借款合约中，一般常用每期支付的利息成本占借款总额的比重来表达借款费用。例如每年12%和每个月1%这两种说法所表示的含义是不一样的。如果在一段叙述中只有利率而没有指出具体的计息期，一般我们会默认为年利率，因此，"利率为12%"的意思就是每年12%的利率。

我们将借款取得的金额称为**本金**（principal），而**复利**（compound interest）则是指经过一个计息期后，将新得到的利息加入到下一期的本金中，合计在一起计算下一期的利息，这样，下一期就能得到比上一期更多的利息。

计算 学生、教师和实务工作者在计算资金的时间价值时，可以选择使用下面这四种工具之一：

（1）根据公式进行计算；（2）根据复利系数计算表进行计算；（3）使用专门的财务计算器进行计算；（4）借助电子表格进行计算。

绝大多数实务工作者都使用财务计算器或者类似于微软EXCEL这样的电子表格来计算资金的时间价值。我们在这里所说的"财务计算器"是指内嵌有复利计算公式的函数功能计算器。在本书中，我们主要使用复利系数计算表来进行计算。在本附录后和很多教材的附录中，都有提供复利系数计算表。当然，有时我们也会使用公式来进行时间价值的计算。如果你渐渐习惯了使用系数表来完成计算的话，你会发现使用财务计算器或者电子表格来完成时间价值的计算也是不难的。不过，如果你并不理解时间价值计算中的相关概念和程序的话，即使你有计算器或者电子表格可供使用，也不会知道在什么情况下该按哪个按钮或者使用哪个财务函数来完成必要的计算。

A.2 单笔现金流量的终值

求解单笔现金流量的**终值**（future value）问题可用下图表示：

例题1（单笔现金流量的终值） 如果我们在今天存入1 000美元，利率为8%，那么10年后这笔钱的价值将变为多少呢？在资金时间价值的计算中，有一个很重要的隐含假定——将上一期所赚得的利息加入到下一期的

本金中，一并计算下一期的利息，即复利计息。因此，在本例题中，初始本金为 1 000 美元，经过 1 期计息后，到第 1 年年末，将变为 1 080（=1 000×1.08）美元；到第 2 年年末，该 1 080 美元将继续增长为 1 166.40（=1 080×1.08）美元；以此类推……在以后的计算中，除非出于理解计算过程的需要，我们会将计算结果保留至美分，否则，一般情况下，我们会将计算结果四舍五入用美元表示。

与复利概念相对应的是单利概念。在单利计算方式下，只有最初投入的本金才能够赚取利息，前一期的利息不能加入到本金中参与新的利息计算。如果按**单利**（simple interest）计算的话，1 000 美元的本金在 2 年后的价值将为 1 160[=1 000×(1+8%×2)] 美元。单利终值的计算公式为 $F_n = P[1+(r \times n)]$。从现在开始，除非明确说明，否则我们都将采用复利计算，而不使用单利。

公式 单笔现金流量的终值计算公式为：

$$F_n = P(1+r)^n$$

式中 F_n——终值或者累计值；

P——现值，或者今日的一次性投资额；

r——每期利率；

n——从今天开始计算的计息期个数。

这样，今年投资的 1 000 美元在利率为每年 8% 的条件下，10 年后的价值就是：$F_n = P(1+r)^n = \$1\,000(1+8\%)^{10} = 2\,159$ 美元。大部分计算器都可以计算函数 y^x，因此可以方便我们计算 $(1+r)^n$。我们将 $(1+r)^n$ 的计算结果称为复利终值**系数**（factor）。

复利系数表 我们将各种可能的利率和期数组合下，通过计算 $(1+r)^n$，求出 1 美元现值可能对应的各种终值，并将结果编制成表格，这就是复利终值系数表。将复利终值系数表中的部分内容摘录出来，如表 A-1 所示。

根据表 A-1，1 美元在利率为 8%、期数为 10 的条件下，对应的终值系数为 2.158 92，因此，用这个系数乘以初始投资额 1 000 美元，就可以得到终值为 2 159（=$1 000×2.158 92）美元。在附表 1 中，提供了在各种利率和期数组合下的 1 美元终值系数。

在有些情况下，例如我们的银行存款，利息有可能在 1 年中复利 1 次或者多次。比如，在例题 1 的情景中，银行也有可能会按季度计息。通常，设定利率（如例题 1 中的 8%）都是用年利率来表示的，因此，当计息期短于 1 年的时候，分析人员就必须要调整利率与计息期的个数，使它们符合特定计息方式的要求。假定报价利

表 A-1 1 美元在每期利率为 6% 和 8% 的条件下的终值 $F_n = P(1+r)^n$

（摘自附表 1）

计息期个数 = n	利率 = r	
	6%	8%
1	1.060 00	1.080 00
2	1.123 60	1.166 40
3	1.191 02	1.259 71
10	1.790 85	2.158 92
20	3.207 14	4.660 96

资料来源：© Cengage Learning 2014.

率为每期 r，每期复利次数用 m 表示，一共有 n 期，那么，就可以在系数表中查找利率为 r/m、期数为 $m \times n$ 时，所对应的终值系数。例如，当年利率为 8%，每季度复利 1 次的时候，要计算 10 年后的终值，就可以查找每期利率为 2%（=8%/4，其中 4 为每年复利的次数）、一共 40 期（=10 年×每年 4 期）所对应的复利终值系数。这样，1 000 美元的初始投资额，在年利率为 8% 的条件下，每季度复利 1 次，10 年后的终值就是：$F_n = P(1+r)^n = 1\,000 \times (1+2\%)^{40} = 1\,000 \times 2.208\,04 = 2\,208$ 美元。这说明，1 年中复利的次数越多，终值就会越大。金融机构经常会宣传他们的储蓄账户和存款账户的**实际年利率**（effective annual yield），实际年利率的计算公式为 $(1+r/m)^m - 1$。因此，在例题 1 中，实际年利率就超过了名义的设定利率，因为当名义年利率为 8% 时，按季度计息的实际年利率为 8.24%[=(1+8%/4)^4 - 1]。

例题 2（单笔现金流量的终值） 假定你的姑姑贝茜留给你一笔 10 000 美元的遗产，你将这笔钱存入了一个 5 年期的定期存款账户，存款的利息率为每年 6%，按季度计息。到第 5 年年末，这笔存款的价值将会是多少？根据附表 1，将 1 美元投资 20 期（每年复利 4 次×5 年）、在利率为 1.5%（=年利率 6%/每年复利 4 次）的条件下，对应的终值为 1.346 86。因此，你的 10 000 美元在经过 20 期、每期利率为 1.5% 的计息后，对应的终值将为 13 469（=10 000×1.346 86）美元。

自习问题 A.1

单笔现金流量的终值。请计算出 5 000 美元在下列各种利率条件下的终值：

a. 年利率为 6%，经过 10 年，每年复利 1 次；

b. 年利率为 6%，经过 10 年，每半年复利 1 次。

下面的计算请使用财务计算器或者电子表格来进行。如果你可以使用 EXCEL 电子表格，但不知道如何用它进行相关的计算，请向朋友们进行请教。如果没有人可以帮助你，那么，请打开 EXCEL 然后按 F1 键，就能看见指导和帮助菜单，你可以根据这些帮助信息慢慢学习如何使用 EXCEL。

c. 年利率为 8%，经过 33 年，每年复利 1 次；

d. 年利率为 8%，经过 33 年，每季度复利 1 次。

A.3 单笔现金流量的现值

我们在前面已经讨论了如何计算一笔现金流量在利率为 r 的条件下、经过 n 期计息以后的终值，即已知 P、n 和 r，如何求解 F_n。求解终值的过程实际上是从 P 出发，向前计息（forward），不断累计价值至 F_n。在本部分中，我们将讨论在已知某个终值的条件下，如何计算相应的**现值**（present value），即已知 F_n，求 P 的问题。

单笔现金流量的现值求解问题可用下图来进行表示：

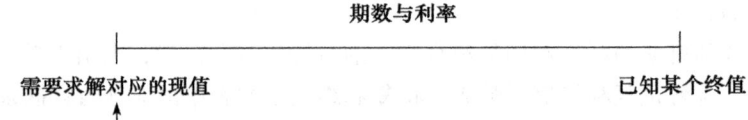

如果已知终值要求对应的现值，需要将终值进行**贴现**或者**折现**（discounting）。所谓贴现过程，就是从终值中逐期慢慢移除复利息的影响，直到找出现值来。在求解现值时，我们常将利率称为**贴现率**（discount rate）。

从复利终值的计算公式中，我们可以反推出单笔现金流量的现值计算公式，即根据 F_n 来求解 P。由于：

$$F_n = P(1+r)^n$$

两边同时除以 $(1+r)^n$，有：

$$F_n/(1+r)^n = P$$

或：

$$P = F_n(1+r)^{-n}$$

其中，$(1+r)^{-n}$ 与 $1/(1+r)^n$ 是等值的。因此，单笔现金流量的现值系数实际上就等于 1 除以该单笔现金流量的终值系数之商。在表 A-2 中，列出了部分复利现值系数，我们所选择的期数和利率与表 A-1 中的是一样的。附表 2 中列出了 1 美元在各种利率与期数组合方式下的复利现值系数情况。

例题 3（单笔现金流量的现值） 一家企业签发了一张一次性支付的票据用来交换一台二手设备，企业承诺将在 3 年后一次性支付 160 000 美元。请问，如果对该票据适用的贴现率为 6% 的话，该票据的现值为多少？

公式 应用复利现值公式来求解单笔现金流量的现值问题，可以得到这张票据的现值为 134 339（= 160 000 × 1.06^{-3}）美元。

复利系数表 根据表 A-2，当利率为 6%、期数为 3 时，1 美元的现值系数为 0.839 62。因此，该票据的现值为 134 339（= \$160 000 × 0.839 62）美元。

上述计算表明，该二手设备在今天的价值为 134 339 美元。二手设备的卖家认为 6% 是最适合的贴现率，因为对他来说，在今天收到 134 339 美元和在 3 年后再收到

表 A-2　1 美元在每期利率为 6% 和 8% 的条件下的现值
$P = F_n(1+r)^{-n}$

（摘录自附表2）

计息期个数 = n	利率 = r	
	6%	8%
1	0.943 40	0.925 93
2	0.890 00	0.857 34
3	0.839 62	0.793 83
10	0.558 39	0.463 19
20	0.311 80	0.214 55

资料来源：© Cengage Learning 2014.

160 000 美元是无差异的。

例题 4（单笔现金流量的现值） 校友乔计划将在 10 年后向母校捐赠一个教授职位。根据估计，10 年后，大约需要捐赠 2 000 000 美元才能在该大学设置一个教授职位。假定乔目前可以购入一份在 10 年后到期、到期值为 2 00 000 美元的单笔支付债券[⊖]，如果贴现率为 6%，每年复利一次，请问：乔需要在今天为这份债券支付多少钱？将 2 000 000 美元按利率为 6%、每年复利 1 次、一共 10 年进行贴现，可得到现值为 1 116 780（= 0.558 39 × 2 000 000）美元。

如果贴现率仍然为 6%，但每半年复利一次，那么，乔需要为这份债券支付多少钱呢？将 2 000 000 美元按每期利率为 3%、每半年复利 1 次、一共 20 期进行贴现，可以得到现值为 1 107 360（= 0.553 68 × 2 000 000，见附表 2 中期数为 20、利率为 3% 条件下的复利现值系数）美元。因此，为赞助这个教授席位，如果每半年复利 1 次，乔的成本支出将比在每年复利 1 次的条件下节约 9 420（= 1 116 780 − 1 107 360）美元。

自习问题 A.2

单笔现金流量的现值。 计算 20 000 美元在下列利率条件下的现值是多少？

a. 年利率为 6%，3 年，每年复利 1 次；
b. 年利率为 6%，3 年，每月复利 1 次；
c. 年利率为 10%，10 年，每半年复利 1 次。

接下来这个问题请一定借助财务计算器或者电子表格来进行计算。

d. 年利率为 8%，13 年，每季度复利 1 次。

A.4 年金

在商业合约中，经常涉及定期、等额的现金收支问题。比如，一家企业可能会因为租赁了办公场所，而承诺将在未来 3 年租赁期内每月支付某个固定金额的租金；也有企业可能会因为今天的借款而承诺在未来 10 年内每 6 个月偿还一笔固定的金额来还清这笔借款；有公司会每个月都向员工退休计划缴纳某个固定的金额……如果每次现金收支的时间间隔都相等、金额也是固定的，那么，我们一般就将这样的现金流收支系列称为**年金**（annuity）。在一些情况下，我们需要求解年金的终值；有时，我们又需要了解年金的现值。下面将分别对这两方面内容予以介绍。

根据合约安排，现金流收支可能会发生在每期期末，例如典型的债券利息支付就是这样的。习惯上，人们将这种现金流收支发生在每期期末的年金称为**普通年金**（ordinary annuity）或者**后付年金**（annuity in arrears）。但也有一些合约安排要求每一期的现金流收支发生在当期期初，例如大多数的租赁协议。我们将这种现金流收支发生在每期期初的年金称为**预付年金**（annuity due）或者**先付年金**（annuity in advance）。此外，还有一些不常见的合约安排，可能会要求第 1 次的年金收付发生在第 1 期期末之后的某个时间点，这样的现金流系列被称为**递延年金**（deferred annuity）。下面我们会分别介绍每种年金类型的时间价值计算。

A.5 年金的终值

下图是在利率为 6% 的条件下，每期 1 美元的年金在 3 期条件下的**普通年金终值**（future value of an ordinary annuity）图示：

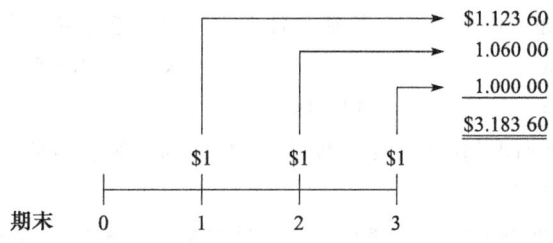

⊖ 也称零息券（zero coupon bond），在第 11 章中有所介绍。

在第1期期末支付的1美元可以赚取两期的利息，因此截至第3期期末时，它对应的终值就是1.123 60美元；同理，在第2期期末支付的1美元，对应它在第3期期末的价值为1.060 00美元；而在第3期期末支付的1美元在第3期期末的价值仍然是1.000 00美元。这三个系数——1.000 00、1.060 00和1.123 60均来自附表1中单笔现金流量在期数分别为0、1和2的条件下的复利终值系数。因此，普通年金的终值系数（如本例中的3.183 60）等于给定条件下各期单笔现金流量的终值系数之和。只有当每笔现金流量收支的时间间隔相等且每笔现金流量的金额也相等时，将各个单笔现金流量的终值系数相加才是有意义的。

如果每期的现金流收付金额为1美元，那么，普通年金的终值（FV_A）计算公式如下：

$$FV_A = \frac{(1+r)^n - 1}{r}$$

将这个公式代入到上面的例子中，可以求出：

$$FV_A = \frac{(1+r)^n - 1}{r} = \frac{(1+6\%)^3 - 1}{6\%}$$
$$= \frac{1.19102 - 1}{6\%} = 3.18360$$

表A-3就是从附表3"普通年金终值系数表"中摘录出来的。

表 A-3　每期1美元的普通年金在利率为6%和8%的条件下的终值系数 $FV_A = \frac{(1+r)^n - 1}{r}$

（摘录自附表3）

计息期个数 = n	利率 = r	
	6%	8%
1	1.000 00	1.000 00
2	2.060 00	2.080 00
3	3.183 60	3.256 40
5	5.637 09	5.866 60
10	13.180 79	14.486 56
20	36.785 59	45.761 96

资料来源：© Cengage Learning 2014.

例题5（普通年金的终值）　你计划在未来10年中，每年年末都投资1 000美元到一个储蓄账户中，该账户每年按8%的复利率进行计息。请问，到第10年年末，这个储蓄账户的余额应当为多少？

用时间轴将这个例子表示如下：

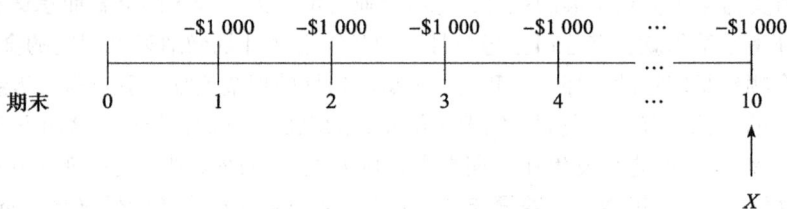

图中，X表示我们需要求解的金额。

我们可以使用与求解单笔现金流量的时间价值相同的方法来求解年金的问题：通过使用公式、使用复利系数表、或者使用财务计算器或电子表格。

公式　首先，可以利用公式先计算出每期发生额为1美元、一共10期的普通年金，在利率为8%的条件下的终值（即普通年金终值系数）：

$$FV_A = \frac{(1+r)^n - 1}{r} = \frac{(1+8\%)^{10} - 1}{8\%} = \frac{2.158925 - 1}{8\%} = 14.48656$$

然后，再利用这个系数，继续进行计算：

普通年金的终值	=	每期收付金额	×	普通年金终值系数
X	=	$1 000	×	14.486 56
X	=	$14 487		

复利系数表　利用表A-3，找到当利率为8%、期数为10期的时候，对应的普通年金终值系数为14.486 56，可以得到与使用公式计算相同的结果。

例题6（普通年金的终值；求每期收支金额）　在例题4中，校友乔希望能在10年后有2 000 000美元用来赞助一席教授职位，这一次，他放弃了在今天就进行一次性地进行投资，而是计划在今年10年中的每年年末都缴存一笔等额的金额到他的储蓄账户中，假定他的储蓄账户每年按6%计息，请问，要想在10年后将储蓄金额累积到 2 000 000 美元,他必须在每年年末存入多少钱才行?与例题 5 不同,在这里,需要求解的是每年年末的等额收支,而不是期末的累计金额。不过,我们仍然可以使用求解年金终值的思路来解决这个问题,因为利息是随着时间的推移而一点一点累积起来的。如果用时间轴来表达这里的问题,那么就是:

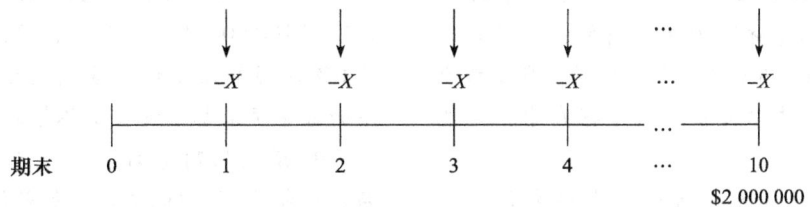

通过表 A-3,可以找到当年金值为 1 美元时,在利率为 6%、期数为 10 的条件下,对应的年金终值系数是 13.180 79,因此:

$$\text{普通年金的终值} = \text{每期收付金额} \times \text{普通年金终值系数}$$
$$\$2\,000\,000 = X \times 13.180\,79$$
$$X = \$151\,736$$

在求解以上这个方程的时候,我们用终值 $2 000 000 除以年金终值系数,就可以得到每期等额的现金收支额了。

有些情况下,每期的现金收支会发生在各期期初而不是期末,这时候,就会产生预付年金的终值问题。下面这个图中所计算的就是一个预付年金在利率为 6%、期数为 3 的条件下的终值:

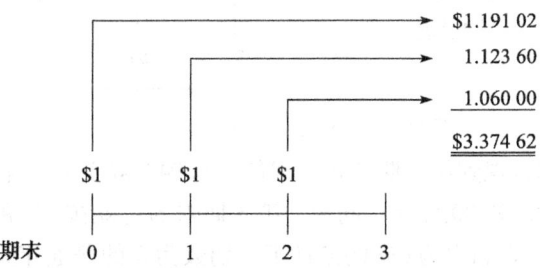

其中,第 1 笔支付可以累计 3 期的利息,第 2 笔支付可以累计 2 期的利息,而第 3 笔支付也可以累计 1 期的利息。因为绝大多数的年金终值系数表都假定每期现金支付发生在各期期末,因此,如果想要利用年金终值系数表来求解预付年金的终值问题,就需要在期数上加 1,然后通过查表得到系数之后,再减去 1.000 00,最后将计算结果作为预付年金的终值系数加以利用。以图中的数据为例,根据附表 3,我们首先可以查到在利率为 6%、期数为 4 的条件下,对应的普通年金终值系数为 4.374 62;用这个结果减去 1.000 00,得到新的系数 3.374 62,就是在利率为 6%、期数为 3 的条件下的预付年金终值系数。在这里,需要减去 1.000 00,是因为在第 3 期期末没有任何现金收支发生。

例题 7(预付年金的终值) 沿用例题 6 中的情景,但是假定校友乔计划在未来 10 年中,每年年初存入一笔相等的金额,并且希望在第 10 年年末能够累积到 2 000 000 美元,那么,他每年需要存入多少钱呢?根据附表 3,查找到利率为 6%、期数为 11 时,对应普通年金的终值系数为 14.971 64,将这个系数减去 1.000 00,从而得到在利率为 6%、期数为 10 的条件下,预付年金的终值系数为 13.971 64。因此:

$$\text{预付年金的终值} = \text{每期收付金额} \times \text{预付年金终值系数}$$
$$\$2\,000\,000 = X \times 13.971\,64$$
$$X = \$143\,147$$

因此,如果乔选择在每年年初存钱的话,会比在每年年末存款的方案所需要的资金少一些。这是因为,他在每一期期初存入的钱相对都可以再多得到 1 年的利息。

自习问题 A.3

求解年金终值。 假定今天是 2013 年 1 月 1 日，请计算下列各种情况下所要求的金额是多少？

a. 吉尔女士计划在未来 20 年的每年年末都存 2 500 美元到她的个人退休账户中，请问：如果她的个人退休账户能按每年 6% 计算复利的话，那么截至 2032 年 12 月 31 日，吉尔女士在这个账户中一共能累积多少钱？

b. 请使用财务计算器或者电子表格来计算本题。参考"a"中的要求，如果吉尔女士在未来 20 年中的每年年初存入 2 500 美元，那么，到 2032 年 12 月 31 日，她在这个账户中一共能累积到多少钱呢？请思考为什么我们不建议直接使用附录中的系数表来解决这个问题呢？

c. 假定吉尔女士希望到 2032 年 12 月 31 日，她能得到 100 000 美元。那么，请问，如果她的投资能按 6% 的利率每年计算复利的话，她需要在未来 20 年的每年年末都投资多少相等的金额才够？

d. 请使用财务计算器或者电子表格来计算本题。参考"c"中的要求，但是假定吉尔女士将在未来 20 年中的每年年初进行一笔等额的投资，那么每年的投资金额应当为多少呢？请思考为什么我们不建议直接使用附录中的系数表来解决这个问题呢？

A.6 年金的现值

下图是一个 3 期的普通年金在利率为 6% 条件下的现值计算情况：

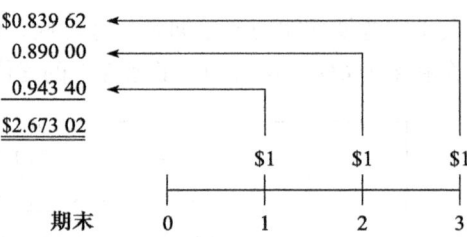

第 1 期末的付款按 6% 的利率折现到第 1 期期初，现值为 0.943 40 美元；第 2 期末的付款按 6% 的利率经过两期折现后到第 1 期期初的现值为 0.890 00 美元；同理，第 3 期末的付款按 6% 的利率经过三期折现后到第 1 期期初的现值为 0.839 62 美元。所以，在利率为 6% 的条件下，期数为 3 的普通年金现值系数实际上就等于上述三个单笔现金流量的现值系数之和。在附表 4 中，我们可以看到，任意一个单元格中的数字实际上都是附表 2 中的相应单元格数字与它上面的各个数字相加，一直加到第一行的数字和之结果。请注意，与单笔现金流量的终值和现值的关系不同，年金的终值和现值并不是简单的可逆计算关系。

如果每期的现金收支金额都是 1 美元，那么，普通年金的现值计算公式为：

$$PV_A = \frac{1-(1+r)^{-n}}{r}$$

应用这个公式到我们的例子中，当利率为 6%，期数为 3，每期现金收支额都为 1 美元时，这个普通年金的现值为：

$$PV_A = \frac{1-(1+r)^{-n}}{r} = \frac{1-(1+6\%)^{-3}}{6\%}$$

$$= \frac{1-0.839\ 62}{0.06} = 2.673\ 01$$

这个现值与前面图中的略有差异，这主要是由于四舍五入所造成的。

表 A-4 从附表 4 中摘录了几种不同期数条件下，当利率分别为 6% 和 8% 时的几个普通年金现值系数情况。

表 A-4 每期 1 美元的普通年金在利率为 6% 和 8% 的条件下的现值系数 $PV_A = \dfrac{1-(1+r)^{-n}}{r}$

（摘录自附表 4）

计息期个数 = n	利率 = r	
	6%	8%
1	0.943 40	0.925 93
2	1.833 39	1.783 26
3	2.673 01	2.577 10
5	4.212 36	3.992 71
10	7.360 09	6.710 08
20	11.469 92	9.818 15

资料来源：© Cengage Learning 2014.

例题 8（普通年金的现值） 假定你希望从现在开始，在未来5年中，每6个月后就能收到600美元，如果你的投资报酬率为8%，每半年复利一次的话，请问，你需要现在一次性地投入多少钱？

用时间轴图示将上面这个问题表示如下：

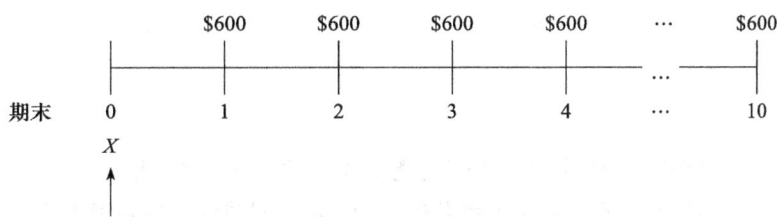

查表可知，当利率为4%（=每年8%/每年2期）、期数为10（=每年2期×5年）时，对应的普通年金现值系数为8.110 90。如果使用公式计算，也可以得到这个系数：

$$PV_A = \frac{1-(1+r)^{-n}}{r} = \frac{1-(1+4\%)^{-10}}{4\%} = \frac{1-0.675\,56}{0.04} = 8.110\,90$$

因此：

普通年金的现值　＝　每期收付金额　×　普通年金现值系数
　　　　　X　　　＝　　　$600　　　×　　8.110 90
　　　　　X　　　＝　　$4 866.54

例题 9（普通年金的现值；求解每期收支金额）[①] 一家企业向银行借款125 000美元，借款利率为按年利率12%每半年计息。借款企业承诺将在未来5年内分期等额偿还这笔贷款，其中第1期还款将在6个月后支付。请问，这家企业每期必须偿还银行多少钱才行？

用时间轴图示将这个例题的问题表示如下：

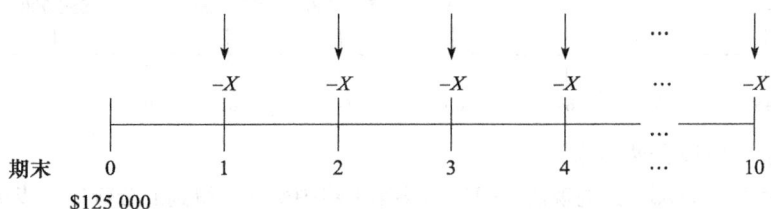

在这个例题中，需要求解当贴现率为6%（=每年12%/每年2期）、期数为10（每年2期×5年）时，每期的现金收支额需要等于多少，才能使年金现值等于125 000美元。通过查表，可以知道，当利率为6%、期数为10时，相应的年金现值系数等于7.360 09。因此：

普通年金的现值　＝　每期收付金额　×　普通年金现值系数
　　　$125\,000$　　＝　　　　X　　　×　　7.360 09
　　　　　X　　　＝　　$\dfrac{\$125\,000}{7.360\,09}$
　　　　　X　　　＝　　$16 983

在表11-2中，我们令每期还款额等于17 000美元，然后到最后一期时，再将每期多还的17美元和相应的利息扣出来，因此最后一期就只需要再偿还16 782美元了。

例题 10（预付年金的现值） 在有些情况下，每期的现金收付发生在期初而不是期末。比如，在租赁协议中，通常都是要求承租人在每期期初就向出租人支付租金。假定有一家企业签订了一份租赁合同，根据合同，它必须在未来3年内每年年初支付租金19 909美元，租赁合同适用的利率为每年8%，请问，这项租赁涉及现金流量的现值是多少？

[①] 本例题与第11章的例题1相同，在表11-2的摊销计划表中有更多明细信息。

用时间轴图示将该问题表达如下：

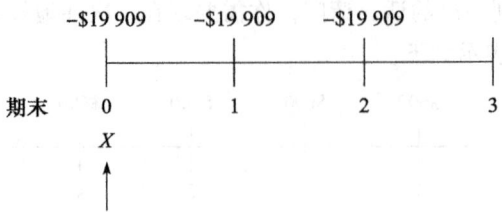

要将普通年金的现值系数转化为预付年金的现值系数，只需要将对应的期数减1，查找到相应的系数后，再将系数加1.00000就可以了。因此，我们可以找到当利率为8%、期数为2时的普通年金现值系数，为1.78326（见表A-4），然后再此系数加上1.00000，得到对应预付年金的现值系数为2.78326。在这里，1.00000代表在第0期末时的第1期付款的现值，而1.78326代表第2期和第3期期初的付款额的现值和。因此，可有：

预付年金的现值	=	每期收付金额	×	预付年金现值系数
X	=	$19 909	×	2.783 26
X	=	$55 412		

例题11（递延年金的现值） 在退休福利计划中，通常可以见到递延年金。递延年金的每期等额现金收支出现在距离现在开始计算的至少1期以后。举例来说，假定你希望从你66岁生日开始，每年都能收到50 000美元的年金，直到你85岁的生日那一天为止。假定适用的利率为6%，你想要知道类似这样一笔年金，在你45岁生日这一天的价值是多少？

用时间轴图示将这个问题表达如下：

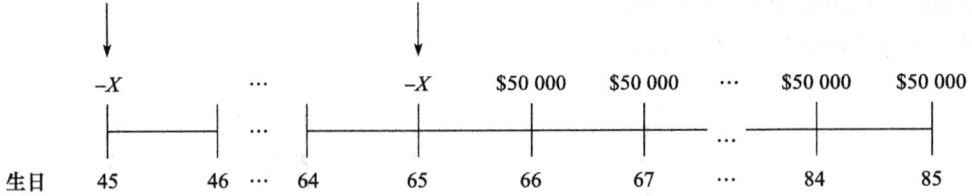

对于这种年金的现值，可以分两步来计算：

（1）计算该年金到65岁生日那一天的现值；（2）再将第1步中所计算得到的金额进一步折现到45岁生日这一天。

该年金在65岁生日这一天的现值相当于一笔20次收支的普通年金，在利率为6%条件下的现值。查表可知（见附表4），当利率为6%、期数为20时，对应的年金现值系数为11.469 92。因此，每期现金收支为50 000美元的年金在期数为20、利率为6%的条件下的现值为：

普通年金的现值	=	每期收付金额	×	普通年金现值系数
X	=	$50 000	×	11.469 92
X	=	$573 496		

然后，再将这个单笔现金流量折现到45岁生日那一天，即将573 496美元按6%的利率按20期进行贴现。当利率为6%、期数为20时，单笔现金流量的复利现值系数对应为0.311 80（见表A-2或附表2）。因此，这笔年金在你45岁生日这一天的价值为178 816.05（=573 496×0.311 80）美元。

另一种求解这种递延年金现值的方法，是用40期（从46岁生日开始直到85岁生日）的年金现值系数减去20期（从46岁生日开始直到65岁生日）的年金现值系数，然后再用两者之差乘以每期现金收支金额50 000美元，即：

40期的普通年金现值系数	15.046 30
20期的普通年金现值系数	−11.469 92
求差	3.576 38
每期年金收支金额	×$50 000
该笔年金在45岁生日时的现值	$178 819

此处的计算结果与前面的略有差异，这主要是由于现值系数计算中的四舍五入所引起的。

自习问题 A.4

求解年金现值。 请按要求计算在下列各种情景下的资金价值。

a. 琼·布朗女士想要购入一种分期偿还年金债券，该债券将在未来 20 年的每年年末向持有人支付 10 000 美元。如果布朗女士希望得到的投资报酬率为 8% 的话，请问，她愿意为这种债券支付的最高价格将会是多少？

b. 保罗·雷尼用 150 000 美元购买了一台挖掘机，他计划将在未来 5 年中将这台挖掘机出租给一家建筑公司使用。保罗希望得到的投资报酬率为 12%，假定建筑公司将在每年年初支付租金，请问，保罗将会要求每年的租金金额为多少？（假定该挖掘机的使用寿命只有 5 年，期满后无残值。）

c. 多元化技术公司（Diversified Technologies）计划将在未来 3 年内每年投资 20 百万美元用来开发一种新型光电扫描器。公司预计，如果开发成功，这种光电扫描器将在未来 5 年内每年创造 15 百万美元的现金净流量，然后变得不再有价值。假定所有的现金收支都发生在每年年末，如果多元化技术公司要求的投资报酬率为 12% 的话，请问，它应当投资于这种光电扫描器的开发么？

A.7 永续年金

所谓**永续年金**（perpetuity），是指没有终止日期的一系列现金流量。例如，一位大学校友可能会想要建立一个奖学基金，然后以他的名义每年都发放奖学金。分析师在为一家企业进行估值时，经常会用到永续年金的假设。他们一般都是先预计目标企业在未来 5 年或者 10 年的现金流量情况，然后就对预测期后的更多现金流量情况进行假设。由于分析师假定目标企业是会持续经营下去的，所以他们通常所假定的未来持续现金流量都属于永续年金的范畴。

如果每期的现金收支金额都是 1 美元的话，将永续年金的现值用公式来表达就是 $1/r$，其中，r 就是每期的贴现率。应用这个公式时，需要假定每期的现金收支金额都是相当的，并且现金流量都发生在各期期末。如果现金流量发生在各期期初的话，则相应的现值公式就应当改为 $1 + 1/r$。其中，第 1 项的"1"表示现在所进行的第 1 笔现金收支的现值，而 $1/r$ 则表示其余各期现金流量的现值之和。

例题 12（永续年金的现值） 维斯顿大学（Western University）计划设立一个奖学基金，利用它，每年都向 10 位学生各奖励 5 000 美元，且奖学金的发放将一直持续下去，不打算终止。维斯顿大学预计该奖学基金设立以后每年能获得 4% 的投资报酬，如果它计划从现在开始计算，在 1 年以后的每年年末都发放一次奖学金的话，请问，维斯顿大学现在需要一次性地投入多少钱才能设立这个奖学基金？答案将是 1 250 000（= 50 000/4%）美元。

如果假定维斯顿大学现在就要发放第 1 次奖学金，然后在将来每年年初都发放一次奖学金的话，那么，它就需要为设立这个奖学基金一共投入 1 750 000[= 50 000 + (50 000/4%)] 美元。

例题 13（增长年金的现值） 参考例题 12 中的情况，但是假定维斯顿大学考虑到大学学费会不断上涨，因此希望每年都能提高 1% 的奖学金金额。在这种情况下，应用永续年金现值公式所需要的前提假设"每期的现金收支金额都相等"就不成立了，因此，应当使用永续增长年金的现值计算公式。假定第 1 次年金收支金额为 1 美元，用 r 表示贴现率，g 表示每年年金的增长率，那么，永续增长年金的现值就可以表示为 $1/(r-g)$。回到例题中来，如果维斯顿大学希望在从现在开始计算的每年年末来发放奖学金，且每年的奖学金金额都比上一年的增长 1%，那么，维斯顿大学现在就需要投资 1 683 333[=（50 000 × 1.01）× 1/(0.04 - 0.01)] 美元才能设立这个奖学基金。如果维斯顿大学计划在今天就发放第 1 年的奖学金，然后在今后每年年初继续发放该奖学金的话，那么它需要在今天就投资 1 7333 333（=50 000+1 683 333）美元才行。

如果贴现率和年金增长率比较接近的话，永续增长年金的现值计算公式就不很适用了。因为当这两者越是接近的时候，分母（r-g）的值将会接近于0，而相应的现值金额也就趋近于无穷大了。如果年金增长率超过了贴现率，该公式也将不再适用了。因为届时（r-g）将变为负数，导致现值也变为无意义的负值。碰到此类问题时，分析师应当重新考虑企业是否能够一直保持超过贴现率的高增长率？有没有可能将增长率假设得过高了？或者就贴现率假定得太低了？或者增长在一段时期过后是不是就会停止了？

A.8 内含报酬率（隐含利率）

迄今为止，我们已经讨论了单笔现金流量的终值与现值，一系列等额、等期的现金收支的终值与现值，或者在已知终值或现值的条件下，求解每期年金收支额的计算。但是在有些情况下，利率会成为未知变量。所谓**内含报酬率**（internal rate of return），就是能使一系列现金流量的净现值恰好等于0时的贴现率，也称为**隐含利率**（implicit interest rate），在一些投资问题中，还被称为**到期收益率**（yield to maturity）。

例题14（内含报酬率）　参考自习问题A.4中的问题c，多元化科技公司希望在未来3年的每年年末都投入20百万美元，用来开发一种新型光电扫描器，预期开发成功后，这种产品能在5年内每年为公司带来15百万美元的现金净流入。现在，让我们来看看，在什么样的利率条件下，这一系列现金流量的净现值恰好会等于0，即我们希望能求解出下式中的r：

$$0 = \frac{-\$20}{(1+r)^1} + \frac{-\$20}{(1+r)^2} + \frac{-\$20}{(1+r)^3} + \frac{\$15}{(1+r)^4} + \frac{\$15}{(1+r)^5} + \frac{\$15}{(1+r)^6} + \frac{\$15}{(1+r)^7} + \frac{\$15}{(1+r)^8}$$

对于这个方程，可以使用试误法，将各种可能的r值代入到上式中，然后找出能够使这一系列现金流量的净现值恰好等于0的r。不过，这种方法显然是非常烦琐的。在微软的EXCEL电子表格中，已经内嵌了一个专门用来计算内含报酬率的函数；很多财务计算器也有专门的此类函数，只是大多数计算器都要求现金流量必须是等额定期发生的，对这个例题来说并不太适用。本例中的内含报酬率实际上等于5.79%。

例题15（递延年金的内含报酬率）　假定今天是你60岁的生日，鉴于目前的投资报酬率比较高，你决定购买一份递延年金。这份年金的销售价格为422 900美元，购买以后，它将从你66岁生日时开始，到85岁生日时为止，每年向你支付80 000美元。请计算这份递延年金的内含报酬率是多少？

用时间轴图示将这份年金表示如下：

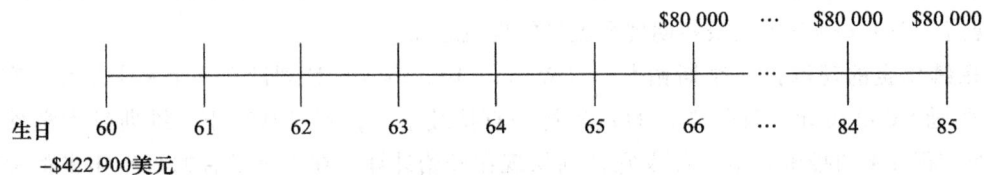

如果借助电子表格，我们可以解出上述现金流量的内含报酬率为10%。

自习问题A.5

求解内含报酬率。请使用财务计算器或者电子表格软件计算下列各种情形下的内含报酬率。

a. 你用650 000美元购买了一种债券，该债券将在10年后一次性偿还你1 000 000美元。

b. 你用800 000美元购买了一种债券，该债券将在未来10年内，每半年末向你偿付75 000美元。

c. 你在2008年1月1日投资了100 000美元，该项投资将在2011年至于2017年期间的每年年末向你支付25 000美元。

自习问题解答参考

自习问题 A.1 解答参考
（单笔现金流量的终值）

a. $\$5\,000 \times (1.00 + 6\%)^{10} = \$5\,000 \times 1.790\,85 = \$8\,954$。在附表1中，利率为6%的那一列与期数为10相交的那一行，可以查找到相关的复利终值系数。

b. $\$5\,000 \times (1.00 + 3\%)^{20} = \$5\,000 \times 1.806\,11 = \$9\,031$。在附表1中，利率为3%的那一列与期数为20相交的那一行，可以查找到相关的复利终值系数。

c. $\$5\,000 \times (1.00 + 8\%)^{33} = \$5\,000 \times 12.676\,05 = \$63\,380$

d. $\$5\,000 \times (100 + 8\%/4)^{4 \times 33} = \$5\,000 \times (1 + 2\%)^{132} = \$5\,000 \times 13.652\,83 = \$68\,264$。

自习问题 A.2 解答参考
（单笔现金流量的现值）

a. $\$20\,000 \times (100 + 6\%)^{-3} = \$20\,000 \times 0.839\,62 = \$16\,792$。

b. $\$20\,000 \times (100 + 6\%/12)^{-(3 \times 12)} = \$20\,000 \times (1 + 0.005)^{-360} = \$20\,000 \times 0.835\,64 = \$16\,713$。

c. $\$20\,000 \times (100 + 10\%/2)^{-(2 \times 10)} = \$20\,000 \times (1 + 0.05)^{-20} = \$20\,000 \times 0.376\,89 = \$7\,538$。

d. $\$20\,000 \times (1.00 + 8\%/4)^{-(4 \times 13)} = \$20\,000 \times (1 + 0.02)^{-52} = \$20\,000 \times 0.357\,10 = \$7\,142$。

自习问题 A.3 解答参考
（求解年金的终值）

a. $\$2\,500 \times \dfrac{(1+6\%)^{20}-1}{6\%} = \$2\,500 \times 36.785\,59 = \$91\,964$。

b. $\$2\,500 \times \left[\dfrac{(1+6\%)^{21}-1}{6\%} - 1\right] = \$2\,500 \times 38.992\,73 = \$97\,482$。请注意，在附表中无法查找到期数为21时的对应系数。

c. $\$100\,000 = x \dfrac{(1+6\%)^{20}-1}{6\%}$；解出 $x = \$10\,000/36.785\,59 = \$2\,718$。

d. $\$100\,000 = x\left[\dfrac{(1+6\%)^{21}-1}{6\%} - 1\right]$；解出 $x = \$100\,000/38.992\,73 = \$2\,565$。请注意，在附表中无法查找到期数为21时的对应系数。

自习问题 A.4 解答参考
（求解年金的现值）

a. $\$10\,000 \times \dfrac{1-(1+8\%)^{-20}}{8\%} = \$10\,000 \times 9.818\,15 = \$98\,182$。

b. $\$150\,000 = x\left[\dfrac{1-(1+12\%)^{-4}}{12\%} + 1\right]$；解出 $x = \dfrac{\$150\,000}{4.037\,35} = \$37\,153$。

c. 开发成本的现值为：$\$20 \times \dfrac{1-(1+12\%)^{-3}}{12\%} = \$20 \times 2.401\,83 = \$48.036$ 百万美元。

d. 将开发成功后的收益视为递延年金，那么该递延年金的现值为：

$\$15 \times \dfrac{1-(1+12\%)^{-5}}{12\%} \times (1+12\%)^{-3} = \$15 \times 2.565\,81 = \$38.487$ 百万美元。

因此，该项目的净现值为损失9.549百万美元，即收益的现值38.487百万美元减去成本的现值48.036百万美元之差。所以，多元化科技公司不应当开发这个项目。

自习问题 A.5 解答参考
（求解内含报酬率）

a. 内含报酬率为4.4%。

b. 内含报酬率为6.9%。

c. 内含报酬率为8.5%。

关键术语与概念

本金（principal）
复利（compound interest）
终值（future value）
单利（simple interest）
贴现率（discount rate）
年金（annuity）
普通年金，或后付年金（ordinary annuity or annuity in arrears）
预付年金，或先付年金（annuity due or annuity in advance）
递延年金（deferred annuity）

普通年金的终值（future value of an ordinary annuity）
系数（factor）
实际年利率（effective annual yield）
现值（present value）
折现，或贴现（discounting）
普通年金的现值（present value of an ordinary annuity）
永续年金（perpetuity）
内含报酬率（internal rate of return）
隐含利率（implicit interest rate）
到期收益率（yield to maturity）

思考题、练习题与解决问题

思考题

1. 复习并思考关键术语与概念所列术语和概念的含义。
2. 利息与不同时间点上的现金流量有什么关系?
3. 请问单利和复利有什么区别?
4. 请问,一系列未来现金收支的贴现值与它们的净现值有什么区别?如果没有区别的话,请说明为什么?
5. 请问预付年金与普通年金的区别是什么?
6. 请说明什么是一系列现金流量的隐含利率,以及应当如何求解隐含利率?
7. 如果提高利率,请问,10年后某个固定金额的现值会增加还是减少?如果这个固定金额将发生在5年后或者20年后呢?如果降低利率,对10年期的年金现值影响是增加还是减少呢?如果该年金是5年期或者20年期的,又会怎样呢?
8. 假定有人让你在一场车祸中受伤了,现在他愿意选择一次性地赔偿你一笔钱,而不是说在未来10年内每个月支付你1 000美元。请问,在计算你应该向责任方提出多少一次性赔付金额才合适时,是使用6%作为贴现率还是使用12%作为贴现率对你更有利?请对此进行解释。
9. 永续增长年金的计算公式涉及很多的假定前提,请问,其中哪一个假定前提是最不大可能的?

练习题

练习题10至15都涉及单笔现金流量或者年金的现值或终值计算。为了让这些练习题更加接近现实,我们将不对这些题目进行过多解释。

10. 奥尔特先生有5 000美元可供投资,他想知道如果按照下面这两种利率方式投资的话,他最后一共能得到多少钱?
    a. 按每年6%的利率投资21年;
    b. 按每年8%的利率投资33年。
11. 巴尔菲德夫人希望能在第8年年末得到150 000美元,请问,在下面这两种利率条件下,她今天必须要一次性地投资多少钱才行?
    a. 每年利率为6%;
    b. 每年利率为8%。
12. 科斯先生计划从2013年1月1日起,每年都拿出4 000美元来进行投资,直到2018年1月1日最后一次投资后结束。请问,如果利率为下面这两种情况,那么截至2018年1月1日,科斯先生一共能积累多少钱?
    a. 每年利率为6%;
    b. 每年利率为8%。
13. 野村女士希望能在她65岁生日时拥有45百万日元,她请您帮她计算一下,如果从她58岁生日开始,她每年都存入一笔等额的资金,直到她65岁生日时结束。假定投资利率为下面这两种情况,请问,那么她需要在每年生日时存入多少钱才行?
    a. 每年利率为8%;
    b. 每年利率为12%。
14. 如果恩美缇先生从2008年6月1日起,每年都投资90 000欧元,直到2018年6月1日完成最后一次投资。那么,在下面这两种投资利率水平下,请问,恩美缇先生在2019年6月1日一共能累积多少财富?(请注意问题所问的时间与最后一期投资时间距离了1年)
    a. 每年的利率为5%;
    b. 每年的利率为10%。
15. 弗雷明女士在2008年2月1日用145 000欧元购买了一种年金,该年金将在未来6年内分次向她支付一笔相等的金额,其中第1次支付的时间为2009年2月1日。请问,如果假定弗雷明女士的投资报酬率为以下两种情况,那么,她每年能收到多少年金支付额?
    a. 投资报酬率为每年8%;
    b. 投资报酬率为每年12%。
16. 在第10至第15题中,你都计算得出了正确的答案了吗?解决这类问题时,需要先确定应当使用附表中的哪一个系数,然后再将该系数代入到适当的计算公式中。请注意,实际上,最后一步是可以省略的。我们可以用一个数学表达式来将需要使用的系数表达出来,因为只需要明确系数的类型和表达就可以了,不一定需要真正的系数值。比如,我们可以用$T(i, p, r)$来表示第i张表(i表示1、2、3或者4),第p行(表示时期数,例如从1到20, 22, 24, 40, 45, 50, 100等)和第r列(表示利率,从0.5%至20%)所对应的系数。因此,$T(3, 16, 12)$的意思是就是附表3中,当期数为16且利率为每期12%时所对应的系数,即42.753 28。使用这种表达方法,我们可以写出求解任何复利问题的解决思路来,然后再人工或者用电脑来计算具体的金额。

例如,您可以试着检验一下下面这几个表述是否都是正确的:

$T(1, 20, 8)$	=	4.660 96
$T(2.12, 5)$	=	0.556 84
$T(3, 16, 12)$	=	42.753 28
$T(4, 10, 20)$	=	4.192 47

对于下面的问题，只需要用这种表达方式将解题思路表达出来就可以了，不需要代数字进去具体地计算。

a. 请试着解决练习题第 10 题至第 15 题中的要求 "a"。

b. 请想一想教师在出考试题时，如果没有给学生提供系数表，是否可以要求学生利用这种表达方式来求解时间价值计算方面的题目呢？

17. **实际利率**。请说出在下列各种情形下，每期的利率和期数各是多少？

a. 每年的利率为 12%，5 年，每年复利 1 次；

b. 每年的利率为 12%，5 年，每半年复利 1 次；

c. 每年的利率为 12%，5 年，每季度复利 1 次；

d. 每年的利率为 12%，5 年，每月复利 1 次。

练习题 18 至 26 题都涉及单笔现金流量或者年金的现值或终值计算。为了让这些练习题更加接近现实，我们将不对这些题目进行过多解释。

18. 计算下列各种情形下的现金流量终值：

a. 将 100 美元投资 5 年，年利率为 4%，每年复利 1 次；

b. 将 500 美元投资 15 期，每期按 2% 的利率计算复利；

c. 将 200 美元投资 8 年，每半年按 3% 的利率计算复利；

d. 将 2 500 美元投资 14 年，年利率为 8%，每季度复利 1 次；

e. 将 600 美元投资 3 年，年利率为 12%，每月复利 1 次。

19. 计算下列各种情形下的现金流量现值：

a. 30 年后的 100 美元，每年按 4% 的利率计算复利；

b. 8 年后的 250 美元，年利率为 8%，每季度复利 1 次；

c. 2 年后的 1 000 美元，年利率为 12%，每个月复利 1 次。

20. 计算下列普通年金的终值：

a. 13 期每期金额为 100 美元的租金收入，每期利率为 1%；

b. 8 期每期金额为 850 美元的租金收入，每期利率为 6%；

c. 28 期每期金额为 400 美元的租金收入，每期利率为 4%。

21. 格雷迪先生计划租入某个不动产，租期为 10 年，每年年初预付当年的租金，具体的租金情况为：

| 第 1 年和第 2 年—每年 1 000 美元； |
| 第 3 年至第 6 年—每年 2 000 美元； |
| 第 7 年至第 10 年—每年 2 500 美元 |

请问，在下列各种利率条件下，按上面这种租金条件付款，相当于格雷迪先生现在就一次性支付了多少租金呢？

a. 每年 6%；

b. 每年 8%；

c. 每年 10%。

22. 如果有人想要设立一个奖学基金，每年都从中拿出 3 000 美元用来发放，而且第 1 次发放在现在就要做出。请问，在下面这两种利率条件下，捐款人要一次性支付多少钱才能设立这样的奖学基金？

a. 每期 6%；

b. 每期 8%。

23. 延续上面的问题。假定该奖学基金将在 1 年后才开始进行第 1 次发放，并且以后发放的奖学金金额将逐年增长 2%。请问，在下面这两种利率条件下，捐款人要一次性支付多少钱才能设立这样的奖学基金？

a. 每期 6%；

b. 每期 8%。

假定第 1 次的奖学金发放将发生在从现在开始计算的 5 年以后，并且在第 1 次发放了 3 000 美元的奖学金之后，以后每期的奖学金金额将逐年递增 2%。那么，在下面这两种利率条件下，捐款人要一次性支付多少钱才能设立这样的奖学基金？

c. 每期 6%；

d. 每期 8%。

24. 州政府需要帮助一个乡村县份维护一座大桥，为此，按照过去所签订的一份协议，州政府需要现在就支付 60 000 美元，然后以后每两年再支付 60 000 美元，并且将一直这样持续下去。现在，州政府希望能一次性地支付一笔金额，交换它现在和未来的全部支付义务。请问，在下面这两种贴现率条件下，州政府需要一次性支付多少金额才足够？

a. 每年利率为 8%；

b. 每年利率为 12%。

25. 假定有一笔 100 000 美元的贷款，需要借款人在未来两年中的每年年末分两期等额偿还 55 307 美元。请问，这笔贷款的隐含利率是多少？

26. 一份一次性还款的贷款协议承诺将在 3 年后连本带息偿付 140 493 美元，借款人用这笔钱购入了一台公允价值为 100 000 美元的设备。请问，这笔贷款的隐含利率是多少？

27. 一份一次性还款的贷款协议承诺将在到期时连本带息偿付 67 280 美元，借款期限为两年，借款人用这笔贷款购入了一块公允价值为 50 000 美元的土地。请问：

a. 这笔贷款的隐含利率是多少？

b. 根据该隐含利率，编制一份贷款摊销表，列出该笔贷款在每年年初的账面价值、每年的利息费用金额、每年需要调整账面价值的金额和年末的账面价值。

28. 求解隐含利率；编制摊销表。伯曼公司（Berman

Company）购入了一块土地用作开发，土地的公允价值为 86 000 美元，伯曼公司开出了一张 3 年期的带息票据予以支付。这张票据的面值为 100 000 美元，票面利率为 8%，承诺将在未来 3 年内每年年末偿付 8 000 美元，并在最后票据到期时再支付面值 100 000 美元。请问：

a. 这笔票据的隐含利率是多少？请将计算结果精确到千分位；

b. 根据你在上一步中计算得到的利率，为这张票据编制一张摊销表，列明票据在每年年初的账面价值、当年的利息费用、当年实际支付的利息、当年对票据期末账面价值的调整金额和期末的账面价值。可参考表 11-2 中的摊销表格式。

29. 求解购买折扣中的等效年利率。在销售中，习惯用 "2/10，n/30" 表示卖方如果在 10 天内付款，就可以得到发票总金额 2% 的折扣；否则，卖方将必须在 30 天内付全款。请问：

a. 如果将得到的折扣看作延迟付款的利息，请计算上述折扣条件下的隐含年利率是多少？（即如果不及时付款的话，相当于卖方借款发票总金额的 98%，借款期为 20 天。）

b. 根据本书附表中的数据，是无法计算出 "a" 部分所要求的精确答案的。实际上，隐含的利率为每年 44.59%！请使用系数表、财务计算器或者电子表格对这个令人吃惊的数值进行验证。

解决问题

解决问题第 30 题至第 44 题涉及利用包括永续年金在内的各种现值和终值估值技术，来解决各种实际问题。对这些问题的具体计算过程我们将不作提示。

30. 一家石油勘探公司购买一个钻头的初始成本为 30 000 美元，然后，每使用 1 个月以后，又需要再支付 10 000 美元置换掉被磨损的钻头。如果这家石油勘探公司会一直经营下去，并且每个月的贴现率为 1% 的话，请问，钻头使用成本的现值为多少？

31. 假定你承诺将支付 30 000 美元的押金给戴姆储蓄银行（Dime Savings Bank），押期为 4 年，而该银行将给你一台全新的宽屏索尼电视机，并在第 4 年年末还你 30 000 美元的押金。请问，如果戴姆储蓄银行对其他客户都是按照 4% 的年利率按季度计息的（=每年按 1% 的利率计息 4 次），那么，上面这个计划相当于你在今天一次性为这台电视机支付了多少钱？

32. 谢弗先生去世时，他所留下不动产的税后价值为 300 000 美元。根据他的遗嘱，谢弗太太将从他去世时开始每年收到 24 000 美元，直到谢弗太太也去世后，剩下的钱再转交给他们的孩子。根据该不动产所在州的法律规定，谢弗太太如果宣布放弃她先生的遗嘱，那么她立即就可以得到相当于这份不动产价值 1/3 的现金，而剩下的钱将立即转移给他们的孩子们。谢弗太太希望能将这笔遗产的价值最大化，因此，如果她还可以收到 5 次年金支付，那么，在下面这两种利率条件下，她应当选择执行她先生的遗嘱还是放弃呢？

a. 每年 8%；

b. 每年 12%。

（请注意：在这个问题中明确说明了谢弗太太还能收到 5 次年金支付。在现实生活中，生命的长短是无法确定的，所以在计算中需要同时结合死亡系数表和现值系数表，处理这种计算就是保险精算师的工作。）

33. 海勒曼太太偶尔会喝点啤酒，一般情况下，一箱啤酒可以够她消费 20 周。海勒曼太太可以买一次性灌装的啤酒，每箱的价格为 25.20 美元；也可以买可回收瓶装的啤酒，每箱的价格为 24 美元，但还需要在购买时再交 3 美元的酒瓶押金。假定海勒曼太太适用的贴现率为每周 0.5%，请问，如果她选择购买可回收瓶装的啤酒，考虑她将在 20 周内不能使用这 3 美元的押金成本后，这种购买方案比直接购买一次性灌装的啤酒能节约多少钱？

34. 通用电气公司（General Electric Company）首次推出了透明陶瓷的螺纹灯泡，这种灯泡的价格比普通灯泡贵 3.5 倍，但耐用时间也是普通灯泡的 5 倍。一个普通灯泡一般只要 1 美元，大约可以使用 8 个月。假定一家企业的适用年利率为 12%，每 4 个月计算一次复利，请问，对这家企业来说，购买一只透明陶瓷的灯泡能节约多少钱？

35. 欧泊维斯奶业公司（Oberweis Dairy）将送货卡车从普通汽油引擎换成了柴油引擎车，每辆柴油引擎的送货车要比普通的送货车贵 6 000 美元，但是每年可以节约 1 800 美元以上的营运成本。假定欧泊维斯奶业的每个月节约的营运成本都发生在期末，如果适用的贴现率为每月 1%，请问，要让欧泊维斯奶业的公司的这项送货车升级显得在经济上划算，柴油引擎车至少要能使用多少个月才行？

36. 计算减值。假定李维·斯特劳斯公司（Levi Strauss）在 2013 年 1 月 1 日新开了一家纺织厂，专门生产化纤织物。这家工厂所占用的土地是租赁的，租期 20 年，且不可续租。

工厂的开办费用为 2 000 万美元，预计将来每年能创造现金流量 300 万美元，李维公司对这类投资项目所要求的最低报酬率为 12%。

2013 年 12 月 31 日，李维公司计算出这家工厂在 2013 年的现金流量为 280 万美元。同日，根据农业专家的预计，公司得知未来两年内的棉花产量将异常低。因此，李维公司预计未来市场对化纤织物的需求将极大上升，使公司在未来两年的现金流量上升为每年350万美元，且今后各年的现金流量将维持在每年300万元的水平。要求：不考虑所得税的影响，请回答：

a. 计算新开工厂项目预计未来现金流量的现值。

b. 请问，在对未来现金流量进行重新估算后，该工厂项目在2014年1月2日的现值应当为多少？

c. 2014年1月2日，在未来棉花产量的新闻发布以后，李维公司的一位竞争对手宣布将在3年内开办一家生产化纤织物的工厂。为此，李维公司重新调整了对未来现金流量的预期，预计在2014至2016年的现金流量仍然保持不变，但将2016年以后的现金流量预期调整为每年2 000 000美元。请问，根据新的项目预期，李维公司的这家工厂在2014年1月2日的价值为多少？

d. 一位投资者在2014年1月2日联系李维公司，想要购买这家工厂20%的股份。如果这位投资者对他的投资要求的年回报率为12%，请问，他愿意支付的最高金额应当是多少？假定这位投资者和李维公司都对相关信息有所了解，并且都使用在"c"部分的现金流量分布预期。

37. 求解隐含利率（《诚实借贷法案》对本题所涉及的欺诈类型已经进行了监管）。友好贷款公司（Friendly Loan Company）广告说它可以按每年8%的利率提供5年期的贷款。一位潜在的借款人通过调查发现，这种5年期、金额为10 000美元的贷款需要借款人提前支付8%的利息，贷款实际上只能取得扣除利息后的金额。即借款人在借款后实际上只能得到6 000 [=10 000 - (5×8%×10 000)]美元；但另一方面，对于这"10 000美元"的贷款，借款人需要分5期按年在每年年末等额偿还2 000美元。要求：请计算这种贷款所隐含的实际利率是多少？

38. 计算资产处置决策中现金流量的净现值。假定布兰克公司（Black & Decker Company）在昨天购买并安装了一台小部件定制机器，买价为100 000美元。今天，方正D公司（Square D Company）提出，它可以按50 000美元的价格向布兰克公司提供一种与昨天新购机器功能几乎完全一样的设备工具。假定贴现率为12%，两种机器都可以使用5年，在纳税申报单中，布兰克公司对这两种机器都会使用直线法计算折旧并且期满无残值；再假定布兰克公司目前和将来的税率都是40%，它能产生足够的应税利润消化"旧"机器的处置损失或者折旧费用。请问：如果布兰克公司打算将"旧"机器处置掉，然后重新购买新的机器的话，"旧"机器的处置价格至少为多少才划算？

39. 计算现金流量的现值；不涉税的并购，资产计税基础无变化。根据林奇公司（Lynch Company）的资产负债表显示，它的净资产（=总资产-总负债）为100 000美元。该公司的全部资产都是需要计算折旧的，剩余可使用年限均为20年。根据利润表，公司当年的收入为700 000美元，折旧费用为50 000（=1 000 000/20年）美元，没有其他费用，所得税为260 000美元（=税前利润650 000的40%），净利润为390 000美元。

贝吉思公司（Bages Company）正在考虑是否买下林奇公司的全部股权，它愿意接受的价格等于公司在未来20年经营活动现金流量的现值，贴现率为10%。

此项公司并购交易将不受税的影响，即如果贝吉思公司收购了林奇公司，林奇公司的资产计税基础将保持不变，每年的折旧费用仍然为50 000美元，所得税也将依然保持每年260 000美元的水平，且公司在未来20年的收入也将维持在每年700 000美元。要求：

a. 计算林奇公司每年可以产生的现金流量是多少。

b. 计算贝吉思公司最高的可能出价金额是多少。

40. 计算现金流量的现值；涉税的并购，资产的计税基础改变。延续上题中的数据，但假定这次公司并购涉及税的变化，并购后，林奇公司的资产计税基础将发生改变。如果购买价格为V美元，那么在未来20年内，每年的折旧费用就将是V/20美元。所得税率仍然为税前利润的40%，请问：贝吉思公司愿意对林奇公司的最高出价将会是多少？

41. 用永续年金公式对无形资产进行估值。美国篮球协会（American Basketball Association，ABA）与国家篮球协会（National Basketball Association，NBA）合并时，美国篮球协会圣路易斯灵魂队的所有人同意将解散他们的队伍并且不进入NBA。作为回报，NBA承诺将向这些所有人支付一笔永续年金，金额等于NBA向其他球队支付电视收入的40%。从交易达成时来看，圣路易斯灵魂队的所有人每年能收到400万美元。NBA希望能在交易时将这笔钱一次性付清，免得将来有可能会付更多。当然，圣路易斯灵魂队的所有人也希望能得到更多的付款，所以他们想要知道在将来每年都能够收到的永续年金相当于现在的至少多少钱？不考虑所得税的影响。要求：

a. 假定圣路易斯灵魂队的所有人预期未来的电视收入水平将保持不变，因此他们将来每年都能收到400万美元的年金支付，如果贴现率为8%，请问，这些所有人愿意接受的最低一次性付款额将会是多少？

b. 假如这些所有人使用更低一些的利率计算贴现，请问，他们所愿意接受的最低付款额是会增加、减少还是不变呢?

c. 如果贴现率为8%,但圣路易斯灵魂队的所有人预计未来的电视收入将每年增长2%,因此,他们在下一年度能收到的付款就会是408（=400万×102%）万美元。那么,这些所有人愿意接受的最低付款额将会是多少呢?

d. 参考上述c中的情况。如果这些所有人使用更低一些的贴现率,他们所愿意接受的最低付款额会增加、减少还是不变呢?

e. 参考上述c中的情况,如果这些所有人预计未来能从NBA收到的支付增长率下降,那么,他们所愿意接受的最低付款额会增加、减少还是不变呢?

42. （根据S. Zeff教授的习题改编）分析长期资产并购的好处。莱克西·柯乐顿是维金斯公司（Ragazze）的首席财务执行官,她的工作职责之一就是对投资项目提供咨询意见。假定今天是2013年12月31日,根据柯乐顿女士的要求,对所有新增项目,只有当它们的年现金流量按12%的贴现率进行贴现后,具有正的净现值,才可以进行投资。

现在,有一个购买自动化机器的投资项目,需要在2013年12月31日付现购买,购买后立即就可以投入生产。该仪器可以使用9年,预计将在2022年报废。根据柯乐顿女士的预计,这台仪器在2022年12月31日可以按30 000美元的价格出售。

维金斯公司对这台机器将适用直线法进行折旧,且不考虑所得税的影响。

在2014年,机器开始投入使用。维金斯公司在这台设备工作正常以前会先进行一些试生产工作。根据柯乐顿女士的预计,这一年的总现金流出将为20 000美元,发生在2014年年末。

此外,柯乐顿女士还预计,由于这台仪器需要每年进行维护,预计在2015年至于2018年,每年年末会发生维护支出60 000美元;到2019年至2021年,每年年末会发生维护费用100 000美元。

用这种仪器所生产出来的产品在2015年至2022年期间,每年年末能带来现金净流入（即扣除了所有其他经营费用以后的收入净额）130 000美元。

要求:

a. 要保证现金流量的净现值为正,维金斯公司在2013年12月31日对这种自动化仪器能支付的最高价格是多少?

b. 不考虑你在"a"部分中的解答,假定这种自动化仪器的购买价格为250 000美元,维金斯公司用一张分期付款的应付票据买下了这台机器。这张应付票据要求维金斯公司从2014年12月31日开始,分四期等额进行支付,票据的隐含利率为10%。请问,维金斯公司每一期的付款金额应当为多少?

43. （根据S. Zeff教授的习题改编）在多个投资方案中选择。威廉姆·玛斯是海湾制造公司（Gulf Coast Manufacturing）的首席执行官,他正想买一辆汽车。玛斯先生选择了两种购买方案,现在,他想知道哪种购买方案的成本现值更低。

方案L：在2013年年初买入一辆新的雷克萨斯,一直开到2018年年末,然后再用它去交换一辆新车。

方案M：在2013年年初买入一辆梅赛德斯-奔驰,然后在2015年年末用它去交换一辆奔驰车再开3年,最后,在2018年年末,再用它去交换一辆新车。

下表中列出了与上述两个方案相关的数据。假定玛斯先生在换车时能直接收到现金或者能将旧车的价值直接抵减新购买汽车的价格,不考虑所得税的影响,适用的贴现率为每年10%。再假定海湾制造公司在财务报告中对汽车都使用直线法按8年计算折旧费用,且假定期满无残值。

要求：

a. 哪种购车方案的成本现值更低?

b. 折旧费用对上述分析有影响么?如果有的话,折旧费用的作用是什么呢?

	雷克萨斯	梅赛德斯-奔驰
2013年年初的初始成本	$60 000	$45 000
2016年年初的初始成本		$48 000
交换价值：		
2015年年末		23 000
2018年年末[1]	16 000	24 500
除换车服务费用以外的预计每年运行成本	4 000	4 500
预计换车服务费用：		
2016年年末		6 500
2014年年末和2017年年末		2 500

[1] 此时雷克萨斯车已经用了6年了,而第二辆奔驰车已开了3年了。

44. 永续增长年金的估值。快速增长创业公司（Fast Growth Start-up Company, FGSUC）新开创的互联网业务经营十分成功,预计今年能实现税后自由现金流量10 000万美元。该公司计划上市,内部财务人员向董事会建议,25亿美元是一个比较合理的公司估值。投资银行的分析师和公司财务人员一致认为,在未来若干年中,公司的自由现金流量增长率都能保持每年在25%,随后与经济整体的增长水平保持一致,大约每年能够增长4%。假定对这样的新兴业务,适用每年15%的贴现率。

问：要是的公司的市场估值达到25亿美元,快速增长创业公司必须在多少年内保持自由现金流量每年增长25%才行?请使用电子表格软件来完成本题。

复利与年金系数表

表1 1美元的终值

$F_n = P(1+r)^n$，其中，$r=$利率；$n=$估值期数；$P=1$美元。

期数 $=n$	$\frac{1}{2}\%$	1%	$1\frac{1}{2}\%$	2%	3%	4%	5%	6%	7%	8%	10%	12%	15%	20%	25%
1	1.005 00	1.010 00	1.015 00	1.020 00	1.030 00	1.040 00	1.050 00	1.060 00	1.070 00	1.080 00	1.100 00	1.120 00	1.150 00	1.200 00	1.250 00
2	1.010 03	1.020 10	1.030 23	1.040 40	1.060 90	1.081 60	1.102 50	1.123 60	1.144 90	1.166 40	1.210 00	1.254 40	1.322 50	1.440 00	1.562 50
3	1.015 08	1.030 30	1.045 68	1.061 21	1.092 73	1.124 86	1.157 63	1.191 02	1.225 04	1.259 71	1.331 00	1.404 93	1.520 88	1.728 00	1.953 13
4	1.020 15	1.040 60	1.061 36	1.082 43	1.125 51	1.169 86	1.215 51	1.262 48	1.310 80	1.360 49	1.464 10	1.573 52	1.749 01	2.073 60	2.441 41
5	1.025 25	1.051 01	1.077 28	1.104 08	1.159 27	1.216 65	1.276 28	1.338 23	1.402 55	1.469 33	1.610 51	1.762 34	2.011 36	2.488 32	3.051 76
6	1.030 38	1.061 52	1.093 44	1.126 16	1.194 05	1.265 32	1.340 10	1.418 52	1.500 73	1.586 87	1.771 56	1.973 82	2.313 06	2.985 98	3.814 70
7	1.035 53	1.072 14	1.109 84	1.148 69	1.229 87	1.315 93	1.407 10	1.503 63	1.605 78	1.713 82	1.948 72	2.210 68	2.660 02	3.583 18	4.768 37
8	1.040 71	1.082 86	1.126 49	1.171 66	1.266 77	1.368 57	1.477 46	1.593 85	1.718 19	1.850 93	2.143 59	2.475 96	3.059 02	4.299 82	5.960 46
9	1.045 91	1.093 69	1.143 39	1.195 09	1.304 77	1.423 31	1.551 33	1.689 48	1.838 46	1.999 00	2.357 95	2.773 08	3.517 88	5.159 78	7.450 58
10	1.051 14	1.104 62	1.160 54	1.218 99	1.343 92	1.480 24	1.628 89	1.790 85	1.967 15	2.158 92	2.593 74	3.105 85	4.045 56	6.191 74	9.313 23
11	1.056 40	1.115 67	1.177 95	1.243 37	1.384 23	1.539 45	1.710 34	1.898 30	2.104 85	2.331 64	2.853 12	3.478 55	4.652 39	7.430 08	11.641 53
12	1.061 68	1.126 83	1.195 62	1.268 24	1.425 76	1.601 03	1.795 86	2.012 20	2.252 19	2.518 17	3.138 43	3.895 98	5.350 25	8.916 10	14.551 92
13	1.066 99	1.138 09	1.213 55	1.293 61	1.468 53	1.665 07	1.885 65	2.132 93	2.409 85	2.719 62	3.452 27	4.363 49	6.152 79	10.699 32	18.189 89
14	1.072 32	1.149 47	1.231 76	1.319 48	1.512 59	1.731 68	1.979 93	2.260 90	2.578 53	2.937 19	3.797 50	4.887 11	7.075 71	12.839 18	22.737 37
15	1.077 68	1.160 97	1.250 23	1.345 87	1.557 97	1.800 94	2.078 93	2.396 56	2.759 03	3.172 17	4.177 25	5.473 57	8.137 06	15.407 02	28.421 71
16	1.083 07	1.172 58	1.268 99	1.372 79	1.604 71	1.872 98	2.182 87	2.540 35	2.952 16	3.425 94	4.594 97	6.130 39	9.357 62	18.488 43	35.527 14
17	1.088 49	1.184 30	1.288 02	1.400 24	1.652 85	1.947 90	2.292 02	2.692 77	3.158 82	3.700 02	5.054 47	6.866 04	10.761 26	22.186 11	44.408 92
18	1.093 93	1.196 15	1.307 34	1.428 25	1.702 43	2.025 82	2.406 62	2.854 34	3.379 93	3.996 02	5.559 92	7.689 97	12.375 45	26.623 33	55.511 15
19	1.099 40	1.208 11	1.326 95	1.456 81	1.753 51	2.106 85	2.526 95	3.025 60	3.616 53	4.315 70	6.115 91	8.612 76	14.231 77	31.948 00	59.388 94
20	1.104 90	1.220 19	1.346 86	1.485 95	1.806 11	2.191 12	2.653 30	3.207 14	3.869 68	4.660 96	6.727 50	9.646 29	16.366 54	38.337 60	86.736 17
22	1.115 97	1.244 72	1.387 56	1.545 98	1.916 10	2.369 92	2.925 26	3.603 54	4.430 40	5.436 54	8.140 27	12.100 31	21.644 75	55.206 14	135.525 3
24	1.127 16	1.269 73	1.429 50	1.608 44	2.032 79	2.563 30	3.225 10	4.048 93	5.072 37	6.341 18	9.849 73	15.178 63	28.625 18	79.496 85	211.758 2
26	1.138 46	1.295 26	1.472 71	1.673 42	2.156 59	2.772 47	3.555 67	4.549 38	5.807 35	7.396 35	11.918 18	19.040 07	37.856 80	114.475 5	330.872 2
28	1.149 87	1.321 29	1.517 22	1.741 02	2.287 93	2.998 70	3.920 13	5.111 69	6.648 84	8.627 11	14.420 99	23.883 87	50.065 61	164.844 7	516.987 9
30	1.161 40	1.347 85	1.563 08	1.811 36	2.427 26	3.243 40	4.321 94	5.743 49	7.612 26	10.062 66	17.449 40	29.959 92	66.211 77	237.376 3	807.793 6
32	1.173 04	1.374 94	1.610 32	1.884 54	2.575 08	3.508 06	4.764 94	6.453 39	8.715 27	11.737 08	21.113 78	37.581 73	87.565 07	341.821 9	1 262.177
34	1.184 80	1.402 58	1.659 00	1.960 68	2.731 91	3.794 32	5.253 35	7.251 03	9.978 11	13.690 13	25.547 67	47.142 52	115.804 80	492.223 5	1 972.152
36	1.196 68	1.430 77	1.709 14	2.039 89	2.898 28	4.103 93	5.791 82	8.147 25	11.423 94	15.968 17	30.912 68	59.135 57	153.151 85	708.801 9	3 081.488
38	1.208 68	1.459 53	1.760 80	2.122 30	3.074 78	4.438 81	6.385 48	9.154 25	13.079 27	18.625 28	37.404 34	74.179 66	202.543 32	1 020.675	4 814.825
40	1.220 79	1.488 86	1.814 02	2.208 04	3.262 04	4.801 02	7.039 99	10.285 72	14.974 46	21.724 52	45.259 26	93.050 97	267.863 55	1 469.772	7 523.164
45	1.251 62	1.564 81	1.954 21	2.437 85	3.781 60	5.841 18	8.985 01	13.764 61	21.002 45	31.920 45	72.890 48	163.987 6	538.769 27	3 657.262	22 958.87
50	1.283 23	1.644 63	2.105 24	2.691 59	4.383 91	7.106 68	11.467 40	18.420 15	29.457 03	46.901 61	117.390 9	289.002 2	1 083.657 44	9 100.438	70 064.92
100	1.646 67	2.704 81	4.432 05	7.244 65	19.218 63	50.504 95	131.501 3	339.302 1	867.716 3	2 199.761	13 780.61	83 522.27	117×10^4	828×10^5	491×10^7

资料来源：© Cengage Learning 2014.

表2 1美元的现值

$$P = F_n(1+r)^{-n}$$

其中，r = 贴现率；n = 期数；F_n = 1美元。

期数=n	$\frac{1}{2}$%	1%	1$\frac{1}{2}$%	2%	3%	4%	5%	6%	7%	8%	10%	12%	15%	20%	25%
1	0.995 02	0.990 10	0.985 22	0.980 39	0.970 87	0.961 54	0.952 38	0.943 40	0.934 58	0.925 93	0.909 09	0.892 86	0.869 57	0.833 33	0.800 00
2	0.990 07	0.980 30	0.970 66	0.961 17	0.942 60	0.924 56	0.907 03	0.890 00	0.873 44	0.857 34	0.826 45	0.797 19	0.756 14	0.694 44	0.640 00
3	0.985 15	0.970 59	0.956 32	0.942 32	0.915 14	0.889 00	0.863 84	0.839 62	0.816 30	0.793 83	0.751 31	0.711 78	0.657 52	0.578 70	0.512 00
4	0.980 25	0.960 98	0.942 18	0.928 65	0.888 49	0.854 80	0.822 70	0.792 09	0.762 90	0.735 03	0.683 01	0.635 52	0.571 75	0.482 25	0.409 60
5	0.975 37	0.951 47	0.928 26	0.905 73	0.862 61	0.821 93	0.783 53	0.747 26	0.712 99	0.680 58	0.620 92	0.567 43	0.497 18	0.401 88	0.327 68
6	0.970 52	0.942 05	0.914 54	0.887 97	0.837 48	0.790 31	0.746 22	0.704 96	0.666 34	0.630 17	0.564 47	0.506 63	0.432 33	0.334 90	0.262 14
7	0.965 69	0.932 72	0.901 03	0.870 56	0.813 09	0.759 92	0.710 68	0.665 06	0.622 75	0.583 49	0.513 16	0.452 35	0.373 94	0.279 08	0.209 72
8	0.960 89	0.923 48	0.887 71	0.853 49	0.789 41	0.730 69	0.676 84	0.627 41	0.582 01	0.540 27	0.466 51	0.403 88	0.326 90	0.232 57	0.167 77
9	0.956 10	0.914 34	0.874 59	0.636 76	0.766 42	0.702 59	0.644 61	0.591 90	0.543 93	0.500 25	0.424 10	0.360 61	0.284 26	0.193 81	0.134 22
10	0.951 35	0.905 29	0.861 67	0.820 35	0.744 09	0.675 56	0.613 91	0.558 39	0.508 35	0.463 19	0.385 54	0.321 97	0.247 18	0.161 51	0.107 37
11	0.946 61	0.896 32	0.848 93	0.804 26	0.722 42	0.649 58	0.584 68	0.526 79	0.475 09	0.428 88	0.350 49	0.287 48	0.214 94	0.134 59	0.085 90
12	0.941 91	0.887 45	0.836 39	0.788 49	0.701 38	0.624 60	0.556 84	0.496 97	0.444 01	0.397 11	0.318 63	0.256 68	0.186 91	0.112 16	0.068 72
13	0.937 22	0.878 66	0.824 03	0.773 03	0.680 95	0.600 57	0.530 32	0.468 84	0.414 96	0.367 70	0.289 66	0.229 17	0.162 53	0.093 46	0.054 98
14	0.932 56	0.889 96	0.811 85	0.757 88	0.661 12	0.577 48	0.505 07	0.442 30	0.387 82	0.340 46	0.263 33	0.204 62	0.141 33	0.077 89	0.043 98
15	0.927 92	0.861 35	0.799 85	0.743 01	0.641 86	0.555 26	0.481 02	0.417 27	0.362 45	0.315 24	0.239 39	0.182 70	0.122 89	0.064 91	0.035 18
16	0.923 30	0.852 82	0.788 03	0.728 45	0.623 17	0.533 91	0.458 11	0.393 65	0.338 73	0.291 89	0.217 63	0.163 12	0.106 86	0.054 09	0.028 15
17	0.918 71	0.844 38	0.776 39	0.714 16	0.605 02	0.513 37	0.436 30	0.371 36	0.316 57	0.270 27	0.197 84	0.145 64	0.092 93	0.045 07	0.022 52
18	0.914 14	0.836 02	0.764 91	0.700 16	0.587 39	0.493 63	0.415 52	0.350 34	0.295 86	0.250 25	0.179 86	0.130 04	0.080 81	0.037 56	0.018 01
19	0.909 59	0.827 74	0.753 61	0.686 43	0.570 29	0.474 64	0.395 73	0.330 51	0.276 51	0.231 71	0.163 51	0.116 11	0.070 27	0.031 30	0.014 41
20	0.905 06	0.819 54	0.742 47	0.672 97	0.553 68	0.456 39	0.376 89	0.311 80	0.258 42	0.214 56	0.148 64	0.103 67	0.061 10	0.026 08	0.011 53
22	0.896 08	0.803 40	0.720 69	0.646 84	0.521 89	0.421 96	0.341 85	0.277 51	0.225 71	0.183 94	0.122 85	0.082 64	0.046 20	0.018 11	0.007 38
24	0.887 19	0.787 57	0.699 54	0.621 72	0.491 93	0.390 12	0.310 07	0.246 98	0.197 15	0.157 70	0.101 53	0.065 88	0.034 93	0.012 58	0.004 72
26	0.878 38	0.772 05	0.679 02	0.597 58	0.463 69	0.360 69	0.281 24	0.219 81	0.172 20	0.135 20	0.083 91	0.052 52	0.026 42	0.008 74	0.003 02
28	0.869 66	0.756 84	0.659 10	0.574 37	0.437 08	0.333 48	0.255 09	0.195 63	0.150 40	0.115 91	0.069 34	0.041 87	0.019 97	0.006 07	0.001 93
30	0.861 03	0.741 92	0.639 76	0.552 07	0.411 99	0.308 32	0.231 38	0.174 11	0.131 37	0.099 38	0.057 31	0.033 38	0.015 10	0.004 21	0.001 24
32	0.852 48	0.727 30	0.620 99	0.530 63	0.388 34	0.285 06	0.209 87	0.154 96	0.114 74	0.085 20	0.047 36	0.026 61	0.011 42	0.002 93	0.000 79
34	0.844 02	0.712 97	0.602 77	0.510 03	0.366 04	0.263 55	0.190 35	0.137 91	0.100 22	0.073 05	0.039 14	0.021 21	0.008 64	0.002 03	0.000 51
36	0.835 64	0.698 92	0.585 09	0.490 22	0.345 03	0.243 67	0.172 66	0.122 74	0.087 54	0.062 62	0.032 35	0.016 91	0.006 53	0.001 41	0.000 32
38	0.827 35	0.685 15	0.567 92	0.471 19	0.325 23	0.225 29	0.156 61	0.109 24	0.076 46	0.053 69	0.026 73	0.013 48	0.004 94	0.000 98	0.000 21
40	0.819 14	0.671 65	0.551 26	0.452 89	0.306 56	0.208 29	0.142 05	0.097 22	0.066 78	0.046 03	0.022 09	0.010 75	0.003 73	0.000 68	0.000 13
45	0.798 96	0.639 05	0.511 71	0.410 20	0.264 44	0.171 20	0.111 30	0.072 65	0.047 61	0.031 33	0.013 72	0.006 10	0.001 86	0.000 27	0.000 04
50	0.779 29	0.608 04	0.475 00	0.371 53	0.228 11	0.140 71	0.087 20	0.054 29	0.033 95	0.021 32	0.008 52	0.003 46	0.000 92	0.000 11	0.000 01
100	0.607 29	0.369 71	0.225 63	0.138 03	0.052 03	0.019 80	0.007 60	0.002 95	0.001 15	0.000 45	0.000 07	0.000 01	0.000 00	0.000 00	0.000 00

资料来源：© Cengage Learning 2014.

表 3　1 美元普通年金的终值

$$FV_A = \frac{(1+r)^n - 1}{r}, \text{ 其中, } r = \text{利率}; n = \text{年金期数}$$

期数 = n	1/2%	1%	1 1/2%	2%	3%	4%	5%	6%	7%	8%	10%	12%	15%	20%	25%
1	1.000 00	1.000 00	1.000 00	1.000 00	1.000 00	1.000 00	1.000 00	1.000 00	1.000 00	1.000 00	1.000 00	1.000 00	1.000 00	1.000 00	1.000 00
2	2.005 00	2.010 00	2.015 00	2.020 00	2.030 00	2.040 00	2.050 00	2.060 00	2.070 00	2.080 00	2.100 00	2.120 00	2.150 00	2.200 00	2.250 00
3	3.015 03	3.030 10	3.045 23	3.060 40	3.090 90	3.121 60	3.152 50	3.183 60	3.214 90	3.246 40	3.310 00	3.374 40	3.472 50	3.640 00	3.812 50
4	4.030 10	4.060 40	4.090 90	4.121 61	4.183 63	4.246 46	4.310 13	4.374 62	4.439 94	4.506 11	4.641 00	4.779 33	4.993 38	5.368 00	5.765 63
5	5.050 25	5.101 01	5.152 27	5.204 04	5.309 14	5.416 32	5.525 63	5.637 09	5.750 74	5.866 60	6.105 10	6.352 85	6.742 38	7.441 60	8.207 03
6	6.075 50	6.152 02	6.229 55	6.308 12	6.468 41	6.632 98	6.801 91	6.975 32	7.153 29	7.335 93	7.715 61	8.115 19	8.753 74	9.929 92	11.258 79
7	7.105 88	7.213 54	7.322 99	7.434 28	7.662 46	7.898 29	8.142 01	8.393 84	8.654 02	8.922 80	9.487 17	10.089 01	11.066 80	12.915 90	15.073 49
8	8.141 41	8.285 67	8.432 84	8.582 97	8.892 34	9.214 23	9.549 11	9.897 47	10.259 80	10.636 63	11.435 89	12.299 69	13.726 82	16.499 08	19.841 86
9	9.182 12	9.368 53	9.559 33	9.754 63	10.159 11	10.582 80	11.026 56	11.491 32	11.977 99	12.487 56	13.579 48	14.775 66	16.785 84	20.798 90	25.802 32
10	10.228 03	10.462 21	10.702 72	10.949 72	11.463 88	12.006 11	12.577 89	13.180 79	14.783 60	14.486 56	15.937 42	17.548 74	20.303 72	25.958 68	33.252 90
11	11.279 17	11.566 83	11.863 26	12.168 72	12.807 80	13.486 35	14.206 79	14.971 64	15.783 60	16.645 49	18.531 17	20.654 58	24.349 28	32.150 42	42.566 13
12	12.335 56	12.682 50	13.041 21	13.412 09	14.192 03	15.025 81	15.917 13	16.869 94	17.888 45	18.977 13	21.384 28	24.133 13	29.001 67	39.580 50	54.207 66
13	13.397 24	13.809 33	14.236 83	14.680 33	15.617 79	16.626 84	17.712 98	18.882 14	20.140 64	21.495 30	24.522 71	28.029 11	34.351 92	48.496 60	68.759 58
14	14.464 23	14.947 42	15.450 38	15.973 94	17.086 32	18.291 91	19.598 63	21.015 07	22.550 49	24.214 92	27.974 98	32.392 60	40.504 71	59.195 92	86.949 47
15	15.536 55	16.096 90	16.682 14	17.293 42	18.598 91	20.023 59	21.578 56	23.275 97	25.129 02	27.152 11	31.772 48	37.279 71	47.580 41	72.035 11	109.686 8
16	16.614 23	17.257 86	17.932 37	18.639 29	20.156 88	21.824 53	23.657 49	25.672 53	27.888 05	30.324 28	35.949 73	42.753 28	55.717 47	87.442 13	138.108 5
17	17.607 30	18.430 44	19.201 36	20.012 07	21.761 59	23.697 51	25.840 37	28.212 88	30.840 22	33.750 23	40.544 70	48.883 67	65.075 09	105.930 6	173.635 7
18	18.785 79	19.614 75	20.489 38	21.412 31	23.414 44	25.645 41	28.132 38	30.905 65	33.999 03	37.450 24	45.599 17	55.749 71	75.836 36	128.116 7	218.044 6
19	19.879 72	20.810 90	21.796 72	22.840 56	25.116 87	27.671 23	30.539 00	33.759 99	37.378 96	41.446 26	51.159 09	63.439 68	88.211 81	154.740 0	273.555 8
20	20.979 12	22.019 00	23.123 67	24.297 37	26.870 37	29.778 08	33.065 95	36.785 59	40.995 49	45.761 96	57.275 00	72.052 44	102.443 58	186.688 0	342.944 7
22	23.194 43	24.471 59	25.837 58	27.298 98	30.536 78	34.247 97	38.505 21	43.392 29	49.005 74	55.456 76	71.402 75	92.502 58	137.631 64	271.030 7	538.101 1
24	25.431 96	26.973 46	28.633 52	30.421 86	34.426 47	39.082 60	44.502 00	50.815 58	58.176 67	66.764 76	88.497 33	118.155 24	184.167 84	392.484 2	843.032 9
26	27.691 91	29.525 63	31.513 97	33.670 91	38.553 04	44.311 74	51.113 45	59.156 38	68.676 47	79.954 42	109.181 77	150.333 93	245.711 97	567.377 3	1 319.489
28	29.974 52	32.129 10	34.481 48	37.051 21	42.930 92	49.967 58	58.402 58	68.528 11	80.697 69	95.338 83	134.209 94	190.698 89	327.104 08	819.223 3	2 063.952
30	32.280 02	34.784 89	37.538 68	40.568 08	47.575 42	56.084 94	66.438 85	79.058 19	94.460 79	113.283 21	164.494 02	241.332 68	434.745 15	1 181.881	3 227.174
32	34.608 62	37.494 07	40.688 29	44.227 03	52.502 76	62.701 47	75.298 83	90.889 78	110.218 15	134.213 54	201.137 77	304.847 72	577.100 46	1 704.109	5 044.710
34	36.960 58	40.257 70	43.933 09	48.033 80	57.730 18	69.857 91	85.066 96	104.183 75	128.258 76	158.626 67	245.476 70	364.520 98	765.365 35	2 456.118	7 884.609
36	39.336 10	43.076 88	47.275 97	51.994 37	63.275 94	77.598 31	95.836 32	119.120 87	148.913 46	187.102 15	299.126 81	484.463 12	1 014.345 68	3 539.009	12 321.95
38	41.735 45	45.952 72	50.719 89	58.114 94	69.159 45	85.970 34	107.709 55	135.904 21	172.561 02	220.315 95	384.043 43	609.830 53	1 343.622 16	5 098.373	19 255.30
40	44.158 85	48.886 37	54.267 89	60.401 98	75.401 26	95.025 52	120.799 77	154.761 97	199.635 11	259.056 52	442.592 56	767.091 42	1 779.090 31	7 343.858	30 088.66
45	50.324 16	56.481 07	63.614 20	71.892 71	92.719 86	121.029 4	159.700 2	212.743 5	285.749 3	386.505 6	718.904 8	1 358.230	3 585.128 46	18 281.31	91 831.50
50	56.645 16	64.463 18	73.682 83	84.579 40	112.796 9	152.667 1	209.348 0	290.335 9	406.528 9	573.770 2	1 163.909	2 400.018	7 217.716 28	45 497.19	280 255.7
100	129.333 70	170.481 4	228.803 0	312.232 3	607.287 7	1 237.624	2 610.025	5 638.368	12 381.66	27 484.52	137 796.1	696 010.5	783 × 10⁴	414 × 10⁶	196 × 10⁸

注: 要将此表中的系数用于预付年金, 需要在普通年金的期数基础上加 1, 得利系数后, 再减去 1。

资料来源: © Cengage Learning 2014.

表 4　1美元普通年金的现值

$$PV_A = \frac{1-(1+r)^{-n}}{r}，\text{其中，}r=\text{贴现率；}n=\text{期数}$$

共有 n 期支付 ── 普通年金

期数 = n	$\frac{1}{2}$%	1%	$1\frac{1}{2}$%	2%	3%	4%	5%	6%	7%	8%	10%	12%	15%	20%	25%
1	0.995 02	0.990 10	0.985 22	0.980 39	0.970 87	0.961 54	0.952 38	0.943 40	0.934 58	0.925 93	0.909 09	0.892 86	0.869 57	0.833 33	0.800 00
2	1.985 10	1.970 40	1.955 88	1.941 56	1.913 47	1.886 09	1.859 41	1.833 39	1.808 02	1.783 26	1.735 54	1.690 05	1.625 71	1.527 78	1.440 00
3	2.970 25	2.940 99	2.912 20	2.883 88	2.828 61	2.775 09	2.723 25	2.673 01	2.624 32	2.577 10	2.486 85	2.401 83	2.283 23	2.106 48	1.952 00
4	3.950 50	3.901 97	3.854 38	3.807 73	3.717 10	3.629 90	3.545 95	3.465 11	3.387 21	3.312 13	3.169 87	3.037 35	2.854 98	2.588 73	2.361 60
5	4.925 87	4.853 43	4.782 64	4.713 46	4.579 71	4.451 82	4.329 48	4.212 36	4.100 20	3.992 71	3.790 79	3.604 78	3.352 16	2.990 61	2.689 28
6	5.896 38	5.795 48	5.697 19	5.601 43	5.417 19	5.242 14	5.075 69	4.917 32	4.766 54	4.622 88	4.355 26	4.111 41	3.784 48	3.325 51	2.951 42
7	6.862 07	6.728 19	6.598 21	6.471 99	6.230 28	6.002 05	5.786 37	5.582 38	5.389 29	5.206 37	4.868 42	4.563 76	4.160 42	3.604 59	3.161 14
8	7.822 96	7.651 68	7.485 93	7.325 48	7.019 69	6.732 74	6.463 21	6.209 79	5.971 30	5.746 64	5.334 93	4.967 64	4.487 32	3.837 16	3.328 91
9	8.779 06	8.566 02	8.360 52	8.162 24	7.786 11	7.435 33	7.107 82	6.801 69	6.515 23	6.246 89	5.759 02	5.328 25	4.771 58	4.030 97	3.463 13
10	9.730 41	9.471 30	9.222 18	8.982 59	8.530 20	8.110 90	7.721 73	7.360 09	7.023 58	6.710 08	6.144 57	5.650 22	5.018 77	4.192 47	3.570 50
11	10.677 03	10.367 63	10.071 12	9.786 85	9.252 62	8.760 48	8.306 41	7.886 87	7.498 67	7.138 96	6.495 06	5.937 70	5.233 71	4.327 06	3.656 40
12	11.618 93	11.255 08	10.907 51	10.575 34	9.954 00	9.385 07	8.863 25	8.383 84	7.942 69	7.536 08	6.813 69	6.194 37	5.420 62	4.439 22	3.725 12
13	12.556 15	12.133 74	11.731 53	11.348 37	10.634 96	9.985 65	9.393 57	8.852 68	8.357 65	7.903 78	7.103 36	6.423 55	5.583 15	4.532 68	3.780 10
14	13.488 71	13.003 70	12.543 38	12.106 25	11.296 07	10.563 12	9.898 64	9.294 98	8.745 47	8.244 24	7.366 69	6.628 17	5.724 48	4.610 57	3.824 08
15	14.416 62	13.865 05	13.343 23	12.849 26	11.937 94	11.118 39	10.379 66	9.712 25	9.107 91	8.559 48	7.606 08	6.810 86	5.847 37	4.675 47	3.859 26
16	15.339 93	14.717 87	14.131 26	13.577 71	12.561 10	11.652 30	10.837 77	10.105 90	9.446 65	8.851 37	7.823 71	6.973 99	5.954 23	4.729 56	3.887 41
17	16.258 63	15.562 25	14.907 65	14.291 87	13.166 12	12.165 67	11.274 07	10.477 26	9.763 22	9.121 64	8.021 55	7.119 63	6.047 16	4.774 63	3.909 93
18	17.172 77	16.398 27	15.672 56	14.992 03	13.753 51	12.659 30	11.689 59	10.827 60	10.059 09	9.371 89	8.201 41	7.249 67	6.127 97	4.812 19	3.927 94
19	18.082 36	17.226 01	16.426 17	15.678 46	14.323 80	13.133 94	12.085 32	11.158 12	10.335 60	9.603 60	8.364 92	7.365 78	6.198 23	4.843 50	3.942 35
20	18.987 42	18.045 55	17.168 64	16.351 43	14.877 47	13.590 33	12.462 21	11.469 92	10.594 01	9.818 15	8.513 56	7.469 44	6.259 33	4.869 58	3.953 88
22	20.784 06	19.660 38	18.620 82	17.658 05	15.936 92	14.451 12	13.163 00	12.041 58	11.061 24	10.200 74	8.771 54	7.644 65	6.358 66	4.909 43	3.970 49
24	22.562 87	21.243 39	20.030 41	18.913 93	16.935 54	15.246 96	13.798 64	12.550 36	11.469 33	10.528 76	8.984 74	7.784 32	6.433 77	4.937 10	3.981 11
26	24.324 02	22.795 20	21.398 63	20.121 04	17.876 84	15.982 77	14.375 19	13.003 17	11.825 78	10.809 98	9.160 95	7.895 66	6.490 56	4.956 32	3.987 91
28	26.067 69	24.316 44	22.726 72	21.281 27	18.764 11	16.663 06	14.898 13	13.406 16	12.137 11	11.051 08	9.306 57	7.984 42	6.533 51	4.969 67	3.992 26
30	27.794 05	25.807 71	24.015 84	22.396 46	19.600 44	17.292 03	15.372 45	13.764 83	12.409 04	11.257 78	9.426 91	8.055 18	6.565 98	4.978 94	3.995 05
32	29.503 28	27.269 59	25.267 14	23.468 33	20.388 77	17.873 55	15.802 68	14.084 04	12.646 56	11.435 00	9.526 38	8.111 59	6.590 53	4.985 37	3.996 83
34	31.195 55	28.702 67	26.481 73	24.498 59	21.131 84	18.411 20	16.192 90	14.368 14	12.854 01	11.586 93	9.608 57	8.156 56	6.609 10	4.989 84	3.997 97
36	32.871 02	30.107 51	27.660 68	25.488 84	21.832 25	18.908 28	16.546 85	14.620 99	13.035 21	11.717 19	9.676 51	8.192 41	6.623 14	4.992 95	3.998 70
38	34.529 85	31.484 66	28.805 05	26.440 64	22.492 46	19.367 86	16.867 89	14.846 02	13.193 47	11.828 87	9.732 65	8.220 99	6.633 75	4.995 10	3.999 17
40	36.172 23	32.834 69	29.915 85	27.355 48	23.114 77	19.792 77	17.159 09	15.046 30	13.331 71	11.924 61	9.779 05	8.243 78	6.641 78	4.996 60	3.999 47
45	40.207 20	36.094 51	32.552 34	29.490 16	24.518 71	20.720 04	17.774 07	15.455 83	13.605 52	12.108 40	9.862 81	8.282 52	6.654 29	4.998 63	3.999 83
50	44.142 79	39.196 12	34.999 69	31.423 61	25.729 76	21.482 18	18.255 93	15.761 86	13.800 75	12.233 48	9.914 81	8.304 50	6.660 51	4.999 45	3.999 94
100	78.542 64	63.028 81	51.624 70	43.098 35	31.598 91	24.505 00	19.847 91	16.617 55	14.269 25	12.494 32	9.999 27	8.333 23	6.666 66	5.000 00	4.000 00

注：要将此表中的系数用于预付年金，需要在普通年金的期数基础上减1，得利系数后，再加上1。

资料来源：© Cengage Learning 2014.